Holen Sie sich jetzt den digitalen Guide mit Ihrem Zugangscode!

Und so einfach geht es

1. Code freirubbeln

2. QR-Code scannen oder über **www.gaultmillau.de/registrieren** anmelden

3. Code eingeben und die besten Gault&Millau-Adressen finden!*

Viel Spaß beim Entdecken!

RG2022-009100

*Einlösbar bis zum 30.06.2023 (Kostenloser Zugang gültig für 12 Monate)

Gault&Millau
RESTAURANTGUIDE DEUTSCHLAND

DIE BESTEN RESTAURANTS
2022

Inhaltsverzeichnis

4	Editorial		**RESTAURANTS 2022**
		42	Aachen
	APERITIF	96	Berlin
6	Von der Macht der Gastronomie,	222	Düsseldorf
	unsere Welt lustvoll besser zu machen	258	Ruhrgebiet
	von Carlo Petrini	278	Frankfurt
		344	Hamburg
	AUSZEICHNUNGEN	436	Köln
11	Koch des Jahres	518	München
12	Gastronom des Jahres	684	Stuttgart
13	Gastgeber des Jahres		
14	Entdeckung des Jahres		**ÜBERSICHTSKARTEN DER ORTE**
15	Aufsteiger des Jahres	766	Deutschland Nord
17	Sommelier des Jahres	768	Deutschland Ost
18	Patissière des Jahres	770	Deutschland Süd
19	Produzent des Jahres	772	Deutschland West
20	Die besten Restaurants Deutschlands	776	Index Restaurants
34	Kriterien für die Benotung der Küche	784	Index Personen
35	Unser Credo	794	Notizen
36	Restaurants: die Fakten	817	Bildnachweis
39	Legende	818	Impressum

EDITORIAL

Liebe Leserinnen und Leser,

sieben Monate Lockdown haben vieles durcheinandergewirbelt. Als Ende Mai/Anfang Juni 2021 die ersten Restaurants hierzulande langsam wieder starten durften, war die Unsicherheit – vom Personalmangel über wirtschaftliche Herausforderungen aller Art bis zur folgenden, monatelangen Achterbahn der Corona-Auflagen – riesengroß. Nicht wenige Restaurants konnten erst viel später im Jahr wieder öffnen, mussten ihr Platzangebot, ihre Servicezeiten reduzieren. Umso erfreulicher, dass es dennoch möglich war, rund einhundert Neuaufnahmen für diesen Guide zu berücksichtigen. **Die gastronomische Landschaft in Deutschland blüht und gedeiht, sie entwickelt sich weiter, Vielfalt und Qualität nehmen ungeachtet aller Krisen zu!**

Auch wir haben die Zeit genutzt, uns zu überlegen, was wir anders machen, wie wir uns erneuern wollen. **Als Henri Gault und Christian Millau Ende der 1960er-Jahre ihren Restaurantführer erfanden, stand die Freude am Neuen, an der Veränderung im Zentrum.** Fünfzig Jahre später haben auch wir uns zu einer Veränderung entschlossen: Wir verzichten mit diesem Guide auf die Punktevergabe im Rahmen unserer Restaurantbewertungen. Wir sind der Ansicht, dass sich Schulnoten zur Beurteilung von Fragen der Kultur – und dazu gehört die Gastronomie ja zweifellos – nicht wirklich eignen, dass die wissenschaftliche Messbarkeit, die Eindeutigkeit, die sie signalisieren, in vielerlei Hinsicht problematisch ist. Mit dem System der „Toques" – der klassischen Kopfbedeckung der Köche – verfügen wir zudem von jeher über ein bewährtes System der Einordnung, das das breite Spektrum unserer Gastronomie von den weltbesten Restaurants bis zu ausgezeichneten Empfehlungen für den kulinarischen Alltag differenziert abbildet. Herausragende Restaurants innerhalb ihrer Kategorie werden wir zudem künftig farblich kenntlich machen – indem wir sie rot hervorheben.

Unser Ziel ist es weiterhin, verlässliche Lotsen im Interesse unserer Leserinnen und Leser zu sein, ihnen gute Adressen an die Hand zu geben und Anhaltspunkte zu dem, was sie in einem Restaurant erwartet. Um es klar zu sagen: Kein Restaurant in diesem Guide ist keine Empfehlung – dafür wären uns die Seiten zu schade. Wir können ohnehin bei Weitem nicht alle Restaurants hierzulande berücksichtigen, deren Besuch lohnen würde. Gemeinsam mit Ihnen, den Gästen, wollen wir die gastronomische Vielfalt in Deutschland feiern und zusammen mit den Köchinnen und Köchen, den Gastronominnen und Gastronomen wie den Produzentinnen und Produzenten wollen wir einen kleinen Beitrag leisten, sie weiterzuentwickeln.

Ich freue mich in diesem Sinne sehr, dass sich Carlo Petrini, der Gründer der internationalen Slow-Food-Bewegung sowie der Universität der gastronomischen Wissenschaften in Pollenzo nahe Turin, bereit erklärt hat, für diesen Guide einige Gedanken zur gesellschaftlichen Bedeutung der Gastronomie aus seiner Sicht aufzuschreiben. Seine Stimme hat Gewicht, wir sollten seinen Gedanken Beachtung schenken.

Dr. Christoph Wirtz
Chefredakteur

Von der Macht der Gastronomie, unsere Welt lustvoll besser zu machen

Von Carlo Petrini

Im Juni hatte ich das Vergnügen, Christoph Wirtz zu treffen, den ich wirklich sehr schätze. Wir aßen gemeinsam in Pollenzo zu Mittag, dem Ort, an dem sich unsere Universität der gastronomischen Wissenschaften befindet, und sprachen unter anderem über die gesellschaftliche Rolle der Gastronomie. Er bat mich, einige meiner Gedanken für diesen Restaurantguide aufzuschreiben, was ich gerne tue – schließlich handelt es sich dabei um ein wichtigeres Thema, als viele Menschen vielleicht vermuten.

Jeder Mensch isst und viele Menschen verbinden mit dem Essen Momente des Genusses, der Lebensfreude, vielleicht auch eines Hauchs von Luxus – gerade, wenn sie auswärts essen. Bei allem Vergnügen sollten wir jedoch nie vergessen, dass das Essen immer auch einen Versorgungszweck hat und damit eine politische Rolle spielt. Auch wenn es vielleicht nicht auf den ersten Blick erkennbar ist, beinhaltet Nahrung ein gewaltiges Transformationspotenzial – sozial, ökonomisch, kulturell. Und genau aus diesem Grund tritt die Slow-Food-Bewegung seit 1986 für ein anderes Konzept der Gastronomie ein. Sie fordert gute, saubere und fair produzierte Lebensmittel für alle, hochwertig und umweltfreundlich produziert, in allen Teilen der Lieferkette gerecht. Und nicht zuletzt: zur lokalen Kultur passend!

Die nahe Zukunft wird eine Reihe von erheblichen Veränderungen und Anpassungen mit sich bringen. Wir, als Gesellschaft, müssen uns für eine nachhaltige Zukunft und die Umsetzung des ökologischen Wandels einsetzen. Die Ernährung steht dabei im Mittelpunkt dieses Prozesses, denn durch ihren Bezug zur Landwirtschaft stellt sie eine der engsten Beziehungen zwischen uns Menschen und der Natur, zwischen uns und unserem Planeten dar.

Jeder, der als Koch oder als Kritiker einen gewissen Bekanntheitsgrad erreicht hat, hat auch eine Verantwortung und eine Vorbildfunktion gegenüber seinen Gästen, den Konsumenten, der Allgemeinheit. Auch Restaurants besitzen diese Vorbildfunktion, indem sie Sorgfalt entsprechend der oben genannten Werte bei der Auswahl und Behandlung ihrer Lebensmittel walten lassen und die gastronomischen Besonderheiten ihrer Region nicht völlig aus dem Blick verlieren.

Köchinnen und Köche müssen die regionale Nahrungsmittelproduktionen kennen, schätzen und fördern, um die Diversität unserer Artenvielfalt und Esskultur zu erhalten. Und sie sollten verstehen, dass exzellente Speisen in erster Linie durch ihre Echtheit und durch handwerkliche Kunstfertigkeit entstehen – und nicht durch vermeintlich prestigeträchtige Zutaten mit sehr langen Lieferketten.

Mir geht es auch um die Wiederentdeckung von regionalen Traditionen und von uralten Rezepten – beispielsweise gegen die Verschwendung von Lebensmitteln. Damit meine ich keinesfalls eine konservative Haltung zu Tradition und Kultur.

APERITIF

Das Schöne daran, sich mit den Mitteln der Gastronomie für eine bessere Zukunft einzusetzen, ist, dass es Vergnügen bereitet.

Ganz im Gegenteil, ich spreche von Innovation! Wir müssen die Vergangenheit anerkennen und ihre Errungenschaften erhalten oder wiederentdecken – und gleichzeitig müssen wir neue Werkzeuge und das Wissen der heutigen Zeit bestmöglich nutzen. Nur die Verbindung dieser beiden Aspekte führt uns zu den geeignetsten Lösungen für unsere Zukunft.

Das Schöne daran, sich mit den Mitteln der Gastronomie für eine bessere Zukunft einzusetzen, ist, dass es Vergnügen bereitet. An einem Veränderungsprozess mitzuwirken und dabei Freude zu empfinden, ist ein Privileg! In den meisten Fällen, in denen jemand die Welt durch Kummer und Verzicht verändern wollte, wurde sie schlechter. Wieso sprechen wir von Verzicht, wenn weniger Fleischkonsum mit höherer Qualität doch unseren Genuss und unser Wohlbefinden erheblich steigert? Wieso sollte die Vermeidung langer Lieferketten unsere Ernährung eintöniger machen, wenn wir dadurch die bunte Vielfalt eines sich im Rhythmus der Jahreszeiten verändernden Angebots erleben können? Hier hat die Gastronomie ein riesiges Potenzial, das nur teilweise gehoben wird!

Bitte verstehen Sie mich nicht falsch: Ich bin kein Dogmatiker. Ich bin der Erste, der zugibt, sehr gerne interessante Restaurants zu besuchen und dabei all die wunderbaren – auch spielerischen – Facetten zu genießen, die große Köche und große Gastronomen ihren Gästen bieten. Ich möchte mit meinen Gedanken nur aufzeigen, wohin sich unsere Gastronomie in der Breite entwickeln sollte. Es gibt in Deutschland bereits zahlreiche ausgezeichnete Beispiele, immer mehr Restaurants erkennen mittlerweile das wachsende Interesse an den hier angesprochenen Überlegungen und reagieren mit ihren Speisekarten darauf. Sie übernehmen Verantwortung! Es sollten mehr werden! Ich hoffe, dass wir alle – Gastronomen, Köche, Lebensmittelhersteller, Gäste, Konsumenten und Kritiker – unseren Beitrag leisten, indem wir uns den Herausforderungen an uns und an unser Ernährungssystem mit Freude und Zuversicht stellen.

Ich wünsche Ihnen allen eine gute Lektüre der aktuellen Ausgabe des Gault&Millau und „Buon appetito"!

CARLO PETRINI ist Publizist, Soziologe und Gründer der internationalen Slow-Food-Bewegung und der Università di Scienze Gastronomiche in Pollenzo sowie Initiator des landwirtschaftlichen Netzwerks Terra Madre.

Dylan Watson-Brawn

KOCH DES JAHRES
ernst, Berlin ·

Im fünften Jahr seines Bestehens hat das ernst im Berliner Wedding zu **einer handwerklichen wie konzeptionellen Reife gefunden, zu einer konsequent durchdachten Individualität,** wie sie nicht nur hierzulande höchst selten ist. Im Zentrum stehen Mikrosaisonalität, japanische Techniken wie Geschmacksbilder, kompromisslose Sorgfalt bei der Produktqualität, eine reduzierte Ästhetik und konstante Dynamik. Dylan Watson-Brawns Küche ist von aquarellartiger Zartheit und zugleich großer Substanz, von wegweisender Eigenständigkeit und technischer Souveränität. Sie besitzt, was in der Spitzenküche nach wie vor eine Rarität ist: **eine klare, unverwechselbare Vision.**

2021 T. Schanz · **2020** T. Nakamura · **2019** J. Berner und J. King · **2018** C. Bau · **2017** A. Krolik · **2016** P. M. Schnurr · **2015** C. Rüffer · **2014** D. Achilles · **2013** C. Jürgens · **2012** A. Köthe und Y. Ollech · **2011** M. Lohninger · **2010** W. Nouri · **2009** N. Henkel · **2008** K. Erfort · **2007** T. Raue · **2006** T. Bühner · **2005** C. Scharrer · **2004** S. Elverfeld · **2003** J. Wissler · **2002** T. Martin · **2001** M. Buchholz · **2000** H. S. Steinheuer · **1999** G. Scherrer · **1998** H. Thieltges · **1997** J. Lafer · **1996** F. Schilling · **1995** H. Haas · **1994** D. Kaufmann · **1993** S. Rockendorf · **1992** J. Viehhauser · **1991** H. Wohlfahrt · **1990** A. Bouley · **1989** A. Schuhbeck · **1988** D. Müller

Hermann Bareiss

GASTRONOM DES JAHRES
Restaurant Bareiss, Baiersbronn · ♨♨♨♨

Vor vierzig Jahren, am ersten Weihnachtsfeiertag 1982, eröffnete Hermann Bareiss in seinem Ferienhotel im Baiersbronner Mitteltal ein Gourmetrestaurant **zur Feier der großen klassischen Gastronomie.** Es gibt seither nicht viele Restaurants, die deren Traditionen – von den luxuriösen Viktualien über ihre sensible Zubereitung, den erstklassigen schwarz-weißen Service, die elegante Tischkultur vom blitzenden Silber bis zum üppigen Blumenschmuck – so kontinuierlich auf höchstem Niveau gepflegt haben wie das Restaurant Bareiss. Dafür steht sein Patron: **Großzügigkeit, Gastlichkeit, souveräne Kontinuität.**

2021 V. Klink · **2020** G. Jauch · **2019** F. Marrenbach · **2018** B. Radczun und S. Landwehr · **2017** S. Hermann ·
2016 A. Güngörmüş · **2015** G. Retter und C. Ellinghaus · **2014** T. Raue · **2013** M. Käfer · **2012** K. Winzer · **2011** F. Keller ·
2010 E. Schäfer · **2009** H. Seckler · **2008** K. P. Kofler · **2007** O. Geisel · **2006** K. Kaiser · **2005** R. Kowalke ·
2004 P. Hesseler · **2003** A. v. Skepsgardh · **2002** J. Werner · **2001** E. Huber · **2000** M. Semmler · **1999** M. Bischoff ·
1998 V. Moissonnier · **1997** E. Scherrer · **1996** M. Gamba · **1995** H. Winkler · **1994** J. Kokjé · **1993** K. Ederer ·
1992 M. Schwarz · **1991** D. Durneleit · **1990** M. Bacher · **1988** E. Andresen

GASTGEBER DES JAHRES

Eric Huber

GASTGEBER DES JAHRES
Erno's Bistro, Frankfurt ·

Müssten wir ein einziges Restaurant für eine Bildungsreise in Sachen Servicekultur empfehlen, es wäre dieses kleine Bistro. Nicht, weil hier eine vielköpfige, perfekt durchchoreografierte Brigade wirken würde – sondern im Gegenteil: weil man hier lernen kann, dass großer Service auch in einem kleinen Restaurant möglich ist! **Freundlich ohne Anbiederei, kompetent ohne Überheblichkeit, aufmerksam und selbstbewusst, zugleich auf den Gast orientiert.** Eric Huber gelingt es mit seinem kleinen Team, an fünf Tagen mittags und abends in der perfekten Mischung aus Nähe und Distanz eine Atmosphäre zu schaffen, wie sie an vielen Orten sein könnte – und doch so selten ist.

2021 I. Scholl · **2020** D. Breuer · **2019** N. Blümke · **2018** C. Grainer · **2017** A. Macionga · **2016** K. Feix · **2015** T. Brandt · **2014** J. Pourchère · **2013** A. Kirsch · **2012** E. Spannenkrebs · **2011** A. Fischer · **2010** M. Friedel · **2009** M.-A. Raue · **2008** A. Simon · **2007** S. Fischer · **2006** G. Retter · **2005** M. A. Calero Novello · **2004** S. Holland · **2003** T. Kanagaratnam · **2002** D. Metzger · **2001** D. Hahn · **2000** C. Simon · **1999** M. Friedel · **1998** M. Dupuis · **1997** F. Kieffer · **1996** J. Fuchs · **1995** L. Jope · **1994** A. Bub-Schilling · **1993** M. Lebek · **1992** L. Lender · **1991** E. Kaufmann · **1990** H. Valentin

Adrian Kuhlemann

ENTDECKUNG DES JAHRES
Restaurant Kuhlemann, Neustadt an der Waldnaab ·

Ein Talent wie Adrian Kuhlemann hätte es sich deutlich einfacher machen können. Statt sich, nach prägenden Stationen im Essigbrätlein und auf der Wielandshöhe – sowie einem Praktikum bei Andreas Caminada –, in München, Hamburg oder Berlin die Posten in den besten Restaurants nach Lust und Laune auszuwählen, entschied er sich zu einem kulinarischen Missionswerk und eröffnete in seiner Heimat **eines der spannendsten Restaurants der Republik.** Im elterlichen Hotel kocht er so sensibel und eigenständig, so konsequent regional und ästhetisch ausgereift, wie man es heute vielleicht in Kopenhagen erwarten würde – aber nicht im Oberpfälzer Wald kurz vor der tschechischen Grenze.

2021 M. Goldberg · **2020** D. Dankelmann · **2019** T. Schuster · **2018** R. Klages · **2017** F. Schneider · **2016** J. Busch · **2015** C. Schwitzer · **2014** T. Nakamura · **2013** O. Röder · **2012** K. Unser · **2011** S. Zier · **2010** D. Achilles · **2009** A. Schütz · **2008** M. Striffler · **2007** D. Feix · **2006** P.M. Schnurr · **2005** M. Lohninger · **2004** A. Güngörmüs · **2003** H. Nieder · **2002** R. Bobzin · **2001** M. Rathe · **2000** V. Drkosch · **1999** J. Beriker · **1998** F. Oehler · **1997** U. Herzog, C. Schulte-Vieting, E. Simon · **1996** M. Heissig, D. Lässig, A. Schwarzmann · **1995** C. Loisl · **1994** H. Rüssel · **1993** C. Terhoeven · **1992** J. Köpp · **1991** W. Eickes **1990** M. Debus · **1988** W. Raub

AUFSTEIGER DES JAHRES

Viktor Gerhardinger

AUFSTEIGER DES JAHRES
Tian, München ·

Die Welt verbessert sich freudvoll – oder gar nicht. Im Restaurant Tian am Viktualienmarkt wird nicht primär vegetarisch gekocht, sondern hervorragend. Verantwortlich ist Viktor Gerhardinger, den wir, ohne zu zögern, zu den wichtigsten Vertretern seiner Generation zählen. Ernsthaft und gelassen, ruhig und entschieden zugleich hat er die schwierigen zurückliegenden Jahre genutzt, die pflanzenbasierte Tian-Küche an allen Fronten neu aufzustellen. Das Ergebnis: **eine komplexe, handwerklich anspruchsvolle, dramaturgisch klug durchdachte Spitzenküche,** die zu keiner Zeit einen philosophischen Überbau, sondern stets den Genuss ins Zentrum stellt.

2021 M. Ferrantino · **2020** C. Eckhardt · **2019** D. Schimkowitsch · **2018** D. Hoberg · **2017** T. Schanz · **2016** P. Stradner · **2015** A. Schmaus · **2014** J. Amirfallah · **2013** S. Henke · **2012** D. Steiner · **2011** C. Alboth · **2010** J. Stüttgen · **2009** J. Glauben · **2008** M. Kempf · **2007** C. Ruggiero · **2006** J. Sackmann · **2005** T. Raue · **2004** O. Heilmeyer · **2003** A. Herrmann · **2002** S. Elverfeld · **2001** T. Bühner · **2000** C. Lohse · **1999** H.S. Steinheuer · **1998** J. King · **1997** M. Bräuer · **1996** R.J. Kutzner · **1995** P. Levallois · **1994** A. Köthe · **1993** H. Stern · **1992** L. Bechter · **1991** W. Staudenmaier · **1990** D. Kaufmann · **1989** H. Haas · **1988** A. Bouley

ZWIESEL
GLAS

150 YEARS

Simplify — Das Aroma entscheidet.

Mundgeblasene Kristallgläser sind für Weinliebhaber weltweit ein Synonym für wahre Kennerschaft. Sie bringen feinste Aromen und Texturen besonders zur Geltung. Jedes Glas ist Handwerk pur, einzigartig in seiner Form, filigran und elegant.

Im Rahmen ihrer exklusiven Zusammenarbeit vertraut der Gault&Millau daher auf eine außergewöhnliche Manufaktur-Serie der bereits seit 150 Jahren bestehenden Marke ZWIESEL GLAS: **Simplify**. Die Serie verfolgt eine besondere Philosophie: Jedes Glas ist für Weiß- und Rotwein gleichermaßen geeignet. Das verwendete universal einsetzbare Verkostungs-Glas ist demnach die perfekte Wahl, um das Aroma und die verschiedensten Geschmacks-Nuancen der Weine optimal hervorzubringen und die Gläser klingen zu lassen.

Sounds like Zwiesel.   zwiesel-glas.com

Christophe Meyer

SOMMELIER DES JAHRES
Le Pavillon, Bad Peterstal-Griesbach

Christophe Meyer ist ein Sommelier wie aus dem Bilderbuch. Lässige Distanzlosigkeit liegt ihm so fern wie eitle Proseminare am Tisch, önologische Dogmen sind ihm so fremd wie die hektische Begeisterung angesichts neuaufziehender Trends. **Im Fokus seines klassischen Service steht der Gast –** ihm in aller Diskretion und mit Einfühlungsvermögen den höchstmöglichen Genuss zu bereiten, die elegante Küche von Martin Herrmann sensibel zu begleiten, ist ihm Auftrag. Dazu pflegt er seit inzwischen 16 Jahren eine Weinkarte, wie sie hierzulande selten zu finden ist, und verschließt sich dabei Entdeckungen so wenig, wie er sein Glück in der Sicherheit großer Namen sucht.

2021 N. Grossmann · **2020** N. Mann · **2019** S. Hehn · **2018** C. Wilhelm · **2017** M. Franzelin · **2016** F. Glüer · **2015** D. Kiowski · **2014** M. Berlinghof · **2013** T. Sommer · **2012** M. Brandstätter · **2011** G. Tietz · **2010** M. Wagner · **2009** H. Hoppenstedt · **2008** S. Thuriot · **2007** E. Pattas · **2006** S. Weise · **2005** C. Göbel · **2004** S. Spies · **2003** K. Schattner · **2002** R. Zhouleh · **2001** C. Fischer · **2000** J. Fendt · **1999** H. Thoma · **1998** M.-H. Krebs · **1997** S. Gass · **1996** A. Voigt · **1995** S. Juchems · **1994** D. Canova · **1993** B. Kreis · **1992** M. del Monego · **1991** C. Schlegel · **1990** P. Sandvoss · **1989** J. Payne · **1988** P. Bosch

Larissa Metz

PATISSIÈRE DES JAHRES
Favorite Restaurant, Mainz ·

Unsere Auszeichnungen sind keine Durchhalteorden und keine Ehrungen für das Lebenswerk. Sie sollen beispielgebende Persönlichkeiten würdigen. Larissa Metz ist solch eine Persönlichkeit. Mit ihren 27 Jahren gehört sie bereits in die erste Riege der deutschen Patissiers. Nach Abitur und Ausbildung zur Konditorin bereits mit 22 Meisterin, zeigen ihre **aufwendigen Desserts von klassischer Eleganz herausragendes handwerkliches Können und große Finesse –** harmonisch, von zurückgenommener Süße und animierender Spannung. Larissa Metz ist ein großartiges Beispiel dafür, auf welche Höhen Begabung, Intelligenz und Zielstrebigkeit führen können.

2021 H. Radeck · **2020** M. D'Andrea · **2019** T. Shimizu · **2018** M. Spurk · **2017** S. Leitner · **2016** T. Yoshida ·
2015 K. Appeldorn · **2013** R. Frank · **2012** O. Näve · **2011** N. Hartl · **2010** R. Bolz · **2009** M. Ludwigs ·
2008 F. Guillon · **2005** S. Pauly · **2004** P. Lingelser · **2003** S. Franz · **2002** B. Teuwen · **1989** M. Schweigart

Thomas Breckle

PRODUZENT DES JAHRES
Jamei Laibspeis, Kempten

Kulinarische Qualität kennt keine Grenzen! Seit Jahrzehnten fahndet Thomas Breckle Sommer für Sommer auf dem Mountainbike im gesamten Alpenraum nach den besten Hartkäsesorten, fährt Tausende Kilometer und mehr als 50.000 Höhenmeter pro Saison, von Chamonix bis Trento. Anschließend lässt er die Jungkäse – ausschließlich von mit Berggras und -kräutern ernährten, behornten Kühen und mit echtem Kalbslab – in einem alten Naturkeller bis zu fünf Jahre lang reifen. Dabei verzichtet er auf alle aromatischen Zugaben, gibt dem Käse wenig mehr als Zeit, optimale klimatische Bedingungen und sorgfältige Pflege mit Fingerspitzengefühl, lässt ihn für sich selbst sprechen: **von Almen und Bergen, von Kräutern und Gräsern, von Rindern und Sennern.** Und von der ungeahnten Möglichkeit, im Allgäu Käse von Weltklasse zu produzieren.

Unsere besten Restaurants

♛♛♛♛♛
Höchstnote für die weltbesten Restaurants

Restaurant Vendôme Bergisch Gladbach
Victor's FINE DINING by christian bau Perl
Waldhotel Sonnora Dreis

♛♛♛♛♛

Aqua Wolfsburg
Restaurant Haerlin Hamburg
Schwarzwaldstube Baiersbronn
Tim Raue Berlin
schanz. restaurant. Piesport

♛♛♛♛
Prägende Küche, führend in Kreativität, Qualität und Zubereitung

The Table Kevin Fehling Hamburg
Bareiss Baiersbronn
L. A. Jordan Deidesheim
Lafleur Frankfurt am Main
Luce d'Oro Krün
RUTZ Restaurant Berlin

Facil Berlin
Falco Leipzig
Gästehaus Klaus Erfort Saarbrücken
Hirschen Sulzburg
Horváth Berlin
Restaurant Überfahrt – Christian Jürgens Rottach-Egern
Steinheuers Restaurant Zur Alten Post Bad Neuenahr-Ahrweiler

Höchste Kreativität und Qualität, bestmögliche Zubereitung

360° Limburg a. d. Lahn
Ammolite – The Lighthouse Restaurant Rust
bianc Hamburg
CODA Dessert Dining Berlin
Der Butt Rostock
ernst Berlin
Esplanade Saarbrücken
NEU **es:senz** Grassau
Ess.Zimmer München
Essigbrätlein Nürnberg
NEU **etz Restaurant** Nürnberg
Friedrich Franz Bad Doberan
Gourmetrestaurant Dichter Rottach-Egern
Gustav Frankfurt am Main
Jante Hannover
Kilian Stuba Kleinwalsertal
Klassenzimmer Feldberger Seenlandschaft
Le Moissonnier Köln
Le Pavillon Bad Peterstal-Griesbach
Maerz Bietigheim-Bissingen
Meierei Dirk Luther Glücksburg
ÖSCH NOIR Donaueschingen
Ox & Klee Köln
PURS Andernach
Ristorante Ai Pero Andernach
Söl'ring Hof Sylt
Tantris München
Tohru in der Schreiberei München
Tulus Lotrek Berlin
Zur Wolfshöhle Freiburg im Breisgau

DIE BESTEN RESTAURANTS

100/200 Hamburg
1789 (ehem. Köhlerstube) Baiersbronn
1876 Daniel Dal-Ben Düsseldorf
Adler Lahr/Schwarzwald
Anima Tuttlingen
Apicius Bad Zwischenahn
Astrein Köln
NEU **Atelier** München
Balthasar Paderborn
Bandol sur Mer Berlin
Becker's Trier
Bembergs Häuschen Euskirchen
Casala Meersburg
Cédric Schwitzer's Waldbronn
Erbprinz Ettlingen
Erno's Bistro Frankfurt am Main
Ess Atelier Strauss Oberstdorf
Falconera Öhningen
Favorite Restaurant Mainz
Frühsammers Restaurant Berlin
Gasthof zum Bad Langenau
Gourmetrestaurant Dirk Maus Ingelheim am Rhein
Gourmetrestaurant „fine dining RS" Salach
Gut Lärchenhof Pulheim
Halbedels Gasthaus Bonn
Haus Stemberg Anno 1864 Velbert
Hugos Berlin
Im Schiffchen Düsseldorf
Jungborn Bad Sobernheim
Juwel Schirgiswalde-Kirschau
KAI3 Hörnum
Kaupers im Kapellenhof Selzen
Kronenschlösschen Eltville am Rhein
NEU **Kulmeck Restaurant** Heringsdorf
La Société Köln
Lakeside Hamburg
Lamm Rosswag Vaihingen an der Enz
Le Cerf Zweiflingen
Le Gourmet Heidelberg
Le Jardin de France Baden-Baden
Le Temple Neuhütten
Les Deux Restaurant & Brasserie by Kieffer München
LOUIS restaurant Saarlouis
Marly Mannheim
Merkles Endingen
NEU **Mountain Hub** Freising

Mühle Schluchsee
Nagaya Düsseldorf
Nobelhart & Schmutzig Berlin
noVa Herrenberg
Obendorfers Restaurant Eisvogel Neunburg Vorm Wald
Oettinger's Fellbach
Ophelia Konstanz
OPUS V Mannheim
Orangerie Timmendorfer Strand
Philipp Soldan Frankenberg
Pietsch Wernigerode
Piment Hamburg
Raubs Landgasthof Kuppenheim
Residenz Heinz Winkler Aschau im Chiemgau
Restaurant Admiral Weisenheim am Berg
„Restaurant Alexander Herrmann" by Tobias Bätz Wirsberg
Restaurant August by Christian Grünwald Augsburg
Restaurant Eichhalde Freiburg im Breisgau
Restaurant Français Frankfurt am Main
restaurant maximilian lorenz Köln
Restaurant Sparkling Bistro München
Rüssel's Landhaus Naurath
s'Äpfle Bodman-Ludwigshafen
Schiller's Manufaktur Koblenz
Schlossberg Baiersbronn
Schwarzer Adler Vogtsburg im Kaiserstuhl
Seestern Ulm
Skykitchen Berlin
Speisemeisterei Stuttgart
Stadtpfeiffer Leipzig
Storchen Restaurant Bad Krozingen
NEU **Tantris DNA** München
NEU **The Stage** Dortmund
TIAN München
Traube Blansingen Efringen-Kirchen
Waidwerk Nürnberg
Wein- und Tafelhaus Trittenheim
NEU **Werneckhof Sigi Schelling** München
Yunico Bonn
Zur Post Odenthal
ZweiSinn Meiers Fine Dining Nürnberg

DIE BESTEN RESTAURANTS

Hoher Grad an Kochkunst, Kreativität und Qualität

1797 Panker
5 Stuttgart
959 Heidelberg
Acetaia München
Alte Baiz Neuhausen
NEU **Alte Liebe** Augsburg
Alte Überfahrt Werder
Ambiente Staufen im Breisgau
Atelier Sanssouci Radebeul
Backmulde Ladenburg
Berens am Kai Düsseldorf
bidlabu Frankfurt am Main
Bootshaus Papa Rhein Hotel Bingen am Rhein
Bricole Berlin
Camers Schlossrestaurant Hohenkammer
Carmelo Greco Frankfurt am Main
Cheval Blanc Illschwang
Christian & Friends Tastekitchen Fulda
Christians Kirchdorf
Clara Restaurant im Kaisersaal Erfurt
Da Vinci Koblenz
Das Alte Haus Braunschweig
Das Grace Flensburg
Das Maximilians Oberstdorf
Der Schneider Dortmund
NEU **Der Steinort** Harrislee
Der Zauberlehrling Stuttgart
Die Brasserie Pirmasens
Die Mühle Jork Jork
die.speisekammer Oberstaufen
DiVa Scharbeutz
Dobler's Mannheim
Délice Stuttgart
Eckert Grenzach-Wyhlen
Eins44 Berlin
einsunternull Berlin
ENTE Wiesbaden
Erasmus bio fine dining Karlsruhe
esszimmer by philipp weigold in der alten post Weinheim
NEU **Faelt** Berlin
Freustil Binz
Gabelspiel München
Gasthof Bärwalde Radeburg
Gasthof Hirsch Schramberg

DIE BESTEN RESTAURANTS

Gasthof Krone Waldenbuch
Genießer Stube Friedland
Genuss-Apotheke Bad Säckingen
Goldener Anker Dorsten
Golvet Berlin
Gourmetrestaurant Berlins Krone Bad Teinach-Zavelstein
Gourmetrestaurant Nico Burkhardt Schorndorf
Grammons Restaurant Dortmund
Grill Royal Berlin
Gutshaus Stolpe Stolpe an der Peene
hæbel Hamburg
NEU **Hegel Eins** Stuttgart
Heimatjuwel Hamburg
Helbigs Gasthaus Johannesberg
Hippocampus München
Huberwirt Pleiskirchen
Hugenhof Simonswald
Hupperts Stuttgart
Ich weiß ein Haus am See Kuchelmiß
NEU **IIMORI Kaiseki** Frankfurt am Main
NEU **intensiü** Hilden
Jacobs Hamburg
Jellyfish Hamburg
Jin München
JM Sylt
NEU **Kaminzimmer** Finning
Keidenzeller Hof Langenzenn
kochZIMMER Potsdam
La Vallée Verte Herleshausen
Landgasthof Jagstmühle Mulfingen
Landgasthof Poststuben Bad Neuenahr-Ahrweiler
Landhaus Feckl Ehningen
Landhaus Halferschenke Dieblich
Lode & Stijn Berlin
Lohninger Frankfurt am Main
NEU **Löwengrube by Amadeus Kura** Freiburg im Breisgau
maiBeck Köln
[maki:'dan] im Ritter Durbach
Malathounis Kernen im Remstal
Maltes Hidden Kitchen Baden-Baden
NEU **Masa Japanese Cuisine** Frankfurt am Main
Meyers Keller Nördlingen
Mural München
NeoBiota Köln
NEU **OX** Darmstadt
NEU **Oyster Lodge** Bad Vilbel
PAVO Pfronten
Petit Amour Hamburg
Philipp Sommerhausen

DIE BESTEN RESTAURANTS

PHOENIX Restaurant & Weinbar Düsseldorf
NEU **Pink Pepper** Düsseldorf
NEU **Pottkind** Köln
Prism Berlin
Raben Horben – Steffen Disch Horben
Rebers Pflug Schwäbisch Hall
Rebstock-Stube Denzlingen
NEU **Restaurant 271** Burghausen
Restaurant Cœur D'Artichaut Münster
Restaurant Esszimmer Schwendi
Restaurant Hofstube Deimann Schmallenberg
Restaurant Krone Neupotz
NEU **Restaurant Kuhlemann** Neustadt an der Waldnaab
Restaurant Reisers am Stein Würzburg
NEU **Restaurant Tisane** Nürnberg
Restaurant Villa Merton Frankfurt am Main
Reuter Rheda-Wiedenbrück
Rittmeyers Restaurant No4 Buxtehude
Robert Stolz Plön
Rosin Dorsten
Schattbuch Amtzell
Schote Essen
Schwabenstube Asperg
Schwarzreiter München
Schwingshackl Esskultur Bad Tölz
Seehalde Uhldingen-Mühlhofen
Sein Karlsruhe
SEO Küchenhandwerk Langenargen
NEU **Seven Swans** Frankfurt am Main
NEU **Shiraz** Wuppertal
Showroom München
SoulFood Auerbach in der Oberpfalz
Spielweg Münstertal/Schwarzwald
St. Andreas Aue-Bad Schlema
St. Benedikt Aachen
Sterneck Cuxhaven
Storstad Regensburg
Taberna Müllheim
taku Köln
NEU **Tawa Yama** Karlsruhe
The Izakaya Wachenheim an der Weinstraße
The O'Room Heringsdorf
Tiger-Gourmetrestaurant Frankfurt am Main
Titus im Röhrbein Hannover
TROYKA Erkelenz
Ursprung – das Restaurant Königsbronn
VILLINO Bodolz
Valentin fine dining Lindau
NEU **Veles** Nürnberg

Voit Kassel
NEU **Votum** Hannover
Werners Restaurant Gernsbach
Wielandshöhe Stuttgart
Wintergarten Baden-Baden
Wullenwever Lübeck
Würzhaus Nürnberg
Yoshi by Nagaya Düsseldorf
Yoso – Aromenküche Sarah Henke Andernach
Zeik Hamburg
Zur Golden Kron Frankfurt am Main

3Lis Sulzburg
Abt- und Schäferstube Amorbach
Acquarello München
Adlerwirtschaft Franz Keller Eltville am Rhein
Agata's Düsseldorf
Ahlmanns Kiel
Alfredo Köln
Alpe Dornach Oberstdorf
Alt Wyk Wyk auf Föhr
Alte Feuerwache Würselen
Alte Post Hebelstube Müllheim
Am Kachelofen Balduinstein
NEU **Am Kamin** Mülheim an der Ruhr
Anna Sgroi Hamburg
Anthony's Kitchen® Meerbusch
Aska Regensburg
Atable Freinsheim
AUREUS Restaurant Frankfurt am Main
NEU **AV Restaurant** Berlin
Bachofer Waiblingen
Ballebäuschen Reichshof
Basho-An Freiburg im Breisgau
Belvedere Heringsdorf
Berggasthaus Niedersachsen Gehrden
Bieberbau Berlin
Bio-Fine-Dining-Restaurant 1950 Hayingen
BjoernsOx Dermbach
Blauer Bock München
Bob & Thoms Berlin
NEU **BRIKZ** Berlin
Brockel Schlimbach Nideggen
Buchner Welchenberg 1658 Niederwinkling
Caroussel Nouvelle Dresden

DIE BESTEN RESTAURANTS

Chairs Frankfurt am Main
Clostermanns Le Gourmet Niederkassel
Cookies Cream Berlin
Cordo Berlin
Cornelia Poletto Hamburg
Das Marktrestaurant Mittenwald
die burg Donaueschingen
Die Mühlenhelle Gummersbach
Die Reichsstadt Gengenbach
Diergardts „Kühler Grund" Hattingen
Dorfstuben Baiersbronn
Dorfwirt & friends Unterammergau
Dr. Kosch Düsseldorf
Eisenbahn Schwäbisch Hall
Elements Dresden
Emma Metzler Frankfurt am Main
Enoteca Freiburg im Breisgau
Entenstuben Nürnberg
Essence Restaurant München
NEU **ESTIMA by Catalana** Erfurt
Fässle – Le Restaurant Stuttgart
NEU **Fine Dining Restaurant Friedrich** Osnabrück
NEU **Flygge** Kiel
FRIEDA Leipzig
Fritz & Felix Baden-Baden
garbo zum Löwen Eggenstein-Leopoldshafen
Gasthaus Hirschen Freiburg im Breisgau
Gasthaus Jakob Perasdorf
Gasthaus Lege Burgwedel
Gasthaus Sternen Post Oberried
Gasthaus zur Malerklause Bescheid
Gasthof zum Kranz Lottstetten
Genuss-Atelier Dresden
GenussWerkstatt Mainz
Goldener Hahn Finsterwalde
NEU **GOLDISCH** Mainz
NEU **Gotthardt's** Koblenz
Gourmet-Restaurant Aerzen
Gourmet-Restaurant auf Schloss Filseck Uhingen
Gourmetrestaurant Aubergine Starnberg
Gourmetrestaurant Schlössl Oberotterbach
Gude Stub Casa Antica Bühl
HACO Hamburg
Handwerk Hannover
Hannappel Essen
Hardy's Restaurant Sylt
Heldenplatz Hamburg
HENNE. Weinbar. Restaurant. Köln
Henrich HÖER's Speisezimmer Idstein

DIE BESTEN RESTAURANTS

NEU **Herzog von Burgund** Neuss
Hirsch Sonnenbühl
Hirsch Genusshandwerk Bad Liebenzell
Höptners Abendmahl Bielefeld
Hotel Gasthof Sommerau Bonndorf im Schwarzwald
Iko Osnabrück
Il Barcaiolo Rottach-Egern
NEU **Irma la Douce** Berlin
NEU **ITO – Japanese Cuisine** Köln
NEU **Jan Diekjobst Restaurant** Detmold
Japanisches Restaurant Kaito München
Jean Eltville am Rhein
Johanns Waldkirchen
Käfer-Schänke München
Kaminstube Baiersbronn
Kesselhaus Osnabrück
Kin Dee Berlin
Kings & Queens Schweinfurt
KINK Bar & Restaurant Berlin
Koch und Kellner Nürnberg
Kook 36 Moos
Kraftwerk Oberursel
Kucher's Gourmet Restaurant Darscheid
NEU **KUMAMI** Berlin
Kuno 1408 Würzburg
La Becasse Aachen
NEU **La Cuisine Rademacher** Köln
Landersdorfer & Innerhofer München
Landgasthaus zur Linde Pliezhausen
Landgasthof Adler Rammingen
Landhaus Rössle Bretzfeld
LandWerk Wallerfangen
Laudensacks Gourmet-Restaurant Bad Kissingen
Laurentius Weikersheim
Le Chopin Boppard
Le Corange Mannheim
Le Flair Düsseldorf
Leos by Stephan Brandl Bad Kötzting
L'Étable Bad Hersfeld
NEU **Main Tower Restaurant & Lounge** Frankfurt am Main
Masters Blankenhain
Maître Köln
Meisenheimer Hof Meisenheim
Michael's Leitenberg Frasdorf
NEU **[mod] by Sven Nöthel** Duisburg
MUN München
NEU **Nagare** Stuttgart
Nikkei Nine Hamburg
NEU **Nose & Belly** Augsburg

GAULT&MILLAU **29**

DIE BESTEN RESTAURANTS

Orania Berlin
Osteria Centrale Berlin
Pfälzer Stube Herxheim
POTS – Dieter Müller Berlin
NEU **Prunier** Köln
PUR Berchtesgaden
Pure White Köln
NEU **rays.** Köln
Redüttchen Weinbar & Restaurant Bonn Bonn
Restaurant Balthazar Timmendorfer Strand
Restaurant Ederer München
Restaurant handicap Künzelsau
Restaurant Haubentaucher Rottach-Egern
Restaurant heyligenstaedt Giessen
Restaurant Huber München
Restaurant Kesselhaus Karlsruhe
Restaurant Kunz Gourmet Sankt Wendel
Restaurant Landhaus Scherrer Hamburg
Restaurant Meister Lampe Stuttgart
Restaurant Pageou München
NEU **Restaurant Pierburg** Essen
Restaurant Ratsstuben Haltern am See
Restaurant Schloss Loersfeld Kerpen
NEU **Restaurant Schnüsch** Büsum
Richard Berlin
Ritzi Stuttgart
Rolin Pinneberg
NEU **Roter Hahn** Regensburg
Rutz – Zollhaus Berlin
Sagrantino Weinbar Berlin
NEU **Sahila** Köln
San Martino Gourmet Konstanz
Scala Jena
Scharffs Schlossweinstube Heidelberg
Schaumahl Offenbach am Main
Schillingshof Friedland
Schloss Monaise Trier
Schloss Niederweis Niederweis
Schlossanger Alp Pfronten
Schranners Waldhorn Tübingen
Schwarz Gourmetrestaurant Kirchheim an der Weinstraße
Schwarzer Hahn Deidesheim
Seehof Immenstaad am Bodensee
Seesteg Norderney
Setzkasten Düsseldorf
Siedepunkt Ulm
Silberdistel Ofterschwang
Speiseberg Halle
Stanley Frankfurt am Main

DIE BESTEN RESTAURANTS

Steins Traube Mainz
NEU **Tante Fichte** Berlin
Taverna & Trattoria Palio Celle
theNOname Berlin
TiVu München
Tomatissimo Bielefeld
NEU **Trares** Frankfurt am Main
Trüffelschwein Hamburg
Tschebull Hamburg
Vida Dortmund
Villa Kellermann – Tim Raue Potsdam
Villa Thai Umkirch
VLET in der Speicherstadt Hamburg
VOLT Berlin
Weinbar Weimar Weimar
Weinhaus Neuner München
Weinhaus Uhle Schwerin
Weinrestaurant Turmschänke Eisenach
Weinschänke Schloss Groenesteyn Kiedrich
Weinsinn Frankfurt am Main
Weinstock Volkach
Winzerhof & Weinrestaurant Stahl Simmershofen
Wolfs Junge Hamburg
Wonka Nürnberg
zeit | geist Weingarten
Zirbelstube Freiburg im Breisgau
Zum Hirsch Remchingen
Zur Goldenen Esche Hinterzarten
Zur Tant Köln
Zur Weinsteige Stuttgart

Sehr empfehlenswert

893 Ryotei Berlin
Alte Pfarrey Neuleiningen
Anglerstuben Konstanz
NEU **Atelier Tian** Ravensburg
BAI LU Noodles Köln
Bar Olio Düsseldorf
Bistro Grundschlag Berlin
bistronauten Weinheim
NEU **Bommels** Binzen
CHOI Berlin
NEU **Christoph Paul's** Köln
ChungKing Noodles Berlin

DIE BESTEN RESTAURANTS

NEU **DANZA Restaurant & Weinbar** Ludwigsburg
Das Fetzwerk Oberstdorf
Das Kleine Lokal Bremen
der Waldfrieden Todtnau
NEU **der Weinlobbyist – Bistro & Weinbar** Berlin
NEU **Die Greisslerei** Oberursel
Die Gutsküche Tangstedt
Die Traube Vallendar
Drexlers Freiburg im Breisgau
Forellenhof Buhlbach Baiersbronn
NEU **Fujiwara** Frankfurt am Main
Funky Fisch Berlin
Garden München
Gasthaus Goldener Stern Friedberg
Gasthaus Obere Mühle Bad Hindelang
NEU **Gasthaus Scheiderhöhe** Lohmar
Gasthaus Schlegelhof Kirchzarten
Gasthaus Schwanen Stühlingen
Gasthaus Widmann's Löwen Königsbronn
NEU **Gasthaus Zähringer Hof** Münstertal/Schwarzwald
NEU **Gasthaus Zur Linde** Freiburg im Breisgau
Gasthaus zur Krone Freiamt
NEU **Gasthof Alex** Weißenbrunn
NEU **Gasthof Heinzinger** Maisach
Goldgelb Sylt
Grapes München
NEU **graues haus trüffel im rheingau** Oestrich-Winkel
Gregor's Fine Dining Rötz
GUI Bielefeld
Haus Scholzen Köln
Haus Töller Köln
Heldmann & Herzhaft Remscheid
Herr He Hamburg
Hirschen Britzingen Müllheim
Hobenköök Hamburg
Hot Spot Berlin
Juliette Potsdam
NEU **Julius** Berlin
NEU **Kakehashi** Nürnberg
Kaminstube Bad Peterstal-Griesbach
Knipsers Halbstück Bissersheim
Kochu Karu Berlin
Köpfers Steinbuck Vogtsburg im Kaiserstuhl
NEU **KRasserie** Krefeld
Krone Weil am Rhein
Kuro Mori Freiburg im Breisgau
Kurpfalz-Weinstuben Berlin
NEU **La maison Eric** Sulzburg
Landgasthof Eiserner Ritter Boppard

Landhaus Tanner Waging am See
Matsuhisa München
Mrs Robinson's Berlin
NEU **MUKU** Frankfurt am Main
nineOfive Düsseldorf
Oberländer Weinstube Karlsruhe
NEU **Oukan** Berlin
PUR Essen&Trinken Krefeld
NEU **Platz 4** Köln
Rebstock Waldulm Kappelrodeck
NEU **Restaurant Bellevuechen** Remagen
Restaurant Field Lüchow
NEU **Restaurant Gidibauer Hof** Hauzenberg
Restaurant Holzöfele Ihringen
NEU **Restaurant Tempel** Müllheim
Restaurant Verbene Koblenz
Roku Japanese Dining & Wine Düsseldorf
Rose Hayingen
Schachener Hof Lindau
Scheidels Restaurant zum Kranz Kenzingen
NEU **Scherz** Köln
Schlachthof Brasserie Saarbrücken
Schneider Bräuhaus München
Schönemann Frankfurt am Main
Shin • Ramen Hannover
Shiori Berlin
NEU **Soba-An** Düsseldorf
NEU **sonamu – casual korean dining** Frankfurt am Main
Standard Serious Pizza Berlin
Sushi B. Deidesheim
Tandreas Gießen
TOSHI München
Trattoria Ai Pero Andernach
Udagawa Berlin
Villa Mittermeier Rothenburg ob der Tauber
Vinothek by Geisel München
Weinhaus Henninger Kallstadt
Weinkulturbar Dresden
Weinstube Fröhlich Stuttgart
Weinzentrale Dresden
Winzerhaus Rebstock Vogtsburg im Kaiserstuhl
XO Seafoodbar Hamburg
Yabase Düsseldorf
Zur Fischerklause Lütjensee
Zwei und Zwanzig Geisenheim

SO BEWERTEN WIR DIE RESTAURANTS

Kriterien für die Benotung der Küche

Bewertet werden

- **Qualität und Frische** der verwendeten Produkte
- **Kreativität und Professionalität** bei der Zubereitung
- **Harmonie** der Gerichte
- **Exakte Garzeiten**
- **Präsentation** der Gerichte

Die Hauben-Bewertung (siehe Infokasten unten) **bezieht sich nur auf die Küche, nicht aber auf Ausstattung und Service eines Restaurants.** Vergleichen Sie daher die Hauben eines Luxusrestaurants bitte nicht mit denen einer einfachen Gaststätte. Beide versuchen, Ihnen das Beste zu bieten –, aber während eine Haube für ein einfacheres Haus eine fabelhafte Bewertung darstellt, darf man von einem Luxusbetrieb mit entsprechenden Preisen eine deutlich höhere Leistung erwarten.

KLASSIFIZIERUNG DER KÜCHE

♙♙♙♙ ♙♙♙♙	Höchstnote für die weltbesten Restaurants	♙♙♙ ♙♙♙	Höchste Kreativität und Qualität, bestmögliche Zubereitung	♙	sehr empfehlenswert
♙♙♙♙ ♙♙♙♙	Prägende Küche, führend in Kreativität, Qualität und Zubereitung	♙♙ ♙♙	Hoher Grad an Kochkunst, Kreativität und Qualität		Lieblingsadressen, die – vom kleinen Bistro bis zum Landgasthof, von der unkomplizierten Osteria bis zur schnörkellosen Dim-Sum-Bude – den kulinarischen Alltag verlässlich bereichern.

Rotes Symbol herausragend in seiner Kategorie.

GAULT&MILLAU

Unser Credo

Der Gault&Millau möchte die gute Küche fördern – indem er Köche anspornt, ihre Arbeit immer besser zu machen, und die Gäste ermuntert, immer höhere Ansprüche zu stellen. Nur so entsteht kulinarischer Fortschritt.

Die fachliche Qualität und die Objektivität unserer Bewertungen beruhen auf folgenden Kriterien:

Unabhängig Die Auswahl der getesteten Restaurants erfolgt in völliger Unabhängigkeit durch die Chefredaktion und die Tester. Um diese Unabhängigkeit zu gewähren, ist die Aufnahme in den Gault&Millau von jeher kostenlos. Foto- oder Anzeigenveröffentlichungen haben keinerlei Einfluss auf redaktionelle Entscheidungen.

Anonym Alle im Guide empfohlenen Häuser werden von unseren Testern als zahlende Gäste und ohne jedwede Absprache mit dem Haus besucht.

Kompetent Unsere Tester urteilen kompetent und vorurteilsfrei im Sinne des anspruchsvollen Gasts. Sie besitzen jahre-, wenn nicht jahrzehntelange Erfahrung in der gehobenen Gastronomie und verfügen über das Wissen und Urteilsvermögen, die Leistung einer Küche und eines Restaurants im internationalen Vergleichsmaßstab beurteilen zu können.

Aktuell Jedes aufgeführte Restaurant wird von unseren Testerinnen und Testern regelmäßig besucht, neu bewertet und beschrieben. Alle besuchten Häuser erhalten die Möglichkeit, die im Adresskopf genannten praktischen Informationen jährlich zu aktualisieren.

Leserorientiert Alle Zuschriften und Kommentare werden von der Redaktion ausgewertet und bereichern unseren Erfahrungsschatz.

SO LESEN SIE DEN GAULT&MILLAU

Restaurants: Die Fakten

SO LESEN SIE DEN GAULT&MILLAU

❶ Ortsname

❷ Restaurantname

❸ Gault&Millau-Bewertung
von einer bis fünf Hauben in Schwarz und – für in ihrer Kategorie herausragende Restaurants – in Rot.

❹ Das Restaurant wird erstmals oder nach Jahren wieder im Guide besprochen.

❺ Restaurant-Kategorien
großer Luxus 🍴🍴🍴🍴🍴, Luxus 🍴🍴🍴🍴, erstklassig 🍴🍴🍴, gutbürgerlich 🍴🍴 , einfach 🍴

❻ Symbole (siehe Seite 39)

❼ Preise Mindest-/Höchstpreis in Euro

❽ Ausstattung und Angebote
des Restaurants (siehe Seite 39)

❾ Beschreibung

Die angegebenen Preise und Öffnungszeiten wurden uns bis zum Frühjahr 2022 von den Betrieben mitgeteilt oder von uns ermittelt.
Eine Gewähr für die Verbindlichkeit dieser Angaben können wir nicht geben.

Legende

ICONS RESTAURANTS

- Gastgeber / Gastgeberin
- Küchenchef / Küchenchefin
- Sommelier / Sommelière
- Geschlossen

- Reservierung nötig oder empfohlen
- Barrierefrei
- Parkplatz
- Keine Kreditkarte akzeptiert
- Terrasse / Garten
- Raucherlounge
- Hunde nicht erlaubt
- Übernachtungsmöglichkeit
- Regionale Küche
- Besonders schönes / historisches Ambiente
- Eigener Gemüsegarten
- Aufladestation für Elektro-Autos
- Bar / Barkeeper
- Bemerkenswerte Weinkarte
- Außergewöhnlich guter Service

ZUSÄTZLICH STAY & DINE

- Hotelkategorie
- Wellness & Spa
- Pool / Seezugang
- Schloss / Burghotel
- Keine Kinder
- Familienfreundlich
- Golfhotel

- Bemerkenswertes Restaurant

DIE RESTAURANTS

AACHEN

La Becasse

Hanbrucher Straße 1, 52064 Aachen
T +49 (0) 241 74444
www.labecasse.de

- Daniel Hündgen
- Christof Lang & Andreas Schaffrath
- Daniel Hündgen
- Mo, So, Feiertag ganztags

Menü 40 / 118 €
Vorspeise 19 / 56 €
Hauptgang 39 / 49 €

Das Interieur setzt auf dunkle Farben, die Tische sind bezogen mit schwarzem Kunstleder, die Mitte des Raums wird von etwas beherrscht, das früher vielleicht einmal die Theke gewesen sein mag. Auf den ersten Blick wirkt das in einem ehemaligen Ecklokal gelegene La Becasse fast wie eine Bar – ein Eindruck, der sich aber spätestens mit dem Blick in die Karte verflüchtigt. Die bietet ein Menü (3-, 4- oder 6-gängig) sowie à la carte ein paar Positionen klassisch gehobener Brasserie-Küche. Ein dreiteiliges Mise en bouche eröffnet unseren Abend. Vor uns stehen ein luftig gearbeiteter Kartoffelschaum mit Spinat und einer kleinen Nocke Kaviar, ein Schälchen mit feinen Entenrillettes und eines mit einer Mousse von Roter Bete. Alle drei Küchengrüße sind ohne Fehl und Tadel und verweisen auf die Stärke der Küchenchefs Christoph Lang und Andreas Schaffrath: die elegante Verfeinerung einer herzhaften, im tiefsten Kern ihres Wesens traditionell-französischen Küche. Unsere erste Vorspeise – eine Gänseleberterrine mit Aal und Entenmousse – ist dafür das perfekte Beispiel. Die Terrine ist von ausgesprochen guter Qualität (wenn vielleicht auch noch eine Spur zu kalt), der begleitende Klecks Cassiskonfitüre frisch-fruchtig, die in eine Brickteigrolle gefüllte Entenmousse ebenso hochfein wie der Aal. Das getoastete Scheibchen Brioche hätten wir uns allerdings im Kern etwas weicher gewünscht – genau wie die Stange grünen Spargel als flankierende aromatische Begleitung. Unsere vorbehaltlose Zustimmung findet dagegen die zweite Vorspeise: Rochen mit weißem Spargel und – optional dazu wählbarem – Osietra-Kaviar. Im geschmacklichen Zentrum weißer Spargel und mundfüllend schmackhaftes Rochenfleisch. Ein paar Croûtons liefern Biss, der vorzügliche Kaviar dreht alles in Richtung feinsalziger Eleganz. Ein runder Teller, der Schnickschnack wie Blattgold (auf dem Kaviar) eigentlich nicht nötig hätte. Das folgende Kirschsorbet vor dem Hauptgang – mit optionalem Wodka-Shot – ist zwar fruchtig, schien uns aber für seine Position innerhalb des Menüs eine Spur zu süß. Die Seezunge im Hauptgang demonstriert dann aber nochmal die Stärken der Becasse-Küche. Sie ist auf den Punkt gebraten und von perfekter Qualität. Die Spinat-Quenelle dazu changiert zwischen Deftigkeit und feiner Eleganz – genau wie die klassische, zusätzlich von Kalbswürfelchen begleitete und unbekümmert mundfüllend herzhafte Sauce gribiche. Unbekümmerten Mut – diesmal zur ein wenig aus der Mode gekommenen Süße – attestieren wir auch dem Millefeuille mit Haselnussnougat, Crème anglaise und Vanilleeis zum Finale.

St. Benedikt

Benediktusplatz 12, 52076 Aachen
T +49 (0) 2408 2888
www.stbenedikt.de

- Karin Weißer
- Maximilian Kreus
- Karin Weißer
- Di, Mi abends,
  Mo, So, Feiertag ganztags

Menü 94 / 155 €
Vorspeise 41 / 48 €
Hauptgang 56 / 62 €

Maximilian Kreus trägt mit sichtbarer Freude Teller an die Tische und stellt den Gästen seine Gerichte vor. Wer das erlebt, gönnt dem sympathischen Koch jeden Abend ein volles Haus und im Sommer eine volle Terrasse. Denn mit Entschlossenheit und Energie hat er die Folgen des kapitalen Wasserschadens bei der Flutkatastrophe im Juli 2021 überwunden. Nach vier Monaten Sanierung und Renovierung erstrahlt der Gastraum in neuem Glanz. Geblieben ist Kreus' klare Linie, die die Qualität des Produkts vor deren Herkunft stellt. So komme sein Saibling aus Berchtesgaden, weil die Fische der Züchter aus der Umgebung nicht die Qualität hätten, die ihm vorschwebe, erläutert Kreus seine Wahl. Gekocht wird auf dem Fundament französischer Techniken. Die Aromenwelt verschiedener asiatischer Küchen integriert er souverän in sein Portfolio. Und einen eigenständigen Zugang zur vegetarischen Küche hat er sich auch erarbeitet. Letzteres schlägt sich in einem eigenen Menü nieder, dessen Kreativität es zur Alternative für jeden Gast macht. Tatar aus Aubergine, gefächert geschnittene Rote Bete für eine besondere Konsistenz – wer sich für das klassische Menü entschieden hat, schielt mit Futterneid auf die vegetarischen Gänge an den Tischen, die man auch gerne probieren würde. Dann würde der Gast jedoch den zum Tatar verarbeiteten Kaisergranat in seinem Sud mit fein justierten Akzenten aus Wasabi und Limette versäumen. Oder den mit einer Misocreme bestrichenen Steinbutt. Oder den in einem süßlichen Kosmos platzierten Saibling – alles drei pointierte, differenzierte Genüsse. Besonders gefällt durchgängig die gelungene Gratwanderung zwischen Eigengeschmack, Aromaten und Eleganz. Stellvertretend für diese Fähigkeit sei noch der Pilzcreme hervorgehoben. Sie adelt tiefschwarz den Steinbutt-Gang. Abgerundet wird der durch den schönen Biss der in Holzkohle gegarten Lauchstangen. Roastbeef vom japanischen Wagyu, Presa vom Ibérico – Zutaten der Zeit, die Kreus tadellos gart. Im Dessert versteckt Kreus unter einem Knusperblatt mit einem salzigen Ricottaeis noch einen wahren Geschmacksschatz. Und es verdient extra Erwähnung, da es in der gehobenen Gastronomie weiterhin selten ist: Auch der Espresso war so, wie ein Espresso sein sollte, kompakt, mit fester, echter Crema. Die Weinkarte ist umfangreich mit deutschen Weinen bestückt, aus der sich auch die Weinbegleitung speist.

Aachen

AALEN

BuonGiorno Trattoria

Radgasse 15, 73430 Aalen
T +49 (0) 7361 9339 986
www.buongiorno-aalen.de

🔒 Mo mittags, So, Feiertag ganztags
Menü 37 / 42 €
Vorspeise 8 / 16 €
Hauptgang 10 / 25 €

Eine Trattoria im allerbesten Sinne. Paolo Julita, langjähriger Maître im Mannheimer Da Gianni, hat sich hier seit einigen Jahren einen Traum erfüllt. Die kleine Karte führt Gerichte, die der Chef in seiner offenen Küche aus besten italienischen Produkten zubereitet – pointiert und in konstant hoher Qualität, aber immer mit einem kleinen Augenzwinkern. Salumi, Formaggi, sehr gute Pasta und gute Fleischgerichte – für jeden Liebhaber italienischer Kost ist etwas dabei. Guter Service und sehr gute Whiskey-Auswahl!

ACHERN

Chez Georges

Kirchstraße 38, 77855 Achern
T +49 (0) 7841 69680
www.hotel-sha.de/restaurants

🔒 mittags, Mo, So, Feiertag ganztags
Menü 32 / 55 €
Vorspeise 6 / 25 €
Hauptgang 15 / 35 €

Chez Georges heißt das helle, freundliche Gourmetrestaurant des Hotels Schwarzwälder Hof, das von einem schönen Garten umgebenen ist. Der Hotelinhaber und erfahrene Koch Jean-Georges Friedmann präsentiert hier eine feine badisch-elsässische Küche, deren Gerichte mit Zutaten von hoher Qualität und oftmals regionaler Herkunft (zum Beispiel Schwarzwälder Weiderind) zubereitet werden. Die Weinkarte umfasst mehr als 300 Positionen. Wer übernachtet, darf sich auf ein sehr gutes Frühstück freuen.

AERZEN

Gourmet-Restaurant

Schwöbber 9, 31855 Aerzen
T +49 (0) 5154 70600
www.schlosshotel-muenchhausen.com

- Britta Minder
- Achim Schwekendiek
- Britta Minder
- Di, Mi, Do, Fr, Sa mittags, Mo, So, Feiertag ganztags

Menü 125 / 185 €

Achim Schwekendiek ist ein exzellenter Küchenhandwerker, der klassische wie moderne Techniken aus dem Effeff beherrscht. Das stellt er auch zur Schau. Er setzt seine Gerichte hingebungsvoll, aufwendig und äußerst variantenreich in Szene. Da wird etwa ein Steinbutt in Tandoori-Butter gebraten, dem Fisch eine Haube aus knuspriger Quinoa, marinierten Kohlrabiröllchen und Dillstaub aufgesetzt, umrundet von fermentierten, säuerlichen Heidelbeeren, gebettet auf schwarzem Risotto, geräucherter Buttermilch und Dillöl. Letztere beiden Zutaten hätten uns zum Genussglück bereits gereicht, denn der Edelfisch war hochwertig. Ähnlich ergeht es uns beim exzellenten St. Pierre, zu dem ein Lardotäschchen mit Möhrenfüllung, eine Brokkolicreme, süßlich-knusprige „Brokkolierde", Urkarotten und eine betörend feine Salzzitronen-Beurre-blanc gehören. Und freilich, das passt alles auf die eine oder andere Weise zusammen, man muss hier nicht den Küchenstil von Schwekendiek zerpflücken. Im Kontext des Zutatenverhältnisses haben es die Hauptkomponenten aber oft nicht einfach, in ihrer vollen Pracht zur Geltung zu kommen. Die zwei Weine, die wir zu unserem Menü probieren, sind gut gewählt. Besonders gut gefällt die südafrikanische Rotwein-Cuvée (Luddite „Saboteur"), die mit ihren dunkelbeerigen, aber auch kräuterwürzigen, erdigen Nuancen und feinen Gerbstoffen gut zum ausdrucksstarken (etwas zu durchgegarten) Salzwiesenlammrücken mit Granatapfelgel, Harissa-Paprika- und Auberginen-Püree passt. Grandios ist das Flair der altehrwürdigen Galerauume des Schlosshotels Münchhausen. Kronleuchter, Parkettböden und stuckverzierte Decken des Gourmet-Restaurants bieten den perfekten Rahmen für die klassisch gedeckten Tafeln. Weniger fürstlich war die Reservierung: Anstatt einen Rückruf anzubieten, wurden wir selbstbewusst gebeten, es fünf Tage später erneut zu versuchen, man wolle die Restaurantplätze so lange den Hotelgästen vorbehalten. Am Ende saßen wir in halb leeren Galerauumen.

Aalen

AMORBACH

Abt- und Schäferstube

Schafhof 1, 63916 Amorbach
T +49 (0) 9373 97330
www.schafhof.de

- Dominik Schmidt
- Achim Krutsch
- Mo, Di, Mi, Do, Fr mittags

Menü 79 / 119 €
Vorspeise 7 / 19 €
Hauptgang 19 / 36 €

Manch Anreise mag vordergründig spektakulärer erscheinen als das anschließende Ambiente und kulinarische Angebot. Doch nach einer Bergfahrt durch Nebel auf einem teils einspurigen Schotterweg zur abgeschiedenen Traditionsadresse des Landhotels mit 24 Zimmern und gemütlich-gediegenen Restaurants belohnte uns wie gewohnt eine Küche, deren Teller stets widerspiegeln, was eine angenehm knappe Speisekarte verspricht. Nämlich Gerichte verfeinerter Gutbürgerlichkeit und mit minimalem Lokalkolorit, was sogleich mit zeitlosem Geschmack und klassischem Handwerk die entzückend kernige Terrine aus confierter Challans-Ente mit Gänseleberkern, Pistazien und Fettstückchen sowie Gänseleberparfait demonstrierte. Dazu eine krosse hausgebackene Briochescheibe, zwei süßsäuerliche Fruchtkompotte und kontrastierender Bittersalat – das reichte. Weniger auffällig war hauchdünnes Carpaccio aus schottischem Wildlachs und Jakobsmuschel mit frischsommerlicher Tomaten-Pinienkern-Vinaigrette und Pinienkernen. Kaum verwunderlich, dass hier auch naturalistische Kraftbrühe vom Odenwälder Reh, in der nur Buchenpilze sich Einlage-Ehre gaben, heiß und fettig wohlig erfreute. Mehr als drei À-la-carte-Gänge oder das viergängige Menü seien aus Kapazitätsgründen nicht empfohlen. Drei Riesen-Fleischklopse machten mit Roter Bete, rahmiger Kapernsauce und reichhaltiger Kartoffelmousseline der Königsberger Art alle Ehre. Lammkoteletts und zwei Stücke Lammrücken mit würziger Kräuter-Brösel-Kruste – auf nicht saisonalem Bohnengemüse – waren bei wunderbar bissfester Struktur exakt gegart und erfüllten aromatisch, auch mit intensiver Sauce, alle Erwartungen. Den gelungenen Abend beendete solide Crème brûlée mit Fruchtsorbet, bevor die ungewisse Rückfahrt vom beständigen Leuchtturm mit seinem Licht gediegener Gutbürgerlichkeit in den Nebel anstand. Erwähnenswert ist auch der zuvorkommende Service unter Hüseyin Ünal, einem Grandseigneur seines Metiers, dessen gut sortierte Weinkarte zu akzeptablen Preisen über Franken hinausblickt.

Amorbach

AMTZELL

Schattbuch

Schattbucher Straße 10,
88279 Amtzell
T +49 (0) 7520 9537 88
www.schattbuch.de

- Christian Marz
- Sebastian Cihlars
- Marcel Frank
- Sa, Feiertag mittags, Mo, So ganztags

Menü 98 / 118 €
Vorspeise 9 / 34 €
Hauptgang 26 / 69 €

Die Robotik-Firma FTP verkündet stolz auf ihrer Website: „Neue Wege gehen. Bewährtes hinterfragen. Visionen leben. Mit einer Kombination aus kreativem Erfindergeist und einer ausgeprägten technischen Expertise. Zugegeben, vernünftig sind wir dabei nicht immer – aber unsere Lösungen sind es. Garantiert." Ein etwas zu lang geratener Werbespruch? Vielleicht, aber nichts könnte das Konzept des Schattbuch besser auf den Punkt bringen – und das aus gutem Grund, denn eigentlich bekocht das Schattbuch die FTP-Belegschaft und fungiert nur „nebenbei" auch als Gourmetrestaurant im schicken, ganz in schwarz gehaltenen Anbau an die Produktionshalle, inklusiver schöner Sommerterrasse. Gegründet, weil es dem FTP-Inhaber an adäquaten Verköstigungsadressen für seine Mitarbeiter und seine Kundschaft mangelte, trägt das Team um Christian Grundl und Sebastian Cihlars die Philosophie perfekt nach draußen. Sie präsentieren eine säurebetonte Küche, die die hippen asiatischen Einflüsse moderner Spitzengastronomie aufgreift, aber in einer ganz eigenständigen Aromenwelt innovativ interpretiert. So kombiniert Cihlars bei unserem sommerlichen Besuch gebratene Jakobsmuscheln mit australischen Wintertrüffeln und Kalbskopf als saurer Sülze und gebacken, dazu Petersilientexturen. Mutig! Sein Pfaffenschnittchen versteckt sich unter einem festen Kaffirlimettenschaum und kommt mit Tamarinde und Kokos in sämiger Jus optisch wie geschmacklich so unerwartet wie überzeugend auf den Tisch. Das Wagyu für den Beeftea wird roh als Teebeutel zur Ochsenschwanzessenz serviert und kann nach Lust und Laune selbst gegart werden. Einzig die etwas wässrige Scholle konnte dem kräftigen Pak-Choi- und Passionsfruchtfond kein Paroli bieten. Beim Rehrücken mit Bete-Texturen, der exzellenten Käseauswahl und dem Dessert aus Hibiskus, Kaffee, Apriokseneis und Mandelhippenring war die eigenständige Genusswelt im Schattbuch wieder in bester Ordnung. All das mit Herzblut und Sachverstand serviert und mit einem passgenauen Weinpairing aus der umfassenden Karte (viele Magnums) kombiniert – ein unvernünftig-vernünftiger Abend im besten Sinne.

ANDERNACH

PURS

Steinweg 30, 56626 Andernach
T +49 (0) 2632 9586 750
www.purs.com

- Ana Luhnau
- Christian Eckhardt
- Marian Henß
- mittags,
  Mo, Di, So, Feiertag ganztags

Menü 195 / 220 €
Vorspeise 38 / 54 €
Hauptgang 54 / 68 €

Auch hier, im stolzen Flaggschiff-Restaurant des blühenden gastronomischen Reiches von Rolf und Petra Doetsch sind die schwierigen Umstände der vergangenen Monate nicht spurlos vorübergegangen. Statt einer Auswahl in vier Akten bietet Christian Eckhardt nun ein Menü in acht Gängen an – sowie, bei unserem jüngsten Besuch, einen À-la-carte-Gang („Alba-Trüffel / Lauch / Vacherin Mont-d'Or / Belota"). Nichts geändert hat sich hat an der eleganten Anmutung des schönsten Restaurants im weiten Umkreis (Design und Ausstattung: Axel Vervoordt), an der Großzügigkeit des Rahmens wie der Gastlichkeit. Nach wie vor sitzen wir mit größter Vorfreude am prasselnden Kamin oder im lauschigen Innenhof und freuen uns beim Champagner an wohlproportionierten und ausgefeilten Kleinigkeiten, mit denen der Abend eingeläutet wird – an einer so filigranen wie komplexen Mais-Tartelette (Mais fermentiert, sauer eingelegt, frisch, leicht geräuchert, als Creme), an einem zarten Kalbstatar mit Mandarine und Shimeji-Pilzen, an gebeiztem, abgeflämmtem und lackiertem Seeteufel mit gepickeltem Rettich und Pistazie. Großartig jedes Mal auch Eckhardts Gänseleber-Interpretationen, jüngst als klassische Terrine von wunderbarer Festigkeit, samtigem Schmelz und dichtem Geschmack in spätherbstlicher Begleitung von Kürbis und Kürbiskernen sowie einem Hauch von Ahornsirup und Essigsäure – ohne jede Schwere oder plakative Süße eine perfekte Einfassung des feinen Leberaromas: ausgezeichnet! Aus ähnlich himmlischen Sphären in der aktuellen Testsaison eine saftige Tranche von der Seezunge, in Nussbutter confiert, fest und aromatisch, unter einem Gelee von geräucherter Crème fraîche und Brunnenkresse sowie einer stattlichen Nocke Kaviar, umschmeichelt von einer seidigen Beurre blanc und akzentuiert durch eine Brunnenkresse-Vinaigrette und einen perfekt balancierten Hauch Meerrettich. Dass auch einem Könner wie Christian Eckhardt solch komplexe Hochseilakte nicht jederzeit perfekt gelingen, zeigte eine Allianz von Thunfisch, Spitzpaprika, Himbeere, Poveraden, Mandeln und Piment d'Espelette, die wir andernorts mit Beifall bedacht hätten – die hier, angesichts des sonstigen Niveaus, jedoch durch eine deutliche Unwucht auffiel, hatte der zarte Bauch vom erstklassigen Balfegó-Bluefin gegen Süße, Säure und Vielfalt seiner Begleiter doch schlicht keine Chance. Ganz anders dagegen und perfekt proportioniert ein herausragend gutes Limousin-Lamm im Hauptgang, der Rücken optimal gereift und sensibel – saftig, kross – gebraten, die geschmorte Haxe elegant mit Cranberry-Lack aromatisiert, dazu eine so tiefe wie komplexe Jus von feinmalziger Süße. Wunderbar! Und auch von den Desserts ist ungeachtet des Abschieds von Sebastian Kraus nur Gutes zu berichten, sowohl eine Verbindung von Champignons, Vanilleeis und Johannisbeeren als auch von Mandel-Schokolade, Zwetschgen, Olivenöl und Kalamata-Oliven gefiel durch eigensinnige Herbheit, Fruchtigkeit, Leichtigkeit und Substanz. Nicht anders als der seit Jahren versierte Service unter Sommelier Marian Henß und seine so individuelle wie stimmige Weinbegleitung.

Ristorante Ai Pero

Schafbachstraße 14,
56626 Andernach
T +49 (0) 2632 9894 060
www.aipero.de

Nicholas Patrick Hahn
Marian Henß
mittags,
  Di, Mi, Do, Feiertag ganztags
Menü 89 / 119 €

Viele Köche sind mit der souveränen Bespielung eines Restaurants überfordert, Nicholas Patrick Hahn hat gleich drei unter seiner Verantwortung. Sein Ai Pero ist ein Konglomerat aus Trattoria, Enoteca und Ristorante, wobei letzteres das interessanteste ist – und uns im gastronomischen Universum der Familie Doetsch ein wenig stiefmütterlich behandelt erscheint. Wer hier essen will, muss zunächst durchs pralle Leben samt Pizzaofen und steht dann irgendwann vor einer Glastür, hinter der weihevolle Stille herrscht. Wir raten dringend zu einer besseren Lösung und mehr Eigenständigkeit – was hier kulinarisch geboten wird, hat es zweifellos verdient. Man erkennt es schon an den aufwendigen Kleinigkeiten vorab, an süßlich zart scharfer Baiser-„Pizza" mit Nduja, Salami Calabrese, Stracciatella und Basilikum, an knuspriger Fenchel-Tartelette mit Hamachi und Crème fraîche, Wassermelonen-„Carpaccio" mit Kapern-Mayonnaise, Parmesan, Rucola und Balsamico, Rosmarin-Focaccia und Grissini mit exzellentem Pastrami … Durch die Bank filigran und wunderschön anzusehen, von kräftigen Aromen (und gelegentlich einem Tick zu viel Süße). Ein schlichter Geniestreich der erste Gang des Menüs: eine Scheibe vom Thunfischbauch, dick bedeckt von Osietra-Kaviar, dazu ein Sud von fermentierter Erdbeere, Tomate, Nori. Die perfekte Verbindung von Mineralität und Schmelz, kontrastiert durch Frucht in perfekter Balance von Süße und Säure – völlig dekorationsfrei und voller Spannung.
In seiner Schlichtheit einer der schönsten Teller der aktuellen Testsaison! Etwas arg auf Optik gekocht dagegen der erste Pasta-Gang: Drei große, lockere Parmesan-Gnocchi, wenig prägnant mit einer Parmesancreme gefüllt, dazu ein paar Scheibchen Weiße Trüffel und goldbestäubte Piemonteser Haselnüsse, die beide aromatisch wenig beitrugen und gegen einige Tupfen Parmesancreme auch keinen Stich machten. Großes Handwerk, wenig Ertrag. Ganz anders die folgende Pasta: tintenfischschwarze Sopressini, eingelegte Périgord-Trüffel, Canellini-Bohnen, ein halbflüssiges Eigelb – großartig! So ging es weiter: mutig wie genial ein glasiger Streifen von der Rotbarbe mit Sobrasada-Öl glasiert; von klassischer Eleganz ein blutroter Rehrücken mit unglaublich dichter Jus und dem feinen Spiel von Bittere und Süße von Chicorée und Roter Bete; zwei monochrome Desserts in Schwarz und Weiß – Mandel, Amalfi-Zitrone, weiße Schokolade zunächst, anschließend schwarze Schokolade, Vanille, Olive, Herbsttrompete, schwarze Walnuss. Wir wiederholen unseren Hinweis vom Anfang: Nicholas Patrick Hahn ist hierzulande eines der absoluten Toptalente seiner Generation.
Er verdient dringend eine adäquate Bühne!

ANDERNACH

Trattoria Ai Pero

Schafbachstraße 20–24,
56626 Andernach
T +49 (0) 2632 9894 060
www.aipero.de

Di, Feiertag ganztags

Ein italienisches Lokal vom Reißbrett und Nonna steht hier auch nicht hinterm Herd. Egal! Was auf den Tisch kommt, befriedigt unsere Sehnsüchte nach dem Süden zuverlässiger als all die anderen „Lieblingsitaliener" ringsum. Das liegt natürlich an den guten Produktqualitäten und handwerklich soliden Zubereitungen, auf die man hier Wert legt – man hat schließlich einen Ruf zu verlieren. Folglich kommen die Klassiker von Vitello tonnato über Parmigiana di melanzane und Pizza Margherita aus dem Steinofen bis zum Tiramisu hier in schöner Qualität auf den Tisch. Und niemand ist gezwungen, den teutonischen Sündenfall „Spaghetti Bolognese" zu bestellen …

Yoso – Aromenküche Sarah Henke

Schafbachstraße 14,
56626 Andernach
T +49 (0) 2632 4998 643
www.yoso-restaurant.de

- Barbara Pöhlmann
- Sarah Henke
- Marian Henß
- Di, Mi, Do, Fr mittags,
  Mo, So, Feiertag ganztags

Menü 112 / 128 €

Sarah Henke hat es drauf. Unkomplizierte Küche, eigenständiger Stil, nicht mehr Formalitäten als nötig. Und das alles in Andernach, das sich binnen kurzer Zeit zur Gourmetmetropole hinaufgearbeitet hat. Die Tische sind eher schmal, in die Küche kann man zumindest teilweise hineinschauen, der Service hat das Herz auf dem rechten Fleck. Und was den Wein angeht: Den gibt es glas- wie flaschenweise in beachtlichem Umfang. Marian Henß, seines Zeichens Sommelier im benachbarten PURS, hat für erstklassige offene Weine gesorgt, eine verblüffende Auswahl an Sake glasweise ist ebenfalls zu haben. Spaßig sind die Häppchen vorweg, die unter das Motto Feuer-Wasser-Erde-Luft gestellt werden. Auch sonst dreht sich vieles um Kontraste. Rote Garnele mit Tofu und Rettich zeugt von erstklassigen Zutaten, nur finden Krustentier und Tofu keinen Bezug zueinander. Wer hier eine leichte Schärfe verspürt, sollte sich klarmachen, dass diese in Henkes Küche öfter für Spannung sorgt. Fjordforelle mit gleich zwei kontrastierenden Saucen (von Sepia respektive Kaffirlimette geprägt) ist mit das Beste, was man aus diesem Produkt machen kann. Der Seeteufel mit Mango und einer Sauce mit gelbem Curry begeistert ob der Fischqualität und der klugen Umrahmung. Noch besser: die Ente mit Quitte; das Wan Tan, aus dem sich ein intensiver Sud auf den Teller ergießt, ist eine Meisterleistung, auch die Roulade mit Fleisch von der Keule gelingt handwerklich perfekt. Etwas klassischer wirkt saftiger Tafelspitz mit tollem, intensivem Wurzelgemüse. Erfrischend schließlich das Dessert, auch wenn man diese Piña-Colada-Spielerei als Weg des geringsten Widerstandes bezeichnen kann. Es macht Spaß, bei Sarah Henke zu essen – und das ist doch eigentlich das Beste, was man von einem Restaurant sagen kann.

ANSBACH

La Corona Restaurant & Vinothek

Johann-Sebastian-Bach-Platz 20,
91522 Ansbach
T +49 (0) 981 9090 130
www.lacorona.de

mittags,
Mo, Di, Mi, So, Feiertag ganztags
Menü 30 / 50 €
Vorspeise 9 / 25 €
Hauptgang 18 / 39 €

Die „Krone" ist als Kombination von Restaurant und Vinothek ein äußerst einladender Ort mit südlich-mediterranem Flair im Herzen der Altstadt. Die Küche bedient sich bei den Zutaten aus der fränkischen Heimat, feiert aber auch die Vielfalt anderer Genusswelten. Da lockt etwa eine Portion von der Hirschkalbshaxe (mit Sternanis und Rosmarin geschmort), dazu feines Portweinkraut, eingelegter Wildapfel und Rote-Bete-Knödel. Oder Bäckchen vom fränkischen Limousin-Ochsen mit karamellisierten Schalotten an Rosmarin-Barolo-Jus mit getrüffeltem Kartoffelgratin. Die Weinauswahl umfasst mehr als 1300 Flaschen.

ARGENBÜHL

Das Ellgass

Dorfplatz 10, 88260 Argenbühl
T +49 (0) 7566 1578
www.hotel-ellgass.de/
kulinarik-genuss

mittags, So, Feiertag ganztags
Vorspeise 5 / 12 €
Hauptgang 15 / 36 €

Mehr als 500 Jahre gibt es diesen Gasthof schon, seit 1907 ist er in Familienbesitz und 1996 stellte man auf Hofwirtschaft mit eigenen Produkten um. So ist Sepp Ellgass nicht nur für die Weidehaltung seiner Pinzgauer Rinder zuständig, er sorgt auch in der Küche dafür, dass die Tiere vollständig verwertet und köstlich zubereitet werden – von der Sülze mit Kürbiskernöl über Zwiebelfleisch, Gulasch und Schmorbraten bis zur „Ox-Bratwurst". Schlutzkrapfen und Knödel dürfen natürlich auch nicht fehlen. Dazu gibt es bestes Fassbier von örtlichen Brauereien und ausgesuchte Weine vom Bodensee, aus Baden und der Pfalz.

ARNSBERG

Hotel & Restaurant Menge

Ruhrstraße 60, 59821 Arnsberg
T +49 (0) 2931 52520
www.hotel-menge.de/restaurant

🔒 mittags, Mo, So, Feiertag ganztags
Menü 48 / 86 €
Vorspeise 12 / 21 €
Hauptgang 23 / 38 €

Das Restaurant gehört zu einem familiengeführten Hotel in der Nähe des Naturparks Arnsberger Wald. Im Landhausstil-Ambiente haben Gäste die Wahl zwischen veganer Kohlroulade mit Kichererbsen, Blumenkohl und violetten Möhren, gebratenem Steinbutt mit Avocado und Melonen-Krustentier-Sud oder Wildschweinrücken und knusprigem Wildschweinbauch mit Gemüse und Semmelplätzchen. Hier wird sehr viel Wert auf gute Grundprodukte gelegt, die möglichst ökologisch und nachhaltig erzeugt worden sind und sehr oft aus der Region stammen.

ASCHAU IM CHIEMGAU

Residenz Heinz Winkler

Kirchplatz 1,
83229 Aschau im Chiemgau
T +49 (0) 8052 17990
www.residenz-heinz-winkler.de

- Heinz Winkler
- Heinz Winkler
- Alexander Winkler
- 🔒 Mo, Di, Mi, Do, Fr mittags

Menü 105 / 205 €

Was für ein Kontrast! Die Galträume ein Dekoinferno im wilden Stilmix aus venezianischem Barock und Florentiner Renaissance, mit Putten satt und Trompe-l'œil-Malerei allerorten – auf den Tellern hingegen subtile Eleganz, Klarheit und Konzentration: So präsentiert sich Heinz Winkler in seiner Residenz im alpenländischen Aschau. Seit dreißig Jahren umsorgt der gebürtige Südtiroler dort nun schon seine Gäste. Während die kulinarischen Moden durch das Land ziehen, hält Winkler an seinem ostentativ konservativen, in der französischen Klassik wurzelnden Küchenstil fest. Auf seinen Tellern herrscht eine eindeutige Hierarchie: Das Hauptprodukt ist der Star, die Begleiter ordnen sich still unter. Das wunderbare Tatar vom Chiemgau-Rind zum Beispiel serviert Winkler mit hauchfeinen Scheiben gelierter Rote Bete und einigen Kaviarperlen, die nicht mehr als Nuancen erdiger Süße und Salzigkeit beigeben. Sauerrahmkleckse halten respektvoll Abstand. Ein perfekt gebratenes Lammfilet, mit einer Brotkruste ummantelt, ergänzen knackige grüne Bohnen mit Speckstreifen, geschmorte Zwiebeln und ein sehr pures Auberginenpüree so naheliegend wie stimmig. Auf die Spitze treibt Winkler seinen Stil beim Kalbsbäckchen, ein Signature Dish: Das – atemberaubend zarte – Fleisch braucht kaum mehr als die dichte Burgundersauce, die es umspielt. Kartoffelgratin und gedünstetes Gemüse sind da nur brave, stumme Statisten. Dass solcherart komponierte Teller heute etwas altbacken wirken? Geschenkt, denn dank exzellenter Produktqualität und Handwerkskunst bereiten sie größtes Vergnügen. Gleiches gilt für die Crème brûlée und auch den pochierten Weinbergpfirsich mit Minz-Crumble, die beide von Himbeer- und Erdbeer-Variationen begleitet werden. Ein Retro-Sturkopf ist Winkler aber nicht. Das zeigt er, indem er À-la-mode-Produkte integriert, wo sie echten Gewinn bringen. Einen Hamachi mit Wakame-Algen zum Beispiel in den Reigen der Amuse-Gueules, der die Tür zum Meer weit öffnet. Oder etwas Yuzu, die als Gel einem nur leicht gebeizten, mit Mango, Gurke und eingelegten Radieschen servierten Lachs eine komplexe Säure zufügt.

ASPACH

Gasthaus Lamm

Hauptstraße 23, 71546 Aspach
T +49 (0) 7191 20271
www.lamm-aspach.de

🔒 Mo, Di, Mi, Do, Fr, Sa mittags
Menü 45 / 85 €
Vorspeise 8 / 19 €
Hauptgang 20 / 45 €

Man braucht bloß auf die Rindertatar-Variante zu schauen, um den Anspruch dieser Traditionsgaststätte am Südhang der Löwensteiner Berge zu erkennen: handgeschnitten selbstverständlich und angerichtet mit Pinienkern-Vinaigrette, Kartoffelspaghettini, Eigelb und Kaviar. Regionales wie der Zwiebelrostbraten mit Rotweinsauce und handgeschabten Spätzle sind hier natürlich gesetzt, ansonsten locken jede Menge kulinarische Ausflüge in den Süden – von Tagliatelle an feiner Parmesansauce und italienischem Sommertrüffel bis zum kross gegrillten Oktopus an marinierten Tomaten.

ASPERG

Schwabenstube

Stuttgarter Straße 2, 71679 Asperg
T +49 (0) 7141 26600
www.adler-asperg.de

 Christian Heller
 Max Speyer
 Martin Zürn
🔒 mittags,
   Mo, Di, So, Feiertag ganztags
Menü 60 / 125 €
Vorspeise 18 / 38 €
Hauptgang 36 / 45 €

Tradition wird im gastlichen Haus der Familie Ottenbacher großgeschrieben, Hotel und Restaurant unter dem Zeichen des Adlers sind seit fast 125 Jahren ein verlässliches Refugium für schwäbische Bodenständigkeit. Ein echter Klassiker, daran lässt das anheimelnde Ambiente keine Zweifel. Und natürlich werden in der Schwabenstube auch Flädlesuppe, Zwiebelrostbraten mit Schnippel-Bohnen und heimische Weine angeboten, so viel Tradition muss sein. Wer über den heimatlichen Tellerrand schauen möchte, bekommt von Küchenchef Max Speyer französisch angehauchte Klassiker aufgetischt, wie etwa ein Duo von der Gänseleber. Das packte Speyer in einen Riegel und setzte auf die schmelzige, dezent mit dunkler Schokolade, schwarzer Walnuss und einem Hauch Kardamom gewürzte Terrine das cremige Parfait. Hätte es dazu noch die von uns vermisste Brioche gegeben, wäre der feinaromatische Auftritt des eckigen Gänseleber-Riegels richtig rund geworden. Eben comme il faut! Wie klein ein Medaillon sein und dabei trotzdem viel Geschmack entfalten kann, zeigte die Küche mit der glasig gebratenen Mini-Tranche vom Seeteufel. Darin steckte eine Scheibe Herbsttrüffel, die den Fisch aromatisch begleitete, genauso wie der Klecks Tomatenpasta, Saubohnen und zu guter Letzt die wunderbar griffige Sauce auf Basis von Riesling, Pilz-Dashi, Holzkohleöl und Fischfond. So klein die Fisch-Portion war, so stattlich war der Rehrücken, ein zartes, nicht ausfaserndes hellrotes Fleisch mit viel Eigengeschmack und weit weg vom Wildbret-Gout. Dazu serviert der angenehm freundliche Service gebratene Steinpilze und natürlich schwäbische hausgemachte Spätzle, à part in kleiner Schüssel. Für die überschaubare Portion hat die außerordentlich würzige und herrlich zupackende Sauce gereicht, die etwas sparsam auf dem Teller verteilt war. Ein großes Lob der Patisserie, der Pfirsich mit Pfirsich-Estragon-Sorbet, weißer Schokolade und Himbeeressig-Sabayon schmeckte einfach göttlich.

AUE-BAD SCHLEMA

St. Andreas

Altmarkt 1, 08280 Aue-Bad Schlema
T +49 (0) 3771 5920
www.hotel-blauerengel.de

Claudius Unger
Benjamin Unger
Claudius Unger
mittags,
Mo, Di, So, Feiertag ganztags
Menü 95 / 145 €
Vorspeise 20 / 35 €
Hauptgang 50 / 65 €

Seit der Privatisierung nach der Wiedervereinigung ist der Name Unger mit dem Hotel Blauer Engel, das stolz auf die Tradition seit 1663 verweist und immer weiter zum stattlichen Betrieb entwickelt wurde, verbunden. So verwundert nicht, dass Benjamin Unger 2005 nach Ausbildung und Stationen bei besten Adressen in den Familienbetrieb, den er neben der Küche führt, zurückkehrte. Sein Menü in vier bis sieben Gängen überschreibt er mit „Neue Deutsche Küche". Ein Begriff, der immer wieder auf Joachim Wissler, wo Unger arbeitete, angewandt wird. Während der Name „St. Andreas" des in klaren Linien, mit viel Holz eingerichteten Restaurants auf die alte Weißerdenzeche in der Bergbau- und Industriestadt Aue verweist, nimmt Unger maximal in Nuancen kulinarischen Lokalkolorit auf, wozu man Baumkuchen zum Reh mit Sellerie und Johannisbeere zählen könnte. Zumeist sind es typische Ingredienzien des Gourmetkanons, deren sehr gute Qualitäten der 42-Jährige mit handwerklicher Präzision und jahrelanger Erfahrung herausstellt. Nachdem beim Onsen-Ei auf Blattspinat mit Nussbutter und Pinienkernen unter leichter Kartoffelschaum-Haube wohlig der Duft feiner schwarzer Trüffelspäne aufgestiegen war, leuchtete das markante Rot zarten Carabineros unter transparentem Gelee-Mantel aus Passionsfrucht hervor. Noch weiter zum Leuchten brachten das knackig-aromatische Krustentier, warmes Kürbiskompott und Orange. Ebenfalls wohldosiert fielen kleine Handgriffe auf, die das Erwartbare aufbrachen: Vorm Servieren schien die Küche unter die Cloche milden Rauch zum saftig gebratenen Seeteufel auf Blumenkohl, getoppt von Kaviar, gegeben zu haben. An diesen unaufgeregten Wohlgeschmack knüpften auch bestens gegarte Taubenbrust und -keule an, an deren Seite hilfreich süßlicher Mais, grünherber wilder Brokkoli, aromatische nussig-süßliche Esskastanie und sämige Sauce standen. Dass hier ein mit Waltmann-Käse bestückter Wagen vorfährt, wozu „20 Years Old Tawny"-Portwein von Graham's mit satter Süße und oxidativen Fruchtnoten bestens korrespondierte, und der Dessert-Klassiker Birne Helene moderat modifiziert wurde, passt ins stimmige Gesamtbild. Die Birne war aus Fruchtmousse geformt und mit heller Schokolade gefüllt worden, Schokoladeneis anstelle von Schokoladensauce, getrocknete Birnenscheibe und

Crumble komplettierten das farbenfrohe Dessert. Charmant wie der Service um Maître-Sommelier Claudius Unger ist die fair kalkulierte Europa-Weinkarte, in der sich neben sächsischen Weinen manche Trouvaille befindet.

AUERBACH IN DER OBERPFALZ

SoulFood

Unterer Markt 35,
91275 Auerbach in der Oberpfalz
T +49 (0) 9643 2052 225
www.restaurant-soulfood.com

Christine Heß
Michael Laus
Mi mittags, Mo, Di ganztags
Menü 82 / 82 €
Vorspeise 18 / 22 €
Hauptgang 18 / 31 €

„Das Eine" und „Das Andere" – so heißen augenzwinkernd die beiden Menüs, die das Auerbacher SoulFood anbietet. Sie umfassen jeweils vier Gänge und – wir begrüßen diese Maßnahme zur Erhaltung der Mittagstischkultur ausdrücklich – sie werden auch zum Lunch in identischer Form serviert. Die Oberpfälzer Gäste machen – so jedenfalls der Eindruck bei unserem Besuch – dankbar von diesem Angebot Gebrauch. Zu Beginn grüßen ein Cornettino mit Tatar von Ente und Heidelbeere (mit umami-salziger Intensität) und eine Oberpfälzer Interpretation von Sushi (mit schöner Mango-/Rettich-/Avocado-Aromatik). Der folgende Teller scheint als praktische Widerlegung der These konzipiert, dass laktische und Seafood-Aromen eher schwierig miteinander harmonieren: auf dem Teller gebeizte Jakobsmuschel, geschmorter Weinbergpfirsich, Blutpfirsich-„Ketchup", Kaffirlimettenöl – und eben Ayran. Die säuerliche Frische des vorderasiatischen Joghurt-Drinks fügt sich überraschend gut zur feinen Aromatik von Saint-Jacques und Fruchtvariation. Es folgt ein Intermezzo, eingeschoben aus „dem Anderen" (Menü): ein Thai-Curry-Süppchen, das die konsistenten Möglichkeiten des Grundthemas Karotte nahezu vollständig durchdekliniert: flüssig, gegart, fest, fermentiert, frittiert. Als verbindendes Element liegt über allem ein feiner Schleier wohldosierter Ingwerschärfe. Zurück zum „Einen": Roh marinierte Sushi-Garnelen begleitet von hausgemachten Mais-Ricotta-Ravioli stehen auf dem Programm. Dazu gibt es gepickelten Mais, curry-gewürztes Popcorn und Parmesanschaum. Letzteren hätten wir uns durchaus etwas intensiver vorstellen können. Die eindringliche und höchst gelungene Würzigkeit des gepoppten Curry-Mais versöhnt uns aber sofort. Ravioli und Garnelen sind dagegen gelungen – aber auch nicht mehr. Als Hauptgang folgt Rinderfilet mit Kartoffelpüree, Rauchpaprika, Olivenöl, Auberginenchips und Rosmarinjus. Was sich auf der Karte noch liest wie ein Gericht eines überambitionierten Steakhouse, erweist sich auf dem Teller dann noch einmal als eindrucksvolle Demonstration der Qualitäten der Küche von Michael Laus: Harmonie und Variation. Das Rind kommt mit perfekter Garung, zart, aber eben doch mit etwas Restbiss, die Jus ist intensiv und glänzt mit feiner Säure, das Olivenöl verleiht dem Püree Frische und aromatische Intensität zugleich, die Rauchpaprika und Auberginenchips komplettieren das Aromenbild. Die beiden finalen Zubereitungen zum Dessert – dekonstruierte Schwarzwälder Kirsch mit Sauerrahmeis und Joghurtknusper sowie ein intensivst fruchtiges Brombeersorbet – bleiben der gelungenen Programmatik von Balance und Variante treu.

AUGSBURG

Alte Liebe NEU

Alpenstraße 21, 86159 Augsburg
T +49 (0) 821 6505 7850
www.alte-liebe-augsburg.de

- Benjamin Mitschele
- Benjamin Mitschele
- Peter Karl
- mittags,
  Mo, Di, So, Feiertag ganztags

Menü 100 / 140 €
Vorspeise 16 / 24 €
Hauptgang 26 / 36 €

Die massive Türe dieses mit schlichter Eleganz eingerichteten Ecklokals in einem Augsburger Wohnviertel öffnet sich schwer und markiert somit deutlich, dass es sich hier keinesfalls um ein übliches Ecklokal handelt. Ein einziges Bild ziert die rauverputzten Wände, eindeutige Eyecatcher sind die über dem Pass offene Küche und die zentrale Bar, an der nicht nur ausgeschenkt, sondern tatsächlich gemixt und auch kommuniziert wird. Diese Reduzierung auf das Wesentliche wird mit der abendlichen Lichtinszenierung, die die Tische wie helle Inseln im sonst dunklem Raum erscheinen lässt, noch unterstrichen. Der Auftakt mit wundervoll süßen Erbsen mit Minze und Lardo als Gruß aus der Küche ist ein erstes Ausrufezeichen in der kulinarischen Dramaturgie von Chef-Patron Ben Mitschele. Die hohe Qualität der hier verwendeten Produkte wird vom hervorragend guten Service kenntnisreich betont, indem der Gast erfährt, dass es sich bei der Komposition aus Jakobsmuschel, Meyer-Zitrone, Grüner Erdbeere & Koriander um von Tauchern handgefischte Schalentiere handelt. Großartig auch der punktgenau und saftige gegarte Skrei mit Herz- und Stabmuscheln in fein abgestimmter Muschel-Beurre-blanc. Große Küchenklassik ist die perfekt rosa gebratene Taubenbrust mit confierter Unterkeule, Topinambur-Püree, Haselnüssen, Moosbeeren und einer Jus mit großer Geschmackstiefe. Die mit Liebe und großer Sachkenntnis zusammengestellte Karte umschifft elegant die weniger erschwinglichen Grand Crus aus dem Burgund sowie aus dem Bordelais und wartet dafür mit preiswerten Alternativen aus dem Beaujolais und von der Loire auf.

Gourmet Restaurant Sartory

Maximilianstraße 40,
86150 Augsburg
T +49 (0) 821 50360
www.sartory-augsburg.de

- mittags,
  Mo, Di, Mi, So, Feiertag ganztags

Menü 129 / 179 €

Das traditionsreiche Hotel Drei Mohren heißt neuerdings Maximilians, aber das dazugehörige Gourmet Restaurant Sartory hat seinen Namen behalten und es bietet nach wie vor eine feine Küche auf französischer Basis, die mediterrane und bisweilen asiatische Elemente einfließen lässt. Leider hat das Restaurant aufgrund der aktuellen Lage zurzeit nur Freitag und Samstag geöffnet. Dann offeriert Küchenchef Simon Lang ein Menü in sechs Gängen, wahlweise mit Weinbegleitung, bei dem sich die Gäste beispielsweise an Lachskaviar, gebackenem Onsen-Ei, bretonischem Steinbutt mit Sobrasada, Paprika-Bouillabaisse-Creme und Krustentierjus oder gebratener Challans-Ente erfreuen dürfen.

Nose & Belly NEU

Heilig-Kreuz-Straße 10,
86152 Augsburg
T +49 (0) 821 5089 5791
www.noseandbelly.de

- Hendrik Ketter
- Hendrik Ketter
- Elias Gugel
- mittags,
  Mo, Di, Mi, So, Feiertag ganztags

Menü 78 / 120 €
Vorspeise 14 / 19 €
Hauptgang 24 / 34 €

Das junge Serviceteam im kleinen, zurückhaltend schlicht mit formschönen wie bequemen Stühlen und hochwertigen Holztischen ausgestatteten Restaurant im Augsburger Zentrum ist in puncto unmittelbarer und ungekünstelter Gastzugewandtheit ein erstes Highlight. Die Aperitif-Empfehlung mit einem auf Weinbasis hergestellten Orangenbitter on the rocks ist punktgenau, wohltuend und überrascht durch eine feinwürzige Aromatik und durch sanfte Herbe. Die dazu gereichten Amuse-Bouches lassen bereits eine Vorliebe von Chef-Patron Hendrik Ketter für cremige Texturen und dezente Würzungen erkennen. Das siebengängige Menü für 120 Euro baut sich demzufolge mit leiser Dramaturgie, beginnend mit einer beeindruckend zarten Pilz-Komposition mit Ziegenfrischkäse und Estragon auf, wobei mit Rhabarber, als weiterer Komponente, klug mit einem feinen Säurenerv gespielt wird, der sich durch die weiteren – allesamt lauwarm servierten – Vorspeisen zieht. Es folgen geflämmte Perlzwiebeln mit Oregano aus dem Küchengarten auf saftig getränkter Brioche und herzhafte Makrele auf Alblinsen-Miso mit gepickelten Rüben und Sauerklee als Säurekick. Als Zwischengericht wird vom weinkundigen Service eine sehr rosa gegarte Wachtel-Crepinette mit Schwarzwälder Schinken-Sud, der ganz fein mit der ihm eigenen Raucharomatik die kulinarische Begleitmusik spielt, als warmes Zwischengericht aufgetragen. Eine perfekte Überleitung zum geschmacklich überragenden, herzhaft auf der Fettseite angebratenem Rückenstück vom Alblamm mit Gurkenperlen, Ricotta und Sonnenblumenkernen. Die Dessertkreation aus Milch und Blütenpollen überrascht mit sich ungemein harmonisch einfügenden Bittertönen vom Löwenzahn und runden somit das durchgängige klare Geschmackserlebnis mit immer wieder auftauchenden Einspielungen von frischen Säurenoten und zarten Bittertönen ab.

Restaurant August by Christian Grünwald

Johannes-Haag-Straße 14,
86153 Augsburg
T +49 (0) 821 35279
www.restaurantaugust.de

- Christian Grünwald
- Christian Grünwald
- Bettina Hentschel
- mittags,
  Mo, Di, So, Feiertag ganztags

Menü 190 / 219 €

Aus den geöffneten Küchenfenstern tönen Opernarien durch den Garten der neoklassizistischen Fabrikantenvilla – ein Vorgeschmack auf das, was die Gäste bei Christian Grünwald erwartet: ein Abend voller Opulenz, Sinnlichkeit und Wohlklang, inszeniert mit großer Geste und Lust am Spiel. Nein, laute Töne scheut der Meister wahrlich nicht. Dabei zieht er aber unbedingt die Harmonie der Dissonanz vor. Seine Teller zeigen ein feines Gespür für Aromen, sie haben Tiefe und sind klug komponiert. Grünwald und sein sympathisches Serviceteam, allesamt in Kochjacken ähnelnden Oversize-Kittel gewandet, empfangen im ersten Stock der Villa. Zwölf Gäste bewirten sie dort maximal, im großbürgerlichen Salon oder auf dem wunderschönen Balkon mit Blick ins Grüne. Und sie legen furios los: Gleich zehn Amuse-Gueules servieren sie als Ouvertüre in schneller Folge. Eine stark reduzierte Essenz vom Hohenloher Ochsen zum Beispiel liefert Umami pur, auf blauem Kartoffelknusper angerichtetes Ochsentatar gibt Fleischigkeit bei. Ein Caprese-Macaron, eine mit Haselnusscreme und Wurzelgemüse gefüllte Waffelkugel, ein Gemüsefond und ein alkoholfreier Erdbeer-Gin-Tonic, alles in einem Zug zu verzehren, deklinieren das gustatorische Spektrum der vegetarischen Küche. Die Hauptgänge irritieren auf den ersten Blick ob der Vielzahl der Komponenten, die Grünwald verwendet. Unter dem Besteck zeigt sich aber, dass sich aus der Fülle ein überaus stimmiges Ganzes ergibt. So etwa der „I-Ode" betitelte Gang: einer im Dry-aged-Verfahren getrockneten Gurke mit Kaviar, Krabben und jungen Mandeln, begleitet von einer Pfirsich-Fenchel-Escabeche und zwei mit Austern-Panna-cotta überzogenen Spinatblättern, stellt Grünwald noch ein Schälchen mit einem sahnigen Schaum beiseite, in dem er etwas Estragoneis und zwei Gillardeau-Austern versenkt hat. Oder sein „Herz 21"-Teller: Scheiben von Ochsenherztomate und Ochsenherz, Ziegenmilchquark mit Kakaobohnensplittern und eine süßliche Tomatenessenz ergänzt er mit einer Brioche, darauf buttrige Sardelle und gereifter Bergkäse. Too much, all das? Nein, zeichnet er doch mit solch vielen Farben ein bei aller Komplexität konsistentes, aromenstarkes, präzise tariertes Geschmacksbild. Schade nur, dass es Grünwald mit seiner Freude am großen Auftritt beim Mobiliar etwas zu weit treibt – speisen die Gäste doch an Glastischen, in die Leuchtelemente eingelassen sind. Deren Farbe wechselt auf Knopfdruck aus der Küche von Gang zu Gang. Ein dem Genuss nicht gerade zuträglicher Gag.

AYING

August und Maria

Zornedinger Straße 2, 85653 Aying
T +49 (0) 8095 90650
www.august-und-maria.de

Di, Mi, Feiertag ganztags

Ein großbürgerliches Ambiente und herzlicher Service zeichnen das kulinarische Aushängeschild der Brauerei Aying aus. Feine Wohlfühlgerichte lässt Küchenchef Tobias Franz hier auftischen, ganz klassisch mit Hauptgerichten wie rosa Entenbrust, geschmorter Kaninchenkeule, kross gebratener Goldforelle. Er kocht saisonal, aber keineswegs streng bayerisch, das zeigen Kreationen wie die marinierten Nordseekrabben mit einer Krustentiermousse, begleitet von Kirschblütengelee und Mandelcreme. Oder Mediterranes wie der in Zitronenöl confierte Steinbutt mit Bouchot-Muscheln, Pinienkern-Blattspinat und Oliven-Kartoffeln.

BAD ABBACH

Schwögler

Stinkelbrunnstraße 18,
93077 Bad Abbach
T +49 (0) 9405 9623 00
www.schwoegler.de

🔒 Mi, Do, Fr, Sa mittags, So abends,
Mo, Di, Feiertag ganztags
Menü 39 / 65 €
Vorspeise 9 / 16 €
Hauptgang 17 / 30 €

Helmut Schwögler, Küchenchef seit 2008, macht es dem Gast leicht: In „klassisch" und „innovativ" ist seine Speisekarte unterteilt – mit temperiertem Lachs in der Orangenkruste und Zwiebelrostbraten vom Angus-Rind auf der einen Seite, Thunfisch-Tataki mit Ponzu und Wasabi oder Medaillons von Seeteufel und Pulpo mit Safransud auf der anderen. Weltoffene, fantasievolle Gerichte, die in einem im edlen, loungeartigen Gastraum mit schön gedeckten Tischen vom freundlichen Service serviert werden. Im Sommer sitzt man auf der ruhigen Terrasse unter Kastanie und Sonnensegeln.

BAD DOBERAN

Friedrich Franz

Prof.-Dr.-Vogel-Straße 6,
18209 Bad Doberan
T +49 (0) 38203 7406 210
www.grandhotel-heiligendamm.de

🍽 Norman Rex
👨‍🍳 Ronny Siewert
🔪 Norman Rex
🔒 mittags, Mo, So, Feiertag ganztags
Menü 159 / 249 €
Vorspeise 40 / 99 €
Hauptgang 55 / 80 €

Fast wie Eindringen fühlt sich der Weg auf dem auch ohne G8-Gipfel abgeschirmten „Grand Hotel Heiligendamm"-Areal mit seinen prächtigen weißen Bauten an, der einen als reiner Restaurantgast zum stilvoll-konservativ eingerichteten historischen Kurhaus führt. Davor versprechen entlang der schönen, leicht sterilen Strandpromenade große Tafeln Immobilieninvestoren Sonderabschreibungen. Ronny Siewert verspricht, ja steht, seit 2008 mit seinen Stationen bei Winkler, Müller und Thieltges für das, was gemeinhin als klassisch-französische Küche bezeichnet wird. Während in seinen Apéros mit Ostseelachs und Hering dezent Lokalkolorit hineinspielte, umschiffte das Amuse-Gueule, Kürbisvariation mit Limonen-Kokos-Sorbet, nur dank Säure immanenten Süßspeisencharakter. Latente Süße prägte die Gänseleber beim Menüauftakt. Dass die verspielte Vielteiligkeit aus Topinambur-Espuma und -Chips, Sommertrüffel, Ananassorbet und Leberecken mit Holunderblüte Zusammenhang erhielt, lag am stets deutlichen Leber-Charakter. Ein erfolgreicher Bogenschlag von fruchtig-nussig-erdig zu pikant-fruchtig-süßlich (grüner Pfeffer), mit feinen Temperaturabstufungen, knackigem Biss und einem Kritikpunkt: teils nicht optimale Leberkonsistenzen. Vergessen machten dies ohnehin der traumhafte Ostseeblick und folgend expressiv mediterrane, südfranzösische Aromen als exakter Kontrapunkt zum süßlichen, glasig festen dänischen Kaisergranat. Welch Freude die Pastis-Velouté, wie wohldosiert das Gelee-Mäntelchen aus Chorizo-Krustentiersud! Zu viel Süffigkeit wirkten vegetabile Kräuternoten und bissfester Linsensalat entgegen. Dass sich Luxusprodukt und Rustikalität nicht ausschließen, demonstrierte der Exkurs aus dem „Klassiker Kaviar und Trüffel"-Menü.

Gebratenen Atlantik-Heilbutt verschob Rauchaal in eine derbere Richtung, die die fruchtige Frische von Ingwer-Gurke parierte. Auffallend gelungen erschien, wie Aal, Osietra-Kaviar und Kapern in Nussbutter-Velouté feinste Salz-Abstufungen beisteuerten. Wir sind geneigt, Ronny Siewert – fern von jeglichen Hängen und Pisten – Meister der Übergänge zu nennen, denn beim Mecklenburger Reh gelang ihm das Kunststück aus Kraft, Frucht, Frische und Raffinesse erneut durch Aprikose, Zitronenthymian, Mandelcrunch und Grapefruit zu gestocktem Ragout und festem Rücken sowie intensiver, keineswegs überkonzentrierter Sauce mit erfreulich deutlichem Rehgeschmack. Maître-Sommelier Norman Rex hatte sich am schwach besuchten Tag freigenommen, sein engagiertes Team füllte diese Lücke beim Service und Wein spielend aus.

Jagdhaus Heiligendamm

Seedeichstraße 18b,
18209 Bad Doberan
T +49 (0) 38203 7357 75
www.jagdhaus-heiligendamm.de

Mo, Do, Fr mittags,
Di, Mi ganztags

Eine herzlich-familiäre Atmosphäre in freundlich-hellem Ambiente erwartet den Gast im Jagdhaus. Alexander Ramm verleiht einer gehobenen Landhausküche moderne Raffinesse, etwa beim pochierten Saiblingsröllchen, das mit seinem Kaviar, Gartenkräutern und einem Ragout von Dill, Gurke und jungen Kartoffeln serviert wird. Klassischer geht es beim kräftig geschmorten Wacholder-Wildschweinragout mit Kräuterseitlingen, Preiselbeeren und Bandnudeln zu. Der Service unter Leitung von Patronne Ines Ramm agiert äußerst umsichtig.

Medinis

Prof.-Dr.-Vogel-Straße 14,
18209 Bad Doberan
T +49 (0) 38203 4006 47
www.medinis-restaurant.com

Mo, Di, Mi, Do, Fr mittags,
Feiertag ganztags

Das von der renommierten Designerin Anne Maria Jagdfeld gestaltete Restaurant mit klassisch italienischer Küche (Ossobuco, Wolfsbarsch in der Salzkruste) befindet sich im Haus Bischofsstab, der östlichsten der historischen Villen der Heiligendammer Perlenkette. In maritimem Edelinterieur sitzt man in bequemen Sesseln und genießt den grandiosen Blick über die Ostsee. Die Produkte, sofern sie nicht aus Italien kommen, bezieht die Küche vornehmlich vom regionalen Vorzeige-Biobetrieb Gut Vorder Bollhagen. Bei schönem Wetter lockt die prächtige Terrasse.

BAD HARZBURG

Behnecke

Herzog-Wilhelm-Straße 54,
38667 Bad Harzburg
T +49 (0) 5322 7880
www.hotel-braunschweiger-hof.de

Menü 28 / 60 €
Vorspeise 9 / 17 €
Hauptgang 17 / 48 €

Das Gourmetrestaurant im Hotel Braunschweiger Hof gilt als erstes Haus am Platz. Hier geht es traditionell zu: Die Damen vom Service tragen Tracht, die Herren gestärktes weißes Hemd, Krawatte und Weste. Klassik dominiert auch die französisch geprägte Küche – von Pléiade-Poget-Austern über Edelfisch-Bouillabaisse bis zur geschmorten Keule vom jungem Reh in Schlehensauce mit einer Duxelles von frischen Pilzen. Der Hummer kommt aus dem Frischwasserbassin im Entree, Crêpes Suzette werden am Tisch flambiert. Umfangreiche Weinkarte.

BAD HERRENALB

Hotel Restaurant Vinothek LAMM

Mönchstraße 31, 76332 Bad Herrenalb
T +49 (0) 7083 92440
www.lamm-rotensol.de

🔒 Mo ganztags
Menü 25 / 70 €
Vorspeise 5 / 18 €
Hauptgang 15 / 39 €

Das mitten im Nordschwarzwald gelegene LAMM blickt auf eine Gasthaus-Tradition bis ins Jahr 1790 zurück. In idyllischer Umgebung erwartet den Gast beste Bodenständigkeit, repräsentiert durch ein Pfeffersteak vom Albtäler Weiderind mit Saisongemüse und gratinierten Ofenkartoffeln oder Hirschragout aus dem Herrenalber Forst mit handgeschabten Spätzle und Tagesgemüse. Ein wenig feiner und von den Aromen her südlicher wird es beim Lammrücken mit Kräuterkruste, Schnippelbohnen, Hummus, Oliven und Würfelkartoffeln oder bei Seeteufel und Wolfsbarsch an Salbeibutter mit mediterranem Gemüse.

BAD HERSFELD

L'Étable

Linggplatz 11, 36251 Bad Hersfeld
T +49 (0) 6621 1890
www.zumsternhersfeld.de

- Enrique Armijo
- Constantin Kaiser
- Enrique Armijo
- Do, Fr, Sa mittags,
  Mo, Di, Mi, Feiertag ganztags

Menü 86 / 139 €
Vorspeise 32 / 36 €
Hauptgang 44 / 48 €

Während viele Gastronomen den Lockdown für Umbauten und Renovierungen nutzten, treffen die Gäste im L'Étable (Viehstall) auf die vertraute Umgebung. Das Hotel Zum Stern liegt mit seiner historischen Fassade am Neumarkt, unweit der Stiftsruine mit den Bad Hersfelder Festspielen. Der Weg zum L'Étable führt durch das Haus, vorbei an der guten Stube des Hauses. Ein wenig abgeschieden vom restlichen Geschehen serviert die Küche äquivalent zur Einrichtung gewohnte Zutaten wie Krustentiere über Miéral-Huhn bis Reh aus der Region. Die Zutaten werden, wie es gerade Mode ist, auf kleinen Schildchen aufgeführt und es ist zu begrüßen, dass diese im Sinne der Nachhaltigkeit offenkundig mehrfach genutzt werden. Der Wahl tradierter Produkte steht der erkennbare Wille zu einer zeitgemäßen Aromatik gegenüber, die gegrillte Melone auf Hummertatar wird von einer Koriandermayonnaise gekrönt. Der Mut zu kräftigen Akzenten ist lobenswert, problematisch ist hingegen, dass bei unserem Besuch die Produktqualität des Fischs und Garpunkte nicht so waren, wie wir es uns wünschen und Gäste erwarten dürfen. Und natürlich darf eine sportliche Haltung zur Würzung nicht dazu führen, dass sich die herzhaften Gerichte an der Oberkante des vertretbaren Salzgehalts befanden. Einen Gefallen tut sich die Küche damit nicht, überlagert es doch auch die Feinheit der Eigenaromen und schmälert die Freude an den ansprechend angerichteten Speisen. Versöhnlich stimmte abschließend das austarierte Dessert mit Holunder und Erdbeere, das vom förmlichen wie höflichen Service serviert wurde.

BAD HINDELANG

Gasthaus Obere Mühle

Ostrachstraße 40,
87541 Bad Hindelang
T +49 (0) 8324 2857
www.obere-muehle.de

- mittags, Mo, So ganztags

Menü 45 / 50 €

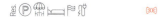

Klar, Carpaccio vom Thunfisch und mediterrane Fischsuppe gibt's auch in den traumschönen Holzstuben dieser fünfhundert Jahre alten Mühle am Ufer der Ostrach – und zwar nicht schlecht! Wir denken jedoch immer wieder sehnsuchtsvoll zurück an Allgäuer Käsesuppe (aus der hauseigenen Rohmilch-Bio-Käserei), an lauwarmen Kalbskopf, Kalbszunge und gebackenes Kalbsbries mit frischem Meerrettich oder Sterzinger Schlutzkrapfen mit Salbeibutter. Und an diese unnachahmliche Mischung aus herzlicher Gastfreundschaft, selbstbewusst-vitaler Regionalität und gelebter Nachhaltigkeit ohne jede Frömmelei. Ein Gunstort!

BAD HOMBURG VOR DER HÖHE

Sängers Restaurant

Kaiser-Friedrich-Promenade 85,
61348 Bad Homburg vor der Höhe
T +49 (0) 6172 9288 39
www.saengers-restaurant.de

Sa mittags, Mo, So ganztags
Menü 90 / 125 €
Vorspeise 33 / 40 €
Hauptgang 45 / 51 €

Eine Institution. Seit mehr als 30 Jahren verwöhnt Klaus Sänger seine Gäste in der noblen Belle-Époque-Villa am Kurpark mit französischer Haute Cuisine. Ob bei der Krustentierschaumsuppe, einer Kombination von Loup de mer und bretonischem Hummer mit Maultasche und Hummermousseline oder dem Tournedos vom Milchkalb mit Gänselebercreme und wildem Brokkoli – immer ist hier der souveräne Umgang mit edlen Produkten zu spüren. Die Weinkarte listet Erlesenes vor allem aus Deutschland und Frankreich, der Service ist zuvorkommend.

BAD KISSINGEN

Laudensacks Gourmet-Restaurant

Kurhausstraße 28,
97688 Bad Kissingen
T +49 (0) 971 72240
www.laudensacks.de

Thomas Hüttl
Frederik Desch
Thomas Hüttl
mittags, Mo, So ganztags
Menü 86 / 138 €
Vorspeise 18 / 28 €
Hauptgang 26 / 42 €

Frederik Desch bietet im schönen Ambiente des Parkhotels eine auf das Produkt fokussierte moderne Küche mit klassischen Wurzeln. Den Auftakt unseres Besuchs in der aktuellen Testsaison bildeten aufwendige, fein abgeschmeckte Grüße aus der Küche: eine Abwandlung des beliebten Salade niçoise unter einem Jalapeño-Espuma, eine zarte Tartelette mit Nordseekrabben, Gurke und Yuzu sowie zwei Tranchen Kingfish mit Dillöl, Apfel-Secco-Schaum, Yuzuzesten und Anisbaiser. Alles von hervorragender Produktqualität mit frischer marinierten, knapp gegarten und kurz abgeflämmten Label-Rouge-Lachs, begleitet von Staudensellerie, Chicorée, grünem Apfel, Joghurt und Orangenöl – fein austariert, fruchtig, nussig, elegant. Gleiches galt für den folgenden, kross gebratenen Steinbutt und

dessen Butternusskürbis-Variation (schon wieder Yuzu!) in einem süffigen Kokos-Tamarinden-Sud, dessen eher süßlich gehaltene Aromatik durch eingesetzte Kapuzinerkresse angenehme Schärfenoten und Spannung erhielt. Eine gelungene Verbindung klassische französischer Hochküche und asiatischer Aromatik. Ähnliches galt für eine akkurat gearbeitete Wachtel-Crépinette mit Roter Bete, Birnencreme und einem Blutwurstzigarillo, der Vadouvan indische Würze verlieh. Gänzlich auf Seiten der Grande Nation zu verbuchen dann der Hauptgang, in dem ein Rhöner Rehrücken im Brotmantel mit Sellerie (im Salzteig gegart und als Mus), Spitzkohl und Brombeere durch perfekte Garung und eine fabelhaft kräftige Jus völlig überzeugte – uns schien nur die begleitende Spitzkohlroulade deutlich überdimensioniert und zudem auch noch geschmacklich ziemlich flach und daher entbehrlich. Das Dessert schließlich trug zwar die Überschrift „Ganache von der weißen Schokolade", eigentlicher Hauptakteur war jedoch eindeutig ein witziges „Cornflake-Eis", dessen Schmelz die süß-säuerlichen Aromen der begleitenden Zwetschge, in Spalten und als Gel, perfekt einrahmten. Bleibt abschließend der gut eingespielte Service unter der Leitung von Gastgeber und Sommelier Thomas Hüttl zu loben – und seine angenehm kalkulierte Weinkarte.

STAY & DINE

Laudensacks Parkhotel & Beauty Spa
★★★★

Kurhausstraße 28,
97688 Bad Kissingen
T +49 (0) 971 72240
www.laudensacks.de

Genießen Sie ein Stück Freiheit vom Alltag. Erleben Sie unseren über 4000 m² großen Hotelpark mit Seerosenteich, eigenem Kneippbecken und Liegestühlen. Erholen Sie sich in unserer großzügigen Saunawelt mit Infrarotkabine, Whirlwanne und Sauna oder entspannen Sie bei exklusiven Behandlungen in unserem Beauty Spa. Den Höhepunkt bildet unsere mehrfach ausgezeichnete Sterneküche. Kulinarik, Wellness und Wohlgenuss auf höchstem Niveau im Herzen Deutschlands.

Schuberts Wein & Wirtschaft

Kirchgasse 2, 97688 Bad Kissingen
T +49 (0) 971 2624
www.weinstube-schubert.de

🔒 Do, Fr mittags,
  Mo, Di, Mi ganztags
Menü 36 / 69 €
Vorspeise 8 / 16 €
Hauptgang 16 / 39 €

BAD KÖTZTING

Leos by Stephan Brandl

Liebenstein 25, 93444 Bad Kötzting
T +49 (0) 9941 94800
www.bayerwaldhof.de

📧 Paul Wagner
👨‍🍳 Stephan Brandl
🍴 Paul Wagner
🔒 mittags,
  Mo, Di, So, Feiertag ganztags
Menü 105 / 135 €

Die behutsam modernisierten Stuben wärmen die Einkehrenden mit Kachelofen-Gemütlichkeit, das Personal ist herzlich, das Wirtsehepaar mit Leib und Seele dabei. Und aus der Küche kommen bodenständig-feine Glücklichmacher: heiß geräuchertes Saiblingsfilet, Wolfsbarschfilet mit Risotto, Barbarie-Entenbrust mit Topfenknödel und Hirschrücken mit Pfifferlingsrahm. Dazu gibt es ein frisch gezapftes Helles oder einen der vielen fränkischen Schoppen auf der Weinkarte. Kurzum: ein Bilderbuch-Gasthaus.

Die Route führt fern von Autobahnen über Landstraßen gen Bayerischen Wald auf einen Hügel nahe Tschechien. Die Belohnung wartet mit dem „kleinen Paradies auf dem Lande", so der Slogan des Wellnesshotels Bayerwaldhof. Das zugehörige Casual-Fine-Dining-Restaurant Leos trägt als Zusatz den Namen seines Küchenchefs Stephan Brandl, einst verantwortlich für die Küche bei Altmeister Heinz Winkler. Gemütlich ist's im holzvertäfelten Restaurant mit kupfernen Kochutensilien als Deko und ausgesprochen freundlich dazu der Service – bayerischer Charme par excellence. Ohne Umschweife kamen die Amuse-Gueules: Seespinne-Avocado-Cocktail im knackigen Salatblatt, Topinamburpüree, Blumenkohlbrösel, frittierte Lotuswurzel sowie ein aufwendig inszenierter Teller mit Forelle, Sellerie, Schnittlauchöl und Holunderblüte. Brandls feines Händchen zeigte sich dann bei Gambas blancas, den zarten, süßlichen, weißlich-rosafarbenen Garnelen, von hervorragender Qualität, zu denen er neben ihrem Tatar mediterran stimmig, subtil frisch Wasser- und Honigmelone, Parmaschinken, Frisée und Basilikumvinaigrette kombinierte. Ebenso überzeugte confiertes Ei im Räuchersud mit Petersilienwurzel und Forelle, das Kaviar, Sauerklee und dünn frittierte Chips belebten. Ob Steinbutt mit Steinpilzen, Yuzuschaum, Petersiliencreme oder Loup de mer mit Liebstöckelcreme, Bohnengemüse, Bresaola und unterschwelligen Noten der fermentierten indischen Gewürzmischung Vadouvan – beide Fischgänge boten beste Zutatenqualität und punktgenaue Zubereitung. Freude bereitete auch Poltinger Milchlammrücken mit mediterraner Kräuterummantelung, mit geschmorten, groben Lauchstücken und hocharomatischer, mit Brotkrumen angereicherter Sauce. Dass der Fokus nicht auf abgehobenen Experimenten liegt, verdeutlichten die sehr gut bestückte Käsewagen und geschmorter weißer Pfirsich mit Pistazieneis und Himbeere.

BAD KREUZNACH

Im Gütchen

Hüffelsheimer Straße 1,
55545 Bad Kreuznach
T +49 (0) 671 42626
www.im-guetchen.com

🔒 Mo, Do, Fr, Sa mittags,
   Di, Mi ganztags
Menü 80 / 95 €
Vorspeise 19 / 26 €
Hauptgang 23 / 39 €

Im barocken Rittergut am Schlosspark herrscht kulinarische Beständigkeit: Seit mehr als einem Vierteljahrhundert empfangen hier Elisabeth Stenger-Treutle und Jan Treutle in festlich dekoriertem Ambiente. Jan Treutles Küche zeugt von starker Affinität zum Mediterranen: gegrillte Oktopus-Arme mit Limonenschmand und eingelegten Honigtomaten, Deichlammhüfte in Pestokruste, Seeteufel im Parmaschinken-Mantel. Seine Frau ist für die Weinkarte verantwortlich. Bei mehr als 180 Positionen findet sich unter anderem das Beste, was die Nahe zu bieten hat.

BAD KROZINGEN

Storchen Restaurant

Felix-und-Nabor-Straße 2,
79189 Bad Krozingen
T +49 (0) 7633 5329
www.storchen-schmidhofen.de

Annemarie & Liza Helfsrieder
Fritz & Jochen Helfsrieder
🔒 Fr mittags,
   Mo, So, Feiertag ganztags
Menü 76 / 145 €
Vorspeise 10 / 34 €
Hauptgang 34 / 52 €

Schon die Anfahrt gefällt uns jedes Mal wieder – der Storchen liegt vor sanften Schwarzwald-Hügeln, vis-à-vis der kleinen Barock-Kapelle Felix und Nabor und unweit der Burg Staufen, in die einst der historische Faust gerufen wurde. Laut Legende prätendierte dieser, Gold herstellen zu können, wagte in einem nahen Gasthaus den Versuch – und explodierte. Keine Knalleffekte befürchten wir seit Jahren in dem Schmidhofener Vorzeigegasthof der Familie Helfsrieder. Stattdessen freuen wir uns bei jedem Besuch auf unaufgeregte Substanz und souveränes Handwerk. In der hellen Stube warten die weiß eingedeckten Tische darauf, von den zwei Generationen der Helfsrieder bespielt zu werden – Mutter Annemarie und Schwiegertochter Liza schmeißen versiert den Saal, Vater Fritz und Sohn Jochen die Küche. Aus dieser kam jüngst ein bretonischer Hummer auf lauwarmem Couscous-Salat, wie man ihn perfekter nicht garen kann: zart glasig, von schönem Eigengeschmack, frisch und dezent eingefasst von der eleganten Süße von Melone, dazu junge Kräuterspitzen und eine luftige Krustentier-Bisque unterstrichen von feiner Chilischärfe. Immer gut sind auch die badischen Klassiker in verfeinerter Form – darunter die Kutteln mit perfektem Biss und feiner Säure im buttrigen Sud (von Sahnetunke so weit entfernt wie von rustikaler Herbe). Etwas weniger überzeugend, aufgrund heftiger Röstaromen, einer leichten Grieseligkeit, eines ziemlich weit fortgeschrittenen Garpunktes und prägnanter Rhabarbersäure in der Begleitung, war die gebratene Gänseleber mit gerösteter Brioche. Das Filet vom Rheinzander auf der Haut gebraten – perfekter Garpunkt, blättrig, blütenweiß, kross – auf lauwarmem Salat von Bulgur, grünem Spargel und

Safrangemüse war dann wieder eine helle Freude. Und gerade so, wie es die Landschaft vor der Tür, zwischen Rhein und Schwarzwaldhöhen, vormacht, ging es nach dem Fisch in den Wald: Dunkelrot kam die Keule vom Maibock aus heimischer Jagd daher, begleitet von grünem Spargel, Spinatknödel, glacierter Aprikose und Selleriepüree, die Jus glänzend, fein und dicht. Es folgten eine Auswahl von Rohmilchkäse der Käserei Jumi mit hausgebackenem Früchtebrot und Feigensenf und zum Abschluss, so klar und souverän wie der Rest: aromatische badische Erdbeeren, federleichte Kokosmousse mit mürbem Boden und hausgemachtes Sauerampfereis. Weitere Pluspunkte: ein feines Mittagsmenü und eine Weinkarte mit reichlich halben Flaschen – beides so selten wie schön!

BAD LIEBENZELL

Hirsch Genusshandwerk

Monbachstraße 47,
75378 Bad Liebenzell
T +49 (0) 7052 2367
www.hirsch-genusshandwerk.de

- Andreas Sondej
- Andreas Sondej
- Mo, Fr mittags,
  Di, Mi, Do ganztags

Menü 40 / 98 €
Vorspeise 13 / 22 €
Hauptgang 20 / 40 €

Wer sich auf den Weg in den Landgasthof von Andreas Sondej macht, erlebt die Provinz von ihrer beschaulichen Seite und hat das Gefühl, dass hier irgendwo das Ende der Welt zumindest sichtbar sein könnte. Und so entspannend und sinnesberuhigend wie die Landschaft aufs Gemüt wirkt, präsentiert sich das herausgeputzte Gasthaus: dezent modern in leisen Farbtönen gestaltet, unaufgeregt gemütlich, belebt von einer liebenswerten familiären Gastlichkeit. Andreas Sondej (einst sechs Jahre an der Seite von Johannes King auf Sylt am Herd) nutzt dieses Fundament und verleiht ideenreich seiner nordisch inspirierten Landküche jenen Glanz, der den Weg in die Provinz lohnt. Dabei ist er fern von Experimenten, setzt dagegen Geschmacksbilder unspektakulär, aber gekonnt in Schwingung zueinander, mal harmonisch, mal fordernd. So war das handgeschnittene und wunderbar saftige Tatar vom Jungrind mit kleinen Stücken vom Rauchaal verfeinert und inmitten einer intensiv aromatischen sämigen Feldsalatsuppe saß eine feinsalzige Jakobsmuschel, die von einem Apfel-Schalotten-Confit süß-säuerlichen Schwung bekam. Zwei Geschmackswelten ließ Andreas Sondej im Fischgang aufeinandertreffen, bedeckte das perfekt bissfeste Filet vom Stör mit geschmortem Chicorée und stellte damit dem nussigen Eigengeschmack des Fisches eine ummantelnde Bitternis gegenüber. Das Ganze umgab dazu ein süßer Hauch aus den begleitenden Süßkartoffel-Würfeln im eigenen Sud. Richtig gut! Wirtshausklassik vom Feinsten präsentierte die Küche mit ihrem Rehbockrücken. Exakt auf den Punkt zart gebraten, erstklassig gewürzt und von einer schlotzigen Selleriecreme und einer tiefgründigen Röstkaffeejus begleitet. Ein wunderbar stimmiges Arrangement aus wenigen Produkten, mehr sollte man einem Wildgericht nicht zumuten. Konzentration auf wenige Komponenten auch beim Walnussbrownie, der mit gebranntem Milcheis und eingelegten Mandarinen den gelungenen süßen Abschluss machte. Die Weinkarte bietet ein gutes Sortiment aus deutschsprachigen Anbauregionen.

BAD NEUENAHR-AHRWEILER

Historisches Gasthaus Sanct Peter

Bewertung ausgesetzt

Walporzheimer Straße 134,
53474 Bad Neuenahr-Ahrweiler
T +49 (0) 2641 97750
www.sanct-peter.de

 Klaus Jungmann
Jochen-Peter Siering
Ina Spatz

Das Gasthaus Sanct Peter wurde von der Flutkatastrophe an der Ahr im Juli 2021 getroffen, man arbeitet an der Schadensbehebung, aber es ist noch nicht absehbar, wann wieder Gäste im Sanct Peter in Walporzheim empfangen werden können. Wir setzen die Bewertung aus – und freuen uns auf den nächsten Besuch!

Landgasthof Poststuben

 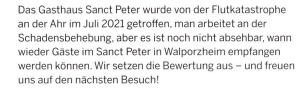

Landskroner Straße 110,
53474 Bad Neuenahr-Ahrweiler
T +49 (0) 2641 94860
www.steinheuers.de

 Gabriele Steinheuer
Hans Stefan Steinheuer &
Christian Binder
Désirée Steinheuer
Di, Mi ganztags
Menü 53 / 73 €
Vorspeise 18 / 21 €
Hauptgang 31 / 39 €

Man könnte das Gefühl bekommen, dass Hans Stefan Steinheuer auch als Patron in der Küche trotz Staffelstabübergabe an Schwiegersohn Christian Binder mit Argusaugen darüber wacht, dass ein Gericht wie mit Nusskruste gratinierte Rehmedaillons mit eingelegten Kirschen, knackigem Wirsing und hausgemachten beinahe safrangelben, intensiven, bissfesten Spätzle sein Gesicht nicht verändert. Selbst wir würden es anhand der minimal rustikalen Optik und des Geschmacks von süßlichen Fruchtnoten in der herrlichen Sauce mit subtiler Wacholderaromatisierung in einem Reinraum erkennen – und nicht nur, wenn wir in der elegant gediegenen Stube sitzen, die zudem mit einem lauschigen Sommergarten punkten kann. Zu bemängeln war nur, dass die beiden Medaillons Abweichungen beim Gargrad aufwiesen. Eine kleine Ungenauigkeit, die sich bereits bei zu weit gebratenen Garnelen zu eingelegten aromatischen Melonenscheiben, knackfrischer Salatgarnitur und Chili-Mayonnaise eingeschlichen hatte. War es beim Reh ein bestens korrespondierender Spätburgunder „Steinheuer Exklusiv" von 2017 vom befreundeten Ahr-Weingut Meyer-Näkel, so hatte beim Krustentier der saftige Schmelz des 2017er Grüner Veltliner „Liebedich" von Veyder-Malberg aus der Wachau für flüssigen Instant-Trost gesorgt – der Weinkeller ist bei Steinheuers wie eh und je prall und mit Jahrgangstiefe bei vor allem deutschen und französischen Weinen gefüllt. Viel besser war die Safrancreme mit bestens gegarten Stücken von Dorade, Wolfsbarsch und Lachs. Anhand dieses Schaumsüppchens zeigte sich die ganze geschmackliche und handwerkliche Klasse dieser feinen, klassisch geerdeten Mischung aus Regional- und Saisonküche, die wie die benachbarte Gourmetküche aus derselben Küche stammt. Ende gut, alles gut – bei Himbeerschnitte mit Erdbeersorbet, Mandeleis sowie frischen Beeren schien ohnehin wieder klassisch die Sonne!

Prümer Gang

Bewertung ausgesetzt

Niederhutstraße 58,
53474 Bad Neuenahr-Ahrweiler
T +49 (0) 2641 4757
www.pruemergang.de

Anja Heuser
Roger Müller

Die Flutkatastrophe an der Ahr hat auch hier verheerend gewirkt. Wir setzen die Bewertung aus und freuen uns auf den nächsten Besuch bei Roger Müller und Anja Heuser.

Steinheuers Restaurant Zur Alten Post

Landskroner Straße 110,
53474 Bad Neuenahr-Ahrweiler
T +49 (0) 2641 94860
www.steinheuers.de

Gabriele Steinheuer
Hans Stefan Steinheuer & Christian Binder
Désirée Steinheuer
Mo, Do, Fr, Sa mittags,
Di, Mi ganztags
Menü 155 / 195 €
Vorspeise 39 / 49 €
Hauptgang 54 / 64 €

Mag sein, dass nach der Flutkatastrophe da und dort Scheu einsetzte, zum Vergnügen an die Ahr zu fahren. Doch längst ist klar: Die Gäste kommen wieder gern und die Wirte freuen sich. Auf Steinheuers trifft beides besonders zu, denn in Jahrzehnten der Kleinarbeit wurde der Stil der Küche perfektioniert, wurde die Weinkarte zu einem unglaublich vielfältigen und mitnichten teuren Kompendium aufgebaut, wurde die Familie integriert. Tochter Désirée ist längst nicht nur Sommelière, sondern Co-Gastgeberin, Schwiegersohn Christian Binder prägt mehr und mehr die Küche: Für die Zukunft ist gesorgt. Die Gegenwart besteht aus Produkten, die anderswo kaum zu haben sind: Flusskrebse von stupender Güte, rotfüßiges Rebhuhn, klassisch geprägte Zusammenstellungen (Steinbutt mit Vin Jaune) und sehr wenigen Spielereien. Verkopft wirkt nichts, Harmonie ist unüberschmeckbar. Bei den ersten Kleinigkeiten – die römische Pastete mit ihrem hauchdünnen Knusperteigmantel ist mit Rindfleischtatar und Sauce béarnaise gefüllt – macht sich bereits Zufriedenheit breit, das Amuse-Bouche namens Kalbstatar mit Parmesan, Olive und Eisbergsalat bringt den Fleischgeschmack bestens zur Geltung. Nur Puristen würden sich über

die Tatar-Doppelung ärgern, die anderen freuen sich über das hausgebackene Brot und einen fast schon genialen Vorspeisengang. Wer Flusskrebse nur als trockene Convenience-Ware kennt, findet hier sein Erweckungserlebnis. Große, saftige Stücke, die von Gurke, Rettich und Sauerampfer untermalt werden, sanfter Reissud hält alles zusammen. Beste Produktküche ist auch die Jakobsmuschel mit Blumenkohl, der durch Schnittlauch (im Sud) und Keta-Kaviar Pep beigefügt werden. Beim geräucherten Onsen-Ei mit Lapsang-Souchong-Sud, Kartoffelschaum, Pommes soufflées und Alba-Trüffeln liegt der Himmel nah und das Rebhuhn vereint sich mit Innereienschnitte und Rosenkohl zu einem saftigen Gesamtkunstwerk, die sehr feine, intensive Jus ist überdurchschnittlich gelungen. Das alles ist unangestrengt, ohne Irritationen, auf hohem handwerklichen Niveau gekocht. Auch die Komposition aus Thai-Mango, Vanille, Litschi und Kokos passt in dieses Bild. Da werden zwar keine neuen Patisserietrends gesetzt, aber es ist genau das, was die meisten Gäste erwarten: Frische. Erst jetzt (!) naht der Käsewagen, prächtig bestückt, ausführlich erläutert, und danach gibt es noch Klassiker der Patisserie. Cannelé, Opéraschnitte, Vanillepraline. Auf den Punkt.

BAD PETERSTAL-GRIESBACH

Kaminstube

Dollenberg 3,
77740 Bad Peterstal-Griesbach
T +49 (0) 7806 780
www.dollenberg.de/de/kulinarik/kaminstube/

Menü 29 / 62 €
Vorspeise 7 / 28 €
Hauptgang 19 / 40 €

„Regionales feingemacht" will die gemütliche holzvertäfelte Kaminstube des Dollenberg bieten – unter der Regie von Küchenchef Martin Herrmann, der auch für das herausragende Flagship-Restaurant „Le Pavillon" verantwortlich zeichnet. Die kulinarische Qualität ist also gesichert, die Werkstreue („Hochklassiges Badisches") eher nicht. Jüngst verzeichnete das Wochenmenü neben Zitronengrascurrysuppe mit Shrimps eine Perlhuhnbrust auf Portweinsauce mit gebratenen Zucchini sowie weißes Schokoladenparfait mit glasierten Blutorangen. Köstlich, zweifellos. Aber ein bisschen mehr regionale Verortung dürfte es schon sein.

Le Pavillon

Dollenberg 3,
77740 Bad Peterstal-Griesbach
T +49 (0) 7806 780
www.dollenberg.de

- Meinrad Schmiederer
- Martin Herrmann
- Christophe Meyer
- mittags, Di, Mi ganztags

Menü 145 / 198 €

Man sieht und hört ihn wenig in den Medien, dabei zählt Martin Herrmann zu den großen Köchen des Landes. Mag es daran liegen, dass sein Restaurant auf dem Dollenberg immer ein wenig im Schatten des luxuriösen Hotel-Resorts steht, das sein umtriebiger Schwager Meinrad Schmiederer aus dem Nichts geschaffen und zu einem Schwarzwälder Hotspot gemacht hat? Mitnichten, Martin Herrmann mag einfach keinen Rummel um seine Person. Der ruhige, sympathische Schwarzwälder ist ein stiller Genießer, der auch nach Jahrzehnten noch gerne am Herd steht, mit seiner Crew tüftelt, ausprobiert, diskutiert, aber auch wagt, um am Ende puristisch arrangierte Teller für sich sprechen zu lassen. Meist sind es nur wenige Produkte, die Herrmann verarbeitet, zusammenfügt oder miteinander kulinarisch korrespondieren lässt. Doch dabei schöpft er aus dem Vollen, das Beste ist ihm gerade gut genug. Der Gast profitiert davon und erlebt eine Küche, die traumsicher in der französischen Haute Cuisine angesiedelt ist, eine fundamentale und präzise Stilistik, die als Bühne eine aufwendige Tischkultur nutzt, die im Restaurant mit Sorgfalt und Hingabe gepflegt wird. Ein großes Menü bietet Martin Herrmann im Restaurant an, seine legendäre Gänsestopfleber ist gesetzt. Der Riegel, begleitet von grünem, feinsäuerlichem Apfel, kühlem Joghurt und warmer Brioche, war perfekt in seiner herrlich cremigen Konsistenz, dazu geschmacksintensiv comme il faut. Die saftige Tranche vom Hummer ließ Herrmann von kleinen Würfeln Thai-Mango und etwas Kräutersalat begleiten, ein aromatisch spannendes Duo zwischen Süße und Säure, das den Hauptakteur Hummer in seiner diskreten feinsalzigen Aromatik nicht beeinträchtigte. Auch der Jakobsmuschel stellte die Küche mit Marone und Trüffel nur zwei intensivaromatische Produkte an die Seite, die das zarte Muschelfleisch mit erdigen Noten aufpeppten. Der Loup de mer gehört zu Herrmanns Standardrepertoire, die wunderbar saftige und bissfeste Tranche badete in einer à point temperierten, exzellenten Nage aus Vin Jaune, das Ganze gespickt mit Artischocken, die mit ihrer zartbitteren Aromatik die Feinwürze der Nage ergänzten. Zum klassischen Rehrücken wurden Rote Bete und kleine Grießknödel serviert, begleitet von einer tiefgründig konzentrierten Jus auf Basis von Barolo. Unübertroffen ist die Käseauswahl von Restaurantleiterin Sabine Ritter, für die passende Weinauswahl ist Sommelier Christophe Meyer, der auf einen gut gefüllten Keller zurückgreifen kann, der denkbar beste Ansprechpartner.

BAD SÄCKINGEN

Genuss-Apotheke

Schönaugasse 11,
79713 Bad Säckingen
T +49 (0) 7761 9333 767
www.genuss-apotheke.de

- Annett Ronneberger
- Raimar Pilz
- Annett Ronneberger
- mittags, Mo, So, Feiertag ganztags
- Menü 129 / 169 €

Wer sich auf Restaurantbesuche nicht – ergänzend zum Restaurantführer – durch Studium von Restaurant-Websites vorbereitet, dem entgehen bei der Genuss-Apotheke ästhetische Schwarz-Weiß-Fotografien, charmant erläuterte Koch- und Weinphilosophie, detaillierte Fragebeantwortungen und Lieferantennennungen. Doch beim Ortsbesuch ist es nicht zu spät: Während sich Raimar Pilz – welch wunderbar passender Name für diese eher naturalistisch-individuelle denn generisch-pharmazeutische Apotheken-Küche! – mit reiner Zutatennennung auf der Menükarte (fünf bis sieben Gänge) prosaisch gibt, hebt er sich den epischen Philosophieteil für die Rückseite auf – man fühlt sich willkommen, auf angenehme Art mitgenommen. Spätestens beim Brechen des herrlichen Sauerteigbrots, von Zucchinicreme mit Senfkohlblüte und Kapuzinerkresse, Meerrettichbutter, Höhlen-Gruyère und luftgetrocknetem Fleisch begleitet. Der zielführende Kräutereinsatz setzte sich mit Fenchelblüte fort, beim mit Rindertatar, grüner Tomate, Gurke und Puffreistopping gefüllten Cornet als Amuse-Gueule. Auf den Menüstart, texturell interessante Kürbis-Variationen (Mus, süßsauer eingelegt, Chip) mit Zwetschgen-Essig-Sorbet, Petersilienerde und Walnussemulsion, folgte ein kleines, geschmacklich transparent angelegtes „Pot-au-feu". Saiblingstatar und Thunfisch legten eine Spur gen Rohfisch-Auswahl, Garnele und Kartoffel in aromatischem Sud mit von Ochsenherztomate geprägter angenehmer Säure und sanft-salzigem Kaviar-Schmelz verschoben dezent in Eintopf-Richtung. Auch ein Rote-Bete-Risotto mit pfeffriger Belper-Knolle-Würze profitierte von Säure, hier aus wohlbalanciertem altem Essig. Beim Fleischgang fiel die mutig knappe Garung des Hirschs mit äußerst schmackhafter Maiscreme, etwas Rotkohl und Senfkresse auf, wozu Vogelbeere bittersüße Noten addierte. Die mehr als ordentlichen Zubereitungen und ästhetisch-fokussierten Präsentationen hielten bis zum Dessert an, Vanillecreme auf zartem Mürbeteigkeks mit Bratapfel, Sauerkirsche und nussiger Kakao-Crunch-Garnitur. Neben der nach Rebsorten sortierten Weinkarte gibt es eine stimmige Wein- oder alkoholfreie Getränkebegleitung.

BAD SOBERNHEIM

Jungborn

Felkestraße 100,
55566 Bad Sobernheim
T +49 (0) 6751 93390
www.bollants.de

Petra Helzle
Philipp Helzle
mittags, Mo, So, Feiertag ganztags
Menü 91 / 154 €
Vorspeise 22 / 26 €
Hauptgang 29 / 36 €

Ganz so extrem wie ein Wechselbad zwischen Sauna und Eisdusche, wie man sie im heimatgebenden, weitläufigen „BollAnts Spa im Park" erleben kann, war unser Besuch im Jungborn im urig-eleganten historischen Sandsteingewölbe, das im Sommer mit nettem Außenbereich punkten kann, nicht. Allerdings sorgte Küchenchef Philipp Helzle, nachdem er uns seine Miniaturen – Cornet mit Jakobsmuscheltatar, Limonen-Mayonnaise, Karotten-Passionsfrucht-Püree, Papadam mit Hummus, Zwiebel, Kokos, Kichererbse – selbst serviert hatte, für warme Bauchglücksgefühle bei Fisch- und Meeresfrüchten und deutlicher Begeisterungsabkühlung beim Fleisch. Der Reihe nach: Kürbisvariation mit geräuchertem Hüttenkäse im Filoteig zeigte mit fein austarierten Aromen das grundlegend hohe Kochniveau, bevor bei stattlicher, mit sichtbaren Röstnöten zubereitetem, doch saftigem Kaisergranat, nebst in Teigfäden frittiertem Stück, begleitet von Krustentiersud, Kopfsalatcreme, Couscous und Birnengelee, das Menü startete. Danach überzeugte Steinbutt durch Fischqualität und handwerkliche Zubereitung. Dazu schlugen Kokos-Limetten-Sud, Pak Choi, Sushi-Reis und Miso-Mayonnaise zwar fernöstliche Klänge an, die Musik spielte aber weiter in moderner europäischer Klassik. Diese handwerkliche Präzision, die trotz ein wenig zu viel „Frickelei" (Komponentenanzahl, Pürees, Gels) sichtbar blieb, fehlte dem anschließenden Schweinebauch-Gang. Das Fleisch war zu fest und die Schwarte nicht kross, da halfen auch weltoffene, variantenreiche Zugaben nicht. Als Nächstes dominierte Müritz-Lammrücken mit Intensität, die insbesondere vom markanten Fettdeckel ausging, über seine eher klassischen Begleiter Bohnen, Buchweizen und Knoblauch. Ein wenig Trost spendete ein ordentliches Schmorstück zur kräftigen Jus. Umso überzeugender erfrischte erst das Pré-Dessert „Baba au Gin", ein Gin-getränkter Napfkuchen mit Dill-Gurken-Eis, bittersüßer Grapefruit und süßlichem Sud mit Wacholdernoten, und dann intensives Schokoladenfondant aus Schokolade der ostkongolesischen Kakaobäuerinnen „Femmes de Virunga", das sich mit Weinbergpfirsich-Variationen, Schafgarbe, erfrischendem Kräutereis und Granola-Crunch von Patissier Frédéric Guillon, bestens bekannt von seiner Lerbach-Zeit in Bergisch Gladbach, raffiniert und modern inszeniert zeigte. Uneingeschränktes Lob gebührt dem sehr aufmerksamen, gut eingespielten Service unter Petra Helzle und Daniel Wagner-Hartmann sowie der Weinkarte, die ihren Schwerpunkt auf Nahe und Frankreich legt.

BAD TEINACH-ZAVELSTEIN

Gourmetrestaurant Berlins Krone

Marktplatz 1–3,
75385 Bad Teinach-Zavelstein
T +49 (0) 7053 92940
www.berlins-hotel.de

- Franz Berlin
- Franz Berlin
- Holger Klotz
- mittags, Mo, Di ganztags

Menü 129 / 159 €
Vorspeise 38 / 38 €
Hauptgang 48 / 48 €

Der Name Berlins Krone hat nichts mit der deutschen Hauptstadt zu tun. Das würde hier im Herzen Württembergs auch verwundern. Vielmehr ist damit Küchendirektor Franz Berlin gemeint. Er hat sich nebenan in Bad Teinach seine ersten Sporen verdient, dann bei Jörg Sackmann und Jörg Müller gearbeitet, bevor er als junger Chef die Nachfolge seiner Eltern im Zavelsteiner Hotel Krone Lamm angetreten hat. Seine Küche spannt einen weiten Bogen von Klassischem bis zu Fernost. Daneben finden sich bei Berlin auch modische Elemente: der Fenchel im Dessert, das Schwarzwald-Miso, um das in der Region offenbar kein ambitionierter Koch mehr herumkommt, und das als Blattgerippe gestaltete Deko-Biskuit zum Dessert, für das ein Gleiches gilt. Den Wasserbüffel – sein Name war Bill, er hat in Singen gelebt – serviert Berlin als Carpaccio vom gebeizten Rücken und als Tatar. Durchaus unkonventionell vermählt er es mit Noten von Tomate als weißem Eis und Sud sowie Mozarellaschaum. Der Hummer ist im Prinzip auf Thermidor-Weise zubereitet, auch wenn man ihn nicht so benennt; er wird von einem Scheren-Ragout in Bisque sekundiert, ein wunderbar zeitloser Gang. Tadellos gegart ist danach der Würzbachtaler Saibling mit Artischocke, Fenchel, Kerbelschaum und beileibe nicht alltäglichen gerösteten Brennnesselsamen. Standesgemäß gerät auch der Hauptgang, ein trocken gereifter Rinderrücken; er wird mit Paprika, Champignons, Speckkartoffel, wildem Brokkoli und Estragon charaktervoll eingekleidet. Zum Dessert dekomponiert die Patisserie den altbekannten Zwetschgenkuchen auf originelle Weise, wobei sich vor allem ein dezentes Hefearoma manifestiert. Besonders sorgfältig ausgesucht ist die Weinbegleitung, die sich wirklich passgenau zu den Tellern fügt – etwa ein Amontillado-Sherry zum kräftigen Gang aus Gyoza mit Spitzkohl und Shiitake, Aal, Misodashi und Lauchöl. Eine satte Gesamtleistung ohne den geringsten Durchhänger.

© Roman Knie

BAD TÖLZ

Schwingshackl Esskultur

An der Isarlust 1,
83646 Bad Tölz
T +49 (0) 8041 6030
www.schwingshackl-esskultur.de

- Katharina Schwingshackl
- Erich Schwingshackl
- Katharina Schwingshackl
- mittags, Mo, Di ganztags

Menü 105 / 139 €
Vorspeise 18 / 28 €
Hauptgang 38 / 45 €

Drinnen teilt ein abstrahierter Schilfgürtel den Raum, draußen locken Plätze direkt am Fluss, über allem schwebt ein Geist urbildlicher Cuisine française. Nein, wir sind nicht bei den Haeberlins an der Ill, sondern natürlich im Isar-Fährhaus von Erich und Katharina Schwingshackl. Statt zwischen Weiden und Störchen sitzt man unter mächtigen Kastanien und freut sich doch ähnlich wie im Elsass, bei einem Klassiker zu Gast zu sein. Dass der Südtiroler Schwingshackl zur Jahrtausendwende länger bei Landsmann Heinz Winkler kochte, merkt man der Küche bis heute an: Ins Gourmetmenü (bitte vorbestellen!) startet man gern mit einem Süppchen, zwischendrin gibt es ein erfrischendes „Intermezzo". Und wie in Aschau pflegt man auch im Fährhaus eine unübersehbare Liebe zu Butter und Kerbel. Vor allem aber sind es die eigentlichen Menügänge, die für uns die im Rückblick besten Zeiten der Residenz spiegeln: Schwingshackls Teller sind immer klar und höchst harmonisch aufgebaut, seine Saucen tief, aber nie überreduziert. Und so isst man mit großem Genuss mal wieder eine gebratene Gänseleber, deren Fleischigkeit, Balsamico-Glace und Apfelwürfelchen einen knackig süß-säuerlichen Rahmen bauen. Man bewundert auch den bretonischen Seeteufel, bei dessen scheinbarer Schlichtheit einfach alles passt: Der Fisch hat Biss, ein mariniertes Tomatenfilet steuert fruchtige Säure bei und eine Basilikumsauce liefert die grasig-duftige Würze ganz frisch gezupfter Blätter. Gibt es Reh aus heimischer Jagd, entgeht die Küche dem Süße-Überhang von Portweinbirne und Pastinakenmousseline dadurch, dass sie der fruchtbetonten Sauce eine deutliche Gewürznelkennote beigibt – auch das hat große Klasse. Dass in Tölz ein Dessert keine Pflicht ist, dafür sorgt natürlich schon der örtliche Kasladen. Dazu und auch sonst passt, dass Katharina Schwingshackl für die offene Weinbegleitung zu reiferen Jahrgängen greift, sich generell konservativ orientiert und bien sûr auch die Region Grand Est nicht ausspart.

BAD VILBEL

Oyster Lodge NEU

Frankfurter Straße 4, 61118 Bad Vilbel
T +49 (0) 6101 9898 966
www.oyster-lodge.de

- Jay Lee
- Jay Lee
- mittags, Mo ganztags

Menü 160 / 200 €

Draußen liegt Bad Vilbel – Fachwerk, Schnitzelstuben, der herbe Charme der deutschen Mittelstädte –, drinnen liegt Tokio: ein heller Hinoki-Tresen, darauf ein gutes Dutzend verschiedener Schalen und Schälchen, eine saftige Wasabi-Wurzel, unterarmlange, blitzende Messer, ein kapitaler Hummer auf glitzerndem Eis. Man glaubt es kaum! Mitten in der Corona-Krise haben Mi-Hyun Kim und ihr Mann Jay Lee aus Südkorea ausgerechnet in der südlichen Wetterau ein traditionelles japanisches Sushirestaurant mit klassischem Omakase-Konzept vom Feinsten eröffnet. Lachs gibt's hier so wenig wie Fusion oder andere Kompromisse: hinreißend! Serviert wurden bei unserem Premierenbesuch 28 kleine Gänge von ausgezeichneter Qualität – beginnend mit einer kleinen koreanischen Reminiszenz: Thunfischstreifen „Yukhoe" auf Nashi-Birne mit Sesam und Eigelb, gefolgt von Seeteufel-Leber („Ankimo") mit Ponzu, Ingwer, geriebenem Daikon-Rettich und Frühlingslauch. Anschließend eine klare, yuzu-duftige Steinbuttbrühe von sehr zartem Salzeinsatz, später raschelnd-heiß ausgebackenes Tempura – Jakobsmuschel im Shiso-Blatt, Seeigel in Nori, Lotuswurzelscheiben, Süßkartoffel ... Man reibt sich die Augen! Und ist lange noch nicht am Ende: Es geht weiter mit seidiger Chawanmushi mit Taschenkrebs; über Binchōtan gegrilltem Hummer mit Gurke, Algen und Tosazu (Dashi, Sojasauce, Mirin, Reisessig); würzig-zarter Goldbrasse, in Kombu-Algen mariniert und anschließend abgeflämmt („Amadai"), taufrischem Sashimi: Seebarsch, Rücken und Kinn vom Thunfisch, Hamachi, Dorade, Holzmakrele, Flunder ... Konzentriert wirkt Jay Lee hinter dem Counter, freundlich und bescheiden, erkennbar hocherfreut über jeden Gast, der zu schätzen weiß, was er leistet. Nach Stationen in Washington und Seoul hat ihn sein privates Glück ausgerechnet nach Hessen geführt, die Frankfurter Mietpreise in die Provinz. Leicht hat er es mit seinem Angebot nicht, das ahnt man – deutsche

Gäste monieren den Mangel an California-Maki, Japaner zögern bei klassischem Sushi aus koreanischer Hand. Ein Fehler! Zart und luftig, feinwürzig der Reis, von ausgezeichneter Qualität und exaktem Schnitt die Fische: fünf Cuts vom Thunfisch, knackig der Steinbutt, schmelzend die Sardine, süß die rote sizilianische Garnele, cremig der gegrillte Aal ... Dazu hausgemachten Ingwer und selbst angesetzte Sojasauce. Zum Abschluss eine Miso-Suppe mit Hummer und Tintenfisch und die beruhigende Erkenntnis beim Blick aufs Handy: Bei genauer Betrachtung liegt Bad Vilbel nur eine Viertelstunde von Frankfurt entfernt – und ist neuerdings eine Reise wert!

BAD WIESSEE

Freihaus Brenner

Freihaus 4, 83707 Bad Wiessee
T +49 (0) 8022 86560
www.freihaus-brenner.de

Das Freihaus Brenner wäre allein schon wegen seiner erhabenen Lage einen Besuch wert. Noch schöner ist natürlich, dass zum Blick auf Almwiesen, Berge und den Tegernsee bayerischer Schweinebraten von der Schulter mit Weißbiersauce, Kartoffelknödel und Speck-Krautsalat auf den Tisch kommt. Oder eine knusprige niederbayerische Bauernente mit Blaukraut und Kartoffelknödel. Oder fangfrischer Saibling im Ganzen, wahlweise blau oder gebraten, mit zerlassener Butter, Zitrone und Petersilienkartoffeln. Und das frisch Gezapfte stammt selbstverständlich vom Herzoglich Bayerischen Brauhaus Tegernsee.

BAD WÖRISHOFEN

CALLA

Hermann-Aust-Straße 11,
86825 Bad Wörishofen
T +49 (0) 8247 9590
www.spahotel-sonnenhof.de/ kulinarik/gourmet-restaurant-calla.html

🔒 mittags,
Mo, Di, Mi, So, Feiertag ganztags

Direkt am Kurpark liegt das Steigenberger-Hotel Der Sonnenhof mit seinem Gourmetrestaurant Calla. Küchenchef Jörg Richter hat unter anderem in Tokio und Singapur gearbeitet und hier eine spannende euro-asiatische Küche etabliert. Quasi jedes Gericht verkörpert diesen Mix – vom confierten schottischen Lachs mit Blumenkohl, Plankton, Soja und Funori-Algen bis zum Ibérico-Schwein mit Kimchi, Tandoori-Lardo, Kohlrabi, Wasabi und Hummus. Das alles genießt man in einem hellen Gastraum mit großen Glasfronten und offener Showküche.

BAD ZWISCHENAHN

Apicius

Eiden 9, 26160 Bad Zwischenahn
T +49 (0) 4403 6984 16
www.apicius.de

 Taeke Halbersma
Tim Extra
 Marcel Thurm
mittags,
Mo, Sa, So, Feiertag ganztags
Menü 115 / 160 €

„De re coquinaria" heißt die kochbuchartige Rezeptsammlung aus der Antike von Apicius. Wir freuen uns, wieder „über die Kochkunst", so die Übersetzung aus dem Lateinischen, von Küchenchef Tim Extra im familiengeführten Jagdhaus Eiden am See berichten zu können. Nahe dem Unternehmenssitz der besonders für Teewurst bekannten Rügenwälder Mühle macht sich im hochwertig eingerichteten Restaurant ein ähnlicher Trend zum Vegetarischen wie beim Lebensmittelproduzenten bemerkbar. Noch eher als die Frage, warum pflanzliche Surrogate Wurst, Steak, Frikadelle oder Burger heißen müssen, erschloss sich beim gleichberechtigten vegetarischen Menü die Hauptgang-Bezeichnung: Sellerie „Wellington". Erst wurde im feinen Blätterteig gebackener Sellerie im Schmortopf am Tisch präsentiert, bevor er sich zart, saftig und zugleich knusprig mit sautierten Pilzen und dunkler, kräftiger vegetarischer Jus auf Tellern wiederfand. Zuvor hatte sich Tonburi-„Kaviar", japanische Pflanzensamen in Fischrogen-Abmessung, die in Aceto balsamico gekocht waren und authentisch aus der Kaviar-Dose gelöffelt wurden, auf raffiniertem Wassermelone-Paprika-Tatar, das mit gelber Tomate als Topping wie ein klassisches Steak Tatar aussah, als wunderbar erwiesen. Im Vergleich fiel cremiges, bei 63 °C gegartes Ei mit Schaum aus Kartoffeln des eigenen Gemüsegartens, Lauchcreme und Nussbutter bekannt konventionell aus. Dass trotz vegetarischen Menüs, kreativer und aromenstarker Qualität kein Grund zur Sorge um den Verfall der Fleisch-Genuss-Kultur besteht, bewies „Zwischenahner Forst" Gänseleber, geschichtet mit Pilzen, sautierter Pilz-Brunoise, Steinpilz-Crumble und Fichtensprossenpulver. Die erdigen Waldaromen bildeten mit eingelegten Cranberrys eine harmonische Einheit beim handwerklich und geschmacklich überzeugenden Foie-gras-Gang. Hervorragend auch süffige Champagner-Beurre-blanc mit wohldosierter Säure im feinen Kontrast zu sanft pochierten Austern und N25-Kaviar vom Osietra-Stör – ein Gericht, das in Zusammenstellung und Optik Schwarzwaldstuben-Reminiszenz auslöste. Herrlich rosa gebratener Limousin-Lammrücken und gegrillter Nacken bewiesen mit kräftiger Jus und von Piment d'Espelette pikant verfeinerter Sauce hollandaise Tim Extras Trittsicherheit im klassischen Terrain, das er modern und regional erweitert. Da wollte die Patisserie am Menüende bei Können und Großzügigkeit mithalten, sie arrangierte üppig 72%ige Valrhona-Araguani-Schokolade mit Kaffee- und Kokosaromen. Sommelier Marcel Thurm begleitet kompetent aus seiner 850-Postionen-Weinkarte.

BADEN-BADEN

Fritz & Felix

Schillerstraße 4/6,
76530 Baden-Baden
T +49 (0) 7221 9009 99
www.fritzxfelix.com

- Matthias Pfundstein
- Sebastian Mattis
- Konstantin Baum
- mittags

Menü 54 / 85 €

Ein bisschen weltstädtischer Youngster-Flair im gediegenen Grand Hotel – urban gestaltetes Interieur in dunklen Farben nebst riesigen Charcoal-Grill. Würde man noch die drapierten Plüschtiere Fritz und Felix verschwinden lassen und dem engagierten jungen Service die umständliche Höflichkeitssprache des 19. Jahrhunderts abtrainieren, die jede Frage mit der Floskel „sehr, sehr gerne der Herr" pariert, kämen fast kosmopolitische Gefühle auf. Ja, es könnte am Gast etwas lockerer zugehen, denn die Küche ist keineswegs old-fashioned, sondern mit ihrem Angebot auf der Höhe der Zeit. Küchenchef Sebastian Mattis und seine Crew halten sich denn auch nicht mit kulinarischen Spielereien und Teller-Architektur auf, sondern kommen erfreulicherweise geradlinig auf den Punkt. Der feine Ora-King-Lachs ist auf einem Kürbistatar angerichtet, wird mit Kokos-Kürbis-Schaum umspült und erfrischend getoppt von einem süßsauren Gel aus der Kalamansi-Frucht. Statt mit klassischen Markklößchen adelt Mattis die Essenz vom Weidehähnchen mit einer kleinen Tranche Foie gras. Großartig, wie schnörkellos der pure Lebergeschmack die intensive Kraftbrühe veredelt. Ein kulinarischer Dreiklang vom Feinsten ist das fast mürbe Wagyu-Onglet auf Trüffelbrioche in Eigelbcreme. Mit dieser aromatisch ausgefeilten Kombination kann der auffällig salzige Kabeljau, der durch die geräucherte Auster noch eine zusätzliche salzige Brise mitbekommt, in einer wenig inspirierten dünnen Beurre blanc leider nicht mithalten. Da schmeckten die saftig zarten Tranchen der Challans-Ente mit ihrer perfekt krossen Haut versöhnlich, begleitet wurde das Ganze von Spitzkohl und einer untadeligen Entenjus. Passende Weine zu allen Gerichten stehen auf der gut sortierten Karte, für den mitgebrachten Wein aus dem eigenen Keller werden 20 Euro Korkgeld berechnet.

Le Jardin de France

Augustaplatz 2, 76530 Baden-Baden
T +49 (0) 7221 3007 860
www.lejardindefrance.de

- Sophie & Stéphan Bernhard
- Stéphan Bernhard
- Sophie Bernhard
- Mo, So ganztags

Menü 45 / 119 €
Vorspeise 17 / 46 €
Hauptgang 38 / 56 €

Nach fast 25 Jahren haben Sophie und Stéphan Bernhard ihr Domizil im Innenhof des historischen Wohn- und Geschäftshauses „Goldenes Kreuz" verlassen und sind mit ihrem Restaurant nur einen Steinwurf gegenüber ins Stahlbad gezogen. Der großzügige Wintergarten im Parterre und die mit Gemälden mit Motiven asiatischer Frauen dekorierten Räumlichkeiten im ersten Stock des Neorenaissance-Gebäudes sind die neue Bühne für die klassisch ausgerichtete Küche von Stéphan Bernhard, die erfreulicherweise auch mittags das volle Programm bis hin zum großen Menü-Gourmet anbietet. Spielereien auf dem Teller oder trendige Arrangements aus der urbanen Gourmet-Kiste darf man hier nicht erwarten, auch gibt es keinen Gruß aus der Küche. Die konzentriert sich dagegen auf das Wesentliche, während der freundlich distanziert wirkende Service ohne große Worte seine Pflicht tut. Als erstes Gericht wählten wir Chefs Liebling und bekamen ein fein gewürztes Tatar vom Rinderfilet, drapiert auf einer kleinen dünnen Scheibe Foie gras, umgeben von etwas Friséesalat, kleinen Parmesanstücken und gekrönt von einem Wachtelei. Danach lockte der gegrillte Hummerschwanz, bissfest im Fleisch und leicht salzig im Geschmack. Ideal ergänzt wurde das Gericht von mit Hummerfleisch gefüllten Ravioli, grünem Spargel und einer geschmacksintensiven Velouté. Im Hauptgang die erstklassige Taube, die allein mit ihrem zarten, weil perfekt gebratenen Fleisch überzeugte und in einer würzigen Thai-Gemüse-Bouillon schwamm, die eine präzise, aber niemals überzogene asiatische Schärfe auszeichnete. Bestellt man den Käsegang, bekommt man ausgesuchte Spezialitäten aus den legendären Reifekellern von Maître Antony im elsässischen Vieux-Ferrette. Dass klassische Gerichte oft unspektakulär wirken, aber geschmacklich dennoch ganz oben auf sind, zeigte die Patisserie mit Rhabarber, Sandkuchen, Zitroneneis und Sorbet. Die Weinauswahl kapriziert sich auf französische und einige deutsche Gewächse.

Maltes Hidden Kitchen

Gernsbacher Straße 24,
76530 Baden-Baden
T +49 (0) 7221 7025 020
www.kaffeehausinbadenbaden.com/fine-dining

Andrés Marti Merinas
Malte Kuhn
Judith Gertz
mittags,
Mo, Di, So, Feiertag ganztags
Menü 79 / 129 €
Vorspeise 22 / 35 €
Hauptgang 35 / 58 €

In der kleinen Fußgängerzone wartet ein interessantes Konzept hinter Schaufensterscheiben: Tagsüber hübsches Kaffeehaus mit gutem Kaffee und Gebäck, abends verschwindet ein Verkaufsregal und gibt Maltes versteckte Küche frei – so jung, so lässig ist die Kurstadt nirgends. Und zugleich kulinarisch seriös: Neuer Restaurantleiter ist Andrés Marti Merinas, zuvor Werners Restaurant, Gernsbach, es gibt Wahlfreiheit bei drei bis sechs Gängen zu fairen Preisen. Letzteres lässt sich über die interessante deutsch-französische Weinkarte nur bedingt sagen. Nach unterhaltsamen Kleinigkeiten irritierte der erste Gang. 48 Stunden hatte die Küche Schweinebauch gegart, dann dünn aufgeschnitten und zu fettig-weichen Scheiben gerollt. Mit Blumenkohlröschen und -creme, Popcorn-artiger Schweineschwarte und Pinienkernvinaigrette ergab sich ein recht harmonisch-weiches Geschmacksbild, was sich prinzipiell als gute Trägermasse zu wunderbarem „Vintage"-Kaviar von Sturia erwies. Schlicht aufgebaut, aber keineswegs schlecht folgte eine confierte, scharf angebratene Kartoffel, gefüllt mit Crème fraîche und gehackter Trüffel. Über diese grob umgesetzte Reminiszenz an Christian Jürgens Kartoffelkiste, bei dem Malte Kuhn gekocht hatte, war reichlich Trüffel gerieben. Eine Großzügigkeit, die dem gebratenen flachen Steinbuttstück mit Spinatpulver, Artischockenpüree und -herzen, klarem Krustentiersud und säuerlich gepickelter Perlzwiebel abging; arg simpel wirkten drei traurige, darüber drapierte Babyspinatblätter. Warum es zu superben Entenscheiben von Premiumzüchter Miéral neben sehr viel (geschmacklich gutem) Drumherum – Leberravioli, Selleriepüree, im eigenen Saft gegarte Bete und Quittengel – Kalbsjus gab, bleibt ein Rätsel, jedenfalls passte der „Petite Sirah Lytton Estate" 2016 von Ridge prima. Zum Abschluss gelangen der Käsegang aus „Old Amsterdam" durch gutes Pairing von Käsecreme und -würfeln, Apfelgelee, Hanföl, -samen und -hippe sowie das weich-kompakte Dessert um Kürbis und Vanille.

Wintergarten

Schillerstraße 4/6,
76530 Baden-Baden
T +49 (0) 7221 9008 90
www.oetkercollection.com/de/
hotels/brenners-park-hotel-spa/
restaurants-bars/wintergarten-
restaurant

- Max Gabriel Abolnik
- Alexander Mayer
- Konstantin Baum

Menü 39 / 165 €
Vorspeise 22 / 37 €
Hauptgang 28 / 59 €

Letztes Jahr ließ uns Küchenchef Alexander Meyer bereits aufhorchen, nun nehmen wir nach diesem Aufflackern ein leichtes Lodern der totgeglaubten großen Gourmet-Ambitionen wahr, die im prächtigen Brenners Park-Hotel & Spa 2017 mit dem Abgang von Paul Stradner begraben zu sein schienen. Derweil besteht unverkrampfte Balance aus – auch optisch, wie Meyer bei Instagram zeigt – aufwändigen Gerichten und äußerst gepflegter Basisversorgung durch Forelle „Müllerin", Wiener Schnitzel, Maultaschen in heutzutage ungewohnt breiter Auswahl. Dabei baut die Preisgestaltung, was die Kalkulation der geschickt zusammengestellten Weinkarte, von deutschen Rieslingen bis zu Jura-Chardonnay, einschließt, mögliche Hotel-Schwellenängste eher ab. Zudem, wie als Bonus, gibt es gratis zur vielteiligen, sinnigen Vorspeise rund um Gelbschwanzmakrele als Sashimi und Tatar mit origineller Einfassung aus Kombuchasorbet, Petersilie-Kombucha-Sud, Tapioka-Knusper im hellfreundlichen, lauschigen Wintergarten einen herrlichen Parkblick und einen Platz in erster Reihe am Laufsteg von Herrn Baron und Frau Oligarch. Wohlgefallen lösten auch richtig heiße Suppen mit dezentem Lokalkolorit aus, schaumig aus Rieslingkraut mit – so viel Luxus darf sein – Imperial-Kaviar sowie klar aus Roter Bete mit fruchtigem Effekt angetrockneter Mandarine. Während recht weicher Miso-Black-Cod dezent an Meyers Kurzaufenthalt bei Nagaya in Düsseldorf und an dessen Nobu-Interpretation erinnerte, begeisterte Rehrücken mit waldig-pfeffriger Haube und kräftigem Keulenpfeffer mit Béarnaise-Schaum. Hoch anrechnen möchten wir der Küche, beim puristischen Käsegang in den warmen, leicht schmelzenden Brie de Meaux zuvor herbstlich-erdigen schwarzer Trüffel unter Verzicht auf penetrantes Trüffelöl hineingeschoben zu haben. Weil auch das jahreszeitlich passende Dessert aus Zwetschge und Marone lässig gelang: Hier besteht Potenzial für den nächsten Schritt; wir bleiben am Ball und beobachten die Entwicklung – nicht nur bei Instagram.

Baden-Baden

BAIERSBRONN

1789 (ehem. Köhlerstube)

Tonbachstraße 237,
72270 Baiersbronn
T +49 (0) 7442 4926 65
www.traube-tonbach.de

 Fabian Clement
 Florian Stolte
 Maya Michels
 mittags, Mi, Do, Feiertag ganztags
Menü 125 / 160 €
Vorspeise 28 / 35 €
Hauptgang 28 / 48 €

#comebackschöner verkünden die Bauzäune im Tonbachtal, der Neubau wuchs bei unserem Besuch noch und ließ vermuten, dass Familie Finkbeiner ihren Gourmetrestaurants ein freundlich-lichtes neues Zuhause bescheren wird. Im nach dem Brand eingerichteten temporaire auf dem Parkhausdach speist es sich an zehn schlichten Holztischen, umgeben von moderner Kunst, auch jetzt schon höchst angenehm und Patron Heiner Finkbeiner findet wie eh und je an jedem Tisch ein freundliches Wort. Das junge, ambitionierte Team um Küchenchef Florian Stolte serviert im 1789 einen leichten Mix aus asiatischer und klassisch-französischer Hochküche, der die namensgebende 230-jährige Geschichte des Ortes als Köhler-Schenke schnell vergessen lässt, denn Geräuchertes findet sich auf der Karte eher nicht. Dafür krosser Jamón vom Mangalitza-Schwein auf Wachtelei in Kartoffel-Nussbutterschaum oder ein Hamachi-Tatar mit Ponzu-Vinaigrette und Papaya als Amuse. Ein eiskalt servierter, geflämmter und gebeizter Faröer-Lachs erfrischt sodann gekonnt kombiniert mit Apfeleisperlen und einer pochierten Auster im Soja-Ingwer-Sud. Der mit Paprika gewürzte Stör nebst einem Pak-Choi-Paket unter einem Algenchip im Tom-Yam-Sud geht mit zitrus-marinierten Melonen eine harmonische, bitter-süß-scharfe Liaison ein. Der milde Kaisergranat mit gepopptem Topinambur-Chip kann seine zarten Aromen gegen die kräftige asiatische Krustentiersauce mit Kokosmilch und Blumenkohl dagegen nur schwer behaupten. Nach einem unspektakulären weichen Kalbsbries in Trüffelnage mit Sellerieteigtaschen begeistert die Burgaud-Ente mit hauchdünner, krosser Salzkruste fast ohne Fettschicht im Umeboshisud und Auberginentexturen – der beiliegende gepresste Streifen von der Entenkeule ist dagegen so trocken wie unnötig. Nach perfekt gereiftem Käse von Waltmann beschließt ein Topfenmousse-Ring mit Zitronenthymianjus, Aprikosenvariationen und Earl-Grey-Aprikoseneis mit Pistaziencrumble einen Fusion-Abend im temporaire, der gespannt darauf macht, wie sich die Küche in ihrer neuen Heimat weiterentwickelt. Florian Stolte gelingt es jedenfalls, ganz eigenständige Akzente zu setzen und trotz räumlicher Nähe keinesfalls als „kleiner Bruder" der Schwarzwaldstube zu agieren.

Bareiss

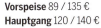

Hermine-Bareiss-Weg,
72270 Baiersbronn
T +49 (0) 7442 470
www.bareiss.com

- Thomas Brandt
- Claus-Peter Lumpp
- Teoman Mezda
- Mo, Di ganztags

Menü 150 / 265 €
Vorspeise 89 / 135 €
Hauptgang 120 / 140 €

Zu den großen Verlusten der sich ansonsten erfreulich entwickelnden gastronomischen Kultur hierzulande zählt das Ende des ausführlichen Mittagessens. Es gibt nur noch wenige Häuser von Rang, die ihren Gästen die große Oper bei Tageslicht bieten – das Hotel Bareiss gehört dazu, Großzügigkeit ist Teil seiner DNA. Jüngst saßen wir hier an einem sonnigen Mittag unter Kronleuchtern, Kerzen spiegelten sich in blitzendem Silber, vor uns ein üppiges weißes Blumenbouquet, ein Stückchen buttrig-mürber Zwiebelkuchen, ein eiskaltes Glas Champagner … Herrlich! Hier hat man als Gast nach wie vor das Vergnügen der Wahl zwischen einem kleinen Mittags-, einem großen Degustationsmenü und einer breiten À-la-carte-Auswahl. Hätten wir nach Stimmungslage bestellt, es hätte Kaviar sein müssen. Den gibt es hier zur Begleitung eines Kaisergranat-Carpaccio mit Crème fraîche und Blinis gleich in drei Qualitäten. Aber nein, vernunftbegabt wie wir sind, blätterten wir schnell weiter, machten auch um Hummer (lauwarmer Bretone mit Ur-Karotten, Ingwer und Earl Grey; Tatar mit Chicorée, Safran und Zitrusfrüchten; Gratin „Thermidor") und Gänseleber (Terrine mit gesalzenem Karamell und Portwein, Törtchen von gebrannter Creme, Praline mit Sesam, gebraten mit glaciertem Apfel, Eis mit Kakaobohnenstreusel) einen Bogen und entschieden uns für einen Saibling aus der eigenen Zucht, für Milchkalbsbries und Steinbutt. Vorher zeigte Claus-Peter Lumpp noch per Gemüse-Amuse, dass er bei aller Liebe zu Tradition und Klassik voll auf der Höhe der Zeit ist. Es erschien ein kleiner, perfekt gegarter, Limonen-duftiger Belugalinsensalat unter einer zarten Kohlrabischeibe, dazu eine Pommery-Senfcreme, Senfsaat, Senfkresse sowie eine feinsäuerliche Kohlrabi-Apfel-Schnittlauchsauce; à part ein molliger Traum von confiertem Kohlrabi unter Sauerrahm-Senf-Espuma, gepoppten Belugalinsen und Schnittlauchöl. Wunderbar! Da war von frugaler Gemüseküche nichts zu spüren, da fehlte nichts! Gleiches ließ sich über den folgenden Saibling aus dem Buhlbachtal in der Vorspeise sagen, der nach der klassischen Lumpp-Schule einen gleich dreifachen Auftritt hinlegte: im Zentrum als dickes, glänzendes Filet, puristisch in Traubenkernöl punktgenau saftig-glasig-blättrig pochiert, auf einer feinwürzigen Kräutervinaigrette, umringt von Pastinaken, Herbsttrompeten und Maronen; daneben eine gebratene Rosette vom Saiblingsfilet auf Rote-Bete-Tatar, gekrönt von Saiblingskaviar und Meerrettich; und schließlich als Zitronenöl-gewürztes Tatar in zartem Sauerrahmgelee-Mantel. Pure, klare, intensive Naturküche. Der folgende

Zwischengang, ein Milchkalbsbries mit Vanille und Balsamico auf weißem Bohnenpüree, verkommt so oder ähnlich bei schwächeren Köchen regelmäßig zu einem plakativen Desaster, Claus-Peter Lumpp dagegen präsentierte einen handwerklich wie geschmacklich perfekten Teller, in dessen Mittelpunkt die (dampfend heiße!) Innerei stand, cremig-zart, dazu ein samtiges Bohnenpüree und eine Jus von feiner Röstigkeit, mit nur einer Andeutung von Vanille und optimal dosierter Süße. Großes Produktfeuerwerk schließlich beim poelierten bretonischen Steinbutt mit Buchweizen, à part begleitet von einer Steinbutt-Brandade mit gebratenen Steinbuttwürfeln sowie einem Kartoffelkissen mit Rahmspinat und Hollandaise. Und all die perfekt gegarte, punktgenau gewürzte Pracht so opulent von weißer Trüffel überhobelt, dass angesichts des großen Wohlgeschmacks die Frage tief in unserem Unterbewusstsein versank, ob der Trüffel nicht an der einen oder anderen Stelle dezent „nachgeholfen" worden sei. Da ging es uns nicht anders als ermatteten Bayreuth-Pilgern, die nach dem dritten Aufzug Götterdämmerung auch nicht mehr darüber sinnieren, ob es in Brünnhildes Dekolleté mit rechten Dingen zugeht. Zumal da bereits der Christofle-Käsewagen mit seinem perfekt affinierten Sortiment nebst sieben Brotsorten anrollte und am Horizont eine luftig-frische Kalamansimousse mit Pistazien, Zwergorangen und Tonkabohnencreme, ein Joghurt mit Mandarinensorbet im Limetten-Oliven-Fond sowie ein Orangen-Physalis-Ragout mit Kokosnuss-Schaum und Yuzu-Schokoladen-Sorbet erschien …

STAY & DINE

Hotel Bareiss
★★★★★ s

Hermine-Bareiss-Weg,
72270 Baiersbronn
T +49 (0) 744 247 0
www.bareiss.com

Das charmante Top-Hotel im Herzen des Schwarzwalds ist ein Garant für unvergessliche Momente. Die Zimmer in elegantem Landhausstil beeindrucken durch höchsten Komfort. Für Entspannung sorgen ein Wellness- und Spa-Bereich, eine Saunalandschaft, neun Pools und ein Naturbadeteich. Das Verwöhnprogramm gipfelt im kulinarischen Angebot des Hauses: Im Gourmetrestaurant Bareiss, eines der besten in Deutschland zählt, verwöhnt Claus-Peter Lumpp seine Gäste. In den Dorfstuben wird Schwäbisch-Badisches serviert.

Dorfstuben

Hermine-Bareiss-Weg,
72270 Baiersbronn
T +49 (0) 7442 470
www.bareiss.com

Ingrid Jedlitschka
Nicolai Biedermann
Vorspeise 7 / 18 €
Hauptgang 17 / 29 €

Seit zwanzig Jahren kehren wir immer wieder in die gemütlichen, holzverkleideten Dorfstuben im Hotel Bareiss ein und haben dabei niemals ein erwähnenswertes Schwanken der Qualität bemerkt – was für eine sagenhafte Leistung! Der Service unter der Leitung von Ingrid Jedlitschka war stets zugewandt und herzlich. Die sperenzchenfreie Traditionsküche versuchte zu keinem Zeitpunkt, über sich selbst hinauszuwachsen. Es seien hier der saftige Zwiebelrostbraten vom Rind, die gefüllte Kalbsbrust oder die feinen Rahmschnitzele vom Milchkalbsrücken genannt, allesamt begleitet von süffigen, kräuterwürzigen Rahmsoßen par excellence. Handgeschabte Spätzle, hausgemachter Kartoffelsalat oder geschmälzte Serviettenknödel zeigen, wie eigenständig genussvoll vermeintliche „Beilagen" sein können. Köstlich auch die Schupfnudeln zur feinfaserig-zarten Schulter vom Älber Lamm mit Thymiansauce, umspielt von der Frische knackiger Stangenbohnen und der eleganten Säure eines Birnenchutneys. Beständiger Genussgarant seit Jahrzehnten sind auch die warmen Apfelküchle in knuspriger Panierung auf verführerisch süßer Vanillesauce, konterkariert vom feinen Säurespiel von Himbeersoße. Selbst in der Feinschmeckergegend Baiersbronn sticht diese hochwertige Regionalküche hervor. Die Dorfstuben haben sich also nicht geändert. Die Zeiten haben es. Woher stammt die „knusprige Bauernente aus dem Rohr"? Woher das Rind-, Kalb-, Hirsch- oder Schweinefleisch? Viele Produkte werden in den Dorfstuben klar verortet, wie die „lebend frische Buhlbachforelle" oder das „Reh aus Bareissjagd", andere bleiben im Ungefähren. Die Herkunft der Hauptprodukte dürfte klarer benannt werden, in Zukunft vielleicht sogar noch näher ans Haus rücken und tongebend für die Menügestaltung werden – denn braucht eine echte Traditionsküche in letzter Konsequenz nicht auch durchweg regionale, saisonale Waren, um vollends authentisch zu sein?

BAIERSBRONN

Forellenhof Buhlbach

Schliffkopfstraße 64, 72270
Baiersbronn
T +49 (0) 7442 470
www.bareiss.com

Vorspeise 11 / 14 €
Hauptgang 15 / 24 €

Das ist die kulinarische Dreifaltigkeit des Schwarzwaldes: Kirschtorte, Räucherspeck, Forelle. Letztere findet man selten so sorgfältig gepflegt – von der Erzeugung bis zur Zubereitung – wie hier, in der Fischzucht der Familie Bareiss im naturgeschützten Buhlbachtal. In den behaglichen Holzstuben unter dem Walmdach oder auf der sonnigen Terrasse schmecken blitzsauber gekochte Forellensuppe mit Forellenklößchen und -Maultäschle ebenso wie die klassischen Zubereitungen „Blau" und „Müllerin", gebackenes Forellenfilet mit Remoulade gäbe es ebenso wie ein Tatar von der Räucherforelle oder „Forellenküche". Wem das nicht Abwechslung genug ist, der bestellt gebeizten Saibling – oder eine grobe Bratwurst vom Grill.

Kaminstube

Hermine-Bareiss-Weg,
72270 Baiersbronn
T +49 (0) 7442 470
www.bareiss.com

Nicolai Biedermann
Mo, Di, Mi, Do, Fr mittags
Menü 65 / 89 €
Vorspeise 13 / 27 €
Hauptgang 32 / 36 €

Zwei kleine Fenster verbinden die Kaminstube im heiteren Landhausstil von mediterraner Anmutung mit dem Lumpp'schen Hochkulinarium nebenan, Grund für neidische Blicke gibt es dennoch keinen – auch bei Nicolai Biedermann isst man ausgezeichnet. Wie nebenan begann auch hier unser jüngster Besuch mit einem vegetarischen Küchengruß, Espuma von der Roten Bete mit Himbeer-Crumble und marinierten Apfelwürfelchen kontrastierte leicht und frisch sämtliche Assoziationen, die sich mit einer Schwarzwälder Kaminstube im allgemeinen verbinden. Die Erwartungen an die weithin bekannte Bareiss-Opulenz erfüllten hingegen gleich fünf verschiedene hausgebackene Brote und Brötchen. Wunderbar in der Vorspeise ein Tatar vom Milchkalbsfilet mit Raucharomen, Birne, Mohn und Tabakeis – selbstverständlich handgeschnitten, cremig, doch ohne jede Schwere, dazu Rauchpfeffer sowie ein kleines Birnenkompott mit einem sorgfältig dosierten Hauch Vanille, nicht dominant, sondern schön den Fleischgeschmack unterstreichend. Würzig statt süß auch das Eis, das den knusprigen Akzent krosser

Panko-Crumble mit Mohn ergänzte. Passend zum südlich-farbigen Rahmen sodann ein punktgenau gegartes Steinbuttfilet im zarten Pulposud mit Auberginenkaviar und dichtem Safranrisotto von perfektem Biss. Ein bisschen arg zart für unseren Geschmack geriet im anschließenden wunderbar klassischen Hauptgang „Tournedos Rossini" die Jus, zudem erschien sie uns ein wenig sparsam dosiert. Von exzellentem Geschmack und schön knappem Garpunkt das Fleisch, perfekt gebraten die krönende Gänseleberscheibe, leider jedoch – wir können es nicht anders sagen – ruinierte penetrantes Trüffelöl in einer Mayonnaise das Vergnügen. Durchgängig erfreulich die offene Weinbegleitung aus der „Bareiss-Edition": Weißburgunder von Huber, Chardonnay von Jean-Marie Bouzereau und Cabernet Sauvignon von Oliver Zeter. Allerdings, diesen Wunsch möchten wir zum Schluss noch äußern, sähen wir lieber die Flaschen und erfreuten uns an einem Probeschluck, statt unzeremoniell gefüllte Gläser vorgesetzt zu bekommen...

Schlossberg

Murgtalstraße 602,
72270 Baiersbronn
T +49 (0) 7447 2890
www.hotel-sackmann.de

- Manuel Vogel & Uwe Joel
- Jörg & Nico Sackmann
- Manuel Vogel
- mittags, Mo, Di, Feiertag ganztags

Menü 125 / 178 €

Es ist keine leichte Aufgabe, den Spagat zu schaffen, dem sich Vater und Sohn Sackmann jeden Abend aufs Neue stellen – eine internationale Gourmet-Gemeinde genauso zufrieden zu stellen wie die Ü70-Stammgäste, die im Murgtal gediegenen Schwarzwälder Konservatismus erwarten. Während die einen sich über die innovative „Kochbuch-Lounge" vor dem Gourmetrestaurant freuen, werden die anderen sich in der Inneneinrichtung des Schlossbergs mit Gold, Beigetönen, dunklen Deckenspiegeln und viel Holz wiederfinden, die das Restaurant seit zwei Jahren prägt. Behutsamen Modernismus könnte man die Stilistik nennen – und die findet sich auch auf der Speisekarte wieder, denn die Sackmanns kochen höchst sensibel mit einigen innovativen Akzenten, aber stets auf klassischer Basis auf. Den produktbetonten Aromen wird eine subtile Würze zur Seite gestellt und die zurückhaltenden Akkorde auf dem Teller passen bestens zur sanften Klaviermusik, die das Restaurantgeschehen untermalt. Das Amuse setzt mit Seeigelcreme und Schwertmuschelsalat erste milde Akzente, die eine Gillardeau-Auster mit Sanddorn, Sellerie und Curryschaum um weitere leise Noten ergänzt. Es folgt ein Arrangement aus marinierten Jakobsmuschelkreisen und Mandarinengelscheiben mit Chorizo-Flöckchen, das von Kaviar und Mandarinenfilets umspielt zart-salzig überzeugt. Der nachhaltigste Dreiklang unseres Aufenthaltes war die – dem eigenständigen, ebenfalls sechs- bis achtgängigen vegetarischen Menü entliehne – Schwarzwurzel-Eierstich-Royale mit Chip und Scheiben von der Schwarzwurzel und Trüffeldashi mit knackigen Puntarellenstrünken und Oxalys – ein feines Umami-Konzert mit einem virtuosen Texturenspiel von weich bis knusprig in allen denkbaren Aggregatsstufen. Der Kaisergranat wurde von zwei zarten Nocken Amalfi-Zephir eingerahmt und mit Zitrusperlen, Pinienkernen und Rogen auf gebratenen Blumenkohlscheiben serviert, das (leider jeglicher Röstaromen entbehrende) Rehnüsschen kam mit Gänseleberpralinés und einer mit Pfifferlingen gefüllten Gyoza an den Tisch – der dazu gereichte tiefdunkle, sämige Sud war so fein austariert, dass man fast befürchten konnte, dass das Tischgespräch die zarten Aromen verschrecken könnte. Als Dessert servierte die Patisserie nach Texturen vom Wildapfel (Sahne, Gelee, Sorbet, Chip) und Zimtsorbet ein ebenso klassisches Soufflé mit Himbeer-Limetten-Jus. Rundum: eine Küche für feinsinnige Genießer ohne laute Töne oder Kontraste.

Schwarzwaldstube

Tonbachstraße 237,
72270 Baiersbronn
T +49 (0) 7442 4926 22
www.traube-tonbach.de/
restaurants-bar/schwarzwaldstube

Nina Mihilli & David Breuer
Torsten Michel
Stéphane Gass
Mi, Do, Fr mittags,
Mo, Di, Feiertag ganztags

Menü 215 / 265 €
Vorspeise 64 / 96 €
Hauptgang 84 / 96 €

Vom Feuer-Drama war bei der Anreise nichts mehr zu sehen, der Rohbau weit vorangeschritten – wir freuen uns auf die neue Schwarzwaldstube: wiedererkennbar zweifellos, doch eben zeitgemäß entschlackt und leichter. So wie auch die klassisch geprägte Stilistik von Torsten Michel diesen Wechsel, wahrscheinlich weitaus subtiler, vollzogen hat. Einen festen Platz auf der Speisekarte hat neben kleinem und großem Menü die vegetarische Variante; dazu gibt es noch eine kleine À-la-carte-Auswahl, auch mit Gerichten zum Teilen. Große Küche eben. Eine falsche Entscheidung, so viel sei vorweggenommen, kann man eh nicht treffen. Und wenn selbst in solcher Traditionsadresse passiert, dass „Mosaik von Entenleber und gegrillter Taubenbrust in Geflügelgelee mit Muskat und Macis, eingelegte Früchte in Honigweincoulis, Eisenkraut", das wir so ähnlich hier schon mal eine Nuance feiner, prononcierter erlebten, Konkurrenz vom hinreißenden Veggie-Pendant („Zucchiniröllchen mit einer Variation von Strauchtomaten mit Estragon und Safran aus Graubünden, angemachte Wildkräuterspitzen, Schalottenvinaigrette") bekommt, deutet das auf Zeitenwandel hin. Trotzdem handelte es sich im Vergleich außerhalb Schwarzwaldstube-Terroirs um einen Foie-gras-Gang bester Machart zwischen Süße und Herzhaftigkeit. Wie exakt er arbeitet – und das ist die Kunst bei derart wollüstiger Reduktion –, zeigte Michel bei pochierter, stattlicher Gillardeau-Auster mit reichlich Imperial-Kaviar-Auslese und feiner Austernnage, die Champagneressig beflügelte. Da kommt es nicht nur auf exzellente Zutaten, sondern, wie hier mit Bravour gemeistert, auf ebensolche Proportionen an – und so, wie es angerichtet war, weniger auf Optik. Zwar ansehnlicher, doch weniger geschliffen fiel die Rotbarbe aus. Hier fand aus optischen Gründen nicht ein großes Filetstück den Weg auf den Teller, sondern gleich ein kleiner, kopfloser Fisch im Ganzen. Sein aufgeschnittenes Inneres befüllten Chorizo und Paprika. Für minimale Disharmonie sorgte das Aufeinandertreffen der spanischen Paprikawurst und dem jodig-mineralischen Fisch, der erst gebraten wurde und dann bei 200 °C kurz in den Ofen kam und auf dem wie Schuppen dreifach in Milch blanchierte Knoblauchspäne angerichtet waren. Noten, die weggefegt wurden von der Säure in toller Sauce aus Röstpaprika und Krustentierfond, die dadurch an Leichtigkeit und Zug gewann. Aus der À-la-carte-Auswahl musste es unbedingt das Sauté vom Lamm von Schäfer Stotz aus dem Biosphärengebiet Schwäbische Alb sein. Gebackenes Bries, sautierte Nieren, gebratene Leber waren mit einer famosen Lammjus und der säuerlichen Frische eingelegter Gartengurken geschmacklich derart delikat, dass auch Innereien-Skeptiker bekehrt werden könnten. Optisch war hier mit Saucen-Eskapaden am Tellerrand wiederholt weitaus ungenauer gearbeitet worden als bei instagramtauglichen Tellern, die wir online bei dem Hause nahestehenden Hochglanz-Bloggern begutachten konnten. Doch mit geschlossenen Augen bleibt nichts als eine schwelgerische Erinnerung, allein an die Graupen mit Lammfüßen und -zunge und den grünen Kräutersud mit angerösteten Senfkörnern. Das darf zurecht als süffig und in gewissem, wohltuendem Maße als rustikal bezeichnet werden. Innereien spielten auch beim Kalb aus Baiersbronn neben schwächlichem halbem Filet-Medaillon als Bries und Backe eine Top-Rolle. Vor allem war es aber Trüffelsauce, die es bei der latent schlichten Begleitung von Erbsen, Zuckerschoten und Pfifferlingen bei insgesamt hoher Zutatenqualität hervorstach. Dass Saucen, wie hier grundsätzlich, auf dem Tisch verbleiben, sollte flächendeckend zur Praxis werden. Der zugewandte, muntere Service unter David Breuer reicht hierzu gerne noch etwas der wunderbaren Brotauswahl. Nachdem Logan Seibert, Pierre Lingselers Nachfolger, seinen Patissierieposten schon wieder geräumt hat und im 959 in Heidelberg anheuerte, kümmert sich sein bisheriger zweiter Mann ums Süße. Bei dem durfte als Schwarzwaldstube-Signature eine gekonnte, hauchdünn knusprige Zuckerkugel mit Zwetschgensorbet und karamellisierter Walnuss-Mousseline nicht fehlen. Doch noch besser gefiel uns in geschmacklicher Hinsicht die Mangoeiscreme mit indischer Anmutung durch Zimt, Sternanis und Kardamom. Mit knackigen Erdnüssen fürs Mundgefühl und einer angenehm herben Note durch Espresso blieb so nach diesem letztlich doch üppigen Mahl noch Lust aufs Dessert. Der wunderbar mit Antony-Käse bestückte Wagen musste allerdings unverrichteter Dinge vorbeirollen.

BALDUINSTEIN

Am Kachelofen

Bahnhofstraße 24,
65558 Balduinstein
T +49 (0) 6432 8007 80
www.landhotel-zum-baeren.de

 Corina Buggle
 Joachim Buggle
 Mo, Di ganztags

Eine Weinstube samt Kachelofen, tief unten im romantischen Tal der Lahn, wie man sie dort nicht erwartet. Wir wollen nicht behaupten, normalerweise säßen wir bei unseren Testbesuchen bei Wasser oder Apfelsaftschorle – hier aber überkam uns dann doch ein besonderer Durst. Wir tranken (selbstverständlich dienstlich) und zahlten angesichts der Tarife mit einem Lächeln (selbstverständlich privat): gereiften Chardonnay von Knipser, 88er Cos d'Estournel – zum Vergleich noch einen Sassicaia aus demselben Jahrgang hinterher – und zum Abschluss einen schönen 2010er Tokaji von Dereszla … Die Küche von Joachim Buggle passte bestens dazu, sie überzeugt handwerklich wie in den Produktqualitäten: Rindertatar mit Eigelb und gebratenen Steinpilzen, mit Kräutern und Knoblauch gebratene Froschschenkel in schaumiger Butter (eine Erinnerung an Oberbergen), rosige Barbarie-Entenbrust mit glasiertem Spitzkohl und Serviettenknödel … Sashimi vom Gelbflossen-Thun mit asiatischem Glasnudelsalat, Wiener Schnitzel oder gebratene Blutwurst mit marinierten Berglinsen und Senfcreme wären auch im Angebot, die Jakobsmuscheln sind handgetaucht und wer unbedingt will, bekommt hausgemachten (!) Tofu mit Quinoa, Edamame, Avocado und Mangosauce.

BARSINGHAUSEN

Gasthaus Müller

Golterner Straße 2,
30890 Barsinghausen
T +49 (0) 5108 2163
www.gasthausmueller.de

Mi, Do, Fr, Sa, So mittags,
Mo, Di ganztags
Menü 45 / 79 €
Vorspeise 14 / 19 €
Hauptgang 23 / 39 €

Ein Gasthaus im besten Wortsinne: Knapp 20 Kilometer westlich von Hannover treffen sich Einheimische auf ein Frischgezapftes, während Liebhaber aromenstarker Landhausküche eigens anreisen. Die Gebrüder Müller, die hier am Herd stehen, bieten vor allem Klassisches wie Brust von der Oldenburger Ente mit frischen Pfifferlingen oder Rinderfilet vom Husumer Weiderind. Beim Menü „Komposition" kann man die rein vegetarische Variante wählen oder etwa Lammrücken oder Kaninchenhüfte zu den jeweiligen Gängen dazubestellen. Gastgeberin Grit Müller umsorgt jeden Gast mit großer Liebenswürdigkeit.

BAUNACH

Rocus

Bahnhofstraße 16, 96148 Baunach
T +49 (0) 9544 20640
www.restaurant-rocus.de

🔒 Mi, Do, Fr, Sa mittags,
   Mo, Di ganztags
Menü 67 / 93 €
Vorspeise 11 / 24 €
Hauptgang 28 / 45 €

Im ehemaligen Bahnhof von Baunach, der aus dem Jahr 1904 stammt und zwischenzeitlich sorgfältig renoviert und durch einen lichten Wintergarten erweitert wurde, lässt Marcus Bluszcz internationale Gerichte mit mediterranem Einschlag servieren. Die Zubereitungen sind schlicht, aber akkurat, die Produkte von guter Qualität. Spanien zieht sich wie ein roter Faden durch Speise- und Weinkarte – was wenig wundern muss, stammt doch die Dame des Hauses von dort. Freundlicher, charmanter Service.

BERCHTESGADEN

Berchtesgadener Esszimmer

Nonntal 7, 83471 Berchtesgaden
T +49 (0) 8652 6554 301
www.esszimmer-berchtesgaden.com

🔒 mittags, Mo, So ganztags
Menü 69 / 120 €
Vorspeise 12 / 29 €
Hauptgang 25 / 50 €

Im kleinen Restaurant im Berchtesgadener Nonntal sitzt man unter einer Gewölbedecke, der Raum strahlt durch viel dunkles Massivholz stilvolle Behaglichkeit aus. Das Gastgeber-Ehepaar Roxana und Maximilian Kühbeck steht für eine moderne, naturnahe Regionalküche. Bei den Vorspeisen zeigt sich das etwa in Form einer Rotkrautsuppe mit Wildäpfeln und Maroni, bei den Hauptgerichten legt davon ein Zweierlei vom Milchkalb Zeugnis ab: 24 Stunden gegarte Schulter und Bries mit Topinambur, Buttermilchjus und Brunnenkresse.

PUR

Hintereck 1, 83471 Berchtesgaden
T +49 (0) 8652 97550
www.kempinski.com/
berchtesgaden

 Nico Steffen
 Ulrich Heimann
 Sven Spiegel
mittags,
Mo, Di, So, Feiertag ganztags
Menü 115 / 195 €

Alpenglühen und Ache-Rauschen, dazu ein mondänes Hotel, gebaut auf den Ruinenschatten des Dritten Reichs: Wenn Netflix-Fließbandschöpfer Ryan Murphy mal ein deutsches Setting als Serientrigger suchte, hier wäre er sicher angetan. Auch Kempinski ist mit seinem Haus auf dem Eckerbichl inzwischen ganz zufrieden, darauf deuten nicht nur die letzten Investitionen ins Set-Design. Der Service-Cast erfuhr 2021 Auffrischung durch eine Clique junger Sympathieträger. Und als routinierter Showrunner am Herd führt weiter Ulrich Heimann Regie. Seit Eröffnung 2005 hat der Schwarzwälder hier schon durch einige Wendungen geführt, der angedeutete Schwenk ins Zeitgeist-Regionale blieb auch diese Saison im Programm. Nach einem „Brotzeit-Gruß" mit Erdapfelkas, Schinken und Leberkäse-Brotchip griff die Küche dann allerdings doch wieder auf langfristig erprobte Erzählmuster zurück: Gelbschwanzmakrelen-Ceviche mit Koriander, Paprika, Avocado-Eis und Ingwerschaum, dazu noch ein in seiner Nebenrolle blasses Maracujagelee – das ist auf gehobenem Niveau allgemein anschlussfähig, recht bunt und möglicherweise bewusst etwas überladen inszeniert. Auch beim confierten Saibling mit Dillöl, Apfel und Gurkensaft (vor fünf Jahren schwer en vogue in der schwäbischen Provinz) bricht Heimann nicht mit Stoffkonventionen der zeitgemäßen Küche. Aber, und auch das zählt hier oben: Es wird technisch perfekt umgesetzt, ist aromatisch rund und nicht zuletzt gefällig angerichtet. Riesengarnelen mit Chorizo-Mayonnaise und fermentiertem Knoblauch, vom Service fortlaufend als „Carabinieri" bezeichnet, schlagen in ebensolche Richtung wie das Kalbsbries mit Haselnuss und Pfifferlingen oder der Steinbutt in fruchtig-fleischigem Kostüm aus Miso und Aprikosen. Dass das PUR-Programm nach Manier der großen Streaming-Anbieter durch exakte Publikumsanalyse bestimmt wird, ist unübersehbar. Um ein auf Anspruch erzogenes Publikum dauerhaft zu fesseln, braucht es hier wie überall auch das Unerwartete, das zumindest uns zuletzt etwas fehlte.

Berchtesgaden

BERGEN AUF RÜGEN

Gutshaus Kubbelkow

Dorfstraße 8, 18528 Bergen auf Rügen
T +49 (0) 3838 8227 777
www.kubbelkow.de

Mo, Mi, Do, Fr, Sa, So mittags,
Di ganztags
Menü 52 / 85 €
Vorspeise 17 / 19 €
Hauptgang 29 / 37 €

In einem vier Hektar großen Park liegt dieses wunderschöne alte Gutshaus, geführt von der Familie Diembeck. Axel Diembeck zelebriert eine bodenständig feine, mediterran angehauchte Saison-Küche, bei der die Karte täglich ein bisschen variiert. Bei den Wildgerichten stammt das Fleisch aus eigener Jagd, etwa beim Vitello vom Damwild mit Sanddorn-Thunfischcreme, Weinbergpfirsich und Rauke. Fischfreunde freuen sich über Rotbarben-Filet in Hummerschaum auf geschmortem Gemüse und Wildkrautgnocchi. Sehr gute Weinkarte.

BERGISCH GLADBACH

Restaurant Vendôme

Kadettenstraße,
51429 Bergisch Gladbach
T +49 (0) 2204 420
www.schlossbensberg.com

 Christoph Strahl
 Joachim Wissler
 Jochen Büscher
mittags, Mo, Di, Mi ganztags
Menü 240 / 285 €

Es hilft nichts: Man sollte das Schloss vergessen. Denn so prächtig es dasteht mit seinen barocken Türmchen und den ausladenden Flügeln, zumal im Licht eines Sommerabends – es weckt doch die falsche Erwartung. Joachim Wisslers Küche hat nichts Barockes, auch nichts Fürstliches, wenn man damit vornehme Unnahbarkeit meint. Auf den ersten Blick, den in die Karte, geben seine Kreationen sich schnörkellos. Da liest man zum Beispiel „Bretonische Seezunge & Sauce Vin Jaune" (und ein bisschen was Kleingedrucktes) und wähnt sich auf vertrautem Boden: Klar, Fisch und Weißwein geht immer. Dann hat man den Teller vor sich und verliert jeden Halt. Atlantisch-nördlich und rustikal-erdig, das erweist hier tatsächlich als das Spannungsfeld, und jede einzelne Zutat hat ihren Platz darin. Da sind die gepickelten Gurken mit ihrer Frische und die metallischen Noten einer Petersilien-Spinat-Creme. Auf der anderen Seite Pfifferlinge mit geräuchertem Schweinschnäuzchen. Sie akzentuieren die moosigen Untertöne der ausgezeichneten Beurre jaune, muss man wohl sagen. Der Fisch ist paniert, was ihn kräftiger macht. In die Pilze sind wie selbstverständlich Venusmuscheln gestreut. Ein fordernder, spannender Gang, der die Disharmonie sucht. Fragt man Wissler später, wie er auf so etwas kommt, sagt er lapidar, Seezunge sei gerade besser als die Mittelmeerfische, die er eigentlich haben wollte. Alles Weitere folgte daraus. Wenige Köche bauen ihre Schöpfungen so komplex wie Joachim Wissler, der schon seit über zwanzig Jahren Küchenchef im Vendôme ist. Das Fundament bleibt stets erkennbar – meist französisch, manchmal auch badisch –, doch es legen sich etliche Schichten darüber, die dann wieder durchbrochen werden, um das Produkt freizulegen, das stets erstklassig ist. Nur ganz selten wird uns das ein wenig zu viel. Diesmal beim Hauptgang, einer Variation vom Lamm, die ihren Namen verdient. Auf drei Tellern erwarteten uns komplett eigenständige Interpretationen von der mediterranen Schulter, halb geschmort, halb gebraten, mit Artischocken und Bohnenkernen bis zur frischwebenden Verbindung vom Filet als Sashimi mit Aubergine und einer Vadouvanjus. Nicht zu vergessen der etwas überkonzentrierte Lammtee mit Raviolo als Einstimmung. Was davon am besten schmeckte – wir wissen es nicht mehr genau. Zum Glück versteht die Küche sich auch auf Variationen, was den eigenen Auftritt betrifft. Das reicht bis zur perfekten Einfachheit des Toffees von der Haselnuss in Gänselebercreme, einer spielerischen Weiterentwicklung der bekannten Praline. Oder dem famosen zart angegrillten Kaisergranat mit wenig mehr als einer Holunder-Wacholder-Vinaigrette. Es lohnt aber immer, gerade hier, sorgfältig hinzuschmecken. Die angegossene Sauce erst einmal pur zu kosten. Beim „Oktopussalat & neue Kartoffeln" war es ein Kartoffelöl. Ein Tropfen davon schmeckte wie eine Tüte sehr guter Chips. Dann gab es den um so feineren, ätherischen Kopfsalatschaum. Die rauchige Pimentcreme. Den Hauch Minze, der wie Parfüm über den Salatblättern lag … Wir erinnern uns an Zeiten, als Joachim Wissler solche Konzentrate und Espumas in den Vordergrund stellte. Heute arbeitet er sie mit größter Gelassenheit ein und dekonstruiert auf diese Art das klassische spanische Gericht. Besser als heute gefiel uns diese sich stets neu erfindende Kochkunst Wisslers noch nie. Dem Service unter Leitung von Christoph Strahl merkten wir die erzwungene Pause nicht an. Er wirkte bestens eingespielt und angenehm unverkrampft. Der neue Sommelier Jochen Büscher hat sich auf Wisslers komplexen Stil schon hervorragend eingerichtet. Seine Empfehlungen sind oft unerwartet – zum Oktopus ein mineralischer, nicht gespriteter Palomino, zur Seezunge eben kein Vin Jaune, sondern ein fruchtiger Neuburger –, drängen aber nie in den Vordergrund.

BERGISCH GLADBACH

STAY & DINE

Althoff Grandhotel Schloss Bensberg
★★★★★ s

Kadettenstraße,
51429 Bergisch Gladbach
T +49 (0) 2204 420
www.althoffcollection.com/de/
althoff-grandhotel-schloss-
bensberg

Das 5-Sterne-Superior Althoff Grandhotel Schloss Bensberg befindet sich inmitten der Ruhe und Weite des Bergischen Landes nahe der Domstadt Köln. Kulinarische Weltklasse erwartet Sie in unserem Restaurant Vendôme. Fantasievoll, raffiniert, bisweilen gewagt – dabei zugleich puristisch und auf das Wesentliche reduziert: Die Küche von Joachim Wissler verbindet hochwertigste Zutaten und klare Aromen zu kulinarischen Kompositionen, die man so schnell nicht vergisst.

Trattoria Enoteca

Kadettenstraße,
51429 Bergisch Gladbach
T +49 (0) 2204 42915
www.schlossbensberg.com

Mo, Di, Mi, Do, Fr mittags,
Feiertag ganztags
Menü 50 / 99 €

Die stilvolle Trattoria im Schloss Bensberg ist nicht nur abends, sondern auch mittags gut besucht, denn Küchenchef Marcus Graun setzt mit seinen toskanisch inspirierten Gerichten Maßstäbe für die italienische Küche in der Region, egal ob bei handgemachter Pasta wie den Ravioli mit Auberginenfüllung oder einem Thunfischsteak alla puttanesca mit wildem Brokkoli und Kartoffelcreme. Die Menüs sind nach Themen geordnet – von vegan über althergebracht bis kreativ. Im Sommer wird auch draußen auf der Terrasse serviert.

BERLIN DIE TIPPS VON MAX STROHE

Max Strohe

Spätestens seit 2020 ist Max Strohe auch Hauptstadtmenschen ein Begriff, die mit großer Kulinarik sonst wenig am Hut haben. Gemeinsam mit seiner Partnerin Ilona Scholl – unserer Gastgeberin des Jahres 2021 – startete er die großartige Aktion **Kochen für Helden** und versorgte diejenigen, die in systemrelevanten Berufen die Berliner Infrastruktur am Laufen hielten. Wer sich zum Abendessen in seinem **Tulus Lotrek** einfindet, wird auch bestens versorgt – mit einer supersüffigen Produktküche („Immer wieder auf Frankreich zu und davon weg") und mit **jeder Menge herzlichem Charme.**

MAX STROHES EMPFEHLUNGEN

Beckett's Kopf
Pappelallee 64, 10437 Berlin
T +49 (0) 30 4403 5880
www.becketts-kopf.de
Für alle, die die Nähe zu Alchemisten suchen und ihre Cocktailauswahl gern zwischen den Versen von Literaturnobelpreisträgern treffen: trinken auf hohem Niveau. Mit Barpersonal, das der stylischen Garderobe nach auch in Kylo Rens Gefolge kämpfen könnte. Hier gehe ich hin, wenn ich mir gepflegt oder ungepflegt einen hinter die Binde kippen will.

Lotte am Zoo
Lotte-Lenya-Bogen 547,
10623 Berlin
T +49 (0) 178 6003 760
www.facebook.com/lotte.am.zoo
Die Lotte am Zoo im Lotte-Lenya-Bogen 547 ist eine brandneue Kneipe mit Fassbier und Fußball. Wo's genau hin geht, weiß ich noch nicht. Alles im Werden. Ehrlich ist's und bleibt's, da bin ich sicher – Berliner Kneipenkultur gehört tradiert und frequentiert. Mit Marc Rosenfeld als Wirt kann man nichts falsch machen.

Werkstatt der Süße
Husemannstraße 25, 10435 Berlin
T +49 (0) 30 3259 0157
www.werkstatt-der-suesse.de
Der Laden in der Husemannstraße, in dem Guido Fuhrmann seit geraumer Zeit seine Patisserie anbietet. Meiner Meinung nach gehört sie zum Feinsten, was man der unheiligen Allianz von Butter, Zucker und Früchten so abringen kann. Kein Hipsterladen, kein Ökobäcker, nichts pittoresk Verschnörkeltes, das das Kindchenschema in Blätterteig bannt. Zur Weihnachtszeit unbedingt die Dominosteine mit weißer Schokolade ballern. Einer macht satt. Drei machen genauso fertig wie glücklich.

Goldies Smashburger
Graefestraße 93, 10967 Berlin
T +49 (0) 30 7478 0320
www.goldies-berlin.de
Zwei ehemalige Elverfeld-Schüler, die erst das Berliner Pommes-Game auf ein neues Level bugsierten, nehmen sich jetzt Burger vor. Ich als treuer Burgermeister-am-Schlesi-Jünger, komme an den flach geklatschten Burgerpattys im supersoften, fluffigen Bun nicht vorbei. Unbedingt doppelt Fleisch und extra Käse ordern. Best bad food in town!

Les Épicuriens
Marheineke Markthalle
Marheinekeplatz 15, 10961 Berlin
T +49 (0) 30 3993 3679
www.lesepicuriens.de
Über die Markthalle 9 ist schon viel geschrieben worden. Ich möchte an dieser Stelle die Marheineke Markthalle im Kreuzberger Bergmannkiez ins Spiel bringen. Französische Klischeeübererfüllung seitens der Bedienenden und auch die Auslage vertieft diese Kerbe bis zum Durchbruch: Gereifte Rohmilchkäse, Pâté en croûte, Sauternesgelee und feines Gebäck haben mir dabei geholfen, den Berliner Winter (September bis April) durchzustehen. Zeit mitbringen! Der Einkauf hier zwangsentschleunigt.

Tante Fichte
Fichtestraße 31, 10967 Berlin
T +49 (0) 30 6900 1522
www.tantefichte.berlin
Micha Köhle, der ehemalige Betreiber des Herz & Niere hat was Neues auf die Beine gestellt. An alter Stelle sogar und das finde ich löblich, denn es befindet sich erstens einen Steinwurf von meinem Restaurant entfernt und avanciert zu einem meiner liebsten Casual-Fine-Dining-Spots auf Hauptstadtboden. Dominik Matokanovic kocht modern, süffig und mit subtil kroatischem Einschlag. Und trinken kann man da ganz Großes, wenn man mag.

BERLIN KARTE

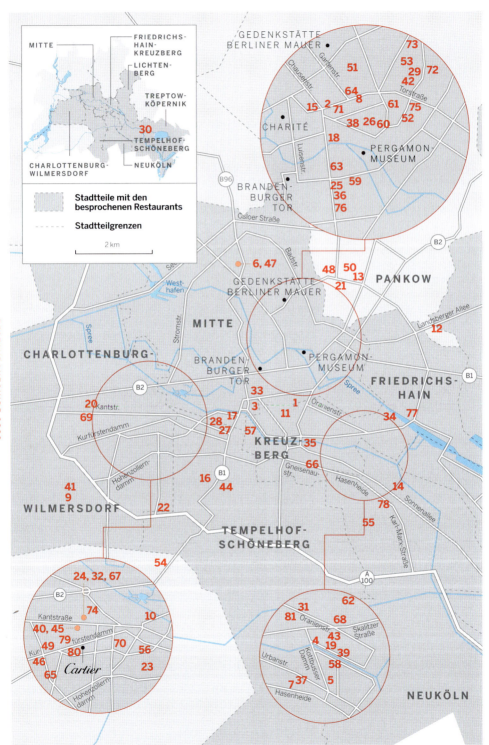

Restaurants

⌒⌒⌒⌒⌒

1 TIM RAUE
Rudi-Dutschke-Straße 26,
10969 Berlin

⌒⌒⌒⌒

2 RUTZ RESTAURANT
Chausseestraße 8, 10115 Berlin

⌒⌒⌒⌒

3 FACIL
Potsdamer Straße 3, 10785 Berlin

4 HORVÁTH
Paul-Lincke-Ufer 44a, 10999 Berlin

⌒⌒⌒

5 CODA DESSERT DINING
Friedelstraße 47, 12047 Berlin

6 ERNST
Gerichtstraße 54, 13347 Berlin

7 TULUS LOTREK
Fichtestraße 24, 10967 Berlin

⌒⌒⌒

8 BANDOL SUR MER
Torstraße 167, 10115 Berlin

9 FRÜHSAMMERS RESTAURANT
Flinsberger Platz 8, 14193 Berlin

10 HUGOS
Budapester Straße 2, 10787 Berlin

11 NOBELHART & SCHMUTZIG
Friedrichstraße 218, 10969 Berlin

12 SKYKITCHEN
Landsberger Allee 106, 10369 Berlin

⌒⌒

13 BRICOLE
Senefelderstraße 30, 10437 Berlin

14 EINS44
Elbestraße 28/29, 12045 Berlin

15 EINSUNTERNULL
Hannoversche Straße 1, 10115 Berlin

16 FAELT
Vorbergstraße 10a, 10823 Berlin

17 GOLVET
Potsdamer Straße 58, 10785 Berlin

18 GRILL ROYAL
Friedrichstraße 105b, 10117 Berlin

19 LODE & STIJN
Lausitzer Straße 25, 10999 Berlin

20 PRISM
Fritschestraße 48, 10627 Berlin

⌒⌒

21 AV RESTAURANT
Schönhauser Allee 44, 10435 Berlin

22 BIEBERBAU
Durlacher Straße 15, 10715 Berlin

23 BOB & THOMS
Welserstraße 10–12, 10777 Berlin

24 BRIKZ
Grolmanstraße 53/54, 10623 Berlin

25 COOKIES CREAM
Behrestraße 55, 10117 Berlin

26 CORDO
Große Hamburger Straße 32,
10115 Berlin

27 IRMA LA DOUCE
Potsdamer Straße 102, 10785 Berlin

28 KIN DEE
Lützowstraße 81, 10785 Berlin

29 KINK BAR & RESTAURANT
Schönhauser Allee 176, 10119 Berlin

30 KUMAMI
Kietzer Straße 3, 12555 Berlin

31 ORANIA
Oranienplatz 17, 10999 Berlin

32 OSTERIA CENTRALE
Bleibtreustraße 51, 10623 Berlin

33 POTS – DIETER MÜLLER
Potsdamer Platz 3, 10785 Berlin

Restaurants

34 RICHARD
Köpenicker Straße 174, 10997 Berlin

35 RUTZ – ZOLLHAUS
Carl-Herz-Ufer 30, 10961 Berlin

36 SAGRANTINO WEINBAR
Behrenstraße 47, 10117 Berlin

37 TANTE FICHTE
Fichtestraße 31, 10967 Berlin

38 THENONAME
Oranienburger Straße 32, 10117 Berlin

39 VOLT
Paul-Lincke-Ufer 21, 10999 Berlin

40 893 RYOTEI
Kantstraße 135, 10625 Berlin

41 BISTRO GRUNDSCHLAG
Flinsberger Platz 8, 14193 Berlin

42 CHOI
Fehrbelliner Straße 4, 10119 Berlin

43 CHUNGKING NOODLES
Reichenbergerstraße 35, 10999 Berlin

44 DER WEINLOBBYIST – BISTRO & WEINBAR
Kolonnenstraße 62, 10827 Berlin

45 FUNKY FISCH
Kantstraße 135–136, 10625 Berlin

46 HOT SPOT
Eisenzahnstraße 66, 10709 Berlin

47 JULIUS
Gerichtstraße 31, 13347 Berlin

48 KOCHU KARU
Eberswalder Straße 35, 10437 Berlin

49 KURPFALZ-WEINSTUBEN
Wilmersdorfer Straße 93, 10629 Berlin

50 MRS ROBINSON'S
Pappelallee 29, 10437 Berlin

51 OUKAN
Ackerstraße 144 | Im Hinterhof, 10115 Berlin

52 SHIORI
Max-Beer-Straße 13, 10119 Berlin

53 STANDARD SERIOUS PIZZA
Templiner Straße 7, 10119 Berlin

54 UDAGAWA
Feuerbachstraße 24, 12163 Berlin

55 BARRA
Okerstraße 2, VH EG Links, 12049 Berlin

56 BRASSERIE COLETTE TIM RAUE
Passauer Straße 5–7, 10789 Berlin

57 BRLO BRWHOUSE
Schöneberger Straße 16, 10963 Berlin

58 CHICHA
Friedelstraße 34, 12047 Berlin

59 CRACKERS NEU
Friedrichstraße 158/Unter den Linden, 10117 Berlin

60 DATA KITCHEN
Rosenthaler Straße 38, 10178 Berlin

61 DISTRICT MOT
Rosenthaler Straße 62, 10119 Berlin

62 FISH KLUB BERLIN
Eisenbahnstraße 42/43, 10997 Berlin

63 FREUNDSCHAFT
Mittelstraße 1, 10117 Berlin

64 GÄRTNEREI
Torstraße 179, 10115 Berlin

65 GOLDEN PHOENIX
Brandenburgische Straße 21, 10707 Berlin

Restaurants

66 HINTERLAND WINE BISTRO
Gneisenaustraße 67, 10961 Berlin

67 KITCHEN LIBRARY
Bleibtreustraße 55, 10623 Berlin

68 KUMPEL & KEULE SPEISEWIRTSCHAFT
Skalitzer Straße 97, 10997 Berlin

69 LAMAZÈRE
Stuttgarter Platz 18, 10627 Berlin

70 LE FAUBOURG
Augsburger Straße 41, 10789 Berlin

71 LOKAL BERLIN
Linienstraße 160, 10115 Berlin

72 MONTRAW
Torstraße 189, 10115 Berlin

73 OTTO BERLIN
Oderberger Straße 56, 10435 Berlin

74 RESTAURANT AM STEINPLATZ
Steinplatz 4, 10623 Berlin

75 RESTAURANT REMI
Torstraße 48, 10119 Berlin

76 SEASIDE – FISH & SEAFOOD BAR
Mohrenstraße 17, 10117 Berlin

77 THE MICHELBERGER RESTAURANT
Warschauer Straße 39–40, 10243 Berlin

78 TISK SPEISEKNEIPE
Neckarstraße 12, 12053 Berlin

Bewertung ausgesetzt

79 CHRISTOPHER'S
Mommsenstraße 63, 10629 Berlin

80 CUMBERLAND
Kurfürstendamm 194, 10707 Berlin

81 ORA
Oranienplatz 14, 10999 Berlin

BERLIN

893 Ryotei

Kantstraße 135, 10625 Berlin
T +49 (0) 176 5675 4107
www.893ryotei.de

mittags, Mo, So, Feiertag ganztags
Menü 89 / 119 €
Vorspeise 6 / 30 €
Hauptgang 20 / 45 €

Mehr Vegas geht in Charlottenburg nicht! Draußen spiegeln die Graffiti-beschmierten Scheiben das triste Geschiebe auf der Kantstraße, drinnen glitzert die große weite Welt: schöne Menschen, perfekte Lichtregie – Champagner, Sake und Cocktails in Strömen. Dazu eine Küche, die es sich angesichts des Rahmens leichter machen könnte, als sie es tut. Die Sushi-Auswahl ist klein, aber handwerklich hoch solide, die Spaghetti mit Mentaiko erfreulich al dente und das Hühnchen-Teriyaki so saftig wie aromatisch. Den begeisterten Einsatz von „Trüffel"-Aroma ignorieren wir angesichts der stimmigen Gesamtinszenierung.

AV Restaurant NEU

Schönhauser Allee 44, 10435 Berlin
T +49 (0) 30 2701 8851
de.avrestaurantberlin.com

Wer hier dem Taxi entsteigt, der kann zunächst den Unterschied zwischen Understatement und seinem Gegenteil bestaunen: Unter dem U-Bahn-Viadukt goldglänzend Konnopke's Imbiss – ein einziges Monument des gastronomischen Grauens – und direkt gegenüber der völlig unscheinbare, werbungsfreie Eingang zu einem neuen Kleinrestaurant mit großem Anspruch: Vorne die Bar, dahinter ein Speisezimmer, eine halboffene Küche. Darin wirkt Antonio Vinciguerra an seiner Vision von Casual Fine Dining bei „zero waste" zu kleinen Preisen (selbstverständlich samt englischsprachiger Speisekarte). Wer angesichts der Herkunft des Chefs Italienisches erwartet, wird überrascht, der Einstieg unseres Premierenmenüs geriet dezidiert nordisch: Dillcreme, Karottenscheiben, Holunderkapern; dazu ausgezeichnete Chips mit Selleriesalz. Japanisch inspiriert die folgende, so unkonventionelle wie wohlschmeckende, Suppe: eine tiefe, cremige, aromatische Hühnerbrühe – kraftvoll aromatisiert durch geräucherten Kabeljau –, dazu als knuspriger Kontrast ein dünner Croûton mit einer Austernemulsion und Zitrusgel. Gewagt, gewonnen! Etwas arg dominant anschließend eine nach Umeboshi-Art gepickelte salzig-saure Pflaume in Verbindung mit Bete (Püree, Chips, gehobelte Spiralbeten) und Kümmel. Wie gerade groß in Mode, wird auch hier das Sauerteigbrot als eigener Gang inszeniert – was es, saftig-kross, zusammen mit einer Honigfermentierten Knoblauchbutter aber auch verdient hatte. Wunderbar auf der fleischlichen Seite sodann zarte Ravioli mit einer Füllung von geschmorter Wildschweinkeule, in einer dichten Geflügeljus (gepowert durch ein Hühner-Garum) – akzentuiert durch säuerlich-fruchtige Preiselbeeren sowie im Hauptgang ein paar rosige, feste, aromatische Scheiben von der Entenbrust mit Fenchelpüree, der wir angesichts all der zarten Sude und dichten Geflügelfonds allerdings zur Abwechslung eine echte Jus gewünscht hätten. Zum

zum Abschluss eine Knuspermüsli-artige Einfassung milder Brillat-Savarin-Creme (japanische Reiscracker „Okaki" und Sanddornpüree) sowie das Fazit: ein eigensinniges Restaurant als weiterer Mosaikstein in der bunten kulinarischen Landschaft der Hauptstadt mit interessanter Handschrift und einigem Entwicklungspotenzial.

Bandol sur Mer

Torstraße 167, 10115 Berlin
T +49 (0) 30 6730 2051
www.bandolsurmer.de

- Andreas Saul & Lisa Karsten
- Andreas Saul
- Lisa Karsten
- mittags, Sa, So ganztags

Menü 105 / 145 €

Kleine Sensation: Das Bandol sur Mer pflegt seinen Instagram-Account! In der Corona-Krise kam man offensichtlich von der bislang gepflegten weitgehenden Social-Media-Abstinenz ab und postet nun dosiert hübsche Bilder. Eine persönliche Inaugenscheinnahme vor Ort lohnt dennoch weiterhin unbedingt – nach wie vor ist dieses winzige Restaurant (18 Plätze) mit der schmalen offenen Küchenzeile und dem leicht schrägen Charme aus Versatzstücken der Möblierung des ehemaligen Zentralkomitees der DDR, den Restspuren der einst ersten Dönerbude Ostberlins und einer leicht verschliffen Eleganz eines der interessantesten Restaurants der Hauptstadt. Selbstverständlich auch kulinarisch! Küchenchef und Inhaber Andreas Saul (früher an der Seite von Marco Müller) arbeitet handwerklich akkurat und geschmacksstark, wie auch bei unserem Besuch in der aktuellen Testsaison bereits die ersten Grüße zeigten: ein kleines leuchtendes Tortenstückchen vom „Hokkaido-Cheesecake"; eine knusprige Tartelette mit Kohlrabifäden, Sonnenblumenkernen und Johannisbeerholzöl; süffig-fluffiges „Naan" mit Lardo und Holunderkapern. Super! Allerdings nicht, was manche Ortsunkundige angesichts der Namensgebung irritieren dürfte: klassisch französisch. Macht nichts, im Hintergrund singen die Scherben „Wir sind geboren, um frei zu sein" und dank einer intensiven, würzig-aromatischen Auberginen-Pâté (ohne jede gemüsige Frugalität) mit Haselnuss-Miso, einem krossen Sauerteig-Chip und eingelegten Stachelbeeren vermissen wir die oft so langweilige Foie gras keine Sekunde! Und auch sonst nichts angesichts einer Geschmacksbombe wie dem famosen Duett von gebeiztem Havelzander und geräuchertem Aal mit Bärlauch und Schmorgurke, denen eine feine Creme von fermentierter Petersilie eine zarte Verbindung und – absolutes Highlight! – ein tiefer, aber zugleich hocheleganter Räucheraal-Fond mit einigen Tropfen Bärlauchöl enorme Kraft verliehen. Nach Barbecue-Bete auf Topinampurüree, würzigen Waldpilzen mit Eigelb und zarten Lauchherzen mit Deichkäse kamen im Hauptgang drei Tranchen von der optimal rosig gegarten Müritz-Lammkeule zu Ehren, pur schon ein Traum – noch schöner in feindosierter Begleitung von einem kleinen Lammtatar, Herbsttrompeten und einer hochsüffigen Barbecuesauce aus grünen Tomaten, die frische Säure beisteuerte. Da auch das komplexe Dessert nichts als schönsten Eigensinn und große herbstliche Freude verbreitete (Fichtennadelkombucha, Heidelbeeren, kandierte Steinpilze und Steinpilzeis, karamellisierte Buttermilch), bleibt uns summarisch nur ein Schluss: Aufwertung!

Barra

Okerstraße 2, VH EG Links,
12049 Berlin
T +49 (0) 30 8186 0757
www.barraberlin.com

🔒 mittags, Sa, So ganztags

In einer rauen Nebenstraße vom Neuköllner Schillerkiez liegt dieses von Briten geführte Restaurant. Was aus der offenen Küche kommt, beruht auf hochwertigen Naturprodukten und viel Hausgemachtem. Die Zutatenwahl ist weltoffen, die Zubereitung kreativ und aromenstark – von der Jakobsmuschel mit Apfel und Dill über geräucherten Aal mit lila Brokkoli und Meersalat bis zum Simmenthaler Rib-Eye mit Tropea-Zwiebel. Dazu trinkt man Naturwein oder Craft-Bier. Der Service spricht Englisch, die Musik ist laut

Bieberbau

Durlacher Straße 15, 10715 Berlin
T +49 (0) 30 8532 390
www.bieberbau-berlin.de

 Familie Garkisch
 Stephan Garkisch
 Anne Garkisch
🔒 mittags, Sa, So, Feiertag ganztags
Menü 43 / 66 €

Weit weg vom Gourmet-Trubel in Mitte und Kreuzberg liegt dieses Kulinarium im ehemaligen Atelier und Expressionisten-Treffpunkt des Stuckateurs Richard Bieber, der sich und seinem Handwerk hier 1894 ein Denkmal gesetzt hat. Überm Torbogen turnt ein Stuck-Affe, Ochse und Hahn schauen den Gästen zu, ein dicker Bacchus überwacht die Weinauswahl. Eine gemütliche Atmosphäre, eine angenehm überschaubare Menüauswahl: Fleisch, Fisch oder vegetarisch, teils kombinierbar. Das Betreiber-Ehepaar Garkisch ist stolz auf seinen großen Kräutergarten im brandenburgischen Barnim; das erklärt Stephan Garkisch' Vorliebe für Kräuter, Beeren und Säure in seiner modern-deutschen Küche. So erhielt knackiges Sellerie-Boskoop-Tatar dank Schwarzkümmel und Berberitze angenehm würzig-frische Noten. Wildschweinfilet begleiteten Haferwurzeln – beinahe vergessen, seit einiger Zeit wiederentdeckt – und süße Vogelbeeren. Erschien die Paarung von Heilbutt und der Zitrusfrucht Kalamansi eingangs zu sauer, revidierte das Zusammenspiel mit mild-buttrigem Fisch und rundem Mais-Miso diesen Ersteindruck. Auch handgeschöpfter Käse mit Wildfeige und Radicchio erwies sich als gelungene Mischung aus süß, sauer und herb. Womit wir bei den Non-Food-Kritikpunkten am grundsätzlich sympathischen Haus wären. Das feine, selbst gebackene Brot zum Käse? Fehlanzeige! Bereits auf Nimmerwiedersehen verschwunden nach dem Amuse-Gueule. Und waren wir auf der Flucht? Kaum war Gelbe-Bete-Suppe mit Ananas und Meerrettich ausgelöffelt – Turbo-Tellertausch mit dem Wildschwein. Schade! So kann ein Gericht, das einen ausgeruhten Auftritt verdient hätte, kaum wirken. Keine Verschnaufpause auch vorm Dessert – schwups, kam weiße Schokolade mit Agen-Pflaume und aufwendig in Baiser verpackter Mandarine mit Ziegenjoghurt-Topping. In rekordverdächtiger Stunde verspeisten wir zwei Küchengrüße, vier Gänge und Pralinen. Allerdings betrug anschließend die Wartezeit 30 Minuten auf leider nur lauwarmen Espresso. Überhaupt erscheint der Getränkeservice ausbaufähig. Von Sommelière Anne Garkisch ausgesuchter Riesling harmonierte wunderbar mit Suppe und Fisch, doch zu Wildschwein und Käse blieben weitere Empfehlungen aus. Schade, denn das Preis-Genuss-Verhältnis ist hier ausgezeichnet.

Bistro Grundschlag

Flinsberger Platz 8, 14193 Berlin
T +49 (0) 30 8973 8628
www.fruehsammers.de

🔒 Mo, So ganztags
Menü 36 / 85 €
Vorspeise 8 / 19 €
Hauptgang 12 / 32 €

Die Frühsammers halten, was sie versprechen: In ihrem Bistro bieten sie eine entspannte Küche für den kulinarisch anspruchsvollen Alltag, so schlichte wie wohlschmeckende Gerichte („ohne Firlefanz") für Menschen, die ungern Abstriche an die Qualität machen, auch wenn sie mal nicht an der großen gastronomischen Oper interessiert sind: mal ein saftig-krosses Stück Zander auf grünem Spargel, mal ein mürbes Rehragout mit Spätzle und Semmel-Stoppelpilz, vorher vielleicht ein paar Sardinen von Ramón Peña zum hausgebackenen Steinofenbrot. Kräuter, Salate und Gemüse werden teils selbst angebaut, Käse kommt bestens affiniert von Maître Antony.

Bob & Thoms

Welserstraße 10–12, 10777 Berlin
T +49 (0) 30 2092 9492
www.bobthoms.berlin

👥 Oliver Körber
🍴 Felix Thoms
🔒 mittags, Mo, So ganztags
Menü 85 / 85 €

Schöneberg ist einer der entspannteren Stadtteile, zentral gelegen, aber nicht so aufgeregt wie Mitte oder so gentrifiziert wie Prenzlauer Berg. Hier wohnen Bürger, Bohemiens, Künstler und Familien in jenen Altbauwohnungen, von denen jeder Berliner träumt. In einer dieser Wohnungen in einer ruhigen Seitenstraße des charmanten Viktoria-Luise-Platzes eröffneten Oliver „Bob" Körber und Felix Thoms vor drei Jahren ihr kleines Restaurant. Die Atmosphäre ist persönlich und ungezwungen, der Gastraum reduziert und funktionell, die Küche ambitioniert und kreativ. Körber liefert als gebürtiger Potsdamer die richtige Dosis Authentizität und dürfte mit seiner freundlichen Art einer der angenehmsten Gastgeber Berlins sein. Er und Küchenchef Felix Thoms kennen sich aus dem „Alt Luxemburg", dieser letzten Bastion gediegener Bürgerküche in Charlottenburg, die 2018 leider zum letzten Mal aufdeckte. Das Rezept der legendären Hummercremesuppe hat Thoms dankenswerterweise mitgenommen. Die beiden betreiben das Restaurant als Two-Men-Show, einer im Service, einer in der Küche, was gut funktioniert bei höchstens 20 Gästen am Abend und einem einzigen 5-Gänge-Menü, bei denen drei Gänge ohne Aufpreis durch besagte Hummercremesuppe, Entenleberterrine mit Portweingelee und den Dessert-Klassiker Reis Trauttmannsdorf ausgetauscht werden können. Achtung, liebe Vegetarier: Eine fleischfreie Variante gibt es nicht. Thoms ließ sich in seiner Laufbahn mit Stationen in der Villa Hammerschmiede, dem San Martino und der Sky Kitchen von der klassischen französischen Küche inspirieren. Die Entenleberterrine ist ein feiner Beweis dafür. Er hat aber eine ganz eigene kulinarische Handschrift entwickelt, kocht mit viel Herzblut und Fantasie. Die Rote-Bete-Praline mit flüssigem Kern, die als Amuse-Bouche den Abend eröffnet, ist so ein typischer Thoms, ebenso das kleine, aromatische Törtchen aus Wirsing und Schwarzkohl. Und alle, die sich schon immer gefragt haben, wie eigentlich Fichte schmeckt, lernen bei ihm: nach Wald, Weihnachten und ein bisschen nach Zitrone. Die sattgrüne Creme wird begleitet von Roter Bete und Pumpernickel-Crunch, ein überraschender wie gelungener Auftakt.

Semerrolle kommt hierzulande ja leider selten auf den Tisch, ein besonders zartes Stück aus der Rinderkeule, das als Carpaccio serviert wird, aber gegart ist, begleitet von Steckrübe, knusprigen Belugalinsen und Hefecreme. Eine spannende Mischung aus bekannt, aber anders ist der nächste Gang, der statt der üblichen Klopse einen Zander zur Königsberger Kapernsoße kombiniert. Thoms Küche ist nicht laut und aufdringlich, seine Kunst liegt eher darin, die Eigenaromen der Produkte durch Zubereitung und Zusammenstellung zur Geltung zu bringen: die feine Petersilienkruste auf dem Vercelli-Kalbsfilet, Sellerie mal als Pommes, mal als Püree, der Bärlauch im hausgebackenen Dinkelbrot, die dominante Säure des Amalfi-Zitronensorbets zum mild-sahnigen Mascarpone-Törtchen. Das alles ergibt einen sehr stimmigen und angenehmen Ablauf, dessen einziger, leiser Kritikpunkt sein könnte, dass ein herausstechender Höhepunkt fehlt. Eine Weinbegleitung gibt es nicht, aber der offene Bio-Rosé vom Château de Beaupré aus der Provence passt bestens zu Vorspeisen und Zander, der knalligere Perrin Réserve von der Rhône harmoniert mit Tanninen, viel Frucht und Vanille zum Kalbsfilet.

Brasserie Colette
Tim Raue

Passauer Straße 5–7, 10789 Berlin
T +49 (0) 30 21 99 2174
www.brasseriecolette.de

Menü 37 / 70 €
Vorspeise 10 / 18 €
Hauptgang 18 / 38 €

Direkt gegenüber vom Nobelkaufhaus KaDeWe erwartet den Gast ein stilvoll-rustikales Brasserie-Ambiente, man sitzt zum Teil auf Holzbänken aus alten Zügen. Das Team um Küchenchef Dominik Obermeier setzt hier Tim Raues Vorstellung von einer modern-weltoffenen französischen Bistroküche um – von Garnele Marocain über Lammcarpaccio mit Couscous bis zu Bœuf Bourguignon. Es gibt günstige, alle zwei Wochen wechselnde Lunch-Menüs: drei Gänge (beispielsweise Rosa Kalbstafelspitz, Entenbrust mit Räucherbutter, Sorbet) für 26 Euro.

Bricole

Senefelderstraße 30, 10437 Berlin
T +49 (0) 30 8442 1362
www.bricole.de

- Fabian Fischer
- Steven Zeidler
- Fabian Fischer
- mittags, Sa, So ganztags

Menü 86 / 98 €

Solche Läden muss man einfach mögen. Im Windschatten konzeptionell ehrgeizigerer Restaurants hat sich das kleine Bricole beständig immer weiter nach vorne gekocht. Jedes Jahr hatte man das Gefühl, dass die Idee einer modernen, französisch inspirierten Küche mit sehr guten Produkten noch ein wenig genauer wurde. Ein charmanter Rahmen ist das Restaurant sowieso. Der Gastraum mit dunklen Holzdielen und Weinregalen strahlt eine nachbarschaftliche Gemütlichkeit aus, im Sommer sitzt man schön unter denn Platanen auf dem breiten Gehsteig. Ein Hauch Boulevardatmosphäre. Das Küchenteam um Steven Zeidler bietet zwei Menüs: eins mit Fleisch und Fisch, eins vegetarisch. Der in feine Scheiben geschnittene, mit Trüffelspänen gefüllter Sellerie mit Selleriereduktion, Schnittlauchöl und leicht scharfen Granny-Smith-Tatar hätte mit etwas Temperatur vielleicht noch besser geschmeckt. Die folgende kurz abgeflämmte, wuchtige Bernsteinmakrele wird mit marinierter Gurke und Yuzugel und einem Dashifond mit Petersilienöl mit weltläufiger Leichtigkeit und präziser Schärfe begleitet. Und so ein herrlich schmelziges Rehtatar möchte man am liebsten jeden Tag essen, mit der erdigen Süße der Roten Bete, etwas Schärfe durch die Senfsaat und dem Umami des gehobelten Eigelbs, ach – wir sind ja erst beim dritten Gang. Eine Stärke von Zeidler: Er verliert sich nicht im Kleinteiligen, sondern setzt die Produkte prägnant in Szene. Etwa die perfekt auf Holzkohle gegrillte Brust von der Miéral-Taube. Die Jus ist mit Korinthen zart gesüßt und auf Struktur gebracht, ein salziges Cashewmus hält geschmacklich dagegen, der frittierte Grünkohl obendrauf bringt ein wenig Textur. Da findet man nichts Überflüssiges auf dem Teller. Die Fruchtigkeit des abschließenden Himbeersorbets auf Brioche und Valrhona-Schokoladencreme kitzelt ein zarter Schuss Olivenöl. Die Weinbegleitung mit Schwerpunkt Deutschland, Österreich, Frankreich und vielen Rieslingen lohnt sich. Wenn man da die ein oder anderen Flasche entdeckt hat, die man gerne öfters trinken möchte: Der Inhaber Fabian Fischer betreibt ein paar Häuser weiter auch den Weinladen Lorem Ipsum.

BRIKZ NEU

Grolmanstraße 53/54, 10623 Berlin
T 015216654982
www.restaurantbrikz.com

- Sabine Panzer
- Arne Anker
- Francesca Manfron
- mittags, Mo, So, Feiertag ganztags

Menü 80 / 80 €

Das Wichtigste zuerst: Der grün leuchtende Neonschriftzug, der gut sichtbar im Gastraum des BRIKZ in Charlottenburg hängt und auf dem „I don't give a fuck" steht, bezieht sich nicht auf die Einstellung der Küche unter Arne Anker (Ex-„Pauly Saal"). Möglicherweise ist damit der auffallend geringe innenarchitektonische Gestaltungsehrgeiz gemeint. Die Mischung aus nackten Backsteinwänden, schwarzen Ledersofas und (Flohmarkt?)-Leuchten ist nachlässig, ohne lässig zu sein. Immerhin: Im Sommer kann man schön auf der Grolmannstraße sitzen. Gar nicht „I don't give a fuck" ist, was auf den Teller kommt. Was das genau ist, entscheidet die Küche relativ spontan. Eine Karte gibt es nicht, nur ein regional geprägtes, produktorientiertes Viergang-Menü zu vorbezahlten 80 Euro, mit Kaviar-Upgrade und Expansionsmöglichkeiten, wer mag. Anker arbeitet mit sehr prononcierten Säurespitzen. Nach Kürbiscreme und Austernschaum als Amuse startet das Menü mit einem Tatar von der Lachsforelle mit Salzzitrone, das ein Dreierlei vom Lauch (schroff gegrillt, gepickelt, als Mayo) sowie Koriandersaat, Molkevinaigrette und Brunnenkresse kontrast- wie detailreich begleitet. Eine Tendenz zum Akademikerteller war der Gang aus Rote Bete: Die gibt es geschmort, gepickelt, roh als Tatar, ein Wechselspiel zwischen süß und erdig, die Beurre blanc schiebt die Säure des Ensembles noch ordentlich an. Highlight des Hauptgangs war die Sauce zur pfannengebratenen Entenbrust (etwas fest im Biss). Ohne Alkohol angesetzt, fehlte ihr jegliche Süße, dafür hatte sie einen satten Fleischgeschmack. Ein Selleriepüree mit schwarzen Walnüssen erden den Gang. Ein zestig-bitteres Blutorangensorbet mischt die abschließende Pekannusscreme auf. Bei der Weinkarte wäre nach dem Weggang von Sommelière Maria Rehermann eine ordnende Hand schön. In der Begleitung hätte man sich doch ein paar mehr Überraschungen gewünscht.

BRLO BRWHOUSE

Schöneberger Straße 16, 10963 Berlin
T +49 (0) 30 5557 7606
www.brlo-brwhouse.de

- Di, Mi, Do, Fr mittags, Mo ganztags

Menü 19 / 199 €

Brauhausküche mal anders, denn im futuristischen Ambiente der Container-Brauerei steht Gemüse an erster Stelle, und zwar ziemlich ambitioniert: Zweierlei Kohlrabi mit Pistazienmisocreme, Salzzitronengel und eingelegtem Kohlrabigrün. Oder: Spargel confiert, gebeizt und als Schnitte mit Berliner-Weiße-Baiser, Seetang-Kaviar und Mandelmilchschaum mit fermentierter Chili. Und auch wer Fleisch braucht, bekommt Gutes, etwa Rippchen vom Schwäbisch-Hällischen oder Nacken vom Salzwiesenlamm. Dazu trinkt man natürlich die tollen Craft-Biere des Hauses.

BERLIN

Chicha

Friedelstraße 34, 12047 Berlin
T +49 (0) 30 6273 1010
www.chicha-berlin.de

🔒 mittags, Mo, Di ganztags
Menü 38 / 65 €
Vorspeise 7 / 17 €
Hauptgang 15 / 19 €

In wildbuntem Ambiente führt Simon Amaru Castro Mendoza (in Essen geboren, Vater Peruaner) hochkonzentriert und mit besten Produkten sowohl die Klassiker als auch die Erneuerung der peruanischen Küche vor. Beim traditionellen Ceviche ziehen Stücke von sehr frischen Adlerfischfilet in mit Chili geschärfter Limettensäure gar, dazu gerösteter Mais, Radieschen und eingelegte Süßkartoffel. Von Anticuchos de Corazon (Rinderherz-Fleischspießen), dem peruanischen Hühnerfrikassee Aji de Gallina bis zu den Desserts zeugt hier alles vom hohen Anspruch der Küche.

CHOI

Fehrbelliner Straße 4, 10119 Berlin
T +49 (0) 176 6194 1932
www.choiberlin.de

🔒 mittags, Mo, Di ganztags
Menü 60 / 60 €

Die Website auf Englisch, der Restaurantraum minimalistisch: Hier ist der Prenzlauer Berg so, wie man das aus den Reiseführern kennt. Statt Tischgrill und Soju-Orgien inszeniert Sue Choi die Küche ihrer koreanischen Heimat elegant-reduziert zur Freude einer Handvoll Gäste um einen quadratischen Tresen, die drei Menüs (Fisch, Fleisch, vegetarisch) nach Rezepten ihrer Mutter und Großmutter werden ohne Kompromisse serviert und mundwässernd auf handgeschöpftem Papier präsentiert: Oktopus mit Chili-Bisque, Wolfsbarsch mit Rettich und Zwiebeln, gegrilltes Hühnchen mit traditioneller Gochujang-Sauce. Dazu eine kleine, stimmige Weinauswahl. Prädikat: Horizonterweiternd.

BERLIN

Christopher's
Bewertung ausgesetzt

Mommsenstraße 63, 10629 Berlin
T +49 (0) 30 2435 6282
www.christophers.online

- David Monnie
- Christopher Kümper
- David Monnie
- mittags, Fr, So ganztags

Menü 45 / 65 €
Vorspeise 12 / 15 €
Hauptgang 22 / 37 €

ChungKing Noodles

Reichenbergerstraße 35,
10999 Berlin

mittags, Mo, So, Feiertag ganztags

Wenn es gastronomisch in Berlin an einem nicht mangelt, dann an Imbissstuben. Diese ist anders! Ash Lee hat eine Institution geschaffen, die auch in New York oder London begeisterte Anhänger finden würde. Die Ausstattung ist angemessen schlicht, das Angebot sinnvoll reduziert, der Fokus liegt klar auf einem Ziel: Die besten „Xiao mian" (Chongqing-Nudeln) der Stadt zu produzieren. Keine Frage – das klappt! Egal, welches Topping man wählt (Pork, Beef oder Tofu/Shitake), köstlich schmeckt's immer: fein austarierte, aromatische Schärfe, die Nudeln von perfektem Biss, reintönig der Geschmack. Natürlich alles hausgemacht.

Die Website dieses Restaurants mit Weinbar in Charlottenburg verspricht zwar immer noch international geprägte Casual-Fine-Dining-Küche rund um saisonale und regionale Zutaten, leider aber reagiert das Team nicht auf Mails. Reservierungen über das Buchungstool werden jeweils einen Tag vorher storniert. Auch unter der Telefonnummer ist kein Anschluss. Die Bewertung muss diesmal deswegen leider ausfallen.

Clärchens Ballhaus

Auguststraße 24, 10117 Berlin
T +49 (0) 30 5557 85440
www.claerchensball.haus

- Mi, Do, Fr, So mittags,
  Mo, Di, Feiertag ganztags

In dem charmanten Ballhaus wird schon seit 1913 getanzt und gefeiert, bis heute trifft man sich im Spiegelsaal mehrfach die Woche zu Latein, Standard oder Tango. Wer zum Essen herkommt, den erwartet eine schmackhafte Wirtshausküche von schlicht bis leicht gehoben. Es gibt Erbsensuppe mit Muskatschaum, Rinderfilet „Berliner Art" oder gebratenen Havelzander mit süßsauren Linsen, Rieslingschaum und Dillkartoffeln. Auch die unverwüstlichen Klassiker Königsberger Klopse oder Rinderroulade kommen hier in guter Qualität auf den Tisch.

CODA Dessert Dining

Friedelstraße 47, 12047 Berlin
T +49 (0) 30 9149 6396
www.coda-berlin.com

 Pascal Kunert
 René Frank
 Pascal Kunert
 mittags,
   Mo, Di, So, Feiertag ganztags
Menü 118 / 238 €

In Deutschland dürfte ein Restaurant wie das CODA, das bekanntlich ausschließlich Desserts anbietet, wohl nur in Berlin funktionieren. Dass es auch noch in Neukölln klappt, in einer Ecke, in der man nicht flaniert, sondern die man gezielt anfährt, ist ein kleines Wunder. Anfahren tun allerdings viele, darunter ein hoher Prozentsatz internationaler Gourmets. Sie kommen, um das große Menü zu essen oder, spät am Abend, das kleine. In beiden Fällen geht es um Desserts, die allerdings weit interpretiert werden; nicht jeder Gang ist süß. Obwohl die Weinkarte neu geschrieben wurde und sehr viel umfangreicher ist als zuvor – der neue Sommelier und Gastgeber Pascal Kunert hat ganze Arbeit geleistet – funktioniert das Dessert Dining am besten, wenn man die zu jedem Gang komponierten Cocktails ordert. René Frank und seine rechte Hand Julia Leitner starten mit Kleinigkeiten, die es in sich haben. Gummibärchen von Gelber Bete (ohne Gelatine!), Churro aus Reismehl mit Misopaste, karamellisierter Kopfsalat und das schon zum Klassiker mutierte Küchlein mit Rindermark. Wer die besten Einblicke in die Küche gewinnen will, sitzt an der Theke, lässt sich beraten und verblüffen. Zu einer Popcorn-Interpretation mit gedünsteten Physalis, Kopfsalat und Estragonjus wird als Getränk ein Cocktail aus Mandarinengeist, Cognac und Verjus gereicht. Zur genialen Aubergine mit Pekannusseis, Apfelbalsamico und Lakritzsalz funktioniert die Mischung aus Oloroso-Sherry, Oolong-Tee und Kardamomgeist super. Die Waffel mit reifem Raclettekäse solle man, erklärt der Service, in Joghurt tauchen (drumherum Kimchipulver). Das ist einer jener Käsegänge, die René Frank immer einbaut, um den Spannungsbogen hochzuhalten. Leichte Süße ist dann beim Tomateneis mit eingelegten Datteltomaten und Mandelmilch zu spüren. Kraftvoll und verspielt gleichzeitig wirkt der Cironé-Cheesecake mit Kaffeesud und Sellerie-„Rosinen". Fehlen noch geeiste Rote Bete mit Tofucreme, Moosbeere und geröstetem Honigkuchen. Wer bis hierhin Schokolade vermisst, wird nun erlöst, darf sie ganz zum Schluss als Kombination mit Aquafaba, Shiitake und Haselnüssen verzehren. Die Schokolade ist natürlich selbst gemacht, wie hier überhaupt konsequent auf industrielle Zutaten verzichtet wird. Als Zusatzgang gibt es eine Art Eis am Stiel aus Vanille, Topinambur und Pekannüssen, mit französischem Kaviar ummantelt. Salzig-süß, dicht und animierend. Außergewöhnlich. Wie das ganze Restaurant.

© whitekitchen

BERLIN

Cookies Cream

Behrestraße 55, 10117 Berlin
T +49 (0) 30 6807 30448
www.cookiescream.com

- Max Benzig
- Stephan Hentschel
- Jan Wienecke
- mittags, Mo, So, Feiertag ganztags

Menü 79 / 129 €

Ein moderner Klassiker ist der Weg zum Restaurant. Der geht vorbei an ein paar Mülltonnen, entlang der Lüftungsrohre, um die Ecke des Wirtschaftshofs des Westin Grand Berlin und wenn man den Kronleuchter in dieser Betontristesse entdeckt, hat man es fast geschafft. Einmal klingeln an der Eisentür und man steht in einer schummrigen Bar. Ein wenig 90er-Jahre-Folklore, als die Stadt nach Kohleofen roch, Clubs gut versteckt waren und bizarre Öffnungszeiten hatten. Nur dienstags und donnerstags etwa. So wie das Cookies, das als Bar begann, sich zu einem Club steigerte und dann mit einem vegetarischen Restaurant diversifizierte. Das mag jetzt etwa 100.000 Parmesanknödel her sein. So oft dürfte der unumstößliche Signature Dish von Stephan Hentschel seit 2007 locker über den Pass gegangen sein. Sein Klassiker mag leicht retro sein, wie eine Platte, ohne die ein DJ nicht das Haus verlässt. Und er widerspiegelt auch nicht mehr seinen weltläufigen Stil – abgesehen von der Liebe zur Trüffel, die er großzügig drüberhobelt. Hentschel kocht weder nordisch-minimalistisch noch kleinteilig verkopft. Hier gibt's kein Viererlei von der Pastinake, sondern klare, kontrastreiche und ausdrucksstarke Gemüsegerichte. Als gelernter Saucier hat er gutes Händchen für Saucen und Fonds aller Art. Etwa beim umami-tiefen Kohldashi mit Kombhu-Alge, Shiitakeöl und Erbsen als Einlage. Er arbeitet gern mit überraschendem Gewürzeinsatz, wie die Karotte mit rauchigen BBQ-Noten mit Buttermilch und Kürbis zeigt. An manchen Gerichten feilt er, bis sie sitzen. Der feinperlige Algenkaviar kommt in seiner neuesten Auflage mit einem gehobelten Onsen-Eigelb, Croûtons und Schnittlauch-Crème-fraîche. Ein eleganter Start ins Menü (5 Gänge 79 Euro, 7 Gänge 99 Euro). Bisschen Wundertüte bleibt die Weinauswahl. Vom georgischen Amphorenwein bis zum gereiften Moselriesling reicht das Programm mit vielen interessanten Positionen, aber ohne erkennbare Schwerpunkte. Bedient wird man von gestandenen Nachtlebengestalten, das aber passioniert und professionell. Kein Wunder, dass der Laden fest in der Hand seiner Stammkundschaft ist.

Cordo

Große Hamburger Straße 32,
10115 Berlin
T +49 (0) 30 2758 1215
www.cordo.berlin

- Gerhard Retter
- Yannic Stockhausen
- Nina Scheinhart
- mittags, Mo, So ganztags

Menü 110 / 150 €

Große Hafenrundfahrt oder lieber Gartenrundgang? In der ewigen Frage, wie nenne ich meine Menüs, hat das Cordo sich klar für den kreativen Weg entschieden. Passt ja auch, Yannic Stockhausen, der in dem legeren Restaurant in Berlin-Mitte kocht, stammt aus Hamburg. Seine Küche ist modern-europäisch und schert sich nicht groß um Konzepte. Los geht seine Hafenrundfahrt süffig mit einem extralang gegrillten, süßlichen Lauch mit einer jodigen pochierten Auster und Austernmayo, Sauerteigchips und Walnussstückchen sorgen für etwas texturelle Action. In jedem Sinne kräftiger die fast rohe Forelle, die nur kurz durch heiße Butter gezogen wurde und von mit Rauchmandel aromatisiertem Auberginentee und fruchtigen Auberginenpüree mit Raucharomen begleitet wurde. Ein Highlight war die gegrillte Jakobsmuschel, die mit Haselnussmayo, Mandarinengel, scharfer Mole und klein gehackten Kakaonibs eine geschmacklich ziemlich weiten Bogen spannte, trotzdem hatte jedes Element eine klare Funktion (das haut nicht immer so gut hin bei Stockhausens recht opulenten Tellern). Nah am feinen Produkt blieb das ausgebackene Kalbsbries mit zarter Kruste, pochiertem Spinat und einer tollen Jus. Beim Wagyu-Bürgermeisterstück traf der schwarze Knoblauch die Süße des Zwiebeljus sehr schön, der fleischige Hauptdarsteller ließ aber etwas den typischen Schmelz vermissen. Zum Schluss gibt's Statement-Desserts. Das Apfel-Staudensellerie-Sorbet mit Milcheis und Pekannusscreme gefiel mit seiner unterschwelligen Salzigkeit, das anschließende Himbeer-Chicorée-Eis mit gerösteten Haferflocken, Kerbelwurzel und Radicchio spielte munter auf der Klaviatur der Bittertöne. Neben der großen Hafenrundfahrt (169 Euro) und dem Gartenrundgang (135 Euro) würde man sich vielleicht eine etwas kürzere Runde wünschen, bei der man preislich günstiger einsteigen kann. Auf der anderen Seite: Manchmal gönnt man sich im Cordo auch Bistrotage, dann gibt es Schnitzel und Tacos. Die Weinbegleitung konzentriert sich auf angesagte Naturweine und nimmt auch mal ein Bier und Erstaunlichkeiten wie einen Shiso-infusionierten Sake aus Salzburg mit. Wer lieber aus der Weinkarte wählt, darf sich auf eine abendfüllende Lektüre freuen. Aufbauend auf den Beständen der Cordobar schöpft man hier aus dem Vollen. Im Sommer sitzt man schön im lauschigen Innenhof.

Crackers NEU

Friedrichstraße 158 /
Unter den Linden,
10117 Berlin
T +49 (0) 30 6807 30488
www.crackersberlin.com

 mittags

Essen, Trinken und Musik, an sieben Tagen der Woche, das ist das Konzept des Crackers in der Friedrichstraße – dort, wo einst der legendäre Cookies Club die Nachtschwärmer anzog. An der Bar gibt es neu interpretierte Cocktail-Klassiker, aber auch eigene Kreationen. Die Küche arbeitet mit Gemüse und Kräutern von einem Bauernhof in Brandenburg, Fleisch aus Freilandhaltung und Fisch aus Wildfang oder streng ökologischer Aquakultur. Als Hauptgerichte stehen dann beispielsweise Tofu mit Miso-Spinat, jungem Lauch und Radieschen oder bayerische Salzwassergarnelen mit hausgemachtem Sauerkraut zur Wahl.

Cumberland NEU

Bewertung ausgesetzt

Kurfürstendamm 194, 10707 Berlin
T +49 (0) 30 2769 6308
www.cumberland-restaurant.de

Mo, So, Feiertag ganztags

Es gefiel uns gut im üppigen Ambiente des denkmalgeschützten Cumberland-Gebäudes aus der Belle Époque: glitzernde Kronleuchter, jede Menge Marmor, acht Meter hohe Decken. Und was Dennis Melzer in seinem Fine-Dining-Reich auf den Teller brachte, gefiel uns auch. Schade: Jetzt ist er wieder weg und konzeptionelle Veränderungen stehen im Raum. Wir sind gespannt.

BERLIN

Data Kitchen

Rosenthaler Straße 38, 10178 Berlin
T +49 (0) 30 6807 3040
www.datakitchen.berlin

 Sa, So, Feiertag ganztags

„Slow Food Fast" lautet das Motto von „Data Kitchen" und der technische Name hat seine Berechtigung: Man bestellt und bezahlt online, öffnet dann zum gewünschten Zeitpunkt per Handy die Klappe des Speisefachs – und verzehrt die Gerichte vor Ort. Deren Zutaten werden vom regionalen Saisonangebot bestimmt, es gibt Leichtes und Gemüsebetontes, aber auch Deftiges wie Schweinebauch mit Mangold. Die Salate überzeugen durch Frische und fantasievolle Zusammenstellung. Schöne Sommerterrasse auf dem Hinterhof.

der Weinlobbyist – Bistro & Weinbar NEU

Kolonnenstraße 62, 10827 Berlin
T +49 (0) 30 3064 0772
www.derweinlobbyist.de

🔒 mittags, Di, Mi ganztags
Menü 30 / 45 €
Vorspeise 8 / 13 €
Hauptgang 11 / 18 €

„Weinlobbyist" Serhat Aktas, zuvor Sommelier im Berliner Savu und bekannt für seine umtriebigen Projekte wie den „Berliner Lagen-Cup", wäre im politischen Berlin vielleicht auch ein betörender Flüsterer in Politikerohren. Zumindest erweist er sich in seinem Anfang 2020 eröffneten Laden in Schöneberg, der neben geradlinigem Bistro-Interieur mit hübschem Innenhof-Außenbereich punkten kann, als Interessenvertreter für deutschen Wein zumeist etablierter Spitzenwinzer, der neben kleiner Österreich-Auswahl den größten Teil der 350 Positionen seiner Weinkarte, die ordentliche 25 Weine im Offenausschank listet, einnimmt. Dazu bestellt man sich gerne aus der erfreulich übersichtlichen Speisekarte als Zeitgemäßes Schweinebauch mit Rettich-Kimchi oder den Klassiker Rindertatar, das hier mit Wachtelei und eingelegtem Gemüse serviert wird. Passend zum einladenden Konzept gibt es auch Flammkuchen aus dem Steinofen und Brotzeiten, bei denen hausgebackenes Sauerteigbrot mit Charcuterie aus dem steirischen Vulkanland oder Käse-Etagere auf den Tisch kommt.

© der Weinlobbyist

District Mot

Rosenthaler Straße 62, 10119 Berlin
T +49 (0) 30 2008 9284
www.district-mot.com

Das farbenfrohe, lebhafte Lokal mit den winzigen Plastikhockern im Stadtteil Mitte zählt zu den besten Adressen in Berlin für authentisch vietnamesische Straßenküche, deren ganze Vielfalt hier auf den Teller kommt: mit Gemüse, Tofu oder Schweinefleisch gefüllte Frühlingsrollen, Reisnudelsuppen, warmer Glasnudelsalat mit Lachsfilet, verschiedene rote Currys. Außerdem gibt es Bao-Burger in acht Versionen, zum Beispiel mit BBQ-Ente, Garnelen oder karamellisiertem Schweinebauch.

Eins44

Elbestraße 28/29, 12045 Berlin
T +49 (0) 30 6298 1212
www.eins44.com

- Katharina Bambach
- Daniel Achilles
- Anna Truong
- mittags, Mo, So, Feiertag ganztags

Menü 75 / 99 €
Vorspeise 18 / 21 €
Hauptgang 30 / 32 €

Klar, Daniel Achilles könnte auch ganz anders. In seinem Restaurant Reinstoff erkochte er einst 18 Punkte, war 2013 unser Koch des Jahres. Einer, der schon ziemlich jung ganz weit oben war. Und wer weiß, was da noch hätte kommen können. Dann lief der Mietvertrag aus – und seine Frau und er machten den gemeinsamen Laden einfach dicht. Das ist jetzt vier Jahre her. Seit Sommer 2020 steht er im Eins44 in Neukölln am Herd, einer ehemaligen Destillerie im dritten Hinterhof, mit alten Fließen, hohen Decken und schweren Buchenholztischen, und kocht deutlich einfacher. Kann das gut gehen? Kann es. Denn Achilles geht die Aufgabe mit sichtbarer Gestaltungsfreude an. Und manchmal mit schrägen Ideen. Die Artischocken (frittiert, gegrillt, roh) mit Petersilienöl und Johannisbeerholzcreme belegt er mit so reichlich weißer Schokolade, dass der Gang noch haarscharf die Kurve kratzt, um nicht in einer cremigen Süße unterzugehen. Eine mutige Kombination auch der butterzarte Hummer auf süffigen Kutteln, quasi der protzige Klassiker Surf 'n' Turf mit bescheidenen Innereien statt Steak, auch dank der wunderbaren Hummer-Bisque ein rundum geglückter Teller. Mit Kralle kommt anschließend die Keule von der Taube, die samt pfannengebratener und mit gepopptem Amaranth getoppter Brust auf einem Bett von fein gehobelten Pilzen liegt, die in einer Tom-Kha-Gai-Brühe gegart wurden, die auch à part serviert wird. Das Onglet zum Hauptgang mit weißem und grünem Spargel, einer zur Creme gebundenen, rauchigen BBQ-Sauce und ein paar zarten Zwiebelringe kokettieren gekonnt mit der Rustikalität. Vier Gänge kosten 84 Euro, à la carte ist aber auch möglich (Vorspeisen ab 18 Euro, Hauptspeisen ab 30 Euro). Die Weinkarte punktet vor allem mit deutschen und französischen Positionen, in der Begleitung schenkt man auch gut gereiftes aus. Kombuchas und aromatisierte Tees stehen als alkoholfreie Getränkebegleitung parat. Und, Ehrensache, man hält in der ehemaligen Destillerie eine große Auswahl an feinen Bränden bereit.

einsunternull

Hannoversche Straße 1, 10115 Berlin
T +49 (0) 30 2757 7810
www.restaurant-einsunternull.de

- Matthias Deutsch
- Silvio Pfeufer
- Anna Schilling
- mittags, Di, Mi, Do ganztags

Menü 155 / 139 €

Die Küche im Erdgeschoss, der Gastraum im smarten Souterrain: Im einsunternull in Mitte sucht man schon räumlich die unkonventionelle Lösung. Vom strengen Regionalkonzept, mit dem das Restaurant einst startete, hat man sich Schritt für Schritt entfernt. Der junge Silvio Pfeufer kocht so kosmopolitisch wie kreativ. Zwei Menüs stehen zur Auswahl. Einmal klassisch, einmal vegetarisch (6 Gänge 155 Euro). Los geht's mit einem Carpaccio vom Skrei, das Nordseekrabben mit Erbsen und Dillmayonnaise unter sich verbirgt, dazu ein Rauchfischsud mit Mandeln. Ein vollmundiger Start, der schon ein Leitmotiv des Menüs zeigt. Pfeufer mag Nüsse. Eine Rauchmandel und zwei Pistazien aromatisierten den Muschelsud, der die mit Sobrasada gefüllte Calamari-Tube begleitete. Pfeufers Teller sprühen vor Ideen, manchmal fehlt die letzte Genauigkeit, der Gang geriet arg salzig. Genau wie der umami-reiche Pilzgang mit gebratenen Steinpilzen, rohen gehobelten Champignons, Pilzpesto, Haselnüssen und in Läuterzucker eingelegten Johannisbeeren. Bisschen ruhiger der Hauptgang. Ein Huhn vom omnipräsenten Züchter Odefey & Töchter kommt einmal à part als in der Eierschale serviertes Ragout von der Keule mit Fregola, einmal recht bissfest gegart die Brust mit roher Tomate belegt und einer feinen, tomatisierten Jus, das begleitende Stück abgeflämmter Foie gras wirkte fast, als würde die Küche dem Gang nicht vollends vertrauen. Dabei war er sehr gelungen. Das Dessert optisch Ton in Ton, geschmacklich fein konstruiert: ein Espuma von der Zitronenmelisse, dazu Kiwigranité und Gurkensorbet, cremig grundiert mit griechischem Joghurt und aromatisiert mit Blütenpollen. Die Weinkarte von Patron Ivo Ebert und Sommelière Anna Patricia Schilling umfasst 430 Positionen. Hingucker sind natürlich die 130 edlen Burgunderweine mit großer Jahrgangstiefe, neben großen Namen sind auch Entdeckungen aus Deutschland, Österreich, Italien und Spanien gut vertreten. Spannend ist ebenso die alkoholfreie Getränkebegleitung. Der gut austarierte Paprikashrub mit Kirschsaft funktionierte perfekt zum Calamari-Gang, ebenso der Grüntee-Kombucha mit weißem Pfirsich und Kiwi zum Dessert.

ernst

Gerichtstraße 54, 13347 Berlin
www.ernstberlin.de

- Spencer Christenson & Dylan Watson-Brawn & Christoph Geyler
- Dylan Watson-Brawn
- Christoph Geyler
- mittags,
  Mo, Di, So, Feiertag ganztags

Kluge Köche sagen kluge Sachen. Dylan Watson-Brawn sagt beispielsweise: „Ich koche nicht japanisch, ich habe in Japan kochen gelernt. Deswegen koche ich so, wie ich koche – und nicht so, wie jemand, der in Frankreich kochen gelernt hat." Was banal klingt, zeigt exemplarisch, wie weit wir im sechsten Jahrzehnt nach der Eröffnung des Tantris gekommen sind: Heute führt ein 28jähriger Kanadier im Wedding auf Grundlage in Tokio verinnerlichter kulinarischer Prinzipien eines der interessantesten Restaurants der Republik. Es zeigt allerdings auch, was noch vor uns liegt – auf dem Feld der KochKUNST zum Beispiel die weitere Verschiebung des Fokus vom Gast und seinen Vorstellungen hin zum Koch als Künstler, zu seinen Visionen und Möglichkeiten. So entsteht kreative Dynamik, Fortschritt. Manche empfinden, angelockt durch viele positiven Besprechungen, schon heute als Zumutung, wie Watson-Brawn wirtet: Am dezidiert unansehnlichen Nettelbeckplatz, hinter leinenverhangenen Fenstern und einer abweisenden Stahltür, ohne jedes äußere Zeichen einladender Gastlichkeit. Zwei Seatings für acht Gäste am japanischen Holztresen vor der offenen Küche werden angeboten, eingelassen keine Minute vor der verabredeten Zeit, geboten keinerlei Wahlmöglichkeiten zu Tarifen von rund 400 Euro pro Kopf inklusive Getränke, zahlbar im Voraus. Die Konversationssprache ist Englisch. Wer bereit ist, sich auf all das einzulassen, der erlebt einen kulinarischen Zauber, der noch lange nachhallen wird. Wir kamen in der aktuellen Testsaison zum „Winter Tasting Menü" und fanden die Küchenleistung wie die Produktqualitäten – geprägt von Zitrusfrüchten – beeindruckender denn je (O-Ton: „Winter at ernst is a time to examine the land and the sea when it seems most at rest. Winter vegetables hauled from the cellar after slowly concentrating, the peak of slaughter season when the cool ambient temperatures keep meat pristine, frigid Atlantic waters ideal for fish and shellfish, and citrus – little globes of sunshine on our shortest days.") In buddhistischer Ruhe schnitt Watson-Brawn elfenbeinschimmernden Tintenfisch in hauchzarte Streifchen, sie waren am Morgen von der Île de Noirmoutier gekommen. Wie ein Uhrwerk präsentierte er im Folgenden in faszinierender Schlagzahl herausragende Produkte auf Tellern, in Schälchen, auf Platten – ein Bissen, manchmal zwei, von reinem Geschmack, präziser Aromatisierung, ein schillerndes Kaleidoskop von Texturen und mikrosaisonalen Aromen, Kraft und Zartheit – roh, gedämpft, gebraten, gekocht, gegrillt, frittiert, gefroren … Am Ende waren es knapp drei Dutzend Miniaturen, eingeleitet von einer ungewürzten Kombu-Dashi mit leuchtender Zeste von perfektem Umami und beschlossen von einer karamellisierten Kumquat. Dazwischen ein Tamago-Soufflée mit Kaviar; sagenhaft intensiver, angegrillter Kohlrabi unter Miso; hauchdünn geschnittener, umami-satter Steinbutt („Kombujime") um feinherben Radicchio; geschmortes Lauchherz mit Mangalitza-Speck und eigelb-sanfter Tamamiso unter frittierten Lauchfäden; Dashimaki, gefüllt mit Topinambur; grillte Auster mit Limettenöl; gegrillter, lackierter Shiitake und krosses Shiitake-Tempura mit Fleur de Sel; gegrillte Süßkartoffel mit Kumquat, Herzmuscheln mit gepickeltem Yacón, Wolfsbarsch-Sashimi mit je einem Schnitz Amanatsu, Limette und Blutmandarine; hauchzarte Chawamushi mit Kaviar und Yuzu; gedämpfter und gegrillter Glattbutt voller Aroma und samtigem Collagen in einem abgrundtiefen Sud, gedämpfter Fishcake im Mangoldmantel; gegrillter Schwarzkohl mit Beurre monté und Austernwasser; dehydriertes Kürbispüree mit mariniertem Forellenroggen; lackierter Seeteufel mit schwarzem Knoblauch und Sancho-Pfeffer; Keulenfleisch von der Ente mit ihren Innereien im Kohlblatt; hocharomatische, wochenlang gereifte Entenbrust in Sakejus; Mandarinen-Granité; fettes Milcheis mit herbem Honig und Salzwasser; kandierte Langkumquat mit dicker Sahne gefüllt … Ein einziger Rausch! Täglich anders, je nachdem, was an Produkten zur Verfügung steht, nie vorher getestet, manches nur ein einziges Mal überhaupt gekocht. Freestyle, souverän, von großer Könnerschaft. Es gibt Gäste, die kommen seit Jahren jeden Monat einmal. Es sind nicht wenige. Wir können sie gut verstehen.

Facil

Potsdamer Straße 3, 10785 Berlin
T +49 (0) 30 5900 51234

- Manuel E. Finster
- Michael Kempf & Joachim Gerner
- Felix Voges
- Sa, So, Feiertag ganztags

Menü 132 / 208 €

Von Bambus eingegrenzt, speist man im Facil lichtdurchflutet im 5. Stock des Mandala Hotels direkt am Potsdamer Platz. Michael Kempf teilt dabei das anspruchsvolle Schicksal mancher Spitzenköche in der Hotellerie, montags bis freitags mittags wie abends groß aufkochen zu müssen, und das für meist voll besetzte 14 Tische. Das scheint an die Belastungsgrenze gehen, zumal das Haus Wert auf die eher steife Variante der Haute Cuisine mit schwerem Tafelsilber sowie einem Service mit Anzug, Krawatte und strengen Hierarchien legt – genauso wie offenbar auf Kostenoptimierung. Es fällt schwer zu glauben, dass jede Döner-Bude in der Potsdamer Straße kostenfreies WLAN bietet, der Service im Facil die Gäste aber bitten muss, die Speisekarte via Funknetz übers Handy abzurufen. Noch schwerer, dass bei immerhin 178 Euro für sechs Gänge lediglich ein winziger Gruß aus der Küche die sechs Teller aufwertet, kein Pré-Dessert, keine Erfrischung dazwischen, dazu Stangenweißbrot – das dürfte inzwischen echten Seltenheitswert haben und auch nicht mit konzeptionellem Purismus zu erklären sein, denn die nachfolgenden Teller von Michael Kempf sind durchaus komplex. Wirklich bedenklich wird es, wenn zwischen dem Falafel-Bällchen mit Joghurt-Espuma als Amuse und dem ersten Gang geschlagene 45 Minuten vergehen und die Gäste an mehreren Tischen hilfesuchend um sich blicken, bevor die Küche die Wartezeit mit einem kalten Lachsforellenfilet, einer falschen Pastinakencreme-Olive und einem zarten Lavendel-Tomatensud produktbetont und fein abgestimmt beendet. Filet, Kaviar und die krosse Haut vom Müritzhecht mit einem Sud von Curryblättern bleiben geschmacklich trotz des Texturenspiels etwas monochromatisch. Eine spannende Harmonie geht dagegen die Krokette vom Bamberger Hörnchen, das leicht mit Trüffelbutter versetzt und um Topinambur-Texturen sowie Cantal-Weichkäse ergänzt wird, mit dem Sud aus geklärter Molke und Senfsaat ein. Sehr intensiv und spielerisch-leicht zugleich auch der Carabinero im reduziertem Sud mit karamellisierten Zitronen, Glitzer-Puffreis und hauchdünnen Bohnengelee-Scheiben. Ihre ganze Klasse zeigt die Küche bei den Fleischgängen: Feine Raucharomen verbinden das Short Rib vom Wagyu mit Passionsfruchtcreme und roh mariniertem Fenchel und die scharf angebratene, himmlisch zarte Brust von der Challans-Ente wird mit einem extrem leichten Café-de-Paris-Schaum, Schwarzwurzel-Tamarindenkompott und eingelegter Aubergine zu einem ganz eigenständigen Akkord. Die Desserts – ob ein kunstvoll mit Wildfeige und Nougatmousse gefüllter Schokopilz als Zentrum eines kleinen, hochfeinen und texturell erlebnisreichen Waldspaziergangs oder das Kirschsorbet mit grünem Kardamom, Pinienkern und Sauerklee im Schokoring – versöhnen letztlich mit dem holprigen Start.

Faelt NEU

Vorbergstraße 10a, 10823 Berlin
T +49 (0) 160 9327 7462
www.faelt.de

- Florian Aster
- Björn Swanson
- Sharin Polte
- mittags, So ganztags

Menü 89 / 89 €

Der Chef ist nicht da, aber doch sehr präsent in dem gemütlichen Schöneberger Ecklokal mit nur 18 Plätzen und einer offenen Küche. Nach seinem etwas überraschenden Abschied vom spektakeligen Golvet hoch über dem Potsdamer Platz hat Björn Swanson hier sein erstes eigenes, in mancher Hinsicht überraschend bodenständiges Restaurant eröffnet. Es gibt nur ein Menü (89 Euro), alle Weine werden auch offen ausgeschenkt (Getränkebegleitung 59 Euro, alkoholfrei 49 Euro) und mit Grüßen aus der Küche hält man sich gar nicht erst auf. Los geht's wuchtig wie präzise mit einem Rote-Bete-Espuma, Mandeleis, Rauchmandel, etwas Salat und frittiertem Grünkohl, gefolgt von einem wunderbar marmorierten Balfego-Thunfischbauch mit einer geräucherten Crème fraîche, grob gehackten gerösteten Haselnüssen und einem intensiv-salzigen Hühnerfond. Die anschließende völlig übertrieben abgeflämmte Brioche findet in der schon im Golvet beliebten, krachend süßen Karamellbutter und dem von Swanson kreierten Rote-Bete-Lager mit forsch-bitterem Nachtrunk bei aller Brachialität die perfekte Balance. Swanson schätzt einen gewissen Wumms in seinen Gerichten. Gerne über Säure, Fett und Röstnoten. Bei den Piroggen mit Sauerkraut kommt der von der Beurre blanc, die mit Sauerkrautsaft und Dillöl aromatisch angeschoben wird und mit Saiblingskaviar einen Salzkick erhält. Etwas leiser die beiden Wachteleier, mit Brunnenkressecreme, frittiertem Rosenkohl und einer honigsüßen Kalamansi-Vinaigrette. Beim in der Pfanne gebratenen und im Green Egg gegrillten Hirschkalbrücken hätte man die Taleggiocreme wohl nicht vermisst, die Kalbsknochenjus war ausdrucksstark genug und mit den ebenfalls gegrillten Pimientos war die Brücke zum 2017er Cabernet Sauvignon vom Château Anthonic bei Bordeaux wunderbar gebaut. Desserts gibt's gleich drei. In den gegrillten Apfel mit Buttermilcheis schummelt das Team gewinnbringend etwas Meerrettich in den Schokocrumble, das Baklava (bisschen pappig) wurde von Honig-Espuma und großartigem Pistazieneis begleitet. Zum Espresso gibt's ein Blauschimmelkäse-Parfait in der Waffel. Kein Laden für Produktfetischisten, aber für alle, die ausdrucksstarke Aromen, originelle Kombinationen und einen lässigen Rahmen für einen genussvollen Abend suchen.

Fish Klub Berlin NEU

Eisenbahnstraße 42/43, 10997 Berlin
www.fishklubberlin.com

- Mo, Di, So, Feiertag ganztags

Eine der neuerdings angesagtesten Berliner Adressen für Fisch und Meeresfrüchte ist kein Restaurant, sondern lediglich eine Theke im Kellergeschoss des Wilmersdorfer Einkaufszentrums Wilma Shoppen. Neben dem Fischverkauf in der Markthalle Neun ist diese Seafood-Bar der zweite Standort vom Fish Klub Berlin, der für seinen hohen Qualitäts- und Nachhaltigkeitsanspruch bekannt ist. Es gibt Garnelen vom japanischen Holzkohlegrill, Moules frites, Scholle oder bretonischen Steinbutt im Ganzen. Allerdings nur bis 18 Uhr.

BERLIN

Freundschaft

Mittelstraße 1, 10117 Berlin
T +49 (0) 30 8049 2444
www.istdeinbesterfreund.com

🔒 mittags, Sa, So, Feiertag ganztags
Vorspeise 5 / 12 €
Hauptgang 9 / 18 €

Ein 26 Meter langer ovaler Tresen ist eine echte Einladung zu spontaner Geselligkeit, denn die „Freundschaft" soll Anlaufstelle sein „für alle, die nicht alleine daheim sitzen möchten", wie die Wirte sagen. Die heißen hier Willi Schlögl und Johannes Schellhorn und sind charismatische Leuchten des Berliner Nachtlebens. 500 Weine haben sie im Angebot, kenntnisreich ausgewählt und präsentiert. Die Küche schickt modernes Barfood: Brotzeit mit Beinschinken, Leberkäse, gebeizter Schweinebauch im Bao-Bun. Die Musik kommt, bis tief in die Nacht, vom Plattenspieler.

Frühsammers Restaurant

 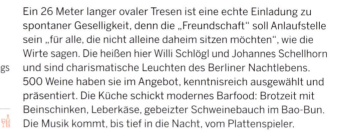

Flinsberger Platz 8, 14193 Berlin
T +49 (0) 1723 0022 87
www.fruehsammers-restaurant.de

🍽 Peter Frühsammer
🍷 Sonja Frühsammer
✏ Peter Frühsammer
🔒 mittags,
Mo, Di, So, Feiertag ganztags
Menü 135 / 135 €

Kleine gelbe Bälle können den draußen speisenden Gästen zwar nicht um die Ohren fliegen, aber doch schon mal vor die Füße fallen. Schließlich befinden sich die Tennisplätze unmittelbar neben Frühsammers Restaurant und schließlich betreiben Sonja und Peter Frühsammer auch noch ein Bistro, in dem die Spieler des Clubs gern mal nach dem Match zum Drink oder für kleine Speisen Platz nehmen. An vier Abenden in der Woche allerdings passiert etwas Ambitionierteres: Sonja Frühsammer kocht ein Menü in einem ganz eigenen Stil. Zupackend, aromenstark, dicht. Da sitzt jeder Handgriff, und nichts wirkt überflüssig auf den Tellern. Was personellen und organisatorischen Notwendigkeiten geschuldet, was eigene Inspiration ist, sei dahin gestellt – aber schmecken tut es von vorn bis hinten. Saftige Parmesanpraline mit Balsamico und die mit Avocado gefüllte Kohlrabitasche sind auf den Punkt zubereitet, die gegrillte Wassermelone harmoniert prima mit grünen Oliven und die drei variierenden Süppchen (Bouillabaisse, Tomate mit Pesto, Zucchini) gelten mit Recht als Frühsammer-Klassiker. Während der Chef zur Höchstform aufläuft, wenn man ihn zum Thema Riesling befragt (am Nachbartisch wird Clos Sainte-Hune bestellt, der berühmteste Riesling des Elsass, bei uns gibt es glasweise dezent süßen Heinrichshof-Wein von der Mosel), bereitet die Gattin Caesar Salad mit Kapern, Pulpo und Parmesanschaum. Sehr nett, aber nicht drei Hauben wert. Eine kritische Wertung, die auch auf das gewiss gut gemachte pochierte Ei von Frühsammer-Hühnern mit Kartoffelschaum und Pfifferlingen zutrifft. Doch beim Kabeljau mit säuerlich-würzigen Ochsenmaulstreifen und Liebstöckelbohnen besteht kein Zweifel: Das ist klasse! Ebenso wie Stockyard Beef aus Australien (kurz gegart und geschmort) mit Mais und dezent karamellisierten BBQ-Popcorn. Dazu Pesquera aus Spanien, glas- oder flaschenweise, ganz nach Laune. Eine Weinkarte gibt es, aber sie spielt keine Rolle; fast alle verlassen sich auf den Chef. Moscow Mule, das Pré-Dessert, ist geliert und wachmachend, das Hauptdessert mit Pfirsichen, Parfait von weißer Schokolade und Sauerampfereis ein bisschen brav, aber von A bis Z gekonnt zubereitet. Danach Aprikosen-Thymian-Tarte plus weißer Nougat und Glücksgefühle gratis. Berlin ohne Frühsammer? Unvorstellbar. Dass der Chef seinen Geburtstag flugs zur Benefizaktion für die Opfer des Ahr-hochwassers umwandelte, sei am Rande und voller Respekt erwähnt.

Funky Fisch

Kantstraße 135–136, 10625 Berlin
T +49 (0) 163 9382 215
www.funky-fisch.de

 Mo, So ganztags
Menü 35 / 75 €
Vorspeise 7 / 20 €
Hauptgang 14 / 35 €

Es ist wahrlich nicht immer und überall so, aber manchmal sorgt Masse eben doch für Qualität. Was The Duc Ngo in seinem kuli-narischen Imperium an Fisch verarbeitet, landet zunächst hier an – und kann in sensibler Zubereitung (oder auf Wunsch auch ganz puristisch) direkt aus der Fischtheke geordert werden. Poke, Ceviche und Tempura stehen ebenfalls auf der Karte und kommen tadellos auf den Tisch, Backfisch, Gambas mit Knoblauch und Chili oder Thunfischtatar mit Kaviar ebenfalls. Außerdem ein solides Entrecôte für Menschen, die sich verlaufen haben.

Gärtnerei

Torstraße 179, 10115 Berlin
T +49 (0) 30 2463 1450
www.gaertnerei-berlin.com

🔒 mittags
Menü 35 / 35 €
Vorspeise 9 / 18 €
Hauptgang 16 / 39 €

Anders als der Name vermuten lässt, geht es in der Gärtnerei in der hippen Torstraße keineswegs dogmatisch zu. So kommt im lindgrünen Interieur mit den opulenten Blumengestecken zwischen den eleganten Sitznischen zwar reichlich Vegetarisches und Veganes auf den Tisch, etwa Carpaccio von Roter und Gelber Bete, Blumenkohlsteak oder Maronenrisotto. Aber hier darf es auch gebratener Oktopus mit Süßkartoffelpüree und Chimichurri oder Roastbeef vom Tiroler Almvieh mit Pommes allumettes sein. Die Bar in der Mitte des Raums lädt dazu ein, das Abendmahl in die Nacht zu verlängern.

Golden Phoenix

Brandenburgische Straße 21,
10707 Berlin
T +49 (0) 151 6462 5945
www.provocateur-hotel.com

🔒 mittags, Mo, So ganztags
Menü 79 / 124 €
Vorspeise 7 / 25 €
Hauptgang 14 / 38 €

Wer viel probieren und sich ganz in die Hände der Küche geben will, bestellt das Experience-Menü, das tischweise serviert wird: 15 Gerichte, die in vier Gängen zu den Gästen kommen – von Jakobsmuscheln mit Spargel über Wokgemüse und Pfeffersteak bis zu gebackener Banane. Multigastronom The Duc Ngo zeigt an diesem Standort, wie die Küche seines Herzens aussieht: panasiatisch mit europäischem Handwerk, und das im schwülstigen Ambiente eines französisch-vietnamesischen Boudoirs der Zwanzigerjahre. Herausragend gut sind die Dim Sum. Auf der Weinkarte: reichlich Champagner und allerhand gute Namen aus Deutschland.

BERLIN

Gault&Millau STAY & DINE

Provocateur Berlin
★★★★★

Brandenburgische Straße 21,
10707 Berlin
T +49 (0) 30 2205 6060
www.provocateur-hotel.com

Einzigartig. Glamourös. Ein Design-Hotel, dessen Herzschlag eins ist mit dem von Berlin, aber dessen kreative Wurzeln im Paris der goldenen 1920er zu finden sind. Mit einer Bar, die verführt. Die Atmosphäre: berauschend. Die Drinks: einzigartig. Die Musik: genau das, was man braucht, um den Abend in Berlin zu genießen. Im Restaurant Golden Phoenix liegt ein Hauch von Chinoiserie. Garniert mit den feinsten Zutaten der „vie parisienne". Chefkoch The Duc Ngo verführt mit franko-chinesischen Kreationen.

Golvet

Potsdamer Straße 58, 10785 Berlin
T +49 (0) 30 8906 4222
www.golvet.de

- Martin Wolf
- Jonas Zörner
- José Martin Muñoz Vinagre
- mittags,
  Mo, Di, So, Feiertag ganztags

Menü 109 / 139 €
Vorspeise 25 / 35 €
Hauptgang 50 / 65 €

Dass hier im achten Stock, mit Cinemascope-Blick über dem Potsdamer Platz, mal ein Club war, kann man sich auch heute noch bestens vorstellen, denn mit seinen dunklen Wänden und roten Neonröhren sieht das Golvet aus, als gingen die Leute zum Tanzen her. Kulinarisch würden sie dann einiges verpassen. Dafür sorgt das junge, engagierte Team um Jonas Zörner, das in der offenen Küche handwerklich genau und mit großer Neugier auf neue Aromen arbeitet. Bisschen ungestüm der Gemüsegang zum Einstieg ins Menü (5 Gänge, 99 Euro, 7 Gänge 129 Euro). Ein fein gehobelter, mit Koji gegarter Kohlrabi bekommt mit Walnuss-Shoyu, Walnuss-Mayo und Walnusscreme eine leichte Überdosis Umami. Ebenfalls kräftig, aber besser balanciert die folgende gegrillte Jakobsmuschel mit einer Krustentier-Beurre-blanc, in dem das eingearbeitete Corail die jodige Tiefe des Imperialkaviars massiert und Bergamotte eine feine Zitrusnote addiert. Roher und gebratener Radicchio bricht das fettige Vergnügen mit ein paar Bittertönen gekonnt auf. Das Rind auf der Menükarte entpuppt sich als Sous-vide gegartes, gegrilltes Herz, vollmundig mit knusprig gebratenen Rosenkohl, eingelegter Quitte, Meerrettich und feinen Räucheraal-Würfelchen begleitet, aus dessen Karkassen eine wunderbare Hollandaise aufgeschlagen wurde. Den Touch gutbürgerlich, den das mit Dörrpflaumen geschmorte Duroc-Schweinebäckchen im Hauptgang ausstrahlt, kontrastiert der filigrane Baumkuchen aus Kartoffelschaum mit eingearbeiteten Mole-Schichten. Zum Abschluss eine gelungene Folge der gerade beliebten Serie: Gemüse im Dessert. Die sonnige Süße des Mais wird auf mehrere Weisen genutzt und kontrastiert mit dem dunklen Salzkaramell: einmal als mit Piment d'Espelette angeschärftes Popcorn mit Verbenecreme, einmal als abgeflämmte

Mousse mit Karamellkern und schließlich als Eis mit Karamellsirup. Ein paar abgeflämmte Kölbchen spendiert die Patisserie obendrein. Spannend! Die Weinkarte expandiert munter. Zu den bisherigen Schwerpunkten Deutschland, Frankreich, Österreich und Spanien ist eine vorsichtige Osterweiterung zu beobachten. Auch schön: Das Golvet ist eines der wenigen Restaurants dieser Klasse in Berlin, das sich zusätzlich zum Menü eine À-la-carte-Auswahl gönnt. Sogar Kindergerichte hält man bereit. An der smarten Bar kann man nicht nur die Aussicht, sondern auch ambitionierte Drinks genießen.

Grill Royal

Friedrichstraße 105b, 10117 Berlin
T +49 (0) 30 2887 9288
www.grillroyal.com

 Andrea Kauk
 Roel Lintermans
 Andrea Kauk
 mittags
Vorspeise 9 / 298 €

Samstag Abend im Grill Royal. Da sitzen Ex-Fußball-Weltmeister, Großinvestoren, DJ-Heldinnen, Gangsterrapper, Star-Reporter und sehr viele andere mehr oder weniger illustre Gestalten. Für ein Gesellschaftslokal gönnt man sich hier aber auch eine erstaunlich anspruchsvolle Küche. Dass es in den zum mondänen Gastraum sichtbaren Kühl- und Reifeschränken eine Steakauswahl gibt, die in Deutschland ihresgleichen sucht, ist hinlänglich bekannt. Roel Lintermans, der in der Küche über die Geschicke wacht, kann aber längst nicht nur grillen. Immerhin war er jahrelang in verschieden Positionen beim großen Pierre Gagnaire leitend tätig. Das sieht man am ehesten an Lintermans' Vorspeisen und gelegentlichen Specials. Etwa am Kaisergranat mit eingelegtem Shisoblatt, auf einer Jakobsmuschelterrine mit dezent eingesetztem Wasabi, angegossen mit einem herrlich süffigen Krustentierfond mit feinen Röstaromen und angerichtet auf einem – ja was genau eigentlich – Brokkolipüree? Dass der Service auch nach viermaligem Nachfragen nicht herausfinden konnte, was da auf dem Teller war, wird der handwerklichen Detailfreude der Küche nicht gerecht. Selbsterklärend war dagegen das Ceviche vom Ostsee-Dorsch: das Fleisch nur kurz in der Marinade dehydriert, Schärfe und Säure sehr dezent, letztere mit eingelegten roten Zwiebeln unterstützt, frisch kombiniert mit Gurke und fein gehobeltem Staudensellerie. Kurzes Kompliment an den Bedienenden der Fritteuse: Die Pulled-Beef-Kroketten wie auch die handgeschnittenen Pommes waren ein Vergnügen, das den Besuch alleine schon rechtfertigt. Was Veganes bestellt wohl kaum jemand hier, mit den gegrillten Rote Beten mit Belugalinsen, Trevisano, Chicorée und Dukka hat man aber ein winterliches Wohlfühlgericht auf der Karte. Und bei den Steaks geht hier eh nichts schief. Das Bürgermeisterstück vom Wagyu von der Dan Morgan Ranch hatte naturgemäß etwas mehr Biss, dank der üppigen Marmorierung einen herrlichen Schmelz und gleichzeitig eine perfekte Kruste. Eine Eisbombe zum Dessert: Die Tarte au citron mit Kalamansisorbet steckte unter einer überdimensionierten Haube abgeflämmtem Eisschnee, die dem Ensemble eine Überdosis Süße verpasste. Gut zu wissen: Die in Breite und Tiefe beeindruckende Weinkarte ist trinkfreudig kalkuliert. Der Raucherraum mag mit seiner weichgezeichneten 70er-Jahre-Soft-Erotik-Bebilderung den aktuellen Stand der Genderdebatte nicht angemessen widerspiegeln. Zum zentralen Schauplatz der Ausschweifungen wird er im Lauf des Abends dennoch. Oder gerade deswegen.

BERLIN

Hinterland Wine Bistro

Gneisenaustraße 67, 10961 Berlin
T +49 (0) 30 9843 8447
www.hinterlandprovisions.com

mittags,
Mo, Di, So, Feiertag ganztags
Menü 6 / 21 €
Vorspeise 6 / 12 €
Hauptgang 13 / 21 €

Eine ziemlich ehrgeizige Auswahl an Naturweinen führt das kleine Bistro in der Kreuzberger Gneisenaustraße. Aber auch die Küche kann sich sehen lassen – mit kleinen, raffinierten Gerichten. Dazu gehören etwa Kompositionen wie Weinbergschnecken mit Yorkshire-Pudding und Gartenkräutern oder geröstete Rote Bete mit Pflaumenreduktion und Estragon oder geräucherter Aal mit Rosenkohl, Speck und Quitte. Als Abschluss stehen Buchweizen-Panna-cotta mit Aroniabeeren oder eine Birnen-Tarte-Tatin mit Salzkaramell und Schmand zur Wahl.

Horváth

Paul-Lincke-Ufer 44a, 10999 Berlin
T +49 (0) 30 6128 9992
www.restaurant-horvath.de

Janine Woltaire
Sebastian Frank
Janine Woltaire
mittags, Mo, Di, So ganztags
Menü 160 / 205 €
Vorspeise 28 / 32 €
Hauptgang 42 / 55 €

Radikale Eigenständigkeit, intelligente Kombinationen und „Kreativität durch Zensur": Sebastian Franks Küche unterscheidet sich stark von dem, was fast überall sonst auf den Tellern der europäischen Spitzenküche zu finden ist. Und: Sie erzählt Geschichten. Jedem Gast seine eigene, aber ganz sicher die Geschichten aus Sebastian Franks Kindheit – intensive Aromen, die sich über die Jahrzehnte zu unfassbar einfachen, reduzierten Gerichten entwickelt haben, die die Kindertage in Österreich wieder heraufbeschwören und in einer Geschmacksexplosion kondensieren. Das Horváth-Team hat die Lockdown-Zeiten genutzt, um ihrem Restaurant hinter dem gemütlich getäfelten Altberliner Hauptraum einen puristischen zweiten Essbereich mit Massivholz und einem Gemäldefries zu spendieren, der durch eine große Glasscheibe getrennt in die Küche übergeht. Dort arbeitet ruhig und mit ganz offensichtlich viel Freude das junge Team, das so gar nichts vom hierarchiegeprägten Bild der alten Haute Cuisine übrig lässt – genauso wenig wie der lockere Service, der an allen Tischen serviert, wie es gerade kommt, aber ohne dass je die geringste Unaufmerksamkeit herrschen würde. Eine Lockerheit, die nur durch höchste Professionalität erreicht werden kann. Und so ist die Küche: Locker. Leicht. Ausgefeilt. Puristisch. Schnörkellos. Und dennoch, oder gerade deshalb, voller Wärme und Aromen. Den Anfang macht ein minimalistischer Pusztasalat mit eingelegten Tomaten, gefolgt von einer falschen Leberpraline: Fein geriebener, mehrfach reduzierter Kräuterseitling (und nichts sonst) wird eingefroren, wieder aufgetaut und erreicht so, ergänzt um eine feine Linie aus Apfelreduktion, eine Geschmacksintensität und Konsistenz, die man manch klassischer Gänseleber wünschen würde. Ein Intensitäts-Highlight auch die Hühnerbouillon: Eigelb. Gemüseessenz. Dazu ein großes Hühnerfettauge. Punkt: Alles, was eine gute Suppe ausmacht. Franks Signature Dish sind Scheiben vom jungen Sellerie, über die ein Exemplar gerieben wird, das ein Jahr im Salzteig gereift ist. Wenn Spitzenküche sich anderswo durch exklusive Zutaten manifestiert, dann hier durch das Gegenteil: der Hochadel des Einfachen. Sebastian Frank kocht in einer Klasse für sich – würde dieser Führer, so wie der Gault&Millau Weinguide es in diesem Jahr erstmals macht, eine „Hall of Fame" gründen und bei der Aufnahme in selbige die Bewertung für einige wenige Spitzenköche abschaffen, Frank wäre dabei, denn er braucht keinen Run auf einen Punkt oder eine Haube mehr oder weniger, um sich selbst dennoch immer wieder infrage zu stellen und immer weiter an seiner Küche zu feilen. Das lässt sich am Hauptgang seines aktuellen Menüs erklären: Vor Jahren bestand es aus Rehfilet, dazu Brokkoli als Beilage. Heute ist es der Brokkoli selbst, der im Rampenlicht steht, mit feiner Béchamel getränkt und in geröstetem Mohn gewälzt. Auf der hocharomatischen, graublauen Kugel liegen nur noch zwei dünne Scheibchen angebratenen, gezuckerten und gesalzenen Rehschinkens – und bringen manch bloggenden Gast dazu, hämisch über die Geizigkeit der Haute Cuisine zu lästern. Und was macht Frank? Im nächsten Menü, sagt er, wird gar kein Reh mehr dabei sein – denn der Brokkoli, immer weiter verfeinert, genügt sich selbst. Wie auch der Rest der Speisenfolge auf Fisch und Fleisch verzichten wird – aber nicht, um irgendeiner vegetabilen Hipster-Mode zu huldigen, sondern schlicht, weil Franks Küche aus Sellerie, Schwammerln oder Ei eine Aromatik entfacht, die nichts anderes mehr benötigt.

Hot Spot

Eisenzahnstraße 66, 10709 Berlin
T +49 (0) 30 8900 6878
www.restaurant-hotspot.de

Menü 29 / 39 €
Vorspeise 6 / 31 €
Hauptgang 12 / 49 €

Auf den ersten Blick unterscheidet dieses schlauchartige Lokal an der Ecke Kurfürstendamm/Eisenzahnstraße wenig von anderen chinesischen Restaurants hierzulande. Auf den zweiten so gut wie alles: Da wäre der Hinweis auf der Website, originale Rezepte aus den Provinzen Sichuan, Jiangsu und Shanghai „garantiert ohne Glutamat" zuzubereiten. Da wären die spektakulären Bordeaux-Flaschen und gereiften Rieslinge auf der Weinkarte und in den großen Kühlschränken. Da wäre schließlich die kenntnisreiche Stammkundschaft – vom ehemaligen Staatsmann mit Weinverstand bis zu nicht wenigen Spitzenköchen der Stadt. Dringende Empfehlung: Hingehen, beraten lassen, Herrn Wu vertrauen. Es lohnt sich!

Hugos

Budapester Straße 2, 10787 Berlin
T +49 (0) 30 2602 1263
www.hugos-restaurant.de

- Laura Torrico
- Eberhard Lange
- Manfred Welter
- mittags,
  Mo, Di, So, Feiertag ganztags

Menü 155 / 185 €

Im Hugos ist schon der Blick aus dem Fenster ein Genuss. Im 14. Stock des Westberliner Hotels Intercontinental gelegen ist es immer noch das höchstgelegene Gourmet-Restaurant der Stadt, auch wenn man im Skykitchen und im Golvet ebenfalls den Blick fantastisch über die Stadt schweifen lassen kann. Wählen kann man zwischen sechs und acht Gängen (155/185 Euro), die der gebürtige Berliner Eberhard Lange und sein junges Team servieren. Ihre Amuses – Gelbe Bete mit Frischkäse und Dill, Leberpraline mit Traube und Tatar mit Senf – kokettieren mit einer Bodenständigkeit, die hier gar nicht das Thema ist. Im Hugos gibt es klassisches Fine Dining mit Edelprodukten, Weine mit Jahrgangstiefe aus den großen Anbaugebieten in Frankreich und Deutschland und eine unüberschaubare Anzahl an Kellnerinnen und Kellnern, die in sorgfältig einstudierter Choreografie an- und abservieren. Etwa das kunstvoll aromatisch wie physikalisch ausbalancierte Ensemble aus abgeflämmtem Kaisergranat, der auf einem Tatar, einem Krustentier-Flan und etwas Paprikagel thront, gekrönt von einem hauchdünnen Ciabattachip mit Paprikacremetupfern und senkrechtem Salicorne, dazu ein süffiger Krustentierschaum, dem eine fruchtigsüße Tomatenvinaigrette farblich wie geschmacklich einen kontrastierenden Akzent versetzen. Danach eine Miniexkursion in den Zeitgeist: Die confierte Lachsforelle begleitet ein Selleriesud, dessen zitronige Noten durch Fermentation kommen. Die dicke Nocke Kaviar auf dem Blini führt den Teller wieder Richtung Klassik. Französisch inspiriertes Handwerk ist die Galantine vom Schwarzfederhuhn. Ein Johannisbeergelee mit Portwein umhüllt die mit Pistazien gespickte, pochierte Farce und Brust und spendiert genau die richtige Süße. Die Beurre blanc mit satten Trüffelnoten macht den Teller zum Vergnügen. Vielleicht kein Zufall, dass der Gemüsegang der schwächste des Menüs ist. Der Teig des mit Shiitake gefüllte Gyoza war ein bisschen dick, das Pilzdashi zu verhalten. Ein würdiger Rotweingang ist die pfannengebratene Brust der Challans-Ente, die Keule gebacken als Praline, dazu ein Kürbisravioli, eine schmeichelnd süße Maiscreme und angeflämmte Kölbchen, etwas Vadouvan gibt der Sauce eine dezente Weltläufigkeit. Natürlich gönnt sich das Hugos eine eigene Patisserie. Entsprechend detailliert das feine Dessert aus einer Mousse aus Karamellschokolade, Eis aus weißer Schokolade, Luftschokolade (alles Valrhona), fruchtig begleitet von Holundergelee und einer Birnensphäre. Zwei Mininachlässigkeiten rutschen dem Team durch. Die trockenen Schnittflächen des Brots legen den Verdacht nahe, dass da schon der Frühstücksservice zu Werke ging. Das Risotto des zweiten Amuses war recht lätschig. Sei's drum: Für einen klassischen Gourmet-Abend ist das Hugos nach wie vor eine sehr gute Wahl.

Irma la Douce NEU

Potsdamer Straße 102, 10785 Berlin
T +49 (0) 30 2300 0555
www.irmaladouce.de

Sascha Hammer
Michael Schulz
Sascha Hammer
mittags, Mo, So, Feiertag ganztags
Vorspeise 14 / 35 €
Hauptgang 35 / 61 €

Alle Restaurants hatten unter Corona zu leiden, das Irma La Douce ganz besonders: Im November 2019 eröffnet, war es gerade ein paar Monate am Start, als sich das Küchenteam um Michael Schulz mit einem (sehr erfolgreichen) Lieferdienst namens „The Good Taste" durch die diversen Lockdowns retten musste. Im klassisch-eleganten Ambiente an der Potsdamer Straße schmecken die ambitioniert interpretierten Klassiker der französischen Küche natürlich noch viel besser. Der schmale, fast intime Raum mit einer überschaubaren Anzahl von Tischen endet in der offenen Küche, sodass man immer wieder einen Blick auf die Arbeit hinter den Kulinarik-Kulissen werfen kann. Produkte von schöner Qualität, aromatische Gerichte, die weder überladen noch anstrengend sind, der charmante Service – ein Abend im Irma La Douce ist wie ein kleiner Urlaub in Frankreich. Einem aufpolierten Frankreich, sind wir versucht zu sagen! Schulzens Bouillabaisse ist kein plumper Fischeintopf, sondern ein köstlicher Sud überrascht, begleitet von Rotbarbe, Pulpo, Muscheln und Rouille; sein Bœuf Bourguignon kein Gulasch, sondern mürbes, aromatisches Rindfleisch in intensiver, stundenlang reduzierter Soße. Und wer einmal eine wirklich ausgezeichnete Crème brûlée essen möchte, ist hier genau richtig. Neben der Standardkarte „Les Classiques", zu der auch die dringend empfohlenen Gillardeau-Austern mit geräucherter Crème fraîche, Melonenschinken (!) und Kaviar gehören, sind unter der Rubrik „Notre Haute Cuisine" wechselnde Köstlichkeiten vom Rehrücken über Entenleberterrine bis zum Steinbutt mit Schnecken im Angebot. Begleitend lädt Restaurantleiter und Sommelier Sascha Hammer zu einer Wein-„Tour de France" mit kleinen Ausflügen in benachbarte Weinnationen. Der Kopf hinter diesem spannenden Gourmet-Projekt ist übrigens Jonathan Kartenberg, der auch das eins44 betreibt. Den Standort an der „Potse", wie die Berliner in der ihnen eigenen Eleganz sagen, hat er klug gewählt: Hier, zwischen Späti, Designerläden, Copyshop und türkischem Supermarkt, zeigt sich die vielerorts gentrifizierte Hauptstadt noch immer von ihrer rauen, aber überaus vitalen Seite.

Julius NEU

Gerichtstraße 31, 13347 Berlin
www.instagram.com/julius.ernst.berlin

Mo, Di, Mi, Feiertag ganztags

Empore Kleiner Bruder mit großem Ehrgeiz. Schräg gegenüber vom Ernst, in dem gerade mal acht Gäste am Tresen Platz finden und höchst ausgefeilte Menüs mit japanischen Miniaturen serviert bekommen, betreibt das Team um Dylan Watson das legerere Julius. In der smarten Weinbar mit offener Küche, großen Fensterfronten und einer nackten Betondecke wird etwas einfacher gekocht, das aber mit Spitzenprodukten derselben Lieferanten wie vis-à-vis. Etwa Tatar vom Wagyu-Rind mit Austernemulsion oder dehydrierte und gegrillte Rote Bete mit einer Sauce aus den verbrannten Schalen getoppt von in Dashi gekochten Haselnüssen und Miso-Radicchio. Das Menü aus acht bis zehn Gängen kostet 65 Euro. Dazu gibt es eine polyglotte Weinauswahl mit vielen Positionen aus Frankreich, meist von Winzern, die nur kleine Mengen produzieren. Tagsüber gibt es selbst gerösteten Kaffee, erstklassiges Gebäck und ein paar kleine Gerichte wie ein französisches Omelett mit Kräutern oder French Toast mit dunkler Schokolade und Sahne.

Kin Dee

Lützowstraße 81, 10785 Berlin
T +49 (0) 30 2155 294
www.kindeeberlin.com

- Moritz Estermann
- Dalad Kambhu
- mittags, Mo, So ganztags

Eilmeldung: Im Kin Dee gibt's jetzt auch gute Desserts. Der luftige Reisschaum mit Koji, Apfel und Sanddornsaft und die Topinamburcreme mit Walnussmiso, Kokosmilch-Vanilleeis und eingedicktem Tamarinden-Kombucha sind nicht nur ein geschmacklich überraschendes wie fein balanciertes Finale, sondern sie zeigen auch, worum es Dalad Kambhu in dem kleinen, smarten Restaurant in Tiergarten geht: thailändische Küche mit regionalen Zutaten. Das birgt natürlich Potenzial für manche Überraschung. Etwa „Nam Prig Pla", das wuchtige Tatar von der geräucherten Forelle auf dem knusprigen Cracker aus gepopptem Tapioka mit Apfel, fermentierten Fenchel und eingelegter lila Chili. Das ist sauer, süß, rauchig, ätherisch, schmelzig und vor allem – echt scharf. Die Küche macht da aus Prinzip keine Kompromisse, damit muss der Gast klarkommen. Sagen wir so: An den Nachbartischen sieht man einige gerötete Wangen, als der Gang serviert wird. Stargast des Abends war ein Extragang, die Jakobsmuschel, die Roderick Sloans per Hand nördlich des Polarkreises getaucht hat. Kurz abgeflämmt, mit Limettensaft gegart, mildem Chiliöl und feinstgehobeltem Zitronengras aromatisiert und samt Corail kommt die feine Meeresfrucht mit ihrer markanten Süße angemessen in Szene gesetzt auf den Tisch. Die Hauptgänge serviert das Team mit Reis und einem Gemüse des Tages. Das war ein echtes Highlight. Ein gegrillter Grünkohl, dessen wuchtige Röstaromen von einer ätherischen Basilikumsauce gekonnt kontrastiert werden. Das wokgeschwenkte, chilireiche Hühnchen von Odefey und Töchter begleitete frittierte Kalettes, eine trendy Kreuzung aus Rosenkohl und Grünkohl. Kurze Reklamation: Die Miesmuscheln im ingwerscharfen Sud waren etwas sandig. Die rohen Kräuterseitlinge hätte man feiner schneiden können. „Höhere Wesen bezahlen", hat der schwedische Künstler Karl Holmquist mit Edding an die Wand geschrieben. Im Kin Dee ist das trotz der jüngsten Preiserhöhung immer noch nicht sehr viel. 72 Euro kostet das Menü. Auch die gut gewählten Weine (vom örtlichen Naturweinexperten Viniculture) sind trinkfreudig kalkuliert. Drei schöne begleitende Gläser à 0,15, die dem Aromenfeuerwerk der Küche standhalten, gibt es für 39 Euro.

BERLIN

KINK Bar & Restaurant

Schönhauser Allee 176, 10119 Berlin
T +49 (0) 30 4120 7344
www.kink-berlin.de

- Arash Ghassemi
- Ivano Pirolo
- Edric Kent
- mittags

Menü 40 / 55 €
Vorspeise 9 / 15 €
Hauptgang 18 / 28 €

Oliver Mansaray und Daniel Scheppan hatten nicht nur den Mut, das wunderschöne, aber über lange Jahre völlig verschlafene Areal der ehemaligen Pfefferbergbrauerei in ein mondänes Restaurant plus Bar aufzumöbeln. Sie hatten auch die Ausdauer, ihren ersten eigenen Laden, der pünktlich zum ersten Lockdown fertig wurde, durch die Corona-Wirren zu steuern. Mit seinen hohen Decken, der offenen Küche, den verwinkelten Tresen und der spektakulären Freitreppe ist das KINK längst ein Publikumsmagnet. Das liegt nicht nur am tollen Look, sondern unbedingt auch an Ivano Pirolo, der zuvor Postenchef im Facil war, aber auch Casual Dining kann: Das schmelzige Tataki vom Ibérico-Pluma mit einer mit der fermentierten koreanischen Würzpaste Gochujang angeschärften Mayo, gegrillter Clementine, Clementinengel und Estragonöl mit kräuterig-ätherische Note ist ein vollmundiger, vielschichtiger und genau ausbalancierter Start. Genauso geglückt: die gegrillte Jakobsmuschel mit einem jodig-salzigem Jakobsmuschel-Chip, einer süßlich-scharfen Krustentier-Escabeche, gepickeltem Rhabarber und gebratenem Mangold. Die Hauptgerichte dann ein bisschen konventioneller: Der perfekt gegrillte Oktopus kommt mit Artischocken, Stracciatella, Liebstöckelpulver und einem zarten Hauch Bergamotte. Die geschmorten Short Ribs schiebt ein zwiebeliger Sud mit Pilzgarum an. Virtuos auf der Klaviatur der Bittertöne spielt das Signature-Dessert: ein Eis aus Zichorienwurzel mit umami-tiefer Pilzcreme und Schoko-Crumble, in dem Minze für etwas Frische sorgt. Das mag kompliziert klingen, schmeckt es aber nicht. Die Drinks von Barchef Arun Naagenthira Puvanendran sind so spektakulär wie die geschwungene rote Leuchtröhre von Kerim Seiler, die sich über dem Tresen durch den Barraum neben dem Restaurant schlängelt. Im Sommer sitzt man draußen schön unter großen Kastanien. Und nebenan, im Café Frank, das das Team ebenfalls betreibt, gibt es tagsüber unter anderem einen fantastischen Choux.

Kitchen Library

Bleibtreustraße 55, 10623 Berlin
T +49 (0) 30 3125 449
www.kitchen-library.de

- mittags,
  Mo, Di, So, Feiertag ganztags

Menü 59 / 98 €
Vorspeise 13 / 16 €
Hauptgang 21 / 29 €

Im Gastraum dieses Charlottenburger Restaurants füllen Kochbücher aus dem Fundus der Gastgeber die Regale und Fensterbänke – daher der ungewöhnliche Name. In Wohnzimmer-Atmosphäre kann man sich so beim Schmökern Appetit holen für eine Küche, in der Udo Knörlein immer mal wieder auf seine fränkische Herkunft anspielt, etwa bei Kalbstafelspitz mit Bamberger Hörnla, Rotkohl und Meerrettich. Aber auch Jakobsmuscheln und Kaisergranat landen hier auf dem Teller. Sauerteigbrot und Focaccia, mal mit Butter, mal mit Schmalz gereicht, backt der Hausherr selbst.

Kochu Karu

Eberswalder Straße 35, 10437 Berlin
T +49 (0) 30 8093 8191
www.kochukaru.de

- Bini Lee
- José Miranda Morillo
- Bini Lee
- mittags, Mo, So, Feiertag ganztags

Menü 59 / 89 €

Ein Restaurant, das spanische und koreanische Küche zusammenbringt, ist sogar im an besonderen Konzepten nicht eben armen Berlin etwas Besonderes. Gastgeberin Bini Lee, gebürtige Koreanerin und ausgebildete Opernsängerin, und Küchenchef José Miranda Morillo schaffen das so originell wie ungezwungen. In ihrem charmanten Restaurant in Prenzlauer Berg servieren sie kleine Teller wie das gebeizte Tatar von der Miéral-Ente mit Rettich und Verjus oder die Forelle von 25 Teiche mit Bachkresse und Chipotle. Etwas konventioneller die Hauptgänge wie Holsteiner Rind mit Shiitake und Sancho-Pfeffer. Spannend sind im Kochu Karu immer die veganen Gerichte, die der traditionellen koreanischen Tempelküche entlehnt sind, etwa die Klettenwurzel mit Steinpilz, Ackerbohne und Melissenpesto (4 Gänge, 59 Euro, 7 Gänge 89 Euro). Die Weinkarte mit Schwerpunkt Deutschland und Spanien hat Bini Lee in letzter Zeit mit ein paar trendigen Naturweinen weiterentwickelt.

KUMAMI NEU

Kietzer Straße 3, 12555 Berlin
www.kumamiberlin.com

- mittags,
  Mo, Di, Mi, Do, Feiertag ganztags

Mit Geheimtipps ist es in Zeiten des Internets so eine Sache – dieses bemerkenswerte japanische Kleinstrestaurant scheint uns nach wie vor einer zu sein. In seinem Design-Atelier mit zwölf Plätzen an einem breiten Holztresen auf der Köpenicker Altstadt-Insel serviert der Designer, Architekt und kulinarische Autodidakt Kuma Kenta bereits seit 2015 ein selbst gekochtes und serviertes „Omakase"-Menü in acht Gängen. Unkonventionell, sorgfältig, produktorientiert. Bei unserem Besuch in der aktuellen Testsaison beispielsweise zum Einstieg eine Miesmuschel, Shimeji-Pilze und Mairübchen auf einem mildwürzigen, halbflüssigen Dashi-Reis, anschließend wunderbar festes Wolfsbarsch-Sashimi („Kobujime") mit einem Würfel dichten Fischgelees und Yuzukoshō (eine Paste aus Yuzu, Salz und Chili), danach verschiedene kleine saisonale Vorspeisen „Obanzai" (Schwarzwurzeln, Shiitake und Sesam; Kürbis, Miso, Matcha; Aubergine mit Ingwer; Kimchi mit Nashibirne; Chawanmushi mit Jakobsmuschel) sowie in den „Hauptgängen" eine exzellente Forelle an der Gräte im Salz gegart mit Ponzu und zwei rosige Scheibchen vom kurz angeräucherten Frischlingsrücken. Ein elegant-meditatives Kammerspiel, das die Anreise aus der Stadt unbedingt lohnt!

BERLIN

Kumpel & Keule Speisewirtschaft

Skalitzer Straße 97, 10997 Berlin
T +49 (0) 170 6503 779
**www.kumpelundkeule.de/
speisewirtschaft**

mittags, Mo, So ganztags
Vorspeise 9 / 15 €
Hauptgang 12 / 38 €

Die Speisewirtschaft ist der gastronomische Arm der gleichnamigen gläsernen Metzgerei in der nahen Markthalle Neun. Der Anspruch ist derselbe: ehrliche Fleischkultur auf hohem Niveau. Es gibt Dry-aged-Burger, Tatar vom Weiderind, langzeitgeschmorte Ochsenbacke, Secreto vom Eichelschwein, Chorizo, Ente, Kassler. Das Fleisch stammt von ausgewählten Höfen und Schlachtbetrieben, bei denen Tierwohl und Qualität gewährleistet sind. Als Beilagen stehen Fritten mit Trüffelmayonnaise, bunte Karotten mit Petersilienmayo oder Serviettenknödel zur Wahl. Dazu trinkt man Handwerksbier und Wein ausgewählter Winzer.

Kurpfalz-Weinstuben

Wilmersdorfer Straße 93,
10629 Berlin
T +49 (0) 30 8836 664
www.kurpfalz-weinstuben.de

mittags, Mo, So ganztags
Menü 40 / 50 €
Vorspeise 8 / 14 €
Hauptgang 19 / 27 €

Man sollte den Wein nicht den Hipstern überlassen. Wer in Berlin ein dezidiert traditionelles Ambiente für ein fröhliches Gelage sucht, der wird am Adenauer Platz fündig. Seit 85 Jahren fließt der Rebensaft in diesem mit dunklem Holz getäfelten, verwinkelten Gasthaus in durstige – und qualitätsbewusste – Kehlen. Jüngst wurde der Weinkeller nochmals vergrößert, rund 1050 Positionen stehen in der Karte, 60 davon im offenen Ausschank. Weit mehr als bloße Grundlage liefert dazu die Küche – vom Handkäs über die Hausmacher-Vesper bis zur Gänsekeule in klassischer Begleitung oder einem gebackenen Crottin de Chavignol mit Birnenchutney.

Lamazère

Stuttgarter Platz 18, 10627 Berlin
T +49 (0) 30 3180 0712
www.lamazere.de

mittags, Mo ganztags
Menü 48 / 68 €
Vorspeise 14 / 20 €
Hauptgang 28 / 36 €

Die Eltern von Régis Lamazère betrieben ein renommiertes Restaurant in der Nähe der Champs-Élysées, und auch er lässt in seiner eigenen Brasserie klassisch-französische Küche auftischen. Die Gerichte sind mit Kreide auf eine Tafel geschrieben, die meisten davon wechseln wöchentlich. Für 56 Euro bekommt man vier Gänge, der Gast hat die Wahl zwischen vier kalten oder warmen Vorspeisen, vier Hauptgängen und drei Desserts oder einer Platte mit zehn bis 15 französischen Käsesorten. Die rein französische Weinkarte gliedert sich nach Regionen und bietet eine große Auswahl im Offenausschank.

Le Faubourg

Augsburger Straße 41, 10789 Berlin
T +49 (0) 30 8009 9977 00
www.lefaubourg.berlin

 Andrea Sinner
 Ernest Dizdarevic
Nicolas Hopchet
Sa, Feiertag mittags,
    Mo, Di, Mi abends, So ganztags
Menü 69 / 85 €
Vorspeise 14 / 16 €
Hauptgang 23 / 30 €

Schon seit Jahren serviert das Le Faubourg nahe dem Ku'damm einen der beliebtesten Business-Lunches der Stadt. Nach einigen Wechseln in der Küche ist dafür nun Ernest Dizdarevic verantwortlich, der hier bereits als Souschef kochte, als das Hotel noch Sofitel und nicht Dorint hieß. Der modernen französischen Linie des großzügigen Restaurants mit eleganten Leuchtern und smarten Sitzbuchten bleibt auch er verpflichtet. Dizdarevic kocht mit regionalen Zutaten und weltläufigen Details. Den confierten Saibling mit Erbsen und Spargel serviert er mit einer Dashi-Velouté. Immer auf der Karte ist der Croque Monsieur mit Brioche, Rosmarinschinken, Champignon und Gruyère. Und mit Raphael Gasque hat man einen Patissier, der den kulinarischen Anspruch des Hauses unterstreicht. Mittags kosten zwei Gänge mit Wasser und Kaffee schlanke 23 Euro. Sommelier Nikolas Hopchet schenkt Weine vor allem aus Deutschland und natürlich Frankreich aus – darunter eine große Auswahl Jahrgangschampagner.

BERLIN

Lode & Stijn

Lausitzer Straße 25, 10999 Berlin
T +49 (0) 30 6521 4507
www.lode-stijn.de

 Lode van Zuylen
 Ole Ortmann
mittags,
Mo, Di, So, Feiertag ganztags
Menü 100 / 100 €

Schon seit Jahren der inoffizielle Lieblingsladen vieler Berliner Foodies. In dem schlichten Restaurant in einer Kreuzberger Seitenstraße servieren die Niederländer Lode van Zuylen und Remi Stijn eine geradlinige Regionalküche nordischer Prägung mit dem Besten, was man an Produkten im Umland bekommen kann. Menü gibt's nur eins, und das ändert sich recht spontan, je nachdem, was die Kleinproduzenten oder der Jäger so liefern. Nach den obligatorischen Bitterballen (holländische Kroketten) mit geschmorten Rindfleisch und Meerrettich-Mayo, einem Wildschwein-Tatar auf gerösteten Sauerteigbrot und einer feinscharfen Kürbisbrühe mit fermentiertem Ingwer und Anisöl startet das eigentliche Menü. Der gereifte Saibling verbirgt sich unter fein gehobelten Karottenscheiben, Saiblingskaviar und Fingerlime – die feinbalancierte Bittertöne fängt die erdige Süße der Karottenvinaigrette ein. Den folgenden zu früh geernteten Kartoffeln merkt man ihr zeitiges Ende im Acker zwar nicht an, Beurre blanc, dunkel karamellisierte Zwiebeln und Bittersalate begleiteten sie aber sehr schön. Der Dry-age-Meeräsche (bisschen trocken am Rand) stahl der gegrillte, mit Bouillon lackierte Sellerie fast die Schau. Der Beste der minimalistischen, aber sehr prägnanten Gänge war die Wildente, besonderes Produkt, besonders zubereitet: Sie war zartrosa gegrillt, und hatte eine hinreißend knusprige Haut, die mit Jus und Bohnenmiso lackiert und Piment d'Espelette besprenkelt war. Wunderbare Sättigungsbeilage à part: der gekeimte Roggen mit Trüffel. Schöne Idee war der cremige Blauschimmelkäse auf der Tarte Tatin, tatsächlich hätte man den Käsegang-Dessert-Hybrid noch weiter treiben können mit einem herberen Käse. Muss ein Dessert süß sein? Nicht unbedingt. Der Salat aus gemischten Zitrusfrüchten mit infusioniertem Olivenöl und rosa Pfeffer, dazu ein zestig-bitteres Lemoncurd mit Pistazieneis – ein herrlich frisches Finish. 100 Euro kostet das sechsgängige Vergnügen. Halten wir fest: Man kann sein Geld deutlich schlechter ausgeben. Sommelier Ole Ortmann sucht dazu passende, zeitgeistige, relativ hochpreisige (Natur-)Weine aus, mit großer Neugier auf die junge Riege osteuropäischer Produzenten.

LOKAL Berlin

Linienstraße 160, 10115 Berlin
T +49 (0) 30 2844 9500
www.lokal-berlin.blogspot.com

mittags, Feiertag ganztags
Vorspeise 7 / 15 €
Hauptgang 19 / 31 €

Ein Ecklokal, das es so (leider) nicht an jeder Ecke gibt. An langen, schweren Holztischen aus alten Bohlen sitzt man in dem verwinkelten Gastraum mit weiß getünchten Wänden. Auf die Teller gibt es eine aromenstarke, kontrastreiche Regionalküche mit guten saisonalen Produkten, zum Beispiel Schweinenacken und Miesmuscheln mit Spitzkohl, Apfel und Kürbis oder Wildschweinrücken mit Blumenkohl, Möhre, Mangold und Cranberry. Wildgerichte sind hier ohnehin immer eine gute Wahl. Viele offene Weine, darunter einige aus dem Naturfach.

BERLIN

MontRaw

Torstraße 189, 10115 Berlin
T +49 (0) 30 2578 2707
www.montraw.com

Di, Mi, Do, Fr, Sa, Feiertag mittags,
Mo ganztags
Menü 8 / 28 €

Betrieben wird das smarte Ecklokal von jungen Israelis und schon eine Vorspeise wie „israelisches Sashimi" (mit Gelbschwanzmakrele, eingelegten Zitronen, Feigenpüree, Chili, Schalotten, Radieschen und Minze) zeigt, dass Küchenchef Ben Berrebi einen Bogen über Landesgrenzen hinweg spannt, dabei fantasievoll mit der Aromenwelt des weiteren Mittelmeerraums spielt, etwa beim Oktopus à la Maghreb mit tunesischem Spinatpüree, Merguez und schwarzen Linsen. Die Bar hält eine große Auswahl an Drinks bereit, viele davon sind Eigenkreationen.

Mrs Robinson's

Pappelallee 29, 10437 Berlin
T +49 (0) 30 5462 2839
www.mrsrobinsons.de

 Samina Raza
 Ben Zviel
Ottavio Saglam
mittags,
Mo, Di, Mi, Feiertag ganztags
Menü 99 / 135 €

Das Mrs Robinson's ist klein wie ein Wohnzimmer, die Musik kommt vom Plattenspieler und aus maßgefertigten Boxen und das ehrgeizige Menü, das das Team um Ben Zviel und Samina Raza in der offenen Küche zubereitet, besteht aus einer Folge bisweilen aufregender Miniaturen. Etwa die mit Kombu-Alge gespickte und im Teigmantel frittierte Jakobsmuschel mit begleitendem Jakobsmuscheltee, der aus der Flüssigkeit in den Schalen sowie getrocknetem Muschelfleisch aufgebrüht wird. Oder das Huhn von Starzüchter Lars Odefey mit Eigelb, japanischem Senf und kambodschanischem Pfeffer (Menü 99 Euro). Offene Küche heißt natürlich auch, dass es der gesamte Gastraum riecht, wenn der lackierte Aal nochmal kurz vorm Servieren abgeflämmt wird. Aber das kann man ja auch mit Vorfreude wahrnehmen. Die ehrgeizige Weinkarte legt den Schwerpunkt auf Frankreich. Das neue Schwesterlokal Café Frieda ist zwei Ecken entfernt, und schon wegen des herausragenden Sauerteigbrots, das sie dort backen, einen Besuch wert.

Nobelhart & Schmutzig

Friedrichstraße 218, 10969 Berlin
T +49 (0) 30 2594 0610
www.nobelhartundschmutzig.com

 Juliane Winkler
 Micha Schäfer
 Alexander Seiser
mittags, Mo, So, Feiertag ganztags
Menü 120 / 145 €

Landauf, landab wird (auch von uns) das Fehlen klassischer Patrons beklagt. Gute Köche gibt es viele, gastronomische Dompteure, souveräne Wirte, viel zu wenige. Billy Wagner ist für uns ein herausragendes Beispiel eines Patrons neuen Typs, ein Mann mit klarer Handschrift, klaren Vorstellungen. Ein PR-Genie ist er natürlich ebenfalls und als Gastgeber jederzeit in der Lage, je nach Bedarf blitzartig von rotzig auf hochcharmant umzustellen. Vor allem aber: Er ist immer noch da! Auch nach sieben Jahren übt sein Nobelhart & Schmutzig noch immer eine enorme Anziehungskraft auf Menschen aus aller Welt aus, gilt für nicht wenige als gastronomische Verkörperung des gegenwärtigen Berlins schlechthin und somit als kulinarische Pflichtadresse in Europa. Das muss man erst einmal hinbekommen! (Im Übrigen scheinen uns all die Kollegen, die in Wagner nicht mehr als eine Kreuzberger Windmaschine samt leicht angejahrter Hipster-Attitüde sehen, von einer gewissen Unsicherheit – gepaart mit Neid – nicht ganz frei). Nach wie vor begeistert uns das Raumkonzept hinter dem schmucklosen Eingang zur Friedrichstraße, die Lichtstimmung, die Musikauswahl vom Plattenteller, die gelassene Atmosphäre. Instagram ist hier erfreulich fern, Wagners Hinweis „Please take memories, not pictures" ist kein Befehl, sondern ein kluger Ratschlag. Kongenialer Partner am Herd ist Micha Schäfer – er startete bei unserem jüngsten Besuch mit einer „Brotzeit" ins brutal lokale Menü: Roggensauerteigbrot von Florian Domberger, hocharomatische Butter, dazu Feta, büschelweise Sauerklee, unglaublich intensive Roter Bete, kraftvolle Blutwurst. Fabelhaft anschließend Kohlrabistreifen in einer schmeichelnden Weißbier-Beurre-blanc mit grünen Koriandersamen; nicht weniger süffig danach gehobelter Knollensellerie um ein leicht gestocktes, hinreißend aromatisches Eigelb mit salzigen Akzenten krosser „Pork cracklings" – eine Art preußische Carbonara. Ein einziges Gemälde die bescheiden „Grünkohl / Petersilie" betitelte Allianz eines bilderbuchschönen, rohen Grünkohlblatts (darauf einige Tupfer säuerlicher Senfkörner) neben einem leuchtend grünen, samtig-dichten Klecks Butter-Petersilien-Sauce. Großes Kino! Im Hauptgang schließlich von gleichem Purismus ein knapp gegartes Stück vom Hirschrücken, darauf eine dichte, glänzende Jus von zarter Süße und drei feinharzig-ätherische Fichtensprossen. Anschließend ein krosses Kartoffeltortenstück mit meerettichgewürztem Apfelmus, dann eine angegrillte Apfelspalte mit karamellisierten Walnüssen sowie zum Abschluss ein ausgezeichnetes Milcheis mit feinherben Blütenpollen und Baiser. Die passenden Begleiter zu diesem Menü finden sich mit Leichtigkeit in der eigensinnig sortierten Weinkarte, wer dennoch seinen eigenen Wein mitbringen möchte, darf das gerne nach dem hochsympathischen Prinzip: „Je besser die Flasche, desto weniger Korkgeld."

ORA

Bewertung ausgesetzt

Oranienplatz 14, 10999 Berlin
T +49 (0) 30 5486 1070
www.ora.berlin

- Giorgio Pirrone
- Sam Kindillon
- Amyna Le
- mittags, Mo, So, Feiertag ganztags

Menü 55 / 62 €

Orania

Oranienplatz 17, 10999 Berlin
T +49 (0) 30 6953 9687 80
www.orania.berlin

- Kai Gilly
- Philipp Vogel
- Ronny Grosser
- mittags

Menü 65 / 65 €
Vorspeise 18 / 28 €
Hauptgang 29 / 40 €

Kurz vor Redaktionsschluss wurde bekannt, dass das ORA – eine der schönsten Locations der Stadt: die ehemalige Kreuzberger Oranien-Apotheke mit ihren hölzernen Räumen und Deckengesimsen aus dem 19. Jahrhundert – mit neuen Öffnungszeiten, Sam Kindillon als neuem Küchenchef sowie einer konzeptionellen Neuausrichtung (und ohne Emily Harman) neu startet. Wir setzen die Bewertung aus und sind auf unseren nächsten Besuch gespannt!

One Hit Wonder. Oder geschicktes Marketing. Oder – beides. In der Brust von Philipp Vogel schlagen zwei Herzen. Zum einen das des Küchenchefs mit Stationen bei Dieter Müller in Lerbach und Thomas Martin im Louis C. Jacob in Hamburg und einer Station als Küchenchef in Wien. Zum anderen des heutigen Hoteldirektors des Orania, dem auch obliegt, für das Hotel, das Hotelier Dieter Müller-Elmau als Gesellschafter eingerichtet hat, ein Image zu erzeugen. Die Peking-Ente als Gericht hat von Beginn an ihre Freunde gefunden. In dem mondänen Setting des weitläufigen Speiseraums, der fließend in die Bar übergeht, ist sie ein viergängiges Zelebrieren eines Grundproduktes. 90 Prozent aller Gäste essen bei ihrem ersten Besuch die Ente, so der Service. Gäste, die wiederkommen, wählen dann auch öfter aus den sorgsam komponierten und asiatisch orientierten Gerichten von Vogel. Allerdings gibt es keinen Grund, nicht öfter die Ente zu wählen. Denn schon bei der hochintensiven, knapp vor überwürzten Brühe mit einem Dumpling aus Innereien des Tiers zeigt sich, was Vogel und sein Team an Varianten aus der irischen Freilandente zaubern können. Die – nicht knusprige – Haut wird am Tisch vom jungen Service routiniert abgeschnitten. Mit Hoisinsauce, eingelegtem Ingwer und Gurken rollt sich der Gast die Zutaten nach Geschmack in die Pfannkuchen. Falsch verstandene Authentizität umschifft Vogel trefflich, wenn er die zarten Stücke vom Brustfleisch in einer nahezu klassischen Pfefferjus baden lässt. Einzig das gezupfte Keulenfleisch, das der Gast in der Schale selbst mit flüssigem Eigelb und Reis verrührt, vermag keinen rechten Akzent zu setzen und ist gefällig, aber unspektakulär. Später am Abend bereichert eine Pianistin musikalisch hochwertig die Atmosphäre, man lässt sich gerne noch ein wenig tiefer in die Polster sinken und blendet das, was draußen ist, von Horden an Radfahrern bis Demos aus.

Osteria Centrale

Bleibtreustraße 51, 10623 Berlin
T +49 (0) 30 3101 3263
**www.facebook.com/
pages/Osteria-
Centrale/121063474626234**

- Mila Gomez
- Roberto De Santis
- Fabio De Santis Gomez
- mittags, So, Feiertag ganztags

Menü 65 / 95 €
Vorspeise 13 / 20 €
Hauptgang 25 / 45 €

Unscheinbar ist die kleine Osteria in der Nähe des Savignyplatzes; keine Werbetafeln, sondern die bodentiefen Fenster sind es, die Passanten beim Anblick der innen gereichten Leckereien zu Gästen machen. Und als solche werden sie von Patronin Mila Gomez und ihrer Tochter Laura empfangen. Auch wer weder spanisches noch italienisches Blut in den Adern fließen hat, fühlt sich im interkulturellen Familienbetrieb wie zu Hause. Eine mannshohen Schiefertafel wird an den Tisch gewuchtet und offeriert zahlreiche Klassiker der italienischen Küche, die Chefkoch, Inhaber und Familienvater Roberto De Santis auf die Teller bringt. Neben den Antipasti ist es besonders das Vitello tonnato, das es uns angetan hat. Rosenzarte Scheiben vom gekonnt gegarten Kalbsfilet, punktgenau veredelt durch eine intensiv salzige, aber nicht zu dominante Thunfischcreme mit Kapern, die dem Kalb seinen geschmacklichen Raum lässt. Die Pasta mit Salsiccia verlangt Selbstbeherrschung, um den Teller nicht innerhalb weniger Sekunden zu leeren. Perfekt gesalzen und bissfest gekocht ist es vor allem das Spiel von würziger Salsiccia und frischem Spinat und Brokkoli, das das Gericht spannungsvoll auflädt. Wenn Gomez mit dem Chilipulver an den Gast herantritt, ist gut daran getan, in Fragen der Dosierung auf sie zu hören. Eine Messerspitze davon bereichert das Gericht, mehr wandelt Spaß in Schmerz. Und das wäre zu schade, wenn im Anschluss die gerillten Calamaretti auf den Tisch kommen. Trotz etwas zu rabiater Röstaromen sind sie, begleitet von hausgemachter Aioli und einem einfachen, aber hocharomatischen Salat, ein Genuss. Die zarte Panna cotta, die sich durch ihre Konsistenz von der viel zu weitverbreiteten Wackelpudding-Textur abzuheben weiß, schließt gemeinsam mit einem Glas 98er Picolit aus dem offenen Ausschank (!) den Abend gebührend ab. Ein Blick auf die von Sommelier und Sohn Fabio kuratierte Weinkarte eröffnet unter anderem eine spannende Auswahl an Barolos und Supertuscans mit einer Jahrgangstiefe, wie sie nur selten anzutreffen ist. Leitmotivisch dabei gilt ein Satz der Chefin: „Ein Wein muss reif sein."

Otto Berlin

Oderberger Straße 56, 10435 Berlin
T +49 (0) 30 5870 5176
www.otto-berlin.net

- Mo, Sa, So, Feiertag mittags, Di, Mi abends

Vorspeise 5 / 18 €
Hauptgang 20 / 28 €

Vadim Otto Ursus kochte im Noma, als die Restaurant-Legende in Mexiko gastierte, und im Koks auf den Färöer-Inseln. Er gilt als einer der aufregendsten jungen Köche Berlins, was viel mit seinem Wissen über Fermentation zu tun hat. In seinem winzigen Bistro in Prenzlauer Berg ist schon die Buchweizen-Koji-Butter eine Attraktion, die es hier auf Sauerteigbrot gibt, oder das Garum, mit dem er den Saibling würzt. Immer gut: Ursus' Gerichte mit Wildschwein. Dazu passt die gute Auswahl an Naturweinen. Ein kleiner Pantry-Shop mit vielem Selbstgemachten ergänzt das Angebot.

Oukan NEU

Ackerstraße 144 | Im Hinterhof,
10115 Berlin
T +49 (0) 30 5477 4716
www.oukan.de

🔒 mittags, Mo, So, Feiertag ganztags

Ein Hinterhof, ein kleiner japanisch anmutender Eingang, dahinter ein dunkler Gang, der sich in einen hohen Raum öffnet: Minimalismus in Schwarz, perfekte Lichtinszenierung, lauschige Séparées, gebranntes Holz, goldenen Fugen … Spektakulär! Inspiriert von der japanischen Shōjin ryōri (buddhistische Tempelkost) bereichert das Oukan seit einigen Monaten die Hauptstadt mit einer rein pflanzenbasierten Küche aus saisonalen, regionalen sowie in der Regel biozertifizierten Produkten in stylischem Rahmen. Kurz: ein Konzept, das den Veganismus auf traditionsreicher Grundlage in zeitgemäßem Gewand aus der Nische holen könnte. Es gibt sogar eine ausgezeichnete Tee-Sommelière! Und mit Martin Müller (ehemals TISK Speisekneipe) trägt in der Küche kein Unbekannter die Verantwortung. Das Problem: Er wird am beeindruckenden Setting und am postulierten Anspruch gemessen. Zwar gibt es einen japanischen Souschef und die Beratung durch eine buddhistische Klostergemeinschaft im Rhein-Main-Gebiet, das genügt jedoch leider nicht, den geweckten Erwartungen gerecht zu werden. Oder anders formuliert: Es gibt einen Grund, warum Köche in Japan jahrzehntelange Lehrzeiten ertragen … Die Vorspeise unseres Premierenbesuchs, „Yuba & Rettich" (gepresste und geschichtete Tofu-Haut mit in Reisessig gepickelten Daikon-Scheiben in einer Pilz-Dashi mit Kapuzinerkresseöl), litt unter zu viel Salz und zu wenig Eleganz; die folgende Verbindung von Sous-vide gegarter und gebratener Schwarzwurzel mit Paprika-Espuma von schöner Schärfe und Senfkohl dagegen unter ihrer Schlichtheit; und frittierte Krause Glucke im Hauptgang schließlich unter ihrer arg dramatischen Inszenierung (Rauch, Moos, Stein …) und einer offenkundig vor allem nach Farbigkeit ausgewählten Begleitung von Blumenkohl, gepickelten Radieschen, Kürbis und Kapuzinerkresse. Keine Frage: Das Oukan wird Erfolg haben – und es hat ihn angesichts des Wagemuts und Engagements seiner Macher auch unbedingt verdient. Die kulinarische Substanz sollte sich aber bitte baldmöglichst der Qualität der gastronomischen Inszenierung annähern.

POTS – Dieter Müller

Potsdamer Platz 3, 10785 Berlin
T +49 (0) 30 3377 75402
www.potsrestaurant.com/de

- Mathias Brandweiner
- Christopher Kujanski
- Pierre Girard
- Sa mittags, Mo abends, So, Feiertag ganztags

Menü 50 / 69 €
Vorspeise 16 / 18 €
Hauptgang 22 / 30 €

Die deutsche Küche hat ja immer noch leider nicht den besten Ruf, umso höher muss man es Patron und Spitzenkoch Dieter Müller anrechnen, dass er mit seinem Team im POTS gegen diese Vorurteile ankocht. „Klassiker der gesamtdeutschen Küche neu interpretiert" will das Restaurant im Ritz Carlton bieten. Dessen deutlich zu opulent geratenes Interieur findet sich glücklicherweise im POTS nicht wieder. Man sitzt entspannt in runden Nischen mit Blick auf die offene Küche, in denen besagte Klassiker entstehen, ein Glas Riesling-Sekt in der Hand, den der freundliche Kellner serviert hat, der ausgerechnet aus Paris stammt, mit unverkennbarem Akzent. Wenn nun also ein Vertreter der Haute-Cuisine-Grande-Nation deutsche Küche serviert, dann muss die ja gut sein. Und das ist sie auch, vom gepickelten Gemüse als Küchengruß bis zu Müllers Schwarzwälder-Kirsch-Nachtisch. Dieser allerdings wäre noch besser ohne die Glühweinsoße, die zur Jahreszeit nicht mehr so recht passen will und dem ohnehin üppigen Dessert zu viel Schwere verleiht. Doch fangen wir vorne an. Das Müller-Team legt besonderen Wert auf regionale Produkte: Zander aus der Müritz, Apfelschwein aus Brandenburg, ebenso die Büffel-Burrata. Diese wird als kleiner Kürbis dekoriert und mit Schwarzwälder Schinken kombiniert zum geschmacklich runden Auftakt. Überhaupt sind die Vorspeisen das Beste, vom Färsen-Tatar mit Weißer Bete und Estragon bis zur Hommage an das, was in Hessen als Frankfurter Soße bekannt ist. Hier heißt das Gericht „Frankfurter Kräuter" und wer eine hessische Oma hat, die dieses Essen regelmäßig auftischt, wird Müllers Interpretation lieben: die ganze Aroma-Kraft der traditionellen Kräuter von Pimpinelle bis Kerbel, dazu ein gebackenes Ei und Perlgraupen. Man kann auch Kaviar dazu bestellen, das ist fürs vollendete Geschmackserlebnis aber überhaupt nicht nötig (und würde der Oma ohnehin im Traum nicht einfallen). Gegen die Vorspeisen fallen die Hauptspeisen etwas ab – ein Schweinsbraten braucht keinen Aal mit krasser Salznote, um zu überzeugen!

Prism

Fritschestraße 48, 10627 Berlin
T +49 (0) 30 5471 0861
www.prismberlin.de

- Jacqueline Lorenz
- Gal Ben Moshe
- Jacqueline Lorenz
- mittags, Mo, So ganztags

Menü 89 / 165 €

Ein neues Hobby haben sich viele in der Corona-Zeit zugelegt. Gal Ben Moshes glühende Leidenschaft ist gerade das Grillen. Vom ersten Canapé bis zum Petit Four arbeitet der israelische Koch gerade überall mit japanischer Binchotan-Kohle. Forsch auf der Haut gegrillt war etwa die Rotbarbe mit Miesmuscheln und weißen Bohnen, die in einem buttrigem Ochsenschwanzsud kam, der mit gerösteten Karkassen und angegrillten Zwiebeln aufgemöbelt wurde. Ein perfektes mediterranes Sommergericht. Solche maximalistischen Teller bekommt man in einem minimalistischen Ambiente: Das Prism in Charlottenburg ist in dunkle Grautönen gehalten, leiser Jazz schafft eine smarte Bühne für den temperamentvollen jungen Koch, der Produkte aus seiner Heimat mit französischen (und japanischen) Kochtechniken verbindet. Den libanesischen Hummer kombiniert er mit einer umami-satten, dezent mit Vanille abgeschmeckten Dashi-Beurre-blanc und Shisoblättern, Salicorne sowie frittiertem Akkoub, einem Distelgewächs aus dem Libanon. Das Herzbries kam in einem opulenten Rinderfond mit Kichererbsen, Salzzitrone und frittiertem Mangold. Die in Shio Koji gereifte gegrillte Imperial-Wachtel versorgt ein Stück Foie gras mit extra Schmelz, darauf fermentierte Blutorangenzesten, die eine überraschende Schärfe vom Kosho-Chili hatten, farblich attraktiv mit eingelegten und gegrillten Rosenblättern und Blutorangen-Vierge serviert. Ja, Gal Ben Moshe drückt ganz schön aufs Gas, vielleicht manchmal ein bisschen viel, aber er hat Sinn für Dramaturgie. Etwa der Reiscracker mit gefrorenem israelischen Ziegenkäse, getrockneten Fenchelblüten und Lavendelhonig schärft zwischenzeitlich die Sinne. Auch die Desserts haben bei ihm immer eine ganz eigene, weil leichte Note. Eine angedickte Mandelmilchcreme mit Gurkensud, kandierter Melone und Yuzu-Meringue sorgen für ein frisches Finale eines aufregenden Menüs.

Im besten Sinne horizonterweiternd ist die Concept-Weinreise von Gastgeberin und Sommelière Jacqueline Lorenz. Sie führt wie die Küche durch die östlichen Mittelmeerregionen. Israel, Griechenland und Libanon sind gut vertreten. Die Weinkarte listet aber auch große Namen aus Frankreich auf.

Restaurant am Steinplatz

Steinplatz 4, 10623 Berlin
T +49 (0) 30 5544 4470 53
www.restaurantsteinplatz.com

Sa, So, Feiertag mittags
Menü 49 / 79 €
Vorspeise 12 / 16 €
Hauptgang 22 / 28 €

Mit Oliver Fritz, der zuvor Souschef war, hat das im gleichnamigen Boutique-Hotel gelegene Restaurant einen neuen Küchenchef. Die Karte ist nun auf geselliges Teilen ausgelegt, Motto: „Es wird gegessen, was auf den Tisch kommt." Dazu gehört beispielsweise Tatar vom Kalb mit Wirsing und grünem Pfeffer, Lachsforelle mit Buttersauce und Estragon oder Prignitzer Maishähnchen mit Quitte und Röstfond. Aus neun Gerichten wählt der Gast mindestens drei zum Preis von insgesamt 35 Euro, jedes weitere kostet zehn Euro.

BERLIN

Restaurant Remi

Torstraße 48, 10119 Berlin
T +49 (0) 30 2759 3090
www.remi-berlin.de

🔒 Mo, Di, Mi, Do mittags,
   So, Feiertag ganztags
Menü 65 / 65 €
Vorspeise 13 / 24 €
Hauptgang 22 / 48 €

Unterhalb des Suhrkamp-Verlags liegt dieses toll eingerichtete Neo-Bistro der jungen niederländischen Köche Stijn Remi und Lode van Zuylen, die mit dem Lode & Stijn in Kreuzberg ein Fine-Dining-Restaurant betreiben. Hier geht es locker zu und die Küche überzeugt durch sehr gute Produkte und eine spannende Aromenwelt. Zur Wahl stehen etwa norwegische pazifische Austern mit Ochsenschwanz-Sherry-Gelee, Crudo aus gereifter Lachsforelle mit Meerrettich und Vinaigrette von getrockneten Cherry-Tomaten oder pochierter wilder Heilbutt mit Grünkohl-Gremolata und Wermutsauce.

Richard

Köpenicker Straße 174, 10997 Berlin
T +49 (0) 30 4920 7242
www.restaurant-richard.de

🍽 Diego Marchi & Hans Richard
👨‍🍳 Hans Richard
🔪 Diego Marchi
🔒 mittags,
   Mo, Di, Mi, So, Feiertag ganztags
Menü 98 / 120 €

Schrecksekunde bei der Reservierung: Auf der Website des Richard steht, man suche aktuell einen Küchenchef und einen Souschef. Fragt man sich als argloser Gast, wer denn da überhaupt kochen wird? Die Antwort: Hans Richard selbst, gebürtiger Schweizer, studierter Maler, autodidaktischer Spitzenkoch und gleichzeitig Gastgeber – tja, das sollte es in der Kombination auch nicht allzu oft geben. Sein Restaurant in Kreuzberg ist ein ausnehmend schöner Ort mit hohen Kassettendecken, Kunst an den Wänden und Leuchtern aus buntem Glas, die die Schwere gekonnt aufbrechen, die die historischen Fenster aus Butzenscheiben verströmen. Zur Kaiserzeit war hier ein Offizierscasino. Hans Richard kocht mit regionalen Zutaten, blickt dabei oft nach Frankreich und Italien und hat keine Angst vor einer gewissen Rustikalität. Springen wir gleich zum besten Gang des Menüs: Tortellini. Mit geschmorter Lammschulter, Löwenzahn und Schafsricotta gefüllt, dazu Puntarelle und eine Minzbutter, die die Wucht des Fetts geschickt einfängt. In einer idealen Welt würde man so was einmal die Woche essen. Oder besser noch öfter. Richard hat ein gutes Händchen für Gemüse (es gibt neben dem regulären auch ein vegetarisches Menü). Zweitbester Gang der geschmorte junge Sellerie mit einer Kruste aus frischen und getrockneten Kräutern (Liebstöckel, Oregano) und einer süßlichen Gemüsejus mit herben Süßholznoten. Ein perfekter Braten. Bei einer Bachforelle mit Beurre blanc war der Lauch der heimliche Hauptdarsteller. Er war so lange gedämpft, dass er noch Textur, aber keine scharfen Senföle mehr hatte. Eine großzügige Portion Trüffel in der Beurre noisette machten den Teller zum Vergnügen. Seriöse Unterhaltung auch die schmelzige, gebeizte Gelbschwanzmakrele, die mit einer Hollandaise mit Austernwasser serviert wurde, sowie der Hauptgang, das auf Holzkohle gegrillte Black-Angus-Filet mit gerösteter Rotkohl und Auberginen-Tamarinden-Chutney mit Rauchnoten. Die Weinkarte konzentriert sich bei den Weißen auf Deutschland und Österreich, bei den Roten auf Italien und Frankreich, ein paar Flaschen aus der Schweiz und andere Entdeckungen.

Rutz – Zollhaus

Carl-Herz-Ufer 30, 10961 Berlin
T +49 (0) 30 2332 76670
www.rutz-zollhaus.de

- Alexander Jahl
- Florian Mennicken
- Hendrik Canis
- mittags, Mo, Di, Feiertag ganztags

Vorspeise 7 / 21 €
Hauptgang 22 / 60 €

Die Regionalität schlägt Besuchern des Rheinlands ein Schnippchen, die dort in Erwartung einer guten Portion Geflügel den „Halven Hahn" ordern. Im Berliner Rutz – Zollhaus ist es der „Berliner Knacker". Gäste, die eine Bockwurst erwarten, bekommen eine weiche – köstliche – Mettwurst. „Zu Ihrer Mettwurst sagen wir Streichwurst", erläutert der gut gelaunte Service. Es tut dem Vergnügen an der mundgerecht geschnittenen Wurstware keinen Abbruch, zumal sie von einer Garnitur mit Senf, saurer Gurke, Meerrettich und Zwiebeln begleitet wird. Dieser Happen zum Auftakt stillt den ersten Hunger, lässt aber Platz für mehr als ein weiteres Gericht. Hinter der „Grünen Erbse mit Paprika" stecken krosse, saftige Falafel-Bällchen und die grüne Paprikasauce ist so intensiv, wie die Salatblätter frisch sind. Das klingt banal, doch der Küche gelingt es, diesem Imbiss-Schlager Feinheit und Komplexität zu verleihen. Das gelingt ihr noch eine Stufe mehr im Hauptgang. Das Müritz-Lamm ist nur leicht hell angebraten und geradezu gar gestreichelt worden, was das zarte Aroma zur Geltung kommen lässt. Mit Konsistenzen spielt die Küche sorgsam, die Pastinakenstücke mit kräftigem Biss sind Kontraste zum cremigen Püree aus Wurzeln und krossen Gemüsechips und einer etwas zurückhaltenden Kerbelmayonnaise. Im Dessert blitzt mit Aromen von Röstzwiebeln ganz sachte eine herzhafte Aromatik auf, die sich gekonnt in das Spiel aus frischem Sauerampfereis, Biskuit und Apfel mischt. Diese unkomplizierte, austarierte und durchdachte Küche gewinnt die Gunst von Gästen, die gerne schmackhaft essen, wie von denen, die angeregt werden wollen. Die Weinkarte mit ausführlichen Positionen einzelner Weingüter verrät die Verwandtschaft zur Rutz Weinbar.

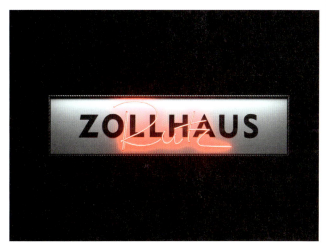

RUTZ Restaurant

Chausseestraße 8, 10115 Berlin
T +49 (0) 30 2462 8760
www.rutz-restaurant.de

- Falco Mühlichen
- Marco Müller & Dennis Quetsch
- Nancy Großmann
- mittags, Mo, So, Feiertag ganztags

Menü 265 / 285 €

Ein Signature-Gericht? So was kennt Marco Müller nicht. Seit 17 Jahren kocht er im Rutz in der Chausseestraße in Berlin-Mitte. Und seither hat er keinen Gang in zweimal im Menü gehabt. Sondern immer weiter getüftelt und geforscht. Was bei ihm jedoch immer gleich bleibt, ist die Inspiration. Die holt er sich aus der Natur. Genau genommen: aus der Brandenburger Natur, die der gebürtige Potsdamer seit seiner Kindheit kennt. Schon das Birkenwasser mit Lärchenöl zu Beginn zeigt, wo die Reise hingeht. In den Wald nämlich. In dichter Folge kommen auf einem (selbstgesägten?) Birkenast Muscheln mit Oxalis und gehobeltem Herz sowie ein Rauchaalschaum mit gestocktem Ei und gegrillter Erbse, serviert auf einer Schale mit Stroh. Das Leitmotiv ist also gesetzt. Immer interessant bei Müller: Wie er das Verhältnis Gemüse und tierisches Protein austariert. Bei seinem Kartoffel-Gang spielen die Brandade von der gebeizten Makrele genau wie der jodige Saiblingskaviar eine eher unterstützende Rolle. Sie bilden die Bühne für die kurz überbrühten, stärkereichen und knackigen Kartoffelstreifen und das Shoyu aus einer Backkartoffel, deren verbrannte Schale als Pulver als mineralische Würzung eingesetzt wird. Ein virtuoser Gang voller Neugier auf ein vergleichsweise unscheinbares Gemüse. Noch so ein Lieblingsthema von Müller ist Süßwasserfisch. Die rohe Forelle in einer kurz fermentierten Buttermilchshoyu mit Petersilienöl, knuspriger Fischhaut, angeflämmten Kohlrabistreifen und geeisten Petersilienkugeln spielt mit Temperaturen und Konsistenzen, bleibt dabei ganz leicht, aber sehr eindrücklich. Zwischendrin gibt es ein Bries mit Kalbsohrchip mit einem süffigen Sud aus Röstgemüse, einem Chip aus Schweineohr und einer Creme aus Wunderlauch, einem zwiebeligen Wahlverwandten des Bärlauchs. Beim Hauptgang, eine „Kindheitserinnerung" getauft, paart sich biografisches Storytelling mit Mut zur Deftigkeit. Ein wunderbar schmelziges Presa, der Nackenkern vom Ibérico-Schwein, belegt mit Lardo vom Duroc, der Sud aus Schweinefuß mit Majoran, dazu gegrillte Saubohnen, knusprige Speckwürfelchen und kleine Tupfen Ponzugel, die eine feinsäuerliche Süße in diese üppige Spätsommerelegie steuern.

Mit einem Kirscheis mit Shisogranité und Hibiskus sowie einem Fichtennadelsorbet endet der abendliche Waldspaziergang, auf den einen das Team um Restaurantleiter Falco Mühlichen sympathisch begleitet. Sommelière Nancy Großmann schenkt immer die richtigen Getränke aus, sei es ein wunderbar gereifter 2002er Riesling von J. B. Becker zur Kartoffel oder ein temperamentvoller junger Puro Rofe aus Lanzarote zum Bries.

Kritisieren auf diesem Niveau geht oft ins Geschmäcklerische, aber was soll's: Bisschen ins Salzige driftete Rauchaalschaum zu Beginn, etwas überdeutlich manchmal der Waldverweis, ein wenig vertikal beizeiten das Anrichten. Genug gemeckert: Müller und sein Team werden jedes Jahr noch besser. Auch in unserer Bewertung.

Sagrantino Weinbar

Behrenstraße 47, 10117 Berlin
T +49 (0) 30 2064 6895
www.sagrantino-winebar.de

Matias Diaz

Berlin ist multikulturell, auch kulinarisch. Küchenchef Matias Diaz aus Peru, der im Hotel Mandala und im Hugos gearbeitet hat, will die Geschmäcker seiner Kindheit mit hoher Kochkunst verbinden – und der Eigentümer seiner derzeitigen Wirkungsstätte stammt aus Italien. All jene, die sich von langen Speisekarten überfordert fühlen, sind hier goldrichtig. Es gibt nämlich nur ein Menü in wahlweise drei, fünf oder sieben Gängen, die Speisekarte wechselt alle zwei Monate. Zum Aperitif bleiben die beiden Nationen noch sauber getrennt: Crodino Orange oder Pisco Sour. Danach geben drei Grüße aus der Küche einen Vorgeschmack auf den aromareichen Abend: Blini mit Lachstatar, Brioche mit Caponata und – das Beste – ein liebevoll auf einem Moosbett angerichteter Olivenchip mit Perlhuhn und Ei. Dazu gibt's einen Schluck hausfermentierten Kombucha aus einem winzigen Fläschchen. Das Getränk passt mit seiner süßsauren Note gut zum herben Aroma der Oliven. Diaz' Gerichte sind so dominant und im besten Sinne mutig, dass sich eine Weinbegleitung schwertut, wir konzentrieren uns auf die Teller. Auf den nächsten kommt „Involtini Adlerfisch", ein klassisches Ceviche, das Nationalgericht Perus, in diesem Fall mit Süßkartoffeln und Amalfi-Zitrone: fest der Fisch, zart-süßlich, dazu die kernige Säure, gepaart mit der tropisch-leichten Schärfe der Rocoto-Chili. Dankenswerterweise verzichtet Diaz auf allzu viel Koriander, der diesen Klassiker andernorts oft etwas eintönig schmecken lässt. Der nächste Gang sieht im weichen Restaurantlicht aus wie ein Würstchen, entpuppt sich aber als Möhre, gefüllt mit einer Art Möhrenpudding, begleitet von frittierter Möhre, auf Orangen-Ingwer-Schaum mit knusprigen Reispops. Sehr schön! Überhaupt gelingt es Diaz in jedem seiner Gerichte, Süße, Schärfe, Würze und den Eigengeschmack der Hauptdarsteller elegant zu verbinden. Auch das Miteinander der Konsistenzen weich und knusprig ist spannend, sei es beim Cherrytomaten-Confit mit Perlzwiebeln, Kartoffel-Espuma, Kartoffelcrunch und Sojaperlen oder – optisch ein Knaller – dem rauchig gegrillten Oktopus mit dem peruanischen Kartoffelgericht Chuno, Algen, Büffelmozzarella, Aji-Panca-Chili, Sepia-Spaghetti, Olivenschaum und Cherrytomaten. Wie so oft bei Aroma-Feuerwerken dieser Art fällt freilich der Fleischgang – Lamm – am langweiligsten aus, auch wenn sich Aubergine, Zucchini, Artischocke und die selten verwendete Tamarillo als Begleitung alle Mühe geben. Überraschend, aber nicht gefällig ist zuletzt das Dessert, auf der Karte schlicht als Zimt-Risotto aufgeführt: ein kleines Reistörtchen mit einer Füllung aus lila Mais und einem Topping aus knusprigem, peruanischen Kakao und Nougat, dazwischen ein Sorbet aus der Frucht Guanábana, das, man muss es leider sagen, nach parfümierter Seife schmeckt.

Seaside – Fish & Seafood Bar

Mohrenstraße 17, 10117 Berlin
T +49 (0) 30 2091 7354
www.seaside-fish.com

🔒 Mo abends, So ganztags
Vorspeise 8 / 19 €
Hauptgang 22 / 36 €

Ein Glaskasten an der Ecke zur belebten Friedrichstraße beherbergt dieses trendige Fischlokal. Mittags stehen ergänzend zu ausgezeichneten Fish & Chips sowie Fischeintopf zwei täglich wechselnde Gerichte auf der Karte. Ansonsten gibt es fünf Vorspeisen (Hummersuppe, Oktopussalat, Ceviche), bei den Hauptgerichten wählt der Gast Fische und Meeresfrüchte aus der Vitrine, abgerechnet wird nach Gewicht und Tagespreisen. Die Zubereitung erfolgt dann routiniert und sorgfältig auf der Grillplatte. Gute Weinauswahl, aufmerksamer Service.

Shiori

Max-Beer-Straße 13, 10119 Berlin
T +49 (0) 30 2433 7766
www.shioriberlin.com

🔒 mittags, Mo, Di, Feiertag ganztags
Menü 130 / 13 €

Über einem Nagelstudio im Hochparterre ein minimalistisch eingerichtetes Wohnzimmer mit einem Tresen. Davor zehn Stühle, dahinter Inhaber und Chefkoch Shiori Arai – und jemand, der Speisen und Getränke (tunlichst Sake) reicht. Das Omakase-Menü (der Koch macht, was er will, je nach Marktlage und Inspiration) ist für alle Gäste gleich und besteht aus mindestens acht Gängen. Es folgt dem traditionellen japanischen Spannungsbogen – streng saisonal, elegant minimalistisch, handwerklich souverän. Große Empfehlung!

Skykitchen

Landsberger Allee 106, 10369 Berlin
T +49 (0) 30 4530 5326 20
www.skykitchen.berlin

 Barbara Merll
Alexander Koppe
Jakub Koscielniak
mittags, Mo, So, Feiertag ganztags
Menü 119 / 199 €

Die Skykitchen liegt fernab der Sehenswürdigkeiten Berlins am nördlichen S-Bahn-Ring – und ist ihnen doch spektakulär nah. Denn anders lässt sich der Blick aus den Panoramafenstern des stylishen Restaurants nicht beschreiben. Neben einigen klassischen Settings im Innenbereich sorgen Tische entlang der Fenster einerseits dafür, dass die Gäste nebeneinander statt einander gegenüber sitzen (was mancher Beziehung entgegenkommen mag), und andererseits leider auch dafür, dass sie kaum sehen, was freundlich-überraschend hinterrücks serviert in das Dunkel vor ihnen geschoben wird, denn die Beleuchtung spart dem Blick zuliebe die Fenstertische komplett aus. Das allerdings wird den regional-asiatisch-unbeschwerten Tellern von Alexander Koppe nicht gerecht, die auch optisch das Licht nicht scheuen müssten. Dessen vermeintlich unkompliziert-leichte, eigenständige Arrangements zeigen den Stil des Hauses besonders schön zu Beginn des sechs Gänge umfassenden Menüs auf: Da grüßt die Küche mit einem Thunfischtatar auf Spitzkohl mit Pflaumenperlen, bevor Koppe souverän fernöstlich geflämmte und um Dashi und Funori-Algen ergänzte Jakobsmuscheln mit einer formidablen Spreewaldgurkencreme, Rettich und Senfsauce kombiniert. Ebenso harmonisch wie mutig gewürzt überzeugt das schmelzige Ei mit Blumenkohlchip, brauner Butter und Kresse. Das nachfolgende, dünne Steinbutt-Karree überrascht mit frittierten Kapern, leider aber auch mit etwas zähem Biss. Loben möchten wir dagegen die Imperial-Taube, deren Eigengeschmack von löffelzarter Brust und Innereien-Praline von Schmorzwiebelpüree und geflämmtem Lauch klassisch untermalt perfekt zur Geltung kommt. Sellerie, Kräuterseitlinge und Vogelbeere begleiten eine Tranche vom bei 50 Grad 24 Stunden im Ofen gegarten Black Aberdeen, das direkt vor dem Service in Thymianbutter angebraten herrliche Aromen verströmt. Die Patisserie beweist Humor, indem sie eine Karotte im Tontopf nebst Spaten serviert und rundet das Menü erneut mit erdig-salzigen Noten ab: Eine Rote Rübe spielt dabei als Sorbet und mit Chili mariniert die Hauptrolle und wird mit Himbeeren (als Mousse im Schokomantel und als ingwergefüllte Früchte) nebst Valrhona-Ivoire-Crunch zur logischen Fortsetzung der ausdrucksstarken Berliner Glocal-Küche. Eine schöne Aufmerksamkeit zum Schluss ist das Angebot, die Petits Fours gleich in ein Holztäschchen zum Mitnehmen zu verpacken.

Standard Serious Pizza

Templiner Straße 7, 10119 Berlin
T +49 (0) 30 4862 5614
www.standard-berlin.de

🔒 Mo, Di, Mi, Do, Fr, Feiertag mittags

Eine Sache machen, die aber richtig – ein Leitmotiv, dem sich immer noch viel zu wenige Gastronomen hierzulande verschrieben haben. Florian Schramm hat das Prinzip verinnerlicht und setzt es seit 2014 mit Akribie und Ehrgeiz um. Ziel ist eine authentisch-neapolitanische Pizza, von den Zutaten nach Reinheitsgesetz über die handwerkliche Perfektion bei der Zubereitung samt langsamer Teigführung bis hin zur minutiös getimten Hitzezufuhr. Ergebnis: herausragend. Und erfolgreich – trotz Corona gibt's inzwischen Ableger in Charlottenburg und Mitte. Vorbildlich!

Tante Fichte NEU

Fichtestraße 31, 10967 Berlin
T +49 (0) 30 6900 1522
www.tantefichteshop.de

🔒 mittags,
Mo, Di, So, Feiertag ganztags

Neu und nicht neu ist die Tante Fichte. Gastgeberin Viktoria Kniely und Inhaber und Sommelier Michael Köhle wirkten schon in diesem Kreuzberger Souterrain-Restaurant, als das noch „Herz & Niere" hieß und sich verdienstvoll dem Thema Innereien widmete. Der damalige Koch geht jetzt eigene Wege, der Neue am Herd ist Dominik Matokanovic, der schon manche Spitzenküche von innen gesehen hat (u. a. bei Bobby Bräuer und Christian Lohse, zuletzt bei Sauli Kemppainen). Dass er jetzt als Küchenchef eine ganze eigene Farbe in die Berliner Gastrolandschaft bringt, schmeckt man gleich am Anfang: Der Maibockschinken mit fruchtig-rauchig-scharfem Ajvar ist originell wie biografisch begründet. Matokanovic hat kroatische Wurzeln. Und hin und wieder lässt er die in sein regional geprägtes Menü einfließen. Die „Oliven" zum Maibockschinken sind eine unterhaltsame Mogelpackung, eigentlich sind es nämlich Mirabellen, die nur eben eingelegt sind wie Oliven. Menü gibt's nur eines, wählen kann man zwischen fünf und sieben Gängen (vegetarisch möglich, vegan nicht). Im besten Fall sind das sehr prägnante Teller ohne viele Schnörkel, zum Beispiel ein Rizot – ein istrisches Risotto, das mit Meerrettich, Roter Bete und gehobelter Belper Knolle ein säuerlich-süß-scharfes Wohlfühlgericht war. Der folgende gedämpfte Skrei kommt nur mit ein paar feinen Rübenscheibchen und Pinienkernen sowie einer wunderbar dunklen, mit reichlich Butter montierten Jus aus gerösteten Karkassen. Mehr braucht es auch gar nicht. Genau wie die zwei Scheibchen vom 17 Jahre alten, trockengereiften Zebu. Das Fleisch dieser Rinderart ist tiefrot und schmelzig, das Aroma mit beerigen Noten. Mit der Jus mit schöner Struktur und der confierten und pürierten Pastinake ein besonderer Hauptgang, der dank seiner Produktqualität lange in Erinnerung bleibt. Das gilt auch für die Weine hier. Schwerpunkte sind Deutschland, Österreich und Frankreich. Neben den großen Namen aus dem Burgund hat man auch ein paar Exoten aus der Schweiz (Gantenbein), dem Libanon (Château Musar) und Trendiges aus Südafrika auf der Karte (Testalonga). Dank Coravin kann man gereifte Weine auch glasweise bestellen. Schielt stark Richtung Aufwertung.

BERLIN

The Michelberger Restaurant

Warschauer Straße 39–40,
10243 Berlin
T +49 (0) 30 2977 8590
**www.michelbergerhotel.com/de/
restaurant**

 Mo abends, Feiertag ganztags

In dem Restaurant im trendigen Friedrichshainer Boutique-Hotel wird eine moderne Regionalküche serviert, die sich bei den Zutaten vornehmlich aus den Feldern und Wäldern Brandenburgs speist. Außerdem betreibt man eine eigene Farm im Spreewald. Eine herkömmliche Speisekarte gibt es nicht, stattdessen wählen die Gäste aus einer Liste von Produkten. Daraus stellt die Küche dann originelle kleine Gerichte zusammen, die in einem Rutsch auf den Tisch kommen. Sonst noch gut: die kleine Weinbar im Foyer und der hübsche Innenhof.

theNOname

Oranienburger Straße 32,
10117 Berlin
T +49 (0) 30 2790 99027
www.the-noname.de

- Mathias Raue
- Tim Tanneberger
- Sarah Buchbinder
- Di, Mi, Do, Sa mittags,
  Mo, So, Feiertag ganztags

Menü 89 / 110 €

Ein wandfüllendes Bondage-Beauty-Bild mit echten Seilen, Street Art über goldenen Toiletten oder Hintergrundbeschallung mit nervtötend monotonem Technobeat – höchstens was für Berlin-Novizen, alle anderen zucken gleichgültig die Schultern. Da beeindrucken nach drei Betriebsjahren weiterhin hohe Stuckdecken, goldene Säulen und Kronleuchter. Im ständigen Wandel wie die (unvorteilhafte) Gentrifizierung und Mietenexplosion der Oranienburger Straße ist das Personal. Küchenchef ist nun Tim Tanneberger (zuvor ein44), Sommelier Steve Hartzsch ist schon länger weg, zur Nachfolgerin stieg Sarah Buchbinder auf. Dass sie gerne mit deutschen und österreichischen Naturweinen fordert, die zum überraschenden, experimentellen, doch jederzeit harmonischen Küchenstil passen, darauf mag das etwas alberne Restaurant-Motto „No Boundaries, No Limits, No Name" – schulterzuckend, doch genießend – anwendbar sein. Man hat die Wahl zwischen einem vegetarischen und Omnivoren-Menü, jeweils sechs oder acht gleichwertige Gänge, jeder filigran angerichtet. Der hausinterne Vergleich zeigt, dass wahre Kreativität am Herd oft noch besser sichtbar wird, wenn die wichtigsten Zutaten des klassischen Fine Dinings – Fleisch, Fisch, Krustentiere – wegfallen. Klar, natürlich geriet das Wagyu mit Krustentier, Kümmel und Sprossen zart und nussig; gewiss ergänzten schwarzer Knoblauch, Fichtennadeln und Preiselbeere wunderbar Röstaromen bei Rhöner Lammrippe. Doch aus schlichtem Sellerie mit Miso, Ahorn und Sauerteigchips ein Umami-Event zu kreieren – das erwies sich als spannender! Auch die Kombination von Kastanienseitlingen und Shiitake mit Sauce hollandaise ergab ein stimmiges Geschmackserlebnis. Tannenbergs nachvollziehbare Begeisterung für Pilze aller Art ist zuweilen allerdings etwas zu groß: Kohlrabi fanden wir unter Massen an Champignons und zum Dessert hätte es nicht unbedingt eine Mousse aus Steinpilzen sein müssen. Was wirklich ganz großartig war – wir mögen es bei insgesamt 16 aufwendig angerichteten Tellern ja kaum sagen : Malzbierbrot mit Butter, Molke und Kräuteröl.

GAULT&MILLAU **151**

Tim Raue

Rudi-Dutschke-Straße 26,
10969 Berlin
T +49 (0) 30 2593 7930
www.tim-raue.com

- Marie-Anne Wild & Raphael Reichardt
- Tim Raue & Phillip Bendel
- Raphael Reichardt
- Di, Mi, Do mittags, Mo, So, Feiertag ganztags

Menü 228 / 280 €

Vier Minuten und 15 Sekunden. Handgestoppt, sicher, Sie mögen die so entstandene Ungenauigkeit mangels der Verfügbarkeit digitaler Messgeräte entschuldigen. Handgestoppte vier Minuten und 15 Sekunden also tanzen die Säure und Schärfe der mit Chili-Vinaigrette verfeinerten Reisessig-Beurre-blanc, die gemeinsam mit Wasserkresse, Trauben, Perlzwiebeln und Erbsen ein perfekt gegartes Stück Steinbutt begleiten, Pogo auf der Zunge. So ist das im Restaurant Tim Raue: Die Stärke der Aromen ist derart intensiv, dass der Gast zögert, sie mit einem Schluck Wein lapidar von der Zunge zu spülen. Und so geht das ein ganzes Menü lang. Trotz all seiner Aktivitäten – Raue ist inzwischen Vielfach-Gastronom, kocht häufig auf Kreuzfahrten und pflegt globale Restaurantpartnerschaften – liefert er schon kurz nach Öffnung der Gastronomie wieder ein Menü ab, das sich wie ein Tattoo ins Hirn der Gäste fräst. Dieses beginnt traditionell mit acht kleinen Köstlichkeiten, die sich nicht lang mit dezenten Aromen aufhalten. Ein Schweinebauch mit Chili und Sesam lodert angenehm im Mundraum, ebenso ein Shot aus Fischsoße, Mandarine und Staudensellerie und die spektakulär simpel wirkenden Portulak-Blätter mit Limetten-Vinaigrette. Wie bei einem japanischen Frühstück werden dabei schon alle Geschmacksrichtungen abgedeckt. In Japan dient dies dazu, in den folgenden Stunden keinen Heißhunger auf einen der Geschmäcker zu entwickeln, bei Raue ist es genau andersherum: Man will noch mehr. Der Gast hat die Wahl zwischen zwei Menüs: „Kolibri" besteht aus Raue-Klassikern, „Koi" aus saisonalen und oft auch mutigeren Tellern. Zwischen beiden kann getauscht werden, eine Ergänzung um Signature Dishes wie Raues Peking-Ente werden gegen Aufpreis angeboten. Außerdem gibt es auch ein veganes Menü. Es ist nur ein Beispiel für den unaufdringlichen und entspannten Service unter Gastgeberin Marie-Anne Wild, dass nur wenige Minuten nach Abgabe der Bestellung jeder Gast eine individuelle und hochwertige Menükarte erhält, die getauschte und eingebaute Gerichte mit auflistet. Trotz dieser Perfektion muss sich niemand aufrüschen: Das Haus lebt Berliner Toleranz, hier darf jeder so sein, wie er möchte.

© Nils Hasenau

Früher neigte Raue dazu, im Laufe des Menüs den Fuß vom Gas zu nehmen. Nicht mehr: Der Koi setzt sich einen Sturzhelm auf, wirft den Turbo an und zieht richtig durch: Raue schnappt sich das alte Geschmacksbild eines deutschen Kopfsalats mit saurer Sahnesauce und setzt seinen Stempel drauf – Schnittlauchöl sorgt für einen Hauch Bitterkeit, kleine Eiskügelchen aus Amalfi-Zitrone und Jalapeño bringen sauer und scharf, Petersilienpüree und Petersiliendressing dämpfen die Wildheit gerade so weit ab, dass der Trip nicht in der Überdosis endet. Auch der gekochte Hummer bekommt solch eine wilde Mischung ab. Hier sorgen Kapstachelbeeren für Säure, Kalamansi-Öl und -Gelee für einen Hauch Bitterkeit, Ingwer für Schärfe sowie ein Karotten-Tomaten-Sud für Süße.

Wie gut Raue ist, bewies er auch während der Pandemie. Als das Restaurant schließen musste, startete er unter der Marke Fuh-Kin Great ein bundesweites Liefermenü. Und so gelang ihm zum Beispiel, ein Stück Eisbein vom Spanferkel quer durch die Republik zu senden, sodass die Kruste nach wenigen Minuten im Ofen krachend knusprig im Mund zerbrach. Meisterhaft. Weshalb dieses Angebot wohl auch dauerhaft bestehen bleiben wird. Raue ist eben Raue – einzigartig. Es wäre sachlich falsch und völlig unangemessen gegenüber den anderen Spitzenköchen der Republik, zu behaupten, dass der Berliner in einer eigenen Liga spielt. Vielleicht ist es richtiger, zu sagen: Angesichts seiner absolut eigenständigen Handschrift ist er einfach in einer anderen Sportart unterwegs.

TISK Speisekneipe

Neckarstraße 12, 12053 Berlin
T +49 (0) 30 3982 00290
www.tisk-speisekneipe.de

 mittags, Mo, So, Feiertag ganztags
Menü 39 / 64 €
Vorspeise 5 / 11 €
Hauptgang 15 / 26 €

Bitte nicht vom Namen täuschen lassen! Hier wird weit mehr geboten als herkömmliche Kneipenkost. Bei den „Happen" reicht das Spektrum von Hummus mit Sauerteigbrot bis zur Currywurst von der Berliner Metzgerei Blutwurstmanufaktur. Bei den Hauptgerichten schickt das Küchenteam um Ahmed Omer Ahmed Lamm mit Bohnen, vegetarische Maultaschen oder einen Broiler mit Ofengemüse. Gemüse und Kräuter stammen aus eigenem Anbau südwestlich von Berlin, man setzt hier auf Ressourcen-Schonung und ein Farm-to-Table-Konzept.

Tulus Lotrek

Fichtestraße 24, 10967 Berlin
T +49 (0) 30 4195 6687
www.tuluslotrek.de

 Ilona Scholl
 Max Strohe
Felix Fuchs
mittags, Di, Mi ganztags
Menü 185 / 185 €

Als „Spielplatz ohne Sand" hat Max Strohe das „Tulus Lotrek" einmal bezeichnet. Solche knackigen Sätze und seine TV-Auftritte als gern mal grantelnder seebärartiger Typ mit Wollkappe könnten dazu verleiten, ihn als einen der vielen Berliner Hipster-Gastronomen abzutun, die Stil über Substanz stellen. Dies wäre ein fataler Fehler. Strohe hat zwar große Lust auf Experimente und ungewöhnliche Produktkombinationen wie Kaviar mit Ochsenschwanzbrühe oder Gnocchi mit Tomatenwasser (ein vegetarisches Menü steht gleichberechtigt neben einem mit Fisch und Fleisch). Doch basiert seine Küche auf herausragendem Handwerk und einem beeindruckenden Gefühl für Aromatik. Ein gutes Beispiel dafür sind hübsche Tartelettes aus Waffelteig, die mit Erbsen und Creme von der Amalfi-Zitrone gefüllt sind, und aus denen Minze und andere Kräuter zu sprießen scheinen – das Fingerfood sorgt für eine irrwitzige Achterbahnfahrt zwischen sauer, frisch, süß und bitter. Nicht immer muss es so wild sein. Ein an der Karkasse gegrilltes Maishuhn in Vin-Jaune-Sauce, unter einer Decke von Trüffeln, erinnert eher an die klassische französische Küche, ebenso ein Kalbsfilet, das von einem Stück Herzbries geritten wird und das durch Zitronenschale, Kräuteröle und der Artischocken-Schwester Poverade begleitet wird. Beide Gänge sind fein strukturiert, ohne auch nur eine Sekunde langweilig zu wirken. Und sie sind keine architektonischen Gesamtkunstwerke: Bei Max Strohe geht Aroma definitiv über Optik, auch das Geschirr wirkt wie bei Oma aus dem Schrank geklaut. Aber selbst eingekochtes weißes Papier könnte im Tulus Lotrek ja nicht langweilig sein, schließlich wird es serviert vom vielleicht besten und unterhaltsamsten Serviceteam des Landes. Wer nach einem Abend mit der Truppe um Gastgeberin Ilona Scholl die geschmackvoll eingerichteten Altbauräume oder die heimelige Terrasse des Tulus Lotrek auch nur mittelmäßig gelaunt verlässt, den muss schon jüngst ein schwerer Schicksalsschlag erlitten haben. Selbst den könnte der Gast sich dann mit den überraschenden Weinempfehlungen schöntrinken, wie der Cuvée „MRV" des bulgarischen Weinguts Borovitza oder „La Virada" von Camin Larredya aus den Pyrenäen. Am Ende des sechs- bis achtgängigen Menüs lässt Strohe seinen Spruch vom Spielplatz ohne Sand in Form zweier Desserts so richtig wahr werden. Sowohl das kleine Töpfchen mit Aprikosenvariationen mit Thymian, Wermut und Nussbutter als auch das folgende Haselnuss-Nougat-Eis mit Meersalz schießen den Gast zurück in die Tage, da er als Kleinkind seine Mutter um eine weitere Portion Eis anbettelte.

Udagawa

Feuerbachstraße 24, 12163 Berlin
T +49 (0) 30 7922 373
www.restaurant-udagawa.
jimdofree.com

🔒 mittags, Di, Feiertag ganztags

Bei einem Restaurant, das seit 1987 konstante Qualität liefert, ist es nur folgerichtig, wenn auch wir uns wiederholen: Wer sich fragt, warum er für japanische Küche bis nach Steglitz reisen sollte, der muss sich fragen, wie viele japanische Restaurants er kennt, die a) ein Vierteljahrhundert im Geschäft sind und b) sich am Telefon grundsätzlich auf Japanisch melden. Der Grund ist klar: Hier rufen zumeist die Söhne und Töchter Nippons an, die zu Fuß nach Steglitz pilgern würden, um in Essig marinierten Oktopus, Meeresfrüchte und Frühlingslauch in Miso, Tempura von Butterkrebsen, Sukiyaki und natürlich klassisches Sushi sowie die sorgfältige Gastlichkeit von Hideki Abe und seiner Frau Misuzu zu erleben.

VOLT

Paul-Lincke-Ufer 21, 10999 Berlin
T +49 (0) 30 3384 02320
www.restaurant-volt.de

Sophie Bollmann &
Matthias Gleiß
Christopher Jäger
🔒 mittags, Mo, So, Feiertag ganztags
Menü 69 / 89 €
Vorspeise 16 / 21 €
Hauptgang 30 / 40 €

Im Sommer hat man die Qual der Wahl: Lieber auf die schöne Terrasse mit Blick auf den Landwehrkanal am Paul-Lincke-Ufer oder doch besser rein ins neusachliche Umspannwerk aus dunklem Klinker mit den hohen Decken, kantigen Holztischen und runden Kupferleuchten? Einen schönen Abend kann man hier wie dort haben. Dafür sorgen Matthias Gleiß und Küchenchef Christopher Jäger, die hier nach Stationen im Adlon und im Horváth den Herd übernommen haben. „Auf die Feine Berliner Art" nennen sie ihr Konzept, das zwischen Casual und Fine Dining pendelt, wobei man den Berlin-Bezug nicht unbedingt allzu paradigmatisch nehmen sollte. Ein bisschen blass, weil nicht optimal proportioniert, der Einstieg ins Menü: unter einem etwas großen Kopfsalatherz-Viertel ein etwas kleiner Klacks Ragout vom Kikok-Huhn mit Kräuterseitling – der angedickte Geflügelfond und ein Pulver aus gerösteten Haselnüsse mussten sich mühen, genug Würze beizusteuern. Originell der Fischgang: eine perfekt abgeflämmte Gelbschwanzmakrele auf eingelegter Gelber Bete mit Bockshornklee-Vinaigrette. Der hausgemachte Hüttenkäse, im Supermarktregal ein berüchtigter Langweiler, ist hier mit Nussbutter und Zitrone montiert und spendiert eine charmante Cremigkeit. Ebenfalls überraschend die Tagliatelle mit einem schön mit Trauben- und Distelöl montierten Fond vom Knollensellerie und getrocknetem Selleriepulver – vegan und umamisatt. Konventioneller der Hauptgang. Das Sous-vide gegarte und gegrillte Flanksteak (bisschen sehnig) wurde von grünen Bohnen, karamellisierten Roscoff-Zwiebeln und einer Creme aus Sonnenblumenkernen begleitet. Eher zarte Töne zum Dessert. Die sehr verhaltene Süße eines Büffelmilcheises mit Fichtensprossen kompensierte Baiser mit Erdbeerstaub. Die Weinbegleitung bewegt sich sehr auf der sicheren Seite. Klassiker wie der Jacobus von Peter Jakob Kühn, ein Rosé von Niepoort aus dem Duoro-Tal, ein junger Chardonnay von Eymann und – ein wenig extravaganter – ein recht kirschiger Zinfandel aus dem Napa Valley sind solide Begleiter. Hier könnte man sich mehr trauen. Tun andere auch.

BESCHEID

Gasthaus zur Malerklause

Im Hofecken 2, 54413 Bescheid
T +49 (0) 6509 558
www.malerklause.de

- Beate Lorscheider
- Hans Georg Lorscheider
- Mario Lorscheider
- Do, Fr, Sa mittags, So abends, Mo, Di, Mi, Feiertag ganztags

Menü 79 / 119 €
Vorspeise 28 / 38 €
Hauptgang 32 / 44 €

Wenn wir uns tief über den asiatisch angehauchten Steingut-Teller beugen, uns vom zarten Duft der Trüffelscheiben betören lassen, der von seinem warmen Bett aus Kalbskopf-Ragout, den rosa gebratenen Wachtelstücken und den süßsauren Linsen aufsteigt, dann befinden wir uns in unseren geliebten kulinarischen Welten von satten Aromen, zartem Biss und tiefen Saucen. Wenn wir dann den Kopf heben, befinden wir uns schlagartig in einem Paralleluniversum. Es besteht aus einer Mischung von Nippes, Auslegeware (von Läufern geschützt) und einer Halogenstrahler-Installation der späten 1980er-Jahre. Willkommen im Gasthaus zur Malerklause, mit einer Lage, die Laufpublikum mit an Sicherheit grenzender Wahrscheinlichkeit ausschließt. Ein gastronomisches Relikt, ein Biotop samt Vater Hans Georg in der Küche, Mutter Beate und Sohn Marco Lorscheider im Service. Welche Trends der Innenarchitektur auch immer über das Land gezogen sind, der kräftige Wind hier oben im Hunsrück hat sie gründlich über die Malerklause hinweggepustet. Umso freudiger nehmen wir das Fischbesteck vom Messerbänkchen, um uns dem würzig und kross angebratenen Wolfsbarsch zu widmen, der auf erfrischenden Streifen von Fenchel mit Limonenvinaigrette ruht. Ob die seit Jahren beim Stammpublikum beliebten Variationen der Gänseleber mit etwas sehr zäh-gummigen Gelee-Stücken oder die einwandfrei gegarte Brust von der Challans-Ente – Lorscheider steht für etwas, das selbstverständlich klingt, aber nicht genug gelobt werden kann. Er beherrscht zuverlässig sein Handwerk und eher würde hier ein Interior-Designer über die Omas-Gute-Stube-Atmosphäre jubeln, als dass auch nur ein einziger Teller nicht gut zubereitet und wohlschmeckend vorm Gast landet. Dazu hat Sohn Marco eine umfangreiche Weinkarte zur Hand, die der Gast nicht zwingend braucht, denn er hat auch aus dem Stand eine gute regionale Empfehlung samt neuester Informationen rund um das Familienleben des Winzers parat.

BESIGHEIM

Marktwirtschaft Besigheim

Marktplatz 2, 74354 Besigheim
T +49 (0) 7143 9099 091
www.marktwirtschaft-besigheim.de

🔒 Di, Mi ganztags
Menü 38 / 56 €
Vorspeise 15 / 23 €
Hauptgang 19 / 36 €

Regional verwurzelt, aber mit internationalem Einschlag – so lautet das Küchenkonzept dieses Lokals mitten in der Altstadt von Besigheim, einem Weinbauort zwischen Stuttgart und Heilbronn. In locker-stilvollem Ambiente, bei dem sich historisches Fachwerk mit Modernem mischt, versteht es sich als Schnittstelle zwischen Restaurant und Bistro, tischt Schmackhaftes ohne Firlefanz auf wie die geschmorte Lammhaxe mit Rosmarinjus, mediterranem Schmorgemüse und cremiger Polenta oder Asiatisches wie Escabeche vom Lachs mit Soja, Sesam, Koriander, Gemüse und Basmatireis.

BIELEFELD

GUI

Gehrenberg 8, 33602 Bielefeld
T +49 (0) 521 5222 119
www.gui-restaurant.de

🔒 Mo, So, Feiertag ganztags
Menü 70 / 80 €
Vorspeise 15 / 22 €
Hauptgang 30 / 45 €

Der Name dieses beliebten Restaurants in Bielefelds Altstadt wurde sehr bewusst gewählt: „Gui" ist Esperanto und bedeutet „Genuss". Und so verbindend wie die Kunstsprache versteht der griechische Gastgeber Gabriel Foulidis seine Küche: Einer Vorspeise wie Sashimi von der bretonischen Dorade mit Seeigel, Brunnenkresse und Ponzu folgt dann als Zwischengang beispielsweise Kalbsbries aus dem Münsterland mit Erbsen, Morcheln und Kerbelsauce, bevor es beim Hauptgericht französisch wird: Rochenflügel und Bouchot-Muscheln mit Aubergine, Tomate & Safran und Bouillabaissesud. Sehr freundlicher Service, ebenso gute Weinberatung.

Historisches Gasthaus Buschkamp

Buschkampstraße 75,
33659 Bielefeld
T +49 (0) 521 4928 00
www.museumshof-senne.de

 Mi, Do, Fr mittags,
Mo, Di ganztags
Menü 35 / 90 €
Vorspeise 10 / 24 €
Hauptgang 11 / 42 €

Der Buschkamphof wurde bereits im 17. Jahrhundert zur Rast und zum Pferdewechsel genutzt, seit 1869 herrscht offizieller Schankbetrieb. Das durch wunderschönes Fachwerk begeisternde Gasthaus liegt in einem denkmalgeschützten Museumshof. In diesem Ambiente hat Küchenchef Silvio Eberlein eine regionale, kreative und moderne Küche etabliert, in der er auf bodenständiger Basis für manche Überraschung sorgt. Kräuter und Gemüse wachsen hier vor der Tür, das Brot wird in einem Backspeicher von 1663 gebacken.

Höptners Abendmahl

Johannisstraße 11a, 33611 Bielefeld
T +49 (0) 521 86105
www.abendmahl-restaurant.de

Salvatore Attimonelli
Sebastian Höptner
Salvatore Attimonelli
mittags,
Mo, Di, So, Feiertag ganztags
Menü 90 / 119 €

Allen Unkenrufen und Quatsch-Verschwörungstheorien zum Trotz: Bielefeld existiert doch – sogar kulinarisch! Daran wirken im hübschen Bereich des Stadtteils Schildesche, wo Fachwerk und Kopfsteinpflaster unweit der mittelalterlichen Stiftskirche dominieren, Patron-Küchenchef Sebastian Höptner und seine kleinen und großen „Abendmahl"-Menüfolgen mit. Die werden im frisch mit neuen Stoffbezügen aufgehübschten Weinkeller-Ambiente des urig-intimen Restaurants oder im sommerlich-lauschigen Biergarten serviert. Der gelungene Einstieg erfolgte salatartig mit fermentiertem, bisstestem grünem und weißem Spargel, cremiger Burrata, gehäuteten Kirschtomaten, Tomateneis und Gel-Tupfen aus Tomatenwasser. Auch gegrillter Romanasalat mit Thunfisch-Tataki, Croûtons und Eigelb-Parmesan-Emulsion schmeckte wunderbar frisch und klar. Danach profitierte die Hummer-Bisque mit Hummerklein-Einlage geschmacklich von umsichtiger Röstung der Karkassen, sodass das feine Krustentieraroma nicht übertont wurde. Dem vollmundigen Ankündigen des Service als abendliches Highlight leistete auf den Punkt gebratenes Seeteufelfilet mit passender Begleitung von mutig scharfem, knackigem Pak Choi und grünem Curryschaum dann auch Folge. Nach kühlend-frischem Champagnersorbet litt mit rauchigen BBQ-Aromen lackierte Rinderbrust unter leichter Trockenheit und schlug mit Mais-Variationen (Mini-Kolben, Creme, gebratene Polenta, Chip) und Edamame eine biederere Gangart ein. Der süße Abschluss kombinierte süß-säuerliche Aprikose zur Mascarponecreme. Zur unkompliziertem Saisonküche zum charmanten Kurs erfreut die kleine internationale Weinkarte insbesondere bei deutschen Rieslingen, teils gereift, mit attraktiven Preisen.

Tomatissimo

Am Tie 15, 33619 Bielefeld
T +49 (0) 521 1633 33
www.tomatissimo.de

Christopher Busch
Bernhard Grubmüller
Daniela Schellenbach
Mi, Do, Fr, Sa mittags,
Mo, Di, Feiertag ganztags

Menü 60 / 98 €
Vorspeise 10 / 27 €
Hauptgang 22 / 58 €

Die Fahrt an den westlichen Stadtrand Bielefelds ins dörfliche Kirchdornberg kommt einer Landpartie gleich. Da steht am Dorfplatz mit Kirche das historische Gasthaus, wo seit 1998 Bernhard Grubmüller, seit 2016 auch Patron, kocht. Was gediegenes, leicht mediterranes Ambiente mit Terrakotta-Fliesen und die rote Berkel-Aufschnittmaschine andeuten, bestätigt die Speisekarte – abgesehen von Wiener Schnitzel und Steak-Gerichten: Hier wird italienisch inspiriert gekocht. Dass trotz einiger Grobheiten wie reichlich gegrilltem Porree neben zarten, leicht mit Béchamelsauce gratinierten Cannelloni mit Morchel-Ricotta-Füllung, mit frischem Bärlauchstreifen und Kohlrabibrunoise als Topping, in leichten, jedoch aussagekräftigem Kohlrabisud, ist das zumeist solide. Sogar in vegetarisch: Das hatten zuvor kräftig angegrillte Romanasalatherzen-Hälften mit geriebenem, gebeiztem, geräuchertem Eigelb, schwarzem Knoblauch und Knusper in schmelzend-aromatischer Parmesancreme bewiesen. Auch Vitello tonnato hob sich qualitativ und handwerklich von Italo-Standards ab. Ungenauer die Hauptgerichte: Beim Hausklassiker, Tagliata alla fiorentina, waren Rinderfiletscheiben auf dem Teller im Ofen zu buttrigem Geschmack recht weit gegart worden. Das rustikale Gesamtbild komplettierten kräuterwürziges Olivenöl, grüner Pfeffer und knusprige Kartoffelhälften neben Rucola und Wurzelgemüse. Hitzeempfindlicheren Kaninchenrücken hatte Grubmüller als Saltimbocca mit Salbei und Pancetta ummantelt und behutsam saftig gegart, während kräftigeres Keulenfleisch mit knackigem Kraut in generischen Frühlingsrollenteig gefüllt und kross ausgebacken war. Mit reichlich kräftiger Sauce, auch hier Salbeiakzente, und geschmorter-gegrillter Aubergine ein Gericht an der unteren Haubengrenze. Auch ohne Maître-Sommelier Osman Kamci, den es Richtung Süddeutschland verschlagen hat, gibt es eine ausreichende deutsch-österreichisch-italienische Weinkarte und auch bei vollem Haus freundlichen Service.

Bielefeld

BIETIGHEIM-BISSINGEN

Maerz

Kronenbergstraße 14,
74321 Bietigheim-Bissingen
T +49 (0) 7142 42004
www.maerzundmaerz.de

 Christian Maerz
 Benjamin Maerz
 Christian Maerz
🔒 mittags,
  Mo, Di, So, Feiertag ganztags
Menü 119 / 129 €

Allein die Champagnerauswahl ist die Reise wert. Namhaftes kontrastiert hier mit Newcomern, die Preise sind hier wie dort günstig. Christian Maerz, der Bruder von Küchenchef Benjamin, berät sehr freundlich, schenkt gern Passendes glasweise ein. Abstimmungen zwischen Getränken und Speisen sind übrigens gar nicht so einfach, denn die Gerichte des an diesem Tag einzigen Menüs sind vielschichtig, bieten oft spannende Kontraste. Noch mehr als in vielen anderen Restaurants dieser Qualitätsstufe ist zu spüren, wie viele Gedanken sich der Chef macht, dass er experimentiert und seine Küche fortentwickelt. Die Kleinigkeiten vorab sind schon großartig: Tartelettes mit Eiskarotte und Dillblüten respektive mit Makrelenbauch, marinierte Radieschen, ein witziger Caesar Salad und das Chawanmushi mit Edamame und Kopfsalat, das erstklassige Brot und die Miso-Butter nicht zu vergessen. Scheiben von der Gelbschwanzmakrele sind interessanter kombiniert, als dies in vielen anderen Restaurants der Fall ist: Mithilfe von eingelegtem Spargel, einem Sud von Yuzu und Holunderblüten sowie Gurkenblüten entsteht ein sehr animierender Gang. Fordernd dann die nächsten zwei Speisen. Erstens Faux gras, eine Foie-gras-Nachbildung ohne Leber, mit Kiwi, Wasabiblattsorbet und Brioche; zweitens Blumenkohl mit Grünkohlgelee, einem Sud von Dukkah und Macadamia sowie Weizencrunch. Die herbe Grünkohlwürze ist nicht jedermanns Sache, und dass es sich nicht um echte Stopfleber handelt, ist rasch zu bemerken – aber spannend sind beide Kreationen allemal. Kamillenmilchsorbet geht mit grünen und gelben Tomaten sowie eingelegter Mirabelle eine großartige Liaison ein. Der Waller wiederum wird auf fast schon geniale Weise mit gelben Paprikatrauben und einem Vadouvan-Karotten-Sud verknüpft. Dazu ein knuspriger Kohl-Dim-Sum und die Erkenntnis, dass für diesen Gang eine noch höhere Bewertung zwangsläufig berechtigt wäre. Auch die süßen Abschlüsse wirken eigenständig. Original-Beans-Schokolade, die ja im Trend liegt bei den Gastronomen von Rang, mit Pflaume, Shiso, Thaibasilikumsud: eine vibrierende, leichte, spannende Ausführung. Honig, Aprikose und Blütenpollen kombiniert Maerz abschließend auf sehr feine, unaufdringliche Weise. Über die hier praktizierte Gastronomie an Ort und Stelle zu reflektieren, wäre keine schlechte Idee. An Digestifs fehlt es nicht und Zimmer stehen zur Verfügung.

BILSEN

Jagdhaus Waldfrieden

Kieler Straße 1, 25485 Bilsen
T +49 (0) 4106 61020
www.waldfrieden.com

🔒 Mo, Di ganztags
Menü 27 / 64 €
Vorspeise 14 / 17 €
Hauptgang 17 / 36 €

Ob im Kaminrestaurant des hübschen Fachwerkhauses, im Wintergarten oder draußen im Schatten großer Bäume – Thomas Lubigs marktfrische Regionalküche ist ein Genuss. Immer liebevoll und bisweilen aufwendig zubereitet sind seine Gerichte, etwa gedünstetes Schellfischfilet mit Champagnersauce, warmem Rote-Bete-Salat und Kartoffel-Erbsenpüree oder 36 Stunden Sous-vide gegarte Kalbsschulter mit Schalottenjus, sommerlichem Gemüse und gratinierten Kartoffeln. Von mittwochs bis samstags werden mittags fair kalkulierte Zwei- oder Drei-Gänge-Menüs angeboten.

BINDLACH

Landhaus Gräfenthal

Obergräfenthal 7, 95463 Bindlach
T +49 (0) 9208 289
www.landhaus-graefenthal.de

🔒 Mo, Mi, Do, Fr mittags,
   Di ganztags
Menü 36 / 82 €
Vorspeise 8 / 18 €
Hauptgang 21 / 34 €

Wo gibt es das noch? Ein gastronomischer Betrieb, der die schöne Tradition pflegt, dass am Sonntag Bratengerichte und andere heimische Festessen auf den Tisch kommen: Leberknödelsuppe, Bauernente, Rehbraten – und nichts anderes. Dass Küchenchef Helmut Lauterbach aber auch anders kann, zeigt er in dem hübschen Landhaus unter der Woche. Da lässt er Hummerschaumsuppe, gefüllte Wachtel mit Sommertrüffel oder Perlhuhn mit Champagnerkraut auftischen. Im Sommer sitzt man im Grünen auf der großen Terrasse.

BINGEN AM RHEIN

Bootshaus Papa Rhein Hotel

Hafenstraße 47,
55411 Bingen am Rhein
T +49 (0) 6721 35010
www.paparheinhotel.de

- Tanja Mutschler
- Nils Henkel
- Mo, Di, Fr, Sa abends, So ganztags

Menü 55 / 55 €
Vorspeise 9 / 18 €
Hauptgang 19 / 32 €

Den Mut der Hoteliersfamilie Bolland-Anton, die lange Jahre eher sehr schmucklose Fläche an der Anlegestelle der Fähre in Bingen mit einem modernen Ferienhotel zu belegen, muss man bewundern. Die Weitsicht, sich die Fähigkeiten von Nils Henkel für die Küche zu sichern, muss man preisen. Natürlich serviert Henkel im maritim angehauchten Restaurant Bootshaus für Hotelgäste mit Halbpension nicht die detailversessene bis fast überpenible Hochküche, die ihn in seinen Stationen im Schlosshotel Lerbach oder Burg Schwarzenstein auszeichnete. Vielmehr reduziert er seine Küche auf die entscheidenden Faktoren seiner filigranen und aromatisch umfangreichen „Pure Nature"-Stilistik – das Beste von Henkel für ein großes Publikum. Wie zum Beispiel Wildgarnelen mit Melonen-Pfeffersud, Cheesecake mit Paprika – aber auch einfach Rauchaal mit Rührei als im besten Sinne preiswerte Gerichte à la carte. Seine Bühne ist dabei nicht länger die gute Stube, sondern quasi ein Strandrestaurant. Legere maritim angehauchte Atmosphäre mit feinem weichen Sand rund um die Bar zeichnet das Bootshaus aus, das bis auf zwei Tage der Woche auch Menschen offen steht, die nicht im Hotel übernachten, sondern bei Henkel essen gehen möchten. Und jeder Gang ist ein guter Grund dafür. Die Forelle hat einen wunderbar sacht-weichen Biss, das Gurkendashi und das Schwarzwaldmiso sind fein aufeinander abgestimmt und Dillblüte setzt zusammen mit Radieschen Akzente. Beim Hauptgang mit Steinbeißer hätten wir uns schlimmstenfalls mit dem Kartoffelstampf als Essen für die Seele begnügt, sind aber doch froh, uns nicht die saftig gegarte Schnitte Filet haben entgehen lassen. Perfekte Garpunkte zeichnen das Filet und das Bäckchen vom Kalb aus. Das Filet belebend in Kräutern gewendet, das Bäckchen mit Pinien-Rosmarin-Jus als herzhaftem Kontrast. Lediglich den Quader Pilzknödel hätten wir uns etwas weniger trocken gewünscht. Und woher der gebürtige Schleswig-Holsteiner das Geheimnis kennt, eine Schwarzwälder Kirsch leicht und dennoch glücklich machend, als Version im Glas zu servieren, darüber rätseln wir gerne weiter, während wir durch die großzügigen Fenster auf Rhein und das Niederwalddenkmal und die Weinlagen von Rüdesheim schauen.

BINZ

Freustil

Zeppelinstraße 8, 18609 Binz
T +49 (0) 38393 50444
www.freustil.de

Jule Weckbrodt
Ralf Haug
Mo, Di ganztags
Menü 66 / 106 €

Das Freustil, ein Standalone im Hotel Vier Jahreszeiten, hebt sich von Restaurants ähnlichen Kalibers ab. Bunt wie eine Berliner Hipster-Butze ist das Interieur, wo sich zwischen farbigen Wänden, Dielenboden und blanken Holzdesigntischen stets Bücher und Accessoires entdecken lassen – ein schöner Stilbruch zur örtlichen Bäderarchitektur. Ebenfalls deutlich niedriger das Preisniveau: sechs kleine Gänge kosten 66 Euro, das komplette Zehn-Gang-Menü 106 Euro. Dafür verzichtet man weitgehend auf Luxuszutaten zugunsten zeitgemäßer gemüseorientierter Mischung aus Kreativität und nordischer Aromeninspiration, wobei nicht alle Proportionen hundertprozentig saßen. Zuallererst bissen wir uns förmlich an essbaren Steinen die Zähne aus. Nicht wegen der Härte, sondern aufgrund spröden Inhalts, der Hummus sein sollte – nicht lecker! Viel besser gefielen Ofenkürbis und marinierte, aufgerollte Streifen mit Pesto aus Kürbiskernen und Kürbiskernöl. Aus den unterschiedlichen Konsistenzen entstand mit halbfestem Halloumi-Käse und feinfruchtiger, säuerlicher Aprikose ein abwechslungsreicher, würziger, eingängiger Auftakt. Wohlschmeckend, durchaus schlichter, gelang sahnige Zwiebelsuppe, die zu Zwiebel, Schalotte, Frühlingslauch und Sago-Chip angegossen wurde. Weiter ging es mit einem richtig guten Geschmacksbild: Nur salziges Haselnusseis war zu üppig dimensioniert oder zwei scharf gebratene, norwegische Jakobsmuschelscheiben zu spärlich dosiert, um mit Liebstöckelsud und Blumenkohl (frittiert, mariniert, Creme) vollends perfekt zu sein. Beim gut gegarten, aromatischen Ochsenfilet waren bereits köstliche kleine Bamberger Hörnchen und zweierlei Spitzkohl in Kombination mit geräuchertem Quark und Hollandaise-artiger Ei-Schaumsauce eine Delikatesse. Von nordisch zu nordic, von der Ostsee nach Skandinavien führte das originelle Dessert aus Steinpilz-Biskuitboden, Dill-Sponge, Fichtennadelpulver, Heidelbeer-Essig-Sorbet und Pumpernickel-Erde. Mittags zusätzlich ein Lunchmenü, noch lockerer ist es nebenan im „Canteen".

Genusswerkstatt by Robert Schindler

Strandpromenade 62, 18609 Binz
T +49 (0) 38393 56830
www.rugard-strandhotel.de

mittags, Mo, So ganztags
Menü 45 / 68 €

Auf der fünften Etage des edlen Strandhotels haben sich Name und Konzept geändert: Statt Rugard's Fine Dining nennt sich das Restaurant nun Genusswerkstatt by Robert Schindler. Der Küchenchef ist also geblieben, aber vom Stil her liegt der Schwerpunkt nun auf der Neuinterpretation nordischer Saisongerichte, die die Produktvielfalt der Region spiegeln und im Rahmen von Zwei- bis Fünf-Gänge-Menüs serviert werden. Nichts geändert hat sich am Panoramablick aufs Meer.

BINZEN

Bommels NEU

Koppengasse 10, 79589 Binzen
T +49 (0) 7621 7057 915
www.bommelsbachstuebli.de

🔒 mittags,
   Mo, Di, So, Feiertag ganztags

In Großstädten hierzulande inzwischen gelegentlich zu finden, auf dem flachen Land eine absolute Rarität: echte Pizza napoletana. Ausgerechnet tief unten im südbadischen Dreiländereck wird man fündig. Autodidakt Christian Brombacher konzentriert sich voll auf die Substanz, lässt seinen Teig zwei volle Tage lang ruhen, heizt seinen Holzofen auf knappe 500 Grad und backt seine Pizzen, wie es sich gehört – kaum anderthalb Minuten. Die Namen seiner Kreationen mögen nicht schulbuchmäßig daherkommen („Extrem lecker", „Käse ohne Ende" …), erfreuen Puristen jedoch dank erstklassiger Zutaten: San Marzano DOP, Fior di latte, 'Nduja calabrese. Dazu ein frisches Lasser vom Hahn und hinterher einen exzellenten Espresso.

BISSERSHEIM

Knipsers Halbstück

Hollergasse 2, 6/281 Bissersheim
T +49 (0) 6359 9459 211
www.halbstueck.de

🔒 Mo, Do mittags, Di, Mi ganztags
Vorspeise 7 / 20 €
Hauptgang 20 / 34 €

Gemütlich ist es hier, neben dem kleinen Kirchlein von Bissersheim – im Sommer draußen im Hof auf dem Kopfsteinpflaster unter Sonnenschirmen, sonst drinnen unter alten Balken. Die klare Linie und rustikale Eleganz des Raumes spiegeln sich auch im Kulinarischen, von der ausgezeichneten Leberwurst vom bunten Bentheimer Landschwein mit Cornichons bis zum Wiener Schnitzel mit klassischem Kartoffel-Gurken-Salat. Balik-Lachs und Kürbisrisotto wären auch im Angebot, außerdem eine wechselnde Tageskarte – und natürlich eine ausgezeichnete, sehr verführerische Auswahl reifer Knipser-Raritäten …

BLANKENHAIN

Masters

Weimarer Straße 60,
99444 Blankenhain
T +49 (0) 36459 6164 4430
**www.golfresort-weimarerland.
de/spa-golf-hotel/geniessen/
restaurant/restaurant-masters.
html**

- Marco Schirwinski
- Danny Schwabe
- Thomas Stobbe
- mittags, Di, Mi ganztags
Menü 72 / 154 €

Stilvoll und gediegen, mit weiß gedeckten Tischen, leuchtenden Vorhängen und schweren Tapeten sorgt das Gourmetrestaurant dieser großzügigen Hotelanlage für einen erfreulich guten ersten Eindruck. Als Starter empfiehlt die Karte Attilus-Kaviar zu Deutz-Champagner. Schön ist es aber auch, den Abend mit einem Riesling Winzersekt von Schloss Vaux aus dem Rheingau zu beginnen, den Thomas Stobbe empfiehlt. Der Sommelier verwendet viel Sorgfalt darauf, seine europäisch dominierte Weinauswahl der frankophilen und mediterran orientierten Küche von Chef Danny Schwabe anzupassen. Wer nicht nur fein schmeckt, sondern auch genau hinsieht, erlebt, dass das Motto der Karte „from yellow to red" von einem kulinarischen Treffer zum nächsten führt. Nach einer gehaltvollen Variation von der Aubergine als Appetizer tritt Aal auf. Der Kombination mit kandierten Früchten und gezupften Kräutern entströmt aromatischer Rauch, als der Koch bei Tisch die Glas-Cloche hebt. Bei jedem Gang treten Koch oder Köchin in Aktion, um die eigene Idee der von ihnen jeweils zubereiteten Speisen den Gästen mit Verve nahezubringen. So zelebrieren sie selbst den Suppengang: Auf feingehacktem Kalbfleisch, vermengt mit ebenso zerkleinerten Karotten, glänzt rohes Gelb vom Wachtelei. Aufgegossen mit einer duftenden Essenz verbindet sich auf dem Teller alles zu einer aromatisch-würzigen Komposition. Appetitlich übereinandergeschichtet vertragen sich auch Wolfbarsch und Jakobsmuschel mit der ihnen zugedachten Beilage aus Trauben plus karamellisierter Walnuss. Das Sous-vide gegarte Rinderfilet strotzt vor Saft. Alles in allem begeistern hier klassische Geschmacksprofile, neu in Form gebracht noch beim Dessert: Den Nocken von Pflaumen-Mousse, drapiert in einem schokoladigen Oval, geben Mandel und Nelke Feinschliff – zu Staub zermahlen duftet das Gewürz zusätzlich vom Tellerrand.

BLIESKASTEL

Barrique

Bewertung ausgesetzt

Bliestalstraße 110 a,
66440 Blieskastel
T +49 (0) 6842 52142
www.haemmerles.de/restaurant-barrique

- Emely Hämmerle
- Cliff Hämmerle
- Stéphanie Hämmerle
- mittags,
  Mo, Sa, So, Feiertag ganztags

Menü 95 / 115 €

Gerne hätten wir die Küche von Cliff Hämmerle genossen und bewertet. Doch die besonderen Herausforderungen dieser Saison führten zu spürbaren Einschränkungen. Den vielen Reservierungsanfragen wurde mit entsprechendem Hinweis per E-Mail und auf der Webseite begegnet: „Wir sind überwältigt von den mehr als zahlreichen Anfragen, die uns erreicht haben. Leider mussten wir unsere Kapazitäten einschränken (Personalmangel etc.) und sind deshalb nicht in der Lage, jedem den Reservierungs-Wunsch zu erfüllen (auch wenn wir es gerne würden)." E-Mails, Anrufe und auch ein Platz auf der Warteliste konnten daran nichts ändern. Es bleibt uns abermals auf das nächste Jahr zu hoffen – Vorfreude ist bekanntlich die schönste.

BOCHUM

FIVE

Hellweg 28–30, 44787 Bochum
T +49 (0) 234 9535 685
www.five-bochum.de

- mittags,
  Mo, Di, Sa, So, Feiertag ganztags

Purismus haben sich die „Five"-Macher Tibor Werzl und Nicolai Menting auf die Fahne geschrieben. In ihrem intimen Laden mit offener Küche, abgerockter Wohnzimmeratmosphäre und Independent-Musik bieten sie ausschließlich zwei Menüs an (eines davon vegetarisch), deren Gänge sie Wochen im Voraus auf der Website für den Besuchstag ankündigen. Dann gibt es zum Beispiel gefüllte Kalbsbrust mit Trüffeljus und Kaninchen mit Pak Choi auf der einen Seite, Hummus oder BBQ-Jackfruit auf der anderen. Und dazu ausgesuchte Begleiter aus der kleinen, aber toll kuratierten Weinkarte.

Zum Grünen Gaul

Alte Hattinger Straße 31,
44789 Bochum
T +49 (0) 234 9764 5666
www.zumgruenengaul.de

Mi, Do, Fr, Sa mittags,
Mo, Di ganztags
Menü 30 / 50 €
Vorspeise 8 / 15 €
Hauptgang 15 / 29 €

Wären unsere städtischen Wirtshäuser alle wie dieses, wir bräuchten uns um das kulinarische Niveau des Landes nicht weiter zu sorgen. Als Hausteller werden in der Schank- und Speisewirtschaft Kotelett, Wollschweinwurst und Herrgottsbscheißerle erster Güte mit Kartoffelstampf serviert. Fleischig weiter geht es auf der Karte mit Königsberger Klopsen oder paniertem Kotelett vom Wollschwein. Aber auch Label-Rouge-Beizlachs mit Feldsalat ist hier zu haben oder knusprig gebratener Wolfsbarsch. Sorgsam zusammengestellte Weinkarte, wechselnde Craft-Biere.

BODMAN-LUDWIGSHAFEN

s'Äpfle

Kaiserpfalzstraße 50,
78351 Bodman-Ludwigshafen
T +49 (0) 7773 9599 30
www.seehotelvillalinde.de

Christopher Wolfram von Prack
Kevin Leitner
Marc Peyer
Di, Mi, Do, Fr, Sa mittags,
Mo, So ganztags
Menü 109 / 169 €
Vorspeise 25 / 31 €
Hauptgang 42 / 58 €

Kevin Leitner kocht im Seehotel Villa Linde mit einem eigenständigen, leichten, produktbetonten Stil, der jenseits hipper Zitrusaromen und asiatischer Noten gekonnt mit Säure spielt. Das innen edel-schlichte Restaurant besticht im Sommer mit einer Terrasse und schönem Blick über den Obersee, hat aber trotz millionenschweren Budgets für das neuerbaute Resort echten Nachholbedarf bei der Tischbeleuchtung – erst die Bitte nach einer Kerze konnte uns zu späterer Stunde ansatzweise enthüllen, welch schöne Tellerkunstwerke uns ansonsten im nächtlichen Dunkel verborgen geblieben wären. Der Service ist entspannt und sehr freundlich, darf aber gerne noch etwas mehr auf leere Gläser achten, damit der Umsatz auch trotz der ausgesprochen gastfreundlich kalkulierten Weinkarte (keine Menübegleitung) stimmt. Namensgerecht kommt die Butter in Äpfleform auf den Tisch und begleitet einen süßsauren Rettich-Lolli, milde Eiersalat-Tartelettes und eine würzige Falafel mit Zwiebelcreme zum Auftakt, gefolgt von gurkenfrischsommerlichem Saiblingstatar unter einer Joghurt-Espuma-Nocke mit gepufftem Reis auf grünem Gazpacho. Eingelegte Gurke und Rettich begleiten auch den abgeflämmten Lachs mit Senfmoussekugel, Räucherfischvinaigrette und Kerbelöl. Die Terrine und das Eis von der Gänseleber aromatisiert Leitner mit Mispel und begleitet sie ungewohnt, aber passgenau mit knackigem Kopfsalat, Buchweizenpops und Kirschkernöl. Intensive Aromen und ein gekonntes Texturenspiel von flüssig über schmelzig zu bissfest, knackig und kross machen den Klassiker zum frischen Erlebnis und finden sich auch bei weiteren Gängen wie der kalten Suppe von Sellerie und Buttermilch mit Taschenkrebstatar, grünem Apfel, gerösteter Macadamianuss und Imperial-Kaviar, die mit Eigenaromatik, aber Gespür für das Ganze subtil eingebunden werden. Bei der Kombination von Wildfang-Zander und Juvenilferkel mit Kruste würde man glauben, das Fleisch brächte die kräftigeren Aromen mit, aber der Fisch von ausgezeichneter Qualität dominiert selbst den Röstzwiebelsud. Das Hauptgericht gerät zum kleinen, feinen Grillabend: Ein Rückenstück vom US-Prime-Beef kommt mit schmelziger Short Rib, Zucchini und einer fein geschichteten Kartoffelterrine im sämigen Rinderfond bestens zur Geltung. Pré-Dessert (Earl-Grey-Zitronensorbet) und das Dessert mit einem Sauerrahm-Soufflé, begleitet von sommerlichen Beeren pur und in Eisform sowie Baiserstangen im Champagnersud, beschließen einen Abend, der Lust auf weitere Besuche macht.

BODOLZ

VILLINO

Mittenbuch 6, 88131 Bodolz
T +49 (0) 8382 93450
www.villino.de

 Sonja & Alisa Fischer
Toni Neumann
Rainer Hörmann
mittags
Menü 90 / 158 €

Hohe Präzision, gutes klassisches Metier und gleichzeitig ein gehöriger Schuss Entdeckerfreude – das sind die Tugenden der VILLINO-Küche unter der Leitung von Toni Neumann. Ansprechend gibt sich schon die Einleitung, ein Cornet mit Kaperncreme und Senfkaviar zum Champagner und ein Kartoffel-Lauchsüppchen samt Garnelenrolle als Amuse-Bouche. Das Ceviche von Gelbflossenmakrele mit salzgebackener Sellerie und Fingerlimette gefällt; einzig ein gerösteter Zwiebelring will nicht ganz in den Akkord passen. Bemerkenswert der nachfolgende Gang: Der Hummer kommt zunächst neben dem scharfen Curry nicht recht zu Wort, doch dann schält sich im Bissen sein Aroma zunehmend heraus – eine Freude für aufmerksame Gourmets. Mit Fingerspitzengefühl komponiert ist auch der Fischgang aus bestem Kabeljau, Roter Bete und Meerrettich. Ein Gleiches gilt für den knusprigen Spanferkelbauch mit Daikon und Mie-Nudeln, nicht zu vergessen seine sorgfältige Präsentation. Weitgehend klassisch interpretiert Neumann den Rehrücken zum Hauptgang; Blutwurst auf Maroni-Brioche sorgen hier für den besonderen Touch. Wie schon in früheren Jahren reinigt man den Gaumen zwischendurch nicht etwa mit einem Sorbet, sondern mit einem schlichten Verveine-Tee, was wir nur begrüßen können. Als erstes Dessert gibt die Patisserie Yuzusorbet und Proseccoschaum mit Zwetschgenröster und Zwetschgenfond. In dieser Form macht der Prosecco bessere Figur als oftmals im Glas … Den Abschluss bildet ein aus Apfelkompott und Gelee nachgebildeter Apfel mit Haselnusscreme, Haselnuss-Crumble und Granny-Smith-Granité. Am Weinangebot beeindruckt uns nicht allein die große Breite, sondern auch die beträchtliche Jahrgangstiefe; nicht wenige Flaschen sind gleich mehrere Jahrzehnte alt. Immer wieder erwähnenswert ist schließlich das charmante Ambiente des Restaurants mit Blick auf den Innenhof, der an ein antikes Atrium erinnert.

BONN

Halbedels Gasthaus

Rheinallee 47, 53173 Bonn
T +49 (0) 228 3542 53
www.halbedels-gasthaus.de

- Irmgard & Rainer-Maria Halbedel
- Rainer-Maria Halbedel
- Irmgard Halbedel
- mittags, Mo, Feiertag ganztags

Menü 95 / 150 €
Vorspeise 30 / 45 €
Hauptgang 42 / 54 €

Mit dem Prädikat „Legende" sollte man bedacht und zurückhaltend umgehen, doch auf Rainer-Maria Halbedel trifft diese Beschreibung zu. Seit mehr als 55 Jahren steht der gebürtige Oldenburger am Herd und wird nicht müde, seine Gäste mit klassisch inspirierten Gerichten zu bekochen, gekonnt verfeinert mit Akzenten aus der urbanen Genusswelt. Alles natürlich aus besten Produkten, viele Viktualien, die Halbedel in der Küche verwendet, baut er auf seinem Bauernhof in der Eifel selbst an. Serviert und annonciert werden die anschaulich arrangierten Meisterwerke by himself sowie von seiner charmanten Frau Irmgard in geschmackvoll ausgestatteten Räumen einer 1914 erbauten Villa, die nahezu vollständig im Originalzustand erhalten ist. Zum gelungenen Auftakt gab es butterzarten, kurz abgeflämmten und anschließend 24 Stunden im Vakuum marinierten Isländischen Polar-Saibling, dazu eingelegte rote Kohlblätter mit Tapioka Kaviar und mit Saibling-Tatar gefülltes Karottenpapier. Unterlegt hatte Halbedel diese Vorspeise mit Chutney von grünem Apfel, begleitet von mit Yuzu-Saft und Ingwer abgeschmeckter Buttermilch. Eine spannende Aromen-Kombination, gespickt mit süß-sauren-feinscharfen Spielereien. Den bissfesten Hummer, mit feinsäuerlicher Amalfi-Zitrone geschmacklich dynamisiert, servierte Halbedel mit den alten Kartoffelsorten Blauer Schwede und Rote Emmalie aus seinem Garten. Wunderbar glasig auf der Haut gebraten war die schneeweiße Tranche Loup de mer, eine Offenbarung an dezent feinem Fischgeschmack, begleitet von etwas Sellerie, Schwarzwurzeln und Perigord-Trüffeln. Die Bühne des Hauptgangs gehörte ganz dem Black Angus Beef, das Halbedel im ersten Akt in einer intensiven Essenz und einem mit Tatar gefüllten Knusper-Ravioli präsentierte. Im zweiten Akt stand das perfekt saftig gebratene Filet im Mittelpunkt, bestens in Szene gesetzt von einer wunderbar tiefgründigen Sauce, die Halbedel aus dem Fond, rotem Portwein und altem Balsamico kocht, und anschließend mit Gänseleber aufmontiert. Großartig! Dazu setzte

er Kompott aus roten Schalotten und Spitzkohl. Vor dem süßen Finale werden ausgesuchte Rohmilchkäse vom Maître Antony angeboten, dann aber triumphiert die Patisserie mit einem Riegel Ashanti-Schokolade aus Ghana, Haselnuss und Himbeere. Dezent mit Ingwer aromatisiert waren die kleinen Meringues, während sich das Himbeer-Champagner-Sorbet erfolgreich erfrischend gegen die Schokoladen-Süße stemmte und für geschmackliche Balance sorgte. Ein perfekter Abschluss, die Legende lebt.

Redüttchen Weinbar & Restaurant Bonn

Kurfürstenallee 1, 53177 Bonn
T +49 (0) 228 6889 8840
www.reduettchen.de

Klaus W. Sasse
Matthias Pietsch
mittags, Mo, So, Feiertag ganztags
Menü 63 / 105 €
Vorspeise 18 / 27 €
Hauptgang 36 / 52 €

Lachs, Hummer, Steinbutt, Rinderfilet – im ehemaligen Gartenhäuschen der Godesberger Redoute kocht Matthias Pietsch eine auf klassischer Produktwahl aufsetzende, ambitionierte Küche, die von der gleichermaßen feinen und umfangreichen Weinauswahl von Patron Klaus W. Sasse perfekt ergänzt wird. Der Gruß aus der Küche – Steckrübe mit Ahornsirup und etwas viel Restbiss – gerät noch leicht suboptimal, das Brot vom jungen Bonner Ausnahmebäcker Max Kugel begeistert dafür um so mehr. Der folgende erste Gang – geflämmter Lachs mit Quitte, Karotte und Sesamchips – dann absolut tadellos. Der Aromenmix ist stimmig, die begleitende Apfelvinaigrette fein und samtig, die knusprigen Chips aus schwarzem und weißem Sesam setzen würzig-nussige Akzente. Hinter dem folgenden, als „French Toast" annoncierten Teller verbirgt sich ein Stückchen Brioche, dessen röstig-fluffige Balance von frisch säuerlichem Apfel-Lauch-Gemüse und fein gehobelten Wintertrüffel-Streifen begleitet wird. Einige buttergeröstete Brösel Panko verleihen zusätzliche Knusprigkeit. Balance und Spannung sind auch das Grundthema des folgenden Gangs. Glasierter Hummer und 36 Stunden Sous-vide gegarter Schweinebauch bilden dabei den Grundkontrast, Sauerkraut-Kaviar, Kartoffel (als Chip), Petersilienöl und etwas Feldsalat verbinden, harmonisieren und runden aromatisch ab. Als „Zwischenspiel" folgen dann Belugalinsen mit knusprigen Graupen und Zwiebelschaum. Zum zweiten Mal scheint uns allerdings das Konzept „al dente" etwas überambitioniert umgesetzt: diesmal bei den Linsen. Vielschichtigkeit mit einer kräftigen Portion Umami bestimmt dann das Wesen des Hauptgangs. Dem Rinderfilet steht ein süßlich feiner Topinamburschaum zur Seite, dem Fourme d'Ambert Würze und Statur gibt. Zu dekorativen Waben aufgeknusperte Rote Bete sorgt für erdige Aromen, behutsam gegarter Chicorée steuert dezente Bitterkeit bei, winterliche Intensität liefern ein paar Knospen Flower Sprout. Ein gleichermaßen komplexer wie gelungener Teller. Zum Abschluss gibt es dann ein von griechischem Joghurt bedecktes Nougateis mit Honigkaramell und Aniskresse sowie ein Zwetschgensud, dem Lorbeeröl einen spannenden Akzent verleiht. Lobende Erwähnung verdient schließlich auch die – bei den Weißweinen stark auf deutsche Positionen fokussierte, bei den Roten auch international breiter bestückte – Weinkarte, in der zu stöbern lohnt.

Strandhaus

Georgstraße 28, 53111 Bonn
T +49 (0) 228 3694 949
www.strandhaus-bonn.de

🔒 mittags, Mo, So ganztags
Menü 55 / 85 €
Vorspeise 16 / 24 €
Hauptgang 29 / 42 €

Das „Strandhaus" in der Bonner Altstadt steht seit 22 Jahren für freundliche Atmosphäre, frische Saisonküche mit Anspruch – und Kontinuität. Chefin am Herd ist seit jeher Astrid Kuth, sie verwöhnt ihre Gäste beispielsweise mit Kabeljaufilet mit Rübstiel, Kartoffel-Crustillant und Kräuterpesto oder Bäckchen vom Landschwein mit gebratenem Fenchel und Polenta. Die umfangreiche Weinkarte mit Schwerpunkt auf Deutschland und Europa bietet eine große Auswahl an Begleitern, darunter ein knappes Dutzend offene. Besonders schön sitzt man im Sommer auf der grün umrankten Terrasse.

Yunico

Am Bonner Bogen 1, 53227 Bonn
T +49 (0) 228 4334 5500
www.yunico-kameha.de

 Melanie Hetzel
Christian Sturm-Willms
🔒 mittags, Mo, So, Feiertag ganztags
Menü 89 / 159 €

Die japanische Variante des europäischen „Menu Surprise" heißt Omakase. Was wörtlich übersetzt so viel wie „Ich überlasse die Auswahl Ihnen" bedeutet. Im Bonner Kameha Grand, dessen Gourmet-Restaurant Yunico den Blick durchgängig in Richtung Fernost gerichtet hat, ist diese Taktik eine gute Idee. Wir geben also Küchenchef Christian Sturm-Wilms „Carte blanche" – und der dankt uns das Vertrauen mit einem feinen Menü. Zu Beginn grüßt die Küche eindringlich mit Heilbutt und dezent fermentiertem Kohl in Sojareduktion und Sesamöl, gefolgt von einer Praline vom Kobekalb, heller Sojasoße, dehydriertem Eigelb und Périgord-Trüffel. Ein aromatisch intensiver Auftakt und die programmatische Vorschau auf das Folgende zugleich. Der erste Gang kommt in Form von Sashimi – am Rand dezent angeflämmt – von der Gelbschwanzmakrele. Eine hochfeine Nocke Yuzusorbet, Saiblingskaviar und ein feinwürziger Sud mit Kräuteröl runden den Auftakt ab. Der zweite Gang – bei der Nippon-Orientierung des Yunico fast unvermeidlich: Sushi. Vor uns stehen Lachs, Saint-Jacques, Ebi/Garnele und O-Toro, allesamt von bemerkenswerter Produktqualität. Insbesondere die im Mund zartschmelzende Tranche vom fetten Bauchstück des Thunfischs begeistert uns. Der dritte Teller kombiniert dann die – mit US-Prime-Beef von Dan Morgan gefüllte – japanische Antwort auf die Maultasche, aka Gyuza, mit Blauflossenthun-Sashimi. Weiter treten auf: Frühlingszwiebeln, Bonitoflocken, Kombualge, Tempura-Crunch. Ein hochkomplexer, dabei fein ausbalancierter Teller, der von dezenten zitrischen Noten umspielt wird und dessen aromatisch verbindendes Element der geschmacksdichte, aus Thunkarkassen gezogene helle Fond bildet. Vielschichtig geht's auch beim Hauptgang weiter: im Zentrum feinstes schottisches Dry-aged-Lamm von Donald Russel. Steckrübe, Kartoffelbaumkuchen, gepickelter Blumenkohl, Shimeji-Pilze, Quittenchutney und Miso stehen ihm zur Seite. Neben der sensationellen Qualität des Lamms begeistert und vor allem die Teriyaki-BBQ-Jus mit ihrer intensiven Konzentration. Ein Limetten-Minz-Granité mit Rum-Espuma erfrischt dann für das Finale: Nashi-Birne mit Matcha-Eis auf einem leicht gelierten Spiegel von Sauerampfer. Ein harmonischer Aroma-Dreiklang aus süßer

Frucht, frischer Säure und Tiefe gebender Herbe. Wir lehnen uns zufrieden zurück und genießen zum abschließenden Tee die üppigen Amandises – die in ihrer Reichhaltigkeit es fast verdienten, als eigenständiger Gang geführt zu werden. Auch sie sind von japanischer Küchentradition inspiriert: Mochis, also auf einem Teig aus Klebreis basierende, aromatisierte kleine Küchlein. Lobende Erwähnung verdient schließlich auch das Angebot begleitender Getränke. Dabei ist es weniger die Weinauswahl (auch die ist aber ohne Fehl und Tadel), die unsere Neugierde weckt, als vielmehr die schöne Auswahl an Sake, die Melanie Hetzel für ihre Gäste bereithält. Ebenfalls vorbildlich innerhalb der sonst oft von mediokrer Beutelware dominierten kulinarischen Landschaft: die Tee-Auswahl.

BONNDORF IM SCHWARZWALD

Hotel Gasthof Sommerau

Die Sommerau ist eine Welt für sich. Das ehemalige Flösserhaus ist zwar 1988 abgebrannt, wurde aber in der Folge in historischer Bauweise neu errichtet. Eine leidlich instand gehaltene Straße führt in die verwunschene Schwarzwald-Idylle. Handyempfang fehlt, ebenso WLAN. Umso mehr fokussiert man auf die Küche der Familie Hegar, die uns noch ein Quäntchen mehr überzeugt als im Vorjahr. Das Menü ist ganz klassisch gedacht, vom Kalbsbries mit Pfifferlingen, Polenta und Salbei bis hin zum Filet vom Weiderind mit Trüffeljus, Gänseleber, Spinat und Kartoffelkrapfen. Besonders löblich ist dabei, dass man die Aromen nicht überzeichnet, sondern dezent sprechen lässt. Gut zu sehen ist dies nicht nur bei der Trüffeljus, sondern auch beim Vanilleeis – beides kommt völlig unforciert daher. Am Felsenoktopus gefallen uns die Spur Zitronenfrische, die fruchtigen Aromen von der Tomate und das knusprige Element, das die Chips einbringen. Gut getroffen ist der Käsegang aus Ziegenkäse und Nektarine mit seinem abgerundeten, eigenständigen und durchaus originellen Geschmacks- und Texturbild, ohne dass der Teller deswegen revolutionär wäre. Gut harmonieren auch die kräftigen Aromen von Schokoladenganache, Vanilleeis, Birnen, Haselnuss und Muscovado-Schaum beim Dessert. Viele Produkte stammen aus dem näheren oder mittleren Umkreis. Der Service profiliert sich mit Charme und ungezwungenem Humor. Über die Hälfte der Weinkarte ist in schöner Breite den deutschen Weinen gewidmet, besonders den badischen.

Sommerau 1,
79848 Bonndorf im Schwarzwald
T +49 (0) 7703 670
www.sommerau.de

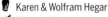

- Karen & Wolfram Hegar
- Karen & Wolfram Hegar
- Michael Umbenhauer
- Mo, Di ganztags

Menü 42 / 100 €
Vorspeise 7 / 24 €
Hauptgang 21 / 45 €

BOPPARD

Landgasthof Eiserner Ritter

Zur Peterskirche 10, 56154 Boppard
T +49 (0) 6742 93000
www.eiserner-ritter.de

Mo, Di, Do, Fr, Sa mittags, Mi ganztags
Menü 45 / 65 €
Vorspeise 8 / 18 €
Hauptgang 20 / 45 €

Das Obere Mittelrheintal ist wahrlich kein gastronomisches Dorado, die qualitative Entwicklung des hiesigen Weinbaus von pappsüßer Billigplörre für Rheinromantiker aus Rotterdam oder Nagasaki hat die regionale Gastronomie noch lange nicht vollzogen. Umso verdienstvoller, was Stefan Mayer hier in sechster Generation in Zusammenarbeit mit Küchenchef René Klütsch (geprägt u. a. im Schwarzen Adler in Oberbergen) auf die Beine stellt! Von der klaren Rinderbrühe mit zartem Eierstich von Hunsrücker Eiern über geschmorte Landschwein-Bäckchen in Spätburgunder bis zur Pâté von der Seibersbacher Gänseleber auf einer Physalismarmelade von Früchten dem Bopparder Hamm verrät Ambition und Können, was auf den Teller kommt. Die Weinkarte könnte noch ein bisschen mehr Tiefe und konzeptionelle Klarheit vertragen. Wir bleiben dran!

Le Chopin

Rheinallee 41, 56154 Boppard
T +49 (0) 6742 1020
www.bellevue-boppard.de

Sarah Hortian
Sebastian Messinger & Mihai Doru
Dana Doru
mittags, Mo, Di, Mi ganztags
Menü 68 / 98 €
Vorspeise 12 / 19 €
Hauptgang 28 / 38 €

Es ist nicht selbstverständlich, dass ein etabliertes Hotel sich und seinen Gästen ein Gourmetrestaurant gönnt – zusätzlich zum normalen Gastrobetrieb. Mit Blick auf den Rhein, voll von nostalgischem Charme; so ähnlich hat man wohl in den Fünfzigern und Sechzigern des letzten Jahrhunderts diniert. Erschwinglich ist es obendrein: Das viergängige regionale Menü zu 72 Euro ist verführerisch beschrieben, das Degustationsmenü (fünf Gänge zu 94 Euro) klingt ambitioniert. Extrem motiviert wirkt zudem der Service unter Leitung von Sarah Hortian, der sich nicht nur bei den Weinen der unmittelbaren Umgebung – der Mittelrhein ist stark vertreten – gut auskennt. Vorab gibt es beispielsweise ein sehr harmonisches

Maronensüppchen mit Trüffel-Schinken-Einlage, danach eine Art Törtchen aus Garnelen (Crevettes roses), Erbsen und Kalamansi. Das Beste, was man aus diesem nur mäßig spannenden Krustentier-Produkt machen kann, und nicht weniger als drei Hauben wert. Bei der Hummer-Bisque ist ein Teil der Einlage (geflämmter Kabeljau) leider arg salzig geraten. Das Duo von Jakobsmuschel und Pulpo mit seiner schaumigen Sauce bourride gelingt kraftvoll, die Tranche vom Hunsrücker Hirsch ist perfekt gegart; die Steckrüben bringen einen ordentlichen Schuss Rustikalität auf den Teller. Filigran fällt die Tarte-Tatin-Interpretation mit Äpfeln von der Streuobstwiese, Gewürzcreme und Sauerrahmeis aus: Die Patisserie hat es drauf. Unter dem Strich sind deutliche Trends zur dritten Toque erkennbar und ohne Zweifel kann Küchenchef Sebastian Messinger auf diesem Niveau kochen. Doch egal, ob zwei oder drei: Das Konzept stimmt, man fühlt sich wohl. Klare Empfehlung!

BORDELUM

Norditeran

Dorfstraße 12, 25852 Bordelum
T +49 (0) 4671 9436 733
www.norditeran.com

 mittags,
Mo, Di, Mi, Feiertag ganztags
Menü 65 / 120 €

Das nur wenige Kilometer von der nordfriesischen Nordseeküste entfernte Restaurant ist einerseits der mediterranen Küche zugewandt, daher der Name und Gerichte wie Garnelen mit Aioli oder Linguine in Trüffelrahm mit frischen Trüffeln und Parmesan sowie eine Pizza-Auswahl. Den größten Platz auf der Karte nehmen aber Burger ein, die es in neun Varianten gibt, auch einer vegetarischen. Durch den großzügigen Gastraum schwingt dezent jazzige Musik, an den Wänden hängen große Schwarz-Weiß-Fotos mit Motiven von der Küste.

Brandenburg an der Havel

BRANDENBURG AN DER HAVEL

Inspektorenhaus

Altstädtischer Markt 9,
14770 Brandenburg an der Havel
T +49 (0) 3381 3282 139
www.inspektorenhaus.de

🔒 Mi, Do, Fr, Sa mittags,
Mo, Di, So ganztags
Menü 37 / 55 €

In dem 1742 erbauten Fachwerkhaus residierte einst der Marktinspektor, heute empfängt Inhaber Benjamin Döbbel seine Gäste in gemütlichen Sitznischen. Gekocht wird ambitioniert, der Saison und guten Grundprodukten verpflichtet. Zur Wahl bei den Drei- oder Vier-Gänge-Menüs stehen zum Beispiel ein Onglet vom Bergsdorfer Wiesenrind mit Artischocke, Brombeere, Schalotte und Dijon-Senf oder Filet vom bretonischen Steinbutt mit Zucchini, Tomate, Linse, Gurkenrelish, Zitronenverbene und Eissalat. Im Sommer ist auch der kleine Hofgarten geöffnet.

BRAUNSCHWEIG

Das Alte Haus

Alte Knochenhauerstraße 11,
38100 Braunschweig
T +49 (0) 531 6180 100
www.altehaus.de

🍴 Bastian Schneegans &
Nico Spalding
👨‍🍳 Enrico Dunkel
🔒 mittags, Mo, So, Feiertag ganztags
Menü 100 / 124 €

An einer zentralen Kopfsteinpflaster-Seitenstraße liegen die Küche im historischen Gebäude – daher der Restaurantname – und der in der Zwangspause weiter gemütlich hergerichtete Gastraum mit mediterranen Böden, Mobiliar in Erdtönen und etwas unpassenden Holzimitat-Sets auf blanken Tischen im modernen Appendix. Weinflaschen deutscher Spitzenerzeuger sind nicht nur Dekoration, sondern statten die rein deutsche Karte, am besten beim Weißwein, mit fair kalkulierter Jahrgangstiefe aus. Alleinkoch Enrico Dunkel, hier bereits seit 2008 selbstständig, startete sein Menü nach Kalbstatar im Hörnchen mit BBQ-Creme und ausgebackener Praline vom Müritz-Saibling dann mit kurz scharf angebratenem Gelbflossen-Thun und subtil abgeschmecktem Tatar. Für ein schmissiges, doch harmonisches Aroma-Verständnis und präzise Texturen zwischen schmelzend und knackig frisch sprachen dabei Melonen- und Gurkenhalbkugeln, das Bändigen vorlauten Estragons als Creme und Öl und kühlendes, süß-herbes Eiskraut. Kräftiger, nicht minder exzellent lotete süßlich-sämige Bisque-artig konzentrierte, von Miso intensiv katapultierte Hummersuppe mit Hummer-Gyoza, Ingwer-Eierstich und knackig herben Kontrapunkten von Lotuswurzel und Pak Choi bei minimaler Frucht von grüner Papaya betörende Tiefenaromen aus. Auch die mediterrane Richtung wurde mit einem in Butter gebratenem Rochenstück, Olivenöl-Kaviar, mit Ratatouille-Andeutung gefüllter Paprika und leichter Beurre blanc mit Bravour eingeschlagen. Die Fleischgerichte schwächelten etwas im Vergleich zu diesem Furor, die französische Taube wegen zu viele Cremigkeit in der Begleitung und Lebernoten, wie sie beim Sous-vide-Garen entstehen, und die insgesamt gelungene Komplett-Deklination des Brandenburger Rehs (als gebratener Rücken, Filetspieß, Bratwurst, Bolognese auf Kloß) wegen schieren Umfangs und zu Säuerlichkeit extrahierter Sauce. Gut, dass hierauf ein erfrischendes Dessert aus gelbem Pfirsichmousse und -kompott, Basilikum-Limetten-Eis und Mandel folgte.

Monkey Rosé

Altstadtmarkt 2, 38100 Braunschweig
T +49 (0) 531 2879 3388
www.monkey-rose.de

mittags, Mo, So ganztags
Menü 31 / 79 €
Vorspeise 12 / 19 €
Hauptgang 18 / 33 €

Die Weinbrasserie im Herzen von Braunschweigs Altstadt mit ihren mehr als 100 fair kalkulierten Weinen aus aller Welt und einem guten Dutzend offener Weine kann sich auch beim Essensangebot sehen lassen. Als Vorspeise gibt es klassische Weinsnacks wie Antipasti oder Flammkuchen, aber auch Sashimi vom Stör der Mecklenburger „Müritzfischer" mit Kimchi und Miso. Bei den Hauptgerichten stehen Gerichte wie ein Maishähnchen-Burger, Kalbsravioli oder mediterraner Steinbeißer mit wildem Spargel und Safran zur Auswahl.

MONO

Papenstieg 4, 38100 Braunschweig
T +49 (0) 531 6149 1457
www.mono-restaurant.com

Mo, So, Feiertag ganztags

Der bekannte Berliner Gastronom The Duc Ngo (Funky Fisch, 893 Ryōtei, Madame Ngo), der das MONO in der Braunschweiger Altstadt mit Partnern betreibt, knüpft dort mühelos an das Niveau seiner übrigen Dependancen an. Von herzhaften Udon-Nudeln bis zum Sashimi, vom Salat über exzellente Nigiri-Sushi bis zu feinsten Teppanyaki-Gerichten: Ganz gleich, was der Gast sich zwischen die Stäbchen klemmt – es dürfte schwer sein, im Umland hochwertigeres Asia-Streetfood zu bekommen.

Zucker

Frankfurter Straße 2,
38122 Braunschweig
T +49 (0) 531 2819 80
www.zucker-restaurant.de

So ganztags
Menü 77 / 87 €
Vorspeise 14 / 22 €
Hauptgang 29 / 45 €

Helle Backsteinwände, große Fenster, stilvolles Licht und luftige Raumhöhe – das Restaurant in der ehemaligen Zuckerraffinerie ist schon vom Ambiente her ein besonderer, geradezu festlicher Ort. Und die Küche von Alexander Riehl entspricht diesem Niveau – von der geräucherten Taubenbrust mit Buchenpilzen, Roter Bete und Grießschnitte als Menü-Auftakt über Vorspeisen wie Ricotta-Kräuter-Cannelloni mit Minze, Erbse, Radieschen und Basilikum bis zum Loup de mer mit Artischocken, eingelegten Tomaten und kanarischen Kartoffeln.

BREMEN

Das Kleine Lokal

Besselstraße 40, 28203 Bremen
T +49 (0) 421 7949 084
www.das-kleine-lokal.de

mittags, Mo, So ganztags
Menü 62 / 88 €
Vorspeise 15 / 21 €
Hauptgang 32 / 38 €

Dezente Bluesmusik schwebt durch das mit schwarzen Tischen und roten Sitzmöbeln eingerichtete und leicht plüschig wirkende Souterrainrestaurant im charmanten Bremer Steintorviertel. Die Plätze auf der kleinen Terrasse zur ruhigen Besselstraße sind in der warmen Jahreszeit besonders beliebt. Die Küche präsentiert sich wechselhaft. Die exzellent zubereitete Rote Bete mit Roquefortcreme begleitet ein köstliches Lorbeereis, ein überraschendes Geschmackserlebnis. Bei dem mit Salzzitronencreme gefülltem Profiterolgebäck mit einigen kleinen Pfifferlingen passte dagegen geschmacklich wenig zusammen, auch wenn der grüne Spargel und die Süßkartoffelstreifen von bester Qualität waren. Bei dem recht stattlichen Preis hatten wir mehr erwartet. Ordentlich, aber nicht überragend, geriet der auf der Haut gebratene Kabeljau mit roter Zwiebel, wieder begleitet von kleinen Pfifferlingen. Die Ibérico-Bäckchen auf der Karte erwiesen sich nach einem Hinweis beim Bestellen als solide zubereitetes Stück vom Schweinebauch zu einer Portion gedünstetem Kohlrabi. Wunderbar und gelungen in der Kombination von süßen und herbsauren Noten zeigte sich dagegen der Pistazienbrownie zum Dessert, mit Rhabarbersorbet und gedünstetem Rhabarberabschnitt auf Schokoladenspiegel. Ungewöhnliche Weinkarte mit diversen eingeklebten Originaletiketten und rund 200 Positionen sowie acht offenen Weinen, freundlicher Service.

Due Fratelli

Hamburger Straße 32, 28205 Bremen
T +49 (0) 421 6735 2817
www.due-fratelli-bremen.de

mittags, Mo, Di ganztags
Menü 39 / 115 €
Vorspeise 10 / 20 €
Hauptgang 15 / 36 €

Im italienischen Eckrestaurant an der Hamburger Straße bestimmen Schwarz-Weiß-Fotos von Filmstars vergangener Zeiten und weiße Tischdecken das Ambiente, an den Außenplätzen genießt man Straßencafé-Flair. Die Pasta hier ist hausgemacht und wird in drei Größen angeboten, als Vorspeise, Haupt- oder Zwischengang. Auf der Karte finden sich überwiegend Klassiker wie Vitello tonnato, Spaghetti bolognese (mit 16 Stunden geschmortem Fleisch) oder Saltimbocca alla romana.

Markthalle Acht

Domshof 8–12, 28195 Bremen
T +49 (0) 421 9896 970
www.markthalleacht.de

Mo, So, Feiertag ganztags

Blickfang in dem überdachten Innenhof einer ehemaligen Bank ist eine denkmalgeschützte Imbissbude aus den Fünfzigerjahren. Darum herum hat sich eine bunte Mischung wechselnder Pop-up-Stände angesiedelt. Es gibt asiatische Straßenküche, traditionelle ukrainische Kost, mexikanische Burritos, spanische Tapas und eine italienische Aperitivo-Bar. Das zweite Standbein bilden regionale Spezialitäten, meist aus biologischem Anbau und nicht selten vegan. Donnerstags und freitags wird das Markttreiben von DJs und Bands musikalisch begleitet.

BREMERHAVEN

Natusch

Am Fischbahnhof 1,
27572 Bremerhaven
T +49 (0) 471 71021
www.natusch.de

🔒 Mo ganztags
Menü 48 / 58 €
Vorspeise 10 / 23 €
Hauptgang 23 / 37 €

Mitten im Fischereihafen von Bremerhaven führen in dritter Generation Kenneth Natusch-van Kesteren und seine Frau Tanja diese Institution für frische Fischküche. Was auf den Tisch kommt, wird frühmorgens in den Auktionshallen ersteigert. Das Spektrum der Gerichte, die in zwei Galerien (der eine rustikal, der andere feiner) serviert werden, reicht von Eismeer-Seewolf-Filet mit Bordelaise-Kruste aus dem Ofen über Kutter-Dorsch an Krustentiersauce bis zum leicht gegrillten Steak vom Gelbflossen-Thun in Sashimi-Qualität.

PIER 6

Barkhausenstraße 6,
27568 Bremerhaven
T +49 (0) 471 4836 4080
www.pier6.de

🔒 So ganztags
Menü 25 / 56 €
Vorspeise 9 / 18 €
Hauptgang 19 / 35 €

In hellem, frisch-modernem Ambiente und lockerer Atmosphäre speist man hier am Pier mit freiem Blick auf den Yachthafen. Naheliegend, dass man hier Fisch bestellt, zum Beispiel im Wurzelsud gedünstetes Kabeljaufilet oder Filet vom Adlerfisch mit Miesmuscheln, Gemüse-Rosette und Basilikumschaum. Auch bei Fleisch und Geflügel setzt man hier auf regionale Qualität, die sich in Gerichten wie einem Saltimbocca vom Freilandhähnchen mit Süßkartoffelstampf widerspiegelt. Umfangreiche Weinkarte, freundlicher Service.

Bremerhaven

BRETZFELD

Landhaus Rössle

Mainhardter Straße 26,
74626 Bretzfeld
T +49 (0) 7945 91110
www.roessle-brettach.de

- Inka Thomßen-Pils
- Bernd Pils
- Inka Thomßen-Pils
- Do, Fr, Sa mittags,
  Mo, Di, Feiertag ganztags

Menü 51 / 75 €
Vorspeise 12 / 20 €
Hauptgang 30 / 34 €

Zwischen Heilbronn und Schwäbisch Hall, wo Brettach, Rappersbach und Holderklinge idyllisch verlaufen, die Burg Marienfels über dem Tal thront und Bogenschützen im Wald auf Tierattrappen Pfeile schießen, liegt das Landhaus Rössle in einem veritablen Funkloch. In dieser atmosphärischen Abgeschiedenheit des Hohenloher Landes bietet Küchenchef Bernd Pils gemeinsam mit seiner Frau Inka Thomßen-Pils zuverlässig gehobene Regionalküche, basierend auf klassischen Techniken. Mit saisonalen Speisen erweitert, liefert die Karte zwar keine Überraschungen, aber Gerichte, die die Gäste kennen und schätzen. Und Pils' Handwerk ist routiniert und engagiert genug, um wiederholt Freude zu bereiten. Ein farblich knallig arrangierter Teller mit Lachstatar, Chips von blauen Kartoffeln und einer safrangefärbten Creme wird auch aromatisch belebt durch gesäuerte Schwarzwurzeln. Beide Beine auf dem Boden hat er mit einer klassischen Kraftbrühe mit gefüllten Flädlestücken, einen Fuß in Frankreich mit einem kross gebratenen und perfekt saftigen Loup de mer auf einem Bett aus Rahmlinsen. Ausgerechnet den heimischen feinen Spätzle fehlt ein wenig Würze als Begleitung zur rosa Rehkeule, die dafür tadellos gelingt. Quasi eine Zeitreise in die Vergangenheit, die hier vielleicht immer noch länger fortlebt, ist optisch der Dessertteller aus Glas mit je einer Nocke Mohnmousse und Vanilleeis. Das alles lässt sich genießen in einem aufgeräumten, eleganten Speisesaal oder im Sommer auf der zauberhaften Terrasse. Restaurantleiterin Thomßen-Pils dirigiert souverän ihre jungen Mitarbeiterinnen. Dass man allerdings akustisch stets ungewollter Zeuge aller Absprachen wird, nimmt etwas vom professionellen Auftritt.

BRILON

Almer Schlossmühle

Schloßstraße 13, 59929 Brilon
T +49 (0) 2964 9451 430
www.almer-schlossmuehle.de

- Mo, Di, Feiertag ganztags

Menü 37 / 72 €
Vorspeise 8 / 19 €
Hauptgang 16 / 38 €

Im urigen Ambiente einer 1870 erbauten Säge- und Getreidemühle setzt der aus Kärnten stammende Martin Steiner mit seiner österreichisch-sauerländischen Küche auf Beständigkeit: Wiener Backhendl, Westfälische Festtagssuppe, die Almer Bachforelle nach Müllerin Art oder der Kaiserschmarrn (ab zwei Personen) stehen seit Jahren auf der Karte. Ergänzt werden die Klassiker durch Sashimi von Lachs und Thunfisch oder Black-Angus-Burger, außerdem gibt es fair kalkulierte Überraschungsmenüs mit drei oder vier Gängen.

BÜHL

Gude Stub
Casa Antica

Dreherstraße 9, 77815 Bühl
T +49 (0) 7223 30606
www.gudestub-casa-antica.de

 Vincenza Ciaccio-Alesi
 Andrea Alesi
 Vincenza Ciaccio-Alesi
 Sa mittags, Di ganztags
Menü 52 / 72 €
Vorspeise 7 / 23 €
Hauptgang 16 / 35 €

Interessant bis leicht skurril der Name – und das Interieur nicht minder, jedenfalls für ein authentisches italienisches Ristorante: niedrige hölzerne Stuben, Kachelofen, knarzende Dielen. Erstbesucher erwarten hier mutmaßlich eher Schorle und Schäufele statt Burrata und Barbaresco. Erfreulicher wie ungewöhnlicher Weise beschränkt sich die badisch-italienische Fusion unter der Regie von Vincenza und Andrea Alesi – sie im Saal, er am Herd – jedoch nun schon im 16. Jahr konsequent aufs Interieur, kulinarisch werden (so gut wie) keine Kompromisse gemacht. Hier nimmt man die Vermittlung der echten italienischen Küche ernst – und genau das rechtfertigt unsere hohe Bewertung. Der Anspruch wird unmittelbar deutlich, wenn das gute hausgebackene Sauerteigbrot auf den Tisch kommt, dazu selbst importiertes Olivenöl aus der sizilianischen Heimat. Und erst recht, wenn der Chef seinen ganzen Stolz, die Salumi, aufträgt: blütenweißen Lardo, mürbe Coppa, würzige Wildsalami, nussigen Guanciale … Herrliche Delikatessen – hausgemacht! Anschließend ein kleines, saftiges Trüffelomelett (selbstverständlich ohne jedes frevelhafte Trüffelöl), ein paar aromatische Blutorangen mit milden roten Zwiebeln und Alici oder eine „Capunatina" (Kapern, Auberginen, Oliven, Sellerie, Tomaten). Wenig überraschend nach diesem furiosen Einstieg, dass hier auch die Pasta nicht aus der Packung kommt und weit über das hinausragt, was hierzulande üblicherweise serviert wird, bei unserem jüngsten Besuch beispielsweise Ravioli alle castagne mit hausgemachtem Ricotta und Rosmarin sowie Pappardelle mit Artischocken, Bohnen und Fenchel – ein wunderbarer Abstecher in die Cucina povera. Bemerkenswert der zurückhaltende Salzeinsatz, der sich durchs Menü zieht und an dem man authentisch italienische Küche zuverlässig erkennt. Im Hauptgang locken rare Klassiker, Kalbsnieren in gekochtem Most etwa, oder Porchetta alla romana, Bollito misto. Wir entschieden uns für perfekt gegarte, aromatische Trippa alla romana – tomatisierte Kutteln mit Pecorino – und verabschiedeten uns nach einem Orangensorbet und einem exzellenten Espresso mit Mandelkeksen einmal mehr glücklich und dankbar für diese italienische Botschaft auf badischem Boden.

BURG

Speisenkammer

Waldschlösschenstraße 48,
03096 Burg
T +49 (0) 3560 3750 087
www.speisenkammer-burg.de

Di, Mi, Do, Fr, Sa mittags,
Mo, So ganztags
Menü 79 / 89 €

In dem an einem Spreekanal gelegenen Restaurant setzt Marco Giedow als Alleinkoch auf Top-Produkte und traditionelle Methoden wie Räuchern, Einwecken, Salzen und Säuern. Sein Menü beginnt stets mit vielen Kleinigkeiten zum Teilen, danach folgen beispielsweise ein Eintopf von Krustentier und Meeresfisch, weiter geht es mit einem Schulterstück vom Ibérico-Schwein mit Sherrysauce, bevor am Ende zwischen Süßem oder Käse gewählt werden darf. Möglich ist auch, eine rein vegetarische Variante zu bekommen.

BURGHAUSEN

Restaurant 271 NEU

Mautnerstraße 271,
84489 Burghausen
T +49 (0) 8677 9179 949
www.restaurant271.de

Di, Mi, Do mittags,
Mo, So, Feiertag ganztags

Manches im Leben erschließt sich auf den zweiten Blick. Wie der Charme Burghausens nach Passieren von Chemieindustriearealen erst in der pittoresken Altstadt unterhalb der weltlängsten Burganlage. Anderes hingegen sofort: Die Stadt an der Salzach, der Grenze zu Österreich, hat neben dem renommierten Jazzfestival nun ein weiteres Highlight, ein Restaurant, das im Gegensatz zum lokalen Viertligisten Wacker Burghausen erstklassig ist. Inhaber-Küchenchef Dominik Lobentanzer ist, nach Stationen im Ikarus im Hangar 7, im Einsunternull in Berlin, als Küchenchef neben Andreas Döllerer, heimgekehrt. Klarheit bestimmt vier hübsche Gästezimmer, nordisch-bayerisches Interieur mit Eiche und Design-Pendelleuchten hinter historischer Fassade sowie Speise- und Weinkarte, letztere mit Deutschland, Österreich und Slowenien interessant bestückt und noch ausbaufähig. Es herrscht wollüstiger Purismus auf individuellen Tellern einer österreichischen Keramikerin, denn für seine natürliche Regionalküche braucht Lobentanzer keine weitgereisten Luxus-Ingredienzien. Nach köstlichem Sauerteigbrot mit Grammelschmalz geriet milder, ofengarter Kürbisblock mit gepickelten, fein gewürzten Kürbisstücken, roher Zucchini, Kürbiskernen, Feta und Leinsamenchip zur Delikatesse. Danach blieben zwei Fisch-Vorspeisen in natürlicher Einfassung – salzig-säuerlich gegrillter Stör mit Pak Choi, Umeboshi, Ochsenknochenmark-Espuma; laktisch geflämmte Forelle, geklärter Joghurt, Rettich, Radieschen, Kräuter – leicht, dabei geschmacksintensiv nah an besten Hauptzutaten. Sanft gegarte Kräutersaitlinge mit eingelegten Fichtenwipfel, gerösteten Pinienkernen und -creme und grenzgenialer Gemüsejus wären bereits ein grandioser Veggie-Gang gewesen, hätte nicht hauchfeingeschnittener, sensationell guter Lardo für noch mehr Freude gesorgt. Auch die Fleischgerichte überzeugten, zum Kalbsfilet gab es intensive, mit Mark angereicherte Sauce bordelaise, knackige Leber, Apfelmus und fluffigen Quarkknödel, zart-aromatischer Schweinebach auf Kartoffelpüree erfreute sich knuspriger Fettauflage. Dem standen die Desserts, Quitten-Sauerrahm-Mousse mit würzigem Süßkartoffeleis und Grießflammeri mit erfrischendem Birnensorbet, gebrannter weißer Schokolade und Verbenepulver, in nichts nach. Eine Entdeckung!

BÜRGSTADT

Restaurant Stern

Hauptstraße 23–25,
63927 Bürgstadt
T +49 (0) 9371 40350
www.hotel-weinhaus-stern.de

 mittags, Di, Feiertag ganztags
Vorspeise 5 / 15 €
Hauptgang 12 / 17 €

In dem blumengeschmückten Fachwerkhaus wird in gemütlichen Stuben eine gehoben bodenständige Küche serviert, zum Beispiel der regionale Klassiker „Fränkisches Hochzeitsessen" (gesottener Rindertafelspitz mit Meerrettichsoße), in Spätburgunder geschmorte Wildhasenkeule oder eine halbe Bauernente mit Wirsing in Rahm und hausgemachten Kartoffelklößen. Die Küche arbeitet mit hochwertigen Grundprodukten wie etwa Schweinefleisch vom Schwäbisch-Hällischen, den Käse liefert Affineur Volker Waltmann. Im Sommer lockt die lauschige, von Weinreben umrankte Gartenterrasse.

BURGWEDEL

Gasthaus Lege

Engenser Straße 2, 30938 Burgwedel
T +49 (0) 5139 8233
www.gasthaus-lege.de

Hinrich & Claudia Schulze
Hinrich Schulze
Mi, Do, Fr, Sa mittags,
Mo, Di ganztags
Menü 49 / 95 €
Vorspeise 18 / 22 €
Hauptgang 27 / 36 €

Hofladen, Milchtankstelle und der Angelpark Thönse – schnell wird es nur ein Stückweit von Hannover ländlich, mit Wäldern und Feldern. Auf einmal ist Gasthauskultur wie ansonsten nur im Süddeutschen selbstverständlich zu spüren. Der Holzboden, die weißen Wände, die knorrigen Balken an der Decke, es gibt einen Kachelofen. Gediegen, gepflegt, zugleich schick und gemütlich wie im Wohnzimmer sitzt es sich bei Claudia und Hinrich Schulze. Dieses Setting untermalte treffend sanft gegarte Entenrolle aus Fleischstücken und Farce in Gemüse-Spinat-Ummantelung, wozu es als Kontrast herben, wie Rotkohl marinierten Radicchio und feinsäuerliche Heidelbeeren (halbierte, getrocknete, zur Sauce verarbeitete) gab. In ebenfalls bester verfeinerter Gutbürgerlichkeit kam heiße Rehessenz mit Pistazienflädle und Gemüse-Julienne – so einfach kann es sein, einfach gut und zugunsten puren Wildgeschmacks nicht überkonzentriert. Danach geriet die Menüfolge, es gibt auch eine vegetarische Variante, ins Wanken. Eingeritzte, sehr knusprig gebratene Wolfsbarschtranche lag auf recht salzigen Lauchstreifen und der texturell hervorragende Kartoffelflan schien nicht nur von Sommertrüffelscheiben, sondern auch von Trüffelbutter oder -öl aromatisiert. Man erinnere sich noch an „Kerners Köche", wenn einer der kochenden Protagonisten des Kaisers neue Kleider erfand, indem er Hermelin durch Tierdarm ersetzt und mit irgendeiner Farce gefüllt hatte. Hier war es Garnelen-„Brät", das eine Weißwurst sein sollte und als zwei Scheibchen nicht konnte, zu der es generisch schmeckenden süßen Senf und durchs starke Erhitzen recht aromafreie Gurken gab. Besser, aber auch öde durch fehlende Ausdrucksstärke des Fleisches, eines medium gegarten Rinderfilets, und durch die unauffällige Sauce – gute Rübchen und Stielmusartiges Grün konnten es nicht herausreißen –, geriet der Hauptgang. Da freuten wir uns am Ende über die Wiederaufnahme des guten Erzählfadens bei geschmorten Pfirsich mit Estragon-Mandel-Eis und Baiser-Krönung.

BÜSUM

Restaurant Schnüsch NEU

Am Museumshafen 11, 25761 Büsum
T +49 (0) 4834 9842 436
www.hotel-lighthouse.de/gastro/schnuesch

- Fynn Ole Lühr
- Florian Prelog
- Fynn Ole Lühr
- mittags,
  Mo, Di, Mi, So, Feiertag ganztags

Menü 135 / 195 €

Überdimensionale Porträts regionaler Produzenten, bepflanzte Decken-Glaskugeln, Spotlights auf blanke Tische, grüne Samtsitzbänke – stylish ist das dunkel gehaltene Restaurant mit Meerblick im 2019 eröffneten Lighthouse Hotel & Spa am Museumshafen im beschaulichen Büsum. Küchenchef Florian Prelog war vor längerer Zeit Johann Lafers Souschef, führte ein eigenes Restaurant in Texas und verfügt über Erfahrung und wohldosierten Ehrgeiz, um an wenigen Öffnungstagen – donnerstags vier Gänge, freitags, samstags sechs zum durchaus ambitionierten Preis – mit nordischem Kolorit unterhaltsam und stringent zu kochen. Da überraschte nach drei sorgfältig gearbeiteten Kleinigkeiten ein noch besseres Amuse-Gueule aus geräucherter Entenbrustscheibe und Entenrilette-Praline mit knackig-süffigem Rotkohl mit Zimt und Preiselbeeren. Alles andere als „Windstille" bot Tatar vom regionalen Wagyu, das eine dünne Rinderconsommé-Geleescheibe bedeckte. Mit Roter Bete (gepickelt, gegart, als Tatar) und Haselnüssen und Haselnussöl entstand eine ausgewogene, natürliche Feinaromatik, wobei nichts versucht wurde, was gespreizt hätte wirken können. Als sehr starker Veggie-Gang entpuppten sich die behutsam zubereiteten Herbstgemüse Knollenziest, Schwarzwurzel und Topinambur; deren Schmeichelei mit confiertem Eigelb, Weißer Trüffel, Trüffeljus und Schaum aus Sylter Meersalzkäse vom norddeutschen Affineur Kober durch knackige Puntarelle-Spitzen grünlich herb kontrastiert wurde. Danach folgte kein kreativer Quantensprung, doch ein stimmiges Wildgericht austro-nordischer Fusion. Angebratenen Rehrücken hatte die Küche im Kräutermantel exakt pochiert und kombinierte dazu Rehragout, Tiroler Speckscheibe, Topfenknödel, Sanddorn und jahreszeitlichen Rosenkohl, der allein durchs Feinschneiden und Wiederzusammensetzen natürliche Abwechslung erhielt. Weil das Dessert, Baba au rhum, mit Orangensorbet, Nougat und Amaretto-Orange-Sud gelang und die kleine Europa-Weinkarte Bekanntes und Entdeckenswertes zu durchaus charmanten Preise bietet – willkommen im Gault&Millau!

BUXTEHUDE

Rittmeyers Restaurant No4

Harburger Straße 47–51,
21614 Buxtehude
T +49 (0) 4161 7488 936
www.hotel-navigare.com

Jens Rittmeyer
mittags, Mo, Di, Mi, Do, So, Feiertag ganztags
Menü 119 / 119 €

Jens Rittmeyer ist nach längerer Pause wieder da. Nicht mehr im Souterrain des Navigare Hotels, sondern etwas versteckt in der Vorstandskantine der NSB Niederelbe Schiffahrtsgesellschaft in Buxtehude. Eine Speisekarte gibt es nicht, stattdessen ein Überraschungsmenü, das den bis zu zwei Dutzend Gästen am Freitag- und Samstagabend im puristisch in Schwarz-, Weiß- und Anthrazittönen designten Speiseraum mit Getränkebegleitung serviert wird. Die Grüße aus der Küche kommen auf mehreren Tellerchen im Tapas-Stil daher: Gelbe Bete mit Rote-Bete-Hummus, bei dem heimische Haselnüsse die Kichererbsen mit harmonischem Geschmack mehr als ersetzen. Die Salami aus der Hamburger Wild-Manufaktur Susanne Klindworth und das von einigen Blätter Lakritz-Tagetes getoppte Lachstatar in Koriandersauce bildeten dazu mit scharfem Rettich und einigen herben weißen Johannisbeeren spannende geschmackliche Beziehungen. Geradezu vollmundig geriet dagegen der hocharomatische Blumenkohl nach zwei Stunden im Backofen, regelmäßig gewendet, reichlich mit Butter beträufelt, mit einem Zweig Bronzefenchel gekrönt und von einer säuerlich frischen Verjus-Apfelcider-Sauce umrandet. Der Abschnitt vom geräucherten, in der Elbreuse gefangenen Aal geriet mit den in der Pfanne geschmorten Pfifferlingen aus der Lüneburger Heide zur Delikatesse. Einige Schnippelbohnen dazu fühlten sich in einer Sauce vom Lauchsud mit Holunderblütenessig und einigen Blättern vom jungen Baumspinat wohl. Eine kräftige Scheibe Brot vom Brot-Café Heyderich aus Stade wurde mit einer wunderbaren Pilz-Beurre-blanc und zwei weiteren Saucen aus dem Onlineshop von Jens Rittmeyer zu einem eigenen Gang aufgewertet. Zum Dessert erneut Aromenkontraste mit besten Erdbeeren zu einer zartfrischen Verveinecreme, Rhabarberkaramell und Holunderblüteneis, dekoriert mit Buchweizen-Crumble. Souveräner Service und Weinberatung.

CELLE

Esszimmer

Hostmannstraße 37, 29221 Celle
T +49 (0) 5141 9777 536
www.dasesszimmer-celle.de

Mi, Do, Fr, Sa mittags,
Mo, Di ganztags
Menü 39 / 49 €

Gastgeber Patrick Berger und Küchenchef David Hoven bieten in dem schönen Fachwerkhaus mit Sommerterrasse eine moderne, ambitionierte und nie langweilige Küche, denn Hoven mag ausgefallener Kombinationen. Der norwegische Lachs kommt mit Gewürz-Limonen-Schaum, Pilzrisotto, Herbst-Pflaumen und Cerealien-Topping, die rosa Flugentenbrust mit Lavendeljus, Karottenaromen und Esskastanie, die confierten Schweinebäckchen mit Rieslingsauce, Pfeffer-Quitte, Rotkrautpüree, Buchweizen und Kerbel. Der Esszimmer-Dessertklassiker ist die Creme brûlée mit Sorbet der Saison.

Köllners Landhaus

Im Dorfe 1, 29223 Celle
T +49 (0) 5141 9519 50
www.koellners-landhaus.de

 Mi, Do, Fr mittags,
So, Feiertag abends,
Mo, Di ganztags

Menü 37 / 75 €
Vorspeise 9 / 17 €
Hauptgang 18 / 37 €

Das Romantikhotel steht seit Generationen für festliche Tafeln, hier werden viele Geburtstage und andere Anlässe gefeiert. In dem im Grünen gelegenen Fachwerkhaus lohnt sich aber jederzeit ein Besuch, denn die Küche beherrscht den Spagat zwischen Bodenständigkeit und weltoffener Moderne. So finden sich auf der Karte Königsberger Klopse mit Kartoffelpüree und Rote-Bete-Salat genauso wie Kabeljau mit Sojasud, grünem Spargel und Basmatireis. Gastfreundlich flexibel: Das Dutzend offene Weine gibt es von 0,1 bis 0,5 Liter …

Taverna & Trattoria Palio

Hannoversche Straße 55/56,
29221 Celle
T +49 (0) 5141 2010
www.fuerstenhof-celle.com

 Kilian Skalet
Holger Lutz
Mi, Do mittags, Mo, Di ganztags

„Genießen Sie die variationsreiche Küche der italienischen Cucina casalinga sowie regelmäßig wechselnde Spezialitäten aus den verschiedenen Regionen Italiens", ist auf der Internetseite der Taverna & Trattoria Palio im Althoff-Hotel Fürstenhof zu lesen. Unterschreiben würden wir diese Selbstauskunft nicht. Auch wenn sich auf dem Menü allerhand Gerichte unter den Einteilungen wie „Antipasti", „Risotto" oder „Pasta" finden, kann das, was Küchenchef Holger Lutz auf die Teller bringt, eher als kreative, französische Küche mit italienischen Produkten bezeichnet werden. Unser Menü beginnt mit einer Variation von vier kleinen Häppchen, von denen vor allem das Jakobmuscheltatar mit Artischocke und grünem Apfel besonders Appetit macht. Zentrum des ersten Gangs bildet ein großes Stück festfleischiger, mit Jus glasierter Rauchaal auf Esskastanienpüree, der sich wunderbar mit geschmorten Zwiebeln, gebackenen Würfeln vom Kalbskopf oder zweierlei Chicorée (gegrillt und als „Lasagne" mit Crème fraîche) kombinieren lässt. Nicht hausgemacht, wie manch andere Nudelarten des Hauses, sind die Conchiglie, gefüllt mit – wie könnte es anders sein – allerhand Seafood (Venus- und Miesmuscheln, Garnelen, Tintenfisch) dazu knackiger grüner Spargel, wilder Brokkoli, alles eingefasst durch eine wunderbar schaumige und safransatte Fischsauce, die dankbar von den geriffelten, muschelförmigen Nudeln aufgesogen wird. Gut ist auch der Rehrücken (der aufgrund seiner kräftigen Fleischfaser auch Hirsch sein könnte), dazu arrangiert Lutz luftiges Haselnussgebäck, eine etwas körnige „Rehbolognese" in einem Mangoldblatt oder Rote-Bete-Creme. Auch beim Dessert zeigt sich der Küchenstil, ein Hauptprodukt in Szene zu setzen, in diesem Fall eine stichfeste Giandujacreme, umspielt mit Orangensauce, Kumquat, Petersilieneis oder karamellisierter Senfsaat. Nein, italienisch wollen wir die Speisen nicht unbedingt nennen, aber köstlich.

 **STAY & DINE**

Althoff Hotel Fürstenhof Celle
★★★★★

Hannoversche Straße 55/56,
29221 Celle
T +49 (0) 5141 2010
**www.althoffcollection.com/de/
althoff-hotel-fuerstenhof-celle**

Willkommen in einem der schönsten Hotels im Norden in der mittelalterlichen Residenzstadt Celle, am Tor zur Lüneburger Heide. Als Barockpalais um 1680 erbaut, ist das Althoff Hotel Fürstenhof Celle heute ein Ort von Tradition und privater Gastfreundschaft mit einzigartigem Ambiente. Die große Kastanie vor dem Palais ist das Herzstück unseres großzügigen Anwesens und vermittelt Gästen ein Gefühl des Heimkommens.

CHEMNITZ

max louis

Schönherrstraße 8, 09113 Chemnitz
T +49 (0) 371 4640 2433
www.max-louis.de

 mittags, So, Feiertag ganztags
Vorspeise 8 / 11 €
Hauptgang 19 / 38 €

Das lässig gestaltete Restaurant befindet sich in der Schönherr-Fabrik, einem ausgebauten Industriedenkmal. Das junge Team um Markus Arnold bringt internationale Erfahrung ein und setzt bei den Zutaten gleichzeitig gern auf Regionalität. Vorspeisen wie krosser Schweinebauch mit Kürbis „Eis & Heiß", Quittenchutney und Senfkräutern erwarten einen hier – oder Hauptgerichte wie Brust vom Schwarzfederhuhn mit Zitronenjus, wildem Brokkoli, gerösteter Mandelcreme und Shiitake. Blickfänge sind nicht nur die ungewöhnlich komponierten Teller, sondern auch die offene Küche und der Grill. Günstiger Mittagstisch.

CLAUSTHAL-ZELLERFELD

Villa Esche

Parkstraße 58, 09120 Chemnitz
T +49 (0) 371 2361 363
www.restaurant-villaesche.de

Di, Mi, Do, Feiertag abends,
Mo, So ganztags
Menü 55 / 75 €
Vorspeise 8 / 24 €
Hauptgang 18 / 35 €

Das Restaurant gehört zur Begegnungsstätte für Wirtschaft, Kunst und Kultur. In der schön renovierten Remise der noblen Jugendstilvilla, 1902 vom belgischen Künstler Henry van de Velde für die befreundete Unternehmerfamilie Esche erbaut, bietet ein junges Küchenteam mittags zum Beispiel ein Schnitzel vom Landschwein mit gebackenem Kürbis oder Schmorzucchini mit Berglinsen-Bolognese an, abends könnte Schweinebauch aus dem Smoker auf der Karte stehen oder Kabeljau mit Venusmuscheln und Safranbutter.

CLAUSTHAL-ZELLERFELD

Restaurant Ratsstube

Bohlweg 37,
38709 Clausthal-Zellerfeld
T +49 (0) 5323 6261
www.hotel-rathaus-wildemann.de

Mo mittags, Do ganztags
Vorspeise 9 / 18 €
Hauptgang 20 / 39 €

Die Ratsstuben-Küchenchefs Sven Vondran und Mathias Geinitz verwenden ausschließlich Produkte von Erzeugern der Region, kochen ambitioniert und geben ihren Kreationen ausgefallene Namen. Die saisonalen Blattsalate werden als „Gewächshaus-Massaker" offeriert, das Edelwallerfilet unter Briochekruste mit Babysenfkohl, Gerstenrisotto und Zitronenkarottenteefond kommt als „Bartträger/innen" daher, rosa gebratenes Mufflon ist ein „Sturkopf". Auch bei Bier, Wein und Bränden findet sich vor allem Regionales. Freundlicher Service, ob im gemütlichen Gastraum oder auf der Sommerterrasse.

CUXHAVEN

Sterneck

Cuxhavener Straße 86,
27476 Cuxhaven
T +49 (0) 4721 4340
**www.badhotel-sternhagen.de/
restaurants/sterneck.html**

- Anika Nührenberg
- Marc Rennhack
- Anika Nührenberg
- Do, Fr, Sa, Feiertag mittags, Mo, Di, Mi ganztags

Menü 85 / 180 €

Panoramablick aus den Fenstern der Beletage des Traditionshotels direkt an der Promenade von Cuxhaven-Duhnen. Je nach Tageszeit erstrecken sich jenseits der Dünen und des breiten Sandstrandes die Nordsee bis zum Horizont oder das trockengefallene Wattenmeer. Der Gruß aus der Küche lenkt des Fokus zurück in das gediegen konventionell eingerichtete Restaurant Sterneck. Er kommt in dreierlei Form, als Barbecue-Salat mit Tomaten, als Spargelwürfel und Grapefruit im Glas mit einer Haube aus Parmesanschaum und als Miniportion eines wunderbar austarierten Rindertatars im Knuspermantel daher. Ungewöhnlich in seiner aromatischen Spannweite von scharf bis süß geriet der zweite Gruß: eine aromatische Tomatengazpacho, dazu ein gerösteter Brotchip, Abschnitte vom grünen Spargel, Avocado, Melone und Radieschenschaum. Das mit Melonenschaum getoppte Kräutersüppchen im hohen Porzellanbecher könnte auf den ersten Blick auch als Cappuccino durchgehen. Doch Thymian, Basilikum und Rosmarin, die mit der asiatischen Zitrusfrucht Yuzu und pürierter Wassermelone eine aromatische Verbindung eingehen, belehren schnell eines Besseren. Wunderbar zart gerieten die Tranchen von der französischen Challans-Ente zu einer fruchtig kräftigen Dörrkirsch-Misosauce, die aromatischen Mini-Pfifferlinge, Okra und Rettichröllchen begleiteten. Wie bei den Grüßen aus der Küche war Chefkoch Marc Rennhack auch beim Dessert ein Gang nicht genug. Zu einem Berliner-Weiße-Sorbet in weißem Schokomantel, Himbeeren und einem sehr milden Rhabarberkompott gesellte sich mit einer Schoko-Sinfonie aus blattförmigem Schokogitter, einem Mousse-Brownie, einer Scheibe Erdbeerschokolade, die nur bis zum ersten Biss einer Salamischeibe ähnelte, sowie einer Mousse aus weißer Schokolade ein süßer Kontrapunkt. Üblicherweise werden zwei Menüs mit bis zu sieben Gängen angeboten, eines davon vegetarisch. Aufmerksamer, zugewandter und kenntnisreicher Service. Imposantes Weinangebot mit 15.000 Flaschen im Weinkeller unter der Sanddüne.

Cuxhaven

DARMSTADT

OX NEU

Mauerstraße 6, 64289 Darmstadt
T +49 (0) 6151 9615 333
www.ox-restaurant.de

 Norman Rink
 David Rink
🔒 mittags,
   Mo, Di, So, Feiertag ganztags
Menü 100 / 190 €

Kulinarisch besonders hervorgetan hat sich Darmstadt in den letzten Jahren nicht. Die Brüder David und Norman Rink haben das jetzt geändert und betreiben im Martinsviertel ein Restaurant, in dem Casual Fine Dining im schlichten Ambiente angesagt ist. Die Gäste sollen nur mit dem beeindruckt werden, was auf dem Teller ist. Dazu gehört auch, dass Norman Rink, der für den Service zuständig ist, und sein Team jedes Gericht bis ins kleinste Detail erklären. Am Ende wird fast länger geredet als gegessen und man hat das Gefühl, auf eine Prüfung vorbereitet zu werden. Doch Probieren geht bekanntlich über Studieren und wir bekamen erstklassigen Färöer Lachs, gebeizt mit geröstetem Koriandersalz, mit gehobeltem steirischem Kren verfeinert und serviert mit Frisée-salat, grüner Papaya, frischem Wasabi und einem Schuss Korianderöl. Ein gelungener Balanceakt zwischen Meeresfrische und asiatischer Schärfe. Dagegen wirkte die Sauce zum Kaninchen aus dem Burgund etwas fad und ließ aromatischen Tiefgang vermissen. Besser wieder der Fisch. Doch fast wäre der in Butter gegarte Skrei, garniert mit Albino-Kaviar und Petersilien-Crumble, wegen des langen Annoncierens auch als kühler Winter-Kabeljau durchgegangen, was angesichts der tadellosen Qualität des glasig gebratenen Fisches schade gewesen wäre. Was sich auf der Karte wie ein unspektakuläres vegetarisches Eintopfgericht las, entpuppte sich als köstliches Arrangement von cremigem Kartoffelpüree, Spinat, Schwarzwurzeln, die für erdige Noten sorgten, Onsen-Ei und großzügig gehobelter Périgord-Trüffel als Krönung. Auch das Bresse-Perlhuhn von Miéral, begleitet von Pastinakenpüree und einer intensiven Sauce Albuféra, setzte dank der Périgord-Trüffel nochmal zum geschmacklichen Höhenflug an. Und die Patisserie, kann die das noch toppen? Schwerlich, aber die Valencia-Mandarine in Eisform, dazu Schokolade und Rum, machten am Gaumen klar, dass Darmstadt kulinarisch jetzt in der ersten Liga spielt. Wir sind gespannt auf die nächste Saison.

Darmstadt

DARSCHEID

Kucher's Gourmet Restaurant

Karl-Kaufmann-Straße 2,
54552 Darscheid
T +49 (0) 6592 629
www.kucherslandhotel.de

- Familie Kucher & Stefanie Becker
- Florian Kucher
- Martin Kucher
- mittags,
  Mo, Di, So, Feiertag ganztags

Menü 84 / 119 €
Vorspeise 28 / 32 €
Hauptgang 38 / 46 €

Küchenchef Florian Kucher setzt im elterlichen Betrieb Kucher's Genuss- & Businesshotel, den er zusammen mit Schwester Stefanie Becker führt, auf Menü-Zweigleisigkeit mit À-la-carte-Wahlmöglichkeiten daraus, nennt das eine „Klassik" und überschreibt das zweite mit „Modern Art". Dass letzteres keine Androhung von wilden Tellermalereien und verkopfter Kreativ-Avantgarde ist, beruhigt im Vorfeld wissentlich der Stationen des 32-Jährigen bei Jörg Müller, Hans-Stefan Steinheuer und Thomas Schanz, klärt sich aber auch vor Ort am Tisch zügig. So verliert Makrele mit Kumquat durch Pumpernickel und Grünkohl nicht die Bodenhaftung oder verlässt Taube mit Schwarzwurzel, Cranberrys und Kaffee nicht Wohlgeschmack-Gefilde. Kräftig angebratene, wunderbar rosafarbene Koteletts aus dem Lammkarree erfreuen sich schlüssig spanisch-mexikanischer Begleitung von würziger Chorizo und angedeuteten Tortillas. Zu dieser modern-traditionellen Küche mit Aromenwucht, für die schon mal ganze Tiere mit den Auszubildenden zerlegt werden und die die aufgehübschte legere „Weinwirtschaft" mitversorgen, gibt es neben dem familiären, professionellen Service einen weiteren Grund zur Reise in die Vulkaneifel. Anstelle der neuen Sauna „Eifelblick" mit Dachterrasse bringen uns kühlere Räumlichkeiten in Wallung. Anstelle uns auszuziehen, steigen wir hinab, so wie wir sind, und werden vielleicht nicht gesund, dafür vinophil beglückt. Allein die reinen Fakten im begehbaren Kreuzgewölbe-Weinkeller, das Vater Martin Kucher betreut, sorgen für Vorfreude: Mehr als 1.600 Positionen lagern hier als etwa 25.000 Flaschen, freundlich kalkuliert, mit vielen Moselweinen und gereiften Raritäten.

DEGGENHAUSERTAL

Mohren

Kirchgasse 1, 88693 Deggenhausertal
T +49 (0) 7555 9300
www.mohren.bio

- Mi, Do, Fr mittags,
  Mo, Di ganztags

Menü 35 / 55 €
Vorspeise 8 / 14 €
Hauptgang 18 / 35 €

Der Mohren im Deggenhausertal zelebriert schwäbische Wirtshauskultur auf konsequent ökologische Art: Zu 100 Prozent zertifiziert, kommt hier nur auf den Tisch, was auf dem eigenen Bioland-Hof oder von Öko-Bauern und -Züchtern der Umgebung produziert wurde: Fischsüpple mit Forellen- und Bachsaiblingfilet mit Wurzelgemüsen im Fenchel-Safran-Sud mit hausgemachtem Pesto, 18 Stunden lang geschmorter Rinderbraten mit kräftiger Jus, Ragout von Edelpilzen mit hausgemachten Spätzle. Dank des angeschlossenen Bio-Hotels kann man hier nicht nur einen Tisch, sondern auch ein Zimmer reservieren.

DEIDESHEIM

1718

Ketschauerhofstraße 1,
67146 Deidesheim
T +49 (0) 6326 70000
www.ketschauer-hof.com

🔒 Mo ganztags
Menü 44 / 69 €
Vorspeise 9 / 18 €
Hauptgang 16 / 32 €

Austern, Gänsestopfleber-Terrine, Bouillabaisse – im hübschen Bistro gleich gegenüber dem L. A. Jordan im hochherrschaftlichen Ketschauer Hof werden in lockerer Atmosphäre vornehmlich französische Klassiker aufgetischt. Die Küche ist produktorientiert und ambitioniert, ob bei Brust und Keule von der Oldenburger Gans oder Ausflügen ins Asiatische wie dem weißen Stör mit Kürbis, Shiitake, Miso und Passionsfrucht. An warmen Tagen lockt die idyllische Terrasse und hier in Deidesheim sollte man sich selbstverständlich auch den Weinen widmen.

fumi Deidesheim

Im Kathrinenbild 1,
67146 Deidesheim
T +49 (0) 6326 7001 210
www.josef-biffar.de

🔒 Mi, Do, Fr mittags,
    Mo, Di ganztags
Menü 75 / 87 €
Vorspeise 18 / 18 €
Hauptgang 28 / 28 €

Die Winzerin Fumiko Tokuoka (Weingut Biffar) kombiniert in einer ehemaligen Lagerhalle die biodynamisch ausgebauten Weine des Hauses mit traditioneller japanischer Küche von Ryota Terashima. Etwa beim fein abgestimmten „Fünferlei" zu Beginn – vom Entenbraten mit Kizami-Wasabi über Heilbutt bis zur Aubergine mit Moromi-Miso. Auch bei Hauptgerichten und Desserts zeigt Terashima mit knusprig gegrilltem Forellenfilet auf Ingwer-Dashi-Essenz oder fluffigem japanischem Käsekuchen mit Himbeersauce, Matcha-Eis und gebrannten Mandeln, dass sie mehr kann als Sushi und Sashimi.

L. A. Jordan

Ketschauerhofstraße 1,
67146 Deidesheim
T +49 (0) 6326 70000
www.ketschauer-hof.com

- Maria Friedrich
- Daniel Schimkowitsch
- Jan Steltner
- mittags, Mo, So, Feiertag ganztags

Menü 85 / 190 €

Selbst schuld, dass wir uns zu alkoholfreiem „Sekt" haben überreden lassen! Uns trieb die Neugier zu einem „Zero Secco" des Reichsrats von Buhl. Ohne Worte. Wir schoben das Glas weit von uns und wendeten uns der Küche zu, in der Daniel Schimkowitsch sich von zeitgeistigen Geschmacklosigkeiten so fernhält wie von unausgereiften Innovationen. Seine französisch orientierte, asiatisch akzentuierte Kochkunst gefiel uns zuletzt besser denn je, schon der Einstieg in den Abend geriet zu einer eindrucksvollen Demonstration handwerklich ausgereifter, ausdrucksstarker Spitzenküche – klar und von vergleichsweise reduziertem Mitteleinsatz. Eine kleine cremige Vichyssoise nebst einer Tartelette von Bottarga-gewürzter Burrata und Kaviar vom Skrei, eine knusprig-schmelzige Croquette von der Thunfischbacke mit einem Tupfen Black-Bean-Mayonnaise und Pomelo, rohe Jakobsmuschel unter feingeschnittener Gurke mit frischem Wasabi und Shoyu. Wunderbar! Dieselbe Klarheit und geschmackliche Prägnanz beim ersten Gang, der erstklassigen Kaviar (Kaluga) so perfekt einfasste, wie man es ganz selten erlebt: als üppige Nocke im Zentrum, darunter ein cremig-zartes Eigelb (in Butter gegart), umgossen von einem leicht gelierten Fond von angebratenen Sardinen, Kapern, Mirin und Chardonnay-Essig; als Kontrast gepickelte Scheibchen von der Mairübe sowie eine samtige Blumenkohlcreme. Die mineralisch-nussige Eleganz des Rogens, die Umami-Tiefe des Sudes, die feine Frucht und Säure sowie der Biss der Rübchen, der Schmelz des Eidotters wie des Blumenkohls … Altmeisterlich! Und es wurde nicht schwächer: nicht beim folgenden hochfeinen Wagyu-Tatar mit karamellisierten Schalotten und Röstzwiebeln und Passe Pierre auf mariniertem Kopfsalat mit einer duftig-aufgeschäumten Tom Kha Gai; nicht beim gereiften, pochierten Kinmedai (Glänzender Schleimkopf) unter einem hauchzarten, feinsäuerlichen Tomatensalat in einer cremigen Kombu-Sabayone; nicht beim Kaisergranat in Referenzqualität, in japanischer Kartoffelstärke frittiert, mit Chinakohl in scharfer chinesischer Mala-Sauce und einer Mirin-Beurre-blanc oder beim über Binchotan gegrillten Seeteufel aus Noirmoutier in einem transparenten, ingwerfrischen Sud mit Brunnenkresse … Durch die Bank Produkte von herausragender Güte, perfekt geschmackstark mit wenigen souveränen, klaren Pinselstrichen in Szene gesetzt. Im Hauptgang schließlich eine naturbelassene Brusttranche vom Poulet d'Amboise, darüber eine dünne, rohe Scheibe Gänseleber mit Schnittlauch, fermentiertem Pfeffer und krossem Speck sowie an der Seite ein kleines Graupenrisotto von der geschmorten Keule mit Estragon und Gewürzsenf, ein Miso-Brokkoli-Püree, weißer Pfefferschaum und eine Jus mit Rivesaltes. An dieser Stelle stand das Ergebnis der aktuellen Testsaison schon fest: zwingende Aufwertung. Eine Entscheidung, die das super zarte, hocharomatische, leichte Dessert („Kyutai"/„Kugeln") nur noch festigte: eine halbflüssige Kugel aus „Original Beans Piura Porcelana"-Schokolade, Schweizer Biskuit, eingelegten Kirschen, Kirschblütengel, Stickstoffperlen aus Kirsche und Nougat … Glückwunsch zur vierten Haube!

Schwarzer Hahn

Am Marktplatz 1, 67146 Deidesheim
T +49 (0) 6326 96870
www.deidesheimerhof.de

- Pia Anna Claßen & Andreas Weber
- Stefan Neugebauer & Felix Jarzina
- Andreas Weber
- Mi, Do, Fr, Sa, So mittags, Mo, Di ganztags

Menü 95 / 164 €
Vorspeise 26 / 40 €
Hauptgang 36 / 69 €

Felix Jarzina hat uns bei unseren aktuellen Besuchen zunächst begeistert – und dann doch deutlich enttäuscht, insbesondere beim „kleinen, feinen Weinfest", das der Schwarze Hahn sommers im Gartenpavillon veranstaltet. Der Auftakt stimmte auf Hochgenuss ein: In eisgefüllten Holzkisten und Champagnerkühlern wurde ein wahrer Viktualienmarkt an Amuse-Bouches serviert – von klassischem Rindertatar mit Wachtelei über eine Sardinenbüchse mit liebevoll abgestimmter Paprikamousse, Schafskäse und Krebsfleisch und Quittenpralinen im Pistazienmantel, einer mächtigen Schale Garnelen auf Koriander-Zitrus-marinierten Melonen bis hin zu Thunfisch-Tataki und Vichyssoise mit gebeiztem Lachs und Kaviar. Separat serviert dazu ein hauchdünner Flammkuchen, fulminant mit Speck, Foie gras und Trüffel belegt. Wunderbar! Dann jedoch folgte mit dem mächtigen Saumagen ein Deidesheimer-Hof-Klassiker, der an dieser Stelle wie eine ungelenke Wiederholung des Dreiklangs von Schweinefleisch, Foie gras und Trüffel aus dem letzten Gang wirkte – nur eben auf Erbsen-Mousseline statt auf Teig. Es half auch nicht, dass das Gericht vom überforderten Servicepersonal auf Event-Gastro-Niveau in die noch nicht abgeräumten Vorspeisen serviert wurde. Schade. Das Medaillon vom Weiderind kam im würzigen Sud mit glasierten Artischocken und Risotto tadellos und unaufgeregt auf den Tisch – erstaunlich nur, dass die Beilagen zur alternativ angebotenen Steinbutt-Tranche exakt identisch ausfielen. Eine üppige, massig-harte Eisdielenportion getrüffelten Spaghettieises beendete das Menü – und ließ uns als langjährige Deidesheimer-Hof-Freunde übersättigt und etwas ratlos zurück. Dass das Team auch anders kann, beweist es eher im regulären Kellergewölbe-Betrieb, wenngleich auch hier der bretonische Hummer Romanoff mehr als Sauce mit Fleischbeigabe als vice versa an den Tisch kam und die Karte insgesamt neue Impulse vermissen ließ. Wir hoffen zuversichtlich, dass der Hahn in Post-Corona-Zeiten wieder zu seiner Klasse – und auch zu einem besseren Preis-Leistungs-Verhältnis – zurückfindet.

Sushi B.

Weinstraße 18, 67146 Deidesheim
T +49 (0) 6326 7000 77
www.sushi-b.de

- Mo, Di, Mi, Do, Fr mittags, Sa, Feiertag ganztags

Menü 42 / 79 €
Vorspeise 6 / 18 €
Hauptgang 6 / 22 €

Ob Riesling mit seiner charakteristischen Säure der ideale Begleiter zur japanischen Küche ist oder nicht (gereift, mit zarter Restsüße – entspricht den schärferen fernöstlichen Traditionen weit mehr), darüber könnte man diskutieren. Sicher ist: Angesichts all der Leberwurst- und Saumagenseligkeit entlang der pfälzischen Weinstraße füllt dieses Restaurant des Weinguts Reichsrat von Buhl eine Lücke! Es muss also vielen Ansprüchen genügen und das tut es auch mittels tadellosem Wolfsbarsch-Ceviche, scharfem Kimchi, krosser Garnelen-Tempura, California-Maki und Mochi-Eiscreme. Purismus geht anders, aber der hat in der barocken Pfalz auch nichts verloren!

DELBRÜCK

Das Essperiment

Schöninger Straße 74, 33129 Delbrück
T +49 (0) 5250 9956 377
www.restaurant-essperiment.de

🔒 Do, Fr, Sa mittags,
   Mo, Di, Mi, Feiertag ganztags
Menü 37 / 115 €
Vorspeise 8 / 19 €
Hauptgang 24 / 32 €

Im 1500-Seelen-Ort Schöning, allerdings nicht weit entfernt von Bielefeld, Paderborn und Gütersloh, liegt das Restaurant von Björn Bitzer und seiner Lebensgefährtin Sandra Heunemann. Modern und aromenreich sind die Gerichte in diesem schlichten Bistrorant. Es gibt Rote-Bete-Risotto mit Jakobsmuschel, Safran und Wildbrokkoli, Maultasche vom Hirsch mit Cranberry, Petersilienwurzel und Haselnuss oder geschmortes Milchkalbsbäckchen mit Wintertrüffel, Schwarzwurzel, Rosmarin und Möhrchen. Die Weinkarte bietet neben Europa auch Neue Welt, der Service ist aufmerksam und liebenswürdig.

DENZLINGEN

Rebstock-Stube

Hauptstraße 74, 79211 Denzlingen
T +49 (0) 7666 9009 90
www.rebstock-stube.de

🍽 Adolf & Axel Frey
🍷 Adolf & Axel Frey
🔪 Fabian Kopf
🔒 mittags, Mo, So, Feiertag ganztags
Menü 32 / 85 €
Vorspeise 16 / 26 €
Hauptgang 24 / 46 €

Ein Traditionshaus, bei dem wir immer schon im Auto wissen, was wir gleich genießen werden. Das heißt: gerne genießen würden, denn natürlich führen uns Neugier und Chronistenpflicht dazu, Novitäten zu ordern. Ein bisschen schwer fällt uns das schon, angesichts herrlicher Klassiker wie dem Kalbskopf-Salat „Rebstock-Stube", den Froschschenkeln „Provençales", der bretonischen Seezunge mit Tomaten-Kapern-Schmelze und natürlich dem Lachssoufflé „Auberge de l'Ill", das man jenseits des Rheines auch nicht viel besser bekommt. Jüngst entschieden wir uns im blühenden Garten unter vielen – werbungsfreien! – Schirmen zu einem Kompromiss aus Klassikern und neuen Kreationen. Wunderbar die klare, safranduftige Fischsuppe „nach Art der Bouillabaisse" mit üppiger Einlage (Pulpo, Bouchot-Muscheln, Steinbutt, Hummer), ausgezeichnet die gratinierten Hechtklößchen mit Blattspinat, schulbuchmäßig die zarten, gerösteten Kalbsnierle mit Trauben-Senf-Jus von seidiger Intensität und feiner Säure nebst knusprigem Rösti. Ein bisschen zu süß geraten war die ansonsten prächtige – feste, optimal aromatisierte – Gänseleberterrine mit Brioche durch ein zu großzügiges Pfirsich-Umfeld: Gel, Gelee, Eis, marinierte Kugeln ... Und ein bisschen Purismus hätte der gut gebratenen Tranche vom bretonischen Steinbutt unter einer (mit Farce fixierten) Auflage von Steinpilzen ebenso gutgetan wie zuvor einem Tatar vom Rinderfilet, mild aromatisiert u. a. mit Pinienkernen, Kapern, Limettenschale, nebst zarter Hummerauflage, einer spendablen Nocke Imperial-Kaviar, Rouille, Krustentiergelee, Artischocken, Zucchini, Pfifferlingen und winzigen Tomaten ... Alles von schöner Produktqualität, sensibel behandelt, aber doch eben ein bisschen viel. Dass die Rebstock-Stube Gas gibt, ambitioniert aufkocht, das spüren wir deutlich und das freut uns sehr – ist dies doch eine der Adressen, bei der ein Generationenwechsel harmonisch gelingen kann. Manches würden wir uns gerade darum noch ein wenig reduzierter, klarer, fokussierter wünschen. Die geeiste Mousse von Yunor-Schokolade mit eingelegten Pfirsichen, Pfirsicheis und Florentiner zeigte zum Abschluss unseres jüngsten Besuchs in ihrer aromatischen Klarheit, elegant-ausgereiften Anrichteweise und erfrischenden Süffigkeit den Weg.

DERMBACH

BjoernsOx

Bahnhofstraße 2, 36466 Dermbach
T +49 (0) 36964 8692 30
www.rhoener-botschaft.de

  Michelle Bremer & Bjoern Leist
Bjoern Leist
Michelle Bremer
mittags,
Mo, Di, So, Feiertag ganztags
Menü 139 / 139 €

Oft spielt das „Würstchen im Schlafrock" in unseren Berichten keine Rolle, vermutlich bislang nie. Bjoern Leist serviert es knusprig und saftig als einen Teil seiner „Neiseleien – Rhöner hour d'œuvre" [sic!], neben einer grandiosen Rolle Leberwurst in knuspriger Dunkelschokolade. Wir sitzen in der Fachwerkstube des einstigen Sächsischen Hofs, der im Zuge der gelungenen Renovierung in SaxenHof umfirmiert wurde. Das BjoernsOx ist Leists Spielwiese. Fünf Tische, ein Menü, dessen Gerichte vorher nicht verraten werden, und Beginn ist 18:30. Vegetarier – gar Veganer – weist Leist auf der Homepage darauf hin, dass es sich im Ox vor allem um Fleisch dreht. „Spielregeln" nennt Leist das und es liefert gute Gründe, ihnen zu folgen. Leist dekliniert in den acht Gängen thüringische Spezialitäten durch – ein einziger davon ohne Fleisch: Variationen der SaxenHof-Forelle. Danach – ran an Speck, Knochen und Muskelfasern. Der Flurgönder ist als Schwartenmagen eine Spezialität des Fuldaer Landes, die üblicherweise mit Bandnudeln zu Christi Himmelfahrt und Fronleichnam zubereitet wird. Leist sticht zwei rund Sterne aus Nudelteig, platziert die Wurst als Basis, ergänzt sie mit Schmand und Kopfsalat und lässt den Service den getrockneten Schwartenmagen auf geflämmte, leider dennoch kühle Scheiben Jakobsmuscheln hobeln. So holt er das Gericht aus seiner schieren Rustikalität und verleiht ihm geradezu Leichtigkeit. Ein vortrefflicher Kloß mit Soß, die sich beim Anschneiden aus dem Inneren ergießt, veredelt er mit Trüffeln, was überraschend gut funktioniert. Dass Rindfleisch im Zentrum von Leists Aufmerksamkeit steht, belegt das per Hand geschnittene Tatar. Es wird zudem mit einer vorbildlich kräftigen Brühe angegossen im Gang „RWOX LeistStyle". Es folgt das „Best of Rhöner Milchkalb" als Schnitzelchen, geschmorte Schulter und Filet. Allein, Nose to Tail als Vorbild bedeutet für uns mehr als den gekonnten Umgang mit typischen Fleischzutaten. Kalbskopf, Zunge, gar Innereien meidet das Menü, wagemutig ist wenig an den stets wohlschmeckenden Gängen und tiefgründigen Saucen. Ausgerechnet die zwei Desserts sind es, die offenbaren, dass Leist noch konsequenter regionale Zutaten und Traditionen zeitgemäß aufbereiten kann. Die Panna cotta vermählt er mit Honig, Lavendel und Ziegenfrischkäse im Dessert „HochrhönWiese" und vollends begeistert er mit „MiraculOX". Es ist ein dezent süßer Gang, in dem die Pflanze Mädesüß – Weidetiere meiden sie - mit Rahm und Sonnenblumenkernen zum Tragen kommt. Kurios, aber zu diesem Zeitpunkt auch noch überraschend, verabschiedet Leist seine Gäste mit einer dreistöckigen Etagere, wo Schokokekse wie Blutwurststücke aussehen, Rinderschinken süßlich und knusprig ausgelassen wurde und ungesalzene Speckgrammeln überraschen. Buchen Sie ein Zimmer in dem charmanten Hotel, wo der Gast kaum noch die Schultern zuckt, angesichts des Umstands, dass einer der WLAN-Hotspots „wurstwasser" heißt.

DERNBACH

Schneider

Hauptstraße 88, 76857 Dernbach
T +49 (0) 63 4583 48
www.schneider-dernbachtal.de

Mi, Do mittags, Mo, Di ganztags
Menü 60 / 75 €
Vorspeise 8 / 21 €
Hauptgang 26 / 38 €

Auf 137 Jahre Familientradition können die Schneiders in ihrem hübschen Fachwerk-Gasthaus zurückblicken. Küchenchef Stefan Püngeler kocht ambitioniert, ohne die Klassiker zu verbannen oder sonntägliche Ausflügler zu verprellen. So gibt es weiterhin die Hausspezialität Gänseleberterrine und das bewährte argentinische Rumpsteak, aber eben auch – als Teil des „Feinschmecker-Menüs" – gebratenen Heilbutt mit Spargelrisotto oder Kalbsfilet mit Zwiebelfrittata. Die Weinkarte: ein Who's who des Pfälzer Weinbaus.

DESSAU-ROSSLAU

Alte Schäferei – „Pächterhaus"

Kirchstraße 1, 06846 Dessau-Roßlau
T +49 (0) 340 2172 7809
www.pächterhaus-dessau.de

Di mittags, So abends,
Mo ganztags
Menü 38 / 60 €
Vorspeise 9 / 18 €
Hauptgang 19 / 45 €

Das hübsche Pächterhaus mit seinem Fachwerk von 1743 ist das älteste Gebäude im Stadtteil Dessau-Ziebigk. In den drei Gaststuben mit insgesamt 60 Plätzen lässt Küchenchef Gerald Schulze ambitionierte und verlässlich wohlschmeckende Gerichte servieren – zum Beispiel Loup de mer mit Paprika, Fregola sarda und Mandel oder Filet vom Duroc-Schwein mit Spitzkohl-Senf, geräucherten Kartoffeln und Blutwurst. Die Weinkarte ist überschaubar, aber gastfreundlich kalkuliert. Im Sommer sitzt man im Garten unter Weinreben.

DETMOLD

Jan Diekjobst Restaurant NEU

Lange Straße 19, 32756 Detmold
T +49 (0) 5231 9809 90
www.jandiekjobst.de

- Jan Diekjobst
- Jan Diekjobst
- Stefano Lidonnici
- Di, Mi, Fr mittags,
  Mo, So, Feiertag ganztags

Menü 79 / 115 €
Vorspeise 18 / 22 €
Hauptgang 30 / 38 €

Jan Diekjobst übernahm 2019, nachdem er Postenchef bei Thomas Martin, Dieter Koschina, Christian Bau und Kevin Fehling war, seinen einstigen Ausbildungsbetrieb Detmolder Hof inmitten des hübschen Fachwerk-Ortskerns seiner Heimatstadt. Anfang 2020 eröffnete er im Traditionsbetrieb das Casual-Restaurant mit hoher historischer Holzdecke und moderner, dunkler Bistro-Einrichtung. Ein zeitgemäßer Spagat auch bei der Küche, die versucht, Gutbürgerlichkeit und Gourmetanspruch mit Gerichten zwischen Regionalität und globalen Einflüssen in kräftiger Aromatik und sättigenden Portionen zu vereinen. Gefällig trafen angebratene Thunfisch-Scheiben sowie -Tatar im Shiso-Blatt populär asiatisch auf Wakame-Salat, Kewpie-Mayo-Tupfer, Avocadocreme, Wasabisorbet und einen Sud, der geschmacklich an rosa Sushi-Ingwer erinnerte. Regionales Herbstgemüse, vor allem Rote Bete und Möhre, lag gegart, getrocknet oder gepickelt auf Hüttenkäse – der Süßegrad hatte gerade mit Haselnusseis Dessertcharakter. Als voluminös, dafür durch mehr Säure als Gegenpol zu Rote-Bete-Süße ausgewogener, erwiesen sich Weißweinsauce und Beurre rouge zu drei kleinen, kräftig, doch glasig gebratenen Jakobsmuscheln. Schön aromatisiert und gekräutert gelang Eifel-Lamm mit etwas groben Beilagen aus Artischocke, Zucchini, Paprika, getrocknetem Tomatenconfit und Kartoffelgratin. Nach weniger expressivem Kabeljau mit Schnittlauch-Beurre-blanc zeigte das Küchenteam in der teiloffenen Küche, dass es auch saisonale Klassiker draufhat. Zu herrlich zarter, wunderbar saftig-aromatischer halber Bauernente gab es zum Nachlegen reichlich Rotkohl, Klöße und feine Sauce. Falls danach noch Lust und Platz für Dessert bestehen sollte, geht es mit Schokolade, Whiskey, Apfel und Karamell oder Marone, Marzipan, Kirsch und brauner Butter erneut gehaltvoll zu. Das Lunchangebot fällt einfacher, rustikaler und preisgünstiger aus. Nachholbedarf besteht bei der rudimentären Weinkarte und beim freundlichen, doch leicht unkoordinierten Service.

Detmold

DETTELBACH

Himmelstoss

Bamberger Straße 3,
97337 Dettelbach
T +49 (0) 9324 4776
www.restaurant-himmelstoss.de

🔒 Di, Mi ganztags
Menü 41 / 62 €

Ob bei Wild, Schwein, Rind oder Fisch – hier achtet man auf artgerechte Aufzucht und kennt alle Lieferanten persönlich. Hinter schmuckem Fachwerk wird feine fränkischen Küche serviert, etwa Filet vom Strohschwein mit Bohnen, Paprika und Kartoffeln oder Lachsforellenfilet mit Mangold und Wassermelone. Der Käse kommt vom Meister-Affineur Waltmann. Hausherr Roman Krückel ist ausgebildeter Sommelier und versammelt in seinem Keller das Beste aus Franken und Deutschland sowie auch ein paar internationale Weine.

DIEBLICH

Landhaus Halferschenke

Hauptstraße 63, 56332 Dieblich
T +49 (0) 2607 7499 154
www.halferschenke-dieblich.de

📧 Carina Schmah
🍷 Christoph Schmah
🔪 Carina Schmah
🔒 Mo, Do, Fr, Sa, Feiertag mittags,
Di, Mi ganztags
Menü 29 / 99 €
Vorspeise 9 / 28 €
Hauptgang 18 / 42 €

Acht Jahre stand das schöne Steinhaus aus dem Jahr 1832 an der Mosel leer, 2020 wagten Carina und Christoph Schmah den Sprung in die Selbstständigkeit in denkbar schwierigen Umständen – und wurden für ihren Mut belohnt. Innerhalb weniger Monate hat sich ihr so unprätentiöser wie ambitionierter Landgasthof zu einem der lohnendsten kulinarischen Ziele der (kulinarisch wahrlich nicht reich gesegneten) Region entwickelt und viele Stammgäste gewonnen. Wo andere Gastronomen hingebungsvoll zu spärlichen Öffnungszeiten am eigenen Ego werkeln, richtet sich Christoph Schmah konsequent an den Wünschen seiner Gäste aus und serviert an

fünf Tagen in der Woche – und sonntags durchgehend – gastfreundlich kalkulierte Klassiker vom Rinderfilet-Tatar über das Wiener Schnitzel mit Kartoffel-Gurken-Salat bis zum Bœuf bourguignon vom Ochsenbäckchen. Ebenfalls im Angebot: schulbuchmäßiges Gänseleberparfait mit Aprikosenkompott und Brioche, Austern auf Eis oder Hummerschaumsuppe. Ausgezeichnet in der aktuellen Testsaison eine angenehm dekorationsfreie provenzalische Fischsuppe: klar und leicht, von frischer Tomatensäure geprägt und mit einer Safran-Aioli angereichert, darin blättrige Stücke von der Dorade und knackige Scampi. Ebenfalls ausgezeichnet – und eine echte Rarität in der Gegend: eine saftige Seezunge, punktgenau an der Gräte gebraten und begleitet von brauner Kapernbutter, einer (vielleicht etwas salzigen) Champagner-Beurre-blanc, Spinat und Kartoffelpüree. Klare Linie auch beim abschließenden Schokoladenkuchen „medium rare" in einer Portionsgröße, die andernorts drei Gäste glücklich machen würde: perfekter Schmelz, ein wunderbares Schokoladenaroma, rahmiges Vanilleeis und ein fruchtiges Ananas-Rum-Ragout. Dass uns dazu ausgerechnet ein Port empfohlen wurde (alternativ ein Banyuls oder was von Kracher) geht im Auslese-Paradies Mosel natürlich gar nicht. Und auch sonst würden wir uns eine sukzessive Ausweitung der Weinkarte wünschen – die Küche hätte es verdient.

DIERHAGEN

Ostseelounge

Bewertung ausgesetzt

Ernst-Moritz-Arndt-Straße 6,
18347 Dierhagen
T +49 (0) 38226 520
**www.strandhotel-fischland.de/
mit-allen-sinnen-geniessen**

Seit 2011 stand Pierre Nippkow in der Ostseelounge am Herd, nun verließ er das Restaurant und wechselte in den elterlichen Betrieb nach Graal-Müritz. Die Küchenübergabe an die neue Doppelspitze aus André Beiersdorff und Matthias Stolze kam kurz vor Redaktionsschluss – wir sind gespannt, was uns künftig erwartet, und setzen die Bewertung einstweilen aus.

- Vanessa Riedemann
- André Beiersdorff & Matthias Stolze
- Vanessa Riedemann
- mittags, Mo, So ganztags

Menü 124 / 175 €

DIESSEN AM AMMERSEE

Seehaus

Seeweg Süd 22,
86911 Dießen am Ammersee
T +49 (0) 8807 7300
www.seehaus.de

🔒 Mo, Di ganztags
Menü 37 / 79 €
Vorspeise 6 / 18 €
Hauptgang 19 / 38 €

Eigentlich lohnt sich der Besuch schon wegen des Ausblicks, vor allem im Sommer auf der direkt am See gelegenen Terrasse: Schilf, Segelboote und in der Ferne die Kirchturmspitze des Klosters Andechs, bei klarem weißblauem Himmel zeigen sich sogar die Alpengipfel des Werdenfelser Landes. Die saisonal orientierte Küche arbeitet mit regionalen Frischeprodukten, etwa Ammersee-Fisch oder Uttinger Lamm, serviert Gerichte wie Pfifferlings-risotto, gebratene Kabeljau-Loins oder Steak vom Hirschrücken. Zuvorkommender Service.

DIETERODE

St. Georges

Dorfstraße 16a, 37318 Dieterode
T +49 (0) 36082 42128
www.st-georges-online.de

🔒 Fr, Sa mittags,
   Mo, Di, Mi, Do, Feiertag ganztags
Menü 58 / 145 €
Vorspeise 18 / 28 €
Hauptgang 26 / 64 €

Ob in den heimeligen Galerie mit Blick in die Natur des Eichsfelds – in diesem liebevoll sanierten Renaissance-Fachwerkhaus fühlt man sich augenblicklich wohl. Hausherr und Koch-Autodidakt Dr. Werner Freund hat hier seinen Traum von einem kleinen, feinen französischen Restaurant verwirklicht – mit baskischer Fischsuppe, Blätterteig mit getrüffelter Gänseleber nach Elsässer Art, Perlhuhnbrust in Morchelrahm oder Rehmedaillons mit Pfifferlingen. Praktisch nach einem langen Abend: Gegenüber vom Restaurant kann man in charmanten Gästezimmern übernachten.

DIETRAMSZELL

Moarwirt

Sonnenlängstraße 26,
83623 Dietramszell
T +49 (0) 8027 1008
www.moarwirt.de

🔒 Mo, Di, Mi ganztags
Menü 40 / 55 €
Vorspeise 7 / 16 €
Hauptgang 18 / 28 €

Das Bio-Landhotel Moarwirt bietet nicht nur frisch renovierte Zimmer und Produkte aus eigener Landwirtschaft, sondern auch eine gemütliche Gaststube mit Biergarten, von dem man einen Panoramablick aufs Tölzer Hügelland genießt. Auf der Karte finden sich lauter köstliche Schmankerl aus ökologisch und in Einklang mit der Natur erzeugten Zutaten, präsentiert in eigenwillig-humorvoller Mundart, etwa „Briah von die Kiah", eine Färsen-Kraftbrühe mit Leberknödel und „Gmias" oder Bößflamott: 36 Stunden lang geschmorte Bio-Ochsenschulter mit zweierlei Kartoffelknödel.

DONAUESCHINGEN

die burg

Burgring 6, 78166 Donaueschingen
T +49 (0) 771 1751 0050
www.burg-aasen.de

👥 Niklas Grom
🎩 Jason Grom
✏ Niklas Grom
🔒 Mi, Do, Fr, Sa mittags,
   Mo, Di ganztags
Menü 50 / 125 €
Vorspeise 11 / 25 €
Hauptgang 21 / 42 €

Der Name täuscht. Die Burg ist keine zinnenbewehrte mittelalterliche Wehranlage, sondern ein schlicht-zurückhaltend gestalteter Neubau. Das ist offensichtlich kein Nachteil. Die Gourmets der näheren und weiteren Umgebung sorgen dafür, dass zumindest am Wochenende keiner der doch recht zahlreichen Tische frei bleibt. Das ist das Verdienst von Jason Grom. Zeitgenössisch kocht er, aber unaufgeregt und auf der Basis eines tadellosen Handwerks. Aktuell ist er besonders gut darin, beim Fleisch die Renommierprodukte durch einfachere Stücke wie Schweinebauch und Hühnerbrust zu ersetzen. Allerdings sind diese von herausragender Qualität und mit höchster Sorgfalt zubereitet. So stammt der Schweinebauch von einem Duroc-Schwein, wurde einen halben Tag lang gegart und ist dadurch exemplarisch zart. Die Hühnerbrust liefert ein Schwarzfederhuhn, auch hier lassen Textur und Geschmack nichts zu wünschen übrig. Progressiv ist Grom auch mit seinem Faible für Fermentiertes. Die auf Meersalz gegarten Goldrüben liegen in einem aromatisch kompakten Holunderblüten-Kombucha, der Schweinebauch in einem nicht weniger kräftigen Schwarzwald-Miso.

Zum Huhn wird unter anderem Kimchi gereicht. Grom kann aber auch klassisch: Das gegrillte Filet vom Heilbutt samt Brandade und gefüllter Zucchiniblüte wird von einer dichten Safran-Velouté eingefasst – hervorragend. Nicht zuletzt punktet Grom mit einer geschmacklich austarierten Gegenüberstellung von Entenleber (als Mousse und Terrine) und geräuchertem Aal, sekundiert von Kirsche, Staudensellerie, Pilzen und Bucheckern. Beim Dessert prallen zwei Geschmackswelten aufeinander: Erdbeeren (frisch, getrocknet und als Sorbet) treffen auf Dill, Gurke und Frischkäse. Ein von der Patisserie-Avantgarde beeinflusster Teller, der überraschend gut harmoniert. Hochklassig ist nicht zuletzt die Weinberatung durch Sommelier Niklas Grom. Seine Weinbegleitung – auf Wunsch mit dem Coravin aus hochwertigen Flaschen gezapft – ist ausgesprochen inspiriert.

ÖSCH NOIR

Golfplatz 1, 78166 Donaueschingen
T +49 (0) 771 84610
**www.oeschberghof.com/
restaurants-bars/oesch-noir**

Michael Häni
Manuel Ulrich
Michael Häni
mittags, Mo, Di ganztags
Menü 145 / 195 €
Vorspeise 35 / 45 €
Hauptgang 35 / 45 €

Ohne Donaueschingen zu nahe treten zu wollen: Der Öschberghof liegt irgendwo im Nirgendwo zwischen Schwarzwald, Stuttgart und der Schweiz – und tut viel, um diese etwas missliche Lage auszugleichen. Den Gast erwartet ein Golfresort-Restaurant, das sein Upperclass-Publikum, wenn es an der vollverglasten Küche entlang ins Restaurant geleitet wird, mit stylischen Glas- und Holzelementen auch in Berlin oder New York nicht enttäuschen – und mit Manuel Ulrichs französischer, sanft asiatisch veredelter Küche auch dort begeistern würde. Ulrich indes in die Metropolen wegzulocken, dürfte schwer werden, denn das Management hat die Wirkungsstätte ganz nach den Wünschen des jungen Kochs, der am gleichen Ort schon seine Lehrjahre absolvierte, gestaltet.
Der professionelle Service serviert vor jedem Gang ein Kärtchen mit detaillierter Beschreibung dessen, was folgt – eine Idee aus dem Steirereck, die auch manch anderem Restaurant gut stehen würde. Überhaupt lässt man sich gerne inspirieren, und wenn wir dementsprechend eine leise Kritik den Menü-Highlights voranstellen dürfen, dann die, dass eine ganz eigene Handschrift und Stilistik

noch nicht durchgängig zu finden ist. Dafür aber ein durchgängig hohes Niveau – keiner des im Laufe des Abends zusammengekommenen guten Dutzends fein arrangierter Teller vom Apéro übers Pré-Dessert bis zu den Petits Fours enttäuschte. Salzig-würzige Aromen und ein souveräner Umgang mit Vegetabilem bilden dabei meist das Grundgerüst für filigrane Kompositionen, die nur vereinzelt zu viele Elemente miteinander kombinieren. So etwa beim geflämmten Fenchel, dessen Räucher-Aroma im Feuerwerk von Gurke und Ingwer das Nachsehen hatte, das auch das Burrataeis nahezu neutralisierte. Hervorragend kontrastierte dagegen die Foie gras im Mandel-Knuspermantel mit diversen Rhabarber-Texturen, wirklich grandios die Pléiade-Poget-Auster in vier Variationen – roh im Kartoffelmantel, als Tatar im Kohlrabipäckchen, als Creme und pochiert auf einer Nage mit Schnittlauchöl. Auch das geröstete Milchkalbsbries lebte vom würzigen Kontrast mit Morcheln und Spinat. Der Lammrücken von der Münsinger Alb, mit schwarzem Knoblauch kräftig aromatisiert und um ein Canelloni mit Ragout von der Schulter ergänzt, harmonierte prächtig mit geröstetem Spargel. Auch die süßen Bestandteile des Menüs wie das goldene Ei aus Mango, Limette und Kokosschaum als Zwischendurch-Erfrischung oder das Dessert rund um Pistazie, Matcha und Limette überzeugten nicht nur visuell.

STAY & DINE

Der Öschberghof
★★★★★ s

Golfplatz 1, 78166 Donaueschingen
T +49 (0) 771 840
www.oeschberghof.com

Zwischen Schwarzwald, Schweiz und Bodensee liegt Ihr perfekter Urlaubsort. Eingebettet in die sanfte Hügellandschaft der Baar fällt uns kein besserer Ort für eine genussvolle Auszeit ein. In 127 stilvollen Zimmern & Suiten finden Sie Ihr Hideaway.

DORNUM

Fährhaus

Dorfstraße 42, 26553 Dornum
T +49 (0) 4933 303
www.faehrhaus-nessmersiel.de

 mittags, Mi ganztags
Vorspeise 13 / 19 €
Hauptgang 22 / 40 €

Seit vielen Jahren eine erste Adresse für Fischliebhaber mit Anspruch. In den gemütlich-verwinkelten Räumen des Klinkerbaus hinter dem alten Deich oder draußen auf der Terrasse kommt vieles auf den Tisch, das Maximilian Eberleh von umliegenden Häfen oder ihm persönlich bekannten Fischern des Wattenmeers bezieht. Das Angebot reicht von handgepulten Nordseekrabben über gebratene Steinbeißermedaillons mit leichter Rieslingrahmsauce bis zu gegrillten Seeteufelmedaillons mit hausgemachten Tagliarini. Fleischesser freuen sich über zartes Gulasch von der Nessmersieler Deichlammschulter – und das konsequente Nose-to-Tail-Prinzip der Küche.

DORSTEN

Goldener Anker

Lippetor 4, 46282 Dorsten
T +49 (0) 2362 22553
www.bjoern-freitag.de

 Marion Nagel
 Björn Freitag
 Marion Nagel
 mittags, Sa, So, Feiertag ganztags
Menü 105 / 155 €

In dieser Küche darf nichts schiefgehen. Durch deren stets geöffnete Tür wären sämtliche Flüche des Teams im hinteren der beiden Governanreäume bestens zu hören. Spoiler: Wir haben nichts gehört – und es hätte auch keinen Grund gegeben für Ärger. Leise, effizient und konzentriert versorgte das Küchentrio den auch wochentags gut besuchten Goldenen Anker. In dem zeitgemäß unaufdringlichen Interieur dringt aus den als Wanddeko getarnten Lautsprechern sorgfältig gewählte Musik. Bei unserem Aufenthalt waren es Coverversionen von Hits, geschmackvoll arrangiert und behutsam gesungen, schön anzuhören, ohne dass sie überfordern. Vertrautes behutsam neu interpretiert, das charakterisiert auch Freitags Küche. Vom klassischen Spargelsüppchen als eines von vier Amuse-Bouches über eine perfekt angebratene Entenleber samt etwas bravem Parfait als Vorspeise bis zum Dessert mit Rhabarbervariationen und einem entschlossen scharfen Ingwereis wandelt die Küche trittsicher auf den Pfaden französischer Kochkunst und kann sich kleine Ausfallschritte in die Aromatik Asiens oder des Orients erlauben. Ein Krustentierschaum zum Verlieben begleitet den in zwei dünne Scheiben aufgeschnittenen Kaisergranat, der nur einen Hauch zu trocken geratene Steinbutt im Hauptgang schwimmt in einem köstlichen Schaum von Champagner – Gerichte zum Ausbuttern des Tellers mit dem Brot des hannoverschen Bäckers Gaues. Freitags kulinarisches Vokabular umfasst die Zutatentrends der Vergangenheit, Topinambur bis Yuzu und er setzt die Akzente damit gekonnt. Der Gast ist bei fast allen Gerichten gut beraten, selber die Bestandteile des Tellers wechselnd zu kombinieren. So lädt das gut gewürzte Ceviche vom Wolfsbarsch ein, es mal mit

Henschel

Borkener Straße 47, 46284 Dorsten
T +49 (0) 2362 62670
www.restaurant-henschel.de

🔒 mittags,
Mo, Di, Mi, So, Feiertag ganztags
Menü 75 / 95 €
Vorspeise 14 / 28 €
Hauptgang 42 / 45 €

Dies ist kein Ort für Moden oder Experimente, hier geht es seit jeher um verlässliches Genießen französisch-internationaler Küche: von Gänseleberterrine als absolutem Dauerbrenner über Loup de mer oder bretonischen Steinbutt aus Wildfang bis zum Filet vom spanischen Ibérico-Schwein mit Gänseleber-Pfeffer-Sauce. Am Herd steht Leonore Henschel, ihr Mann Marco kümmert sich um die Weinkarte, die mehr als 400 Positionen umfasst und bis in die 1980er-Jahre zurückreicht. Die Käseauswahl stammt von Affineur Waltmann.

Rosin

Hervester Straße 18, 46286 Dorsten
T +49 (0) 2369 4322
www.frankrosin.de

Susanne Spies & Jochen Bauer
Frank Rosin & Oliver Engelke
Susanne Spies
🔒 mittags, Mo, So, Feiertag ganztags
Menü 104 / 335 €

Image kann sehr anstrengend sein. Nicht nur für den, der es aufbauen und pflegen möchte, sondern ebenso für jene, für die es aufgebaut und gepflegt wird – zum Beispiel die Gäste von Frank Rosin. Die realisieren ziemlich exakt 4,7 Sekunden nach Betreten des angenehm modern gestalteten Lokals: Der Chef will ein richtig harter Hund sein. Auf der einen Wand hängt sein Porträt mit erhobenem Stinkefinger, ein Bild schreit „Ficken", ein anderes „Cumshots" (googlen Sie das bitte selber), auf der Toilette läuft ein Song, in dem der Hörer als fett tituliert wird. Nötig hätte Frank Rosin dieses, via TV bundesweit errichtete Image nicht. Denn die Küche ist in der Lage, ganz große Momente zu liefern. Sein Signature Dish „Tafel Schokolade von der Entenleber" kombiniert meisterhaft Leberparfait mit einem Hauch Schokolade und erlaubt dem Gast, mit sechs kleinen Beilagen – vom Popcorn-Eis bis zum Apfel-Sellerie-Salat – und ihren Aromenmixturen zu spielen. Allein: Es gibt eben auch Teller, die das Ich-bin-ein-harter-Typ-der-verrückte-Sachen-wagt-Bild kolportieren sollen, indem sie Zutaten enthalten, die entweder keine Funktion erkennen lassen oder völlig untergehen. So ist die auf den Punkt zubereitete Entenbrust mit einem säuerlichen Kirschtatar und einer spektakulären Jus mit Rhabarber ein Gang, mit dem sich der Gast einpinseln und einölen möchte – warum aber liegt eine Nocke Erdnussbutter-Eis daneben? Rätselhaft. Oder das Vordessert „Gefrorenes von gemahlener Gerste und Meersalz"

– das Salz ist nicht aufschmeckbar, genauso wenig wie der Meerrettich, der laut Karte einen aufgeschlagenen Topfenknödel begleiten soll. Wie gut Rosins Team arbeiten kann, zeigen die weniger anstrengend annoncierten Teller. Der Taco von confierter Schnepfe vereint sehr elegant mexikanische Anklänge mit prägnantem Wildgeflügel-Geschmack. Und der „Amarenabecher" zum Abschluss weckt Kindheitserinnerungen an das Gegenstück aus dem Edelstahlbecher – ein echter Flashback. „Chill mal, Bro", möchte man dem Harten-Hund-Geber zurufen: Eine Küche mit so viel Biss braucht doch gar kein lautes Gebelle.

DORTMUND

Der Schneider

Am Gottesacker 70, 44143 Dortmund
T +49 (0) 231 4773 770
www.derschneider-restaurant.com

Oliver Stein
Phillip Schneider
Oliver Stein
mittags, Mo, So, Feiertag ganztags
Menü 74 / 94 €

Hochwertige kulinarische Gleichberechtigung verschiedener Ernährungsgewohnheiten ist möglich. Das belegt Philipp Schneider. Sein vegetarisches Menü steht in der Karte ohne jedes Aufhebens vollwertig vor dem mit Fisch und Fleisch, beide mit Zeichnungen der jeweiligen Grundzutat vor dem Text. Und bei der gefüllten Zucchini als drittem Gang, die mit Forellenfarce gekocht serviert und mit der Ricotta-Füllung gebraten gereicht wird, müssen wir nüchtern festhalten – eine Spur stimmiger und spannender ist jene mit Käse. Das ist ein zeitgemäßer Umgang mit Gästewünschen, der einem breiteren Publikum gerecht wird. Schneider, Baseballkappe, schwarze Jacke, zerrissene Jeans, hat sich am Gottesacker zwischen Hauptfriedhof und Pferderennbahn ein Reich geschaffen, das vom Anspruch, Ausführung und Interieur prima in jedes Zentrum einer Metropole passen würde. Aber eigentlich haben wir ja nur Augen fürs Essen und der bei unserem Besuch kenntnisreiche und engagierte Service reicht rasch die ersten Vergnügungen zum Hinschauen: Tomaten-Macaron, Kartoffeltaler mit Ziegenkäse und eine panierte Rolle mit Blumenkohl und Kapernmayonnaise und frittiertem Kapernblatt. Nur wenig später der zweite Gruß aus der Küche – ein Taler Semmelknödel, dessen rustikalem Wesen Schneider mit Schafgarbe und Fichtensprossencreme animierende Begleiter zur Seite stellt. Wir feiern die konzentrierte Tomate mit Liebstöckel, über die Schneider Belper Knolle hobelt, laben uns an den mit Aubergine gefüllten Nudeln, die ein zartester Ziegenmilchschaum bedeckt und eine kräftige Erbsensauce umgibt. Der vegetarische Zwischengang enthält Blumenkohl, der omnivore Zander – beides glänzend gegart und beherzt von Frankfurter Grünen Kräutern belebt. Lediglich beim Hauptgang zeigt die Taube dem vegetarischen Gang mit einer gefüllten Kartoffel die Rücklichter – Zartheit, Aroma der Brust und des lackierten Schlegels samt Krallen allein sind einen Besuch wert. Dass es Schneider jedoch gelingt, aus Roter Bete einen vegetarischen Sud von aromatischer Tiefe auf Augenhöhe mit dem aus Knochen zu ziehen, zeigt, dass es ihm nicht um Alternative, sondern eigenständige Qualität geht. Wir beenden den Abend mit einem aufregenden Dessert von Variationen aus Fenchel.

Grammons Restaurant

Wieckesweg 29, 44309 Dortmund
T +49 (0) 231 9314 4465
www.grammons.de

- Christian Pufahl
- Dirk Grammon
- Peter Jakob
- Mi, Fr, Sa mittags,
  Mo, Di, So, Feiertag ganztags

Menü 105 / 129 €
Vorspeise 28 / 45 €
Hauptgang 45 / 69 €

Wenn Dirk Grammon zu Beginn des Diners aus der offenen Küche grüßen lässt, geht er stets gleich in die Vollen und entsendet an die weiß gedeckten Tische gleich mehrere deliziöse Kleinigkeiten. Nach dem Signature-Apéro, einem Parmesan-Cracker mit einer Sphäre von grüner Olive interpretiert der Küchenchef in dieser Saison alle Amuses-Bouches thematisch rund um den Fisch. Ein süßlich-luftiger Tomaten-Macaron, farciert mit Räucherfischcreme zergeht ganz herrlich am Gaumen, während das kleine Cornetto, gefüllt mit Bachsaibling, Crème fraîche, Kaviar und Dill sowie ein knackiger Algenchip unter kräftigem Aal, lackiert mit Teriyaki und Gurke durch geschmackliche Vielfalt erfreuen. Statt Brot reicht der freundliche Service zwischendurch ofenwarme, weiße Buchteln und gesalzene Butter. Wie das Entree präsentiert sich dann auch das Degustationsmenü – modern-französisch, aber oft auch geprägt von internationalen Einflüssen. Jedes Gericht überzeugt durch hohe Produktqualität, sichere Aromenkomposition und klare, harmonische Strukturen auf dem Teller. Beispielhaft dafür steht der grasig-fruchtige Surf-and-Turf-Gang: ein Kaisergranat, einmal als Schwanz, fast nature, nur leicht abgeflämmt, und als Tatar mit Apfelschaum, obenauf gehobelte Gänseleber. Dazu gibt es jeweils von Spitzkohl, Apfel und Leber geeiste Creme zum Kombinieren. Der Chef de cuisine lässt generell für Raum viel Eigengeschmack. So gelingt Grammon sowohl der vegetable Gang von bunten Tomaten, Basilikumkügelchen, Melone und Büffelmozarella durch die fruchtig-feinen Nuancen als auch der Aal aus dem Veerse Meer auf Kartoffelcreme in grüner Wildkräutersauce, er erhält durch Eisenkraut als Creme und Yuzu eine ganz phänomenale zitrische Note. Höhepunkt des Abends ist für uns das meisterhaft zubereitete, zarte Tajima-Rind als Rückenstück und Tatar, flankiert von sauer-marinierter, gebratener Zwiebel, Eigelb, fermentierter Schwarzer-Knoblauch-Creme und angegossen mit einer kräftig-schmelzigen Jus. Unbedingt alles zusammen genießen! Die Verbindung aus schickem Restaurant und Bar lädt übrigens auch zum Blick auf die Weinkarte mit rund 200 Positionen ein. Der charmante Sommelier Peter Jakob empfiehlt zum Menü meist umschmeichelnde, populäre Rote und Weiße. Ein Wermutstropfen an diesem Abend war für uns leider das Dessert in seiner zu großen Opulenz. Denn hier schafften es die fruchtigen Akzente trotz schöner Varianten vom Pfirsich nicht, die Schwere der weißen Valhrona-Schokolade und Pistazie gänzlich aufzufangen.

The Stage NEU

Karlsbader Straße 1a, 44225
Dortmund
T +49 (0) 231 7100111
www.thestage-dortmund.com

 Ciro De Luca
 Michael Dyllong
 Ciro De Luca
 mittags, Mo, So, Feiertag ganztags

Menü 89 / 135 €
Vorspeise 21 / 28 €
Hauptgang 29 / 42 €

Die Welt kennt zahlreiche Duos, die durch das Miteinander katalytisch wirken und sich befruchten, von Christo & Jeanne-Claude über Simon & Garfunkel bis Dick und Doof. Das The Stage ist das dritte gemeinsame Restaurant von Koch Michael Dyllong und Gastgeber Ciro De Luca. Als das feinste Angebot von Dyllong & De Luca thront es nicht nur örtlich in der 7. Etage des Dula-Bürohauses über dem Schwesterbetrieben Vida und dem mittlerweile geschlossenen IUMA. Im Herbst 2021 eröffnete das seit 2015 gemeinsam wirkende Gespann das The Stage, wo zuvor das Cielo war. Dyllong hat seine Aufgabe als Küchenchef im Palmgarden in der Spielbank Hohensyburg aufgegeben und widmet sich nun ausschließlich den drei gemeinsamen Restaurants. Viel Veränderung, viel Neues – und es trägt sofort Früchte. Der Charme, die Offenheit, Lässigkeit und Professionalität von De Luca vermag es fast im Alleingang die Atmosphäre zu bestimmen. Er geht auf die unterschiedlichsten Gäste passend ein, erklärt kenntnisreich und ohne Attitüde die Weine und so müsste die Küche kaum noch viel tun, um den Gästen einen angenehmen Abend zu bereiten. Selbstverständlich aber tut sie das. Routiniert, elaboriert, weltläufig und detailliert kommen schon als Grüße aus der Küche Miniaturen als ausgefuchste Kombinationen wie Auster mit Meeresalge und Pfirsich. Das Aroma der Auster als Auszug statt des Fleischs. Nach diesem Muster verfährt Dyllong im ganzen Menü. Es ist das Gegenteil einer reduzierten Produktküche. Und hier der erforderliche Disclaimer: Das heißt ausdrücklich nicht, dass Dyllong an den Zutaten spart. Ganz im Gegenteil. Das Reh aus dem Nationalpark Müritz bringt sensationelle Zartheit mit fundiertem Eigengeschmack in Einklang. Aber wenn Dyllong eine hervorragende Forelle aus dem Schwarzwald verwendet, dann wird sie gebeizt, in Kräuterpulver gewendet, tranchiert und auf einem Kreis aus Shiitake-Flan gelegt, begleitet von weiteren Aromaspendern und aufwendiger Brokkoli-Praline. Die Gäste tun gut daran, die Karten mit den Zutaten zu studieren, denn sich nach De Lucas Aufzählung an die Menge zu erinnern, erfordert eine kalorienverbrennende Gedächtnisleistung. Und Gäste wollen schließlich genießen, nicht memorieren. Zum Kaninchen mit Wasabi und Rosenkohlrelish addieren sich verkohlte Gurke, ein Praliné aus Kanincheninnereien, die wiederum unter einem Knusperblatt versteckt sind und schon auf dem Kärtchen keine Erwähnung mehr finden, ebenso wenig wie der schwarze Knoblauch. Eine Leistungsschau der Küchentechniken und Aromenhorizonte, die vor keiner Kombination zurückzuschrecken scheint und alles dennoch vergnüglich und nachvollziehbar auf der Gabel vereint. Das gilt für den kross gebratenen Wolfsbarsch mit Walnuss, Miso und Spinat, der mit Eigelb-Sphäre glänzt, den – fettarmen – kanadischen Bacon als Streusel auf dem Rehrücken und auch den wieder gekonnt verarbeiteten Grundzutaten Kokosnuss, Kaffirlimette und Schokolade im Dessert. Dyllongs Können zeitigt sich letztlich darin, dass nichts von diesen Tour-de-Force-Arrangements angestrengt, überkandidelt und überfordert wirkt. Trüffelaroma in dem aufwendig gebastelten Sellerielasagne-Block mit acht Schachbrett-Tupfern? Geht runter wie Butter. Und sieht auch toll aus. So bürokratisch der Zugang im Erdgeschoss auf den Gast wirkt, so sehr lässt das Duo Dyllong & De Luca das vergessen und bereichert gründlich das gastronomische Angebot in Dortmund.

Vida

Hagener Straße 231,
44229 Dortmund
T +49 (0) 231 9500 9940
www.vida-dortmund.com

Ciro De Luca
Sascha Kosslers
mittags, Mo, So, Feiertag ganztags
Menü 68 / 76 €
Vorspeise 10 / 28 €
Hauptgang 20 / 42 €

Links das ehemalige IUMA, rechts das Vida im gleichen Gebäude. Die Hagener Straße 231 ist die Keimzelle des kleinen Restaurantkonglomerats von Michael Dyllong und Ciro De Luca mit dem jüngsten Zugang „The Stage" im zwei Kilometer entfernten Dustmann-Haus. Im Vida verantwortet Sascha Kosslers die Küche im Gastraum mit lockerer urbaner Atmosphäre. Und wenn es bei einem Restaurantbesuch nicht auch darum ginge, den Hunger zu stillen, dann könnten wir nach dem Auftakt des Menüs, der Wildfang-Garnele, zufrieden vom Tisch aufstehen. Denn auf kleinem Raum auf dem großen Teller bringt Kosslers geschickt ein Potpourri an Aromen in Einklang. Wie ein Rundflug über Kontinente, mit Kokosnuss, Koriander und der orientalisch anmutenden Mischung der Gewürzananas, pickt sich Kosslers von überall etwas her. Jede Komponente ist gründlich herausgearbeitet, Zutatenraten ist nicht erforderlich. Deutlich geradliniger ist die einen Hauch zu kräftig gesalzene Maronenschaumsuppe. Garpunkte trifft die Küche zielsicher wie ein Darts-Weltmeister das Bulls-Eye. Das Schellfischfilet ist saftig, der Hauch von Lardo schmiegt sich elegant darüber. Auf einem Bett aus sehr feinen, aber leicht schrumpeligen Erbsen ruhen Karottenscheiben, die einen Tupfer Püree mit Raucharoma schultern, auf denen wiederum ein Teiggitter balanciert, das mit drei Blutampferblättchen dekoriert ist. Das schaut gut aus, schmeckt alles gut, täuscht aber nicht darüber hinweg, dass das Gericht eine klassische Kombination ohne große Überraschung darstellt. Im Hauptgang ist es vor allem der Senfkohl, der einen kräftigen Akzent neben dem glänzend gegarten Stück Flanksteak mit Maisspielereien setzt. Kosslers furchtlosen, aber sorgfältigen Einsatz von kräftigen Aromen belegt das Dessert mit Orangenblütenwasser, das hier markant, aber nicht penetrant weiße Schokolade begleitet. Die Weinkarte ist sorgfältig für viele Ansprüche zusammengestellt und der souveräne Service serviert das unaufgeregt und professionell.

DREIS

Waldhotel Sonnora

Auf dem Eichelfeld, 54518 Dreis
T +49 (0) 6578 9822 20
www.hotel-sonnora.de

- Magdalena Brandstätter
- Clemens Rambichler
- Sebastian Boucher
- Do mittags,
  Mo, Di, Mi, Feiertag ganztags

Menü 238 / 248 €
Vorspeise 75 / 98 €
Hauptgang 89 / 145 €

Bäume verschwanden für freien Blick auf Dreis und das kleine Schloss, die Eingangstür wurde für eine bessere Sichtachse versetzt. Überhaupt heißt es seit der Modernisierung nach Übernahme Anfang 2021 durch Clemens Rambichler und Magdalena Brandstätter, von der Sommelière- in die Gastgeberinrolle geschlüpft, ohne Verlust der Seele: tschüss „barocke" Schwere, willkommen zeitlos-elegante Leichtigkeit. Zu genießen in bequemen Stoffstühlen im lichten Weiß und Graublau mit geschmackvollen, bunten Kunstakzenten. Dass Ulrike Thieltges die Honneurs macht, ist schöne Geste und Indiz für eine harmonische Übergabe. Obwohl das Mammutprojekt die Küche einschloss, ändert sich nichts an Rambichlers Küchenstil. Schließlich liebt er diese Küche: beste Zutaten, bestes Handwerk. Man meint, die À-la-minute-Frische und -Hitze täglich frisch gekochter, abgeschmeckter Saucen und Jus förmlich zu spüren, wenn auf schicke Hering- und J.L-Coquet-Tischware kein tellerakrobatischer Firlefanz, sondern purer Geschmack kommt. Der reicht von Feinheit und Eleganz mit Schmelz bis zu Kraft und Konzentration mit Klarheit, vom Appetizer Stabmuschel, Zitrus-Orangen-Vinaigrette, Blumenkohlcreme bis zu Kalbsfilettatar, Roter Bete, Lachskaviar. Die Amuse-Gueules sind keine Vollgas-Sattmacher, sondern appetitanregende Petitessen. Ein meeresfrischer Bogen von gezupftem erfrischend-leichtem Taschenkrebs bis zu Gillardeau-Auster, Gartengurke, Chardonnayessig, Imperial-Gold-Kaviar. Das Menü, daneben eine fulminante À-la-carte-Auswahl, startete mit Perfektion en miniature, einem Meisterstück von schwebend-schmelzendem Foie-gras-Gang. Der nahm den klassischen, fruchtig süßsauren Akkord zu in Eiswein marinierter Gänsestopfleber mit Apfelcreme, gelbem Muskateller und Champagneressig auf. Doch dünne Walnussschicht im Leber-Riegel und marinierter sowie geeister Staudensellerie erweiterten um feinsinnige Texturen und belebende Frische. Exzellent weiterhin der kaum wegzudenkende Klassiker: kleine Torte vom Rinderfilet-Tatar. Puristisch intensives Fleisch in markantem Rot auf lauwarmem, knusprigem Rösti-Fundament, wofür je nach Jahreszeit die ideale Kartoffelsorte gesucht wird. Darüber kühle Crème fraîche, die nun reichlich N25-Kaviar in Sonnora-Selektion toppt und dieses Textur-Temperatur-Geschmackswunder mit sanft jodiger Salinität würzt. Gänsehaut-Küche, die berührt! Aus Traditionsbewusstsein mit minimalinvasiven Innovationen und Geschmacksverfeinerungen. Die kulinarischen Glücksgefühle hielten bei saftig-knackigem Kaisergranat an. Hochgradig effektiv lag das bretonische Prachtexemplar mit bissfesten-vegetabilen Zuckerschotenstreifchen auf angebratenem Ingwer-Wirsing. An die Krustentier-Süße dockten aromatische Flug-Mango sowie Schmelz und belebende Säure der Limonen-Buttersauce an. Butter von Jean-Yves Bordier verriet die – ohnehin sinnliche – Speisekarten-Lyrik. Wenn diese süffige, doch jederzeit akzentuierte Bauchküche ob Salz (allerdings noch im Bereich der Geschmackssache) und betörender (!) Périgord-Trüffelscheiben minimal wankt, bleibt das Endergebnis allein wegen hocharomatischer Hummerstücke mit optimaler Garung ein Fünf-Hauben-Gang. Danach erhielt dicke Steinbutt-Tranche, leicht gebraten, fest und saftig, eine natürliche Begleitung aus glasigen Jakobsmuschelscheiben, Spinathauch, rohen Champignonscheiben und treffenderweise weicherem Kaviar. Mit transparentem Champignon-Petersilie-Sud und gereifter Rieslingauslese-Nage allesamt stützende statt tönende Begleiter, meisterlich! Limousin-Lamm vom Holzkohlegrill erwies sich als Frühlingsbote, der trotz Fèves, Rucola und Paprikasauce – nichts davon überflüssig – frei mediterraner Plakativität war. Trotz üppiger, knapp medium gegarten, kräuterkrustigen Koteletts machte solch Hauptgang mit transparenter Kalbskopfjus mit Artischocken und Zungenstücken auch nach reichhaltigem Vor-Gängen leichtläufig Spaß. Zum Beweis löffelte sich der letzte Rest Gartenkräuter-Sauce-hollandaise wie von allein dazu. Nach eisig erfrischendem, würzig-herbem Auftakt, Tarocco-Blutorange mit Sternanis, punktete Gewürzapfeleis mit warmem Calvados-Sabayon ebenfalls wenig süß und wohltuend natürlich zur Délice vom „Eifler Rambur"-Apfel mit hippenartigem Knusper. Weil zu dieser Weltklasse-Küche das Team um Brandstätter, Ulrike Thieltges und Restaurantleiter Maik Treis unverkrampft souverän agiert und Sommelier Sebastian Boucher eine insbesondere bei Moselweinen und Frankreich-Exkursen exzellent bestückte Weinkarte reicht, besteht für jeden Gourmet Besuchsbedarf. Zur Geschmacksschulung, zum Staunen und Schwelgen!

DRESDEN

Carousell Nouvelle

Königstraße 14, 01097 Dresden
T +49 (0) 351 80030
**www.buelow-palais.de/
restaurants-bar/#caroussel**

- Jana Schellenberg
- Sven Vogel
- Jana Schellenberg
- mittags, Mo, So, Feiertag ganztags

Menü 120 / 150 €

Die Frage stellt sich vielen Hotels der Fünf-Sterne-Kategorie. Sollen sie ein Gourmetrestaurant zusätzlich zum Bistro führen, oder genügt es, dem Kunden mit einem einzigen Outlet genügend Reize zu bieten? Im Bülow Palais hat man sich entschieden, das bisherige Bistro mit dem Fine Dining namens Carousell zum Carousell Nouvelle zu verschmelzen. Die „Aufhebung der traditionellen Grenze zwischen Haute Cuisine und Bistroküche", verantwortet von Küchenchef Sven Vogel, wirkt auf den ersten Eindruck durchaus überzeugend. Aus den beiden vier- bis fünfgängigen Menüs, eines vegetarisch, kann man sich auch einzeln was heraussuchen, die Zusatzangebote à la carte reichen von Wiener Schnitzel bis zu Tagliatelle mit Pfifferlingen, Blutpfirsich und Dresdner Berle, einer Käsespezialität, die ein bisschen an Belper Knolle erinnert. Unkompliziert ist der Einstieg ins Menü: Brot, Butter, Öl und Salz, aber kein Amuse-Bouche. Dafür wunderbar erfrischende Kirschgazpacho mit Kapuzinerkresse und grünem Spargel (im August, nun ja). Das Kalbsbries war knusprig gebraten, mit Pfifferlingen, Pilzpapier und Salzzitrone klug umrahmt: der beste Gang des Abends. Ideenreich komponiert waren auch Steinpilze mit wildem Brokkoli, Heidelbeeren und Buchweizen. Das tadellos gegarte US-Beef hätte dank Fleischqualität, Büffelherztomate, Maiskölbchen, Schalotte und Püree von geräucherter Kartoffel auch im „alten" Carousell eine gute Figur gemacht. Gleiches gilt auch für den Service, herzlich sowie gut beratend, und die Weinkarte, die bei reiferen Bordeaux und vielen anderen Weinbaugebieten so manches Schnäppchen möglich macht. Das Dessert – Erdbeere, Joghurt, Pfirsich und Verbene – wirkt dann doch ein bisschen allzu süß, um zu begeistern, und der Kaffee wird zwar in Meissener Porzellan serviert, allerdings ohne jegliche süße Beigaben. Das neue Konzept eben.

e-Vitrum
by Mario Pattis

Lennéstraße 1, 01069 Dresden
T +49 (0) 351 4204 250
www.vitrum-dresden.de

- So ganztags

Menü 39 / 56 €
Vorspeise 9 / 19 €
Hauptgang 13 / 29 €

Fans werden sich freuen, denn sie steht noch auf der Karte, die legendäre Currywurst: nach konzerneigener Rezeptur gewurstet, geräuchert, gebrüht – und serviert mit Wedges, Zitronenmayonnaise und Salat. Jenseits dieses Klassikers finden sich im Foyer-Restaurant der gläsernen VW-Manufaktur ein Burger mit paniertem Kalbsschnitzel, eine Bowl mit Biohühnchen-Spieß oder Trüffelrisotto. Man sitzt im blauen Licht auf kurvigen Ledercouches oder auf bequemen Stühlen an schwarzen Bistrotischen.

Elements

Königsbrücker Straße 96,
01099 Dresden
T +49 (0) 351 2721 696
www.restaurant-elements.de

- Martina Starovicová-Mießner
- Stephan Mießner
- Martina Starovicová-Mießner
- mittags,
  Mo, Di, Mi, So, Feiertag ganztags

Menü 85 / 120 €
Vorspeise 18 / 25 €
Hauptgang 35 / 45 €

Tagsüber lichtdurchflutet, abends stimmungsvoll erleuchtet werden in dieser ehemaligen, zu neuem Leben erweckten Industriehalle abseits vom Trubel der barocken Altstadt kulinarisch anspruchsvolle, saisonal orientierte Speisen serviert: als Amuse zum Beispiel Kokos-Fenchel-Süppchen mit Koriander und Kürbiskernöl. Die Abendkarte offeriert als Vorspeise gebratene Waldpilze mit Sellerie auf Panna cotta, die den Appetit ebenso anregt wie die ausgewogen gewürzte Steinpilzessenz mit Ravioli und deren feine Pilzfüllung. Dreierlei vom Knollenfenchel, gegrillt, als Püree und knusprig frittierte Nocken, begleiten dann auch ein auf der Haut nahezu perfekt gebratenes, saftiges Filet vom Adlerfisch, arrangiert auf einer gehaltvollen Rotweinsauce. Beim Fleischgang, zarten, gebratenen Scheiben von der Kalbsleber, nappiert mit einer fruchtigen, reduzierten Kirschjus, schafft es diese allerdings nicht, ihre Kraft auf das pur gebratene Fleisch zu übertragen. Die wunschgemäß auf ein Kirschsorbet reduzierte Nachspeise schmeckt leicht und frisch. Freude macht die gebundene, nach Rebsorten und Regionen sortierte, sehr informative Weinkarte der Sommelière Martina Staroviçová-Mießner: Sie konzentriert sich vornehmlich auf Europa, hält aber auch Abstecher nach Südafrika (Mare Magnum in Stellenbosch) und Neuseeland (Babich im neuseeländischen Marlborough) bereit: Die Hauptrolle spielen ohne Frage Anbaugebiete an der Elbe (darunter die Winzer Karl Zimmerling, Martin Schwarz und Karl Friedrich Aust) und Mosel (Joh. Jos. Prüm). Zu gefallen weiß ein Crémant de Limoux, Grande Cuvée 1531, als Aperitif. Den Fisch begleitet ein Riesling Steinreich von Ansgar Clüsserath an der Mosel. Interessant wirkt zudem die Auswahl an Ports, Vermouths und Likören. Die Dresdner Spezialitätenbrennerei Augustus Rex ist mit aromatischen Obstbränden dabei.

Genuss-Atelier

Bautzner Straße 149, 01099 Dresden
T +49 (0) 351 2502 8337
www.genuss-atelier.net

- Nicole Blonkowski
- Marcus Blonkowski
- Di, Mi, Do, Fr mittags,
  Mo, So, Feiertag ganztags

Menü 55 / 95 €
Vorspeise 12 / 20 €
Hauptgang 18 / 35 €

Ein freundlicher Gewölbekeller beheimatet das Genuss-Atelier der Geschwister Blonkowski, die seit 2014 Hochküche zu Niedrigpreisen (Vier-Gänge-Menü zu 54 Euro, jeder weitere Gang 10 Euro mehr) servieren. Atelier darf man dabei durchaus wörtlich verstehen, denn ein „Ort der Arbeit" ist das Lokal für das Team wie für die Gäste. Die Tische fungieren als Edel-Werkbank: Eine passgenaue Besteckschublade enthält neben jedem Sitzplatz das benötigte Werkzeug. Saucen und Fonds werden nicht angegossen – das darf der Gast selbst. Ebenso Wasser nachschenken, oder, wenn ein Malheur passiert, den Tisch trockenlegen. Die Bitte, den verschütteten Wein nachzufüllen, verhallt ungehört, denn der Service ist mehr am Telefon als am Tisch. Bei unserem mittäglichen Besuch („Ein großes Menü ist unmöglich, wir schließen um 15 Uhr") wurden die Abendgäste abtelefoniert – wahlweise mit dem Hinweis, dass bei fehlender Rückmeldung der Tisch zurück in den freien Verkauf ginge, oder mit der Erklärung, dass der früh gebuchte Tisch um 20 Uhr wieder verlassen sein müsse, weil er nochmal vergeben sei („Ein großes Menü ist unmöglich …"). Da wundert es dann nicht, dass die Pausen zwischen den Gängen länger sind, als die Bitte, sich bei den Orders kürzer zu fassen, vermuten ließ. Gerne hätten wir mehr probiert, denn das, was auf den Tisch kommt, offenbart ein ästhetisches Aromen- und Texturenspiel in klassischen Kombinationen, begonnen bei den Amuses, einem knusprigen Hefekissen mit Lebermousse und krossen Streifen von der Makrelenhaut mit Kartoffelschaum. So wird cremiger Büffelmozzarella mit Tomatenvariationen (pur, als Hippe und Eis, pulverisiert und pochiert) und Rucolamayonnaise umgeben oder der gegrillte Hokkaido-Kürbis mit Ingwer, Pflaume und Koriander stimmig ergänzt. Schade, aber absehbar, dass der dekonstruierte Bienenstich als wirklich herausragendes Dessert zeitgleich mit dem Pré-Dessert serviert wird – „Sie wissen ja, wir schließen gleich": Niedrigpreis hat eben seinen Preis.

Raskolnikoff

Böhmische Straße 34,
01099 Dresden
T +49 (0) 351 8045 706
www.raskolnikoff.de

Innerstädtische Landhausküche – so lautet das kulinarische Selbstverständnis des hippen Lokals mit seiner rot leuchtenden Lampe vor der Eingangstür. Gastgeber Ralf Hiener kommt aus Baden und hat sich ein Netz aus 30 vorwiegend in Sachsen beheimateten Erzeugern aufgebaut. Auf der Speisekarte stehen gebratene Salatherzen und gebackene Bete mit marinierten roten Zwiebeln und Mandelmus, Radeburger Kotelett vom Strohschwein oder Moritzburger Forelle mit Speckstippe. Und der russische Name? Wegen der Pelmeni, die hier mit unterschiedlichen Füllungen fester Bestandteil der Karte sind.

Dresden

Restaurant finesse

Schützengasse 13, 01067 Dresden
T +49 (0) 351 4845 4930
www.restaurant-finesse.de

🔒 mittags,
   Mo, Di, Mi, Feiertag ganztags
Menü 55 / 89 €
Vorspeise 10 / 14 €
Hauptgang 22 / 37 €

Das Restaurant nahe Musikhochschule und Kulturkomplex Kraftwerk präsentiert sich frisch und individuell. Küchenchef Elvis Herbek arbeitet viel mit regionalen Zutaten und bietet auf seiner Karte ein drei- bis siebengängiges Menü an – bestehend aus Klassikern wie der Moritzburger Rinderleber mit Salbei, „Pink Lady"-Apfel, Zwiebeln und Balsamicojus oder einem Coq au vin vom sächsischen Freilandhuhn. Aber auch eine Sashimi-Variante ist hier zu haben – vom Ketalachs aus norwegischer Aquakultur, mit Ayran, Orange und Sellerie. Als Begleiter stehen Weine aus Franken, Rheinhessen oder dem Markgräflerland zur Wahl.

Restaurant Moritz

An der Frauenkirche 13,
01067 Dresden
T +49 (0) 351 4172 70
www.moritz-dresden.de

🔒 mittags
Menü 59 / 79 €
Vorspeise 13 / 20 €
Hauptgang 37 / 37 €

Im fünften Stock des direkt an der Frauenkirche gelegenen Hotels Suitess erwartet den Gast ein luftig-helles Ambiente und gehoben regionale sowie internationale Küche. Sebastian Probst und sein Team verwenden beste Produkte und bereiten sie ambitioniert zu – vom Kalbstatar über trocken gereiftes Black-Angus-Rind mit Pfifferlingen und Semmelknödeln bis zum perfekt gegarten „Saibling 42 Grad". Auch der Käse hat Niveau, er kommt vom Maître-Affineur Volker Waltmann. Spektakulär: der Blick durch das Glasdach auf die Kuppel der Frauenkirche.

Weinkulturbar

Wittenberger Straße 86,
01277 Dresden
T +49 (0) 351 3157 917
www.weinkulturbar.de

🔒 mittags, Mo, So, Feiertag ganztags
Menü 8 / 150 €

In Silvio Nitzsches mit dunklen Holzmöbeln stilvoll-gemütlich eingerichtete Bar schaut man einfach rein, denn seit Jahresbeginn kann man nicht mehr reservieren – es sei denn, man bucht den ganzen Laden. Gastgeber und Gäste können hier aus dem Vollen schöpfen, denn Nitzsche hat nicht weniger als 3000 Weine aus aller Welt im Regal. Es gibt also reichlich zu trinken, dazu immer viel Information – und auch einiges zu beißen. Entweder wählt man aus der grandiosen Käsetheke oder lässt sich Snacks und kleine Speisen wie Oliven mit Kräutern oder die Wurstjause mit dreierlei Senf und Sauergemüse schmecken.

Weinzentrale

Hoyerswerdaer Straße 26,
01099 Dresden
T +49 (0) 351 8996 6747
www.weinzentrale.com

🔒 mittags, Sa, So, Feiertag ganztags
Menü 38 / 45 €
Vorspeise 9 / 15 €
Hauptgang 17 / 23 €

Küchenchef Sebastian Roisch hat klingende Stationen im Lebenslauf: Adlon, Hummerstübchen, Villa Merton, Colombi … Im schönen Eckhaus in der Neustadt kocht er fröhlich-undogmatisch auf: Thunfisch-Tataki oder getrüffeltes Kalbsbries auf Risotto, Fenchelsalat mit scharfer Salami oder mürbe geschmortes Ochsenbäckchen mit Semmelknödel. Zu den Highlights gehört der wöchentliche Austern-Abend und natürlich das dem Restaurantnamen angemessene Flüssigangebot in Form von bis zu 50 Weine im offenen Ausschank und rund 400 Flaschenpositionen unter kundiger Vermittlung von Jens Pietzonka. Ein Laden, wie ihn eigentlich jede deutsche Stadt zur Grundversorgung bräuchte!

Dresden

DUISBURG

[mod]
by Sven Nöthel NEU

Grafschafter Straße 197a,
47199 Duisburg
T +49 (0) 176 2355 7864
www.mod-dining.com

 Sven Nöthel
 Sven Nöthel & Timo Baaske
 Amelie Ehle
Di, Mi, Do, Fr, Sa mittags,
So abends, Mo ganztags
Menü 79 / 119 €
Vorspeise 18 / 21 €
Hauptgang 30 / 38 €

Der Satz „Schatz, lass uns mal nach Duisburg fahren und richtig gut essen" dürfte außerhalb des Kreises der Ruhrgebietsfetischisten unterdurchschnittlich romantische Gefühle auslösen. Doch im Stadtteil Baerl, ganz nah am Rhein und fast an der Grenze zu Moers entstand ein Ort, der das ändern könnte. Nachdem Sven Nöthel bereits im Mülheimer Am Kamin von sich reden machte und danach eine Zeit lang den Düsseldorfer Wirtschaftsclub bekochte, steht er seit dem September 2021 in der komplett offenen Küche seines eigenen [mod] by Sven Nöthel. Das liegt in einem ehemaligen Kuhstall, angedockt an das Ausflugslokal Renzis. Doch viel ist nicht mehr von der landwirtschaftlichen Historie zu sehen: Das [mod] ist schlicht und zeitgemäß kühl gehalten, was sehr gut zum Küchenstil passt. So grüßt die Küche mit Sellerieshot und einem Lauchmuffin mit Frischkäse, gefolgt von einer spannenden Doradenmousse mit Senf und gebranntem Brot – all das ist krachend zeitgemäß. Genauso wie die hauseigene Focaccia, die als eigener Gang mit Nussbutter, intensivem Lauchöl und Lauchsalz serviert wird – plus mildem, schmelzigem und hausgemachtem Duroc-Schinken. Hausgemacht? Ja, wirklich: Ein Mitglied aus Nöthels Team hat sich in die Schinkenherstellung verschraubt und wird immer wieder wechselnde Varianten servieren. Das erklärt er gern am Tisch, wie überhaupt das gesamte Team fröhlich und kompetent unterwegs ist. Vegetarier müssen auf den Schinken verzichten, können aber ein volles 6-Gang-Menü ordern, Omnivore wählen dagegen zwischen vier, sechs oder acht Gängen. Egal, wie die Entscheidung fällt: Es gibt viel Spaß auf dem Teller. So bekommt ein geräucherter Saibling einen Säurekick durch Hafermilch, Gurke, Radieschen und Algen. Eine satte Menge Kohlrabischaum bremst die Blutwurst, die gleichzeitig durch Aprikosengel wieder Fahrt aufnehmen darf. Und die Wildente wird begleitet von einem umami-reichen Jus, Sellerie, Brombeeren und der Brokkoli-Schwester Spargoli.

Nöthel gelingt der Spagat zwischen Innovation und Zeitgeist einerseits und wohligem Soulfood andererseits. Keiner der Teller ist zu verkopft oder will im Übermaß irritieren – und solch eine Qualität lieferte Nöthel schon wenige Wochen nach der Eröffnung. Mit seinem Ansatz hat das [mod] tatsächlich die Chance, Freunde guten Essens auch außerhalb des Autokennzeichengebiets DU anzulocken. Sogar wenn es für manchen Düsseldorfer vielleicht ein wenig demütigend sein mag, zum Essen nach Duisburg zu rollen.

Einfach Brendel

Fuldastraße 20, 47051 Duisburg
T +49 (0) 203 3635 8985
www.einfach-brendel.eatbu.com

🔒 mittags, Mo, Di, Mi ganztags
Menü 48 / 59 €

Eine Institution in Duisburgs Gastronomie. Genossen die Gäste früher Dirk Brendels kreative Küche auch, um nach einem schnellen Teller weiterzuziehen, werden die Gerichte neuerdings ausschließlich im Rahmen von Drei- oder Vier-Gänge-Menü angeboten. Wählen kann man zum Start etwa zwischen Gillardeau-Austern oder Lachs-Tataki mit Wasabi-Limetten-Crème-fraîche. Danach könnte es mit gegrilltem Wolfsbarsch, Kalbsleber oder Onglet „Café de Paris" weitergehen. Ein möglicher Abschluss wäre eine Auswahl vom renommierten Tölzer Kasladen.

Küppersmühle

Philosophenweg 49–51,
47051 Duisburg
T +49 (0) 203 5188 880
www.kueppersmuehle-restaurant.de

🔒 So abends, Mo, Di ganztags
Menü 59 / 89 €
Vorspeise 16 / 25 €
Hauptgang 25 / 45 €

In alten Mauern mit Industrie-Chic-Ambiente sitzt man im Duisburger Innenhafen, bodentiefe Fenster geben den Blick frei aufs Wasser. Die Küche pflegt ihr Angebot an Klassikern wie Bouillabaisse und Wiener Schnitzel und gibt sich ansonsten modern-international – vom Thunfisch-Tataki mit Gurkensud, Rettich, Wakame und Mirin-Ponzu-Creme bis zur Merguez-Felsenkrake mit Paprikasud, Fenchelcreme und Kichererbsen. Ambitionierte, gastfreundlich kalkulierte Weinauswahl.

Duisburg

DUISBURG

Mimi e Rosa Vino e Cucina

Dellstraße 36, 47051 Duisburg
T +49 (0) 203 22921
www.mimierosa.de

Do, Fr mittags, Di, Mi abends,
Mo, Sa, So, Feiertag ganztags
Vorspeise 10 / 18 €
Hauptgang 13 / 30 €

Nicht vom Namen täuschen lassen: Das „Mimi e Rosa" in Duisburgs Innenstadt ist weit mehr als ein Ort für den schnellen Kaffee, es dient gleichzeitig als Treffpunkt für Menschen mit Liebe zu gutem Essen. Es gibt klassische italienische Trattoria-Küche: Vitello tonnato, Spaghetti alle vongole oder das für Ligurien typische Trofie al Pesto mit grünen Bohnen und Kartoffeln. Auf der Karte stehen drei bis sechs Gerichte – zubereitet werden sie vom Betreiber, dem man von der Theke aus bei einem Glas Wein vergnügt bei seinem Tun zuschauen kann.

Villa Patrizia

Mülheimerstr 213, 47058 Duisburg
T +49 (0) 203 3304 80
www.villa-patrizia.de

Sa, Feiertag mittags, So ganztags
Menü 39 / 119 €
Vorspeise 19 / 27 €
Hauptgang 36 / 50 €

Souverän beherrscht Nico Bodean die Finessen der gehobenen italienischen Küche, ob bei Pasta, Fisch oder Fleisch. Das Können des Küchenchefs zeigen Gerichte wie das Duett von gegrillter Sardine und Baby-Calamaretti, Linguine mit Muscheln und kanadischem Hummer oder Mignon vom Fassona-Milchkalbsfilet auf Pecorinocreme mit rotem Feigensenf. Patrizia Bodean, Namensgeberin des Restaurants, hat zu allem die passenden Weine parat, das signalisieren schon die wohlgefüllten raumschmückenden Regale.

DURBACH

[maki:'dan]
im Ritter

Tal 1, 77770 Durbach
T +49 (0) 781 93230
www.ritter-durbach.de/makidan

- Steffen Genzel
- André Tienelt
- Marco Feger
- mittags, Mo, So ganztags

Menü 44 / 95 €
Vorspeise 7 / 10 €
Hauptgang 11 / 19 €

Die alte Glorie des Hauses ist neben der Lobby-Bar zu besichtigen: Rudi Carrell, Kurt Felix und Paola, Kohl und Mitterrand … Sie alle waren hier zu Gast, lang ist's her. Anders als andere Häuser mit Tradition ruht sich der Ritter nicht auf seiner großen Vergangenheit aus, an allen Ecken und Enden modernisiert brummt es heute wie eh und je. Herzstück ist noch immer die behagliche Holzstube, in der das Restaurant untergebracht ist, sie ist für uns ein Musterbeispiel gelungenen Aggiornamentos. Seit ihrer Umwandlung zum [maki:'dan] scheint sie noch beliebter zu sein, die Kritiker jedenfalls („dieser Name!") sind weitgehend verstummt. Auch in diesem Jahr brauchten wir gleich mehrere Anläufe, bis wir einen Tisch ergattert hatten, die Nachfrage ist enorm. Das liegt natürlich vor allem an der Küche von André Tienelt und an seinem Konzept, statt eines klassischen Menüs allerlei Kleinigkeiten zur freien Auswahl und Kombination anzubieten. In Zeiten des weitverbreiteten Menüzwangs offensichtlich ein Erfolgsmodell. Hinzukommt, dass Tienelts Küche zwar jugendlich-frisch, aber keinesfalls versponnen daherkommt, sie passt zum Rahmen: klare Linien, kein Chichi, Gerichte zum Wohlfühlen. Zum Einstieg beispielsweise kleine knusprige Tartelettes gefüllt mit Thunfisch-Tatar und Crème fraîche, akzentuiert durch Bergamottegel und Shisosorbet oder japanisch-inspirierten Aal mit feiner Sternanis-Note auf kross gepufftem Reis. Fast hatten wir nach diesem Auftakt das Gefühl, die Küche habe noch eine Schippe draufgelegt, sei noch ein bisschen feiner und ausgereifter geworden. Ein Eindruck, den die folgende Gelbschwanzmakrele in Buttermilch und Dillöl sowie perfekt gebratene Kaisergranate in einem hervorragenden Krustentiersud – zart, aromatisch, zitrus-duftig – bestätigte. Deutlich wurde freilich auch, wo die Gefahren eines solch freien Konzepts liegen: in der Wiederholung (Zitrusgel kommt ständig vor) sowie in den teils enormen Wartezeiten bei Volllast. Und auch beim Service sehen wir durchaus noch Verbesserungspotenzial, er changierte bei unserem Besuch zwischen leicht konfus und etwas arg routiniert. Hier wäre mehr Ruhe, Orientierung auf den Gast und weniger Zackigkeit angenehm.

DÜSSELDORF

DÜSSELDORF

Daniel Dal-Ben

Der in Düsseldorf geborene Sohn eines venezianischen Vaters gilt völlig zu Recht als eines der **kulinarischen Aushängeschilder seiner Heimatstadt.** Ihn zog es nicht in die großen und vor allem fernen Küchen dieser Welt, er lernte dort, wo er war, blieb dem Rheinland wie dem familiär-gastfreundlichen Wesen seiner italienischen Wurzeln treu. Zu erleben ist beides – **rheinische Lässigkeit und eine mediterran-kreative Küche** – bei einem Besuch in seinem gemütlichen **Wohnzimmer-Restaurant 1876 am Düsseldorfer Zoopark.**

DANIEL DAL-BENS EMPFEHLUNGEN

VENTE Bar und Küche
Lambertusstraße 10,
40213 Düsseldorf-Altstadt
T +49 (0) 211 5669 063
www.vente-event.de
Das Vente liegt idyllisch in einer kleinen Gasse im Herzen der Düsseldorfer Altstadt, wo es noch rheinische Lebensart und Düsseldorf pur zu erleben gibt. In der offenen Küche zaubern Roland und Ralf mediterrane und regionale Gerichte und Tapas, die zu einem großen Teil aus Produkten von Produzenten aus der Gegend stammen. Chef Tobi Vente kümmert sich mit seiner originellen Art um die Gäste und ein frisch gezapftes Füchsen Alt. Der absolute Renner ist hier der rheinische Wan Tan mit Blutwurst und Sauerkraut.

Aurora's & Vito's Süßholz Pizzeria
Sommersstraße 19,
40476 Düsseldorf-Derendorf
T +49 (0) 211 2206 9998
www.auroraundvitos.de
Bei Aurora und Vito gibt es für mich die beste Pizza der Stadt! Hier wird das authentischste neapolitanische Geschmackserlebnis geboten. Ein sensationell luftiger Teig mit den besten Produkten belegt – eine Geschmacksbombe im abgefahrenen Ambiente: ein Muss für Pizzafreunde!

EssBar – fein & pfiffig
Kaiserstraße 27,
40479 Düsseldorf-Pempelfort
T +49 (0) 211 9119 3905
www.hm-essbar.de
In Pempelfort ganz nah am Hofgarten, dem Rhein und der Altstadt ist „fein und pfiffig" nicht nur eine Überschrift, sondern das Programm. Daniel Baur, der unter anderem im Hummerstübchen gekocht hat, betreibt die EssBar gemeinsam mit seiner Lebensgefährtin Olga Jorich, die sich um die Gäste im Gastraum und auf der schönen Hinterhofterrasse kümmert. Bei der Qualität der Produkte wird hier kein Kompromiss eingegangen. Probieren Sie unbedingt die Hummersuppe!

Goldsheim Coffee
Kaiserswerther Straße 239,
40474 Düsseldorf-Golzheim
T +49 (0) 211 5162 4700
www.goldsheim.coffee
Das Goldsheim Coffee befindet sich im Stadtteil Golzheim. Hier können Sie sich täglich von 9 bis 16 Uhr mit ausgezeichnetem selbst gemachtem Kuchen verwöhnen lassen. Nina Ranger, die lange Zeit bei Jean-Claude Bourgueils Im Schiffchen gearbeitet hat, steht hier an Ofen und Herd, wo sie backt und kocht – was ihr erkennbar großen Spaß macht: alles selbst gemacht und aus besten Zutaten hergestellt. Was es zu Mittag gibt, erfährt man über die Instagram-Story des Goldsheim. Falafel gibt es immer, und das nicht ohne Grund!

Rheinton 2.0
Rethelstraße 143,
40237 Düsseldorf-Düsselthal
T +49 (0) 211 2610 1169
www.instagram.com/rheinton2.0
Düsseldorfs neuer Wein- und Food-Hotspot befindet sich in unserem Kiez. Was das Rheinton 2.0 von anderen Weinbars unterscheidet, ist nicht nur die extrem große und qualitativ hervorragende Flaschenauswahl, sondern auch der hohe Wohlfühlfaktor. Die überdurchschnittliche Produktqualität findet sich nicht nur im Glas, sondern auch auf dem Teller. Genießen können Sie die Leckereien direkt in der Weinbar, im Restaurantbereich oder auf der riesigen Terrasse.

Bulle Bäckerei
Birkenstraße 55,
40233 Düsseldorf-Flingern
T +49 (0) 170 8257 251
www.bulle-baeckerei.de
Der Bäcker meines Vertrauens. Hier wird ausschließlich mit natürlichen Zutaten, ohne Backtriebmittel und in reiner Handarbeit produziert. Michael Gauert macht keinen Kompromiss – weder bei den Mehlsorten noch bei allen anderen Produkten, die verwendet werden. Bei Bulle legt man größten Wert auf eigenen Sauerteigkulturen und gibt den Teigen sehr viel Zeit. Das kann jeder live vor Ort miterleben: Es wird den ganzen Tag frisch in der offenen Backstube gebacken. Hier lasse ich mein Brot backen.

DÜSSELDORF KARTE

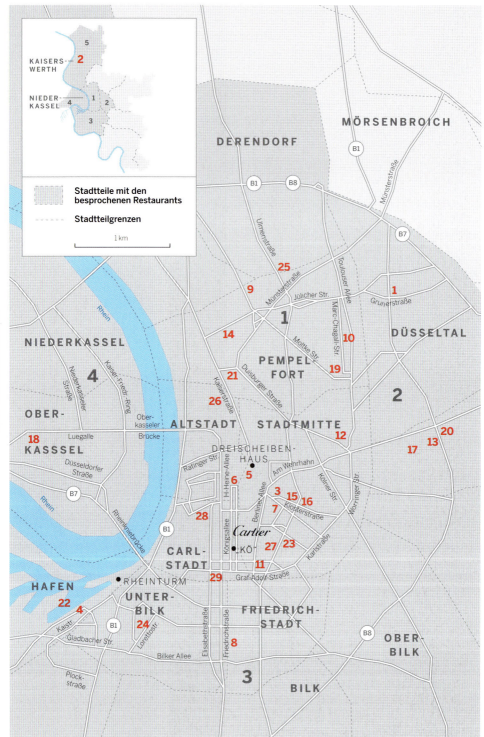

Restaurants

1 1876 DANIEL DAL-BEN
Grunerstraße 42a, 40239 Düsseldorf

2 IM SCHIFFCHEN
Kaiserswerther Markt 9,
40489 Düsseldorf

3 NAGAYA
Klosterstraße 42, 40211 Düsseldorf

4 BERENS AM KAI
Kaistraße 16, 40221 Düsseldorf

5 PHOENIX RESTAURANT & WEINBAR
Dreischeibenhaus 1, 40211 Düsseldorf

6 PINK PEPPER
Königsallee 1a, 40212 Düsseldorf

7 YOSHI BY NAGAYA
Kreuzstraße 17, 40210 Düsseldorf

8 AGATA'S
Kirchfeldstraße 59, 40217 Düsseldorf

9 DR. KOSCH
Roßstraße 39, 40476 Düsseldorf

10 LE FLAIR
Marc-Chagall-Straße 108,
40477 Düsseldorf

11 SETZKASTEN
Berliner Allee 52, 40212 Düsseldorf

12 BAR OLIO
Schirmerstraße 54, 40211 Düsseldorf

13 NINEOFIVE
Ackerstraße 181, 40233 Düsseldorf

14 ROKU JAPANESE DINING & WINE
Schwerinstraße 34,
40477 Düsseldorf

15 SOBA-AN NEU
Klosterstraße 68, 40211 Düsseldorf

16 YABASE
Klosterstraße 70, 40211 Düsseldorf

17 BISTRO FATAL
Hermannstraße 29,
40233 Düsseldorf

18 BRASSERIE HÜLSMANN
Belsenplatz 1, 40545 Düsseldorf

19 EM BRASS
Moltkestraße 122, 40479 Düsseldorf

20 HASHI... MAHLZEIT
Ackerstraße 182, 40235 Düsseldorf

21 HITCHCOQ
Nordstraße 30, 40477 Düsseldorf

22 LIDO HAFEN
Am Handelshafen 15,
40221 Düsseldorf

23 NAGOMI
Bismarckstraße 53,
40210 Düsseldorf

24 ROB'S KITCHEN
Lorettostraße 23, 40219 Düsseldorf

25 ROCAILLE
Weißenburgstraße 19,
40476 Düsseldorf

26 RUBENS
Kaiserstraße 5, 40479 Düsseldorf

27 THREE KINGDOMS
Stresemannstraße 4,
40210 Düsseldorf

28 WEINHAUS TANTE ANNA
Andreasstraße 2, 40213 Düsseldorf

Bewertung ausgesetzt

29 FRITZ'S FRAU FRANZI
Adersstraße 8, 40215 Düsseldorf

DÜSSELDORF

1876
Daniel Dal-Ben

Grunerstraße 42a, 40239 Düsseldorf
T +49 (0) 211 1717 361
www.1876.restaurant

 Enzo Caso
 Daniel Dal-Ben
 Enzo Caso
mittags, Mo, So, Feiertag ganztags
Menü 130 / 198 €

Am Ende eines Menüs im 1876 Daniel Dal-Ben wünscht sich der Gast, das Restaurant mit vier Gegenständen betreten zu haben: einer Schusswaffe und drei Weckgläsern. Dann könnte er in die Küche stürmen und den namensgebenden Chef nötigen, eine ordentliche Portion des Caprese-Sugo abzufüllen, der seidigen, aber immens kräftigen Sauce aus Tomate und Basilikum, die einen mit Perlhuhn gefüllten Raviolo umgarnte. Oder einen Liter des mit Umami protzenden Ragù vom Wagyu, das man sich daheim sehr gut als Pasta-Doping vorstellen kann. Und die Meeresfrüchte-Sauce mit Kaviar, die den perfekt gegarten Skrei so traumhaft begleitete? Her damit, aber zackig! Schon immer kochte Dal-Ben – der nie die übliche Tour durch die Hochgastronomie machte, sondern sich nach Ausbildung im Brauhaus und einer Hotel-Station alles selbst erarbeitete – bemerkenswert. Doch die Pandemie brachte einen Wechsel hin zu noch mehr Qualität, dem nicht nur der Namenszusatz „Tafelspitz" zum Opfer fiel (den ohnehin exakt kein Gast je verstand), sondern auch ein paar Tische – es gibt nur noch vier pro Abend. Vor allem aber nutzt Dal-Ben seitdem die venezianische Küche – die Heimat seiner Mutter – als Plattform für seine eleganten, hochwertigen und doch nie anstrengenden Gerichte, gern auch mal mit einem Schuss Humor, wie beim „Tonello Vitellato", einem umgedrehten Vitello tonnato aus Lachs-Sashimi mit Kalbsbriescreme. Bei all dem ist die optische Qualität von Dal-Bens Kreationen nicht geringer als die geschmackliche. Was der Gast bekommt, kann er zu Beginn des Abends nur ahnen: „Gusto del Capo" lautet das Menü und listet zunächst nur die Zutaten aller Gerichte. Der Gast soll überrascht werden, erklärt Enzo Caso. Der langjährige Maître von Jean-Claude Bourgeuils Schiffchen ist ins Zooviertel gewechselt und trägt zum steilen Qualitätsaufstieg des 1876 bei. Nicht einmal beim Dessert lässt Dal-Ben nach, obwohl er keinen Patissier beschäftigt. Einem Törtchenstreifen aus Schokoladencreme mit Zitrusfrüchtesorbet und Kardamom-Milchschaum folgen schweinisch leckere Kleinigkeiten wie eine bronzen schillernde Erdnusspraline. In dieser Form ist das 1876 das beste klassisch ausgerichtete Restaurant in Düsseldorf. Dies ist umso bemerkenswerter angesichts der Größe, besser der Winzigkeit der Küche. Gäbe es ein Ranking der Gault&Millaut-Hauben pro Quadratmeter Küche, Dal-Ben würde locker den Sieg davontragen. Deshalb sei auch gewarnt, wer dem oben angeführten Rat folgen und mit einem Colt um Nachschlag ersuchen möchte: Die Küche ist so eng, dass ein Ziehen der Waffe in einem Unglück für deren Besitzer enden könnte.

Agata's

Kirchfeldstraße 59, 40217 Düsseldorf
T +49 (0) 211 2003 0616
www.agatas.de

Agata Reul
Philipp Lange
Emiko Fukuzawa
mittags, Mo, So, Feiertag ganztags
Menü 119 / 149 €

Eine heiße Suppe. Wann bekommt man ihn noch in der gehobenen Gastronomie, den dampfenden Teller flüssigen Glücks? Kein lauwarmer Schaum, kein winziger Cappuccino – einen satten Teller Schwarzwurzelsuppe lässt Philipp Lange in seinem Menü servieren, substanziell im Fond und deutlich nach dem Gemüse schmeckend. Freilich wird sie, wie heute vielerorts üblich, aus einer asiatischen Teekanne großzügig von Gastgeberin Agata Reul angegossen. Denn im Teller hat Langer Sparringspartner für den herrlichen Sud arrangiert: eine gleichsam feste wie sanfte Rolle Schwarzwurzel, die in Sojasauce mariniert wurde, ein angebratenes, fleischiges Stück Maitake-Pilz, sauer eingelegte Moosbeeren und ein zartes Lammbries. Jeweils kombiniert mit etwas von der Suppe entstehen so auf dem Löffel mehrere Gerichte rund um ein Produkt. Umgeben von Moosplatten an den Wänden, die Tische rund um eine Art Becken gestellt, in dem rund 50 Spirituosen auf Podesten verteilt sind, ist das Agata's im Living Hotel eine jener Adressen, in denen ausgetüftelte Kochkunst auf entspannte Atmosphäre treffen. Vor der Suppe überzeugte Langer mit sehr grob geschnittenem Tatar von pyrenäischem Kalb umrahmt von getrockneter Kombualge, darauf Kaviar, Puffkartoffeln gefüllt mit Rotalgencreme und Daikon-Rettich. Eine eigene Interpretation von Sushi gelingt mit einem Streifen Aal und Chinakohl auf mild gesäuertem Reis, lediglich der gepuffte Buchenpilz gerät zu zäh, um Spaß zu machen. Und wäre es nicht in Lauchkohle umhüllt, würde das Wagyu-Schmalz fast unbemerkt als cremige Trägermasse untergehen. Zu den Eigenheiten des Agata's gehört, dass ein als Sorbet deklariertes, aber eigentlich vollwertiges Dessert dem Hauptgang vorangeht. Dass die Verwendung von Joghurt zusätzlich zur Birne das Gefrorene eher zum Eis als Sorbet macht – angesichts der gelungenen Umsetzung sehen wir da gerne darüber hinweg. Es folgt: ein ordentliches Stück achtsam an der Karkasse gegarte Entenbrust, dem Lange ein Püree aus Kerbelknolle zur Seite stellt, das ebenso wenig wie die Rote Bete dem Protagonisten die Show stiehlt. Die folgende Süßspeise, ein Bananenbrot mit Maronen und Walnusseis, ist dann wirklich das Dessert, das kaum süßer, aber ebenso schmackhaft wie das Sorbet ist. Agata Reul und Restaurantleiter Christian Schulte servieren Langes weltläufige Gerichte mit der nötigen Professionalität und einer sehr persönlichen und lockeren Art. Die Weinkarte gefällt mit Jahrgangstiefe bei den Rieslingen aus gutem Haus und man sollte sich dort gütlich tun, denn die irritierende Weinbegleitung bleibt wechselweise blutleer oder übermächtig und alkoholstramm.

DÜSSELDORF

Bar Olio

Schirmerstraße 54, 40211 Düsseldorf
T +49 (0) 211 3677 294
www.bar-olio.de

🔒 So, Feiertag ganztags

Düsseldorfer In-Treff, bei dem man warten oder etwas Glück haben muss, denn es gibt keine Reservierungsmöglichkeit. Dafür aber eine zuverlässige und vielfältige Bistroküche. So finden sich auf der großen Kreidetafel Gillardeau-Austern, eine ausgezeichnete Fischsuppe, asiatisch angehauchte Gerichte wie der mit Miso marinierte gegrillte Lachsbauch oder hausgemachte Pasta wie Spaghetti alla chitarra. Die Getränkekarte hat einige interessante Weine parat, die glas- oder flaschenweise bestellt werden können.

Berens am Kai

Kaistraße 16, 40221 Düsseldorf
T +49 (0) 211 3006 750
www.berensamkai.de

🍴 Holger Berens
👨‍🍳 Michal Slawik
🍷 Barbara Beerweiler
🔒 Sa mittags, Di, So ganztags
Menü 79 / 107 €
Vorspeise 24 / 36 €
Hauptgang 29 / 55 €

Seit bald einem Vierteljahrhundert gelingt es Holger Berens, in dem sich in dieser Zeit radikal gewandelten Medienhafen als Konstante zu wirken. Zeitgemäß, urban, leger – und eine Küche, die einen denken lässt: So einfach kann es sein, zu begeistern. Hervorragende Zutaten, mutige Wendungen, Vertrauen auf Eigengeschmack und Kombinationskunst, handwerklich tadellos zubereitet. Auch dann, wenn Berens eine gesamte Menülänge mit Laptop in der Ecke seines Restaurants sitzt und auf die Fähigkeiten seiner Brigade vertraut – zu Recht. Das will er künftig noch viel mehr tun, denn Anfang Januar verkündete er, dass er sich vom Herd zurückzieht und als Geschäftsführer an Bord bleibt. Wir erlebten, dass sein Souschef Michal Slawik die Lücke prächtig schließt. Die pochierte Auster aus der niederländischen Region Zeeland bringt die Seefrische auf den Teller, Lauchmark die Würze und das Innere einer Lauchstange, zart gegart, wendet die Küche in Kohle. Das bringt eine entschlossene Bitterkeit mit, die einen bemerkenswerten Kontrast schafft. Ein zartes, sachtes Händchen zeigt im nächsten Gang die Dashi-Bouillon, deren Aroma fast schüchtern von Kaffirlimette belebt wird. Mit den gleichfarbigen und gleich geschnittenen Streifen vom Daikon-Rettich, etwas knackig, und den gegarten Calamari-Streifen – weicher im Mund – inszeniert der Gang ein gekonntes Verwirrspiel, getoppt von einem Hauch Kaviar. Scheinbar banal, perfekt umgesetzt – wunderbar. Die folgenden Gänge, Secreto vom Ibérico-Schwein und die gebratene Taube mit Auberginen-Komponenten, die das das Aroma des Gemüses richtig herauskitzeln, sie lassen einen nicht weniger glücklich zurück. Statt des süßen Abschlusses lohnt die Wahl des Käseganges, an diesem Abend sind die kleinen Vierecke Comté auf einem Trüffeltoast mit einer herrlichen dunklen Sauce übergossen – das hätte auch als Hauptgang eine gute Figur abgegeben. Den Service leitet kenntnisreich und routiniert Barbara Beerweiler. Die Weinkarte wirkt – nicht zuletzt wegen der dann doch vielen ausgetrunkenen Positionen – so hochwertig wie erratisch, als ob Berens ein paar seiner Schätze vorm allgemeinen Publikum verbergen möchte. Finden tut der Gast natürlich dennoch eine feine Flasche.

Bistro Fatal

Hermannstraße 29, 40233 Düsseldorf
T +49 (0) 211 3618 3023
www.bistro-fatal.com

🔒 mittags,
   Mo, Di, So, Feiertag ganztags
Vorspeise 10 / 21 €
Hauptgang 18 / 45 €

Hier im beliebten Stadtteil Flingern kocht Alexandre Bourgeuil, der Sohn der Kaiserswerther „Im Schiffchen"-Legende Jean-Claude. In entspanntem Ambiente servieren der Junior und sein immer gut gelauntes Serviceteam nahe der Hipster-Allee Ackerstraße Klassiker der Bistro-Küche (Austern, Burgunder-Schnecken, Terrine von der Foie gras, Steak frites) und innovativere Gerichte nach Art des Bistronomy-Trends. Die Weinkarte bietet für Freunde von Naturweinen einige interessante Flaschen.

Brasserie Hülsmann

Belsenplatz 1, 40545 Düsseldorf
T +49 (0) 211 8639 9332
www.brasserie-huelsmann.de

🔒 Mo, So, Feiertag ganztags
Vorspeise 3 / 23 €
Hauptgang 13 / 31 €

Papiertischdecken, enge Bestuhlung, eine pickepackevolle Speisekarte – konsequent und sehr erfolgreich verfolgt Jenny Hülsmann mit ihrem bewährten Team die Ideen ihres Vaters Robert weiter. Für Meeresfrüchte, Entenmägen, Pasteten, Würste, satte Fischstücke und die besten Pommes frites weit und breit stehen die Menschen gerne Schlange vor der unkomplizierten Brasserie in Oberkassel, denn Reservierungen gehören hier so wenig zum Konzept wie Kartenzahlung.

Dr. Kosch

Roßstraße 39, 40476 Düsseldorf
T +49 (0) 176 8048 7779
www.dr-kosch.de

Volker Drkosch
Volker Drkosch
Lisa Hohlbein
🔒 mittags,
   Mo, Di, Mi, So, Feiertag ganztags
Menü 82 / 124 €

Gäste! „Lasst euch verzaubern", ist in der aufgerollten Speisekarte in DIN A3 zu lesen und man solle „einfach machen lassen" zu genießen gäbe es „kulinarische Poesie". Das Besteck liegt zur Selbstbedienung in einer kleinen Box, obenauf der Saucenlöffel, den man nicht abgeben soll. Die maximal sechs Gerichte unter der Überschrift „Aus dem Glückslabor" tragen Namen wie „Der Samurai vom Niederrhein" oder „Herr: Es ist Zeit. Der Sommer war sehr groß". Und so ist es nur konsequent, dass auf der Quittung steht: „Nicht vergessen: Der Clown ist die wichtigste Mahlzeit des Tages." Mit den folgerichtig nur zweitwichtigsten Speisen des Tages aber beschert Volker Drkosch, der selber immer ein wenig spröder wirkt als seine Form der Kommunikation, den Gästen aber ohne jeden Abzug Einsichten, Freude und Spannung. Denn bei all der etwas anderen Ansprache, die sich in dem leicht rumpelig wirkenden Ambiente spiegelt, ist die Ernsthaftigkeit Drkoschs bei Produktqualität, Kombination von Zutaten und handwerklicher Ausführung sicht- und schmeckbar: von der kleinen Brioche im Glas, die zur aufgeschlagenen Limettenbutter in Optik eines Baisers gereicht wird, über die Wahl der eben nicht nur dekorativen Tupfer bis zur überzeugend eigenständigen Behandlung vermeintlich bekannter Zutaten. Stellvertretend für alle Zaubereien sei der Gang „Underwater Love" hervorgehoben, dem wir ewige Liebe schwören. Am Tisch gießt Drkosch aus einer japanischen Teekanne einen klaren, mit Verbene versetzten Tomatensud an ein prächtiges Stück geangelten Wolfsbarsch, das saftiger nicht gegart sein könnte. In der Nase verbreitet das Gericht einen Duft, der Assoziationen an ein Wellnessparadies weckt. Nur vermeintlich zur Auswahl stehen zwei Fleischgänge – Rind und Reh. Drkosch findet, dass sie so unterschiedlich seien, dass der Gast sie im vollständigen Menü beide nehmen kann. Und recht hat er. Das Wagyu aus regionaler Züchtung schmort er, schneidet es in hauchdünne Scheiben und erzeugt so eine einzigartige Konsistenz und Aromatik des Fleischs, die auch ohne die passende Begleitung restlos zufriedenstellt. Die geschmorte Rehschulter wartet mit einem ganz anderen Biss auf, ist im Geschmack vernehmlich Wild. Das feine Händchen für passende Weine belegt schon zu Beginn die Pfälzer Gewürztraminer Spätlese von Krebs, die sich als Alternative zu den typischen Süßweinen empfiehlt als Begleiter der kross gebratenen Gänseleber mit Topinambur, Mirabellen und fluffigen Kaiserschmarrn-Fetzen. Fair kalkuliert sind die auch nur einzeln zu wählenden Begleitweine zudem.

Em Brass

Moltkestraße 122, 40479 Düsseldorf
T +49 (0) 211 3618 3617

🔒 mittags
Vorspeise 10 / 17 €
Hauptgang 12 / 35 €

Das kleine Szenelokal im Stadtteil Pempelfort wird von Galal El-Sherif geführt, einem Düsseldorfer mit ägyptischen Wurzeln, der seine Gäste mit aromenstarker und stimmiger Cross-Over-Küche verwöhnt: Ceviche von Dorade und Pulpo mit Urkartoffeln, Koriander und Chili; hausgemachte Tagliatelle mit Jakobsmuschel und Safran; Pulled-Beef-Burger mit Rotkohl-Ingwer-Salat. Man sitzt drinnen an Holztischen oder draußen auf der Terrasse, wird geduzt und freut sich über die ausgezeichneten, fair kalkulierten Weine.

Fritz's Frau Franzi

Bewertung ausgesetzt

Adersstraße 8, 40215 Düsseldorf
T +49 (0) 211 3707 50
www.fritzs-frau-franzi.de

Holger Beleza Lobo
Tobias Rocholl
mittags, Mo, Di, So ganztags
Menü 114 / 146 €
Vorspeise 23 / 25 €
Hauptgang 26 / 29 €

Nach sechs Jahren verabschiedeten sich zum Jahreswechsel Benjamin Kriegel vom Herd des Fritz's Frau Franzi und seine Frau Ramona aus dem Service. Kriegel übernahm das Pink Pepper, das neue Restaurant des Düsseldorfer Steigenberger Hotels. Nachfolger wird Tobias Rocholl vom Brogsitter in Bad Neuenahr. Wir freuen uns auf den Antrittsbesuch.

Hashi… Mahlzeit

Ackerstraße 182, 40235 Düsseldorf
T +49 (0) 211 6878 9908
www.hashi-mahlzeit.de

Di, Fr, Sa mittags,
Mo, So, Feiertag ganztags
Menü 50 / 65 €
Vorspeise 10 / 20 €
Hauptgang 18 / 45 €

„Hashi" ist das japanische Wort für Mahlzeit, aber in diesem kleinen Restaurant auf der Szenemeile Ackerstraße wird vornehmlich chinesisch gekocht, und zwar exzellent: von hausgemachten Dim Sum über Nudelsuppen und Reispfannen bis zu Schweinebauch vom Schwäbisch-Hällischen mit Kimchi und Sojajus. Die Küche arbeitete hier schon bevorzugt mit ganzen Tieren, als von Trends wie „from Nose to Tail" noch keine Rede war. Herzlicher Service, überraschend gute Weinkarte.

Hitchcoq

Nordstraße 30, 40477 Düsseldorf
T +49 (0) 211 2339 5288
www.hitchcoq.de

mittags, Mo, Feiertag ganztags

Das nennt man Spezialisierung: Es gibt nur eine einzige Speise, die aber von höchster Qualität: Nashville Hot Chicken. Die Hähnchen-Spezialität, die in den USA Kultstatus besitzt, wird hier frei von Antibiotika angeboten, 24 Stunden in Marinade eingelegt und sanft frittiert, in fünf Schärfegraden von mild über „Lord Have Mercy" bis „The Afterlife", dazu gibt es Begleiter wie Coleslaw oder Pommes frites. Genießer schätzen das Hitchcoq auch wegen seiner Weinkarte mit einigen Naturweinen und anderen Bio-Raritäten. Außerdem wird hier hausgebrautes Alt- und Lagerbier gezapft.

DÜSSELDORF

Im Schiffchen

Kaiserswerther Markt 9,
40489 Düsseldorf
T +49 (0) 211 4010 50
www.im-schiffchen.com

Raquel Plum
Jean-Claude Bourgueil
mittags, Mo, So ganztags
Menü 129 / 129 €
Vorspeise 24 / 56 €
Hauptgang 26 / 68 €

Jean-Claude Bourgeuil ist der Udo Lindenberg der deutschen Hochgastronomie, die beiden liegen alterstechnisch auch nur ein Jahr auseinander. Letzterer hat mit „Ich mach mein Ding" sein Comeback gestartet, Ersterer kocht nach diesem Motto. Vorbei ist die Zeit von Pomp, Schnörkeln und Aufwand (abgesehen von Robert, dem großartig freundlichen Wagenmeister, der dafür sorgte, dass Parkplatzsuche kein Thema ist), hinweggefegt der Ausflug in die mediterrane Küche. Bourgeuil serviert französische Küche in handwerklicher Perfektion und mit einem klaren Fokus auf die Qualität der verwendeten Produkte. So bekommt eine cremige Sauerkrautsuppe einen Ausflug ans Meer spendiert: In ihrer Mitte liegt eine mit Seetang zusammengehaltene Rolle mit Edelfischen und Krustentieren, wobei jede der Zutaten klar herausschmeckt. Ein Zahnbrassen-Tatar dagegen wird bedeckt und auf den Punkt gesalzen von Kaviar und begleitet mit frühlingshafter Lauchcreme. Zu oft sind Fleischgerichte der Langeweiler im Menü – nicht bei Bourgeuil. Der Hüftdeckel vom Bison-Filet wird begleitet vom einem vor Umami protzenden Sauce, die durch einen Burrata-Belag runtergedämpft wird und durch Zwiebelschmalz einen Schuss Süße erhält. Eine Campari-Orange-Variation als Dessert, bestehend aus Blutorange, entsprechendem Eis und einem Vanilleschaum, gibt es auch in zig anderen Restaurants, aber eben nicht in dieser Perfektion. Wer nun rummäkelt, dass Neuigkeiten fehlen, es früher Opulenteres im Schiffchen gab oder die Weinkarte vielleicht ein wenig ausführlicher war, dem möchte man mit Lindenberg antworten: „Egal was die ander'n labern, was die Schwachmaten einem so raten, das ist egal – Bourgueil macht sein Ding."

Le Flair

Marc-Chagall-Straße 108,
40477 Düsseldorf
T +49 (0) 211 5145 5688
www.restaurant-leflair.de

Nicole Bänder
Dany Cerf
Tobias Gläser
mittags, Mo, Di, Feiertag ganztags
Menü 96 / 144 €

Es ist dem Le Flair gelungen, dass der Gast nach dem Betreten des Speiseraums angesichts der aufgeräumten und dennoch warmen Atmosphäre die stets etwas fröstelige Atmosphäre des Neubaugebiets auf dem ehemaligen Bahngelände vergisst und sich wohlfühlt, woran die über den ganzen Abend kräftige Geräuschkulisse nichts ändert. Die Konzentration aufs Wesentliche, keine Ablenkung, das eint Interieur und Küche. Dany Cerf bleibt verlässlich der französischen Küche treu, zum Auftakt mit einem Ausflug in den Süden der Grande Nation. Die knusprige, fast papierdünne Pissaladière mit würzigem Mus und Oliven und Anchovis als Belag ist eine feine Einstimmung. Und aromatisch nahezu der kräftigste Akzent, den die Küche an diesem Abend setzt. Die folgenden drei Gillardeau-Austern unter Schellfischschaum mit Meerrettich und Roter Bete gelingen so sanft und zart, dass sie auch jenen schmecken sollten, die weder Austern, Meerrettich noch Rote Bete mögen. Im unmittelbaren Vergleich dazu wirken die hervorragenden Jakobsmuscheln mit Maronen, Topinambur und Walnuss schon fast wie ein rustikales Vergnügen. Dass auf Cerfs Speisekarte der offene Raviolo annonciert wird, der nach geschlossenem Cabrio klingt, ist als Sprachmarotte verzeihlich, weniger allerdings, dass die optisch großzügig verteilten Trüffelscheiben auf der runden Nudelscheibe und der sorgsam gegarten Entenleber nur bescheidenen Duft verbreite-

234 GAULT&MILLAU

ten. Ein Schicksal, das sie mit den gut sichtbaren Trüffel-Stückchen in der zum Hauptgang servierten Sauce Périgueux teilten. Hier bestätigt Cerf erneut seinen tadellosen Umgang mit Garpunkten. Die Tranche Filet vom Black Angus kann nicht gelungenes Röstaroma und Fleischgeschmack mit zartestem Biss kombinieren, das dazu gereichte Ragout der Rinderbacke hätte gerne ebenfalls in doppelter Menge auf dem Teller liegen dürfen (dafür von den etwas langweiligen Kartoffeln weniger). Und dennoch hinterlassen sämtliche herzhaften Gerichte des Abends leise den Wunsch, sie wären etwas mehr wie die abschließende Trilogie von Desserts gewesen, bei dem vor allem die Maronencreme mit Knusperplatten begeistert. Die Preise des Menüs und der Weine der umfangreichen Karte orientieren sich eher an denen der Mieten an der Marc-Chagall-Straße, die so hoch sind, wie der Straßenname annehmen lässt (und die nicht ausreichend Parkplätze für Abendgäste bereithält). Der sehr herzliche Service ist neben der verlässlichen Küchenleistung ein weiterer guter Grund, warum sich das Le Flair bei vielen Gästen auch weiter großer Beliebtheit erfreut.

Lido Hafen

Am Handelshafen 15,
40221 Düsseldorf
T +49 (0) 211 1576 8730
www.lido1960.de/hafen

 mittags,
Mo, Di, Mi, So, Feiertag ganztags

Die 360-Grad-Aussicht in diesem mitten im Wasser liegenden Glaskubus am Medienhafen ist spektakulär und passend zu diesem Genuss für die Augen lässt Florian Ohlmann auf zwei Etagen erstklassige gehobene Bistroküche servieren – von Bouillabaisse und Rindertatar über Moules frites bis zur geschmorten Ochsenbrust mit grünen Bohnen, Kartoffelpüree und Senfkaviar. Bei der Weinauswahl, die sich auf Deutschland und Europa konzentriert, gibt es ein gutes Dutzend auch glasweise.

Düsseldorf

Nagaya

Klosterstraße 42,
40211 Düsseldorf
T +49 (0) 211 8639 636
www.nagaya.de

- Yoshizumi Nagaya
- Yoshizumi Nagaya
- Stephan Körner
- Mi mittags,
  Mo, So, Feiertag ganztags

Menü 179 / 218 €

 Res.

Yoshizumi Nagaya pflegt unbeirrt seinen wohl einzigartigen Balanceakt zwischen japanischem Produktfanatismus und europäischer – vornehmlich französischer – Küchenhistorie. Radikale Neuerungen wird der Gast vergeblich suchen (und sie auch nicht vermissen). Der erste Gang besteht aus Miniaturen, die Anspruch an Präsentation wie Geschmack in Einklang bringen und angesichts der Größe an Grüße aus der Küche erinnern. Aufwand und Produktauswahl aber adeln sie zu kleinen Gerichten. Von denen hat es uns diesmal vor allem das lange gegarte Stück Topinambur angetan, das mit changierender brauner Hülle an eine Zigarre erinnerte und mit der Füllung aus geschmortem Rindfleisch und Crème fraîche fein und herzhaft zugleich in Erinnerung bleibt. Aber auch der Gänseleber-Lolli in Roter Beter mit Krokant und Haselnussstaub oder das ausgebackene Shisoblatt führen neben dem Thunfischtatar mit Kaviar und dem weichen Wachtelei in Wagyumantel auf einem knusprigen Teignest im Menü nachhaltig in Nagayas ganz eigene Welt ein. Omakase – die japanische Essenstradition, die „Ich überlasse es Ihnen" bedeutet – ist das Menü mit neun Gängen, bei der kurzen Version verzichtet der Gast auf Sashimi, Fischgericht des Monats und ein zweites Dessert. Und der Gast würde vieles versäumen. Vor allem eine Sushi-Qualität, die in ihrer scheinbaren Schlichtheit überwältigt. Thunfisch in Variationen mit dem O-toro, also dem fetten Bauch, als intensivste Stufe zeigt sich als mächtiges Crescendo von Pianissimo bis Mezzopiano, denn es sind leise, subtile Schritte, die es lohnt, langsam und aufmerksam zu verfolgen. In seinen Monatsgerichten – bei unserem Besuch confierter Kabeljau als Fischgang und spanisches Rindfleisch (gegen saftige Aufpreise zu ersetzen gegen Kaisergranat und Wagyu-Marmorierung A4) vollführt Nagayas Team den Brückenschlag auf mehreren Ebenen, Saucen, die mit Sojasauce reduziert wurden und ihre ganz eigene Version klassischer Jus sind. Abgerundet wird der Abend mit Tarte mit Zimtaroma und Macaron mit fruchtigem Aroma. Das Nagaya-Erlebnis wird so richtig vollständig durch den – ausschließlich männlich besetzten – Service, der in seinen Anzügen und den Funkknöpfen im Ohr zwar an Personenschützer erinnert, aber nicht nur detailliert die Gerichte kennt, sondern auch einen souveränen Umgang auf Augenhöhe mit dem Gast beherrscht. Er schenkt auch die noch bezahlbaren offenen Weine aus, während man ehrfurchtsvoll die umfangreiche Weinkarte und die dazugehörigen Preise studiert.

Nagomi

Bismarckstraße 53, 40210 Düsseldorf
T +49 (0) 211 4165 8988
www.nagomi.de

🔒 mittags, So, Feiertag ganztags

Das im japanischen Viertel gelegene Nagomi bietet neben Sushi und Sashimi auch Suppen, Gegrilltes, Geschmortes und Frittiertes. Löblicher Service: Beim Sashimi-Angebot kann man nicht nur zwischen Blauflossenthun, Makrele, Oktopus oder einem fertigen Mix wählen, sondern sich auch eine eigene Auswahl zusammenstellen lassen. Die Einrichtung ist extrem minimalistisch, fürs Wohlfühlen und gute Stimmung sorgt hier nicht das Mobiliar – schon eher die trinkfreundlich kalkulierte Sake-Auswahl. Neuerdings gibt es auch eine Terrasse.

nineOfive

Ackerstraße 181, 40233 Düsseldorf
T +49 (0) 211 9421 8181
www.nineofive.de

🔒 Mo, Di, Mi, Do mittags
Menü 10 / 30 €
Vorspeise 4 / 16 €
Hauptgang 8 / 16 €

Inzwischen alles andere als ein Geheimtipp, aber dennoch eine zwingende Adresse für alle, die verstanden haben, was eine gute neapolitanische Pizza braucht: Zeit und Ruhe bei der Teigführung, erstklassige Zutaten, einen knallheißen Ofen und einen fähigen Pizzaiolo. Alles das gibt es hier (inzwischen auch mit Ablegern in München, Regensburg, Augsburg und Jena) – und außerdem eine spektakuläre Weinkarte, bekanntlich war ninOfive-Gründer Sebastian Georgi einst Chefsommelier von Dieter Müller.

Düsseldorf

PHOENIX
Restaurant & Weinbar

Dreischeibenhaus 1, 40211 Düsseldorf
T +49 (0) 211 30206030
www.phoenix-restaurant.de

Tanja Wolter
Philipp Wolter
Katharina Brisach
Sa mittags,
Mo, So, Feiertag ganztags

Menü 72 / 137 €
Vorspeise 30 / 47 €
Hauptgang 53 / 64 €

Die Küche des PHOENIX hinter den leicht getönten bodentiefen Fenstern strahlt mit den Gerätschaften fast die Atmosphäre eines Labors aus, in dem Mitarbeiter in weißer Kleidung konzentriert ihrer Arbeit nachgehen. Und Küchenchef Philipp Wolter scheint die vergangenen Monate genutzt zu haben, um Details zu präzisieren und Feinheiten herauszuarbeiten. Ob es das schon fast speckige Aroma der geräucherten und aufgeschlagenen Butter mit angegossenem Lauchöl zum fluffigen Kartoffelbrot ist oder die Gewürz-Akzente in den Amuse-Bouches – Wolter setzt die Treffer im Menü „Fauna". Er kitzelt Eigengeschmack heraus. Dafür riskiert Wolter notfalls, dass Zutaten in der Konsistenz rustikal wirken – im Hauptgang sind die Stücke vom bergischen Lamm sichtbar mit Fettschicht belassen, was herrlich kräftigen Geschmack gibt. Ergänzt wird das durch großartiges Lammragout, mit Crème fraîche abgeschmeckt, das in einer Rolle Lauch versteckt ist und einem Safraneis, das langsam über dem Püree aus Bamberger Hörnchen schmilzt – wunderbar. Der kräftige Biss des Fleischs ist offenbar gewollt, denn in den Gängen zuvor gibt sich Wolter bei Garpunkten keine Blöße, im Gegenteil. Die Wachtelbrust ist so zart, wie das möglich ist, die Nocke Ragout schlicht ein Traum. Den gelungenen Kontrast bildet der fermentierte Rhabarber, in Spänen aufgerollt. Der ebenfalls sehr zarte Kaisergranat schwimmt in einer mit Sternanis geadelten Krustentier-Bisque. So funkeln auf jedem Teller Elemente, die Spannung erzeugen. Unsere kindliche Begeisterung für Essen bedient Wolter abschließend mit einem gesalzenen Erdnusseis, das schlicht wie ein cremig-kaltes Snickers schmeckt und auf einem Bett aus Bananencoulis liegt und Komplexität durch den Sud mit Chaigewürz bekommt. Das alles wird in dem außergewöhnlichen Raum im Erdgeschoss des Dreischeibenhauses von freundlichen Mitarbeitern serviert. Die Weinkarte gibt die Gelegenheit, angenehm zu trinken oder ein Vermögen zu investieren.

Düsseldorf

Pink Pepper NEU

Königsallee 1a, 40212 Düsseldorf
T +49 (0) 211 1381 611
www.steigenberger.com/hotels/
alle-hotels/deutschland/
duesseldorf/steigenberger-
parkhotel-duesseldorf/
restaurants-bars/restaurant-
pink-pepper

- Ramona Kriegel
- Benjamin Kriegel
- Ramona Kriegel
- mittags, Mo, So, Feiertag ganztags

Menü 139 / 174 €
Vorspeise 46 / 49 €
Hauptgang 49 / 54 €

Sieben Jahre ist es her, da zum letzten Mal ein wirklich ambitioniertes Restaurant in Düsseldorf eröffnete – das PHOENIX im Dreischeibenhaus. So war es eine Erschütterung der Gastroszene, als Ramona und Benjamin Kriegel ihren Wechsel vom Fritz's Frau Franzi, wo sie es zu einer starken zweiten Haube gebracht haben, zum umgebauten Restaurant des Steigenberger Parkhotels an der Kö verkündeten. Pink Pepper heißt es und wirkt wie deplatziert in einem Hotel, dessen Eingang an fragwürdigste Ästhetikmomente der 1980er erinnert. Mit seiner zeitgemäßen Mischung aus altrosa Samt, Gold, hypnotisch-verrückten Fliesen und gekonntem Lichtdesign spielt das Pink Pepper dem Besucher vor, dass draußen nicht die Düssel dümpelt, sondern Seine oder Themse fließen. Benjamin Kriegels Kochstil passt in die Mischung aus alter Grandeur und hipsteriger Weltoffenheit. Da folgt auf eine Kalbssülze mit gebratenem Bries und heimischem ABB-Senf ein japanisch anmutendes Türmchen aus dehydrierter Karotte, Kohlrabi-Kimchi und geräuchertem sowie in Asche gerolltem Schinken von der Gelbschwanzmakrele, das sich in einem Karottensud mit einem Tataki des Fisches trifft – alles zusammen ergibt ein gekonntes Spiel aus sauer und süß. Diese Harmonie der Gegensätze zeichnet Kriegels Küche aus, beim Hauptgang spielt er die ganze Klaviatur aus: Eine Brust vom Weidehuhn mit deutlichen Raucharomen bekommt durch Jus vom schwarzen Knoblauch eine süße und durch fermentierten Weißkohl und Zwiebel säuerlich-bittere Noten an die Seite gestellt. Noch ist nicht alles so perfekt. So brettert die exzellente Beurre blanc über eine Jakobsmuschel wie ein rücksichtsloser SUV-Fahrer über ein waidwundes Kaninchen und der gekonnt gegarte Zander mag so gar keine Bindung zu einer Frankfurter Grünen Sauce finden. Diese Bindung lässt sich aber notfalls über den Wein herbeiführen, der fast vollständig aus Europa kommt. Die Auswahl darf man der sehr kundigen Ramona Kriegel überlassen, der Lenkerin eines gut gelaunten und kompetenten Serviceteams. Schon dieses erste Menü zeigt, dass die Aufmerksamkeit für das Projekt Pink Pepper gerechtfertigt war: Bereits in dieser frühen Phase ist es kulinarisch wie atmosphärisch eine Bereicherung für Düsseldorf.

Rob's Kitchen

Lorettostraße 23, 40219 Düsseldorf
T +49 (0) 211 5435 7428
www.robs-kitchen.de

- So ganztags

Vorspeise 13 / 16 €
Hauptgang 15 / 29 €

Küchenchef Rob Op den Kamp, zu dessen Stationen auch die legendäre Schwarzwaldstube in Baiersbronn zählt, gelingt im Szeneviertel Unterbilk der Spagat zwischen Gourmetadresse und Restaurant für jeden Tag. Das Spektrum auf der regelmäßig wechselnden Karte reicht von Pommes mit Trüffel-Mayo über hausgemachte Gnocchi mit Tomatensauce bis zum Ibérico-Bäckchen mit Schalotten-Kartoffelstampf. Im großzügigen, stilvoll dezent gehaltenen Gastraum sitzt man sehr entspannt; neuerdings wird ein Großteil des verarbeiteten Gemüses selbst angebaut.

Rocaille

Weißenburgstraße 19,
40476 Düsseldorf
T +49 (0) 211 9771 1737
www.rocaille.de

So ganztags
Menü 45 / 85 €
Vorspeise 9 / 26 €
Hauptgang 16 / 75 €

Weinbar, Bistro mit marktfrischer Küche und Patisserie – wo sonst gäbe es eine solche Mischung, erst recht auf diesem Niveau? Man kann hier feinsten Piemonteser Rotwein trinken, eine Bratwurst essen, sich Risotto bestellen oder Quiche – und die hauseigene Macarons und Himbeer-Tartes besitzen Pariser Klasse. Bei den Zutaten kommt das Meiste von Biobauern aus der Region. Und bei den Weinen hat Inhaber Michael Spreckelmeyer weit mehr als 1000 Sorten angesammelt.

Roku Japanese Dining & Wine

Schwerinstraße 34,
40477 Düsseldorf
T +49 (0) 211 1581 2444
www.roku-dining.com

Di, Mi, Do, Fr mittags,
Mo, So, Feiertag ganztags
Menü 65 / 95 €
Vorspeise 18 / 30 €
Hauptgang 22 / 65 €

Unter bewährter wie kenntnisreicher Regie von Patron Yoshizumi Nagaya wird hier grundsolides Sashimi und Sushi geboten. Carpaccio, Foie-gras-Toast mit Trüffel und weitere kulinarische Allerwelts-Zitate weisen allerdings auf ein nicht gerade puristisches Verständnis japanischer Küchenkultur hin, wobei die allermeisten Gerichte handwerklich tadellos aufgetischt werden. Einzig, die so wichtige Frittier-Temperatur war nicht immer auf dem Punkt, was zu einem glänzenden und öldurchtränkten Tempurateig führt, der diese ursprünglich Fastenspeise zwar kalorisch anreichert, ihr aber auch die ihr eigene Finesse nimmt.

Rubens

Kaiserstraße 5, 40479 Düsseldorf
T +49 (0) 211 1585 9800
www.rubens-restaurant.de

🔒 mittags, Mo, So, Feiertag ganztags
Menü 54 / 65 €
Vorspeise 9 / 18 €
Hauptgang 20 / 32 €

Allein das Wiener Schnitzel zeigt schon die Klasse von Ruben Baumgarts Austro-Küche: hauchdünn geklopft, goldbraune, wunderbar luftig-fluffige Panierung. Wer sich an österreichische Klassiker hält, findet hier von Alt-Wiener Tafelspitz mit Wurzelgemüse, jungen Erdäpfeln, Schnittlauchsauce und Apfelkren über Kikok-Backhenderl mit Vogerlsalat bis zum Kaiserschmarrn weitere exzellente Vertreter. Spätestens beim nächsten Mal sollte man dann auch anderes aus Baumgarts Repertoire probieren – zum Beispiel weiße Kalbsbolognese mit Rigatoni, Eigelb, Ofenpaprika und Belper Knolle.

Setzkasten

Berliner Allee 52, 40212 Düsseldorf
T +49 (0) 211 2005 716
www.setzkasten-duesseldorf.de

🔪 Anton Pahl
🔒 So, Feiertag ganztags
Menü 45 / 89 €

Wer im Setzkasten essen möchte, sieht sich mit Küchenzeiten konfrontiert, die sonst in Luftkurorten gepflegt werden – die späteste Reservierung ist um 18:30 Uhr möglich. Grund ist die ungewöhnliche Gesamtkonstellation, denn das Restaurant befindet sich im Keller des Edeka-Marktes Zurheide, einem der aufwendigsten Supermarktprojekte Deutschlands. Weil der Setzkasten aber keinen eigenen Eingang besitzt, muss er sich der Schließzeit des Marktes unterwerfen – um 22 Uhr ist Schluss. Bis dahin erleben Gäste ein abwechslungsreiches und keinem dominierenden Stil unterworfenes Menü mit asiatischer Schlagseite. Frisch und frühlingshaft kombiniert Chef Anton Pahl zum Beispiel eine Scheibe Gelbschwanzmakrele mit einer Teigtasche, die mit Kohlrabicreme gefüllt wurde. Ebenso viel Spaß bringt die Setzkasten-Version des Holzfäller-Steaks: Wagyu mit Zwiebelvariationen und einer eigenen, eher würzigen denn scharfen Interpretation der Tiger-Sauce aus den US-Südstaaten. Nicht alles gelingt derart rund. So wirkt eine Kombination aus samtig-zarter Wachtelbrust, Foie-gras-Praline und Rote-Bete-Salat wie die Aufstellung einer dysfunktionalen Familie: jeder für sich ein Supertyp – aber gemeinsam wollen sie nicht zueinander finden. Versöhnlich das herausragende Dessert: eine Buddha-Figur aus Sticky-Rice-Creme, Gurken-Apfel-Eis, gepaart wird dies mit Buddhas Hand, Zitronengras, Sesam und Ingwer – eine tellergroße Rundreise durch die Aromen-Welt Südostasiens. Mit dieser Vielfalt und seiner Supermarkt-Lage könnte der Setzkasten eine niedrigschwellige Einstiegsdroge in die Welt der Hochgastronomie sein, denn vielleicht traut sich mancher hier zu essen, der ansonsten irrationale Ängste vor Restaurants mit hohen Bewertungen hegt. Und für Freunde exzellenter Weine bringt die Integration in den Lebensmitteleinzelhandel einen bemerkenswerten Vorteil: Sie müssen sich nicht auf die dürre Weinkarte des Setzkasten beschränken, sondern können gegen ein Korkgeld von 25 Euro die Weinabteilung nebenan räubern, deren gläserner Tresor Schätze bis in den vierstelligen Preisbereich verwahrt.

Soba-An NEU

Klosterstraße 68, 40211 Düsseldorf
T +49 (0) 211 3677 7575
www.soba-an.de

Vor lauter Sushi und Ramen vergisst man ja gerne, dass die japanische Küche aus weit mehr besteht als aus den weltweit populären Klassikern. In Nippon mindestens ebenso beliebt und verbreitet: Soba – gräuliche Nudeln aus Buchweizen, wahlweise kalt zum Dippen oder in zarter Brühe, mit Tempura oder ohne. Das kleine Soba-An im Herzen des japanischen Viertels ist ohne Zweifel deutschlandweit die erste Adresse, wenn es um die gleichnamige – hier selbstverständlich hausgemachte – Delikatesse aus Meisterhand geht. Alternativlos!

Three Kingdoms

Stresemannstraße 4,
40210 Düsseldorf
T +49 (0) 211 4680 0494
three-kingdoms.business.site

Wer sich unbedingt die Zunge verbrennen möchte, findet in diesem etwas schwer zu findenden Restaurant so manche kulinarisch spektakuläre Gelegenheit. Zum Glück aber wird die chilistarke Sichuan-Küche auf Wunsch auf europäisches Maß heruntergedimmt, ohne dabei ihre Aromen zu verlieren. Die großen Platten mit ganzen Fischen zum Beispiel, die sich die Gäste mehrheitlich chinesischer Herkunft teilen, versöhnen spielend mit dem Einerlei, das hierzulande allgemein mit chinesischem Essen verbunden wird.

Weinhaus Tante Anna

Andreasstraße 2, 40213 Düsseldorf
T +49 (0) 211 1311 63
www.tanteanna.de

🔒 mittags, Mo, So, Feiertag ganztags
Menü 59 / 89 €
Vorspeise 16 / 18 €
Hauptgang 27 / 35 €

Urig sitzt man in dem historischen Weinhaus: gemütliches Kerzen- und Kronleuchter-Licht, viel dunkles Holz, die verwitterte Granitsäule neben der Theke soll tausend Jahre alt sein. Tradition zählt hier was, und zu der gehört auch der Düsseldorfer Senfrostbraten mit Kartoffelpüree, ein Dauerbrenner der Karte. Die restliche Auswahl bietet Solides und Feines mit modernem Anspruch, etwa Bauch vom Schwäbisch-Hällischen Landschwein mit wildem Brokkoli, Pastinake und Mandel-Espuma oder Roulade vom Challans-Schwarzfederhuhn mit Spitzmorcheln, Pilzgel, Pariser Kartoffeln und Jus. Opulente Weinkarte mit und 450 europäischen Positionen!

Yabase

Klosterstraße 70, 40211 Düsseldorf
T +49 (0) 211 3626 77
www.yabase-ddf.com

🔒 So, Feiertag mittags, Mo ganztags
Menü 42 / 64 €

Der wohl „kompletteste" Japaner im Viertel. Hier sitzen mittags die Massen – und stehen draußen wartend in Schlangen –, um ihr Heimweh zu stillen oder dem Fernweh zu frönen. Das tun sie bei gepflegten Klassikern von außergewöhnlicher Qualität, bei Tonkatsu-Bento (krosses Schweineschnitzel auf Weißkohlstreifchen und Reis), gegrilltem Kiefer von der Gelbschwanzmakrele mit Essig, frittiertem Hühnchen, taufrischem Sashimi und ausgezeichnetem Sushi oder dem ein oder anderen saisonalen Tagesgericht. Wichtig: Nach dem Essen schnell aufstehen, draußen warten die nächsten!

Yoshi by Nagaya

Kreuzstraße 17, 40210 Düsseldorf
T +49 (0) 211 8604 3060
www.nagaya.de

👥 Yoshizumi Nagaya
👨‍🍳 Yoshizumi Nagaya
🍷 Hendrik Weiß
🔒 Do mittags,
   Mo, So, Feiertag ganztags
Menü 138 / 158 €

Dieses elegant schlicht gestaltete Restaurant wurde vor fünf Jahren von Yoshizumi Nagaya mit dem Konzept „Rückkehr zum Ursprung der japanischen Küche" eröffnet. Dass dies nicht mit letzter Konsequenz umgesetzt wird, ist ebenfalls Teil des Programms, denn wohl zum besseren Verständnis des kulinarisch Gebotenen wird hier ebenso die Verschmelzung der japanischen mit der europäischen Küche, sofern es eine solche gibt, angestrebt. Konsequent ist jedenfalls, dass alles in der großen Kaiseki-Tradition mit jahreszeitlicher Inspiration unter Verwendung bester, saisonaler Zutaten hier sehr präzise und schön sowie aufwendig auf einer farblich und thematisch passenden Geschirr-Auswahl angerichtet ist. Dies alleine ist eine Wissenschaft für sich, denn Kaiseki bedeutet immer ein Gesamtkunstwerk und soll Auge und Gaumen gleichermaßen erfreuen. Das ikebanahafte Arrangement der Speisen mit Blüten und Blättern sowie kunstvoll geschnitztes Gemüse spiegeln dabei die Jahreszeit wider. Allerbeste Zutaten, wie norwegische Königskrabbe als Tatar, bretonische Jakobsmuscheln für Sashimi, kanadischer, schwarzer Kabeljau, in Miso mariniert und gebraten, sind allesamt Garanten für ein feines wie gleichzeitig höchst komplexes Geschmackserlebnis. Keineswegs traditionell, aber umso mehr hervorzuheben ist die fulminante Auswahl aus dem Keller. Hendrik Weiß, Herr über einen großen Schatz hochwertiger Weine, legt dabei den Schwerpunkt seiner Auswahl auf beste deutsche und französische Provenienzen, so besticht die kenntnisreich zusammengestellte Champagner-Auswahl mit über dreißig Etiketten. Darüber hinaus stellt Weiß sehr engagiert ein ständig wechselndes Angebot an seltenen Sake-Spezialitäten, selbstredend korrespondierend zum Menü, vor.

EFRINGEN-KIRCHEN

Traube Blansingen

Alemannenstraße 19,
79588 Efringen-Kirchen
T +49 (0) 7628 9423 780
www.traube-blansingen.de

 Daniela Hasse
 Brian Wawryk
 Daniela Hasse
 mittags, Mo, Di, Feiertag ganztags
Menü 130 / 150 €

Wenn wir die Küche der Traube mit einem Wort charakterisieren müssten, wäre es dieses: Präzision. Zubereitungen, Garstufen, vor allem aber die Optik sind immer makellos. Natürlich sind die Teller auch eine Gaumenfreude. Das beginnt beim Amuse-Bouche, einem Trio aus Pastinakensuppe mit Leinsamencracker, gegrilltem Wirsing mit Perlhuhnbrust sowie gebackenem Bergkäse mit Majoran. Bei der Crevette wird aus den gerösteten Schalen ein Öl gewonnen, in dem dann das Krustentier gebraten wird. Aus dem restlichen Öl bereitet die Küche eine Mayonnaise, die sie mit einer kleinen hausgemachten Pasta und Kürbis vereint, was dann mit Kürbissaft und Kürbiskernöl abgerundet wird. Auf jeder Ebene spannend – auch der texturellen – ist dann der Hirsch auf gegrilltem Spitzkohl mit Buchweizen, eingelegten Blaubeeren und einer Bekrönung aus gerösteten Zwiebeln und krossem Grünkohl. An Mimikri grenzt es, wie der Sellerie präsentiert wird: Man hat das Gefühl, auf ein Stück Steinbutt zu beißen. Den Wildschweinrücken hat die Jagdgemeinde Müllheim geliefert; Karotte, Topinambur, gegrillter Kräuterseitling, Preiselbeere, Öl aus Salbei und Wildjus vereinen sich mit ihm zu einem dezenten herbstlichen Akkord. „Räucherli" ist eine in der Präsentation fast japanisch anmutende Käsekreation, die der Chef selber (in seiner Muttersprache Englisch) erläutert. Bei der Gelegenheit ein Wort zum frisch gebackenen Emmerbrot: Wenn auf sein Suchtpotenzial verwiesen wird, ist das nicht etwa unbescheiden, sondern schlichtweg zutreffend. Beim Abschluss, einer Maronencreme mit Mousse von Pflaumen, Sorbet von Haselnussöl und Kaffeereduktion gehen weder die erwünschte genüssliche Entspannung des Gaumens noch die Kreativität vergessen. Neben der makellosen Küchenleistung von Brian Wawryk muss auch die restlos originelle Weinbegleitung von Daniela Hasse erwähnt werden. Alle kredenzten Weine sind in der einen oder anderen Weise bemerkenswert und fallen im positiven Sinne aus der Norm.

EGGENSTEIN-LEOPOLDSHAFEN

garbo zum Löwen

Hauptstraße 51,
76344 Eggenstein-Leopoldshafen
T +49 (0) 721 7800 70
www.garbo-loewen.de

- Philipp Spielmann
- Marcel Kazda
- Philipp Spielmann
- mittags,
  Mo, Di, So, Feiertag ganztags

Menü 79 / 119 €
Vorspeise 19 / 24 €
Hauptgang 25 / 45 €

Nördlich von Karlsruhe, an der Grenze zur Pfalz, liegt das Hotel Löwen mit seinem Restaurant garbo. Beinahe im Widerspruch zur rustikalen Holzeinrichtung steht Küchenchef Marcel Kazdas farbenfrohe, moderne Aromenküche. Neben einem drei- bis sechsgängigen Menü, einigen À-la-carte-Gerichten, darunter Wiener Schnitzel oder Kalbsnieren, offeriert Kazda ein „Low Carb"-Menü ohne Industriezucker, Soja und Weizen – durchaus keine schlechte Idee in Zeiten steigender Lebensmittelunverträglichkeiten. Den Auftakt machte trotzdem ein Füllhorn von Kleinigkeiten, auch mit Kohlenhydraten: Kürbissuppe, Grissini, Schwarzwälder Schinken und Hausmacherwurst, vier Brotsorten nebst Kürbismus, Salzmandel-Kräuterbutter, Leinsamen-Frischkäsekugeln. Danach erfreuten uns gelungene Vorspeisen. Trittsicher kombiniert waren zu Imperial-Gold-Kaviar Blumenkohl, hausgemachtes Pastrami, Macadamia und Orangen-Vermouth-Schaum, einen Tick leichter die „Low Carb"-Variante mit durch Kaffee und Pfeffer gebeizten Label-Rouge-Lachs, gegrillter, aromatisch latent blasser Avocado, knackigsäuerlichem Granny Smith, marinierten Nordseegarnelen und eingelegten Beten. Auf den durch Überfrachtung – Le-Puy-Linsen, Spinat, Hauswurst mit Entenleber, Nussbutterschaum und Herbst-Trüffel – schweren Gang um pochiertes Eggensteiner Landei folgend, verdeutlichte auf den Punkt gegarter Atlantik-Steinbutt mit Steinpilzen, Radieschen, Rosenkohlblättern und Leinsamenvinaigrette, dass diätetische Ernährung nicht genussbefreit sein muss. Ein Potpourri aus Begleitern, wobei ein Kartoffelkloß mit Pekannussfüllung hervorragte, gab es auch zum wunderbar rosa gegarten Reh lokaler Jagd. Abschließend zeigte sich erfolgreich, wie ein zuckerfreies Dessert beim Aufeinandertreffen der natürlichen Süße frischer und getrockneter Feigen mit diversen Nüssen und griechischem Joghurt aussehen kann. Den Weinempfehlungen von Philipp Spielmann, zuvor Villa Rothschild, kann man beruhigt folgen.

Rheinlandschaft nahe Eggenstein-Leopoldshafen

EHNINGEN

Landgasthof Zum Goldenen Anker

Hauptstraße 16–20,
76344 Eggenstein-Leopoldshafen
T +49 (0) 721 7060 29
www.hotel-anker-eggenstein.de

🔒 Sa ganztags
Menü 37 / 65 €
Vorspeise 8 / 17 €
Hauptgang 15 / 40 €

Anspruchsvoll-bodenständige Saisonküche erwartet den Gast in diesem stilvoll-modernen Landgasthof – sei es beim rosa gebratenen Wildschweinrücken mit Speckgraupen, Essig-Pflaumen, Brombeere und wildem Brokkoli, den Medaillons vom Hirschrücken mit Moosbeerensauce, schwarzen Nüssen, Rahmwirsing und Brezelsoufflé oder bei der Kombination von Heilbutt und Pulpo mit schwarzem Risotto und Kürbiskern-Beurre-blanc. Löblich: Das Restaurant ist auch mittags geöffnet und ein Großteil der Hauptgerichte kann als kleine Portion bestellt werden.

EHNINGEN

Landhaus Feckl

Keltenweg 1, 71139 Ehningen
T +49 (0) 7034 23770
www.landhausfeckl.de

 Manuela Feckl
 Franz Feckl
✎ Manuela Feckl
🔒 Mo, So, Feiertag ganztags
Menü 69 / 98 €

Restaurants wie dieses gibt es kaum noch in Deutschland: anspruchsvolle Etablissements auf dem Lande, die mittags unter der Woche nicht nur geöffnet haben, sondern das ganze Programm anbieten. Stammgäste werden hier natürlich mit Namen angesprochen und an Stammgästen mangelt es nicht. Sie schätzen, dass Franz Feckl, Inhaber und Küchenchef, mit einer Präzision kocht, die man nicht mehr überall voraussetzen kann. Die Mousse (Curry?) im dreiteiligen Amuse-Bouche ist zwar eher unauffällig, wird aber ergänzt um Ochsenschwanzpraline auf einigen pittoresken Scheiben Kartoffelsalat sowie Tafelspitzsülze: Da ist bereits viel Handwerk zu erkennen. Ein rund um Thunfisch gebauter Vorspeisenteller erinnert ein bisschen an die überladenen Anrichtemethoden der Vergangenheit, aber was darauf zu finden ist, macht Spaß: erstklassiger Fisch, in Sesam gewälzt, plus Mango, Avocadocreme und Couscous. Deutlich spannender: die feste, aromatische Rotbarbe von großartigem Geschmack im intensiven Bouillabaisse-Fond mit viel Gemüse, Muscheln, hauchdünnen Croûtons und Rouille-Tortellini. Perfekt das Fleisch vom Maibock aus der Umgebung, einmal kurz gegart, einmal geschmort, samt verführerischen Thymiankrapfen, einer herrlich süffigen Portweinsauce, Mairüben, gepfefferten Erdbeeren (die passen perfekt) und Pfifferlingen. Allein dieser Gang rechtfertigt den Besuch. Eine Kaltschale mit Champagnereis, mit einer Terrine von griechischem Joghurt, knackigen Rhabarberstücken, Pistazien und ausgebackenem Rhabarber macht abschließend glücklich. Vom aufmerksamen und herzlichen Service wünschen wir uns lediglich, dass er offene Weine wie den guten Lemberger von Schnaitmann samt Flasche an den Tisch bringt.

EISENACH

Weinrestaurant Turmschänke

Wartburgallee 2, 99817 Eisenach
T +49 (0) 3691 2135 33
www.turmschaenke-eisenach.de

Martina Rasch
Ulrich Rösch
mittags, So ganztags
Menü 39 / 55 €
Vorspeise 8 / 18 €
Hauptgang 21 / 35 €

Beim ersten Besuch rechnet man hier wohl eher mit ritterlichem Gelage und Hofbrauerei, denn das Ambiente der „Turmschänke" versetzt den Gast zunächst in eine mittelalterliche Epoche: gedämmtes Licht, schweres Holzmöbel, Bleiglasfenster, historische Wandteppiche und schmiedeeiserne Verzierungen. Dass hier trotzdem internationales, modernes Essen gereicht wird, zeigt aber schnell der Blick in die Speisekarte. Seit fast zwei Jahrzehnten überzeugen Küchenchef Ulrich Rösch durch handwerkliches Geschick am Herd und Martina Rasch durch ihren aufmerksamen Service sowohl Wartburg-Touristen als auch den Eisenacher Stammgast. Ulrich Rösch arbeitet vorrangig mit frischen regionalen Viktualien, das Gemüse stammt aus Herbsleben, das Fleisch aus Eichsfeld. Deshalb kommt vom Grill auch wunderbares Presa vom Ibérico-Schwein, Bavette vom American Beef oder Filetsteak vom deutschen Premium-Jungbullen. Neben den „Thüringer Schmankerln", wie küchenwarmem Röstkartoffelsalat mit Bratwurstscheiben und Ölrauke, lohnt es sich, die monatlich wechselnden vier Gänge aus Röschs „Mein Menü" für einen erschwinglichen Preis zu bestellen. Denn hier brilliert die Küche mit weltoffenen, kreativen, aber dennoch unkomplizierten Gerichten. Als kühle Vorspeise erfreut uns das Königskrabbentatar, leicht und fruchtig durch die Mango und den Quinoa und wunderbar zitronig durch die Limettenvinaigrette. Beim Hauptgang bringt Rösch butterzart geschmorte Bäckchen und Hüfte vom Kalb auf den Teller, klassisch-deftig umrahmt von Pfifferlingen und Kartoffellasagne. Von der Dessertkarte sollte man hier – es gäbe auch noch herrliche Käse-Arrangements – Törtchen von Aprikose und Gewürzschokolade mit Brombeersorbet oder Gierstädter Kirschen in Portwein mit Rosmareineis probieren. Apropos Weine: Bei den 140 Positionen auf der Karte sind besonders die hervorragenden Degustationsnotizen zu erwähnen, die Aufschluss über die facettenreichen Aromen der Roten und Weißen aus Sachsen, Saale-Unstrut, Europa und von Übersee geben.

EISENHÜTTENSTADT

Bollwerk 4
im Deutschen Haus

Lindenplatz 1, 15890 Eisenhüttenstadt
T +49 (0) 3364 7402 64
www.bollwerk4.de

Di, Mi, Do, Fr, Sa mittags,
Mo, So ganztags
Menü 30 / 45 €
Vorspeise 8 / 13 €
Hauptgang 18 / 30 €

In dem gemütlichen Jugendstilrestaurant am Fürstenberger Marktplatz wird vornehmlich Bodenständiges mit guten Produkten tadellos zubereitet. Dazu zählen Klassiker wie Wiener Schnitzel, Rumpsteak Strindberg, aber auch eine Roulade mit Pferdefleisch. Stets zu empfehlen sind die Wildgerichte. Aber auch ein Hauch von Exotik ist hier zu haben, etwa bei den Mini-Gänse-Burgern mit Wakame und asiatischen Aromen. Hausherr Steffen Krüger zeigt sich mit seiner Zugewandtheit als Wirt im besten Sinne und hat zu jedem Gericht einen interessanten, meist deutschen Wein parat.

ELTVILLE AM RHEIN

Adlerwirtschaft
Franz Keller

Hauptstraße 31,
65347 Eltville am Rhein
T +49 (0) 6723 7982
www.franzkeller.de

Franz Keller jr.
Franz Keller jr.
Thorsten Größchen
Mi, Do, Fr, Sa mittags,
Mo, Di, So ganztags
Menü 49 / 95 €

Im nunmehr 30. Jahr seit der Eröffnung 1993 fällt es überhaupt nicht schwer dem Adlerwirtschafts-Konzept ewige Jugend zu attestieren. Vater Franz und Sohn Franz ergänzen sich kongenial, der Ältere mit seinem umfassenden Wissen und einer wohltuenden Sturheit, wenn es um die logische Verbindung von Qualität auf dem Teller und Tierwohl geht, der Jüngere mit grundsolidem Handwerk und punktgenauer Geschmackssicherheit beim Würzen. So wird jeder Besuch in diesem herrlich unkomplizierten Wirtshaus ein umfassendes Erlebnis für den Geist und den Bauch. Denn wenn anderswo das extrem dehnbare Wörtchen Regionalität oftmals überbetont und überinterpretiert wird, hier wird dieses Prinzip – ganz besonders beim Adlerwirtschafts-Hauptthema Fleisch – messerscharf praktiziert. Was Vater Franz auf dem nahe gelegenen Falkenhof mit viel Umsicht und großer Liebe aufzieht, wird vom jungen Küchenteam rund um Sohn Franz mit herrlich intensivem Geschmack geschmort, ganz wunderbar mit Röstaromen gebraten und formidabel auf klassische Art warm gewurstet aufgetischt, dass es eine helle Freude ist, wie man diese ebenfalls an den Nebentischen hören und sehen kann. So ist die Stimmung hier immer ansteckend heiter und ungezwungen, ebenso, wenn sich aufrechte Genussmenschen zum Richtig-Essen verabredet haben. Dazu bietet der Keller'sche Keller in Oberbergener Tradition eine enorme Jahrgangstiefe mit äußerst weinfreundlich kalkulierten Trouvaillen mit Schwerpunkt auf dem Rheingau. Einzig und alleine gilt es zu beachten, dass bei soviel Freude am Genuss auch das Portemonnaie mit barer Münze gefüllt ist, denn Plastikkärtchen werden in diesem schönen Wirtshaus als Zahlungsmittel nicht akzeptiert.

ELTVILLE AM RHEIN

Gutsausschank im Baiken

Wiesweg 86, 65343 Eltville am Rhein
T +49 (0) 6123 9003 45
www.baiken.de

Mi, Do, Fr mittags,
Mo, Di ganztags
Menü 35 / 53 €
Vorspeise 13 / 16 €
Hauptgang 20 / 30 €

Allein der Blick vom Rauenthaler Berg ins Rheintal lohnt den Ausflug zu dieser Rheingauer Institution, und die Küche übertrifft die Erwartungen an einen klassischen Gutsausschank. Ob rosa Kalbsleber, das altbewährte Landhuhn, ein im eigenen Fettmantel gereiftes Steak oder der auf den Punkt gebratene Seeteufel – alles tadellos zubereitet. Der aufmerksame Service ist immer freundlich zuvorkommend, beim Wein dominieren die Gewächse der hessischen Staatsweingüter.

Jean

Wilhelmstraße 13,
65343 Eltville am Rhein
T +49 (0) 6123 9040
www.hotel-frankenbach.de/www-hotel-frankenbach-de/Jean/

Anne Christ & Patricia Frankenbach
Johannes Frankenbach
Do, Fr, Sa, Feiertag mittags,
Mo, Di, Mi ganztags
Menü 44 / 109 €

Die schwankenden Eindrücke unserer Besuche für die 2021er-Ausgabe hatten wir in einem Zwie-Selbstgespräch mit den Vorteilen (Zugänglichkeit durch unverkopfte Gerichte, breites Speisenangebot, moderate Preise) und hoher Erwartungshaltung (nach Stationen bei Winkler, Bau, Hangar 7) klar artikuliert. Dieses Mal bestätigte Küchenchef Johannes „Jean" Frankenbach, der mit Schwester Anne Christ den Familienbetrieb aus Hotel, Restaurant und Café führt, die positiven Aspekte. Seine, bis auf globale Aromenakzente und saisonale Abwechslung, traditionell angelegte Küche überzeugte mit guten Zutaten und souveränem Handwerk. Das zeigte sich direkt beim Amuse-Gueule, fein gearbeiteter Terrine aus Rochen, Lachs und Garnele, serviert mit gut abgeschmeckter Avocado-Mayonnaise, Tomaten-Avocado-Grapefruit-Salat, Yuzucreme und Kartoffelchip. Später auch bei sauber gearbeiteter Foie-gras-Terrine mit Haselnussschicht und Baumkuchenboden, der Entenlebereis und zweierlei Zwetschge zur Seite gestellt waren. Dann verortete Frankenbach Gelbflossen-Thun – wie ein Tataki lediglich scharf angebraten, im Kern roh belassen und in Sesam gewälzt – aromatisch gelungen und abwechslungsreich zwischen Eltville, Japan und Thailand mit Gurkeneis und Gurkenspirale, Ingwercreme, gepickeltem Rettich, Enoki-Erdnuss-Mayonnaise und Tom-Kha-Gai-Schaum. Französisch-mediterran führte Safransüppchen mit Krustentiersud aufs europäische Klassik-Festland zurück. Dabei überzeugten in der kräftigen, samtigen Suppe Hummer und Gemüseperlen (Zucchini, Karotte, Sellerie) als Einlage. Ebenso schlüssig geriet der unaufgeregte Hauptgang, Lammrücken unter gratinierter Kräuterhaube mit cremiger Parmesanpolenta, Artischocken, Edamame und Thymianjus. Gut gefiel uns auch, dass die Patisserie mit Ananas als Eis und Granité, Kaffeeschaum und Kaffeeeis, Haferkeks-Crunch und grünem Pfeffer-Pep ein modernes, erfrischendes und erfreulicherweise moderat süßes Dessert präsentierte.

ELTVILLE AM RHEIN

Kronenschlösschen

Rheinallee, 65347 Eltville am Rhein
T +49 (0) 6723 640
www.kronenschloesschen.de

- Florian Richter
- Roland Gorgosilich
- Florian Richter
- mittags, Mo, So ganztags

Menü 90 / 120 €

Bei unserem diesjährigen Besuch im altehrwürdigen Haus am Rheinufer mit seiner traumschönen Terrasse im Park erlebten wir, was wir lieben: eine fein austarierte – durch geschickten Säureeinsatz angenehm leicht wirkende – Küche auf klassisch französischer Basis. An Aufwand wurde nicht gespart, bereits das Amuse-Bouche entpuppte sich als komplex ausgearbeitetes Blumenkohl-Gericht in verschiedenen Texturen und Zubereitungen auf der ganzen Bandbreite vom säuerlich eingelegten Curry-Blumenkohl bis zur feinen Mousseline in einer Passionsfruchthülle, dazu Akzente von Edamame und Koriander. Weiter ging es mit dünnen Scheiben eines roh marinierten und gebeizten Steinköhlers, auch er begleitet von einer Variation (diesmal von bunten Beeten) sowie einer Orangencreme, Enoki-Pilzen und Fenchel in einem Buttermilchsud, der seinerseits mit Fenchelöl und -pollen sowie Orangenblüten aromatisiert worden war. Sehr schön! Ein Lob, das wir uneingeschränkt auch der folgenden Taubenbrust samt ihres rosigen Filets aussprechen können: auf den Punkt gegart, von Kohlrabi und einem mit Steinpilzcreme gefüllten Raviolo sowie Pfifferlingen und Schalotte in verschiedenen Texturen flankiert. Eine kräftige Pinot-Noir-Jus, durch die Tauben-Innereien kraftvoll ausgebaut, verband die Protagonisten zu einem intensiven, harmonischen Ganzen. Überhaupt hat Küchenchef Roland Gorgosilich erkennbar ein Händchen für Saucen, das zeigte er anschließend auch bei der hervorragenden, aromatisch-dichten Szechuan-Pfeffer-Jus, die er zu einem exakt temperierten australische Wagyu-Striploin unter einer Amaranth-Kruste in Begleitung von Soja-Aubergine, Wasserspinat, Spitzpaprika und Pilzen servierte. Wie gut, dass die fabelhafte Weinkarte des Kronenschlösschens mit ihrer hohen Jahrgangstiefe genug Rotweinkracher bietet, solche eleganten Kraftpakete angemessen zu würdigen. Keinerlei weiterer Unterstützung bedurfte abschließend das federleicht-frische Dessert: „Tahin / Weiße Schokolade / Mandarine / Koriander" mit einem Hauch Ras el-Hanout. Für den beeindruckenden Beweis, dass man auch heute noch Desserts von weißer Schokolade und Zitrusfrüchten gänzlich ohne Yuzu zubereiten kann, an dieser Stelle ein ausdrückliches Sonderlob!

Than & Luc

Gutenbergstraße 18,
65343 Eltville am Rhein
T +49 (0) 6123 9349 563
www.thanundluc.de

🔒 Di, Mi ganztags

In puristisch dekoriertem Ambiente oder auf der Terrasse darf man sich kulinarisch wie in Hanoi fühlen. Dank eines perfekt eingespielten Duos: Than mit ihrer authentischen und frisch zubereiteten vietnamesischen Küche und Luc als freundlicher Patron mit liebenswertem Service. Die kleine Karte bietet alles, was sich anspruchsvolle Asia-Freunde wünschen: verschiedene Currys, gedämpfte Edamame mit Meersalz, knusprige Garnelen mit Wasabi-Limetten-Mayonnaise, Suppen, Reisnudelsalate oder Hähnchen-Gemüse-Teigtaschen. Wer in der kleinen Weinauswahl nicht fündig wird, sollte eine der hausgemachten Kräuter- oder Fruchtlimonaden bestellen.

Zum Krug

Hauptstraße 34,
65347 Eltville am Rhein
T +49 (0) 6723 99680
www.zum-krug-rheingau.de

🔒 Di mittags, So abends,
Mo ganztags
Menü 55 / 85 €
Vorspeise 7 / 24 €
Hauptgang 24 / 34 €

Im wunderschönen Fachwerkhaus wird der gutbürgerlichen Küche die Krone aufgesetzt. Josef Laufer junior führt das Erfolgsrezept des elterlichen Gasthauses weiter, indem Klassiker wie gebratene Rheingauer Blutwurst oder Sauerbraten vom Bio-Weiderind nicht von der Karte weichen. Aber er zeigt auch, dass er nicht nur mit Bodenständigkeit glänzen kann – etwa beim Filet vom isländischen Heilbutt, gebacken in Korianderbutter und begleitet von einem gelben Curry von der Miesmuschel sowie Kartoffel auf Lauch und eingelegten Zitronen mit gebratenem Chili-Brokkoli. Tolles Angebot an Rheingauer Rieslingen.

Eltville am Rhein

EMSDETTEN

Restaurant Lindenhof

Alte Emsstraße 7, 48282 Emsdetten
T +49 (0) 257 9260
www.lindenhof-emsdetten.de

🔒 mittags,
    Mo, So, Feiertag ganztags
Menü 30 / 65 €
Vorspeise 10 / 17 €
Hauptgang 20 / 39 €

Das zum Hotel Lindenhof gehörende Restaurant ist im altdeutschen Stil mit vielen Antiquitäten eingerichtet. Küchenchef Udo Hankh bietet Klassisches wie französische Zwiebelsuppe oder Rinderfilet mit Rotwein-Schalotten-Jus, italienische Standards wie Saltimbocca oder Vitello tonnato – und schließlich Asiatisches, etwa in Form von geflämmtem Sashimi vom Label-Rouge-Lachs mit Glasnudelsalat. Die Weinkarte umfasst etwa 150 Positionen und reicht von deutschem Riesling über französischem Sancerre bis zum Shiraz aus Australien.

ENDINGEN

Merkles

Hauptstraße 2, 79346 Endingen
T +49 (0) 7642 7900
www.merkles-restaurant.de

👥 Simone Merkle-Dinger
🧑‍🍳 Thomas Merkle & Thomas Engler
🍷 Simone Merkle-Dinger &
    Maria Sühlfleisch
🔒 mittags,
    Mo, Di, So, Feiertag ganztags
Menü 129 / 149 €

Fixiert auf grobem Salz kam ein kleiner halber kanadischer Hummer. Die Karkasse füllten sein ausgelöstes, portioniertes zartes Fleisch und Wurzelgemüse-Trapeze, mit fruchtiger Sauce Choron leicht gratiniert, bestreut mit Kräutern und Blüten. Vielleicht stand diese köstliche „Thermidor"-Reminiszenz stellvertretend für das modifizierte Konzept im elegant-niedlichen Gourmet-Séparée im Fachwerkhaus in der pittoresken Endinger Altstadt. Scheinbare Reduktion und moderne Leichtigkeit mit aromatischer Power passten zum neuen Motto „Merkles Légère", mit einem Menü und eingeschränkten Öffnungszeiten: kleine Speisenfolge am Donnerstag, die sechsgängige Überraschung freitags und samstags. Das hat mitunter, neben den üblichen Personalsorgen der Gastronomie, damit zu tun, dass das letztjährig hochgelobte Duo aus Merkle und Möller gesprengt wurde, weil Niels Möller Küchenchef und Gastgeber der Neueröffnung „Gesundheitsresort Schwarzwald Luisenhöhe" wird. Dass Thomas Merkle sein Speisekarten-Versprechen, „gewürzorientiert, scharf, Aromen, kreativ", trotzdem einlöst und um „gesammelt, gepickelt, regional, international" ergänzen könnte, bewiesen zuvor zwei Gänge. Erst angebeizte, scharf angebratene Thunfisch-Rücken-Tranche mit herrlicher Tomatensäure und -frische, leicht orientalischer Gewürzbestreuung, subtiler Schwarzer-Knoblauch-Creme und famosem Sud aus selbst gesammelten Holunderblüten und fermentiertem Tomatenwasser. Danach das Seeteufel-Medaillon. Ein Fisch, der sehr gut die kräftige, minimal disharmonische, säuerlich-salzige Begleitung aus Salzzitronenpüree und Variation der Alliteration Kapern, Kalbskopf und Kampot-Pfeffer, als gallertig schmelzende Kopfscheibe mit ausgebackenen Kapern überm Medaillon und als Ragout unterm Fisch, wegstecken konnte. Auch kerniges Schwarzwald-Rind, das einen Tick kürzer hätte gegart sein dürfen, überzeugte mit einer Mischung aus klassisch-bekannter Aromatik und schmissig-individueller Note. Allerlei geschmorte und gebratene Pilzen sowie Pilzcreme waren mit der japanischen, knackig-intensiven Gewürzmischung Furikake bestreut, neben einer dunklen Jus sorgte Kartoffel-Algen-Sud für spannend-stimmige Noten. Nach derart viel Geschmackstüftelei waren der gute Käsegang – geschmolzener Ziegencremekäse, eingelegte Bärlauchknospen, Vorjahres-Trauben – und das Dessert aus Thai-Minze-Buttermilch-Eis auf saftigem Biskuit mit Aprikose wohltuend leicht und verständlich unterhaltsam. Letzteres zeichnet auch die badisch-internationale Weinkarte aus.

Pfarrwirtschaft

Hauptstraße 2, 79346 Endingen
T +49 (0) 7642 9243 11
www.merkles-restaurant.de/pfarrwirtschaft

🔒 Mo, Di ganztags
Menü 42 / 52 €
Vorspeise 8 / 25 €
Hauptgang 20 / 40 €

Kreative Regionalküche wollen viele bieten, meist endet's peinlich. Anders bei Tom Merkle, dessen populäre Pfarrwirtschaft von seinen Erfahrungen, Erzeugerkontakten und handwerklichen Fähigkeiten als Chef des hochambitionierten Merkles nebenan profitiert. Was hier auf den Tisch kommt, reicht von Rinderroulade „Asia Style" mit Kürbis bis zu geschmorten Bäckle vom Schuttertäler Rind mit Forcheimer Gemüse – und hat Hand und Fuß. Gänseleber, Burger und dicke Steaks aus dem eigenen Reifeschrank gibt's ebenso wie „Süßkartoffel-Mango-Salat mit Chili-Feta und Rucola" – und unsererseits den freundschaftlichen Rat, es mit der Weltläufigkeit auch nicht zu übertreiben …

ERFURT

Bachstelze

Hamburger Berg 5, 99094 Erfurt
T +49 (0) 361 7968 386
www.mariaostzone.de

🔒 mittags,
   Mo, Di, So, Feiertag ganztags
Menü 95 / 145 €

Ein idyllischer Rückzugsort ist die alte Backsteinvilla im dörflichen Stadtteil Bischleben. Innen herrscht locker-familiäre Wohnzimmeratmosphäre, draußen sitzt man lauschig unter Kastanien. Am Herd steht Maria Groß – kulinarischer Künstlername: „Maria Ostzone". Ihr Partner Matthias Steube leitet den Service. Es gibt Thüringer Kalb, heimische Forellen, auch mal als Ceviche – wie man überhaupt hier offen ist für Aromen und Zubereitungsarten aus aller Welt. Und das alles stets sehr hübsch angerichtet. Regelmäßig finden auch Koch- und Grillkurse statt.

Clara Restaurant im Kaisersaal

Futterstraße 15/16, 99084 Erfurt
T +49 (0) 361 5688 207
www.restaurant-clara.de

Barbara Rudloff & Eric Klinge
Christopher Weigel
Barbara Rudloff
mittags, Mo, Di, So ganztags
Menü 109 / 139 €

Der Name verpflichtet, die Tradition nicht minder. Begeisterte die Pianistin Clara Schumann 1860 im Kaisersaal das Erfurter Publikum, schaffen es viele Jahre später Köche mit ihrer Kochkunst. Christopher Weigel ist jung an Jahren, aber nach Stationen in Hamburg und auf Sylt schon reich an Erfahrungen im Umgang mit qualitativ hochwertigen Produkten. Davon kann jeder Gast bereits bei den Amuse-Gueule einen Eindruck gewinnen, die, noch vor der Speisekarte gereicht, die Spannung im elegant eingerichteten Restaurant steigern: fünf aus Schäumen, Texturen und Pasteten kunstvoll zusammengebaute Appetizer in Pralinengröße sowie ein geeistes Süppchen im Reagenzglas, die auf der Zunge erste Eindrücke von Kokos und Chili, jungen Gemüse und wilden Kräutern hinterlassen. Als Aperitif empfiehlt der Service einen überraschend schönen, spritzigen Cidre, hergestellt von Jens Eberhardt aus Äpfeln von Thüringer Streuobstwiesen in traditioneller Flaschengärung. Das Fünf-Gänge-Menü startet mit einem Blumenkohlmüsli. Der kleinen, irdenen Schale entströmt ein intensiver Duft aus dem Zusammenspiel von weißem und lila Blumenkohl. Zusätzlich gibt aromatisiertes Popcorn dem „Müsli" Biss. Überraschungsmomente bieten auch die folgenden Gänge, zum Beispiel wenn sich unter dem dezent mit Kaffee parfümierten Schaum zum mit Blüten dekoriertem Hummer dünne Karottenscheiben verbergen oder das langsam gegarte Fleisch vom Thüringer Duroc Aromen von Apfel, Lauch und Senf erkennen lässt. Weigel reizt die Potenziale hochwertiger, in der Region erzeugter Produkte aus. Kräuter und Blüten, die die individuelle Note seiner Teller optisch wie geschmacklich verstärken, liefert freilich ein Bauer aus Bremen. Einzelne Gänge selbst zu servieren, macht ihm offenkundig ebenso Freude wie Barbara Rudloff und Eric Klinge, die ihre Rolle als Gastgeber ausfüllen. Die zum Menü aus der internationalen Weinkarte vorgeschlagenen Abfüllungen, zum Beispiel von den Saale-Unstrut-Winzern Hey (Blauer Zweigelt von 2013) und Wolfram Proppe (Auxerrois von 2020) zeugen von Gespür, den kreativen Ideen der Küche einen angemessenen Rahmen zu geben.

Das Ballenberger

Gotthardtstraße 25/26, 99084 Erfurt
T +49 (0) 361 6445 6088
www.das-ballenberger.de

So, Feiertag ganztags
Menü 40 / 69 €
Vorspeise 10 / 19 €
Hauptgang 26 / 38 €

Nahe der Krämerbrücke fühlt man sich ein bisschen wie im Wohnzimmer und hat durch große Fenster freien Blick auf die Altstadt. Farbenfrohe Kissen, eine Vitrine beherbergt Käse und Wurst aus Frankreich sowie hausgemachte Gelees und Marmeladen, die Bücherregale sind voller Zeitschriften und Wein. Das drei- bis fünfgängige Abendmenü aus Christin Ballenbergers Küche bietet beispielsweise Heilbutt mit Sellerie und Fenchel oder Hirschrücken mit Süßkartoffel und Kräuterseitlingen.

ESTIMA by Catalana NEU

Allerheiligenstraße 3, 99084 Erfurt
T +49 (0) 361 5506 335
www.estima-erfurt.de

- Jan-Hendrik Feldner
- Sebastian Ernst
- Jan-Hendrik Feldner
- mittags,
  Mo, Di, So, Feiertag ganztags

Menü 79 / 119 €

Neugierig auf modern interpretierte katalanische Gerichte mit Fine-Dining-Expertise? Dann sollten Sie dem kleinen Lokal in der Erfurter Altstadt unbedingt aufwarten. Der Name des Restaurants bedeutet „Wertschätzung" – gegenüber dem Gast, den Qualitätsprodukten sowie der facettenreichen Küche Kataloniens. Beim Degustationsmenü darf man jedoch keine feurigen spanischen Tapas à la Mallorca erwarten, sondern begibt sich in die Weiten internationaler Kochkunst, so bunt wie die Markthallen des Mercat de la Boqueria in Barcelona. Vom Chef's Table aus schaut man in die offene Küche, in der Sebastian Ernst die sieben Gänge, wahlweise auch vegetarisch, sinnlich anrichtet. Nach dem Motto „Die Dinge sind nicht immer so, wie sie scheinen" (Phaedrus), serviert Gastgeber Jan-Hendrik Feldner neben einer Balfégo-Praline in Algengelee, Yuzu und schwarzem Knoblauch auch spielerisch irreführende Aperitivos, denn die ebenmäßigen schwarzen und grünen „Oliven" sind tatsächlich keine und die optisch doch so eindeutig „getrocknete Aprikose" gibt beim Verzehr Rätsel auf, welche Zutaten hier wohl verwendet wurden. Die Freude am Experimentieren und etwas molekularer Zauber setzen sich auch bei den Hauptgerichten fort, stets reich an Konsistenzen und intensiven Aromen durch vielfältige Gewürze und dichte Sphären, die beim Aufstechen ihre Verfeinerung offenbaren. Den Hamachi präsentiert Küchenchef Ernst in drei Varianten, als Sashimi, Tatar und wunderbar geflämmt, umrahmt von kräftigen Beigaben wie Fenchel, Gewürzescabeche, Mandarine und Erdnuss. Übrigens: ein typisches Merkmal der katalanischen Regionalküche, Salziges und Süßes miteinander zu kombinieren. So geleitet den galizischen Kalbsrücken dann auch Kürbis, Spinat, Birne, eine hervorragende Vadouvan-Beurre-blanc und Piemonteser Haselnuss. Während Ernst das Thüringer Biolamm anschließend mit Süßkartoffel, kräftigem Piquillo-Paprika, salzigen Kapern und schwarzer Zitrone kredenzt, verfeinert Patissier Jürgen Birth zum Abschluss Marcona-Mandel, diesmal ganz arabisch mit Toffee, Safran, Sherry, Kaffee und Pulver von Sternanis.

Il Cortile

Johannesstraße 150, 99084 Erfurt
T +49 (0) 361 5664 211
www.ilcortile.de

- mittags,
  Mo, Di, So, Feiertag ganztags

Menü 40 / 55 €

Fest in deutscher Hand ist dieses idyllisch in einem kleinen Altstadt-Hinterhof gelegene italienische Restaurant. In gemütlich-gediegenem Ambiente mit dunklem Holz, Naturstein und hellen Tischdecken lässt Küchenchef Andreas Schöppe Tatar von Avocado, Taubenbrust mit Perlgraupen, Roter Bete und Kakao, Lammhüfte alla Milanese oder Steinpilzravioli servieren. Padrona Denise König empfiehlt gerne eine passende Weinbegleitung zu den aromenreichen Gerichten. Für danach stehen Grappe von Berta bis Poli bereit.

ERKELENZ

TROYKA

Rurstraße 19, 41812 Erkelenz
T +49 (0) 2431 9455 355
www.troyka.de

Ronny Schreiber & Ronja Kohnen
Alexander Wulf & Marcel Kokot
Ronny Schreiber
Do, Fr, Sa mittags,
Mo, Di, Mi ganztags

Menü 139 / 59 €

„Mit Liebe aus Erkelenz" annonciert die Website die Küche des TROYKA, das nach drei Jahren Gastspielzeit in der Heinsberger Burgstuben Residenz in Neu-Immerath eine neue Heimat gefunden hat. In einem Neubau, in dessen die Abläufe perfektionierendem Konzept die geballte Gastro-Erfahrung der drei Köpfe hinter dem Dreigespann steckt, bilden – wie schon in Heinsberg – neben Sommelier Ronny Schreiber die Köche Alexander Wulf und Marcel Kokot das Gastgeber-Dreigespann. Das Menü heißt bei unserem Besuch „Alex' Heimatreise" und spart nicht mit Anspielungen auf die russische Herkunft des in Kasachstan aufgewachsen Primus inter pares Alexander Wulf. Hinter dem als sibirischen Gemüsegarten annoncierten Amuse verbergen sich Belugalinsen mit feinem Biss, begleitet von der russischen Sauercreme-Variante Smetana und fruchtig-erdigem Rote-Bete-Sud. Der folgende erste Gang spielt gekonnt mit einem weiteren Russland-Klischee: Gebeizter Stör kommt in Begleitung von Kaviar mit Sud von Limette und Ingwer – Moscow Mule, wie die Karte das augenzwinkernd nennt – auf den Teller. Den spannenden aromatischen Kontrast setzt hier das intensive Raucharoma, das die von Dill gekrönten Wassermelonenwürfel auf dem Teller umfängt. Es folgt „Okroschka" – also eine Gurken-Radieschen-Kaltschale mit feiner zitrischer Säure, gekrönt von einem Türmchen engelshaardünnen und doch knusprigem Süßkartoffelstroh, bei dem erstmals der sehr hohe handwerkliche Standard der Troyka-Köche kurz aufblitzt. Der folgende dritte Gang ist ein Kaisergranat – „Königsberger Art" mit Kapern. Dazu gibt's Rote Bete, scharf gebratenen grünen Spargel und als knuspriges Element aufgepoppten schwarzen Reis. Der Hauptgang schließlich bietet mit Wagyu-Tafelspitz „Soljanka Style" sensationelle Produktqualität in perfekter Garung, eine hocharomatische Gourmet-Soljanka aus Rauchpaprika, Spitzkohl und Tomate, ein Ragout von Zunge, gepickeltes Wurzelgemüse und Kartoffel-Espuma. In der Tat: Das ist „Creative Russian Crossover Cuisine" – so die Eigenbezeichnung auf der Website – auf erfreulich hohem Niveau. Das „Zareneis" zum Abschluss aus „Plombir" – russischer Eiscreme im Dulce-di-Leche-Stil –, Himbeere und Limettenschaum beendet formvollendet den Fine-Dining-Reigen mit stetem Blick gen Osten.

ERLANGEN

Basilikum

Altstädter Kirchenplatz 2,
91054 Erlangen
T +49 (0) 9131 4909 80
www.basilikum-erlangen.de

mittags, Mo, So, Feiertag ganztags
Menü 65 / 75 €

Im Herzen der Altstadt, nahe der barocken Kirche, liegt dieses stets gut besuchte Restaurant mit toskanischem Ambiente. Karl Henning lässt eine klassisch zubereitete, vornehmlich mediterrane Küche servieren, etwa hauchdünn geschnittenes Carpaccio oder die stets verlässlichen Nudelgerichte wie etwa Steinpilz-Ravioli. Gerne verleiht er Fisch- und Fleischgerichten auch eine französische Note. Die Weinauswahl ist international, bei schönem Wetter sitzt man auf der Piazza.

Erlangen

RUHRGEBIET DIE TIPPS VON DIRK GRAMMON

Dirk Grammon

Dortmunds große Wiederentdeckung versöhnt die vermeintlichen Antipoden von Kaviar und Knifte. In seinem gerade einmal zwei Jahre alten Restaurant Grammons sind bei herzlich lockerem Service Gäste jedweder Couleur willkommen – ob sie sich für das dem Küchenchef im Blut liegende klassisch-französische Menü mit Weinbegleitung entscheiden oder für eine schnelle Pasta mit „Pilsken" zwischendurch. Bereits mit Anfang 20 war Grammon Chef der hochgelobten Villa Suplie in Werne, jetzt ist er wieder da – **mit altem Tatendrang und neuen Ideen.**

DIE TIPPS VON DIRK GRAMMON **RUHRGEBIET**

DIRK GRAMMONS EMPFEHLUNGEN

Pott au Chocolat
Kaiserstraße 61, 44135 Dortmund
T +49 (0) 231 9501 8350
www.pottauchocolat.de
Pott au Chocolat ist eine Chocolaterie in Dortmund, die herausragende Schokoladen und Pralinen produziert. Sie ist ein Projekt von Manfred Glatzel und Marie-Luise Langehenke, die nach dem Vorbild der bekannten Patissiers Pierre Marcolini und Pierre Hermé arbeiten. Die handwerklich herausragenden Produkte werden „from bean to bar" produziert. Das heißt, sämtliche Verarbeitungsschritte von der Kakaobohne bis zur fertigen Schokolade werden im selben Betrieb durchgeführt. Dies ist Teil ihres klaren Nachhaltigkeitskonzepts.

Edles Fleisch & Wild und Geflügel Schräder
Selmer Straße 19,
59348 Lüdinghausen
T +49 (0) 2591 3924
www.edlesfleisch.de
Schräders sind eine alteingesessene Metzgerei und Fleischhändler aus Lüdinghausen, die auf dem Dortmunder Wochenmarkt an allen drei Tagen präsent sind. Vor einigen Jahren haben Simon Schräder und Philipp Burkert Edles Fleisch gegründet, um den Marktbesuchern des Ruhrgebiets den Zugang zu herausragenden Fleischqualitäten zu ermöglichen. Simon übernahm und integrierte zusätzlich den Wild- und Geflügelhandel von seinem Vater. Schräder und Burkert sind keine einfachen Wiederverkäufer, sondern zerlegen die Tiere selbst und verarbeiten sie direkt weiter.

Kai Falkenrich Fischfeinkost
T +49 (0) 231 7784 35
www.fisch-falkenrich.de
Der wahrscheinlich beste Fischhändler in Dortmund. Die Produktpalette ist umfangreich und bietet ausschließlich beste Qualitäten. So ist die Frische der Austern beispielsweise nicht zu toppen, es gibt handgeangelte Ware und ein außergewöhnliches Angebot an Muscheln und Krustentieren. Verkauft wird neben Fischen aus Aquakulturen auch allerlei aus Wildfang in strikt saisonaler Ausrichtung widerspiegelt. Falkenrich hat kein eigenes Geschäft, sondern findet sich auf verschiedenen Märkten.

GoodWineOnly
Rosental 11, 44135 Dortmund
T +49 (0) 231 1371 4472
www.goodwineonly.de
GoodWineOnly ist eine noch recht junge Weinbar in der Innenstadt. Das Weinangebot dieser schönen Location hat sich über die Zeit sukzessive entwickelt und bietet dank des Coravin-Systems neben einer breiten Palette an spannenden Flaschenweinen auch rare und hochwertige Tropfen glasweise. Ein Blick auf das vielseitige Champagnerangebot lohnt sich ebenso! Auf der Karte findet sich zudem eine Vielzahl an Sherrys und Spirituosen. Zu den Weinen werden hochwertige Snacks angeboten, das Angebot reicht von Jahrgangssardinen bis zu Ibérico-Schinken in der Bellota-Qualität.

Vivid Korn
Stralsunder Straße 1,
44135 Dortmund
T +49 (0) 160 9241 9564
www.vividkorn.com
Ein gerade in Dortmund gestartetes Projekt, das der Traditionsspirituose „Korn" ein modernes und junges Gesicht verleihen will – aus Dinkel gebrannt und mehrere Monate in Eichenfässern gereift. Diese waren zuvor für vier Jahre in der Bourbon- und anschließend zehn Jahre in der Rumproduktion genutzt worden. Dadurch bekommt der Schnaps eine komplexe Aromatik, die neben der feinen Getreidenote die Aromen des Fassausbaus transportiert.

Grammons Weinbar
Wieckesweg 29, 44309 Dortmund
T +49 (0) 231 9314 465
www.grammons-weinbar.de
Für viele Gäste steht unser Gourmetrestaurant im Fokus. Daneben existiert allerdings im vorderen Bereich der Immobilie eine Weinbar. Hier hat man nicht nur Zugriff auf die Weine des Restaurants, sondern auch auf ein regelmäßig wechselndes Angebot an glasweise ausgeschenkten Weinen. Dazu gibt es ein vielfältiges Angebot von Speisen, die von Snacks wie Austern, Käse und Charcuterie zu warmen Gerichten reicht. Die Sommeliers unseres Restaurants beraten gern auch die Gäste der Weinbar und vermitteln ihnen die Welt der Weine.

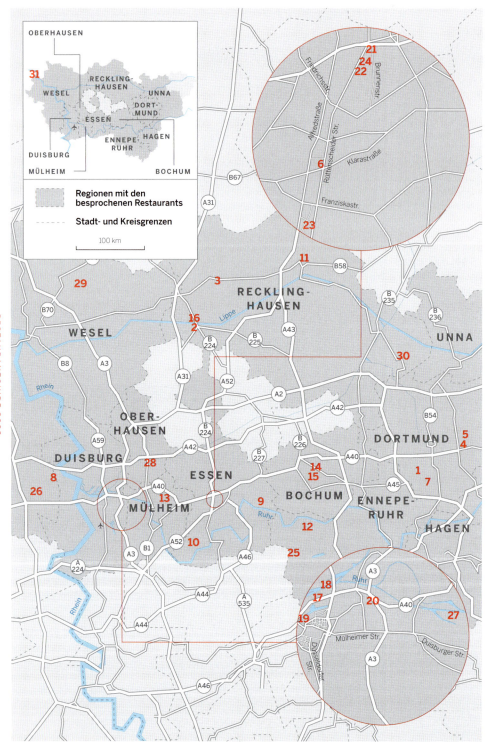

Restaurants

1 THE STAGE
Karlsbader Straße 1a,
44225 Dortmund

2 GOLDENER ANKER
Lippetor 4, 46282 Dorsten

3 ROSIN
Hervester Straße 18, 46286 Dorsten

4 DER SCHNEIDER
Am Gottesacker 70, 44143 Dortmund

5 GRAMMONS RESTAURANT
Wieckesweg 29, 44309 Dortmund

6 SCHOTE
Rüttenscheider Straße 62,
45131 Essen

7 VIDA
Hagener Straße 231,
44229 Dortmund

8 [MOD] BY SVEN NÖTHEL
Grafschafter Straße 197a,
47199 Duisburg

9 HANNAPPEL
Dahlhauser Straße 173, 45279 Essen

10 RESTAURANT PIERBURG
Schmachtenbergstraße 184,
45219 Essen

11 RESTAURANT RATSSTUBEN
Mühlenstraße 3–5,
45721 Haltern am See

12 DIERGARDTS „KÜHLER GRUND"
Am Büchsenschütz 15,
45527 Hattingen

13 AM KAMIN
Striepens Weg 62,
45473 Mülheim an der Ruhr

14 FIVE
Hellweg 28–30, 44787 Bochum

15 ZUM GRÜNEN GAUL
Alte Hattinger Straße 31,
44789 Bochum

16 HENSCHEL
Borkener Straße 47, 46284 Dorsten

17 EINFACH BRENDEL
Fuldastraße 20, 47051 Duisburg

18 KÜPPERSMÜHLE
Philosophenweg 49–51,
47051 Duisburg

19 MIMI E ROSA VINO E CUCINA
Dellstraße 36, 47051 Duisburg

20 VILLA PATRIZIA
Mülheimerstr 213, 47058 Duisburg

21 LA GRAPPA
Rellinghauser Straße 4, 45128 Essen

22 PAUL'S BRASSERIE
Huyssenallee 7, 45128 Essen

23 ROTISSERIE DU SOMMELIER
Wegenerstraße 3, 45131 Essen

24 TABLO
Huyssenallee 5, 45128 Essen

25 WEGERMANN'S
Wodantal 62, 45529 Hattingen

26 KURLBAUM
Burgstraße 7, 47441 Moers

27 MÖLLECKENS ALTES ZOLLHAUS
Duisburger Straße 239,
45478 Mülheim an der Ruhr

28 HACKBARTH'S RESTAURANT
Im Lipperfeld 44, 46047 Oberhausen

29 LANDHOTEL VOSHÖVEL
Am Voshövel 1, 46514 Schermbeck

30 GASTHAUS STROMBERG
Dortmunder Straße 5,
45731 Waltrop

Bewertung ausgesetzt

31 LANDHAUS KÖPP
Husenweg 147, 46509 Xanten

ESSEN

Hannappel

Dahlhauser Straße 173, 45279 Essen
T +49 (0) 201 5345 06
www.restaurant-hannappel.de

- Knut Hannappel
- Knut Hannappel & Tobias Weyers
- Mi, Do, Fr, Sa mittags,
  Mo, Di ganztags

Menü 85 / 118 €
Vorspeise 15 / 25 €
Hauptgang 35 / 42 €

Im TV-Journalismus bezeichnet eine Text-Bild-Schere das Auseinanderklaffen zwischen dem, was der Zuschauer sieht, und dem, was ein Sprecher dazu sagt. Das Hannappel ist eine Restaurant gewordene Text-Bild-Schere. Denn wer vor dem Lokal steht, weiß sich im gutbürgerlichen Teil des Ruhrpotts: Der Essener Stadtteil Horst ist nur bekannt, weil hier Deutschlands Billard-Rekordmeister spielt, der BF Horster-Eck. Direkt gegenüber vom Hannappel-Eingang residiert ein Café, dessen Fenster-Deko dem Stilempfinden von Fensterrentnern entspricht. Und das Restaurant selbst hat seinen Sitz in einer ehemaligen Bergwerkskneipe, die der Familie von Chef Knut Hannappel gehörte. Wer würde hier erwarten, eine Serie von innovativen und kreativen Gängen serviert zu bekommen? Doch wenn die Küche schon mit einem kleinen Meisterwerk grüßt wie der Auster, in der sich eine Austernsphäre als Perle durch ein saftig-saures Dashi kugelt, dann ahnt der Gast: Das könnte jetzt ein ziemlich guter Abend werden. Und er behält recht: Hannappel und sein Co-Chef Tobias Weyers spielen mit den Aromen wie sonst der BF Horster-Eck mit den Kugeln, zum Beispiel mit einem angeflämmten, aber perfekt schmelzigen Kaisergranat, bei dem Raucharomen mit sommerlicher Melone und einem Hauch Chipotle-Schärfe verkuppelt werden. Die Kombination von Lamm, natürlich auf den Punkt gebraten, Roter Bete und Kirsch bekommt einen besonderen Kick durch eine umami-starke Terrine von der Lammzunge. Ein Meisterwerk mit dem Zeug zum Signature Dish ist die Gänseleber-Schnitte mit Cassis-Staub und Miso – ein herrliches Spiel von süß und sauer. Überhaupt: Japan. Während andere Köche japanische Ingredienzen gezwungen in den Vordergrund pressen, sind sie hier unaufdringlich und elegant eingebaute Zutaten. So zum Beispiel auch beim Dessert aus Mandelcreme, das mit einer Haube aus Amazake-Schaum (einem süßen, alkoholfreien Sake) überdeckt wird und durch einen Kern aus Kaviar einen salzigen Tick mitbekommt. Dazu passt, dass die Pandemie-Schließung zur geschmackvollen Renovierung in Mint und Grau-Braun genutzt wurde. Auch hier gilt: zeitgemäß, aber nicht aggressiv zeitgeistig. Tja, denkt sich der Gast beim Verlassen des Hannappels während sich seine Text-Bild-Schere im Kopf schließt: „So isser halt, der Ruhrpott. Da denkste, watt soll dat werden? Und dann zeicht dir der Koch mal eben, wo der Frosch die Locken hat."

La Grappa

Rellinghauser Straße 4, 45128 Essen
T +49 (0) 201 2317 66
www.la-grappa.de

🔒 Sa mittags, So, Feiertag ganztags
Menü 52 / 250 €
Vorspeise 13 / 28 €
Hauptgang 32 / 48 €

Zwischendurch war zu lesen, der Betrieb habe vor Corona kapituliert, aber nein, Gottseidank: Padrone Rino Frattesi macht weiter, verwöhnt die Gäste in seinem pittoresken Ristorante mit gastronomischer Klasse und italienischer Gastlichkeit. Nicht weniger als ein halbes Dutzend Carpacci stehen hier zur Wahl, Suppen, Gnocchi mit Trüffel-Sauce sowie einige höherpreisige Fleisch- und Fischgerichte wie Perlhuhn auf Pommery-Senf-Sauce oder Steinbutt auf Seeigelmark. Mittags gibt es ein viergängiges Business-Menü, „garantiert in einer Stunde genossen", wie der Chef versichert.

Paul's Brasserie NEU

Huyssenallee 7, 45128 Essen
T +49 (0) 201 2667 5976
www.pauls-brasserie.de

🔒 Sa mittags,
Mo, So, Feiertag ganztags
Menü 37 / 56 €
Vorspeise 9 / 21 €
Hauptgang 16 / 48 €

Eine unkomplizierte, dennoch anspruchsvolle frankophile Küche erwartet die Gäste in dem ebenso großzügig wie gemütlich gestalteten Restaurant in Essens Südviertel. Die Karte dominieren Brasserie-Klassiker – vom Salade Niçoise über Boullabaisse und Rindertatar bis zum gebratenen Steinbuttfilet mit Schnittlauchpüree und Champagnerkraut. Aber auch heimisches „Himmel un Ääd" ist hier zu haben. In unmittelbarer Nähe des Aalto Musiktheaters und der Essener Philharmonie gelegen, eignet sich die Brasserie perfekt für eine Stärkung vor der Vorstellung.

Restaurant Pierburg NEU

Schmachtenbergstraße 184,
45219 Essen
T +49 (0) 2054 5907
www.pierburg-essen.com

👨‍🍳 Erika Bergheim

Weit von ihrer langjährigen Wirkungsstätte, dem Schloss Hugenpoet, hat sich Erika Bergheim nicht entfernt. Das von Grund auf und sehr gelungen umgebaute Restaurant Pierburg bietet der erfahrenen Köchin eine ausgezeichnete Bühne – mit Mittagsgeschäft, Terrasse, Kaffee und Kuchen und dem À-la-carte-Restaurant mit Gerichten wie Apfel-Steckrüben-Suppe, Onsen-Ei mit Kartoffelpüree und Trüffel, Entenbraten und Arme Ritter. Ihre Leidenschaft für leichte, zeitgemäße und ungekünstelte Gourmetküche kann sie im Menü „Selection E.B." ausleben. Zwei Monate nach Eröffnung ist die Pierburg mit ihrem großzügigen Speiseraum des ehemaligen Veranstaltungssaals bei unserem Besuch unter der Woche bis auf den letzten verfügbaren Platz ausgebucht, das Publikum hat das neue Angebot sofort begeistert aufgenommen. Umso bedauerlicher, dass die handwerklichen Mängel auch bei größtem Verständnis für Schwierigkeiten jeder Anfangsphase zu viele und zu gravierend sind. Steinbutt, Entenleber – fest und trocken, letztere gar mit unappetitlicher Optik, angezogene Cremes und Saucen mit Haut, geschlossene Kardamomkapseln im Dessert, auf die der Gast beißt – das trübt den Abend. Dass die Küche grundsätzlich ein Verständnis für gut zubereitete Gerichte besitzt, belegt die Short Rib, die butterzart ist und von einer tiefgründigen Sauce, gut gewürzten Kichererbsen mit Spinat und hauchdünnen, recht fettigen Auberginenscheiben und einer feinen Auberginencreme begleitet wird. Dieser Gang bestätigt Bergheims über viele Jahre bekannte Qualitäten, von denen wir sicher sind, dass sie trotz der erlebten Ausrutscher in Zukunft zum Tragen kommen und diesen gelungenen Neuzugang der Essener Gastronomie zum Erfolg verhelfen werden. Der freundliche Service und die mit einigen Preziosen gespickte Weinkarte tun das ihrige.

Rotisserie du Sommelier

Wegenerstraße 3, 45131 Essen
T +49 (0) 201 9596 930
www.rotisserie-ruettenscheid.de

 mittags, Mo, So ganztags
Menü 46 / 67 €
Vorspeise 10 / 20 €
Hauptgang 20 / 38 €

In der Rüttenscheider Rotisserie erwartet den Gast ein dunkel getäfelter Raum mit holzgerahmter Theke – ganz wie früher in den gutbürgerlichen Ruhrgebiets-Stadtteilen. Hier wird auf feine Art en français im klassischen Pariser Bistro-Stil gekocht, etwa Roastbeef vom Blonde-d'Aquitaine-Rind oder Entenbrust in Orangensauce. Typisch für Küchenchef Andre Kauke ist auch die Maultasche vom Sauerbraten: in feinen Strudelteig gerolltes, mürbe geschmortes Rindfleisch auf Stielmus und Dijon-Senf-Schaum. Eine perfekte Abstimmung der Aromen, für die das Haus steht, zeigt sich auch beim Senfgurkenschmand zum Steak Tatar.

Schote

Rüttenscheider Straße 62, 45131 Essen
T +49 (0) 201 7801 07
www.restaurant-schote.de

Mirko Sasker
Christofer Kokoszka
Alfred Voigt
 mittags, Mo, So, Feiertag ganztags
Menü 78 / 136 €

Die weiteste Reise benötigt bisweilen nur ein paar Schritte. Wer Nelson Müllers Schote von der belebten Rüttenscheider Straße aus betritt, wird sofort an der Theke der offenen Küche in Empfang genommen. Dort verzehrt der Gast im Stehen den ersten Snack, den Küchenchef Christofer Kokoszka vor den Augen des Gastes anrichtet. Der kleine Sardinenburger mit kalter Erdbeer-Tomaten-Margarita holt einen schlagartig in die Welt des umtriebigen und fernsehfahrenen Nelson Müller, der seine Gerichte als Geschichten verstanden wissen will. Im Lockdown-Sommer 2021 wollten Müller und der Franzose Kokoszka die Gäste mit bis zu zehn Gängen an ferne Orte entführen unter dem Motto „Hot Town – Summer in the City". Und schon die Grüße der Küche, nun am Platz serviert, sind eine kleine Rundfahrt entlang Müllers kulinarischem Horizont. Er zeigt handwerklich tadellose Klassik wie die Waffeltütchen mit Roter Bete, gelungene Spielereien wie den Lolli, dessen Kakaobutterhülle einen kühlen Tomatensud im Mund freigibt, oder eine herrliche Meeresaromatik verbreitende Auster. Müller und Kokoszka servieren und vollenden die Gänge teils persönlich mit erklärenden Worten, so die vegetarische „Leber"-Praline. Aus Pilzen, Tofu, Schalotten, Madeira, Port- und Weißwein gelingt die Mimikry nur bedingt, da die Cremigkeit des Vorbilds nicht ganz erreicht wird – dennoch ein mehr als gelungener Gang, nicht zuletzt wegen des Champagnereises. Die Schote ist kein vegetarisches Restaurant, bietet nach Voranmeldung aber ein entsprechendes Menü. Und es ist die gekühlte Gemüse-Essenz mit Cannelloni aus gehobelten Artischocken, die mit Olivenstaub und Frischkäse wechselnde Aromen miteinander spielen lässt, die am Tisch nachhaltig begeistert. So wie die Jus im vegetarischen Hauptgang mehr als Respekt abverlangt, steht sie in Tiefe und Dichte der Jus zum BBQ-Reh im normalen Menü in nichts nach. Elemente wie eingelegte Fichtensprossen dienen mit ihrer Säure als perfekter Kontrast zum begleitenden Nuss-Espuma. Und man muss in der Schote schon nach Fehlern suchen wollen. Zu monieren hätten wir einzig einen etwas zäh geratenen Knusperchip des dekonstruierten Saltimbocca mit Eismeersaibling. Einen wilden topografischen Sprung vollzieht Patissière Florentine Fleuringer. Als „Ferien auf Saltkrokan" (nach Astrid Lindgren) bezeichnet sie die fast jegliche Süße meidende Komposition aus Moltebeeren, Blaubeeren und einer Milch mit Fjordhonig. Dankbar treten wir fürs zweite Dessert die gut 2.000 Kilometer weite Reise in den Schwarzwald an, um die Variation der Kirsche zu genießen, bevor es schweren Herzens wieder hinausgeht, in die für ein paar Stunden Lichtjahre entfernte Großstadtwelt.

Tablo

Huyssenallee 5, 45128 Essen
T +49 (0) 201 8119 585
www.tablo-restaurant.de

🔒 Sa, Feiertag mittags
Menü 40 / 65 €

Das Tablo steht für eine feine türkische Küche, zeitgemäß und gleichzeitig authentisch. Patron Yilmaz Dogan legt Wert auf hochwertige Produkte, dazu gehört fangfrischer Fisch, den der Gast in einer Vitrine begutachten kann. Gekocht wird mit vielen aromatischen Kräutern bei dezentem Einsatz von Knoblauch. Zu empfehlen sind die gemischten Platten und vor allem auch die Lammgerichte – ob als mit Pistazien, Pinienkernen, Petersilie und Rosinen gefülltes Kotelett oder als Filet in würziger Tomatensauce. Beim Wein ist hier natürlich auch die Türkei vertreten.

ETTLINGEN

Erbprinz

Rheinstraße 1, 76275 Ettlingen
T +49 (0) 7243 3220
www.erbprinz.de

Mathias Kostelnik
Ralph Knebel
Serge Schwentzel
Menü 108 / 148 €

Der Erbprinz ist seit jeher ein Ort von ansteckender Heiterkeit, Patron Bernhard Zepf begrüßt mit offensiver Herzlichkeit und Küchenchef Ralph Knebel ist es ebenfalls anzumerken, dass er hier in Ettlingen zusammen mit seiner Frau und Chef-Patissière Jasmina seinen Lebensmittelpunkt gefunden hat und sich dabei ausgesprochen wohlfühlt. So glänzt die Erbprinz-Küche nicht nur mit handwerklicher Perfektion und deutlichen Akzenten aus der klassischen Küche, sie verströmt durch oftmals überraschende Kombinationen durchaus auch diese Heiterkeit, die natürlich nur aufkommen kann, wenn mit Lust und Liebe zu Werke gegangen wird, und das wiederum können die vielen Stammgäste mit viel Freude am Gebotenen bestätigen. Gerne nimmt Ralph Knebel, kongenial unterstützt von Peter Kubach, seine Gäste auch auf kleine kulinarische Exkursionen mit, indem er zur Wachtel mit Gänseleber aus dem „Green Egg" neben dem Feldsalat mit einem Spinatknödel als Zitat aus der Tiroler Küche aufwartet, oder die Saiblings-Trilogie mit lauwarmem Filet und Beurre blanc, mit angebratenem Tatar, aber auch als Rollmops-Variante vom souveränen Service rund um Mathias Kostelnik auftischen lässt. Die klug nach französischem Vorbild zusammengestellte Speisekarte, angeboten als Fünf- oder Sieben-Gänge-Menü, wobei die einzelnen Gerichte auch als À-la-carte-Portionen serviert werden können, ist ein klares Bekenntnis zu einer Küche, in der hervorragende Produkte im Mittelpunkt stehen. Dabei gehört zur Erbprinz-Küchenhandschrift, für die Patron und Chef gleichermaßen verantwortlich zeichnen, eine gewisse Vorliebe für Luxus-Viktualien, wie die in anderen deutschen Restaurants immer seltener anzutreffende Seezunge, hier mit schwarzer Nuss, zu spüren ist. Weiße Alba-Trüffel in klassischer Kombination, mit Spinat-Ravioli und Onsen-Eigelb, oder auch kreative Variationen, wie schwarze Wintertrüffel mit Marzipan-Biskuit, Artischocke und Mandel-Panna-cotta stehen für diese kulinarische Haltung. Zu dieser beherzten, immer auf den Punkt genau abgeschmeckten, durchaus herzhaften Küche, gehört natürlich auch ein gewisses Selbstbewusstsein, das Ralph Knebel durchaus zuzuschreiben ist. So ist es kein leeres Versprechen, wenn die Küche rote Garnelen „besser als im Urlaub" annonciert, sondern sie bietet damit auch eine perfekte Bühne für Chef-Sommelier Serge Schwentzel, der diesen Anspruch virtuos mit präzisen Weinempfehlungen zu begleiten weiß.

EUSKIRCHEN

Bembergs Häuschen

Burg Flamersheim, 53881 Euskirchen
T +49 (0) 2255 9457 52
www.burgflamersheim.de

- Katharina Röder
- Filip Czmok & Oliver Röder
- Katharina Röder
- mittags,
  Mo, Di, So, Feiertag ganztags

Menü 119 / 187 €

Die neobarocke Schlossanlage von Burg Flamersheim mit ihrem großzügigen Weiher strahlt rural-gelassene und doch herrschaftliche Eleganz aus. Ganz so, wie auch das im historischen Gutshof untergebrachte Gourmetrestaurant Bembergs Häuschen. Dessen Küche ist vielleicht nicht mehr blaublütig wie in früheren Jahrhunderten, dafür aber um so mehr geprägt von legerer Noblesse. Wir werden zu Beginn mit Sellerie (Macaron und Essenz) und Mousse von Roter Bete (mit Cassis für feine Fruchtigkeit) begrüßt. Das eigentliche Menü startet mit Tatar vom Kaninchen, begleitet von Räucheraal und Eigelb. Ein schöner Auftakt, der nicht unwesentlich auch von seiner außergewöhnlichen Produktqualität lebt. Verständlich, wenn man weiß, dass ein deutscher Spitzenerzeuger für Kaninchen gerade mal 500 Meter Luftlinie von der Burg entfernt produziert. Es folgen Seeteufelbäckchen mit dezenten Grillaromen. Dazu gibt es Dreierlei Kerbelrübe (Streifen, Chips, Püree) und einen Fischfond, dem Kokosmilch Cremigkeit und dezente Exotik verleiht. Hocherfreulich, wie das Team um Küchenchef Filip Czmok und Patron Oliver Röder die sonst allzu oft zu unschöner Penetranz neigende Komponente im Zaum behält. Auch der zweite Fischgang – Filet vom Glattbutt, Blumenkohlcreme, braune Butter und Walnuss – ist hochelegant. Nussige Süße von der Butter konterkariert von herb-säuerlichem Sanddorn, würzige Walnuss auf feinem Plattfisch, alles gekrönt von Saiblingskaviar und filigranen Backerbsen – zwei Elementen, die dem Teller auf sehr unterschiedliche Art Biss verleihen. Überzeugende Demonstration von Humor und perfektem klassischen Küchenhandwerk zeigt gleichermaßen dann der Signature Dish – das „Herrengedeck". Eine im Cognac-Schwenker servierte klassische Ochsenschwanz-Consommé und eine als „Zigarre" ausgearbeitete und auf einem gläsernen Aschenbecher servierte Ochsenschwanz-Praline. Dehydrierter Sellerie und Apfel simulieren „Asche". Ein zugegeben leicht kalauernder Gang, der uns aber mit seiner Intensität dennoch große Freude bereitet. Beim Hauptgang stehen dann ein Stück Sous-vide gegartes Onglet (mit märchenhaft feiner Konsistenz) und ein geschmacksdichtes Ragout von Rinderbrust und -Zunge im Zentrum. Der orientalische Gewürzmix Ras el-Hanout gibt dem Schmorpart einen dezent orientalischen Touch, den Datteln als weitere Komponente thematisch vertiefen. Insbesondere der – vielleicht etwas zu al dente geratene – Blumenkohl auf dem Teller dankt dem aromatischen Exkurs. Pistazie, Feige und weiße Schokolade flankieren schließlich die Nocke von Rotwein-Butter-Eis, das in seiner schmelzig-dichten und doch hochfeinen Art noch einmal die wesentlichen Vorzüge der Flamersheimer Küche in sich versammelt: Teller voller aromatischer Intensität, die doch stets geprägt sind vom Streben nach Eleganz und Harmonie. Lob verdient schließlich auch der aufmerksame Service um die Gastgeberin Katharina Röder, der den oft nicht einfachen Spagat zwischen einer dem Gast jederzeit zugewandten und persönlichen Art und dezentem Wirken im Hintergrund perfekt beherrscht.

FASSBERG

Schäferstuben

Hauptstraße 7, 29328 Fassberg
T +49 (0) 5053 98900
www.niemeyers-posthotel.de

Di, Mi, Do, Fr mittags,
Mo ganztags
Menü 38 / 90 €
Vorspeise 9 / 21 €
Hauptgang 15 / 42 €

Familie Niemann und ihr freundlicher Service sind herzliche Gastgeber, egal ob sie in der gemütlichen Stube oder im malerischen Garten empfangen. Und die Küche zeichnet sich durch feine Bodenständigkeit mit südlichem Touch aus: Gulasch vom Hirschkalb, zartrosa gebratener Rehrücken mit Pfeffer-Kirsch-Sauce, auf der Haut gebratener Kabeljaurücken mit mediterranem Bohnengemüse und confierten Kirschtomaten. In einem Heidedörfchen nicht erwarten würde man die opulente Weinkarte mit mehr als 300 Positionen.

FELDBERGER SEENLANDSCHAFT

Klassenzimmer

Zur alten Schule 5,
17258 Feldberger Seenlandschaft
T +49 (0) 39831 22023
www.hotelalteschule.de

Nicole Schmidthaler
Daniel Schmidthaler
Mi, Do, Fr, Sa, So mittags,
Mo, Di ganztags
Menü 94 / 124 €

Fern städtischer Strukturen und Autobahnanschlüsse erhellt des Nachts nur das Fernlicht, in dem kurz zuvor ein Reh die holprige Straße überquerte, das Stockduster der tagsüber idyllischen Landschaft. In der zu Landhotel und Restaurant umfunktionierten Alten Schule drücken wir gerne die Stoffsessel-Schulbank an blanken Tischen im Klassenzimmer mit hohen Decken und Holzböden. Der gebürtige Oberösterreicher Daniel Schmidthaler setzt auf saisonale, regionale Zutaten, ohne sich als Lokalküche-Oberlehrer zu gerieren. Bei seinem daher spontanen Stundenplan gilt lediglich, Umfang und Abneigungen mit dem hervorragenden weiblichen Serviceteam zu besprechen. Animierendem spätsommerlichem Schulbeginn mit wohltuend naturbelassenen Gemüse-Kleinigkeiten folgten erste Herbstboten. Auf dem Lehrplan stand die Schmor- und Marinier-Deklination verschiedener Kürbissorten, die sich Fleißsternchen wegen mürber Textur und unsüß-knackiger Melonen-Frische bei kräuterkräftiger Untermalung von Eisenkraut und Ackersenf und balancierter Spannung zwischen feinsäuerlicher Traubensauce und substanziellerer Sonnenblumencreme verdiente. Den Beweis, dass Süßwasserfische eine Delikatesse sind, trat mit Sauerkrautsud lackierter, fest-zarter Stör an, den ungewöhnlich delikate Herbsttrompeten bedeckten. Frischeschwebenden Wohlgeschmack bei puristischer Anordnung stellten dazu kräftige Herbsttrompetencreme, die Säure intensiven Schmortomaten-Suds und von reichlich Sauerrahmbutter seidiges Kartoffelpüree her. Das Thema ungewöhnlicher, dabei guter Saucen und interessanter Akzente setzte sich nahtlos fort: köstlicher Kalbsfuß-Fischfond-Mohn-miso-Sud zu gebratenem Flussbarsch, über Sellerie feingeriebene getrocknete, angeräucherte Rehleber. Steinpilze, Krause Glucke und Igel-Stachelbart auf eingekochter Zwetschge und knackigen Stangenselleriewürfelchen gelangen mit Paprikasud mit Wasabi-Blatt formidabel süffig! Für einen kritischen Eintrag ins Klassenbuch reichte nicht, dass zum rosa gegarten Kalbsherz auf geschmorter Zunge neben Vogelbeeren, Douglasie und Spinatsorten geschmorte Haferwurzel überflüssig erschien. Weil auch das Dessert aus Apfelsorbet und Apfelragout mit Heumilchschnee und -schaum, Brotchips und Bröseln sowie der finale Gongschlag, gebackene Zwetschgen mit Nougatfüllung, Beerensorbet und einer Zabaione mit Buchweizen-Koji zum Tunken, wie alles zuvor individuell, originell, wohlschmeckend und didaktikfrei ausfielen, zollen wir dieser Lehranstalt Respekt und Begeisterung!

FELDKIRCHEN-WESTERHAM

Aschbacher Hof

Aschbach 3,
83620 Feldkirchen-Westerham
T +49 (0) 8063 80660
www.aschbacher-hof.de

Menü 27 / 55 €
Vorspeise 7 / 15 €
Hauptgang 16 / 30 €

Auf einer Anhöhe im bayerischen Voralpenland gelegen, kann dieser von der Familie Lechner geführte Betrieb auf anderthalb Jahrhunderte Gastronomiegeschichte zurückblicken. Gehobene bayerische Schmankerl sind die Dauerbrenner auf der Karte: Zwiebelrostbraten, fangfrischer Saibling oder saftig geschmortes Hirschgulasch mit hausgemachten Topfenspätzle und Wildpreiselbeeren. International wird es bei Atlantik-Seeteufel mit Krustentiersauce, glasiertem Thai-Spargel und Tagliatelle. Dessert-Spezialität des Hauses bleibt die Sahnecreme mit Löffelbiskuit und Rum.

Feldkirchen-Westerham

FELLBACH

Oettinger's

Fellbacher Straße 2-6, 70736 Fellbach
T +49 (0) 711 9513 452
www.hirsch-fellbach.de

 Familie Oettinger
 Michael Oettinger
Matthias Kapp
mittags,
Mo, Di, So, Feiertag ganztags
Menü 82 / 118 €
Vorspeise 16 / 26 €
Hauptgang 32 / 55 €

In der dunklen Jahreszeit verströmt am Abend die Fassade von Oettinger's Restaurant eine Behaglichkeit, die sich bruchlos bis in die gute Stube fortsetzt. Angekommen kann wird man sofort von der Gastfreundlichkeit eingefangen, wie sie sich vielleicht gerade in Familienbetrieben mit Historie erleben lässt. Hier scheint alles noch gut zu sein. Und mit seiner Küche tut Michael Oettinger seinerseits alles, damit jenes Wohlfühlen in den Vordergrund gelangt. Er serviert eine ganz und gar zeitgemäße, aufgeweckte und neugierige Küche. Das Menü „TeamWork" ist auch am Puls der Zeit bei aller Wollust am Wohlgeschmack. Eine winziger Zylinder-Tortilla, ein Hauch Nussbutterpüree unter Borschtschsud mit einem geflämmten Stück Lauch oder die puristisch im Thermoglas servierte Hirsch-Consommé – Oettingers Auftakt ist makellos. Er zeigt seine Gabe auf, durch Komponenten Kontraste und Komplexität zu schaffen und dabei die rote Linie nicht aus den Augen zu verlieren. So zieht sich das durch sein Menü. Dem gebeizten Kohlenfisch verleiht er ein intensives Kohlearoma, der Glockenapfel steuert säuerliche Elemente bei, Kefir und Kohlrabisud bilden das milde Geschmacksbett. Hummus gelingt ihm trefflich aus Alblinsen, Nashi-Birne, Roscoff-Zwiebel sind die Aromenpole für das exzellent gegarte Kalbsbries. Quasi ein Muss im Oettinger's ist die Bouillabaisse, die bei unserem Besuch mit einem sattem Stück Wolfsbarsch und gegrillter Jakobsmuschel serviert wird. Im Hauptgang mit Presa vom Eichelschwein addiert Oettinger mit Szechuan-Pfeffer, Rosenkohl, gerösteter Haselnuss, Zwetschge und Chorizo noch eine weitere Geschmacksebene zum Stück Nacken. Oettinger jubelt seinen Gästen gekonnt ungewöhnliche Aromenkombinationen unter. Weil jede Idee sitzt, fällt das so wenig auf wie der Gesang von Hip-Hop-Rapperinnen aus den Lautsprechern in der guten Stube des Hauses mit Holzdecken und weißen Tischdecken. Es überrascht folglich nicht, dass auch der Service gelungen zwischen klassischem Handwerk und einer lockeren, persönlichen und ungekünstelten Art seinen Weg findet. Jeder ist gut beraten, den Empfehlungen von Sommelier Matthias zu folgen. Wer Kapps sorgsam zusammengestellte Weinkarte studiert, wird jedoch auch freundlich kalkulierte Entdeckungen machen.

FEUCHTWANGEN

Greifen-Post

Marktplatz 8, 91555 Feuchtwangen
T +49 (0) 9852 6800
www.hotel-greifen.de

🔒 So abends, Mo ganztags
Menü 35 / 85 €
Vorspeise 9 / 13 €
Hauptgang 13 / 35 €

Im malerischen Zentrum von Feuchtwangen liegt diese gemütliche Gaststätte. Jahrhundertelanger Tradition verpflichtet, pflegt man hier fränkische Gastfreundschaft. Die Küche setzt auf Bodenständiges bei hoher Produktqualität – vom Entenleberparfait im Baumkuchenmantel mit Erdbeeren in altem Balsamico über knusprig gebratenes Schäufele vom Schwäbisch Hallischen Spanferkel bis zum Ragout aus der Backe vom Hohenloher Rind mit Gemüse, Pfifferlingen und handgeschabten Spätzle. Großes Biersortiment, wie es sich für die Region gehört.

FINNING

Kaminzimmer NEU

Staudenweg 6, 86923 Finning
T +49 (0)8806 92 00 0
www.staudenwirt.de

👨‍🍳 Dominik Schmid
🔒 Fr, Sa mittags,
  Mo, Di, Mi, Do, Feiertag ganztags
Menü 95 / 110 €

Dominik Schmid, lange zweiter Mann am Herd von Tohru Nakamura, ist hier ein Heimkehrer: Beim heutigen Staudenwirt-Chef und früheren „Jungen Wilden" Konrad Wolfmiller hat er in Herrsching gelernt, es folgten Stationen bei Sergio Herman, Gordon Ramsay und Joachim Wissler. Das kurz vorm zweiten Lockdown eröffnete Restaurant-im-Wirtshaus, dessen Küche „Smitty" nun maßgeblich bestimmt, nimmt auf diesen Weg schon optisch Bezug. Es ist ein kühn designter Augenschmaus in Karmin und Seegrün, der den Rest des Hauses klugerweise auch gestalterisch nicht völlig ignoriert. Entsprechend gibt es im Menü auch stets eine verfeinerte „Brotzeit", bestehend etwa aus hausgebackenem Sauerteigbrot mit Kamillenbutter, Speck, Salami und einem Schnürkrapfen mit Bergkäsecreme. Davor und danach ist Asien omnipräsent: Als Gruß vorab wird ein oblatengroßer Flammkuchen mit Renkenkaviar aufgetragen, für den der Rogen leicht gegart und mit Miso und Sake aromatisiert wurde. Zur Entenleber mit Briochechips, fermentierter Blaubeere und eingelegten Tannentrieben gab's letztes Mal eine cremige „Haselnussemulsion", die uns Nippon-Fans an die vertraute Kewpie-Mayonnaise erinnerte. Beim in Butter und Sesamöl confierten Saibling aus Utting kündigte der Service gleich ein ganzes Füllhorn voll Umami in Form von Anchovissauce und Reischips mit Bonitoflocken an – am Ende blieb ein Gericht, das trotz seiner markig klingenden Bestandteile doch zart und elegant daherkam. Überhaupt schienen uns Schmids balancierte und wunderschön präsentierte Gerichte im Vergleich zu Nakamuras Küche etwas milder angelegt, hier und da (Stichwort: Dessert) könnte er aromatisch noch mehr Gas geben. Insgesamt jedoch erlebten wir im „Kaminzimmer" eine bewundernswert reife Gesamtleistung – zu Preisen, bei denen manch Münchner Gast selig lächelt.

Zum Staudenwirt

Staudenweg 6, 86923 Finning
T +49 (0) 8806 92000
www.staudenwirt.de

🔒 Di, Mi ganztags
Menü 65 / 110 €
Vorspeise 5 / 15 €
Hauptgang 9 / 32 €

Alle Fonds und Saucen werden hier auf traditionelle Art zubereitet und Fisch, Fleisch und Gemüse kommen von ausgesuchten Lieferanten, überwiegend aus Bayern: Die Wirtsleute Wolfmiller sind mit ihrer gemütlichen Gaststube im Ammersee-Ort Finning ein Garant für ehrliche bayerische Heimatküche, erlauben sich aber auch den Blick nach Italien und Asien. Insofern gesellen sich zu den Hausklassikern wie Zwiebelrostbraten aus dem Rinderrücken mit Dunkelbiersoße oder Allgäuer Kässpatzen auch Gerichte wie Gnocchi mit Steinpilzen, Salbei und Parmesan oder Hühnerbrüstchen „Red Curry" mit Wokgemüse und Basmatireis.

FINSTERWALDE

Goldener Hahn

Bahnhofstraße 3, 03238 Finsterwalde
T +49 (0) 3531 2214
www.goldenerhahn.com

✉ Iris Schreiber
👨‍🍳 Frank Schreiber
🔒 Mi, Do, Fr, Sa mittags,
    Mo, Di, So ganztags
Menü 40 / 150 €
Vorspeise 12 / 20 €
Hauptgang 30 / 45 €

Das moderne Gasthaus ist auf jeden Fall eine Reise nach Finsterwalde wert. Denn hier im Goldenen Hahn, fernab kulinarischer Hotspots, findet der Feinschmecker eine Oase der Kochkunst und gleichsam einen Ort voller Brandenburger Gastlichkeit. Fotos von Vater und Großvater an der Wand erinnern an die lange Familientradition des Lokals seit 1939 und zahlreiche Einträge im Gästebuch an Promi-Caterings. Das Gastronomenpaar Iris und Frank Schreiber schafft es seit vielen Jahren, Landgasthof-Kultur und hochwertige, kreative Küche unter einen Hut zu bringen. Alle Gerichte gibt es in Menüportion oder als Hauptgang, thematisch arrangiert unter den Überschriften „Neue Lausitzer Küche", „Küchenchef" und „Vital-Menü". In diesem Jahr erfreuen wir uns an den kleineren Portionen in Folge, denn so kann man aus allen drei Arrangements wundervolle Gerichte zu probieren. Die zum Gastraum hin offene Küche nennt Schreiber sein „Atelier" und tatsächlich arrangiert er durchweg bildschöne, nicht zu komplexe Teller. So genießen wir im Spätsommer eine kühle Terrine vom Reh mit Pilzen, kraftvoll gewürzt, begleitet von Brombeeren, Spänen von Sommertrüffel und säuerlichem Zwiebel-Chutney auf feinem Pumpernickel. Auch dem knusprig gebratenen Zanderfilet verleiht Küchenchef Schreiber mit einer Räucherfisch-Kartoffelcreme und kräftiger Honig-Senfsauce eine deftige Note. Besonders loben dürfen wir die butterzarten geschmorten Rinderbäckchen, verfeinert mit einer herrlichen Trüffeljus, Selleriecreme, Pfifferlingen und Selleriestroh. Schreibers Meisterstück an diesem Abend überrascht jedoch zum guten Schluss. Zwar eher ein winterliches Dessert, aber trotzdem himmlisch! Ein Nougatküchlein mit Salzkaramelleis, Mousse, warmen Zimtpflaumen und Müsli-Krokant. Die zwölfseitige Weinkarte mit einem schönen Querschnitt aus ganz Europa, aber auch regionalen Tropfen aus Brandenburg, Welzow Wolkenberg, Saale-Unstrut und Sachsen passt perfekt.

FLENSBURG

Das Grace

Fördepromenade 30,
24944 Flensburg
T +49 (0) 461 1672 360
www.dasjames.com/genusswelt/das-grace

- Morlin Jochimsen
- Quirin Brundobler
- Morlin Jochimsen
- mittags, Mo, Di ganztags

Menü 105 / 140 €

Hotel Das James und Restaurant Das Grace haben das Heizwerk des früheren Oberkommandos der Kriegsmarine am Südufer der Flensburger Förde in einen Ort der Entspannung verwandelt. Eine Küchenbrigade mit Erfahrungen im Alten Meyerhof von Glücksburg und Küchenchef Quirin Brundobler im Söl'ring Hof kochen in eindrucksvollen Räumen auf hohem Niveau auf. Handgefertigte Kronleuchter in großen Lampenschirmen hängen von der sieben Meter hohen Decke und beleuchten den großen Speisesaal, in dem die elegante Einrichtung in bewusstem Kontrast zu Absperrhähnen oder Rohren aus der kriegerischen Vergangenheit des Gebäudes stehen. Zur Auswahl stehen das Menü „Farm" mit dem Schwerpunkt auf Produkten des Festlandes und „Förde", in dem Fänge aus dem nahen Meer die Hauptrolle spielen. Schon der Gruß aus der (offenen) Küche gerät zum Geschmackserlebnis. Auf einem Holztablett sind frittierte Rote-Bete-Chips, buttrige Kartoffelchips mit Meerrettich, winzige Hefebällchen mit Frischkäse und geraspeltem Emmentaler-Topping sowie ein leicht süßer Baisertuff mit Frischkäse und Kresse angerichtet. Das noch warme Bauernbrot und eine unverschämt leckere Focaccia begleiten eine würzige Sauerrahmbutter mit grüner Bärlauch-Petersilie-Maserung. Die Filets von der dänischen Gelbschwanzmakrele in einer Emulsion von Sylter Royal-Austern und Holunderblüten „schwimmen" in einer grünen Pink-Lady-Jus. Austernblätter geben in dreierlei Form, als Gemüse, geschnetzelt und püriert, ihren feinen Austerngeschmack dazu. Die Variation vom Black-Angus-Rind entpuppt sich als Arrangement verschiedener Pilze mit einem zartwürzigen Filetstückchen und einer gegrillten Portion des geschmacksintensiven Zwerchfells (Shirt Steak) – ganz wunderbar. Zum Dessert dann leichte fruchtige Süße mit einem Melonensüppchen, Buttermilchschaum und Basilikumsorbet.

FORCHHEIM

Zöllner's Weinstube

Sigritzau 1, 91301 Forchheim
T +49 (0) 9191 13886
www.zoellners-weinstube.de

- mittags, Mo, Di, Feiertag ganztags

Menü 55 / 75 €
Vorspeise 12 / 24 €
Hauptgang 19 / 34 €

In diesem Fachwerkidyll sitzt man gemütlich im ehemaligen Pferdestall von 1780. Chef Johannes Zöllner kocht saisonal, mit Morcheln, Spargel, Steinpilzen und Wild aus heimischer Jagd. Er bedient sich dabei ausgiebig aus dem Kräutergarten hinterm Haus, wo er Knoblauchgras zieht und Rucolablüten erntet. Mediterran sind seine Gerichte, in klassischer Zubereitung: Jacobsmuscheln mit Limonen-Mandel-Butter oder Perlhuhnbrust kross mit Madeirasauce. Familiär-fürsorglicher Service, Weinauswahl mit Schwerpunkt auf fränkischen Weißen.

FORSTINNING

Zum Vaas

Münchner Straße 88,
85661 Forstinning
T +49 (0) 8121 43091
www.zum-vaas.de

🔒 Mo, Di, Feiertag ganztags

Familie Bauer steht für herzliche Gastlichkeit und eine Küche weit über Wirtshausniveau. In den drei Stuben und zur warmen Jahreszeit auch im Garten genießt man Hausklassiker wie Schweinebraten vom Schwäbisch-Hällischen oder das Lendensteak von der Bayerischen Färse mit hausgemachter Kräuterbutter. Für Abwechslung sorgt die Tageskarte, auf der beispielsweise hausgebeizter schottischer Label-Rouge-Lachs mit Zitronenmayonnaise lockt oder Island-Kabeljau mit wildem Brokkoli und Stampfkartoffeln. Zum Staunen: die Weinkarte mit ihren 500 Positionen.

FRAMMERSBACH

Schwarzkopf

Lohrer Straße 80,
97833 Frammersbach
T +49 (0) 9355 307
www.schwarzkopf-spessart.de

🔒 mittags,
Mo, Di, Mi, So, Feiertag ganztags
Menü 37 / 65 €
Vorspeise 8 / 14 €
Hauptgang 17 / 36 €

Dass es ambitioniert zugeht in diesem Wirtshaus im Spessart, zeigen schon die regelmäßigen Events wie Kochkurse oder kulinarische Lesungen. Küchenmeister Stefan Pumm kocht auf feine Art vorwiegend regional, lässt gebratene Filets von der Lohrer Forelle mit glasierten Trauben und Speck an Champagnerkraut auftischen oder rosa gebratenes Rinderfilet und zart geschmorte Ochsenbacken mit jungem Wirsing und gebratenen Pilzen. Auch Vegetariern geht es hier gut, etwa bei hausgemachten Tagliatelle mit Trüffel-Rahmsauce, frisch gehobelter Trüffel und Parmesan.

FRANKENBERG

Philipp Soldan

Marktplatz 2-4, 35066 Frankenberg
T +49 (0) 6451 7500
www.sonne-frankenberg.de

Erik Arnecke
Erik Arnecke
Do, Fr, Sa mittags,
So abends, Mo, Di, Mi ganztags
Menü 69 / 139 €
Vorspeise 29 / 39 €
Hauptgang 38 / 49 €

Niemand soll sagen, dass Gäste nicht lernfähig sind und sich freudig Vorgaben anpassen. Kurz vor 19 Uhr füllt sich das Gewölbe im Untergeschoss des Hotels Sonne. Auf diesen Zeitpunkt hat Küchenchef Erik Arnecke den gemeinsamen Beginn des Menüs festgelegt. Und weil das so klappt, stehen auch kurz später auf allen Tellern ein Hörnchen mit Brie, Räucherfisch-Rillettes auf Roter Bete und Bachkressemousse in Kalbszunge auf dem Tisch. Der gelösten Stimmung tut das keinen Abbruch in dem zeitgemäß mit verglasten Weinklimaräumen eingerichteten Souterrain. Für Arnecke liegt der Vorteil auf der Hand – er kann Gang für Gang konzentriert zubereiten und anrichten in der großen und offenen Küche, in der man den Köchen sogar über die Schulter schauen darf, ohne im Weg rumzustehen. Wir, die Gäste, profitieren davon, denn jeder Teller, der hier die Küche verlässt, ist handwerklich einwandfrei zubereitet. Dem Service gelingt es, dass es sich nach einem gemeinschaftlichen Erlebnis statt nach Bankett anfühlt, wenn alle Tische mehr oder minder zeitgleich die gleichen Speisen bekommen. Saftige Foccacia und Ciabatta zur herrlich stalligen Salzbutter, Käsecreme und Lauchöl zeugen von Arneckes Anspruch an Details. Die Gillardeau-Auster mit Sanddorn und Dillöl als weiterer Gruß aus der Küche zeigt, was Arnecke den Abend über gekonnt durchzieht – ein hervorragendes Grundprodukt mit wenigen knackigen Akzenten in ein neues Licht gerückt. Die Königskrabbe als Tatar unter einer dünnen Scheibe Charentais-Melone ist ein noch aromatisch sanfter Auftakt. Danach zieht peu à peu jeder Gang an der Intensitätsschraube. Der Rochen – mit kräftig gewürzter und knuspriger Haut – schultert die Kräuter und fängt die Säure der Artischockenhobel Grenobler Art ab. Beim in kleine Teile geschnittenen Bäckchen vom Wildschwein mit geflämmten Salatherzen kommen kräftige /Q-Aromen ins Spiel – gegen die lediglich die dünne und eigentlich unnötige Scheibe Pulpo das Nachsehen hat. Mit herrlichem Eigenaroma und einer sensationellen Kruste behauptet sich im Hauptgang das satte Stück Lamm gegen die orientalischen und nun auch scharfen Aromen der Gemüsecreme. So schafft Arnecke eine klare Dramaturgie, deren Crescendo er nur kurz mit einem Gingeralesorbet vor dem Lamm nochmal Luft holen lässt, wie eine letzte Schleife vor dem Schlussakkord. Der süße Ausklang besteht aus kaum gesüßter Reis-Trauttmansdorf-Creme und geschmortem weißen Pfirsich. Und allerspätestens jetzt angesichts des gritzegrünen Limettensuds sollte auch dem letzten Gast Arneckes Vorliebe für kräftiges Grün aufgefallen sein. Optisch eine Klammer, kulinarisch nie verkrampft, stellen sie gemeinsam mit dem Geschirr das i-Tüpfelchen dar für eine Küchenleistung, für die man seine Zeitplanung von Herzen gern an den Erfordernissen einer komplexen Küche orientiert.

FRANKFURT AM MAIN

FRANKFURT AM MAIN

FRANKFURT AM MAIN DIE TIPPS VON JOCHIM BUSCH

Jochim Busch

Nach Stationen im heimischen Württemberg und dem Badischen, wo es ihn in das Team um Spitzenkoch Andreas Krolik verschlug, trat Jochim Busch unter diesem im Jahr 2012 den Souschef-Posten im Tigerpalast an. Nur fünf Jahre später ergriff er die Chance, im **Frankfurter Gustav** eine außergewöhnlich **feingliedrig-präzise Aromenküche, nordisch inspiriert, sensibel und gänzlich ohne Effekthascherei** – im Zentrum die Produkte und Aromen der Region – zu präsentieren. Und das Ganze in einem außerordentlich lässig-eleganten Rahmen!

JOCHIM BUSCHS EMPFEHLUNGEN

MUKU
Dreieichstraße 7, 60549 Frankfurt
T +49 (0) 69 4844 5153
www.muku-ramen.com

In diesem kleinen japanischen Restaurant erwarten Sie die besten Ramen der Stadt. Zusätzlich zum beliebten Nudel-Gericht stehen wechselnde warme und kalten Speisen in Form japanischer Tapas auf der Karte, von denen man nicht genug bekommen kann. Die umfangreiche Auswahl an Weinen und Sake tut ihr Übriges.

EspressoEspresso
Braubachstraße 28, 60311 Frankfurt
www.instagram.com/
espresso.espresso.frankfurt

Diese coole Tagesbar, die zum kurzweiligen Verbleib einlädt, ist eine universelle Anlaufstelle. Egal, ob Sie Lust auf einen Kaffee, einen Aperitif oder ein Glas Wein haben: Hier werden Sie fündig. Und wer gleich eine ganze Flasche bestellt, tut gut daran, sich auch dem vielfältigen Speiseangebot der Bar zuzuwenden. Von klassisch-italienischen Snacks bis zum typischen Barfood findet sich hier für jeden etwas.

Petersen gutes Essen
Eppsteiner Straße 26,
60323 Frankfurt
T +49 (0) 69 7171 3536
www.petersen-gutes-essen.de

Klein, aber fein. Sehr sogar! Das charmante Delikatessengeschäft wartet mit tollen, sorgfältig ausgewählten Lebensmitteln wie Käse, Brot, edlen Schokoladen und dem ein oder anderen besonderen Fläschchen Wein auf. Auch die hausgemachten Kuchen und Torten sollten Sie keinesfalls vernachlässigen! In der kleinen Küche werden mittags regelmäßig wechselnde Gerichte zubereitet – ideal für eine kulinarische Pause.

Obsthof am Steinberg
Am Steinberg 24, 60437 Frankfurt
T +49 (0) 6101 41522
www.obsthof-am-steinberg.de

Dass es beim Wein (auch) auf die Rebsorte ankommt, ist den meisten klar. Doch wie wichtig die „richtige" Sorte auch bei anderen Früchten ist, zeigt uns der Obsthof am Steinberg. Hier werden sowohl sortenreine als auch jahrgangsspezifische Apfelweine gekeltert, die vor Ort im Hofladen erworben werden können. An sonnigen Tagen lädt die Gartenwirtschaft zum stilechten Verweilen und Verkosten unter alten Apfelbäumen ein.

Anna Reckmann Pâtisserie – Chocolaterie
Reuterweg 69, 60323 Frankfurt
T +49 (0) 69 7921 3397
www.annareckmann.com

Sehr feine Auswahl an handgefertigten Pralinen und kleinen Törtchen. Ein besonderes Highlight sind die Macarons – schließlich hat Anna Reckmann das süße Handwerk in Paris erlernt. Bei ihren saisonal produzierten Leckereien setzt sie besonders auf das spannungsreiche Spiel von bekannten und ungewöhnlichen Aromen. Diese finden sich auch im herausragenden selbst gemachten Eis wieder, das in den warmen Monaten verkauft wird.

The Kinly Bar
Elbestraße 29, 60329 Frankfurt
T +49 (0) 69 2710 7670
www.kinlybar.com

Die kreativsten und aufwendigsten Drinks in Frankfurt (und wahrscheinlich darüber hinaus) stammen aus der Kinly Bar! Hier werden modernste Techniken verwendet, um verschiedene Aromenauszüge und Essenzen herzustellen, die später ihren Weg in unglaublich präzise ausbalancierte Cocktailkreationen wandern – von der spektakulären Präsentation dieser kleinen Kunstwerke ganz zu schweigen. In der warm eingerichteten Bar muss man sich zudem einfach wohlfühlen.

FRANKFURT AM MAIN KARTE

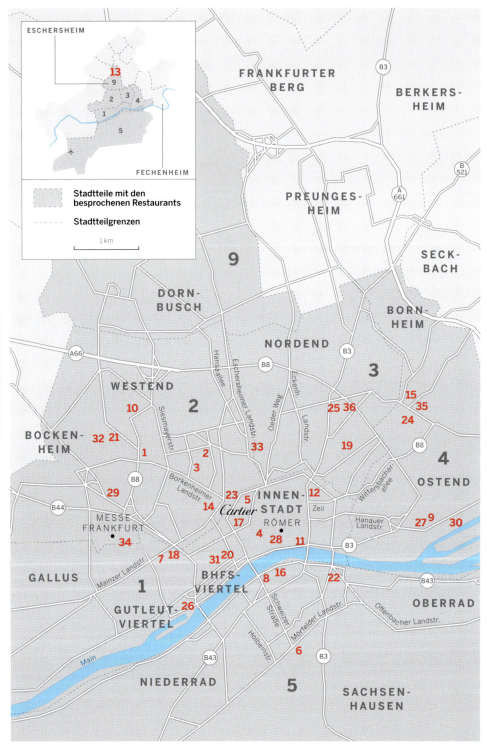

Restaurants

1 LAFLEUR
Palmengartenstraße 11,
60325 Frankfurt am Main

2 GUSTAV
Reuterweg 57,
60323 Frankfurt am Main

3 ERNO'S BISTRO
Liebigstraße 15,
60323 Frankfurt am Main

4 RESTAURANT FRANÇAIS
Am Kaiserplatz,
60311 Frankfurt am Main

5 BIDLABU
Kleine Bockenheimer Straße 14,
60313 Frankfurt am Main

6 CARMELO GRECO
Ziegelhüttenweg 1–3,
60598 Frankfurt am Main

7 IIMORI KAISEKI
Mainzer Landstraße 125,
60327 Frankfurt am Main

8 LOHNINGER
Schweizer Straße 1,
60594 Frankfurt am Main

9 MASA JAPANESE CUISINE
Hanauer Landstraße 131,
60314 Frankfurt am Main

10 RESTAURANT VILLA MERTON
Am Leonhardsbrunn 12,
60487 Frankfurt am Main

11 SEVEN SWANS
Mainkai 4, 60311 Frankfurt am Main

12 TIGER-GOURMETRESTAURANT
Heiligkreuzgasse 16–20,
60313 Frankfurt am Main

13 ZUR GOLDEN KRON
Alt-Eschersheim 58,
60433 Frankfurt am Main

14 AUREUS RESTAURANT
Kettenhofweg 27,
60325 Frankfurt am Main

15 CHAIRS
Gronauer Straße 1,
60385 Frankfurt am Main

16 EMMA METZLER
Schaumainkai 17,
60594 Frankfurt am Main

17 MAIN TOWER RESTAURANT & LOUNGE
Neue Mainzer Straße 52–58,
60311 Frankfurt am Main

18 STANLEY
Ottostraße 16–18,
60329 Frankfurt am Main

19 TRARES
Luisenstraße 7,
60316 Frankfurt am Main

20 WEINSINN
Weserstraße 4,
60329 Frankfurt am Main

21 FUJIWARA
Falkstraße 38,
60487 Frankfurt am Main

22 MUKU
Dreieichstraße 7,
60594 Frankfurt am Main

23 SCHÖNEMANN
Opernplatz 16,
60313 Frankfurt am Main

24 SONAMU – CASUAL KOREAN DINING
Berger Straße 184,
60385 Frankfurt am Main

Restaurants

25 CARTE BLANCHE
Egenolffstraße 39,
60316 Frankfurt am Main

26 FRANKFURTER BOTSCHAFT
Westhafenplatz 6–8,
60327 Frankfurt am Main

27 GOLDMAN
Hanauer Landstraße 127,
60314 Frankfurt am Main

28 HEIMAT
Berliner Straße 70,
60311 Frankfurt am Main

29 IZAKAYA MANGETSU
Varrentrappstraße 57,
60486 Frankfurt am Main

30 LEUCHTENDROTER
Lindleystraße 17,
60314 Frankfurt am Main

31 MAXIE EISEN
Münchener Straße 18,
60329 Frankfurt am Main

32 RESTAURANT PONTE
Am Weingarten 5,
60487 Frankfurt am Main

33 RISTORANTE VILLA LAUDA
Baustraße 16,
60322 Frankfurt am Main

34 THE NOODLEMAKER
Europa-Allee 41,
60327 Frankfurt am Main

35 VIET PHO
Berger Straße 213,
60385 Frankfurt am Main

36 WIR KOMPLIZEN
Egenolffstraße 17,
60316 Frankfurt am Main

FRANKFURT AM MAIN

AUREUS Restaurant

Kettenhofweg 27,
60325 Frankfurt am Main
T +49 (0) 69 7953 3979
www.aureus-restaurant-im-goldmuseum.de

- Esther Marie Gerber
- Christian Senff
- Andreas Althaus
- mittags, Mo, Di, So, Feiertag ganztags

Menü 119 / 179 €
Vorspeise 18 / 25 €
Hauptgang 33 / 44 €

Luxus spielt im AUREUS naturgemäß eine wichtige Rolle, inmitten der Bankentürme lädt es im Goldmuseum zum exklusiven Menü in passendem Rahmen: eine klassische Stadtvilla, blitzendes Silberbesteck, mundgeblasene Weingläser. Das Motiv setzt sich kulinarisch fort, auch jüngst begann unser Menü mit einem Tischfeuerwerk ausgefeilter Kleinigkeiten. Vom Krustentierbällchen über Hummus bis zum gebeizten Lachs und einer gebackenen Praline vom Landhuhn mit Maiscreme und Harissa-Mayonnaise überzeugten die Miniaturen durch pointierte Würze, klare Aromen und solides Handwerk. Ein erster positiver Eindruck, den die folgenden Gänge bestätigten. Die Gänseleber in der ersten Vorspeise kam aus Mortara (hier werden die Gänse gemästet, nicht gestopft) und zudem cremig-zart auf den Teller, umringt von einer kleinteiligen Assemblage aus Petersilienwurzel in verschiedenen Aggregatszuständen sowie knuspriger Butterbrioche. Interessant anzusehen, aber unnötig erschien uns freilich die arg spielerische Präsentation der Leber als weinrote Kachel aus dem Periodensystem – beschriftet mit „79 AU" für diejenigen Gäste, die in Chemie aufgepasst haben oder ersatzweise eins und eins zusammenzählen können. Ohne Showeffekte, dafür von glasiger, buttrig-zarter Textur und hochfeinem Aroma die folgende Jakobsmuschel, die eindrucksvoll demonstrierte, welches kulinarische Potenzial die Verbindung ausgezeichneter Produkte und ebensolchen Handwerks bietet. Die Küche setzte hier abermals auf einen Rahmen kleinteiliger Elemente aus Sellerie, Piemonteser Haselnuss, Estragon und etwas schwarzem Trüffel: stimmig und schön! Der anschließende Wrackfisch („Pollack") kam tadellos gegart, saftig, mit knuspriger Haut, begleitet von Fenchel und einer intensiven Beurre blanc – letzere sehr wohlschmeckend, allerdings eher Schaum als sämige Soße. Ein kleines, aber im Rahmen des Menüs völlig ausreichendes Rückenstück vom Hirschkalb gefiel uns ebenfalls durch seine ausgezeichnete Produktqualität und präzise Zubereitung, die begleitenden „Beilagen" – Trompetenpilze, Kartoffelplätzchen, Topinamburpüree, Rotkraut – trugen ihren Titel freilich zu Recht, sie blieben ziemlich unscheinbar. Im Dessert schließlich irritierte dann kurz erneut eine etwas arg gewollt-kreative Farb- und Formgebung, doch schmeckt der gekühlte „Goldbarren" von Manjari Grand Cru sowie das begleitende Sauerrahm-Blutorangeneis so gut, dass wir solche Kritikasterei rasch beiseitelegten. Fazit: eine verlässliche Bank für klassischen Genuss in passendem Ambiente mit entsprechenden Preisen!

bidlabu

Kleine Bockenheimer Straße 14,
60313 Frankfurt am Main
T +49 (0) 69 9564 8784
www.bidlabu.de

Dietmar Fritz
André Rickert
Dietmar Fritz
Mo, Di, Mi, Do, So,
Feiertag mittags

Menü 37 / 100 €
Vorspeise 13 / 20 €
Hauptgang 21 / 40 €

Berlin ist ja nun wahrlich nicht das Maß aller Dinge, aber wenn man über ein Restaurant sagen kann, es würde auch in der Hauptstadt reüssieren, dann ist das sicher keine Beleidigung. Für das bidlabu gilt dieses Prädikat uneingeschränkt – und was die Hauptstadt angeht, die könnte auch Paris oder London heißen. Im Sommer auf der Gass' unter Markisen oder im kleinen Saal mit seinem reduzierten, aufgeräumten Ambiente wird kulinarische Substanz ohne Firlefanz geboten – und zwar zu barmherzigen Tarifen und mit gastronomischem Sinn und Verstand. Zum Auftakt unseres jüngsten Besuchs gefiel ein leichter Couscous-Salat unter einem Paprika-Tomatenschaum von feiner Schärfe: leicht, locker, sehr schön. Ausgezeichnet anschließend eine zarte Regenbogenforelle aus der Wetterau, kurz gebeizt und anschließend punktgenau knapp gegart, mit gepickeltem Kohlrabi, einem angenehm dezenten Holunder-Gurken-Sud und Kräutern. Eine reduzierte, klare, absolut harmonische Verbindung, die den Fisch mit seinem schönen Eigengeschmack optimal einfasste. Dass Küchenchef André Rickert (ehemals Weinsinn) auch die Klaviatur kräftiger Aromen beherrscht, zeigte er anschließend mittels zweier „Schmorbratenravioli", die wir ohne zu zögern zu einem der schönsten Pasta-Gänge der aktuellen Testsaison erklären: perfekter Teig, optimaler Biss, hocharomatisch-saftige Füllung von geschmorten Kalbsbäckchen, dazu Frucht und Säure angetrockneter (geschälter!) Datteltomaten, ein paar Tropfen dichte, buttrige Kalbsjus, kräuterwürzige Gremolata, einige Späne Parmesan sowie geröstete Sonnenblumenkerne für den Biss. Großartig! Da kann sich so mancher Staritaliener der Stadt was abschauen ... Es folgten blütenweiß-blättriger Kabeljau mit gefüllter Zucchini-Blüte, zartem Pulpo und einem safransatt-zitrusduftigen Sud; anschließend eine großartige Pluma vom Eichelschwein, mutig aromatisiert durch grünes Curry und samtig geerdet durch Erbsencreme – und zum süßen Abschluss eine gelungene Interpretation des Klassikers „Schwarzwälder Kirsch" (Schokoladen-Biskuit, Ganache, Mascarponecreme, eingelegte Kirschen, Kirschsorbet), spektakulär aufgefrischt durch kräutergrüne Granita-Kügelchen. Und das Ganze zu äußerst animierenden Tarifen und in einer Kombüse gezaubert, die so manchem hoch-gerüsteten Hobbykoch die Schamesröte ins Gesicht treiben müsste.
Eine Lieblingsadresse!

Carmelo Greco

Ziegelhüttenweg 1–3,
60598 Frankfurt am Main
T +49 (0) 69 6060 8967
www.carmelo-greco.de

- Carmelo Greco
- Carmelo Greco
- Enrico Resta & Antonio Deiana
- Sa, Feiertag mittags, So ganztags

Menü 98 / 125 €
Vorspeise 22 / 35 €
Hauptgang 26 / 48 €

Man kann es gar nicht hoch genug einschätzen, wenn ein Gastronom sich in diesen herausfordernden Zeiten entscheidet, sechs Tage die Woche zu öffnen – und fünf davon mittags und abends! Wir kamen jüngst mittags gegen viertel nach eins ohne Reservierung vorbei, waren die einzigen Gäste und wurden – nach einem kurzen, so freundlichen wie erfolglosen Abwimmelungsversuch – schlussendlich zuvorkommend bedient. Wir revanchierten wir uns, indem wir nicht sparsam das gastfreundlich kalkulierte Mittagsangebot wählten, sondern ein kleines Menü à la carte zusammenstellten. Es begann mit einer Mousse von Gänseleber und Erdbeeren im Amuse, die arg an Erdbeerjoghurt erinnerte und auch Vegetariern nicht unerfreulich aufgefallen wäre. Auch der anschließende erste Gang geriet nicht klassischer, las sich der Papierform nach aber sehr erfreulich – Kalbstatar mit Béarnaise-Eis – und gefiel uns auch in seiner elegant-klaren Präsentation sehr gut: handgeschnittenes Tatar, mit Öl, Salz, Kapern und Senf mariniert, darauf eine leider arg dominante, süßsaure Nocke Eis. Mochte diese Vorspeise Freunde der traditionellen italienischen Küche verstören, kamen wir nicht umhin, den folgenden ersten Pasta-Gang als Provokation zu empfinden. Titel: „Ravioli / Brasato / Amatriciana / Pesto Cacio e Pepe / Safran." Serviert wurden einige handwerklich erstklassige Teigtaschen in einem See von glattpürierter Amatriciana, gekrönt von je einem Klecks Safran- und Caccio-e-Pepe-Creme und umkränzt von einem Streifen sehr mildem Pesto. Im Ergebnis ergab sich ein harmonischer Mischgeschmack, der ratlos zurückließ. Was soll das? Kurz vor einer ernstlichen Verstimmung versöhnten uns handwerklich erstklassige Tagliatelle mit einem zart tomatisierten Piemonteser Kalbs-Ragù und pfeffrig-würziger Belper Knolle, bevor ein saftiges, dickes, schön koloriertes Stück Steinbutt mit Favabohnenpüree, Vongole, zitrusduftigen Kräutern und Wakame-Algen in einem klaren, leicht gebundenen Krustentierfond mit Dill einen zarten, harmonischen Wohlgeschmack verbreitete. Zum Abschluss ein halbgefrorenes Dolce Cremoso mit weißer Schokolade, Pistazien aus Bronte, Blaubeer-Rhabarber-Eis und Baby-Basilikum sowie ein exzellenter Espresso aus der Rancilio – und die Entscheidung gegen eine Abwertung. Wir bitten aber sehr um künftig wieder deutlich mehr Konzentration und weniger unausgegorene Experimente.

Carte blanche

Egenolffstraße 39,
60316 Frankfurt am Main
T +49 (0) 69 2724 5883
www.carteblanche-ffm.de

🔒 mittags, Mo, Di, Feiertag ganztags
Menü 82 / 98 €

Der Name ist Programm, es gibt keine Speisekarte. Lediglich ein gutes Dutzend Zutaten („japanische Jakobsmuschel", „Lorcher Wildschwein", „Weiße Alba-Trüffel") ist auf einer Liste am Eingang des Lokals verzeichnet: „Unser heutiger Einkauf." Den Gästen steht in diesem stilvollen Altbau beim fünf- oder siebengängigen Menü also ein Abend mit kulinarischen Überraschungen bevor – auch weil Küchenchef Sebastian Ziese unkonventionelle Kompositionen liebt, mit denen er seinen marktfrischen Einkauf möglichst vollständig verwertet.#

Chairs

Gronauer Straße 1,
60385 Frankfurt am Main
T +49 (0) 69 4844 6922
www.chairsffm.de

🍴 Milan Müller & Dennis Aukili
🍷 Dennis Aukili
🔒 mittags, So, Feiertag ganztags
Menü 44 / 49 €

Wenn von entspanntem Genuss in lockerer Atmosphäre die Rede ist, könnte das Restaurant von Milan Müller und Dennis Aukili im Frankfurter Stadtteil Bornheim Pate gestanden haben. Denn hinter der mit unzähligen Aufklebern verzierten Tür verbirgt sich das, was man eine Szene- oder Nachbarschafts-Kneipe nennt, weil man sich hier ohne Allüren und Befindlichkeiten im rustikalen, mit unterschiedlichen Stühlen eingerichteten Ambiente bei relativ lauter Musik zum Essen und Trinken trifft. Von Schickimicki ist man bewusst weit entfernt, und das zeigt sich auch auf der Speisenkarte. Das Angebot ist übersichtlich, setzt auf saisonale Bioprodukte aus der Region und kommt ohne kompliziertes Wording aus, die Teller sind teils sehr simpel arrangiert. Wir starten mit dem hausgemachten Sauerteigbrot, das für einen kleinen Obolus zusammen mit Butter aus Eigenproduktion serviert wird. Ergänzend dazu empfehlen sich die dünn geschnittenen, würzigen Scheiben Schinken und Salami vom Landschwein, die gegen Aufpreis auch mit Sauerrahm und Pickles serviert werden. Immer eine gute Wahl und fast schon ein Chairs-Klassiker, ist das von Hand geschnittene, gut gewürzte Tatar vom Weiderind mit Sellerie und Sauerteig-Pfannenkuchen. Dagegen würde man das halbe Dutzend Zwiebeln „Waldorf", gefüllt mit einem belanglosen Frischkäse, der nur wenig nach Walnuss, Apfel und Sellerie schmeckte, maximal zu später Stunde auf einer Erstsemesterparty reichen, aber für ein Restaurant mit Anspruch schien uns das Ganze in Geschmack und Präsentation doch etwas zu banal. Beim Hauptgang haben wir uns gegen den im Salzteig gebackenen Sellerie mit legierter Pilzbrühe entschieden und ohne Reue der Fleischeslust gefrönt. Denn die gebratenen Tranchen vom Bio-Schwein waren saftig und bekamen durch den Honig, mit dem auch die Radicchio-Blätter verfeinert waren, einen leicht süßen geschmacklichen Kick. Abstriche machen bei der karamellisierten Brioche, die einfach nur ein trockenes Stück Kuchen war. Auch das geht besser!

Emma Metzler

Schaumainkai 17,
60594 Frankfurt am Main
T +49 (0) 69 8304 0094
www.emmametzler.de

- Patrick Strähle
- Anton de Bruyn
- Patrick Strähle
- So abends, Mo ganztags

Menü 29 / 49 €
Vorspeise 9 / 15 €
Hauptgang 19 / 28 €

Die Ausstellung im heimatgebenden Museum Angewandte Kunst über Dieter Rams, den einstigen, bis heute einflussreichen Chef-Designer von Braun, der dieses Jahr seinen 90. Geburtstag feiert, könnte wie sinnbildlich für die Kochkunst von Anton de Bruyn stehen, der über reichlich Erfahrung – Piment, Christian Bau, Steirereck, Clove Club – verfügt. Im legeren, schicken Restaurant gibt es neben übersichtlicher Speisenkarte und bemerkenswerter Getränkeauswahl (Cidre, Craft Beer, Naturweine) Kochbücher und Selbstgemachtes. Letzteres stammt wie das Essen von regionalen Zutaten: Ente von Bauer Mann, Fisch von Kevin Pommerenke, Gemüse von Theo Bloem. Befände sich das Restaurant in London, Amsterdam oder Kopenhagen, es wäre Pilgerstätte für Freunde unverkrampfter, didaktikfreier, schmackhafter Küche. Die Lust aufs Querbestellen beflügelte zu ungeschwefeltem Charles-Dufour-Champagner, Sauerteigbrot mit aufgeschlagener Rapskern-Butter und gegrilltem Entenklein mit Pflaumensenf. Der Klassiker Rindertatar erhielt mit gebeiztem Eigelb, krossen Pankobröseln und Miso-Senf-Creme neue Würz- und Knuspernoten. Wie à la minute geräuchert suhlte sich Saibling saftig zwischen Topinambur, Lorbeerschaum und gepickelten Silberzwiebeln: Säure, Salz, Süße und Umami-Urgewalt. Was für Rams' Design gilt, wurde bei am Knochen gerillter, rosafarbener, kernig intensiver Entenbrust mit dem Weglassen allen Tands umgesetzt. Dazu nur punktgenau geschmorter, karamellisierter Radicchio di Treviso, feinpürierte Rote-Bete-Nocke und ein leicht geronnener – die einzige Ungenauigkeit – Heucreme-Klecks. Und da die Form der Funktion folgen sollte, uneingeschränkte Zustimmung zum Dessert, das die natürliche Knackigkeit von eingemachten Zitrusfrüchten mit dem säuerlich-laktischen Schmelz von Buttermilcheis kombinierte. Lebendig, großstädtisch, hochwertig – es dürfte ruhig mehr dieses Typs Restaurant geben!

Erno's Bistro

Liebigstraße 15,
60323 Frankfurt am Main
T +49 (0) 69 7219 97
www.ernosbistro.de

- Eric Huber
- Valéry Mathis
- Eric Huber
- Sa, So, Feiertag ganztags

Menü 59 / 159 €
Vorspeise 35 / 75 €
Hauptgang 55 / 75 €

Im Westend, wo die Straßen von Bäumen gesäumt sind und die Häuser im Schatten der gläsernen Hochhäuser menschliches Maß halten, sitzen an einem spätherbstlichen Mittwochmittag in den zwei kleinen Stuben des traditionsreichsten französischen Restaurants der Stadt fröhliche Zecher in gnädig gedämpftem Licht vor hauchzarten Gläsern, klackern die Eiswürfel im Kühler, ploppen die Korken. Draußen steigen die Inflation und die Corona-Zahlen, drinnen die Stimmung. Ein Fest! Also wandert unser Blick auf der Karte zu Trüffel, Hummer, Kaviar (und mit einem wehmütigen Blick zugleich zu lauwarmen Kartöffelchen mit Vacherin Mont d'Or mit Feldsalat, zu Weinbergschnecken mit Kräuterbutter, zu Entrecôte mit Sauce béarnaise und Pommes Pont-Neuf). In europäischer Großzügigkeit zieren die weißen Trüffelscheiben – üppig dosiert – ein samtiges Champagnerrisotto von idealem Biss, eine handgetauchte, geröstete Jakobsmuschel von idealem Garpunkt, einen buttrigen Schaum. Dazu ein dünner Faden Olivenöl, fertig. Mehr braucht es nicht. Außer vielleicht ein Glas des fabelhaften 2017er Puligny-Montrachet „Le Cailleret" von Montille. Der bildet eine perfekte Harmonie mit dem Risotto – und nicht weniger mit dem folgenden Hummer auf Lauch, Beurre blanc und Osietra-Kaviar: glasig-knackig ohne jede Zähigkeit, zart, ohne weich zu sein, aromatisch ohne jede Penetranz, gewürzt von einem akkuraten Streifen Kaviar, gebettet auf lindgrünem Lauchgemüse von feinem Biss, umschmeichelt von seidig-dichter Buttersauce mit einem Hauch Piment d'Espelette. Himmlisch! Anschließend ein paar Stückchen Käse von Antony (klug: kleine Auswahl in großen Stücken), dazu exzellentes Sauerteigbrot und ein Schlückchen 2002er Sauternes 1er Cru 2002 aus der Magnum. Zum Dessert am späten Nachmittag dann eine Crème brûlée von endlich einmal in so klassisch-schöner Präzision, dass selbst die fabelhafte Amélie Poulain ins Schwärmen käme, während am Nebentisch die sympathische Küchenbrigade Croque Monsieur und grünen Salat verdrücken. Hier will man sein, hier will man bleiben! Verantwortlich für dieses hochsouveräne Gesamtkunstwerk ist Bilderbuch-Patron Eric Huber, dieser freundlich-zugewandte wie in der Sache kompromisslose Impresario – unser „Gastgeber des Jahres".

Frankfurter Botschaft

Westhafenplatz 6–8,
60327 Frankfurt am Main
T +49 (0) 69 1534 2522
www.frankfurterbotschaft.de

Sa mittags,
Mo, So, Feiertag ganztags
Menü 52 / 76 €
Vorspeise 13 / 24 €
Hauptgang 21 / 42 €

Große Panoramascheiben sorgen für freien Blick auf den Westhafen und seine Mole in dieser direkt am Main gelegenen Location. Serviert wird gehobene internationale Küche, vom Wolfsbarschfilet mit Miesmuscheln, Lauch und Chorizo bis zu Gänsebrust mit Rotkraut, Kartoffelklößen und Maronen. Selbstverständlich fehlt auch der lokalpatriotische Hausklassiker nicht: Frankfurter Grüne Soße mit gekochtem Bio-Ei und La-Ratte-Kartoffeln. Der Service ist freundlich und kompetent, im Sommer sitzt man auf der weitläufigen Uferterrasse.

Fujiwara NEU

Falkstraße 38,
60487 Frankfurt am Main
T +49 (0) 69 6637 1816
www.fujiwara-restaurant.de

🔒 Di mittags,
Mo, So, Feiertag ganztags

Nach seinem Umzug von Sachsenhausen nach Bockenheim hat sich, so scheint es uns jedenfalls, die Küchenleistung des traditionell-authentischen kleinen Lokals nochmals verbessert. Der kleine Gastraum fasst kaum 20 Gäste, die die Chefin des Hauses mit großer Herzlichkeit bedient. Serviert werden ausschließlich unverfälschte japanische Klassiker, auf größere Innovationen wird dankenswerterweise verzichtet. Ob bei den in Sojasauce und Reiswein eingelegten Tintenfischstreifen, bei Lachskaviar mit geriebenem Rettich oder den fermentierten Sojabohnen mit rohem Thunfisch („Maguro Natto") – und speziell natürlich bei Sashimi und Sushi: Man spürt die Sorgfalt und freut sich an den ausgesuchten Produktqualitäten. Mittags in Form von Teishoku-Menüs zu besonders gastfreundlichen Tarifen!

Goldman

Hanauer Landstraße 127,
60314 Frankfurt am Main
T +49 (0) 69 4058 6898 06
www.goldman-restaurant.com

🔒 Sa mittags, So, Feiertag ganztags
Menü 38 / 66 €

Das Restaurant ist Teil des 25hours-Hotels im Frankfurter Ostend. Locker und modern geht es hier zu, man sitzt auf bequemen weinroten Sesseln und im Sommer auf der kleinen Terrasse. Wer verlässliche internationale Klassiker sucht, wird bei Ceasar's Salad, Krustentier-Bouillabaisse und Wiener Schnitzel fündig. Und auch sonst versucht man, allen Geschmäckern gerecht zu werden – vom marinierten Baby-Spinat mit gebratener Jakobsmuschel, Coulis von grünem Apfel, Limonen und confierten Kirschtomaten bis zum gratinierten Kabeljaufilet „Bordelaise" in Rieslingschaum mit Hokkaidokürbis-Kartoffelstampf.

Frankfurt am Main

Gustav

Reuterweg 57,
60323 Frankfurt am Main
T +49 (0) 69 7474 5252

www.restaurant-gustav.de

- Milica Trajkovska Scheiber
- Jochim Busch
- Milica Trajkovska Scheiber
- mittags, Mo, So, Feiertag ganztags

Menü 135 / 185 €

Dass die Farbe Grau kein Synonym für Tristesse sein muss, beweist das durchdacht gestylte Restaurant von Milica Trajkovska Scheiber und ihrem Mann Matthias. Aufgepeppt mit teils skurrilen Kunstwerken versprüht das graue Interieur eine beruhigende, abgeklärte Urbanität mitten in der pulsierenden kosmopolitischen Mainmetropole. Da klingt der Name Gustav fast ein wenig provinziell, ein gewollter Kontrast zu der Idee moderner Gastronomie. Dazu gehört der Verzicht auf klassische Tischkultur ebenso wie die Transparenz am Pass. Denn je nachdem welchen Platz man wünscht oder zugewiesen bekommt, kann man die Köche beim Anrichten beobachten und dem Spüler bei der Arbeit zuschauen. Wer das möchte, ist mittendrin im Geschehen, es gibt aber auch Plätze außer Sichtweite des arbeitenden Personals. Geschmackssache. Auch die Speisenkarte bietet zwei Möglichkeiten: entweder das komplette Menü oder „fast alles", wie die kleinere Auswahl heißt. Spannend sind beide Varianten, denn jedes einzelne Gericht aus der Küche von Jochim Busch erzählt am Gaumen eine Geschichte und bringt wenige Komponenten in eine teils fordernde aromatische Spannung, die sich letztendlich in einem Happy End auflöst. Das gelingt Busch selbst bei der Scheibe Sauerteigbrot, die wie ein selbstständiger Gang mit geschlagener Butter serviert wird. Mutig, gewagt, aber letztendlich schlüssig in der konzentrierten Präsenz eines unverfälschten Klassikers, der sonst nur als profane Begleitung serviert wird. Die Scheibe gedämpfte, dehydrierte und sehr ansprechend arrangierte Gelbe Bete ging auch dank der begleitenden Johannisstrauch-Emulsion aromatisch in die Tiefe, ohne dabei ihre elegante Geschmacksstilistik einzubüßen. Ein großartiges Arrangement, dem der kurz gebeizte Saibling, serviert in einer mit Dill abgeschmeckten erfrischenden Sauermolke, in nichts nachstand. Dass die Hochrippe über Holzkohle gegrillt wurde, konnte man nicht nur am würzig-rauchigen Duft erkennen. Das herrlich zarte Fleisch hatte auch diesen unverkennbaren Geschmack zwischen tiefgehender Hitze und offenem Feuer. Statt BBQ-Sauce brachte die Küche dazu einen fermentierten, leicht erdigen Steinpilzsaft und feinsäuerlichen Rettich ins Spiel. Substanz und Kontrast auf einem Teller, eine Steilvorlage für die uneingeschränkt überzeugende Patisserie. Die bedeckte marinierten Schafscamembert, gesalzene Zwetschgen und das feine Mandarinenaroma der Gewürz-Tagetes mit dünnen Scheiben von Champignons. Unbedingt probieren! Zur guten Weinauswahl wünscht man sich ein paar zusätzliche alkoholfreie Alternativen.

Heimat

Berliner Straße 70,
60311 Frankfurt am Main
T +49 (0) 69 2972 5994
www.heimat-restaurant.de

mittags, So ganztags
Menü 48 / 69 €
Vorspeise 13 / 23 €
Hauptgang 20 / 34 €

Zwischen Paulskirche und Goethehaus liegt dieser schwungvoll elegante Pavillon. Die Tische verteilen sich entlang der großen Glasfront, wer direkt an der Theke Platz nimmt, kann zusehen, was die Köche tagesfrisch kreieren: Vorspeisen wie Thunfisch-Sashimi oder Gänsestopfleber, als Hauptgerichte Zander mit paprizierten Bohnengulasch oder Rinderfilet mit Steinpilzen. Wer nur einen Snack zum Glas Wein möchte (die Karte ist umfangreich), kann dazu auch eine Auswahl an Käse oder Schinken ordern.

IIMORI Kaiseki NEU

Mainzer Landstraße 125,
60327 Frankfurt am Main
T +49 (0) 69 2475 3111
www.iimorikaiseki.com

Azko Iimori
Björn Andreas
mittags,
Mo, Di, So, Feiertag ganztags

Im nicht gerade attraktivsten Umfeld hinter dem Hauptbahnhof betritt der Gast eine fernöstlich-barocke Traumwelt, sobald sich die Tür zur Mainzer Landstraße hinter ihm geschlossen hat: Bambusrohre und Louis-XVI-Fauteuils, illuminiertes japanisches Seidenpapier und schnörkelige Kronleuchter, Samtvorhänge und eine offene Küche hinter einem japanischen Counter. Darin verwirklichen Björn Andreas (ehemals schauMAHL) und sein langjähriger Souschef Takeshi Suzuki vierhändig, was sie unter einer Liaison der japanischen und französischen Haute Cuisine verstehen. Auch wenn wir solchen Experimenten grundsätzlich zunächst einmal skeptisch gegenüberstehen, kamen wir zu unserem Premierenbesuch mit hohen Erwartungen, führt die Patronne des Restaurants, Azko Iimori, doch parallel das älteste japanische Restaurant in Paris: Takara, 14, rue Molière! Handwerklich entsprechend souverän kam das ein wenig zeitgeistige Amuse auf den Tisch: Tatar vom Hamachi auf Avocado und luftigem Sushireis mit Nori-Karamell und Knusperfäden. Sehr schön! Die Grande Nation kam anschließend zu ihrem Recht: Ein Gänselebereis mit geliertem Apfel-Gurken-Süppchen, gebratenem Walnussbrot und einem Staudensellerieschaum gefiel in seiner zurückhaltenden Süße und Leichtigkeit. Noch schöner dann ein gedämpftes Gyoza von feinem Biss und aromatischer Shiitake-Ziegenkäse-Füllung in einer leicht gebundenen, nicht zu duftigen Kirschblüten-Dashi („Sakuranage") mit Gel von roten Zwiebeln. Nach Thailand führte anschließend ein punktgenau gegarter glasierter Hummer in einem grünen Kokos-Curry-Süppchen mit zartem Erbsenflan und winziger, knuspriger Frühlingsrolle. Deutlich übergart und viel zu weich dagegen ein Oktopus, dem zur Entschädigung eine wunderbare Zitronen-Butter-Sauce schmeichelte. Ebenfalls sehr schön: ein glasig gegartes Stück vom Lable-Rouge-Lachs im zarten Misoschaum auf einer Apfel-Sellerie-Creme mit Garam-Masala-Knusper, dem ein kleiner Salat von Radieschen und Shiso eine feine Frische verlieh. Dem oft ein wenig langweiligen Kalbsfilet im Hauptgang verhalf dagegen eine kräftige Röstung (bei rosigem Garpunkt!) sowie eine ausgezeichnete

Djandare-Sauce von feiner Schärfe (Sojasauce, Sesamöl, Ingwer, Knoblauch) zu aromatischem Strahlen. Etwas schlicht – und eine Erinnerung an die Teppanyaki-Showrestaurants der 1980er – das erste Dessert: Macha-Eis in Crêpe gebraten mit roten Bohnen. Deutlich interessanter: Cheesecake mit Sesameis und Kaki mit Mandelkrokant und kandierter Zitrone.

Izakaya Mangetsu NEU

Varrentrappstraße 57,
60486 Frankfurt am Main
T +49 (0) 69 7722 10
www.izakaya-mangetsu.de

🔒 Fr, Sa, So mittags,
Feiertag ganztags

Das Izakaya an der Frankfurter Messe bietet ein breites Spektrum japanischer Küche: eine große Auswahl an Sushi und Sashimi (Jakobsmuschel, Thunfisch, Steinbutt), Reisgerichte, Udon-, Soba- und Ramennudeln. Als „Kleinigkeiten" bekommt man für wenige Euro Seetang in Essigsauce oder in japanischer Brühe gekochten Thunfisch. Vom Grill: Makrele, Tintenfisch sowie Entenbrust- oder Rinderfilet mit drei verschiedenen Saucen. Außerdem gibt es saisonale Specials wie Sukiyaki, einen Eintopf mit dünnen Scheiben Rindfleisch. Bei den Getränken stehen 20 verschiedene Sake zur Wahl. Wichtig für City-Besucher: Dort gibt es (Große Eschenheimer Straße 43) ein zweites Izakaya Mangetsu.

Lafleur

Palmengartenstraße 11,
60325 Frankfurt am Main
T +49 (0) 69 9002 9100
www.restaurant-lafleur.de

- Boris Häbel
- Andreas Krolik
- Alexandra Himmel
- 🔒 mittags,
  Mo, Di, So, Feiertag ganztags

Menü 205 / 225 €
Vorspeise 34 / 65 €
Hauptgang 42 / 80 €

Frankfurts bestes Restaurant hat in der Corona-Pause ein kleines Facelift bekommen, nur ein Detail, aber ein signifikantes: Die Wände des lichtdurchfluteten Raumes im Gesellschaftshaus des Palmengartens wurden mit knallgrünen Palmentapeten beklebt – und schon wirkt der ganze Raum frisch und deutlich jünger. Verblüffend! Kein Facelift brauchte, davon waren wir schon vorher überzeugt und fanden es auch in der jüngsten Testsaison bestätigt, die Küche von Andreas Krolik. Ihre Qualität demonstrierte sie bereits im komplex ausgearbeiteten Amuse, einem Tatar vom Vogelsberger Wagyu-Rind unter einem Gelee von Frankfurter grünen Kräutern, Senfcreme, Filo-Sardellen-Chips, Anchovis-Gänseleber-Eis und Gurkenrelish. Hier war bereits wieder alles versammelt, was uns seit Jahren an Kroliks Handschrift begeistert: klassische Eleganz, perfekte Technik, Substanz ohne Schwere. Im Zentrum der feine Fleischgeschmack in prägnanter Klarheit, zarte Kräuterwürze im Hintergrund, eingefasst vom Schmelz exakt dosierter Senfcreme und zu wunderbarer geschmacklicher Komplexität geführt durch die Würze einer sensibel aromatisierten Nocke Sardellen-Gänseleber-Eis. Große Harmonie! Freilich ohne jede Langeweile oder gar Behäbigkeit, Krolik kocht, wie die Wiener Philharmoniker Walzer spielen: virtuos, von großem Wohlklang und zugleich hintergründiger Spannung, Kraft im Samthandschuh. Natürlich: Man kennt das Programm – aber will es immer wieder hören beziehungsweise schmecken. Wie beispielsweise Kroliks Zweierlei vom roh marinierten Hiramasa-Kingfisch, mit dem er auch jüngst wieder das

Menü eröffnete: bilderbuchschöne Tranchen des Fisches in Ausnahmequalität, daneben ein akkurat geschichtetes, lockeres Tatartörtchen, von Rhön-Kaviar gekrönt, umflossen von einer feinwürzigen Ingwer-Yuzu-Marinade und begleitet von Rettich, Wasabicreme (ohne die sonst übliche penetrante Künstlichkeit) sowie – als kleinem Frischekick – einem Chinakohlsalat mit Sesam, darauf eine Nocke molliges rotes Curryeis. Jede Gabel ein vielschichtiger Hochgenuss, jeder Bissen eine perfekte Einrahmung des wunderbaren Fisches! So ging es weiter, zunächst mit einem glasig-blättrigen Filet vom geangeltem Island-Kabeljau in einer Schalottenbutter, Kabeljauessenz und Meerrettichschaum, anschließend mit einem Norwegischen Kaisergranat mit Süßkartoffelpüree und Paprikachutney, Tupfen von der rosa Grapefruit und einem Macadamia-Reis-Crunch – vor allem aber mit einer herausragenden Tandoori-Kaffirlimetten-Sauce, die in ihrer dichten, würzigen Feinheit zum schönsten gehörte, was wir in dieser Testsaison löffeln durften. Überhaupt die Saucen! An ihnen erkennt man bekanntlich (und ungeachtet aller Moden und Trends) den wahrhaft großen Koch. Im Falle von Andreas Krolik lieferten bei unserem jüngsten Besuch eine Olivenjus zu einer Tranche von der Challans-Entenbrust – flankiert von einer hocharomatischen Enten-Confit-Praline, gebratenem Chicorée, Gewürzkarottenpüree mit Kumquat und Olivenknusper – sowie eine Wacholderjus zum Rehrücken aus heimischer Jagd mit Brioche-Rapssamen-Kruste, Sellerie, Gänselebercreme in Rotkohlgelee, Spitzkohl, Haselnuss, Quitte und Cranberrys den schlagenden Beweis: dicht, reintönig und ausdrucksstark, in exakter Balance zwischen Röstung und Fleischgeschmack, zurückhaltend aber doch klar aromatisiert, niemals vordergründig. Einzig von der Sous-vide-Garung der vorgenannten Fleischstücke würden wir bitten, nach Möglichkeit zu verzichten – sie sorgt für keine Verbesserung der Konsistenz! Keinerlei Veränderung wünschen wir uns beim Menüabschluss, die Verbindung von Bio-Renette, Maronen, Schokoladennougat, geeistem Joghurt, leicht gebundenem roten Apfelsaft sowie Granatapfel und Salzmandelkrokant gefiel uns ebenso gut wie die Auswahl gereifter Rohmilchkäse von Maître Bernard Antony. Und natürlich die herausragende Weinbegleitung von Sommelière Alexandra Himmel, die aus einer Weinkarte mit mehr als 1.000 Positionen (darunter allein 27 Jahrgänge Lafleur) schöpfen und dank Coravin auch manche Granate glasweise ausschenken kann.

Leuchtendroter

Lindleystraße 17,
60314 Frankfurt am Main
T +49 (0) 170 8180 457
www.leuchtendroter.com

mittags, Mo, So ganztags
Vorspeise 4 / 8 €
Hauptgang 9 / 13 €

Das Konzept einer deftigen, veganen Küche mit internationalem Flair, die sich aber aus möglichst vielen regionalen Zutaten speist – es wird hier auf hohem Niveau umgesetzt. Die vielen kleinen Gerichte, die sich zum Teilen eignen, sind immer interessant und präzise gekocht – von den Blinis mit Butternutcreme, Belugalinsen und Pflaume bis zu den geschmorten Süßkartoffeln mit Zwiebel und Teriyaki-Kohl. Sehr gut passen dazu Naturweine, aber nicht nur. Deshalb ist es gut, dass sich die Karte auch im Weinbereich des Öfteren erneuert.

Lohninger

Schweizer Straße 1,
60594 Frankfurt am Main
T +49 (0) 69 2475 57860
www.lohninger.de

Erika Lohninger
Mario Lohninger
Mo, So ganztags
Menü 55 / 115 €
Vorspeise 16 / 24 €
Hauptgang 22 / 78 €

Im inzwischen 12. Jahr zeigen Mario, Erika und Paul Lohninger mit ihrem schönen, hufeisenförmigen Eckrestaurant im Altbau – Parkett, Stuck, gute Farben, diskrete Kunst –, wie elegant-entspannte, allürenfreie Großstadtgastronomie funktioniert: sieben Tage die Woche durchgehend geöffnet, immer gastlich, immer gut besucht. Ehrensache, dass hier schon die gastronomischen Fundamente stimmen, zum Einstieg gibt's ein ausgezeichnetes Brot zur Salzbutter. Klar auch, dass man hier nicht dem gastronomischen Ego huldigt, sondern dem Gästebedürfnis folgt: sei es beim Mittagsmenü in drei Gängen oder beim klugen Brückenschlag von der alpinen Heimat („Kärntner Schlutzkrapfen", Ochsenschwanz-Kraftbrühe mit Frittaten, Wiener Schnitzel mit Gurken- und Erdäpfel-Salat und Pinzgauer Preiselbeeren) in die weite Welt (Pastrami-Sandwich, Spaghetti mit Ofentomaten und Basilikum, Alaska Black Cod mit Rettich-Cannelloni und Süßkartoffel). Wir hielten uns jüngst nach einer kleinen, animierenden Kirsch-Gazpacho mit Ziegenkäse von prägnanter Frucht, Säure und Salzigkeit im Amuse an einen anderen Lohninger-Klassiker: Yellowfin-Tuna-Sashimi, Edamame-Tofu-Creme, Shiso-Gurkensalat und Matsuhisa-Dressing. Letzteres war zwar köstlich, ließ in seiner Ingwer-Soja-Zwiebel-Power dem etwas blassen Thunfisch jedoch keine Chance. Ganz anders die folgende herrliche Balance von hausgemachten Chitarra-Spaghetti mit Eidotter und einem ordentlichen Schlag Imperial-Kaviar! Die Pasta von schulbuchmäßigem Biss, das Eigelb orange zerfließend, dazu nur ein wenig Parmesan, Butter, Geflügelfond und Schnittlauch – großartig! Danach eine halbe Portion Ochsenbackerlgulasch: völlig dekofrei, mit schulbuchmäßigem Spiegel, wunderbar mürbe, von feiner Paprikaschärfe, gemildert durch buttrige Spätzle mit feinem Biss. Auch bei den Desserts empfiehlt sich selbstverständlich, der österreichischen Klassik zu huldigen: Zu Recht weithin gerühmt ist Lohningers Kaiserschmarrn, nicht minder verführerisch sein Wiener Eiskaffee, ein luftiges Valrhona-Schokoladensoufflé wäre eine Alternative. Hungrig, soviel steht fest, geht hier niemand!

Main Tower Restaurant & Lounge NEU

Neue Mainzer Straße 52–58,
60311 Frankfurt am Main
T +49 (69) 3650 4777
www.maintower-restaurant.de

Martin Weghofer
mittags, Mo, So ganztags
Menü 98 / 159 €

Wer sich Frankfurt genüsslich von oben betrachten möchte, sollte in dem puristisch modern gestylten Restaurant im Maintower Platz nehmen. Die Aussicht durch die Panoramafenster im 53. Stock ist spektakulär, der fantastische Blick versöhnt mit den kleinen Holprigkeiten der Küche. „Chef's Choice" heißt das asiatisch geprägte Signature-Menü des jungen Küchenchefs Martin Weghofer, das in vier bis sieben Gänge angeboten wird. Möchte man innerhalb der Menüfolge etwas umstellen, muss der Küchenchef gefragt werden, ob das überhaupt möglich ist, und wenn ja, dann nur mit einem Aufpreis, bei dem man gerne wieder zurückrudert. Sei's drum, dafür bekommt man als Gruß aus der Küche eine Auster mit Buttermilch-Espuma. Weiter geht es im Menü mit der Eismeerforelle, als schmale Tranche und Tatar, begleitet von ihrem Kaviar, salzig-säuerlich eingelegtem Gemüse, Koji und einer Sauce aus Romanasalat. Gebettet auf japanischem Eierstich arrangierte die Küche eine harmonische Zwischengang-Komposition von knackigen Erbsen, Shiitake und butterzartem Schweinebauch. Gefallen hat uns ebenso die saftige Jakobsmuschel, serviert mit Miso-Espuma, Karottencreme und aufgrund der Wärme wie von Zauberhand bewegten Bonitoflocken. Beim Hauptgang machen wir kleine Abstriche, denn er wirkte auf dem Teller etwas unkoordiniert und mit Komponenten überladen. Zum leider etwas zähem Stück vom Rinderrücken drapierte die Küche zarte Bäckchen mit knusprigen Zwiebeln, Kimchi und Brokkoli, dazu eine tiefgründige, leicht zu salzige Jus. Dass Desserts keineswegs süß sein müssen, interpretierte die Patisserie in eine herb frische Variante aus aromatischer Kokosnusscreme, die von einer säuerlichen Yuzu-Mandarinen-Jus umspült wurde, die zum guten Schluss noch einmal alle Lebensgeister weckte. Die Weinkarte ist überschaubar und könnte mehr Gewächse anbieten, die auf die asiatisch inspirierte Küche zugeschnitten sind.

Masa Japanese Cuisine NEU

Hanauer Landstraße 131,
60314 Frankfurt am Main
T +49(0) 69 6066 6247
masa-frankfurt.de

Masaru Oae
mittags, Mo, So, Feiertag ganztags
Menü 130 / 149 €

„Masa hebt sich dadurch hervor, dass europäische Geschmacksvorlieben mit traditioneller japanischer Küche raffiniert zusammengeführt werden", heißt es auf der Homepage dieses spannenden Neuzugangs der Frankfurter Restaurantlandschaft – und natürlich sind diese Worte für jeden Kenner ein klarer Warnhinweis. Vertrauenserweckend dagegen erschien uns vor unserem Erstbesuch die Tatsache, dass wir Chefkoch und Patron Masaru Oae bereits aus Freiburg (Basho An) sowie aus Düsseldorf (Nagaya) kannten und er im etwas unwirtlichen Ostend einen Restauranttraum geschaffen hat, der so eins zu eins auch in Tokio zu finden sein könnte. Sämtliche Zweifel verflogen vollends angesichts der Schönheit, Klarheit und Präzision des ersten Sashimi-Ganges: Dorade „Kobujime" (Kombu, Yuzusaft, Olivenöl), mittelfetter Thunfisch, japanische Gelbschwanzmakrele, schottischer Lachs. Dazu frisch geriebener Wasabi und eine hochästhetische Präsentation. Großartig die eleganten Vorspeisen-Miniaturen im Anschluss in großer Bandbreite, zart, komplex und ausdrucksstark zugleich: frittierte und eingelegte Aubergine; Hähnchen „Matsukaze" (Mohn, Walnüsse, Rosinen); Yamamomo-Pflaume und Myoga-Ingwer; Thunfischtatar mit Kaviar; gegrillter Aal auf souffliertem Ei; Spinat mit Yuba und eingelegtem Lachsrogen ... Schulbuchmäßig im Anschluss ein klassisches Tempura – Garnele, Spargel, Baby-Mais, Pilze, Aubergine, Karotte, Zucchini –, raschelnd-heiß und begleitet nur von etwas Limette und Garnelen-Salz sowie Tentsuyu mit geriebenem Daikon-Rettich. Nicht weniger ausgezeichnet das folgende Sushi (Thunfisch „Chu-Toro" und „Akami", marinierte Dorade, abgeflämmter Tintenfisch mit einem Hauch Yuzu-Pfeffer): perfekt gegarter und dezent gewürzter, luftiger Reis, dazu hausgemachter Ingwer und als Höhepunkt gegrillter Aal, den man hierzulande nicht besser wird bekommen können. Zu kritisieren freilich ist der Einsatz von Trüffelöl zur geflämmten Garnele sowie eine ziemliche Verirrung im ersten Teil des Menüs namens „Tempura von weißem Spargel, Schinken und Shiso" mit Industrie-Wasabi-Gebrösel, Olivenkrokant und Selleriepüree. Ebenfalls nicht auf der Höhe des sonstigen Menüs ein untypischer „Hauptgang": ein perfekt gegartes Kinnstück vom Hamachi mit zu viel zu süßer Teriyaki-Sauce, Ingwerschaum und allerlei weiteren Überflüssigkeiten. Kurz: Wir raten zu weniger Fusionsexperimenten. Mit Ausnahme vielleicht auf dem Feld der Patisserie ... Dort gefiel uns ein Törtchen von Kirschblütenmousse in weißer Schokolade mit einem Püree von roten Bohnen sowie einem gezuckerten Kirschblatt und wunderbar bitterer Schokolade ausnehmend gut!

Maxie Eisen

Münchener Straße 18,
60329 Frankfurt am Main
T +49 (0) 69 7675 8362
www.maxieeisen.com

 Sa mittags, So, Feiertag ganztags

Das Lokal im Frankfurter Bahnhofsviertel mit seiner kunterbunten Pop-Art-Möblierung nimmt mit seinem Namen Bezug auf einen deutschstämmigen Gangster aus dem Chicago der 1920er-Jahre, der sein Geld im Fleischhandel verdiente. So stehen denn auch deftige Fleischgerichte wie gebratene Chorizo mit hausgemachten Pommes frites oder drei verschiedene Burger auf der Karte, aber auch Pasta-Gerichte wie Penne mit Chorizo und gebratenem Fenchel in Tomatensugo. Die Bar in einem abgetrennten Raum vermittelt Speakeasy-Atmosphäre und ist international bestückt.

MUKU NEU

Dreieichstraße 7,
60594 Frankfurt am Main
T +49 (0) 69 4844 5153
www.muku-ramen.com

🔒 Mi mittags,
   Mo, Di, Feiertag ganztags

Wer hierherkommt, um Ramen zu essen, macht natürlich keinen Fehler – sie gehört zweifellos zu den besten der Republik. Interessanter aber finden wir noch, was die Speisekarte unter „Otsumami" (hilfsweise mit „Tapas" übersetzt) zur breiten Sake-Auswahl anbietet: Klassiker wie Thunfisch-Sashimi, gesalzene Edamame, ausgebackene Hähnchenteile mit Mayonnaise („Kara age") und frittierte Softshell Crab mit Chilisauce. Vor allem aber interessante Eigenwilligkeiten wie gegrillte Foie gras mit Saikyo-Miso, geräucherte Austern mit Sesamöl, langsam gegarte Hühnerleber mit Sesamöl, marinierte Schweineohren mit Essig, Sojasauce und Dashi ... Nicht alles gelingt tadellos (die Leber fanden wir leicht grieselig, einen lackierten Aal etwas arg angeröstet), unter dem Strich aber ist eine enorme Qualität in allen Aspekten vorhanden. Dies natürlich insbesondere bei den weithin gerühmten Nudelsuppen, ob auf Schweine-, Geflügel-, oder Sojabasis: intensiv-aromatisch, dicht und reintönig, mit wunderbar elastischen Nudeln. Hinterher ein kleiner zarter Milchpudding mit Yuzu und noch ein kräftiger Schluck Sake aus der ausgezeichneten Kollektion. Toller Laden!

Restaurant Français

Am Kaiserplatz,
60311 Frankfurt am Main
T +49 (0) 69 2151 18
www.restaurant-francais.de

🍴 Patrick Bittner
✏ Sebastian Höpfner
🔒 So, Feiertag ganztags
Menü 79 / 139 €

Wie ein Relikt aus der vermeintlich guten alten Zeit steht der 1876 eröffnete Steigenberger Frankfurter Hof heute inmitten der pulsierenden modernen Urbanität einer in die Höhe wachsenden Mainmetropole und verteidigt hinter herrschaftlicher Fassade mit gediegenem Luxus-Ambiente seinen Ruf als traditionelles Grandhotel. Dafür sieht man auch schon mal großzügig über Konventionen der Spitzen-Hotellerie hinweg und begrüßt Hausgäste in ausgebeulter Jogginghose und ärmellosen T-Shirt zum abendlichen Diner in den charmant museal anmutenden Räumlichkeiten des hoteleigenen Gourmetrestaurants. Erfreulicherweise haben die dort aufgetischten Speisen mehr Stil und Klasse, denn in der Küche werkelt seit einer gefühlten Ewigkeit Patrick Bittner und macht dem Restaurantnamen alle Ehre. Haute Cuisine à la française, geradlinig klassisch und weitgehend befreit von Trends und Moden, dafür aus besten Produkten zubereitet, präsentieren Bittner und seine Crew klein portionierte, besonders akkurat arrangierte Gerichte. Doch bei aller Kleinteiligkeit wird mit Geschmack nicht gegeizt, besonders nicht bei Bittners ausgezeichneter Elsässer Gänseleber. Formidabel in der cremigen Konsistenz, dabei dezent mit geräuchertem Aal verfeinert und mit Apfelsorbet, Gelee aus Apfel und Yuzu und einem Apfel-Kombucha-Sud erfrischend dynamisiert. Kontrastreicher hätte die anschließend servierte Schaumsuppe aus Süßkartoffel, Erdnuss und Kokosmilch nicht sein können. Eine mollig warme, harmonische Aromen-Melange, abgeschmeckt mit passend feiner Schärfe. Wenn schon Jakobsmuschel, dann wenigstens die handgetauchte Qualität. In roh marinierte Tranchen geschnitten, begleiteten roter Chicorée und Périgord-Trüffel die dünn geschnittenen Scheiben und ergänzten den eindimensionalen Fischgeschmack mit feinerdigen Noten. Der glasig gebratene und mit Pak Choi servierte Zander profitierte von einem Hauch Ingwer und Orange, mutig, aber stimmig arrangiert. Dagegen war der Spannungsbogen bei Lammrücken und geschmorten Bäckchen eher etwas flach, Perlgraupen, Shiitake-Pilze und die in homöopathischer Dosis angegossene Anchovisjus zwar passendes, aber wenig innovatives Beiwerk. Wer sich zwischen den Gängen langweilt, sollte sich vom freundlichen Service die Schwergewichte-Weinkarte bringen lassen, die so ziemlich alles beinhaltet, was in der Weinwelt Rang und Namen hat.

Restaurant Ponte

Am Weingarten 5,
60487 Frankfurt am Main
T +49 (0) 69 2470 4041
www.restaurant-ponte-frankfurt.de

🔒 Sa, Feiertag mittags, So ganztags
Vorspeise 10 / 15 €
Hauptgang 18 / 30 €

Das eher studentisch anmutende Lokal im Stadtteil Bockenheim hat sich zu einem ausgewachsenen Restaurant entwickelt. Seinerzeit von vier Freunden mit dem Ziel aus der Taufe gehoben, die jeweiligen Viktualien ihrer mediterranen Heimatländer erstrahlen zu lassen, pflegt es eine feine Produktküche. Das gilt für Vorspeisen wie mariniertes Tatar vom schottischen Label-Rouge-Lachs genauso wie für das französische Maishuhn (ebenfalls Label Rouge) mit gebratenen Pfifferlingen, Aprikosenchutney und Parmesanschaum oder ein Karree vom Ibérico-Schwein.

Restaurant Villa Merton

Am Leonhardsbrunn 12,
60487 Frankfurt am Main
T +49 (0) 69 70 30 33
www.restaurant-villa-merton.de

🍴 André Großfeld
👨‍🍳 Philippe Giar
🍷 Markus Klug
🔒 mittags, So, Feiertag ganztags
Menü 95 / 145 €

André Großfeld, seit Januar 2015 Patron der Villa Merton, saß um kurz vor acht plaudernd vor der Tür des hochherrschaftlichen Anwesens und machte einen ziemlich entspannten Eindruck. Kann er, mit Philippe Giar hat er einen Küchenchef an seiner Seite, der souverän umsetzt, was Großfeld als seinen Küchenstil so beschreibt: „Kreativ und regional geprägt." Unser Menü in der aktuellen Testsaison begann mit einem in diesem Sinne exemplarischen Amuse: Sorbet nach Art der „Grünen Sauce", Bratkartoffel-Espuma und Röstzwiebeln, gebeiztes Eigelb gehobelt. Was wir so und ähnlich konzipiert an anderer Stelle schon grausam misslungen gegessen haben – leimig-fett der Schaum, knallsüß das Eis –, gelang hier kräutrig-schmelzig-süffig und von Eleganz, ohne freilich die rustikale Herkunft zu verraten. Sehr schön! Fern jeder Regionalität im ersten Gang dann eine abgeflämmte bretonische Makrele von ausgezeichneter Qualität in Kombination mit (zu viel, zu fadem) Kimchi, Miso-Mayonnaise und Passionsfruchtgel, das – so etwas wünschen wir uns fast nie – einen Hauch mehr Süße vertragen hätte. Die tauchte dann beim folgenden Gang auf, und zwar in einer schaumigen Zwiebel-Holunder-Nage zum confiertem Saibling mit Erbsen, bei dem die Küche erneut eine schöne Anrichteweise und ein sensibles Händchen für Garpunkte bewies. Einen erneuten Abstecher ins Regionale wählten wir anstelle der regulär im Menü vorgesehenen „glasierten Bäckchen vom Ibérico / Pak Choi / Quinoa-Crunch / Shiitake Dashi" aus dem vegetarischen Menü: „Handkäs mit Musik / Rettich / Zwiebelravioli / Sauerteigbrot". Eine gute Wahl! Hellblond gedünstete Zwiebeln, Ravioli mit perfektem Biss, der namensgebende Sauerkäse als dichter, mollig-aromatischer Schaum, zur Akzentuierung knusprige Sauerteig-Croûtons und ein Hauch Kümmel – sehr gut! Da auch das Zweierlei vom Taunus-Maibock mit luftigem Serviettenknödel und Navettes (sowie einer leider abgebundenen Sauce) und der süße Abschluss in Form eines Aperol-Champagner-Sorbets auf Cheesecake-Sockel keinen Grund zu größerer Kritik bot, sehen wir nach unserem jüngsten Besuch bei einer weiteren Verstetigung der Küchenleistung die dritte Haube am Horizont aufscheinen.

Ristorante Villa Lauda

Baustraße 16,
60322 Frankfurt am Main
T +49 (0) 69 9552 4771
www.villalauda.de

 Sa mittags, So, Feiertag ganztags
Vorspeise 12 / 23 €
Hauptgang 12 / 43 €

Ein Ristorante mit großem Charme und ein Familienbetrieb, wie man ihn sich nur wünschen kann: Während die Mamma in der Küche klassisch-italienische Küche auf sehr hohem Niveau zaubert, arbeiten Vater und Sohn am Gast, erklären und sind beste Gastgeber. Carpaccio, Saltimbocca, Tagliatelle in leichter Trüffelsauce oder gebratenes Doradenfilet an Tomatensauce mit Kapern, Oliven und Basilikum genießt man im Sommer auf der schönen Terrasse. Gute Weinkarte mit einigen Preziosen, beachtliches Whiskey-Sortiment.

Frankfurt am Main

Schönemann

Opernplatz 16,
60313 Frankfurt am Main
T +49 (0) 69 2566 95936
www.restaurant-schoenemann.de

🔒 So ganztags
Menü 28 / 119 €
Vorspeise 16 / 22 €
Hauptgang 21 / 50 €

Es wird arg viel französisiert im Sofitel, alles „Merci" und „Bonjour" kann jedoch auch nicht verbergen, dass der Service hier gelegentlich etwas holpert. Was Marc-Oliver Herbert auf den Tisch bringt, bleibt davon unberührt, hier lauten die Stichworte „Bistronomique" und „Fusion" – letzteres im Sinne eines Brückenschlags zwischen französischen Klassikern und Frankfurter Spezialitäten („Coq au Apfelwein"). Gelbflossen-Thun mit Blutorange, Quinoa aus dem Odenwald, Wiener Schnitzel und ein kleines Mittagsmenü wären freilich auch im Angebot. Kurz: ein Restaurant für viele Gelegenheiten.

Seven Swans NEU

Mainkai 4, 60311 Frankfurt am Main
T (0 69) 21 99 62 26
www.sevenswans.de

Ricky Saward
Ricky Saward
Ricky Saward
🔒 mittags, Mo, So, Feiertag ganztags
Menü 129 / 178 €

Ein eigensinniges Restaurant mit der intimen, fast privaten Atmosphäre eines exklusiven Dinner-Clubs. Man klingelt an der Tür des schmalen Hauses am Main, startet mit einem Aperitif an der Bar, lässt sich vom Aufzug in einen der minimalistischen Gasträume mit Blick auf den Fluss tragen. Eine Karte gibt es nicht, stattdessen erklärt der Service so locker wie kompetent, wie die Dinge hier ablaufen: konsequent vegan-regional (keine exotischen Gewürze, keine Schokolade, kein Kaffee …), Menü in sechs Gängen, wahlweise von drei (Natur-)Weinen oder alkoholfreien Getränken begleitet. Zum Auftakt unseres aktuellen Testbesuchs ein Statement: eine

© Marie Preaud

mit Kräuteröl glasierte „Butter"-Brioche mit Aufstrich von Leinsaat und Röstzwiebeln, begleitet von weißem Pilzschaum und Zwiebelsud. Französische Klassik im veganen Restaurant – also ohne Butter und Eier: selbstbewusst! Und stimmig dazu, von betörendem Duft und saftigem Biss, wohlig-wärmend (allerdings ein wenig arg salzig). Eine über Kohle gegrillte Schwarzwurzel mit Pflaumencreme und Sommerflieder auf geschmorten Schalotten, karamellisiertem Sauerkrautsud und Sellerie-„Beurre"-blanc setzte die intensive Aromatik fort, verband Süße, Säure, Umami und eine kräftige Salznote gekonnt; ein folgendes Gerstenrisotto mit fermentierter Shitake-Brühe auf Creme vom schwarzen Knoblauch, bedeckt von „Salt&Vinegar"-Grünkohlchips und Feigencreme nicht weniger. Zwei Gerichte, die eindrucksvoll zeigten, dass vegane Küche es jederzeit mit der geschmacklichen Tiefe von tierischen Schmorgerichten aufnehmen kann – zugleich aber auch, wie wichtig es ist, für Abwechslung, für Leichtigkeit und Spannung zu sorgen. Wo sich alles um Süße, Säure, Salz und Umami dreht, besteht die Gefahr des Kräftig-deftig-intensiv-langweiligen. Den Abschluss bildete zunächst ein Topinambureis und Walnuss-Crumble, anschließend aus dem grün-fruchtigen Fach ein Apfelsorbet und Fichtensprossen. Beide Desserts von einer Vielzahl kleinteiliger Elemente begleitet, beide erneut von komplexer Aromendichte. Das Team um Ricky Saward (der mitserviert und erklärt) beherrscht aufwendige Verfahren und kombiniert virtuos, arbeitet aufwendig an neuen Wegen, doch dem durchdachten Streben nach intensiven Geschmackserlebnissen, wie sie sich in der klassischen Küche finden, würde zum Ausgleich Zurückhaltung und Einfachheit gut bekommen und letztlich dem Abend mehr Spannung verleihen.

sonamu – casual korean dining NEU

Berger Straße 184,
60385 Frankfurt am Main
T +49 69 90437250
www.sonamu-frankfurt.de

Koreanische Küche kann ein ziemliches Desaster sein, fett, schwer, überwürzt. Ho-Seong Kim trägt zu ihrer Ehrenrettung bei! In seiner gemütlich-schlichten Holzhütte in Bornheim Mitte ist das kulinarische Programm klassisch, aber mit erkennbarem Fokus auf Produkte und handwerklich erstklassige Zubereitung ausgerichtet. Bibimbap, Mandu, Bulgogi und natürlich Kimchi bekommt man in Frankfurt jedenfalls nirgendwo in schönerer Qualität, die wunderbar zarten Chinakohl-Crêpes „bae tschu tschon" und das herrlich würzige geschmorte Rindfleisch mit Seetang und Enoki-Pilzen vermutlich sowieso nur hier. Kurz: seriöse kulinarische Kulturpflege, wie wir sie auch anderen Länderküchen dringend wünschen würden!

Stanley

Ottostraße 16–18,
60329 Frankfurt am Main
T +49 (0) 69 2694 2892
www.stanleyfrankfurt.com

- Eileen Franz
- Beate Braun
- Eileen Franz
- mittags,
  Mo, Di, So, Feiertag ganztags

Menü 66 / 88 €
Vorspeise 7 / 15 €
Hauptgang 12 / 34 €

Das Frankfurter Bahnhofsviertel entwickelt sich kontinuierlich zu einem Quartier, in dem kleine Restaurants mit Küchenprogrammen aus der ganzen Welt, Bars und Szene-Imbisse in die Gründerzeitgebäude einziehen. Längst ein Klassiker im Viertel ist das Stanley mit seinem modern urbanen Interieur, etwas schummriger Beleuchtung und relativ lauter Musik, die nicht mehr im Hintergrund erschallt, sondern zum lässig lockeren Spirit der Location gehört. Eine kulinarische Begegnungsstätte mit Großstadtflair, deren Angebot sich unkompliziert liest, programmatisch einen Schlenker in die Brasserie-Küche macht, vegetarisch und vegan berücksichtigt und letztendlich nach einem Baukastensystem funktioniert, in dem viele Komponenten wie Dips und Beilagen als „Add-on" angeboten werden. Das alles hat seinen Preis und addiert sich zusammen. Ein guter Start, quasi ein Aperitif zum Kauen, waren Beates hausgemachte, mit Gruyère aufgepeppte Kartoffelchips. Dazu die satte Portion frittierte Sardellen, die locker für zwei Personen reichte, und eine Aioli, die leider in Sachen Knoblauch etwas zu verhalten schmeckte. Hinter „Stanleys Brötchen" verbergen sich kleine Brioche-Burger, wir entschieden uns für das leicht süßliche Brötchen mit geflämmtem Sashimi von der Bachforelle, drapiert auf aromatischer Meerrettichcreme und garniert mit Zwiebeln und Tomaten. Das Wiener Schnitzel, Kartoffelsalat und Preiselbeeren kosten extra, ist hier „the best in town". Perfekt dünn geschnitten, zart im Biss und wellig und luftig in der Panierung. Ganze Fische, etwa Forelle oder Bachsaibling, muss, oder darf man selbst filetieren, ohne Vorarbeit essen sich die saftigen hausgemachten Fischstäbchen. Die Desserts sind echte Geschmacksbomben: Schoko-Bowl mit viel Mousse, Karamell und Krokant, oder wunderbar aromatische Beeren-Rum-Grütze mit cremigem Vanillesorbet, Ingwer und Crumble. Gut sortierte Getränkekarte, die auch alkoholfreie Wünsche erfüllt.

The Noodlemaker

Europa-Allee 41,
60327 Frankfurt am Main
T +49 (0) 69 7143 4429
www.the-noodlemaker-restaurant-frankfurt.metro.rest

- Di ganztags

Das in einem Neubau in Frankfurts Europa-Viertel untergebrachte Nudelrestaurant bietet in stylishem Ambiente authentische chinesische Küche mit Spezialisierung auf Nudelgerichten. Am großen Tresen kann der Gast zwischen drei verschiedenen Suppen mit Rindfleisch und – stets à la minute für ihn – handgezogenen Nudeln wählen. Ein Highlight sind die wunderbar würzigen, duftenden Brühen! Alternativ gibt es handfester auch noch Nudeln mit Sauce, ebenfalls in drei Varianten – besonders köstlich: mit Sesam! Die Nudeln werden hier in fünf Stärken und Formen angeboten, von sehr dünn bis dreieckig. Außerdem stehen verschiedene Toppings zur Auswahl.

Tiger-Gourmet-restaurant

Heiligkreuzgasse 16–20,
60313 Frankfurt am Main
T +49 (0) 69 9200 220
www.tigerpalast.de

- Nadine Strache
- Coskun Yurdakul
- Christian Moret
- mittags, Mo, Di ganztags

Menü 98 / 145 €

Seit fast 35 Jahren gehört der Tigerpalast mit seinen Varieté-Shows zum verlässlichen Unterhaltungsprogramm Frankfurts und sein Gourmetrestaurant zur gehobenen gastronomischen Szene der Mainmetropole. Zwei bemerkenswerte Institutionen unter einem Dach, angesiedelt in einer unscheinbaren Seitenstraße der nördlichen Innenstadt. Während ob internationale Artisten das Publikum unterhalten, lässt im Keller Küchenchef Coskun Yurdakul kulinarisch die Puppen tanzen. Gute Unterhaltung ist auch hier angesagt, und das nicht nur dank der angenehmen Preisgestaltung. Die Küche bietet ein vielfältiges kulinarisches Programm, neben einem reinen Fisch-Menü auch ein komplettes vegetarisch-veganes Menü, basierend auf französischer Klassik. Unprätentiös, handwerklich gut umgesetzt und ansprechend auf dem Teller arrangiert. Das „TigerMenü" startete mit schottischen Label-Rouge-Lachs, confiert und als Tatar serviert. Als gelungenen aromatischen Kontrast servierte Yurdakul zum Fisch eine erfrischend-fruchtige Orangen-Crème-fraîche und ein leicht würziges Dillöl. Ganz klassisch kam die Krustentier-Bisque daher, aromatisch konzentriert und intensiv im Geschmack, verfeinert mit etwas Wurzelgemüse und getrüffeltem Parmesan-Raviolo, die dezente erdige Nuancen einbrachten. Zuverlässig produktnah gekocht, comme il faut. Diese unaufgeregte Zubereitung stand auch dem, wie annonciert, rosa gebratenen Prime Beef gut an, das mit zarten Bäckchen, Karotten und Selleriepüree angerichtet und von einer kraftvollen Burgunderjus geadelt wurde. Konzentration aufs Wesentliche! Zum Abschluss ein Tonkabohneneis, Schokoladenriegel, Himbeeren und eingelegte Sauerkirschen. Ein Dessert ohne Effekthascherei – die Show läuft zweimal am Abend eine Etage über dem Restaurant. Die umfangreiche und kennerhaft zusammengestellte Weinkarte gehört zu den besten im Rhein-Main-Gebiet.

Trares NEU

Luisenstraße 7,
60316 Frankfurt am Main
T +49 (0) 69 9404 3878
www.trares.restaurant

- Thierry Felden
- René Postel
- Thierry Felden
- mittags, Mo, So, Feiertag ganztags

Menü 69 / 91 €
Vorspeise 16 / 39 €
Hauptgang 34 / 42 €

In der Frankfurter Gastro-Szene ist er kein Unbekannter, Thierry Felden hat in einigen Locations als Restaurantleiter und Sommelier gearbeitet. Jetzt hat der gebürtige Lothringer im quirligen Frankfurter Nordend sein eigenes Restaurant eröffnet und mit René Postel einen erfahrenen Küchenchef an seiner Seite. Bodenständige Brasserie-Gerichte und deutsche Klassiker stehen auf dem attraktiven Programm der ambitionierten deutsch-französischen Liaison. Zum Aperitif ein paar Oysri-Austern No. 3, natürlich mit Zitrone? Oder gleich in die Vollen, etwa mit einem saftigen Tatar vom Weideochsen, begleitet von gelierter Ochsenschwanzsuppe, Eigelb vom Maran-Huhn, schlotziger Kartoffel-Mousseline und einem Urkrustenbrot, das so herrlich nach Räuchernoten schmeckte. Auch die perfekt knusprig gebratene „Poitrine de porc", hatte den richtigen Biss, dazu reichte die Küche Ofenspitzkohl, Schalottencreme, Pfifferlinge und eingelegte rote Zwiebeln, das Ganze umspült von einer feinwürzigen Kümmeljus. Ein zartes Schweinebäckchen gab es als Zugabe. À la bonheur! Das gilt auch für den gedämpften Kabeljau, angerichtet mit Belugalinsen, etwas Blutwurst und einer Beurre blanc, die man gerne löffelt. Wenn schon Schnitzel dann ein Wiener, dachte sich wohl René Postel und servierte das klassisch in Butterschmalz ausgebratene dünne Fleisch in einer perfekten luftigen Panierung, die auch französische Gour-mets begeistern würde. Und selbstverständlich gab es dazu lauwarmen Kartoffel-Gurken-Salat und Gebirgspreiselbeeren. Die Patisserie schließt den guten Reigen mit Zitronen-Himbeer-Tartelette und Manjari-Schokolade, Schnitte von weißer Schokolade, Mango, Ananas und Kokoseis. Was die Weine betrifft, fragt man am besten Thierry Felden um Rat und profitiert von seiner immensen Erfahrung.

Viet Pho

Berger Straße 213,
60385 Frankfurt am Main
T +49 (0) 69 9686 6822
www.vietpho.eu

 Mo ganztags

Authentisch vietnamesisches Streetfood bietet dieses Lokal, wie man es auch in Saigon oder Hanoi finden könnte – und das in angenehmer Atmosphäre. Die Speisekarte ist lang, aber alles hier ist frisch zubereitet und von guter Qualität: knusprige Frühlingsrollen, Reisnudeln in vielen Varianten, verschiedene rote Currys, Hähnchenspieße, knusprige Ente, gebratener Tintenfisch. Die Bar bietet eine kleine Auswahl passabler offener Weine und hausgemachte nicht-alkoholische Drinks, die sich ebenfalls als Speisenbegleiter eignen.

Weinsinn

Weserstraße 4,
60329 Frankfurt am Main
T +49 (0) 69 5699 8080
www.weinsinn.de

 Matthias Scheiber
Jochim Busch & Daniel Pletsch
Florian Bechtel
 mittags, Mo, So, Feiertag ganztags
Menü 99 / 129 €

Einst war es Frankfurts Schmuddelecke, heute ist das Bahnhofsviertel ein beliebtes Quartier für hippe Food-Locations, die hier wie Pilze aus dem Boden schießen. Mittendrin steht das Weinsinn wie ein Fels in der Brandung, eine architektonisch großzügig geschnittene Halle des guten Geschmacks, längst etabliert als kulinarischer Meeting Point für Frankfurts Business-Youngster und jene Einheimischen, die das Urbane suchen, das ihnen das Gefühl gibt, in einer Weltmetropole zu sein. Weltoffen gibt man sich allemal, das puristisch modern akzentuierte Interieur und der dazu passend agierende Service assoziieren Internationalität. Auch die offene Küche ist fern von regionalen Streicheleinheiten. Das Menü, angeboten in kleiner und großer Variante, startet mit einem Algen-Tartelette, gefüllt mit Tatar von der Gelbschwanzmakrele und Borretsch, einer Kaltschale von Roter Bete mit geräuchertem Schmand, Dill und Meerrettich und als letztem Teil des Trios einer japanischen Variante von Eierstich, dazu Shiitakevinaigrette, Brokkoli und Schnittlauchöl. Alles klein, aber fein. In diese Kategorie passt auch der roh marinierte Hamachi, serviert mit geröstetem Blumenkohl, Rettich und Finger Limes. Wenn der Lauch zum kulinarischen Hauptdarsteller werden soll, muss man sich etwas einfallen lassen. Die Küche grillte fünf kleine Stückchen, setzte sie in Sauermolke und drapierte das Ganze mit gebranntem Rahm, geriebenem Eigelb und knusprigem Kohl. Für die Tranche vom Rind nahm man sich viel Zeit, garte das Fleisch 23 Stunden, um es danach anzugrillen und zu glasieren. Ein herrlich saftig zarter Biss bei vollmundigem Geschmack ist das Resultat dieser lohnenden „Ochsentour". Angerichtet war die Kurzrippe mit einem schlotzigen, mit Mandarine verfeinertem Kürbispüree und einer Reduktion von schwarzer Olive. Karamellisierter Apfel zum Finale, dazu Topinambur-Vanille-Eis, Thymianhonig und geröstete Sonnenblumenkerne. Einfach, gut! Die gut sortierte Weinkarte macht dem Restaurantnamen alle Ehre.

Wir Komplizen

Egenolffstraße 17,
60316 Frankfurt am Main
T +49 (0) 69 8304 4805
www.wir-komplizen.de

 Di, Mi, Do, Fr, Sa mittags,
Mo, Feiertag ganztags
Vorspeise 6 / 19 €
Hauptgang 12 / 25 €

Hier geht es vor allem um Bier-Leidenschaft. Knapp zwei Dutzend wechselnde Sorten sind immer im Angebot. Die fünf Vertreter vom Fass kommen aus Deutschland, bei den Flaschenbieren sind auch die USA, Belgien oder Schottland vertreten. Die Küche hat einen Nachhaltigkeitsanspruch, macht viel selbst (Brot, Ricotta) und verwendet hauptsächlich Bio-Zutaten. Es gibt mediterrane oder vegane Vesperplatten, warme Gerichte und sonntags bis 14.30 Uhr ein attraktives Brunch-Angebot, das nach „Omnivor", „Veggie" und „Vegan" geordnet ist.

Zur Golden Kron

Alt-Eschersheim 58,
60433 Frankfurt am Main
T +49 (0) 69 9510 6886
www.goldenkron.de

 Vincenzo Ferro
Alfred Friedrich
Vincenzo Ferro
 Mi, Do, Fr, Sa mittags,
Mo, Di ganztags
Menü 69 / 139 €
Vorspeise 18 / 36 €
Hauptgang 32 / 56 €

Mit den glänzenden Glas-Stahl-Bauten, die im Bankenviertel die Skyline der Mainmetropole prägen, und herausgeputzten Altstadtbereichen im Zentrum, hat das gut zehn Kilometer nördlich gelegene Alt-Eschersheim nicht viel gemein. Dafür kommen nicht nur wir gerne hierhin, um hinter 350 Jahre alter Fachwerk-Fassade, im Sommer im hübschen Innenhof, feiner zu speisen, als der Ersteindruck verheißt. Anstelle des rustikalen Interieurs bezieht sich „Edelwirtshaus" auf die guten Produkte und das souveräne Handwerk des gebürtigen Oberösterreichers Alfred Friedrich. Ebenfalls auf sein gastfreundliches und genussdemokratisches Speisenangebot, das von zurecht gerühmtem Wiener Schnitzel mit herrlich soufflierter Panierung und köstlich saftig-krossem Backhendl bis zu À-la-carte-Gerichten reicht, die die beeindruckende Spitzenküche-Vita des Mittsechzigers widerspiegeln. Hinzukommt eine umfangreiche deutsch-französische Weinkarte. Die Auswahl traf sich bestens bei erster Stärkung durch Dreierlei Speck (Karree, Schopf, Bauch) der Schinkenmanufaktur Vulcano und Tiroler Bergkäse. Danach folgte zur Vorspeise handgeschnittenes, zugunsten des guten Fleischgeschmacks dezent angemachtes Rindertatar, das sich mit kräftiger Kapernkreme, buttrigem Eigelb und knackigem, erfrischend säuerlich angemachtem Feldsalat als äußerst gelungene Version von intensiven und leichten Aromen, cremigen Texturen und Biss erwies. Ganz anderen Kalibers die kross gebratene, innen exakt glasige Steinbutt-Schnitte, wozu den Begleitern, gebratenem wildem Brokkoli und arg kräftig gesalzener Pilzcreme, trotz hausgemachter, erfrischender Amalfi-Zitronen-Marmelade in Kalbsjus ein wenig Feinheit fehlte. Gewohnt tadellos bereits erwähnter Austro-Klassiker mit Kartoffel-Vogerl-Salat und kaltgerührten Gebirgspreiselbeeren, der hier aus dem Kalbsrücken stammt und zugunsten wahrnehmbarer Fleischqualität nicht übertrieben dünn geklopft wurde. Keine Überraschung beim seit Anbeginn servierten, minimal dekonstruierten Apfelstrudel im Glas aus Vanille-Panna-cotta, Apfel-Zimt-Kompott und karamellisierten Strudelblättern.

FRANKWEILER

Weinstube Brand

Weinstraße 19, 76833 Frankweiler
T +49 (0) 6345 9594 90

🔒 Di mittags,
   Mo, So, Feiertag ganztags
Menü 40 / 70 €
Vorspeise 6 / 16 €
Hauptgang 17 / 28 €

Man kann hier ein exzellentes Rindersteak mit gebratenen Zwiebeln bekommen, hausgemachten Flammkuchen und den Dessert-Dauerbrenner warmer Schokokuchen mit Safraneis. Es lohnt sich aber, die Empfehlungen der Tageskarte nicht zu ignorieren. Erst dann erschließt sich einem die wahre Kunst des Wissler-Schülers Christian Knefler, der urpfälzische Zutaten wie Meerrettich, Sauerkraut, Leber- und Blutwurst völlig neu kombiniert. Dazu trinkt man Pfälzer Weine, die Eva-Maria Knefler an den blanken Weinstubentischen oder im gemütlichen Innenhof kredenzt.

Frankweiler

FRASDORF

Michael's Leitenberg

Weiherweg 3, 83112 Frasdorf
T +49 (0) 8052 2224
www.michaels-leitenberg.de

- Jonny Pfeiffer
- Michael Schlaipfer
- Mo, Di, Fr, Sa mittags, Mi, Do, Feiertag ganztags

Menü 99 / 145 €
Vorspeise 25 / 49 €
Hauptgang 26 / 45 €

Nach allerlei Gekurve durch Leitenbergs Weglein und Winkel erwartet man kein solches Restaurant: Drei Geisträume in kühnen Gletscherfarben begrüßen auf dem Frasdorfer Moränenhügel, leise plätschert Loungemusik auf die Tische herab. Auch die Karte übertönt die brave Ländlichkeit ringsum: Asien klingt aus fast jeder Gangbeschreibung Michael Schlaipfers, der seit 2012 im schrittweise umgestalteten Geigerhof der Großeltern kocht. Und dabei kräftig Gas gibt: Seine Saucen haben Wucht, die Beigaben Frucht, kurzum, es gibt potenziell viel zu schmecken. Wir starten mit zwei Scheiben Hamachi neben einer marinierten Spargelstange mit Avocado und Kimizu, wozu kunstgrünes Gurkensorbet und ein über den Teller ölig fließender Estragon-Dashi-Sud einen eher zwiespältigen Eindruck hinterlassen. Gleich danach schlägt beim an der Gräte gebratenen und mit Sojasauce lackierten Stück Rochenflügel der Umami-Sensor aus, süßes Ananasrelish und Kalamansigel dienen als Konterpart zur kräftig reduzierten und leicht scharfen Thai-Curry-Sauce. Auch „Kalb 2" setzt auf kraftvolle Eindrücke, die Backe geschmort und etwas fettschmeckend, das Filet Sous-vide gegart und mit einer wiederum stark eingekochten Purple-Curry-Sauce angegossen. Das alles schmeckt wie gesagt kräftig, vor allem nach Zeitgeist und ist solide gemacht. Überdenkenswert, zumindest aber erklärungsbedürftig finden wir die Idee, im Fall eines alleinig angebotenen Menü aus Gelbschwanzmakrele, Thai-Curry und Entenleber als General-Gruß vorab Gelbschwanzmakrele (als Macaron), Thai-Curry (als Suppe) und Entenleber (als Lolli) zu schicken. Braucht der Chef nach zehn Jahren plus Pandemie vielleicht einfach ein paar neue Ideen? Wir wünschen sie ihm von Herzen und weisen vorsorglich darauf hin, dass die zuletzt erlebte Leistung nicht zwangsläufig einen Platz in unseren Top 500 sichert.

FREIAMT

Gasthaus zur Krone

Mußbach 6, 79348 Freiamt
T +49 (0) 7645 227
www.krone-freiamt.de

- Mo, Di, Fr mittags, Mi, Do ganztags

Menü 26 / 45 €
Vorspeise 5 / 15 €
Hauptgang 18 / 32 €

In Freiamt-Mußbach steht Manfred Kern in 9. Generation am Herd seiner stattlichen Krone, seit dem ausgehenden 18. Jahrhundert im Familienbesitz. Ein gestandener Küchenmeister, erfahren in ersten Häusern bis hinunter an den Genfersee, einer, dem Steinbutt so souverän von der Hand geht wie Elsässer Wurstsalat. Ob hausgemachte Schlachtplatte oder Gänsebraten, ob Hummermenü im Frühjahr oder endlich einmal wirklich gute Spargelgerichte – hier, in der behaglichen Gaststube, wird so unaufgeregt-souverän gewirtet, wie es andernorts oft nur behauptet wird. Wir wiederholen uns gerne: ein Musterbild von einem Wirtshaus!

FREIBERG

Genussbar

Mönchsstraße 1, 09599 Freiberg
T +49 (0) 3731 2188 290
www.genussbar-freiberg.de

 mittags, Mo, So ganztags
Menü 35 / 59 €
Vorspeise 9 / 19 €
Hauptgang 16 / 34 €

Eine fast immer überraschende, modern-verspielte Küche bietet Ronny Löser mit seinem Team im historischen Gewölbe – vom gebratenen Pulpo mit Currykürbis, Safrangel und Artischockenherz über Seeteufel im Zucchinirock mit Reisnudelrisotto und Paprikaschaum bis zum Pulled-Duck-Burger aus der Entenkeule mit Rotkohlsalat, Frisée und Mango. Die anspruchsvolle Getränkekarte offeriert Sörens Gin als Aperitif oder Old Jamaika Ginger Beer ebenso wie Weine oder eine alkoholfreie Menübegleitung.

FREIBURG IM BREISGAU

Basho-An

Merian Straße 10,
79098 Freiburg im Breisgau
T +49 (0) 761 2853 405
www.bashoan.com

Eisuke Tatsuoka
 Feiertag mittags, Mo, So ganztags
Menü 89 / 125 €
Vorspeise 6 / 27 €
Hauptgang 17 / 98 €

Der Siegeszug der japanischen Küche in Deutschland ist eine sehr erfreuliche Tatsache, signalisiert er doch das fortgesetzte Interesse an kulinarischer Verfeinerung. Dass sich das Angebot hierzulande nach wie vor weitgehend auf Supermarkt-Sushi, California-Maki und fettig-überwürzte Suppen mit weichen Instantnudeln beschränkt, muss uns dabei nicht grämen – es hat Generationen gedauert, bis der Filterkaffee-„Capuccino" mit Sprühsahnehaube dem gleichnamigen Kulturgut aus Barista-Hand weichen musste. Pizza kommt bekanntlich erst seit ein paar Jahren in deutschen Großstädten zur verdienten Ehre samt langer Teigführung und (wenigen) guten Ausgangsprodukten. Die Vorrede ist nötig, weil Restaurants wie das Freiburger Basho-An durch weitgehenden Verzicht auf Kompromisse wie Folklore dazu beitragen, sich eine Kundschaft erziehen, die die neugewonnen Qualitätsmaßstäbe andernorts ansetzen kann. Nach wie vor empfehlen wir, den Besuch als Bildungsreise anzulegen und sich möglichst beraten zu lassen. „Omakase" heißt das Zauberwort, es bedeutet „Ich überlasse es Ihnen", und kann sich beispielsweise in einer Vorspeisen-Variation wie folgt ausdrücken: Sashimi von der Gelbschwanzmakrele, gegrillte Tintenfischringe mit grünem Spargel, geschmortes Rindfleisch in Schwarzwurzelgelee, Mais-Tempura, „Koya"-Tofu in würzigem Sud, Seeohrmuschel mit Daikonrettich. Durch die Bank zarte, feinwürzige Miniaturen in ausgezeichneter Produktqualität und hochästhetischer Präsentation. Hinterher ein wenig Sushi aus der meisterlichen Hand von Eisuke Tatsuoka – in begrenzter Vielfalt, aber ausgezeichneter Qualität. Und statt Verlegenheits-Eiscreme zum Abschluss eine Misosuppe und etwas sauer eingelegtes Gemüse nach japanischer Sitte. Wie gesagt: Bildungsreise!

Drexlers

Rosastraße 9,
79098 Freiburg im Breisgau
T +49 (0) 761 5957 203
www.drexlers-restaurant.de

Do, Fr, Sa mittags,
Mo, Di, Mi abends,
So, Feiertag ganztags
Menü 69 / 92 €

Mario Fuchs vermeidet viele der Fehler, an denen andere Restaurants hierzulande regelmäßig scheitern: Er kocht handwerklich klassisch fundiert und zeitgemäß-leicht zugleich, vermeidet eitle Showeffekte und undurchdachten Crossover-Quatsch. Stattdessen gibt es hier eine Eulersbacher Forelle aus dem Kinzigtal mit feinherbem Löwenzahn und Meerrettich, ein Ragout von St. Märgener „Burenziege" mit Ziegenkäsetortellini und einem Hauch Bärlauch und hinterher gut gereiften Rohmilchkäse vom Fromager affineur „Au Bouton d'Or" aus Mulhouse oder Bienenstich mit Honigeis von den eigenen Bienen. Das Ganze zu fairen Tarifen und begleitet von der ausgezeichneten Weinauswahl der gleichnamigen Weinhandlung.

Enoteca

Gerberau 21,
79098 Freiburg im Breisgau
T +49 (0) 761 3899 130
www.enoteca-freiburg.de

Manfred Schmitz
Thomas Scheer
Manfred Schmitz
Mo, So, Feiertag ganztags
Menü 36 / 85 €
Vorspeise 9 / 24 €
Hauptgang 22 / 48 €

„Um unserer Kennzeichnungspflicht zu genügen: Jeder weiß, dass Cola Koffein enthält. Wir teilen es dennoch mit. Campari enthält Farbstoff. Bitter Lemon enthält Chinin. Wein enthält Alkohol. Wenn Sie schwanger sind, gehen Sie vorsichtig damit um! Wein macht aber nicht schwanger. Unsere Speisen müssen wir nicht weiter kennzeichnen, denn Sie enthalten keine Konservierungsstoffe, Farbstoffe oder gar Geschmacksverstärker." Wer durch seine Speisekarte so zu seinen Gästen spricht, ist uns sympathisch. Und muss qualitativ was leisten, um sich nicht der Lächerlichkeit preiszugeben. Zu den Highlights der traditionsreichen Enoteca am Ende der schönen Gerberau gehört, was sonst irgendwo zwischen Entsorgung und Verlegenheitsangebot schillert: der Antipasti-Teller. Darauf Schinken von der roten Berkel in der Raummitte, feine Salami, Vitello tonnato mit dicken Kapernäpfeln, etwas aromatisches (!) Grillgemüse, guter Mozzarella (nicht kühlschrank-kalt!), mal eine gratinierte Auster, mal ein bisschen Lachs, mal etwas gebratener Pulpo. Danach eine sorgfältige Pasta: Spaghetti alla puttanesca oder all'aglio e olio, zarte Wildkräuter-Agnolotti mit Ofentomaten oder Oliven-Gnocchi mit gebratenem Calamar, Sardellenbutter und

Löwenzahn – fluffig-zart, aromatisch. Schnörkellos geradeausgekocht werden auch die Hauptgänge, geschmortes Kalbsbäckchen oder Zweierlei vom Perlhuhn (Saltimbocca, Ravioli), meist steht auch ein Entrecôte mit Taggiasca-Oliven auf der Karte. Danach eine animierende Moscato-Kaltschale mit Sauerrahm-Kirsch-Eis oder ein zartes Tiramisu und – auch angesichts des animierenden Mittagsangebots – der dringende Wunsch: weiter so!

Gasthaus Hirschen in Lehen

Breisgauer Straße 47,
79110 Freiburg im Breisgau
T +49 761 8977 69681
www.hirschen-freiburg.de

Elias & Werner Baumgartner
Louis Lay
Benedikt Voglstätter
Feiertag ganztags
Menü 72 / 92 €

Gutbürgerlich, das war mal ein Prädikat. Heute ist es zum Oberbegriff für Fabrikmaultaschen geworden. Bei den Baumgartners ist das von jeher anders, weshalb das Freiburger Bürgertum die Fahrt in den Vorort Lehen gern auf sich nimmt. So ist in dem schmucken Gasthaus mit den schönen Holzstuben und der lauschigen Gartenterrasse mittags und abends immer etwas los. Dass der Architekt sich im Neubau arg ausgetobt hat, geschenkt. Widmen wir uns lieber der Basis: Das kluge Programm reicht von Gillardeau-Austern auf Eis über badischen Feldsalat mit hausgemachtem Gänseleberparfait und Schwarzer Alba-Trüffel bis zu Carpaccio vom Gelbflossen-Thun – gemischte Blatt- und Rohkostsalate, Cordon bleu und ein Kürbis-Ingwer-Schaumsüppchen gehören freilich ebenso dazu. Alles in allem: blitzsauber gekocht. Zur Einstimmung gab es jüngst eine puristische Rehessenz wie aus dem Schulbuch, tiefaromatisch, mit goldenen Reflexen. Anschließend einen Salat mit exakt gebratenem Loup de mer. Überhaupt – eine Seltenheit in deutschen Gasthäusern – wird der Fisch hier sehr sorgfältig behandelt. Sei es bei der klaren französischen Fischsuppe, dem Filet vom Island-Kabeljau „Winzerinnen Art" auf Champagnerkraut, mit glacierten Trauben, Speck und Kartoffelpüree oder der Variation von Edelfischen auf Blattspinat, mit einer leichten, feinsäuerlichen Champagnersauce, dazu Tagliatelle. Gelegentlich unternimmt die Küche Ausflüge ins asiatische Soulfood: Sticky Ribfingers vom Simmentaler Rind – schmelzend zart, etwas zu süß – mit Glasnudelsalat, Peperoni, Schalotten und Koriander. Immer gut, wenn vorhanden, ist der Spargel aus Opfingen, klassisch mit schaumiger Hollandaise und raschelnder Kratzete. Auch Gans und Trüffel werden nach allen Regeln der Kunst zur Saison gefeiert. Und jederzeit: die drei Fleischküchle vom Grill an Rahmsauce mit Marktgemüse und Spätzle. Zu ambitionslos dagegen sind nach wie vor die Desserts. Macht nichts, man kann sie sich schön trinken. Die Weinkarte mit breitem Angebot der Domaine de la Romanée-Conti ist beeindruckend!

Gasthaus zum Löwen

Breisgauer Straße 62,
79110 Freiburg im Breisgau
T +49 (0) 761 82216
www.loewen-lehen.de

🔒 mittags, Mo, Di ganztags
Menü 37 / 50 €
Vorspeise 7 / 18 €
Hauptgang 13 / 35 €

Freiburg ist ziemlich stolz auf seine Stellung als badische Kapitale und reklamiert damit automatisch, ein Genießer-Mekka zu sein. Streift man durch die Innenstadt, fragt man sich freilich, woher das Selbstbewusstsein stammt ... Hier am Stadtrand, in Lehen, findet man endlich einmal das Musterbild eines badischen Wirtshauses. Seit drei Generationen von der Familie Disch geführt, ist hier jahraus, jahrein zu loben, was wir oft suchen und selten finden: Wurst- und Kartoffelsalat, Rindfleisch- und Ochsenmaulsalat, Brägele, Suppenfleisch von Format. Dazu ein Viertele Dörflinger-Gutedel und in der stets knallvollen Stube das gute Gefühl, dass sich Qualität auch im Bodenständigen langfristig durchsetzt.

Gasthaus Zur Linde NEU

Basler Landstraße 79,
79111 Freiburg im Breisgau
T +49 (0) 761 4534 5235
www.zur-linde-freiburg.de

🔒 Mi, Do, Fr, Sa mittags,
Mo, Di ganztags
Menü 41 / 82 €
Vorspeise 12 / 18 €
Hauptgang 24 / 36 €

„Feinbürgerlich" steht über der Gasthaustür – und die gemütliche Stube mit ihrem hübschen Kachelofen dahinter bildet den stimmigen Rahmen. Statt Wurstsalat und Brägele verspricht die Karte in gleich drei Menüs (eines vegetarisch) komplexere Kreationen: Schaum von Räucherfischen mit einem Hauch Vanille; Saltimbocca vom Seeteufel auf Salbei-Nudeln; in Kaffeeöl gegarten Lammrücken mit Hummus, Paprika und Schafskäse. Verantwortlich ist Renee Rischmeyer, dessen Vita von der Fischerzunft in Schaffhausen über das Fischereihafen-Restaurant und die Bühlerhöhe klingende Namen vorweist. Zuletzt hatte er ein Gastspiel im Colombi, pünktlich zum Beginn der Corona-Pandemie sperrte er hier in Sankt Georgen auf, wo vorher ein Grieche und ein Steakhouse ihre Fans beglückten. Die schwierigen ersten beiden Jahre sind gut überstanden, die Küche auf dem Gleis. Gut gefiel uns bei unserem Premierenbesuch geräucherter Aal von schöner Qualität mit Radieschen, Brunnenkresse und Frischkäse auf Pumpernickel, etwas weniger arg weicher Kabeljau auf einem Sammelsurium von Blumenkohl, Topinambur, Favabohnen. Erfreulich dann wieder ein saftiges Kaninchenfilet im Pancetta-Mantel. Zum Abschluss ein Schokoladen-Kaffee-Törtchen mit Mascarpone und eine Vanillecreme mit Banane, Erdnüssen und gesalzenem Karamelleis, die geeignet wären, jeden Kindergeburtstag und jede Seniorenresidenz in Ekstase zu versetzen.

FREIBURG IM BREISGAU

Kuro Mori

Grünwälderstraße 2,
79098 Freiburg im Breisgau
T +49 (0) 761 3884 8226
www.kuro-mori.de

Mo, So, Feiertag ganztags
Menü 68 / 88 €
Vorspeise 9 / 22 €
Hauptgang 16 / 28 €

Urbaner als hier wird's in Freiburg nicht, in Steffen Dischs Freiburger Innenstadt-Niederlassung flüchten Menschen, denen vor lauter Brägele und Bächle schwindelig wird. Die Handschrift des Küchenchefs von den luftigen Horbener Höhen ist auch in der Fußgängerzone unverkennbar – Asien, Frankreich und Südbaden finden hier harmonisch zusammen. Mittags wird ein kleines Programm für kleines Geld gereicht, von schaumiger Tom Kha Gai mit Dim Sum von Huhn und Garnele über Zander mit Curry-Blumenkohl in Soja-Nussbutter bis zu Orechiette mit geschmortem Ochsenschwanz und Röstzwiebeln von der erstklassigen Pasta-Manufaktur „Pastificio dei Campi" (die, Ehre wem Ehre gebührt, Federico Campolattano von der Eichhalde in Freiburg berühmt gemacht hat). Nachmittags verhungert hier auch niemand – Croque Monsieur „Kuro Mori Style" oder Stullen vom „Brotbruder" (auf Wunsch mit einem Schlag Kaviar) erfreuen sich großer Beliebtheit. Abends lockt ein Überraschungsmenü von bis zu sechs Gängen.

Löwengrube by Amadeus Kura NEU

Konviktstraße 12,
79098 Freiburg im Breisgau
T +49 (0) 761 7699 1188
www.restaurant-loewengrube.de

Felix Manz
Amadeus Kura
So, Feiertag ganztags
Menü 79 / 89 €
Vorspeise 15 / 22 €
Hauptgang 25 / 38 €

Wie bemerkenswert viele ambitionierte Köche hatte der junge Amadeus Kura, zuvor Küchenchef in Kellers Kellerwirtschaft in Oberbergen, in Krisenzeiten den Mut zur Neueröffnung. Einer vormals biederen Weinstube im lauschigen Altstadtgässle verpasste er ein modern klares Ambiente; auf blanke Tische kommen beste Weingläser. Dass er animierend und mit weltoffenen Akzenten kocht, anstelle im Schatten des Münsters auf Bollenhut-Folklore und Brägele-Küche zu setzten, ist ihm neben seiner klugen Kalkulation (namentlich auf der günstigeren Mittagskarte!) hoch anzurechnen. Nachdem Focaccia vom lokalen Bäcker Brotbruder bei unserem Premierenbesuch bereits Qualitätsbewusstsein bewies, verorteten straffe Tigermilch-Säure, die nicht allzu süße Süßkartoffeln verbindend abfederte, milde, süßsäuerliche Tropea-Zwiebel und Lachsforellenstücke mit Piment d'Espelette in Richtung Ceviche. Nach diesem leichten, frischen Einstieg zauberte Kura mit sensiblem Produktfokus aus halbierten, geschälten Ochsenherztomaten, deren Kammern schwarze Oliven und Mikro-Croûtons füllten, einen expressiven, modernen Veggie-Gang. Hier stimmte alles: der würzige Pecorino, mit Microplane hauchfein zum Berg geriebenen, wie der perfekt lauwarm temperierte, intensive Tomatensud mit Basilikumöl. Verzeihlich dann, dass ein schönes Stück Kabeljau trotz hervorragenden Garens und kräftiger Einfassung aus Pilz-Dashi, angegrillten Shiitake und Baharat-Würzung selbst geschmacklich dezent blieb. Umso begeisternder gelang die Interpretation von Kalbsbries in Form des beliebten japanischen Frittiergerichts Karaage. Das erst in Sojasauce eingelegte, anschließend knusprig, mit cremigem Kern ausgebackene Bries kam frei von fetttriefender Schwere oder plakativer kultureller Aneignung – verhindert durch zart scharfen, anfermentierten Rettich und feinsäuerliche Spinat-Mayonnaise als behutsame Begleiter. Weil die saftige, rosige Entenbrust mit von Ingwer und Kaffirlimette belüfteter Jus, knackig-säuerlichem roten Spitzkohl und gelungenem Topinambur-Zweierlei sowie das leichte, stringente Dessert aus eingelegter Zwetschge mit Joghurtschaum, kandierter Haselnuss und Crumble ebenfalls überzeugten, bleibt das kurze Fazit: eine große Bereicherung für die Stadt!

Restaurant Eichhalde

Stadtstraße 91,
79104 Freiburg im Breisgau
T +49 (0) 761 5899 2920
www.eichhalde-freiburg.de

Valentina Tito
Federico Campolattano
Sa mittags, Mi, Do ganztags
Menü 95 / 130 €
Vorspeise 20 / 35 €
Hauptgang 36 / 45 €

Erstens: Die italienische Küche ist globaler Exportschlager. Zweitens: Die italienische Küche hat außerhalb Italiens oftmals Probleme. Sie will gefallen, vermeintlichen Erwartungen gerecht werden, freilich nicht zu viel kosten. Eingedeutscht verleugnet sie sich häufig im auch noch heißgeliebten Konglomerat aus Tomaten-Sahnesauce-Pasta und Pizza-Varianten als Balsamico-Creme-Abklatsch. Und das bei einer Küche mit grandiosen Zutaten vom Land und aus dem Meer, dem Stolz tradierter, gleichsam raffinierter und simpler Rezepte und der Einmaligkeit regionaler Mikro-Unterschiede. Federico Campolattano hält im historischen Eckhaus, das passenderweise wie eine Trutzburg in pittoresker Hanglage im Freiburger Villenviertel Herdern steht, dagegen wie ein Vorstopper beim Catenaccio. Seine süditalienische Herkunft merkt man seinem Kochstil an, gleichzeitig bietet er frei von engstirnigem, Lokalkolorit geschwängertem Überbau keine rührige Nonna-Küche. Mehr eine gedankliche, geschmackliche Essenz, alles andere wäre mit der kulinarischen Vorleistung von Campolattano – er war rechte Hand des abruzzesischen Spitzenkochs Niko Romito – wenig glaubwürdig. Beginnend mit einer knapp gehaltenen Speisekarte klassischen Aufbaus, sich fortsetzend bei knackigem Hummer, Wassermelonen-Konzentrat, der pikanten kalabrischen Streichsalami 'Nduja und hauchdünnem Tomatenpapier: frisch, fruchtig, würzig, süß-pikant, ölig – das spricht alle Geschmäcker an. Verschiedene kurze Nudelformen waren Al-dente-Trägermaterial für den sensationellen Geschmack des kostbaren Safrans aus L'Aquila. Krosse Steinbuttstückchen sorgten dazu, wie in Süditalien aus Semmelbröseln üblich, als Edel-Pangrattato für intelligent natürlichen Knuspereffekt. Hätte beim „Acquerello"-Risotto der Krustentiersud ein wenig mehr Finesse (Frische, Säure und finale Tiefe) gehabt, wir hätten auch hier vollends gejubelt wie Italiener beim WM-Titel, denn mit knapp gegarten Gambero-rosso-Stücken und beherzter Würze (Rosa Beere, Majoran) war bis auf diese Petitesse, eine der wenigen Stellschrauben für Campolattano, alles bestens bereitet. Als wolle er noch einmal auf den Punkt bringen, dass Einfachheit Kunstform sein kann, servierte er Zunge, zehn Stunden im Ofen gegart und von jeglicher Derbheit befreit, mit einer vegetarischen Jus und Bohnenpüree, das mit viel Parmigiano Reggiano angereichert war – exzellent! Nach diesem Aromenfuror erfreuten uns, beinahe beruhigend, Ricotta-Ravioli im 70-prozentigen Schokoladenbad.

Trotte Weinbar

Fischerau 28,
79098 Freiburg im Breisgau
T +49 (0) 761 5146 4680
www.trotte-weinbar.de

mittags,
Mo, So, Feiertag ganztags
Vorspeise 5 / 12 €
Hauptgang 12 / 18 €

Auch ein Wort, das wir noch nicht kannten: „Entrecôte-Annahmeschluss." Der wurde – so mutmaßen wir – nötig, damit es in der munteren Trotte nicht zu spät wird und die Nerven der Nachbarn im lauschigen Altstadtgässchen geschont werden. Eine Herausforderung, denn wer hier einmal sitzt, der will auch bleiben. Das liegt an einer klug zusammengestellten Weinkarte, dem entspannten Ambiente und einer begleitenden Küche, die allerlei Kleinigkeiten in bester Qualität zu einem genussvollen Ganzen zusammenbringt. Man bestellt einen Teller vom guten luftgetrockneten Schinken, ein paar Sardinen, etwas Pastrami mit Senfmayonnaise … So geht der Abend dahin. Dass Küchenchef Felix Martin auch größere Teller kann, zeigen das eingangs angesprochene Entrecôte ebenso wie ein mürber Sauerbraten mit Rosinen.

Zirbelstube

Rotteckring 16,
79098 Freiburg im Breisgau
T +49 (0) 761 21060
www.colombi.de

Günter Hilbert
Harald Derfuß
Gerhard Mauerhan
mittags, Mo, So ganztags
Menü 79 / 135 €
Vorspeise 32 / 38 €
Hauptgang 45 / 54 €

Gewohnt gediegen, ein wenig eng beieinander, sitzt es sich in der holzverkleideten Traditionsstätte. Für willkommenes Old-School-Gefühl sorgen formvollendet schwarze Anzüge mit Fliege, Silbertablettes und Cloches. Zum Auftakt war bei in Donut-Form gebrachter Gänselebermousse die Schokolade-Kakao-Hülle – lediglich ein optischer Makel – aufgeplatzt. Zwar gab es keine Brioche, dafür neben gut gebratenem Foie-gras-Stück zusätzlich Kartoffelpüree und feine Jus. Zu viel wurde es mit zusammenhanglos angeordnetem Sellerieallerlei und geschmacksarmer Kirschfruchtzubereitung nebst zwei marinierten Kirschen und, allerdings formidablen, Reh-Pastrami-Röllchen. Ein ähnliches Vielerlei machte auch handwerklich gelungen zubereiteter, kühler Scheibe gegarten Kabeljaus mit Krustentiertatar-Ummantelung und Kaviarnocke zu schaffen. Zwei Hummerstücke, Salatbouquet mit guter Vinaigrette, glibberige Apfel-Tapioka-Mischung, zwei frittierte Kartoffelscheibchen, drei ausgestochene, recht ungewürzte Gurkenkugeln und intensive Hummermousse ergaben einen viel zu kompliziert gedachten Teller ohne stringentes Geschmacksbild. Beide Gänge waren inhaltlich dem klassischen Programm zuzurechnen, doch für Feuerwerksmusik am Gaumen fehlte ein Leitmotiv wie bei Smetanas Moldau – es floss gemütlich dahin wie die Dreisam. Dafür brachten Saint-Pierre, weißer Tomatensud, Chorizo und Artischocken-Bohnen-Gemüse endlich, wonach man sich doch hier sehnt, nämlich gute Zutaten und voluminösen Volldampf-Wohlgeschmack. Auch bei bestens gegartem und aromatisiertem Lamm (Rücken, Haxe) mit naturalistischer, tiefer, kräuteriger Sauce zeigte sich, was mit Besinnen auf die zweifellos vorhandenen Tugenden möglich sein könnte. Einzig die Kombination aus gerösteten Hartweizenkügelchen-Fregola und schrumpeligen Erbsen versprühte dazu keinen Reiz. Das süße Ende fiel ebenfalls erfreulich aus: köstlich – Topfenravioli mit Vanille-Espuma und souverän frischer Heidelbeermousse, Mohn, marmoriertem Vanilleeis.

Zur Wolfshöhle

Konviktstraße 8,
79098 Freiburg im Breisgau
T +49 (0) 761 30303
www.wolfshoehle-freiburg.de

- Christian Weis
- Martin Fauster
- Christian Mittermair
- Di, Mi, Do mittags,
  Mo, So, Feiertag ganztags

Vorspeise 26 / 28 €
Hauptgang 39 / 49 €

Auf verschlungenen Wegen fand Martin Fauster zur Wolfshöhle, die Sascha Weiß an die gastronomische Spitze der Breisgau-Metropole gekocht hat, bevor gesundheitliche Einschläge eine Veränderung erzwangen. Eines war bereits vor der Wiedereröffnung klar: Mit dem Steirer würde sich am Rang des Hauses nichts ändern, nach unserem Premierenbesuch können wir bilanzieren: Im Gegenteil – der deutsche Südwesten hat eine neue Spitzenadresse! In der Selbstständigkeit kocht der Meister souverän, wie wir ihn vom Herd des Münchner Königshofs seligen Angedenkens kennen und schätzen – und mit uns seine Stammgäste vom Kaliber eines Eckart Witzigmann. Martin Fauster steht wie wenige hierzulande für eine klassische Küche von großer Eleganz und Leichtigkeit – konzentriert, fundiert, technisch souverän. Für Gerichte, die mit großen Weinen eine Verbindung eingehen, wie man sie sich schöner nicht denken kann. Die Freude begann bei unserem Premierenbesuch schon mit den beiden Amuse-Bouches – einem Löffelchen handgeschnittenen Kalbstatars mit seidiger Senfmousse und halbflüssigem Wachtelei zunächst und dann einer kleinen schaumige Suppe von weißen Bohnen mit einem Streifen Räucheraal. Purer, klarer Geschmack! So ging es weiter. Zunächst mit einer sekundenkurz gestockten, jodig-nussigen Belon-Auster, darunter ein paar Blättchen Spinat, darüber ein zarter weißer Schinkenschaum. Es folgte eine Jakobsmuschel von Ausnahmequalität, punktgenau, wachsig-zart gebraten sowie roh mariniert, in ihrer feinen Süße perfekt gehoben durch die feine Säure einer leichten Beurre blanc, kontrastiert von den zarten Bittertönen einer Pomelo, verbunden durch ein samtiges Brokkolipüree. Nicht weniger köstlich: Glattbutt, punktgenau blättrig gebraten in einem duftig-leichten Bouillabaisse-Sud, akzentuiert durch sizilianische Zitrone, dazu nur einige Poveraden-Spalten und etwas Artischockenpüree. Dass Martin Fauster mit den Meeresbewohnern umzugehen versteht (und übrigens auch mit den Süßwasserfischen – Stichwort Saibling, Huchen), heißt freilich nicht, dass ihm die fleischlichen Genüsse fernlägen. Im Gegenteil! Er beherrscht auch hier die Klaviatur virtuos, vom Lammkarree mit Fèves und einer feinen Thymianjus über geschmolzenen Kalbskopf unter Périgord-Trüffeln nebst cremig-kross ausgebackenem Kalbsbries bis zu rustikalen Großartigkeiten wie einem Schweinebauch als „Szegediner Gulasch" vom Hofgut Silva mit säuerlich-kühlem Schmand … Das Ganze präsentiert in aufgeräumt-zeitgemäßem Rahmen, an der Wand Pop-Art von Werner Berges und Objekte von Hans Haas, Fausters Mentor. Die klassisch sortierte Weinkarte profitiert von einer Allianz mit den Kellers aus Oberbergen – dienende Restsüße und Fruchtbomben aus der Neuen Welt sucht man in ihr so vergeblich wie Trüffelöl und Stickstoff in Martin Fausters Vorratskammer.

FREINSHEIM

Atable

Hauptstraße 29, 67251 Freinsheim
T +49 (0) 6353 5019 355
www.amtshaus-freinsheim.de

Di mittags,
Mo, So, Feiertag ganztags
Menü 60 / 95 €
Vorspeise 16 / 28 €
Hauptgang 34 / 42 €

Wie angekündigt sind Sybille und Swen Bultmann mit ihrem Atable von Ludwigshafen ins Herz des Pfälzer Weingebiets nahe Bad Dürkheim gezogen. In der Altstadt von Freinsheim führen sie nun neben dem hellen, schick-herausgeputzten Restaurant im Sandsteingewölbe mit seinem wunderschönen Innenhof, ein Hotel mit zwanzig Zimmern. Abendmenü und À-la-carte-Auswahl, von Entenstopfleber-Terrine über Fischsuppe bis Tarte au citron, signalisierten: Hier wird an klassischer Küche auf guter Zutatenbasis festgehalten. Dazu locken ein fair kalkuliertes Mittagsmenü und eine nicht unbedingt extensive Weinkarte. Die punktet dafür mit bestem Pfalzwein-Querschnitt von den Referenzerzeugern bis zu spannendem Biodynamischem, teils gereift, sowie guter Rest-Deutschland-Auswahl und ordentlichem Frankreich-Angebot, es lassen sich Trouvaillen heben. Beim Essen war der Eindruck ein wenig durchwachsener, beginnend beim soliden Amuse-Gueule, gebeizter Lachs mit überproportional viel Meerrettich-Frischkäse-Schaum. Bei confierten Wildfang-Garnelen mit Orangen-Fenchel-Salat und Safranmayonnaise störte zu standfeste, aromatisch flache Paprikamousse im Sesamumhüllung das Gesamtbild. Hinreißend süffiger Intensivgeschmack ließ uns bei krossem Kalbsbries über recht dicken Nudelteig bei Ravioli mit Portwein-Zwiebeln-Fülle, die mit Trüffelsauce und frischer Sommertrüffel kamen, hinwegblicken. Auf völlig sicherem Terrain, wie von Swen Bultmann gewohnt, bewegte sich gekonnt mit krosser Haut gebratene Freiland-Perlhuhnbrust voller Saftigkeit mit fein geschnittenen breiten Bohnen, außen knusprigen und im Inneren cremigen Pommes dauphine sowie kräftiger Albufera-Sauce als traditionelle Geflügelbegleiterin. Wem die Desserts ebenso traditionell erscheinen, kann sich an von Tourette in Straßburg Affiniertem vom Käsewagen vergnügen. Wir sind hoffnungsfroh, dass die Küche beim nächsten Besuch das altbekannte Niveau vollends erreicht hat.

Weinreich

Hauptstraße 25, 67251 Freinsheim
T +49 (0) 6353 959 8640
www.weinstube-weinreich.de

Di, Mi, Fr mittags,
Mo, So ganztags
Menü 35 / 55 €
Vorspeise 10 / 13 €
Hauptgang 19 / 30 €

Das Weingut Rings gilt als das beste im schönen Freinsheim und auch die zum Gut gehörende Weinstube lohnt den Besuch. Einerseits, weil die gute Weinkarte die Auswahl der Deutschen Weinstraße spiegelt, zum anderen wegen der Küche: Ikarimi-Lachs-Nocken aus dem Rieslingsud kommen hier auf den Teller, dazu Gemüsetagliatelle mit Verjus-Rahmsauce. Oder gebratene Blutwurst mit gebratenem Apfel, Kartoffelstampf und Senfkörnersauce. Und wer zum Abschluss das Dreierlei vom Bio-Käse bestellt, bekommt Edles aus dem Hause Antony.

FREISING

Mountain Hub NEU

Terminalstraße Mitte 20,
85356 Freising
T +49 (0) 89 9782 4500
www.mountainhub.de

- Johannes Gahberger
- Stefan Barnhusen
- Di mittags,
  Mo, Sa, So, Feiertag ganztags

Fußballfans erkennen anhand der Palmen und hohen Glasfronten sofort die Kulisse der boulevardesken Sonntagsrunde „Doppelpass" im Hilton Munich Airport von Dimensionen einer Abfertigungshalle, bevor es durch den Casual-Teil „Social Dining" ins weitläufige „Gourmet"-Séparée geht. Man darf beginnen, sich im Chalet-artigen Ambiente mit Holztischen, Designlampen und Fake-Kamin wohlzufühlen. An Bord willkommen heißt Maître Johannes J. Gahberger, gebürtiger Österreicher, der zuletzt verantwortlich für die Fährhütte 14 am Tegernsee war und eine Europa-Weinkarte mit einigen wohlfeilen Bouteillen reicht. Nach der Eröffnung in Herbst 2020 hatten er und Küchenchef Stefan Barnhusen, zuvor Küchenchef im Jellyfish in Hamburg, gestählt als Souschef bei Erfort, Rainer und im Restaurant Dieter Müller auf der MS Europa, zur Entfaltung wenig Gelegenheit – was schade ist und sich hoffentlich an überraschender, zugleich verständlicher – schließlich ist München einziger deutscher 5-Sterne-Airport – Stelle ändern wird. Denn dass hier Großes im Anflug ist, machte schon die „flight preparation" mit guten Snacks und wunderbarem Amuse-Gueule klar, Saibling-Sashimi umrundete Saibling-Tatar zur Kugel, kam mit geeistem Sauerrahm und Kräuteremulsion voller Säurezug, zugleich ein Ausblick auf formschöne und farbenfrohe Gerichte auf Basis sehr guter Zutaten. Vom Aufbau ähnlich Renke mit Apfel und Sauerrahm, die als Kugel auf N25-Kaviar lag und gekonnt die Waage aus Verspieltheit, Vielteiligkeit und geschmacklicher Substanz hielt. Sanft behandelte Barnhusen Forelle von Top-Züchter Birnbaum, zu deren gerade erwärmter Zartheit er Kalbskopf, Lauch, Feldsalat und vielleicht einen Tick zu viel Süße bei eher klassischem Geschmacksbild kombinierte. Süße spielt auch eine gewisse Rolle bei prächtigem Carabinero mit Papaya und Ananas, wurde jedoch durch Säurekick und Pikanterie von Tom Yam inspirierter Krustentiersauce gekonnt aufgefangen. Nach handwerklich ausgezeichnet zu saftiger Festigkeit gegartem Skrei mit Schwertmuscheln, rauchigem Aal-Akzent und minimaler Grünkohl-Defitgkeit sowie schaumig-schwelgerischer Sauce folgte Wagyu der höchsten japanische Qualitäts- und Marmorierungsstufe A5 aus der Präfektur Miyazaki. Puristisch nur von Périgord-Trüffel-Jus, Topinamburcreme und Beten begleitet, um bei auf den Punkt Ultrakurz-Gebratenem und Schmorstück seine aromatischen und texturellen Vorzüge auszuspielen. Dafür tobte sich die Patisserie erfolgreich bei den Desserts aus, kombinierte erst Schwarzwurzel, Lakritz und Dinkel in Pré-Dessert-Größe, dann Kokos, Shiso und Blutorange zwischen üppigem Schmelz und animierender Frische. Ready for take-off!

FREYUNG

Landgasthaus Schuster

Ort 19, 94078 Freyung
T +49 (0) 8551 7184
www.landgasthaus-schuster.de

So abends, Mo, Di, Mi ganztags
Menü 44 / 94 €
Vorspeise 16 / 24 €
Hauptgang 26 / 42 €

Das kleine Restaurant im Bayerischen Wald nimmt den Gast schon durch das einladende Ambiente für sich ein: frische Blumen, Kunst an den Wänden, hübsch eingedeckte Tische. Hinzu kommen der liebenswürdige Service von Bärbel Schuster und natürlich die wöchentlich wechselnden, an der Saison orientierten, gleichzeitig bodenständigen und weltoffenen Gerichte ihres Mannes Leopold – zum Beispiel ein Wildschweinragout mit Cranberrys, Ingwer-Ananas-Blaukraut und Kartoffelknödel. Zu all dem empfiehlt seine Frau passende Weine, auch glasweise.

FRICKINGEN

Löwen Altheim

Hauptstraße 41, 88699 Frickingen
T +49 (0) 7554 8631
www.loewen-altheim.de

Di, Mi, Do, Fr, Sa mittags,
So, Feiertag abends, Mo ganztags
Menü 34 / 43 €
Vorspeise 7 / 14 €
Hauptgang 15 / 29 €

400 Jahre Tradition und gleichzeitig kulinarisch auf der Höhe der Zeit – dafür steht dieser Gasthof im Hinterland des Bodensees. Bei den Zutaten für seine saisonale Frischeküche achtet Roman Pfaff auf anständige Herkunft. So trägt die gegrillte Maishähnchenbrust, die von gelbem Ratatouille-Gemüse und Parmesankartoffeln begleitet wird, das Prädikat Label Rouge. Und beim Saltimbocca alla romana vom Schweinerücken stammt das Fleisch vom Schwäbisch-Hällischen Landschwein. Drinnen sitzt man gemütlich unter einer Holzdecke, im Sommer draußen unter Kastanien.

FRIEDBERG

Bastian's Restaurant

Erbsengasse 16, 61169 Friedberg
T +49 (0) 6031 6726 551
www.bastians-restaurant.de

🔒 mittags, Mo, So ganztags
Menü 49 / 95 €
Vorspeise 16 / 23 €
Hauptgang 29 / 35 €

Kreativ-moderne Küche in einem stilvollen Bauernhaus mit überdachtem Hofgarten. Ob bei Meeresfrüchten, Rochen, Taube oder Hirsch als Hauptdarsteller auf dem Teller: Inhaber und Küchenchef Chris Bastian Draisbach gelingt es immer, eine Vielzahl von Elementen und Aromen stimmig zusammenzufügen, und auch die Optik der Teller überzeugt. Als Begleiter hält man hier vor allem deutsche Weine mit Schwerpunkt Pfalz, Rheinhessen und Rheingau bereit.

Gasthaus Goldener Stern

Dorfstraße 1, 86316 Friedberg
T +49 (0) 8208 407
www.gasthaus-goldenerstern.de

🔒 Mo, Di, So, Feiertag ganztags
Menü 45 / 99 €
Vorspeise 12 / 17 €
Hauptgang 11 / 35 €

Eine Portion Stolz auf die Lieferanten und deren Produkte lässt sich hier schon aus der fast täglich wechselnden Speisekarte entnehmen, etwa beim ofenfrischen Schweinebraten „vom Steinacher Stroh-Wellness-Schwein". Dem Wirtepaar Susanne und Stefan Fuß gelingt es, Bodenständiges und Innovatives stimmig zu verbinden, etwa bei einer Vorspeise wie der trockengereiften und roh marinierten Lende vom Steber Beef mit Topinambur, Wintersalate-Rolle, Hanf-Mayo und Apfel-Kombucha. Auch ein Dessert wie das Yuzu-sorbet mit Orangenfrüchten, die in dehydrierter Pomelo gebeizt wurden, zeugt vom einfallsreichen Geist des Hauses.

Friedberg

FRIEDLAND

Genießer Stube

Weghausstraße 20, 37133 Friedland
T +49 (0) 5504 93500
www.geniesserstube.de

- Anne Raub
- Daniel Raub
- Mathis Ahlers
- Mo, So ganztags

Menü 59 / 150 €
Vorspeise 29 / 32 €
Hauptgang 45 / 55 €

Ob in der urigen Stube oder im neueren, luftigeren Wintergartenanbau mit vorgelagerter Terrasse – die stilvollste Bühne sind in gehobener Esskultur weiß eingedeckte Tische. Das große Menü ist dem Abend vorbehalten, mittags gibt es die À-la-carte-Auswahl und weiterhin das „Tassenmenü". Stets gilt: Was man liest, ist, was man auf zumeist weißem Porzellan sieht; was man sieht, schmeckt man dann unverfälscht. Die komponentenreduzierte Anordnung aus nussiger Jakobsmuschel, cremigem Wachtel-Spiegelei, jodigem Kaviar, dezenten Tomatencreme-Tupfen und kunstvollem Knusperbogen funktionierte wegen sehr guter Qualität des topfrischen Schalentiers, als Ganzes gebraten und in rohen, leicht mit Zitrus und Olivenöl marinierten Scheiben und des großzügig portionierten Störrogens. Reichlich bretonische Hummerstücke lugten beim wohltönenden Dreiklang mit Kohlrabi und Trüffel hervor. Das Gemüse war als hauchfeine Julienne minimal gegart und lockerte als fermentierter Saft unwiderstehliche Krustentiersauce auf, die eingekochte Périgord-Trüffel bereits so erdig-prägnant aromatisierte, dass wir dankend auf das Reibe-Supplement australischer Wintertrüffel verzichteten. Die souveräne Gesamtleistung soll nicht schmälern, dass beim Hauptgericht – während kräftige Artischocke gebraten, frittiert und püriert glänzte – neben gebackenem Kalbskopf und geschmortem Bäckchen, beides vorzüglich, das gegrillte Medaillon leicht untertemperiert war und Könner-Kraftsauce durch zusätzliche Salzflocken ins Zonenrandgebiet der Überwürzung geriet. Frei von kreativen Quantensprüngen, dafür natürlich zugänglich und geschmacksintensiv, folgte leichtes, knuspriges und cremiges Dessertglück. Als „einheimisches" Vorspiel ein von Loriot inspirierter Kosakenzipfel aus Zitronenbällchen mit Mokkafüllung, dann geschmorte Weinbergnektarine im knusprigen Blätterteig mit Frischkäse-Wildheidelbeer-Eis. Die solide Weinkarte mit deutsch-französischem Schwerpunkt bietet eine erfreuliche Auswahl an „Ost"-Weinen.

FRIEDLAND

STAY & DINE

Landhaus Biewald
★★★★

Weghausstraße 20,
37133 Friedland
T +49 (0) 5504 93500
www.landhaus-biewald.de

Das mit Sorgfalt renovierte Landhaus Biewald liegt wunderschön im alten Ortskern von Friedland, idyllisch zwischen Leine und Mühlgraben. Übernachten Sie in den modernen, lichtdurchfluteten Zimmern im Neubau. Morgens begrüßen wir Sie mit einem reichhaltigen Frühstück. Das Restaurant Zur Tränke verwöhnt Sie mit regionalen und internationalen Speisen, Genuss auf höchstem Niveau garantiert die Genießer Stube, das mit zwei Hauben ausgezeichnete Restaurant unseres Küchenchefs Daniel Raub.

Schillingshof

Lappstraße 14, 37133 Friedland
T +49 (0) 5504 228
www.schillingshof.de

- Petra & Stephan Schilling
- Stephan Schilling
- Felix Schilling
- Mi, Do, Fr, Sa mittags, So abends, Mo, Di ganztags

Menü 52 / 146 €
Vorspeise 15 / 40 €
Hauptgang 30 / 48 €

Los ging es im traditionsreichen, eleganten Fachwerkhaus mit frisch-leichtem Selleriesalat, weißem Thun, Lachskaviar und kräftiger südostasiatischer Laksa-Suppe mit Shiitake und Tofu. Mehr über den Küchenstil – gute Zutaten, superbe Saucen und einem Beilagen-Füllhorn, dem Reduktion guttäte – des 65-jährigen Stephan Schilling, der hier seit 40 Jahren kocht, verrieten kräftig gegarte und gewürzte Meeresfische, Pulpo und Jakobsmuschel, die eine Art rahmig-sahnige Cocktailsauce mit Olive, Wild- und Bittersalaten, Zucchini, Paprika, rosa Ingwer, Kapernapfel, Artischocke, Forellenkaviar verband. Reduzierter ging es weiter: ein Brokkoliröschen, zwei Zitronenelemente, Zeste, drei Basilikumblättchen fanden sich in tiefaromatischer säuerlicher, sämiger, heißer Zitronensauce, in die Schilling drei Island-Lachs-Scheiben gelegt hatte, final gewürzt mit rosa Beeren. Schlüssig blieb saftig gebratene Steinbutt-Tranche mit erdig-aromatischer Sommertrüffel und Erbsen. Doch die Erbsenmenge fraß die formidable Weißweinsauce aromatisch auf; dabei halfen tournierte Karotten, Rote Bete, Blumenkohlröschen, Garnele. Mag diese Küche gelegentlich obsolet wirken, wem – ganz ohne Verschwörungsschwurbelei – die Lust nach einem kulinarischen Great Reset seht, der ist hier bestens aufgehoben: die Gastfreundschaft, die lobenswert engagierte Wein-Arbeit von Sohn Felix Schilling, die Zutaten, der Geschmack – alles da! Fake News harmloser Art gab es beim Coq au vin vom lokalen Landgockel aus dem À-la-carte-Angebot. Das saftige Fleisch war nicht im Rotwein geschmort worden, sondern sanft gebraten. Die Rotweinsauce brillierte mit Dichte, der Tiefe ganzer Gemüsegärten und Geflügelställe, ungemein geschmeidig, keineswegs röstig-reduziert. Nur das

Potpourri, dessen Einzelteile trotz individueller Klasse kein Ganzes bildeten, auch hier: Rote Bete, Brokkoli, Blumenkohl, Romanesco, Pfifferlinge, Baby-Maiskolben, Schalotte, Möhre, Erbsen, Lauch, Olive, Blutampfer, kleine Kartoffeln in der Schale. Da musste uns erst einmal Kirscheis zu gekonnter Crème brûlée kühlen.

FULDA

Christian & Friends Tastekitchen

Nonnengasse 5, 36037 Fulda
T +49 (0) 162 4139 588
www.christianandfriends.de

- Christian Steska
- Christian Steska
- Jens Diegelmann
- mittags,
  Mo, Di, So, Feiertag ganztags

Menü 18 / 99 €
Vorspeise 15 / 25 €
Hauptgang 18 / 29 €

Ein gastronomisches Königreich en miniature: Auch Corona konnte Christian Steska nicht daran hindern, sein Kulinarium in der romantischen Altstadt kräftig auszubauen – hinzukam die benachbarte Weinbar Bordeaux & Friends samt begehbarem Weinkeller und kleiner Zigarren-Lounge, geblieben sind das kleine Wohnzimmerrestaurant neben der offenen Küche und ein paar lauschige Tische bei gutem Wetter auf der Nonnengasse. Geblieben ist auch das kulinarische Konzept: Serviert wird ein Menü zum fairen Preis, im Alleingang vom Patron in einer gemütlichen Wohnzimmerküche zusammengezaubert, die so manchem hochgerüsteten Hobbykoch die Schamesröte ins Gesicht treiben müsste. Mit gleich drei Sorten hausgemachter Brötchen begann unser jüngster Testbesuch, begleitet von einem geschmackstarken, klaren Amuse-Duett: Lachs mit einer Mousse von Meerrettich und weißer Schokolade mit einigen Blättchen Sauerklee sowie einem kleinen Taco – gefüllt mit Würfelchen vom geschmorten Ibérico-Nacken und Aprikose. Sehr schön! Etwas weniger überzeugend die folgende Verbindung von Pumpernickelbröseln, einer leicht grieseligen Sauerrahmcreme, schwarzem Sesameis und dem weithin bekannten Fuldaer Kaviar, der leider arg von der Kälte und Süße des Eises bedrängt wurde. Nichts zu meckern gab es beim anschließenden, selbstverständlich handgeschnittenen und leicht angeräucherten Tatar mit einem Hauch Sesamöl, einer Creme von grobem Senf und Ei, etwas schwarzem Knoblauch und einem wachsweichen Wachtelei im knusprigen Brotmantel. Bereits an dieser Stelle ahnt der Gast: Hungrig geht hier niemand! Als klares Highlight in der aktuellen Testsaison bleibt festzuhalten, wie ausgereift Steskas Signature Dish – auf den Punkt gegarter Wels mit würzig-schmelziger Blutwurst auf einem samtigen Kartoffel-Espuma und knusprigen Kartoffelwürfelchen, kontrastiert durch ein Eis von den klassischen Kräutern der Grünen Sauce (hier ohne jede Süße, kräutrig-frisch, feinherb) – inzwischen ist, hier kratzt er klar an der dritten Haube. Weniger gut gefielen uns die heftigen Bratdünste, die uns die Wagyu-Brust im Hauptgang ankündigten, und eine etwas arg avantgardistische Verbindung von Lakritz, weißer Schokolade, Oliveneis, Pumpernickel und Peta Zeta. Viel besser dagegen das abschließende Dessert von Ananaseis, Popcorn und grüner Tomate sowie die dazu vom hochengagierten Weinfex Jens Diegelmann servierte 2010er Riesling-Spätlese vom Ohligsberg.

Goldener Karpfen

Simpliziusbrunnen 1, 36037 Fulda
T +49 (0) 661 86800
**www.hotel-goldener-karpfen.de/
kueche-restaurant**

🔒 Feiertag ganztags
Menü 45 / 95 €

In diesem ersten Haus am Platz huldigt man selbstbewusst, souverän und unerschütterlich der französischen Klassik: Chateaubriand, Stubenküken, Hummer Thermidor, Filetspitzen von Rind und Kalb in Meaux-Senfsauce – und als Visitenkarte schlechthin ein vorschriftsmäßig zubereitetes Steak Tatar, dessen ausführliche Beschreibung in der Karte einem Rezept gleicht. Bei Specials wie einem Lamm-Menü wird es dann schon mal exotischer, so etwa bei der mit gelbem Curry geschmorten Keule oder einem Karree mit orientalischer Kruste auf Erbsen-Hummus.

FÜRTH

ChopsticK

Erlanger Straße 59, 90765 Fürth
T +49 (0) 911 7906 469
www.chopstick-fuerth.de

🔒 Di, Mi, Do, Fr mittags, Mo ganztags
Menü 56 / 85 €
Vorspeise 7 / 18 €
Hauptgang 18 / 30 €

Nicht abschrecken lassen! Das ChopsticK ist in einem tristen Wohnblock untergebracht – aber drinnen erwarten einen ein modernes Ambiente ohne Asia-Kitsch und herzliche Gastgeber: Chan Lau-Tham und ihr Mann Ka Man Lau. Die Speisekarte bietet einen Querschnitt durch die asiatische Küche, von Edamame und Kimchi über Sommerrollen und verschiedenen Currys bis zu gegrilltem Lachs mit Teriyaki-Sauce oder Pulpo in Yuzu-Shizo-Marinade. An Sommerabenden sitzt man auf der stufenförmig angelegten Terrasse mit Blick auf den Praterweiher.

Kupferpfanne

Königstraße 85, 90762 Fürth
T +49 (0) 911 7712 77
www.ew-kupferpfanne.de

🔒 So, Feiertag ganztags
Menü 33 / 78 €
Vorspeise 18 / 30 €
Hauptgang 26 / 38 €

Wer keine Moden braucht, aber präzise Aromen und perfekte Garpunkte zu schätzen weiß, ist in diesem Gasthaus mit seinen Fachwerkmauern und Butzenscheiben richtig. In holzknarrender Gemütlichkeit kann man hier seit Jahrzehnten die ebenso unzeitgeistigen wie wohlschmeckenden Gerichte aus Erwin Weidenhillers Arsenal an Kupferpfannen und -töpfen genießen: mit Rosmarin gebratenes Lammfilet etwa, begleitet von Gemüse und Trüffelgratin. Oder eine ausgelöste französische Taube aus dem Backofen mit Pfifferlingen. Und die Vinothek ist eine Schatzkammer.

Tim's Kitchen

Friedrichstraße 22, 90762 Fürth
T +49 (0) 911 7405 60
www.timskitchenfuerth.com

mittags, Mo, Di, Mi, So ganztags
Menü 85 / 110 €

Auf allerbeste, auf den Punkt gegarte Zutaten setzt Tim Reinwald in seinem Restaurant, das zum Boutique-Hotel der Eltern gehört. Auf weichen Sesseln sitzt man an schweren Holztischen und genießt ein Menü aus drei bis sieben Gängen, etwa isländischen Kaisergranat mit Vichyssoise, Wildfang-Steinbutt, Kaviar vom sibirischen Stör oder eine Kombination aus japanischem Ozaki-Wagyu und irischer Hereford-Rippe mit Edamame und Aubergine. Sehr gute Weine, freundlicher Service. Bei schönem Wetter lockt der romantische Innenhof.

STAY & DINE

Werners Boutique Hotel

Friedrichstraße 20/22,
90762 Fürth
T +49 (0) 911 7405 60
www.werners-hotel.de

Werners Boutique Hotel im Herzen von Fürth! Unser seit über 25 Jahren geführtes Familienhotel ist die perfekte Anlaufstation für Genießer. Zwei Restaurants ... Tim's Kitchen, unser Fine-Dining-Restaurant mit 4–6 Gängen, sowie unsere entspannte Tapasbar La Tasca laden zum Genießen ein. Unsere Bar im Tim's Kitchen serviert beste Weine; hochwertigste Spirituosen sowie ausgesuchte Drinks lassen einen Abend perfekt ausklingen. Unser umfangreiches Frühstücksbüfett lässt einen Tag genussvoll starten.

GARMISCH-PARTENKIRCHEN

Reindls Partenkirchner Hof

Bahnhofstraße 15,
82467 Garmisch-Partenkirchen
T +49 (0) 8821 9438 70
www.reindls.de

Menü 34 / 95 €
Vorspeise 12 / 20 €

Gewohnt stilvoll lässt sich in diesem seit langer Zeit ersten Haus am Platz an festlich gedeckten Tischen tafeln: Küchenchefin Marianne Holzinger, geborene Reindl, steht in dritter Generation am Herd, überzeugt mit Solidität und akkuratem Handwerk – von Kalbsnierchen in Dijonsenfsauce über Filet vom Loup de mer mit mediterranem Gemüse bis zum Werdenfelser Rehrückenfilet auf Süßholzsauce. Montags gibt es – nach Vorbestellung – ein dreigängiges Hummermenü. Die Weinkarte umfasst mehr als 300 Positionen.

GEHRDEN

Berggasthaus Niedersachsen

Köthnerberg, 4, 30989 Gehrden
T +49 (0) 5108 3101
www.berggasthaus-niedersachsen.de

Kirsten Friehe
Oliver Gerasch
Do, Fr mittags,
Mo, Di, Mi, Feiertag ganztags

Menü 37 / 89 €
Vorspeise 9 / 19 €
Hauptgang 16 / 32 €

Draußen, das visualisieren wir trotz trüben Regentags am wärmendem Kamin, sitzt man bei wärmendem Sonnenschein prächtig, nicht umsonst ist der kulinarische Solitär auf dem hügelartigen Gehrdener Berg bei Hannover beliebte Eventlocation. Bei aller Rustikalität mit Eleganz durch weiß eingedeckte Tische könnten die Wände einen Anstrich vertragen, hatten die Sanitäranlagen Turnhallen-Charme, waren einst weißen Karten abgegriffen. Über die wahrscheinlich knappste Weinauswahl dieser Besuchssaison blicken wir hinweg, müssen allerdings von latenter Diskrepanz beim Essen berichten. Zugespitzt formuliert: Uns überzeugten eher herzhafte Gerichte als avancierteres Bemühen. Denn nach banalem Küchengruß, Wintergemüsescheibchen mit Petersilie, folgten solide Jakobsmuscheln, gut gebraten, unkompliziert serviert mit Roter Bete und Essig-Zwiebeln. Während danach herrliche Entenbouillon mit kräftigen Entenravioli und Wurzelgemüse-Julienne Gasthaus-Wohlbefinden auslöste, führten weiche Kaisergranatstücke, die weder mit Qualität, Frische oder Begleitern – salzige Blumenkohlcreme, belanglose Hummersauce – punkteten, zu jähem Erlöschen. Gottlob hatten wir aus den Standards das herrliche Hannoversche Zungenragout bestellt, das in intensiver Sauce saftige Fleischquader mit Biss, wunderbare Wurstbrät-Bällchen und Champignons bot. In ie gleiche Kerbe schlug auch Reh, hervorragend gebratener und gewürzter Rücken und leichtes Ragout mit durchgeschwenkten Rosenkohlblättern mit Preiselbeeren und „Trüffel"-Kartoffelpüree, zwar ohne optisch erkennbaren Edelpilz, doch ohne artifizielles Aroma. Anstelle ordentlichen Steinbutts mit kompakten Gamba-Tortellini, kräftig gewürztem Spinat und zurückhaltender Sauce bourride hätten wir vielleicht lieber auf Kalbsschnitzel oder -leber setzen sollen, ebenso beim Dessert lieber auf Mousse au chocolat anstelle eines trockenen Riegels Carrot Cake, den Crème Chantilly und Cassissorbet reanimierten. Beim Boxen spräche man aufgrund des Gesamteindrucks von „angezählt".

GEISENHEIM

Zwei und Zwanzig

Lindenplatz 1, 65366 Geisenheim
T +49 (0) 6722 7108 312
www.zwei-und-zwanzig.de

🔒 Mo ganztags
Menü 20 / 49 €
Vorspeise 5 / 20 €
Hauptgang 9 / 15 €

Keine hundert Meter unterhalb der Hochschule Geisenheim mit ihren geschmacksgeschulten Weinbaustudenten schließt dieses sympathisch-unprätentiöse Restaurant eine Versorgungslücke. Zu durchweg äußerst gastfreundlichen Tarifen bieten Dirk Schritt und Marina Ginkel ein regional-saisonal-veganes Angebot mit Inspirationen aus aller Herren Ländern – von Falafel mit Tahinacreme über Wirsingroulade auf Steckrübenpüree mit Karottenrösti und Rotweinjus bis zu Kartoffelcurry mit Spinat, Kichererbsen, Kartoffeln, Kokosmilch und Pitabrot. Durch die Bank mit Anspruch und Sorgfalt gekocht und von einem ambitionierten Weinangebot begleitet, das zweifellos auch der kenntnisreichen Studentenschaft genügt.

GELDERN

Alte Bürgermeisterei

Walbecker Straße 2, 47608 Geldern
T +49 (0) 2831 89933
www.alte-buergermeisterei.de

🔒 Mi, Do, Fr, Sa mittags,
     Mo, Di ganztags
Menü 55 / 69 €
Vorspeise 16 / 18 €
Hauptgang 39 / 48 €

In diesem gutbürgerlichen niederrheinischen Haus mit den Verheydens als sympathischen Gastgebern wird vor allem bodenständig gekocht, bisweilen deftig, aber nie derb. Als Hauptgericht findet man etwa ein Karree vom Deichlamm, Nordsee-Seezunge oder australisches Rinderfilet vom Black Angus auf der Karte, vorweg könnte es das Zitronengras-Süppchen mit Tempura-Garnele sein. Beim Wein berät Petra Verheyden herzlich und kompetent. In der Spargelsaison sollte man hier übrigens mit vielen Ausflüglern rechnen.

GENGENBACH

Die Reichsstadt

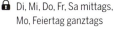

Engelgasse 33, 77723 Gengenbach
T +49 (0) 7803 96630
www.die-reichsstadt.de/de/restaurant/

 Gerhard Hummel
 Di, Mi, Do, Fr, Sa mittags,
Mo, Feiertag ganztags

Res.

Was die 80er-Jahre-Fernsehserie „Die Schwarzwaldklinik" und der Tim-Burton-Kinofilm „Charlie und die Schokoladenfabrik" mit Johnny Depp gemeinsam haben? Beide nutzten die pittoreske Fachwerk-Altstadt von Gengenbach als Kulisse. Mittendrin steht das Hotel und Restaurant Die Reichsstadt, benannt nach der stadthistorischen Rolle als einstige Reichsstadt. Hier bringt Gerhard Hummel – nicht ganz so konträr wie sich die genannten Bewegtbild-Genres gegenüberstehen – Gourmetanspruch und badische Küche unter ein Dach beziehungsweise auf die Tische der abgestuften Gartenterrasse, die sich an die alte Stadtmauer schmiegt. Dabei sind weder wild-kreative Action-Szenen noch schwülstig-rustikaler Lokalkolorit zu erwarten, sondern eine solide Küchenleistung. Die begann nach einem kleinen Amuse-Gueule aus Kürbis und Lachs auf Bulgur mit Hummerravioli mit Carabinero, der roten Riesengarnele, abgerundet durch einen zarten, mit Kokos abgeschmeckten Krustentiersud. Es folgte gebratene Gänseleber auf Steinpilzen, belebt durch Zitrone und Staudensellerie. Als souveräne Nummer-Sicher-Kombination erwies sich erwartungsgemäß gebratener Wolfsbarsch mit den mediterranen Begleitern Zucchini und Tomate. Danach wirkte das Dessert aus Karotte, Kalamansi und Ingwer beinahe progressiv, doch litt unter allzu vorlau-ter, herber süßsaurer Zitrusfrucht. Obwohl wir selbstverständlich um die branchenüblichen Personalsorgen der Gastronomie wissen und daher mit großem Verständnis ausgestattet sind, kommen wir nicht umhin, auf einem bereits in der letzten Ausgabe angesprochenem Problem herumzureiten: Der Service war uns dieses Mal etwas zu flapsig und, trotz überschaubarer Gastzahl, nicht allzu aufmerksam – das kann einen ordentlichen Gesamteindruck trüben.

Gengenbach

Ponyhof Stammhaus

Mattenhofweg 6, 77723 Gengenbach
T +49 (0) 171 8163 045
www.ponyhof.co

Mi, Do, Fr mittags, Mo, Di ganztags
Menü 67 / 89 €

Oben am Wald, hoch über der pittoresken Altstadt, liegt dieses helle, nordisch inspirierte, modern-aufgeräumte Gasthaus. Man sieht dem Ensemble an, dass hier improvisiert wurde – das allerdings mit Leidenschaft und gestalterischer Ambition. Seit 2015 sind die Brüder Marco und Tobias Wussler zurück im elterlichen Betrieb, seither heißt das Klassenziel „New Black Forest Cuisine". Die Karte schlägt einen weiten Bogen von der klaren Rindsuppe mit Flädle über Spargelsalat mit hausgemachtem Schwarzwälder Schinken und sorgfältig trockengereiften Cuts vom Grill bis zu „fermentierten Pommes" und Ceviche vom Färöer Lachs mit Ingwer, Chili, Joghurt, Kernöl, Kernen, Nüssen, Blüten und Kräutern (die zusammengenommen dem zarten Fisch aromatisch leider den Garaus machten). Schön knapp gegart der folgende Kaisergranat in schaumiger Krustentiersuppe, herausragend gut ein perfekt soufliertes Wiener Schnitzel mit punktgenau gekochtem Spargel, Hollandaise und Petersilienkartoffeln. Sehr gut!

GERNSBACH

Werners Restaurant

Schloss Eberstein 1, 76593 Gernsbach
T +49 (0) 7224 9959 50
www.schlosseberstein.com

Roswitha Werner & Annina Thyzak
Bernd Werner & Andreas Laux
Annina Thyzak
Mi, Do, Fr, Sa mittags,
Mo, Di ganztags
Menü 63 / 105 €
Vorspeise 17 / 28 €
Hauptgang 40 / 69 €

Teils spektakulär wie die Adlerhorst-Lage des Hotel-Restaurants „Schloss Eberstein" mit Fernblick über das Murgtal oberhalb des hauseigenen Weinbergs und teils behaglich-gemütlich wie der klassische hübsch-elegante Speisesaal erwiesen sich das Menü und Gerichte der kleinen À-la-carte-Auswahl. Wir starteten mit einem Highlight. Handwerklich toll mit Nori-Alge gearbeitete Gänseleber gelang wunderbar in Kombination mit dem Schmelz zweier roher Exemplare topfrischer Gamberi rossi, für harmonische Spannung sorgten dazu Pflaume, Reiscreme und Reisessig-Gelee, Reisknusper mit Alge und, zwar dominanter, doch erfrischender, rosa Ingwersud. Von ähnlich überragender Produktqualität war die großzügige Thunfischbauch-Scheibe von Balfegó, einem nachhaltig arbeitenden spanischen Unternehmen, die nur durch die grobe Schnitttechnik (Sashimi-Tranchen wären besser gewesen) unter Sehnen litt, geschmacklich allerdings mit ihrem fettigen Schmelz zu eingelegtem Kürbis, Kürbismayo und Tamarillo überzeugte. Danach ging es mächtig zu beim „Schichtsalat" im Glas aus gezupftem, dicht-klebrigem Ochsenschwanzfleisch, confiertem Eigelb, Nussbutter-Espuma, Spinat und Ibérico-Bellota-Schinken – trotz einiger Croûtons insgesamt zu weich, intensiv und leider sättigend. Wenngleich Passionsfrucht mit fruchtiger Säure alles gab, die Babybrei-Assoziationen durch die vielen, auch cremigen Möhren und insgesamt weiche Konsistenz konnte sie zum Kabeljau mit geschmolzener Entenleber nicht bekämpfen. Sensationell gut schmeckte mit Pinienkernen und pfeffrig-waldaromatischen Noten gratiniertes Reh in perfekter Garung nebst Spitzkohlroulade mit

Rehschinken. Es hätte die cremig-pastösen Begleiter aus Pinien kernen und Blumenkohl nicht weiter gebraucht, weniger kann mehr sein! Beim „Schmorgericht des Tages" war Kalbshaxenfleisch recht fest und hätte extensiveres Schmoren vertragen. Mit einer Kokosnuss-Nachbildung aus Schokolade mit Yuzu-Kern und karamellisierten Bananenscheiben schloss das Menü souverän ab.

GIESSEN

Restaurant heyligenstaedt

Aulweg 41, 35392 Gießen
T +49 (0) 641 4609 650
www.restaurant-heyligenstaedt.de

Bettina Leidner
Markus Leidner
Di, Mi, Sa mittags,
Mo, So, Feiertag ganztags
Menü 59 / 95 €
Vorspeise 10 / 20 €
Hauptgang 38 / 56 €

Das sprachlich ein wenig holperige Motto dieses bemerkenswerten Restaurants lautet „choose happy" und ist uns sehr sympathisch. Statt jammernd die Hände in den Schoß zu legen und wie nicht wenige ihrer Kolleginnen und Kollegen auf die – wahlweise ahnungslose oder ausbleibende – Kundschaft zu schimpfen, haben sich Bettina Leider und ihr Mann Markus entschieden, ein munteres Team zusammenzustellen und ebenso aufzukochen. Ergebnis: eine mit knapp drei Dutzend Gästen gefüllte ehemalige Fabrikhalle aus dem Jahr 1876 (Parkett, Backstein, geweißte Balken, Stahlträger) – und das an einem Mittwochabend Ende Februar. Respekt! Auch die Karte hält sich nicht lange mit Dogmen auf, sondern bietet publikumswirksame Gute-Laune-Küche vom Thunfisch mit Wasabi-Sesam über Garnelen mit Pimientos de Padrón, Ramen mit Miso-Ei bis zum Rinderfilet mit Pfefferschaum samt (ausgezeichneter!) Fritten. Was auf Beliebigkeit hindeuten könnte, kommt hier durchdacht und handwerklich hochsolide auf den Tisch, bei unserem jüngsten Besuch beispielsweise ein akkurates Mosaik vom dezent gebeizten schottischen Lachs nebst einer ingwerduftig-orangigen Tigermilk von feiner Säure und prägnanter Chilischärfe, gemildert durch eine samtige Schwarzwurzelcreme. Highlight des Menüs sodann eine völlig dekorationsfreie Krustentier-Bisque: schaumig, leicht, aromatisch dicht, fein röstig – und vor allem: nicht süß! –, darin nichts als ein paar angegrillte Wildgarnelen-Segmente von schönem Biss. Deutlich schwächer anschließend leider ein arg weiches und ziemlich fettes Zwischenrippenstück „Waldorf Style" (Selleriepüree, Apfel, Walnuss, PX-Jus), dem es schlicht an Eigengeschmack fehlte. Nichts zu mäkeln hatten wir dann wieder beim folgenden saftig-glasigen Winterkabeljau mit jungem Spinat und einem zarten, schön säuerlichen „Frankfurter Senfschaum" sowie dem ausgebackenen „Sticky Rice" mit Allerlei von der Mango zum Abschluss. Erfreulich auch die kleine, nach Rebsorten geordnete und angenehm kalkulierte Weinkarte sowie der Service, der die ein oder andere Unsicherheit durch Freundlichkeit wettmacht.

Tandreas

Licher Straße 55, 35394 Gießen
T +49 (0) 641 94070
www.tandreas.de

Mo, Sa mittags,
So, Feiertag ganztags
Menü 38 / 49 €

Gastronomisch alles andere als ein Epizentrum verfügt Gießen mit dem Tandreas nun bereits seit einem Vierteljahrhundert über eine verlässliche Adresse. Serviert wird in diesem hellen, freundlichen Restaurant für viele Gelegenheiten vom Frühstück über einen Business Lunch bis zum ausgedehnten Abendessen eine muntere Weltküche von ehrenwerter Produktqualität und solidem Handwerk: hausgemachte Gyoza, Rinderfilet „Rossini", Skrei „Grenobler Art" (Butter, Kapern und Zitrone). Eine Weinlounge gibt es ebenfalls und unsererseits den Wunsch: Weiter so!

GLASHÜTTEN

Schützenhof

Langstraße 13, 61479 Glashütten
T +49 (0) 6174 61074
www.schuetzenhof-mohr.de

Mi, Do, So, Feiertag mittags,
Mo, Di ganztags

Stammgäste wissen es natürlich längst, aber wer in diesem Taunusdörfchen zum ersten Mal vor dem schlichten Wirtshaus mit dem lauschigen Gastgarten steht – der wird nicht unbedingt eine weltoffene Küche und einen bestens sortierten Weinkeller erwarten. Frisches aus dem Meer und hochklassige Fleischprodukte werden hier perfekt zubereitet, kommen dann als Loup de mer mit Zucchini-Quendel-Röllchen, Krustentiersauce und Soba-Nudeln zum Gast oder als Filet vom Hereford-Rind mit Piment-d'Espelette-Sauce, glacierter Petersilienwurzel und Thymian-Kartoffeln.

GLINDE

San Lorenzo

Kupfermühlenweg 2, 21509 Glinde
T +49 (0) 40 7112 424
www.san-lorenzo-glinde.de

mittags, Mo, So ganztags
Menü 49 / 89 €
Vorspeise 16 / 24 €
Hauptgang 33 / 44 €

Dieser charmante Italiener gehört zu den besten – auch, was das Ambiente betrifft. Ständig verschönern die Gastgeber Beppe und Iris Dellavecchia das Interieur ihrer weißen Gründerzeitvilla direkt am Glinder Mühlenteich. Verlässlich konstant dabei ist die Qualität der piemontesisch angehauchten, raffiniert-einfallsreichen Küche. Und bei der rein italienischen Weinauswahl mit Schwerpunkt Piemont und Toskana ist auf die Empfehlung der Padrona stets Verlass, egal, ob es einen Begleiter zum Risotto braucht oder zu Steinbutt, Lammrücken und Seeteufelmedaillons.

GLOTTERTAL

Zum goldenen Engel

Friedhofweg 2, 79286 Glottertal
T +49 (0) 7684 250
www.goldener-engel-glottertal.de

🔒 Mi, Feiertag ganztags
Menü 38 / 70 €
Vorspeise 14 / 28 €
Hauptgang 19 / 40 €

Herzliche Gastlichkeit und eine Küche, die Baden mit dem Nachbarland Frankreich vereint. Und zwar aufs Köstlichste, davon zeugen Gerichte wie der Elsass-Klassiker Zanderfilet mit Sauerkraut, Rieslingsauce und Kartoffelpüree oder die mit Steinpilzen gebratene französische Perlhuhnbrust auf Kohlrabigemüse und Petersiliengnocchi. Vegetarier freuen sich über Ziegenfrischkäse-Tartelette oder Steinpilzravioli. Vom Fleisch bis zu den Forellen kommen viele Grundprodukte aus dem Glottertal. Und: Hier räuchert man selbst, zum Beispiel Lachs oder Wildschweinschinken.

GLÜCKSBURG

Felix

Kirstenstraße 6, 24960 Glücksburg
T +49 (0) 4631 61410
www.strandhotel-gluecksburg.de

Menü 57 / 89 €

Gemütlich-skandinavisches Ambiente und einen weiten Blick über die Flensburger Förde genießen Gäste hier – und dazu André Schneiders Wohlfühlküche: Lammfilet vom Lavastein-Grill mit wahlweise Kartoffelgratin oder gerösteter Jerusalem-Artischocke, Wiener Schnitzel vom Holsteiner Kalb, Steinbeißer Filet mit Hummersauce und Salzzitronenpüree. Ein Großteil seiner Zutaten ist regional, aber manchmal wird es auch exotisch, etwa bei den Jakobsmuscheln mit Kaschmir-Curry, Sprossen-Brokkoli, Papaya und Enoki.

Meierei Dirk Luther

Uferstraße 1, 24960 Glücksburg
T +49 (0) 4631 6199 411
www.alter-meierhof.de

🎀 Martin Kammann
👨‍🍳 Dirk Luther
🍴 Martin Kammann
🔒 mittags, Mo, So, Feiertag ganztags
Menü 178 / 198 €

Wie nachrangig die räumlichen Gegebenheiten eines Restaurants sind, wenn die Küche großartig ist, konnten wir in der aktuellen Testsaison im Konferenzraum „Förde" des Vitalhotels Alter Meierhof in Glücksburg studieren – ringsum kein Stuhl frei und glücklich tafelnde Gäste, wohin man schaute. Die Pandemie hatte Dirk Luther zur Improvisation gezwungen und zur Entscheidung gebracht, sein Restaurant vorübergehend auszuquartieren, um großzügiger bestuhlen zu können. Großzügiger auftischen dürfte dagegen kaum noch möglich sein – schlicht hinreißend die vielen Kleinigkeiten, mit denen Luther unser Menü auch in der aktuellen Testsaison einleitete: ein halbflüssiges Eigelb mit schlotzigem Kalbskopfragout unter Sherry-Espuma, eine zarte Gillardeau-Auster mit präzise ausbalancierter Apfel-Vinaigrette, kaviar-gewürztes Tatar auf einem knusprigen Croûton, ein Miso-mariniertes Lachsmosaik auf einem Tapioka-Chip, Pata Negra auf einem kleinen, mit Parmesancreme gefüllten Kissen, dänische Fjordgarnelen und zartes Taschenkrebsfleisch mit sahniger Kaviarcreme. Ein Feuerwerk handwerklich erstklassig ausgeführter Kleinigkeiten, klassische Geschmacksbilder in moderner Umsetzung statt unausgegorener Effekte. Wunderbar! Und so ging es weiter. Zum Einstieg ins Menü mit zarten Scheiben von der rohen Jakobsmuschel, gewürzt mit Saiblingskaviar, Seeigelcreme, Stabmuschelsegmenten, sensibel kontrastiert durch gepickelte Navettenscheiben, eingefasst durch einen Brunnenkresse-Sud und einen kleinen rahmigen Navettensalat. Seidig-exotisch sodann ein super glasiger, hocharomatische Limfjord-Kaisergranat, leicht, kraftvoll und elegant umschmeichelt von grünem, zitronengrasduftigem Curryschaum, Karotten-Espuma und einem milden Papaya-Chutney; gefolgt von großer Oper in zwei Akten: zunächst einem confierten Filet vom Kabeljau, so perfekt gegart, dass es unter der Last eines ihn krönenden Bergs von Kaviar fast von alleine blättrig in die samtige Dashi-Beurre-blanc mit Korianderöl zerfiel. Und anschließend ein saftiges Doppelfilet von der Seezunge nebst Périgord-Trüffeln und einer Château-Chalon-Beurre-blanc zum Löffelablecken. Küche zum Wein! Die Sommelier und Restaurantleiter Martin Kammann – seit November hier an Bord – so kompetent wie freundlich zu begleiten versteht. Zum Beispiel durch einen 2020er Trenzado Cruz Santa zur Umami-Bombe vor dem Hauptgang: gebratene Entenleber im Shiitake-Pilz-Sud mit Auster, Salicorne und Korianderöl sowie einigen exakt dosierten Tupfern Dattel-Pflaumen-Gel für den kontrastierenden Fruchtakzent. Power ohne Plumpheit, kraftvoll und transparent zugleich. Es folgte ein schulbuchmäßiges Poltinger Lamm in orientalischem Rahmen, anschließend Vacherin Mont-d'Or mit Grenaille-Kartoffeln und Estragon-Senf sowie zum Abschluss ein zartes, elegantes Dessert von Apfel, Tonkabohne und weißer Schokolade, bei dem insbesondere das Spiel einer Calvadossahne und eines Granny-Smith-Sorbets gefiel. Und was das eingangs angesprochene Ambiente angeht: Große Pläne werfen ihren Schatten voraus … Wir sind gespannt und kommen gerne wieder.

GÖHREN-LEBBIN

Restaurant Blüchers

Schlossstraße 1, 17213 Göhren-Lebbin
T +49 (0) 39932 80100
www.schlosshotel-fleesensee.com

mittags, Mo, Di, Feiertag ganztags
Menü 69 / 129 €
Vorspeise 12 / 28 €
Hauptgang 32 / 38 €

Im Gourmetrestaurant vom Schlosshotel Fleesensee sitzt man stilvoll in der ehemaligen Schlosskapelle, illuminiert von avantgardistischen Hängelampen. Bei Jazzmusik im Hintergrund genießt man Bouillabaisse, in Salz gebackene Lammschulter oder Sous-vide gegarten Müritz-Zander mit Queller und Beurre blanc. Viele Zutaten stammen aus der Region oder aus Selbstanbau, der Schinken des Hauses stammt vom eigenen Schwarzwild. Von der Terrasse aus hat man einen schönen Blick in den Park.

STAY & DINE

Schloss Fleesensee
★★★★★

Schlossstraße 1, 17213 Göhren-Lebbin
T +49 (0) 39932 80100
www.schlosshotel-fleesensee.com

Die 175 Zimmer und Suiten vereinen historisches Ambiente und zeitloses Design. Das gastronomische Angebot ist hochwertig und legt großen Wert auf frische, regionale Produkte – teilweise aus eigenem Anbau. Gemäß dem Motto „Wissen, wo's herkommt" unterhalten wir eine Schloss-eigene Landwirtschaft mit regionalen Obst- und Gemüsesorten sowie frischen Kräutern. Die Zucht eigener Black-Angus-Rinder und die Haltung südamerikanischer Araucana-Hühner vervollständigen das nachhaltige Konzept.

GÖTTINGEN

Intuu

Berliner Straße 30, 37073 Göttingen
T +49 (0) 551 9995 30
www.freigeist-goettingen.de

 So mittags

Der weltgewandte Alexander Zinke, der unter anderem im Londoner Nobu Erfahrungen sammelte, zelebriert hier eine Kombination aus japanischer und südamerikanischer Küche, wie sie sonst eigentlich nur in Großstädten zu finden ist – zum Beispiel 50 Stunden gekochte Querrippe mit japanischem BBQ-Lack, Salsa Criolla und Anticucho-Sauce. Für Gäste, die untereinander teilen und sich überraschen lassen wollen, empfiehlt sich das „Chef's Choice"-Menü: kalte Kleinigkeiten vorweg und frische Gemüse-, Fleisch- und Fischgerichte aus dem Josper-Grill.

GRASSAU

es:senz NEU

Mietenkamer Straße 65,
83224 Grassau
T +49 (0) 8641 4016 09
**www.das-achental.com/de/
es-senz.html**

Edip Sigl
Iiro Lutter
mittags,
Mo, Di, So, Feiertag ganztags
Menü 165 / 220 €

Der ambige Begriff Essenz passt zur Neueröffnung im Golf- und Wellnessresort Das Achental. Die abgesetzte Schreibweise verweist auf die Initialen des Küchenchefs Edip Sigl, des „Wesens". Beste Zutaten von nah und fern, hervorragendes Handwerk, wohldosierte Kreativität: Die Gerichte konzentrieren sich auf geschmackdienlich Wesentliches. Dabei sind mitentscheidendes Stilmittel – die kulinarische Semantik – konzentrierte Flüssigkeiten, also Brühen, Fonds, Saucen. Da der deutsch-türkische Koch, zuvor Küchenchef im Münchener Les Deux, mit seiner Familie bereits im Chiemgau lebte, musste Besitzer Dieter Müller, als Motel-One-Gründer ein Essenz-Experte der Hotellerie, ihn nicht von weither locken. Dafür bekam er, weil die ehemalige Weinstube mit gemütlicher Kassettendecke einen wintergartenartigen Anbau erhielt, ein großzügig geschnittenes Restaurant mit glatten Gussböden, Leinentischdecken und Design-Kamin, so regional-lässig, dass beim Service zum Janker weiße Sneakers passen. Ob sechsgängiges Chiemgau-Menü oder Weltumrundung in acht Gängen – Sigl hat sich nicht nur weiterentwickelt, sondern erfindet sich neu! Als Erstes beglückte ein Furioso exzellenter Kleinigkeiten, darunter federleichte „Wolke" aus Essig mit Speck und Brot und kräftiges Rindertatar im Kartoffel-Cannellone mit Sardine. Dieses Niveau hielten subtil gebeizter Hamachi mit Sud aus hausgemachtem Ginger Beer und Holunderkapern sowie ein transparenter Wohlfühlteller aus Sot-l'y-laisse, Maronen, Mini-Nudeln und Trüffel in Nussbutterschaum. Eine Küche für Hirn und Herz mit exzellenter Saucenkunst – das zeigte das gesamte Menü. Label-Rouge-Lachs, bestens mit Wacholder gebeizt, traf auf erdigere denn süße Rote Bete (als Baiser, Sud mit Senfgurkenstücken und Senfkörnern) und krönende N25-Kaviar-Nocke. Bekannte Kombinationen jubilierten durch kluge Akzente. Zu französischer Jakobsmuschel und Blumenkohl mit von Korianderkörnern aromatisierter schmissiger Schaumsauce zum Nachschenken platzten säuerlich fermentierte Blaubeeren, lokaler Ingwer surrte als Frische-Kopfnote zur stattlichen lokalen, sanft gegarten Lachsforelle mit Kürbis auf rustikal-elegantem Steinzeug einer nahen Keramikerin. Die Delikatesswerdung von Majoran gewürzter Blutwurst im Raviolo, Kalbsherzbries und apfelfrischer Madeirasauce fand auf feinstem Limoges-Porzellan statt. Es brillierte saftigdicke, jodige Felsenrotbarbe-Tranche auf roten Linsen im von Fenchelblütenöl aromatisierten Muschelsud, bevor es anstelle gespreizter Experimente (Püreeorgien, Punkteparty, Schaumschlagen) Konkretes zum herzhaften Finale gab. Eine Neudefinition des Klassikers Szegediner Gulasch: feinmarmorierte grillte Schweinerücken-Cut-Pluma vom Ibérico – kerniger Biss, krosse Teile, schmelzend weich zerfallend – mit gegrilltem Paprikafilet, Spitzkohl-Sauerkraut, Pommes soufflées und Fruchtsauce voller Säure, Räucherpaprika und Kümmelaromen. Auf einen weiteren – bayerische Ente mit Rotkraut und Knödel – spielte an der Karkasse gegarte oberbayerische Taube nebst confierter Keule ebenso gekonnt an. An das Vabanquespiel verspielt-elaborierter Bauchküche konnte der süße Ausklang von Patissière Desiree Nieder – erst maximal intensives, buttriges Safraneis mit fermentierter Hagebutte und Kernöl, dann kühle Schokomousse mit Kaki-Stücken, Kaffee-Aromen, Zimteis und Spekulatiuscreme unter knackigem Baiser mit Verbene-Puder und schlussendlich ein Petits-Fours-Feuerwerk mit handbemalten Pralinen – anknüpften. Hinzukam ein zugewandter Service unter Simon Adam, zuvor Königshof, und Sommelier Iiro Lutter (ehemals Schwarzer Hahn) reicht eine weinweltumspannende Premiumkarte mit Tiefe und einigen Raritäten – das macht den hervorragenden Ersteindruck rund!

GREIFSWALD

Natürlich Büttners

Rakower Straße 9, 17489 Greifswald
T +49 (0) 3834 8870 737
www.natuerlich-buettners.de

🔒 Feiertag abends, Mo ganztags
Menü 30 / 120 €
Vorspeise 5 / 18 €
Hauptgang 12 / 35 €

Früher am Nordufer der Ryck gelegen, ist das Restaurant inzwischen ins Pommersche Landesmuseum umgezogen. Hier empfangen Antje und Ines Büttner Gäste nur noch bis 18 Uhr, einzig am Samstagabend geht es bei Events und Menü-Angebot länger. Auf der Karte: vom Frühstücksklassiker Ei Benedikt über Jakobsmuschel mit Schweinebauch und Kürbis-Birnen-Salat bis zur geschmorten Kalbsbacke mit Rosenkohl. Verstärkt bieten die beiden nun auch Produkte aus eigener Herstellung zum Mitnehmen an, zum Beispiel Cookies-Creme oder Speckmarmelade.

Tischlerei

Salinenstraße 22, 17489 Greifswald
T +49 (0) 3834 8848 48

🔒 So ganztags
Vorspeise 5 / 18 €
Hauptgang 18 / 30 €

Tischlerei? Wo heute gerne Segler einkehren und Beschäftigte aus benachbarten Betrieben, wurde früher tatsächlich für die Schiffe und Boote am Kai gehobelt und gesägt. Auf der Terrasse direkt am Wasser oder im hellen, mit viel Holz ausgestatteten Innenraum wählt man aus dem Tagesangebot, das auf einer großen Tafel quer über dem Kamin steht: Jakobsmuscheln auf Buttermilch, mit Imperial-Kaviar veredeltes Labskaus, auf der Haut gebratener Zander mit gelber Maiscreme und gebräunter Falafel. Die Fleischeslust befriedigen Rinderrücken oder Sauerbraten vom Ochsen.

GRENZACH-WYHLEN

Eckert

Baslerstraße 20,
79639 Grenzach-Wyhlen
T +49 (0) 7624 91720
www.eckert-grenzach.de

✉ Nicolai P. Wiedmer &
René Wachsmuth
👨‍🍳 Nicolai P. Wiedmer &
Andreas Berger
🍷 Atlanta Lehmann
🔒 Sa mittags, Mo, Di ganztags
Menü 98 / 140 €
Vorspeise 14 / 34 €
Hauptgang 28 / 45 €

Nicolai Wiedmer zählt noch keine Dreißig, doch hat man das Gefühl, er koche schon eine Ewigkeit im Eckert. Lange genug jedenfalls, um seine sehr charakteristische Handschrift zu entwickeln und sein Restaurant in der Spitzengruppe der Region Basel zu etablieren. So liebt er orientalische Aromen, ohne indessen ein östliches Gericht direkt zu zitieren. Ein Schuss Exotik findet sich auf der Mehrzahl der Teller, die sein sechsgängiges Menü bilden. Dabei zieht er kräftige Farben den Pastelltönen vor, bleibt aber dennoch immer elegant. Viel Aufmerksamkeit schenkt man im Eckert dem Brot; war es bis anhin mit Roter Bete oder Rosmarin akzentuiert, kommt es nun pur daher, was dem bisherigen ebenbürtig ist – nicht zuletzt dank den dazu gereichten Linsen-Karotten-Creme und Sauerampfer-Emulsion. Wiedmer weiß auch, wie wichtig der Start in ein Menü ist, und setzt mit einem Cannellone aus Garnelentatar, Kohlrabi und Sesam ein erstes Ausrufezeichen. Es folgt ein Rindertatar in piemontesischer Machart, das unkonventionell, aber stimmig mit einem Gurkencoulis unterlegt ist. Die

© Janne Kern

Gelbschwanzmakrele fasst Wiedmer in kräftige Gewürzakzente. Asiatische Noten und Anklänge an Fermentiertes prägen die Karottenessenz mit Jakobsmuschel, Rettich und Reiscreme. Sot-l'y-laisse ist ein Produkt, das Wiedmer gerne verwendet. Diesmal kleidet er es mit Minze und allerhand Grün ein, das er recht knackig belässt – ein auch textuell höchst interessanter Gang. Die Kombination von Hummerschwanz, Ochsenherztomate, Kumquat und Sauce Choron haben wir in dieser Form noch nicht gesehen, zweifellos eine Trouvaille. Die geschmorte Lammschulter samt kalt servierter Shisho Summer Roll spielt nicht nur mit den Aromen, sondern auch mit den Temperaturen. Selbst nach dem vorzüglichen Dessert aus Kirschsorbet, Holunder-Granité und Tellicherry-Pfeffer fühlt man sich nicht überladen. Einesteils ist der Teller schlank angelegt, zudem sind generell die Menüportionen klug bemessen. Stattliche Ausmaße zeigt die Weinkarte, die offensichtlich mit profunden Szenekenntnissen und Sinn fürs Spezielle zusammengestellt wurde, ohne die Klassiker zu vernachlässigen. Gerade beim Bordelais punktet sie zudem mit einer überdurchschnittlichen Jahrgangstiefe.

GSCHWEND

Herrengass

Welzheimer Straße 11,
74417 Gschwend
T +49 (0) 7972 9125 20
www.herrengass-gschwend.de

Do, Fr mittags,
Mo, Di, Mi ganztags
Menü 38 / 91 €
Vorspeise 7 / 20 €
Hauptgang 20 / 33 €

In dem ehemaligen Kolonialwarenladen und Kohlehandel genießt der Gast heute Markus Elisons schwäbisch-mediterrane Gerichte, zum Beispiel gebratenes Fjordforellenfilet auf wildem Blumenkohl in Rieslingschaum. Zubereitet wird aus besten Grundprodukten: Das Wild, das sich dann etwa als gebratener Hirschrücken in Tonkabohnenjus auf glasierter Petersilienwurzel und Kartoffelnocken auf der Karte wiederfindet, bezieht man von Jägern aus dem schwäbisch-fränkischen Wald. Zwetschgen, Holunder, Rhabarber, Mirabellen sowie Kräuter und Gemüse stammen aus Gärten von Tanten und Großmüttern. Herzlicher Service, erfreuliche Weinkarte.

GUMMERSBACH

Die Mühlenhelle

Hohlerstraße 1, 51645 Gummersbach
T +49 (0) 2261 2900 00
www.muehlenhelle.de

- Birgitta Quendler
- Michael Quendler
- Birgitta Quendler
- Mo, Di mittags

Menü 48 / 129 €
Vorspeise 18 / 30 €
Hauptgang 26 / 45 €

Schon der erste Gruß aus der Küche, ein Löffel-Dreiklang mit rosa Entenbrust, Lachsforelle und einem kleinen Würfel Kürbismousse, offenbart das Wesen der Küche von Michael Quendler: eine auf dem Fundament klassisch französischer Traditionen aufsetzende Lust zur Variation und zu kleinen Aromen-Exkursionen in exotischere Gefilde. Auch das Amuse-Bouche, Pulpo mit Paprikacreme und fein rauchigem Paprikaschaum exerziert hohes kulinarisches Handwerk. Die gelungene Komposition wäre aber sicher am Gaumen noch beeindruckender gewesen, hätte sie unseren Tisch nicht mit merklicher Kühlschrankkälte erreicht. Der folgende erste Gang versöhnt uns dagegen sofort. Zweierlei Thun (kurzgebraten und geräuchert) mit cremig-reichhaltiger Avocadocreme, Grapefruit, Sushireis, Passe Pierre und Misocreme. Ein feiner Teller, dessen Einzelelemente ausnahmslos alle zum großen gelungenen Ganzen beitragen. Auch der folgende Steinbutt darf als kompositorisch hochgelungen bezeichnet werden. Ingwer, Möhre und Vanille verschmelzen zu einem dichten Aromen-Amalgam, frische Kokostöne (in Gelform und – uns besonders begeisternd – als Schaum) setzen darüber ein funkelndes Glanzlicht. Der qualitativ tadellose Fisch war zwar weit davon entfernt, übergart zu sein – für Freunde eines leicht glasigen Kerns aber dennoch eine minimale Enttäuschung. Der folgende, vegane dritte Gang war aus dem vegetarischen Menü „geborgt": Die Flower Sprouts – ein Grün-Rosenkohl-Hybrid, der diesen Winter auch hierzulande endgültig seinen Weg in die Fine-Dining-Küchen gefunden zu haben scheint – hatten Neugier geweckt. Kichererbse, Garam Masala, Rosenkohl und Erdnuss waren ihre Begleiter. Der Teller beeindruckte sowohl durch hochfein exotische Würzung als auch gekonntes Spiel mit den Konsistenzen. Beim Hirschkalbfilet zum Hauptgang bildeten Quittenchutney und Maronencreme die aromatischen Pole, zwischen denen das perfekt gegarte Fleisch, die intensiv-konzentrierte und von Original-Beans-Schokolade unterstützte Jus oszillierte. Darüber – leicht und schwebend wie ein Seidenschal in sommerlicher Brise – eine merkliche und deshalb weitere Spannung gebende Curryschärfe, die dem Schoko-Wildmix etwas seiner unvermeidlichen Schwere nahm. Die folgenden Käse waren allesamt ohne Fehl und Tadel, unser Herz gewann aber das dazu gereichte sensationelle Gewürzbrot. Der Abend endete schließlich mit Orange, Kürbis, Kürbiskernöl-Eis und Ras el-Hanout – und damit einem weiteren kleinen Ausflug in die Welt exotischer Aromen.

GUNDELFINGEN A.D. DONAU

Neuhof am See

Äußere Günzburger Straße 1,
89423 Gundelfingen a.d. Donau
T +49 (0) 9073 9586 90
www.neuhof.de

🔒 Do, Fr, Sa, Feiertag mittags,
   Mo, Di, Mi ganztags
Menü 58 / 106 €
Vorspeise 10 / 17 €
Hauptgang 22 / 39 €

In dem im Landhausstil eingerichteten Restaurant kommt manches ganz klassisch daher: die Husumer Kutterscholle mit Krabben-Speck-Butter etwa oder das Wiener Schnitzel mit Bratkartoffeln und steirischem Kernöl. Etwas ausgefallener wird es bei rosa gebratenen Tranchen vom Kalb mit Pinienkernsalsa, Grapefruit und Meerrettich oder einem Gelbschwanzmakrelen-Escabeche. Sonntags um 12 Uhr öffnet der Biergarten, dort gibt es dann Einfaches wie Pizza, Currywurst, Pommes und Wurstsalat.

HAIGER

Villa Busch

Westerwaldstraße 4, 35708 Haiger
T +49 (0) 2723 9189 031
www.villabusch.de

🔒 Mo ganztags
Menü 58 / 80 €

Hochverglaster Eingang, hochwertige cognacfarbene Lederstühle an edlen Holztischen, Parkett-Boden, venezianischer Stuck an der Decke – die Villa Busch ist eine Schönheit. Und die Küche hält dem Ambiente stand, mit hoher Produktqualität und moderner Zubereitung – beispielsweise beim Vitello tonnato de luxe von Gelbflossen-Thun und rosa gebratenem Kalb oder dem gebratenen Island-Kabeljaufilet mit Coppa di Parma auf grünen Bohnen mit Butterstampf. Der Service ist aufmerksam, die Weinkarte nach Rebsorten sortiert.

HALLE

Speiseberg

Kröllwitzer Straße 45, 06120 Halle
T +49 (0) 152 5602 9306
www.speiseberg.com

- Tobias Neumann
- Konstantin Kuntzsch
- mittags,
  Mo, Di, So, Feiertag ganztags

Menü 100 / 130 €

Wer den kleinen Anstieg zur Bergschenke meistert, wird mit der grünen Aussicht über Halle an der Saale belohnt. Denn hier auf der Terrasse hat man einen atemberaubenden Blick über Tal, Fluß und die Burg Giebichenstein. Lange verweilen sollte man jedoch nicht, denn im besten Feinschmeckerlokal der Stadt startet pünktlich um 19.15 Uhr das 9-Gänge-Menü. Dann rotiert Chefkoch Konstantin Kuntzsch mit seinem jungen Team und schickt zügig international gewürzte Ouvertüren-Grüße aus der Küche. Ist das Amuse-Tablett fürs Erste serviert, bleibt Zeit, sich im kleinen, leger-modernen Gastraum umzuschauen und die bebilderte Getränkekarte zu studieren. Die feine Weinauswahl brilliert nicht mit Jahrgangstiefe, sondern durch Vielfalt für den Gaumen. Besonders freuen wir uns über das Sortiment von benachbarten Winzern aus dem Saale-Unstrut. So weltoffen wie das kulinarische Entrée bleibt es auch bei allen weiteren Tellern und Schüsseln an diesem Abend. Ganz schnell wird vor allem eines klar: Küchenchef Kuntzsch hat vor allem ein Händchen für vegetarische Komponenten. Seine Fantasie, aus jedem Gemüse sehr vorzügliche Gerichte und Beilagen zu kreieren, scheint grenzenlos. Ob der wunderbar rauchige Gang von Karotte und Physalis mit vielen Transparenzen und Umami-Genuss oder das intensive Duett von Blau- und Weißkrautvarianten zum Saibling. Experimentierfreudig und spannungsreich gelingen gleichwohl Jakobsmuschel in einer würzigen Blutwurstjus mit Fenchel und Orangenfilets und auch der Kaisergranat als sommerlich-frische Variante mit Gurke und Dreierlei von der Melone, begleitet von feiner Meerrettich-Schärfe. Kuntzsch legt viel Wert auf natürliche Aromen und intensiviert deren Eigengeschmack durch tolle Reduktionen in Gels, Pasten, Saucen und Cremes. Handwerklich perfekt und bildschön angerichtet überzeugen ebenso die Fleischgerichte, wie Brust und Rillettes von der Imperialtaube, süß gestreift von Moosbeere, und rosa gebratenes Filet vom Hirschkalb mit Zwiebel und Viererlei vom Sellerie.

HALTERN AM SEE

Restaurant Ratsstuben

Mühlenstraße 3–5,
45721 Haltern am See
T +49 (0) 2364 3465
www.hotel-haltern.de/restaurant-ratsstuben

- Daniel Georgiev
- Daniel Georgiev
- mittags, Mo, So, Feiertag ganztags

Menü 79 / 148 €
Vorspeise 19 / 39 €
Hauptgang 25 / 49 €

Eine Stadt wie Haltern (hübsche Mittelstadt in schöner Landschaft, aber mindestens 40 Minuten von irgendeiner Metropole entfernt) braucht ein Platzhirsch-Restaurant. Dieses sollte die Menschen vor Ort über bodenständig gutem Essen zusammenbringen und jenen, sich mal etwas gönnen möchten, ein entsprechend höherwertiges Angebot zu fairen Preisen machen. Und dabei soll es auch ein wenig weite Welt in den Ort bringen, denn diese ist eben ein Stück entfernt. Die Ratstuben sind solch ein Platzhirsch par excellence. Einerseits werden hier in gehoben-gutbürgerlichem Ambiente Steaks serviert, andererseits ein „Gourmet-Menü" zwischen drei und acht Gängen. Und bei dem lässt Küchenchef Daniel Georgiev, ein echter Autodidakt, seiner Kreativität freien Lauf. So kombiniert er eine butterschmelzige Gelbschwanzmakrele, getötet nach Ike-Jima-Art, mit Rotkohl in zwei Konsistenzen und einem perfekt abgeschmeckten Feldsalat. Ein gebeizter Eismeer-Saibling suhlt sich in einer vollen Ladung Topinambur, sowohl als Sud wie als Creme. Der perfekt auf den Punkt gegarte Müritz-Hirsch wird begleitet von einer eher süßen Sauce und einem umami-starken Sud. Höhepunkt des Abends: ein Risotto auf einem Olivenöl-Spiegel, das von Maronenschaum und Wintertrüffeln aus dem Burgund bedeckt wird, sodass sich ein überraschender Wechsel ergibt aus süß, sauer und scharf – meisterlich. Die Desserts wirken simpel, spielen aber ebenfalls gekonnt mit den Aromen, zum Beispiel, wenn Georgiev kalten Glühwein mit Orangenstücken und Preiselbeersorbet kombiniert. Die Welt der Gastronomie wird damit nicht neu erfunden und das ist auch gar nicht das Ziel. Egal ob Gourmet oder Gourmand: Wer als Gast in den Halterner Platzhirsch Ratsstuben kommt, wird einen unaufgeregt angenehmen Abend verbringen.

Haltern am See

HAMBURG

HAMBURG

Julian Stowasser

Wer die Vita des 36-jährigen Bayern wiedergeben möchte, kommt ums Namedropping nicht herum: Urbansky, Lumpp, Elverfeld, Hartwig ... In Sydney war er auch! Alles in allem ein exzellentes Sprungbrett in die Küchenchef-Position eines der schönsten Hamburger Restaurants: Im **The Fontenay** weht seit März 2020 ein frischer kulinarischer Wind, der die Genussfreunde in der Hansestadt mit seiner klaren Handschrift und **einem weltoffenen, geschmacksintensiv-opulenten Stil** erfreut.

JULIAN STOWASSERS EMPFEHLUNGEN

Isemarkt
Isestraße 11, 20144 Hamburg
Längst kein Geheimtipp mehr, aber einfach unheimlich gut. Ich liebe es, über den Isemarkt in Hamburg-Eppendorf zu schlendern und dort an einem der rund 200 Stände zu probieren und mich inspirieren zu lassen. Der Wochenmarkt findet dienstags und freitags von 8.30 bis 14 Uhr statt. Freitags stoppe ich immer beim Stand des Forellenhofs Benecke (www.forellenzucht-benecke.de), die dann aus der Lüneburger Heide zu Gast auf dem Isemarkt sind.

Jill – Neapolitanische Pizzeria
Bartelsstraße 12, 20357 Hamburg
T +49 (0) 40 6504 0500
www.jill.hamburg
In Neapel soll ja die Pizza Margherita erfunden worden sein. Wer in Hamburg echt gute neapolitanische Pizza genießen möchte, der ist bei Jill auf der Schanze genau richtig. Hier backen neapolitanische Pizzaioli mit besten Zutaten in einem originalen Pizzaofen. Mein Favorit ist die „Cheesie" mit extra Salsiccia und Zwiebeln.

Favorita Bar Café
Eppendorfer Weg 215,
20253 Hamburg
T +49 (0) 40 4294 9768
www.favorita-cafe.com
Für ein bisschen Dolce Vita im kühlen Norden mache ich gern einen Abstecher in das Café Favorita am Eppendorfer Weg in Eimsbüttel. Besonders der Kaffee im Stehen weckt neue Lebenskräfte. Wer möchte, kann aber auch die tolle Feinkost probieren. Geführt wird das Café von den beiden aus Neapel stammenden Brüdern Antonio und Pietro Ardente, die übrigens auch Kaffeelieferanten für das The Fontenay sind. Die Brüder Ardente sind Mitglied bei Slow Food und bereisen ihr Heimatland regelmäßig, um vor Ort mit den Herstellern die beste Qualität zu garantieren.

Gallo Nero – Enoteca e ristorante
Sierichstraße 46, 22301 Hamburg
T +49 (0) 40 2709 2229
www.gallo-nero.net
Wer die beste Pasta der Stadt erleben möchte, der ist im Gallo Nero bestens aufgehoben: Der gebürtige Sizilianer Corrado Falco ist ein begnadeter Gastgeber und schafft es mit Leichtigkeit, dass sich alle Gäste wohl und umsorgt fühlen. Die hochwertigen Zutaten werden direkt aus Italien von befreundeten Produzenten importiert und vom Küchenteam kreativ und klar verarbeitet. Ein Stück Italien in Winterhude.

Berliner Betrüger
Juliusstraße 15, 22769 Hamburg
T +49 (0) 40 4013 5735
Mitten im Schanzenviertel liegt die Bar Berliner Betrüger mit Wohnzimmercharakter. Hier erwartet die Gäste eine typische Schanzenbar mit urigem und eher schummrigem Ambiente. Draußen kann man nett auf der Terrasse sitzen, wie in einer Laube. Am Kickertisch trifft man immer auf neue Leute und kommt ins Gespräch.

Konditorei Lindtner Hamburg GmbH
Eppendorfer Landstraße 88,
20249 Hamburg
T +49 (0) 40 4806 000
www.lindtner.com/konditorei-lindtner
Beim Sonntagsausflug mit der Familie steht die Konditorei Lindtner sehr gern auf unserem Programm. So eine riesige Auswahl an hausgemachten Torten macht die Auswahl richtig knifflig und dann gibt es ja auch noch Baumkuchen, Petits Fours, Pralinen und und ... Die Kinder lieben die heiße Schokolade. Wer möchte, kann auch seine Hochzeitstorte hier fertigen oder Torten nach Hause liefern lassen.

HAMBURG KARTE

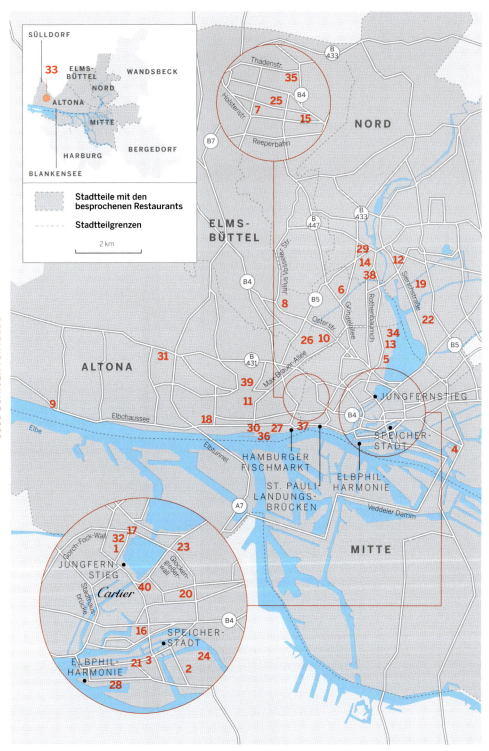

Restaurants

1 RESTAURANT HAERLIN
Neuer Jungfernstieg 9–14,
20354 Hamburg

2 THE TABLE KEVIN FEHLING
Shanghaiallee 15, 20457 Hamburg

3 BIANC
Am Sandtorkai 50, 20457 Hamburg

4 100/200
Brandshofer Deich 68,
20539 Hamburg

5 LAKESIDE
Fontenay 10, 20354 Hamburg

6 PIMENT
Lehmweg 29, 20251 Hamburg

7 HÆBEL
Paul-Roosen-Straße 31,
22767 Hamburg

8 HEIMATJUWEL
Stellinger Weg 47, 20255 Hamburg

9 JACOBS
Elbchaussee 401–403,
22609 Hamburg

10 JELLYFISH
Weidenallee 12, 20357 Hamburg

11 PETIT AMOUR
Spritzenplatz 11, 22765 Hamburg

12 ZEIK
Sierichstraße 112, 22299 Hamburg

13 ANNA SGROI
Milchstraße 7, 20148 Hamburg

14 CORNELIA POLETTO
Eppendorfer Landstraße 80,
20249 Hamburg

15 HACO
Clemens-Schultz-Straße 18,
20359 Hamburg

16 HELDENPLATZ
Brandstwiete 46, 20457 Hamburg

17 NIKKEI NINE
Neuer Jungfernstieg 9–14,
20354 Hamburg

18 RESTAURANT LANDHAUS SCHERRER
Elbchaussee 130, 22763 Hamburg

19 TRÜFFELSCHWEIN
Mühlenkamp 54, 22303 Hamburg

20 TSCHEBULL
Mönckebergstraße 7 (Levantehaus),
20095 Hamburg

21 VLET IN DER SPEICHERSTADT
Am Sandtorkai 23/24,
20457 Hamburg

22 WOLFS JUNGE
Zimmerstraße 30, 22085 Hamburg

23 HERR HE
Ernst-Merck-Straße 10,
20099 Hamburg

24 HOBENKÖÖK
Stockmeyerstraße 43,
20457 Hamburg

25 XO SEAFOODBAR
Paul-Roosen-Straße 22,
22767 Hamburg

26 AUTHENTIKKA
Schäferkampsallee 41,
20357 Hamburg

27 BISTRO HUMMER PEDERSEN
Grosse Elbstraße 152,
22767 Hamburg

28 BOOTSHAUS
Am Kaiserkai 19, 20457 Hamburg

HAMBURG RESTAURANTS

Restaurants

29 BRECHTMANNS BISTRO
Erikastraße 43, 20251 Hamburg

30 FISCHEREIHAFEN
Große Elbstraße 143,
22767 Hamburg

31 L'EUROPEO
Osdorfer Weg 27, 22607 Hamburg

32 MATSUMI
Colonnaden 96, 20354 Hamburg

33 MEMORY
Sülldorfer Landstraße 222,
22589 Hamburg

34 OSTERIA DA FRANCESCO
Milchstraße 2–4, 20148 Hamburg

35 RESTAURANT NIL
Neuer Pferdemarkt 5,
20359 Hamburg

36 RIVE
Van-der-Smissen-Straße 1,
22767 Hamburg

**37 SALT & SILVER
   LATEINAMERIKA**
Hafenstraße 136–138,
20359 Hamburg

38 STÜFFEL
Isekai 1, 20249 Hamburg

39 TIGRE
Nernstweg 32–34, 22765 Hamburg

Bewertung ausgesetzt

40 SE7EN OCEANS
Ballindamm 40/Europapassage,
20095 Hamburg

RESTAURANTGUIDE 2022

350 GAULT&MILLAU

HAMBURG

100/200

Brandshofer Deich 68,
20539 Hamburg
T +49 (0) 40 3092 5191
www.100200.kitchen

- Sophie Lehmann
- Thomas Imbusch
- Sophie Lehmann
- mittags, Sa, So ganztags

Menü 200 / 200 €

An Erklärungen zur Philosophie mangelt es nicht im 100/200. Allerdings gibt es die, auf vier gedruckten Seiten, erst beim Rausgehen. Mit dem versiegelten Abschiedsbrief umgehen Thomas Imbusch und Sophie Lehmann die Gefahr einer Überforderung des Gastes. Würden hier zu jedem Gang noch unendliche mündliche Erläuterungen serviert, fände das mancher wohl arg anstrengend. So kann sich jeder sein eigenes Urteil bilden und bekommt, dank der rundum (!) offenen Küche, gleichwohl viele Anregungen. Am meisten erläutert wird noch ganz am Anfang, nach dem Bezahlen des Tickets mit der Reservierung, dem Klingeln an der Türe, dem Hinauffahren mit dem Aufzug, dem Empfang im Vorraum. Man serviert am Tresen einen ersten Begrüßungshappen, ein gelungenes Törtchen mit Auster, reicht ein Glas kalten, sehr erfrischenden Tomaten-„Tee". Toll. Ein Spaß sind dann die Häppchen in allen fünf Geschmäckern – von süß (geräucherte Zwiebel mit Süßdolde) bis zu umami. Nun wird es ernst und überraschend herzhaft. Rohes Rinderherz in hauchdünnen Scheiben hat naturgemäß wenig Eigengeschmack, vermittelt im Zusammenspiel mit geliertem Pilzfond und Kresse aber spannende Textur. Das sogenannte Flotzmaul ist die Luxusversion eines Ochsenmaulsalats, auch über den gelungenen Brandteig-Liebesknochen mit Knochenmark und Kaviar muss man nicht lange nachdenken. Dazu kraftvoller Champagner im Rahmen der Weinbegleitung oder georgischer Schwarztee mit Milch als Teil der alkoholfreien Getränkebegleitung. Während sich der Laden füllt, verkosten wir die unter einer Kimchi-Geleeschicht verborgene Auster; der ohnedies schon spannende Kontrast wird durch einen süßen Riesling von Mosbacher aus der Pfalz verdoppelt. Hummersalat lebt dann von der Klasse des verwendeten Helgoländer Hummers, der Salat bietet interessante Texturen, dezente Bitternis und viel Frische. Danach kann man eine Lehrstunde in Sachen Hummer-Bisque nehmen: Die von Thomas Imbusch servierte Version schmeckt wunderbar fein und elegant. Während zum Hummer-Duo noch zwei Weine gereicht werden, ein roter, ein weißer, gibt es zum Trio aus Zunge, Rettich und Rhabarber (schön säuerlich) kraftvollen kroatischen Roten, dann Marsala zur leider etwas üppigen Focaccia-Schnitte mit Käsecreme und Champignons. Unter den Süßigkeiten ragt das hausgebackene Franzbrötchen mit Vanillerahm heraus. Wir tunken und kauen und finden es herrlich puristisch. Ganz ohne Erklärungen.

HAMBURG

Anna Sgroi

Milchstraße 7, 20148 Hamburg
T +49 (0) 40 2800 3930
www.annasgroi.de

- Anna Sgroi
- Anna Sgroi
- Mirko Volkstädt
- Sa, Feiertag mittags, Mo, So ganztags

Menü 77 / 89 €
Vorspeise 16 / 21 €
Hauptgang 26 / 34 €

Schon vor einigen Jahren ist Anna Sgroi aus dem alternativen St. Georg in den schickeren Stadtteil Pöseldorf nicht weit von den westlichen Alterwiesen gezogen. Ihre klare, schnörkellose Küche hat die gebürtige Sizilianerin beibehalten. Tupfer hier und Tupfer da sucht man auf ihren Tellern (glücklicherweise) vergebens. In der warmen Jahreszeit zieht es die meisten Gäste auf die schöne Terrasse an der Milchstraße im Herzen des Quartiers. Ein gewandter und freundlicher Service bringt die Speisen ohne weitere Erläuterungen an die Tische. Das sizilianische Carpaccio vom Schwerfisch spricht in der Tat für sich selbst. Hauchdünn geschnitten, säuerlich frisch, mit Stückchen mildwürziger Peperoncini, feingewürfelten Karotten und apulischen Oliven sowie knusprigen Kapern schmeckte es einfach nur köstlich. Wunderbar auch die Primi piatti, hausgemachte Spaghetti alla chitarra mit Seeigel, schon ein Klassiker aus der Küche. Der Sud vom Seeigel, aromatisiert mit einigen Mini-Karotten-Schnetzeln, umschmeichelt die leicht raue Oberfläche der auf den Punkt zubereiteten Pasta. Das Heilbuttfilet al limone konnte das Spitzenniveau nicht ganz halten. Der Fisch wieder perfekt, doch die nur sehr leicht limonige Sauce geriet etwas salziger, als wir es gerne gehabt hätten. Dafür überzeugten die Desserts wieder voll und ganz, ein eher sahniges Cassata-Eis mit einer Spur Basilikumcreme und das Tiramisu mit kandierten Haselnüssen auf einem Teigboden, getoppt von köstlichem Haselnusskrokant mit großen Nussstücken sowie einigen Kügelchen aus dunkler Schokolade.

AuthenTikka

Schäferkampsallee 41,
20357 Hamburg
T +49 (0) 40 4419 1222
www.authentikka.de

- Mo ganztags

Vorspeise 1 / 14 €
Hauptgang 9 / 23 €

Für Freunde der indischen Küche ist das kleine, familiengeführte Lokal im Stadtteil Eimsbüttel ein seltener Lichtblick: die Einrichtung zurückhaltend und lässig, das Essen weitgehend frei von der soßigen Plumpheit, die hierzulande als indisch verkauft wird. Spezialität des Hauses sind Tikka: kleine marinierte Fleisch-, Fisch- oder Gemüsestücke, die im Tandoor, dem traditionellen indischen Ofen, gegart werden. Streetfood erscheint auf der Karte als eigene Kategorie, zur Wahl steht dort etwa ein Burger mit würzigem Patty aus Kartoffelstampf in Panierung aus Kichererbsenmehl, dazu eingelegte rote Zwiebeln, Minz-Koriander- sowie Kokos-Sesam-Chilli-Chutney. Im Sommer sitzt man draußen unter der Markise.

bianc

Am Sandtorkai 50, 20457 Hamburg
T +49 (0) 40 1811 9797
www.bianc.de

- Christina Ferrantino
- Matteo Ferrantino
- Mathias Mercier
- mittags, Mo, So, Feiertag ganztags

Menü 190 / 190 €

Hohe Erwartungen sind nie unproblematisch, nachdem wir Matteo Ferrantino im Vorjahr zum „Aufsteiger des Jahres" gekürt hatten, kamen wir in der aktuellen Testsaison mit einer gewissen Sorge in die Hafencity, unsicher, ob die Pandemie in diesem so anspruchsvollem Liebhaberprojekt Spuren hinterlassen haben könnte. Wir können beruhigt vermelden: Alles wie eh und je, Ferrantino bespielt seine Bühne so lustvoll wie virtuos. Unverändert der eigenwillig-elegante Rahmen, die blitzblanke, weiß-edelstählerne offene Küche mit ihren hochkonzentrierten Köchen, die Steinplatten rings um den Olivenbaum, der südliche Erinnerungen weckt, ein Gesamtkunstwerk! Geschaffen hat es der Norderstedter Kieferorthopäde Endre Vari, dem an dieser Stelle mal ein ausdrücklicher Dank gebühre (in einem Land, in dem Mäzenatentum, zumal kulinarisches, in der öffentlichen Wahrnehmung gerne knapp vor der beginnenden Geschäftsunfähigkeit rangiert). Auch unser jüngstes Menü wurde eingeleitet von einer wahren Kaskade animierender, handwerklich hochpräzise umgesetzter Kleinigkeiten, hochdramatisch präsentiert vom Küchenchef himself (was wir deutlich kritischer sähen, wäre die Qualität nicht so über jeden Zweifel erhaben): Gleich neun Miniaturen auf futuristischen Platten, Tellern und Schalen stehen am Anfang – eine „Austernperle" auf einem Nori-Reis-Chip, eine Gazpacho vom grünen Apfel, Boquerones mit Gurke und Dill, Rindertatar mit schwarzem Knoblauch in knusprig-zarter Tartelette, eine großartige Brandade vom Bacalhau mit Kichererbsen im Cornet, Oktopus „Gallega", Entenleber mit Mango und Lakritz, Chicken „Piri-Piri" und schließlich eine krokante Gambas-Tortilla, die wir gerne schüsselweise vor dem Fernseher knuspern würden … Es folgt ein hochindividueller Brot-Gang, eine Focaccia nach dem Rezept von Mutter Ferrantino, dazu Büffelbutter, ein mit Lardo umwickelter Grissino. Nicht ganz optimal proportioniert anschließend zartes Taschenkrebsfleisch, das es in einem Karottenmantel texturell und angesichts zu üppig dosiertem Zitrusgel auch geschmacklich nicht leicht hatte. An der Grenze zum Manierismus (aber nicht darüber!) dann ein dramatischer roter Glasteller, der nichts als einen zitrusduftigen, kräuterwürzigen weißen Tomatensud, Olivenöl-Perlen sowie leicht gebundene Burrata-Perlen verband – à part begleitet von rustikalem Röstbrot mit gegrilltem Romana und ausgezeichneten Anchovis. Eine bestechende Kombination! Wie schon im vergangenen Jahr begeisterte die klassisch-süffige Allianz von Atlantik-Hummer, Selleriecreme, seidig-dichter Champagner-Beurre-blanc und Kaviar, in diesem Jahr zusätzlich begleitet von einem hauchzarten Raviolo mit einer aromatischen Hummerfüllung. Es folgten eine kräftige Rotbarbe in einer herausragenden Zwiebeljus mit Chorizo; eine butterzarte Ibérico-Pluma mit Bohnen und Pata Negra sowie abschließend der Tiefpunkt des Abends: Trüffelöl im „Herbstlichen Tiramisu" … Da allerdings schwebten wir – auch angesichts der fabelhaften Weinbegleitung von Mathias Mercier – bereits so selig über den Dingen, dass es uns fast egal war.

Bistro Hummer Pedersen

Grosse Elbstraße 152, 22767 Hamburg
T +49 (0) 40 522 9939 26
www.hummer-pedersen.de

🔒 So, Feiertag ganztags

Das hat schon viele Besucher gewundert: wie rar in Hamburg die Lokale gesät sind, die frischen Fisch in guter Qualität und schnörkelloser Zubereitung präsentieren. Hummer Pedersen ist eine dieser seltenen Adressen – 1879 gegründet und heute unbestritten der beste Fischhändler der Stadt. Zum Ladengeschäft in der Großen Elbstraße gehört ein beliebtes Bistro und dort neben einer entspannt-burschikosen Grundatmosphäre eine klassische Fischsuppe, Hummer warm oder kalt (mit Cocktailsauce, Mayonnaise oder zerlassener Butter) zum Basisangebot. Ebenfalls vorhanden: Pannfisch mit Bratkartoffeln, Gurkensalat und Senfsauce oder gegrillte Nordsee-Seezunge. Kreativere Kreationen könnte man auch bestellen, muss man aber nicht.

Bootshaus

Am Kaiserkai 19, 20457 Hamburg
T +49 (0) 40 3347 3744
www.bootshaus-hafencity.de

🔒 Di, Mi, Do, Fr, Sa mittags,
   Mo, So ganztags

Vorspeise 9 / 22 €
Hauptgang 18 / 49 €

Das trendige Restaurant samt Bar in der Hafencity mit Blick über die Elbe legt den Schwerpunkt auf Feines vom Holzkohlengrill: Rib-Eye, New York Strip oder Kotelett vom Duroc-Schwein. Dazu stehen sechs Saucen zur Auswahl, von Béarnaise bis Chimichurri. Jenseits vom Fleischangebot wird es meist asiatisch, etwa bei Lachs-Sashimi, Kabeljaufilet mit Miso-Sake-Gebräu oder dem aromenstarken indonesischen Gado-Gado-Salat – ein Dauerbrenner auf der Karte, der immer wieder variiert wird.

Hamburg

Brechtmanns Bistro

Erikastraße 43, 20251 Hamburg
T +49 (0) 40 4130 5888
www.brechtmann-bistro.de

🔒 mittags, Mo, So, Feiertag ganztags
Menü 32 / 52 €
Vorspeise 7 / 20 €
Hauptgang 18 / 49 €

Sven Brechtmanns Spagat gelingt, und zwar auf gutem Niveau: ein Restaurant mit bürgerlich-deutschen und asiatischen Gerichten – gleichberechtigt und ohne die Küchen zu vermischen. Wer es heimisch mag, wählt die Oldenburger Bauernente mit Kartoffelklößen und Apfel-Rosinen-Kompott. Wem nach Fernost ist, freut sich über Tom Kha Gai, Thunfisch-Sashimi oder rotes Thai-Curry. Der sympathische Service unter Leitung von Ann-Kathrin Brechtmann ist bestrebt, alle erdenklichen Wünsche der Gäste zu erfüllen.

Cornelia Poletto

Eppendorfer Landstraße 80,
20249 Hamburg
T +49 (0) 40 4802 159
www.cornelia-poletto.de

👤 Cornelia Poletto
🍳 Robert Stechmann
🔒 Mo, Feiertag ganztags
Menü 69 / 129 €
Vorspeise 17 / 24 €
Hauptgang 26 / 38 €

Lassen wir mal den ganzen medialen Rummel um die Starköchin beiseite und widmen uns ihrem Restaurant in Hamburg-Eppendorf. Das erstrahlt in diesem Jahr nach Renovierung in heller, edler Bistro-Atmosphäre, mit bodennahen Fenstern, dekorativem Interieur-Mix und einer wohlüberlegten Aufteilung der Tische im Raum. Zum 10. Jahrestag des Lokals schenkt Cornelia Poletto sich und ihren Gästen nicht nur ein neues Ambiente, sondern widmet dem Jubiläum auch die Speisekarte. Neben Signature Dishes, wie Sylter Bauernbrot vom „Echten Gaues" und „Pollo alla Poletto", dem halben Label-Rouge-Maishähnchen mit Vadouvan-Fregola, stellt sie zehn Lieblingsgerichte zur Wahl – jeden Teller für zehn Euro. Tolle Idee finden wir, denn Kreationen wie „Calamaretti fritti mit Salsa piccante", Carpaccio alla Cipriani oder gegrillte Artischocken mit Fromage blanc und Himbeervinaigrette klingen ganz wundervoll. Aber auch ihr Menü stellt Spannendes in Aussicht und Robert Stechmann am Herd hält, was die Chefin verspricht: pure, klare, italienische Küche gepaart mit einer sympathisch weltoffenen Art. Da prägt Polettos Leidenschaft für japanische Kochkunst beispielsweise ihre Vorspeise: Zum zarten, naturbelassenen Gelbflossen-Thun gesellt sich grünes Shisosorbet und Algenkaviar. Nicht nur hier, sondern in allen Gängen liegt Polettos klarer Fokus auf den Produkten. Die Gastgeberin überzeugt vor allem bei ihren Pasta-Gängen, wie handgemachten Tortelli, die sie mit einer herrlich cremigen Basilikum-Burrata füllt und auf ein Ragout aus sizilianischen Datterini-Tomaten und Bocconcini di bufala bettet. Statt klassisch gehobeltem Parmesan umhüllt die Nudeln ein wunderbarer Käseschaum. Auch beim „MANZO", dem Zweierlei vom Irish Beef als Tatar und Filet, überlässt sie vor allem natürlichen Aromen die Bühne: Gremolata, Pfifferlingen und jungen Erbsen. Das locker-freundliche Service-Team mit Bartender-Qualitäten empfiehlt vorwiegend Weine aus ganz Italien und von deutschen Winzern.

Fischereihafen

Große Elbstraße 143,
22767 Hamburg
T +49 (0) 40 3818 16
www.fischereihafenrestaurant.de

Menü 46 / 74 €

Zwanzig Jahre schon ist diese Hamburger Institution untrennbar mit dem Namen Kowalke verbunden. Und auch wenn mit Jens Klunker kein Familienmitglied am Herd steht, hat der hier ebenfalls schon in den Achtzigern als Jungkoch begonnen. Labskaus oder der Nordseesteinbutt mit Pommery-Senfsauce sind beliebte Klassiker des Hauses, heute aber längst ergänzt durch Asiatisches wie ein Pfeffersteak vom Thunfisch auf Wok-Gemüse mit Honig-Soja-Sauce und Wasabipüree. Susanne Kowalkes liebevoller Service ist genauso eine Freude wie im Sommer ein Platz auf dem Balkon mit Blick über den Hafen.

HACO

Clemens-Schultz-Straße 18,
20359 Hamburg
T +49 (0) 40 7420 3939
www.restaurant-haco.com

- Björn Juhnke
- Björn Juhnke
- Jakub Doktorik
- mittags, Mo, So, Feiertag ganztags

Menü 119 / 119 €

Entspannte, nordisch schlichte Atmosphäre im Herzen von St. Pauli. Im Ecklokal HACO, kurz für Hamburg Corner, stehen schlichte Holztische und Stühle auf dem Parkett des Speiseraums mit seinen anthrazitblauen und weißen Wänden sowie knapp 30 Plätzen. Wer am runden Familientisch sitzt, kann das geschäftige Treiben in der offenen Küche verfolgen. Aktuell wird ein 10-Gang-Menü angeboten, wahlweise mit Weinbegleitung und auf Vorankündigung auch vegetarisch. Bei Björn Juhnke, Patron und Küchenchef, stehen regionale Produkte der Saison im Zentrum. Exotische Zutaten sind verpönt, stattdessen fermentiert der Koch aus Warnemünde oder macht frisch geerntete Früchte ein. Die fein geschnittenen Scheiben Roter Bete auf mildem Ziegenfrischkäse sind von einem Ziegenkäse Granulat und Kügelchen eingelegter Holunderbeeren getoppt. Angegossen mit einer Balsamessig-Thymian-Marinade bestechen sie mit einer Kombination von leicht säuerlicher und süßer Note sowie knackiger Frische. Ein Filetstückchen vom geräucherten Aal, kurz angegrillt, spielt mit der unterschwelligen Süße des Süßwasserfisches, den leichten Bitternoten von frittiertem und der Schärfe von frischem Meerrettich, wobei es letzterer schwer hatte, sich im intensiven Geschmackserlebnis zu behaupten. Das zarte Rinderfilet vom (tatsächlich) 15 Jahre „Alten Rind", das nie einen Stall gesehen hat, begleitete eine geflämmte pikant-süßliche Roscoff-Zwiebel. Dazu passte ein aus vielen zarten Lagen geschichteter Kartoffelwürfel zu einer Sauce hollandaise, mit Knochenmark feinwürzig abgeschmeckt – köstlich. Zum Dessert umrahmte eine orangenfarbene Sanddorn-Toffeesauce mit Gin aus einer benachbarten Kiez-Brennerei sehr dekorativ das cremige Vanilleeis mit Sanddornperlen und Crumble von gefrorener, weißer Schokolade. Etwas weniger Toffee und der reizvoll herbe Sanddorngeschmack hätte sich noch besser entfalten können. Kompetenter, aufmerksamer und kommunikativer Service im Jeanslook. Kleine Weinkarte mit knapp 100 Flaschenweinen zwischen 35 und 110 Euro, diverse offene aus der Weinbegleitung, profunde Beratung.

hæbel

Paul-Roosen-Straße 31,
22767 Hamburg
T +49 (0) 151 7242 3046
www.haebel.hamburg

Lutz Lonchant
Kevin Bürmann
Jule-Fee Poll
mittags, Mo, So, Feiertag ganztags
Menü 85 / 109 €

Als Fabio Haebel vor gut zehn Jahren anfing, damals mit einer Tarterie, herrschte auf dem Kiez nördlich der Reeperbahn noch kulinarischer Existenzialismus. Durch unmerkliche, aber beharrliche Steigerungen schaffte es der immer noch jugendliche Besitzer und Koch, ein Gourmetrestaurant zu etablieren, das auch die Nachbarschaft belebt. Die Atmosphäre ist besonders: Man teilt sich einen kleinen Raum mit der Küche und könnte an manchen der Tische sein Essen auch selbst vom Pass nehmen. Die Speisen sind nicht minder außergewöhnlich. Haebel erinnert gern daran, dass er nicht durch die übliche Kochlaufbahn in Routinen gezwungen wurde. Gemeinsam mit seinem neuen Küchenchef Kevin Bürmann ersinnt er Menüs, die man quasi blind bestellt – die Speisekarte verzeichnet nur etwa eine Zutat pro Gang. Wir begannen die Reise im Norden, mit einem Tatar vom raren Elbzander, über dessen Geschmack wir indes wenig sagen können. Gewürzgurke und Senf überlagerten ihn. Besser glückte der Versuch, ein sperrigeres Produkt aus der Nordsee zu veredeln: Die Taschenkrebsschere, auch bekannt als Knieper, fand dank Krustentier-Lack und Holunderblüten-Essig sogar zu einiger Eleganz. Auch dem bekannten Thema Kaviar und Kartoffel gewinnt die Küche eine überraschende Seite ab: eine Roulade, angebraten in Störbutter, gefüllt mit Stör-Brandade. Vom großzügigen Klecks Kaviar war im Menü nicht einmal die Rede. Dass Haebel als nordisch deklarierte Küche sich mit jedem Gang weiter nach Frankreich bewegte, war uns nur lieb. So kamen wir in den Genuss einer ausgezeichneten Taube in zwei Gängen: erst die lackierte Keule samt Kralle (ein bemerkenswerter Anblick), dann die perfekt gebratene Brust samt knuspriger Haut mit scharfer Kapuzinerkresse und fermentiertem Rhabarber. Die Patisserie setzt den Gast dann wieder in Hamburg ab, mit einer Fliederbeerensuppe samt Grießflammeri und Pumpernickeleis. Kindheitsaromen, Bescheidenheit – der sympathische Ausklang eines durchdachten Menüs (das man übrigens neuerdings auch fleischlos bestellen kann). Empfehlen können wir die Weinbegleitung. Sie ist nicht mehr so naturweinlastig wie früher, sondern bietet zum fairen Preis auch reife und rare Gewächse, zur Taube etwa einen 2011er Vernatsch. Die 2020 eröffnete XO Seafood Bar auf der anderen Straßenseite gehört ebenfalls Fabio Haebel. Sie ist eine gute Adresse, wenn es mal nur ein Imbiss unter freiem Himmel sein soll.

Heimatjuwel

Stellinger Weg 47, 20255 Hamburg
T +49 (0) 40 4210 6989
www.heimatjuwel.de

Sandra Ureidat
Marcel Görke
Sandra Ureidat
mittags, Mo, So, Feiertag ganztags
Menü 75 / 90 €

Patron Marcel Görke, der schon im renommierten „Seven Seas" von Karlheinz Hauser auf dem Hamburger Süllberg als Küchenchef überzeugte, zeigt im ruhigeren Teil des Szene-Stadtteils Eimsbüttel eine regionale Küche, die nicht provinziell, sondern virtuos und weltläufig daherkommt. Die Gänge seines Menüs „Heimat" hat er jeweils nach den Hauptfarben der Zutaten benannt, „Grünschwarz" wie Rosenkohl und Malz oder „Weißbeige" wie Zander und Sauerkraut. Es wird mit fünf bis sechs Gängen angeboten, Gäste können sich für eine Weinbegleitung oder Getränke à la carte entscheiden. Wunderbare Aromen schon beim Potpourri von Grüßen aus der Küche, darunter zartknusprige Mini-Torteletts mit Mousse vom Trompetenpilz, Kürbis und Lauch, getoppt von säuerlich-fruchtigen Holunderkapern. Wunderbar auch die noch knackige, mit Schafskäse gefüllte Rote Bete in einer leicht scharf-säuerlichen Kimchi-Gazpacho. Dekorativ arrangiert präsentiert sich das Arrangement von süßlichem Malzkräcker-Crumble im Malzsud, blanchierten und frittierten, nussig schmeckenden Rosenkohlblättern und feinen Champignonscheiben, gekrönt von einem wachsweichen Wachtel-Sol-Ei. Gedämpftes Dim Sum vom Aal begleitet den kross auf der Haut gebratenen, jedoch saftig-frischen Müritz-Zander, der auf einem Bett von mildem Sauerkraut an schaumigem Sauerkraut-Espuma ruht. Wer beim Dessert „Unser Snickers" einen knallsüßen Vollmilchschoko-Erdnussriegel befürchtet, wird vom kunstvoll präsentierten Gebilde intensiv schmeckender dunkler Luftschokolade, mildsüßen Chips aus gefriergetrocknetem Karamell, einem Riegel zartschmelzender vollmundiger Schokolade auf Krokantboden mit einigen gerösteten Erdnüssen und dazu einem weißen Schokoladeneis-Portiönchen auf Karamell-Crumble begeistert sein. Ein erfreulicher Abend, allein der mildwürzige Deichkäse zum Abschluss hatte eigentlich mehr als den recht matten Briochestreifen verdient. Munterer, engagierter Service, ordentliches, überschaubares Angebot meist deutscher und österreichischer Weine.

Heldenplatz

Brandstwiete 46, 20457 Hamburg
T +49 (0) 40 3037 2250
www.heldenplatz-restaurant.de

Julia Hampp
Jesco Gebert
André Jean-Marie Nini
mittags, Mo, Di, Feiertag ganztags
Menü 65 / 79 €

Res.

In Madrid oder Rom fiele dieses Lokal wohl gar nicht weiter auf. Da ist es normal, dass Menschen auch in der Nacht noch gut bekocht werden wollen. Im bedächtigen Hamburg hat der Heldenplatz ein Alleinstellungsmerkmal: gehobene Küche bis Mitternacht (und manchmal auch deutlich länger). Die „Helden", die sich hier tummeln, sind bunt gemischt: Besucher der nahen Elbphilharmonie, Workaholics aus den Bürogebäuden der Innenstadt und nicht zuletzt Gastronomen, die nach ihrer Schicht selber mal bedient werden möchten. Gerade sie prägen die Stimmung in dem schmalen Gastraum: eine gewisse Lässigkeit, wie unter Kollegen üblich.
In der Küche gab es einen Wechsel. Anstelle des Mitgründers Markus Hampp führt sie seit Frühjahr 2021 Jesco Gebert (früher im Vlet und im Jacob). Den Gerichten merkten wir davon nichts an. Die meisten sind nach wie vor einfach, aber ausdrucksstark mit mediterranen Produkten. Sehr gelungen der knusprige Oktopus, lang gekocht und stark gegrillt auf einem Dreierlei von der Artischocke. Auch das hervorragende Poltinger Lamm war wie stets eine gute

Wahl, diesmal fein untermalt von einer Kamillensauce. Dass dazu ein optisch bedenklicher, aber schmackhafter Bröselbrei von Feta und Kräutern gereicht wurde, wollte uns im Hochsommer nicht so ganz einleuchten. Beschwingter waren die anderen Gänge des sehr günstigen Menüs, vom polyglotten rohen Hamachi mit Tortilla-Chips, Rettichstreifen und süßer Zwiebelcreme bis zum abschließenden Zitronenthymianeis in einem aromenklaren Süppchen von der Nektarine. Die Weinkarte, sortiert nach Stimmungen, ist besonders bei deutschen und französischen Gewächsen stark. Fast alle davon kann man auch glasweise bestellen.

Herr He

Ernst-Merck-Straße 10,
20099 Hamburg
T +49 (0) 40 2435 26
www.herrhe.de

 Di, Feiertag ganztags
Vorspeise 5 / 9 €
Hauptgang 13 / 26 €

Dass die Damen im Service hier eine „warmherzige Knurrigkeit", wie man sie sonst aus Wiener Kaffeehäusern kennt, kultivierten, haben wir im letzten Jahr vermerkt. In der aktuellen Testsaison hat der Ton unseres Eindrucks nach nochmals angezogen. Wir schieben es auf den Corona-Stress und ertragen es geduldig – sind wir doch nach wie vor davon überzeugt, hier die besten Dim Sum der Stadt zu bekommen. Ob „Xiaolongbao" („suppenbefüllte Teigtaschen"), Hefeklöße mit Hühnerfleisch oder gedämpfte Taschen aus transparentem Reismehlteig mit Garnelen: Hier wird nicht für ahnungslose Langnasen, sondern mit chinesischem Ehrgefühl gekocht!

Hobenköök

Stockmeyerstraße 43, 20457 Hamburg
T +49 (0) 40 2286 5538
www.hobenkoeoek.de

 Mo, So ganztags
Menü 39 / 55 €
Vorspeise 7 / 20 €
Hauptgang 19 / 29 €

Schon im vergangenen Guide haben wir die regional-saisonale „Hafenküche" als großartiges Markthallen-Konzept gelobt und dringend zur Nachahmung andernorts empfohlen. Aktuell ist unser Eindruck der einer konstanten kulinarische Weiterentwicklung. Was hier aus den Erzeugnissen von rund 250 regionalen Produzentinnen und Produzenten in der offenen Küche der alten Lagerhalle als zeitgemäße norddeutsche Küche im großen Stil (150 Plätze innen, 40 weitere auf der Terrasse) gekocht wird, kann sich sehen lassen: Vom belegten Rundstück oder dem großen Markthallenfrühstück mit Räucherfisch und Porridge über die feinen Senfeier oder das klassische Hühnerfrikassee mit Erbsen und Möhren zum „Middach" bis zu ambitionierteren Kreationen wie dem Koji-marinierten Fischfilet vom Grill auf lauwarmer Feldsalat-Emulsion. Hier stimmt die Richtung!

Jacobs

Elbchaussee 401–403,
22609 Hamburg
T +49 (0) 40 8225 50
www.jacobs-restaurant.de

- Riccardo Löffler
- Thomas Martin
- Sebastian Russold
- mittags, Feiertag ganztags

Menü 54 / 98 €
Vorspeise 12 / 18 €
Hauptgang 26 / 38 €

Klänge es nicht zynisch, dann könnte man sagen: Thomas Martin war vorbereitet. Nicht auf die Corona-Maßnahmen, die das Restaurant im Nienstedtener Traditionshotel Louis C. Jacob härter trafen als die meisten anderen; es blieb vom ersten Lockdown bis zum Sommer 2021 für auswärtige Gäste fast durchgängig geschlossen. Wohl aber auf das, was folgte. Das Jacob hat sich über die letzten zehn Jahre entwickelt – von einem der exklusivsten Gourmetrestaurants der Stadt zu einem offeneren, beinahe legeren Stil. Von hochkomplexen „Auf 11 Uhr sehen Sie…"-Tellern zu einer soliden, französischen geprägten Küche, die gleichwohl ihr Niveau halten sollte und das auch schaffte. Nun stellt das Jacob vor allem die kulinarische Grundversorgung der Hotelgäste sicher. Man sieht es an der Karte, die um die zwanzig Gerichte verzeichnet, darunter Klassiker à la Wiener Schnitzel, alle zu moderaten Preisen. Ein Menü wird daraus nur auf Nachfrage zusammengestellt. Wir begannen unseres trendkonform: vegetarisch und regional. Die Glückstädter Tomaten mit Ziegenfrischkäse wurden sehr präzise mit Gurkensud, Hamburger Honig und einem Hauch Estragon abgeschmeckt. Man könnte höchstens fragen, ob Tomaten eine Stärke des Nordens sind. Ausgezeichnet eingekauft war das Kalbfleisch, das uns im Menü zweimal begegnete: als elegantes, exakt geschnittenes Tatar mit Zwiebelcroûtons, Kerbelcreme und einem gebackenen Ei. Und später als perfekt geschmorte Schulter mit Kartoffelpüree und Rotweinjus, dezent aufgefrischt durch Kapern, Zitrone und leicht gebratenen Kopfsalat. Hier ist deutlich zu schmecken, welches Ziel sich das Jacobs setzt: grundsolide, fast schon bürgerliche Küche mit besten Zutaten, akkurater Technik und einem Hauch Finesse. Das macht Spaß – auch dann, wenn mal ein Seeteufelfilet etwas wässrig schmeckt und die angegossene Beurre blanc, die Thomas Martin so gut beherrscht, eine Spur zu sauer. Vor Redaktionsschluss wurde bekannt, dass das Hotel und seine Schwesterbetriebe einen neuen Miteigentümer, die Rewe-Gruppe, haben. Das dürfte mit Umstellungen einhergehen. Um so bewundernswerter, dass Küche und Service den Gast kaum etwas davon spüren lassen.

Hamburg

Jellyfish

Weidenallee 12, 20357 Hamburg
T +49 (0) 40 4105 414
www.jellyfish-restaurant.de

- Patrick Ufer
- Stefan Fäth
- Mi, Do, Fr, Feiertag mittags,
  Mo, Di ganztags

Menü 105 / 179 €

Das Jellyfish ist ein Unikum unter den Hamburger Fischrestaurants: weit weg vom Wasser im alternativen Schanzenviertel. Weit weg auch von Pannfisch oder dem halben Hummer mit Cocktailsauce. Hier wird versucht, Seafood auf der Höhe der Zeit zu präsentieren: aus nachhaltiger Fischerei und mit Gourmetanspruch. Stefan Fäth ist seit Herbst 2019 mit neuer Mannschaft hier, nachdem der Vorbesitzer aufgegeben hatte, entnervt von Vandalismus. Kein guter Moment, um zu starten, wie man jetzt weiß. Doch das kleine, knorrig eingerichtete Lokal ist noch da, erweitert um einige Außenplätze für Gäste, die Stadtleben mögen. Die Einstiegspreise sind spürbar gefallen (verkürztes Basismenü, günstiger Mittagstisch). Aber wer sich das volle Programm gönnt, bekommt nach wie vor eine Menge geboten – vom sehr guten hausgebackenen Brot in gleich drei Sorten bis zu etwas neureichen Küchengrüßen mit Goldblatt und Kaviar. Vom Primat der Fischgerichte hat Fäth sich ein wenig befreit. Man bekommt jetzt auch mal zwischendurch ein „Barbecue"-Kalbsbries, tatsächlich gegrillt und mit Himbeerlack überzogen. In Verbindung mit Pfifferlingen und einer Sauce riche eine bewusst unzarte, aber reizvolle Kombination. Auch bei Fisch sucht die Küche den Effekt: guter roher Hamachi mit Schwarztee, Bergamotte-Perlen und Puffreis. Die Jakobsmuschel geröstet mit geeister Grapefruit, Wasabischaum und der algigen japanischen Würzmischung Furikake. Das alles ist handwerklich anspruchsvoll auf der Basis sehr guter Produkte (nach wie vor komplett aus Wildfang). Und die Seezunge wird dann doch nicht mit Hitze angegangen, sondern behutsam pochiert. Bei der spanischen Begleitung aus Felsenpulpo, Avocadoperlen und einem Chorizoschaum fragten wir uns allerdings doch, ob es mit einem Seeteufel nicht stimmiger gewesen wären. Stefan Fäth, früher im Seven Seas, war erst 26, als er das Jellyfish neu eröffnete. Es verdient Respekt, dass er es in schwerer Zeit schaffte, das hohe Niveau zu halten, das man mit diesem Namen verbindet. Den Service leitet Patrick Ufer, auch er vormals auf dem Süllberg. Er betreut die Gäste mit angenehmer Leichtigkeit und macht auch dann eine gute Figur, wenn er eine Fliege aus dem Weinglas bugsiert.

L'Europeo

Osdorfer Weg 27, 22607 Hamburg
T +49 (0) 40 8992 138
www.leuropeo.de

Niemand kommt an dieser Ecke nahe der Autobahn durch Zufall vorbeigeschlendert und das Äußere lässt nicht erahnen, dass sich hier ein von der Gesellschaft des Hamburger Westens hochgeschätzter Italiener verbirgt. Wenn der Patron das Angebot vorträgt, muss man sich konzentrieren und sollte wissen, dass es nicht günstig wird. Aber dafür spielen die italienischen Klassiker von gefüllter Pasta (zum Beispiel Plin al Tartufo: handgewickelte Kissen mit Fonduta und Trüffel) über Ossobuco bis Seeteufel Livorneser Art eine Liga über dem, was man andernorts unter diesen Namen kennt.

Lakeside

Fontenay 10, 20354 Hamburg
T +49 (0) 40 6056 6057 40
www.thefontenay.de

- Michel Buder
- Julian Stowasser
- Stefanie Hehn
- mittags, Mo, So, Feiertag ganztags

Menü 169 / 189 €

Hier oben, im luftig-lichten Halbrund hoch über der Alster, sitzt man herrlich! Weit schweift der Blick über die Stadt und voller Vorfreude über den Tisch, auf dem drei Miniaturen zur Begrüßung – Hamachi-Tatar mit gerösteten Mandeln, Mandelemulsion und Ceviche-Sud; eine Gänseleberpraline mit Macadamia-Kern und Passionsfrucht sowie eine Tartelette mit Kräutersaitlingen und roten Zwiebeln, Pilzemulsion und Créme-fraîche-Gelee – die weitere Richtung vorgeben: handwerklich aufwendig, klassisch fundiert, süffig. Verantwortlich zeichnet seit März 2020 Julian Stowasser, der mit dem Bareiss in Baiersbronn, dem Aqua in Wolfsburg und dem Atelier im Bayerischen Hof bedeutende Stationen hinter sich hat. Entsprechend hoch waren von Anfang an die Erwartungen an ihn – und sie wurden nicht enttäuscht, die Handschriften der großen Küchenchefs an seiner Seite zogen (und ziehen) sich wie ein roter Faden durch die Menüs. Außerdem eine Neigung zur aromatischen,

© The Fontenay Hamburg

texturellen, optischen Opulenz, die wir auch jüngst wieder empfanden. So wurde beispielsweise eine kleine Tranche vom schottischen Lachs (gebeizt, kalt geräuchert, geflämmt) im Amuse gleichzeitig von mariniertem Eiskraut, einer Sesam-Mayonnaise, geröstetem Sesam, Shiso-Kresse, Passionsfruchtgel sowie einer Dashi-Beurre-blanc mit grünem Shiso-Öl begleitet – was dank der schönen Qualität des Fischs und einem feinen Säurespiel stimmig gelang. Weniger überzeugend dagegen die folgende Königskrabbe, deren zartes, aromatisches Fleisch – dramatisch unter ihrem Panzer präsentiert – mit einer etwas kleinteiligen Versammlung von Kohlrabi-Röllchen mit Krabbentatar, einer Kräuteremulsion, Krabbenbrot, einem frischen Zitrussud und einer kräftigen Krustentiermousse in Steinform (aus in jeglicher Hinsicht geschmackloser Kakaobutter) keine rechte Verbindung eingehen wollte. Die reine Freude dann bei einem gebratenen St. Petersfisch von traumhaftem Geschmack und idealem Garpunkt – gebraten und von einer kleinen Knochenmarkkruste bekrönt, elegant gehoben durch eine Kohlrabi-Vinaigrette mit gewürfeltem Granny Smith und schmeichelnd eingefasst von einer Schnittlauch-Mayonnaise und einer molligen Vadouvan-Beurre-blanc. Sehr schön! Vor allem der Mut zur Würze. Ein Lob, das wir im Folgenden auch uneingeschränkt einem punktgenau gebratenen Rehrücken an einem Duett von dichter Rehsauce und fruchtigem Zwetschgensud mit Wacholderöl sowie einer rosigen Taubenbrust mit einem kleinen Haselnuss-Risotto und einem Crostino von Blutwurst und Birne aussprechen müssen. Und natürlich der kenntnisreichen Weinbegleitung von Sommelière Stefanie Hehn und dem elegant-aufmerksamen Service unter Michel Buder.

Matsumi

Colonnaden 96, 20354 Hamburg
T +49 (0) 40 3431 25
www.matsumi.de

🔒 mittags, Mo, So ganztags
Menü 69 / 109 €
Vorspeise 9 / 53 €
Hauptgang 29 / 59 €

Hamburgs Nippon-Klassiker schlechthin, in der Flaniermeile Colonnaden gelegen, aber dort etwas versteckt im ersten Stock. Seit Jahrzehnten ist das puristisch eingerichtete „Matsumi" ein Garant für unverfälschte japanische Küche, ohne Anpassung an europäische Geschmacksgewohnheiten: in Zedernkistchen geformte Oshi-Sushi, Sashimi Toro mit Thunfischbauch, Usuzukuri mit weißem Fisch nach Art des Fugu-Kugelfisks, Grüntee-Reis-Suppen. Und wo sonst bekäme man Washi Nabe, das einst in japanischen Badehäusern servierte Fondue, in einem Papiertopf über offenem Feuer?

HAMBURG

Memory

Sülldorfer Landstraße 222,
22589 Hamburg
T +49 (0) 40 8662 6938
www.memory.metro.bar

 mittags, Mo, So, Feiertag ganztags
Menü 39 / 99 €

Das Restaurant der Familie Hagemann im beschaulichen Stadtteil Sülldorf könnte man fast einen Landgasthof nennen, gäbe es nicht die gute S-Bahn-Anbindung zur Hamburger City. Die Auswahl an Gerichten beschränkt sich auf ein monatlich wechselndes Menü, zur Wahl stehen beispielsweise Thai-Curry mit Maispoularde, geschmorter Kalbstafelspitz oder Ochsenbäckchen mit Ratatouille. Manche Zutat kommt aus dem eigenen Garten und Küchenchef Heiko Hagemann ist stets offen für Sonderwünsche.

Nikkei Nine

Neuer Jungfernstieg 9–14,
20354 Hamburg
T +49 (0) 40 3494 3399
www.nikkei-nine.de

 Matthias Förster
Song R. Lee
Sa, So, Feiertag mittags
Menü 79 / 115 €
Vorspeise 9 / 54 €
Hauptgang 36 / 129 €

Unter den mehr als einem Dutzend japanischen Restaurants und Garküchen in der Hansestadt ist das Nikkei Nine schon etwas Besonderes. In seiner offenen Küche mit ihrem Robata-Grill verbinden sich japanische und peruanische Kochtraditionen, Zutaten und Gewürze. Als in der zweiten Hälfte des 19. Jahrhunderts viele Japaner zum Eisenbahnbau und zur Arbeit in der Landwirtschaft nach Südamerika auswanderten, brachten sie ihre Rezepte mit und kombinierten sie mit den Produkten der neuen Heimat zur „Nikkei" genannten Küche. Das Restaurant im Souterrain des luxuriösen Hotels Vier Jahreszeiten prunkt geradezu mit opulentem Dekor in Bernstein-, Gold- und Cremetönen, mit raffiniertem Beleuchtungskonzept und einer doppelseitigen Bar mit Wasserspielen. Die freundliche Beratung empfiehlt einen in tönernem Wasserbad gewärmten, samtigen Urakasumi „Zen" Sake, der zu den gegrillten Austern und den Sushis des mehrgängigen „Family Style Menüs" bestens harmoniert. Köstlich geriet das Ceviche vom Steinbutt mit Koriander, Nori-Crackern aus Seetang und einer Spur Lachskaviar. Wunderbar kross und dabei saftig präsentierten sich die Tempura-Garnelen, dekorativ mit Zuke-Gurkenstiften und Schleifen von peruanischem Causa-Kartoffelpüree in Szene gesetzt. Den zarten, auf der Haut gedämpften Patagonischen Seehecht begleitete eine zitronig-scharfe Yuzu-Amarillo-Sauce. Der aufgeschnittenen gereiften Entenbrust, die wir uns etwas zarter gewünscht hätten, verhalfen eine würzige Teriyaki-Sauce und etwas Karotten-Chili-Püree zum runden Geschmackserlebnis. Zum „goldenen" Dessert, einer süßen Dulce-de-leche-Karamellcreme mit geschmeidigem Kokoseis, Kalamansi und Melonenwürfelchen passte der Fukuju-Yuzu-Sake-Likör geradezu perfekt, da ihm die Yuzu-Zitrusfrucht eine süßsäuerliche Note verlieh. In Japan gelten neun Stunden Schlaf als besonders gesund, hat die Zahl Neun für wirtschaftlichen Erfolg große Bedeutung und werden neun Gäste am Essenstisch als ideal angesehen. Insofern kann man die Adresse des Restaurants am Neuen Jungfernstieg 9 nur als gutes Omen ansehen.

Osteria da Francesco

Milchstraße 2–4, 20148 Hamburg
T +49 (0) 40 2530 4380
www.da-francesco.de

Menü 45 / 60 €

Bewährt anspruchsvolle italienische Küche findet man in diesem Ristorante im Stadtteil Pöseldorf. Auch neue Gäste fühlen sich hier schnell heimisch, dafür sorgt Padrone Francesco Delvecchio mit seinem angenehm zurückhaltenden Charme. Aus der Küche kommen Hausklassiker wie gegrillte Calamaretti al limone oder Spaghetti mit Garnelen und Chili – und Feines, das je nach Saison ein wenig variiert wird, zum Beispiel handgemachte Kalbsschwanz-Ravioli mit Steinpilzsauce oder Filet vom Wildfang-Steinbutt mit Trüffeljus. Man sitzt bequem im stilvoll gestalteten Inneren oder auf der Terrasse.

Petit Amour

Spritzenplatz 11, 22765 Hamburg
T +49 (0) 40 3074 6556
www.petitamour-hh.com

- Mathias Mercier
- Boris Kasprik
- Mathias Mercier
- mittags, Mo, Di, So ganztags

Menü 189 / 207 €

Das kleine Lokal am Spritzenplatz kennen selbst viele Bewohner des Stadtteilquartiers Ottensen nicht. In direkter Nachbarschaft zu einer griechischen Taverne, einem Barber Shop und einer Tortenmanufaktur wird französische Küche zelebriert. Der gebürtige Hamburger Boris Kasprik demonstriert in seinem Restaurant schon beim Apéro eindrucksvoll sein Verständnis von einer modernen Interpretation der klassischen französischen Küche. Ein knuspriges Minihörnchen, gefüllt mit aromatischem Tatar und getoppt von einem pochierten Wachtelei, dazu eine milde Ziegenkäsepraline unter geschmolzenen roten Zwiebeln und dazu ein krosses, noch lauwarmes Kartoffelkissen, zu dem ein Löffelchen mild-nussiger Imperial-Kaviar angenehm kontrastiert. Beim darauffolgenden Amuse-Bouche mit Hummer-Karotten-Variationen nähert er sich den Grenzen der von seinen Gästen nachvollziehbaren Geschmacksvariationen mit Stückchen vom bretonischen Hummer und feingewürfelten Karotten im Hummersud, Hummer auf Karottenmus, Hummerravioli, in Karottenessenz marinierter Hummer oder auf-

HAMBURG

geschäumter Sauce von hellen Karotten. Auch die Terrine von der Foie gras mit jungen Erbsen, Pfifferlingen und hausgebackener Brioche kommt grandios daher. Eine Foie gras in Dreiecksform stützt einen hochkant im Schachbrettmuster von Foie gras und Erbsenpüree aufgebauten Riegel, den feine gebratene Pfifferlinge von der einen Seite stabilisieren. Das Karomuster setzt sich auf dem Teller mit Erbsenstaub dekorativ fort. Auch der Geschmack kann gefallen, bleibt jedoch blasser als der spektakuläre Anblick. Wunderbar auf den Punkt der pochierte Steinbutt „vom kleinen Fischerboot gefangen" auf Kartoffelmousseline, mit einzelnen dicken Bohnen in einer Nage von Bohnenkraut und mit einer kaum wahrnehmbaren Hintergrundsüße. Kleine feine Desserts zum Abschluss, darunter eine kräftig schmeckende Zitronentarte als nachgebildete Zitrone mit Sorbet vom Fromage blanc und Stachelbeeren. Gute Weinberatung, ordentlicher Service.

Piment

Lehmweg 29, 20251 Hamburg
T +49 (0) 40 4293 7788
www.restaurant-piment.de

- Hicham Khabbaz
- Wahabi Nouri
- Hicham Khabbaz
- mittags, Mi, So, Feiertag ganztags

Menü 95 / 155 €
Vorspeise 28 / 32 €
Hauptgang 38 / 48 €

In Eppendorf herrschen Flair, Chic und eine im Sommer fast mediterrane Stimmung. Das Piment passt da perfekt hinein. Ein Restaurant, das schon derart lange (mehr als 20 Jahre!) zur gastronomischen Elite Hamburgs gehört, dass man sich eine Stadt ohne Wahabi Nouri und seine Brigade kaum vorstellen kann. Von den Speisen lenkt in dem kleinen Restaurant mit der hübschen Terrasse nicht viel ab: Die Dekoration ist überschaubar, der freundliche Service arbeitet effektiv, die Weinkarte ist gut, wenngleich nicht sensationell. Küchenchef Nouri, ein Wohlfahrt-Witzigmann-Schüler, spielt auf routinierte und unverwechselbare Weise mit nordafrikanischer Würze, die er mit klassischen französischen Traditionen mischt. Das zweiteilige Amuse-Bouche besteht aus einem gelungenen Zwiebeltörtchen (Teigkissen, Majoran, Zwiebelkompott) und einer zupackenden Kombination aus Erbseneis, Spargelschaum und marinierten Kartoffeln. Wenn einer Gemüse beherrscht in Hamburg, dann Nouri. Ist zu spüren beim Karottenpesto zum Brot. Lässt sich erschmecken bei den zwiebeligen Beigaben zur Bio-Foie-gras. Die ist nicht süß abgeschmeckt, wie anderswo, sondern würzig mit Gelee und Eis und grünen Oliven, die Sphären enthalten kraftvolle Korianderpaste. Noch besser gelingt Gang Nummer zwei: eine Gemüsetarte mit hauchdünnem Teigboden, gelben Zucchini, Auberginen und herrlichen, intensiv würzigen Tomaten. Exzellentes Handwerk ist auch beim zu einer Roulade geformten und als Scheibe gereichten Bachsaibling mit Paella-Aromen zu bewundern: Die krustige Reis-Beilage begeistert, Paprika sorgt für Würze, Oktopus und Kaisergranat sind perfekt gegart. Gemüse-Couscous mit Orangenblütenschaum hat Kraft, ohne ein Geniestreich zu sein. Dafür ist die Etouffée-Taube (saftige Brust, Innereien-geprägte Farce im Brikteig) ein Highlight im Nouri-Stil: Die Sauce entfacht ein Gewürzfeuerwerk, die Maisbeilagen sind nett. Noch Potenzial haben die Süßigkeiten: glasierte Kirschen mit Limonenblättereis und einer Art Crème brûlée lassen Spannung vermissen, der neckische Gewürzapfel (fruchtige Farce im weißen Schokomantel) wirkt etwas zu süß.

Restaurant Haerlin

Neuer Jungfernstieg 9–14,
20354 Hamburg
T +49 (0) 40 3494 3310
www.restaurant-haerlin.de

- Marius Jürke
- Christoph Rüffer
- Christian Scholz
- mittags, Mo, So ganztags

Menü 215 / 295 €

Da mag Jan Hartwig seinen Abschied vom Bayerischen Hof nehmen und Hendrik Otto dem Adlon den Rücken kehren, da mag Brenners Park-Hotel auf Burger und Steaks setzen und der Frankfurter Hof die Servicezeiten seines „Français" auf blamable drei Services zusammenstreichen – am Neuen Jungfernstieg bleibt alles beim guten Alten: vom eleganten Rahmen über den geschliffenen Service, vom klassisch sortierten Weinkeller bis zu den opulenten Blumenbouquets. Und natürlich vom Amuse-Bouche bis zu den herrlichen Petits Fours aus der Haerlin-Patisserie! In seinem zwanzigsten Jahr in der Kellerküche des nach wie vor unangefochten ersten Hauses der Hansestadt kocht Christoph Rüffer souveräner denn je zuvor: klassisch, reduziert, voller Geschmack und ohne jede Effekthascherei. Die handwerkliche wie geschmackliche Latte legten bei unserem jüngsten Besuch bereits die Einstimmungen zur Begrüßung hoch: Würze und Kraft beim gewürfelten Thunfischbauch mit Avocadocreme, eingelegtem Rettich und Seegrasvinaigrette; hauchzarte Finesse bei einem zuerst knusprigen und dann schlagartig fast flüssigen Rosenbaiser mit Gänseleber und Altländer Kirsche; große Eleganz und feine Rustikalität bei einer Kartoffelschnecke mit geröstetem Aal und Roter Bete. Ausgezeichnet! Eine kleine Spielerei erlaubte sich Rüffer anschließend bei der ersten Vorspeise, in der er eine klassische Gänseleberterrine mit einem karamellisierten Filoteig-Blatt belegte und dieses mit einem Jakobsmuschel-Carpaccio und Périgord-Trüffeln krönte. Dazu eine lauwarme Trüffelvinaigrette von exakt dosierter, feiner Säure als perfekten Kontrast zur Opulenz der Leber, zu Schmelz und Süße der ausgezeichneten Jakobsmuscheln. Noch besser gefiel uns, was sich nach diesem Gang wie ein roter Faden durch das Menü zog: das erkennbare – und erfolgreiche! – Bemühen, die besten verfügbaren Produkte so klar wie möglich in ihrer spezifischen Qualität zu präsentieren, sie einzufassen und zu heben – konzentriert, fast puristisch. Beispielhaft eine Interpretation des Roten Carabineros mit Austernemulsion, Imperial-Kaviar und einem Kombu-Beerentee, die das großkalibrige, optimal gegarte, hocharomatische Krustentier knackig-glasig mit einem Lack aus den Innereien des Kopfes geschmacklich intensiviert, durch Kaviar und Austernmineralik elegant gewürzt und durch den fruchtigen Sud

von zartem Umami (Kombu, Bonitoflocken, Himbeeren, Erdbeeren, Reisessig) perfekt eingefasst präsentierte. Großartig! Nicht anders erging es einem blütenweißen, saftigen Stück vom schweren Steinbutt aus Noirmoutier, in Limonenöl confiert und anschließend geröstet, mit karamelligem Kohlrabipüree, einem schmeichelnden Wacholder-Nussbutter-Schaum, würzigem Brunnenkresseöl und einer Limonen-Vinaigrette, die mit ihrer prägnanten, fruchtig-frischen Säure den kompletten Teller zum Schweben brachte. Da es den folgenden fleischlichen Genüssen – kursorisch: Miyazaki-Wagyu mit Tamarinden-Hollandaise und einer traumhaft dichten Jus mit Japanischem Bergpfeffer; rosige Dombes-Entenbrust in Trüffeljus – ebenso erging und selbstverständlich auch das Dessert keine ätherischen Nichtigkeiten versammelte, sondern eine so harmonisch-wohlschmeckende wie spannungsreiche Verbindung einer Tahiti-Vanillecreme mit Mangosorbet und -ragout, Granatapfelkernen und einer Olivenölemulsion, karamellisiertem Reis, Limonenkresse und Quinoaperlen bildete, bleibt nur zu konstatieren: Man kann anders in diesem Land essen – aber keinesfalls besser!

Restaurant Landhaus Scherrer

Elbchaussee 130, 22763 Hamburg
T +49 (0) 40 8830 70030
www.landhausscherrer.de

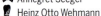 Annegret Seeger
 Heinz Otto Wehmann
 Florian Fiermann
So, Feiertag ganztags
Menü 89 / 129 €

Traditionsadresse an der noblen Elbchaussee mit treuem Stammpublikum. Gediegenes Interieur Ton in Ton, mit beigen Wänden, ockerfarbenem Teppich und rotbezogenem Sitzpolstern. Weitere Plätze draußen auf der sonnenbeschirmten Terrasse, die zum Teil auch vom benachbarten Wehmanns Bistro genutzt wird. Kulinarische Überraschungen sind auf der Speisekarte eher Mangelware. Dafür überzeugt verlässlich hohe Qualität von Produkten und Zubereitung, vor allem bei Klassikern, wie der krossen Vierländer Ente oder der tadellosen Seezunge. Das geeiste Gurkensüppchen mit Büsumer Krabben kommt als schlichter Gruß aus der Küche, der sich jedoch, bestens abgeschmeckt, als besondere aromatisch Erfrischung erweist. Wunderbar auch die Erbsensuppe, sehr fein püriert und durchgestrichen, angereichert von einigen knackigen ganzen Erbsen. Zwei kleine Portionsstückchen vom geräucherten Heilbutt verleihen ihr eine leicht rauchige Note. Beim (recht teuren) Rückenstück vom Steinbutt, am Tisch filetiert, zeigte sich die Meisterschaft der Küche, die auch ohne ein Dutzend weiterer Komponenten und Gewürze auskommen kann. Gerade richtig gegart, zart und dennoch fest, dazu etwas Apfel-Wasabi-Gel, frisch geriebener Meerrettich, Salzkartoffeln und geschmolzene Butter, mehr braucht es nicht für ein vorzügliches Fischgericht. Auch das Dessert, ein leicht säuerliches Rhabarberkompott, konnte gefallen. In ihm „schwammen" zwei kleine, fluffige Quarkknödel. Eine Kugel vom mit echter Vanille hergestellten Eis balancierte den Geschmack mit seiner köstlichen süßen Note aus. Der teilweise betont lässige Service konnte da nicht mithalten. Es wird schon mal quer über den Tisch gelangt, das Monieren der angetrockneten Brotbeilage schlicht mit einer flapsigen Bemerkung abgetan oder die Dessertkarte nur auf Nachfrage präsentiert.

HAMBURG

Restaurant Nil

Neuer Pferdemarkt 5, 20359 Hamburg
T +49 (0) 40 4397 823
www.restaurant-nil.de

🔒 mittags, Feiertag ganztags
Menü 45 / 59 €
Vorspeise 3 / 17 €
Hauptgang 21 / 26 €

Am Neuen Pferdemarkt sitzt man auf drei stilvoll eingerichteten Ebenen mit Kronleuchtern oder draußen auf der Terrasse. Serviert wird eine saisonale Gourmet-Küche mit mediterranen Akzenten, zum Beispiel Taglierini mit gezupfter Entenkeule, Kürbis, Paprika, Speck und Olivenstaub oder gebratenes Filet vom Atlantik-Barsch mit Kohlrabi-Grünkohl-Kraut, Rouille-Kartoffeln und Hummerschaum. Zusätzlich zur À-la-carte-Auswahl gibt es ein monatlich wechselndes Vier-Gänge-Menü für 45 Euro – von Sonntag bis Donnerstag sogar für 39 Euro, falls alle am Tisch es bestellen.

Rive

Van-der-Smissen-Straße 1,
22767 Hamburg
T +49 (0) 40 3805 919
www.rive.de

🔒 Mo ganztags
Menü 55 / 65 €

Das von Yvonne und Alexander Tschebull betriebene Restaurant besticht allein schon durch seine Lage und das Ambiente. Der Blick von der Terrasse auf den Hafen ist spektakulär und das weitläufige Innere mit seinem dezenten Schick ein idealer Ort für einen stimmungsvollen Abend. Die Küche wartet von Hausklassikern wie der Bouillabaisse über Trendiges wie Krustentier-Ceviche bis zu Hummer, Wolfsbarsch und Seezunge mit nahezu allem auf, was aus dem Wasser kommt und schmeckt. Ein Erlebnis für zwei: die Meeresfrüchte-Etagere de luxe zum Preis von 145 Euro.

Salt & Silver Lateinamerika NEU

Hafenstraße 136–138, 20359 Hamburg
T +49 (0) 173 4274 266
www.saltandsilver.de

🔒 mittags, Mo, So ganztags
Menü 74 / 74 €

Von den drei Restaurants der Macher von Salt & Silver (zwei in Hamburg-St. Pauli, eins in St. Peter-Ording) widmet sich dieses der lateinamerikanischen Küche. Das Konzept: Casual Fine Dining, inspiriert von mexikanischem und peruanischem Streetfood. Es gibt Tagesfang-Ceviche mit Habanero-Chili, Mango, Süßkartoffel und Koriander oder Taco mit Schweinebauch, Ananas, Adobo und Zwiebel – und als Dessert ein Dulce mit Pisco, Limette, Angostura und Zimt. Die Betreiber beziehen viele Gewürze direkt von lateinamerikanischen Importeuren, bauen aber auch Chili, Gemüse und Kräuter selbst an, in einem Gewächshaus im Norden Hamburgs.

Se7en Oceans

Bewertung ausgesetzt

Ballindamm 40/Europapassage,
20095 Hamburg
T +49 (0) 40 3250 7944
www.se7en-oceans.de

- Guillaume Boullay
- Stefan Beiter
- Guillaume Boullay

Eine traumhafte Lage hoch über der Europa-Passage mit Panoramablick auf den Jungfernstieg und über die Binnenalster zu Füßen schützt nicht vor Wasserschäden. Nach Corona-Lockdown kam die Renovierung und nun Durchfeuchtungen in großem Stil. Das Jahr 2021 hätte für das Se7en Oceans kaum schlechter laufen können. Im Laufe des Jahres soll alles wieder besser werden. Mit mediterraner Küche und kreativen Fisch- und Seafoodgerichten.

Stüffel

Isekai 1, 20249 Hamburg
T +49 (0) 40 6090 2050
www.restaurantstueffel.de

Mi, Do, Fr, Sa, So mittags,
Mo, Di ganztags
Menü 39 / 60 €
Vorspeise 9 / 16 €
Hauptgang 22 / 42 €

Das Servieren von Wiener Schnitzeln ist abends auf zwei pro Tisch limitiert, so begehrt scheint der Hausklassiker in dieser gutbesuchten Eppendorfer Location inzwischen zu sein – kein Wunder, denn er wird hier genauso zubereitet, wie es sein soll. Auch das Rindertatar ist ein Dauerbrenner, der nicht von der Karte weicht. Fischfreunde werden mit Label-Rouge-Lachs oder weißem Heilbutt mit Sesamkruste, Süßkartoffel, Pak Choi und Lauch-Vinaigrette glücklich. Im Sommer sitzt man auf der Terrasse am Kanal, von dort geht es auch zum hauseigenen Verleih von Booten und Stand-Up-Paddling-Boards.

Hamburg

The Table
Kevin Fehling

Shanghaiallee 15, 20457 Hamburg
T +49 (0) 40 2286 7422
www.the-table-hamburg.de

 David Eitel
 Kevin Fehling
 David Eitel
🔒 mittags, Mo, So, Feiertag ganztags
Menü 240 / 240 €

In Japan selbstverständlicher Teil gastronomischer Hochkultur, hierzulande auf diesem Niveau einzigartig: das gemeinsame Essen an einem Counter – diese besondere Atmosphäre des geteilten Tisches, Privatheit und Gemeinschaft zugleich, dazu der Blick auf die kulinarische Inszenierung. Nach wie vor ist Kevin Fehlings nun bereits vor sieben Jahren eröffneten Restaurants in der HafenCity eine kulinarisch-architektonische Attraktion der Stadt, ein zeitlos schöner Raum, ruhig und klar ohne kühl zu sein, von großer Eleganz ohne jede Opulenz – Filz, Beton, Edelstahl, Holz –, in gewisser Weise ein Restaurant gewordenes hanseatisches Ideal. In Wellen läuft der Counter um die Küche, dahinter arbeiten in Ruhe und voller Akribie Fehling und sein Team und man ahnt, wie viel Planung und Präzision es erfordert, all die komplexen Miniaturen vorzubereiten, die im Laufe des Service so leicht zusammengefügt werden: der zarte japanische „Taco" zum Einstieg (Algenkrokant, Thunfischtatar, Wasabi- und Reiscreme, eingelegter Rettich, Sushi-Ingwer, Fingerlimes), „Birnen, Bohnen und Speck" als Macaron von angenehm dezenter Süße zum Türmchen geschichtet (Birnenbaiser, Yuzu-Mayonnaise, Bohnengelee, Birnenscheibe, geflämmter Schweinebauch, Bohnenkraut), der fluffige „Indian Summer Bun" mit geschmortem Tandoori-Rind und gepickelter Gurke, die cremige „Carbonara"-Melange von Basilikum-Petersilien-Püree, Risoni-Nudeln, Parmesan-Espuma, Ei und Speck-Crumble. Zart ist das alles und dezent, fast ein wenig zu zurückgenommen, handwerklich hochpräzise und wunderschön anzusehen. Gerade, als wir noch darüber grübeln, ob das Attribut „feminin" heute noch zulässig ist, lässt Fehling kulinarisch den Gong ertönen: „Nordsee 2.0" versammelt geflämmte Makrele, rohen Kaisergranat, Nordseekrabben, Vongole, Saiblingskaviar, Salty Fingers, Matsubatake-Algen, Oysterleaves zu einem komplexen Panorama der jodig-mineralischen Aromen des nördlichen Meeres, knusprig und schmelzig – perfekt kontrastiert durch frische Yuzugurke und Misovinaigrette, Zitrusgelee und würzige Dillperlen. Ganz großes Kino! Spannungsreich, komplex und klar zugleich, mit jeder Gabel interessant und ganz nebenbei: mutig, wenn Fehling die kleinen grauen Crevetten mit Panzer auf den Teller legt und damit die das Texturspektrum nochmals erheblich erweitert. Zurück ans Land geht es anschließend mittels einer Interpretation der ungestopften Gänseleber (als Eis und wunderbar fester Terrinenriegel) in Kombination mit Räucheraal (Filet und Mousse) und Ananas (roh und als Gelee) in einem Apfel-Estragon-Sud mit rosa Pfefferkörnern und Mandeln. Waren wir in der Vergangenheit auch nicht immer ganz glücklich mit Fehlings oft ziemlich stark bearbeiteten Gänseleber-Gerichten, gefiel uns diese Vorspeise in ihrer Klarheit und Natürlichkeit vom Prinzip her sehr gut, auch wenn die Aalmousse und das Ananasgel aromatisch ein wenig blass wirkten und vom Mundgefühl wenig attraktiv. Eine Mäkelei, die wir angesichts eines hochsüffigen Traums vom blättrigen Kabeljau unter einem Berg von Kaviar auf Kressepüree und samtigem Champagnerschaum – begleitet von feinsäuerlicher Kabeljau-Ceviche mit Senfeis und Roter Bete – schlagartig wieder vergaßen. Eines der schönsten Gerichte der aktuellen Testsaison! Herrliche Produktküche auch beim folgenden Carabinero mit Ponzu-Dashi und Zitronenhollandaise und dem endlich einmal in allen Details vom Garpunkt bis zur Proportion perfekt umgesetzten Klassiker „Rinderfilet Rossini" im Hauptgang (Entenleber, Trüffeljus, Artischocke, Béarnaise; à part die geschmorte Schulte unter Kartoffel-Espuma und einer eher dekorativen Trüffelrosette). Wir freuen uns aufs nächste Mahl!

Tigre

Nernstweg 32–34, 22765 Hamburg
T +49 (0) 176 22891575
www.tigre-hamburg.com

mittags, Mo, So, Feiertag ganztags
Vorspeise 8 / 16 €

Das Tigre nahe dem Bahnhof Altona zeigt Sinn für die explosive Vielfalt der peruanischen Küche. Hier kommt so manches auf den Tisch, das Deutsche angeblich nicht mögen, von Lammherz bis Kalbsbries. Gewürzt wird mit Orange-Kombucha-Granatapfel-Dressing, Maracuja-Mayonnaise, Erdnuss-Schafskäse-Sauce. Ceviche bekommt man meist in einer verspielten und einer klassischen, ernsthaft scharf-sauren Variante. Die vorspeisengroßen Teller eignen sich gut zum Teilen – auch deshalb, weil die Aromenfülle ein wenig Abwechslung braucht. Wer zum Essen keinen Cocktail mag, findet eine beachtliche Weinauswahl.

Trüffelschwein

Mühlenkamp 54, 22303 Hamburg
T +49 (0) 40 6965 6450
www.trueffelschwein-restaurant.de

Jana Kinfelt
Kirill Kinfelt
Menü 79 / 99 €
Vorspeise 11 / 21 €
Hauptgang 25 / 33 €

Neues Konzept im Eckrestaurant mit kleiner Terrasse zum Goldbekplatz. Feine Bistro-Küche statt Avantgarde im zunehmend trubeligen Winterhude. Der Gruß aus der Küche mit einem Schälchen Chips und einer geschmeidigen Bärlauchcreme war in Ordnung. Doch als ein Appetithappen, der den Gast auf Weiteres neugierig machen könnte, reichte er nicht. Appetitlich angerichtet und dazu von bester Qualität mundete das feine aromatische Roastbeef vom Kalb mit Sauce Tartare. Doch wurde tatsächlich wie angekündigt Focaccia dazu gereicht oder war es vielleicht ein gut gewürztes geröstetes Ciabatta mit Olivenöl? Die zart geschmorten Bäckchen vom Ibérico-Schwein überzeugten mit kräftigem Geschmack, auch die knackigen Zuckerschoten waren auf den Punkt zubereitet. Allein beim Kartoffel-Schnittlauch-Stampf blieb eine kräftigere kontrastierende Note, die der würzige, leicht scharfe Schnittlauch hätte geben können, kaum betont. Klar, dass in einem Restaurant mit Namen Trüffelschwein auch Trüffel auf der Karte stehen müssen. Die Pasta mit Sommertrüffeln, Parmesan und Schnittlauch geriet köstlich, auch weil die entscheidenden Zutaten von ausgezeichneter Qualität waren und hier der passend dosierte Schnittlauch mit seinem milden Zwiebelgeschmack das würzig-nussige Aroma der Trüffel eher unterstrich. Beim Dessert, Panna cotta mit Erdbeeren, wieder beste Produkte und klare Aromen ohne Küchenartistik. Dafür eine angenehm reichhaltige Portion – ein Vorteil der Bistro-Küche. Zugewandter, gut gelaunter Service.

Tschebull

Mönckebergstraße 7 (Levantehaus),
20095 Hamburg
T +49 (0) 40 3296 4796
www.tschebull.de

- Yvonne Tschebull & Angelo de Marco
- Alexander Tschebull & Christoph Otten
- So, Feiertag ganztags

Menü 49 / 75 €
Vorspeise 14 / 23 €

Wiener Schnitzel, Tafelspitz, Salzburger Nockerln oder Kaiserschmarrn, einige der wichtigsten klassischen Gerichte, die Österreich der Welt geschenkt hat, sind auch auf der Karte des Tschebull im Zentrum Hamburgs zu finden. Rund 100 Gäste finden im modernen österreichischen Traditionslokal von Alexander und Yvonne Tschebull Platz. Halbtransparente Stoffbahnen trennen die miteinander verbundenen Räume voneinander und vom Barbereich. Zur hochwertigen Beisl-Küche mit Wohlfühlatmosphäre, aber ohne künstliche Vornehmheit passt ein aufmerksamer, freundlicher Service. Der bringt als Vorspeise fünf „Ösi-Tapas", kleine Portionen mit modernen Interpretationen österreichischer Kochkunst. Das Tatar vom Weideochsen mit eingeweckten Pilzen und einem Klacks Meerrettichmayonnaise zeigt sich bestens gewürzt. Köstlich geriet auch die süß-säuerliche Rote Bete auf leicht mildem, mit violettem Basilikum und Blaumohnpesto aufgepepptem Bauernjoghurt. Der milde, mit grünem Apfel marinierter Lachs hatte es nicht einfach, sich dagegen zu behaupten. Wunderbar aromatisch dagegen die Parmesan-Schaumsuppe in einem Tässchen, auf dessen Grund winzige geschmorte Auberginen- und Apfelwürfel überraschten. Eine großzügige Portion vom gerade richtig zubereiteten Hirschrücken auf einem Heidelbeerrisotto als Hauptgericht umgaben einige geröstete Wirsingblätter und im Ofen gebackene mild-aromatische Sellerieecken. Dem Risotto hätte ein etwas sparsamerer Anteil von Heidelbeeren und ihrem Saft gutgetan. Kräftig, aber nicht deftig geriet das vegane Schwammerlgulasch mit Blattspinat und Scheiben von würzigen Marillenknödeln, bei dem vor allem die langsam im Ofen gebackenen Auberginenwürfel mit ihrem Rauchgeschmack überzeugen konnten. Zum Dessert wieder ein Klassiker: luftiger, goldgelb gebratener Kaiserschmarrn mit herrlich aromatischem Zwetschgenröster und Vanilleeis. Als Abschluss ein kräftiger Großer Schwarzer, natürlich von Julius Meindl, stilgerecht mit einem Manner-Waffelkeks serviert. Abwechslungsreiche Weinkarte mit vielen österreichischen Weinen, feine Auswahl von Natursäften.

Hamburg

VLET in der Speicherstadt

Am Sandtorkai 23/24,
20457 Hamburg
T +49 (0) 40 3347 53750
www.vlet-speicherstadt.de

Torben Häpe
Denis Ebert
Mo, Feiertag ganztags
Menü 54 / 89 €
Vorspeise 10 / 19 €
Hauptgang 24 / 32 €

Typisch Speicherstadt! In Spitzenlage gegenüber der Hafencity und der Elbphilharmonie, umgeben vom historischen Flair roter Backsteinbauten findet man den Eingang ins Restaurant über der Kibbelstegbrücke. Der Blick von hier oben auf die Fleete (also die Kanäle von Alster und Elbe) und der innen stilsicher restaurierte ehemalige Speicher mit viel Holz, offenen Stahlträgern und Ledermobiliar lässt den Gast sehr gut nachempfinden, wie hier einst Handelsfracht umgeschlagen und gelagert wurde. Auch in der Küche nimmt man Bezug auf Hamburger Hafentradition, denn Chef Denis Ebert serviert ganztägig bodenständige Gerichte mit hanseatischer Attitüde und moderne Interpretationen norddeutscher Rezepte. Beim Klassiker auf der Karte, dem „Pannfisch VLET-Style", genießt man tagesfrisches Filet vom Hamburger Fischmarkt, flankiert von Zitronenkaviar, sautiertem Spinat, Senf-Espuma, gegrilltem Butterlauch und Bratkartoffelpüree. Nicht nur beim Fisch achtet das VLET-Team auf den Einkauf frischer Zutaten von regionalen Anbietern, sondern auch bei saisonalem Gemüse. So kann eine vegetarische Vorspeise, wie der knackige Portulak-Basilikum-Salat mit zweierlei Spargel, einem exquisiten Zitronenchutney und Röstbrot mit geräuchertem Hüttenkäse, locker mit dem gebeizten Heilbutt mit Schnittlauchmayonnaise, eingelegten Buchenpilzen und gegrilltem Frühlingslauch mithalten. Besonders empfehlenswert ist übrigens das VLET-Rindertatar, hübsch dekoriert mit bunten Kartoffel-Chips, gerollten Gewürzgürkchen, getrockneten Kapern, körnigem hausgemachtem Senf und Landei oder das perfekt gegarte, lackierte Flanksteak auf mariniertem Spitzkohl, fruchtigen Johannisbeeren und handgefertigten Pommes. Experimentierfreudige Feinschmecker können die vegane Jakobsmuschel nach Art des Küchenchefs mit Petersiliengraupen und Röstmöhren probieren, denn bei dieser spannenden Kreation kompensieren geflämmte Kräuterseitlinge das Schalentier und in Barbecuesauce marinierter Blätterteig den Bacon.

Wolfs Junge

Zimmerstraße 30, 22085 Hamburg
T +49 (0) 40 2096 5157
www.wolfs-junge.de

- Sascha Ureidat
- Sebastian Junge
- Sascha Ureidat
- Mo, Di, So, Feiertag ganztags

Menü 99 / 99 €

Der Abend beginnt mit einer gepflegten Brotzeit, herzhaftes in der Restaurantküche gebackenes Sauerteigbrot aus siebenjähriger Kultur, selbst geschlagene Butter und beim „Menu Regular" eine Scheibe vom hausgeräucherten Schinken. Das „Menu Vegetar" tauscht letzteren gegen ein aromatisches Rahmkraut in Sesamgebäck aus. Sebastian Junge versteht sein Lokal im adretten Hamburger Stadtteil Uhlenhorst als Bio-Restaurant. Vom Acker und den Stallungen des Biohofs Wilkenshoff im niedersächsischen Hollenstedt, wo Junge auch das Hof-Café betreibt, kommen viele der hochwertigen Zutaten, im ländlichen Hamburg-Ochsenwerder wird eigenes Gemüse angebaut. Die meisten der frisch verarbeiteten Kräuter stammen aus dem biodynamischen Stadtgarten direkt am Restaurant, in dem auch ein Bienenvolk zu Hause ist. Klar, dass fast ausschließlich saisonale Gerichte angeboten werden. Die weißen, in Holundervinaigrette marinierten Spargelspitzen kommen mit einem Klecks Zitronen-Hollandaise daher, dazu verleihen Kerbel und Pfeffer dem grünen, angeräucherten Spargelsalat eine milde Pfeffernote, die durch getrockneter Molke sogar leicht ins Süßliche dreht. Eine hocharomatische Krustentierreduktion ist mit Miesmuscheln, Jakobsmuscheln, Filetstückchen vom Steinbutt und mariniertem Rhabarber zu einer Art nordischer Bouillabaisse aufgewertet. Wie beim Wein gestatteten sich Sebastian Junge und sein Team auch bei einer weißen Schokoladencreme von Original Beans einen Ausflug in entferntere Regionen. Doch mit einem ungemein frischen Sauerkleesorbet, Rhabarbergelee in Streifen und etwas Crumble wird das Dessert fast wieder zu einer heimischen Kreation. Den entspannten, souveränen Service leitet Sascha Ureidat, der schon im Traditionshotel und -restaurant Louis C. Jacob verantwortlich tätig war.

XO Seafoodbar

Paul-Roosen-Straße 22,
22767 Hamburg
T +49 (0) 151 7242 3046
www.thisisxo.de

- Di, Mi, Do, Fr mittags, Mo ganztags

Menü 59 / 99 €
Vorspeise 7 / 69 €
Hauptgang 24 / 79 €

Fabio Haebel hat ein Händchen für gastronomische Erfolgskonzepte, so viel steht fest. Klug durchdacht, passgenau geplant erfüllt er auch mit seiner kleinen Seafoodbar schräg gegenüber seines „Stammhauses" das inzwischen weitverbreitete Bedürfnis nach kulinarischer Substanz in Verbindung mit einem entspannt-unprätentiösen Rahmen, lässigem Service, einem kleinen, animierenden Angebot zu mehrheitsfähigen Tarifen sowie dem klaren Bekenntnis zu weitgehend klimaneutralem, ganzheitlichem, nachhaltigem Wirtschaften. Statt Beliebigkeit bietet die Speisekarte (wie die Getränkeauswahl: Cocktails, Sake, Weine) eine überschaubare, öfter wechselnde Auswahl geradliniger, produktorientierter Teller von schöner Produktqualität, die im Laufe eines längeren Abends gerne wild kombiniert werden können. Zum Start – nach ein paar Scheiben des ausgezeichneten Sauerteigbrots – beispielsweise wilde Austern oder ein Schlag Kaviar, anschließend Saibling mit Wirsing und Joghurt oder eine ausgezeichnete, nordisch gezähmte „Bouillabaisse" mit so großzügiger wie zarter Einlage: Miesmuschel, Heilbutt, Wolfsbarsch. Highlights unseres jüngsten Besuchs: ein kleiner Berg zarter, würzig-knusprig frittierter Ringe vom Pfeilkalmar mit einer Salzzitronen-Mayonnaise und anschließend ein im Schmetterlingsschnitt rustikal ausgebackenes Filet von der Rotbarbe mit einem Klecks Crème fraîche und einer herrlich dichten Fischjus.

Zeik

Sierichstraße 112, 22299 Hamburg
T +49 (0) 40 4665 3531
www.zeik.de

 Maurizio Oster
 Maurizio Oster
 Tobias Greve
 mittags, Mo, So, Feiertag ganztags
Menü 99 / 99 €

Zeik, so hieß in den Neunzigern ein Hamburger Szenelokal. Da machte das Anagramm einen gewissen Sinn. Das neue Haus mit dem alten Namen liegt dem Kiez sehr fern (im bürgerlichen Winterhude). Es ist auch zu zurückgenommen, um Partyvolk anzulocken. Was man hier allerdings findet: Verwurzelung im Lokalen. Maurizio Oster, der junge Besitzer, ist einer der wenigen Hamburger unter den besten Köchen der Stadt. Er arbeitet fast komplett mit Waren aus dem Umland; die bäuerlichen Erzeuger sind auf der Karte vermerkt. Seine Küche unterscheidet nicht zwischen vermeintlichen Edelprodukten und dem, was man günstig bekommt. Wenn er ein Viererlei vom Kohlrabi als Amuse-Bouche serviert, dann setzt er nicht zur Verfeinerung eine Nocke Kaviar drauf, sondern arbeitet mit den Nuancen dieses unterschätzten Kohls – als Mini-Sandwich, als Knusperrolle ... und besonders gelungen als ein Wantan mit Eigelb-Füllung und Liebstöckelmousse. Diese Küche ist leicht dank ihres Gemüseschwerpunkts; selbst wer sich durch alle sieben Gänge des (auf Wunsch fleischlosen) Menüs isst, geht unbelastet heim. Sie ist aber auch erfrischend undogmatisch. Warum nicht mal zwischendurch ein Ausflug in den Süden, mit gut gebratener Taubenbrust und dekonstruierter Gremolata? Die meisten Gerichte sind auf unaufdringliche Art originell. Den Rhabarber gibt es zum ausgezeichneten Reh mit Kerbelwurzel. Den Fenchel wiederum im Dessert, wo er als Ragout und Sorbet mit weißer Schokomousse überraschend gut harmoniert. Froh waren wir besonders, den Überraschungsgang bestellt zu haben. Er erwies sich als geschichtetes Dreierlei vom Huhn: unten ein Ragout von der confierten Keule, in der Mitte ein angefrorenes Parfait von der Leber und zuoberst ein lauwarmer Espuma von der (nun natürlich nicht mehr) krossen Haut. Wären doch alle „Texturen" so dicht und ideenreich! Man genießt diese Küche im kleinen, unprätentiösen Lokal oder neuerdings auf der Terrasse vor einer Jugendstilhäuserzeile. Zu entspannten Atmosphäre tragen nicht zuletzt die fairen Preise bei.

HANNOVER

Bistro Schweizerhof

Hinüberstraße 6, 30175 Hannover
T +49 (0) 511 3495 253
www.schweizerhof-hannover.de

Sa mittags, So, Feiertag ganztags
Menü 40 / 70 €

Küchenchef Marcel Elbruda gelingt in Hannovers Gerichtsviertel ein Spagat. Denn in das Bistro des Crowne Plaza Hotels Schweizerhof zieht es sowohl Anwälte und Geschäftsleute zum schnellen Mittagstisch als auch Genießer, die Zeit und Sinn fürs Feine mitbringen. Ein Dry-aged-Burger und Klassiker wie das Wiener Schnitzel finden hier genauso ihre Abnehmer wie Fjordforellenfilet mit Rucolarisotto, gebackenem Kürbis und Safranschaum oder Filet vom Simmentaler Rind mit Sojaschwarzwurzeln, Parmesankartoffeln und Grünkohlcrunch.

Handwerk

Altenbekener Damm 17,
30173 Hannover
T +49 (0) 511 2626 7588
www.handwerk-hannover.com

Ann-Kristin Wohlfeld
Thomas Wohlfeld
Ann-Kristin Wohlfeld
mittags, Mo, Di ganztags
Menü 110 / 125 €

Im Handwerk geht es solide, freundlich und locker zu. Beim Essen setzt man hier weder auf große Gesten noch auf Aromenspektakel, sondern auf Casual Fine Dining. Obwohl: Eine geflämmte, exzellente Jakobsmuschel unter Buttermilch-Schaum mit Haselnuss verfeinert, bekommt man nicht alle Tage als Gruß aus der Küche. Was die anderen Zutaten betrifft, hat Chefkoch Thomas Wohlfeld ein paar besondere Lieblinge aus der Region, die es wiederholt auf die Karte und damit ins 6-Gänge-Menü schaffen. Weltoffen praktiziert Wohlfeld in allen Gängen seine 3-Komponenten-Küche, die so fast immer die Konzentration aufs Wesentliche zulässt. Meist geht sein Konzept auf, aber ab und an überholt ein Nebendarsteller auf dem Teller das eigentlich fokussierte Produkt. So können wir uns nicht so leicht daran gewöhnen, wenn der Küchenchef seine filigranen Fisch-Gänge mit Rettich oder anderem Wurzelgemüse überdeckt. Zart und von hoher Produktqualität kann dann nämlich eine Fjordforelle weder dem Kohlrabi noch dem Bärlauch geschmacklich die Stirn bieten. Sowohl beim vegetarischen Ensemble von „Blumenkohl, Radicchio und Shiso" als auch beim Hauptgang „Rind, Zwiebel und Kartoffel" gelingt das Arrangement dann aber wieder wunderbar. So schmeckt das Herz, ganz fein gehobelt, schön kräftig-salzig und wird sanft vom cremigen Kartoffelschaum aufgefangen. Auch beim perfekt gegarten Maibockrücken mit hauchdünnen Rübchen und weißen Erdbeeren beherrscht Wohlfeld ebenfalls das Gaumenspiel zwischen Würze und feiner Säure. Als Nachtisch schickt die Patisserie gern herzhaft-süße Kombinationen, die Spaß machen. So sind sowohl das Pré-Dessert als auch „Kopfsalat, Joghurt und Himbeere" eine ganz tolle leichte Alternative zu gewohnten Klassikern. Wer übrigens noch mehr probieren möchte, kann das Menü mit dem Signature Dish des Hauses, einer rohen Roulade mit Rhön-Kaviar und Sake upgraden. Die Weine zum Menü empfehlen wir ganz besonders, denn hier lernt selbst der Kenner spannend ausgewählte aus ganz Europa kennen.

Jante

Marienstraße 116,
30171 Hannover
T +49 (0) 511 5455 5606
www.jante-restaurant.de

 Mona Schrader
 Tony Hohlfeld
 Mona Schrader
🔒 mittags, Mo, So, Feiertag ganztags
Menü 155 / 170 €

Wir seien nicht die Ersten, tröstete man uns, die an die falsche Tür klopften. Wenn jemand schon ein Restaurant in einer ehemaligen Bedürfnisanstalt zwischen Bahndamm und Tankstelle betreibt, dachten wir, dann hat der vielleicht auch Spaß daran, den Eingang nicht zu beschriften, geschweige denn zu öffnen, Szeneclub mäßig. Der richtige Weg führte dann aber doch in den Anbau, eine Art Wintergarten mit durchaus romantischem Parkblick. Die Einrichtung nimmt das Motiv beinahe ironisch auf: Holzteller, Zweige als Deko, Garteneimer als Weinkühler ... Man darf das als Fingerzeig verstehen: Hier wird naturnah gekocht. Küchenchef Tony Hohlfeld geht seine Produkte gern mit vormoderner Technik an. Er dörrt, weckt ein, fermentiert, serviert manche Zutat roh oder ganz unbehandelt. Sehr überzeugend war das beim „Rind" (so spartanische Namen tragen die Gänge des obligaten Menüs) – einem Carpaccio aus dreißig Tage gereiftem Filet mit gerösteten Haselnüssen, ledrig eingekochtem Johannisbeersaft, australischen Wintertrüffeln und Champignons, die zuvor in Liebstöckel mariniert worden waren. Jede Menge Waldaroma, von moosig bis adstringierend, auf diesem so flachen Teller. Zu Hohlfelds neorustikalem Stil gehört, dass er die teure Ware besonders entschieden auf die Probe stellt. Die Tranche vom Steinbutt wurde bei ihm zwei Tage lang im Dry Ager traktiert. Der so quasi verdichtete Fisch, respektloserweise auch noch mit rohen Zwiebeln belegt, vertrug sich dann aber glänzend mit den anderen, unwahrscheinlichen Zutaten – wir nennen hier nur grünes Erdbeerkompott und reduziertes Kochwasser vom Mais. „Wir hatten im Lockdown viel Zeit zum Probieren", sagte uns die Gastgeberin Mona Schrader. Das merkt man und wohltuend kommt dazu, dass Hohlfeld kein Dogmatiker ist. Die Jus zum regionalen Bauernhuhn peppt er mit Grapefruitöl auf. Den begleitenden Radicchio nordet er mit hausgemachtem Rosenwasser ein. Dafür kommt urdeutscher Kopfsalat in die Tortellini zum Vordessert. So eigenständig und einfallsreich wie Hohlfeld kochen nicht viele. Von Fermentieren bis Nose-to-Tail, viele Trends der letzten Jahre arbeitet er beiläufig ein. Oder er versteckt sie sogar in einförmigen, erdfarbenen Gebilden, deren Finesse sich erst beim Kosten offenbart. Vielleicht könnte der nette, aber sehr präsente Service sich mehr von diesem Understatement zu eigen machen. Bei unserem Besuch war ein wenig oft von „unendlich Umami" oder „Gaumenexplosionen" die Rede. Schade auch, dass die acht Gänge des Menüs in einem so brachialen Tempo auf den Tisch kamen, dass wir mit den Weinen dazu kaum hinterherkamen. Sie hätten, wie Speisen, noch mehr Ruhe verdient: ungewöhnliche Gewächse aus Ontario oder Ungarn, von der Chefin meist zielsicher ausgewählt.

Lindenblatt
800 Grad

Schuhstraße 11, 30159 Hannover
T +49 (0) 511 1236 7734
www.lindenblatt-hannover.de/800-grad

🔒 mittags, So ganztags
Menü 59 / 85 €
Vorspeise 9 / 30 €
Hauptgang 32 / 250 €

Die Betreiber verstehen sich als Fleisch-Sommeliers mit angeschlossener Grill-Manufaktur. Bei bis zu 800 Grad Celsius bekommen ausgewählte Stücke im Southbend Grill nicht nur eine schöne Kruste; auch Saftigkeit ist garantiert und der Geschmack des jeweiligen Cuts wird konserviert. Die Auswahl reicht von Bavette- oder Flank-Steaks über Chuck Flap und Teres Major bis zum Flat Iron vom Wagyu-Rind oder fünf Wochen trockengereiftes Porterhouse „Black Label" vom Simmentaler Rind. Saucen, Dips und Beilagen wie Spargel, Pak Choi oder Maiskolben bestellt man individuell dazu.

Schuberts Brasserie

Geibelstraße 77, 30173 Hannover
T +49 (0) 511 8996 3633
www.schuberts-brasserie.de

🔒 mittags, Mo, So ganztags
Menü 39 / 59 €
Vorspeise 11 / 18 €
Hauptgang 16 / 29 €

In geschmackvoll eingerichteten Räumen setzt Inhaber Jan Schubert mit einem jungen Team auf kreativ-verfeinerte und tadellos zubereitete Bodenständigkeit. Aufgetischt wird zum Beispiel Adlerfisch nach Winzer Art mit Weintraubenchutney, Dauphine-Speck-Kartoffel und Sauerkraut oder als typisches Wintergericht Challans-Entenbrust mit orientalischem Rotkraut, Bratquittenragout und Glühweinjus. Bei den Menüs ist auch an Veganer gedacht. Allen Freude macht der Weinkeller mit gereiften Bordeaux, Burgundern oder Beerenauslesen.

Shin • Ramen

Thielenplatz 3, 30159 Hannover
T +49 (0) 511 5474 240
www.shin-foods.com

🔒 So, Feiertag ganztags
Hauptgang 7 / 14 €

Kazuo Ishikawa hat Hannover beschert, was auch in deutlich größeren Städten eine echte Rarität ist: authentische Ramen – meilenweit entfernt von all den überwürzten, dumpfen, Glutamat-gesättigten Fetttümpel mit weichen Labbernudeln, die quer durch die Republik angeboten werden. Stattdessen wird hier in angemessen funktionalem Ambiente eine blitzsaubere Hühnerbrühe gekocht, dezent aromatisiert und mit hausgemachten Nudeln von perfektem Biss serviert. Heißer Tipp für den Zweitbesuch: „Gyudon" – mürbes, feinsüßes Rindfleisch, mit Zwiebeln und rotem Ingwer auf Reis.

Titus im Röhrbein

Joachimstraße 6, 30159 Hannover
T +49 (0) 511 8355 24
www.restaurant-titus.com

✉ Dieter Grubert & Pascale Pietruschka
👨‍🍳 Dieter Grubert
🍴 Pascale Pietruschka
🔒 mittags, Mo, So, Feiertag ganztags
Menü 78 / 108 €
Vorspeise 26 / 26 €
Hauptgang 26 / 26 €

Dieter Grubert hat nach 27 Jahren – eine Lebensleistung! – eine neue kulinarische Bleibe in Hauptbahnhofsnähe, versteckt in der Passage „Galerie Luise", wo der Zusatz „im Röhrbein" auf den Vorgänger verweist, bezogen. Mit mehr Platz, etwas Tageslicht, seinen bewährten Vitra-Eames-Stühlen und dem hochwertigen WMF-Besteck keine Verschlechterung. Warum Grubert seine Menüs mit „Harmonie" überschreibt, ließ das wilde Amuse aus Matjes-Maki, Tom Kha Gai, Erbsencreme, Mini-Mozzarella und Wassermelone noch offen. Harmonischer die europäische Weinkarte mit sinnvoll zusammengestelltem Mittelpreisigem zu fairer Kalkulation, wobei innerliche Disharmonie auslöste, dass uns Pascale Pietruschka, wie sein ebenfalls junger engagierter Kollege in gutsitzenden schwarzen Anzug und weiße Sneakers gewandt, zur Foie gras ein Schlückchen Schloss Lieser Juffer Sonnenuhr Auslese 2019 verspätet, beiläufig wie einen Probeschluck annoncierte, unbestellt servierte, der mit zehn Euro auf der Rechnung auftauchte. Zur gebratenen Stopfleber gab es außerdem ein ungekünsteltes Drumherum aus Kohlrabisalat mit Kakaosplittern und kühl-herber Blumenkohlmousse. Heiße Teller, gute Proportionen, exakte Garpunkte – und schwelgerischer (Saucen)Geschmack in besten Momenten: Das zeichnet diese Küche aus, deren Optik die Website treffend skizziert: „Wir verzichten bewusst weiterhin auf aufwendige Garnituren und Teller-Tätowierungen. Bei uns herrscht kein Tupfen- und Tröpfchenwahn (…)." So auch nicht beim schneeweißen Kabeljau mit Tandoori-Oberflächenrotfärbung, fast zerfallend saftig-zart und auf würzig-salziger Seite, mit Estragonbutter, köstlichen Schnippelbohnen und Belugalinsen. Hier darf die Bohne noch Bohne sein, die Linse Linse und nachfolgend die Gurke Gurke (mit Schale für den Geschmack) unter Flusskrebsen iranischer Provenienz in hervorragender Qualität (lebend angeliefert, nicht aus der Lake) mit geschmeidiger, aromatisch eindeutiger, doch nie obszön konzentrierter Krebssauce. Texturell und aromatisch spannende Harmonie boten dazu mürbe Kalbstafelspitzscheiben. Nach optimal gegarter Bresse-Taubenbrust mit erneut leicht orientalischer, an Purple Curry, aber nicht Amador erinnernder Würze in feinöliger Sauce, individueller

Note durch Bröseln und Speck zu Grubers Signatur-Zutat Spitzkohl folgte ein uninspirierteres, ungenaueres Dessert. Kaffee-Panna-cotta hatte etwas viel Gelatine abbekommen, dazu gab es im eigenen Saft marinierte Heidelbeeren.

Tropeano Di Vino

Kleiner Hillen 4, 30559 Hannover
T +49 (0) 511 3533 138
www.restaurant-tropeano.de

Mo, Feiertag ganztags
Menü 30 / 98 €
Vorspeise 12 / 18 €
Hauptgang 18 / 31 €

In einem Fachwerkhaus mitten im Wohnviertel empfängt Padrone Biagio Tropeano seine Gäste. Allein das Lesen der liebevoll handgeschriebenen Speisekarte, in der jedes Gericht auf Italienisch und Deutsch beschrieben wird, macht Freude: Gegrillte Calamaretti finden sich da, gefüllt mit geräuchertem Scamorza-Käse und auf geschmortem Friséesalat serviert. Oder Thymian-Lasagne mit in Rotwein geschmortem Zicklein und piemontesischer Salsiccia. Oder gebratener Steinbutt auf Spargelrisotto mit Artischocken an Sepiasauce. Lauter mediterrane Schätze, denen eine opulente Auswahl an Weinbegleitern zur Seite steht.

Votum NEU

Hannah-Arendt-Platz 1,
30159 Hannover
T +49 (0) 511 3030 2412
www.vo-tum.de

Benjamin Gallein
mittags, Mo, So, Feiertag ganztags
Menü 135 / 150 €

Die Familie Lühmann hat bereits seit vier Generationen einen festen Platz in Hannovers Gastro-Landschaft und mittlerweile führt Urenkel Johannes diese Tradition fort, offenkundig motiviert und mit einem hohen Qualitätsanspruch an seine Restaurants und das junge Team. Hier, im Leineschloss in Hannover, findet man hinter der Eingangstür gleich zwei der stilvollen Lokalitäten. Rechts entlang, im „Schorse" – benannt nach Lühmanns Urgroßvater –, kredenzt die Küche bodenständige, regionale Speisen, wie Grünkohl mit Schweinebauch und Bregenwurst. Wer ins „Votum" möchte, wird hinter halbtransparente Stoffbahnen geführt, die den sonst weitläufigen Raum gut strukturieren. Mit Blick auf den niedersächsischen Landtag ist das 6-Gang-Menü Gesetz, zur Wahl stehen aber Upgrades, wie Hummer mit Krustentier-Hollandaise und Estragon oder Kalbsbries zu Topinambur, Trüffel, Parmesan und Haselnuss. Während Sommelier Jonas Gohlke aus der europäischen Weinkarte mit Schwerpunkt auf Deutschland und Frankreich empfiehlt, serviert Laura Kuckenburg selbst gebraute alkoholfreie Mixturen. Doch das Hauptaugenmerk gilt der hochwertigen Küche von Benjamin Gallein, der hier an seiner neuen Wirkungsstätte (nach fünf Jahren am Herd im Ole Deele in Burgwedel) trotz uneingeschränkter Freude an originellen Kompositionen sehr klare und eindeutige Aromen auf die Teller bringt. Schon die Apéros sind vielfältig: Parmesankrapfen, ein kräftiges Waldarrangement mit Pilzen, gewürzt mit geröstetem Wacholder und Fichtennadeln oder eine Interpretation der DDR-Spezialität vom „Würzfleisch" in Kleinformat, wundervoll variiert mit grünem Spargel und Zitronensauce. Graziös angerichtet mit Tupfen und Pünktchen kommt als Vorspeise die ungestopfte

Entenleber – ein Gaumenspiel zwischen feiner Herbe und milder Süße, von Feige aus Malo Selo, Bittersalat und Kaffee-Elementen. Wundervoll auch das Surf 'n' Turf mit knusprigem Wolfsbarsch, fermentiertem Weißkohl, einer Sauerkraut-Beurre-blanc und Deister Speck, verfeinert mit Weintraube. Chef-Patissier Nico Kuckenburg gibt auch beim Dessert aromatisch alles: Sein „Laubhaufen" überrascht hübsch drapiert als Kombination aus Sellerie, Zuckerrübe, Passionsfrucht, Ananas, Kardamom und Hefeeis. Leider muss das Ganze Schicht für Schicht entblättert werden, hier hätte uns der Gesamtgeschmack auf dem Löffel interessiert.

HARRISLEE

Der Steinort NEU

Wasserleben 4, 24955 Harrislee
T +49 (0) 461 77420
www.hotel-wassersleben.de/der-steinort

Eicke Steinort
mittags,
Mo, Di, So, Feiertag ganztags
Menü 105 / 165 €

Das Hotel Wassersleben liegt nur einen Muschelwurf von der dänischen Grenze entfernt. Nachdem Patron und Chefkoch Eicke Steinort die renommierte Adresse nordischer Gastlichkeit 2018 übernommen hatte, reifte im Corona-Jahr 2021 sein mutiger Entschluss, dessen legeres À-la-carte-Restaurant um das Gourmetrestaurant Der Steinort mit nur rund 15 Plätzen zu ergänzen. Die gediegen gepflegte Atmosphäre des Boutique-Hotels setzt sich im Speiseraum mit ölfarbenen Seestücken an getäfelten, dunkelanthrazitfarbenen Wänden, dunklen Holztischen mit weißen Tafeldecken und „Robbe & Berking"-Silber fort. Nur wenige Meter jenseits der großen weißen Sprossenfenster schlagen die Ostseewellen an den Strand der langgezogenen Flensburger Förde. Die Grüße aus der Küche, darunter etwas Ziegenkäse in krossem Kartoffelkissen, ein mit süßherbem Apfelmus gefüllter Topinambur-Chip in Miesmuschelform auf einem kleinen Yuzo-Baiser und ein köstlicher, geräucherter Lachswürfel am Spieß mit Mangotopping lassen für das folgende Sechs-Gang-Menü ein Potpourri von Geschmäckern erahnen. Ein Chateaubriandstück von der Rinderlende, einen Monat in erkaltetem Bienenwachs konserviert, verarbeitet Eike Steinort zu Tatar und belegt es mit einer Schicht Osietra-Kaviar. Doch kombiniert mag sich trotz der erlesenen Zutaten der erhoffte kulinarische Höhepunkt nicht recht einstellen. Optisch und geschmacklich gelingt der gedünstete lauwarme Kabeljau, dekorativ von Kräuterstaub ummantelt. Ihn umrahmen winzige gebratene Chorizowürfel, junge Erbsen und etwas feingewiegtes Lauchgemüse an Kabeljauschaum. Auch der wunderbar zarte Rückenlachs von Holsteiner Hirsch überzeugt. Passend begleiten ihn Pastinakengemüse, als cremiges Püree und leicht nussig anmutende gebackene Stifte, sowie eine ganz köstliche Rotweinsauce. Die eher dekorative, kugelförmige Pistazien-Sphäre konnte das Geschmackserlebnis nicht wesentlich steigern. Das Dessert überzeugt mit dem intensiven, fast blumigen Geschmack einer Kugel aus Valrhona-Guanaja-Schokolade. Sie ist gefüllt mit einer Schoko-Kaffee-Creme und wird von erfrischendem Eis begleitet, das mit dem aparten Geschmack von lange in Portfässern gelagertem Rum überrascht.

HATTINGEN

Diergardts „Kühler Grund"

Am Büchsenschütz 15,
45527 Hattingen
T +49 (0) 2324 96030
www.diergardt.com

- Philipp Diergardt
- Philipp Diergardt
- Mi, Do, Fr mittags, Mo, Di ganztags

Menü 38 / 69 €
Vorspeise 8 / 22 €
Hauptgang 17 / 40 €

Auf die Frage, wann zuletzt ein Gast den „Kühlen Grund" hungrig verlassen hat, antwortet der Kellner, er könne sich nicht erinnern. Wahrscheinlich ist dies auch noch nie passiert, denn hier werden Portionen serviert, an denen die Arbeiter der Henrichshütte, einst Hattingens größter Arbeitgeber, ihre Freude gehabt hätten. Trotzdem aber liefert die Küchenmannschaft eine gehobene Qualität ab und leistet sich manchmal sogar ein Stück Kreativität, dass bei konservativ gestimmten Stahlarbeitern eher auf Ablehnung gestoßen wäre. So beim Rehrücken, dessen wummige Jus mit Pfifferlingen und weißen Bohnen durch kleine Aprikosenschnitzer und saures Pistaziengel ein ganz ungewohntes Geschmackspingpong entwickelt. „Unsere Carbonara" dagegen paart die klassischen Aromen des Gerichts mit Pfifferlingen und einem Onsen-Ei. Und das Dessert aus Erdbeeren kombiniert diese mit einer Zitronencreme, Kokos-Ingwer-Eis und einem Hauch Lavendel. Das Ambiente des sehr großen Hauses mit über 100 Plätzen ist gutbürgerlich, die Klientel ist bunt gemischt. Verständlich, dass den weniger Experimentierfreudigen auch simple Steaks angeboten werden. Doch warum gibt es Black-Angus-Fleisch aus Australien, wenn die Karte damit strunzt, dass hier „Heimat & Leidenschaft" regieren? Und warum wird das eingepackte Fleisch lieblos im öffentlich einsehbaren Reifeschrank abgelegt? Es ist also noch Luft nach oben, das zeigt auch eine eher mittelprächtige, wenig intensive Bouillabaisse. Doch auch so ist der „Kühle Grund" eines jener Lokale, die unterschiedliche Menschen über einem guten Essen zusammenbringen – und anschließend über dem dringend nötigen Verdauungsschnaps.

Wegermann's

Wodantal 62, 45529 Hattingen
T +49 (0) 2324 3950 10
www.wegermanns-bio-landhaus.de

- Mo, Di, Fr, Sa mittags, Mi, Do ganztags

Axel Wegermann setzt in seinem Landgasthof auf perfektes Handwerk und die Aromenstärke bester Zutaten. Die kommen alle aus kontrolliert-biologischer Produktion und zumeist aus der Nähe. Es gibt Sauerrahmsuppe, Brokkolitatar mit Möhrenketchup und Fleisch von Biolandbetrieben. Der Gast wählt zum Beispiel ein Rückensteak vom westfälischen Landschwein oder das Filet vom Weiderind aus und kann sich dann zwischen fünf Saucen-Beilagen-Kombinationen entscheiden: etwa Meerrettich-Tomatensalsa und gratiniertem Kartoffelstampf oder Gorgonzolasauce und Ratatouille-Nudeln.

HÄUSERN

Adler

Bewertung ausgesetzt

St.-Fridolin-Straße 15, 79837 Häusern
T +49 (0) 7672 4170
www.adler-schwarzwald.de

Manuela Wilde
Florian Zumkeller &
Matthias Baumann
Do mittags,
Mo, Di, Feiertag ganztags
Menü 85 / 115 €

Seit 1966 wird hier fein aufgekocht. „Bis 2020 hat sich die Tradition fortgesetzt und bis heute ist unsere Leidenschaft für das Gute nie erloschen. Wir glauben an gesunde Kulinarik als ein Stück Lebensqualität, das wir in unserem Gourmethotel im Schwarzwald erlebbar machen", heißt es dazu auf der Website. Und zu Redaktionsschluss Ende März außerdem immer noch: „Aktuell/während hoher SARS CoV-2 Zahlen geschlossen."

HAUZENBERG

Anetseder

Lindenstraße 15, 94051 Hauzenberg
T +49 (0) 8586 1314
www.anetseder-wirtshauskultur.de

Mi, Do, Fr, Sa mittags,
Mo, Di ganztags
Menü 42 / 52 €
Vorspeise 11 / 15 €
Hauptgang 12 / 35 €

Wirtshausklassiker, zeitgemäße Aromen und Vegetarisches – Köchin Elisabeth Anetseder, die den urigen Gasthof in dritter Generation gemeinsam mit ihrem Partner Manuel Hagel führt, setzt auf Vielfalt. So findet sich die niederbayerische Entenbrust mit Gewürzjus, Rahmwirsing und Kartoffelgnocchi genauso auf der Karte wie Oktopus vom Grill mit Kichererbsentaboulé oder gegrillter Lachs mit Pinienkernrisotto, Topinambur und Nussbutterschaum. Ob bei Fisch oder Fleisch – auf punktgenaue Zubereitung ist hier stets Verlass. Und jeden Sonntag gibt es einen ofenfrischen Braten.

Restaurant Gidibauer Hof NEU

Grub, 94051 Hauzenberg
T +49 (0) 8586 96440
www.gidibauer.de

Di, Mi, Do, Fr mittags, Mo ganztags
Menü 19 / 45 €
Vorspeise 7 / 13 €
Hauptgang 12 / 29 €

Empfehlungen von Vincent Klink sind grundsätzlich zu trauen! Er riet uns vor Ja-hren, mal bei Alois Ertl vorbeizuschauen, der in der über 300 Jahre alten Bauernstube und im (ehemaligen) Ochsenstall seines historischen Vierseithofs irgendwo im Nirgendwo zwischen Passau und Tschechien frisch und handwerklich blitzsauber aufkocht. Taten wir – und fanden es so! Ob Filet vom Bachsaibling mit Feldsalat und Linsenvinaigrette, Rahmschwammerl mit Semmelknödel, Rindersaftgulasch oder am Sonntag ein herausragender ofenfrischer Schweinebraten mit Krautsalat – der weiteste Weg lohnt sich.

HAYINGEN

Bio-Fine-Dining-Restaurant 1950

Aichelauer Straße 6, 72534 Hayingen
T +49 (0) 7383 94980
www.tress-gastronomie.de/
bio-restaurants/bio-fine-dining-
restaurant-1950

Simon Tress
Simon Tress
Stefanie Tress
Fr, Sa mittags,
Mo, Di, Mi, Do, Feiertag ganztags
Menü 99 / 149 €

Simon Tress strahlt permanent und überhaupt sind hier alle ausgesprochen freundlich und zuvorkommend – nichts von der Leichenbittermiene, die auch prominente Autoren bisweilen den Vegetariern andichten wollen. Überhaupt ist man hier nur potenziell vegetarisch. Bei drei der fünf Gängen kann zusätzlich Fleisch bestellt werden, aber in diesem Fall ist gewissermaßen das Fleisch die Beilage, die Teller funktionieren auch fleischfrei. 1950 heißt das Restaurant deswegen, weil damals Großvater Johannes Tress mit der Demeter-Zertifizierung begonnen hat, heute führen fast alle Produkte im Lokal das Demeter- oder Bioland-Label. Die Gänge tragen keine konventionellen Namen, stattdessen sind die Ingredienzien mit der genauen Prozentzahl gelistet, die ihren Anteil am Ganzen ausmachen. Ebenfalls ausgewiesen ist der CO_2-Ausstoß, den die Herstellung eines Gangs verursacht, dazu die Ersparnis, die man diesbezüglich gegenüber einem herkömmlich produzierten Teller erzielt. Jedes Produkt erhält auf Kärtchen eine kurze Dokumentation zu den Herstellerinnen oder Herstellern. Allein beim ersten Gang kommen so sechzehn Kärtchen zusammen, plus fünf für das Fleisch-Supplement. Am Ende des Abends trägt man so ein ganzes Quartettspiel an Kärtchen nach Hause. Die Aromenbilder wirken nicht selten recht neuartig, obwohl alle Zutaten als solche wohlbekannt und geläufig sind. Der Fokus liegt auf den Aromen, die kräftig inszeniert sind, aber immer authentisch und natürlich wirken. Viel Sorgfalt steckt in den Präsentationen, die Layouts unterscheiden sich nicht von jenen in einem konventionellen Restaurant. Bilanz: Das 1950 praktiziert einen wirklich neuartigen Ansatz, obwohl man damit natürlich auch einem aktuellen Trend dient. Hier zeigt sich aber zugleich, dass eine moderne und wegweisende Küche nicht zwingend avantgardistisch sein muss.

Rose

Aichelauer Straße 6, 72534 Hayingen
T +49 (0) 7383 94980
www.tress-gastronomie.de

Di, Mi, Do, Fr mittags, Mo ganztags
Menü 32 / 49 €
Vorspeise 10 / 15 €
Hauptgang 20 / 35 €

Hier hat Bio Tradition: Seit mehr als siebzig Jahren betreibt Familie Tress biodynamische Landwirtschaft. In den Stuben des stilvoll gestalteten Gasthauses wird eine verfeinerte Regionalküche mit ausnahmslos ökologisch erzeugten Zutaten serviert: Rücken vom Bioland-Schwein unter einer Kräuterkruste mit gebratenem Spitzkraut und Zweierlei vom Grünkern oder Edelteil und Feinragout vom Maßhalderbucher Bioland-Rind mit geschmortem Herbstgemüse und Kräuter-Kartoffeln. Auch an Vegetarier und Veganer ist gedacht, und es gibt reichlich Bioweine.

HEIDELBERG

959

Friedrich-Ebert-Anlage 2,
69117 Heidelberg
T +49 (0) 6221 6742 959
www.959heidelberg.com

Tristan Brandt
Timo Steubing
Roman Goldshteyn
Mo, So, Feiertag ganztags
Menü 85 / 125 €
Vorspeise 13 / 38 €
Hauptgang 26 / 48 €

Ein chic durchkonzipiertes Konzept, das sich von Alt Heidelberger Behäbigkeit ebenso abheben will wie von vergleichbaren Szenerestaurants ohne kulinarischen Anspruch – die Verpflichtung von Geschäftsführer Tristan Brandt, der ehemals im Opus V höchste Weihen erkochte, spricht für sich. Angemessen hoch waren auch in der aktuellen Testsaison unsere Erwartungen, auch wenn der enorm begabte Dustin Dankelmann inzwischen wieder die Segel gestrichen hat. Ob Pizza mit Steinpilzen und Lardo, Wiener Schnitzel, Rindsgulasch mit Knöpfle oder klassische Haute Cuisine („Stubenküken im Ganzen gebraten, Albuferasoße mit Périgord-Trüffel") – hier wird vieles serviert und es muss hohen Ansprüchen gerecht werden. Unser jüngster Besuch bestätigte: Tut es! Wir erlebten mit Taglierini nebst kleinen, festen und aromatischen Pfifferlingen in kräftig-sahniger Sauce mit Parmesan und Schnittlauch einen sehr soliden Auftakt. Der nachfolgende Kabeljau erschien exakt angerichtet in Form einer großzügigen Schnitte, hätte gerne noch einen kleinen Tick glasiger sein können, überzeugte aber in der Kombination mit Artischocke, Stockfisch-Krokette und einer Creme vom schwarzen Knoblauch und versetzte uns dank seiner intensivmediterranen Aromatik von der großzügigen Terrasse am nicht gerade mondänen (etwa tennisplatzgroßen) Heidelberger „Stadtgarten" kurzzeitig gedanklich ans Mittelmeer. Die Präzision in der Anrichteweise der Gerichte machte durchgehend Freude und fand sich sowohl in der handwerklichen Zubereitung wie auch in der geschmacklichen Intensität und Klarheit gespiegelt. Ein Passionsfruchtsoufflé zum Abschluss bestach ebenfalls zunächst durch eine souveräne Präsentation und erfreute schließlich durch klare Aromen und Texturen: schaumig-süffig – vielleicht einen Hauch zu kurz im Ofen–, aber durch Ananas, Kokos und Banane bestens in Szene gesetzt. Schön, dass hier ein solcher Klassiker gepflegt wird! Auch in diesem Jahr festigte die Leistung der Patisserie den Gesamteindruck, dank dessen dieses ungewöhnliche Restaurant auch weiterhin zu den besten des Landes zählt.

Chambao

Dreikönigsstraße 1, 69117 Heidelberg
T +49 (0) 6221 7258 271
www.chambao-heidelberg.com

mittags, Mo, So, Feiertag ganztags
Menü 60 / 80 €

Wer in der Heidelberger Altstadt mediterranes Flair sucht, findet es in diesem Restaurant, zu dem auch das Chambino gegenüber gehört – eine Bistrobar mit Tapas (geflämmter Ziegenkäse, Jahrgangssardinen) und einigen wenigen Hauptgerichten wie Ceviche von der Gelbschwanzmakrele oder gegrillter Maispoulardenbrust. Im Chambao dagegen wird die mediterran-orientalisch-asiatische Crossover-Küche ausschließlich als Menü angeboten: fünf oder sieben Gänge, beispielsweise Ibérico-Rippe mit Pastinakenpüree oder Ora-King-Lachs mit Sudachi-Vinaigrette.

HEIDELBERG

Herrenmühle

Hauptstraße 239, 69117 Heidelberg
T +49 (0) 6221 6029 09
www.herrenmuehle.net

 Mi, Do, Fr, Sa, Feiertag mittags,
 Mo, Di ganztags
Menü 70 / 98 €
Vorspeise 14 / 24 €
Hauptgang 30 / 39 €

In der ehemaligen Getreidemühle aus dem 17. Jahrhundert geht es drinnen urig-rustikal zu, romantisch sitzt es sich draußen in der Gartenlaube unter blühendem Blauregen. Die Küche der Herrenmühle kombiniert gekonnt Bodenständiges mit Mediterranem und Asiatischem: Thunfisch-Tataki mit Mango-Ketchup; Kabeljau-Filet auf Orangen-Fenchel, mit schwarzen Nudeln und Kurkuma-Pernodsauce; Hirschrücken mit Pedro-Ximenez-Sherrry-Jus; Rinderfilet in Kräuterkruste mit Pfifferlingen. Gepflegte Weinkarte.

Kurfürstenstube

Friedrich-Ebert-Anlage 1,
69117 Heidelberg
T +49 (0) 6221 5155 12
www.europaeischerhof.
com/gourmet-restaurant-
kurfuerstenstube-heidelberg

 Feiertag ganztags
Menü 70 / 95 €

Der Europäische Hof ist ein Grandhotel par excellence – und die noble Kurfürstenstube mit ihren edlen Holzintarsien aus dem Gründungsjahr 1865 ein Ort, an dem die Zeit stehen geblieben zu sein scheint. Perfekt zum Ambiente passt die klassisch französische Küche: von gebratenen Jakobsmuscheln mit Trüffelschaum, Artischockenherzen, geschmorten Roscoff-Zwiebeln und cremigem Graupenrisotto bis zum Filet vom Holsteiner Rind mit Sauce béarnaise, Pastinakengemüse, Wurzelcreme und Pommes dauphine. Großartige Weinkarte mit 300 Positionen, Schwerpunkt: Deutschland und Frankreich. In der wärmeren Jahreszeit, von April bis Oktober, öffnet das Sommerrestaurant anstelle der Kurfürstenstube.

Le Gourmet

Hirschgasse 3, 69120 Heidelberg
T +49 (0) 6221 4540
www.hirschgasse.de

 Erik Himpel
 Mario Sauer
 Erik Himpel
 mittags, Mo, So ganztags
Menü 120 / 170 €

Den besonderen Zauber der alten Universitätsstadt Heidelberg entdeckt man nicht nur in der malerischen Altstadt, der weitläufigen Schlossruine oder auf dem Philosophenweg. Auch das romantische Boutique-Hotel Hirschgasse gehört zum „Good old Heidelberg" und ist mit seinen beiden Restaurants seit Jahren ein Aushängeschild für feine und feinste Küche in der Stadt am Neckar. Derzeit wird das historische Gebäude, in dem einst Verbindungsstudenten ihre Mensuren ausfochten, mit neuen Zimmern erweitert, was den Restaurantbetrieb nicht weiter stört. In der Gourmetstube ist im wahrsten Sinne des Wortes alles beim Alten. Das Interieur hat Charme und versprüht das sehnsuchtsvolle Flair längst vergangener Tage. Für die Räumlichkeit eines fast 550 Jahre alten Gebäudes finden wir das passend. Die Weinkarte allerdings, die sich inhaltlich auf mehr oder weniger fürstlich ausgepreiste alte Schätzchen konzentriert, würden wir gerne mit moderat kalkulierten aktuellen Gewächsen auf der Höhe der Zeit sehen. Das Old-Fashion-Angebot passt so gar nicht zur beschwingten Küche von Mario Sauer, die zwar kein vegetarisches Menü anbietet, dafür mit perfekt gegartem Saibling auf Mungobohnen-Sprossen-Risotto, verfeinert mit Kaviar von der Forelle, Shiso-Kresse und einer wunderbar feinaromatischen Dashi-Beurre-blanc gleich zu Beginn des Menüs zeigte, wie moderne Akzente Tradition in Schwung bringen können. Die gebratene Jakobsmuschel akzentuierte der Küchenchef aromatisch gekonnt zusammen mit sommerlichem Trüffel, winzigen Pfifferlingen und einem tiefgründigen Kräuteröl. Diese gelungene Balance ließ den Kaisergranat im Nudelblatt leider missen, der in geschmacksneutraler Ausführung nur optisch eine Rolle spielte. Das begleitende Paprikapüree und die Pinienkernvinaigrette eröffneten dagegen eine ganz neue Aromenwelt, die nur schwer mit dem feinen Fleisch des Kaisergranats korrespondierte. Jedes Element für sich erstklassig, nur zusammen wurde kein Schuh draus. Dagegen gefiel uns das Filet vom Adlerfisch in mit Dillöl und Senfkörnern aufgepeppter Weißweinsauce und serviert mit mariniertem Dill-Gurken-Salat in seinem puristischen Arrangement sehr gut. Auch im Fleischgang kam Mario Sauer ohne Schnickschnack auf den Punkt. Zartes Rinderfilet und mürbe Rinderbäckchen badeten in einer kräftigen Jus, dazu gab es Mandel-Brokkoli, eine Tranche mit fein geschichteter Gänseleber und à part eine kleine Portion Rindertatar. Zum guten Schluss punktete die Patisserie im süß-herben Kontrast mit Himbeereis und Olivenbonbons.

Oben

Bewertung ausgesetzt

Kohlhof 5, 69117 Heidelberg
T +49 (0) 172 9171 744
www.restaurant-oben.de

 Robert Rädel
 Robert Rädel
 Natascha Brandt
 mittags,
 Mo, Di, So, Feiertag ganztags
Menü 140 / 140 €

Leider müssen wir auch in diesem Jahr die Bewertung aussetzen, da es uns trotz mehrfacher Versuche nicht möglich war, zeitnah zum Redaktionsschluss einen Tisch zu reservieren. Telefonisch ist nur der Anrufbeantworter zu erreichen, der darauf hinweist, dass das Restaurant nahezu ein Jahr ausgebucht ist. Das Reservierungssystem auf der Homepage bestätigt diese Aussage und zeigt den ersten freien Tisch am 10. August 2022. Wir sind wirklich erstaunt, freuen uns aber gleichzeitig über die enorme Resonanz, die Robert Rädel und sein Team bekommen.

Scharffs Schlossweinstube

Schlosshof 1, 69117 Heidelberg
T +49 (0) 6221 8727 003
www.heidelberger-schloss-gastronomie.de

Martin Scharff
Martin Scharff
mittags, Mo, So ganztags
Menü 95 / 145 €

Im Auge eines der heftigsten touristischen Orkane der Republik lockt unweit von Bratwurst, Pommes und Riesenschnitzeln ein kulinarisches Refugium. Martin Scharff versorgt in der einzigartigen historischen Kulisse des Heidelberger Schlosses die Besucher seines Backhauses mit deftiger Regionalküche und nunmehr „unkomplizierter Geschmacksküche" in der Schlossweinstube. Auf der Terrasse mit Blick in den Schlosshof werden dort aktuell zwei Menüs serviert, „Moderne Klassik" sowie „Kein Fisch. Kein Fleisch", beide jeweils in sechs Gängen, die beliebig kombiniert werden können. Die Vorspeise unseres aktuellen Testmenüs – „Tatar von Odenwälder Lachsforelle mit Borretschblüte" – aus dem Klassik-Menü bestach durch intensive Grüntöne und ein akkurat geschnittenes Tatar von tiefem Orange zunächst optisch und dann erfreulicherweise auch geschmacklich: mild cremig das Tatar, süß-sauer-süffig und aromatisch von Gurke, Apfel, Dill und Wasabiblüten begleitet. Erfrischend auch eine Joghurtsphäre, die diese klassische Kombination „modernisierte". Der folgende Wolfsbarsch mit Fenchelkraut begeisterte weniger: die Haut zu weich, mehlig und matt statt knusprig und glänzend, das Filet zwar dick und korrekt gegart – aber dennoch kein besonders schönes Stück. Immerhin gelang das begleitende Artischockengemüse „Barigoule" intensiv aromatisch. Auch Rücken und Backe vom Kalb mit Zitronensalbei im Hauptgang erfreuten durch Zartheit und feinen Geschmack, durch eine schöne Jus vertieft. Allerdings hinterließen eine insgesamt arg zurückhaltende Würzung sowie Pfifferlinge und Süßkartoffelpüree in der Gesamtschau einen einheitlich süßlich-milden Geschmack, dem auch begleitender Romanesco nicht genug entgegensetzte. Die handwerklich tadellosen Einzelelemente ergaben schlicht kein überzeugendes Ganzes. Weinbergpfirsich und Weinraute im Dessert bildeten gemeinsam mit einem Champagnereis einen fruchtig-frischen Abschluss, der der Erweiterung zum Trio durch eine etwas zu süße Himbeermousse nicht bedurft hätte. Zusammengefasst: Unkompliziert, wohlschmeckend und spannungsarm isst man hier oben im Schloss, ein bisschen mehr Pep könnte keinesfalls schaden!

Heidelberg

HEILBRONN

Rebstock La Petite Provence

Eppinger Straße 43, 74080 Heilbronn
T +49 (0) 7131 4054 351
www.rebstock-provence.de

🔒 mittags,
  Mo, Di, Mi, So, Feiertag ganztags
Menü 47 / 75 €
Vorspeise 10 / 15 €
Hauptgang 22 / 28 €

Das „petite" im Namen darf man durchaus auf die Größe des Gastraums beziehen, denn nicht mehr als 20 Gäste können der französische Küchenchef Dominique Champroux und seine Frau Beate in ihrem gemütlichen kleinen Restaurant empfangen. Persönlich-familiärer geht es hier zu, nicht selten bringt Dominique Champroux die liebevoll angerichteten Gänge selbst an den Tisch. Es gibt Steinbutt, Wildente, Pfifferlinge, Steinpilze – je nach Saison und Marktangebot. Wer das Menü (es gibt nur eines) in vegetarischer Variante wünscht, muss es rechtzeitig vorbestellen.

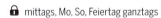

Restaurant Bachmaier

Untere Neckarstraße 40,
74072 Heilbronn
T +49 (0) 7131 6420 560
www.restaurant-bachmaier.de

🔒 mittags, Mo, So, Feiertag ganztags

Klein, herzlich und kulinarisch raffiniert – das ist das Bachmaier. Es hat gerade mal Platz für fünf Tische. Ulrike Bachmaier führt den Service, ihr Mann Otto steht am Herd. Dort bereitet er pro Abend ein Menü zu – welche und wie viele Gänge der Gast möchte, bleibt ihm überlassen. In jedem Fall erwarten ihn beste Grundprodukte und eine feine Zubereitung, ob beim schottischen Label-Rouge-Lachs in Beurre blanc von Zitrusfrüchten auf Blumenkohlpüree mit Tapiokaperlen in holzfassgereifter Sojasauce oder gebratenes Nüsschen von der Rehkeule aus heimischer Jagd mit Schwarzkohl und Pasta Fregola tostata. Im Sommer werden übrigens sämtliche Tische nach draußen gestellt.

HERINGSDORF

Belvedere

Delbrückstraße 10, 17424 Heringsdorf
T +49 (0) 38378 4765 47
www.travelcharme.com/strandidyll

Steffen Berger
Christian Somann
mittags, Mo, So, Feiertag ganztags
Menü 75 / 105 €
Vorspeise 30 / 35 €
Hauptgang 49 / 75 €

Unter der Glaskuppel im Hotel Travel Charme Strandidyll lässt sich ein Ostseeblick erhaschen und aus vierzehn Gerichten ein günstiges Menü zusammenstellen. Sofort fällt auf, dass die Gerichte, die sich vielversprechend spannend lesen und zwischen französischer Küche und gewagteren Kombinationen liegen, häufig auf regionalen Zutaten fußen. Nach solidem Auftakt, Waldpilzsalat auf Kartoffelchip, Krokette mit Sauerkrautgel, Nussbuttereis zu Kürbis, kristallisierten sich trotz guter Hauptproduktqualitäten Problemzonen bei Aromen und Präzision heraus. Zarter, mildgeräucherter Stör traf unter redundantem, geschmacksneutralem Knuspergitter auf kühlen Blumenkohlschaum und Kaviar; drei kleine, allerdings hervorragende, Kaisergranatstücke waren brav zu fruchtigem Apfeltatar, zu süßem Sorbet und Kaviar kombiniert. Beim Zwischengang gebratener pommerscher Kalbsleber Sprotten-Tempura und Zwetschge entgegenzustellen, war durchaus interessant, wirkte letztlich mit störrischen Lauchstücken banal und wenig mitreißend. Bei den Hauptgerichten, markant über Holzkohle gerilltem, saftigem Ostsee-Stachelbarsch mit simpler Bohnenbegleitung und exzellenter Taubenbrust aus Greifswald (!) mit Gulaschsud, störten Details: Eine seltsame Knusperstruktur begleitete den Fisch und ein gebackenes Nest mit Taubengeschmortem wies unangenehm fettige Frittiernoten auf. Die latent forcierte Kreativität setzte sich beim Dessert, Erbsensorbet, weißer Schokolade und erneut in Tempura Frittiertem, und beim originellen Käsegang aus Briochestulle mit Höhlenkäsecreme, Champignons, schwarzer Walnuss und Fichtenaromen fort. So bleibt das Fazit, dass nicht nur bei der dünnen Weinkarte mit Basisqualitäten nachjustiert werden könnte, sondern, wenngleich die überzeugenden Zutaten und – mit Einschränkung – Ideen da sind, Küchenchef Christian Somann sich für mehr Durchschlagskraft auf Wesentliches besinnen sollte.

Bernstein

Kulmstraße 28, 17424 Heringsdorf
T +49 (0) 38378 54297
www.restaurant-bernstein.de

Menü 39 / 89 €
Vorspeise 14 / 26 €
Hauptgang 29 / 32 €

Die so oft enttäuschte Sehnsucht, bei Meerblick der Extraklasse auch exzellente Fischgerichte serviert zu bekommen – im Restaurant des Strandhotels Ostseeblick wird sie gestillt. Küchenchef Arjan Mensies gelingt dies mit großer Offenheit für die Aromen der Welt, wobei das Mittelmeer und Asien dominieren. So kommt der Skrei mit Taggiasca-Oliven, Tomate und Limone-Kartoffel-Creme mediterran daher, während sich beim Thunfisch mit Sushireis, Passe Pierre, Brokkoli, Wasabi und Sesam die japanische Küche schon fast in Reinkultur präsentiert. Beim Fleisch locken Leber von der Nantaiser Ente oder Ibérico-Schwein.

Heinrich's

Liehrstraße 10, 17424 Heringsdorf
T +49 (0) 38378 2320
www.strandhotel-heringsdorf.de

mittags
Menü 39 / 110 €

Direkt an der Promenade liegt das zum Strandhotel Heringsdorf gehörende Restaurant. Man sitzt in einem holzgetäfelten Raum, die Lampen von Catellani & Smith, die von der Decke hängen, sorgen für stilvoll-modernes Flair. Zur Wahl stehen Gerichte wie das Schnitzel vom Black-Angus-Kalb oder Steinbuttfilet mit Blattspinat, Kokosrisotto und Krustentierschaum. Der Fisch ist nach Möglichkeit fangfrisch, das Wild – etwa für ein Ragout mit Wurzelgemüse und Pfifferlingen – stammt stets aus hauseigener Jagd. Fair kalkulierte Weinkarte.

Kulmeck Restaurant NEU

Kulmstraße 17, 17424 Heringsdorf
T +49 (0) 38378 4880 40
www.kulmeck.de

Manja Wulf
Tom Wickboldt
mittags, Mo, Di, So ganztags
Menü 125 / 155 €

Für unsere letzte Ausgabe war es zu knapp: Tom Wickboldt reüssierte nach dem Abschied 2019 aus dem O'Room erst im Oktober 2020 mit eigenem Restaurant im hübschen weißen Eckhaus, modern lässig, leicht maritim eingerichtet. Der gebürtige Rostocker, ausgebildet in Warnemünde, deutschlandweit geschult, bleibt also der Insel Usedom als lokaler Gourmet-Pionier treu. Mit Top-Zutaten (Hamachi, Heilbutt, Müritz-Lamm und Challans-Ente) im Fokus basierte sein weltoffenes Menü auf kochtechnisch gutem Fundament und, vielleicht noch entscheidender, wunderbarem Aromenverständnis. Inhaltlich bot Wickboldt eine breite Palette, sein Küchengruß, Enten-Essenz „à la chinoise" mit reichlich Pilzen und Paprika, lieferte eine umami-reiche, nie übersteuernde Verlaufsprognose. Denn es erfreute uns ein wunderbarer Spannungsbogen von säuerlicher Frische bis zu jederzeit balancierten, gehaltvollen, süffigen Gerichten. Der begann, als sich gebeizte Gelbschwanzmakrele in leicht gebundenem Buttermilchsud suhlte und mit der Aromenpaarung aus Gurkenstückcken, schmalen Rettichstreifen und gepufftem Buchweizen fröhlich jauchzte. Ebenso wohldosiert stimmig – und das bei schaumig-luftigem weißem Zwiebelconfit (allerdings von großer Feinheit), das klebrig angelierende Kalbskopfjus umrundete – gelangen drei feste, minimal glasige, saftige Heilbuttstücke im Lauchmantel mit roh darüber geriebenem braunem Champignon. Nach erprobter Wohlfühl-Kombination aus gebackenem Eigelb, Kartoffelcreme und Petersilienschaum mit Trüffel sah ein Fleischstück wie zu dunkel gebratene Foie gras aus, wirkten handgerollter Couscous, Tomatenchutney und frittierter Grünkohl optisch unspektakulär. Eine Fehleinschätzung, denn zart-saftige, intensive Lammzunge und Knoblauch-Olivenöl-Sauce mitreißenden Zugs erwiesen sich bei dieser Kombination geschmacklicher und texturellen Vielfalt mit nicht allzu gespreizten Handgriffen als grandios. Danach kam zu perfekt gegarter, präzise aromatisierter Entenbrusttranche Billy Idol ins Spiel. Alba-Trüffel-Bandnudeln, Comté, geschmorter Chicorée, auflockernde Zitrusgel-Frische – im Kopf erschall ein „more, more, more"! Das Mehr folgte auf dem Fuße. Erst als erfrischendes Sauerkleesorbet mit Preiselbeeren, Thymian-Crumble, Hibiskus-Anguss und – klang schräg, fügte sich wunderbar – als luftiges Avocadoparfait mit Ananassorbet, Vanillesud, Schoko-Crumble, Banane und Mini-Maiskolben. Ein Gesamteindruck so abwechslungsreich und mitreißend wie die wunderbare 70er-Rock-Klassiker-Playlist.

The O'Room

Kulmstraße 33/Ecke Strandpromenade, 17424 Heringsdorf
T +49 (0) 38378 183912
www.strandcasino-marc-o-polo.com

 André Kähler
Mo, Di, So, Feiertag ganztags
Menü 150 / 150 €

Der Blick aus dem stylishen Gourmetséparée im „Marc O'Polo Strandcasino", einem Concept Store aus Gastronomie und der Kernkompetenz des Modelabels, zeigt die Seebad-Widersprüche: beeindruckende Bäderarchitektur, Beton-Bausünden, wüster Seebrücken-Einzelhandelsmix. Da ist das fünf- oder achtgängige Menü des jungen Küchenchefs anderen Kalibers und – als Vorwegnahme – von anderem Guss. Vom Start mit luftig-intensivem Fischbrötchen aus Räucherfisch-Baiser, Hamachi, Wagyu-Tatar und Limettencreme an ist die kreative Pace hoch, mischen die meisten Gänge lässige Regionalität, nordischen Purismus und moderne Techniken – unterhaltsam gekocht, pointiert gewürzt. Erste Vorspeise war ein Kaviar-Gang mit Pep: zu jeweils einer Nocke Störkaviar, Maispudding und Kartoffeleis gab es krosse Kartoffelwürfelchen und Fichtensprossenaromen. So weich, so gut. Wie auch dünn aufgeschnittene Jakobsmuschel, die ein Mantel kreisrunder, gelierter Ferkelbäckchen und Fenchelschaum toppte, die der angegossene wunderbare Muschelsud garte und die umami-reiche Dashi „japanisierte". Doch kam wegen stetig weicher Konsistenzen, Schäume, Cremes und Pürees die Frage auf: Traut André Kähler seinen Gästen Kauen nicht zu? Grund der Kulmination war die „Götterspeise", die laut den etwas prätentiösen Kärtchen „ein alter Dessertklassiker aus Mecklenburg-Vorpommern" inspiriert hatte. So schmeckten Schichten aus Hafercrunch, Kartoffelschaum, Karkassenjus und leuchtendem Zitronengel-Abschluss mit Sauerklee im Cocktailglas, worin in Milch pochierter Kabeljau gezupft war, zwar irgendwie gut, doch auch matschig und süß. Viel mehr bei sich war die Küche bei Schlüssigem: 24 Stunden bei 80 °C gegarter Sellerie mit rosa gebratenem Entenherz, Sommertrüffel und Haselnuss oder Praline vom „Rankwitzer Wiesenlamm" mit Herzragout, wo sich Schmorsubstanz, frisch-saure Knackigkeit grüner Tomate und nussige Substanz von Sonnenblume paarten. Bis zum Dessert blieb es originell, weil Erdbeeren und Holunder auf Waldmeisterpulver und Cornflakesmilcheis trafen.

HERLESHAUSEN

La Vallée Verte

Hohenhaus 1, 37293 Herleshausen
T +49 (0) 5654 9870
www.hohenhaus.de

- Kai Busse
- Peter Niemann & Denis Jahn
- Vanessa Liesser
- mittags,
  Mo, Di, So, Feiertag ganztags

Menü 175 / 255 €
Vorspeise 38 / 65 €
Hauptgang 62 / 92 €

Mehr La Vallée Verte geht kaum. Wir sind zu früh, entspannen im Wintergarten der Lobby, trinken ein Glas Cidre und sehen einen Koch im Garten zu einem Baum im umgebenden Park stapfen. Unter der gewaltigen Blätterkrone bückt er sich erst, kniet sich dann, scheint den Boden zu untersuchen und gräbt anschließend etwas aus. Als Unterlage eines Stücks dunkler Schokolade mit Gänseleberflocken dient später in einem Zwischengang ein Stück Moos. Kurze Wege. Selbstversorger. Das ist das Motto von Hotel- und Küchendirektor Peter Niemann. Der Ziegenkäse kommt aus dem benachbarten Ifta, bei der Anfahrt sind wir an den Berg-Schafen vorbeigekommen, die in der eigenen Schlachterei verarbeitet werden. Im Wintergarten werden wir mit „Penn ar Bed – Der Anfang von Allem", den Amuse-Bouches, verheißungsvoll eingestimmt. Die zum knusprigen Schaum verarbeitete Hohenhauser Kartoffel mit Ahle Wurscht oder der Hahnenkamm mit Grüner Soße sind auf den Punkt. Gar ein Ausrufezeichen setzt das Krähen-Schmalzfleisch mit Dinkelbrot und Nusspilz mit seiner intensiven dunklen Aromatik. Richtig gelesen – Krähe. 40 Tiere hatte Niemann bestellt, als Zwischengang hat die Brust eines Tieres später ihren Auftritt im Menü Hohenhaus, das den Schwerpunkt auf die lokalen Produkte legt, während das bretonisch inspirierte „Feinschmeckermenü" auf Steinbutt, Kaisergranat und Stopfleber setzt. Wir wählen an diesem Abend das Hohenhausmenü im separierten Vallée Verte, das spätestens 2022 endgültig im Nachbargebäude eine neue Heimat finden soll. Derart eingestimmt ist unsere Erwartung vielleicht höher, als die Küche sie dann erfüllen kann. Der Brühe aus Demeter-Gemüse fehlt die Tiefe, die geschmacksneutralen „Gemüseperlen" sind geradewegs überflüssig, allein der hervorragende Ziegenkäsetaler überzeugt restlos. Der in Bienenwachs gegarten Lachsforelle mit Gurke stiehlt das auf einem gesondert servierten Pokal Stückchen Forelle auf Joghurt aromatisch die Show. Das Krähenfleisch erinnert an Taube, ist aber sowohl arg zu schneiden als auch zu beißen. Und spätestens als das kurzgebratene Schaf mehr Einsatz von Messer und Zähnen erfordert, als wir das bei aller

Freude an Fleisch mit Biss feiern können, fragt sich, ob strenge Regionalität als Konzept allein trägt, wenn die Produkte dann nicht ganz großartig sind. Kein schlechtes Essen, gewiss, alle Saucen und Jus haben Tiefe, das Gemüse ist gut gegart, das Dessert ansprechend. Die Weinkarte, die ungezwungene freundliche Art des jungen und neu zusammengesetzten Serviceteams und der mehrstöckige Wagen mit Petits Fours und französischem Butterkuchen versöhnen uns allemal. Das Konzept des La Vallé Verte ist überzeugend. Und die seit Februar 2022 tätige neue Mannschaft rund um Nieman und den neuen Küchenchef Denis Jahn, der in Joachim Wisslers Küche als Souschef tätig war, verstärkt durch Marceau Wisskirch und Lars Pfister als Souschefs und Andreas Lindner als Patissier, kann künftig bei den Produkten auf einzigartige Voraussetzungen bauen.

STAY & DINE

Hotel Hohenhaus
★★★★★

Hohenhaus 1, 37293 Herleshausen
T +49 (0) 5654 9870
www.hohenhaus.de

Im Herzen Deutschlands ausgezeichnet erreichbar, inmitten 1200 Hektar Wald- & Wiesengebiet, umgeben von einer Vielzahl Weltnatur- & Weltkulturerbestätten, bietet dass 5-Sterne-Hideaway seinen stets individual reisenden Genießern den perfekten Ausgangspunkt für Wanderungen oder mobile Tagestouren. Vielfach ausgezeichnete Restaurants, außergewöhnliche Räume für Tagungen und Feiern, hochkarätige Festspiele und Museen runden das Angebot ab. Hohenhaus – das kostbare Gefühl von Freiheit und Geborgenheit.

HEROLDSBERG

freihardt

Hauptstraße 81, 90562 Heroldsberg
T +49 (0) 911 5180 805
www.freihardt.com

Mi, Do, Fr mittags, Mo, Di ganztags
Menü 42 / 75 €
Vorspeise 15 / 26 €
Hauptgang 19 / 35 €

Hausgeräucherte Gänsebrust, Beef Tatar, Zwiebelrostbraten – ein Restaurant mit angeschlossener Metzgerei setzt selbstverständlich auf Fleisch. Der Stolz des Hauses: dry-aged Beef von Färsen aus Franken und der Oberpfalz, mindestens sechs Wochen gereift. Angeboten wird es in verschiedenen Cuts, von New York über Bone in Rib-Eye bis Porterhouse, dazu gibt es Beilagen wie Speckbohnen oder gebratene, mediterran gewürzte Pilze. Doch Chefkoch Hans-Jürgen Freihardt lässt auch Fischliebhaber nicht darben, die hier Jakobsmuscheln, Garnelen oder in Nussbutter confierte Edelfische bekommen.

HERRENBERG

noVa

Rigipsstraße 1, 71083 Herrenberg
T +49 (0) 7032 77344
www.nova-gourmet.de

Paulo Ramalhosa
David Höller
mittags,
Mo, Di, Mi, So, Feiertag ganztags
Menü 104 / 146 €
Vorspeise 19 / 32 €
Hauptgang 41 / 46 €

Ein Industriegebiet, zwei Kilometer von der Autobahnausfahrt entfernt, vor der Tür zwei schmiedeeiserne Lampen, dahinter eine gutbürgerliche Gaststube („Spaghetti Bolognese mit Parmesan und Blattsalat"). Und im Séparée das Refugium einer der vielversprechendsten Nachwuchskräfte hierzulande: David Höller, geprägt in Berlin (Facil, Lorenz Adlon Esszimmer, Horváth) und nun zurück in der Heimat, wo er unter abenteuerlichen Umständen auf wenigen Quadratmetern kocht. Und wie! Zu Beginn unseres jüngsten Menüs begeisterten uns die geschmackliche Klarheit, Intensität, Fülle und Frische eines Rinderfilets von der Färse – gebeizt, mit einem Hauch Limette, thailändischen Pfefferblättern und Cognac – begleitet von Kaviar, einem feinsäuerlichen Tupfen Champagnerschaum, verbindender Austernmayonnaise, Ingwergel und krossen „Korallen"-Chips. Durch die klare Präsentation und kluge Proportionierung ergaben sich immer wieder neue Akkorde, die das Fleisch in seiner schönen geschmacklichen Qualität wunderbar komplex einfassten. Top! Traumschön angerichtet sodann ein paar Scheiben vom wunderbar festen, kurz abgeflämmten Hamachi, dem es allerdings leider ein wenig an Salz mangelte und dem die Süße und Kälte eines Granny-Smith-Sauerampfer-Eises den schönen Eigengeschmack raubte. Ein Highlight – hochintelligent konstruiert, substanziell und perfekt balanciert – sodann eine wunderbare Salat-Variation in zarten Grüntönen: knackiger Kopfsalat, cremige Avocado, Gurkenspiralen, Staudenselleriewürfelchen, nussiger Buchweizen, Zitrusgel, Kresse von feiner Schärfe, ein Sud von Salat, Spinat und Petersilienöl … So köstlich, so spannungsreich und befriedigend kann Salat sein! Nach diesem Wareneinsatz schonenden Interludium (angesichts des sehr gastfreundlichen Menüpreises nur richtig!) erfreute zunächst eine Tranche vom bretonischen Steinbutt aus Wildfang – punktgenau gebraten: saftig, zart koloriert – in Begleitung einer himmlisch-barocken Fischsauce aus reduziertem Fond und dicker Sahne sowie knusprigem Fenchel, Fenchelpollen, einer Chilimayonnaise und Zitrusperlen; und anschließend der exakte Garpunkt einer aromatischen Taubenbrust, die jedoch leider unter einem etwas nichtssagenden Zitrusschaum und neben einem mächtigen Riegel von der angegrillten und angeräucherten Wassermelone, eingelegten Kirschtomaten, Rauchmayonnaise, Zitrusgel und gemahlenen Pekannüssen eine Statistenrolle einnahm. Nichts zu meckern schließlich beim Dessert, das eine leichte, zarte Litschimousse mit einem Hauch Estragon, einem feinherben Jasminsud sowie einem Kirschsorbet und Shiso zu spannungsreicher, leichter Eleganz verband.

HERXHEIM

Pfälzer Stube

Hauptstraße 62–64, 76863 Herxheim
T +49 (0) 7276 5080
www.hotelkrone.de

Erika Kuntz
Fabio Daneluzzi
Mo, Di, Mi, Do, Fr, Sa mittags
Menü 65 / 80 €
Vorspeise 11 / 27 €
Hauptgang 17 / 45 €

Gleichzeitig nostalgisch und hochaktuell ist ein Besuch in der Pfälzer Stube mit ihrer gemütlichen Holzvertäfelung im Hotel Krone, das peu à peu weiter herausgeputzt wird. Ein gepflegtes, patiniertes Interieur steht wie ein Sinnbild für avanciert verfeinerte Regionalküche, die schon Ministerpräsidenten und während Helmut Kohls Kanzlerschaft hierher gelockte Staatsgäste begeisterte. Dass man sich jahrelang über Kohl und seine kulinarischen Rustikalvorlieben echauffierte, erweist sich retrospektiv als ein historischer Irrtum. Man hat im Zuge der Regionalität gelernt, Spezialitäten wie Pfälzer Saumagen zu schätzen. Dass der nach dem Generationswechsel bei Fabio Daneluzzi, der sich aktuell anstelle des Krone-Restaurants auf den identitätsstiftenden Kulinarik-Kern konzentriert, seinen Platz als kross gebratenes „Carpaccio" auf lauwarmem Weißkrautsalat mit von Kümmelvinaigrette aromatisierten Linsen und Kartoffelwürfeln hat, überrascht nicht. Natürlich finden wir auf der Karte neben derartigem Lokalkolorit-Furiosum auch Unverfänglicheres, Roulade oder Schmorgerichte mit Spätburgunderjus oder saisonale Bärlauch-Tagliatelle mit gebratenem Zander, alles von handwerklicher und geschmacklicher Präzision. Dass man sich auf eine mögliche Wiederaufnahme des Gourmetbetriebs freuen sollte, zeigt sich, wenn der von Karl-Emil Kuntz ausgebildete Daneluzzi Gänseleber mit Schokolade und Quitte kombiniert oder Gelbflossen-Thun, Matjes und Label-Rouge-Lachs als „Dreierlei Phantasie von Edelfischen" ihren Auftritt haben. Der Service trägt neben der naturgemäß besonders beim Pfalzwein starken Weinkarte zum Wohlfühlen in dieser Institution bei.

HERXHEIM AM BERG

Alex Weinlounge

Weinstraße 1,
67273 Herxheim Am Berg
T +49 (0) 6353 9325 630
www.alexweinlounge.de

Mo, Di ganztags
Vorspeise 7 / 13 €
Hauptgang 10 / 23 €

Auf 212 Metern, dem höchsten Punkt der Deutschen Weinstraße, liegt der zweistöckige Glasbau, in dem sich dieses Lokal befindet – es bietet einen grandiosen Blick über die Rheinebene. Direkt neben dem Betriebsgebäude der Winzergenossenschaft Herxheim am Berg werden hier ausschließlich deren Erzeugnisse ausgeschenkt. Was aus der Küche kommt, dient in erster Linie dazu, wohlschmeckender Weinbegleiter zu sein – von Knabbereien (Oliven, getrocknete Bratwurst mit Brot) über vier verschiedene Brotzeiten bis zu Antipasti und Flammkuchen.

HESSDORF

Wirtschaft von Johann Gerner

Dannberg 3, 91093 Hessdorf
T +49 (0) 9135 8182
www.wirtschaft-von-johann-gerner.de

🔒 Mi, Do, Fr, Sa mittags,
  Mo, Di ganztags
Menü 59 / 65 €
Vorspeise 10 / 17 €
Hauptgang 22 / 30 €

Aus dem vom Urgroßvater 1901 eröffneten Bierausschank ist ein Restaurant geworden, das eine feine und moderne Regionalküche bietet. Patron und Küchenchef Detlef Gerner bringt solide zubereitete Gerichte auf die Teller, greift auf viele heimische Produkte zurück wie Reh, Wildente, Kalb oder Karpfen – bleibt dabei aber weltoffen. Die Weinkarte ist sorgfältig zusammengestellt, der freundliche Service unter Tanja Weller-Gerner und ihrer Schwiegermutter Gunda versprüht den Charme eines echten Familienbetriebs.

HILDEN

intensiū NEU

Poststraße 42, 40721 Hilden
T +49 (0) 2103 54745
www.monopol-intensiu.de

🍽 Kristjan Bratec
🍷 Lukas Jakobi
✏ Kristjan Bratec
🔒 mittags,
  Mo, Di, So, Feiertag ganztags
Menü 74 / 94 €

Der Großvater schaut zu. Sein Porträt im Gastraum ist unübersehbar. Enkel Kris, vollständig Kristjan, Bratec hat es meterhoch mit weißer Farbe in Umrissen auf die dunkelblaue Wand malen lassen. Ob die Wand wirklich dunkelblau ist, lässt sich als Gast spontan gar nicht so genau sagen, denn Bratec hat das Restaurant des familieneigenen Hotels gegenüber des Hildener Bahnhofs atmosphärisch düster gestaltet. Das aber mit Köpfchen, denn dem Gastgeber gelingt es, dass sich die Gäste des im Januar 2022 eröffneten Restaurants rasch wohlfühlen. Und zwar viele junge Gäste. Die Musik zeitgemäß, Ansprache locker und vergnügt, gleichberechtigte Menüs vegan und omnivor (zum gleichen Preis). Hier ist zu erleben, wie ein Gourmetrestaurant aussehen kann, in dem man sich unbeschwert und locker wohlfühlen kann. Bratecs Bruder im Geiste ist Küchenchef Lukas Jakobi. Der bringt aus dem Stand eine hochambitionierte weltoffene Küche auf die Straße, basierend auf seinen Erfahrungen aus Stationen wie dem de Librije, bei Christian Bau und als Souschef im Düsseldorfer Nagaya. Dass Jakobi und Bratec nebeneinanderstehend auch gut jede Tür eines Berliner Clubs machen könnten, es hilft der Street Credibility der New Kids in Town. Vegan wird aus der Küche gegrüßt mit gedörrter Rote Bete im Knusperchip, dem Jakobi so eine bissig-feste Struktur gibt, auf der man richtig kauen kann. Schon hier – Schärfe darf, soll, muss sein. Jakobi spricht selbst von „voll auf die Fresse", da erlauben wir uns, das so zu unterschreiben. Mayonnaisen, Saucen, Cremes – Jakobis veganes Menü ist keine Ersatzbefriedigung, sondern ein eigenständiges Statement. „brot & soße" heißt der erste Gang und statt mit Besteck soll der Gast mit herausragendem Brot durch das cremige Spektakel aus entweder ungestopfter Gänseleber, Mais und Zitrus, oder Mais, Jalapeño und Zitrus fahren und zum Mund führen. Wenn es etwas gäbe, das wir kritisieren würden – dann, dass es weder Vorwarnung noch feuchte Tücher für die Hände vor und nach dem Vergnügen gibt. Die folgenden Feuerwerke an Zutaten für die Gänge mit Forelle, Lauch, Aubergine, Zunge vom Wagyu, Wollschwein und Grünkohl zünden. In dem Atem beraubenden Tempo, in dem Jakobi Produkte und die Art der Zubereitung fast rappt, kann der Gast die Orientierung verlieren. Aber Genuss ist kein Gedächtnistraining und die Zartheit der Zunge, die Knusprigkeit des Grünkohlblatts – das erschließt sich sofort und anstrengungsfrei bei aller Komplexität und Vielzahl an Elementen. Dass die Küche noch Zeit findet, fast jedem Gang eine winzige Vorschau zu schicken, sei staunend festgehalten. Die Energie und die Leidenschaft, sie ist sicht-, hör- und spürbar, es bleibt zu hoffen, dass das Duo sie lange pflegen kann. Der Küche entsprechend ist die kleine Weinkarte sehr achtsam zusammengestellt mit einigem, was die Avantgarde aus Deutschland und Europa zu bieten hat.

HINTERZARTEN

Zur Goldenen Esche

Alpersbach 9,
79856 Hinterzarten
T +49 (0) 7652 91940
www.waldhotel-fehrenbach.de

Josef Fehrenbach
Josef Fehrenbach
Mo, Di ganztags
Menü 35 / 75 €
Vorspeise 9 / 18 €
Hauptgang 18 / 28 €

Eine gemütliche, getäfelte Stube, ein grüner Kachelofen – die uns wohlbekannte, wenn auch im Dezember 2021 mit dem berechtigten Attribut „goldene" geadelte „Esche" im Schwarzwaldnest Alpirsbach könnte man leicht unterschätzen. Noch dazu wirkt Josef Fehrenbach, Küchenchef, Patron und Maître in Personalunion, eher bedächtig. Doch man soll sich nicht täuschen! Während des Lockdowns bewirtete der Einzelkämpfer seine Gäste in fünf Dutzend Wohnmobilen vor dem Haus – von Bollenhutbehäbigkeit ist hier also keine Spur. Das wurde auch jüngst wieder gleich beim Winzerchampagner aus besten Lagen im hauchdünnen Glas zum Einstieg klar, bei den zur Wahl stehenden Naturweinen oder dem animierenden veganen Menü verfestigt sich die Vermutung auch bei Erstbesuchern. Unser Ausflug in Fehrenbachs Geschmackswelten begann jüngst mit gebratener Wachtel an lauwarmem Kartoffel-Löwenzahnsalat – die Wachteljus intensiv und ohne penetrante Süße, mit der feinen Herbheit des Löwenzahns wunderbar im Einklang. Anschließend erfreuten uns eine aromatische Schaumsuppe von Spargel, ein perfekt gegarter, kein bisschen zäher Hummer und zur Erfrischung eine herrlich kräuterfrische Granita. Der erste Hauptgang – ein kross-blättrig gebratenes Seehechtfilet mit Safransauce, Brennnesselspinat, Süßkartoffelpüree und Wasabi-Pestwurz-Sauce – kam ebenso tadellos zu Tisch wie der folgende fleischliche Genuss, namentlich: das saftig, würzig-aromatische Schwarzwälder Kalb, im Heu gegart, mit dichter, aber nicht fetter Morchel-Rahmsauce und Rosmarin-Polenta. Zum Abschluss überraschte uns ein etwas eigensinniges Trio aus Waldmeister-Halbgefrorenem, Erdbeer-Rhabarber-Kompott und Karottenkuchen. Hier würden wir uns mehr Purismus wünschen. Nicht hingegen bei der mit Enthusiasmus und persönlichen Erklärungen servierten Weinbegleitung. Besonders gut gefiel uns parallel eine spontan improvisierte alkoholfreie Variante, die weit entfernt von den sonst oft üblichen Saftorgien war. Darunter die Höhepunkte: Kopfsalat-Setzlinge mit Tannenspitzensirup sowie die Kombination von Safran, Sauerkrautsaft und Verjus – alles versetzt mit dem herausragenden Schwarzwaldwasser von der eigenen Quelle.

HÖCHST IM ODENWALD

Krone

Rondellstraße 20,
64739 Höchst im Odenwald
T +49 (0) 6163 9310 00
www.krone-hetschbach.com

Di, Mi mittags,
So abends, Mo, Do ganztags
Menü 55 / 135 €
Vorspeise 9 / 28 €
Hauptgang 34 / 38 €

Die Krone bietet zweierlei: Auf der rechten Seite des Anwesens befindet sich eine gemütliche Gaststube mit anspruchsvoll-bodenständiger Küche, im modern eingerichteten Restaurant zur Linken erwartet den Gast zeitgemäße Hochküche: Thunfisch mit Gurkenkimchi, Hummer mit wildem Spargel und Vanille-Zitronengras oder Steinbutt mit Pfifferlingen und Kalbszunge. Küchenchef Karl Ludwig Wölfelschneider ordnet seine Menüs thematisch nach regional, saisonal und „Feld und Garten", seine Schwester Iris Wölfelschneider-Daab umsorgt die Gäste.

HÖCHSTÄDT A.D. DONAU

Zur Glocke

Friedrich-von-Teck-Straße 12,
89420 Höchstädt a.d.Donau
T +49 (0) 9074 9578 85
www.glocke.one

Di, Mi, Do, Fr mittags,
Mo, So, Feiertag ganztags
Menü 50 / 70 €
Vorspeise 10 / 16 €
Hauptgang 22 / 33 €

In der Höchstädter Glocke erwartet den Gast eine verlässlich gute, rechtschaffene Küche, der die Saison wichtiger ist als Experimente. Verarbeitet werden regionale Zutaten, deren Einsatz zur jeweiligen Jahreszeit sinnvoll ist. Im Gastraum mit viel hellem Holz und geraden Linien sitzt man im Winter bei Kaminfeuer, im Sommer geht es raus in den romantischen Hofgarten mit großem Kastanienbaum und stimmungsvollem Kerzenlicht.

HOFHEIM AM TAUNUS

Die Scheuer

Burgstraße 12,
65719 Hofheim Am Taunus
T +49 (0) 6192 27774
www.die-scheuer.de

🔒 So abends,
  Mo, Di, Feiertag ganztags
Menü 40 / 70 €
Vorspeise 12 / 24 €
Hauptgang 21 / 38 €

Einen „Fleischesser aus Leidenschaft" nennt sich Ralph Stöckle, und was er nicht selbst jagt, stammt aus erstklassiger Haltung: Schwäbisch-Hällisches Schwein, Hohenloher Rind, Huhn von Odefey und Töchter aus der Lüneburger Heide. Geichgesinnten Gästen serviert er dann Kalbsbries oder Wiener Schnitzel, Fischfreunde erfreuen sich an Bouillabaisse oder einer Kombination von mariniertem Gelbflossen-Thun und geräucherter Buttermakrele mit Miso-Mayonnaise und Spitzkohlsalat. Die Fachwerkscheune aus dem 17. Jahrhundert sorgt für Gemütlichkeit, der Service ist herzlich.

HOHENKAMMER

Camers Schlossrestaurant

Schlossstraße 20,
85411 Hohenkammer
T +49 (0) 8137 9344 43
www.camers.de

 Andrea Schum
🍴 Florian Vogel
🔒 mittags, Mo, Di, So ganztags
Menü 135 / 155 €
Vorspeise 32 / 42 €
Hauptgang 45 / 50 €

Zwischen München und Ingolstadt findet sich die ideale Gelegenheit, Schlossbewohner für einen Tag oder länger zu spielen. Das bildhübsch hergerichtete historische Wasserschloss gehört zum Rückversicherungskonzern Munich RE und beherbergt neben Tagungszentrum, Hotel und Gastronomie Camers Schlossrestaurant im schönen Gewölberaum im Erdgeschoss. Bei passender Witterung wird die modern-klassische Küche im malerischen Innenhof serviert. Seit 2015 kocht hier Florian Vogel und setzt beim Menü auf exquisite Zutaten, die vom bayerischen Wagyu mit Topinambur, Haselnuss und Kaviar bis zu Stücken von Tristan-Languste im Curry-Süßkartoffelsud mit Fingerlimes reichen. Wie bei Kartoffeln zum äußerst sanft gegarten, fettschmelzenden Ora-King-Lachs, stimmig von jungem Kohlrabi und Spinat begleitet, kann Vogel auch auf Zutaten vom unternehmenseigenen Bio-Gut Eichethof zurückgreifen. Zuvor hatte uns nach einem Auftakt mit umami-reicher, kraftstrotzender Pilz-Consommé pochiertes Steinbutt-Nockerl in mutig pikant durch Piment d'Espelette gewürzter Mais-Velouté mit Paprika und Backerbsen-Crunch als in sich ruhender Gang erfreut. Die Ausgewogenheit durch handwerkliche Präzision und geschmackliche Raffinesse erreichten bei exzellent rosa gebratenem Rehrücken ihren Höhepunkt. Neben feiner Jus und gebratenen Steinpilzen ragte eine Pofese, eine dünnscheibige Arme-Ritter-Luxusversion mit feiner Entenleber und herb-fruchtiger Pflaumenmarmeladenschicht, heraus. So gelang eine superbe

Kombination, die wirkungsvoll auf Aroma, Schmelz und Süße reduziert war. Karamellisierter Strudelteig mit Mandel, Apfel und cremigem Tonkabohnen-Eis bildete als ausbalanciertes Dessert ohne überflutende Süße bei dieser harmonischen Gesamtleistung einen angenehmen Abschluss. Die vorwiegend europäisch geprägte Weinkarte ist gastfreundlich kalkuliert.

HORBEN

Raben Horben – Steffen Disch

Dorfstraße 8, 79289 Horben
T +49 (0) 761 5565 20
www.raben-horben.de

- Steffen & Kirsten Disch
- Steffen Disch
- Kirsten Disch
- mittags,
  Mo, Di, So, Feiertag ganztags

Menü 95 / 160 €

Schon bei der Anfahrt hinauf nach Horben zum schön hergerichteten alten Gasthaus blickt man weit über das Land, die Rheinebene, die Vogesen – ein Traum. Hier ist man mitten im Schwarzwald und doch nicht weit von der Freiburger Innenstadt. Wer die breite Weinkarte kennt, reist vielleicht gar per Straßenbahn an (bis Günterstal, dann in den Bus und zurück mit dem Taxi). Doch auch in dieser Idylle hinterließen die aktuellen Umstände ihre Spuren: Es gibt nur noch zwei Menüs und statt der Acht-Gänge-Variante nur noch eine mit maximal sechs, zum gleichen Tarif. Verständlich, die Zeiten sind schwierig. Allzu ökonomisch sollte die Küche dennoch nicht arbeiten. Das vegetarische Menü bestand jüngst im Wesentlichen aus den gleichen Tellern des „Raben-Menüs" – die jeweilige Hauptkomponente mehr oder weniger überzeugend ersetzt. Da geht mehr! Doch genug genörgelt – was dann im Menü kam, war top wie eh und je. Wir erfreuten uns an einem Melonen-Gazpacho mit Oktopus und Garnele, einzig das Basilikumeis dazu war etwas zu süß. Sehr schön ein Stubenküken mit optimal gebratener Brust, frisch flankiert von gepickeltem Kohlrabi, dazu eine leichte, aber aromatische Jus. À part außerdem das Keulenragout unter einem seidigen, leicht bitteren Pfifferlings-Espuma im Ei. Dann kam ein perfekt krosser Zander mit Frankfurter Sauce und abgeflämmtem Römersalat – alles handwerklich tadellos, klar und produktorientiert. Beim Hauptgang, einem Dreierlei vom Poltinger Lamm, steigerte sich die Komplexität handwerklich wie geschmacklich noch einmal deutlich. Nicht nur kamen Rücken, ausgebackenes Bries und geschmorte Schulter aromatisch wie hinsichtlich ihres Garpunktes ideal auf den Tisch (ausgezeichnete Jus!), auch die Beilagen gefielen als aufwendige Miniaturen, darunter etwa ein hübsches Zucchini-Geflecht, eine Peperonata-Nocke samt Gel und Baba Ganoush. Ebenfalls vorbildlich: die top gereifte Käseauswahl vom herausragenden Affineur Bernard Antony pur präsentiert. Sehr gut auch der klassische „Pfirsich Melba" – aromatischer Blutpfirsich, Himbeeren gefüllt mit Tonkabohnen-Ganache in einem zarten Pfirsich-Lavendel-Sud, dazu luftige Vanillemousse in weißer Original-Beans-Schokolade und ein super Pfirsischsorbet.

HÖRNUM

KAI3

Am Kai 3, 25997 Hörnum
T +49 (0) 4651 46070
www.budersand.de

- Felix Gabel
- Felix Gabel
- Tim Blaszyk
- mittags, Mi, Do ganztags

Menü 118 / 168 €
Vorspeise 32 / 45 €
Hauptgang 38 / 68 €

Felix Gabel, der Küchenchef vom KAI 3, ist noch besser geworden. Da passt es nicht schlecht, dass auch der hohe, zum Wattenmeer verglaste Speiseraum mit einem anderen Lichtkonzept, Strahlern, Flutern und dezenten modernen Lämpchen auf den Tischen nun eine etwas freundlichere Atmosphäre ausstrahlt. Mit vier Grüßen aus der Küche geht Gabels „große Aromenreise" in verschiedene Erdteile. Geröstete Entenleber und Entenhaut-Chips schmiegen sich zwischen die beiden Hälften eines winzigen Ras-el-Hanout Baisers, eine luftige Kartoffelspirale wird mit einer Füllung von Seesaibling, Erbse und Minze zur Delikatesse, ein mit Ceviche vom Rotbarsch, Mango und Avocadomousse beladener Mini-Taco entführt in tropische Regionen. Schließlich erreicht ein mit Hummer gefülltes und von Teriyakisauce umspieltes Takoyaki-Teigbällchen den Tisch, getoppt von einem Krönchen aus Wagyu-Tatar, etwas Imperial-Kaviar auf einem Tupfer hausgemachter, mit winzigen frischen Kräutern und einem Blütenblatt dekorierter Mayonnaise – ein optisches Kunstwerk und erstklassiger Genuss zugleich. Die ausgehöhlte halbe Zwiebel, befüllt mit einem Lardoröllchen, aromatischem Pilzpüree, hauchdünnen Champignonscheiben, Mandelsplittern, einem Tropfen Waldkräuteröl, gebettet auf Perlzwiebelessenz mit Holunderbeeren, konnte da nicht mithalten. Gelungen dagegen der süßsäuerliche Ausflug in die Südstaatenküche mit Okraschote auf Kalamansimousse zu Sous-vide gegartem, dann kurz scharf angebratenem Hummerschwanz, das Ganze ruhend in einer aufgeschäumten Bouillabaisse-Brühe im New-Orleans--Stil. Ganz wunderbar geriet das schiere Stückchen Hochrippe vom Wagyu-Rind, wieder Sous-vide vorbereitet, dann kurz angebraten und begleitet von wildem Brokkoli. Die Kimchisauce auf Sojabasis mit geröstetem Sesam und anderen Barbecuearomen bildet optisch und geschmacklich die Verbindung zu der mit gewolftem Wagyu und leicht pikantem Kimchi gefüllten Teigtasche. „Konsole, die ich nie haben durfte" nennt Felix Gabel sein Super-Mario-Wassereis-Dessert mit Mousse aus gerösteten Mandeln, Schwämmen aus Teig, Schokosternen, Erbsenkraut – eine süße Spielerei. Gut sortierte Weinkarte mit mehr als 500 Positionen, vielen halben Flaschen und zwei Dutzend offenen Weinen. Aufmerksamer, zugewandter Service.

HOYERSWERDA - WOJERECY

Westphalenhof

Bautzener Straße 38,
02977 Hoyerswerda - Wojerecy
T +49 (0) 3571 9139 44
www.westphalenhof.de

🔒 Mi, Do, Fr mittags,
　　Mo, Di ganztags
Menü 42 / 80 €
Vorspeise 8 / 19 €
Hauptgang 30 / 39 €

Bouillabaisse, Vitello tonnato, Burrata, Jakobsmuscheln – wer in der sorbischen Ortschaft Zeißig mediterrane Kulinarik mit Niveau sucht, ist bei Oliver Westphal und seinem kochenden Bruder Alexander bestens aufgehoben. Und wie kreativ-modern hier – jenseits der Standards – zubereitet wird, zeigen Gerichte wie ein in Pankomehl gebackenes, wachsweiches Ei mit Zucchini, Spinatcreme, Möhren und weißer Portweinsauce. Vegetarier freuen sich über lauwarmen Spinatsalat mit Limonen-Honig-Dressing oder gerösteten Blumenkohl mit Senfsauce.

HUSUM

Eucken

Süderstraße 2–10, 25813 Husum
T +49 (0) 4841 8330
www.altes-gymnasium.de

🔒 mittags, Feiertag ganztags
Menü 38 / 88 €

Im Restaurant des Hotels Altes Gymnasium bleibt man seinen Hausklassikern treu – bei den Vorspeisen zum Beispiel dem Cocktail von Husumer Nordseekrabben auf Salatbett, bei den Hauptgerichten der Husumer Ochsenschulter, die dank schonender Langzeitgarung (48 Stunden bei 60 Grad) extrem zart auf dem Teller landet. Aber auch auf den Dialog von Lachs und Seeteufel auf sautiertem Blattspinat oder als Abschluss die zartbittere Schokoladenmousse auf Kirschröster mit Vanilleeis ist hier Verlass.

IDSTEIN

Henrich HÖER's Speisezimmer

Obergasse 26, 65510 Idstein
T +49 (0) 6126 50026
www.hoerhof.de

- Sabine Kogge
- Sebastian Straub
- So, Feiertag ganztags

Menü 35 / 90 €
Vorspeise 18 / 20 €
Hauptgang 25 / 38 €

Ein sehenswertes historisches Kleinod ist der Höerhof allemal. Wer mit offenen Augen durch das rund 400 Jahre alte Gemäuer läuft, in dem neben Restaurant, Tagungsräumen auch einige Hotelzimmer untergebracht sind, findet in dem vorbildlich restaurierten Ensemble viele Spuren vergangener Jahrhunderte. Dagegen ist die Küche von Sebastian Straub auf der Höhe der Zeit und fährt mittags und abends gekonnt zweigleisig. Hat man Lust auf bodenständige unkomplizierte Gerichte, lässt man sich die Schlemmerkarte bringen, ordert gebratenes Filet vom Schwein oder fragt nach dem Fisch des Tages. Die aufwendigeren Arrangements, zusammengefasst in einem Menü ab drei Gängen und auf Wunsch mit durchdachter Weinbegleitung serviert, stehen auf der Gourmetkarte. Die Vorspeise aus confierten Saibling, übrigens sehr ansprechend appetitlich angerichtet, überzeugte mit ihrem verführerischen Aroma von dezent eingesetztem Estragon und Holunder. Dass geflämmter Porree ein eigenes, noch dazu spannendes Gericht hergibt, hat man beim Lesen der Speisenkarte nicht unbedingt auf dem Schirm. Straub gab zum Lauch würzigen Bergkäse, etwas angebratenen Speck und Kartoffel, alles in allem rustikale Klassiker, die im Quartett ein schönes komplexes, zupackendes Geschmacksbild abgaben. Das schmeckt ohne Schnörkel einfach gut. Auch beim Hauptgang griff die Küche in die Gemüsekiste. Zum saftig zarten Kalbsrücken wurde eine, für unseren Geschmack etwas zu dick geschnittene Scheibe Sellerie drapiert, dazu gab es zwei frittierte Sellerie-Kroketten. Kleine Tupfen von Zwetschgengel sorgten für leicht säuerliche Akzente, die den Gaumen etwas vom Sellerie entlasteten. Harmonie sieht auf den ersten Bissen anders aus, aber trotz des markanten Eigengeschmacks des omnipräsenten Selleries kam die Gesamttextur nicht aus der Balance. Das Dessert, ein herrlich cremiges Kokoseis, Schokolade, Zitrus und Passionsfrucht, hielt das lobenswerte Niveau, auch wenn insgesamt, bei guter Perspektive, noch Luft nach oben ist.

IHRINGEN

Restaurant Holzöfele

Bachenstraße 46, 79241 Ihringen
T +49 (0) 7668 207
www.holzoefele-ihringen.de

🔒 Mo, Di ganztags
Menü 39 / 80 €
Vorspeise 8 / 19 €
Hauptgang 17 / 33 €

Weit reicht die Geschichte dieses Landgasthofs zurück – 1853 als Bäckerei eröffnet. Vor einigen Jahren hat die junge Familie Eyrainer das Regiment in der Küche und den Stuben übernommen, seither bereichern „mediterrane Einflüsse" das traditionell „regional-rustikale" Angebot (von dem auf der Karte leider nicht mehr sehr viel übrig ist). Der Anspruch der Küche wird bereits bei den Vorspeisen deutlich, bei Milchkalbstatar mit gebackenem Kalbskopf, bei hausgeräuchertem Saibling oder Zweierlei von der Gänseleber mit Aprikose und Brioche. Zu den Fischwochen im Januar gibt's Austern, Bouillabaisse und auf Wunsch eine Seezunge für zwei.

ILLERTISSEN

Vier Jahreszeiten Restaurant Imhof

Dietenheimer Straße 63,
89257 Illertissen
T +49 (0) 7303 9059 600
www.vier-jahreszeiten-illertissen.de

🔒 Sa mittags, Mi ganztags
Menü 35 / 65 €
Vorspeise 4 / 14 €
Hauptgang 15 / 34 €

Ein hell-modernes, völlig schnörkelloses Ambiente mit Massivholztischen und langen Sitzbänken – das ist der Rahmen für die Landhauskuche des Imhofs. Dauerbrenner sind die Rinderkraftbrühe mit Grießklößchen und Wurzelgemüse oder der Zwiebelrostbraten vom Allgäuer Färsenrind mit Kraut-Krapfen, Eierspätzle und buntem Salat. Ergänzt wird das Bewährte durch Gerichte wie die hausgebeizte Eismeerlachsforelle in der Sesamkruste mit Roter Bete und Avocado oder einer Kikok-Maishähnchenbrust mit Steckrüben-Bohnengemüse.

ILLSCHWANG

Cheval Blanc

Am Kirchberg 1, 92278 Illschwang
T +49 (0) 9666 1880 50
www.weisses-ross.de

Katharina & Christian Fleischmann
Christian Fleischmann
mittags,
Mo, Di, So, Feiertag ganztags
Menü 148 / 158 €
Vorspeise 26 / 38 €
Hauptgang 36 / 42 €

Das Landhotel Weißes Roß im malerischen Funkloch Illschwang gewährleistet die anspruchsvolle gastronomische Rundum-Versorgung der Region und lockt Wellness-Urlauber von weiter her. Von der im Haus untergebrachten Metzgerei, der Stube „Weißes Roß" mit Schweinebraten (gut) und Leberknödelsuppe (sehr, sehr gut) über Hochzeiten mit Gourmet-Menüs reicht das Portfolio, das seit einigen Jahren Christian Fleischmann mit französischer Küche abrundet. Cheval Blanc mag als Namenswahl für das nur wenige Tische zählende Kulinarik-Refugium ambitioniert bis selbstbewusst klingen, aber angesichts der klaren Küchenausrichtung und Ortes ist die Übersetzung schlicht logisch. Bries, Hummer, Steinbutt – hier sind sie das Produkt-Rückgrat eines Küchenchefs, der dennoch zum hausgemachten Brot aus verschiedenen Urkorn-Mehlen ein Töpfchen Leberwurst servieren lässt – so gefällt uns Spagat! Im modernen Ambiente, in dem lediglich der Kamin an die Vergangenheit erinnert, hält die Küche mehr als Schritt. Die Amuse-Bouches lassen nicht nur die Bandbreite von Fleischmann aufblitzen. Das sehr knusprige Tempura-Rad mit geräucherter Forelle, die Praline von Schweinefleisch und der Beef Tea im Reagenzglas sind runde, stimmige Gerichte – wir hätten uns auch gerne den Rest des Abends mit diesen kulinarischen Miniaturen verwöhnen lassen. Denn Fleischmann ist in der Lage, im Kleinen anzureißen, was ihm im Großen vortrefflich gelingt. Ob Saibling aus der Region mit Bachkresse, Buttermilch und Senfeis oder der perfekt gegarte Hummerschwanz auf Chinakohl mit Hummerchip und Gänselebereis – die Akzente sitzen, die jeweils extra gereichten Zusätze variieren das Grundprodukt. Der regional gezüchteten Felsentaube stellt Fleischmann – gar nicht zimperlich – Harissa zur Seite: Wohlgeschmack ja, Einlullen, nein. Für den fast cremig gegarten kleinen Kohlrabi würden wir jederzeit wiederkommen wollen, er stiehlt im Hauptgang dem zarten Rehrücken die Show. Statt des Menü-Desserts lassen wir uns verführen zur als „Klassiker" annoncierten Aprikosentarte, in der Pfanne serviert und mit Holunderblüteneis sachte ergänzt. Es überraschte uns dann auch kaum noch, dass die Patisserie uns zum Schluss mit flüssiger Campari-Praline mit viel Bitterkeit und karger Süße als einer von fünf Petits Fours intelligent unterhält.

IMMENSTAAD AM BODENSEE

Seehof

Bachstraße 15 (Am Yachthafen),
88090 Immenstaad am Bodensee
T +49 (0) 7545 9360
www.seehof-hotel.de

Frank Hallerbach
Jürgen Hallerbach
Menü 52 / 69 €
Vorspeise 8 / 19 €
Hauptgang 18 / 36 €

Mit seiner Traumlage am Bodensee böte der Seehof seinen Eigentümern eine erstklassige Möglichkeit zur Touristenabzocke – die findet hier nicht statt. Stattdessen bietet sich die Wahl zwischen dem Panoramarestaurant Alois (mit See- und Alpen-Blick), der Seeterrasse (herrlich an Sommerabenden) und der alten Badischen Weinstube (unser Liebling). Am Eingang künden gesammelte Speisekarten stolz von den Stationen des Küchenchefs Jürgen Hallerbach. Darunter: das Colombi, der Königshof, die Auberge de l'Ill, Gualtiero Marchesi … Noch schöner aber finden wir Hallerbachs Erzeugerliste, denn die Zutaten, die er verwendet, sind konsequent regional. Aus all dem folgt: Hier erfindet man das heiße Wasser nicht neu, hier werden Klassiker gepflegt. Wir kosteten jüngst eine Geflügel-Kraftbrühe mit Kräuter-Flädle, Horgenzeller-Babyleaf mit marinierten lauwarmen Spargelspitzen und ein Dreierlei aus Saibling-Matjes, Räucherfelchen und Felchen-Kaviar – und fanden alles handwerklich sauber und wohlschmeckend. Die mediterrane Bouillabaisse kam vielleicht etwas dünn auf den Tisch, die Fischfilets in dicken, blättrigen Stücken hingegen waren top gegart, die Aioli dazu schön, aber zahm. Auch die „Alemannischen Spezialitäten" hatten ihre Höhen (saftig-aromatische Bratwurst, herrliche Felchen) und Tiefen (geschmacklich flache Maultasche, arg süße Zwiebeln zu etwas weichen Spätzle). In der bekannt erfreulichen Qualität aber erschien ein Coq au vin vom Oberschwäbischen Landhuhn und eine rosig gebratene Rehkeule. Das Dessertangebot ist dezidiert konservativ gestaltet, auch dessen Servierzeiten bemerkenswert (es gibt sie nur als Gnadenakt nach 14 Uhr). Schön sind sie dennoch – etwa die marinierten Erdbeeren, das fluffige Griesflammeri und eine sehr schöne Crème brûlée. Auch ist „Die kleine Mittagskarte" ein Highlight zu bescheidenen Preisen. Unterm Strich: Was es hier gibt, gibt es der Papierform nach an so manchen Stellen am Bodensee – aber die Sorgfalt, die Produkte und das Handwerk lassen uns den Seehof auch in diesem Jahr zu den besten im Lande zählen.

Immenstaad am Bodensee

INGELHEIM AM RHEIN

Gourmetrestaurant Dirk Maus

Sandhof 7, 55262 Ingelheim am Rhein
T +49 (0) 6132 4368 333
www.dirk-maus.de

Gut, dass Dirk Maus immer wieder den Ehrgeiz verspürt, sich den Herausforderungen der Gourmetküche zu stellen. Denn er könnte sich auch auf die bemerkenswert feine und ausgetüftelte Landhausküche zurückziehen, die er in seinem geschmackvoll ausstaffierten Sandhof ebenfalls anbietet. Aber Maus ist nun mal ein talentierter Koch und freut sich wie ein Schneekönig, wenn die Gäste auf der Empore des Restaurants, wo an wenigen Tischen das Gourmet-Menü serviert wird, mit strahlenden Augen vor seinen Kreationen sitzen. Und das passiert immer, denn allein die Vorspeise aus Bratkartoffelscheiben, Espuma von der Bratkartoffel, Bio-Eidotter, gehobelter roher Gänseleber, Périgord-Trüffel, Zwiebelspeckmarmelade, Hollandaise und Meersalz ist ein geniales, weil aromatisch ineinandergreifendes kalt-warmes Arrangement, das am Gaumen alle Glocken läuten lässt. Auch die feinzarte Jakobsmuschel, die ihre leichte Salzigkeit mit der säuerlich fordernden Limette im Duett ausficht, ist mit ihrem aromatischen Spannungsfeld ebenso empfehlenswert wie die neapolitanische Paccheri, die Maus mit Pilzragout und Zwiebeln füllte und in einen mit Sherry verfeinerten Pilzsud tauchte. Die perfekt zart gegarte Taubenbrust servierte die Küche mit gesalzener und gerösteter Taubenhaut, in Currybutter geschmorten Karotten und einer kraftvollen Jus. Alles sachte umhüllt von einem Touch Ducca, dem traditionellen orientalischen Mix aus Sesam, Koriander, Kreuzkümmel und Nüssen. Den erfrischend fruchtigen Kick bekam das Vorspeisen-Gericht aus den Filets von Kumquats. Als kleines Extra gab es à part noch eine Portion Taubenragout mit Mousseline aus aufgeschlagener Currybutter. Beim Hauptgang setzt Maus auf heimisches Wild. Die herrlich zarten Filets vom Reh umgab die Küche mit verschiedenen Texturen der Roten Bete, Kronsbeere, Rosenkohl und Speckcroûtons. Das Ganze wurde mit einer aromatisch vibrierenden Jus angegossen, die so perfekt austariert war, dass alle Komponenten geschmacklich zum Zuge kamen. Das ist hohe Saucenkunst, Chapeau! Die Patisserie hielt mit diesem Niveau locker Schritt und kombinierte gekonnt Sanddorn aus eigenem Garten mit Baiser und Orangeneis, dazu Eis vom Bratapfel und Topfen mit geschmacksintensivem Gel vom Calvados. Der besonders herzliche und aufmerksame Service, sowie die attraktive Weinkarte, die überaus fair kalkuliert ist, sind weitere Pluspunkt, die für das Gourmetrestaurant ebenso sprechen wie für das Landgasthaus von Dirk Maus.

IPHOFEN

Zehntkeller

Bahnhofstraße 12, 97346 Iphofen
T +49 (0) 9323 8440
www.zehntkeller.de

🔒 Mo ganztags
Menü 68 / 80 €
Vorspeise 8 / 20 €
Hauptgang 20 / 45 €

Im altehrwürdigen Gemäuer des ehemaligen Zehntgerichts sorgt Matthias Werner auf bodenständiger Basis für eine feine und zeitgemäße Küche – vom Zanderfilet auf Rote-Bete-Zartweizenrisotto bis zur Entenbrust mit Kumquats, winterlichem Gemüse und Orangennudeln. Das Fundament der Karte bilden verlässliche Klassiker wie Weiderind-Consommé, Zwiebel-Rostbraten oder Rehragout. Die Weine hier kommen vornehmlich vom eigenen Gut, nahezu alles wird auch offen ausgeschenkt. Der Service ist äußerst herzlich, man spürt den Charme eines Familienbetriebs mit langer Tradition.

Zur Iphöfer Kammer

Marktplatz 24, 97346 Iphofen
T +49 (0) 9323 8772 677
www.kammer-iphofen.de

🔒 Mi, Do, Fr, Sa mittags, So abends,
   Mo, Di, Feiertag ganztags
Menü 34 / 55 €
Vorspeise 10 / 16 €
Hauptgang 21 / 30 €

Die Kammer gehört zum Iphöfer Weingut Wirsching, mit seiner intimen Gemütlichkeit verströmt das Restaurant den Charme einer Puppenstube. Dazu wird handwerklich perfekte und äußerst schmackhafte Wohlfühlküche serviert, von Ravioli mit Salbeibutter über Perlhuhnbrust mit Kräutergnocchi und Gemüse bis zum Rehmedaillon mit Kartoffel-Sellerie-Püree. Als verlässlich guter Abschluss bietet sich neben den Desserts stets die Auswahl regionaler Käse an, begleitet von hausgemachten Marmeladen oder Chutneys.

Iphofen

JENA

Scala

Leutragraben 1/JenTower, 07743 Jena
T +49 (0) 3641 3566 66
www.scala-jena.de

- Christian Hempfe
- Matthias Mänz
- Andreas von Mach
- So abends

Menü 68 / 151 €

Neues aus dem JenTower: Der bisherige Küchenchef Christian Hempfe übernahm das Hotel-Restaurant Scala vom langjährigen Inhaber Andreas Machner. Auf die dadurch vakante Position rückte Matthias Mänz. Während weiterhin täglich mittags bis abends geöffnet bleibt, wurde das kulinarische Programm gestrafft. Dabei fragen wir uns, ob das postulierte „High Class Dining" noch auf das nun neben einem Lunch-Menü angebotene Sharing-Menü, das auch in vegetarischer Variante verfügbar ist, zutrifft. Auf den Küchengruß, Auster mit knuspriger Speckummantelung und Hollandaise, folgten gleichzeitig alle Vorspeisen auf einem Tablett, bekannt aus Kantinen oder Mensen, angerichtet erfreulicherweise auf Geschirr und Platten. Zitronen-Kaviar lag auf locker gebackenem Buchweizentaler, Maisschaum füllte Eierschalen und gebackenen Ziegenkäse krönten Trüffelscheiben. Geschmacklich und handwerklich ging der Amuse-Gueule-artige Auftakt durchaus in Ordnung. Die Hauptgänge kommen im „family style" in Schalen und Töpfchen auf den Tisch. So teilten wir uns die Trilogie vom Kalb selbst zu – da ein Stückchen Zunge, hier Tafelspitz und noch vom medium gegarten Filet. Dazu platzierten wir kunstfertige Rosmarin-Kartoffel-Baumkuchenecken und mediterrane breite Bohnen mit Tomaten und Oliven, gossen dezent mit Meerrettich aromatisierte Béchamelsauce und kraftvolle Kalbsjus an. Was sind wir froh, in der 28. Etage des Jenaer Wahrzeichens auf 128 Metern, gerade an den Fensterplätzen des sehr bequemen, modern-stilvollen Restaurants, den wunderbaren Panoramablick weiterhin ganz für uns allein genießen zu können! In der Weinkarte findet sich dazu genügend Weißes und Rotes aus dem Anbaugebiet Saale-Unstrut, das zu Teilen fast noch mehr Freude bereitet.

JOHANNESBERG

Helbigs Gasthaus

Hauptstraße 2, 63867 Johannesberg
T +49 (0) 6021 4548 300
www.auberge-de-temple.de

- Nicole Helbig
- Ludger Helbig
- Mo, So ganztags

Menü 91 / 127 €
Vorspeise 18 / 28 €
Hauptgang 26 / 44 €

Stillstand? Nicht mit Ludger Helbig! Nun stehen im Garten des hübsch herausgeputzten Ensembles „Auberge de Temple" beheizbare Edelstahl-Glas-Cubes mit stilvoll eingedeckten Tischen als Alternative zum freundlich hellen Gastraum. Einem Wohlfühlort mit roter Berkel, moderner Kunst und Verquicken – bereits, bevor es Trend wurde – von zugänglichen und ambitionierten Gerichten. Direkt löste Helbig seine kulinarischen Demokratieversprechen bei Poké Bowl „Auberge Style" ein. Die hatte erfreulicherweise nichts mit in Fußgängerzonen erhältlichem Schüsselmampf zu tun. Denn auf Linsensalat, auf Augenhöhe mit französischen Pendants, lag raumtemperierte, gehobelte intensive Ibérico-Schweinebacke, schmackhaft unkompliziert angereichert von krossen Sauerteigbrot-Quadern, topfrischen Spinatblättern und Wildkräutersalat, grobem Senf und Meerrettichschmand. Völlig anders die Ausgangslage bei Rotschalengarnele mit Yuzu-Mayonnaise, Schwarzwurzel und Blutampfer, der – wie anderen Tellers Microgreens und Kressen

– überdosiert war. Den selbstbewussten Preis (29,90 Euro) rechtfertigte die schiere Menge Krustentiers, dessen ausgelöstes Fleisch einen Tick zu prägnant abgeflämmt schmeckte. Bei den Hauptgängen überzeugten ebenfalls Umfang, Qualität und Geschmack. Mitteldicke Steinbutt-Tranche lag saftig gebraten auf reichlich herrlichem Spinat mit Queller, darauf mit Jakobsmuschel-Tataki gefüllte Ravioli, drumherum tänzelnde Beurre blanc mit etwas Kaviar. Dann sah es mit violettem Kartoffelstampf und nicht jahreszeitlichen grünen Bohnen beim Fleisch einfach aus, doch folgte eine Schmorkunst-Demonstration mit zarten, weder zu weit gegarten noch wässrig blassen Kalbsbäckchen. Deren Natürlichkeit unterstrich die Sauce von hervorragender Balance aus Kraft und jederzeit schmeckbarem Ausgangsprodukt. Dass Weniger mit guten Zutaten und präzisem Handwerk mehr zu leisten vermag, bewiesen final Dreierlei vom Champagner (Mousse, Sorbet, geeistes Süppchen), intensive Thai-Mango, unterfütterndes Quinoa-Granola.
Gute Weinauswahl, auch offen.

JORK

Die Mühle Jork

Am Elbdeich 1, 21635 Jork
T +49 (0) 4162 6395
www.diemuehlejork.de

- Kerstin Riewoldt
- Danny Riewoldt
- Kerstin Riewoldt
- Mi, Do, Fr mittags, Mo, Di ganztags

Menü 69 / 129 €
Vorspeise 8 / 22 €
Hauptgang 25 / 34 €

Wer die Flügel der Holländerwindmühle auf dem Binnendeich erblickt, weiß, er ist im Herzen des Alten Landes, dem großen Obstanbaugebiet südwestlich von Hamburg. Wo früher Mehlsäcke lagerten, wird heute gekocht und gespeist. In der warmen Jahreszeit sind nicht die Plätze im gemütlich-schummrigen Inneren, sondern die auf der Terrasse mit Blick über die Obstbaumplantagen am beliebtesten. Chefkoch Danny Riewoldt schickt mit einer gegarten Möhre im Kaffeesud, dekorativ von einem „Bubble" Möhrenpüree und einigen Haferflocken begleitet, einen Gruß aus der Küche, bei dem die süße Note der Möhre mit der herben des Kaffees angenehm kontrastiert. Das Körbchen mit Baguette, Paprika-Mais-, Gurken- und einem Schoko-Nuss-Brot überrascht mit besonderem Geschmackserlebnis, nicht zuletzt wegen des in einem Schälchen dazu gereichten Olivenöls mit köstlichem Holunderblüten-Himbeersalz. Die vegetarische Vorspeise mit blanchierten frischen Erbsen, Erbsenkraut, eingelegten Morcheln und einem Körner-Müsli geriet knackig frisch, geradezu belebend. Variantenreich in Geschmack und Arrangement präsentierte sich die gebratene Schulter und der in würzigem Sud geschmorte Rücken vom Maibock mit Austernpilzen, dazu als Kontrapunkt feingehobelte und säuerlich eingelegte Mairübchen, etwas Emmerrisotto und Bärlauch aus dem eigenen Kräutergarten. Köstliches Finale mit einer karamellisierten Tarte von Altländer Äpfeln auf Backholzer Blauschimmelkäse zu einem geschmeidig-beerigen Rotwein-Butter Eis. À la carte („Quer Beet") oder Degustationsmenüs mit vier bis acht Gängen, auch mit Weinbegleitung. Den tadellosen Service verantwortet die gut gelaunte und bestens informierte Kerstin Riewoldt. Am Wochenende gibt es ein preiswertes 3-Gang-Mittagsmenü sowie nachmittags Kaffee und täglich frisch gebackene Kuchen und Torten von „Mama Doris".

KALLSTADT

Weinhaus Henninger

Weinstraße 93, 67169 Kallstadt
T +49 (0) 6322 2277
www.weinhaus-henninger.de

🔒 Di, Mi, Do, Fr mittags, Mo ganztags
Menü 38 / 75 €
Vorspeise 11 / 15 €
Hauptgang 22 / 38 €

Ein vitales Wirtshaus an der Weinstraße von 1688 – beliebt und belebt seit Jahren dank einer ambitioniert-bürgerlichen Küche mit dem ein oder anderen Abstecher in die Gänseleber- und Edelfischabteilung. Wir halten uns in den gemütlichen Stuben oder im lauschigen Innenhof mit Vorliebe an die regionalen Klassiker, an lauwarmen Blutwurstkuchen an Apfel-Meerrettich-Creme, sautierte Kalbsnieren in Cognac-Senfsauce und natürlich das ehrwürdige Quartett aus Saumagen, Bratwurst, Blutwurstmedaillon und Leberknödel auf Weinkraut. Dazu ein Fläschchen Riesling – was will der Mensch mehr?

KANDEL

Zum Riesen

Rheinstraße 54, 76870 Kandel
T +49 (0) 7275 3437
www.hotelzumriesen.de

🔒 mittags, Mo, So, Feiertag ganztags
Menü 37 / 86 €
Vorspeise 9 / 19 €
Hauptgang 20 / 38 €

Andreas Wenz zeigt in dem kleinen Restaurant im Hotel zum Riesen, dass er nicht nur das klassische Küchenhandwerk beherrscht, sondern souverän mit der internationalen Zutaten- und Aromenwelt umzugehen weiß – etwa bei einer Curry-Kokos-Suppe mit Jakobsmuschel und Yuzu, der „Wiese und Meer"-Kombination von Rinderfilet und Garnelen-Ceviche oder bei Filet und Hüfte vom Lamm mit Topinambur und Limonen-Gnocchi. Es gibt ein dreigängiges Überraschungsmenü und auch für Veganer stehen bis zu vier Menü-Gänge zur Wahl.

KAPPELRODECK

Rebstock Waldulm

Kutzendorf 1, 77876 Kappelrodeck
T +49 (0) 7842 9480
www.rebstock-waldulm.de

Mo, Mi, Do, Fr mittags, Di ganztags
Menü 42 / 78 €
Vorspeise 3 / 8 €
Hauptgang 23 / 34 €

Schon bei der Anfahrt beeindruckt dieser traumschöne Landgasthof an der Badischen Weinstraße mit seinem stolzen Fachwerk, den roten Fensterläden, seinem leuchtenden Blumenschmuck und der herrlichen Gartenterrasse. Im Inneren, in den gemütlichen Stuben, hält die Küche von Karl Hodapp, was der äußere Anschein verspricht – vom badischen Schneckenrahmsüppchen über das Thunfischtatar mit Meerrettich bis zum Elsässer Perhuhnbrüstchen mit Schnittlauchrahmsößle, Rübchenpüree und Spätzle. Ausgezeichnete Weinkarte!

KARLSRUHE

Erasmus bio fine dining

Nürnberger Straße 1, 76199 Karlsruhe
T +49 (0) 721 4024 2391
www.erasmus-karlsruhe.de

 Andrea Gallotti
 Marcello Gallotti
mittags, Mo, So, Feiertag ganztags
Menü 95 / 129 €
Vorspeise 22 / 31 €
Hauptgang 26 / 42 €

Ein zwingendes Ziel für Freunde erstklassiger Produkte, des italienischen Genusskulturerbes und größerer Zusammenhänge. Dazu noch ausgezeichnet gelegen: einen knappen Kilometer vom Hauptbahnhof, keine drei von der A5 entfernt. Bereits der räumliche Rahmen beeindruckt mit schönster Klarheit, 1928 unter Walter Gropius entworfenen, hell, leicht, elegant. Am Eingang die rhetorische Frage „Was ist gut?", dazu manche Ausführungen in der Karte. Was wir bei anderen als Windmacherei ironisieren würden – hier ist es stimmig! Andrea und Marcello Gallotti haben gemeinsam an der Università del Gusto in Polenzo studiert, Erasmus von Rotterdam ist ihnen Leitstern: Bildung, freies Denken, eigenes Urteilen, verantwortliches Handeln. Zwei Hinweise aus ihrer Speisekarte unterstreichen den Anspruch: die Verbannung von „frevelhaftem Trüffelöl" und das Angebot, nach Möglichkeit jede klassische italienische Pasta auf Wunsch zuzubereiten („Lust auf eine authentisch-römische Carbonara?"). Wir blieben bei der vorgeschlagenen Lasagne tradizionali alla Bolognese: ein herrlicher Block ohne jede Verlegenheitsdekoration, knusprig an den Kanten, zart (und vielleicht ein bisschen zu weich) die feinen Lagen im Inneren, dazu mildes, reintöniges Ragù, Béchamel und wenig Salz, Ausweis jeder guten italienischen Küche. Dazu ein Traum-Barolo im klassischen Stil (Ferdinando, Boscareto 2011). Zuvor Kutteln, Trippa alla romana vom Malscher Hinterwälder Rind, nach altem römischem Rezept ohne Tomaten, dafür mit einer Demiglace, Parmigiano Reggiano, Minze und geschmolzenem Lauch (Authentizitätsfragen sind Glaubensfragen). Im Hauptgang eine Rarität für Fortgeschrittene, eine Delikatesse der Armeleuteküche: „Ribollita toscana", der klassische Eintopf von herbem Schwarzkohl, cremigen weißen Bohnen und altem Brot – hier: geröstetes Butterbrioche mit viel nativem Öl und zu einem eleganten Turm geschichtet. Wunderbar! Alternativ standen Keule und Brust vom Elsässer Fasan mit Pilzen oder confierter bretonischer Wolfsbarsch mit Bouchot-Muscheln auf der Karte. In jedem Fall sollte man Käse bestellen, bestens gereift und in 40 Varianten. Wir könnten noch viel schreiben, belassen es aber bei dem Hinweis: Je stärker sich die Küche der Geradlinigkeit des Restaurantraums anpasst, desto besser wird sie. Und man sollte es tunlichst unterlassen, diesen durch gut gemeinten Deko-Nippes zu verschandeln!

Oberländer Weinstube

Akademiestraße 7, 76133 Karlsruhe
T +49 (0) 721 25066
www.oberlaender-weinstube.de

Mo, So ganztags
Menü 59 / 109 €
Vorspeise 12 / 19 €
Hauptgang 22 / 35 €

Bald zehn Jahre wirten Jörg und Diana Hammer in der Nachfolge von Peter Rinderspacher nun schon in diesem traditionsreichen Haus mit den gemütlichen Stuben und dem romantischen Innenhof – und zwar so, wie es einem solchen Restaurant in der Gegenwart entspricht: Einerseits werden die Klassiker gepflegt – Rinder-Carpaccio mit Parmesan, Hirschkalbsrücken mit Schwarzwurzeln à la crème, Crème brûleé mit Gewürzananas – und andererseits wird im Menü der Spielraum ambitioniert erweitert. Da verbinden sich dann schon mal Stopfleber und Gorgonzola, wird Thunfisch von Ponzu und Grüntee akzentuiert und confierter Kabeljau von einer „Krustentierbolognese" begleitet.

Restaurant Kesselhaus

Griesbachstraße 10c, 76185 Karlsruhe
T +49 (0) 721 6699 269
www.kesselhaus-ka.de

Chris Hemmann
Sven Hemmann & Max Dahlinger
Christophe Gamblin
Sa, Feiertag mittags,
Mo, So ganztags
Menü 55 / 92 €
Vorspeise 14 / 20 €
Hauptgang 20 / 49 €

Von außen betrachtet ist das Kesselhaus ein bestens erhaltenes Backsteingebäude aus dem 19. Jahrhundert. Im Innern des historischen Fabrikbaus besticht ein klares Industriedesign, das als schicke Kulisse für das Casual-Fine-Dining-Restaurant der Brüder Sven und Chris Hemman dient. Ideale Voraussetzungen für ein erfolgreiches Gastronomiekonzept. Doch aus dem Kesselhaus scheint ein wenig der Druck raus zu sein und es ist augenscheinlich, dass in Küche und Service nicht alles rund läuft. Wir hatten für mittags einen Tisch bestellt, erlebten von Beginn an einen freundlichen, aber teilnahmslosen, fast wortlosen Service und eine ambitionierte Küche, die noch Luft nach oben hat. Erfreulicherweise ist die Speisenkarte gestrafft und bietet einen überschaubaren Mix aus französisch inspirierten Brasserie-Gerichten und regionalen Spezialitäten wie klassisches Reh-Ragoût aus heimischer Jagd mit Rotkohl und Spätzle. Heimatlich wird auch auf dem Big Green Egg gegrillt, das Ochsenfleisch kommt aus der Metzgerei Glasstetter. Als Entrée entschieden wir uns für die gebratene Geflügelleber mit Apfelstreifen auf Feldsalat, der mit einer smoothen Balsamicojus angemacht war. Unspektakulär, aber tadellos, nur sammelt man dafür keine Pluspunkte. Die gibt es auch nicht, wenn der Feldsalat beim würzig gebeizten Bachsaibling mit Meerrettichcreme noch einmal in einer Nebenrolle auftaucht. Dann war aber genug mit Feldsalat, die saftigen Rinderfiletstreifen servierte die Küche mit herbstlichem Gemüse, vor allem die aromatischen Karotten machten dabei eine geschmacklich gute Figur. Oder lag es an der perfekt abgeschmeckten Pommery-Senfsauce, der wir gerne einen Bonuspunkt geben? Ohne sie hätten auch die hausgemachten Spätzle etwas zu trocken geschmeckt, so aber bekamen die schwäbischen Klassiker dank der Sauce ihren verdienten Ritterschlag. Schokoladenkuchen geht immer, dachte sich wohl die Patisserie, und hat damit bedingt recht. Auch hier kein Meisterwerk, aber solides Handwerk. Möchte man allerdings mit dieser Bewertung am Ball bleiben, sollte man einen Zahn zulegen. Denn wir kommen wieder!

Sein

Scheffelstraße 57, 76135 Karlsruhe
T +49 (0) 721 4024 4776
www.restaurant-sein.de

Thorsten Bender
Thorsten Bender
Sa, So mittags,
Mo, Di, Feiertag ganztags
Menü 140 / 155 €
Vorspeise 20 / 20 €
Hauptgang 40 / 40 €

Selbst als Studentenbude waren die Räumlichkeiten zu klein, also hat man kurzerhand ein Restaurant daraus gemacht. Mitten in einer Wohnstraße der Weststadt. Und tatsächlich klein aber fein, hier trifft die Plattitüde voll ins Schwarze. Denn das angenehme Dunkel verleiht dem Ambiente der beiden Räume einen kosmopolitischen Stil, punktgenau in Szene gesetzt von einem durchdachten Lichtdesign. Da waren Profis am Werk. So wie in der Küche, wo Thorsten Bender und seine Crew kochen, basteln, hin und wieder zaubern und manchmal ihre Kreationen selbst an den Tisch bringen und erklären. Das gehört zum Konzept und ist vor allem den komplexen, teils sehr innovativen Produktkombinationen geschuldet. Als Grüße aus der Küche, die hier Lustmacher heißen, bekamen wir eine mit Ingwer und Kimchi gefüllte warme Gyoza, eine mit Gemüse und Minze gefüllte und von Erdnuss-Mayo gekrönte Sommerrolle, eine Kohlrabi-Rolle mit Wasabicreme und eine in Bergamotte eingelegte Birnenkugel mit Pistazien-Crunch. Und es ging weiter mit Roter Bete, aromatisch ausgereizt, weil gekonnt an ihre Geschmacksgrenze gebracht durch Himbeeressig, Saft, Gel und Öl von Koriander und eingelegten Ingwer. Spannend. Das darauffolgende Schollenfilet war auf Keniabohnen drapiert, obenauf lag Salat von Stangenbohnen, geröstete Macadamia-Nüsse, Creme von Macadamia und Osietra-Kaviar, der eine umfassende, aber niemals überzogene Salzigkeit ins Spiel brachte. Dem Pulpo stellte Bender krossen Schweinebauch gegenüber, dazu gab es eingelegte Buchenpilze, Mangogel und Mangochutney, Korianderöl, das Ganze aufgegossen mit einer sauer-scharfen Tom Yam. Dass großer Geschmack auch puristisch funktioniert, bewies die zarte geschmorte Rinderschulter, die als Nebenthema die Zwiebel hatte: als Püree, eingelegt und geröstet. Die Patisserie zog alle Register und kombinierte Schokolade mit Rotkohl, Shiso und gebrannten Mandeln. Alles in allem eine beachtenswerte kreative Küche mit Überraschungsmomenten, die noch besser ankäme, würde man Gerichte, für die der Einsatz von Messer und Gabel vorgesehen ist, auf Tellern und nicht in tiefen Schüsseln servieren.

Tawa Yama NEU

Amalienbadstraße 41b – Bau B,
76227 Karlsruhe
T +49 (0) 721 9098 950
www.tawayama.de

- Adrian Imm
- Peter Fridén
- Adrian Imm
- mittags, Mo, So, Feiertag ganztags

Menü 109 / 149 €

Mutig mitten in der Pandemie eröffnet, will dieses – zumindest in seiner Namensgebung (der Turmberg steht am Horizont) japanisch inspirierte – Restaurant in der Durlacher RaumFabrik aus dem Stand an die Spitze der regionalen Gastronomie, dieser Anspruch wird unmittelbar deutlich. Für den kulinarisch aufregenden Alltag gibt es im vorderen Teil eine sprechend „Easy" benannte Abteilung mit zeitgeistigem Angebot (Bowls, Burger und Suppen, auch manches Vegetarisches und Veganes), von der aus eine Tapetentür sowie ein gekachelter Gang zwischen Küche und versteckter Speakeasy-Bar in die „Fine"-Abteilung führt. Alles ziemlich spektakulär! Geboten werden soll „Fusion aus französischer Kochkunst und Nordic Cuisine", verbunden mit „asiatischen Akzenten" – also von allem etwas. Verantwortlich zeichnet Peter Fridén, Schwede mit koreanischen Wurzeln, einst unter anderem im First Floor in Berlin und bei Winkler in Aschau tätig. Ihm gelang bei unserem Premierenbesuch ein fabelhaft leichter, aromatischer Einstieg ins Menü, indem eine roh marinierte Schwarzwälder Bachforelle von einer Buttermilchsauce mit Soba Shiro Tamari und Basilikumöl sowie zweierlei Kaviar so sensibel wie ausdrucksstark eingefasst wurde. Eine zarte, transparente, aber zugleich doch auch wunderbar intensive Miniatur der nächste Gang: geröstete Jakobsmuschel in einem großartigen, umami-satten, maritimen Dashi-Sud mit einem Hauch Haselnussöl, jungen Erbsen, roh mariniertem Kohlrabi, sautierten Shimeji-Pilzen – kontrastiert durch eine feine Zitrusnote. Sehr schön! Etwas nichtssagend im Vergleich das folgende (schön dicke) Stück vom Seeteufel: saftig zwar, aber im Kern lauwarm und durch zu süße Hagebuttenvinaigrette und einen zu kräftigen Miso-Bonito-Espuma zu grob begleitet. Warum dem Fisch zusätzlich sautierte Sot-l'y-laisse an die Seite gestellt wurde, erschloss sich uns ebenfalls nicht. Ganz hervorragend dagegen die Jus zum anschließenden rosigen Wagyu-Roastbeef: tiefgründig und hocharomatisch, weder zu süß noch zu röstig, von perfektem Glanz. Ansonsten erschien uns der Teller vor allem texturell nicht optimal kalibriert – Walnusspüree, Petersilienpüree und Auberginentatar boten dem weichen, naturgemäß ziemlich fetten Fleisch wenig Kontrast. Und warum man diesem parallel dann zusätzlich auch noch eine gebratene Stopfleber unter einem karamellisierten Zwiebel-Espuma an die Seite stellen musste, leuchtete uns ebenfalls nicht ganz ein. Die reine Freude herrschte schließlich wieder beim finalen karamellisierten Hefekuchen – luftig und saftig, durchzogen von Fichtensirup, Champagner und Rhabarber, dazu ein aromatisches Joghurt-Heu-Eis, Erd- und Brombeeren sowie eine Pistazien-Ganache. Fazit: Klassenziel locker erreicht, Luft nach oben.

KASSEL

Voit

Friedrich-Ebert-Straße 86,
34119 Kassel
T +49 (0) 561 5037 6612
www.voit-restaurant.de

 Sven Wolf
mittags, Mo, So ganztags
Menü 80 / 140 €
Vorspeise 16 / 30 €
Hauptgang 30 / 50 €

Wer aus der Innenstadt kommend die Friedrich-Ebert-Straße hoch schlendert, mag angesichts von Imbissen wie „Simply Toast", „Hungry Panda" oder „Nudel-Nudel" den Glauben verlieren, dass sich auf der schmucklosen Partymeile Kassels ein Ort für hungrige Gourmets befinden soll. In dem mit Altbauten und Boutiquen wesentlich freundlicher wirkenden Abschnitt der Straße liegt dann das Voit. Kontraste sind es auch, die die Gerichte von Sven Wolf prägen. Er arbeitet mit seinem Team in einer offenen Küche. Dank der Verwendung von Holz strahlt sie eher den Charakter eines großzügigen Privathaushaltes aus. Wer mag, kann an der Theke oder von einem Ecktisch zusehen, wie über den Abend still und sehr konzentriert Handgriffe ineinander übergehen. Wolfs Gerichte sind minutiös geplant, die Rollen der einzelnen Komponenten klar definiert. Statt harmonischer Gleichmacherei erleben wir aromatisches Passspiel – und keiner läuft ins Leere. Das gelingt gleich vortrefflich bei der frischen Sardine. Die gegrillte Ananas und das Ananas-Gazpacho bringen Röstaromen, Säure und Süße, der Wasserspinat Biss – Aroma und Zartheit des Fisches treten so überraschend subtil hervor. Als Gast muss man für den vollen Genuss mitdenken und auf der Gabel die Zutaten kombinieren. Der Zwischengang mit Ferkel und Shiitake beinhaltet auch einen guten Klecks Seidentofu. Pur aufgegabelt ist das soweit unspannend, in Kombination mit dem Fleisch, Zwiebel und Ingwerdashi ergibt sich erneut ein anregendes Miteinander der Komponenten. Diese Choreografie zieht sich durch Vorspeisen – Lauch, geröstet und als Creme – und die Hauptgänge, in denen Wolf Rotbarsch mit Chorizo oder Huhn mit geröstetem Mais und PX-Essig abklatschen lässt. Das ist zwar alles angesichts der hochrandigen Teller mühseliger zu essen als nötig, aber wir lassen nichts unversucht, den Arrangements auf die Schliche zu kommen. Bis hin zum erneut unterschieden wirkenden Dessert von Molke mit kräftig eingelegter Kamille und Honiggebäck. Bei all dem muss der Gast sich konzentrieren, denn viel Gelegenheit für die Ergründung bleibt angesichts der Portionsgrößen nicht. Umso leichter und beschwingter biegen wir nach dem von einem Autohaus gesponserten Espresso auf die an einem lauen Sommerabend nun brodelnde Partyzone Kassels ab und freuen uns, für ein paar Stunden abgetaucht gewesen zu sein.

KELSTERBACH

Ambiente Italiano

Staufenstraße 16, 65451 Kelsterbach
T +49 (0) 6107 9896 840
www.ambienteitaliano.de

🔒 Sa mittags, So, Feiertag ganztags
Menü 55 / 105 €
Vorspeise 18 / 24 €
Hauptgang 27 / 39 €

Beim weiten Blick über den Main und die Taunushöhen genießen Gäste die bisweilen mit kühnen Kreationen überraschende und immer aromenstarke italienische Küche des Portugiesen Pedro Fernandes: Rindertatar mit grüner Spargelcreme und Wachtelei, Risotto mit Blattgold-Flocken, Oktopus (Sous-vide gegart und gegrillt) mit Kartoffel-Sellerie, Zolfini-Bohnen, Blutwurst und Apfel. Die Pasta ist hausgemacht, mittags wird ein günstiger Business-Lunch mit wahlweise drei oder vier Gängen angeboten.

KENZINGEN

Scheidels Restaurant zum Kranz

Offenburger Straße 18,
79341 Kenzingen
T +49 (0) 7644 6855
www.scheidels-kranz.de

🔒 Mo, Di ganztags
Menü 36 / 62 €
Vorspeise 8 / 21 €
Hauptgang 20 / 35 €

Seit dem Jahr 1800 in Familienbesitz, wird dieses Landgasthaus im nördlichen Breisgau mittlerweile von der siebten Generation geführt. Die Küche zeichnet sich durch Bodenständigkeit, gute Grundprodukte und schnörkellose Zubereitung aus – von der Rinderkraftbrühe über Loup de mer in Rieslingsauce bis zum klassischen Zürcher Kalbsgeschnetzelten mit Butternudeln. Ausgezeichnet auch der klassische Elsässer Wurstsalat! Bei aller Tradition blendet man hier gelegentlich auch mal kulinarisch weit auf, etwa bei den „italienischen Wochen". Dann wird das Scheidels konsequent zum Ristorante – mit Vitello tonnato, Piccata milanese und Tiramisu.

KERNEN IM REMSTAL

Malathounis

Gartenstraße 5,
71394 Kernen im Remstal
T +49 (0) 7151 45252
www.malathounis.de

- Anna Malathounis
- Joannis Malathounis
- Anna Malathounis
- mittags, Mo, So, Feiertag ganztags

Menü 45 / 99 €
Vorspeise 10 / 39 €
Hauptgang 20 / 45 €

Akropolis Adieu, wer bei Anna und Joannis Malathouis einkehrt, muss sich von dem üblichen Mykonos-Restaurant-Klischee verabschieden. Souvlaki, Gyros, Tsatsiki und Moussaka Fehlanzeige, kein Sirtaki-Gedudel im Hintergrund, auch der Ouzo aufs Haus gehört nicht zum Konzept des sympathischen Paares. In ihrem gemütlichen Restaurant mit Holzvertäfelungen aus den 1950er-Jahren und Sitzbänken mit roten Polstern hat die feine mediterrane Küche ihre Bühne: modern inspiriert, leicht, beschwingt und aromastark. Zu Joannis Malathouis' Gerichten findet man immer einen griechischen Wein, denn die Auswahl ist sicher die umfangreichste im ganzen Land, und Anna Malathouis empfiehlt treffsicher das passende Gewächs. Sie ist allein im Service, strahlt eine ansteckende Gelassenheit aus und hat immer ein paar freundliche Worte für den Gast. Der bekommt aus der Küche ihres Mannes zum Einstieg ins Menü perfekt gebratene Rotbarbe mit krosser Haut, angerichtet auf einem Ensemble von geschmortem Trevisano, rotem Zwiebel, aromatisch aufgepeppt mit Senfkörnern und Forellenkaviar. Einen deutlichen Säurekick bekommt das durchdachte Arrangement von der Tomatenvinaigrette und den fruchtsäuerlichen Johannisbeeren. Im Kontrast dazu liegen die mit Reis und Dill gefüllten Weinblätter in einem samtig weichen Kürbisfond, der mit Pfifferlingen und Trauben angerichtet ist und den Gaumen mit seiner warmen Aromatik fast cremig streichelt. Wunderbar saftig war das Filet vom Schwäbisch-Hällischen Schwein, drapiert auf einer feinwürzigen Linsen-Bolognese, von der man sich einen Löffel mehr wünscht. Die Zitronen-Mayonnaise hatte ihren Namen verdient und gab dem Fleisch, anstelle einer Jus, einen schmelzigen Frischekick. Ziegenkäse aus Metsovo, einer Kleinstadt in der Region Epirus, muss sein, denn Joannis Malathouis ergänzt und verfeinert ihn mit Burrata, dünnen Rettich-Scheiben, Kumquats und Pinienkernen. Einfallsreich, geschmackvoll und gut wie alles, was Anna und Joannis Malathouis ihren Gästen anbieten.

Kernen im Remstal

KERPEN

Restaurant Schloss Loersfeld

Schloss Loersfeld, 50171 Kerpen
T +49 (0) 2273 57755
www.schlossloersfeld.de

- Thomas Bellefontaine
- Benjamin Schöneich
- Ulrich Ternierßen
- Mo, Di, So, Feiertag ganztags

Menü 99 / 145 €
Vorspeise 29 / 35 €
Hauptgang 35 / 48 €

So sehr die Anfahrt durch den Park, das Betreten des Schlosses über das Portal und die Ankunft in der historischen Halle die Aura des Vergangenen beschwören, so sehr müht sich die Küche von Benjamin Schöneich, im Heute zu leben. Schöneich leitet in Nachfolge von Paul Spiesberger die Küche, über die Geschäftsführer Thomas Bellefontaine stets als in Belgien und Frankreich ausgebildeter Koch ein waches Auge hat. Allzu weit entfernt sich Schöneich deswegen auch nicht von französischer Klassik. Hummer, Jakobsmuscheln, Taube, Rotbarbe – sie sind die Protagonisten von Gerichten, die reich an Komponenten und detailverliebt sind, aber krasse Kontraste meiden. Das Carpaccio von Jakobsmuscheln erzeugt in Täterschaft mit dem Blumenkohl roh und als Espuma noch keine unerträgliche Spannung, erst die Wildkräuter beleben das Geschehen. Der als halbe Hummer angekündigte Gang, entpuppt sich im Menü dann eher als Teil eines halben Hummers, das wäre noch lässlich, nicht jedoch die leider arg feste Konsistenz. Das Hummertatar gerät hingegen köstlich. Im folgenden Beef Tea, also einer kräftig dunklen intensiven Consommé, gelingt es Schöneich, jene Tiefe zu erstellen, die aus jedem Löffel ein Erkundungsfahrt macht und die er in seinen Saucen im Verlaufe des Abends nicht mehr ganz erreichen kann. Die einliegenden Ravioli mit hauchzartem transparenten Teig und einer kräftigen Füllung aus Bries und Zunge hätten uns auch in größerer Anzahl keine Sekunde gelangweilt. Schöneich kann in der Béarnaise zum Secreto vom Ibérico-Schwein den Estragon zur Wirkung bringen, verfehlt dafür bei der leider zu fest gegarten Taubenbrust die Balance aus rosa Pfeffer und Pistazien-Crumble, ersteres reißt jede Aufmerksamkeit an sich – und es obliegt der Rolle Wildgeflügel-Royal, einen Volltreffer zu landen. Die perfekt knusprige Haut der Rotbarbe unterstreichen, dass Schöneich mit vielem auf dem richtigen Weg ist, aber er nicht jede Idee auch vollständig auf die Straße bekommt. So auch das optisch wunderbare Dessert mit Himbeere, dessen dekorative Koralle jedoch zäh und die zwei Biskuitscheiben derart dick und widerspenstig waren, dass sie die Himbeermousse erbarmungslos zerquetschten beim Versuch, eine Portion abzutrennen. Der Service kümmert sich aufopfernd, wenngleich auch bisweilen ein wenig kopflos und überambitioniert.

KIEDRICH

Weinschänke Schloss Groenesteyn

Oberstraße 36–37,
65399 Kiedrich
T +49 (0) 6123 1533
www.groenesteyn.net

- Amila Begic-Schröer
- Dirk Schröer
- Mo, Do, Fr, Sa mittags,
  So, Feiertag abends,
  Di, Mi ganztags

Menü 75 / 185 €
Vorspeise 24 / 36 €
Hauptgang 36 / 52 €

Liebliches Rheingau! Von der Terrasse der Weinschänke geht der Blick über Giebel, Fachwerk und die Kiedricher Weinberge hinüber zum Turmberg – ein Gunstplatz. Seit 2018 kulinarisch verantwortet von Dirk Schröer, der mit der Traube Tonbach, dem Tantris, dem Vendôme in Bergisch Gladbach sowie dem Dresdner Caroussel klingenden Stationen im Lebenslauf vorzuweisen hat. Klassisch, wie es dieser kulinarischen Prägung entspricht, starteten wir in unser jüngstes Testmenü mit einem im Brotmantel kross gebratenen Kalbskopf mit kleinen Frühlingsgemüsen: grünem Spargel, karamellisierter Zwiebel, Pfifferlingen, Erbsen – gehoben durch einen Hauch Minze, etwas Meerrettich. Zart, zurückhaltend gewürzt, nicht unbedingt filigran in der Ausführung, aber stimmig und wohlschmeckend. Aromatisch von ganz anderem Kaliber der darauffolgende Wolfsbarsch, kross und glasig zugleich punktgenau gebraten, flankiert von einem dichten, tiefen Sardinensud sowie Amaranth mit baskischem Schafskäse (Idiazábal), was dem Ganzen eine wunderbar runde Fülle verlieh – die wiederum durch einen Schluck vom 2008er Rüdesheimer Berg Rottland Riesling GG vom Johannishof perfekt kontrastiert wurde. Sehr schön! Ebenfalls die reine Freude im Hauptgang angesichts einer rosigen Taubenbrust mit molliger Sauce riche, würzig-knuspriger Innereien-Pofese sowie Roter Bete in Spalten, als Püree sowie als Chip. Aller Ehren wert schließlich, dass der getrüffelte Brie de Meaux hausaffiniert und ohne jede Spur von künstlichem Aroma auskam, er schmeckte allerdings leider auch nach allem, nur nicht nach Trüffeln. Geschmack und Fülle im Überfluss bot dagegen das herrliche Schokoladen-Karamell-Dessert: Ganache, Eis, Creme, Hippen – gewürzt mit Fleur de Sel. Dazu eine 1975er Kiedricher Gräfenberg Riesling Auslese von Schloss Groenesteyn – und ganz grundsätzlich ein Lob für die interessante Weinbegleitung, auch wenn wir uns künftig wünschen würden, die gereiften Flaschen zu Gesicht und nicht nur gefüllte Gläser vorgesetzt zu bekommen.

Kiedrich

KIEL

Ahlmanns

Niemannsweg 102, 24105 Kiel
T +49 (0) 431 88110
www.kieler-kaufmann.de

 Familie Lessau
 Arne Linke
Britta Künzl
mittags,
Mo, Di, So, Feiertag ganztags
Menü 85 / 165 €

Nach verschiedenen Stationen in Hamburg, Plön, in Portugal, der Schweiz und zuletzt als Chefkoch im Restaurant Clara in Erfurt ist der gebürtige Hamburger Arne Linke in seine norddeutsche Heimat zurückgekehrt. In Kiel nimmt er den Platz von Mathias Apelt ein, der sich mit einem bodenständigeren Restaurant selbstständig gemacht hat. Der flinke Service bringt einige Grüße aus der Küche auf die Sommerterrasse des Restaurants auf einer bewaldeten Anhöhe am Westufer der Kieler Förde. Besonders gefallen ein Rote Bete Baiser mit Avruga-Kaviar-Topping und dazu drei Variationen von der Garnele, als Creme, roh mit Tom-Kha-Curry-Sauce und als frittiertes Bällchen. Auch der erste Gang offenbart Arne Linkes Faible, regionale Zutaten mit asiatischen Aromen zu konfrontieren. Hauchdünne Scheiben dänischer Gelbschwanzmakrele „baden" in einem japanischen Ingwer-Dashi-Fischsud, den Engelshaar aus Algen und Blätter der Kapuzinerkresse optisch aufpeppen. Das Salatherz mit Ajo blanco, mit getrockneter Hühnerhaut, einer Anchovissauce und Pumpernickel-Croûtons vermochte dagegen keinen tieferen Eindruck zu hinterlassen. Köstlich dagegen das gebratene Filetstückchen vom Steinbutt mit einem Tupfer von feinem Auberginenmus und der delikaten Beigabe einer Praline aus Steinbuttleber auf gerösteter Mini-Brioche. Beim Salzwiesenlamm mit einer Ras-el-Hanout-Sauce und einer winzigen Portion Polenta mit korsischem Schafskäse mochte letztere nicht so recht mit dem Lamm harmonieren, zumal die Sauce durch Würfelchen von der Lammzunge eine recht intensive Note erhielt. Bei den Desserts schmeckt man, dass Arne Linke auch schon als Patissier gearbeitet hat. Wunderbar aufeinander abgestimmt die nur mild salzige Miso-Eiscreme, darauf ein erfrischendes Apfelkompott, Crumble von getrockneter weißer Schokolade, leicht säuerlicher Zitronenabrieb und ein Tropfen Kaffeeöl. Die hausgemachten Pralinen zum Abschluss werden gerne in eine Schachtel für den späteren Genuss eingepackt. Ein Gläschen mit einer Gewürzmischung gibt es als freundliche Gabe zum Abschied.

Bärenkrug

Hamburger Chaussee 10,
24113 Kiel
T +49 (0) 4347 71200
www.baerenkrug.de

mittags, Mo, Di ganztags
Menü 24 / 55 €

Im Herzen der Altstadt, nahe der barocken Kirche, liegt dieses stets gut besuchte Restaurant mit toskanischem Ambiente. Stefan Unger lässt eine klassisch zubereitete, vornehmlich mediterrane Küche servieren, etwa hauchdünn geschnittenes Carpaccio oder die stets verlässlichen Nudelgerichte wie etwa Steinpilz-Ravioli. Gerne verleiht er Fisch- und Fleischgerichten auch eine französische Note. Die Weinauswahl ist international, bei schönem Wetter sitzt man auf der Piazza.

Claudio's Ristorante Alla Scala

Königsweg 47, 24114 Kiel
T +49 (0) 431 6768 67

mittags, Mo, So, Feiertag ganztags
Menü 70 / 100 €

Padrone Claudio Berlese erfreut die Gäste bereits seit Jahrzehnten mit seiner italienischen Frischeküche. Das Menü wechselt täglich, je nachdem, was der Chef frisch und in guter Qualität bekommt. Der Aperitivo della casa wird mit handgeschnittenem San-Daniele-Schinken und Oliven an der Bar serviert. Anschließend genießt man Hausklassiker wie in Butter gebratene Kräuterseitlinge oder das Filet vom Loup de mer in leichter Safransauce mit Malfatti. Im Hintergrund erklingen Luciano Pavarotti und Plácido Domingo.

Flygge NEU

Düsternbrooker Weg 46, 24105 Kiel
T +49 (0) 431 5660 02
www.flygge-kiel.de

Mathias Apelt
mittags, Mo, So, Feiertag ganztags

Mathias Apelt, mehrere Jahre Chefkoch im Ahlmanns, dem Gourmetrestaurant im Hotel Kieler Kaufmann, ist noch dichter an die Förde gerückt. Wer durch die großen Panoramafenster seines neuen Restaurants Flygge in der Beletage des Kieler Kanu-Klubs aufs Wasser schaut, hat eine Ahnung von Weite und nordischer Atmosphäre, spätestens, wenn die Riesenfähren nach Göteborg oder Oslo vorbeiziehen. Der große Speiseraum mit rund 50 Plätzen samt Terrasse für 20 Gäste gibt den Blick frei zur geschäftigen offenen Küche. Dunkle Tische und Stühle, eine durchlaufende, beige gepolsterte Sitzbank an den Wänden sowie von der Decke hängende Kugellampen schaffen ein gemütliches Ambiente, das zum Restaurantnamen passt. Der setzt sich aus Flyve, Dänisch für fliegen, und Hygge, der besonderen dänischen Gemütlichkeit, zusammen. Apelt und Gastgeberin Britta Künzl bieten eine Produktküche an, die ohne Grüße aus der Küche, weiße Tafeldecken und feste Menüs auskommt, aber auf ein bewährtes Netzwerk vorwiegend regionaler Lieferanten aufbaut. Köstlich das Rindertatar mit Feldsalat. Es ist nicht gewolft, sondern fein geschnitten und mit Frühlingszwiebeln, Kräutern und einer Paste aus eingekochten Tomaten, Zwiebeln, Olivenöl, Salz und Pfeffer wunderbar gewürzt. Der Clou sind hier die hauchdünnen großen Kartoffelchips, die aus einem feingewalzten Mix von gekochten Kartoffeln und Miso im Backofen geröstet wurden. Perfekt gedünstete Filetstückchen vom leicht glasigen Seeteufel ruhen auf einem Bett von fein geschnittenem Wirsingkohl und geschmorten Mini-Champignons. Eine fantastische Umami-Sauce aus reduziertem Champignonsud mit Beurre blanc umschmeichelt auch einige Halbmonde aus geschmeidigen, gebratenen Küchlein von Macaire-Kartoffeln mit Mohn. Köstlich, auch fürs Auge, das Dessert: Mandarinenspalten, bestäubt mit Purple Curry, dem Hibiskusblüten seine süß-fruchtige Note verleihen. Dazu ein Würfel mallorquinischer Mandelkuchen, etwas feinsüßes Mandelmus und ein Löffelchen erfrischendes Mandarinensorbet. Sehr guter, aufmerksamer Service. Die vorwiegend naturnah angebauten Weine der Karte (gut 200 Positionen) stammen meist von kleineren, weniger bekannten Weingütern.

KIRCHDORF

Christians

Dorfstraße 1, 83527 Kirchdorf
T +49 (0) 8072 8510
www.christians-restaurant.de

- Christiane Grainer
- Christian F. Grainer & Dominik Schürz
- Christiane Grainer
- Do, Fr mittags,
  Mo, Di, Mi, Feiertag ganztags

Menü 79 / 135 €

In die kleine Gemeinde, 51 Kilometer südöstlich von München, pilgert man förmlich gezielt zum kulinarischen Solitär ohne Zimmer, mit wenigen Nächtigungsmöglichkeiten in der Nähe, wo Christian Grainer seit über 30 Jahren kocht. Nach Durchschreiten des latent unordentlichen Vorraums mit Weinklimaschrank, Zigarren, Käse und Sofa, während im Hintergrund die Live-Berichterstattung eines Bayern-Spiels plärrt, öffnete sich eine Holztür und wir fanden alles geordnet vor, wie man es im Gasthaus erwartet. Holzvertäfelte Wände, Ofen in der Ecke, we call it gediegene Gemütlichkeit! Zeit für Überraschungen: Die deutsch-österreichisch-französische Weinkarte lässt in der oberbayerischen Ländlichkeit das Herz mit großen Weinen zu adäquaten Preisen höherschlagen, beim Menü bestimmt der Gast lediglich den Umfang – ist das jetzt ein Gast- oder Wirtshaus? Wenn sich silberne Cloches lüften, stellt man fest: Christian Grainer kocht zwar nicht abgeschieden vom Zeitgeist, doch eben zeitlos. Kingfish bester Qualität kam minimal gebeizt in dünnen zarten Scheiben, begleitet von Chinakohl mit Mango und ausgebackener Avocadospalte, bodenständige Weltoffenheit oder vice versa. Kernige Foie-gras-Terrine, wie sie uns derart gut selten begegnet, erdete Zwiebelconfit. Es folgte ein samtiges, heißes Gelbe-Bete-Süppchen mit intensiver Schmorgeflügel-Einlage. Über perfekt gegartes Rinderfilet rieb Ehefrau Christiane sodann reichlich Périgord-Trüffel, hocharomatisch zum Saisonhöhepunkt im Januar. Fluffige Gnocchi, Zuckerschoten, Lauch, Kräuterseitlinge und natürliche Sauce altmeisterlichen Könnergeschmacks – fertig! Fast, denn es brillierte noch ein tiefer Teller mit zartem, intensivem Wildgulasch, Spätzle, die Schwaben erröten lassen könnten, und knackigem, fast naturbelassenem Rotkohl. Man ist sich nun sicher, es ist ein Gasthaus! Spätestens nach dem lauwarmen, in Teilen flüssigen Schokoküchlein mit Cranberrysorbet und eingelegten Kirschen mit Schlagsahne, das glücklich machte wie eine Lieblingsplatte.

Kiel

KIRCHDORF AN DER ILLER

Landgasthof Löwen

Kirchdorferstraße 8,
88457 Kirchdorf an der Iller
T +49 (0) 8395 667
www.loewen-oberopfingen.de

🔒 Do, Fr, Sa mittags,
   Mo, Di, Mi ganztags
Menü 40 / 100 €
Vorspeise 7 / 25 €
Hauptgang 16 / 45 €

Küchenchef Alexander Ruhland bildet die vierte Generation in dem seit mehr als hundert Jahren bestehenden Gasthof. Er hat unter anderem bei Hans Haas im Münchner Tantris und bei Vincent Klink in der Stuttgart Wielandshöhe gearbeitet. Entsprechend ambitioniert sind seine Gerichte, ob beim glasierten Kalbsbries mit Gemüse süßsauer, Bärlauch-Emulsion und Schwarzbrotchip, einer gebratenen Jakobsmuschel mit zweierlei Blumenkohl, Mandel und Trüffel oder dem soufflierten Lammfilet mit Rosmarinjus, Ratatouille, Paprikagel, Olivenerde und Kartoffelmousseline.

KIRCHHEIM AN DER WEINSTRASSE

Schwarz Gourmetrestaurant

Weinstraße Süd 1,
67281 Kirchheim an der Weinstraße
T +49 (0) 6359 9241 702
www.schwarz-restaurant.de

✉ Angelika & Manfred Schwarz
👨‍🍳 Manfred Schwarz
🔒 mittags,
   Mo, Di, Mi, Do, Feiertag ganztags
Menü 125 / 160 €

Dass Manfred Schwarz, der einst Staatsgäste und Prominente bekochte, auf seiner Homepage darauf hinweist, dass er nur mit frischen Produkten kocht, hat uns am Ende doch beruhigt, auch wenn wir in dieser Preisklasse nichts anderes erwartet hätten. Aber vor Überraschungen ist man auch beim routinierten Altmeister nicht sicher. Denn reserviert man unter dem Gourmet-Link und erhält eine Bestätigung ohne weitere Rückfrage, kann es passieren, dass man wie selbstverständlich von Frau Schwarz im À la carte-Lokal platziert wird. Wer in den Genuss der Gourmet-Küche kommen möchte, muss das explizit anfragen. Ordnung muss sein! Ist diese kleine Hürde genommen, erwartet den Gast im puristisch modernen Ambiente eine Küche mit sicherem Rückblick in die 1980er- und 1990er-Jahre. Handwerklich präzise, aufwendig und in ordentlichen Portionen arrangiert. Zum Einstieg überrascht das saftige Tatar im „Asia Style" mit seiner scharfen, akzentuierten Mango-Ingwer-Sauce. Gut, aber nichts für Zartbesaitete. Zugänglicher schmeckte die weiche, tiefgründige Kerbel-Chablis-Sauce, die zur Jakobsmuschel und Kaisergranat angegossen war. Großzügig dazu portioniert der Kaviar, der noch einmal salzige Akzente setzte. Auch mit Blattgold geizte Manfred Schwarz nicht, wenn er sein wachsweiches Onsen-Ei darin verpackte, ihm gebratene Gänseleber zur Seite stellte und das Ganze mit geraspelter Périgord-Trüffel aufwertete. Perfekt! Diese Auszeichnung verdiente der einen Tick zu trocken geratene, und mit Enoki-Pilzen garnierte Hirschkalbsrücken leider nicht. Denn die dazu gereichte Schokoladen-Kirsch-sauce zog das Gericht zu weit auf die süße Seite, zusätzlich begünstigt durch die dünne Scheibe Baumkuchen, auf der

Fleisch und drei gefärbte Blumenkohlröschen angerichtet waren. Beim Schokoladen-Knusper-Riegel, der mit dünnem Blattgold verziert war, fiel vor allem die massive, sättigende Süße auf. Die Weinkarte kapriziert sich vorwiegend auf Pfälzer Gewächse, auch wenn dabei viele große Namen fehlen.

KIRCHZARTEN

Gasthaus Schlegelhof

Höfener Straße 92, 79199 Kirchzarten
T +49 (0) 7661 5051
www.schlegelhof.de

🔒 Mo, Di, Do, Fr, Sa mittags,
   Mi, Feiertag ganztags
Menü 40 / 85 €
Vorspeise 12 / 24 €
Hauptgang 19 / 44 €

Wir legen uns fest: Schöner als hier sitzt man an einem Sommerabend im weiten Umkreis nirgendwo! Auf der Wiese verstreute Tische, hohe Tannen, dahinter der Schwarzwald – und auf dem Teller rosiges Lammkarree auf Ratatouille, ein rösches Wiener Schnitzel, punktgenau gebratene Fische, gerne auch mal ein Ausflug nach Fernost. Martin Schlegel kocht klug nicht für's eigene Ego, sondern nach den Bedürfnissen seiner zahlreichen Stammgäste und hat hier draußen im Dreisamtal folglich nicht selten mehr zu tun, als so manche Freiburger Innenstadtgastronomen in erstklassiger Lage. Ein vitales Landgasthaus mit Vorbildcharakter!

KLEINWALSERTAL

Kilian Stuba

Oberseitestraße 6,
87568 Kleinwalsertal
T +43 (0) 5517 6086 78
www.travelcharme.com/hotels/
ifen-hotel/gastronomie/kilian-stuba

🍽 Roland Gunst
👨‍🍳 Sascha Kemmerer
🍷 Roland Gunst
🔒 mittags, Mo, So, Feiertag ganztags
Menü 110 / 140 €
Vorspeise 28 / 39 €
Hauptgang 36 / 59 €

Respekt, Sascha Kemmerer: Nur wenige Köche auf diesem Niveau servieren bis zu 200 mehrgängige Menüs am Abend – die Gäste des weitläufigen Fünf-Sterne-Hotels haben die Wahl zwischen drei Restaurants, die alle über den gleichen Pass bespielt werden. Wer sich für die Kilian Stuba entscheidet, findet sich in einer geräumigen edel-alpinen Stube vor prasselndem Kaminfeuer zwischen viel altem Holz, Gold- und Anthrazit-Tönen wieder – und bekommt für sein Geld viel geboten. Allein der Amuse-Reigen (fünferlei feste und flüssige, intensive Variationen vom Kürbis sowie eine feine Joghurtcreme mit Räucheraal, dazu Bergschinken) wären anderswo bereits das halbe Menü. Aber nicht nur das Preis-Leistungs-Verhältnis ist exzellent: Die souveräne Art, mit der Kemmerer und sein Team ohne jeden Schnickschnack und doch bis ins kleinste Detail durchdacht und fein arrangiert regionale Klassiker und französische Hochküche verbinden, erwartet man eher in urbaner Umgebung. Seine besondere Hingabe zu kontrastierenden Saucen zeigt sich bereits im ersten Gang, der eigentlich aus zweien besteht: Die roh marinierte Entenleber korrespondiert erfrischend mit grünem Ananassud und Shiso-Öl, und auch zum gebratenen Pendant geben

Ananasstückchen der reichhaltigen Entenjus eine ganz eigenständige Note. Es folgt eine lauwarme Lachsforelle mit einem feinen Farben- und Geschmacksspiel aus eigenem Rogen und Saiblingskaviar auf einer mit Sauerkraut verfeinerten Beurre blanc. St. Petersfisch und eine perfekt gegarte Alaska-Königskrabbe gehen sodann mit Imperial-Kaviar und einer Maracuja-Hollandaise eine eigenständige, süßsaure Liaison ein, ohne dass dabei der Eigengeschmack zu kurz kommt: fomidable! Der Ochse kam vorab als Raviolo in einem getrüffelten Selleriesüppchen, im Hauptgang dann als Crépinette vom Ochsenschwanz und als superb zartes Kalbsfilet auf Selleriepüree mit Ochsenmark-Knödel und seiner intensiven, aber dennoch leicht aufgeschlagenen Jus. Wer nach Käse vom Wagen noch Platz hat, den erfreut ein Dominostein aus Fenkarts Zartbitter-Schokolade mit Aprikosengel und Marcona-Mandel als Spiegel.
Mit den Friandises nicht genug – eine kleine Schachtel Schokovariationen versüßte den Heimweg nach einem kreativen Feuerwerk, bei dem das Team nebenbei auch in ganz anderer Hinsicht brillierte: Fünf Minuten nach Ankunft stand für die Kinder bereits ihr Wunschgericht auf dem Tisch – und die Eltern konnten sich dank SchniPoSa ganz ohne Quengeleien den Feinheiten des Menüs widmen.

KNITTELSHEIM

Steverding's Isenhof

Hauptstraße 15a, 76879 Knittelsheim
T +49 (0) 6348 5700
www.isenhof.de

🔒 Do, Fr, Sa mittags,
   Mo, Di, Mi, Feiertag ganztags
Menü 89 / 108 €

Wer einfach nur entspannt genießen und zuvor keine Speisekarten studieren möchte, ist hier genau richtig: Im wunderschönen und urgemütlichen Gastraum seines Fachwerkhauses bietet Peter Steverding ein einziges Menü an, das aus vier Gängen besteht. Nach einem Gruß aus der Küche gibt es dann zum Beispiel Saibling aus den Alpen auf Kirschfenchel mit Estragon-Luft oder bretonischen Seeteufel mit mediterranem Ofengemüse – bevor man zum Schluss zwischen Crumble-Aprikose mit Vanille-Joghurt oder Burrata mit Trüffelvinaigrette wählen kann.

KOBLENZ

Da Vinci

Deinhardplatz 3, 56068 Koblenz
T +49 (0) 261 9215 444
www.davinci-koblenz.de

 Daniel Pape
 Martin Moser
mittags,
Mo, Di, Mi, So, Feiertag ganztags
Menü 109 / 136 €

Die erste Aufmerksamkeit hinterlässt oft den stärksten Eindruck. Scheint der Küchenchef des Da Vinci zu wissen, denn ganz zu Beginn des Essens ließ er nicht nur reichlich, sondern auch kreativ und präzise auftischen. Lauter elaborierte Kleinigkeiten, von der wärmenden Hühnersuppe (gut abgeschmeckt) über die Auster mit Krabbensand und Algengel bis zum Tatar vom Wagyu-Rind. Danach eine im Hühnerfett gegarte Karotte mit knuspriger Hühnerhaut und Petersiliensud plus erstklassiges Brot. Wie gut und klar Daniel Pape kocht, wurde schon jetzt deutlich. Doch auch danach wurde eher geklotzt als gekleckert – und das recht flott. Die einzelnen Gänge kamen nämlich zügig, sogar ein bisschen eiliger, als uns lieb war. Thunfisch mit Calamaretti und Gurkensud etwa, der wunderbar saftige Kabeljau mit Kohlrabispaghetti, Nordseekrabben und einem Stück Aal sowie Dashi-Sud oder das Ei mit knusprigem Bries und Frankfurter Grüner Soße. Spätestens an dieser Stelle des Essens fiel uns auf, dass die Weinbegleitung nicht durchwegs begeisterte. Vielleicht hätten wir eher eine Flasche von der gut bestückten Karte nehmen sollen? Wunderbar gebraten dann der Ferkelbauch mit geschmortem Wirsing und Süßkartoffelcreme, gefolgt von Reh mit Nusskruste, Navettes, Blaubeeren und sehr gelungener, fruchtig-nuancierter Wildjus. Auch das zweiteilige Dessert – erst ein großartig intensives Bohnenkrauteis mit passendem Himbeersud, dann die etwas süße Pumpkin-Spice-Mousse mit Zwetschgen – wurde vom sehr aufmerksamen Service nach allen Regeln der Kunst aufgetragen. Danach noch eine Überraschung in Form eines Schokoladenfondues mit allerlei Kleinigkeiten zum Tunken – von Brombeeren bis zu Madeleines. Satt wurden wir nun wirklich, ziemlich glücklich auch.

Gotthardt's NEU

An der Fähre 3, 56072 Koblenz
T +49 (0) 261 20171 900
www.faehr.haus

 Frank Seyfried

Der Unternehmer Frank Gotthardt ist mit seinem Unternehmen für Medizinsoftware in Koblenz erfolgreich. Wie nicht wenige Unternehmer gönnte er seiner Stadt mit dem Umbau eines Hotels eine feine Adresse. Das Gotthardt's ist das kulinarische Aushängeschild des Hauses, für das aus Andernach Koch Frank Seyfried geholt wurde. Der schickt mit seiner Mannschaft aus der offenen Küche auch die Wiener Schnitzel für das Hauptrestaurant Landgraf. Zudem bewerkstelligt er es, die ambitionierten Gerichte zuzubereiten für das kleine Gourmetrestaurant, das mit einer Glasschiebetür vom munteren Treiben nebenan akustisch getrennt ist. So können die Gäste in Ruhe den Blick auf Terrasse und Stausee werfen und frei nach Wunsch sich aus den Gerichten ein Menü mit vier bis sechs Gängen zusammenstellen. Seyfried zeigt dabei einen eigenständigen Zugang, der Moden auslässt, aber zeitgemäß ist und gefällig kombiniert. Zwei sehr dicke und noch feste Spargelstangen mit geeisten Verbene-Kügelchen und eine Tranche Lachs sind ein feiner Auftakt. Im nächsten Gang ist ein walnussgroßer Trüffel umhüllt von Kartoffeln, garniert mit knusprigen Kartoffel-Elementen.

Spargel, Trüffel und Lachs bleiben als Grundprodukte leider etwas blass, die neutrale Trüffelknolle hinterlässt die Frage, warum man auf ihr kauen soll. Sehr gelungen hingegen die intensiv nach Leber schmeckende Raviolifüllung vom Kaninchen, saftig dessen Filet im Mantel aus Parmaschinken und ebenso gekonnt das Millefeuille aus knusprigen Scheiben Aubergine und Püree. Klassisch gut auch das Kalbsfilet unter Kräutermantel und vom krustig angebratenen Bries hätte man gerne noch mehr genommen. Die Weinkarte gibt Gelegenheit, viel Geld in Vergnügen zu investieren, und Spaß macht auch die Auswahl an offenen Weinen, die mehr als Verlegenheitslösungen sind. Empfohlen und serviert werden sie vom großartigen zweiköpfigen Serviceteam.

Restaurant Verbene

Brunnenhof/Königspfalz 1,
56068 Koblenz
T +49 (0) 261 1004 6221
www.restaurant-verbene.de

🔒 mittags,
Mo, Di, So, Feiertag ganztags
Menü 78 / 149 €

Man muss David Weigang bewundern, Koblenz ist wahrlich kein leichtes Pflaster für avancierte Küche! Mitten in der Altstadt, nicht weit vom Deutschen Eck, hat er sich 2019 selbständig gemacht und präsentiert seither im lauschigen Innenhof oder im lässig-eleganten Gastraum unter alten Balken eine ambitionierte und zugleich allgemeinverständliche, zeitgemäße Küche. Ob regionale Zitate (Rieslingsuppe mit Majoran und Kartoffel-Macaron) oder weltläufige Kreationen (Foie gras mit Zitronengras und Wakame-Algen) – man spürt durchweg den handwerklichen Anspruch und durchdachte Kreativität. Besonders gut gefällt uns die starke Rolle, die Gemüse in Weigangs Küche einnimmt, auch dies eine Rarität im gastronomischen Umfeld.

© David Weigang

Schiller's Manufaktur

Mayener Straße 126, 56070 Koblenz
T +49 (0) 261 9635 30
www.schillers-restaurant.de

Melanie Stein-Schiller
Mike Schiller
Mi, Sa mittags,
Mo, Di, So, Feiertag ganztags
Menü 70 / 185 €
Vorspeise 28 / 65 €
Hauptgang 44 / 88 €

Kein Raumdesign, keine Lichtregie, kein Servicekonzept vermag es, uns so sehr in genussfrohe Stimmung zu versetzen wie eine animierende Speisekarte. In Zeiten kryptischer Prosa à la „Gurke/Ziege/Pimpernelle" und dem Ende jeglichen Einflusses auf den weiteren Verlauf des Abends, sobald die Champagnerfarbe gewählt ist, genießen wir es außerordentlich, bei Mike Schiller mal wieder vor einem Menü zu sitzen, das uns Wahlmöglichkeiten und das Wasser im Munde zusammenlaufen lässt: getrüffelter Gänselebergugelhupf, Miéral-Perlhuhn aus dem Tontopf mit Kartoffelpüree nach Joël Robuchon, gebratener Zander aus Wildfang auf Kalbskopfragout, Artischocken und Beurre blanc ... Wir starteten unser jüngstes Gelage lustvoll mit einem halben Dutzend Gillardeau-Austern mit Chesterbrot sowie einem in seinem Purismus beeindruckenden Tatar von der Eismeerlanguste mit Kaviar. Souverän, wie hier auf die cremige Süße des Krustentiers in Verbindung mit der mineralischen Würze des Kaviars vertraut wurde – gehoben nur durch einen Hauch Crème fraîche und ein wenig Limettenabrieb. Verzichtbar für unseren Geschmack die à part gereichten, frühlingsrollenartigen „Langustentaschen" mit einer eher rustikalen Sauce gribiche. Rustikal der Papierform nach auch der nächste Gang, der sich in der Realität als filigranes Highlight des Abends entpuppte: Ein Pot au feu von Land und Meer, das zarte Hummerscheren, Gänseleber, Hahnenkämme, Jakobsmuscheln und Schweinebauch in einem zarten, würzigen Fond – akzentuiert durch Ingwer, Zitronenschale und rote Chili – zu einer großen, hocheleganten Delikatesse verband. Großartig! Dass Mike Schiller mit Innereien umzugehen versteht, demonstrierte er anschließend mittels einer süffigen Melange von lauwarmem Kalbskopf, cremig-krossem Kalbsbries und knackigen Kalbsnierchen auf einem akkuraten Radieschen-Carpaccio, gehoben durch eine feinsäuerliche Senfkorn-Vinaigrette. Im Hauptgang folgten wir der Tagesempfehlung und wählten eine exakt gebratene Seezunge, deren Eigengeschmack und Kaliber leider ein wenig von der Qualität ihrer Begleiter (Petersilienkartoffeln, Zitronen-Kapernbutter, Beurre blanc, Sauce béarnaise, Blattspinat) überstrahlt wurde. Nichts als Lob bleibt uns abschließend für den Mut, einen fluffig-karamellisierten Apfelpfannkuchen mit Vanillesauce und -eis zu servieren. Und natürlich für den Service von Melanie Stein-Schiller, der es mit ihrer Herzlichkeit sogar gelingt, die eigensinnig sortierte und den Trinkfluss massiv zügelnd kalkulierte Weinkarte vergessen zu machen ...

Schlicht. Esslokal

Bewertung ausgesetzt

Moselweißer Straße 6, 56073 Koblenz
T +49 (0) 176 2390 1976
www.schlicht-esslokal.com

- Richard Sänger
- Rebecca Fischer
- Marc Caspari
- mittags,
  Mo, Di, Mi, So, Feiertag ganztags

Menü 94 / 149 €

Halleluja! Rebecca Fischer, die wir schon im vergangenen Jahr an dieser Stelle über den grünen Klee gelobt haben, hat es endlich vollbracht: Nach allerlei chaotischem Hin und Her mit Pop-up wird sie im Spätsommer ihr erstes Restaurant in eigenen Räumlichkeiten eröffnen. Wir haben sie in der aktuellen Testsaison an ihrem letzten Spielort besucht – darauf spekulierend, das Schlicht. Esslokal werde dort sesshaft –, ein hochindividuelles, konsequent produktorientiertes Menü genossen und sind jetzt gespannt, was uns am neuen Standort erwartet. So viel können wir sagen: Wenn Rebecca Fischer konsequent zeigt, was sie kann, erwartet die Region das spannendste Restaurant weit und breit (und seine Gäste mit etwas Glück auch gekühlte Weine ohne biodynamischen Heiligenschein …).

Koblenz

KÖLN

KÖLN DIE TIPPS VON LEON HOFMOCKEL

Leon Hofmockel

Seit knapp einem Jahr steht der Augsburger nun schon am Herd des **La Societé im „Kwartier Latäng"** (der kölschen Version des Quartier Latin). Unter Martin Fauster wagte Hofmockel im Königshof seine ersten Schritte in der Spitzenküche. Über einen Zwischenstopp bei Johannes King im Sylter Söl'ring Hof ging es als Souschef zu Sven Elverfeld ins Wolfsburger Aqua, wo er bereits als Schüler ein Praktikum absolviert hatte. Im Sommer 2021 startete Hofmockel schließlich als Küchenchef durch – und erweckte die runderneuerte Traditionsadresse zu neuem Leben.

LEON HOFMOCKELS EMPFEHLUNGEN

The Coffee Gang
Hohenstaufenring 19, 50674 Köln
T +49 (0) 221 7895 6541
www.thecoffeegang.de
Dieses kleine, hippe Café ist nur ein paar Minuten von unserem Restaurant entfernt und somit immer in Reichweite. Hier gehe ich gerne mal vor der Arbeit vorbei, um einen Cappuccino zu trinken, nicht selten in Verbindung mit dem sensationellen New York Cheesecake. Ich weiß, gibt's überall, aber hier schon außergewöhnlich gut. Der Kaffee ist ebenfalls hervorragend und so bin ich mit der nötigen Grundlage an Koffein und Zucker für einen langen Arbeitstag gut gewappnet.

Fleischerei Eckart
Dürener Straße 233, 50931 Köln
T +49 (0) 221 4024 10
www.fleischerei-eckart.de
In diesem kleinen Familienbetrieb im Kölner Westen wird Handwerk und Qualität großgeschrieben. Das Fleisch ist von regionalen Bauernhöfen und wird noch vor Ort selbst zerlegt und verwurstet, also eigentlich so, wie man sich eine Fleischerei im ursprünglichen Sinne vorstellt. Im Geschäft gibt es zusätzlich hausgemachte Salate zu kaufen und einen täglich frisch gekochten Mittagstisch. Unbedingt probieren: die Fenchel-Saucisson und das gute alte Frikadellen-Brötchen mit Senf. Oft begeistern mich die einfachsten Dinge, sofern Sie handwerklich so gut gemacht sind wie hier.

Kölner Weinkeller
Stolberger Straße 92, 50933 Köln
T +49 (0) 221 1397 280
www.koelner-weinkeller.de
Wer in Köln guten Wein kaufen will, kommt am Kölner Weinkeller nicht vorbei. Die Auswahl ist gigantisch, wer will, kann sich kompetent beraten lassen, und in der Schatzkammer findet sich immer die ein oder andere Rarität. Man fährt mit dem Aufzug ins zweite Untergeschoss, die Temperatur sinkt und man betritt einen wahrhaftigen Gewölbekeller, sodass auch das Flair beim Einkaufserlebnis stimmt. Der einzige Nachteil: Man kauft immer mehr, als man eigentlich vorhatte!

Phaedra
Elsaßstraße 30, 50677 Köln
T +49 (0) 221 1682 6625
www.phaedra-restaurant.de
Griechisches Essen verbindet man meistens mit Gyros, Poseidon-Teller und Tsatsiki. Dass es auch anders gehen kann, beweist Konstantin Tzikas in seinem kleinen Restaurant in der Südstadt. Am besten lässt man sich den Tisch mit so vielen kleinen Vorspeisen wie möglich vollstellen, zum Beispiel mit dem fantastischen Oktopus-Carpaccio, den super knusprigen Calamaretti oder der Creme Tarama. Die Weinkarte kann sich ebenfalls sehen lassen, sodass ich hier schon des Öfteren bei gutem Wein und vielen Mezzes einen schönen Abend genießen konnte. Dazu gibt's (theoretisch) sogar Romanée-Conti zu trinken.

ITO
Antwerpener Straße 15, 50672 Köln
T +49 (0) 221 3557 327
www.ito-restaurant.de
Kengo beherrscht sein Handwerk, davon kann sich jeder persönlich am Sushi-Counter überzeugen, der als Blickfang mitten im Restaurant steht. Am besten begibt man sich einfach in seine Hände, lehnt sich zurück und lässt den Profi walten. Wenn er den Thunfischbauch sekundenkurz mit glühend heißer Binchotan-Kohle abflämmt, steigt die Vorfreude merklich. Die Produkte, ob Kagoshima Wagyu oder frischen Wasabi aus Japan, sind immer von höchster Qualität und das lässt sich einfach schmecken!

Eissalon Schmitz
Aachener Straße 34, 50674 Köln
T +49 (0) 221 1338 98
www.salonschmitz.com
Der Eissalon Schmitz liegt an der belebten Aachener Straße und die Qualität der Eissorten ist außergewöhnlich gut. Im Sommer steht man zwar eine Weile an, aber es lohnt sich. Danach entweder ein Spaziergang durchs Belgische Viertel oder direkt an einen der Tische setzen und das Treiben um einen herum beobachten. Meine aktuellen Lieblingssorten: Mohn, Rhabarber-Vanille-Mandel und das Schokoladensorbet.

KÖLN KARTE

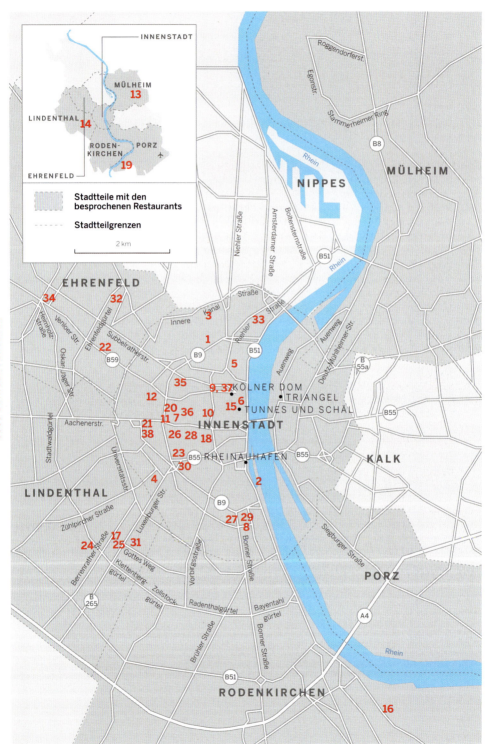

Restaurants

1 LE MOISSONNIER
Krefelder Straße 25, 50670 Köln

2 OX & KLEE
Im Zollhafen 18, 50678 Köln

3 ASTREIN
Krefelder Straße 37, 50670 Köln

4 LA SOCIÉTÉ
Kyffhäuserstraße 53, 50674 Köln

5 RESTAURANT MAXIMILIAN LORENZ
Johannisstraße 64, 50668 Köln

6 MAIBECK
Am Frankenturm 5, 50667 Köln

7 NEOBIOTA
Ehrenstraße 43c, 50672 Köln

8 POTTKIND
Darmstädter Straße 9, 50678 Köln

9 TAKU
Domplatz/Trankgasse 1–5, 50667 Köln

10 ALFREDO
Tunisstraße 3, 50667 Köln

11 HENNE. WEINBAR. RESTAURANT.
Pfeilstraße 31–35, 50672 Köln

12 ITO – JAPANESE CUISINE
Antwerpener Straße 15, 50672 Köln

13 LA CUISINE RADEMACHER
Dellbrücker Hauptstraße 176, 51069 Köln

14 MAÎTRE
Olympiaweg 2, 50933 Köln

15 PRUNIER
Am Hof 48, 50667 Köln

16 PURE WHITE
Weisser Straße 71, 50996 Köln

17 RAYS.
Berrenrather Straße 221, 50937 Köln

18 SAHILA
Kämmergasse 18, 50676 Köln

19 ZUR TANT
Rheinbergstraße 49, 51143 Köln

20 BAI LU NOODLES
Palmstraße 41, 50672 Köln

21 CHRISTOPH PAUL'S NEU
Brüsseler Straße 26, 50674 Köln

22 HAUS SCHOLZEN
Venloer Straße 236, 50823 Köln

23 HAUS TÖLLER
Weyerstraße 96, 50676 Köln

24 PLATZ 4
Elisabeth-von-Mumm-Platz 4, 50937 Köln

25 SCHERZ
Luxemburgerstraße 256, 50937 Köln

26 APPARE NEU
Balduinstraße 10, 50676 Köln

27 BRAUHAUS JOHANN SCHÄFER
Elsaßstraße 6, 50677 Köln

28 CAFE 1980
Bobstraße 28, 50676 Köln

29 CAPRICORN [I] ARIES
Alteburgerstraße 31, 50678 Köln

30 CARUSO PASTABAR
Kasparstraße 19, 50670 Köln

Restaurants

31 DER VIERTE KÖNIG
Gottesweg 165, 50939 Köln

32 ESSERS GASTHAUS
Ottostraße 72, 50823 Köln

33 GRUBER'S
Clever Straße 32, 50668 Köln

34 KARL HERMANN'S
Venloer Straße 538, 50825 Köln

35 LA FONDA
Gereonskloster 8, 50670 Köln

36 POISSON
Wolfsstraße 6–14, 50667 Köln

37 POKE MAKAI
Marzellenstraße 12a, 50667 Köln

38 TIGERMILCH
Brüsselerstraße 12, 50674 Köln

KÖLN

Alfredo

Tunisstraße 3, 50667 Köln
T +49 (0) 221 2577 380
www.ristorante-alfredo.com

 Susanne Carturan
Roberto Carturan
Sa, So, Feiertag ganztags
Menü 95 / 125 €
Vorspeise 25 / 27 €
Hauptgang 34 / 47 €

Res.

Ein schönes Ristorante! Hell, klar, besonders zur Mittagszeit eine wunderbare Adresse für Risotto di pesce, Kabeljau alla livornese und Kalbsleber mit Salbei – seit 1973. Mit der Grandezza des ausgebildeten Baritons trägt Roberto Carturan vor, was die Küche empfiehlt, Preise werden selbstverständlich nicht genannt, sie sind diskret auf einem Bildschirm an der Wand vermerkt und angemessen. Unser jüngster Besuch begann mit einem kleinen Amuse von Mozzarella und sizilianischem Zitronenschalen-Confit, dem ein paar geschrotete Pfefferkörner eine interessante Spannung verliehen, gefolgt von einem puristischen Trio von der wilden roten Garnele: als Tatar, punktgenau gebraten mit Limettenabrieb (hier wäre ein Tick Säure schön gewesen) sowie gebraten nebst Gewürzen (Sesam, Koriander, Oregano) und vollreifer Honigmelone. Klare Produktküche, sehr gut. Kein grünes Verlegenheitsblättchen verunzierte auch die schlichte Pasta: Fettucine, selbstverständlich hausgemacht und von perfektem Biss, gewürzt durch geschmolzene Alici, eine hauchfeine Chili-Schärfe, Zitronenschale sowie geröstete Semmelbrösel. Ein wenig zu weit gegart kam anschließend ein Stück vom Wolfsbarsch auf den Tisch, dem ein zarter Safran-Muschel-Sud, Zucchiniwürfelchen und ein leichtes Kartoffelpüree erfreuliche Gesellschaft leisteten, während ein à part gereichter Bohnensalat, leider aromatisch-flach, wenig beitrug. Das Dessert schließlich – eine Joghurtmousse, Pfirsich als Sorbet, Coulis und Ragout, gekrönt von einer kleinen, knusprigen Wabe – fügte sich stilistisch nahtlos ein und bildete den stimmigen Abschluss eines leichten, gradlinigen und produktorientierten Lunches, wie man es leider nicht bei vielen „Lieblingsitalienern" hierzulande serviert bekommt.

Appare NEU

Balduinstraße 10, 50676 Köln
T +49 (0) 221 2706 9058
www.appare.de

So, Feiertag mittags, Mi ganztags
Menü 45 / 45 €

Res.

Der Japaner in einer Seitenstraße zwischen Rudolfplatz und Neumarkt wird nicht zuletzt für sein gutes Preis-Leistungs-Verhältnis geschätzt. So bietet der 1968 in Tokyo geborene Küchenchef Hiroyuki Watanabe abends fünf Gänge für 45 Euro an, etwa gehackten Thunfisch mit Knoblauch-Chilisauce, gegrilltes Perlhuhn mit Yuzu-Miso-Cremesauce oder geschmorten Schweinebauch vom Duroc-Schwein. Mittags werden zu Gerichten wie panierten und frittierten Garnelen mit einer Krokette mit Béchamelsauce-Füllung stets Vorspeise, Salat, Reis, Misosuppe, japanische Pickles und ein Dessert gereicht.

Astrein

Krefelder Straße 37, 50670 Köln
T +49 (0) 221 9562 3990
www.astrein-restaurant.com

- Tanja Herzig
- Eric Werner
- Stefano Angeloni
- mittags, Mo, So, Feiertag ganztags

Menü 109 / 129 €
Vorspeise 35 / 39 €
Hauptgang 38 / 69 €

Das Jahr 2021 ist eines des kulinarischen Übergangs, denn eine steigende Zahl von Restaurants verschreibt sich der vegetarischen Küche und der Tradition verhaftete Gourmets finden das – höflich gesprochen – eher mittelstark begrüßenswert. Eric Werner serviert in seinem Astrein, nur wenige Schritte von der kulinarischen Institution Le Moissonnier entfernt, schon seit der Gründung 2019 sowohl ein Menü für Omnivoren als auch ein vegetarisches Menü. Beide haben zwischen vier und sieben Gängen und die Gäste dürfen erfreulicher- und lobenswerterweise komplett frei wählen. Wer zwischen den beiden Menüs tauscht, dürfte zum Urteil gelangen: Werners vegetarische Teller sind die Gewinner des hausinternen Duells. Sicher, der Zander, bei dem die Säure einer Essigbrot-Sauce einen Schuss Salzigkeit durch Kaviar und pikante Schmorgurken-Kügelchen mitbekommt, ist exzellent. Doch der Fleisch-Hauptgang, ein Dreierlei vom Lamm, das ohne ein Nachordern von Sauce schlicht trocken wäre, hinterlässt ebenso wenig bleibenden Eindruck wie ein Seeteufel mit schwarzem Reis und der mallorquinischen Streichwurst Sobrasada, die nicht wirklich durchschmeckt. Ganz anders dagegen geeiste Gazpacho aus dem pflanzlichen Menü: Die Mischung aus bitter, sauer und süß mit Radicchio, Kirsche, Stachelbeere, Mandel und Pistazienbrot jubelt lauter „Aroma" als Fans des FC beim Klassenerhalt in der Bundesliga – ein sommerliches Gericht, wie es sommerlicher nicht sein könnte. Eher herbstlich dagegen ein pochiertes Ei mit einer satten Menge Trüffel, Pfifferlingen, Spinat und Champignonsud, das schmeckt, wie ein Wald nach dem ersten September-Regen riecht. Wer diese beiden herausragenden Gänge genießt, stellt sich die Frage, warum er beim nächsten Besuch nicht gleich das vegetarische Menü wählt. Und dass es diesen nächsten Besuch geben wird, steht außer Frage. Nicht nur aufgrund des hochkarätigen Handwerks der Küche, sondern auch, weil der bestens gelaunte und hochkompetente Service einen sehr spaßbringenden Abend bereitet – und die beeindruckende Weinkarte etliche Flaschen listet, auf die man auch gerne mal hinspart. Fazit: Die dritte Haube wackelt, aber noch sitzt sie.

BAI LU Noodles

Palmstraße 41, 50672 Köln
T +49 (0) 221 7894 8128
bai-lu-noodles.business.site/

- So ganztags

Anders als andere deutsche Großstädte ist Köln wahrlich nicht gesegnet, wenn es das Angebot authentischer fernöstlicher Spezialitäten geht. Wie schön, dass sich die junge Chinesin Xue Bai mit ihrer kleinen, folklorefreien Nudelbar zwischen Hohenzollernring und Friesenwall keine größeren Kompromisse macht, sondern aus der offenen Küche Nudel aus ihrer Heimat Chongqing – wo die Eltern ein Restaurant betreiben – in Originalqualität (wenn auch auf Wunsch in der Schärfe etwas gemildert) serviert. Köstlich: Wan Tan in Chiliöl, würzige Spießchen, aromatische Suppen – und ein hervorragendes kalt aufgeschnittenes Hähnchenfleisch mit Möhren, Gurke, Sesam, Erdnuss, Frühlingszwiebeln und Ingwer.

Brauhaus Johann Schäfer

Elsaßstraße 6, 50677 Köln
T +49 (0) 221 1686 0975
www.johann-schaefer.de

Menü 10 / 39 €
Vorspeise 6 / 22 €
Hauptgang 7 / 30 €

Eine Hausbrauerei, wie man sie sich wünscht: frische Biere, eine ordentliche Weinauswahl, herzlicher Service. Und der Anspruch der Küche zeigt sich schon daran, dass bei den kleinen, „Trinkhilfen" genannten Gerichten zum Beispiel frittierter Schweinebauch vom Duress-Schwein mit fermentierter Chili und Knoblauchcreme zu finden ist. Als größere Portionen locken Bierbratwurst mit rauchig-scharfem Rieslingsenf oder Dicke Rippe vom Eifeler Rind mit Honig-Kaffee-Lasur. Großzügig sind die Mittagstisch-Zeiten (mit Frikadellen, Schnitzel, Gulasch): 12 bis 17 Uhr!

Cafe 1980 NEU

Bobstraße 28, 50676 Köln
T +49 (0) 221 6060 6860
www.cafe-1980.de

Eine ungewöhnliche Kombination im Herzen von Köln, zwischen Neumarkt und Rudolfplatz: Das 1980 ist zugleich Café mit hausgemachtem Kuchen und Anlaufstelle für Freunde herzhaften vietnamesischen Streetfoods. Spezialisiert ist man dabei auf Bánh Mì: ein würziges Baguette-Sandwich mit verschiedenen Füllungen, entstanden während der Kolonialisierung Vietnams durch Frankreich. Ergänzt wird die Auswahl durch wöchentlich wechselnde Gerichte, etwa gebratene Udon-Nudeln mit Strohpilzen und Tofu oder gegrillten Schweinenacken am Spieß auf lauwarmen Reisnudeln.

Capricorn [i] Aries

Alteburgerstraße 31, 50678 Köln
T +49 (0) 221 3975 710
www.capricorniaries.com

mittags, Mo, So, Feiertag ganztags
Menü 35 / 49 €
Vorspeise 7 / 17 €
Hauptgang 21 / 32 €

Eine Brasserie, wie sie genauso gut in Paris stehen könnte. Aber auch hier passt sie bestens hin, denn in wohl keinem „Veedel" fühlt sich das Leben so französisch an wie in der Kölner Südstadt. Seit fast 20 Jahren leistet das Capricorn [i] Aries einen nicht unerheblichen Beitrag zu diesem besonderen Savoir-vivre. An weißgedeckten Tischen genießt man eine bodenständige Küche mit französischen Wurzeln, auf deren Qualität stets Verlass ist. Hinzu kommen die lockere Atmosphäre und eine feine Weinauswahl. Im Sommer sitzt man auch draußen unter der Markise.

KÖLN

Caruso Pastabar

Kasparstraße 19, 50670 Köln
T +49 (0) 221 9386 311
www.caruso-pastabar.de

🔒 mittags, So, Feiertag ganztags
Menü 35 / 55 €

Der Barbarossaplatz ist laut, trubelig und alles andere als ein städtebauliches Glanzstück. Anna Siena und Marcello Caruso erinnert er aber an ihre Heimat Neapel. Mit der Caruso Pastabar betreiben die beiden hier eine kleine, aber feine Perle der Kölner Gastro-Landschaft. Seit mehr als sieben Jahren umsorgen sie ihre Gäste in entspannter Atmosphäre mit innovativen und ausnahmslos handgemachten frischen Pasta-Gerichten vorzüglicher Qualität und den dazu passenden handwerklich produzierten italienischen Weinen.

Christoph Paul's NEU

Brüsseler Straße 26, 50674 Köln
T +49 (0) 221 3466 3545
www.christoph-paul.koeln

🔒 mittags, Mo, So, Feiertag ganztags
Menü 51 / 62 €

Christoph Paul setzt in seinem Restaurant im belgischen Viertel auf eine anspruchsvolle Küche mit französischem Einfluss und vielen Zutaten aus der Region. Das Lamm stammt aus eigener Zucht, das Rindfleisch aus dem Westerwald, Räucheraale und Lachsforellen aus dem Nachbarort Pulheim. Beim Abendmenü stehen dann zum Beispiel gefüllte und in Ahr-Spätburgunder geschmorte Ochsenschwanzpraline auf Rahmwirsing oder Filet vom Nordsee-Rotbarsch auf Safranrisotto in Champagnerschaum zur Wahl. Im Sommer sitzt man lauschig auf der Terrasse.

Der vierte König

Gottesweg 165, 50939 Köln
T +49 (0) 221 4848 1288
www.derviertekoenig.com

🔒 mittags, Mo, Di ganztags
Menü 39 / 61 €
Vorspeise 11 / 17 €
Hauptgang 22 / 32 €

Bei Jaspreet Dhaliwal-Wilmes bildet die französische Klassik die Grundlage der Gerichte. Seine Handschrift ist durch das Setzen indischer Akzente aber deutlich spürbar. Das zeigt sich schon bei Vorspeisen wie dem mit hausgemachtem Curry gebeizten Lachs oder Perlhuhn-Galantine mit indischem Linsensalat, Ingwer-Tomaten-Konfitüre und Kräutersalat. Unter den Desserts ist die Dreierlei Crème brûlée ein Klassiker des Hauses, der je nach Jahreszeit variiert und im Winter zum Beispiel ein aromenstarkes Trio aus Kumquat, Vanille, Tonkabohnen bildet.

Essers Gasthaus

Ottostraße 72, 50823 Köln
T +49 (0) 221 4259 54
www.essers-gasthaus.de

🔒 mittags
Vorspeise 6 / 14 €
Hauptgang 18 / 33 €

Die aus der Steiermark stammende Iris Giessauf verwöhnt ihre Gäste im Stadtteil Neuehrenfeld mit einer deutsch-österreichischen Wohlfühlküche, die Heimweh-Österreicher wie Kölner gleichermaßen glücklich macht: Krautfleckerl, Wiener Schnitzel vom Kalb und ein original steirisches Backhendl. Auch die feindeftigen Fischgerichte auf der täglich wechselnden Karte sind ein Schlemmer-Vergnügen. Die binationale Weinkarte spannt den Bogen von regionalen Klassikern bis zum Naturwein. Im Sommer sitzt man im lauschigen Biergarten.

Gruber's

Clever Straße 32, 50668 Köln
T +49 (0) 221 7202 670
www.grubersrestaurant.de

🔒 Sa mittags, So, Feiertag ganztags
Menü 49 / 99 €
Vorspeise 13 / 21 €
Hauptgang 21 / 39 €

Seit mehr als 20 Jahren ist das Gruber's eine verlässliche Adresse für österreichische Traditionsküche. Der aus Kärnten stammende Küchenchef Denis Steindorfer bietet einerseits Klassiker wie Backhendl, Tafelspitz von trocken gereiftem Pommern-Rind oder Kaiserschmarrn. Gerade beim Menü löst er aber auch seinen Anspruch ein, modern und weltoffen zu kochen, etwa beim gebeizten Saibling mit Edamame, Miso und Nori. Die Weinkarte listet Bestes aus Österreich, auch das Ambiente mit rot-weißen Akzenten und Hundertwasser-Motiven demonstriert Heimatverbundenheit.

Haus Scholzen

Venloer Straße 236, 50823 Köln
T +49 (0) 221 5159 19
www.haus-scholzen.de

🔒 Mo, Di, Feiertag ganztags

Das Gasthaus als Zufluchtsort und Sammlungspunkt der Stadtgesellschaft – wenige Häuser repräsentieren heute diesen ganzheitlichen Anspruch noch so ungebrochen, wie das Haus Scholzen. Hier trifft sich seit 1907 Alt und Jung, ein Querschnitt des bürgerlichen Kölns. Angelockt von Gastlichkeit, Sorgfalt und Qualitätsbewusstsein. Und einer so gepflegten wie traditionsreichen Küche: Reibekuchen mit angemachtem Tatar, Kalbszunge in Burgunder mit Salzkartoffeln und Endiviensalat, Schinkenhämchen mit Kartoffelpüree und Sauerkraut, gerne auch mal Wiener Schnitzel (vom Kalbsrücken!) oder Mutters gedeckten Apfelkuchen.
Schöne Weinauswahl.

Haus Töller

Weyerstraße 96, 50676 Köln
T +49 (0) 221 2589 316
www.haus-toeller.de

 mittags, So, Feiertag ganztags

Gelebte Tradition – das behaupten viele, hier stimmt's! Halve Hahn, Metthappen, Soleier, Schinkenhämchen auf Sauerkraut, Rheinischer Sauerbraten und Reibekuchen dienen im Haus Töller nicht in erster Linie der Verköstigung touristischer Folklorefans, sondern der Grundversorgung der örtlichen Stammkundschaft. Die sitzt hier in Massen an gescheuerten Tischen unter der alten Kassettendecke, freut sich am intakten historischen Ambiente und süffelt lecker Päffgen. Tu felix Colonia!

HENNE. Weinbar. Restaurant.

Pfeilstraße 31–35, 50672 Köln
T +49 (0) 221 3466 2647
www.henne-weinbar.de

Bettina Schmidt
Hendrik Olfen
Fabrice Thumm
 Feiertag mittags, So ganztags
Menü 32 / 45 €

Das Speisezettel-Klemmbrett verlangt nach Komplettbestellen, die Weinkarte animiert, über den Durst hinaus zu trinken: Hendrik „Henne" Olfen scheint mit seinem Konzept aus Weinbar und Restaurant einiges richtigzumachen. Denn in edler Einkaufsstraße, unmittelbar an der Ehrenstraße, unweit des Belgischen Viertels, brummt der urban-schicke Laden. An Holztischen sitzt eine bunte Schar, junge Entdecker, ältere Genießer, Foodies und Weinfreaks; ihre Gesichter strahlen wie die Designlampen. Das Essen – vom fantastischen Joselito Ibérico Jamón Gran Reserva, über drei topfrische Austern mit feingehackten Petersilienstielen und Johannisbeeressig bis zu gröberen Flönzkroketten mit Apfel-Meerrettich-Dip – kann man fast vollständig ordern. Denn die kleinen Portionen eignen sich zum Teilen – mer muss och jünne künne. Schwieriger bei der umfangreichen, fair kalkulierten Weinkarte mit attraktivem Offenangebot: ein Chenin Blanc-#icon wie den 2015er „Clos de L'Echelier" von Loire-Legende Thierry Germaine oder lieber aus der #freakwein-Abteilung den Xarel·lo-Naturwein „Spill" 2017 von Tom Rimbau aus Penedès oder ein #classic wie Rheingau-Riesling von J. B. Becker? Das vorbildliche Konzept funktioniert auch, weil modern, produktorientiert und sorgfältig gearbeitet wird. Olfen kochte an anderer Stelle mal drei Hauben: Frisch, knackig und roh vier Rotgarnelen mit Lauchcreme, gepickeltem Eisbergsalat und Mangochutney; auf kreisrunder Scheibe Pulpo-Sülze waren Bohnensalat, kandierte Zitrone und pikante Aioli angerichtet – alles animiert weiterzubestellen! Der warmen Abteilung entstammten ausgebackene Kalbsbriesstücke mit pastöser Sonnenblumencreme, aufgelockert von mariniertem gelbem Löwenzahn. Einmal so richtig in Fahrt musste es noch „Prime"-US-Roastbeef für zwei sein, das vom Holzkohlegrill mediumrare in Scheiben aufgeschnitten mit Pfifferlingen in Madeirajus und Erbsenkroketten kam. Schmeckte endgültig prächtig im Zusammenspiel mit kräuterig-reifem 1998er Barbaresco „Rabaja" von Guiseppe Cortese.

ITO – Japanese Cuisine NEU

Antwerpener Straße 15, 50672 Köln
T +49 (0) 221 3557 327
www.ito-restaurant.de

Kengo Nishimi
Di, Sa mittags,
Mo, So, Feiertag ganztags

Die Betreiber des Restaurants im Gut Lärchenhof und des La Société in Köln hatten Mut, Durchhaltevermögen und Expertise, mitten in die Pandemie hinein das ITO in den Räumlichkeiten des ehemaligen Restaurants Sorgenfrei zu eröffnen – wie passend. Sie gewannen dafür Kengo Nishimi, der lange Jahre in der verfeindeten, Verzeihung, benachbarten Großstadt Düsseldorf im Nagaya arbeitete. Gemeinsam mit seiner Frau Michi, die im Service wirkt, steht Kengo Nishimi im vorderen Teil des Gastraums, schneidet Fisch, formt Sushi, flammt Kohle an und ruft so dezent „Service", dass sein Mitarbeiter es wiederholen muss. Dann nähern sich die jungen Servicekräfte, um sorgsam arrangierte Sushi-Gestecke zu den Gästen zu bringen. Im Omakase-Menü („Was der Chef empfiehlt") kommt die Küche im hinteren Bereich mehr zum Zuge und vermag überzeugend, die Brücke zwischen japanischer und europäischer Küche zu schlagen Die Ouvertüre aus Thunfischtatar auf geröstetem Weißbrot, Tapiokachip mit Zander und Gelbschwanzmakrele (Hamchi) ist prototypisch. Sie ist aromatisch prägnant (dass der Chips nicht so knusprig wie möglich ist, sei verziehen). Der anschließende Pilzsud ist getragen von schöner Schärfe, die Stücke Daikon-Rettichs darin sind unerklärlich groß, sodass der Gast Sud und Gemüse mangels Messers nicht über das ganze Gericht hinweg gemeinsam genießen kann. Das Sashimi von der Gelbschwanzmakrele, die im Menü gleich drei Mal einen Auftritt hat, bringt im Mund Vielfalt – so man sich an den Ratschlag hält, die drapierten Elemente mit Besteck zu einem herzhaften Bissen zu vereinen. Nishimis Sushivariationen (Auftritt Hamachi zum dritten) überraschen. Den mit Kohle und Bunsenbrenner geflämmten und somit kräftigen Thunfisch stellt Nishimi an den Beginn eines langsam verhallenden Aromenakkords über drei weitere Sushi. Das alles, wie auch die arg bissfeste Schnitte der Entenbrust als Hauptgang und das ästhetisch arrangierte Dessert aus Panna cotta von grüner Pflaume, ist ein Vergnügen. Die Weinkarte allein lohnt einen Besuch, der Service ist – wie das ganze umgebende Belgische Viertel – jung, leger und freundlich.

Karl Hermann's

Venloer Straße 538, 50825 Köln
T +49 (0) 221 5955 7960
www.karlhermanns.de

Burger-Kultur auf hohem Niveau, mit „Nose-to-Tail"- und „Leef-to-Root"-Anspruch. Die saftigen Pattys sind aus frisch gewolftem Bœuf de Hohenlohe, der Bacon stammt vom Schwäbisch-Hällischen Landschwein. Beim Spitzenprodukt „Puristen Cheeseburger" für 30 Euro kommen 250 Gramm dry-aged Beef, niederrheinischer Bioland-Gouda und Meersalzflocken zum Einsatz. Zusätzlich zu den Burgern gibt es zwölf Stunden Sous-vide gegarten Schweinebauch oder ein Rib-Eye-Steak mit Chimichurri-Sauce. Und natürlich Pommes, in Rindertalg frittiert, sowie feldfrische Salate.

La Cuisine Rademacher NEU

Dellbrücker Hauptstraße 176,
51069 Köln
T +49 (0) 221 9689 8898
www.la-cuisine-koeln.de

Marlon Rademacher &
Julia Jäschke
Marlon Rademacher
mittags, Mo, Di ganztags
Menü 98 / 115 €
Vorspeise 18 / 28 €
Hauptgang 34 / 48 €

Marlon Rademacher, ausgebildet in der Post in Odenthal, später bei Helmut Thieltges und als Souschef im Wein am Rhein, ist ein sympathischer, talentierter junger Küchenchef, der es wahrlich nicht leicht hat. 2019 eröffnete er sein Ecklokal in Dellbrück, das zwar formal noch zu Köln gehört, in Wirklichkeit aber – 30 Taximinuten vom Dom entfernt (ohne Stau!) – gefühlt irgendwo kurz vor Gummersbach liegt. Dann kam Corona. Rademacher ließ sich nicht entmutigen, blieb bei seiner Linie. Er kauft ausgezeichnete Produkte ein, kalkuliert seine Karte klug und gastfreundlich, backt sein Roggensauerteigbrot selbst und konzentriert sich aufs Wesentliche. Wir setzten uns mit Vorfreude zu Tisch, dann kam das Amuse. Ein Trüffelsandwich – geröstete Brioche, darauf würzige Parmesancreme, Burgundertrüffel. Und über den Tisch wehte eine Trüffelölfahne, dass uns fast schwarz wurde vor Augen. Gut, dachten wir, einen Fehlschuss hat jeder frei. Dann erschien eine „Sellerie-Millefeuille" von wunderbar fleischiger Textur – und was durchzog penetrant die herrlich schaumige Champagner-Beurre-blanc? Trüffelöl. Die folgenden Jakobsmuschelscheiben – wachsig-zart, auf süffigem Fregola-Sarda-Bett mit einer Sauce Coraline – begleitete eine „Trüffel"-Ingwer-Gremolata. Und was hatte sich in die Olivenöl-Sabayon zum geschmorten Wagyu geschmuggelt? Richtig! Wir gestehen offen: Wir waren ratlos. Jeder einzelne Gang unseres Menüs rechtfertigte technisch wie hinsichtlich der Produktqualitäten unsere Bewertung. Der konsequente Einsatz des ekelhaften Trüffelöls im Grunde noch nicht einmal die Aufnahme in dieses Buch. Wir löffelten Rademachers fabelhaften, herb-schmelzigen „Espresso Martini" (zweierlei Valrhona-Schokolade, Espressoschaum, Kaffeeeis, Espresso-Granité), dachten an all die hochdekorierten Köche, die uns in der Vergangenheit auch schon mit Trüffelöl gequält haben, ohne dass es ihrer Karriere nachhaltig geschadet hätte, und entschieden im Sinne des Angeklagten: Wir drücken beiden Augen zu – und kommen wieder. Und zwar gnadenlos!

La Fonda

Gereonskloster 8, 50670 Köln
T +49 (0) 221 1681 7515
www.lafonda.koeln

Sa mittags, So, Feiertag ganztags
Menü 39 / 65 €
Vorspeise 7 / 69 €
Hauptgang 23 / 43 €

Das La Fonda liegt am Gereonskloster, einem der schönsten innerstädtischen Plätze Kölns. Es bietet moderne, internationale Küche in gehobener Qualität. Schon das Spektrum an Vorspeisen zeigt, dass man hier keine kulinarischen Grenzen zieht: Zwei Kalbsfrikadellen mit Monschauer Senf finden sich da ebenso selbstverständlich wie Osietra-Kaviar vom russischen Stör, Ceviche vom Wolfsbarsch oder Himmel & Ääd. Was sich als Konstante durchzieht, ist die hohe Produktqualität; von ihr zeugen bei den Hauptgerichten französisches Bio-Freilandhuhn oder trocken gereiftes Filet vom Txogitxu-Rind.

La Société

Kyffhäuserstraße 53, 50674 Köln
T +49 (0) 221 2324 64
www.restaurant-lasociete.de

- Stefan Helfrich
- Leon Hofmockel
- Maximilian Altermann
- mittags, Di, Mi ganztags

Menü 129 / 179 €
Vorspeise 36 / 44 €
Hauptgang 54 / 68 €

Mitten im bunten Treiben des Kölner Studentenviertels Kwatier Latäng hat das La Sociéeté seinen Sitz – es ist nicht weniger als eine kulinarische Institution in der Domstadt. Auf mehrere Jahrzehnte blickt man inzwischen stolz zurück, Gastgeber Stefan Helfrich lenkt seit immerhin rund 35 Jahren die Geschicke des Hauses. Den Staffelstab des langen Reigens von Köchen, die hier wirkten, hat seit kurzem Leon Hofmockel übernommen. Der Wechsel am Pass war auch Anlass, um dem zuletzt etwas in die Jahre gekommenen Ambiente ein Facelift zu verpassen. Frischer und heller wirkt das Société jetzt. Und das gilt auch für die Küche. Die Zeit der „Kölschen Tapas" – dem leicht betagten Amuse-Klassiker des Hauses – scheint endgültig vorüber. Schaut man auf die bisherigen Stationen in der Vita von Leon Hofmockel, kann das nicht wundern. Immerhin hat er mit dem Söl'ring Hof auf Sylt und dem Wolfsburger Aqua zwei echte kulinarische Schwergewichte auf dem Tanzkärtchen, bei Sven Elverfeld war er gar Souschef. Schon der Reigen der Amuses zum Auftakt demonstriert den frischen Wind, der nun auf der Kyffhäuser Straße weht. Viele kleine Elemente, handwerklich perfekt und aromatisch hochpräzise ausgearbeitet. Karottensorbet und Pommes soufflées mit feinster Räucherspeckcreme, Gänselebercreme mit Kohlrabi – wir sind begeistert. Bei den ersten zwei Gängen des Menüs setzt sich die Tendenz fort. Höchste Präzision trifft auf ebensolche Produktqualität. Sowohl die marinierte Gelbschwanzmakrele mit Austernemulsion als auch die Seeforelle mit Petersiliengraupen begeistern. Insbesondere die Forelle, der – von leichtem Zitrusaroma umschwebt und Saiblingskaviar gekrönt – Rauchmandeln den letzten Kick verleihen. Es folgt Zander (Wildfang!) mit Fenchel, Pastinakencreme, Kamille und frittiertem Ei. Auch hier beeindrucken Produktqualität, handwerkliche Umsetzung und die Harmonie der Komposition gleichermaßen. Die schwierige Kamille ist klar schmeckbarer Bestandteil des Aromenmixes, ordnet sich aber ohne jede Aufdringlichkeit in das hochelegante und hochkomplexe Gesamtbild ein. Brust (als Tranche) und Keule (als Praliné) vom Perlhuhn kommen dann mit Schwarzwurzel, Erdnuss und knuspriger Hühnerhaut. Die Aromendichte des Menüs zieht jetzt merklich an. Aromatisch noch einmal dichter dann das 46 Stunden bei 65 °Celsius gegarte Wagyu-Short-Rib. Es wird von Topinambur,

Sojazwiebeln und schwarzem Knoblauch begleitet und kommt auf einer Jus, die man in ihrer Intensität auch als Elixier bezeichnen kann. Mandarine, Marone, Kaffee, Hibiskusblüte annonciert das Menü zum Dessert. Es bietet einerseits Kraft und Geschmack genug, um nach dem Paukenschlag beim Hauptgang nicht völlig unterzugehen, und andererseits ausreichend Kühle und Frische, um den Gaumen wieder zur Ruhe kommen zu lassen. Während wir die Amandises zum Abschluss genießen, freuen wir uns über die echte kulinarische Bereicherung, die das La Société in der Form für Köln darstellt.

Le Moissonnier

Krefelder Straße 25, 50670 Köln
T +49 (0) 222 1729 479
www.lemoissonnier.de

 Liliane Moissonnier
Eric Menchon
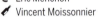 Vincent Moissonnier
Mo, So, Feiertag ganztags
Menü 120 / 175 €
Vorspeise 23 / 49 €
Hauptgang 52 / 68 €

Die Krefelder Straße mit ihren grauen Nachkriegsbauten gehört nicht zu den schicken und mondänen Orten Kölns. Doch das Haus mit der Nummer 25 sticht aus dieser Großstadt-Tristesse heraus. Ein schmaler Bau, 1910 im Geschmack des Jugendstils errichtet, beherbergt er heute ein gastronomisches Gesamtkunstwerk, das so französisch ist wie die Chefs und natürlich die Speisenkarte. Pariser Bistro-Stil, Brasserie-Ambiente, französische Restaurant-Kultur, Haute Cuisine: Alles scheint sich in dem mit Jugendstilornamenten geschmückten Raum in einer spürbaren leichten Atmosphäre zu vereinen. Entspannt und unverkrampft, auch dank des freundlichen Service. Natürlich empfiehlt sich das Menü, jeder Gang wird in drei Arrangements serviert. Küchenchef Eric Menchon beginnt die kulinarische Reise mit einem Sandwich von gegrillter Makrele und Räucheraal, zwischen die er Tranchen von Foie gras legte, und mit feinsäuerlichem Gewürzapfel-Gelee und feinprickelnder Cidre-Sauce mit Miesmuschelsaft zum geschmacklichen Höhenflug brachte. Ebenso großartig aromatisch arrangiert war die roh marinierte Garnele mit weichen, umspülenden Passionsfruchtsaft und im Glas die geeiste Suppe vom grünen Apfel mit Gurke, Staudensellerie und einem Schuss Gin. Den absolut perfekt gegarten, glasigen Jakobsmuscheln stellte Menchon eine Beurre blanc zur Seite, die mit Cinq-Épices-Gewürz und Grand Marnier abgeschmeckt war und allein süchtig machen könnte. Extraordinaire! Das fluffige Maronenmousse hatte die Küche mit Foie gras verfeinert, das Kürbisconfit mit Seeigelzungen und schwarzen Trüffeln. Die Gemüse-Abteilung steuerte dazu einen kunstvoll drapierten Riegel von karamellisierten Romanaherzen bei, der sich mit mariniertem Orangen-Carpaccio, Erdnuss-Jalapeño-Creme und Sirup von Roter Bete zu einem aromatischen Feuerwerk hochschraubte. Für den Hauptgang hatte Menchons Equipe zartes Milchkalbsbries mit Erdnüssen karamellisiert, und mit Wasabicreme und einer kraftvollen Sauce poulette zusammengeführt. Geschmacklich, weil extrem nachhaltig und komplex, noch mehr beeindruckt hat uns das Bries-Navetten-Frikassee mit Sauce grand veneur und grünem Pfeffer, und der Topinambur-Auberginen-Stampf an Yuzu-Sake und erfrischender Limetten-Sesam-Emulsion. Zum Abschluss provenzalischer Mandelkuchen, Schwarzkirsch-Süppchen und kantonesisches Mandeleis. Nicht vergessen nach der Tarte au citron zu fragen, denn die ist hier ein Dessert-Klassiker der Extraklasse! Die bestens sortierte Weinkarte lässt kaum Wünsche offen.

maiBeck

Am Frankenturm 5, 50667 Köln
T +49 (0) 221 9626 7300
www.maibeck.de

Jan Maier & Tobias Becker
Jan Maier & Tobias Becker
Sascha Bauer
Mo ganztags
Menü 55 / 55 €
Vorspeise 10 / 15 €
Hauptgang 19 / 35 €

Das höchste Lob, zu dem der Kölner an sich fähig ist, ist die Bestätigung der Zugehörigkeit zum eigenen Stamm. Insofern und ohne zu zögern: Das maiBeck passt ganz ausgezeichnet nach Köln! Mit Blick auf den Rhein, im Schatten des Domes, steht es der Idee eines förmlichen Gourmetrestaurants so fern wie der FC einer Teilnahme an der Champions League, bietet es Stammgästen wie Dahergelaufenen mit offenen Armen eine entspannte Gastfreundschaft und will nicht mehr sein, als es ist. Unkölsch, wenn man das so sagen will, ist hier eigentlich nur der konsequente Anspruch an die eigene Leistung (konkret: an die kulinarische Seriosität), der auch anlässlich unseres jüngsten Besuchs an keiner Stelle unterlaufen wurde. Serviert wurde wie stets ohne übertriebene Filigranität, was allen schmeckt – und zwar durchdacht und handwerklich ausgereift umgesetzt: Tatar vom Prümer Rind, darauf verteilt geräucherter Matjes, Karotte in diversen Aggregatzuständen sowie eine süffige Chipotle-Mayonnaise – sehr gut! Mut zur Würze zeigten Jan Maier und Tobias Becker dann auch beim folgenden angegrillten Spargel, in seiner feinen Bitterkeit säuerlich-frisch flankiert von Kapern und gepickelten Radieschen sowie elegant abgefedert durch Buttermilch und Basilikumöl. Handwerkliche Klasse anschließend bei optimal gegarten Auberginen-Tortellini auf buntem Mangold, verbunden durch etwas bröckelig-cremigen Schafskäse. Große Freude auch beim löffelzarten, geschmorten und anschließend kurz scharf angegrillten Rinderbäckchen auf Maiwirsing und samtigem Selleriepüree. Zum Abschluss seidiges Fichtensprosseneis zu aromatischen Erdbeeren aus dem Vorgebirge und saftigen Mandelbiskuit-Schnitten. Das Ganze zu ausgesprochen gastfreundlichen Tarifen und begleitet von der ein oder anderen interessanten Empfehlung von Sascha Bauer … Wat willste mehr?

Maître

Olympiaweg 2, 50933 Köln
T +49 (0) 221 4853 60
www.landhaus-kuckuck.de

Erhard Schäfer
Erhard Schäfer & Jürgen Pohl
Ivan Dilber
mittags, Mo, Di ganztags
Menü 129 / 149 €
Vorspeise 18 / 32 €
Hauptgang 34 / 46 €

Das Gourmet-Séparée im Landhaus Kuckuck, einer Multifunktions-Location mit Biergarten und Veranstaltungsräumen in idyllischer Stadtwald-Lage, ist der Kölner Klassik-Hort. Aus beiden Menüs, darunter ein vegetarisches, kann à la carte bestellt werden. Hier wird glücklich, wer – ohne kreative Überraschungen und modische Zugeständnisse – gute Zutaten in souveräner handwerklicher Zubereitung und gediegenes Ambiente mit weißen gestärkten Tischdecken und silbernen Platztellern sucht. Dass das weiterhin gilt, verdeutlichte erst die gelierte Tomatenessenz mit Frischkäse und Kräutern im knusprigem Teigkörbchen. Danach ausgestochene Melonenkugeln auf Radieschensalat mit Buttermilchschaum sowie herb frisches Dill-Buttermilch-Süppchen mit Gurkenwürfeln. Dass Altmeister Erhard Schäfer für seine Gerichte nicht zwangsläufig Luxus-Viktualien benötigt, zeigte sich, als er reichlich Räucheraal auf geröstetem Schwarzbrot und darüber mit Chili verfeinertes Estragon-Rührei in bester feucht-cremiger Zubereitung platzierte. Dann bildeten dünnaufgeschnittene gallertige Kalbskopf-Scheiben – in durchaus willkommener, kerniger Anmutung – die Grundlage für wunderbar süßsäuerlich angemachte, bissfeste Beluga-Linsen und punktgenau gebratenes, innen cremiges Kalbsbries. Es blieb souverän stimmig beim Trüffelraviolo auf geschmortem Lauchfundament mit gebratener, saftig rosafarbener Wachtelbrust und Wachtel-Spiegelei – dazu ein Klecks heller Sauce, fertig! Wollüstig üppig die Menü-Klimax: Tournedos Rossini à l'Escoffier. Perfekte Garung von Rinderfilet und Gänsestopfleber, dichte Trüffeljus – Herz, was willst Du – außer geriebener Trüffel – mehr? Der süße Abschluss, Brombeerlavendel-Törtchen mit Erdnuss, Rotwein-Schokoladen-Eis und kleiner Crème brûlée, sorgte zwar für keinen Adrenalinschub, ließ dafür mit verdichtetem Geschmack den Kalorienzähler weiter in die Höhe schnellen. Gewohnt positiv der aufmerksame Service, zuverlässig die fair kalkulierte deutsch-französische Weinkarte mit bekannten Erzeugern.

NeoBiota

Ehrenstraße 43c, 50672 Köln
T +49 (0) 221 2708 8908
www.restaurant-neobiota.de

- Jasmin Schreiber
- Sonja Baumann & Erik Scheffler
- Volker Arndt
- Mo, So ganztags
- **Menü** 95 / 155 €

Casual, but (very!) fine – so lautet die vermutlich kürzest mögliche Beschreibung des NeoBiota-Konzepts. In einer Eck-Location am Rande der quirligen Shoppingmeile Ehrenstraße gelegen, vereint sich hier die jugendliche Frische des Umfelds mit der kulinarischen Kompetenz seiner Macher Sonja Baumann und Erik Scheffler: Tagsüber gibt's das – nach eigener Einschätzung – beste Frühstück der Stadt und abends ambitionierte Küche in betont lässiger Atmosphäre. Schon der kurze Reigen von „Snacks" offenbart das Wesen des Konzepts: ein Brückenschlag zwischen verfeinerter Hochküche einerseits und unbekümmert frischem Blick auf dieses Thema andererseits. Es treten auf in schneller Folge: Austerncreme mit Algenpuder und Gurke, ein kleines, frittiertes Blatt Brennnessel, geknusperter Weizen, eine Bacon-Schoko-Praline und ein Kartoffel/Gurken/Meerrettich/Forellenhaut-Ensemble, das mit seinem Mix von Säure, Süße, Salz und Umani begeistert. Auch der erste Gang spielt souverän mit der Variation von Konsistenz und Temperatur. Die angekündigte Artischocke kommt als Eis und als knusprig frittierter Boden, der begleitende weiße Pfirsich ist gegrillt. Der Zander wird mit Bottarga (vom Zander!), Magnolie, Paprikacreme und feiner Radieschen-Schärfe vereint. Es folgt eine bergische Forelle, deren schlicht als „Sauerkraut" angekündigte Begleitung aus fermentiertem Apfel und Spitzkohl mit perfektem Frucht-Säure-Mix begeistert. Der rein vegetarische vierte Gang – die Gemüsezubereitungen sind ohnehin eine große Stärke des Teams Baumann/Scheffler – besteht aus Karottenvariationen begleitet von einer Sanddorn-Emulsion, Gewürz-Tagetes und Peperoni. Das 60 Tage dry-aged gereiften Roastbeef wird von getrockneter und gegrillter Wassermelone und ausgelassenem Knochenmark unterstützt, die Jus dazu kommt pur und schmucklos. Anstelle von unnötiger Gelifizierung oder anderem modischen Getupfel auf dem Teller vertraut sie voll und ganz auf ihre konzentrierte Kraft. Pré-Dessert und abschließendes Dessert halten das durchgängig hohe Niveau, insbesondere das Dessert mit Sternanis, gerösteter Haselnuss, zweierlei Erdbeere, Basilikum und Basilikum-Saat demonstriert noch einmal den Willen und die Fähigkeit des NeoBiota zu innovativer kulinarischer Frische, ohne sich dabei in bilderstürmerischem Firlefanz zu verlieren.

Ox & Klee

Im Zollhafen 18, 50678 Köln
T +49 (0) 221 1695 6603
www.oxundklee.de

- Rosario Salvatori
- Daniel Gottschlich
- Lucas Wenzl
- mittags, Mo, So, Feiertag ganztags

Menü 230 / 230 €

Der Restaurantbesuch als Event: Diesem Ziel hat sich Daniel Gottschlich immer stärker angenähert. Für das einzige Menü muss der Gast schon bei der Reservierung zahlen und Einschränkungen akzeptieren. In diesem Jahr etwa soll es für einige Monate ausschließlich vegetarische Speisen geben. Es scheint allerdings denkbar, dass von dieser Regel auf die eine oder andere Weise (Supplements mit Fleisch?) abgewichen wird. Köln ist halt doch nicht New York, Gottschlich nicht Humm. Wer die akribisch abgestimmte Weinbegleitung nimmt, muss sich erst recht auf ein abendfüllendes Showprogramm einstellen. Während es bei den Getränken um Spannung, Präzision und Überraschung geht, dreht sich beim Essen alles um die sechs unterschiedlichen Geschmäcker – von süß, salzig und bitter bis zu sauer, fett und umami. Man erfährt mehr auf den für jeden Gang gereichten Kärtchen, kann der Bedeutung der Geschmackssymbole nachsinnen. Wer Näheres zu den Weinen wissen will, über die Erklärungen des Sommeliers hinaus, nutzt die QR-Codes. Bei unserem Besuch war im Rahmen des Menüs Ox übrigens noch alles im Angebot, von Hummer über Gemüse bis zu Taube. Und schnell wurde deutlich, dass Gottschlich präziser denn je arbeitet. Das merkten wir schon bei den ersten Kleinigkeiten – etwa bei Foie gras mit Estragon und Berberitze –, das stellten wir bei der Auster mit gefrorenen Manchegoperlen, Austernblatt und Nori fest. Hübsch und komplex zugleich präsentierte sich das Ei mit frischen und getrockneten Krabben sowie Lauchasche. Statt Carabinero (wie auf der Karte gedruckt) kam Hummerschwanz, der kongenial begleitet wurde von Jalapeñocreme. Locker drei rote Hauben dann für Steinbutt samt einer Beurre blanc, die mit Champagner und Seeigel abgeschmeckt war; die gleiche Bewertung wurde auch für Taube mit Trüffelragout, Amalfi-Zitrone und herrlich animierender Sherryessig-Sabayon fällig. Natürlich gab es auch noch den „Halven Hahn", ein Canapé mit einer Creme aus zehn Jahre altem Gouda, dazu ein kleines Kölsch. Eigenständig geht es bei den mehr oder weniger süßen Teilen des Menüs zu: etwa beim Eis von geräuchertem Hickoryholz mit schwarzem Reis, Manuka-Honig, Selleriesaat und Brunnenkresse (!). An die Grenze gehen die Pralinen danach, die wieder die Geschmacksnuancen vom Menübeginn durchdeklinieren. Stachelbeere mit Senf (sauer), Pandanblatt und Rooibos (bitter) oder Weißer Trüffel mit Kokos (fett). Man mag, was Gottschlich und Team auftischen, oder man findet es übertrieben. Uns gefällt (meistens), was das Ox & Klee treibt.

KÖLN

Platz 4 NEU

Elisabeth-von-Mumm-Platz 4,
50937 Köln
T +49 (0) 221 1684 3804
www.platz4.koeln

🔒 Do, Fr mittags, So abends,
Mo, Di, Mi, Feiertag ganztags

Irgendwo im Grenzgebiet zwischen einem Restaurant für's Veedel (wie der Kölner mit betont liebevollem Tonfall seine Stadtviertel nennt) und Fine Dining ist die Küche des Platz 4 in Sülz angesiedelt. In einem eher kühlen, bei hoher Auslastung vielleicht etwas quirlig wirkenden Raum wird ein vier- bis sechsgängiges Menü wahlweise in vegetarischer oder omnivorer Ausführung angeboten, das sich der Gast aus den À-la-carte-Positionen frei zusammenstellen kann und dessen beste Gänge bei unserem Besuch den Vergleich zu Häusern mit höheren Weihen nicht zu scheuen brauchen. So beispielsweise der Räucheraal, der in beeindruckender Produktqualität auf einer Sauce Vichyssoise und in Begleitung von Postelein und einer Nocke Kohlrabitatar mit hochfeiner Zitrus-Aromatik den Weg zu uns fand. Ebenfalls gelungen die launige Dekonstruktion des Kölner Brauhaus-Klassikers „Halver Hahn", hinter dem sich normalerweise ein Roggenbrötchen mit altem Holländer Käse verbirgt – Küchenchef Maximilian Schepp macht daraus einen Becher mit crunchig-malzigen Schwarzbrotbröseln, die von einem präzise gearbeiteten Espuma von 24 Monate altem Gouda bedeckt werden. Geradezu sensationell dann der rote Chicorée mit Sanddorn, Karotte und Buchweizen, der bitter, herbe, süße und fruchtige Elemente zu einem vollendet harmonischen Gesamtklang verband. Wir empfehlen den Besuch des Platz 4 als eher informelle Dinner-Alternative mit zudem – aus Fine-Dining-Perspektive – erfreulich angenehmer Preisgestaltung.

Poisson

Wolfsstraße 6–14, 50667 Köln
T +49 (0) 221 2773 6883
www.poisson-restaurant.de

🔒 Mo, So, Feiertag ganztags
Menü 58 / 85 €
Vorspeise 19 / 38 €
Hauptgang 28 / 58 €

Der Name sagt es schon: Hier dreht sich alles um Fisch, und zwar auf hohem Niveau. Ralf Marhencke bereitet ihn mit seinem Team in offener Küche vor den Augen der Gäste zu – oft mediterran, manchmal auch asiatisch, trifft dabei die Garpunkte stets perfekt. Sein Grundprodukt ist top, ob beim Island-Kabeljau oder bretonischen Steinbuttfilet, und einige Klassiker bleiben über Jahre auf der Karte. Im Sommer sitzt man am besten draußen und frönt dem kölschen „Lück luure" – Leute gucken.

Poke Makai

Marzellenstraße 12a, 50667 Köln
T +49 (0) 221 2703 888
www.poke-makai.de

🔒 So, Feiertag ganztags
Vorspeise 4 / 10 €
Hauptgang 15 / 15 €

Es gibt wohl keine bessere Adresse für Poke in der Domstadt, schließlich zeichnet „Taku"-Koch Mirko Gaul für das Konzept verantwortlich. Man kann sich seine Bowl selbst zusammenstellen und dabei etwa zwischen Nudeln oder Sushireis wählen, zwischen Gelbflossen-Thun, Wildlachs oder Peking-Enten-Keule, zwischen sieben Saucen. Oder man entscheidet sich für eine der Favourite Bowls, etwa die Spicy Tuna Poké Bowl mit ihrem perfekten Zusammenspiel von Schärfe, Frische und Umami-Power.

Pottkind NEU

Darmstädter Straße 9, 50678 Köln
T +49 (0) 221 4231 8030
www.pottkind-restaurant.de

 Enrico Sablotny &
   Lukas Winkelmann
👨‍🍳 Enrico Sablotny
🍴 Anna Kauker
🔒 mittags, Mo, So, Feiertag ganztags
Menü 95 / 145 €

2018 in der Südstadt eröffnet, hat sich dieses gastronomische Kleinod zu einem echten Publikumsliebling entwickelt. Kein Wunder: Hier stimmt die kulinarische Substanz wie die Stimmung, geht es locker und doch handwerklich seriös zu. Enrico Sablotny steigerte bei unserem jüngsten Besuch im Carte-blanche-Menü schrittweise die Intensität und überzeugte durchweg durch zeitgemäße Interpretationen klassischer Geschmacksbilder. Wir starteten mit einem Fenchelcracker mit Sauce rouille gefolgt von einer gelierten Wildconsommé mit Schafskäsemousse, Kürbischutney, Kräutern und schwarzer Walnuss, der wir angesichts ihrer ausdrucksstarken Begleiter vielleicht ein weniger mehr Power gewünscht hätten. Weiter ging es mit einem Kohlrabiflan, Eigelbcreme, gebackener Hefe und Milchpulver als Crumble unter hauchfeinen, rohen Kohlrabischeiben, mit einer Mohnvinaigrette – frisch und elegant, eine gelungene Verbindung knusprig-knackiger und cremiger Elemente. Das folgende ausgezeichnete Sauerteigbrot mit aufgeschlagener Butter und feinstem steirischem Speck ging als eigenständiger Gang durch und leitete elegant über zur fabelhaften Kombination einer seidigen, knapp temperierten Schnitte vom Ora-King-Lachs, die nebst einer üppigen Nocke Kaviar und eingelegten Senfkörnern auf einem samtigen Kartoffelschaum über Lachstatar und jungem Sauerkraut thronte – großes Kino! Im weiteren Verlauf demonstrierten geschmorte und gezupfte Schweinebacke mit Räucheraal, Blutwurstcreme, Oxalis und fermentierten Apfelstückchen (schön dazu das Rotbier aus der Mikrobrauerei Scharrenbräu) sowie eine an der Karkasse gebratene Taubenbrust mit Schwarzwurzel, Pistaziencreme, Salzkumquat und einer intensiven Jus, dass Sablotny auch fleischliche Genüsse so spannungsreich wie süffig zu inszenieren weiß. Eine Fähigkeit, die er auch beim abschließenden Dessert eindrucksvoll unter Beweis stellte, das eine pochierte Rotweinbirne mit Haselnuss durch ein erstklassiges Ziegenkäseeis aufgepeppt sah und erfreulich leicht daherkam. Ein Menü, das in Verbindung mit dem jungen, sympathisch-professionellen Service (und einer äußerst fair kalkulierten, kleinen, aber feinen Weinkarte) nur ein Prädikat zulässt: Lieblingsadresse.

Prunier NEU

Am Hof 48, 50667 Köln
T +49 (0) 221 7159 5520
www.prunier-cologne.de

Mo, So, Feiertag ganztags

In Kölns Kulinarikszene schlug die Eröffnung des Prunier-Restaurants ein wie eine Bombe. Endlich große Welt in der Nähe des Doms – und nicht etwa im misstrauisch beäugten Düsseldorf. Vielleicht ist der Zuspruch, den die Mischung aus Feinkostboutique und Edelbistro schon in den ersten Wochen erfuhr, auch dem Team aus Locals zu verdanken. Chefkoch Enrico Hirschfeld war im La Société oder im Maximilian Lorenz tätig, Servicechefin und Sommelière Ronja Morgenstern arbeitete ebenfalls bei Lorenz. Zusammen mit weiteren ziemlich motiviert wirkenden Mitarbeiterinnen bittet sie die Gäste an schmale Bistrotische, an denen man fast so eng sitzt wie in Paris – wo es ja auch Prunier-Restaurants gibt. Der Wust an Karten, die zu Beginn gereicht werden respektive auf dem Tisch stehen, irritiert. Klassiker, Menü, Aperitifs, Weine. Ließe sich das nicht zusammenfassen? Bis sich alle zurechtgefunden haben, vergeht Zeit. Zu bestellen wären Dom Pérignon glasweise (ob das auf Dauer gut geht in Köln, sei dahingestellt), Weißburgunder von Pieper aus Königswinter, was ja fast ums Eck liegt, aber auch viele andere gut ausgesuchte Weine. Die ersten Kleinigkeiten – etwa eine cremig-knusprige Kombination aus Comté und Topinambur – zeigen schon, dass man sich nicht auf die Abgabe von Kaviar und Balik-Lachs beschränkt. Im ersten Menügang ist dann aber doch beides drin: sogenanntes Balik Sashimi mit Kaviar, Gurke und Rauchmandel-Panna-cotta. Eine feine, süffige Vorspeise, nicht mehr, nicht weniger. Komplexer ist der pochierte Skrei, der mit Lauchpüree, toller Entenbrühe und Ingwer kommt. Der Kaviartoast mit confiertem Eigelb (nach Jean-Georges Vongerichten) ist handwerklich tadellos, die Taube aus der Bresse mehr als das. Saftiges Fleisch mit feinem Raucharoma, Püree aus Kerbelwurzeln, klasse Jus, auch die Innereien wurden mitverarbeitet. Hoffentlich wissen die Gäste solche Finesse auf Dauer zu schätzen und bestellen nicht nur Kaviardosen und Austern.

Pure White

Weisser Straße 71, 50996 Köln
T +49 (0) 221 82821660
www.pure-white-food.de

Sabah von Borries
Cristiano Rienzner
Cristiano Rienzner
mittags, Mo, So ganztags
Vorspeise 15 / 29 €
Hauptgang 28 / 77 €

Alles sei verziehen. Spätestens die Parmesanwaffel zum Schluss entschädigt mit ihrer zu Knusprigkeit geformten Wollust für alles, selbst ihren sportlichen Preis. Dass es im Pure White noch immer so aussieht, als die einstige Pizzeria erst just umgebaut worden. Geschenkt. Dass es albern aussieht, dass in der Luke des Ofens ein Monitor loderndes Feuer zeigt. Egal. Dass das Licht schummriger als in einschlägigen Etablissements ist. Sehen wir drüber hinweg. Dass die Bedienung sehr freundlich, aber unkoordiniert ist. Kann passieren. Aber alles, was aus der offenen Küche aus dem Untergeschoss nach oben kommt, macht glücklich. Das Hörnchen aus Wan Tan mit Lachsfüllung, knusprig und aromatisch, die aggressiv gerösteten und knackig salzigen Brotstücke zu dreierlei Aioli, von denen vor allem das mit Röstzwiebeln heraussticht – schon vor dem ersten Gang Genuss auf den nicht übermäßig bequemen Stühlen. Auch zur „Lapinchen" genannten Vorspeise werden drei Schalen gereicht, wie schon zum Brot und später zum Fleisch. Das geschmorte Keulenfleisch vom Kaninchen ist im Spitzkohlmantel unter knackfrischen Kräuterpflanzen für sich abwechslungsreich. Die Show stiehlt jedoch das – durchaus süße – Spitzkohleis, das belegt, dass auch Kohlaroma für Erfrischung taugt. Die Steakkarte bietet Fleisch von Metzgern wie Jack O'Shea, gegrillt auf einem Jaspers-Holzkohlegrill. Kruste vom Anrösten, zartes, eher rohes, aber warmes inneres Fleisch. Aroma vor Zartheit, das ist die berechtigte Devise. Wer mag, kann sich ein – kostspieliges – Quartett verschiedener Stücke servieren lassen. Zu der abschließenden Waffel ist eingangs alles gesagt worden, zum Schluss nur, dass wir auch eine zweite Portion hätten nehmen wollen. Und eine dritte.

rays. NEU

Berrenrather Straße 221, 50937 Köln
T +49 (0) 178 5566 645
www.raysrestaurant.de

- Robby Jung
- Erik Schmitz & Maksim Kusnezow
- Michael Elter
- mittags, Mo, So, Feiertag ganztags

Gentrifizierung auf Kölsch heißt: Das ebenso legendäre wie ziemlich abgerockte „ABS" am Gottesweg in Sülz bietet jetzt zwar zeitgemäße Hochküche in urban-lässigem Ambiente – die Einrichtung wurde jedoch so gestaltet, dass sie jederzeit für wilde Karnevalsparty vorübergehend wieder ausgebaut werden kann. Rheinisches Motto: Levve un levve loße! Mit Erik Schmitz und Michael Elter wurden zwei bewährte Kräfte aus dem Ox & Klee verpflichtet, klug konzipiert und gastfreundlich kalkuliert erwies sich unser Menü zum Auftaktbesuch. Vor allem aber: schön individuell gekocht! Los ging es mit einer Roulade aus gelbem Rettich und gebeizter, abgeflämmter Dorade mit etwas Limettenabrieb auf einem Püree von schwarzen Bohnen, gefolgt von einer spannenden Kombination von Hummus, Blumenkohl, einer Mayonnaise von schwarzem Knoblauch und Taubnessel – der dicke, ausgebackene Teigschnüre eine interessant-knusprige Spannung verliehen. Als Höhepunkt erschien sodann eine kleine, Teriyaki-würzige Maronensuppe von feiner Ponzu-Säure mit wildem Brokkoli und Shiitake sowie einer punktgenau pochierten Gillardeau-Auster im Zentrum. Großes Kino! Etwas weniger überzeugend sodann eine leider ein wenig trockene Tranche vom Steinbutt (gebraten und abgeflämmt) auf einer Saté-Sauce sowie eine perfekt rosige, aber deutlich zu weiche, weil Sousvide gegarte Challans-Entenbrust – deren begleitender „Reisweinsauce" (Kaffee, Kürbiskernöl, Cassis, Jus, Muscovado) wir zudem eine etwas kräftigere Entenaromatik gewünscht hätten. Aber das sind Kleinigkeiten angesichts der Ambition und spürbaren Schaffensfreude, mit der die Macher dieses sympathischen Neuzugangs unter den der Kölner Spitzenrestaurants hier ihren eigensinnigen Weg gehen. Vom herausragenden Pré-Dessert – einem Earl-Grey-Mirabellen-Sorbet mit roter Shisokresse und gelben Pflaumen auf einem Blättchen rotem Chicorée – hätten wir jedenfalls gerne noch zwei, drei Portionen mehr gehabt … Fazit: Stimmung prächtig, Küche auf dem richtigen Weg, Weinkarte ausbaufähig. Weiter so!

restaurant
maximilian lorenz

Johannisstraße 64, 50668 Köln
T +49 (0) 221 3799 9192
www.maximilianlorenz.de

- Philipp Schüll
- Maximilian Lorenz
- Philipp Schüll
- mittags, Mo, So, Feiertag ganztags

Menü 131 / 160 €

Kartoffel, Schnittlauch, Ei, Forellenkaviar. Was sich liest, wie ein leicht aufgepepperter Teller eines Eifeler Gasthaus, sind in Wahrheit die Elemente des ersten Küchengrußes vom Maximilan Lorenz. Auch im vierten Jahr seines Bestehens setzt das Restaurant auf sein bewährtes Konzept von Dekonstruktion und kreativem Spiel mit Elementen typisch deutscher Regionalküche. Im zweiten Gruß, dem „Rheinkiesel" (hinter dem sich feine Kalbsleber-Mousse verbirgt), wirken neben rustikalen Pumpernickel-Bröseln die feinen zitrisch-floralen Noten eines kulinarischen Kölnisch Wassers (Orangenblüte!). Beim dritten, den Signature-Amuses „Fischbrötchen", gesellen sich feine Dill-Brioche und Baiser zu Zwiebel, Krautsalat und eingelegtem Hering. Mit ähnlicher Traditions-/Innovationsbalance geht es in den ersten und zweiten Gang „Das Beste vom Kalb" kommt als feine Kalbskopfpraline mit Chicorée, Senfcreme und Feldsalat, die in Gänsefett confierte Lachsforelle wird von Rübstiel, der rheinischen Spielart des Cime di Rapa, und von Hefeplatz, also der Kölner Variante der Brioche begleitet. Nicht nur konzeptionell unser persönliches Highlight dann der „Sauerbraten vom Donau-Zander". Auch geschmacklich schwingt sich hier der Kontrast zwischen rheinisch-rustikalen Ausgangsprodukten und feinster State-of-the-art-Küchentechnik zu einem hochspannenden kulinarischen Spannungsfeld auf. Die malzige Süße des dehydrierten Pumpernickel-Pulvers bringt, genau wie die Zuckerrüben-Beurre-blanc, exakt das Maß an benötigter Süße, um die Säure des Sauerbratenfonds auszubalancieren. Auch der Kartoffel-Dill-Knödel gerät zum stimmigen Erlebnis. Das folgende Buttermilch-Orangen-Sorbet an klassischer Position zwischen Fisch und Fleischgang zeigt dann wieder, wie sehr die Lorenz'sche Küche trotz aller Modernität auf französischer Küchentradition fußt. Auch die folgende Ente vereint kreative Elemente mit exzellentem Handwerk. Die Brust bietet saftiges Rosa mit kräftigen Röstaromen zugleich, die Mousse von der Leber ein intensiv winterwürziges Erlebnis. Bei den Varianten von der Petersilienwurzel gefällt uns vor allem die „Carbonara"-Version, hinter der sich Julienne des Gemüses mit Sahne und Speckwürfeln verbirgt. Das abschließende Dessert vereint noch einmal drei Grundprodukte typisch deutscher Küche: Ein Quittensorbet mit Maronenmousse wird von herber Schlehe als Fruchtjus begleitet. Erwähnung verdient auch die Weinkarte, der man anmerkt, dass das Thema Fine Wines eine der großen Leidenschaften des Gastgebers ist. Egal, ob Champagner, Riesling oder rote Franzosen – die Karte ist hervorragend bestückt auch und gerade mit einigen Icon-Wines im oberen und obersten Segment – bis hin zur roten Burgunder-Legende für deutlich vierstellige Tarife.

Sahila NEU

Kämmergasse 18, 50676 Köln
T +49 (0) 221 2472 38
www.sahila-restaurant.de

Julia Komp
mittags, Mo, So, Feiertag ganztags

Julia Komps Gastspiel auf der „Schäl Sick" – wie die Kölner liebevoll-despektierlich das Stadtgebiet auf der rechten Rheinseite nennen – währte nicht einmal ein Jahr. Seit Anfang des Jahres hat sie ein neues Quartier gefunden, diesmal linksrheinisch und in einer Location mit schwerer kulinarischer Vorprägung: nämlich in den Räumlichkeiten des L'Accento, in dem Franco und Marisa Medaina mehr als nur eine Generation von Kölnern mit ihrer gehobenen italienischen Produktküche verwöhnt hatten. Nun ist hier Komps eigenes Restaurant zu Hause. Sahila heißt es, was ungefähr so viel wie „Herrscherin der Sterne" bedeutet. Wie schon im Mühlheimer Lokschuppen bildet auch hier die etwa ein Jahr lang währende Reise der Küchenchefin rund um die Welt den konzeptionellen Kern ihres Menüs. Bei unserem Besuch waren Thailand, Japan, Korea, Marokko, die Vereinigten Arabischen Emirate und Frankreich die Stationen der Reise, durch die das Menü uns führte. Auf den Tellern der fünf Gänge fanden sich unter anderem Kürbis, Hummer, Kohlenfisch (aka Black Cod) und Hirschkalbsrücken. Auffällig bei praktisch allen Gängen: das besondere Augenmerk, das Julia Komp der Optik ihrer Teller widmet – durch die Bank fein ziselierte und sorgsam zueinander drapierte und Komponenten. Für sich allesamt qualitativ hochwertig und handwerklich ohne Fehl und Tadel – zuweilen aber eben auch nicht mehr. Nicht nur einmal wünscht man sich, den Themen Aromatik und Würzung wäre das gleiche Maß an Aufmerksamkeit zuteil geworden wie der Ornamentik der Teller. Kimchi und Rettich und Süßkartoffel beim koreanisch inspirierten Kohlenfisch sind zwar eine in sich stimmige und runde Komposition – etwas mehr beherzte Schärfe sowohl beim Kohl als auch beim Rettich hätten wir uns durchaus vorstellen können. Gleiches gilt auch für den perfekt gegarten Hirschkalbsrücken. Orange als verbindendes Element für die beiden Wildbegleiter Rotkohl und Couscous sind eine feine Idee – aber auch hier bleibt das Zusammenspiel der Aromen seltsam verhalten, wo – Stichwort orientalische Aromatik – doch Mut zum Expressiven gefragt gewesen wäre. Dabei mögen wir den Ansatz, viele verschiedene Aromenbilder aus der ganzen Welt in einem Menü zusammenzutragen, eigentlich sehr. In der konkreten Umsetzung würden wir uns mehr Mut zu konsequentem aromatischen Ausdruck wünschen. Wird der gefunden, stehen dem Sahila große Zeiten bevor. Wir würden sie jedenfalls dem Team um Julia Komp wünschen.

KÖLN

Scherz NEU

Luxemburgerstraße 256, 50937 Köln
T +49 (0) 221 1692 9440
www.gasthausscherz.de

Mo mittags
Menü 33 / 77 €

Wer Köln und Gasthaus hört, denkt impulsiv an Hämmchen und Halven Hahn. Dass die Rheinmetropole im Bereich der Wirtshausküche weit vielseitiger ist, beweist Michael Scherz im gleichnamigen Sülzer Gasthaus. Hier kommt kreative österreichische Küche in einer Qualität auf den Teller, wie sie am Rhein nicht oft anzutreffen ist. Für die Heurigen-Stimmung sorgen die Buschenschankvariationen aus fünf variantenreich zubereiteten Schmankerln vom Ibérico-Secreto bis zum Wagyu-Beef samt luftig-leichter Mousse aus Joghurt und Grapefruit. Ausgezeichnet der mit Roter Bete gebeizte Sockeye-Wildlachs aus Kanada und nicht weniger anschließend das zart-rosige Rinderherz in dichter Madeirajus. Das standesgemäße Finale bilden (natürlich) wolkig-karamellisierter Kaiserschmarrn mit Zwetschgenröster und Strudel von schönem Säurespiel und feiner Knusprigkeit.

taku

Domplatz/Trankgasse 1–5,
50667 Köln
T +49 (0) 221 2703 910
www.taku.de

Christoph Gonzalez
Mirko Gaul
Christoph Gonzalez
mittags, Mo, So, Feiertag ganztags
Menü 95 / 139 €
Vorspeise 19 / 35 €
Hauptgang 29 / 42 €

Das Hotel Excelsior zu Füßen des Domes gehört zu den traditionsreichsten im weiten Umkreis, wehmütig denken wir an die Zeiten zurück, in den Klüngel, Klerus und Karneval in der Hansestube Gelage feierten und die Champagnerkorken knallen ließen. Tempi passati! Wer heute hier zumindest gut essen will, muss dennoch nicht unverrichteter Dinge wieder abziehen – sondern in den Keller hinuntersteigen. Dort hat das „Taku" in den vergangenen Jahren so manchen Wandel mitgemacht, spurlos sind die Zeiten auch an ihm nicht vorübergegangen. Wer sich die Dinge schöntrinken will, der findet eine große Weinkarte (die allerdings in weiten Teilen so ambitioniert kalkuliert, dass man einen Hinterhalt der Blaukreuzler vermuten). Doch genug gemeckert – hier muss sich niemand in Stimmung bringen, das gelingt der Küche mittels ihres west-fernöstlichen Programms locker ohne Doping. Schon die Grüße aus der Küche bringen Freude in den Laden, geschmacksstark und voll auf die Zwölf: geflämmter Schweinebauch auf knusprigem Wan-Tan-Chip mit Mango und Schnittlauch-Mayonnaise, Tataki vom Wildlachs auf gebackenem Nori-Tempura mit Keta-Kaviar und Shiso-Essig-Perlen, Fish-Cakes („Tod man pla") mit roter Thai-Curry-Creme und Limetten-Crunch. Herrlich! Noch schöner danach: angegrillte Gelbschwanzmakrele (vorher mit Rindermark eingepinselt) mit fermentierter Chilipaste, dazu Tandoori-Kichererbsen-Püree, umflossen von einem klaren, kräuterwürzigen Tomatensud. Freilich: Wer wagt, gewinnt nicht immer. Eine zarte Lachsforelle erdrücken Thaiaromen, Schärfe und Süße, der folgende, optimal gegarte, süffige Kabeljau in buttriger Yuzu-Velouté hatte einen Schlag zu viel Salz abbekommen. Alles vergessen angesichts exzellenter Wan-Tans von der geschmorten Challans-Entenkeule in kräftigem „Enten-Tea" mit Chili-Öl und im Hauptgang einem kurzgebratenen Short Rib vom australischen Wagyu mit Wasserspinat, Pfifferlings-Serviettenknödeln sowie einer Soja-Tamarinden-würzigen Jus. Zum

Abschluss fruchtfrisch-schmelziges Ananas-Kaffee-Pfeffer-Glück zum Löffeln (Crémeux, Gel, Espuma, Eis, Chips, Schaum, Sud und Kompott) mit karamellisierten Haselnüssen. Etwas arg konventionell und nicht wirklich in den aromatischen Kontext des Abends passend die Pralinen samt Bruchschokolade zum Ausklang.

Tigermilch

Brüsselerstraße 12, 50674 Köln
T +49 (0) 221 7598 5821
www.tigermilch.kitchen

🔒 mittags, Mo ganztags

Industrie-Chic-Ambiente und peruanische Fusion-Küche mitten im Belgischen Viertel. „Leche de tigre", zu Deutsch Tigermilch, ist bekanntlich die Limetten-basierte Marinade, in der der Fisch für das peruanische Nationalgericht Ceviche „gegart" wird. Das gibt es hier in verschiedenen Versionen, etwa mit Thunfisch, aber auch mit Pilzen. Auch die warmen Gerichte wie gegrillter Oktopus oder dry-aged Red Snapper mit Hummerkopfemulsion werden in kleinen Portionen nach dem Tapas-Prinzip serviert. Gönnen sollte man sich in jedem Fall einen Pisco Sour, schließlich ist das Tigermilch auch eine Bar.

Zur Tant

Rheinbergstraße 49, 51143 Köln
T +49 (0) 2203 81883
www.zurtant.de

 Mario Fitz
 Thomas Lösche
 Mario Fitz
🔒 Mi, Do, Feiertag ganztags
Menü 78 / 98 €
Vorspeise 19 / 23 €
Hauptgang 37 / 38 €

Schon im 19. Jahrhundert war die Tant ein beliebtes Lokal und daran hat sich nichts geändert. Ist ja auch herrlich, hier am Rheinufer zu sitzen und auf den Fluss zu schauen. Das etwas biedere Ambiente lässt sich in Kauf nehmen, wenn man weiß, dass die Küche beachtlich, die Weinkarte von österreichischen Trouvaillen geprägt ist. Maître und Sommelier Mario Fitz ist der Charme in Person. Teuer ist es übrigens nicht, eine gute Flasche zu bestellen, auch der Offenausschank hat Klasse, ein Weinhandel gehört ebenfalls zum Tant-Programm. Fair bepreist ist auch das Essen – entweder Bodenständiges oder das Gourmetmenü in vier bis sechs Gängen. Des gehobenen Programms wegen waren wir da, bekamen erst unauffälliges Brot und zwei Aufstriche, dann gebeizten Lachs mit Gelber Bete, schließlich eine Roulade von der Perlhuhnbrust mit Buchenpilzen und Blumenkohl. Das war alles fein und sympathisch, aber noch kein Grund für Euphorie. Die setzte dann aber doppelt ein. Erst beim Zander mit Kalbskopf und Graupen, dann beim Steinbutt mit Kohlrabi und Curry. Beide Fischfilets, im Falle des Butts sogar mit der Backe serviert, waren von beachtlicher Güte und perfekt zubereitet, die Saucen zeugten von handwerklichem Können und die Kombinationen ergaben Sinn. Auch der Hasenrücken mit einer sehr feinen, geradlinigen Jus, mit Wirsing, Kürbis und Knödel machte Spaß. Wild und Fisch muss man hier essen! Desserts auch, sofern man es zupackend mag. Unsere Kombination aus Vanillecreme und Rotweineis, Äpfeln und Nüssen machte auch ohne die Kataifi-Teigfäden auf angenehme Weise satt.

KÖNIGSBRONN

Gasthaus Widmann's Löwen

Struthstraße 17, 89551 Königsbronn
T +49 (0) 7328 96270
www.widmanns-albleben.de

🔒 Mo, Mi mittags, Di ganztags
Menü 42 / 54 €
Vorspeise 7 / 18 €
Hauptgang 12 / 45 €

Seit über 200 Jahren wirtet die Familie von Andreas Widmann hier oben auf dem Albuch – und viel vitaler als heute wird's in diesem traditionsreichen Gasthaus noch nie zugegangen sein! Keine Spur von Land-Blues, hier sitzen Feriengäste und Einheimische fröhlich beisammen, der Parkplatz ist voll und die Küche liefert unter Volldampf blitzsauber gekochte schwäbische Klassiker (ausgezeichnete Festtagssuppe mit Maultasche, Grießklößle und Flädle!) und allerlei Verfeinertes vom lauwarm-marinierten Kalbskopf mit Roter Bete und Meerrettich bis zum rosigen Hirschkalbsrücken in Wacholderjus. Außerdem: trockengereifte Steaks, ein beliebter Mittagsteller – mal Entengröstl mit Bratkartoffeln, mal Backfisch mit Remoulade – und äußerst gastfreundlich kalkulierte Überraschungsmenüs.

Ursprung – das Restaurant

Struthstraße 17, 89551 Königsbronn
T +49 (0) 7328 96270
www.widmanns-albleben.de

 Anna Maria Widmann
 Andreas Widmann
 Anna Maria Widmann
🔒 mittags, Mo, Di, Mi ganztags
Menü 110 / 148 €

Auf gewundenen Sträßchen geht es hinauf auf die Schwäbische Alb. Landwirtschaft liegt in der Luft, Einsamkeit weht uns an, doch dann ist der Parkplatz voll. Sehr schön! Die Einrichtung des kleinen Genießer-Flaggschiffs ist nordisch-reduziert, groß hingegen sind die Ambitionen und der Aufwand, den Küchenchef Andreas Widmann hier betreibt. Wir kosteten jüngst einen sehr schönen mehrteiligen Auftakt aus zarten Kartoffelchips mit cremigem Dipp, luftgetrocknetem Schinken, gepickeltem Spargel, gebeiztem Saibling in Gurkensud sowie Tatar vom Maibock an Rote-Bete-Creme. Nordisch inspiriert ging es weiter, mit sehr schön leicht gelierter Huchen-Sülze, eingelegtem (geschmacklich etwas blassem) Huchen an Fenchelkraut, Leinsamen-Chip (dem es an Knusper fehlte) und fein ausbalanciertem Fenchel-Buttermilch-Sud. Der stärkste, weil eigenständigste Gang unseres Besuchs kam in Form einer Rolle vom Schweinebauch auf den Tisch – gefüllt mit Spätzle und hausgemachtem Sauerkraut. Großartig verband sich das fette, zarte Fleisch, die Spätzle mit feinem Biss und die elegante Süße geschmelzter Zwiebeln mit der Säure einer Linsenvinaigrette und der kross gepufften Schwarte. Ebenfalls fein, aber im Vergleich ein wenig ausdruckslos erschien uns ein gebeizter, einen Tick zu weit gegarter Waller zu fermentierter Rhabarbercreme. Beim Hauptgang schließlich, einer auf Holzkohle gegrillten und geschmorten Färse mit Tomatenvinaigrette war die Jus sirupdick geraten, eine Vinaigrette lieferte zwar kontrastierend Säure und Salz – allerdings brachte beides das Fleisch aromatisch zur Strecke. Etwas überladen auch das erfreulich eigensinnige Dessert: Erdbeertörtchen an Buchweizen-Biskuit, Buchweizen-Crunch, Eis von Rahm und Salzgerste zu marinierten Erdbeeren und Erdbeer-Sake-Vinaigrette. Doch genug gemeckert! Was man bei Andreas Widmann erlebt, sucht im weiten Umkreis seinesgleichen, unsere Anmerkungen bitten wir als Verbesserungsanregungen zu bereifen – mehr Konzentration auf die Umsetzung individueller Ideen, mehr Reduktion wären dringend angeraten, dann steht der 3. Haube nichts im Wege. (In diesem Zusammenhang sollte dann angesichts der räumlichen Verhältnisse des kleinen Gourmet-Stüberls allerdings auch bitte ein zügiges Ende des polonaiseartigen Durchgangsverkehrs von Tagungsgästen auf dem Weg zum Salatbuffet, Rauchern auf dem Rückweg ins Wirtshaus oder Leuten, die sich verlaufen haben, veranlasst werden …)

KONSTANZ

Anglerstuben

Reichenaustraße 51, 78467 Konstanz
T +49 (0) 7531 8180 487
www.anglerstuben.com

Sa, Feiertag mittags,
Mo, So ganztags
Menü 50 / 80 €
Vorspeise 10 / 15 €
Hauptgang 20 / 35 €

„Regional und echt" leuchtet es über den schmucklosen Parkplatz des Industriegebiets Unterlohn, im Treppenhaus des Angelsportvereinsheims informiert ein Schaukasten über die aktuellen Probleme mit Kormoranen. Kurz: Hier würde man als Ortsunkundiger eher nicht nach ambitionierter Gastronomie Ausschau halten. Ein Fehler! Sobald man die Tür des großzügigen Restaurantraums im Obergeschoss durchschritten hat, lässt schon das moderne, eindeutig Anspruch signalisierende Ambiente aufmerken – die schöne Terrasse mit Blick auf den Seerhein davor im Sommer. Verantwortlich ist seit fünf Jahren Christian Siebel, der statt Vereinslokaltypischen Schnitzeln für Petrijünger mit wachsendem Erfolg ambitionierte Teller mit einem Stich ins Zeitgeistige bietet: gepoppter Schweinebauch mit krossen Zwiebeln und Majoran, eine etwas dünne und üppig portionierte „Anglerstuben Fischsuppe" mit Safran oder Eismeersaibling (am Bodensee …!) – tadellos gebraten, auf einem schön säuerlich-rahmigen Kraut mit Quitte und gerösteter Blutwurst. Ebenfalls top die Desserts, ob „Citrus-Smash" mit Limettensorbet, abgeflämmter Mandarine, Zitronencreme und Baiser oder gewagte Meerrettich-Valrhonaschokolade mit Preiselbeergel. Was ist sonst noch zu sagen? Sechs Tage geöffnet, unter der Woche mit kleinem Mittagsmenü, außerdem gibt's eine interessante Weinkarte und der Service ist freundlich. Weiter so! Ach ja: Wer einen selbst geangelten Fisch mitbringt, bekommt ihn nach Gusto zubereitet!

Brasserie Colette
Tim Raue

Brotlaube 2a, 78462 Konstanz
T +49 (0) 7531 1285 107
www.brasseriecolette.de

🔒 Mo, Di ganztags
Menü 37 / 70 €
Vorspeise 10 / 18 €
Hauptgang 18 / 38 €

Die Bodensee-Dependance von Tim Raues feiner Bistroküche. Dass es sich hier mitten in der Altstadt um eine Brasserie der edleren Art handelt, deutet schon der Treppenaufgang zur Beletage an, in der man zu Tisch bittet – er atmet die Gründerzeit-Grandezza einer alten Fabrikantenvilla. Innen dann Frankreich pur: beim Baguette, den Weinen, beim Mineralwasser – und natürlich sehr dominant auch bei den Gerichten, vom gerösteten Blumenkohl mit Roquefort, Walnuss und Traube über Kaninchenleber mit Calvadosapfel bis zum Bœuf bourguignon. Der Service agiert gelassen, die Preise sind fair.

Ophelia

Seestraße 25, 78464 Konstanz
T +49 (0) 7531 3630 90
www.restaurant-ophelia.com

✉ Dirk Hoberg
👨‍🍳 Dirk Hoberg
✏ Jerome Nicke
🔒 mittags, Di, Mi, Feiertag ganztags
Menü 190 / 240 €

Wie lange er schon hier koche, in dieser schmucken weißen Villa am Ufer des Bodensees, wurde Dirk Hoberg jüngst am Nebentisch gefragt. Zwölf Jahre lautete die Antwort – ergänzt nach einer kurzen Pause durch ein halblautes: „Ich hoffe, langsam können wir's …" Abgebrüht und misstrauisch, wie wir sind, würden wir bei vielen anderen Küchenchefs hinter solchen Bemerkungen eitle Überheblichkeit im dünnen Mäntelchen aufgesetzter Bescheidenheit wittern – bei Hoberg nicht. Er gehört nicht zu denen, die auf der Welle ihres Selbstbewusst- oder Sendungsbewusstseins surfend den dicken Max machen, er fühlt sich in der klassischen Tradition seiner Mentoren (Bühner, Steinheuer, Wohlfahrt) als Handwerker wohl: diszipliniert, gastorientiert. Wir kennen und schätzen seine Küche schon lange, sie bewegt sich – mit der ein oder anderen kleineren Schwankung über die Jahre – auf den festen Bahnen eines elegant modernisierten klassischen Programms. Exemplarisch bei unserem jüngsten Besuch ein sanft gegarter, knackig-aromatischer Carabinero mit Farro (Emmer) und marinierter Reichenauer Gurke unter einem himmlisch-seidigen Olivenölschaum. Anschließend von gleicher Güte ein saftiges Stück Seeteufel, getoppt von einem kleinen Ragout von Schweinebauch, grünen Bohnen und Toma-

ten, dazu Artischocken-Ragout und -Püree und eine animierende Tomaten-Beurre-blanc – typisch Hoberg: aromatisch und klar, süffig, ohne jede Schwere. Ausgezeichnet in der aktuellen Testsaison auch ein glasiertes Kalbsbries, cremig-zart, auf gebratenen Mini-Pfifferlingen und rosigen Scheiben vom Kalbsherz, dazu eine Nocke Rahmwirsing und ein intensiver, wacholder-duftiger Kalbssud. Im Hauptgang schließlich ein supersaftiger, kräftig getrüffelter Riegel von der Perlhuhnbrust, eine samtige Geflügel-Velouté zum Löffelablecken, à part eine „Kärntner Nudel" von perfektem Biss auf jungen Erbsen, gefüllt mit einem aromatischen Keulenragout. Fabelhaft! Kann es so die nächsten zwölf Jahre weitergehen? Natürlich! Allerdings: Dürften wir uns und dem aufrichtig geschätzten Dirk Hoberg etwas wünschen, dann dies: mehr Mut! In seinem Falle, so scheint uns, liegt das Entwicklungspotenzial in der Reduktion, der Fokussierung auf die Perfektionierung klassischer Geschmacksbilder. Noch heute, Jahre später, denken wir sehnsuchtsvoll an eine Tranche vom Gänseleber-Gâteau, die wir bei ihm gegessen haben: ein schlichtes, geschichtetes Tortenstück auf der Basis einer hinreißend geschmacksintensiven, hauchzart kaltgeräucherten, perfekt aromatisierten Leber von wunderbar fester Konsistenz; durchzogen von einer Schicht feiner, knapp blanchierter Streifen Wurzelgemüse in einem Consommé-Gelee – so dicht, so elegant und geschmacklich klar, dass wir es mit Wonne pur in Würfeln gegessen hätten! Das Ganze vollendet durch eine akkurate Haube roher Champignonschuppen unter Aspik. Ein Traum! Optisch, sensorisch, in jeglicher Hinsicht. Als schmelzend-kühl-süßlicher Kontrast und zur Einrahmung ein kleines Feigenkompott sowie ein Gänselebereis in Referenzqualität, bekrönt von schwarzen Trüffeln. Höchstnote. Das ist die Richtung!

STAY & DINE

Hotel RIVA
★★★★★ s

Seestraße 25, 78464 Konstanz
T +49 (0) 7531 3630 90
www.hotel-riva.de

„Pass auf deine Erinnerungen auf", sagt Bob Dylan, „denn du kannst sie nicht noch mal erleben." Das RIVA ist ein Ort, wie gemacht, um Momente zu sammeln, die bleiben. Man sitzt auf der Terrasse und blickt durch die Äste der Platanen auf den See. Eine Aussicht, an der man sich nie satt sehen kann. Zurück bleibt das Gefühl, genau an diesen Fleck Erde zu gehören, der es einem so leicht macht, auf jede einzelne Erinnerung aufzupassen.

San Martino Gourmet

Bruderturmgasse 3, 78462 Konstanz
T +49 (0) 7531 2845 678
www.san-martino.net

- Jochen Fecht
- Jochen Fecht
- Lena Celine Kleemann
- Do, Fr mittags,
  Mo, Di, Mi, So, Feiertag ganztags

Menü 146 / 186 €
Vorspeise 46 / 58 €
Hauptgang 56 / 68 €

Im historischen Kellergewölbe an der alten Konstanzer Stadtmauer serviert Jochen Fecht sein Gourmet-Menü an vier weiß eingedeckten Tischen. Das beginnt vielversprechend mit einer Apéro-Reise durch den Geschmackskosmos: Die Süße der Gänseleber-Kirsche in Preiselbeerglasur kontrastiert mit salzigen Kaviar-Sauerrahm-Blinis, säuerlichem Pulpo auf Champagnerkraut und den Umami-Noten des Wildlachs-Yakitori mit Süßkartoffel. Die folgende, butterzarte King-Crab-Schere auf schmelziger Blumenkohl-Bisque wird mit Vadouvan mutig aromatisiert. Was hier noch bestens harmoniert, gerät beim folgenden Gang nur optisch zum Genuss: Die zarte Escabeche-Poularde wäre an sich würzig genug und der krosse Haut-Chip zusammen mit den Salty Fingers ein texturelles Schmankerl, würde die schöne Kombination nicht von einem mehr als nur beherzt gepfefferten Blauflossenthun geradezu ausgeknockt. Darauf kommt ästhetisch wie olfaktorisch meisterlich eine Rotbarbe im Olivenholzrauch unter der Glascloche an den Tisch, deren milde Aromen den kräftigen Beigaben von Sellerie über Kalamata-Oliven und Chorizo aber ebenfalls nicht standhalten. Überzeugend nach einem Molke-Gin-Shot dann der klassische Hauptgang mit rosa Kalbsrücken, im Vakuumbeutel mit Rosmarin gegart, samt Tatarnocke und geschmorter Backe auf Kohlrabipüree und Soubise. Der süße Part startet mit Sommerfrucht-Eis, Amaranthchips und Sonnenblume wie alle Teller sehr ästhetisch, gefolgt von gelungenen Erdbeer-Texturen mit Buttermilcheis und Dinkel-Crunch sowie einem superben Schoko-Malheur als Mini-Souffle unter den kreativen Petits Fours. Die Weinkarte ist ausgesprochen sparsam bestückt und listet vornehmlich Standardweine, die zudem – das muss auf diesem Level nicht sein – in billige Gläser mit Eichstrich ausgeschenkt werden. Die Preisgestaltung ist erkennbar auf das dominierende Schweizer Publikum ausgelegt. Ein echtes Plus ist die angeschlossene Bar, in der die Konstanzer Barkeeper-Legende Hansi bis spät in die Nacht perfekte Drinks serviert.

Konstanz

KREFELD

KRasserie NEU

Zur Feuerwache 5, 47805 Krefeld
T +49 (0) 2151 9360 800
www.verve5.de/krasserie.html

🔒 mittags, Mo, So, Feiertag ganztags
Menü 39 / 99 €
Vorspeise 9 / 19 €
Hauptgang 14 / 39 €

Die Königsklasse der gutbürgerlichen Küche ist, seien wir ehrlich, die Gans. Zu oft ist ihre Haut in der Gastronomie labberig oder noch öfter ihr Fleisch zu einem zähen Klumpen gegart. Die KRasserie aber liefert eine Vorzeigegans ab, mit knuspriger Haut, prägnanten Rauch- und Röstaromen und zartem Fleisch. Dazu ein guter Rotkohl, ein ordentlicher Bratapfel und ein exzellenter Kloß. Das zeigt, wo es hingehen soll mit der Brasserie der Event-Location Verve5, direkt neben der Hauptwache der Krefelder Feuerwehr: Sie will ein geländegängiges Restaurant sein, eines, in dem Freunde guten Essens einen schönen Abend verbringen, aber auch jene, die einfach nur Gesellschaft am Tisch suchen. Im zeitgemäßen Ex-Industrie-Ambiente serviert ein immens gut aufgelegtes Serviceteam Klassiker aus Brasserie- und Brauhausküche zu fairen Preisen. Ein bretonisches Hummersüppchen gibt es in weitaus ambitionierteren Häusern in deutlich schwächerer Ausgabe, ein Tataki vom Gelbflossen-Thun mit Ponzu-Sauce ist ohne Fehl und Tadel, und der Kirschmichel mit Vanilleschaum zum Abschluss ist einfach saulecker sowie optisch exzellent präsentiert. Zubereitet wird all das unter der Leitung von Philip Rümmele, einst Küchenchef im Sylter Landhaus Stricker. Den Elitismus der Ferieninsel hat er im Norden gelassen und dafür ein Restaurant auf die Beine gestellt, das im besten Sinne bürgerlich ist – oder eben geländegängig.

PUR Essen & Trinken

Roonstraße 1, 47799 Krefeld
T +49 (0) 2151 6223 415
www.pur-krefeld.de

🔒 Mo, Di, Mi, Do, So, Feiertag mittags
Menü 36 / 100 €
Vorspeise 6 / 20 €
Hauptgang 14 / 36 €

In der lässig-stylishen Location mit Ess-Theke, die man so an einer Hauptstraße im Krefelder Nirgendwo so nicht erwartet, bleibt es beim während der Corona-Krise vereinfachten Speiseangebot. Das reicht im Bistro-Style vom Salat mit gratiniertem Ziegenkäse bis zu recht grobschlächtigen Kalbskopfscheiben mit Chicorée und gebratenen Garnelen. Besser gefiel auf der Haut saftig gebratene Perlhuhnbrust mit geschmorter Paprika und Polenta-Taler. Groß war die Portion auch bei Crème brûlée, Passionsfruchtsorbet, Mangosalat. Angemessene Europa-Weinkarte mit Jahrgangstiefe bei Sassicaia.

KRONBERG

Schlossrestaurant

Hainstraße 25, 61476 Kronberg
T +49 (0) 6173 70101
**www.schlosshotel-kronberg.com/
schlossrestaurant**

🔒 Feiertag ganztags
Menü 48 / 83 €

Ein Traum für Nostalgiker: Im herrschaftlichen Ambiente des Schlosshotels mit prachtvoller Parkanlage hält sich Christoph Hesse an die klassische Cuisine – durchaus mit edlen Zutaten wie Kaviar, Trüffel oder Hummer, tadellos zubereitet, aber ohne allzu große Experimente. Vegetarier müssen hier keine Abstriche machen, auch auf sie wartet ein drei- bis sechsgängiges Menü. Der Weinkeller ist mit Flaschen aus aller Welt hochwertig und vielseitig bestückt, einen regionalen Akzent setzt die Auswahl an Rieslingen und Spätburgundern vom Weingut Prinz von Hessen.

KRÜN

Das Alpenglühn

Kranzbachstraße 10, 82494 Krün
T +49 (0) 8825 2082
www.das-alpengluehn.de

🔒 Mo, Di, Mi, Fr mittags,
Do, Feiertag ganztags

Das zum idyllisch gelegenen Hotel Alpenglühn (toller Bergblick!) gehörende Restaurant wird in vierter Generation von der Familie Kriner geführt. Küchenchef Dimitrij Kriner lässt gutbürgerliche, aber aus feinen Zutaten zeitgemäß zubereitete Gerichte auftischen, etwa Filet vom Ibérico-Schwein mit Waldpilzen und Spätzle oder 24 Stunden gegarter Schweinebauch mit Linsen und Serviettenknödel. Und beim Menü blitzt moderne Internationalität auf, zum Beispiel bei Gelbschwanzmakrele und Auster mit grünem Apfel und Shiso. Die Käseauswahl stammt vom angesehenen Tölzer Kasladen.

Luce d'Oro

Elmau 2, 82493 Krün
T +49 (0) 8823 180
www.schloss-elmau.de/
restaurants-lounges/luce-doro

- Dietmar Mueller-Elmau
- Christoph Rainer
- Marie-Helen Krebs
- mittags,
  Mo, Di, So, Feiertag ganztags
- **Menü** 189 / 249 €

Attraktionen muss man in Schloss Elmau zwischen Garmisch und Mittenwald nicht lange suchen. Da ist der spektakuläre Blick auf die Wettersteinwand, da sind die mit Blumen übersäten Buckelwiesen, die dunklen Wälder, natürlich das altehrwürdige Schloss, das auf dem Hochplateau thront. Es gibt mehrere Spas mit allen nur erdenklichen Annehmlichkeiten und im Wochentakt Konzerte und Lesungen von Künstlern von Weltrang. Etwas versteckt und sonderbar unterverkauft im Erdgeschoss mit Blick auf eine Buchenhecke findet sich die große kulinarische Attraktion des Fünf-Sterne-Plus-Ressorts. Das Luce d'Oro. Hier tüftelt Christoph Rainer an einer ganz eigenen Interpretation einer französisch-japanischen Küche, mit gelegentlichen, und wenn's passt, besonderen Produkten aus der Region. Zum Beispiel einem Saibling von einem früheren Mitarbeiter, der extra für Rainer zwei Jahre im Teich schwimmen durfte. In Algenbutter confiert, mit einem kurz abgeflämmten Lardo vom Lumaschweinebauch mit ein paar Rauchnoten gewürzt, von der Dashibutter mit feinen Umami-Noten bereichert und mit der sommerlichen Frische einer Erbsencreme betupft ein wohlproportioniertes Ensemble. Weltläufiger der isländische Taschenkrebs zuvor, ein Lieblingsprodukt von Rainer, den er als gerupften Salat mit Ponzu-Vinaigrette mit Miso-Öl und eingelegtem Spargel serviert. Die fein strukturierte Säure bereicherte eine sanft salzige Meeresbrise durch einen Klecks N25-Kaviar. Rainer wagt gerne überraschende Brückenschläge. Die japanische Bouillabaisse – eines seiner Lieblingsthemen – mit jungem Ingwer leicht angeschärft, bietet eine aufregende Bühne für den bretonischen Steinköhler. Der wurde nach Ike-Jime-Art geschlachtet, ruhte im Misomantel vor dem Braten und vereinte entsprechend eine feste Struktur mit feiner Mineralität. Dazu ein filigraner, mit Koshikari-Reiscreme gefüllter Kalamar. Bei allen sehr präzise ausgeführten Details: Rainer bleibt nah am Produkt. So auch beim Hauptgang, einem Kiwami-Wagyu-Filet, das über Eukalyptuskohle gegrillt und von einem kleinen „Bernstein" aus Ochsenmark, Pistaziencreme und Gelee aus schwarzem Knoblauch flankiert wurde. Der heimliche Star auf dem Teller ist aber die Jus, der Sanchopfeffer eine geschmackliche Länge mit zitronig-scharfem Finish gibt, die lange in Erinnerung bleibt. Käse oder Dessert? Glücklich, wer sich da nicht entscheiden muss. Der cremig-milde Ziegenkäse von Maître Antony mit Salzkräutereis, Würfelchen vom Wagyu-Schinken, einem Gurkenschiffchen und Lauchöl ist ein originelles wie frisches Ende. Ein spannendes, kontrastreiches Dessert hatten wir bei einem weiteren Besuch. Eine lauwarme, nur dezent gesüßte Vollmilch-Schokoladencreme mit zarten Bitternoten, einer Schokohippe als Crunch, Litschistückchen und einem dezent scharfen Shisosorbet. Auf einem weiteren Teller eine Schokomousse mit Litscheis, Shisogel und geeisten Kügelchen und einem fruchtigen Kakaosaft mit Shiso-Öl. So viele Facetten aus nur drei Zutaten! Eine Attraktion eigenen Rechts ist Marie-Helen Krebs, eine Sommelière alter Schule. Ihre vielfach ausgezeichnete Weinkarte ist über die Jahre gewachsen und weist eine spektakuläre Tiefe auf, gerade in der Toskana, aber auch in den anderen wesentlichen europäischen Weinbaugebieten. Sie hat nicht nur das Händchen, den perfekt gereiften 2011er Chateau Pontet-Canet aus Pauillac zum Hauptgang auszusuchen, sie bleibt auch neugierig, etwa wenn sie einen ungestümen Pet Nat vom fränkischen Weingut am Stein zum Aperitif aus dem Hut zaubert oder den Junmai-Sake von Techno-DJ Richie Hawtin in die Getränkebegleitung einbaut, um die Umami-Noten der Dashibutter herauszukitzeln. Wir gratulieren zur 4. Haube!

KUCHELMISS

Ich weiß ein Haus am See

Paradiesweg 3, 18292 Kuchelmiß
T +49 (0) 38457 23273
www.hausamsee.de

- Petra König
- Raik Zeigner
- Adi König
- mittags, Mo, So, Feiertag ganztags

Seit mehr als einem Vierteljahrhundert agiert die aus Krefeld und Südbaden stammende Gastgeberfamilie Petra und Adelbert König mit ihrem Mecklenburger Küchenchef Raik Zeigner auf hohem Niveau. Die Gäste des familiären Hotels und des Restaurants Ich weiß ein Haus am See direkt am Ufer des idyllischen Krakower Sees können sich glücklich schätzen, kommen sie doch von Dienstag- bis Samstagabend in den Genuss eines täglich wechselnden formidablen Vier-Gang-Menüs. Im geschmeidigen Süppchen aus Süßkartoffeln und Fenchel, einem Gruß aus der Küche, verbergen sich einige Würfel angeschmorter saftiger Maispoularde. Wenige Tropfen Kürbiskernöl kontrastieren bestens zu dem milden, runden Geschmack der cremigen Suppe. Krosse Haut und saftiges Filet beim Hauptgang, dem in der Pfanne gebratenen Wolfsbarsch, den winzige Pfifferlinge aus der Nachbarschaft, blanchierter Brokkoli, Stückchen von gedünstetem Stangensellerie und Tomatenbutter begleiteten. Auf den Punkt zubereitet geriet auch das Duo von Lammrücken und Lammkarree mit Kichererbsengemüse, grünem und weißem Spargel sowie einer hocharomatischen Thymianjus. Angesichts der gekonnten Kombination verschiedener Gemüse erscheinen die auffälligen Kräuter-Gemüse Tupfer, Streifen oder Spritzer auf den Teller verschiedener Gerichte eher als verzichtbare Dekoration. Wunderbar fruchtig und geradezu fluffig geriet der französische Eierteig-Auflauf Clafoutis mit Orangen und verschiedenen Beeren als Dessert. Den zuverlässigen, kundigen und zugewandten Service verantwortet die Gastgeberin Petra König. Auch auf die Weinauswahl von Adi König kann man sich verlassen. Schließlich hat der Badener viele Jahre bei Fritz Keller am Kaiserstuhl gearbeitet. Mehr als 400 Positionen hat er auf Lager, viele aus den wichtigen deutschen Anbaugebieten. Aber auf seiner umfangreichen Weinkarte lassen sich auch Schätze aus dem Bordeaux oder dem Piemont finden.

KÜHLUNGSBORN

Tillmann Hahn's Gasthaus

Ostseeallee 2, 18225 Kühlungsborn
T +49 (0) 38293 4102 14
www.villa-astoria.de

mittags, Mo, Di ganztags
Menü 25 / 57 €
Vorspeise 9 / 15 €
Hauptgang 11 / 35 €

Landhaus-Chic in skandinavischem Stil – in diesem Ambiente bietet Tillmann Hahn seine Gasthausküche mit Anspruch. Es gibt hausgemachte Rinderkraftbrühe mit Bio-Ei und Markklößchen, Backfisch als Filet vom Mecklenburger Wels in Vollweizen-Klosterbierteig, Tafelspitz, Wiener Schnitzel und einen Doppel-Burger mit Bio-Rind. Italien lässt grüßen bei den Antipasti, gelber Tomatensuppe und Spaghetti aglio e olio. Grundsätzlich wird hier viel Wert auf Nachhaltigkeit und Regionalität gelegt, man setzt bei den Lieferanten auf hiesige Fischer und Züchter.

KÜNZELSAU

Restaurant handicap

Hauptstraße 22, 74653 Künzelsau
T +49 (0) 7940 9346 2041
www.hotel-anne-sophie.de

Tobias Pfeiffer & Sebastian Wiese
So abends,
Mo, Di, Feiertag ganztags
Menü 75 / 105 €
Vorspeise 16 / 22 €
Hauptgang 25 / 34 €

Trotz Weltmarktführerschaft liegen die Firmensitze von Hidden Champions wie der Würth-Gruppe, bekannt für Montage- und Befestigungsprodukte (Schrauben!) und eines der größten deutschen nicht-börsennotierten Unternehmen, immer wieder an überraschenden Stellen. In diesem Fall in Künzelau im Hohenlohekreis im Nordosten Baden-Württembergs. Ganz andere Hidden Champions arbeiten hier auf Initiative von Carmen Würth im Hotel Anne Sophie, wozu auch das Gourmetrestaurant handicap gehört. Dessen Name gibt Aufschluss über die seit Jahren vorbildlich gelebte Inklusion im Betrieb. Seitdem Sebastian Wiese 2020 vom geschlossenen Amtskeller in Mulfingen an die Seite von Tobias Pfeiffer wechselte, scheint die Küchenleistung wieder einen Aufschwung zu erleben. Es gibt ein Menü aus tendenziell regionalen Zutaten und eine Variante, die sich eines globaleren Warenkorbs bedient; aus beiden sind alle Gänge à la carte bestellbar. Wunderbar erfrischend gelang die Gurkenkaltschale mit gebeiztem, geräuchertem Filet und Tatar vom Ikejime-Saibling, grünem Apfel und Crème fraîche. Nur die eisige Kälte des Gurkengranité störte etwas die sensible Aromatik. Noch überzeugender gelang herrliches Huchenfilet mit zarter, schlotziger Kalbskopfterrine, grünen Bohnen und einem vorzüglich mit Zitronenzeste abgerundetem Bohnenschaum. Eher rustikaler ging es beim Surf 'n' Turf vom Kalbstafelspitz mit bayerischer Zucht-Garnele aufgrund konzentrierter, intensiver Krustentier-Hollandaise zu, trotzdem blieb der kraftstrotzende Gesamteindruck schlussendlich ausreichend elegant. Für einen sommerlich leichten, erfrischenden Abschluss sorgte saftiger, geschmorter Pfirsich mit Sauerrahm und Verbene. Die schwerpunktmäßig deutsche Weinkarte erfreut mit ungemein fair kalkulierten Preisen, zum Beispiel schlanke 65 Euro für eine Cuvée „X" vom Weingut Knipser. Die angenehme, zugewandte Atmosphäre macht diesen Ort besonders sympathisch, selbst wenn mal Gerichte falsch annonciert oder Besteckteile vergessen werden.

KUPPENHEIM

Raubs Landgasthof

Hauptstraße 41, 76456 Kuppenheim
T +49 (0) 7225 75623
www.raubs-landgasthof.de

 Katharina Raub
 Wolfgang Raub
 Katharina Raub

Mi, Fr mittags, Do abends,
Mo, Di, So, Feiertag ganztags

Menü 49 / 140 €
Vorspeise 14 / 38 €
Hauptgang 24 / 52 €

An der Außenfassade blättert an mancher Stelle leicht der Putz, drinnen ist alles wie gewohnt. Es wirkt sogar, als hätten Raubs den gemütlich-gediegenen Gastraum mit neuen Vorhängen und modernen Wandstrahlern moderat aufgefrischt. Vielleicht scheint uns auch alles lichter und glänzender, weil wir die Produktküche vermisst haben, die sich – da ist Baden teils erfreulicherweise noch wie ein gallisches Dorf – tapfer gelegentlich mittags vollumfänglich genießen lässt. Und wie das Vater-Sohn-Gespann vorzügliche Zutaten durch natürliche Unterstützung subtil hebt, ist jederzeit einen Besuch wert. Während schottischer Label-Rouge-Lachs im feinsäuerlichen Arrangement eines Nebeneinanders der Zutaten eingangs recht brav erschien, die zart gebeizten und marinierten Fischscheiben flankierten Apfelstifte und Staudenselleriescheibchen, war der aromatische Clou dazu leicht gegarter Knollensellerie mit Herbsttrompete. Ähnlichen Aufbau war roh marinierte Jakobsmuschel, bei der krachend intensiver Schweinebauch der feinziselierten Natürlichkeit mit Staudensellerie, Haselnüssen und aromatischen Weintrauben neben herben Kräutern deftig Leben einhauchte. Dass diese Küche keine Like-Herzchen bei Instagram aufgrund ihrer Optik abräumen wird – weder Intention noch ein Muss bei viel Geschmack –, verdeutlichte der gebratene Wolfsbarsch aus den Gewässern um die französische Atlantikinsel Noirmoutier. Die kreuzweise eingeritzte Haut der zwei saftigen Tranchen wies recht dunkle Röststellen, die nicht störten, auf und lag auf einem Graupensockel, den recht grob Wurzelgemüse-Scheiben umrundeten. Geschmacklich lag das deutlich über seiner Gasthaus-Optik und hätte noch glücklicher gemacht mit einer Sauce über die homöopathische Ysop-Nage hinaus. Auch beim Kotelett vom erneut famosen Schwäbisch-Hällischen Bio-Landschwein geizte der korrekte Service mit der vorzüglichen Sauce, die auch zum Nachgießen nicht am Tisch verweilte. Das fiel nicht weiter ins Gewicht, weil das am Knochen gebratene und servierte Fleisch perfekt, die Semmelknödel fluffig und das Artischocken-Shiitake-Gemüse und knackiger Spitzkohl genügend saftig waren und à part rösches Brot mit himmlischer hausgemachter Leberwurst begeisterte. Im Zweifel hälfe ein Schluck Wein, denn davon gibt es auf einer deutsch-europäischen Weinkarte mit Tiefe und zumeist angemessenen Preisen für Spitzenweine reichlich. Und seien wir mal ehrlich: Kleine Pfannküchle mit Mirabellenkompott und Salbeieis sorgen final ohnehin einfach für Glücksgefühle!

LADENBURG

Backmulde

Hauptstraße 61, 68526 Ladenburg
T +49 (0) 6203 4040 80
www.back-mul.de

- Rainer Döringer
- Daniel Geib
- Rainer Döringer
- Do, Fr, Sa mittags,
  Mo, Di, Mi ganztags

Menü 55 / 109 €
Vorspeise 10 / 28 €
Hauptgang 18 / 44 €

Die viel zitierte gastronomische Leidenschaft hat hinter der stattlichen, gerade neu herausgeputzten Fachwerkfassade unweit des pittoresken Ladenburger Marktplatzes seit Jahren eine feste, aber vor allem ehrliche Heimat. Denn Patron Rainer Döringer, der auf der gegenüberliegenden Straßenseite noch einen kleinen Weinladen betreibt, kümmert sich im gemütlichen Gasthaus-Ambiente des historischen Gemäuers unüberhörbar engagiert um seine Gäste. Döringer ist die gute Fee des Restaurants mit tiefer Stimme und dem Charisma eines echten Profis in Keller und Küche. Und die wandelt traumhaft sicher zwischen Bodenständigkeit und dem Quäntchen mehr, das ohne Aufsehen erregenden Firlefanz in Richtung Gourmet geht. Da darf natürlich die perfekt zart gebratene Entenstopfleber nicht fehlen, und die hausgemachten Steinpilzravioli mit getrüffeltem Scarmozakäse können tatsächlich süchtig machen. Aber auch der einfache Feldsalat, serviert mit karamellisierten Walnüssen, und die herzhaftwürzige intensive Fischsuppe, die mit passierten Tomaten aufgepeppt und bei der mit Fisch- und Meeresfrüchten-Einlagen nicht gegeizt wurde, hatten Klasse. Das saftige Filet vom Heilbutt wurde mit Spitzkohl und geräuchertem Risotto serviert, das der glasig gebratenen Tranche einen durchaus spannenden aromatischen Kontrapunkt gegenüberstellte. Beim Fleischgang setzte die Küche in der Hauptrolle auf bewährte Klassiker. Rinderfilet, Ochsenbacke, Rotweinjus, der unspektakuläre Dreiklang präsentierte sich wie aus einem Guss: Top-Qualität, perfekte Garzeiten, tadellose Konsistenz, exakte Würze, feiner Geschmack. Wieder gewagter, aber unbedingt probierenswert ist das Ziegenkäse-Dessert mit Mousse und Eis, die bewährte Variante war feinherbe Valrhona-Schokolade mit Birnen- und Haselnuss-Eis.

LAHR/SCHWARZWALD

Adler

Reichenbacher Hauptstraße 18,
77933 Lahr/Schwarzwald
T +49 (0) 7821 9063 90
www.adler-lahr.de

- Daniel & Kerstin Fehrenbacher
- Daniel Fehrenbacher
- Jochen Hünd
- Mi, Do, Fr, Sa mittags, Mo, Di ganztags

Menü 85 / 179 €
Vorspeise 38 / 38 €
Hauptgang 49 / 49 €

Im klassischen Familienbetrieb aus Hotel, Gasthaus und Restaurant verdeutlicht in der Gourmetabteilung ein Mix aus knallroten Sitzmöbeln, gutem Licht aus Design-Leuchten und holziger Behaglichkeit samt aktiver Kuckucksuhr den Kontrast von Tradition und Moderne. Diese Abteilung sahen wir kulinarisch nicht so hochfliegend wie manches Mal sonst, was vielleicht daran liegt, dass Daniel Fehrenbacher bei zu vielen Fernflügen verfeinertem Badischen deutlich weniger Platz einräumt als Exkursionen in die weite Welt. Diese geriet aus den Fugen bei nicht überzeugender Jakobsmuschel, die in ausgehöhlter Kokosnuss mit Linsen, Mango und Klebereis ohne nennenswerte Kontraste ein braves Süße-Säure-Salz-Spiel bot und später Dissonanzen bei Flan-artigen Kichererbsen, Baba-Ghanoush-Aromen und Ananas zu weit gegartem, nicht zartem Ibérico-Schweinerücken. Zuvor hatten sinnbildlich köstliche Pastramischeiben vom Reichenbacher Rind über Jahrgangssardine auf krossem Brot mit Bohne geschwebt. Danach erinnerten wir uns an unseren zuletzt geäußerten Wunsch nach „mehr Komplexität und Präzision" und wollen ergänzen: weniger Spielerei! Es folgte Kaisergranat – ein ordentliches, kein riesiges Exemplar –, der im Zusammenspiel mit Kopfsalat, süßsauer mariniertem Rettich, Mayo-Hauch und Yuzugel das gute Gefühl eines Luxus-Krabbensalats aufkommen ließ. Recht plakativ, aber noch wohldosiert gekonnt japanisierte die Küche drei quadratische Scheiben scharf angebratenen Balfegò-Thunfisch auf einer Udon-Nudel mit Kroepoek-artigem Knusper, nicht zu süßen, doch prononciert scharfem Wasabi-Eis, Wassermelone-Quadern und für dezenten Fettgehalt Olivenölkaviar. Zum Höhepunkt geriet das folgende Zusammentreffen des Sommers auf erste Herbstboten, nämlich Pfirsich auf Sommersteinpilzen, verkuppelt durch cremiges Stundeneigelb und aromatisch flankiert von krossen Lardo-Würfelchen und einem Zauberpülverchen aus getrockneten Steinpilzen. Klassisch gut und solide gelang Black-Angus-Filet mit gebratener Entenleber, Portweinschalotten und handwerklich feinen, hauchfeinen Kartoffelspiralen Pommes sacristains. Ähnlich stilsicher-zeitlos war auch das Dessert aus saisonalem Waldhimbeereis, Schnee-Eiern und Pistaziensponge – bei allerdings redundanter Stickstoff-Inszenierung.

LANDSHUT

Restaurant Fürstenhof

Stethaimerstraße 3, 84034 Landshut
T +49 (0) 871 92550
www.hotel-fuerstenhof-landshut.de

mittags, Mo, So, Feiertag ganztags
Menü 58 / 98 €
Vorspeise 12 / 24 €
Hauptgang 31 / 46 €

Im Fürstenhof hat der Gast nicht bei den Speisen die Wahl, sondern auch beim Ambiente: großbürgerliches Fürstenzimmer mit Kachelofen, niederbayerisches Herzogstüberl oder – bei entsprechenden Temperaturen – die Terrasse. Küchenchef André Greul kocht fein mit Produkten namentlich genannter Lieferanten, etwa beim kleinen Ragout von Mendlers Reh oder dem Rücken von Waldingers fetter alter Kuh mit sautierten Pfifferlingen. Ein Hauch von Orient weht beim gebratenen Zander mit Bulgur, Ras el-Hanout und Datteln an den Tisch.

LANGENARGEN

SEO Küchenhandwerk

Marktplatz 1, 88085 Langenargen
T +49 (0) 7543 93380
www.seevital.de/seevital-welt/seo

 Roland Pieber
 mittags,
Mo, Di, So, Feiertag ganztags

Beginnen wir mit der Werbung. Roland Pieber gelte als „eines der größten Kochtalente im europäischen Raum", heißt es vollmundig auf der hauseigenen Website und will erst einmal bestätigt werden. Tatsächlich kratzt die aktuelle Leistung klar an der dritten Haube, was aber nicht zuletzt dem Talent von Patissière Kathrin Stöcklöcker zu verdanken ist, die mit einem Reigen puristisch-aromatischer Amuses und Vorspeisen wie grandiosen Desserts eine ganz eigenständige Stilistik in die ansonsten eher schmelzig-mächtigen Gerichte des siebengängigen Überraschungsmenüs (keine Karte!) einbringt und dadurch für die Bewegung sorgt, die die Eigenwerbung verspricht. Schön das Ambiente mit Seeterrasse und schlichten Holztischen im kleinen Gourmetbereich. Schön auch, dass Pieber und Stöcklöcker ihre Kreationen selbst an den Tisch bringen und ausführlich erläutern. Der hauseigene Kräuter-, Gurken- und Tomatengarten steuert zu nahezu jedem Gang nicht nur höchst Dekoratives, sondern auch rare Aromen bei, die die hochklassigen, regionalen Produkte gekonnt in ihrer Eigenart betonen. So wird eine Essenz von der Zebra-Tomate aus dem Amuse-Feuerwerk zu einem Zitrus-Festival, das nahezu ungewürzte Tatar wie auch die Fischpraline gewinnen durch Schildampfer eine fein-säuerliche Note. Dass das Erfrischungstüchlein mit Kardamomsud angegossen wird, mag exemplarisch für die feinen Nuancen stehen, die das Haus von der Masse abheben. Herausragend als Vorspeise der gedämpfte Bauch eines mit Molke gemästeten Schweines aus Piebers österreichischer Heimat nebst gekonnt verkohlter Kruste, mit Oregano auf feinen Rettichscheiben und schmelzigem Koshihikari-Reis serviert, dazu armenische und Melonen-Gurken in mit Miso abgeschmeckter

Jus: eine fein austarierte Geschmacks- und Texturexplosion, ebenso wie die darauf folgenden Topinambur-Variationen (frittiert, roh mariniert, als Creme) mit hauchzart kandierten Sonnenblumenblättern in Molke-Meerrettich-Sud. Die Zwischen- und Hauptgerichte wie Onsen-Ei mit Ochsenmark, Schlutzkrapfen oder Pfaffenschnittchen mit Artischockencreme sättigen mit süffigen Saucen und Emulsionen nicht unerheblich – hier wäre ein Gang weniger mehr gewesen, denn für das Zirbeneis mit Honighippe und die feingliedrige Pfirsichkreation mit Piemonteser Haselnussvariationen sollte unbedingt noch Platz bleiben. Einzig die viel zu schwitzig-warm servierte Käseauswahl konnte nicht überzeugen, vermochte das positive Gesamtbild aber nicht zu trüben.

LANGENAU

Gasthof zum Bad

Burghof 11, 89129 Langenau
T +49 (0) 7345 96000
www.gasthof-zum-bad.de

- Hans & Heidi Häge
- Hans Häge
- Brigitte Benz
- Di mittags, So, Feiertag abends, Mo ganztags

Menü 55 / 138 €
Vorspeise 20 / 25 €
Hauptgang 27 / 46 €

Hans Häge, der Küchenchef im elterlichen Gasthof, hat im Landhaus Feckl und im Adler in Rosenberg Finesse gelernt. Daheim in Langenau zeigt er eine eigene Handschrift, zumindest überwiegend, verbindet Regionales mit Weltläufigem, traut sich was. Ausdrucksstark sind schon die Kleinigkeiten vorab, die in unserem Fall auf der Terrasse serviert werden, darunter ein Rote-Bete-Macaron mit Rindertatar und Eigelb (den Avruga beachten wir nicht weiter) und eine mediterran gefüllte Kartoffel mit Bottarga. Klare Aromen, deutliche Geschmäcker. Die Vorspeise aus Gelbschwanzmakrele, Spargel, Avocado, knuspriger Fischhaut und Yuzuperlen ist handwerklich perfekt, wenngleich nicht extrem individuell. Spannend gerät das Gänseleberparfait im Piña-Colada-Style mit Kokoschips, Ananascoulis und Brioche. Ein Gang, der mit seiner Geschmacks-

und Aromenfülle zum Nachdenken anregt – um ein Haar nämlich würden die fruchtigen Zutaten den Parfait-Geschmack überdecken. Bei Duftreiscreme und Mango, die zu Perlhuhn (saftige Röllchen) und roter Garnele gereicht werden, ist diese Gefahr trotz der asiatischen Aromen gebannt. Noch deutlich selbstsicherer ist aber die Kombination aus Rochenflügel und Oktopus mit weißen und roten Tomaten (gehäutet!), Büffelmozzarella und Wassermelone. Da passt alles zusammen, die Garzeiten stimmen, und jede Ingredienz wartet mit Eigengeschmack und Eigentextur auf. Rücken und Ragout vom Langenauer Rehbock sind im besten Sinne klassisch zubereitet. Einmal kurz gegart und von exzellenter Fleischqualität, einmal geschmort als Ragout (hier sorgt Säure für eine anderswo oft vermisste Frische) mit einem Kartoffel-Blumenkohl-Püree. Dazu Pfifferlinge und Fregola Sarda. Das Dessert namens Schwarzwälder Kirsch besticht mit einem süffig-tiefgründigen, dunklen Kirschsorbet, Schokolade und einem genau richtig bemessenen alkoholischen Touch; der Sauerklee ist überflüssig. Noch ein wenig mehr Fokussierung auf das Wesentliche ist der einzige Ratschlag, der Hans Häge gegeben werden kann. Bei Service und Getränken muss man fast nichts verbessern. Freundliche Mitarbeiter oder Familienmitglieder bringen die Teller, ohne unnötige Sperenzchen zu veranstalten, und die Weinkarte ist dem Haus angemessen, beileibe nicht auf Württemberger Winzer beschränkt. Schaumwein von Jülg aus der Pfalz, sorgfältig ausgewählte Rote, gute Süßweine glasweise, faire Preise.

LANGENZENN

Keidenzeller Hof

Fürther Straße 11, 90579 Langenzenn
T +49 (0) 9101 9012 26
www.keidenzeller-hof.de

- Vera Grimmer
- Martin Grimmer
- Do, Fr mittags,
  Mo, Di, Mi, Feiertag ganztags

Menü 95 / 115 €

Ein halbe Autostunde vor den Toren Nürnbergs wagen Vera und Martin Grimmer mit dem Kreidenzeller Hof den schwierigen Spagat eines Restaurants, das seinen Gästen einerseits zeitgemäßes Fine Dining bietet, ohne dabei die ruralen Gasthaus-Wurzeln völlig zu vergessen. Nach Lachsforellen-Rotkohl-Macaron und luftigem Apfel-Sellerie-Geflügelleber als erstem Gruß aus der Küche kommen mit feinem Sauerteigbrot nussiger fränkischer Coppa, „Wintersalat"-Butter und eingelegten Radieschen das erste Beispiel dafür, wie überzeugend diese Übung gelingen kann. Mit Steckrübe und Meerrettich geht es auch im ersten Gang mit eher rustikalem Grundprodukten weiter. Hier heben ein feiner Buttermilch-Kräuteröl-Mix sowie die bemerkenswert fein und luftig gearbeitete Meerrettich-Mousse den Teller problemlos auf Haubenniveau. Einen kurzen Ausflug ins Exotische erlaubt sich Martin Grimmer dann bei der in Kräuterpulver gewälzten Bachforelle. Neben Staudensellerie gibt Ananas dem Teller eine verblüffend fruchtige Note. Der folgende Pasta-Gang – mit geräuchertem Frischkäse gefüllte Tortelloni begleitet von Rosenkohl und einem verblüffend leichten und doch aromaintensivem Maronenschaum – ist ohne Fehl und Tadel. Erdige Rote Bete als Jus und ein Spinatbett begleiten schließlich Keule und Brust von der Oberpfälzer Taube. Die Keule ist mit Mut und Willen zu kräftigem Röstaroma scharf angebraten, die mit einem Lack von Szechuan-Pfeffer und Zitronengras im Ofen gar gezogenen Filets sind nicht mehr blutig, sondern medium gegart wie eine Entenbrust, was in den rustikaleren Komponenten Spinat und Bete genügend Raum zur Entfaltung lässt und so ein insgesamt sehr stimmiges Aromenbild ergibt. Eingelshaarfeines Kartoffelstroh obenauf sorgt für schöne zusätzliche Knusprigkeit. Das Pré-Dessert (Popcorn, Granatapfelsorbet, Joghurt, Eis) hätten wir uns auch weniger üppig vorstellen können, das Dessert (Schokolade, Cassis, Himbeere und Rosmarin) gerät dann wieder eleganter und perfekt dimensioniert. Ein letzter, augenzwinkernder Verweis auf Regionalität und Wirtshaus-Vergangenheit gibt's dann anstelle klassischer als Praliné gearbeiteter Amandises: ein Tellerchen mit hochfeinen, von Sanddorn und Sahne begleitete Buchteln, die noch warm und ofenfrisch auf den Tisch kommen. Lob und Anerkennung verdient auch die bemerkenswert abwechslungsreiche, in ihrer Art weit überdurchschnittliche nicht-alkoholische Getränkebegleitung sowie die ausgesprochen herzliche und zugewandte Art, mit der sich Vera Grimmer um ihre Gäste kümmert.

LAUDENBACH

Goldner Engel

Miltenberger Straße 5,
63925 Laudenbach
T +49 (0) 9372 99930
www.goldner-engel.de

 Di abends, Mi ganztags
Menü 38 / 62 €
Vorspeise 11 / 18 €
Hauptgang 15 / 35 €

Frischer als hier kommt Fleisch selten auf den Tisch, schließlich betreibt die Familie Meisenzahl in dem 1596 erbauten Fachwerkidyll auch eine Metzgerei. Tatar zum Selbstanmachen wird hier serviert, Salat vom Kalbskopf, halbe gefüllte Nantaiser Ente in Rotweinsauce oder Rinderfilet-Rahmgulasch. Aber auch die Auswahl an Fischgerichten ist gut, von Austern über schottischen Lachs zum Seeteufel-Filet auf Zitronenbutter. Regionales Bier und ansehnliche Weinauswahl aus Franken und dem Rest der Welt.

LAUTERBACH

Schuberts

Kanalstraße 12, 36341 Lauterbach
T +49 (0) 6641 96070
www.hotel-schubert.de

So, Feiertag ganztags
Menü 29 / 79 €
Vorspeise 7 / 23 €
Hauptgang 15 / 42 €

In ihrem Romantik Hotel im Herzen Lauterbachs pflegt die Familie Schubert in vierter Generation eine stilvoll-herzliche Gastlichkeit und Stefan Schuberts sowohl bodenständige als auch raffiniert-moderne Küche ist überregional bekannt. Dazu gehören erfreulich viele Fischgerichte, vom Thunfisch in zweierlei Sesam über bretonischen Fischeintopf mit Safrancreme bis zu Wolfsbarschfilet und Jakobsmuscheln. Beim Fleisch dominieren Klassiker wie Kalbsschnitzel und Rehrücken, gegart wird aber schon mal Sous-vide – wie die Entenbrust mit Spitzkohl und Kartoffelnocken.

 STAY & DINE

Romantik Hotel Schubert
★★★★

Kanalstraße 12, 36341 Lauterbach
+49 (0) 6641 8014 6930
www.hotel-schubert.de

Herzlich willkommen im familiengeführten Vier-Sterne-Hotel Schubert, im Herzen des Städtchens Lauterbach, in der goldenen Mitte Deutschlands! Seit vier Generationen trägt Familie Schubert mit einem eingespielten Team aus langjährigen und herzlichen Mitarbeitern den Gastgebergedanken in sich …
Und das merkt jeder Gast sofort: Von der Begrüßung am Rezeptionstresen über die gewissenhafte Betreuung im Restaurant bis hin zur Verabschiedung aus dem Vier-Sterne-Hotel.

LEIPZIG

Aries Restaurant

Dresdner Straße 7, 04103 Leipzig
T +49 (0) 341 9938 3859
www.aries-restaurant.de

🔒 Sa mittags, So, Feiertag ganztags

Schon das schicke Interieur mit blauen Sesseln und Tom-Dixon-Lampen macht neugierig auf die ambitionierte Küche und die internationale Weinauswahl, der Partnerschaft mit dem benachbarten Getränkehandel Château 9 gedankt. Die häufig wechselnde Karte bietet Feines wie eine Essenz vom Steinpilz oder Lammtortellini mit weißem Bohnenmus und Minzöl. Empfehlenswert sind unter der Woche die Angebote auf der Mittagskarte und bei schönem Wetter die Plätze auf der Terrasse.

Biorestaurant Macis

Markgrafenstraße 10, 04109 Leipzig
T +49 (0) 341 222 875 20
www.macis-leipzig.de

🔒 Sa mittags, So, Feiertag ganztags
Menü 21 / 80 €
Vorspeise 9 / 25 €
Hauptgang 17 / 45 €

Unter dem Namen Macis verschmelzen auf 900 Quadratmetern Bio-Markt, gläserne Bäckerei, Konditorei und Gastronomie. Das Lokal im Stil der 1920er-Jahre vereint viele Art-déco-Elemente unter einem imposanten Kronleuchter aus einem Casino in Nizza. In der Küche verwenden Patron Olaf Herzig und Max-Henry Müller ausschließlich Zutaten aus kontrolliert biologischer Herkunft – sofern es sich nicht um Wildfang handelt. Die Karte verzeichnet einige Dauerbrenner, wie etwa das Entrecôte vom Lavagrill mit Balsamicojus.

C'est la vie

Zentralstraße 7, 04109 Leipzig
T +49 (0) 341 9750 1210
www.cest-la-vie.restaurant

🔒 mittags, Mo, So ganztags
Menü 70 / 115 €

Res.

In elegantem Ambiente erwartet den Gast eine Huldigung der französischen Küche. Das geschieht zum Beispiel mit sanft gedünstetem Hummer, begleitet von Sellerieteigtaschen, grünem Apfelragout, Staudensellerie und Vin-Jaune-Schaum. Oder durch den gebratenen Stör mit Osietra-Kaviar, feiner Lauchcreme, Beurre blanc und knusprigem Lauchstroh. Das vegetarische Menü glänzt durch Vertreter wie die geschmorte Rote Beete mit leichter Estragonsauce und Roquefort-Sauerrahmblase. Die sympathische Patronne Deborah Connolly begrüßt jeden Gast persönlich, die Weine stammen konsequent aus Frankreich.

482 GAULT&MILLAU

Campana

Gohliser Straße 42, 04155 Leipzig
T +49 (0) 341 6522 8790
www.campana-leipzig.de

🔒 mittags, Mo, So ganztags
Menü 39 / 75 €
Vorspeise 9 / 22 €
Hauptgang 18 / 42 €

„Casual fresh dining" ist das Motto von Patron Thomas Linke, der viel international unterwegs war, bevor er sein eigenes Restaurant aufmachte. Weltoffen, ohne das bei jedem Teller beweisen zu müssen, lässt er mit Tannenhonig glasierte Entenbrust servieren, begleitet von Trüffelknödel, karamellisiertem Rotkraut und Backpflaumensauce. Oder gegrillten Seeteufel mit Acquerello-Risotto, Jakobsmuscheln und Thai-Curry-Sauce. Auf der Weinkarte finden sich die Erzeugnisse renommierter Winzer aus Frankreich, Italien, Spanien und Deutschland.

Campus

Schlösschenweg 2, 04155 Leipzig
T +49 (0) 341 5629 6750
www.michaelis-leipzig.de

🔒 Sa, So, Feiertag ganztags
Menü 30 / 50 €
Vorspeise 6 / 15 €
Hauptgang 21 / 23 €

Die unkomplizierte, junge und abwechslungsreiche Küche passt zur unübersehbar studentischen Klientel, schmeckt aber auch dem Lehrpersonal am Mediencampus Villa Ida und Gästen außerhalb des Uni-Betriebs. Schließlich liegt das Niveau Klassen über dem einer Mensa: Rinderbäckchen aus dem Rohr mit Schmorgemüse, Hagebutte und Kürbismaultasche oder Rücken vom Heilbutt mit lila Karotten, Granatapfelkernen, Mais und Arancini-Praline. Dazu gibt es Weine aus sächsischen oder Saale-Unstrut-Lagen sowie moussierenden Traubensaft aus Südafrika.

Chateau9

Dresdner Straße 3–5, 04103 Leipzig
T +49 (0) 341 3085 7400
www.chateau9.de

🔒 mittags, So, Feiertag ganztags

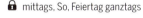

Eine Mischung aus Industrie-Charme und warmen Naturmaterialien bestimmt das Ambiente dieser edel-legeren Weinbar. Man sitzt auf hohen Stühlen, deren Sitze wie Korken geformt sind, und wählt unter 350 Weinen, die der gelernte Winzer Stefan Maas vorwiegend in klassischen europäischen Weinbauländern ausgesucht hat. Dazu gibt es Snacks und kleine Gerichte wie Pimientos de Padrón mit Lorbeeröl und Meersalz, geschmorte Salsiccia mit Hüttenkäse oder bretonische Miesmuscheln mit Tomaten-Lorbeer-Sugo und pikantem Wurzelgemüse.

Falco

Gerberstraße 15, 04105 Leipzig
T +49 (0) 341 9882 727
www.falco-leipzig.de

- Hannes Fischer
- Peter Maria Schnurr
- Christian Wilhelm
- mittags, Mo, So, Feiertag ganztags

Menü 99 / 240 €

Dass Peter Maria Schnurr an sich glaubt, ahnt man schon auf dem Weg in den 27. Stock des Westin Grand Berlin. Erstaunlich, wie viele Gelegenheiten es gibt, das stets strahlende Konterfei des Patrons zu platzieren. Ganz gewiss macht dann der Blick auf die Preise: À-la-carte-Gerichte für über 200 Euro, leicht auch mal 300 Euro für ein Menü – das ist schon eine Ansage in Zeiten, in denen vergleichbare Häuser zugänglicher werden wollen. Aber dieser genüssliche Größenwahn ist ja mittlerweile ein Markenzeichen des aus dem Schwarzwald stammenden Kochs. Wer sonst käme auf die Idee, einen sündteuren Gang mit Kaviar „The $mell of $ucce$$" zu nennen? Und es dauert nicht lange, bis dieser Schwung den Gast mitnimmt. Neun Hämmer schon die Amuse-Bouches, die praktischerweise bis zum Hauptgang am Tisch bleiben, damit es ohne Pause etwas zu naschen gibt. Die Palette reicht vom druckvollen Passionsfrucht-Kimchi bis zum griechischen Joghurt mit Jalapeño und Nashi-birnen-Kompott nebst Nussbrot zum Dippen, einem immer leicht variierten Klassiker des Hauses. Die Vorspeisen fanden wir diesmal japanisch inspiriert. Was hier freilich nicht auf Fusion, sondern auf Freistil hinausläuft. Das „Samurai Frühstück" erwies sich eher als ein Carpaccio: eine Scheibe vom rohen Wagyu-Rind, belegt mit Calamarettiringen und Puffreis, betupft mit zwei Cremes von Miso und von Schalotten. Nicht zu vergessen der Kirschlack und der marinierte Fenchel. Ganz schlau wurden wir nicht daraus; das vermutlich sehr gute Fleisch liefert in dieser Verbindung mehr Farbe als Geschmack. Viel überzeugender war die „Foie Nippon", die für Schnurrs Verhältnisse an Understatement grenzte. Man musste sich schon durch die Schichten bohren, um von der Entenstopfleber zum Hamachi-Bauch zu kommen, vorbei an vehementen Aromen wie Yuzu-Honig-Essig oder Grüntee-Spinat. Vor allem der ausgezeichnete Daikon-Rettich setzte den Umami-Noten die nötige Frische entgegen – ein denkwürdiger, spannender Teller. Diese Küche verlangt Aufmerksamkeit, wie man sie in großer Runde oft nicht hat. Und man hört das „Aah!", das durch den Saal geht, wenn etwa vor dem Hauptgang ein perfektes Mandarinensorbet (mit Eigelb-Chip) gereicht wird. Endlich mal was, das einfach nur gut ist, das nicht herausfordert. Dabei stellt Schnurr sein Ego nie über das Produkt. Nehmen wir nur den Hauptgang unseres Menüs: eine wilde Mischung aus Austern, pochiert in Beurre blanc. Rhabarber, in Himbeersaft eingekocht. Sauerklee-und-Süßholzbutter mit marinierter Senfsaat. Und all das zu einem Sattel vom irischen Salzwiesenlamm. Am Ende verbindet sich das alles zu einer Variation zum Thema Salz und Jod – und einer Hommage an das grandiose, bestens gebratene Lamm. Vielleicht, dachten wir kurz, ist Peter Maria Schnurr unter der schillernden Schale (rote Jogginghose!) ja ein ganz sensibler, demütiger Mann. Dann wurde uns die Praline zum Abschied auf einem Flipflop gereicht, samt essbarem Sand. Sagen wir so: Wer im Falco war, der hat etwas zu erzählen. Ein Tipp noch für alle, die Mühe haben mit den oben erwähnten Preisen: „DER! Tisch" (Schnurr liebt Ausrufezeichen) in der vorgelagerten Bar offeriert schon für 99 Euro gesetzte 4-Gänge-Menüs in quirliger Runde.

FRIEDA

Menckestraße 48–50, 04155 Leipzig
T +49 (0) 341 5610 8648
www.frieda-restaurant.de

Marcel Mach
Andreas Reinke &
Lisa Angermann
mittags, Mo, So, Feiertag ganztags
Menü 99 / 139 €

Lisa Angermann und Andreas Reinke führen das kleine, urbane Restaurant mit Leidenschaft und einer unerlässlichen Liebe zu saisonalen Produkten. Der Gast genießt hier sowohl ausgezeichnete Gourmetküche in sympathischem Understatement als auch den herzlich-lockeren Service. Platz nimmt man entweder im petrolfarbenen Bistro, auf der grünen Terrasse oder in der Orangerie. Lisa Angermann selbst serviert begleitend die Weine, viele davon sind ihre eigenen Entdeckungen. Deshalb fällt es ihr auch leicht, über Winzer und Anbaugebiete am Tisch zu plaudern. In der Küche legen die beiden Chefs weniger Wert auf Chichi, sondern auf handwerkliches Können und viel Ursprünglichkeit im Geschmack. Regionale Produkte sind willkommen, aber kein Dogma. Uns gefielen in diesem Jahr besonders die kreativen, aber völlig unaffektierten Fisch-Arrangements, die innerhalb des 7-Gänge-Menüs „Frieda en vogue" auf den Tellern kamen. Angermann und Reinke achten vor allem auf die Qualität der Waren und eine abwechslungsreiche Zubereitung. Raffiniert verarbeiten sie den heimischen Karpfen zu einem wunderbar geräucherten Schinken, flankiert von zweierlei Spargel und zitroniger Ponzu. Ein schönes nussiges Aroma und Textur bekommt das Ganze durch die Sonnenblumenkerncreme und die gerösteten Kerne. Frisch-cremig funktioniert auch die Zusammenstellung der saftigen Fjordforelle mit Saiblingskaviar, wildem Spargel und einer vorzüglichen Zitronen-Beurre-blanc nach Grenobler Art mit ganz vielen Kräutern aus Angermanns Garten. Auch die Gerichte mit Fleisch erleben wir in hervorragender Güte: eine zarte Kalbszunge mit confierten Tomaten, Eigelb, Erbsen, Laugenchip und fermentiertem Knoblauch als auch zweierlei Perhuhn (Label Rouge) als Brust und Keule mit Artischocken und einer würzigen Bärlauchjus. Zum Abschluss schwelgt man bei Buchteln mit Vanillesauce, Rhabarber, Sauerrahm und Himbeerbaiser im süßen Dessert-Himmel. Dazu hält Lisa Angermann übrigens einen wundervollen Raritäten-Eiswein von Felix Mayer parat.

genussreich

Nathanaelstraße 1, 04177 Leipzig
T +49 (0) 341 9757 9571
www.genussreich-leipzig.de

Mi, Do, Fr, Sa mittags,
Mo, Di ganztags
Vorspeise 9 / 11 €
Hauptgang 15 / 25 €

In dem hellen, im Vintage-Stil eingerichteten Restaurant haben sich Jane und Tommy Hülfe einer aromenstarken und weltoffenen Küche verschrieben. Es gibt Hirschrücken unter Parmesankruste mit Sellerie-Honig-Creme, Roter Bete und Champignon-Strudel oder Maishähnchenbrust mit Schmorgurken, grünen Bohnen, Kräuter-Kartoffeln und Liebstöckelrahm. Außerdem findet sich auf der alle zwei Wochen wechselnden Karte Fleischloses wie eine vegetarische Wirsingroulade oder Exotisches wie ein Fischcurry mit Quinoa. Zu trinken gibt es hausgemachte Limonaden, Weine aus Sachsen und regionales Bier.

LEIPZIG

Max Enk

Neumarkt 9–19, 04109 Leipzig
T +49 (0) 341 9999 7638
www.max-enk.de

So ganztags
Menü 58 / 75 €
Vorspeise 9 / 16 €
Hauptgang 24 / 47 €

Vorbildliche Transparenz im schönen Städtischen Kaufhaus: Auf gleich zwei DIN-A4-Seiten werden hier die Produzenten der Wahl aufgelistet – von der Hofmolkerei Bennewitz über die Fischzucht Etzold und den Geflügelhof Fiebig bis hin zum Biopilzhof Leipzigerland. Torsten Hempel und Roy Düsel verarbeiten die sorgsam ausgewählten Viktualien zu einer geschmackssatten Küche ohne Überdrehtheiten, zu kross gebratenem Kabeljaufilet mit gerösteter Blutwurst auf Koriander-Rahm-Sauerkraut etwa oder „Leipziger Allerlei" mit Saibling. Mittags gibt's ein kleines Menü zu barmherzigen Tarifen – und hinterher auf Anfrage Crêpe Suzette.

Münsters

Platnerstraße 13, 04159 Leipzig
T +49 (0) 341 5906 309
www.münsters.com

mittags, So ganztags

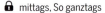

Das Münsters zählt zu den Klassikern in der Leipziger Gastronomie. Und das nicht von ungefähr: In der ehemaligen Mühle ist es urgemütlich, dank Gewölbedecke mit gewitztem Kronleuchter aus geleerten Bouteillen, jeder Menge Kerzenlicht und indirekter Beleuchtung, unverputzten Ziegelwänden, massiver Bar und Tischen aus Eichenholz. Patron André Münster serviert oft selbst, was sein Küchenchef Thomas Kalter zubereitet hat, etwa eine Kalbsconsommé, Beelitzer Spargel mit Maishuhn oder Steinbutt mit Hummersauce und Fenchel. Besonders originell sind hier die Desserts.

Planerts

Ritterstraße 23, 04109 Leipzig
T +49 (0) 341 9999 9975
www.planerts.com

Di, Mi mittags,
Mo, So, Feiertag ganztags
Menü 30 / 79 €
Vorspeise 15 / 20 €
Hauptgang 19 / 31 €

Zeitgemäß ist nicht nur der edel-urbane Industriechic, sondern auch das luftige Innere: hohe Decken, zum Teil sehr frei stehende Holztische und eine unverglaste offene Küche. In der machen die Küchenchefs Marko Schulz-Werner und Marco Ehrt keinen Hehl aus ihrer Affinität zu asiatischen Aromen und Zubereitungsarten: ob bei Thai-Curry mit Wokgemüse und Erdnuss, Schweinebauch mit Kräuter-Polenta und Kimchi oder Tataki vom Rind mit Grillgemüse und Tomaten-Chili-Brot. Der Käse (zum hausgemachtem Brot) kommt vom Star-Affineur Waltmann.

Restaurant 7010

Augustusplatz 1-3, 04109 Leipzig
T +49 (0) 341 2182 9910
www.dein-felix.de

🔒 mittags, Mo, Di, So ganztags
Menü 42 / 72 €
Vorspeise 9 / 19 €
Hauptgang 29 / 39 €

Leipzigs ehemaliges ehemaligen Hauptpostamt beherbergt heute das „Lebendige Haus" – eine Mischung aus Geschäften, Büros und dem Hotel Felix. Dessen Restaurant mit künstlerischer Deckenlicht-Installation liegt im siebten Stock, von hier hat man einen imposanten Blick über den Augustaplatz und die City. An offenen Kochstationen werden Tatar vom sächsischen Weiderind, verschiedene Brioche-Sandwiches, gegrillte Maispoularde mit Thymiantagliatelle oder Bowls mit Hühnchen, Thunfisch oder Teriyaki-Rind serviert.

Stadtpfeiffer

Augustusplatz 8, 04109 Leipzig
T +49 (0) 341 217 8920
www.stadtpfeiffer.de

👥 Petra Schlegel
👨‍🍳 Detlef Schlegel
✏️ Petra Schlegel
🔒 mittags, Mo, Di, So ganztags
Menü 120 / 150 €
Vorspeise 22 / 42 €
Hauptgang 42 / 58 €

Petra und Detlef Schlegel haben ihr Restaurant im Gewandhaus in nun schon mehr als 20 Jahren zu einer Leipziger Spitzenadresse gemacht, kontinuierlich und mit Verve. Schlegels durchkomponiertes Menü listet sechs Gänge auf, die neuerdings auch mit Komponenten aus der alternativen vegetarischen Variante getauscht werden können. Zum Beispiel mit getrüffeltem Eigelb in Verbindung mit Auwaldpilzen und feinwürzigem Gundermannkraut. Verführerisch! Beim Lesen des Menüs stimmen Gillardeau-Austern mit zitrischem Granité zum Pinot-Blanc-Winzersekt von Schloss Proschwitz auf alles Kommende ein. Wir starteten unser jüngstes Testmenü mit einem Riegel von der Miéral-Entenleber von feinster Konsistenz, rotfruchtig eingefasst, opulent und zart zugleich. Ein hocheleganter Balanceakt! Eine 2019er Traminer Spätlese von Karl-Friedrich Aust aus der Lage Radebeuler Goldener Wagen begleitet ebenbürtig den bemerkenswerten Auftakt. So geht es weiter: Ob Hummer mit Fenchel und raffiniertem Olivenlakritz, Filet von

Saibling aus dem Buchenrauch – schön in Szene gesetzt mittels Kürbis und Sanddorn – oder langsam gegarter Hirschrücken aus der Dübener Heide. Stets überzeugen in Schlegels Küche beste, gerne regionale Grundprodukte, während sich ihre fruchtigen, würzigen, schmelzigen Begleiter dienend ringsum versammeln. Dabei verkommen würzige Details, Schäume, Saucen und fruchtige Tupfer freilich nie (wie bei so vielen anderen) zum belanglosen oder undurchdachten Selbstzweck. Detlef Schlegel ist ein souveräner Handwerker, stets dem Produkt wie dem Geschmack verpflichtet. Zur Hochform läuft er selbst beim Käsegang auf: Roquefort auf einem Spiegel aus Quittengelee und Sauerklee, dem auf Empfehlung von Petra Schlegel ein Graham's Old Tawny Port die Stirn bietet. Zum Abschluss ein kunstvoll gebautes Dessert aus bitterer Schokolade mit Amalfi-Zitrone und Minzaromen und die summarische Freude darüber, dass souveräne Küche und ebensolcher Service an manchen Orten nie aus der Mode kommen.

Zest

Bornaische Straße 54, 04277 Leipzig
T +49 (0) 341 2319 126
www.zest-leipzig.de

 Mo, Mi, Do mittags, Di ganztags

Das kleine Ladenlokal mit Ziegelwänden, viel Holz und warmem Licht beeindruckt durch eine konsequent vegane, weltoffene und experimentierfreudige Küche. Es gibt Blaumohn-Kartoffel-Soufflé, ein Seitan-Jackfruit-Steak au four oder Sojafilet auf Kastanienpüree. Wie aufwendig ein Thema wie Kürbis hier durchgespielt wird, zeigt der gebackene Hokkaido in Pankokruste mit Hokkaido-Creme und -Chips, gegrillten marinierten Austernseitlingen, Selleriescham, Cranberrys, karamellisierter Kürbissaat und Quittenchutney. Auf der Getränkekarte finden sich neben Bier und Wein hausgemachte Limonaden und frisch gepresste Säfte.

LIMBURG A. D. LAHN

360°

Bahnhofsplatz 1a,
65549 Limburg a. d. Lahn
T +49 (0) 6431 2113 360
www.restaurant360grad.de

- Rebekka Weickert
- Alexander Hohlwein
- Rebekka Weickert
- Mo, Di, So ganztags

Menü 105 / 169 €

Auf dem Limburger Bahnhofsplatz, den man auf dem Weg zu Alexander Hohlweins Kulinarium notgedrungen hinter sich lassen muss, will man sich nicht so genau umschauen. Oben angekommen, ergibt dann der Restaurantname umso mehr Sinn: freier Blick in alle Himmelsrichtungen und soweit man auch schauen kann – besser als hier isst man nirgendwo. Und auch Hohlweins Küchenstil passt zum „360 Grad"-Thema, statt strenger Regionalitätsdogmen steht hier der lustvolle Streifzug quer durch die Küchen und Vorratskammern der Welt auf dem Programm, das zeigten bei unserem Besuch in der aktuellen Testsaison bereits die Snacks zur Begrüßung: Lamm-Tatar mit Granatapfel und grüner Chili, Hamachi mit Guave und Dashigelee, gezupfte und ausgebackene Schweinshaxe mit Erdnuss-Crunch und Hot-Tomato-Mayonnaise, Tartelette mit Krustentiermousse und Tom-Yum-Gel, Ponzu-Spargel …
Durch die Bank ausdrucksstark und handwerklich hochsolide umgesetzt, ein großzügiger, animierender Einstieg! Nicht ganz so überzeugend anschließend (im Hochsommer) eine Scheibe etwas arg weicher Gänseleber, der Mispel und Verveine eine eher herbstliche Anmutung verliehen und eine leider etwas trockene Salzbutter-Brioche auch nicht wirklich auf die Sprünge half. Von ganz anderem Kaliber der folgende Wolfsbarsch, punktgenau gebraten, blättrig und kross, süffig flankiert von zartem Kalbskopf, Rindermark und karamellisierter Essigzwiebel, die mit einem leichten und zugleich intensiven Trüffelsud eine fabelhaft dichte und zugleich elegante Verbindung einging. Dazu ein paar junge Spinatblättchen und eine kleine Spinatcreme, fabelhaft! Ein Prädikat, das auch ohne Abstriche einem indisch-inspirierten Freilandhuhn im Hauptgang zukam – schön koloriert und saftig die feste Brust, mürbe, aromatisch und knusprig die im Pakorateig ausgebackene Keule –, dazu eine dichte Jus, schmelzige Curry-Mayonnaise und crunchig-würzige Nüsse. Nicht weniger exotisch zum Abschluss die dramatische Inszenierung eines grünen Buddhas (weiße Schokoladen-Ganache mit schwarzem Tee) auf einem Zitrussockel, umspült von einem leicht herben Tee-Sud; dazu à part ein lauwarmer Tee-Schaum mit einem Kalamansisorbet. Sehr gut. Zum Abschluss eine Kaskade süßer Kleinigkeiten, die noch einmal eindrucksvoll die ganze Leistungsfähigkeit und Ambition der Küche zeigte – eine Tarte vom eigenen Honig mit Bienenwachs-Eis auf Erdbeerkompott, ein Mango-Chutney mit Safran und Kardamom, Miso-Madeleines, viererlei Pralinen – und die Freude über die gastfreundlichen Zeiten, zu denen man all das genießen kann: an vier Tagen in der Woche, und zwar mittags und abends!

LINDAU

Karrisma

Alter Schulplatz 1, 88131 Lindau
T +49 (0) 8382 9435 041
www.karrisma.de

🔒 mittags, Mo, So ganztags
Menü 69 / 89 €

In einem historischen Gebäude mitten in Lindaus Altstadt befindet sich das stilvolle Boutique-Hotel Adara, zu dem das Restaurant Karrisma gehört. Küchenchef Julian Karr setzt auf Marktfrische und Produktqualität, weiß Aromen zu kombinieren und Garpunkte zu treffen. Beispiele dafür sind etwa ein Bodensee-Kretzer auf Kartoffelstampf, mit eingelegten Tomaten und Artischocken-Basilikum-Tomatenfond oder Kaninchen auf Oliven-Fregola-Sarda mit jungem Lauch und Pfeffersauce. Aufmerksamer Service.

Schachener Hof

Schachener Straße 76, 88131 Lindau
T +49 (0) 8382 3116
www.schachenerhof-lindau.de

🔒 Mo, Do, Fr, Sa mittags,
    Di, Mi ganztags
Menü 39 / 66 €
Vorspeise 8 / 19 €
Hauptgang 19 / 42 €

Eines dieser bürgerlichen Restaurants, von denen wir fürchten, sie könnten in nicht allzu ferner Zukunft nur noch eine warme Erinnerung sein – angesichts all der super-innovativen, jungen Gastronomiekonzepte, in denen der Gast höchstens noch die Auswahl hat, ob er zum Auftakt rosé oder weißen Champagner trinken möchte. Im Schachener Hof gibt es Kartoffelpuffer mit gebeiztem Biolachs, Tafelspitz-Bouillon mit Flädle, gebackenes Kalbsbries, zarte Felchen auf Blattspinat in Schnittlauchsauce und allerlei weitere Köstlichkeiten zur freien Wahl – und allem merkt man die handwerkliche Klasse und Sorgfalt an, die Thomas W. Kraus sich schon zu Beginn seiner Laufbahn bei Lothar Eiermann, Gerhard Gartner und Hans-Peter Wodarz abgeschaut hat.

Valentin fine dining

In der Grub 28a, 88131 Lindau
T +49 (0) 8382 5043 740
www.valentin-lindau.de

Claudia Siebert
Valentin Siebert
Daniel Siebert
Mo ganztags
Menü 60 / 139 €
Vorspeise 19 / 31 €
Hauptgang 25 / 36 €

Ein Menü im Valentin ist immer ein hochspannender gastronomischer Streifzug. Vielleicht nicht mehr ganz so überdreht wie noch vor wenigen Jahren, aber immer noch durchwegs originell, dazu von einer untadeligen handwerklichen Präzision – so würden wir die Küchenleistung zusammenfassen. Ein ausgedehntes Menü von nicht weniger als zehn Gängen entpuppt sich als wahrer Steigerungslauf, der hier nur auszugsweise gewürdigt werden kann. Zu Beginn wird nicht etwa ein Glas Schaumwein gereicht, sondern ein hübsch dekorierter Gin Tonic, bei dem der Gin mit Fichtensprossen geimpft wurde. Ein erstes Ausrufezeichen setzt dann das geräucherte Rehtatar auf Zwiebeltarte, wo höchstens eine leichte Süße der Tarte die Geister scheiden könnte. Der Zwischengang besteht aus Ravioli von Mangoldblättern mit perfektem Biss, ergänzt durch Büffelmozzarella, Rote Bete und Meerrettich. Exemplarisch auch die Nordseezunge, sorgfältigst mit Kartoffelschuppen belegt, dazu Gnocchi (genau genommen nur einer, aber dieser von mustergültiger Qualität), weiter eine Karotte, die schmeckt, als hätte man sie just aus der Erde gezerrt – nicht zu vergessen die Erbsen, die in einer aufgeklappten Schote serviert werden. Der Schweinebauch ist, so die Küche, von den japanischen Ramen inspiriert. In der Tat wird hier nicht allein in den aparten Akkord der Komponenten investiert, sondern auch in eine artistische Optik. Geblieben ist generell die spielerische Freude am Mimikri, zu sehen bei den teilweise nachgebildeten Waldpilzen, besonders auch bei den beiden Kirschen zum Dessert, die auf verschiedene Weise Schwarzwälder Aromatik zitieren. Eine spezielle Würdigung verdient der Espresso, der hier wirklich exzellent ist, und die gleichermaßen passende wie hochklassige Weinbegleitung. Mit dieser abgerundeten Leistung bleibt das Valentin trotz ambitionierter Mitbewerber ganz klar die beste Adresse auf Lindaus Insel.

LOHMAR

Gasthaus Scheiderhöhe NEU

Scheiderhöher Straße 49,
53797 Lohmar
T +49 (0) 2246 18892
www.gasthaus-scheiderhoehe.de

  Do, Fr, Sa mittags,
Mo, Di, Mi, Feiertag ganztags
Menü 52 / 82 €
Vorspeise 13 / 18 €
Hauptgang 22 / 44 €

Im Süden des bergischen Landes steht die von Daniel und Stephanie Lengsfeld geführte Schneiderhöhe für eine feine Gasthausküche, basierend auf ehrlichem Handwerk. Konsequent arbeitet man mit guten und anständig erzeugten Produkten – vom Label-Rouge-Perlhuhn bis zum Schwäbisch-Hällischen Landschwein. Zum Signature-Menü (wahlweise fünf oder sechs Gänge) gehören beispielsweise mit Trüffel und Bio-Frischkäse gefüllte Spinat-Tortelloni, ein sanft gegartes Saiblingsfilet mit Wurzelspinat und Kürbisgnocchi oder glasierte Short Ribs vom X.O.-Rind aus dem Salzburger Land.

LOTTSTETTEN

Gasthof zum Kranz

Dorfstraße 23, 79807 Lottstetten
T +49 (0) 77 4573 02
www.gasthof-zum-kranz.de

Marius Manz
Gerd Saremba
 Di, Mi ganztags
Menü 35 / 95 €
Vorspeise 9 / 25 €
Hauptgang 24 / 48 €

Der Kranz liegt in Nack, das wiederum zu Lottstetten gehört. Die Gemeinde ist fast gänzlich von Schweizer Staatsgebiet eingeschlossen; entsprechend sind die helvetischen Gäste ganz klar in der Überzahl. Die Küche von Gerd Saremba basiert auf einer handwerklich tadellosen und mehrheitsfähigen Klassik, die er mit ein paar originellen Elementen anreichert. So umfasst er den Salat aus Cherry-Tomaten mittels einer Zucchini-Scheibe zu einem dekorativen Zylinder; der beigesellte vorzügliche Büffelmozzarella wird in zerstoßener Pistazie gewendet. Das sommerliche Tatar trumpft mit bester Fleischqualität auf. Saremba toppt es mit Senfkaviar – Senfkörner, die Kaviar zum Verwechseln ähneln und eine apart-kräftige Note einbringen. Das Medaillon vom Sommerrehbock mit eingelegten Aprikosen, jungen Erbsen, Blattspinat, Pfifferlingen und Kartoffel-Espuma an Rosmarinjus überzeugt nicht zuletzt deshalb, weil es hier wie versprochen gelingt, den Teller mit sommerlicher Leichtigkeit zu versehen. Das Dessert, eine Cantuccini-Mousse mit in

Vin Santo eingelegten Nektarinen und Vanilleeis, gefällt in seiner Schlichtheit. Einziger Schönheitsfehler: Ein beigelegter Cantuccino hat wohl kurz im Sud gelagert und ist daher aufgeweicht. Ein Schwerpunkt im Weinangebot sind die Flaschen des gleich nebenan gelegenen Weinguts Clauß, eines der besten in der weiteren Bodenseeregion. Dazu kommt ein breites Angebot mit einer Reihe von Spitzengewächsen, namentlich Supertoskaner von Monteverro bis Sassicaia; auch burgundische Preziosen, etwa von Georges Roumier, finden sich. Besonders erfreulich ist, dass einiges davon glasweise aus der Flasche gezapft wird, Coravin sei Dank.

LÜBECK

Restaurant VAI

Hüxstraße 42, 23552 Lübeck
T +49 (0) 451 4008 083
www.restaurant-vai.de

🔒 So mittags,
   Mi, Do, Feiertag ganztags
Menü 53 / 99 €
Vorspeise 7 / 65 €
Hauptgang 14 / 65 €

Das muntere Innenstadt-Bistro deckt mit seiner Mischung aus bodenständigen Gerichten, internationalen Klassikern und mediterraner Küche ein breites Spektrum ab: Sauerbraten vom Black Angus und confierte Entenkeule, Caesarsalat mit Truthahnbrust und Zürcher Kalbsgeschnetzeltes, Krustentiersuppe und Ricottaravioli mit Salbeibutter. Auch auf Hummer und Kaviar muss man hier nicht verzichten. Eine sympathische Adresse, nicht zuletzt wegen der Weinkarte mit ihren fast 250 Positionen.

Schabbelhaus zu Lübeck

Mengstraße 48, 23552 Lübeck
T +49 (0) 4515 9914 444
www.schabbelhaus.de

mittags, Mo, So ganztags
Vorspeise 16 / 28 €
Hauptgang 22 / 38 €

Das Schabbelhaus ist ein verwinkeltes Renaissancegebäude in der berühmten Mengstraße nahe des Buddenbrook-Hauses. Hier vereint Joachim Stern beste Grundprodukte und klassische Kochtugenden zu schnörkellosen Gerichten, die durch klare Aromen und stimmige Kombinationen beeindrucken: zart geräucherte Entenbrust mit kalt gerührten Preiselbeeren, Hechtklößchen auf Blattspinat mit Roter Bete und Rieslingsauce, rosa gebratene Miéral-Taube mit Portweinsauce. All das genießt man in historischem und äußerst stilvollem Ambiente: Steinfußboden im Schachbrettmuster, alte Schränke, wuchtige Standuhr, Kronleuchter. Zur Weinauswahl gehört selbstverständlich auch der heimische Rotspon.

Wullenwever

Beckergrube 71, 23552 Lübeck
T +49 (0) 451 7043 33
www.wullenwever.de

Manuela Petermann
Roy Petermann
mittags, Mo, So, Feiertag ganztags
Menü 58 / 95 €

Ein stilvoll-zeitloses Restaurant mit hohen Decken und schicken Lampe – hier hätte sich in zugleich intimer und lebhafter Atmosphäre auch die aus der Weltliteratur bekannte Kaufmannsfamilie des hanseatischen Großbürgertums an Tischen mit massiven Holzplatten wohlgefühlt. Ein anderer Genussaspekt ist aktueller: gute Zutaten, souveränes Handwerk, schlüssige Aromen und Geschmacksbilder – der 64-jährige Roy Petermann gehört zur Generation Köche vorm (leider) nahenden Rentenalter, auf die man sich nahezu blind verlassen kann. Was die handgeschriebene Menükarte als „Grillierter Thunfisch auf Melonensalsa und Queller" skizziert, bekommt man zuzüglich kleiner Ergänzungen wie Zitruscreme: stattliches, exakt minimal gegartes Fischstück, aromatische Melonensorten, salziges Grün – fertig! Einen norddeutschen Rustikal-Klassiker subtil variieren? Problemlos: Petermann paarte zu erstklassigem Kabeljau und feinem Sößchen zart schmelzenden Räucheraal, halbierte Stangenbohnen und Saubohnen und addierte die Fruchtsüße leicht geschmorter Birnenwürfel. Mit altmeisterlichem Wohlgeschmack und tagesaktuellem Leaf-to-Root-Gesamtverwenden erfreute perfekt bissfester Jung-Sellerie aus dem Salzteig auf Cocktailsauce-artigem Fundament. Treffend erdig grundierte diese umami-reiche Kombination (brei- und zuckerfrei!) Sommertrüffel, sodass die glasig gebratene Wildgarnele dazu überflüssig wurde. Während zum hervorragenden Scheibchen – blutig-mutig – Challans-Ente das kaleidoskopartige Saisongemüse-Potpourri (Erbsen, Möhren, Romanesco, Steinpilz, Mini-Mais, Lauchzwiebel) und der Geiz an köstlicher Zwergorangenjus störte, kannten wir das spielerisch leichte Dessert „Strandspaziergang" mit fruchtgefüllten Fake-Steinen, allerlei Mousse- und Gelee-Strandgut, Himbeeren, Brombeeren und Schoko-Semifreddo bereits vom letztjährigen Besuch. Die Alternative ist Käse von Antony. Lobenswert bleibt die deutsch-französische Weinkarte mit akzeptablen Preisen, zuverlässigen Erzeugern und guter Halbflaschen-Auswahl.

LÜCHOW

Restaurant Field

Bergstraße 6, 29439 Lüchow
T +49 (0) 584 1977 60
**www.hotel-katerberg.de/
restaurant-field/**

🔒 mittags,
   Mo, Di, So, Feiertag ganztags
Menü 105 / 155 €
Vorspeise 22 / 26 €
Hauptgang 30 / 38 €

Das Field gehört zum Hotel Katerberg am Rande der Lüchower Innenstadt. Salvatore Fontanazza, der das Haus mit seiner Familie führt, steht selbst am Herd – und statt regional zu kochen, holt er sich lieber die Lokalhelden vieler Regionen in die Küche. Und zwar mit bemerkenswertem Anspruch und viel Kreativität. So gehört zum Degustationsmenü, das aus bis zu acht Gängen besteht: Müritz-Aal mit Bauchspeck und Senfkaviar, Eifeler Urlamm mit Süßkartoffeln, Atlantik-Steinbutt mit Artischocken und Sot-l'y-laisse oder Tiroler Milchkalb mit Oktopus und Weißkohl. Weit und breit eindeutig das spannendste Restaurant!

LUDWIGSBURG

DANZA Restaurant & Weinbar NEU

Stuttgarter Straße 33,
71638 Ludwigsburg
T +49 (0) 7141 977 970
www.danza-restaurant.de

🔒 mittags, Mo, So, Feiertag ganztags
Menü 65 / 119 €
Vorspeise 10 / 19 €
Hauptgang 25 / 48 €

Das DANZA teilt das Schicksal vieler gastronomischer Betriebe in Kulturstätten – in der Wahrnehmung dient es zunächst mal der Versorgung der Besucher von Konzerten, Theaterstücken oder wie hier dem Forum Ludwigsburg, das gleich als Kultur- und Kongressstätte am Schlosspark dient. Der Eingang liegt ein wenig verborgen und doch lohnt sich der Weg, denn die Küche des gebürtigen Stuttgarters Raoul Traube ist zweifelsfrei auch an spielfreien Tagen einen Besuch wert. Farbenfroh inszeniert Traube in dem geräumigen und hohen Speisesaal Gerichte, die sich auf der Karte zunächst gängig anhören. Mit Detailreichtum hebt er sie aber stets eine Stufe über die kulinarische Grundversorgung. Das schlichte Trio Rote Bete, Ziegenkäse, Oxalis entpuppt sich als ausgewachsene Variationen, optisch wie ein geplanter Unfall im Stile Jackson Pollocks. Gegart, als Eis, Creme, aromatische Tupfer mit Meerrettich und Sauerkleeblättern, die mehr als Zierrat sind. So gelingt auch die sehr saftige Perlhuhnbrust mit knuspriger Haut. Die begleitende Süßkartoffelspalte jazzt Traube gekonnt mit Amaranth und Mojo

Verde auf, sodass jede Gabel eine kleine Aromenwelt trägt. So sehr die Modernität der Küche zu loben ist, so wenig überzeugend wirkt sie mit der digitalen Speise- und Weinkarte im Tablet – unentschlossene Gäste vermissen so den Überblick.

LUDWIGSLUST

Landküche

Schlossstraße 15, 19288 Ludwigslust
T +49 (0) 3874 4180
www.hotel-de-weimar.de

🔒 Di, Mi, Do, Fr, Sa mittags,
Mo, So ganztags
Menü 45 / 66 €
Vorspeise 10 / 22 €
Hauptgang 18 / 45 €

Die Nähe zum Ludwigsluster Barrockschloss verpflichtet offenbar: Goldrandporzellan, weiße Tischdecken, Stoffservietten und Kerzenschein bestimmen das Ambiente in diesem Restaurant, das zum Hotel de Weimar gehört. Küchenchef Wilfried Glania-Brachmann schickt Ostsee-Dorsch mit Rieslingskraut, Senfsauce und Kartoffelschnee oder Kalbsrücken mit Tomatenkruste, Pfifferlingen und gratinierten Kartoffeln, Petra Fuchs umsorgt und berät die Gäste. Im Sommer sitzt man auf der schönen Terrasse zur Schlossstraße hin.

LÜTJENSEE

Zur Fischerklause

Am See 1, 22952 Lütjensee
T +49 (0) 4154 7922 00
www.fischerklause-luetjensee.de

Mi mittags, Mo, Di ganztags
Menü 35 / 55 €
Vorspeise 9 / 20 €
Hauptgang 19 / 36 €

Wer Sorge hat, die vielfältigen Engagements von Gerhard Retter – vom Berliner Cordo über seine Fernsehengagements – könnten sich nachteilig auf seine Fischerklause am schönen Lütjensee auswirken, den können wir beruhigen. Was hier auf den Tisch kommt, folgt dem Motto „Hausgemachtes und Selbsterwähltes" und hat Hand und Fuß: hausgeräucherter Lütjenseer Aal mit Kräuterrührei auf Vollkornbrot oder in Gelee mit Bratkartoffeln, Suppe von Holsteiner Flusskrebsen mit Zander-Raviolo, Karpfen blau mit zerlassener Butter … Wild kommt aus dem eigenen Jagdrevier in Mecklenburg und das Wiener Schnitzel selbstverständlich vom Kalb – Retter ist schließlich Österreicher. Und als Sommelier außerdem Herr über die bemerkenswerte Weinkarte. Ein Ausflugslokal von Format!

MAINZ

Favorite Restaurant

Karl-Weiser-Straße 1, 55131 Mainz
T +49 (0) 6131 8015 133
www.favorite-mainz.de

 Julian Seitz
Tobias Schmitt
Sebastian Lisges
Mo, Di, So, Feiertag ganztags
Menü 115 / 145 €

Den Geist eines Restaurants erkennt man ja manchmal an Zufälligkeiten und Details. Bei unserem jüngsten Besuch hatten sich zwei Damen – offensichtlich Teilnehmerinnen einer Tagung im luftig-lichten Parkhotel zwischen Stadt- und Volkspark – kurz vor 14:00 Uhr ins Restaurant verlaufen und nun wünschten Sie einen Salat mit Poulardenbrust. Bekamen Sie. Unter einer Cloche. Nach einem Amuse-Bouche. Bravo! Verpasst haben Sie natürlich dennoch einiges, unter der Regie von Tobias Schmitt – ehemals Souschef im Frankfurter Lafleur unter Andreas Krolik – hat die Favorite-Küche nochmal einen Zahn zugelegt, hier wird aufwendig gekocht, technisch ausgereift, mit dem Ziel harmonischer, klarer Geschmacksbilder. Zur Auswahl standen in der aktuellen Testsaison neben einer attraktiven vegetarischen Alternative zwei Menüs für Omnivoren: „Roots" (Sous-vide gegarter Bauch vom Vogelsberger Bio-Landschwein oder gebratenes Roastbeef vom Vogelsberger Weideochsen) sowie „Blossom" (Tatar von der Gelbschwanzmakrele mit Austernkraut-Gurkengelee oder gebratener Kaisergranat mit Blumenkohl und Salzzitrone). Da wir uns nie entscheiden können, wählten wir aus beiden Menüs. Perfekt gegart zum Einstieg ein kleiner Turm vom confierten europäischen Hummer, einem kleinen Hummersalat, jungen Erbsen, einem Wassermelonen-Tomatengelee sowie Imperial-Kaviar, dem wir statt einer (grünen!) Paprika-Olivenöl-Emulsion etwas mehr aromatische Unterstützung durch einen aromatischeren und weniger säuerlichen Hummerschaum gewünscht hätten. Etwa nach Art des ausgezeichneten, röstig-dichten Piment d'Espelette-Schaums, der mit seiner Kraft und feinen

Schärfe im Folgenden zwei auf den Punkt gebratene Carabineros, Gewürzkarotten, Möhren und Ackerbohnen hochelegant umschmeichelte. Volle Kraft voraus galt sodann auch für ein saftig-zartes Bruststück vom Kikok-Maishähnchen unter einer Gewürzkruste nebst kleiner Praline vom Keulenragout, cremigem Eigelb, Gewürzbete und Karottencreme: in der richtigen Kombination von Fleisch, Eigelb, kräftiger Nussbutter-Bete-Jus und intensiver Karottencreme ein Hochgenuss für mitdenkende Esser. Völlig voraussetzungslos köstlich dagegen das großartige Dessert der noch keine 30 Jahre alten Larissa Metz, unserer Patissière des Jahres: pochierter Amalfi-Zitronen-Curd auf Sablé breton unter wunderbar cremigem Baiser und einem aromatisch-frischen Basilikumeis – hochelegant, leicht, modern und klassisch zugleich. Ein Grund mehr für die dritte Haube!

GenussWerkstatt

Flugplatzstraße 44, 55126 Mainz
T +49 (0) 6131 4910
www.atrium-mainz.de/
gastronomie/genusswerkstatt-
atrium

Kathrin Hurstjes
Carl Grünewald
Oliver Habig
mittags,
Mo, Di, Mi, So, Feiertag ganztags
Menü 90 / 105 €

Im größten inhabergeführten Privathotel in der Rhein-Main-Region darf neben dem klassischen Hotel-Restaurant Adagio ein kleines Gourmet-Refugium nicht fehlen. Als Genusswerkstatt bezeichnet, weiß jeder Gast, dass hier keine Alltagsküche serviert wird. Aber er sollte auch wissen, dass an den wenigen Tischen im wohnzimmergemütlich, heimelig eingerichteten Séparée ausschließlich ein Menü angeboten wird. Eine Auswahl am Tisch oder à la carte ist nicht vorgesehen, nach vorheriger Absprache ist eine vegetarische Menü-Variante möglich. Deswegen sollte man sich rechtzeitig darüber informieren, was sich Chefkoch Carl Grünewald als kulinarische Überraschungen für das abendliche Diner ausgedacht hat. Zu den kleinen Genuss-Abfolgen, wie die Küche ihre Miniatur-Kreationen nennt, kann man glasweise Wein-Erlebnisse buchen, die sich vor allem auf das Anbaugebiet Rheinhessen kaprizieren. Gut eingestimmt auf das, was da kommt, wird man mit der herzhaften Brotzeit, die Nussbutter, dünne Tranchen von Rehschinken, frittierte Blutwurst und ein Stückchen Zwiebelkuchen umfasst. Puristisch angerichtet kam der etwas zu bitter geratene Grünkohl auf Schmand daher, verfeinert mit Petersilie und roten Zwiebeln, und die kalt angeräucherte, sanft gegarte Seeforelle hatte mit dem Meerrettich den üblichen soliden Geschmackspartner, was uns wenig innovativ vorkam. Auch der Sauermilchkäse, in der Region als „Mainzer Handkäse" bekannt, konnte sich mit der ihn begleitenden intensiven Creme von Roter Bete geschmacklich nur wenig anfreunden und blieb in dem Duo ein Fremdkörper. Dagegen überzeugte der herzhafte kleine Eintopf aus Champignonbrühe mit kleingewürfelter Rehschulter ebenso wie die zarte Tranche Rehkeule mit solidem Selleriepüree, gedämpften und mit Bärlauchöl verfeinertem Spitzkohl, begleitet von einer tiefaromatischen Jus. Gute Dessert-Idee mit roh marinierten Karotten zum Joghurteis und der feinen Waldmeistercreme.

GOLDISCH NEU

Fischtorstraße 1, 55116 Mainz
T +49 (0) 6131 6031 368
www.goldisch.com

- Alicia Aslan
- Philipp Gruber
- Ben Weitz
- Di, Mi, Do mittags,
  Mo, So, Feiertag ganztags

Menü 59 / 69 €
Vorspeise 9 / 21 €
Hauptgang 16 / 36 €

Ohne Lokalkolorit geht in Mainz offensichtlich nichts. Das „Goldische Meenz", wie die Einheimischen ihre Stadt liebevoll nennen, stand denn wohl auch Pate für den Namen des Restaurants in exponierter Lage und mit Blick auf den Dom. In dessen Schatten hat sich eine sympathische junge Crew um Küchenchef Philip Gruber vorgenommen, die bunte Mainzer Gastronomie zu bereichern. Und sie macht das ausgesprochen gut und hat sich dafür ein in warmen Erdtönen gehaltenes, puristisch modernes Interieur ausgedacht, das durch ein sanftes Licht atmosphärisch einladend in Szene gesetzt wird. Das Gesamtkonzept funktioniert, man fühlt sich pudelwohl, wird vom lockeren Service bestens betreut und findet auf der übersichtlichen Karte, neben einem Menü-Vorschlag, eine gute Auswahl an Klassikern aus der Brasserie-Kiste. Zum Beispiel Rindertatar mit Röstkartoffel und einem Klecks Dijonaise, Zwiebelsuppe, in der ein kleiner Gruyère-Knödel schwimmt, oder gebeizten Lachs mit Meerrettich, Wildkräutern und erfrischend säuerlichen Apfelstückchen. Riesig sind die Portionen nicht, aber als Vorspeise oder Zwischengang ausreichend, dabei fair kalkuliert. Ohne Hauptgang sollte man hier sowieso nicht rausgehen, denn Philip Gruber hat noch ein wunderbar saftiges Lammkarree mit Dörrbohnen auf der Pfanne, das er mit einem aromatisch starken Chorizo-Graupen-Risotto serviert. Oder einen glasig gebratenen Zander, der auf mildem Sauerkraut liegt und mit Pommes dauphine und einigen Scheiben würziger Blutwurst garniert ist. Wer weder Fisch noch Fleisch möchte, bestellt am besten das gelbe Linsen-Curry, abgeschmeckt mit Zitronengras und Mango. Beim Dessert landen wir mit einer perfekt warm-kühlen Crème brûlée in „Douce France". Die Weinauswahl kapriziert sich auf regionale Tropfen, ein bisschen Italien, Frankreich und Spanien ist aber auch dabei.

Steins Traube

Poststraße 4, 55126 Mainz
T +49 (0) 6131 40249
www.steins-traube.de

- Alina Stein
- Philipp Stein
- Maria Vizsnayi
- Di mittags, Mo ganztags

Menü 75 / 135 €
Vorspeise 17 / 25 €
Hauptgang 28 / 45 €

Traditionen halten länger, wenn man sie hier und da etwas auffrischt. Das dachte sich Philipp Stein und verpasste dem elterlichen Gasthaus, das bereits in sechster Generation in Familienbesitz ist, eine sichtbare Verjüngungskur. Jetzt erstrahlt das Interieur in neuem Glanz, eine gelungene Mischung aus puristischer Eleganz, farbiger Modernität und atmosphärischer Gemütlichkeit. Und weil er schon dabei war, alte Zöpfe abzuschneiden, hat er auch gleich seine Küche auf das ausgerichtet, was er am besten kann: den Herd als Schmiede für anspruchsvolle Gerichte aus besten Produkten nutzen. Das gelingt ihm auch bei weniger raffinierten Arrangements wie dem Rindercarpaccio, das Stein mit Artischockenchips, Wildkräutern und einer vielschichtigen Trüffelcreme anrichtet, oder dem im Kataifi-Teig gebackenen Curry-Garnelen-Croustillant. Zwei hervorragende Vorspeisen, die großzügig portioniert sind. Frisch und animierend dann der Fjordlachs, leicht geräuchert und entsprechend rauchig in der Primäraromatik, zu der die Küche eine weiche Dillmayonnaise und als Kontrast zitrusartige Pomelo servierte, die für den erfrischenden Säurekick sorgte. Bei seiner intensiv aromatischen Krustentiersuppe gibt Philipp Stein neben Garnelenwürfel etwas Orange zu, um das Geschmacksbild mit einem fruchtigen Touch abzurunden. Wunderbar zu löffeln! Das erlebten wir auch beim nachhaltigen Champagnerschaum, den die Küche zur perfekt gegarten Tranche vom Atlantik-Heilbutt servierte, der Fisch angerichtet mit Dreierlei von buntem Blumenkohl und Mandeln. Ein Teller von schlichter Eleganz, der seine aromatische Präsenz vor allem vom weinigen Aroma der Sauce bekam. Wer zum guten Schluss keine Schokoladen-Zimt-Tarte mit eingelegten Zwergorangen und Kardamomeis möchte, verpasst ein sehr gutes klassisches Dessert, sollte dann aber wenigstens die handgemachten Pralinen von Tante Doris probieren. Kleinkunst mit rundem Geschmack! Die gut sortierte Weinkarte bietet vor allem Rheinhessische Gewächse mit Jahrgangstiefe.

MAISACH

Gasthof Heinzinger NEU

Weiherhauser Straße 1,
82216 Maisach
T +49 (0) 8135 9942 763
www.gasthof-heinzinger.de

 Mi mittags, Mo, Di ganztags
Menü 49 / 139 €
Vorspeise 8 / 22 €
Hauptgang 15 / 45 €

Ein stolzer Landgasthof mit Ambition, dafür steht schon der Chef – Denis Michael Kleinknecht Stand einst an der Seite von Otto Koch sowie im Münchner Acquarello, in Oxford und in Santa Monica am Herd. Im Angebot hat er Kälberne Krautwickerl und Wienerschnitzel, Gebackene Hahnenkämme mit Bratkartoffelsalat oder Ossobuco mit cremiger Polenta, dicke Steaks, ein „Gourmet-Menü" und jeden Donnerstag frische Dampfnudeln „mit Reinheitsgebot" (komplett aus regionalen Zutaten mit Ausnahme der Madagaskar-Vanille). Überhaupt wird hier neben hochsolidem Handwerk Wert auf die Produktqualität gelegt, von Regionalität und Nachhaltigkeit nicht nur geredet.

Maisach

MANNHEIM

Dobler's

Seckenheimer Straße 20,
68165 Mannheim
T +49 (0) 621 14397
www.doblers.de

- Gabriele Dobler
- Norbert Dobler
- Gabriele Dobler
- Mo, So, Feiertag ganztags

Menü 84 / 119 €
Vorspeise 18 / 36 €
Hauptgang 38 / 48 €

Gute zehn Gehminuten vom Hauptbahnhof liegt ein Restaurant, wie wir es uns in ähnlicher Distanz für jede Nachbarschaft wünschten. Warum? Weil hier unaufgeregt, akkurat und geschmackssicher gekocht wird. Und weil die Begrüßung durch Gabriele Dobler so herzlich ausfällt wie die Küchengrüße ihres Mannes Norbert – pochierter Saint-Pierre, Entenbrust mit gepopptem schwarzem Reis auf Gemüsecreme und Gazpacho mit Kräuterrahm – gelungen. Beim Menü (wie die À-la-carte-Gerichte neben einem Lunchmenü auch mittags verfügbar), starteten wir mit einem altbekannten, immer wieder variierten Auftakt: Pesce crudo. Verschiedene Rohfische und Garnele fassten die duftige Säure von Amalfi-Zitrone, die Meeresbrise von Salicorne und Kaviar sowie die Verbindungselemente Kartoffel-Chips und Maiscreme wunderbar harmonisch ausbalanciert, ein wenig mediterran, ein wenig Ceviche-artig, ein. Nach so viel Leichtigkeit setzten in schlotziger, dichtaromatischer Weise „Gnocchi al Crema di Robiola" mit Waldpilzen und wachsweiches Eigelb mit gebratener Foie gras, Herbsttrompeten, Krauser Glucke jeweils auf reichlich geriebener Winter-Trüffel. Etwaige Unklarheiten, wie klassisch zeitlos und umsichtig zum Wohle feiner Zutaten hier gekocht wird, beseitigten Tranchen rosa gebratener Salzwiesen-Lammkeule auf Topinamburpüree mit Artischocken, Ur-Karotten und angegossener, von Basilikum aromatisierter Jus und US-Hochrippe mit köstlicher Kartoffel-Millefeuille, Petersilienwurzel, Tropea-Zwiebelcreme und mit wildem Madagaskar-Pfeffer abgeschmeckter Jus. Dass Doblers Küche von geschmacklicher Substanz und großer Leichtigkeit ist, bestätigte der Abschluss mit zart eingesetzter Minze zum Kokos-Crémeux mit Himbeeren und Litschisorbet.

Le Corange

O5, 9–12, 68161 Mannheim
T +49 (0) 621 1671 199
www.corange-restaurant.de

- Johanna Brandl
- Igor Yakushchenko
- Felicitas Stengel
- Di, Mi, Do mittags,
  Mo, So, Feiertag ganztags

Menü 89 / 149 €
Vorspeise 29 / 69 €
Hauptgang 39 / 69 €

Als Fischrestaurant für kulinarische Kontraste, so positioniert sich das modern kühl und erfreulicherweise ohne maritimen Kitsch gestylte Restaurant in der 6. Etage des Modehauses Engelhorn. Wir unterschreiben diese Selbsteinschätzung. Allerdings möchten wir dabei umgangssprachlich lieber von Licht und Schatten sprechen. Denn sahen wir im letzten Jahr die Bewertung noch sattelfest mit Tendenz nach oben, scheint uns in diesem Jahr der forsche Ritt der Küche durch die Flüsse und Meere etwas wackelig zu sein. Doch der Reihe nach. Die überschaubare Karte bietet neben dem Sechs-Gänge-Menü nur noch ein Hauptgericht à la carte und einige Austern-Varianten. Damit kann man leben, das kleine Programm reduziert die Qual der Wahl. Dafür setzt Küchenchef Igor Yakushchenko explizit auf regionale Erzeuger, um zu mehr Nachhaltigkeit und einem bewussteren Umgang mit Ressourcen beizutragen. Ein hoher Anspruch für ein Fischrestaurant, aber die herrlich bissfeste Garnele, serviert mit Portobello-Pilz, Steinpilzcreme, Patisson, Trüffel-Vinaigrette und einer feinen Chilinote, kommt immerhin aus Bayern. Überzeugt haben uns auch die mit Pecorino gefüllte Ravioli, weil der Teig exakt die richtige Dicke und damit Menge hatte, um dem Käse ausreichend Platz zu lassen. Dazu gab es einen Klecks erfrischendes Birnengel, Pecorinoschaum, Rote-Bete-Salat und als Dekorationsobjekt ein Blättchen Blutampfer. Voll des Lobes waren wir im letzten Jahr ob der grandiosen Bouillabaisse, die uns in diesem Jahr trotz Einlagen von Hummer, Oktopus und Miesmuscheln, Tomaten-Ratatouille, Fenchelsalat und gestocktem Ei geschmacklich eindimensional kam und eher an eine profane Hummer-Bisque erinnerte. An der mittlerweile allgegenwärtigen bretonischen Jakobsmuschel kommt auch Igor Yakushchenko nicht vorbei und serviert dazu mit Miso-Hollandaise gefüllten Rosenkohl, Creme und Schaum vom Sellerie. Diese weiche Variante, diesmal von der gelben Karotte und wenig aromatisch, kam auch bei der schwach gewürzten Goldforelle zum Einsatz, was das ganze Gericht auf die fade Seite zog. Dafür ging die Patisserie wieder in die Vollen und präsentierte einen wunderbaren klassischen Bratapfel mit Vanille, Mandeln und Trauben. Die passenden Weine und Getränke sind leider etwas unübersichtlich auf der überschaubaren Karte aufgelistet, aber merklich stramm kalkuliert.

Marly

Rheinvorlandstraße 7/Speicher 7,
68159 Mannheim
T +49 (0) 621 8624 2121
www.restaurant-marly.com

- Maia Valente
- Gregor Ruppenthal
- Maia Valente
- Sa mittags,
  Mo, Di, So, Feiertag ganztags

Menü 89 / 125 €

Dass sein Restaurant nicht an der Seine oder der Loire, sondern direkt an der Kaimauer im alten Mannheimer Industriehafen am Rhein liegt, hat für den gebürtigen Pfälzer Gregor Ruppenthal nur in Bezug auf die Adresse Bedeutung. Denn im Innern des Speicher 7 triumphiert französische Tisch- und Esskultur vom Feinsten, lässt Ruppenthal seiner frankophilen Küchenvorliebe in der schick ausstaffierten Location freien Lauf. Das Restaurant ist mittags und abends geöffnet, selbstverständlich bei gleichbleibend hohem Niveau von Küche und Service, für den seine Lebensgefährtin Maia Valente zuständig ist. Restaurantkultur und Qualität lassen sich eben nicht splitten, auch wenn die mittägliche „Formule déjeuner" in drei oder vier Gängen preislich besonders attraktiv ist. Der Einstieg in Ruppenthals französische Genusswelt beginnt, auch wenn es wie ein abgedroschenes Klischee klingt, mit perfekt krossem, feinsalzigem Baguette und der in Saint-Malo handwerklich produzierten Butter von Yves Bordier, die als eine der besten der Welt gilt. Brot und Butter, in dieser erstklassigen Qualität, sind eine Erwähnung wert. Das gilt auch für die bretonischen Austern, die hin und wieder als besondere Empfehlung auf der Karte stehen. Leicht erwärmt serviert, präsentiert sich der raue Atlantik im Geschmack der Meeresfrüchte gezügelt und dennoch nachhaltig erfrischend. Immer im Angebot hat die Küche den mit Basilikum aus dem eigenen Garten verfeinerten Oktopussalat, seit 1999 ein Klassiker in Ruppenthals kulinarischen Repertoire. Genauso wie der bretonische Steinbutt, in großzügig dicke Tranche geschnitten und perfekt glasig gegart, wird er mit Püree und kleinen Chips von Topinambur serviert und geschmacklich von der feinen Schärfe des Chorizo-Schaums dynamisiert. Die Lust am Fisch und das richtige Händchen für präzise Geschmackseindrücke zeigt die Küche auch beim geräucherten Aal, der mit fluffigem Ei-Schaum, erfrischend kühlem Sorbet von Roter Bete und frittiertem Rettich angerichtet ist. Mit den wunderbar zarten, fast mürben geschmorten Kalbsbäckchen trumpft die Küche noch einmal geschmacksstark auf, was sicherlich an der zupackenden Jus aus Bergpfeffer liegt, die dem Fleisch eine enorm feine Würze verleiht. Chapeau! Da hat es die Patisserie nicht leicht, ein angemessenes Finale aus dem Hut zu zaubern. Aber sie tut es mit einer aromatisch konzentriert dichten Gianduja-Tarte, die natürlich an feinsten Nougat erinnert. Die Weinkarte konzentriert sich auf Pfälzer und natürlich französische Gewächse.

OPUS V

O5 9–12, 68161 Mannheim
T +49 (0) 621 1671 199
www.restaurant-opus-v.de

- Adrian Dastig
- Dominik Paul
- Felicitas Stengel
- Mi, Do mittags,
  Mo, Di, So, Feiertag ganztags

Menü 159 / 209 €

Erstaunlich, auf welch hohem Niveau Dominik Paul im OPUS V seinen Weg geht – ruhig, konzentriert und mit einer gewissen Nonchalance, wie es nur wenige Küchenchefs verstehen, sich auf dem Teller auf das ganz Wesentliche zu fokussieren. Stilistisch steht er mit seinem „urban nature"-Credo der nordischen Küche näher als sein Vorgänger Tristan Brandt, was im Sinne des Interieurs stimmiger wirkt. Dennoch findet man hier keine „Kopfküche", sondern äußerst wohlschmeckende Kreationen, die meist auf langen Partnerschaften mit regionalen Erzeugern beruhen. Schon der Auftakt in Form einer Zitrone, gefüllt mit hausgemachtem Kombucha mit Zitrusakzentuierung und Kamille, die aber nicht medizinisch dominant wirkt, gelingt famos, allein der à part gereichte Cracker mit Karotte und Verjus hätte etwas mehr Schärfe vertragen können, was aber andererseits mehr Harmonie zum Kombucha entfaltete. Fabelhaft das eigentliche Amuse aus (wiederum hausgemachtem) Ricotta, Spitzpaprika und einem süßsauer eingelegten Fenchelgemüse in Verbindung mit einer sorgsam eingearbeiteten Bärlaucharomatik: eine geniale Interaktion von Süße, Säure, Schärfe verband sich mit schöner Fenchelhaptik – und inmitten wirkte der Ricotta als Ruhe-, aber auch Verbindungspol. Ebenso stark präsentierte sich sodann die mit Kombualge marinierte und leicht abgeflämmte Makrele allerbester Qualität, die mit Gurke und Senfsaat wiederum ein leichtes und beschwingtes Gleichgewicht von Säure, Jodigkeit und leichter Schärfe entwickelte. Es folgte Eierstich, der weniger dicht als die derzeit oft bemühte japanische Chawanmushi geriet, flankiert von gebratenen und confierten Pfifferlingen und einer sensationellen Pilzconsommé mit Kerbel und Zitronenthymian – schlichtweg zum Hineinlegen. Allein angesichts der doch sehr leichten Menüfolge gab es hier einen gewissen Bruch in der Aromenlogik. Der nachfolgende Heilbutt stellte sicher den Höhepunkt dar, ein perfekt gegarter Fisch mit einigen Nordseekrabben haptisch eingefasst, dazu gegrillter Romanasalat mit einer leichten Mayonnaise und ein intensiver Tomaten-Escabeche-Sud, eine Punktlandung an aromatischer Präzision und Fokussierung. Im Hauptgang wurde es dann wieder ein Hauch klassischer mit Perlhuhn (Brust und gefüllte Keule), Graupenrisotto (wunderbar schlotzig), Erbse und Sommertrüffel – sehr stimmig und gut, aber weniger kulinarisch-emotional inspirierend. Als Abschluss unseres Lunches zeigte uns der langjährige Patissier Raffaele Stea, wie man aus Kirsche (halbiert und als Sorbet), Mandel-Panna-cotta, Kokosschaum und Kaffee(kombucha) eine perfekte Balance von herzhaften und süßlichen Nuancen räumlich ausdifferenziert, sodass es einerseits sehr spannend ist, aber dennoch einfach puren Genuss darstellt.

Speicher7 Bar

Rheinvorlandstraße 7,
68159 Mannheim
T +49 (0) 621 1226 68711
www.speicher7.com

🔒 Mi, Do, Fr mittags,
Mo, Di ganztags

Untergebracht in einem ehemaligen Notgetreidespeicher, zählt das Lokal zu den angesagtesten Adressen Mannheims. Auf der Terrasse am Wasser lässt man bei einem Sundowner die Schiffe auf dem Rhein vorüberziehen. Großes Angebot an Cocktails, die Weine kommen vorwiegend aus der Pfalz, aber auch Spanien und Italien sind vertreten. Dazu werden rund dreißig Tapas aus aller Welt angeboten, die zwischen 5,50 Euro und 10,50 Euro kosten: Hummus, Tapenade aus grünen Linsen und weißen Bohnen mit Curry, kanarische Kartoffeln mit Mojo Verde, indische Geflügelspieße. Sympathischer Service.

Zweite Liebe NEU

Beilstraße 3, 68159 Mannheim
T +49 (0) 621 4374 9715
www.zweiteliebe-jungbusch.de

🔒 mittags,
Mo, Di, So, Feiertag ganztags

Das szenige Jungbusch-Viertel steht für Kreativwirtschaft und Nachtleben, mit Einrichtungen wie der Popakademie Baden-Württemberg, dem Musikpark Mannheim und einem ausgehfreudigen Publikum. Hinter der Zweiten Liebe steht ein stadtbekanntes Duo: Multi-Gastronom Ashkan Mahmoud und Spitzenkoch Dennis Maier. Bis 22 Uhr werden hier kleine Gerichte aufgetischt, etwa Pulpo oder Rinderfilet aus dem Holzkohle-Ofen, anschließend ist jeder willkommen, der Lust auf Wein, Bier oder einen Drink hat – im Sommer auch draußen vor der Tür.

MARBURG

Marburger Esszimmer

Anneliese-Pohl-Allee 1,
35037 Marburg
T +49 (0) 6421 8890 471
www.marburger-esszimmer.de

Mo, So, Feiertag ganztags
Menü 45 / 72 €

Das Restaurant mit seiner Terrasse direkt an der Lahn setzt auf qualitativ hochwertige Vielfalt. Ganz nach Lust und Laune bekommen Gäste hier Bodenständiges, Crossover-Gerichte oder asiatische Küche. Das Spektrum reicht vom Rumpsteak Strindberg über Grünkern-Risotto mit Bergkäse, geflammten Miso-Lachs auf Pak-Choi-Salat, verschiedene Bowls bis zu Steinbuttfilet oder Karree vom in Thymian gebratenen Mangalitza-Schwein. Und schließlich gibt es noch eine Extra-Karte mit gutem Sushi- und Sashimi-Angebot.

MARKKLEEBERG

Weinbeißerei

Seeblick 4, 04416 Markkleeberg
T +49 (0) 341 3366 608
www.weinbeisserei.de

mittags, Mo, So, Feiertag ganztags
Vorspeise 9 / 15 €
Hauptgang 19 / 27 €

Das an der Strandpromenade des Markkleeberger Sees gelegene Haus ist im Stil einer italienischen Trattoria gestaltet. Die Küche huldigt allerdings vor allem Frankreich – von Entenleber über den Eintopfklassiker Cassoulet de canard oder eine Sauerkraut-Rahmsuppe mit Crémant, Jakobsmuschel und Blutwurst bis zur Käsevariation. Heimatlicher wird es bei Thüringer Rehkeule oder Zanderfilet mit glasierten Teltower Rübchen. Beim Wein liegt der Schwerpunkt auf Österreich und Deutschland.

Marburg

MARKTHEIDENFELD

Weinhaus Anker

Obertorstraße 13,
97828 Markttheidenfeld
T +49 (0) 9391 6004 801
www.hotel-anker.de

🔒 Mo mittags
Menü 39 / 105 €
Vorspeise 8 / 25 €
Hauptgang 12 / 32 €

Im Hotel Anker bittet man im stilvoll-gemütlichen, holzvertäfelten Gastraum zu Tisch. Küchenchef Bernhard Lermanns fein-bodenständige Küche auf französischer Basis pflegt Hausklassiker wie das Rumpsteak mit Portweinzwiebeln und Café-de-Paris-Butter und bleibt auch beim in brauner Butter gebratenen Atlantik-Rochenflügel mit Fenchel und Kapern oder der gebratenen Gänseleber mit Kalbskopf und Morcheln seinem Stil treu. Die Weinkarte bietet neben den Erzeugnissen vom eigenen Gut viele Flaschen aus Franken, der Käse kommt von Affineur Waltmann aus Erlangen.

MASELHEIM

Restaurant Lamm

Baltringer Straße 14,
88437 Maselheim
T +49 (0) 7356 9370 78
www.sulminger-lamm.de

🔒 mittags, Mo, So, Feiertag ganztags
Menü 45 / 75 €
Vorspeise 9 / 18 €
Hauptgang 24 / 34 €

In klassisch-elegantem Ambiente geht es hier freundlich und ungezwungen zu. Küchenchef Mike Becker, der das Restaurant mit seiner Frau Constanze betreibt, arbeitet mit marktfrischen Produkten und setzt auf deren Aromenstärke. Das gilt für die Maishähnchenbrust mit grünem Spargel genauso wie für die geschmorten Bäckchen vom Schwäbisch-Hällischen Landschwein mit Kartoffel-Erbsen-Püree oder das Filet vom Wolfsbarsch mit Pfifferlingen und Thymiannocken. Zwei Menüs, eines davon vegetarisch.

MASSWEILER

Borst

Luitpoldstraße 4, 66506 Massweiler
T +49 (0) 6334 1431
www.restaurant-borst.de

🔒 Mo, Di, Feiertag ganztags
Menü 48 / 85 €
Vorspeise 12 / 35 €

Ob beim gebratenen Oktopus mit Kirschtomaten, Lauchzwiebeln und Olivenöl oder Atlantik-Languste in Melonensoße, beim bretonischer Seeteufel auf Beluga-Linsen oder Ibérico-Schweinerückensteak in Chorizojus – Harry Borst leistet auf dem Fundament klassischen Handwerks kreative Detailarbeit. Der Küchenchef und seine sympathische Frau Monika als Gastgeberin haben diese ehemalige Dorfwirtschaft in ein schickes, modernes Restaurant verwandelt – mit einer hervorragenden Weinkarte, die die besten Pfälzer listet, aber auch eine kleine, sehr guten Auswahl internationaler Weine bietet.

MEERBUSCH

Anthony's Kitchen

Moerser Straße 81, 40667 Meerbusch
T +49 (0) 2132 9851 425
www.anthonys.kitchen

👥 Anthony Sarpong
🍷 Sven Ischia & David Wieler
🔪 Anthony Sarpong
🔒 mittags, Mo, Di, Mi ganztags
Menü 95 / 169 €
Vorspeise 16 / 25 €
Hauptgang 39 / 99 €

Der Kontrast ist groß: Auf der anderen Straßenseite das kalte Neon einer Tankstelle, im großzügigen Gastraum von „Anthony's Kitchen" wohlig-warmes Licht und eine große Freude an einer angenehm unaufgeregten Kommunikation mit dem Gast. Ebenso kontrastreich ist das, was Gründer und Namensgeber Anthony Sarpong aus der Küche tragen lässt. Zwei Menüs gibt es, die „Green Journey" ist vegetarisch und weitgehend eigenständig von der Fisch-Fleisch-Variante „The Expedition". Für beide gilt: Die Welt ist Sarpongs Dorf. Mal kommt seine Inspiration aus der nordischen Küche, dann aus Italien oder aus China. Besonders gut gelingt ein Ausflug nach Indien im Hauptgang: ein Maishuhn als Filet und als Füllung eines frittierten Bällchens, gerösteter Blumenkohl und eine knusprige Naan-Brot-Variation werden zusammengehalten saftigen Tandoori-Sauce – deren Reste der Gast aus der Kanne schlürfen darf (und unbedingt auch will). Ebenso herausragend sind Anthonys Ravioli in Tomaten-Essenz mit Knoblauch-Schaum, einem getrockneten und gesalzenen Eigelb für's Knacken im Mund und einem satten Schuss Cassis: Ja, italienisch geht auch in modern. Eines eint sämtliche Gänge: starke Aromen. Allerdings geht der Küche gelegentlich der Gaul durch, so plättet eine herrlich-intensive Brombeer-Sauce die Dorade und ihre zarten Begleiter Edamame und Daikon. Langweilig ist das trotzdem nicht. Genauso wenig wie der bemerkenswerte Käsewagen. Das Anthonys leistet sich dort eine ganze Reihe Varianten fernab der französischen Klassik. Auch die Digestif-Auswahl überrascht, unter anderem mit einer Flasche, von der das Team annimmt, es sei Wodka: „Hat Anthony in der Ukraine geschenkt bekommen. Schmeckt erstaunlich gut und blind ist noch keiner davon geworden."

MEERSBURG

Casala

Uferpromenade 11, 88709 Meersburg
T +49 (0) 7532 80040
www.hotel-residenz-meersburg.com

 Manfred Lang
 Markus Philippi
 Andreas Allinger
🔒 mittags,
   Mo, Di, Mi, Feiertag ganztags
Menü 115 / 175 €

Das Casala begegnet der Krise, indem man die Gäste voraus das Menü per Mail bestellen lässt. So sind zwar spontane Bauchentscheide nicht möglich, aber Hand aufs Herz, wir werden ohnehin das bestellen, was uns anspringt, und da spielt die Vorlaufzeit keine Rolle. Ohnehin ist uns das lieber als eine Verengung des Angebots, und davon ist hier nichts zu sehen. Nach wie vor ist an einem Sommertag die ruhige Casala-Terrasse, abseits vom überdrehten Rummel des Touristenmagnets Meersburg, eine Wohltat. Markus Philippi kocht wie gewohnt stilsicher. Seine Teller zeigen etwas häufiger cremige Texturen als jene mancher Kollegen. Vom allgegenwärtigen Ruf nach Saisonalität lässt er sich nicht beeindrucken, bei ihm darf es auch im September üppig Spargel zum Hummer sein. Das Krustentier lässt indessen keine Wünsche offen, die unterlegte Bisque ist gar hervorragend. Weiter ist Philippi einer der wenigen, die es schaffen, ein Crescendo über das Menü hinweg zu komponieren. Während nämlich die einleitenden Häppchen (Pastrami auf Polenta-Cracker, Melonen-Kaltschale mit Pfefferminze, Brötchen mit Lachs und Rogen) noch etwas diskret daherkommen, steigert sich die Küche bis zum Hauptgang kontinuierlich. Hier wrappt Filippi ein Kaninchenfilet in Kräutercrêpe, dazu kommen Pfifferlinge, Fève und Petersiliencreme. In neuzeitlicher Manier wird die Salade niçoise in ihre Elemente dekomponiert, was nicht zuletzt das Auge erfreut. Die offene Waldpilz-Lasagne versammelt in einem Ragout nicht allein Steinpilze, Pfifferlinge und Champignons, sondern auch großzügig dosierte Trüffel. Ein nicht alltäglicher Teller stellt Puy-Linsen und Mango gegenüber, als Verpackung fungieren Pappadams und Samosas. Eine Spur von neuer Patisserie findet in das Dessert Eingang, wenn zu Garten-Himbeere, Sauerrahm und Ocoa-Schokolade eine Kräutertartelette tritt. Auch vermeintliche Nebensächlichkeiten werden hier gepflegt: Das Brot erscheint in Form einer Variation, bestehend aus Kartoffelbrot und schön knackigen Sesam-Linguine. Natürlich bietet auch der Keller von Regionalem bis zu internationalen High-End-Flaschen allerhand.

Meersburg

MEININGEN

Posthalterei

Georgstraße 1, 98617 Meiningen
T +49 (0) 3693 4570
www.saechsischerhof.com

mittags, Mo, Di, So ganztags
Menü 37 / 59 €

Das Gourmetrestaurant im Hotel Sächsischer Hof gilt als erstes Haus am Platz. Neben Hotelgästen finden sich hier viele Besucher des Meininger Staatstheaters ein, um sich vor den Vorstellungen kulinarisch auf den Abend einzustimmen. Zur Zeit wird ein Drei-Gänge-Menü angeboten, bei dem zum Beispiel Ibérico-Rücken mit Shiitake, Edamame und Spitzpaprika oder Rochenflügel mit Blattspinat zur Wahl stehen. Die Weinkarte führt Thüringer Lokalmatadoren, Spitzenerzeugnisse aus Bordeaux und 16 Champagnersorten.

MEISENHEIM

Meisenheimer Hof

Obergasse 33, 55590 Meisenheim
T +49 (0) 6753 1237 780
www.meisenheimer-hof.de

Markus Pape & Clarissa Pape
Markus Pape
Andreas Held
Di, Mi, Do, Fr, Sa mittags,
  Mo, Feiertag ganztags
Menü 37 / 139 €
Vorspeise 11 / 28 €
Hauptgang 24 / 42 €

Das stattliche, vorbildlich restaurierte Barockhaus bietet eine ansprechende Kulisse für Markus Papes Kreationen, die allerdings hier und da noch etwas Feinschliff vertragen könnten. So grüßte die Küche zum Auftakt mit einem in der Konsistenz lockeren, aber wenig gewürzten Tatar vom Glanrind, das von einer ebenso würzlosen Miso-Mayonnaise begleitet wurde. Leider kein gelungener Auftakt für ein Degustationsmenü. Das begann unspektakulär klassisch mit einer ideal cremigen Gänseleberschnitte, zu der wir – zu unserem Erstaunen – einen Saucenlöffel serviert bekamen. Kein Problem, wir schreiben das dem etwas unaufmerksamen, aber freundlichen jungen Service zu. Barocke Lebensfreude kam dagegen bei der geschmacksintensiven Essenz von Meeresfrüchten auf, die gekonnt abgeschmeckt, und mit saftiger bayerischer Garnele, Kaninchen und Erbsen großzügig aufgepeppt war. Weniger begeistert waren wir vom auf Lauch, Kartoffel und geriebener Belper Knolle drapierten Kalbsbries, dessen feiner Geschmack von Frittierfett überlagert wurde. Das solide Kalbsragout konnte den wenig ansprechend arrangierten Teller dann leider auch nicht mehr retten. Ein besseres Händchen hatte die Küche beim saftigen und glasig gebratenen Filet vom Lofoten-Skrei, das mit Grünkohl, Pinkel und Kartoffelknusper serviert wurde. Nur bei der aromatisch dünnen Riesling-Senf-Sauce machen wir Abstriche, das geht besser. Zum Hauptgang Brust und Keule von der Nantaiser Ente: zartes Fleisch, krosse Haut, comme il faut. Leider war auch hier die Sauce trotz Rotweinreduktion ohne aromatischen Tiefgang. Mit lauwarmen Orangenkuchen, Zimteis und Mandelcreme bietet die Patisserie ein solides Dessert aus dem kulinarischen Mittelfeld. Die Weinkarte bietet Jahrgangstiefe, aber nur wenig aktuelle Gewächse.

MELLENTHIN

Gasthaus Bauernstube

Dewichower Straße 5,
17429 Mellenthin
T +49 (0) 38372 70924
www.bauernstube-morgenitz.de

mittags, Mo, So, Feiertag ganztags

Traditonelle Fischküche in gemütlich-rustikalem Ambiente – dafür steht seit mehr als 30 Jahren dieser unscheinbare Gasthof. Das Wirtepaar Carolin und René Bobzin, seit 2015 Betreiber des Lokals, zu dem auch eine Pension gehört, tischen auf, was die Peenefischer frisch aus dem Wasser gezogen haben. Am liebsten servieren sie Fisch im Ganzen gebraten, dazu verschiedene Kartoffelbeilagen. Immer bietet sich der Fang des Tages an, und vorweg eine Fischsuppe. Auf Vorbestellung gibt es in Portwein geschmorten Peene-Aal. Sehr gastfreundlich kalkulierte Weinkarte.

MITTELBIBERACH

Restaurant Esszimmer NEU

Ziegeleistraße 37,
88441 Mittelbiberach
T +49 (0) 7351 5749 890
www.restaurantesszimmer.de

Mo, Do, Fr, Sa, Feiertag mittags, Di, Mi ganztags
Menü 54 / 92 €
Vorspeise 16 / 19 €
Hauptgang 25 / 35 €

Mit Leidenschaft und Verantwortung führt das Ehepaar Kaiser dieses stilvoll-moderne Restaurant, das durch viel Holz und klare Linien besticht. Man fühlt sich dem Slow-Food-Gedanken verpflichtet, lässt sich vieles aus der Umgebung liefern. Der gebürtige Schwabe Simon Kaiser bereitet daraus Klassiker wie den Zwiebelrostbraten und das Wiener Schnitzel vom Hohenloher Kalb zu, bietet aber vor allem Kreativ-Feines wie Bachsaibling mit zweierlei Topinambur, Pomelo, Radicchio und Curry Malabar oder gebeizte Keule und „Reh Jerky" mit Sanddorn, Roter Bete und Buttermilch. Seine Frau Sarah leitet den Service.

MITTENWALD

Das Marktrestaurant

Dekan-Karl-Platz 21,
82481 Mittenwald
T +49 (0) 8823 9269 595
www.das-marktrestaurant.de

Nancy Hillejan
Andreas Hillejan
Di, Mi, Do mittags,
Mo, So, Feiertag ganztags
Menü 90 / 120 €
Vorspeise 19 / 29 €
Hauptgang 25 / 44 €

Fünf Gänge Menü oder Wiener Schnitzel? Im Marktrestaurant im malerischen Mittenwald geht beides, Fine Dining und bodenständiges à la carte. Und wenn das Wetter mitspielt, sitzt man auf der Terrasse mit spektakulärem Blick auf den Karwendel, sonst blickt man auf den Parkplatz, allerdings aus einem schmucken Gewölbegastraum aus dem 17. Jahrhundert. Mit bisschen viel Spektakel startet das „Wirtshaus mal anders"-Menü mit einer forsch abgeflämmten, gebeizte Forelle, einem Scheibchen Räucheraal, laktofermentierten Spargel, ingwerscharfen Zitrusgel, Nussbutter-Dashi und Tamarillo und Tamarilloeis. Da waren Ideen für drei Gänge auf dem Teller. Bei den folgenden, sehr feinen Weizen-Ramen in Morchelessenz mit Kapernbeeren, eingelegten Buchenpilzen, Wachtelei und subtil eingebauten Säurespitzen fragt sich der arglose Gast: Wie kommt es, dass der nette Herr vom Service so profund über Mehlsorten und Garpunkte japanischer Nudeln referieren kann? Einfache Erklärung: Andreas Hillejan steht nicht mehr allein am Pass, sondern übernimmt zugleich den Service. Und das mit charmanter Leichtigkeit, und wenn es sein muss nerdiger Kompetenz. Die Blaue Garnele kommt einmal wunderbar knusprig in Tempurateig ausgebacken, einmal in feine Streifen geschnitten als Tagliatelle, dazu ein Gulaschsud aus Chorizo und Paprikapulver. Fett, Salz, Paprika: „Wie Chips", sagt Hillejan. Nur sehr viel besser natürlich. Ein Signature ist die im Salzzeig mit Gletschersand gegarte Kartoffel, eine leicht speckige Isabella mit mineralischer Würze, einmal als Ofenkartoffel, einmal als Püree mit Butter, dazu ein Madeira Sud und Sommertrüffel on top. Einfaches Produkt, tolle Zubereitung. Die bayerische Entenbrust surft mit der Lavendelglasur gefährlich nah ans Seifige ran, begleitet von Zwiebeln in Entenconfit, einem Gyozo und eingelegtem Rettich. Die Weine sucht Nancy Hillejan aus, sie stammen aus Deutschland und vor allem aus Österreich. Neben einer Ferienwohnung betreibt das Ehepaar auch nebenan einen Genuss-Shop mit Produkten aus Hillejans Küche. Wer eine Bergwanderung plant, hier gibt's die perfekte Brotzeit.

Mittenwald

MOERS

Kurlbaum

Burgstraße 7, 47441 Moers
T +49 (0) 2841 27200
www.restaurant-kurlbaum.de

Sa, So, Feiertag mittags,
Mo, Di ganztags
Menü 53 / 89 €
Vorspeise 15 / 21 €
Hauptgang 28 / 38 €

Gastgeber Michael Kurlbaum und sein Küchenchef Detlev Hufschmidt offerieren in dieser Kombination aus Bistro und Restaurant eine mediterran orientierte, aber in alle Richtungen offene Küche: Hirschrücken mit Speck-Cranberry-Chutney, geschmorter Roter Bete und Spätzle oder Wolfsbarschfilet mit Zitronensauce, Garnele, grünem Pfeffer und Meerrettich-Kartoffelpüree. Immer gibt es auch ein rein vegetarisches Menü, was hier schon lange selbstverständlich ist. Die Weinkarte umfasst mehr als 200 Positionen. Mittagsgäste erwartet im Bistro-Bereich ein Zwei-Gänge-Menü.

MOOS

Kook 36

Thundorfer Straße 36, 94554 Moos
T +49 (0) 9938 9196 636
www.kook36.de

Josefine Noke
Daniel Klein
mittags, Mo, Di, Feiertag ganztags
Menü 70 / 100 €
Vorspeise 13 / 16 €
Hauptgang 21 / 42 €

Ob „Kook" für Kochen steht, zum Hinschauen auffordert oder gar Spinner oder Exzentriker als Übersetzung aus dem Englischen meint, wissen wir nicht abschließend. Vielleicht ist Patron-Küchenchef Daniel Klein auch Tocotronic-Fan, allerdings mit Anfang 30 sehr jung für das fünfte Studioalbum der deutschen Indie-Rockband von 1999. Fest steht, dass „36" die Hausnummer des Restaurants in Moos im niederbayerischen Landkreis Deggendorf zwischen Passau und Regensburg ist. Diese Ortswahl für ein ambitioniertes Restaurant verwundert, doch Klein stammt aus dem nahen Platting. Aber halten wir uns mit diesen Präliminarien so wenig auf, wie das freundlich-flinke Team um Lebensgefährtin Josefine Noke nicht lange fackelt. Als gelungenes Intro wurde Rote-Bete-Waffel mit Thunfischtatar, Mango und Wasabicreme sowie Rindertatar auf gerösteter Brioche mit Misocreme serviert, bevor das Menü in fünf bis sieben Gängen mit Wahlmöglichkeiten startete. Deren Bandbreite reichte von schnörkellos bis ausgefeilt; eine Mischung, die auf legeres Ambiente und eine moderat kalkulierte Weinkarte zutrifft. Zu den komplexeren Gängen zählte marinierter Thunfisch mit Erbsencreme und schockgefrosteten Erbsen, lauwarmem Hühner-Miso-Fond, erfrischend herben Kalamansi-Akzenten und verbindendem Miso-Mayonnaise-Kleks. Danach geriet Sous-vide gegarte, gebratene Maispoularde mit Paprika-Lackierung herrlich saftig, begleitet von Mais, knackigem chinesischen Brokkoli Kai-Lan, Süßkartoffelcreme und würzigem Chorizo-Öl. Das ist unkompliziert, schmackhaft und solide gekocht, nur in Details zeigten sich Unstimmigkeiten. Beim Zwischengang pimpte Trüffelöl Tagliatelle. Da war uns anstelle artifizieller Aromen die rustikal-muntere Kombination von Portweinkirschen und kräftigen Chorizo-Würfeln zum Kabeljaufilet auf Spinat lieber. Auch rosa gebratenes Reh gelang, war jedoch arg grobschlächtig und mit überproportional viel Kartoffel-Espuma und Himbeeren angerichtet. Wieder solides Fahrwasser erreichte die Küche beim Dessert aus Marille mit Vanille und Kürbiskernöl.

MULFINGEN

Landgasthof Jagstmühle

Jagstmühlenweg 10, 74673 Mulfingen
T +49 (0) 7938 90300
www.jagstmuehle.de

Nadine Mezger
Steffen Mezger
Menü 37 / 125 €

Willkommen Zuhause, möchte man Steffen Mezger zurufen. Der gebürtige Öhringer ist nach vielen erfolgreichen Stationen in der Spitzengastronomie in seine Heimat zurückgekehrt. Man muss wissen: Mezger war zuletzt Chef de Cuisine bei Heinz Winkler und wurde als dessen Nachfolger gehandelt. Pustekuchen – Mezgers neue Wirkungsstätte ist keine Residenz – die Jagstmühle ist ein schmuckes Landhotel im idyllischen Jagsttal. Schon der Gruß aus der Küche lässt keinen Zweifel: Hier macht keiner auf modisch aufgesetzte Regionalität oder Aromen-Sudoku, sondern auf klassische Hochküche. Mezger schickt eine pochierte Felsenauster mit Avocado-Lauch-Vinaigrette – klassisch, edel, gut! Genauso startet auch das Menü im holzvertäfeltem Landhaus-Stil-Restaurant mit Gänseleberparfait, Quitte und griechischem Joghurt. Die Gänseleber ist mit Herbsttrompeten gespickt, einem wunderbareren, immer noch unterschätzten Edelpilz. Vom Land aufs Wasser geht es mit der gebeizten Lachsforelle als Tatar und in Scheiben mit Sauerrahm, einer aromastarken Kräuteremulsion und einem Klecks Kaviar. Es braucht nicht viel für diesen Hochgenuss: Ein paar Kräuter wie Kerbel, Basilikum und Petersilie, Traubenkernöl und Fischfond – top! Auch die folgende Gelbschwanzmakrele beizt Mezger nur kurz (6h) und zeigt auch hier, wie gekonnt er mit Säure umgeht: Das filligrane Zitrus-Mandarin-Aroma des Yuzugels passt kongenial zum eher fetten Fisch, das Dashi ist perfekt, Kombu-Alge, Ingwer und Plankton (ja, Gourmets essen jetzt sogar den Fischen das Plankton weg!) liefert Hintergrundmusik für Mezgers Hit im Japan-Style. Style ist das falsche Wort, Mezger verehrt schon lange die japanische als einer der ehrlichsten, reinsten Küchen der Welt und setzt asiatische Produkte ganz natürlich und unaufgeregt ein. Apropos Produkt: Das ist auf jedem Teller zweifelsohne der Star, von dem nicht einmal Beilagen ablenken sollen – Mezger verzichtet konsequent auf Sättigungsbeilagen und beschränkt sich auf wenige, stets stimmige Komponenten. Wie beim geflammten Aal auf eingelegtem Weißkohl mit Apfelpüree, Apfelscheiben, Röstzwiebel und Räucherfischsauce. Aal polarisiert, wer ihn mag, liebt diese bodenständige Version. Feiner wird es wieder mit der Entenbrust samt Rüben und Selleriecreme. Rosmarin verleiht der Haut Würze, Honig Süße. Orange spielt gekonnt mit dem Klassiker Ente à l'Orange, einer der großen Errungenschaften der französischen Küche. Besser kann man eine Ente kaum machen – auf den Punkt gegart, weil innen butterzart und außen kross. Die Jus flankierend, aber das feine Geflügel nicht erschlagend. Apropos auf den Punkt: Weichkäse machen nur Spaß, wenn sie auf den Punkt gereift angeboten werden. Was nützt ein z. B. ein Vacherin, wenn er entweder zu hart und aromalos oder schon zu weich und penetrant überreif ist? Schade um die gute Milch! In der Jagstmühle ist die kleine und sehr feine Käseauswahl (alles Affineur Waltmann) auch in diesem Punkt über jeden Zweifel erhaben, was auch für den herzlichen wie aufmerksamen Service gilt, der uns das Dessert bringt: Valrhona-Guanaja-Schokolade mit rotem Beerensud, Bittermandel und eingelegten Feigen. Ein sehr feiner Abschluss eines sehr schönen Abends im Jagsttal.

MÜLHEIM AN DER RUHR

Am Kamin NEU

Striepens Weg 62,
45473 Mülheim an der Ruhr
T +49 (0) 208 7600 36
www.restaurant-amkamin.de

✉ Heike Nöthel-Stöckmann
🍴 Hans Robert Lange Rodriguez
🍷 Hermann Stöckmann
🔒 Di, Mi, Do, Fr, Sa mittags,
   Mo, So ganztags
Menü 59 / 95 €
Vorspeise 12 / 23 €
Hauptgang 25 / 36 €

Die Kerben im gravierten Besteck sind stumme Zeugen. Sie könnten erzählen von der jahrzehntelangen gastronomischen Tradition. Seit 1993 führt Heike Nöthel-Stöckmann in dritter Generation das Restaurant mit dem namensgebenden Feuer in der unverändert rustikalen Gaststube des Fachwerkhauses von 1732. In dieser langen Zeit gab es viele Aufs. Aber auch einige Abs, die auch in der jüngeren Vergangenheit den Genuss trübten. Nun aber ist seit Herbst 2021 mit Hans Robert Lange Rodriguez ein Küchenchef mit Wurzeln in Bolivien und Deutschland verantwortlich. Und wir freuen uns, dass es ihm gelingt, eine weltoffene zeitgemäße Kulinarik nicht nur zu planen, sondern auch (fast immer) tadellos umzusetzen. Ein Taco, gefüllt mit Rotkohl und Apfel, schlägt als Gruß aus der Küche trefflich-knusprig die Brücke zwischen Mexiko und Deutschland. Verankert in der Welt der europäischen Produkte und Zubereitungen integriert Rodriguez sattelfest zum Beispiel eine Mojo Rojo oder eine Caipirinha-Creme. Letztere gießt er großzügig an Aal und Hering und schafft sowohl im Aroma wie im Biss Kontraste von süßlich bis herzhaft und schaumig bis fest. Es liest sich fast ein wenig waghalsig, die herzhaften Geschmäcker von Linsen als Schaum, Grünkohl als wunderbare Praline, Chorizo als Knusperchip zu kombinieren und noch ein Onsen-Ei - leider zu kühl - hinzuzufügen, aber auch hier gelingt der Spagat zwischen Verfeinerung und Wohlfühlgeschmack. Sowohl die panierten, leider etwas zähen Gnocchi mit grünen Bohnen und intensivem Pesto als auch der Hauptgang führen Rodriguez' Konzept gelungen fort. Zum Ochsenfilet mit Amaranth reicht er die oben erwähnte Mojo Rojo und eine klassische Jus. Fermentierter Staudensellerie, klassisch zubereiteter Rosenkohl und Pastinakenpüree ergeben im Zusammenspiel eine Kombination zum Aufmerken. Zu diesem Zeitpunkt wenig überraschend – seine Kombinationskunst hat Rodriguez auch im Griff, wenn Minze, Schokolade und Fichte aufeinandertreffen. Stets eine Chance für Entdeckungen sind Heike Nöthels Weinbegleitung und Weinempfehlungen, die eine Weinkarte nicht vermissen lassen.

Mölleckens Altes Zollhaus

Duisburger Straße 239,
45478 Mülheim an der Ruhr
T +49 (0) 208 50349
www.moelleckensalteszollhaus.de

 Sa mittags, So abends, Mo ganztags

Menü 35 / 55 €
Vorspeise 7 / 16 €
Hauptgang 22 / 28 €

Seit drei Jahrzehnten schon empfängt man in diesem gutbürgerlichen Restaurant Gäste. Die ruhrgebietstypische Herzlichkeit hier ist so ungekünstelt wie die Küche schnörkellos. Die Fischgerichte richten sich nach dem Tagesangebot, auf der Karte stehen Schlemmereien wie eine Rote-Bete-Samtsuppe mit gebratener Wachtelbrustspieß, Semmelklöße mit Pfifferlingen im Kräuterrahm oder rosa gebratenes Lammnüsschen mit Balsamicojus. In den Sommermonaten sitzt man auf der gemütlichen Gartenterrasse unter Sonnentuch.

MÜLLHEIM

Alte Post Hebelstube

Posthalterweg, 79379 Müllheim
T +49 (0) 7631 17870
www.alte-post.net

 Marco Hinzmann
 Pierre-Marie Barrel
 Mo, Di, Mi, Do, Fr mittags, Feiertag ganztags

„Z' Müllen an der Post", wusste schon der große Johann Peter Hebel (1760-1826), schmeckt der Wein und fließt in Strömen – wenn auch heute freilich gesittet und von einer badisch-französischen Küche begleitet, die uns jüngst deutlich weniger Reformkost-inspiriert erschien, als gelegentlich in der Vergangenheit. Verantwortlich zeichnet seit einigen Monaten Pierre-Marie Barrel, der mit Stationen im Lameloise, l'Arnsbourg und dem Bensberger Vendôme einige bemerkenswerte berufliche Etappen vorzuweisen hat. Seine klug kompakte Speisekarte repräsentiert Baden und hält den ein oder anderen Abstecher in die weite Welt bereit, sie verrät Anspruch und eine klassische Basis. Sehr gut gefiel uns bei unserem jüngsten Besuch bereits das Amuse, ein kleines Tortenstückchen von der Entenleber auf Sellerie mit einer dezenten Pilzfarce in Aspik. Elegant! Etwas mehr geschmackliche Kraft und südliche Leichtigkeit hätten wir der folgenden Bouillabaisse gewünscht, deren ebenso üppigen wie zarten Einlage (Wolfsbarsch, Scampi, Miesmuscheln) uns punktgenau gegart bestens gefiel und die durch eine feinscharfe, mild-knoblauchwürzige Rouille zu gerösteten Toastdreiecken erheblich gewann. Dazu ein Schluck Grauburgunder vom lokalen Platzhirsch Dörflinger, sehr schön! Gleiches galt für die anschließend servierten Rehmaultaschen – und insbesondere deren exzellenten Teig von feinem Biss. Schön auch die locker-aromatische Füllung sowie erfreulich knapp gegarter Wirsing in Streifen, einzig der begleitenden Preiselbeerjus hätte mehr Wildgeschmack sowie weniger Süße und Bindung gut gestanden. Zum Abschluss ein Orangen-Schokoladen-Eclair – luftige Schokoladencreme, dichtes Schokoladeneis, Orangenfilets, Orangenzesten sowie -Marmelade – und die Freude über die lange Liste regionaler Erzeugerinnen und Erzeuger, mit denen die Alte Post zusammenarbeitet. In der Weinkarte

MÜLLHEIM

ist viel in Demeter-Qualität gelistet und manches ausgetrunken, aber immer noch in jedem Fall genug für einen schönen Abend in den gemütlichen Stuben am Kachelofen oder im Sommer im lauschigen Innenhof zu finden.

Hirschen Britzingen

Markgräflerstraße 22, 79379 Müllheim
T +49 (0) 7631 5457
www.hirschen-britzingen.de

🔒 Di, Mi, Feiertag ganztags
Menü 19 / 35 €
Vorspeise 6 / 15 €
Hauptgang 12 / 34 €

„Fein, Regional, Bodenständig" will der Hirschen in Britzingen sein – so hat man es sich hier auf die Fahnen und die Website geschrieben. Und hält Wort! Sorgfältiger als in diesem Vorzeige-Gasthaus werden die großen badischen Klassiker – von der goldenen Brühe über den feinen Ochsenmaulsalat bis zu den röschen Brägele oder zum seidigen Kartoffelsalat – kaum irgendwo gepflegt. Auf seiner Speisekarte versammelt Martin Schumacher in vierter Generation Referenzqualitäten der Kategorie Schnitzel, Forelle, Schäufele. Seine Stammgäste danken es ihm stürmisch, ohne Reservierung geht hier gar nix!

Restaurant Tempel NEU

Werderstraße 44, 79379 Müllheim
T +49 (0) 7631 9367 844
www.tempel.restaurant

🔒 Feiertag mittags, Sa, So ganztags
Menü 46 / 76 €

Dass die Sparkasse in Müllheim in einem „Tempel" residiert, wundert bibelfeste Besucher nicht. Ortsunkundigen sei gesagt, dass das im gleichen Gebäude jüngst neu eröffnete Restaurant kein Gourmet-Tempel ist, sondern eine muntere gastronomische Anlaufstation mit kulinarischem Anspruch für viele Anlässe. Patron ist Markus Gradel – ein ebenso umtriebiger wie kluger Gastronom, der die Wünsche seiner Kundschaft kennt und nicht (wie so viele andere) ignoriert. Folglich lässt er vom Cappuccino zur Scharwaie am Morgen über den Mittagstisch bis zum Abendservice keine Gelegenheit aus, und was bei ihm auf den Tisch kommt, kann sich durch die Bank sehen lassen: saubere Produkte, solides Handwerk, zurück-haltende Kalkulation. Abends werden allerlei Kleinigkeiten in Zwischengang-Portionen serviert, Lokales und Regionales steht im Fokus – vom kleinen, sorgfältig angerichteten „Veschper" vom Metzger Reichenbach aus dem Glottertal mit Meerrettich über ein mildes Ceviche von der heimischen Forelle oder einen punktgenau gebratenen Wels mit Kernöl auf schlotzigen Balsamico-Linsen. Sehr schön bei unserem Auftaktbesuch ein halbflüssig-cremig gebackenes Ei auf Cremespinat und Nussbutterpüree mit einem süffigen Pfefferschaum, ausgezeichnet eine badische Ramen-Suppe auf Miso-Basis mit nicht zu weichen Spinatflädle sowie ein saftiges „Pulled Pork" vom Schäufele mit Zwiebelchutney und Senfmayo. Wer ein kleines Menü wünscht, wird von den äußerst gastfreundlich kalkulierten Preisen angetan sein, wer nur eine Kleinigkeit zum Wein bestellen will, ist ebenso willkommen – und findet in der Karte die passende regionale Flasche zu erneut animierenden Tarifen.

Taberna

Marktplatz 7, 79379 Müllheim
T +49 (0) 7631 1748 84
www.taberna-restaurant.de

- Catinka Birks
- Tom Birks
- Mo, So, Feiertag ganztags

Menü 21 / 52 €

Wir wiederholen es gerne: Dieses kleine Weinbistro entzieht sich konsequent der südbadischen Behäbigkeit, biedert sich nicht bei Viertele-Schlotzern an – und zwar weder im Angebot noch in der Anmutung. Stattdessen setzt man hier auf eine frische, weltläufige Küche mit regionalen Einsprengseln und wagt es gar, der Weinkarte eine nicht geringe Zahl südafrikanischer Gewächse an die Seite zu stellen. Solchen Eigensinn schätzt der Markgräfler mehr an sich als an anderen und verzieht sich folglich grummelnd hinterm Kachelofen. Macht nichts, in der Taberna läuft's trotzdem! Durchhalten können Catinka und Tom Birks – er kochender Brite, sie als südbadische Südafrikanerin im Saal – ihre Linie freilich nur, weil sie seit vier Jahren konstant solide Leistung liefern, eine gerade Linie. Wir haben dort auch in diesem Jahr besser gegessen als irgendwo sonst zwischen Sulzburg und Blansingen. Im schönen Gewölbe kommen handwerklich tadellos ausgeführte Kleinigkeiten auf die blanken Holztische, voller Geschmack und Substanz. Die Karte ist überschaubar, aber animierend und legt sich keine dogmatischen Beschränkungen auf. In der Vorspeise gefiel uns jüngst etwa zarte Rillettes von der geräucherten Makrele an der Seite animierend gepickelten Rhabarbers, anschließend Pilzravioli mit einem dezenten Hauch vom ersten Bärlauch in samtig-intensivem Pilzrahm. Höhepunkt – und für sich genommen eine dritte Haube wert – allerdings war eine dicke Tranche vom perfekt gebratenen Kabeljau, blättrig-saftig, wie man es sich nicht schöner denken kann und gewürzt durch ein paar krosse Scheiben Chorizo. Dazu Blattspinat, Kartoffelkrapfen und eine leichte, schaumige Buttersauce. Top! Etwas zu weich die Gemelli-Nudeln, die ein ausgezeichnetes, butterzartes Ragout vom Ochsenbäckle und Mangold begleiteten, gewürzt von einem Hauch Pecorino. Nichts zu meckern dann wieder beim Dessert – lauwarmer Orangen-Milchreis mit Joghurtsorbet und Haselnüssen. Und das alles zu Tarifen, die Hamburgern oder Münchnern die Tränen der Rührung in die Augen treiben dürften. Wir sind sicher: Irgendwann begreift das auch der letzte Sturkopf.

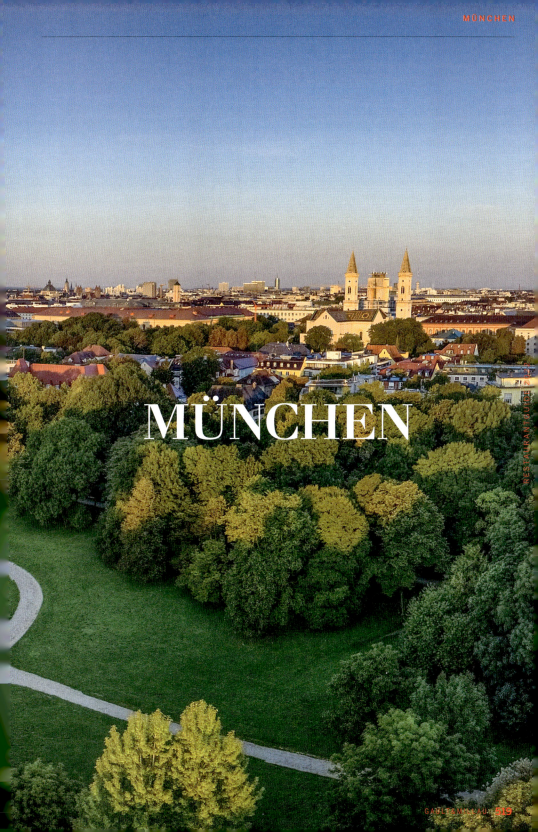

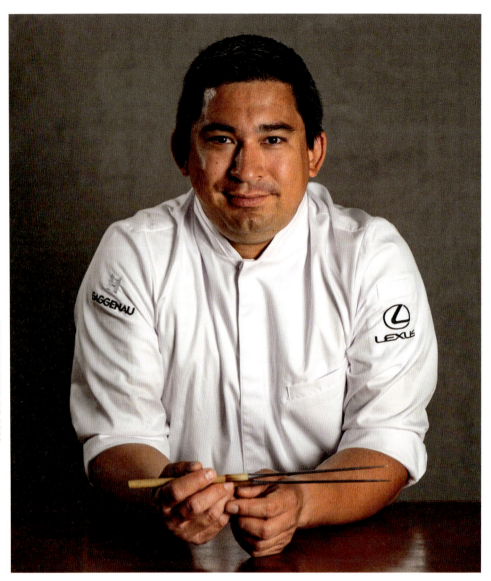

Tohru Nakamura

Der ausgesprochen rührige Koch deutsch-japanischer Abstammung ist längst über die Grenzen Münchens hinaus bekannt – und das liegt nicht nur an den regelmäßigen Auftritten in TV-Kochshows. Mit seinem Pop-up-Restaurant Salon Rouge, einem selbst organisierten Steetfood-Markt und manch anderer kulinarischer Idee rettete der Wissler- und Herman-Schüler sich und die bayerischen Genussfreunde durch die Pandemie. Nun steht Nakamura am Herd seines neuesten Projekts, **Tohru in der Schreiberei,** und beglückt die Gäste mit **hochklassiger fernöstlich-klassischer Fusionsküche.**

TOHRU NAKAMURAS EMPFEHLUNGEN

Boulangerie Dompierre
Hans-Sachs-Straße 1,
80469 München
T +49 (0) 89 2323 7093
www.dompierre.de

Ich glaube, man kann behaupten, dass es nichts Besseres gibt als die französische Patisserie und Backkunst – vor allem im süßen Bereich. Wenn wir wieder mal einen Meeting-Marathon vor uns haben, muss immer auch für das leibliche Wohl gesorgt sein. Das geht am besten mit einem Großeinkauf in einer der Dompierre-Filialen. Ein Tisch voller Pains au chocolat, Croissants, Éclairs und weiterer süßer Kleinigkeiten ist die Grundvoraussetzung für ein erfolgreiches Meeting. Und wer etwas mehr Zeit hat, genießt sein Croissant mit einem Café au lait direkt in einem der kleinen Cafés.

Shoya am Platzl
Pfisterstraße 6, Platzl 3,
80331 München
T +49 (0) 89 5428 315
www.shoya-group.de/platzl

Japanische Küche, dazu ein japanisches Bier oder Sake. Gastlichkeit und eine lange Freundschaft zwischen unseren Familien bringen mich immer wieder hin her. Wie wir arbeitet die Küche des Shoya ausschließlich mit Wagyu der Familie Ozaki aus Miyazaki, auch die Vorliebe für den japanischen Koshihikari-Reis teilen wir. Wer neben Sushi auch Ramen liebt, ist hier genau richtig, die Nudeln werden hier noch selbst zubereitet.

Khanittha im Werksviertel
Atelierstraße 14, Werk 3 | Bauteil C,
81671 München
www.khanittha-werksviertel.de

Das Khanittha bringt original-koreanisches Marktfeeling in die bayerische Hauptstadt. Authentisches Essen, viele kleine Stände und selten gesehene Herzlichkeit. Gemeinsam mit meinem Team habe ich mich während unseres Pop-ups im Werksviertel in das Khanittha verliebt und dort einige schöne Mittage zusammen verbracht. Am besten wird viel bestellt und alles miteinander geteilt.

Grapes Weinbar
Ledererstraße 8a, 80331 München
T +49 (0) 89 2422 49504
www.grapes-weinbar.de

Für diejenigen, die eine richtig gute Flasche Wein trinken und dazu auch noch exzellent speisen möchten, geht kein Weg an Grapes Weinbar vorbei. Auf nur ein Glas Wein herzukommen, klappt hier auf keinen Fall – zumindest bei mir nicht. Die Atmosphäre, das Personal und natürlich die Weine „zwingen" einen quasi zum Verweilen und Genießen. Mit Justin Leone als neuem Weindirektor wird das Grapes sicher weiterhin die erste Adresse unter den Weinbars bleiben. Hoffentlich hält auch er weiterhin am österreichischen Erbe des „Schnitzelmontags" fest.

Man vs. Machine
Müllerstraße 23, 80469 München
T +49 (0) 89 5484 7777
www.mvsm.coffee

Wie bei uns liegt bei Man vs. Machine der Fokus auf Qualität, bedingungslos. Unseren Gästen servieren wir ausschließlich die hier erworbenen Bohnen von Marco Mehrwald und seinem Team. Wenn mir mein (kurzer) Weg ins Restaurant zu unserer Espressomaschine zu weit ist, mache ich schon mal einen morgendlichen Halt in der Müllerstraße. Unbedingt auch die Franzbrötchen probieren!

Max Beef Noodles
Sendlinger-Tor-Platz 10,
80336 München
T +49 (0) 89 5155 6868
www.max-noodles.de

Nudeln gehen ja immer, für mich am liebsten als herzhafte „Suppe". Ich liebe japanische Ramen, aber auch die chinesische Variante ist wahnsinnig gut. Handgemachte Nudeln, dazu eine Brühe, die frisch angesetzt über mehrere Stunden köchelt, einfach perfekt. Es lohnt sich, hier auch die anderen chinesischen Spezialitäten zu probieren – also nach der Nudelsuppe.

MÜNCHEN KARTE

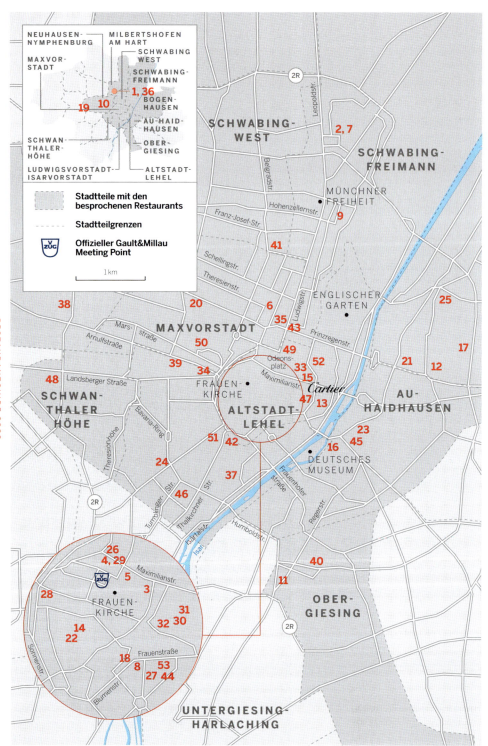

Restaurants

1 ESS.ZIMMER
Am Olympiapark 1, 80809 München

2 TANTRIS
Johann-Fichte-Straße 7,
80805 München

3 TOHRU IN DER SCHREIBEREI
Burgstraße 5, 80331 München

4 ATELIER
Promenadeplatz 2–6,
80333 München

5 LES DEUX RESTAURANT & BRASSERIE BY KIEFFER
Maffeistraße 3a, 80333 München

6 RESTAURANT SPARKLING BISTRO
Amalienstraße 89, 80799 München

7 TANTRIS DNA
Johann–Fichte–Straße 7,
80805 München

8 TIAN
Frauenstraße 4, 80469 München

9 WERNECKHOF SIGI SCHELLING
Werneckstraße 11, 80802 München

10 ACETAIA
Nymphenburger Straße 215,
80639 München

11 GABELSPIEL
Zehentbauernstraße 20,
81539 München

12 HIPPOCAMPUS
Mühlbaurstraße 5, 81677 München

13 JIN
Kanalstraße 14, 80538 München

14 MURAL
Hotterstraße 12, 80331 München

15 SCHWARZREITER
Maximilianstraße 17,
80539 München

16 SHOWROOM
Lilienstraße 6, 81669 München

17 ACQUARELLO
Mühlbaurstraße 36, 81677 München

18 BLAUER BOCK
Sebastiansplatz 9, 80331 München

19 ESSENCE RESTAURANT
Gottfried-Keller-Straße 35,
81245 München

20 JAPANISCHES RESTAURANT KAITO
Gabelsbergerstraße 85,
80333 München

21 KÄFER-SCHÄNKE
Prinzregentenstraße 73,
81675 München

22 LANDERSDORFER & INNERHOFER
Hackenstraße 6–8, 80331 München

23 MUN
Innere Wiener Straße 18,
81667 München

24 RESTAURANT EDERER
Lindwurmstraße 48,
80337 München

25 RESTAURANT HUBER
Newtonstraße 13, 81679 München

26 RESTAURANT PAGEOU
Kardinal-Faulhaber-Straße 10,
80333 München

27 TIVU
Rumfordstraße 14, 80469 München

28 WEINHAUS NEUNER
Herzogspitalstraße 8,
80331 München

Restaurants

29 GARDEN
Promenadeplatz 2–6,
80333 München

30 GRAPES
Ledererstraße 8, 80331 München

31 MATSUHISA
Neuturmstraße 1, 80331 München

32 SCHNEIDER BRÄUHAUS
Tal 7, 80331 München

33 TOSHI
Wurzerstraße 18, 80539 München

34 VINOTHEK BY GEISEL
Schützenstraße 11, 80335 München

35 BAR MURAL
Theresienstraße 1, 80333 München

36 BAVARIE
Am Olympiapark 1, 80809 München

**37 BRASSERIE COLETTE
TIM RAUE**
Klenzestraße 72, 80469 München

38 BROEDING
Schulstraße 9, 80634 München

39 DÉLICE LA BRASSERIE
Bayerstraße 12, 80335 München

40 DER DANTLER
Werinherstraße 15, 81541 München

41 KANSHA
Georgenstraße 42, 80799 München

42 LITTLE WOLF
Pestalozzistraße 9, 80469 München

43 LUDWIG 8
Ludwigstraße 8, 80539 München

44 MENAGE BAR
Buttermelcherstraße 9,
80469 München

45 MONA RESTAURANT
Rosenheimerstraße 15,
81667 München

46 RESTAURANT ATLANTIK
Zenettistraße 12, 80337 München

47 RESTAURANT LE STOLLBERG
Stollbergstraße 2, 80539 München

48 RÜEN THAI
Kazmairstraße 58, 80339 München

**49 SCHUMANN'S BAR
AM HOFGARTEN**
Odeonsplatz 6–7, 80539 München

50 SOPHIA'S RESTAURANT & BAR
Sophienstraße 28, 80333 München

51 USAGI
Thalkirchner Straße 16,
80337 München

52 VECCHIA LANTERNA
St.-Anna-Straße 31,
80538 München

53 XAVER'S
Rumfordstraße 35, 80469 München

MÜNCHEN

Acetaia

Nymphenburger Straße 215,
80639 München
T +49 (0) 89 1392 9077
www.restaurant-acetaia.de

Michele Perego
Giorgio Maetzke
Sa mittags
Menü 70 / 110 €
Vorspeise 17 / 23 €
Hauptgang 30 / 35 €

Wenn die Luft im Sommer drückend in den Straßen steht, sitzt es sich hier im kleinen Sommergarten an der Nymphenburger Straße im Herzen von Neuhausen ganz besonders herrlich! Serviert wird „italienische Kochkunst im gehobenen Stil", gelegentlich – was wir mit der Andeutung einer hochgezogenen Augenbraue vermerken – als „Kombination von klassischen italienischen Speisen und kreativen Interpretationen". Aus letzterer Abteilung entstammte eindeutig die klingende Verbindung von „Calamari und Oktopus, Senfmousse, Blumenkohl und Kirschendressing", die sich auf dem Teller allerdings als erfreulich gradlinige Kreation eines zarten Kraken-Duetts in kleinen Würfelchen mit Blumenkohl in fruchtig-frischer Würze auf einer vielleicht einen Hauch zu mächtigen Senfcreme entpuppte. Mit großer Klassik auf hochsolidem handwerklichem Fundament erfreut uns Küchenchef Giorgio Maetzke immer wieder, wenn es zu den Pasta-Gängen geht – seien es die weithin gerühmten „Ravioli di pecorino fresco" mit Butter, Majoran und Aceto Balsamico Tradizionale oder seien es, wie bei unserem jüngsten Besuch, perfekt gegarte Spaghetti „Masciarelli" mit Gamberi rossi von ausgezeichneter Qualität, zarten Vongole und kleinen Kirschtomaten in einem südlich-verführerisch duftenden Sud ... Köstlich! Schwer fiel uns die Wahl im Hauptgang angesichts einer Entenbrust („Poltinger Selektion", hier wird Produktqualität großgeschrieben!) mit Tropea-Zwiebeln oder eines rosigen Kalbsrückens mit Pinienkernen und Rosinen, Kartoffelpüree und Pfifferlingen auf der Karte. Allerdings konnten wir uns die Chance nicht entgehen lassen, uns für die komplette fröhliche Tafelrunde einen stattlichen Steinbutt in den Ofen schieben zu lassen, aromatisiert von einigen Scheiben duftender Orange, begleitet nur von ein wenig Orangensauce, ein paar Stangen grünem Spargel, ein paar Tropfen Öl. Gefolgt von zwei ebenso schlichten wie überraschend elaborierten Desserts: „Crema cotta" mit weißem Pfirsich (mit Brandy flambiert) sowie eine herb-elegante „Millefoglie di cioccolato e nocciola" mit einer Kaffee-Tonkabohnen-Creme. Das Ganze zu sehr angemessenen Tarifen, was im Verbund mit der kenntnisreich zusammengestellten Weinkarte zusätzlich zu unserer Vorliebe für dieses schöne Restaurant beiträgt.

MÜNCHEN

Acquarello

Mühlbaurstraße 36, 81677 München
T +49 (0) 89 4704 848
www.acquarello.com

- Massimiliano Gamba & Florian Oettl
- Mario Gamba
- Sa, So, Feiertag mittags, Mo ganztags

Menü 130 / 249 €
Vorspeise 21 / 39 €
Hauptgang 40 / 59 €

Der aus Bergamo stammende Mario Gamba und sein Bogenhauser Acquarello sind eine Welt für sich. Die vielen Stammgäste wissen den globalen Anspruch der Küche zu schätzen, die – ganz wie der mehrsprachig gewandte Patron selbst – ohne Schwierigkeiten und gerne von Italienisch auf Französisch hin und her springt. So wäre man im farbenfrohen Acquarello auch an der falschen Adresse, wenn man hier eine traditionell ausgerichtete lombardische Küche erwarten würde. Wundervolle Rote-Bete-Tortelli auf Meerrettich-Sauce und Mohnbutter, als Zitat aus der Südtiroler Heimat des Lehrmeisters und Freundes Heinz Winkler, Filet vom Lachs mit Blumenkohlpüree und asiatisch inspirierter Soja-Koriander-Sauce sowie Lammrücken im Brotmantel mit Ratatouille, Auberginen-Praline und der gerne eingesetzte Rosmarinjus, als Klassiker der französischen Grande Cuisine, zeigen ganz klar auf, dass Mario Gamba seine Gäste auf eine kulinarische Weltreise einlädt. Insofern ist Gambas Motto „Cucina del Sole" ein klein wenig irreführend, wenn man dieses unmittelbar mit der schlichten Schönheit und puren geschmacklichen Intensität der Regionalküchen in Italiens Süden verbindet. Vielmehr legen Mario Gamba und sein Team allergrößten Wert darauf, dass wahre Gastgeberschaft und seine Idee vom allumfassenden Genuss sich nicht über ein reines Teller-Solo manifestiert, sondern eine echte Herzensangelegenheit ist. Mario Gamba will den Gast berühren und wer sich auf diese Erfahrung einlässt, wird in dieser wirklich gastfreundlichen Atmosphäre, die das Acquarello in nunmehr nahezu 30 Jahren selbst zu einem Klassiker in der Münchner Gastronomie-Landschaft gemacht hat, nicht enttäuscht werden.

Atelier NEU

Promenadeplatz 2–6, 80333 München
T +49 (0) 89 2120 743
www.bayerischerhof.de

- Daniela Heizmann
- Anton Gschwendtner
- Shahzad Talukder

Gastronomische Rochaden im Bayerischen Hof: Jan Hartwig ging, um sich selbstständig zu machen, sein Team quittierte ebenfalls. Als Ersatz verpflichtete Hoteldirektorin und geschäftsführende Gesellschafterin Innegrit Volkhardt Anton Gschwendtner aus dem Stuttgarter Olivo, der sich bereits Münchener Sporen (Sofitel Bayerpost, Atelier & Garden) verdient hatte. Hingegen eine Konstante ist das von Axel Vervoordt designte dunkle Interieur des fensterlosen Raums im weitläufigen Hotelerdgeschoss, das an ein historisches Künstleratelier erinnern soll – ein klassischer Fall von „love or hate it" mit Sesseln zum Versinken. Ebenfalls gleich blieb die selbst für Münchener Verhältnisse größtenteils impertinent kalkulierte Weinkarte, deren mehrheitlich europäische Weine in nicht allzu filigranen Gläsern serviert werden. Hier schafft hoffentlich Sommelier Shahzad Talukder, zuvor Léa Linster, peu à peu Abhilfe. Sein Auftreten überzeugte wie das freundliche Wesen der Spitzengastronomie-erfahrenen Restaurantleiterin Daniela Heizmann. Nach gelungenem Vorspiel, darunter Kalb-Carne-cruda mit Salzzitrone und Sardine, vergoldeter Hamachi-Kugel und Zandertatar im Shisoblatt mit geeistem Sauerrahm, Felchenkaviar und Engelshaar-Knusper erschien uns der weitere Verlauf noch nicht abschließend ausgereift. Erst begünstigte die subtile, globale Einfassung mit feinsäuerlichen Ceviche-Anklängen, Schnittlauchöl –

prägnantes Grün war ohnehin optisches Merkmal der ersten Gänge –, süßlich mariniertem Rettich und Nori-Algenstreifen noch die Produktqualität des in feine Tranchen zu Zartheit geschnittenen Thunfischrückens und etwas Thunfischbauchs. Noch gefälliger fiel sanft gegarte bayerische Forelle (sehr weich) mit Kräuteremulsion, Meerrettich-Senf-Schaum und erfreulicher textureller Auffälligkeit eines gallertig-knusprigen Kalbskopfelements aus. Trotz Zitruszesten zur Forelle und rauchig-nussigem Hartweizen Freekeh mit interessantem Biss zur anschließenden gebratenen Jakobsmuschel auf Blumenkohl mit Bouchot-Muscheln und samtig-würziger Sauce normande fehlten Überraschungsmomente und Feinschliff; die Missing Links, die aus einem guten ein herausragendes Gericht machen. Vielleicht sollte anstelle zurückhaltenden Mutes mehr Eindeutigkeit einkehren, denn Zutaten und Ideen sind grundsätzlich da. Das zeigte sich bei Rotbarbe mit eingelegten Pinienkernen und -creme und ein wenig gezupftem Taschenkrebs, nur waren die spannenden Akzente Chorizo und die koreanische pikante Würzpaste Gochujang zu Krautwickel zu zurückhaltend dosiert. Während beim Wagyu der satte Aufschlag (30 Euro) auf den ohnehin stattlichen Menüpreis wegen recht festen Fleisches bedingt lohnte, wusste an der Karkasse gegarte, kurz über Binchotan-Holzkohle gegrillte Taube mit Schwarzwurzeln zu gefallen, insbesondere weil animalischer Geschmack und feinherbe laktische Umami-Noten des Sake „Kimoto Tradition" von Hatsumago, ein Steckenpferd des neuen Sommeliers, sich wunderbar paarten und die Sanddorn-Miso-Mohn-Aromatisierung aufgriffen. Bei den Süßspeisen überzeugte das wohlproportionierte, leichte Hauptdessert, wo ein Ring weißer karamellisierter Felchlin-Schokolade auf Piemonteser Haselnuss und Passionsfrucht traf. Anton Gschwendtner hat durchaus Baustellen, vielleicht nicht von Stuttgart-21-Ausmaßen wie gegenüber seiner alten Wirkungsstätte, vor sich – doch wir sind optimistisch, dass er sich steigern kann.

Bar Mural

Theresienstraße 1, 80333 München
T +49 (0) 89 2737 3380
www.barmural.com

🔒 mittags,
   Mo, So, Feiertag ganztags
Menü 38 / 75 €
Vorspeise 14 / 19 €
Hauptgang 18 / 32 €

Der Bar-Satellit des gleichnamigen Restaurants kreist einen Stadtspaziergang entfernt, mitten im Uni-Viertel. Auch hier zählt die Begeisterung für Wein jenseits der Norm: rund 150 Positionen quer durch Europa, 50 davon offen, Dosage-freier Jahrgangschampagner trifft Christian Tschidas säurebetonenden Blaufränkischen. Das Publikum ist jung, die Musik eher laut. Eine schätzungsweise schrankgroße Küche schickt dazu Speck- und Käseteller, Maronensuppe oder geräucherte Ente mit Rotkohl und Egerlingen.

Bavarie

Am Olympiapark 1, 80809 München
T +49 (0) 89 3589 91818
www.feinkost-kaefer.de/bavarie

So, Feiertag ganztags
Menü 36 / 59 €
Vorspeise 14 / 16 €
Hauptgang 17 / 30 €

Das in der BMW Welt beheimatete Restaurant mit seiner schönen Terrasse zum Olympiapark ist etwas für Freunde gepflegter Klassik. Der noch junge Küchenchef Dominik Kreuzig hat in einem Traditionsgasthaus gelernt, hält viel von überlieferten Tugenden und wenig von überdekorierten Tellern. Eine französisch geprägte Brasserie mit bayerischen Produkten soll sein Lokal sein, auf dieser Grundlage wartet die Karte neben einem mustergültigen Wiener Schnitzel mit weiteren Klassikern auf: vom Tatar de Bœuf über Bouillabaisse mit heimischem Zander und Bachsaibling bis zur Crème brûlée.

Blauer Bock

Sebastiansplatz 9, 80331 München
T +49 (0) 89 4522 2333
www.restaurant-blauerbock.de

Stefan Grosse
Daniel Kill
Mo, So, Feiertag ganztags
Menü 90 / 130 €
Vorspeise 15 / 99 €
Hauptgang 35 / 70 €

Seit nunmehr 17 Jahren besteht dieses ganz zentral, direkt am Viktualienmarkt gelegene Restaurant. Noch nie zuvor wurde allerdings so beherzt zupackend und lustvoll gekocht, wie seit der letztjährigen kulinarischen Neujustierung durch Küchenchef Daniel Kill. Große Küchenklassik wird hier seither mit einer ebenso großen Selbstverständlichkeit wie Uneitelkeit zelebriert, dass man sich schon bei der Lektüre der Speisekarte, die sich liest wie ein „Best of" aus glorreichen Zeiten, vor Vorfreude und auch etwas ungläubig zwicken mag. Uneitel, nicht nur deshalb, weil hier frei nach Eckart Witzigmanns Credo „Das Produkt ist der Star" sich der Chefkoch nicht in den Vordergrund spielt, sondern mit allerbester Handwerkskunst große Kollegen überzeugend interpretiert und diese auch konsequent zitiert. So ist die Vorspeise Lauwarmer Räucheraal mit Kräuterrührei und Pumpernickel eine Hommage an das Hamburger Fischereihafenrestaurant und an seinen unvergessenen Patron Rüdiger Kowalke. Der Croque Monsieur „Périgord" mit Bayonner Schinken als Spezialität aus David Rathgebes Restaurant L'Assiette in Paris gekennzeichnet und selbstredend wird bei den Fleischpflanzerl „EW" mit Kartoffelsalat – sowohl als Vorspeise wie als

Hauptgericht zu haben – auf Eckart Witzigmanns Rezeptur referenziert. Großartig auch das handgeschnittene Rindertatar mit eigener Kaviar-Selektion oder die herrlich saftige Seezunge à la provençale, allesamt sehr überzeugend vom ansteckend heiteren Service aufgetischt. Wir freuen uns schon beim nächsten Ma(h)l auf das Châteaubriand mit belgischen „Fritten" und Sauce béarnaise als doppeltes Filetsteak, das alternativ auch am Tisch flambiert als Pfeffersteak zubereitet wird. Und wenn das Flambier-Equipment schon einmal im Restaurant steht, dann ist der Dessert-Klassiker Crêpes Suzette mit Vanilleeis eine süße Pflicht.

Brasserie Colette Tim Raue

Klenzestraße 72, 80469 München
T +49 (0) 89 2300 2555
www.brasseriecolette.de

mittags
Menü 37 / 72 €
Vorspeise 10 / 19 €
Hauptgang 19 / 38 €

Mitten im szenigen Glockenbachviertel liegt Tim Raues Münchner Dependance, in der man in charmanter Atmosphäre seine moderne und mit den Mitteln der Spitzenküche umgesetzte Interpretation klasssisch-französischer Bistro-Küche erleben kann. Das Angebot reicht von Fine-de-Claire- und Gillardeau-Austern über Doradensashimi, Kaninchenleber mit Calvadosapfel und Spanferkel mit Ananas-Sauerkraut bis zum gedämpften Pulpo in Kalbskopfjus mit Sauce béarnaise und Topinambur. Bei der Weinauswahl dominieren Frankreich und Deutschland.

Broeding

Schulstraße 9, 80634 München
T +49 (0) 89 1642 38
www.broeding.de

Mo, Feiertag ganztags
Menü 90 / 98 €

Ein einziges Menü mit fünf oder sechs Gängen, tagesfrisch und täglich wechselnd, mit Weinbegleitung oder ohne – das minimalistische Konzept dieses kleinen Restaurants mit angeschlossenem Weinhandel bewährt sich seit nunmehr drei Jahrzehnten. Die Küche ist dabei stets auf der Höhe der Zeit. Es gibt etwa Ceviche von der Starnberger Seeforelle oder Kraut-Nudel-Rolle mit Périgord-Trüffel und Sellerie. Das Gemüse stammt zunehmend vom eigenen Garten im Isartal. In fast privater Atmosphäre genießt man dazu vor allem Weine aus Österreich.

MÜNCHEN

Délice la Brasserie

Bayerstraße 12, 80335 München
T +49 (0) 89 5994 80
www.delice-la-brasserie.de

Feiertag ganztags

Hängelampen mit Kanoneneisen-Patina, spiegelverzierte Decken und florale Jugendstil-Fliesen: Die Brasserie des Hotels Sofitel Munich Bayerpost strahlt einen stimmungsvoll-französischen Chic aus. Auf der Karte finden sich typische Klassiker wie Caesar Salad, Rindertatar oder Krustentierschaumsuppe. Aber zum Angebot gehören auch Ceviche vom Hamachi, Kikok-Huhn mit Champagnerkraut und Rosinen-Kapern-Creme oder Vegetarisches wie die Puy-Linsen-Krokette mit Rahmlauch und geräuchertem Tofu.

Der Dantler

Werinherstraße 15, 81541 München
T +49 (0) 89 3929 2689
www.derdantler.de

Mo, Sa, So, Feiertag ganztags
Menü 80 / 96 €

Die weite Welt der Kulinarik trifft in diesem unprätentiösen Deli auf klassisches Handwerk und die Liebe zu regionalen Produkten, meist direkt beim Erzeuger eingekauft. In Jochen Kreppels fünf- bis sechsgängigem Abendmenü stehen spannende Kreationen zur Wahl – wie leicht gebeizter Wolfsbarsch, begleitet von einem Sud mit Fingerlimes und Tobiko sowie Ingwerradiserl – oder gebratener Kalbsschlegel mit Schwarzwurzel, Pumpernickel und Serviettenknödel. Ambitionierte Weinkarte mit Schwerpunkt Riesling.

Ess.Zimmer

Am Olympiapark 1, 80809 München
T +49 (0) 89 3589 91814
www.feinkost-kaefer.de

 Domenico Durante
Bobby Bräuer
Domenico Durante
mittags, Mo, So, Feiertag ganztags
Menü 175 / 220 €

Wie ein Schwalbennest hängt dieses zeitlos-schöne Restaurant hoch über der BMW-Welt, auf den ersten Eindruck mehr Wohn- als Esszimmer: warme Farben und Hölzer, Kaminfeuer samt Lounge Chair ... Dann fällt der Blick durch kleine Fenster in die Küche, in der hochkonzentriert gearbeitet wird. Was als Gruß kommt, kontrastiert den atmosphärischen Eindruck nicht: Wohlfühlminiaturen wie eine Croustade gefüllt mit getrüffelter Kalbsbriesmousse. Keine ätherischen Schaumschlägereien, sondern substanzielle Schmankerln, wie wir sie von Bräuer – geprägt durch Kaliber wie Louis Outhier, Eckart Witzigmann, Dieter Müller – kennen und schätzen. Dabei zeigt sich die Breuer-Küche freilich keineswegs behäbig, wie bereits die geradezu avantgardistische Vorspeise unseres jüngsten Menüs demonstrierte: Im Zentrum ein geeister Sud von der violetten Aubergine, kleine Pfifferlinge, ein Klecks griechischer Joghurt sowie Tupfen einer Creme von Sardine, Kapern und Pinienkernen. Dazu à part auf einem Salat von Stangensellerie und Wakame-Alge mit Daikon-Rettich und Shiitake zwei Scheiben eines hochfeinen Spanferkelbauchs. Eine wunderbare Demonstration von Umami-Kraft, eingefasst durch die zarte Säure des Sauerrahms und den frischen Biss des Selleries. Ebenfalls perfekt inszeniert sodann ein halber, auf den Punkt gegarter (Maine-)Hummer auf einer mürben Pastrami-

Scheibe, die der fruchtigen Tomatenbegleitung des glasigen Krustentiers, dem Schmelz einer zerrupften Burrata sowie einer Rucola-Emulsion eine feine Rauchnote an die Seite stellte – gehoben durch eine kleine Zitronengras-Vinaigrette. Und so ging es weiter, satte Geschmackbilder von feiner Spannung: Sei es bei einem großkalibrigen Kaisergranat in zitrisch-aromatischem Erbsensud mit cremigem Erbsenraviolo, sei es beim bretonischen Steinbutt, perfekt gegart auf einem süffigen Champagnerschaum, der auf die zusätzlich applizierten Rauch-Mandeln sowie zwei Spalten säuerlicher Aprikose leicht hätte verzichten können. Und wo wir schon beim Verzicht sind: Das allzu kräftig gepökelte, leicht trockene Rippenstück im Lardo-Mantel hätte das Milchkalb aus den Vogesen – zart-rosig, großartiger Eigengeschmack – samt Artischocken (samtige Creme und glasierte Spalten) und Traumjus nicht gebraucht. Und schon gar nicht der ausgezeichnete 2013er Spätburgunder „Wallufer Walkenberg"" von J. B. Becker, mit dem Maître Domenico Durante (zuvor u. a. Atelier, Königishof, Elmau, Tantris) das Kalb perfekt begleitete. Zum Abschluss wählte er eine 2017er Riesling-Auslese von Schloss Lieser und lag damit zu einem frischen Sauerklee-Eis mit Pumpernickel-Creme und Vollmilchschokolade, Rhabarber und Holunderblütengel goldrichtig. Wer seine Weinbegleitung selbst zusammenstellen will, findet in der Weinkarte, was das Herz begehrt – sofern es keine Schnäppchen sind.

Essence Restaurant

Gottfried-Keller-Straße 35,
81245 München
T +49 (0) 89 8004 0025
www.essence-restaurant.de

Sa, So mittags, Mo, Di ganztags
Menü 77 / 98 €

Seit nun schon fast zehn Jahren halten Daniela und Daniel Roch in einem öden Neubauquartier hinter dem Pasinger Bahnhof die Fine-Dining-Fahne hoch – ein Ort, an dem man eher die Filiale eines Industriebäckers als ein Gourmetrestaurant erwartet. Respekt! Chef Sascha Bulander bietet dort eine sehr zugängliche, französisch grundierte Küche, die er immer wieder ins Mediterrane und Alpenländische öffnet. Bei unserem jüngsten Besuch stellt er etwa einem Stück vom Heilbutt Schwarzwurzeln, kurz gebraten und als Schaum, sowie ein Kopfsalat-Gel bei. Eine Sepiacreme fügt noch konzentrierte maritime Noten bei, Mandarine setzt einen säuerlichen Akzent. Bulander ist ohnehin sehr versiert im Einsatz von Fruchtsäure: Saibling fordert er gekonnt mit Grapefruit heraus, Zander mit Passionsfrucht. Eine Kaninchen-Tranche serviert er mit den Kräutern der Frankfurter Grünen Soße, die er unter anderem als Aromengeber für ein Baiser verwendet sowie als Schaum und grob gehackt präsentiert. Die Nussecke zum Dessert, ergänzt um einen Klecks Holundergelee und Schokolade-Variationen, kommt recht brav daher. Besser gefallen uns die Bratapfel-Variationen mit ihrem Süße-Säure-Spiel. Die Weinbegleitung wartet nicht gerade mit Überraschungen auf, ergänzt die Speisen aber passgenau. So etwa der reichhaltige Grauburgunder von Schätzle aus dem Kaiserstuhl, der gut mit der Säure im Saiblings-Gang zurechtkommt. Die Rochs lassen ihre Gäste aus zwei Menüs wählen, die Teller können beliebig ausgetauscht werden. Zudem gibt es einige vegetarische Alternativen. Mittags gibt es eine kleine, abgespeckte Bistro-Karte.

MÜNCHEN

Gabelspiel

Zehentbauernstraße 20,
81539 München
T +49 (0) 89 1225 3940
www.restaurant-gabelspiel.de

Sabrina Berger
Florian Berger
Anna Flohr
mittags, Mo, So, Feiertag ganztags
Menü 145 / 155 €

Küchenchef Florian Berger hat die pandemiebedingten Zwangspausen genutzt, um seinen kulinarischen Stil weiterzuentwickeln: mehr Aufwand in der Küche, mehr Komplexität auf dem Teller, mehr Mut beim Zusammenspiel der Produkte. Im Kern ist sich der Österreicher aber treu geblieben. Berger zielt nach wie vor zuvorderst auf Harmonie und Wohlgeschmack, Brüche und Lärm sind seine Sache nicht. Die Spannung seiner im Regionalen wurzelnden, auf Luxus- und Modekomponenten verzichtenden Gerichte ist subtil. So verlässt er sich in einzelnen Gängen gerne ganz auf das – auf vielerlei Weise ausgelotete – Aromenspektrum des jeweiligen Grundprodukts. Exemplarisch dafür steht bei unserem jüngsten Besuch der Topinambur, den Berger in fermentierter Form, als Tatar und in geräuchertem Olivenöl mariniert serviert. Eigelb, Kakao und Knoblauch sowie Kerbel- und Sauerkleeblättchen dazu setzen behutsam eigene Akzente. Hervorragend! Ähnlich dekliniert er den Butternut-Kürbis durch, den er ebenfalls fermentiert sowie als Crumble und als Mousse präsentiert und zudem als Basis für einen zusätzlich mit Karotten aromatisierten Sud hernimmt. Limette fügt etwas Säure hinzu, Rosinen steuern Süße bei. Im Hauptgang stellt Berger einem Bruststück der Challans-Ente eine feine Kartoffel-Quitten-Terrine, Chicorée und etwas Lauchzwiebelcreme beiseite. Bei Dessert und Käse überzeugt er mit der stimmigen Einbindung von Gemüsearomen. Joghurteis, Ananas und Schokolade zum Beispiel ergänzt er plausibel mit Aubergine und Roter Bete. Erfreulich, dass Gastgeberin Sabrina Berger nicht nur mit einer vorzüglichen Weinbegleitung – darunter als Highlight der Valpolicella Ripasso Campi Magri von Corte Sant'Alda zur Ente – aufwartet, sondern mit hausgemachten Saft- und Tee-Kreationen auch interessante alkoholfreie Alternativen bietet.

Garden

Promenadeplatz 2–6, 80333 München
T +49 (0) 89 2120 993
www.bayerischerhof.de

 So, Feiertag ganztags

 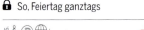

Industrial Chic im lichten Wintergarten, dazu eine kleine Karte mit Gerichten, die die örtliche wie die internationale Kundschaft schätzt: „Bewährte Klassiker und Brasserie-Gerichte zeitgenössisch interpretiert." Überraschend im Frühjahr ein „Gänseragout" als „Chef's Spezial" von der Schiefertafel. Sorgfalt und Individualität ohne langweilige Luxusprodukte im Amuse: zartes Blumenkohlpüree auf gebratenem Walnussbrot mit Enoki-Pilzen – sehr schön. Ärgerlich, dass der absolute Klassiker „Carpaccio Cipriani" mit Bergen von Pinienkernen und Parmesan, belangloser Mayonnaise, süßlich eingelegtem mediterranem Gemüse sowie Balsamico auf den Tisch kam. Sehr schön die Seezunge im Ganzen gebraten mit (zu weichem) Blattspinat und Petersilienkartoffeln und Sauce béarnaise, arg schlicht ein „Café Gourmand": Crème Caramel, Millionaire's Shortbread und Paris-Brest zum Espresso …

Grapes

Ledererstraße 8, 80331 München
T +49 (0) 89 2422 49504
www.grapes-weinbar.de

mittags, So ganztags

Geblendet und geblufft wird nicht wenig – in München im Allgemeinen nicht und im Kreis der Vinophilen schon zweimal nicht. Wie schön, dass diese sympathisch-entspannte Weinbar einen anderen Weg geht, hier steht erkennbar Substanz im Vordergrund. Die Bergkäse-Auswahl stammt von Jamei Laibspeis, das Brot dazu von Julius Brantner. Gibt's Forelle, kommt die von Birnbaum's aus Penzing. Wer in der fabelhaften Weinkarte und nach kundiger Beratung nicht fündig wird, der hat mutmaßlich auch sonst ein paar Probleme. Hervorragend: krachdünner Flammkuchen klassisch oder bedarfsweise auch mal eine süffige Variation vom Blumenkohl mit confiertem Eigelb und Kaviar.

Hippocampus

Mühlbaurstraße 5, 81677 München
T +49 (0) 89 4758 55
www.hippocampus-restaurant.de

Sergio Artiaco
Cosimo Ruggiero
Sergio Artiaco
Sa mittags, Mo, Di ganztags
Menü 66 / 76 €
Vorspeise 14 / 20 €
Hauptgang 28 / 45 €

Dass sich München für eine Art italienischer Enklave auf deutschem Boden hält, muss man so wenig ernst nehmen wie die Selbsteinschätzung Berlins, in einer Liga mit London und Paris zu spielen. Es gibt nur wenige Orte an der Isar, in denen der großen kulinarischen Kultur des Bel paese angemessen begegnet wird. Dieses schmucke Ecklokal in Bogenhausen gehört fraglos dazu – besonders schön ist ein Besuch im Sommer, im lauschigen Garten unter weißen Schirmen hinter einer dichten Hecke. Die Freude beginnt schon mit der Begrüßung, statt servilem „Buonasera, Dottore" erwartet den Gast klassischer Service von Sergio Artiaco, „Tantris"-geschult. Am Herd sorgt Cosimo „Mimmo" Ruggiero für die entsprechende kulinarische Seriosität, eine kleine Amuse-Kaltschale von Joghurt, Gurken, rohen Garnelen und Dill zeigt die Richtung: zart, reduziert, leicht. Mit klarem Blick auf die Vorlieben der Gäste finden sich im Hippocampus selbstverständlich auch ein offener Lugana und Penne all'arrabbiata (zu erstaunlichen 14,50 Euro) auf der Karte, kommt gerne die überdimensionierte Pfeffermühle zu Einsatz. Deutlich ambitionierter die beiden Vorspeisen des kleinen Menüs, das wir uns bei unserem jüngsten Besuch zusammenstellen ließen: butterzart gegrillte Babycalamari auf Kürbis und Mönchsbart mit einem Streifen Limettenmayonnaise, anschließend etwas kross-cremiges Kalbsbries in raschelnder Panierung auf einer leichten Thunfischsauce, dazu punktgenau gebratener grüner und weißer Spargel. Beide Teller ohne jede Deko und von angenehm reduziertem Salzgehalt. Gleiches galt für das saftig-krosse Seewolffilet aus Wildfang im Hauptgang, vor dem wir selbstverständlich zwei Primi einschoben – schönere Pasta wird man in der Stadt schwerlich finden! Seien es frische, hausgemachte Tomaten-Tortelli von perfektem Biss mit einer leichten Ricotta-Tomaten-Füllung auf einem Ragù von winzigen Pfifferlingen, Kürbis und Artischocke oder ausgezeichnete Calamarata mit zartem Kaninchenragout, Kichererbsen, Salbei und einem Hauch Parmesan …

Japanisches Restaurant Kaito

Gabelsbergerstraße 85,
80333 München
T +49 (0) 89 5205 9455
www.kaito-restaurant.com

🔒 Feiertag ganztags
Menü 25 / 170 €
Vorspeise 2 / 15 €
Hauptgang 4 / 15 €

Am liebsten sitzen wir an einem der beiden schmalen Hochtischen hinter dem Sushi-Tresen, beobachten den Chef, wie er mit großer Ruhe und Geschwindigkeit schweigsam elfenbeinfarbenen Tintenfisch schneidet, marinierten Lachskaviar in kleine Nori-Schiffchen füllt, mittelfetten Thunfisch in glänzenden Blöcken an schneeweiße Rettichfäden-Wölkchen legt und mit einem leuchtendgrünen Shiso-Blatt garniert, mit leichtem Druck Sushi formt. Nicht wenige selbsterklärte Kenner der japanischen Küche waren erstaunt, als wir in der vergangenen Ausgabe dieses bescheidene kleine Restaurant zu einer der besten Adressen der Stadt erklärten. Sicher ist: Menschen, die Nobu für das Maß aller Dinge halten, werden sich hier vermutlich eher nicht wohlfühlen. Menschen mit einem geschulten Blick für das Wesentliche – und selbstverständlich die vielen Japaner, die hier sitzen – dagegen sehr. Wir können uns nur wiederholen: taufrisch das Sashimi, knackig die Dorade (ganz kurz in Salzwasser mariniert), süß und fest die Jakobsmuschelstücke, fluffig und von feiner Süße das Tamagoyaki (gerolltes Omelette), schaumigzart die Verbindung von Thunfisch und geriebenem Yams, würzig und zart der ausgebackene Agedashi-Tofu in seinem umami-satten Sud, knusprig das Noriblatt zum fast süßen Tintenfisch in vergorenen Sojabohnen. Sushi steht hier im Mittelpunkt, am Reis erkennt man den Meister – hier ist er von perfektem Biss und feiner Würze; die Fische in makelloser Frische perfekt geschnitten. Allein die Qualität der Misosuppe (leicht schaumig, mild, aromatisch) hebt die Stimmung verlässlich – sofern dafür nicht bereits die breite Auswahl an Sake, Shōchū und japanischem Whisky gesorgt hat.

Jin

Kanalstraße 14, 80538 München
T +49 (0) 89 2194 9970
www.restaurant-jin.de

🍴 Hao Jin
🍷 Hao Jin
✒ Hao Jin
🔒 Di, Mi, Do, Fr mittags, Mo ganztags
Menü 85 / 120 €
Vorspeise 10 / 18 €
Hauptgang 22 / 36 €

Was Patron Hao Jin in seinem unverkitscht minimal-asiatisch eingerichtetem Restaurant serviert, punktet mit guten Zutaten und vielen selbsthergestellten Würzsaucen. Damit weicht er deutlich vom Standard deutscher China-Restaurants ab und verlangt dafür seinen Preis. Wer bemängelt, das sei alles zudem nicht authentisch genug, dem sei gesagt, dass die Website nicht zu Unrecht von „Jin-esisch" spricht. Denn hier vermischen sich die Einflüsse Chinas zahlreicher Regionalküchen – bei der aus Sichuan drohen für europäische Gaumen ohnehin teils schmerzhafte Schärfegrade – mit japanischen Anklängen (Sashimi) und regionalen Top-Ingredienzien (Poltinger Lamm) ein wenig gefälliger, doch eben geschmacksoptimierter. Wir gaben dem Meister einen Freifahrtschein und erhielten eine weitestgehend interessante Rundreise seiner Küche (120 Euro). Die begann ohne Umschweife mit Sashimi (schottischer Lachs, Thunfisch, Loup de mer), prägnant würzig, doch dienlich feinsäuerlich mariniert; auf weiteren Tellern Spinat mit Sesam und sanft gegarte Poularde mit spannender Mischung aus geröstetem Chili, schwarzen Bohnen und Erdnüssen. Gut auch salzarme, umami-reiche Ochsenschwanzbrühe, die puristisch mit Glasnudeln, Shiitake, Frühlingslauch und weißer Pfeffernote kam. Eine sichere Bank sind die handgeformten Dim-Sum-Teigtaschen mit recht dickem, dafür gutem Teig, dieses Mal gefüllt mit Garnele, Garnele und Ibérico sowie Ibérico. Mehr Esprit hatten wunderbar butterzarte

Kalbsnieren mit Wok-Gemüse. Wir wünschten uns mehr Gemüsevariation – wie zuvor krosse ausgehöhlte Spitzpaprika beim knusprig gebackenen Kabeljau in hauchdünner Panierung mit Chili und Zuckerschoten – und Integrieren von Karten-Highlights wie Tee-geräucherten Tofu, Kutteln oder Softshell Crab. Der herzhafte Teil endete derweil mit exzellent geschmorter, butterzarter Lammhaxe in intensiver, mutig pikanter Sauce – und Wokgemüse. Genügend Abwechslung bietet auf jeden Fall die Europa-Weinkarte mit einigen Trouvaillen.

Käfer-Schänke

Prinzregentenstraße 73,
81675 München
T +49 (0) 89 4168 247
www.feinkost-kaefer.de/schaenke

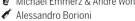

Käfer ist für alle da. Für Menschen mit abgeschlossener Vermögensbildung stehen das Gläschen Dom Pérignon im Offenausschank zu 59 Euro (0,1 Liter) und eine kleine Kaviar-Selektion auf der Karte, für die, die sich und anderen noch einiges zu beweisen haben, ein „Superfood Salat mit Kale, gerösteten Hanfsamen, Blaubeeren, Piemonteser Haselnüssen und Camu-Camu-Vinaigrette". Für die Nostalgiker wäre es ein schulbuchmäßiges „Carpaccio Cipriani" oder jede Menge taufrisches Meeresgetier auf Eis im Angebot, für diskrete Gespräche lauschige Séparées, für alle anderen die große Bühne. Sonderwünsche sind hier nie ein Problem und auch sonst bringt den Laden – zweifellos die bestgeölte gastronomische Maschine der Stadt – wenig aus dem Tritt. Wir saßen jüngst an einem lauen Sommerabend auf dem Balkon über der Prinzregentenstraße, ein Saxofon wehte durch die Nacht, und freuten uns an einer süffigen Turmkonstruktion von gehobelter Artischocke über einem optimal gegarten Artischockenboden mit angetrockneten Tomaten und röschen Croûtons. Ein bisschen prononciertere Würzung (mehr Salz, mehr Säure) hätten dem Teller gutgetan, verzichtbar dagegen erschien uns ein ebenfalls sehr zurückhaltend gewürztes Thunfischtatar, à part auf Eis serviert, dem üppig dosierter Schmand aromatisch endgültig die Luft nahm. Auch bei den folgenden Hummerravioli mit geschmortem Paprika dominierte das Gemüse sowohl in der Füllung als auch – geschält und gedünstet – als Einlage in der schaumigen, aromatisch eher schwachbrüstigen Krustentier-Bisque deutlich, hier hätten wir bei einem Preis à la carte von knapp 30 Euro mehr Material erwartet. Wir bekamen schon Sehnsucht nach dem stets ausgezeichneten Wiener Schnitzel mit handgerührten Preiselbeeren, als uns ein aromatisch hinreißendes und wirklich optimal gebratenes Rückenstück vom Limousin-Lamm mit kleiner Quinoa-Kruste, süffiger Granatapfeljus, Gewürzcouscous und grünem Spargel versöhnlich stimmte. Etwas arg überinszeniert erschien uns zum Abschluss das Heranrollen eines kompletten Kühlschranks mit ganzen vier verschiedenen Dessertschälchen zur Auswahl oder die dramatische Zubereitung von „Spaghettieis" am Tisch, fabelhaft gefiel uns dagegen die täuschend echte, aber absolut vegane „Tarte Tatin" mit Karamellsauce und „Crème Chantilly" – Wunder der Technik!

MÜNCHEN

Kansha

Georgenstraße 42, 80799 München
T +49 (0) 89 9982 97640
www.kansha-restaurant.de

mittags, So, Feiertag ganztags
Vorspeise 5 / 9 €
Hauptgang 14 / 18 €

Veganes Sushi – diese Spezialisierung beschert dem beliebten japanischen Lokal in Schwabing besonders viele weibliche Gäste. Zu überschaubaren Preisen bekommen sie kleine Gerichte wie Gemüse-Tempura oder Kürbiskroketten mit Dip; bei den Hauptgerichten stehen Teriyaki-Veggie-„Chicken" oder Ramen-Nudelsuppe zur Wahl. Das Sushi-Angebot ist überraschend groß, fast ein Dutzend Varianten sind gelistet, von Uramaki über Hosomaki bis Nigiri. Ab zwei Personen können sich Menübesteller hier auch für Omakase entscheiden und den Koch einfach machen lassen. Kleine, aber ansprechende Weinkarte.

Landersdorfer & Innerhofer

Hackenstraße 6–8, 80331 München
T +49 (0) 89 2601 8637
www.landersdorferundinnerhofer.de

Robert Innerhofer
Johann Landersdorfer
Sa, So, Feiertag ganztags
Menü 84 / 185 €

Das Konzept im Zentrums-Dauerbrenner – nur montags bis freitags wohlgemerkt – mit seinem fein-rustikalen Ambiente aus Holz und Kachelofen, schlichtem Mobiliar und Fliesenboden ist denkbar einfach. Mittags gibt es eine bunte Auswahl, die den Bogen von Salat und knusprigem Landei mit Spinat und Périgord-Trüffel (34,50 Euro) über Pastagerichte bis zu Rehragout mit Rotkraut und Spätzle spannt, und abends ein viergängiges Überraschungsmenü mit Erweiterungsmöglichkeiten aus internationalem Querfeldein. Wir schlugen zu beim Duo aus in Soja marinierten Tranchen und Tatar vom Thunfisch guter Qualität, das recht plakativ japanisiert mit wachweichem Wasabi-Ei und Wasabisauce sowie rosa Sushi-Ingwer kam. Danach eröffnete das Menü mit einem Vitello tonnato, das aufgrund zarten, rosa gegarten Fleisches und pikant tomatisierten Tatars bestens gefiel. Überraschung löste das alles freilich ebenso wenig aus wie solide Wildfang-Garnelen auf Fenchel mit Krustentierschaum und Brokkolipüree. Deftig und rustikal wurde es beim Hauptgang: Mit viel Salz und Würze trafen Tomatenconcassée, Bohnen, Aubergine auf Ibérico-Schwein und kleine gebratene Kartoffelhälften. Darüber, dass beim Dessert der Aggregatzustand der Crème brûlée unter schön karamellisierter Kruste nicht stimmte – die Grundmasse war nicht richtig gestockt, sondern zu flüssig –, konnte locker die Weinauswahl hinwegtrösten, die sich in Breite und Tiefe hauptsächlich Deutschland, Österreich, Frankreich und Italien zu äußerst verträglichen Preisen widmet. Womit wir bei der entscheidenden Empfehlung im Kontext dieses seit nunmehr gut 20 Jahren zu einem der beliebtesten kulinarischen Treffpunkte von München und Umgebung zählenden Wohlfühllokals wären: Hinsetzen, einen großen Wein bestellen, die Küche machen lassen. Man ist hier zu Gast bei Freunden, so sollte man sich verhalten – dann wird man nicht enttäuscht werden.

Les Deux Restaurant & Brasserie by Kieffer

Maffeistraße 3a, 80333 München
T +49 (0) 89 7104 07273
www.lesdeux-muc.de

 Fabrice Kieffer & Vincent Leblond
Nathalie Leblond &
Gregor Goncharov
Vincent Leblond
mittags, Sa, So, Feiertag ganztags
Menü 165 / 195 €
Vorspeise 45 / 69 €
Hauptgang 59 / 89 €

Ein Lieblingsrestaurant der Münchner Gesellschaft im Bermudadreieck zwischen Maximilianstraße, Frauenkirche und Bayerischem Hof: hell, luftig, schiffsbugartig über dem Schäfflerhof schwebend. Dass eine solche Ideallage zu Zufallsbesuchern führt, die sich, möglicherweise vom Flammkuchenangebot im Brasserie-Untergeschoss angelockt, in höhere kulinarische Sphären verirren, stellt für den überaus souveränen Service unter Fabrice Kieffer, dem Bilderbuchideal eines klassischen Maître, kein Problem dar – Stammgast oder jugendlicher Erstbesucher, hier wird jeder mit großer gastronomischer Sensibilität umsorgt. Eine ähnliche Vorzugsbehandlung hätten wir bei unserem jüngsten Besuch freilich auch einer zarten Schneekrabbe gewünscht, deren feinaromatisches Fleisch im Amuse von einer geeisten Avocado-Mousse und kräftig säuerlichen Ponzu-Vinaigrette geschmacklich völlig an die Wand gedrückt wurde. Dass die Küche solche filigranen Balanceakte hier eigentlich beherrscht, zeigte sie beim folgenden leicht gebeizten Hamachi mit Staudensellerie, Joghurtperlen, Senfmayonnaise und einem kleinen Basilikumsorbet im Apfel-Sellerie-Sud. Ein typisches Beispiel für moderne französische Klassik dann eine Terrine von der Entenleber mit Gewürztraminer-Gelee, marinierter Aprikose, Salzmandel als Creme und Crumble sowie Brioche, die uns in ihrer elegantreduzierten Präsentation und kräftigen Aromatik außerordentlich gut gefiel, im Detail aber unter ihrer weichen Textur, einem nicht ganz durchgebackenen Brioche sowie einer arg sauren Aprikosenspalte litt. Zu viel Süße dagegen hatte der nächste Gang abbekommen: Ein perfekt auf den Punkt gegrillter Saibling von der Fischzucht Birnbaum mit Saiblingskaviar, dazu ein kleiner frischer Gurkensalat (Finger Limes, Chili, Erdnuss) auf einer arg zuckrigen „Wasabi"-Crème-brûlée mit etwas künstlichem Oberton … Ähnliche Desserthaftigkeit befürchteten wir der Papierform nach beim folgenden Kalbsbries, in Kartoffelbröseln und Paranüssen gewälzt, dazu Erbsencreme, sautierte Erbsen, Zuckerschoten-Julienne, Rosinen und ein Kaffee-Curry-Schaum. Grundlos! Perfekt gebraten erschien das cremige Herzbries, von hocharomatischer Kalbsjus glasiert, in einem kaffee-herben, limetten-duftigen See mit exakt dosierten Akzenten feiner Süße und cremigem Schmelz. Sehr gut.

Das Highlight des Menüs jedoch erschien sodann in Form einer dicken Tranche vom bretonischen Steinbutt, auf den Punkt gegart, saftig und kräftig koloriert, gekrönt von einer dicken Nocke Imperial-Kaviar und umflossen von einem hocheleganten, ungebundenen Spargelsud von feiner Säure; zur Begleitung nur etwas geflämmter Lauch und einige Tupfen Lauchmayonnaise. In Verbindung mit einem 2018er Ruilly 1er Cru „Margotés" von Jacqueson ein herausragender Genuss – und Grund genug, ungeachtet einiger leicht zu behebender Untiefen an der hohen Bewertung nichts zu verändern.

Little Wolf

Pestalozzistraße 9, 80469 München
www.little-wolf.de

🔒 mittags,
Mo, Sa, So, Feiertag ganztags
Hauptgang 12 / 28 €

Der Ableger des Münchner Bourbonparadieses „Zum Wolf serviert herzhafte USA-Küche, gespickt mit Deko-Reminiszenzen an den Diner in David Lynchs Kultserie „Twin Peaks". Beef Brisket, Pastrami und Salsiccia werden schonend und langsam im Smoker gegart, dazu gibt's Coleslaw-Salat, Pickles oder Baked Beans. Apple Pie, Soul- und R&B-Klassiker machen das Amerika-Erlebnis perfekt, serviert mit einem „damn good coffee". Keine Reservierungen, am unterhaltsamsten sind – sofern nicht Corona-bedingt gesperrt – die Barplätze an der offenen Küche.

Ludwig 8

Ludwigstraße 8, 80539 München
T +49 (0) 89 2156 6100
www.ludwig8.de

🔒 Sa mittags,
Mo, So, Feiertag ganztags

Das lässig designte Ludwig 8 im repräsentativen Ludwigspalais überrascht mit einem neuen Menü-Konzept: kreisförmig statt linear. Die Küche schickt eine Handvoll kleiner Gerichte im lockeren Rhythmus, und dann geht es wieder von vorne los. Der Gast kann jederzeit einsteigen und entscheiden, wie oft und wie viel er ist. An den Tisch kommen dann beispielsweise Thunfisch mit Dashi, Avocado und Alge, Kabeljau mit weißer Bohnencreme oder Duroc-Schwein mit Rote-Bete-Couscous und rotem Zwiebelfond. Im Sommer kann man an den Außenplätzen Flaneuren und Shoppern zuschauen, zurückgezogener sitzt man im lauschigen Innenhof.

MÜNCHEN

Matsuhisa

Neuturmstraße 1, 80331 München
T +49 (0) 89 2909 8875
www.mandarinoriental.com

Menü 45 / 80 €

Hier gibt's großes Kino statt der reinen Lehre, wer kulinarischen Purismus und atmosphärisches Understatement sucht, sollte diesen Glitzerladen im ersten Stock des Mandarin Oriental meiden. Die erste Seite der Speisekarte – „Osusume – Chefs Special" – scheidet aufgrund heftigen Trüffelöl-Einsatzes aus („Lobster Tempura with Yuzu & Truffle") und auch sonst weht das Teufelsgebräu arg penetrant durch die Karte. Wer allerdings Lust auf ein gastronomisches Erlebnis hat, wie es hierzulande Seltenheitswert hat – und klug bestellt –, wird hier sehr glücklich: ausgezeichnet das Sashimi von der Gelbschwanzmakrele mit feinsäuerlicher Yuzu-Soya-Sauce und exakt dosierten Jalapeños, wunderbar der berühmte Schwarze Kabeljau – als Vorspeise ingwerwürzig auf knusprigen Kopfsalatherzen. Ausgezeichnet auch die raschelnd-frittierte Tempura von aromatischen Garnelen, sehr gut das Sushi (von talentierten Langnasen geformt): Makrele, O-Toro, Königskrabbe, Aal ... Fleischliebhaber freuen sich am „Free Range Chicken Teriyaki" und der ganze Saal am sympathisch-zuvorkommenden Service, der an sieben Tagen mittags wie abends Haltung und Überblick bewahrt.

Menage Bar

Buttermelcherstraße 9,
80469 München
T +49 (0) 89 2323 2680
www.menage-bar.com

mittags, Mo, Feiertag ganztags
Menü 53 / 73 €
Vorspeise 10 / 17 €
Hauptgang 15 / 32 €

Trendige Bar im hippen Glockenbachviertel. Zeitgeist prägt das Design aus Neonkunst und Architekten-Schrankwand in Eiche massiv, im Hintergrund steht ein Küchennerds als Geschmacksverdichter bekannter Rotationsverdampfer. Per Glas ist dies eine der spannendsten Cocktail-Adressen der Stadt, auch auf dem Teller arbeitet man recht originell: Wassermelonen-Kaltschale mit Feta und eingelegten Pfeffer-Erdbeeren oder Ente aus Polting auf Purple-Curry-Couscous, Zwetschge und Pilzen sind fröhliches Aromakonfetti in kleinen Portionen.

MONA Restaurant

Rosenheimerstraße 15,
81667 München
T +49 (0) 89 4424 9500
www.mona-restaurant.de

mittags, So, Feiertag ganztags
Menü 59 / 109 €
Vorspeise 16 / 28 €
Hauptgang 25 / 32 €

Pastellfarbene Steinfliesen, Leder, Lehmwände und eine stilvolle Beleuchtung zeichnen das Ambiente des im Stadtteil Haidhausen gelegenen Restaurants aus. Die Einrichtung des Restaurants wurde von der Londoner Innenarchitektin Afroditi Krassa entworfen, die unter anderem Restaurants für Heston Blumenthal gestaltet hat. Aus der offenen Küche kommt ein bayerisch-mediterraner Mix, beispielsweise Tagliatelle mit schwarzer Trüffel oder confierte Entenkeule mit Foie gras, Linsen und Blaukraut. Vom Grill gibt es verschiedene Cuts vom Black Angus oder Wildfang-Garnelen. Im Sommer trifft man sich auf der Terrasse neben dem Gasteig zu einem kühlen Aperitif.

MUN

Innere Wiener Straße 18,
81667 München
T +49 (0) 89 6280 9520
www.munrestaurant.de

 Cary Gilbert
Mun Kim
mittags, Mo, So ganztags
Menü 85 / 95 €

Beim diesmaligen Besuch mussten wir bei Mun Kim, der mit illustrer Karriere vom Investmentbanker zum weitergereisten Gastro-Unternehmer beeindruckt, nur entscheiden: vier oder fünf Gänge, Fisch oder Fleisch im Hauptgang des Degustationsmenüs. Nicht minder ungewöhnlich als die Kochwerdung des gebürtigen Koreaners ist seine Keller-Location, die durch Akzente wie Moos an den Wänden und Shoji-artigen Raumteilern eine intim-lässige Atmosphäre erhält. Als willkommen anderes Amuse-Gueule erfreute Thunfischpaste auf frittiertem Reis, der nach und nach brotartig süßliche Noten freigab, bevor Schärfe den wunderbaren Auftakt dominierte. Seine gewohnt guten Nigiri enthielt uns Mun nicht vor. Beim ersten Gang lagen auf mild gesäuertem Reis die Kaltwassergarnele Ama Ebi, Blauflossenthun, Label-Rouge-Lachs, Dorade und Holzmakrele – von guter Seafood-Qualität, gekonnt aufgeschnitten und serviert mit eigener Sojasauce. Nach dem klassischen Sushi fand wie von Wunderhand die Kombination aus frittierten, saftigen Jakobsmuscheln, Püree aus japanischer lila Süßkartoffel, Granatapfelkernen, Edamame, luftigem Miso-Schaum und Vinaigrette aus pikanter koreanischer Würzpaste Gochujang zusammen. Danach gelang solide pikantes Tuna-Tatar mit Avocado, Gurke und Pistazien, zu dem es als Schärfeausgleich knusprige Wan-Tan-Blätter gab. Während Miso-marinierter Black Cod, der alte Nobu-Klassiker, erwartungsgemäß gelungen, süßlich-würzig aufblätterte, begeisterte eine Art Edelversion des koreanischen Feuerfleisches Bulgogi. Rib-Eye hatte Mun mit seiner Sojasauce, Sake, Gochujang, Apfel-Birnen-Püree und Sesamöl mariniert, anschließend scharf gegrillt und servierte es mit koreanischer BBQ-Sauce Ssamjang, Rettich-Kimchi und urdeutschem Kartoffelpüree. Dass ein dekonstruierter Käsekuchen das Wagenrad nicht neu erfand, tat dem Gesamtvergnügen keinen Abbruch. Dazu trinkt man von der kleinen ausreichenden Weinkarte, ordert Sake oder asiatisch inspirierte Drinks. Seit Neuestem betreibt Mun im Werksviertel auch noch das Asia Street als Stehimbiss und Takeaway.

Mural

Hotterstraße 12, 80331 München
T +49 (0) 89 2302 3186
www.muralrestaurant.de

- Wolfgang Hingerl
- Joshua Leise
- Wolfgang Hingerl
- mittags, Mo, So, Feiertag ganztags

Menü 149 / 189 €
Vorspeise 14 / 32 €
Hauptgang 18 / 42 €

So schräg die Idee ist, etwas so flüchtiges wie ortsspezifisches wie Street Art in einem Museum auszustellen, sie wird noch viel schräger, wenn im Erdgeschoss statt einer Cafeteria oder so ein Spitzenrestaurant ist. Willkommen im Mural, das sich mit dem MUCA, Deutschlands erstem Graffiti-Museum, ein ehemaliges Umspannwerk teilt. Und so sieht es dann auch aus. Estrich auf dem Boden, Tische aus Vierkantstahlrohr, Kacheln an den Wänden – ein rauer Industrielook, aber nicht ungemütlich. Den Service übernehmen die Köche gleich selbst. Kurzum: Hier geht ein junges Team ganz eigene Wege – und es ist eine Freude, ihm zu folgen. Küchenchef Josua Leise (sein Partner Johannes Maria Kneip hat das Restaurant vergangenes Jahr verlassen) verschreibt sich ganz der Regionalküche – französisch inspiriert, bayerisch interpretiert und mit Sinn für Überraschungen gesegnet. Gleich zu Beginn zitiert man mit den pochierten Hechtnockerln einen Klassiker aus Lyon. Anders als die berühmten Quenelle kommen diese nicht mit Sauce Nantua, sondern einer Beurre blanc mit körnigem Senf, dazu glasierter Kohlrabi und Dillöl. Wunderbarer Start. Dem folgenden Carpaccio von einer alten Kuh mit Lauchmayonnaise hätte man vielleicht etwas feiner gehobelte Rote Bete als Begleiter gewünscht, mit ihrem festen Biss standen sie dem schmelzigen Fleisch ein bisschen im Weg. Die anschließende Seeforelle und der Zander zeigen: Im Mural wissen sie, was in den vielen Seen des Umlands schwimmt. Und was man damit anstellen kann. Zur confierten Seeforelle einen süffigen Escabeche Sud mit feiner Paprikasüße. Zum ofengegarten Zander eine Sauce Albufera aus Hühnerfond und reichlich Crème fraîche. Den eingesalzenen Kürbis mit feinfruchtigen Sauertönen fängt die Haselnusscreme wieder ein. Sympathisch frei von Subtilitäten der Hauptgang. Ein sattes Stück Mangalitza-Bauch, im Ofen gegart, in der Pfanne gebraten, etwas zu fest im Biss, aber wunderbar aromatisch. Dazu à part ein mit der fein gehackten Schwarte gefüllter Grammelknödel mit Paprikasud und Spitzkohl. Na gut, es gab noch Zwiebelmarmelade mit eingelegter Quitte, ein Selleriepüree unter einem blanchierten Wirsing-Blatt, aber das war eher Staffage. Statt einem Dessert gibt es viele. In der Parade der Petits Fours ragt der Arme Ritter heraus, eine Brioche in Périgord-Trüffel-Milch eingelegt und nach dem Ausbacken satt mit Trüffel überhobelt. Hier gibt's bis zum Schluss was zu erleben.

Restaurant Atlantik

Zenettistraße 12, 80337 München
T +49 (0) 89 7479 0610
www.atlantik-muenchen.de

Di, Mi, Do, Sa mittags,
Mo, So, Feiertag ganztags
Menü 80 / 140 €
Vorspeise 12 / 29 €
Hauptgang 29 / 89 €

Draußen zieht das Odeur des benachbarten Schlachthofs durch die Straßen – schnell hinein also in das pittoreske Backsteingebäude des Restaurant Atlantik, mit seinen Séparées und dem luftigen Wintergarten. Küchenchef Franz-Josef Unterlechner bietet hier vor allem Fisch und Meeresfrüchte in tadelloser Qualität, handwerklich sauber zubereitet, mal fein, mal eher rustikal. Die knusprig über Holzkohle gegrillte Seezunge etwa bleibt saftig, das Grillaroma ist angenehm dezent. Dem begleitenden Erbsenrisotto mit Brunnenkresse verleiht Lardo schönen Schmelz. Das Thunfischtatar mit Avocado und Gurke hat reichlich Ponzu-Säure, die Jakobsmuscheln sind auf den Punkt gegrillt. Die recht umfangreiche Weinkarte setzt Schwerpunkte auf Deutschland und Frankreich. Bei offenen Weinen ist das Angebot dagegen mau.

Restaurant Ederer

Lindwurmstraße 48, 80337 München
T +49 (0) 89 7474 7928
www.restaurant-ederer.de

Karl Ederer
Karl Ederer
Sa mittags,
Mo, So, Feiertag ganztags
Menü 50 / 100 €
Vorspeise 8 / 25 €
Hauptgang 15 / 35 €

Karl Ederer ist ein eigensinniger Chef. Fine-Dining-Moden interessieren ihn nicht und auch im Umgang mit seinen Gästen liegt ihm jede Anbiederei fern. In seinem 2019 eröffneten, unprätentiösen Restaurant in der trubeligen Lindwurmstraße hat sich Ederer, seit seinen Souschef-Zeiten in Witzigmanns Aubergine, über Jahrzehnte hinweg war Witzigmann eine der prägenden Persönlichkeiten der Münchener Gourmetwelt, ganz einer traditionellen Küche mit starkem Fokus auf das Produkt verschrieben. Um sich die gewünschten Qualitäten zu sichern, durchstreift Ederer nach eigenem Bekunden morgens gerne den nahe gelegenen Großmarkt. Bei unserem jüngsten Besuch hat er einen Kapaun mitgebracht, den er als Tagesgericht aus dem Ofen serviert. Begleitet wird das wunderbar zarte, saftige Fleisch von Keule und Brust unaufgeregt-stimmig durch Spinat, Schwarzwurzeln und hauchfeinen gebackenen Pommes à la boulangère. Exzellent auch die Qualität der Tranchen von Seeteufel und Saint-Pierre, denen Ederer durch gebratenen Radicchio rosso di Treviso eine feine Bitterkeit beigibt. Artischockenboden und -blätter als Vorspeise kommen mit erstklassiger, durch ein wenig Knoblauch zurückhaltend aromatisierter Vinaigrette sowie mit Winterfrisée; ein pochiertes Ei dazu puffert die Aromen. Delikat die hausgemachte Entenstopfleber mit Portweingelee und getoasteter, etwas trockener Brioche. In Portwein getränkter Stilton mit Rotweinbirne sowie ein Topfenknödel mit Quitten und Zwetschgen schließen das Mahl solide ab. Bei den empfohlenen Weinen gefällt ein fair bepreister Chardonnay Reserve von Taubenschuss aus dem Weinviertel sehr.

MÜNCHEN

Restaurant Huber

Newtonstraße 13, 81679 München
T +49 (0) 89 9851 52
www.huber-restaurant.de

Christine Röller
Michael Huber
mittags, Mo, So, Feiertag ganztags
Menü 79 / 95 €
Vorspeise 17 / 24 €
Hauptgang 30 / 36 €

Hier ist der Name ganz eindeutig Programm, denn nicht weniger als „Perfektion in der Einfachheit" ist die Zielsetzung von Chef-Patron Michael Huber, dem wohl diskretesten aller Kochkünstler in der sonst eher lauten „Mir san mir"-Bayern-Metropole. So geht es im kleinen und keineswegs aufgebrezelten Bogenhauser Restaurant Huber auch wohltuend leise zu, die Kreationen aus der Huber'schen Küche sind auf der übersichtlichen Speisekarte kurz und knapp beschrieben, warten aber auf dem Teller mit größter Harmonie und feiner Subtilität auf. Die vielen Stammgäste wissen diese Unaufgeregtheit sehr zu schätzen und genießen dabei die Konzentration auf das Wesentliche. Die beiden Menüs, eines davon rein vegetarisch, zeugen von einem aus der klassischen Hochküche inspirierten Verständnis und bieten eine durchgängig herausragende Produktqualität bei wahrlich gastfreundlichen Preisen von unschlagbaren 95 Euro für fünf Gänge. Diese zurückhaltende Kalkulation findet ihre Fortsetzung in der fulminanten Huber'schen Weinkarte, wo offensichtlich der Senior einen gewichtigen Beitrag leistet und die somit im ganzen süddeutschen Raum ihresgleichen sucht. Mit mehr Kenntnisreichtum und Liebe zusammengestellt ist nahezu unmöglich und auf wunderbare wie köstliche Art und Weise schließt sich hier der Kreis im Huber'schen Geschmacks-Universum, denn die von jeglichem Schnickschnack freie, im höchsten Maße harmonische Küche bietet den großen Weinen eben durch ihre geschmackliche Balance die denkbar beste Bühne. Kein Tropfen synthetisches „Trüffelöl", eine in München nicht nur bei Edel-Italienern weitverbreitete Würz-Unart, trübt hier den Weingenuss. Natürlichkeit wird bei Hubers großgeschrieben, wenn Trüffel hier auf der Karte steht, handelt es sich selbstverständlich um den berühmten Pilz und nicht um ein Erdöl-Derivat. So heißt Michael Hubers Credo auch „Aus Überzeugung zum Besten", wie schön, dass hier Genuss und Beschaulichkeit Hand in Hand gehen.

Restaurant Le Stollberg

Stollbergstraße 2, 80539 München
T +49 (0) 89 2424 3450
www.lestollberg.de

Sa mittags,
    Mo, Di, So, Feiertag ganztags
Menü 50 / 85 €
Vorspeise 16 / 20 €
Hauptgang 23 / 35 €

In ihrem Restaurant nahe Isartor und Maximilianstraße bietet Inhaberin und Küchenchefin Anette Huber eine gehoben-bodenständige Küche mit viel französischer Inspiration: gebratene Enten-Foie-gras mit Balsamico-Zwetschgen und Brioche, Filet vom Loup de mer mit Kapernbutter, Tarte Tatin mit Sauerrahmeis. Die Produktqualität ist hoch, und dass Huber zu einigen Erzeugern eine persönliche Beziehung unterhält, signalisiert schon die Karte, in der Rehrücken und -Ragout als „Wild vom Jäger Schorsch" deklariert sind.

GAULT&MILLAU **543**

Restaurant Pageou

Kardinal-Faulhaber-Straße 10,
80333 München
T +49 (0) 89 2423 1310
www.pageou.de

- Ali Güngörmüş
- Ali Güngörmüş
- Ilir Halilaj
- Di, Mi, Do mittags,
  Mo, So, Feiertag ganztags

Menü 89 / 129 €

Die Begrüßung ist knapp und kühl und auch ansonsten bekleckert sich der Service bei unserem jüngsten Besuch nicht mit Ruhm, es mangelt erkennbar an Routine und Standards. Wasser wird nicht nachgegossen, einmal wird uns ein Essen serviert, das an einen anderen Tisch gehört, die Weinempfehlung der für uns zuständigen Mitarbeiterin fällt folgendermaßen aus: „Zum geschmorten Rind kann ich Ihnen einen Rotwein empfehlen." Ende der Durchsage. Und als wir nur die Hälfte unserer Lahmacun-Vorspeise essen, erkundigt sich niemand nach dem Grund. Er sei hier genannt: Der dünne Teigfladen ist an den Rändern teils schwarz gebacken, in der Mitte zunehmend ledrig. Darauf verteilen sich Steinpilze, Zwiebeln, Pesto, Mozzarella und feurige Chilischote. Öl wurde beherzt eingesetzt. Toll duftet die Hummer-Pastis-Suppe. Im Geschmack stehen dann Krustentier- und Sahnearoma gleichauf. Hummerstückchen gehören nicht zur Einlage, dafür viel Fenchel. Dem dazu gereichten Börek mit frischen Erbsen hätte eine raffinierte Würzung gutgetan. Ein lauwarmer Saibling liegt auf groben Stückchen Gurke und Radieschen, dazu frischer Meerrettich. Schmeckt gut, aber abgesehen von der wachsweichen Garung des ordentlichen Fischs ist das eine Kreation, die auch einem ambitionierten Wirtshaus zuzutrauen wäre. Glanzpunkt des Menüs bildet der Hauptgang: bayerisches Wagyu, zartfleischig geschmort, umspielt von knackigem Spitzkohl, seidigem Selleriepüree und sautierten Pfifferlingen – wo ist Ali Güngörmüş, der uns seinerzeit im Hamburger Le Canard Nouveau solch wundervolle Genussmomente in mehreren Gängen hintereinander bescherte? In der Küche ist er an diesem Mittag jedenfalls nicht.

Restaurant Sparkling Bistro

Amalienstraße 89, 80799 München
T +49 (0) 89 4613 8267
www.bistro-muenchen.de

- Jürgen Wolfsgruber
- Jürgen Wolfsgruber &
  Johannes Maria Kneip
- Michael Techt
- mittags, Mo, So, Feiertag ganztags

Menü 155 / 200 €

Nach unserem Besuch im Sparkling Bistro stellen wir uns unwillkürlich die Frage, ob der Name des Lokals eine gute Wahl ist, lässt er doch eher an einen klischeebeladenen Szenetreff denken. Austern, Champagner, Klimbim. Damit hat das Lokal nichts gemein. Salopp formuliert: Im Sparkling Bistro schlappen ein paar lässige Gastroburschen in Turnschuhen und zerknitterten Hemden an den Tisch und kippen ausgesuchte Weine in mundgeblasene Gläser, mit einer Liebenswürdigkeit, die einem großen Gourmettempel in rein gar nichts nachsteht. Dieses Selbstbewusstsein darf sich das Team auch leisten. Die Geschmacksbilder der Gerichte strotzen vor Einfallsreichtum und Feinschliff: Da liegen exzellente „Eierschwammerl" auf einer Eigelbcreme, werden durch salzigen Birnbaum-Saiblingskaviar in luftige Höhen gehoben und mit einem würzigen Specksud geerdet. Aus Weißbier setzt das junge Team um Jürgen Wolfsgruber einen Essig an, der als saures Element einer Beurre blanc dient, die mit fermentiertem Rettich und einem Hauch Kümmel den Rahmen für einen butterzart confierten Zander bereiten. Ein paar Röstnoten (etwa vom Abflämmen) wären der Kreation zuträglich gewesen. Aber egal, diese Küche macht etwas mit uns. Sie kitzelt, fordert, überrascht uns, bei jedem Gang aufs Neue – ist das bayerische Avantgarde-Küche? Nennen wir es einfach so. Denn an diesem Abend erleben wir verwegene Kombinationen wie Lammbries, Kopfsalatcreme, Rauchmandeln und Flusskrebse. Oder kleine, eingelegte Zwiebeln werden mit Roggencreme und Pumpernickelgries gefüllt, mit Fenchelpollen bestäubt und auf Comté-Soße gebettet. Dazu kommen die Röstnoten von gebackener Hühnerhaut. Mit jedem Bissen schraubt sich diese Kreation weiter in die Höhe, um in perfekt austarierter Komplexität zu enden. Produktküche voller Harmonie ist auch das gegrillte, saftig-zarte Milchlamm mit knuspriger Schwarte, das mit Hafer-Pastinakenpüree und Vadouvanjus in Szene gesetzt wird. Kirschen (als Creme und entsteinte Frucht) bringen elegante Süße und Säure ein. Das Dessert wirkt wie ein dekonstruierter Kuchen: Eine Nocke Johannisbeersorbet mit cremig, abgeflämmter Eischneehaube liegt auf einer Vanillecreme, umgossen mit Kerbelöl. Und da stellen wir uns wieder eine Frage, nämlich, ob wir bis zu diesem Moment das Wesen der Beeren jemals so intensiv auf der Zunge hatten. Das Sparkling Bistro erfüllt also auch einen Bildungsauftrag.

Rüen Thai

Kazmairstraße 58, 80339 München
T +49 (0) 89 5032 39
www.rueen-thai.de

Fr, Sa, So, Feiertag mittags
Menü 56 / 123 €
Vorspeise 8 / 16 €
Hauptgang 15 / 36 €

Nicht irritieren lassen: Hinter der Fassade einer Eckkneipe verbirgt sich eine der besten Thai-Küchen der Stadt – und ein verlockender Weinkeller. Trotz des Besitzerwechsels fungiert Anuchit Chetah weiterhin als Berater und Sommelier. Die vegetarische Karte ist noch überschaubar, aber die anderen 127 Gerichte von Chili-Calamari über Wildfanggarnelen mit scharfer Prikpau-Sauce bis zum Hirschlenden-Curry bieten eine überwältigende Auswahl. Wer mag, kann seine Vorlieben sowie den Budgetrahmen nennen – und ihn einfach machen lassen. Er wird dann die perfekten Begleiter zu seinen aromenstarken Gerichten finden. Am Ende wartet ein grandioses Digestif-Angebot.

Schneider Bräuhaus

Tal 7, 80331 München
T +49 (0) 89 2901 380
www.schneider-brauhaus.de

Feiertag ganztags

In diesem Bräuhaus stimmt's einfach: Schön patiniert und gut erhalten die Schwemme wie die Stuben, bevölkert von einer bunten Mischung fröhlicher Zecher, verpflegt mit handwerklich gebrauten Weißbier-Spezialitäten und Klassikern der bayerischen Küche von der aufg'schmalzenen Breznsuppe über Leberkas und Fleischpflanzerl aus der hauseigenen Metzgerei bis zum Schweinsbraten und der Schweinshaxe mit Krusperl. Wer behauptet, das gäbe es in jedem Münchner Wirtshaus, dem rufen wir zu: Aber nicht in dieser Sorgfalt! Und eine gepflegte Innereien-Küche schon gleich zweimal nicht.

Schumann's Bar am Hofgarten

Odeonsplatz 6–7, 80539 München
T +49 (0) 89 2290 60
www.schumanns.de

Sa, So, Feiertag mittags
Vorspeise 12 / 14 €
Hauptgang 14 / 34 €

Der Gastgeber: eine Legende, im vergangenen Jahr 80 geworden und sicher für nicht wenige ein Grund hierherzukommen. Aber dass ausgerechnet eine Bar einen der erfolgreichsten Mittagstische der Münchner City betreibt, also nicht nur abends bis auf den letzten Platz besetzt ist – das liegt natürlich am sehr guten Essen, dass es hier gibt. Und damit wiederum an Charles Schuhmann, der eine Handvoll täglich wechselnder Gerichte anbietet, die er selbst gern isst: frischen Salat, Pasta, Risotto oder ein schönes Stück Fleisch wie den Evergreen des Hauses, das Roastbeef mit perfekten Bratkartoffeln.

Schwarzreiter

Maximilianstraße 17, 80539 München
T +49 (0) 89 2125 2125
www.schwarzreiter.com

Marco Stevanato
Hannes Reckziegel
Nina Geschka
mittags, Mo, So, Feiertag ganztags
Menü 145 / 195 €
Vorspeise 29 / 34 €
Hauptgang 58 / 68 €

Kaviar und Trüffel, Garnelen und Austern, Thai-Basilikum und Pekannuss: Mit Produkten wie diesen fasst Schwarzreiter-Chef Hannes Reckziegel den Regionalbegriff seiner „Young Bavarian Cuisine", so die Selbstverortung, wahrlich sehr weit. Nova Regio? Nicht im Entferntesten. Und doch ist die Zuschreibung plausibel, gründen die meisten Teller erkennbar im Lokalen. Wegen der pandemiebedingten Sperrstunde um 22 Uhr bietet Reckziegel – der den Posten im Februar 2021 von Maike Menzel übernommen hat, die in eine Babypause gegangen ist – bei unserem Besuch nur eine kleine Karte mit fünf Gerichten, die einzeln oder als Menü bestellt werden können. Zudem gibt es vegetarische Alternativen. Was der Chef unter junger bayerischer Küche versteht, zeigt beispielhaft der Hauptgang: ein Rehrücken mit Schwarzwurzel-Pickle, -Creme und -Chip sowie Pekannuss und Radicchio di Castelfranco, bei dem er mit einer behutsam eingesetzten, an ein Massaman-Curry erinnernde Würzung das Aromenspektrum um eine subtile, jedoch komplexe Schärfe erweitert. Das begeistert, ebenso der dazu in der Weinbegleitung gereichte tiefgründige Pegaso Pizarra von Telmo Rodriguez. Die maritimen Noten von Tsarskaya-Auster und Kaluga-Kaviar erdet Reckziegel durch allerlei Sellerie-Variationen, mit geeister Beurre blanc als Brücke zwischen den Welten. Ein scharfbitterer Brunnenkressesud dazu verhindert, dass es zu gemütlich wird auf dem Teller. So einfach wie gut ist der geröstete Blumenkohl mit Alba-Trüffel und Eigelb in Nussbutter, ebenso die Goldforelle aus der Fischzucht Birnbaum mit gepickelten Wurzelgemüsen und einem Püree aus Petersilienwurzel und Blattsalat. Gänzlich unbajuwarisch zeigen sich die Räumlichkeiten des dem Hotel Vier Jahreszeiten an der Maximilianstraße zugehörigen Restaurants – weltläufige, luxuriöse Eleganz herrscht hier vor. Allein die hübsche Tischdekoration, feine Porzellanblüten aus der Nymphenburger Manufaktur, verweist auf die bayerische Landeshauptstadt.

Showroom

Lilienstraße 6, 81669 München
T +49 (0) 89 4442 9082
www.showroom-restaurant.de

David Schaubruch
Dominik Käppeler & Tobias Bacher
David Schaubruch
mittags, Sa, So, Feiertag ganztags
Menü 150 / 180 €

Im Schaufenster stehen zwei Feuerlöscher in gläsernen Schaukästen, mehr zu sehen gibt es im Showroom nicht. Auf den Tellern dafür umso mehr. Das Team um die beiden Küchenchefs Dominik Käppeler und Tobias Bacher kocht in dem unprätentiösen kleinen Restaurant in der Lilienstraße nämlich ausgesprochen detailfreudig. Menü gibt's nur eins. Lediglich bei der Länge kann man mitbestimmen. Und alle 14 Tage wechseln die Gänge, die der Mikrosaison folgen. Schon bei der Vorspeise merkt man, dass die Teller hier einem klaren Bauplan folgen. Der Kranz um die abgeflämmte Jakobsmuschel besteht aus Rotkohl (als Mousse, Gel und eingelegt), Joghurt (Crunch, Creme) und Walnuss (roh, Püree). Eine oder mehrere Zutaten kommen stets in mehreren Zubereitungen, ein vielschichtiges Spiel der Aromen und Texturen. Bei der folgenden Suppe ist es der Shiitake-Pilz – einmal als Brühe, zweimal als Einlage: getrocknet und eingelegt. Mit dem gebeizten Eigelb, Avocadostückchen und Coronabohnen (sehr viel Biss) geriet die umami-satte Brühe sehr salzig begleitet. Wunderbar duftig der Gemüsegang: Der erdigen Petersilienwurzel in Gemüsefonds mit frittierten Persilienwurzelstreifen verlieh getrocknete Kamille eine ätherische Leichtigkeit. Der Grad zwischen Überraschung und Vorhersehbarkeit wird natürlich im Laufe des Menüs enger. Beim Hauptgang begleitet die pfannengebratene Poltinger Entenbrust eine Mandarine (als Chip getrocknet, roh filetiert und als Gel) und Topinambur (gebraten, als Creme, in rohen Scheibchen, als Mehl). Bei aller Vielschichtigkeit der zahlreichen Komponenten wird das Ergebnis irgendwann etwas erwartbar. Vielleicht könnten man manchmal Prägnanz mit weniger Elementen erzielen? Voll auf ging das Spiel wiederum beim Dessert – die Rote Bete als Sphäre (sehr flüssig), Mousse, Sponge, Mehl und als rohes Scheibchen begleitete das Eis aus Zartbitterschokolade kontrastreich, erdrückte es aber auch nicht. Die Weinkarte schlägt einen weiten Bogen. Der Schwerpunkt ist Deutschland, ein paar Ausflüge nach Österreich, Italien, Frankreich, Spanien und Portugal gönnt sich die gute Weinbegleitung. Netter Service von Gastgeber David Schaubruch.

Sophia's Restaurant & Bar

Sophienstraße 28, 80333 München
T +49 (0) 89 5445 5512 00
www.sophiasmuenchen.de

Menü 69 / 139 €
Vorspeise 12 / 18 €
Hauptgang 24 / 36 €

Im Restaurant mit Bar des Charles Hotel mischen sich Münchener mit Gästen aus aller Welt, entsprechend international gibt sich die Küche. So kann man im mondänem Ambiente mit freiem Blick in den Alten Botanischen Garten aus einem guten halben Dutzend feiner Tapas wählen: Chorizo vom iberischen Eichelschwein oder gebratene Garnelen mit Safran-Aioli. Bei den Hauptgerichten reicht das Spektrum vom Label-Rouge-Lachs mit Karottenhummus, grünem Spargel und griechischem Joghurt bis zum Cheeseburger vom Black-Angus-Rind.

MÜNCHEN

Tantris

Johann-Fichte-Straße 7,
80805 München
T +49 (0) 89 3619 590
www.tantris.de

- Mona Röthig
- Benjamin Chmura
- Nicolas Spanier
- Mo, Di, So, Feiertag ganztags

Menü 150 / 295 €

Man könnte weit ausholen, man kann es aber auch lassen. Ein Restaurant, selbst dieses, ist kein „Gourmettempel"; es will seinen Gästen vor allem ein paar schöne Stunden bereiten. Und wenn Amuse-Bouches sprechen könnten, dann würde diese so etwas sagen. Eine Hippe, die genauso schmeckt wie überbackene Zwiebelsuppe. Ein Soufflé vom Comté, federleicht und mit sehr langer, sanfter Süße. Und vor allem eine überragende Rinderbrühe – angeblich nur, „weil es draußen so kalt ist". Vielleicht auch, damit der neue Küchenchef Benjamin Chmura zeigen kann, warum er für seine Suppen und Saucen berühmt ist. Das alles sendet eine Botschaft: Diese Küche will zugänglich sein, keine Ehrfurcht einfordern, sondern sich selber verbeugen vor der Tradition. Und vielleicht darf man auch das Mini-Baguette auf dem Brotteller als lächelnde Versicherung deuten: Wir kochen noch immer französisch! Die Erwartung war ja enorm, seit Felix und Sabine Eichbauer im Frühjahr 2020 bekannt gaben, dass sie das berühmteste deutsche Gourmetrestaurant neu eröffnen – trotz des Abschieds von Hans Haas in den Ruhestand, trotz immenser Kosten für die denkmalschutzgerechte Renovierung des Gebäudes und trotz aller Zumutungen durch die Pandemie. Und die Besitzerfamilie tat sicher recht daran, einen Teil der fünfzigjährigen Geschichte ins neue Schwesterrestaurant Tantris DNA auszulagern. Dort also viele der Klassiker von Witzigmann, Winkler, Haas. Und hier, im Menü-Restaurant, freie Bahn für den Deutsch-Kanadier Chmura (vorher bei Troisgros). Erster Eindruck beim Umschauen: Viel hat sich nicht verändert. Die ikonische 70er-Jahre Architektur von Justus Dahinden ist weitgehend erhalten. Man sitzt auch noch auf den (frisch gepolsterten) Stühlen vom ersten Tag. Etwas lebhafter ist es geworden durch die integrierte Bar. Wer in die Küche schaut, Gäste sind willkommen, erkennt den größten Unterschied – mehr Platz als früher. Aber auch ein Bekenntnis zur klassischen Kochkunst – viel Kupfer und offene Flammen. Das Menü zeigt eine erstaunliche Bandbreite. Da gibt es die Rose von der rohen Jakobsmuschel mit Radieschen und marinierter Roter Bete, alles in Blätter geschnitten und zu einer Blüte geformt. Das ist, wie alles hier, nicht bloß ein schönes Ornament, sondern eine subtile Vermählung des buttrigen Muschelfleischs mit der rustikalen Knackigkeit des Gemüses. Eine schlichte Nage vom Sancerre führt beide Aromen spielerisch weiter und letztlich zusammen. Kurz darauf ein maritimer Vorschlaghammer: gegrillte Rotbarbe, bestrichen mit einer jodigen Butter aus Kopf und Leber samt einigen Streifen Zitronenmarmelade und einer Safran-Beurre-blanc. Was beide Gerichte verbindet, ist das klare Bekenntnis zu einer Kochtradition, die so alt ist wie das Tantris selbst: die französische Nouvelle Cuisine. Dabei erlaubt sich die Küche bisweilen durchaus Extravaganzen. Zu der bewährten Kombination von pochierten Ei und exzellenten Weißen Trüffeln, stilgerecht angereichert um Lardo und allerlei Wurzelgemüse, mischt sie Kapernstücke, die punktuell eine fast irritierende Frische auf den Teller bringen. Wie anspruchsvoll diese Küche ist, spürt der Gast nur, wenn er es will. Aber es gibt zu denken, wie der Chefsommelier sie empfindet. Die Speisen von Hans Haas, sagt er, haben viel vergeben; da konnte man den Gästen oft getrost zu ihrem Lieblingswein raten. „Jetzt kann ich nicht mal den Jahrgang ändern, ohne Schaden anzurichten." Gut für Nicolas Spanier, dass er eine gewaltige Auswahl hat, am besten sortiert mit französischen und deutschen Gewächsen. Ein dreißig Jahre alter Cahors wird hier wie selbstverständlich ausgeschenkt. Dass mit der gleichen Selbstverständlichkeit eine gereifte Riesling-Auslese für 56 Euro pro Gläschen in die Weinbegleitung gelangt, dass der Gast überhaupt mit der Rechnung spürbar zur Denkmalpflege beiträgt, erörtern wir ein andermal. Es ist wohl auch noch zu früh, Benjamin Chmura einordnen zu wollen, der nie zuvor in Deutschland gekocht hat. Er ist keiner, der Sprüche klopft. Von seinen Kreationen sagt er bloß, er habe so lange gefeilt und verkostet, bis sie ihm selber schmeckten. Wir mussten bei manchem seiner Teller ausgerechnet an den doppelt so alten und sehr deutschen Harald Wohlfahrt denken: eine ähnliche Gelassenheit im Umgang mit dem kulinarischen Erbe. Eine ähnliche Fokussierung auf die eine gute Idee, die mehr bewirkt als drei mittelprächtige. Nach einem Essen im Tantris wirkt so manche andere Küche angestrengt und überladen. Warum dann keine Höchstwertung? Vor allem wegen des Hauptgangs, der uns ein wenig enttäuschte: Wildhase, langsam geschmort mit seinen Innereien und einem Mantel (?) von Foie gras. Dass anstelle von Gemüse dazu eine Scheibe hausgebackenes Brot kam, nicht zum ersten Mal im Menü – war verzeihlich in Anbetracht der fantastischen Sauce riche, in die man es tunken mochte. Schwerer wog die allzu großzügige Dosis Sherryessig, die dem raren Wild einen Sauerbratencharakter mitgab. Auch das Dessert überzeugte nicht ganz: ein Minzcremetaler mit einer Variation von Sao-Thomé-Schokolade – dekonstruiertes After Eight würde man das anderswo nennen. Sehr harmonisch, aber auch sehr brav. Wir sind zuversichtlich, dass Chmura es noch besser kann. Eine Klasse für sich ist jetzt schon der Service. Die Atmosphäre im Tantris war immer ein paar Grade wärmer, als man es auf diesem Niveau gewohnt ist. Daran hat sich mit dem neu-alten Team unter Leitung von Mona Röthig nichts geändert.

Tantris DNA NEU

Johann–Fichte–Straße 7,
80805 München
T +49 (0) 89 3619 590
www.tantris.de

Mi, Do, Feiertag ganztags

Erwartungsmanagement: ein schreckliches Wort, eine schwierige Aufgabe! Sabine und Felix Eichbauer haben es sich einfach gemacht – und die Erwartungen einfach so hochgeschraubt wie nur möglich. Während vorne Benjamin Chmura tut, was er kann, den an ihn gerichteten Erwartungen gerecht zu werden, hat es Virginie Protat im einstigen Gartensalon vielleicht sogar noch einen Tick schwerer, soll sie doch nicht weniger als die DNA des Tantris auf dem Teller abbilden. Um es gleich vorwegzunehmen: Anspruch und Wirklichkeit klaffen noch ein gutes Stück auseinander, was aber vermutlich angesichts der allgemeinen Vorzeichen auch gar nicht anders sein kann. Das Intro geriet anlässlich unseres Erstbesuchs jedenfalls ein bisschen arg frugal – serviert wurden ein federleichter (aber im Kern noch kalter) Comté-Windbeutel sowie eine ausgezeichnete Praline vom gebackenen Kalbskopf mit Sauce gribiche. Das Amuse bestand aus Eischaum, Speck, Zwiebeln, Möhren, ein paar Tupfen Schmorsauce „bourguignonne" und einem kleinen Stückchen gerösteter Brioche. Die Speisekarte verzeichnet auftragsgemäß klassische, selbsterklärende Gerichte in soliden Portionen, zum Einstieg beispielsweise eine Scheibe traditioneller Pâté en croûte mit feinsäuerlich mariniertem Friséesalat, der in Verbindung mit der cremigen Farce, der Foie gras, blütenweißem Lardo und Kalbsbries ein wunderbar vielschichtiges Geschmackserlebnis bot, reintönig-intensiv. Gut, aber handwerklich nicht auf dem Niveau eines Pâté-Spezialisten wie beispielsweise Karen Torosyan in Brüssel. Sind wir da kleinlich? Nein, wir sind hier im Tantris! Nach spürbarem Zucken wurde zögerlich unserem Wunsch nach einer halben Portion Steinbutt nachgegeben. Er kam perfekt gebraten, saftig und schön koloriert, mit Pfifferlingen, Herzmuscheln und glasierten Pastinaken in einer hinreißenden Vin-Jaune-Buttersauce – und hinterließ nach mühsamer Sezierarbeit ein Dutzend dicke Gräten und Knorpel auf dem Teller. Ausgezeichnet im Anschluss die zarten Hechtklößchen in schulbuchmäßiger Sauce Nantua, großartig im Hauptgang der blutrote Rücken vom Wildhasen von herausragendem Aroma in einer Traumsauce zum Niederknien – glänzend, schokoladendick, lebergebunden, unglaublich tief und zart zugleich, ein Highlight der diesjährigen Testsaison (Blut, Innereien, dunkle Schokolade). Kaum für möglich hielten wir, dass sich die Dessertauswahl bei unserem Besuch auf das zum Zeitpunkt unserer Bestellung bereits dezimierte Törtchen-Angebot eines Servierwagens beschränkte – weniger Bocuse, mehr Leysieffer. Womit wir dann auch beim Kern wären. Vermutlich gibt es mit Blick auf die Tantris-DNA nur einen einzigen Maßstab, an dem sich dieses Restaurant in allen Aspekten messen sollte: an Fritz Eichbauer. An seiner Großzügigkeit, seiner Bescheidenheit, seinem gelassenen Selbstverständnis. Ruhm, Ehre, Spitzenauslastung – all das kam erst mit den Jahren zum Tantris, wuchs langsam, beiläufig, war nie das Klassenziel. Die DNA des Tantris ist nicht in erster Linie eine Frage der Küchenkunst, sie ist eine Haltungsfrage. Chmura und Protat tun, was sie können. Das Wesentliche liegt nicht in ihren Händen. Vielleicht sollte man im Tantris demnächst mal wieder die Reißbretter beiseitelegen.

TIAN

Frauenstraße 4, 80469 München
T +49 (0) 89 8856 56712
www.tian-restaurant.com

- Robert Stohs
- Viktor Gerhardinger
- Christina Leippi
- Mi, Do mittags,
  Mo, Di, So, Feiertag ganztags

Menü 116 / 129 €

Wir empfinden den Begriff „vegetarisch" im gastronomischen Kontext ja immer ein bisschen diskriminierend. Er erinnert uns an Pejorative wie „Kinderteller" oder „Seniorenportion". In kulinarisch entwickelten Kulturnationen wie Japan oder Italien ist eine Küche ohne Fleisch oder Fisch nichts weniger als eine alltägliche Selbstverständlichkeit. Doch auch hierzulande entwickeln sich die Dinge langsam in die richtige Richtung, auch wenn die vegetarische Bewegung vordergründig nur aus der protestantischen Weltverbesserungs- in die Selbstoptimierungsabteilung gewechselt ist, flankiert durch einen guten Schuss Klimaklassenkampf. Was ihrem kulinarischen Gehalt naturgemäß nur begrenzt geholfen hat. Nach wie vor sind vegetarische Spitzenrestaurants hierzulande kaum zu finden, eines der wichtigsten findet sich vis-à-vis des Viktualienmarkts. Mit Viktor Gerhardinger hat es seit 2020 einen jungen Küchenchef, den wir – nach einer kurzen Orientierungsphase – heute ohne zu zögern zu den wichtigsten Vertretern seiner Generation zählen. Ernsthaft, souverän, ruhig und überlegt hat er die schwierigen zurückliegenden Jahre genutzt, die Tian-Küche an allen Fronten neu aufzustellen – von den Produkten über die Abläufe bis zu den Gerichten. Das Ergebnis: eine komplexe, handwerklich anspruchsvolle, dramaturgisch klug durchdachte Spitzenküche, die zu keiner Zeit einen philosophischen Überbau, sondern stets den Genuss ins Zentrum stellt. Von einer hocheleganten, ausbalancierten und tiefaromatischen Karotten-Interpretation – geschmorte Babykarotten mit Fenchel und Koriander, gepickelte Karottenscheibchen, „Rohkostsalat" von der Karotte mit Zitrone und Olivenöl, Karottenchips, buttrige Karottensauce; dazu Sonnenblumenkern-Tahin, gepuffte Hirse mit Karottenpuder, Portulak und Karottengrün – bis zur süffigen, umami-satten, kräuterwürzigen Harmonie von Pfifferlingen, Einkorn-Tagliolini, samtigem Parmesan-Espuma und Salzzitrone: Gerhardingers Teller bestechen durch anstrengungslose Vielschichtigkeit und bereiten – was wir sehr wichtig finden – dem oberflächlichen wie dem sehr aufmerksamen Esser großen Genuss. An keiner Stelle tappt er in die Falle dominanter Süße, fetter Substanzlosigkeit, geschmacklicher Blässe oder plakativer Würze. Und nie steht allein der optische Eindruck im Vordergrund. Angesichts der Fähigkeiten von Viktor Gerhardinger und seines Teams ertappen wir uns (leicht verschämt) bei der Frage, wie er kochen würde, stünden ihm Fisch und Fleisch zur Verfügung. Eines Tages werden wir es vielleicht erfahren. Und bis dahin – fehlt uns absolut gar nichts!

MÜNCHEN

TiVu

Rumfordstraße 14, 80469 München
T +49 (0) 89 3791 9576
www.tivu-restaurant.de

- Vu Nguyen
- Thi Nguyen
- mittags, So, Feiertag ganztags

Unweit des Viktualienmarktes sind vietnamesische Tapas im kleinen, stylischen Restaurant mit Holztischen, Barplätzen und von grauem Vliestapeten mit integrierten Leuchtröhren das Thema. Die bestellt man sich zum Teilen aus den Klassikern (Rindfleisch im Betel-Blatt, Papaya-Mango-Salat) und Tagesangebot (Chili Chicken mit Zitronengras, Rindfleisch mit grünem Pfeffer und Brokkoli) von der kleinen Schiefertafel oder lässt sich zu zweit bei einem „Chef's Choice" in zehn Kostproben überraschen. Dass eine seriöse Weinkarte mit Rieslingen gereicht wird und es gute Drinks wie zitruserfrischender Yuzu Spritz oder ein herber Negroni, der durch Sake einen Asia-Twist bekommt, serviert werden, trägt wie der aufmerksame Service zur relaxten Beliebtheit bei. Summer Rolls erfreuten uns bei der Füllung mit knackig-frischen Kräutern zum Tofu in hauchfeiner Reisoblate, die wir in hausgemachte süßliche, würzige Hoisinsauce dippten. Deutlich kraftvoller, nicht weniger delikat fielen Duck Rolls aus. Hierbei war es das Zusammenspiel aus gezupften Fleisch confierter Entenkeule im zarten Pfannkuchenteig eingeschlagenen mit Röstzwiebeln und schwarzem Sesam. Zu butterzartem Tintenfisch und knackigen Garnelen gab es beim „Seafood Popcorn" neben echtem, ungezuckertem Popcorn pikante, fruchtig süße Mayonnaise. Spätestens nach dem Schweinebauch, mit einer Art 5-Spices-Geschmack erst gegart, dann knusprig ausgebraten, serviert mit sämiger, süßlich-fruchtiger Erdnusssauce und gepickeltem Rettich und Möhre, steht zweierlei fest: eine schöne, unkomplizierte Küche, die mit authentischem Geschmack ohne Asia-Convenience-Übergebrauch Spaß macht, zweitens sollte man zu mehreren kommen, um die komplette Karte durchzuprobieren!

Tohru in der Schreiberei

Burgstraße 5, 80331 München
T +49 (0) 89 2152 9172
www.schreiberei-muc.de

- Markus Klaas
- Tohru Nakamura
- Tobias Klaas
- mittags, Mo, So, Feiertag ganztags

Menü 245 / 245 €

Res.

„Weitermachen!", baten wir im letzten Guide für die Zukunft von Tohru Nakamuras rotem Innenstadt-Salon. Und siehe: Nach einem umbaubedingten Pop-up-Exil am Ostbahnhof ist das erfreulich konstante Team zurück in Münchens ältestem Bürgerhaus. Wie gehabt geht es die steile Himmelsleiter-Treppe hinauf, an deren erstem Absatz statt eines „Salon Rouge" nun das runderneuerte „Tohru" empfängt. Smaragdgrün und Butterscotchbraun prägen seine zwei Esszimmer mit kuschelweichem Hochflor und Kirschholztischen, deren Oberfläche man abendlang streicheln möchte. Das maximal harmonisierende Ambiente fungiert als Ruhepol zwischen den die Sinne bekanntermaßen fordernden Gängen der Nakamura-Küche. Einen ersten Eindruck ihrer weiterhin expressiven Wucht vermittelt diese gleich zu Beginn, schickt ein hauchdünn gefasstes Knuspersandwich mit fluffig-leicht gestockter Jakobsmuschelfarce, obenauf Miesmuschel und Piment d'Espelette-Gel, dazu wohlig-süffige Kombu-Beurre-blanc. Seine Spannung zieht das Mini-Gericht allerdings auch aus dem Kontrast eines direkt danach servierten Bechers Dashi – klar, heiß, puristisch, bitte mehr davon! Bei der anschließenden Seeforelle mit Fingerlimes und Wasabi, Beten, Saiblingskaviar und einer Yuzu-Buttermilch-Vinaigrette scheint man tief drin im vermeintlich wohlbekannten franko-japanischen Stil Nakamuras. Und ist überrascht, wenn dieser plötzlich Abstecher auf die iberische Halbinsel macht: Zum Heilbutt mit wunderzartem Kalmar und Artischocke (Püree plus knackiges Bodensegment) löffelt der Service ein elegant transponiertes Fischragout „al pil pil". Und für „Nabanzuke", Japans Brathering-Variante, wird statt Tachiuo der nahverwandte Schwarze Degenfisch aus portugiesischen Gewässern verwendet – was dem faszinierenden Gesamtbild aus Ochsenmark, Topinambur und kitzelnder Säure natürlich nichts nimmt. Zum Poltinger Reh mit allerlei potenziellen Intensivschmeckern (Koji-gereiftes Fleisch, Anchovisemulsion, stark reduzierte Jus) sticht ein sehr puristisches Stück geschmorter Lauch heraus, den beigelöffelten Douglasienschaum fanden wir geschmacklich eher nebensächlich. Dass nach einem angenehm leisen Dessert aus Kürbis und Sanddorn, bayerischem Safran und japanischem Whiskey noch ein unterhaltsam inszenierter Pralinen-Spaziergang über den Viktualienmarkt folgt, erdet als Abschluss den durchgängig spektakulären Abend. Jetzt noch einmal durchatmen und dann auf die Rechnung schauen, die pro Person auch ohne Add-ons im Schnitt knapp unterhalb des innerstädtischen Spitzenreiters „Tantris" rangiert. Ganz so tief wie bei den Eichbauers reicht die Weinkarte in der Burgstraße zwar noch nicht, doch neben der großen Rolle Deutschlands im weißen Bereich schien uns zuletzt auch hier die Auswahl im Burgund besonders prägnant – man merkt, dass Sommelier Tobias Klaas hierfür ein besonderes Faible hat. Da man ihn von seinem Restaurantleiter-Zwillingsbruder Markus an Tagen identischer Konfektion bestenfalls durch die Schrittgeschwindigkeit unterscheidet, wünschen wir ihm, dass er diese Bühne weiter ausbauen darf.

MÜNCHEN

TOSHI

Wurzerstraße 18, 80539 München
T +49 (0) 89 2554 6942
www.restaurant-toshi.de

Sa, Feiertag mittags,
Mo, So ganztags
Menü 80 / 140 €
Vorspeise 16 / 48 €
Hauptgang 28 / 110 €

Res.

Keine Frage: Toshi ist der Platzhirsch unter Münchens traditionellen Japanern, gleich neben dem Vier Jahreszeiten bietet er zu entsprechenden Tarifen von Shabu Shabu bis Termpura, von klassischem Sushi bis zum unvermeidlichen Wagyu vieles, was die Küche Nippons zu bieten hat. Und zwar stets in beachtlicher Produktqualität und handwerklich tadelloser Zubereitung! Der ein oder andere Kompromiss mit dem Zeitgeist ist auch im Angebot (Frühlingsrolle mit Thunfisch und Avocado, „Spicy-Dorade-Carpaccio" …), grundsätzlich wird hier aber traditionell gearbeitet – nicht von ungefähr hat die japanische Regierung Chefkoch Toshio Kobatake zum offiziellen Botschafter der Nippon-Küche ernannt.

Usagi

Thalkirchner Straße 16,
80337 München
T +49 (0) 89 5529 3581
www.usagi.bar

mittags

Res.

Manga-Motive an den Wänden, schlichte Tische und Sitzbänke, immer voll: Das Usagi könnte man sich genauso in Tokio vorstellen. Am besten, man bestellt von der Tageskarte oder folgt den Empfehlungen des kenntnisreichen Service – und landet dann vielleicht bei Miso-Suppe, karamellisiertem Schweinebauch oder Spareribs mit Wasabi-Mayonnaise, handwerklich alles einwandfrei. Allerdings wird hier nicht streng japanisch gekocht, man kann auch Kimchi oder Lachs-Poke bestellen. Respektable Wein- und Sake-Auswahl.

Vecchia Lanterna

St.-Anna-Straße 31, 80538 München
T +49 (0) 89 8189 2096
www.vecchia-lanterna.de

mittags, Mo, So, Feiertag ganztags

Seit Jahren gehört das kleine, elegante Restaurant im Hotel Domus zu den verlässlichen Adressen italienischer Küche in München. Antonino Denamis verwendet ausgezeichnete Produkte und weiß mit ihnen umzugehen – von den glasierten Jakobsmuscheln mit Castelluccio-Linsen, Artischocken und Balsamico bis zum bretonischen Seeteufel mit Spinat, Kartoffel-Lauch und Weißen Trüffeln. Auch die Desserts sind ein Genuss, zum Beispiel der Teller mit Mandelmilch-Zabaione, Mille Foglie und Granatapfel-Sorbet. Aufmerksamer, aber nie aufdringlicher Service.

Vinothek by Geisel

Schützenstraße 11, 80335 München
T +49 (0) 89 5513 77140
www.excelsior-hotel.de/vinothek

So, Feiertag ganztags
Menü 49 / 85 €
Vorspeise 12 / 30 €
Hauptgang 20 / 35 €

Familie Geisel hat mit dieser Vinothek einen Ort geschaffen, an dem alle Gäste gleichermaßen willkommen sind – egal, ob sie nur auf ein Glas Wein und einen Teller Käse kommen oder richtig essen gehen wollen. Auf einer gemütlichen Holzbank mit vielen ausgestellten (und ausgetrunkenen) Flaschen im Rücken kann man sich dann Klassiker kommen lassen wie Roastbeef, hausgebeizten Lachs und Flammkuchen. Aber es lohnt sich, Thomas Kahls mediterran orientierte Küche in Gänze zu erkunden, etwa bei glasierten Ochsenschwanzravioli mit Maiscreme, gebratenen Pilzen und Pak Choi, Filet von Kabeljau im Bouillabaissefond mit Fenchel, Artischocken und Rouilletortellini oder geschmorten Kalbsbäckchen mit glasiertem Gemüse und Bärlauch-Kartoffelpüree. Die Weinkarte lässt – wie sollte es hier auch anders sein – kaum Wünsche offen.

Weinhaus Neuner

Herzogspitalstraße 8, 80331 München
T +49 (0) 89 2603 954
www.weinhaus-neuner.de

Frank Glüer
Benjamin Kunz
Frank Glüer
Menü 69 / 95 €
Vorspeise 12 / 22 €
Hauptgang 26 / 45 €

Neuer Betriebsleiter, Gastgeber und Sommelier im ältesten Weinhaus Münchens von Mit-Inhaber Fabrice Kieffer (Les Deux) mit Restaurant, Stüberl und Schwemme, das seinem vinophilen Namen mit bei Deutschland, Österreich und Frankreich (Champagner!) bestens bestückter Weinkarte gerecht wird, ist seit Anfang 2021 Frank Glüer. Die erfahrene Verpflichtung aus Bobby Bräuers EssZimmer in der BMW Welt unterstreicht die Ambitionen, die eine souveräne Küchenleistung Benjamin Kurz' ebenfalls widerspiegelte. Zu austro-bayerischen Gerichten – Tafelspitz-Kraftbrühe oder US-Beef-Zwiebelrostbraten – bis zu gelungenen Ausflügen in die Gourmetabteilung – geflämmter Stör mit Estragonmayonnaise, Kressesalat und Zitrusaromen – sitzt es sich besonders schön im herausgeputztem Kreuzgewölbe-Restaurant mit dunkler Holzvertäfelung, Wandbildern und Schnitzereien. Sauerteigbrot von Gaues mit Radieschen-Frischkäse, ein Quader Zwiebelkuchen, mehr nicht – schon geht es zur Sache. Unterstrichen wunderbare Kalbsnierchen in Senf-Kräuter-Sauce mit Kartoffelpüree rustikaler Anklänge, gefiel wunderbar abgeschmeckte, zutatenbezogene Krustentiersülze mit Bittersalaten als traditionelle, feine Küche. Gleiches bei der Gegenüberstellung von ordentlich souffliertem Wiener Schnitzel mit Preiselbeeren-Meerrettich-Sahne und beinahe noch medium rare gegartem Lammkarree aus Bayern von intensivem Geschmack. Mit köstlicher gekräuterter Jus zum Nachschenken war fast alles gesagt, es gab aber noch Petersilienpüree, knackige Schwarzwurzeln und Handwerkskunst bezeugende Pommes soufflées. Wer danach noch Platz für ein Dessert hat, dem bleibt zumindest beim ofenfrischen Kaiserschmarren eine Verschnaufpause – mit circa 25 Minuten ist die Zubereitungszeit veranschlagt: Dann steht die Mehlspeise mit Vanilleeis und Zwetschgenröster auf dem blanken Holztisch.

Werneckhof Sigi Schelling NEU

Werneckstraße 11, 80802 München
T +49 (0) 89 3887 9568
www.werneckhof-schelling.de

 Sigi Schelling
 Paula Bosch

Sigi Schelling, aus dem Bregenzer Wald stammend, war 14 Jahre lang an der Seite von Hans Haas tätig, und in diesem traumhaft eingespielten Duo für die kontinuierliche Umsetzung der hohen Qualitätsansprüche des legendären Tantris-Küchenchefs verantwortlich. Nachdem diese berühmte Wirkungsstätte nun als „Maison Culinaire" eine umfassende Neuausrichtung erfuhr, übernahm Sigi Schelling das wunderschöne, eben frei gewordene Restaurant Werneckhof im selben Stadtteil Schwabing, ein wenig versteckt, aber zentraler in der Nähe des Englischen Gartens gelegen. Trotz der bewährten hilfreichen Hände, allen voraus das Vorbild und inzwischen auch Freund Hans Haas sowie die ebenso legendäre Tantris-Sommelière Paula Bosch, war dies für Sigi Schelling, gerade jetzt in Pandemie geprägten Zeiten, ein sehr mutiger und auch ein ungewisser unternehmerischer Schritt, wovor man nur sprichwörtlich den Hut ziehen kann. Auch die Ankündigung, „dem Küchenstil, den ich Seite an Seite mit meinem großen Lehrmeister gekocht habe, bleibe ich treu – eine klassische, produktbezogene, saisonale, nachhaltige und leichte Küche, ein Hauptprodukt auf dem Teller und das perfekt zubereitet", war kein vollmundiges Versprechen, sondern eine auch unter wirtschaftlichen Aspekten ganz hohe Verpflichtung nur allerbeste Qualität in puncto Produkt und aufwendigen Küchenstil zu bieten. Der vom ersten Tag an bestens besuchte Werneckhof von Sigi Schelling ist der schöne Beleg dafür, dass dieses Konzept 1:1 umgesetzt wurde und dies nicht nur die „alten" Tantris-Stammgäste sehr zu schätzen wissen, sondern sich täglich neue Gäste, denen der weniger prätentiöse Rahmen offensichtlich gut gefällt, sich in Sigis Fanclub einreihen. Der wohltuend dezente und immer präsente Service machen das Werneckhof-Erlebnis zu einer familiär herzlichen Erfahrung, fast so, dass man sich schon beim zweiten Besuch ein wenig wie zu Hause fühlen darf. Geistig umarmt wird der Gast mit wunderbar sanft gegartem und lauwarm serviertem Lachs mit Blumenkohl und Kaviar, mit gekonnt confierter Seezunge mit Ofentomaten, Sepiagnocchi und Salzzitronennage mit Medaillons vom Milchkalbsrücken mit Bries, Erbsenrisotto und Périgord-Trüffel sowie mit einer Reminiszenz an die österreichische Heimat, den Topfenknödeln mit Rhabarber, Himbeeren und Bananen-Sauerrahm-Eis. Und dies mittags, als sogenannter Business-Lunch in vier Gängen für 135 Euro serviert. Am Samstagmittag sogar, ganz ohne Business und in alter Tantris-Tradition, die vier Gänge inklusive Weinbegleitung, sehr kenntnisreich zusammengestellt von Paula Bosch, für lediglich 20 Euro mehr.

MÜNSTER

Xaver's

Rumfordstraße 35, 80469 München
T +49 (0) 157 7149 0313
www.xaver-s.de

🔒 Mo ganztags
Vorspeise 7 / 15 €
Hauptgang 9 / 30 €

Der junge Service trägt Tracht, als sei es das Coolste überhaupt, aber vor allem wird in diesem sympathischen Ecklokal zwischen Isartor und Viktualienmarkt Wert auf eine gute Küche gelegt. Die stützt sich zum einen auf bayerische Klassiker wie Schweinsbraten mit Apfelblautkraut und Kartoffelknödel oder Backhendl von der Bio-Keule mit buntem Kartoffelsalat und süßem Senfschmand. Ein wenig moderner wird es bei gebratenem Wildfang-Heilbutt mit Saiblingskaviar, Schwarzwurzel und Wirsing. Aber auch das Ceviche vom Saibling hat inzwischen auf der Karte einen Stammplatz. Zu all dem trinkt man frisch gezapftes Augustiner oder wählt aus einer Weinkarte, wie sie in Brauereigaststätten selten ist.

MÜNSTER

BOK
Brust oder Keule

Melchersstraße 32, 48149 Münster
T +49 (0) 251 9179 656
www.brustoderkeule.de

🔒 mittags, Mo, So, Feiertag ganztags
Menü 80 / 125 €
Vorspeise 23 / 26 €
Hauptgang 39 / 43 €

Viel Holz, klaren Linien: Das Restaurant in Münsters quirligem Kreuzviertel zeichnet sich durch ein modern-gemütliches Ambiente aus. Zusätzlich zu den Tischplätzen gibt es eine Bistrotheke, außerdem eine Terrasse. Serviert wird eine saisonale Frischeküche, etwa gebratener dänischer Kaisergranat mit einer Variation von Erbsen, Kohlrabi und Sanddorn oder Zweierlei vom Schwarzfederhuhn mit Ziegenkäse, Aprikose, Schwarzem Knoblauch und Kopfsalatemulsion. Ambitionierte Weinkarte, auf der auch biologisch erzeugte und vegane Weine nicht fehlen.

MÜNSTER

Großer Kiepenkerl

Spiekerhof 45, 48143 Münster
T +49 (0) 251 40335
www.grosser-kiepenkerl.de

Das Traditionshaus arbeitet konsequent mit Fleisch aus artgerechter Tierhaltung, weist auf der Karte ausdrücklich auf Freilauf, Strohhaltung und Zeit zum Wachsen hin. Und es bietet inzwischen einiges an vegetarischen und veganen Gerichten. So kann hier jeder glücklich werden: die einen bei Klassikern wie Kartoffelsuppe, westfälischen dicken Bohnen oder rheinischem Sauerbraten vom Sauerländer Weiderind, andere bei „Geräuchertem Möhren-Laks" mit cremiger Agaven-Senf-Sauce. Im Sommer sitzt man auf einer der schönsten Terrassen der Stadt.

Restaurant Cœur D'Artichaut

Alter Fischmarkt 11A, 48143 Münster
T +49 (0) 251 3958 2823
www.coeur-dartichaut.de

Elisabeth Morel
Fréderic Morel
Mi, Do, Fr, Sa, Feiertag mittags,
So abends, Mo, Di ganztags
Menü 100 / 170 €

So wie sich das herrliche Herz der Artischocke unter Stroh und harten Blättern versteckt, liegt auch versteckt in einem Hinterhof nahe des Münster Doms das Cœur d'Artichaut. Für schnell entflammbare Liebe, die stets neu entfacht wird, steht die Redewendung und das Team rund um den Bretonen Valentin Morel in der Küche und seine Frau Elisabeth – gebürtige Münsteranerin – im Service schafft genau das mit unserem kulinarischen Herz. Wir sind auch nicht enttäuscht, dass das namensgebende Gemüse nur einen winzigen Auftritt als Creme-Tupfer auf einem Tatar gleich zu Beginn des Menüs hat und freuen uns über die an der Saison orientierte moderne Produktküche. Gleich erste Gang Zander mit Sellerie und Dill repräsentiert das Konzept der Gerichte perfekt. Vom Dill werden die Stängel mitverwendet, der Sellerie als knackiger Kontrast zum zarten Tatar bekommt als Begleitung eine Nocke Dilleis. Jedes Element in sich ein Genuss und alle zusammen eröffnen eine neue Ebene. Der anschließende Steinköhler mit zarten Blättern der Brunnenkresse und eine zum Eintauchen köstliche Zitronen-Beurre-blanc behält die Stimmigkeit, bei erhöhter Komplexität der Aromen. Beim Servieren fallen Worte wie „Power", der vorgeblich als „Löffelteller" für unkomplizierten Genuss gedachte Gang Wachtel mit Erbsen, Pfifferlingen und Erbsen ist natürlich eine weitere Intensivierung. Ihren Höhepunkt findet die Kraft dann im Lamm, das nicht zu weich Sous-vide gegart und auf der Fettschicht langsam kross gebraten wurde. Das Pesto aus noch nicht erblühter Kamille im Zusammenspiel mit den Röstnoten der Gurkenstücke und der mit Sesampaste statt Wein abgerundeten Jus erzeugen intensive Geschmackskombinationen. Ein Gericht, an dem Morel schmeckbar lange getüftelt hat. Danach führt Morel mit einem Gang von Münsterländer Ziegenkäse über Variationen von Erdbeere und dem abschließenden Epilog inklusive eines Curry-Macarons und einer Eukalyptus-Espuma langsam wieder auf den Boden zurück. Ein kulinarischer Spannungsbogen, der aus einer Reihe von guten Gerichten, ein Erlebnis macht. Dazu bietet die „Coravin"-Weinkarte die Möglichkeit, glasweise auch höherwertige Weine zu probieren. Münster hat mitten in der Stadt ein kräftig pochendes kulinarisches Herz, das sich so unserer fortwährenden Liebe gewiss sein darf.

Restaurant Spitzner

Königsstraße 42, 48143 Münster
T +49 (0) 251 4144 1550
www.spitzner-restaurant.de

Mo, So, Feiertag ganztags
Menü 60 / 95 €
Vorspeise 15 / 36 €
Hauptgang 32 / 46 €

In diesem hellen, sehr geschmackvoll eingerichteten Restaurant sitzt man sehr angenehm, und bei schönem Wetter lockt der Innenhof. Nur wenige Meter vom Trubel der Einkaufsmeile entfernt, verweilt man unter grünem Blätterwerk und genießt die feine Küche von Karl-Nikolas Spitzner, in deren Mittelpunkt immer das hochkarätige Produkt steht – von Belon-Austern und Ijsslmeer-Zander über Salzwiesenlamm bis zum Onglet und Ochsenschwanz-Ragout vom Nebraska-Rind, das mit Roscoffzwiebel, Sabayon von grünem Szechuan-Pfeffer und Krapfen serviert wird. Eine gute Adresse auch für Lunchgäste mit Anspruch.

Villa Medici

Prozessionsweg 402, 48155 Münster
T +49 (0) 251 34218
www.villa-medici-muenster.de

Sa mittags, Mo, Di ganztags
Menü 40 / 65 €
Vorspeise 19 / 27 €
Hauptgang 28 / 36 €

Im weitläufigen Restaurant mit seinen ebenso bequemen wie eleganten Sitzbänken und Stühlen ist es vor allem das Lichtdesign, das diesem Ort eine besondere Atmosphäre verleiht: Leuchtstreifen an Wänden und Decke, die sich durch Spiegelungen in den Fenstern kunstvoll vervielfachen. Die Küche zeichnet sich durch Produktqualität und handwerkliches Können aus, von hausgemachten Gnocchi mit Südtiroler Schinken und halbgetrockneten Tomaten über Risotto alla caponata bis zum Rinderfilet mit Kartoffelpüree, Speckbohnen und Pfeffersauce. Im Sommer sitzt man auf der Veranda mit Blick ins Grüne.

MÜNSTERTAL/SCHWARZWALD

Gasthaus Zähringer Hof NEU

Stohren 10,
79244 Münstertal/Schwarzwald
T +49 (0) 7602 256
www.zaehringerhof.de

Menü 45 / 85 €
Vorspeise 18 / 24 €
Hauptgang 18 / 43 €

Ein Traumplatz zwischen Himmel und Erde! Hoch oben auf dem Stohren liegt die Rheinebene weit vor uns, davor die grünen Rücken rechts und links des Münstertals, am Horizont die Vogesen … Die Luft perlt quellfrisch in himmlischer Ruhe, unterbrochen von der ein oder anderen Kuhglocke. Wer hier oben einkehrt, der braucht eigentlich nicht viel – und freut sich dann umso mehr über das, was Christoph Riesterer (inzwischen schon in dritter Generation) auf den Tisch bringt. Da wären natürlich zunächst die unverwüstlichen Standards der badischen Küche, die Flädlesuppe und der Elsässer Wurstsalat, der Bibiliskäs', der zarte Kalbskopf und die gebratene Forelle, blau oder in Mandelbutter. Wer da sagt: „Gibt's überall!" Dem rufen wir zu: Aber nicht in dieser Qualität. Allein die Brägele sind eine Anreise wert, so rösch und zart, so sorgfältig gebraten kommen sie hier auf den Tisch. Und bei der Vesper endet es ja auch nicht: Mal gibt's eine Brust vom Schwarzfederhuhn auf Spargelrisotto, mal einen Rehrücken unter der Haselnusskruste mit wildem Brokkoli und einem Kartoffel-Selleriepüree, mal hausgemachte Wildfleischküchle mit Pilzrahmsauce und Spätzle. Die Produkte stammen weitestgehend aus dem südlichen Schwarzwald, die Weinkarte macht erfreuliche Ausnahmen – neben den Lokalmatadoren sind unter anderem Dönnhoff, Rebholz und Paul Pillot vertreten …

Spielweg

Spielweg 61,
79244 Münstertal/Schwarzwald
T +49 (0) 7636 7090
www.spielweg.com

Sabine & Kristin Fuchs
Viktoria Fuchs
Sebastian Muckenhirn
Menü 54 / 95 €
Vorspeise 9 / 26 €
Hauptgang 24 / 39 €

Malerischer als hier wird's nicht. Punkt. Doch auch mitten im Traumschwarzwald bleibt nicht alles gleich. Halleluja: Der Spielweg befindet sich jetzt im Telekomnetz! Ob das wirklich eine Verbesserung ist? Keinerlei Sorge dagegen bereitet uns, dass Viki Fuchs zu Prominenz gekommen ist. Am heimischen Herd werden nach wie vor keine Abstriche gemacht – man schmeckt es schon am hausgebackenen Roggensauerteigbrot. Auch alle anderen Viktualien im Spielweg kommen aus besten Quellen: die Kräuter aus den Gärten von Sabine Fuchs, der Honig von zwei eigenen Bienenvölkern, das Rind von Höfen am Schauinsland, das Wild aus dem eigenen Revier, die Forelle und der Saibling aus der Zucht an der Wutach. Für den Käse sorgt Karl-Josef Fuchs nach wie vor persönlich – in der eigenen Käserei stellt er Spielweger Bergkäse, Obermünstertäler Weichkäse und Ricotta von bemerkenswerter Güte her. Aus all dem zaubert Viktoria im Duett mit ihrem Partner Johannes Schneider ein buntes kulinarisches Programm, das von badischer Flädlesuppe über hausgemachte Wildpâté de la Campagne bis zu Wildschwein-Dim-Sum oder rosa gebratener Hirschkalbskeule im Tom-Kha-Sud reicht. Bei unserem jüngsten Besuch gab es gebeizte und kalt geräucherte

Eismeerlachsforelle mit leicht karamellisiertem Spargel, würzig-säuerlicher Ponzu-Sauce, Miso-Mayonnaise und Frühlingskräutern gefolgt von krossem, knusprig-süffigen Schweinebauch (18 Stunden bei 75 Grad gegart). Im Anschluss: gebratener und geflämmter Kabeljau-Rücken und (etwas zu feste) Dim Sum von der Rotgarnele im säuerlich, scharfen Tom-Yam-Gung-Sud. Klar: keine Küche der zarten Akkorde, was aber ungemein gut zur munteren Stimmung in der Schwarzwälder Stube passt. Fast zart und von feiner Schärfe dagegen eine rosa gebratene Hirschkalbskeule im Anschluss. Bei den Desserts dann lief die Spielweg-Küche zu besonderer Form auf: Schneider, von Haus aus Konditor, kredenzte ein elegantes „Sticky Rice Parfait" mit einem Sorbet aus perfekt gereifter Mango und buttrigen Kokosnuss-Crumble. Einziger Wunsch: Bitte die Weinkarte weiter aufstocken! Ansonsten gibt es nichts zu meckern.

MURNAU AM STAFFELSEE

Murnauer Reiter

Ramsachstraße 8,
82418 Murnau am Staffelsee
T +49 (0) 8841 4913 20
www.alpenhof-murnau.com

Menü 48 / 134 €

Leinen und Leder, helles Holz und Felsstein bestimmen das behaglich-moderne Ambiente des Restaurants im Hotel Alpenhof Murnau. Große Fenster geben den Blick frei auf die Gipfel der Ammergauer Alpen. Dazu passt die Liebe zur Region, von der Claus Gromotkas Küche zeugt, etwa beim Filet vom Saibling aus dem nahen Kochelsee, das mit Blattspinat, Butterkartoffeln und Kapern-Tomaten-Butter serviert wird. Für die großartige Weinauswahl mit mehr als 900 Positionen ist Guarino Tugnoli verantwortlich, die ebenso charmante wie kompetente Sommelier-Legende des Hauses.

Murnau am Staffelsee

NAUMBURG

Gasthof Zufriedenheit

Steinweg 26, 06618 Naumburg
T +49 (0) 3445 7912 051
www.gasthof-zufriedenheit.de

Mo ganztags
Menü 48 / 98 €
Vorspeise 14 / 18 €
Hauptgang 24 / 38 €

Historische Mauern, grün-samtige Sitzmöbel, helles Holz – nur wenige Schritte vom berühmten Weltkulturerbe-Dom entfernt lässt sich entspannt in charmanter Atmospäre auf modern-welt-offene Art speisen. Das Spektrum reicht vom Wagyu-Carpaccio mit Yuzucreme, Rucola, Belper Knolle und Togarashi-Perlen bis zum Bisonfilet mit gebratenen Pfifferlingen, Szechuan-Pfeffer-Sauce und Pistazien-Pappardelle. Bei der Weinauswahl dominiert Saale-Unstrut, aber auch andere Gebiete Deutschlands und Europas sind vertreten.

NAURATH

Rüssel's Landhaus

Büdlicherbrück 1, 54426 Naurath
T +49 (0) 6509 91400
www.ruessels-landhaus.de

Ruth & Harald Rüssel
Harald Rüssel & Sebastian Sandor
Ruth Rüssel & Thomas Rücker
Mo, Do, Fr mittags,
Di, Mi ganztags
Menü 135 / 175 €
Vorspeise 35 / 42 €
Hauptgang 48 / 55 €

Augenblickliche Glückseligkeit kann einfach sein. Auf bequemem Landhaus-Mobiliar auf einer großzügigen Gartenterrasse zu sitzen, über einen kleinen Weiher zu blicken, während im Hintergrund langsam die Sonne sinkt und Mosel-Riesling stets kühl bereitsteht. Für weitere Wohlfühlsteigerung sorgte eine kulinarische Einstimmung, für deren Geschmackspräzision anderswo ganze Menüs zum Auffinden durchprobiert werden müssen: Kartoffelflan-Quader auf Pumpernickel mit Forelle, Reh-Pâté-Rondell, grüne Gazpacho mit Liebstöckel, angegrillte Brioche mit Gänseleberpastete. Das Menü, alle Gänge sind einzeln bestellbar, eröffnete confierter, abgeflämmter Bachsaibling mit mariniertem Kopfsalat. Dem knackigen, frisch-leichtem Gericht mit Buchweizengrundierung und erfreulichem Mut zu oftmals stiefmütterlich behandeltem Liebstöckel, verschob Ingwer-Schärfe sacht von Landhausküche gen Asien. Solche Akzentverschiebungen passieren bei Harald Rüssels moderner Klassik in feinen Nuancen. So deutete zerriebener Blumenkohl zu gebratenem Heilbutt – saftig fest, wunderbar aufblätternd – eine „Couscous"-Zwischenlandung in Nordafrika an, das Gericht startete aber mit Curry-Mayo und vor allem griffiger Kokos-Curry-Krustentier-sauce nach Südostasien durch. Weniger Begeisterung löste zu wässriges, pochiertes Ei aus, zu dem es warme Gurkenwürfel, Spinatschaum, Nordseegarnelen und Speckknusper gab; geschmacklich insgesamt gut, dabei – nicht ehrabschneidend zu verstehen – durchaus oldschool. Bei vorzüglichem gebratenem Kalbsbriesmedaillon mit confiertem Kalbsherzstreifen in aromatisch transparentem Röstzwiebelsud nebst gepickelten Perlzwiebelsegmenten verwunderte minimal, dass Bohnen-Cassoulet lediglich aus wenigen Fèves und gelben Wachsbohnen bestand und nach Buchweizen erneut ein

„Pseudo-Getreide", hier Hirse, wie eine Sättigungsbeilage eingebaut war. Dass Harald Rüssel passionierter Jäger und kochender Wildfachmann ist, zeigen seine Bücher wie das jüngst erschienene „Wild Wald Genuss" und demonstrierten mit präsent-kräftigem Wildgeschmack rosa gegarter Rücken und Filet sowie geschmorte Schulter vom Naurather Reh, flankiert von Petersilienwurzelpüree, angeröstetem Spitzkohl, Blaubeeren und Pfifferlingen. Einzig von der köstlichen Sauce hätten wir gerne mehr gehabt. Andererseits ist dies ein wohlproportioniertes Essen, bei dem man sich auch nach sechs Gängen noch über Brombeermousse mit Champagnercreme-Kern sowie Beeren, Champagnerperlen und Matcha-Sponge freuen kann. Übrigens, drinnen sitzt es sich ebenfalls wunderbar.

NECKARGEMÜND

Christians Restaurant

Neckarstraße 40,
69151 Neckargemünd
T +49 (0) 6223 9737 323
www.restaurant-christian.de

 Do, Fr mittags,
Mo, Di, Mi ganztags
Menü 79 / 105 €
Vorspeise 10 / 22 €
Hauptgang 25 / 38 €

Der bis ins 13. Jahrhundert zurückreichende Knappenkeller, in dem einst legendäre Rittermahle stattfanden, präsentiert sich heute als freundliches, helles Restaurant mit Resten der alten Stadtmauer. In diesem Ambiente lässt Christian Heß eine feine Crossover-Küche servieren, etwa Thunfisch-Tatar mit Guacamole und Mango-Ketchup oder Rinderfilet mit Dukkah-Kruste auf Blattspinat, orientalischer Gewürzjus, Kichererbsen und Kürbis-Falafel. Aber auch Küchenklassiker wie das Kalbsrückensteak mit Kräuterkruste und Waldpilzen sind hier in hoher Qualität zu haben.

NEUENDORF-SACHSENBANDE

Zum Dückerstieg

Dückerstieg 7,
25554 Neuendorf-Sachsenbande
T +49 (0) 4823 92929
www.dueckerstieg.de

Mi, Do mittags,
Mo, Di, Feiertag ganztags
Menü 52 / 62 €
Vorspeise 8 / 14 €
Hauptgang 10 / 36 €

Seit mehr als hundert Jahren kehren hier, mitten in der Wilstermarsch, Einheimische, Urlauber und Stadtausflügler ein. Heute bekommen sie an den Holztischen mit lindgrün bezogenen Stühlen gut gemachte regionale Saisonküche: vom gebratenen Zanderfilet auf Lauchgraupen mit Krustentierschaum bis zu Brust und gefüllter Keule vom Perlhuhn mit Trüffeljus auf zweierlei Kohl. Verlässlich gute Stammgerichte auf der Karte sind die Hausklassiker Wiener Schnitzel, gebratene Scholle mit Speckbutter oder die Steakpfanne.

NEUHAUSEN

Alte Baiz

Hauptstraße 2, 75242 Neuhausen
T +49 (0) 7234 9473 899
www.gruenerwald.de

Claudio Urru
Eduard Knecht
Marcus Stich
mittags, Mo, Di, Mi, Do, So,
Feiertag ganztags
Menü 122 / 162 €

Wald und Wiesen sind in Sichtweite, die gute Landluft gibt es gratis dazu. Denn dort, wo sich Claudio Urru, der einst mit seinem Restaurant im Stuttgarter Flughafen zum kulinarischen Höhenflug ansetzte, niedergelassen hat, ist dickes Land. Doch Urru wäre kein umtriebiger Allrounder, würde er nicht genau hier sein Talent einbringen. Die Möglichkeiten dafür sind vielfältig, denn der „Grüne Wald" ist ein geschmackvoll ausgestattetes Gastro-Imperium mit Wirtsstube, Braustüble, Tagungsräumen, hauseigener Brauerei und natürlich dem Gourmetrestaurant, Urrus kulinarische Spielwiese. Nur freitags oder samstags Abend wird hier aufgetischt, eine rechtzeitige Reservierung ist empfehlenswert. Ist diese Hürde genommen, erlebt man eine einfallsreiche, komplexe Küche, die sich aus besten Produkten bedient und als Entrée sanft gebeizten Lachs mit rosafarbenem Ingwer-Tonic-Gel, Wacholdercreme, Salicornes, Sauerampfersud und Dillöl zu einem farbenfrohen Teller arrangiert, dessen einzelne Komponenten aromatisch ineinandergreifen, dabei ihren Eigengeschmack behalten. Auch der bretonische Kaisergranat, saftig und bissfest, profitierte von ungewohnten Beilagen wie der säuerlichen Amanatsu, dem Fond aus indischen Vadouvan-Gewürzen, eingelegten Lotuswurzeln und Röstzwiebel-Papier als Topping. Als wunderbar zart und saftig erwies sich der Sous-vide garte und danach kross angebratene Bauch vom Livar Klosterschwein, der zur Feinschärfung mit Curryöl beträufelt war und mit Kräuterseitlingen, Pistazien- und Süßkartoffelcreme serviert wurde. Nicht minder perfekt war das Filet vom kanadischen Bison gebraten, begleitet von Buchenpilzen, Olivenjus, Ricottacreme und Aroniabeeren, die am Gaumen für feinsäuerlichen Schwung sorgten.

Gewagt, aber spannend! Das war auch das Dessert, ein mit eingelegten Kirschen konzentriertes Schokoladenmousse, dazu gab es Pekannusseis, Litschigel und Estragonfond. Die Weinkarte ist gut bestückt, der Service korrekt und aufmerksam.

NEUHÜTTEN

Le Temple

Saarstraße 2, 54422 Neuhütten
T +49 (0) 6503 7669
www.le-temple.de

Christiane Detemple-Schäfer
Mo, Di, Do, Fr, Sa mittags,
Mi ganztags
Menü 130 / 165 €
Vorspeise 36 / 42 €
Hauptgang 46 / 52 €

Dagobert Ducks Geldspeicher ist gefüllt mit Goldtalern, in die er wonnig eintaucht. Wir Gourmets wünschen uns ein Bassin bis zum Rand voll mit roten Zwiebeln am Grund, Spinat und einem zarten Wachtelei als Mitte und an der Oberfläche schaumiger Nussbutter und einen großen Löffel zur Hand – so stellen wir uns ewiges Glück vor. Im Le Temple ist dieser Glücksspeicher ein Silber gefärbtes Hühnerei und es reicht ein Teelöffel für lukullischen Reichtum. Es ist der erste Gruß aus der Küche. Und als solcher stellvertretend die Quintessenz der Küche von Christiane Detemple-Schäfer und Oliver Schäfer. Präzise herausgearbeitete Aromen, klare Akzente, die in Summe Wohlgefühl erzeugen. Eine Idee, die sie haben, wird nahezu ohne jeden Mangel handwerklich in Szene gesetzt. So auch die kleine circensische Komponente des zweiten Grußes der Küche, eine goldfarbene Kugel mit Kräutern für Grüne Soße in der Mitte, die sich unter der Hitze der angegossenen Gemüseessenz auflöst. Einzig die Brühe, die einige perfekt gegarte Gemüse umgibt, ist an der Grenze dessen, was an Salz genussvoll ist – allein, in Kombination mit einem der damit benetzten Stücke Brokkoli, Karotte, Rettich und Pilzen passt es genau. Ansonsten können wir bei den folgenden Gängen nur anerkennend nicken, schwärmen, applaudieren. Die prächtigen Carabineros kommen in Begleitung von Melone, Pfeffer und Zitronenverbene, leicht, aromatisch, glänzend abgestimmt. Leichtigkeit, wo es Sinn ergibt, Butter, wo sie zufrieden macht. Vieles spricht für den Geschmacksträger und das cremige Gelb des Landeis steckt zwischen zwei großzügig in Butter knusprig gebratenen Brotscheiben. So bleibt das Krosse erhalten in der umgebenden Kerbel-Butter-Emulsion und machen aus jedem Bissen ein sündiges Spektakel (der Kaviar obendrauf – er schadet nicht, gebraucht hätte dieses Gericht ihn nicht!). Traumsicher wandelt die Küche auf den Pfaden französischer Klassik, moderne Techniken im Blick. Die Tranche Saibling besitzt eine sensationell zarte Konsistenz, die Velouté leuchtet und strahlt vor Safran, Erbsen runden mit ihrer Süße ab. Die Tupfer Kokoscreme auf einer Scheibe Rote Bete, die wiederum das Lammragout bedeckt, sind im Hauptgang neben dem Dillöl und den Aprikosentupfern einer der gekonnt gesetzten Akzente, die unterstreichen, dass Tradition beherrschen nicht bedeutet, in Andacht zu erstarren. Dass auch das Basilikum und die Paprika im abschließenden Dessert zum Topfensoufflé eindeutig auszumachen sind und dabei den Eindruck machen, als könnte man das gar nicht anders servieren, runden das Menü ab. Diese klar strukturierten, von sehr guten Produkten getragenen Gerichte serviert das Team souverän im Neubau, der im kleinen Neuhütten durch seine graue Fassade und reduzierte Architektur des noch jungen Jahrtausends auffällt. Familie Detemple hat mit dem Le Temple einen Ort geschaffen, an den wir gerne pilgern, denn zufällig kommt hier keiner rum, der sich nicht verfahren hat.

NEUKIRCH

Gasthof zum Hirsch NEU

Argenstraße 29, 88099 Neukirch
T +49 (0)7528 1765
www.gasthof-zum-hirsch.com

🔒 Mi, Do, Fr, Sa, Feiertag mittags,
Mo, Di ganztags
Menü 34 / 69 €
Vorspeise 12 / 19 €
Hauptgang 18 / 38 €

Im kleinen Dorf Goppertsweiler liegt dieser einladende Gasthof im Landhausstil. Artur F. Renz, Mitglied bei Green Chefs und Slow Food, setzt auf eine ehrlich bodenständige und dabei ganz und gar nicht langweilige Küche. Im vegetarischen Menü zeugen davon ein Steinpilztörtchen auf Kräuter-Mozzarella-Creme oder geschmorte Zwiebel mit Sahnepolenta auf Mangold. Ansonsten wird man hier bei Kalbsrücken an Lavendelsauce mit Riebelschnitte und lila Gartenkarotten oder Filet vom Wolfsbarsch mit geschmortem Bleichsellerie und Paprikachutney glücklich. Wer nicht mehr fahren will: Es gibt acht Gästezimmer mit Blick auf die Dorfkirche und ins grüne Argental.

NEULEININGEN

Alte Pfarrey

Untergasse 54, 67271 Neuleiningen
T +49 (0) 6359 86066
www.altepfarrey.com

🔒 Di, Mi, Do mittags,
Mo, So, Feiertag ganztags
Menü 89 / 155 €

Die Alte Pfarrey gehört seit Jahren zu unseren Lieblingsadressen – Silvio Lange und Bettina Kissling-Lange kredenzten klassische Küche stets auf hohem Niveau in diesem beschaulichen Kleinod im pfälzischen Neuleiningen. Leider, und das bedauern wir zutiefst, kann die Küchenleistung nicht mehr ganz an alte Zeiten anknüpfen. Es fehlt an Feinabstimmung, auch in Bezug auf Produktqualität und geschmacklicher Ausdrucksstärke würden wir uns mehr erwarten. Schon beim Amuse fehlte das kulinarische Fingerspitzengefühl etwas – die Lachsmousse auf getoastetem Sauerteigbrot, der Parmesanchip und auch das Kalbstatar auf einem Kräcker waren zu dicht gearbeitet, sodass insbesondere Letzteres wenig Aromatik entfalten konnte. Nach einem guten mediterranen Pulposalat mit Oliven und einer subtil eingearbeiteten leichten Schärfe als Amuse blieb der Gelbflossen-Thun in Qualität und Zubereitung leider etwas hinter den Erwartungen zurück: Während die ganz kurz angebratenen Scheiben mit leichter Schärfe und textureller Fleischigkeit noch punkten konnten, geriet das Tatar aufgrund deutlich zu großer frischer Ingwerstücke aus der Balance. Auch der Akkord mit Wassermelone und Koriander wollte sich nicht wirklich einstellen, wobei ein separat gereichtes Stück Gewürztofu rätselhaft blieb. Für eine Brasserie ein gutes Gericht, hier jedoch sollte die Küche eine Schippe drauflegen. Am Hummer mit Fenchel und Bouillabaisse-Sud begeisterte uns zunächst die großzügige Portion des edlen Meeresbewohners, aromatisch zeigte er sich nach erster Jodigkeit aber recht unauffällig und konnte auch mit dem guten Safranfenchel und der Bouillabaisse, die mehr Würze vertragen hätte, wenig aromatische Spannung aufbauen. Im Hauptgang präsentierte sich dann das Reh zwar gut rosa gebraten und leicht mürbe, hatte aber durch eine zu lange Ruhezeit an Ausdrucksstärke verloren, sodass die Variation von Sellerie in Verbindung mit Brombeeren und einem Petersilienpüree die Oberhand gewann. Zum Abschluss präsentierte sich das Dessert aus Himbeere, Pistazie und Ruby-Kuvertüre dann zwar aromatisch gut, aber haptisch zu dicht, sodass die einzelnen Elemente ihre Charaktere nur unzureichend ausspielen konnten.

H'manns

Am Goldberg 2, 67271 Neuleiningen
T +49 (0) 6359 5341
www.hmanns.de

Do, Fr, Sa, So mittags,
Mo, Di, Mi ganztags
Menü 63 / 92 €
Vorspeise 14 / 28 €
Hauptgang 31 / 46 €

Man liest sie gerne, die erläuternden Texte zu den Gerichten auf der Speisekarte, denn wie hier Grundprodukte gewürdigt werden, ist vorbildlich: Bei den geschmorten Bäckchen vom iberischen Bellota-Schwein mit Thymian-Gnocchi und Bohnen-Röstschalotten-Gemüse stammt das Fleisch aus Freiland-Eichelmast; und die Ente aus der südwestfranzösischen Landes, deren mit Ponzu glasierte Brust mit Zitrus-Couscous und Orangenschaum angerichtet wird, hatte mindestens drei Monate Zeit, um reif zu sein für die Schlachtung. Exzellente Pfälzer Weinkarte. Mittwochs findet ein Tapas-Abend statt.

NEUNBURG VORM WALD

Obendorfers Restaurant Eisvogel

Hofenstetten 55,
92431 Neunburg Vorm Wald
T +49 (0) 9439 9500
www.landhotel-birkenhof.de

Hubert Obendorfer &
Christian Schider
mittags, Mo, So, Feiertag ganztags
Menü 142 / 190 €

Wenn der stattliche Komplex „Der Birkenhof" in der oberpfälzischen Hügellandschaft auftaucht, hat was von einer Fata Morgana mit seiner Mischung aus Wellness und Genuss, die Hubert Obendorfer in über einem Vierteljahrhundert geschaffen hat. Vergangenes Jahr vermeldete der Eisvogel, den Übergang der Küchenleitung auf Sebastian Obendorfer. Eine Entwicklung, die weder die Website, die sich hauptsächlich auf Vater Hubert fokussiert, der allerdings vermehrt bei seinen Honneurs im Service zu sehen war, noch zuletzt die Teller mit einer möglichen Handschrift des Juniors widerspiegelten. Wie gewohnt basierte das fünf- bis achtgängige Menü auf besten internationalen Zutaten und weltoffene Aromen in durchaus kräftiger Manier. Erkennbar war jedenfalls handwerkliche Kunst bereits zum Start mit filigran gearbeiteten Kleinigkeiten, die ein wenig disparat erschienen: luftige Bánh bao, mit gezupftem Ibérico-Schwein und Zwetschge gefüllte, gedämpfte Hefeklöße, butterzarter Pulpo mit säuredominierter Walderdbeeren-Gazpacho, Krokette mit Trüffel und Schnittlauchmayonnaise. Äußerst gelungen geriet das Zusammenspiel auf einem äußerst kunstvoll quadratisch arrangierten Teller von zartschmelzendem, dünnem Balfegó-Thunfischbauchscheiben mit Kaviar und Vinaigrette aus Korianderöl und Litschi-Dashi. Ebenso begeisterte stattlich gebratnr Kaisergranat von den Färöer-Inseln mit Apfel-Rettich-Tatar, abgeflämmten Zwiebelsegmenten und wohltuend pikantem Chipotle-Hauch. Kurzzeitige Irritationen löste eine etwas seltsame Zusammenstellung als Zwischenerfrischung aus, die Bananen-Estragon-Sorbet mit Dashi-Fond zusammentreffen ließ. Auf den Pfad der Souveränität fand die Küche beim herrlichen saftigen Zanderstück in stimmiger Begleitung von Petersiliencreme, Kohlrabi und Boudin-Noir-Tupfen zurück. Diesen beschritt auch auf den Punkt rosa gebratenes Schaufelstück vom Wagyu, kombiniert mit Poweraden und untermalender, statt übertünchender feiner Jus auf Paprikabasis. Nach Vorfahren des mit Antony-Käsen gut sortierten Wagens begeisterte uns die Raffinesse aufwendig angerichteter Desserts. Vor allem Waldheidelbeeren mit Schafsjoghurt und Kürbiskernen sowie Ananas mit rotem Shiso-Eis und Pistazie sorgten für überzeugend frischen Abschluss nach viereinhalbstündiger Genusstour. Die Weinkarte legt ihren Schwerpunkt auf deutsche Gewächse, vor allem aus Franken, und Champagner.

Restaurant Turmstube

Hofenstetten 55,
92431 Neunburg Vorm Wald
T +49 (0) 9439 9500
www.landhotel-birkenhof.de

Menü 34 / 46 €
Vorspeise 8 / 12 €
Hauptgang 18 / 28 €

Die Turmstube im Hotel Birkenhof steht wie der „Eisvogel", das Spitzenrestaurant des Hauses, unter der Leitung von Inhaber und Küchenchef Hubert Obendorfer. Gepolsterte Bänke, viel Holz und warmes Licht sorgen für eine gemütlich-stimmungsvolle Atmosphäre. Und die Gerichte bestechen durch Produktqualität und Internationalität – vom schwarz geräucherten Thunfisch mit Buttermilch, Dillöl, Avocado und Limette über das auf der Haut gebratene Zanderfilet mit Speckschaum, Bohnen-Cassoulet und Kräutergraupen bis zu Brust und Ravioli vom Niederbayerischen Bio-Hendl mit Thymianjus und Steinpilzgemüse.

NEUPOTZ

Gasthof zum Lamm

Hauptstraße 7, 76777 Neupotz
T +49 (0) 7272 2809
www.gasthof-lamm-neupotz.de

Di, Mi, Do, Fr, Sa mittags,
So, Feiertag abends, Mo ganztags
Menü 30 / 60 €
Vorspeise 8 / 18 €
Hauptgang 18 / 34 €

Im gemütlichen Ambiente eines französischen Landgasthofs lässt Manfred Kreger wohlschmeckende Gerichte servieren, von gutbürgerlich über mediterran bis asiatisch: Wiener Schnitzel und paniertes Zanderfilet mit Kartoffelsalat genauso wie Jakobsmuscheln und Garnelen mit Asiagemüse, Sauce von Kokos und grünem Curry und Basmatireis. Natürlich darf auch das namensgebende Lamm nicht fehlen, etwa als Rücken mit Kräuter-Senf-Kruste und provenzalischem Gemüse. Auf der Weinkarte stehen vor allem mittlere und gute Pfälzer.

Rheinlandschaft nahe Neupotz

Restaurant Krone

Hauptstraße 25,
76777 Neupotz
T +49 (0) 7272 9337 845
www.zurkroneneupotz.de

Kerstin Bettioui
Faycal Bettioui
Stefan Echle
mittags, Mo, Di, Feiertag ganztags
Menü 130 / 130 €

Das Restaurant Zur Krone in Neupotz ist ein wahrhaftes Kleinod, in dem sich Kerstin und Faycal Bettioui selbst verwirklicht haben. Während sich die geborene Pfälzerin mit viel Charme wie in ihrem Wohnzimmer um die Gäste kümmert, wirkt der US-Amerikaner mit marokkanischen Wurzeln konzentriert in der Küche. Im Ergebnis entsteht eine französisch-orientierte, produktfokussierte Küche, die handwerklich an Thomas Kellers Klassik erinnert, in dessen Per Se Bettioui einst den Weg in die Spitzengastronomie fand. Nach einem gelungenen Apéro-Reigen müssen wir zweimal hinschauen, ob wir nicht bei Christian Bau sind: Der Hiramasa Kingfish mit Kiwi, Gurke, Avocado und Tomatendashi erinnert in Anrichteweise und den verwendeten Elementen doch sehr an den Meister, wobei bei der Degustation schnell klar wird, dass wir in Neupotz sind. Zu zurückhaltend ist die aromatische Klaviatur, es hätte deutlich mehr Würze und Säurespiel gebraucht, ganz zu schweigen von der Produktqualität, die hier gerechterweise gar kein Benchmark-Niveau haben kann. Das à part gereichte Tatar von Kingfish-Bauch mit Avocadocreme wirkte dagegen zu fett und fast ungestüm, sodass sich hier wenig Verbindung zum Hauptteller aufbauen konnte. Zurück zur Klassik dann bei der Foie gras mit Kirsche und Brioche – wohlschmeckend, handwerklich sehr gut, aber leider mit wenig Überraschungspotenzial. Hervorragend dagegen ein Geniestreich aus Creme von geräucherter Zwiebel, Ei und Kaviar, sanft umspielt von einer Maisvelouté, ein Teller mit Spannungspotenzial in Bezug auf Temperaturen, Texturen und Aromen. Weder die folgende Tristan Languste (leider mit recht wenig Eigenaromatik) mit ihrer Bisque noch der nachfolgende Steinköhler mit Erbse, Muscheln und Vin Jaune konnten uns begeistern. Beim Steinköhler verbanden sich Erbse und Muschel zu wenig und der Fisch selbst hätte von mehr Röstaromen profitiert. Beim Hauptgang war dann die Welt wieder in Ordnung, das Black Angus mit Selleriepüree, wildem Brokkoli und Kalbsjus war ohne Fehl und Tadel. Als Überleitung zum Haupt-Dessert fungierte eine Banane aus weißer Schokolade mit Tonkabohnencreme- und Karamellfüllung, wobei die Tonkabohne etwas zu laut auftrumpfen durfte. „Milk and Honey" war ein überaus überzeugender, nicht allzu süßer Abschluss aus fermentierter Milch, Orangenblüten (als Panna cotta) und einem formidablen Joghurteis.

NEUSS

Herzog von Burgund NEU

Erftstraße 88, 41460 Neuss
T +49 (0) 2131 23552
www.herzogvonburgund.de

- Erich Tiefenbacher
- Erich Tiefenbacher
- Sa mittags,
  Mo, So, Feiertag ganztags

Menü 49 / 59 €

Neuss ist eine Stadt mit hohem Zusammenhalt. Vielleicht ist das der Grund, warum selbst extrovertierte Lokalpatrioten verschweigen, dass im Herzen ihrer Stadt ein gastronomisches Kleinod zu finden ist. Das Herzog von Burgund – benannt nach jenem Fürsten, der mal im 15. Jahrhundert erfolglos versuchte, die Stadt zu erobern – hat seinen Sitz in einer traumhaft schönen Altbau-Villa und strotzt nur so vor Grandesse des Bürgertums einer mittelgroßen Stadt: hohe Decken, knarzende Dielen, Ölporträts und eine ordentliche Menge Kunst des 20. Jahrhunderts (nur die Lichtstimmung im hinteren Anbau ist eher etwas für Freunde polarwarmen Neonlichts). Hipster-Innovationen wären in diesem Ambiente deplatziert, das Menü klingt fast schon dickköpfig klassisch, hier wird französischen Idealen gefrönt. So gibt es zum Beispiel in der Saison ein Gänsemenü mit Süppchen, Braten und finalem Haselnuss-Panna-cotta. Wer das langweilig findet, unterschätzt die handwerkliche Meisterschaft von Erich Tiefenbacher, dem Österreicher am Herd. Die Suppe begeistert mit intensivem Gänsearoma und seidigster Cremigkeit. Die Keule des Bratens ist saftig, die Brust derart zart, dass sie fast an Huhn erinnert. Die knusprige Haut wird als viereckige Knabberergänzung beigelegt, der Kloß ist kein flummiartiger Tennisballersatz, sondern bissfest und doch zart. Der Bratapfel? Ein perfekt ausbalanciertes Kunststück. Und natürlich ist auch die intensiv nussige Panna cotta so perfekt auf den Punkt zubereitet, dass Tante Ceccarelli im Piemont Freudentänze auf dem Wohnzimmertisch veranstalten würde. Dies alles bekommt der Gast zu fair kalkulierten Preisen und begleitet von Weinen, bei denen keiner mehr als 75 Euro pro Flasche kostet. Angesichts dieser überschaubaren Investments ist es noch bemerkenswerter, dass Tiefenbachers Fähigkeiten und die atmosphärische Schönheit seines Hauses sich nicht weiter herumgesprochen haben – immerhin eröffnete er seinen Herzog bereits 1989. Aber vielleicht hatten die Neusser einfach Angst, dass ihnen sonst die Düsseldorfer von der anderen Rheinseite die Tische wegreservieren.

Neuss

NEUSTADT AN DER WALDNAAB

Restaurant Kuhlemann NEU

Freyung 39,
92660 Neustadt an der Waldnaab
T +49 (0) 9602 9418 72
www.restaurant-kuhlemann.de

 Adrian Kuhlemann
 Frank Hildebrand
 mittags,
Mo, Di, So, Feiertag ganztags
Menü 65 / 70 €

„Ab vom Schuss" ist die Weinkarte dieses Restaurants irgendwo zwischen der tschechischen Grenze und den Weiten der Oberpfälzer Wälder überschrieben – in der Soldatensprache also „weit weg vom Gefecht". Eine Lage, die man als Vor- und Nachteil begreifen kann, Adrian Kuhlemann begriff sie als Chance. Nach prägenden Stationen im Essigbrätlein, auf der Wielandshöhe und einem Praktikum der Fundaziun Uccelin von Andreas Caminada gestaltete er den Saal des Hotels seiner Eltern um (seit mehr als 100 Jahren in Besitz der Familie) und führt nun auf der gastronomisch weißen Leinwand seiner Heimat eindrucksvoll vor, wohin kulinarisch die Reise geht. Der räumliche Rahmen zeigt die Richtung an: klar, reduziert, blanke Holztische, blau bezogene Bänke, schwarze Sprossenstühle. Das kulinarische Angebot folgt dem äußeren Eindruck, im Angebot ist ein Menü in vier Gängen inklusive Amuse und Petits Fours zu bescheidenen 65 Euro, auf Wunsch zu ergänzen durch zwei Überraschungsgänge. Das alles unter den Leitmotiven Minimalismus, gelebte Regionalität und ganzheitlicher Anspruch – Kuhlemann kennt seine Lebensmittelproduzenten persönlich, keiner ist weiter als 30 Minuten vom Restaurant entfernt, Gemüse baut er im eigenen Gewächshaus teils selbst an. Bereits unser Premierenbesuch zeigte eindrucksvoll, wie konzentriert, reduziert und souverän hier gearbeitet wird. Im Amuse beeindruckte eine puristische Entensuppe mit einem Hauch Chiliöl durch ihr klares und intensives Aroma, ein saftig-krosses Sauerteigbrot durch seine ausgezeichnete handwerkliche Qualität. Von japanischer Ästhetik dann ein paar Scheiben von der festen Lachsforelle in Topqualität, begleitet nur durch die feine Harzigkeit zarter Fichtensprossen, ein paar Tupfen Petersilienmayonnaise sowie ein paar süße Ebereschen (ein Hauch mehr Salz hätte nicht geschadet). Als Reminiszenz an das Essigbrätlein folgte langsam gegarte Rote Bete von enormer Fleischigkeit und aromatischer Kraft, gewürzt von einem krossen Kümmelkaramell, dazu knuspriger Kopfsalat mit Koriander und Petersilie sowie eine verbindende Zwiebellauchsahne, bevor die fleischlichen Genüsse durch eine mürbe Tranche von der Rinderzunge in einem buttrigen Schaum aus dem Garfond mit geschmorten und blanchierten Bohnen sowie einer feinsäuerlichen Creme von fermentierten Erbsen eingeläutet wurden. Im Hauptgang servierte Kuhlemann zwei geschmacksintensiv Rückenstücke vom Sika-Hirsch, perfekt dunkelrosig-glänzend und saftig gegart mit Grünkohl, Apfelperlen, Haselnüssen und einer feinherben Creme von verbranntem (!) Kohlrabi. Sehr schön! Ein Lob, das wir auch uneingeschränkt dem dichten Cremeeis zollen müssen, das einer hochkonzentrierten, butterweichen Mandarinenspalte samt Schale ein himmlisches Bett bereitete und von einem feinen Vanilleschaum über einem Mandarinen-Granité sowie einem Schluck perfekt abgestimmtem kalifornischen 2019er Essensia Orange Muscat von Quady begleitet wurde. Wie überhaupt die stimmige Weinbegleitung gelobt werden muss, für die der ehemalige Sommelier der Burg Wernberg, Frank Hildebrand, verantwortlich zeichnet.

NEUSTADT AN DER WEINSTRASSE

Das Esszimmer

Hintergasse 38,
67433 Neustadt an der Weinstraße
T +49 (0) 6321 3549 96
www.esszimmer-neustadt.de

🔒 Di, Mi, Do mittags,
   Mo, So ganztags
Menü 49 / 69 €
Vorspeise 13 / 17 €
Hauptgang 18 / 33 €

Das hübsch gelegene Restaurant ist mit Holztischen, schwarzledernen Freischwingern und einer bunt gekachelten Theke stilvoll eingerichtet. Patron Thomas Manthey kocht kreativ italienisch, komponiert aufwendige Pasta-Gerichte wie die apulischen Öhrchennudeln mit Ragout von der italienischen Fenchelbratwurst mit Weißwein-Tomatensoße, Cannellinibohnen, Kräuterseitlingen. Beim Fisch wird das Duo aus gebratenem Doradenfilet und gedämpftem Kabeljau begleitet von einem Kapern-Limetten-Risotto, einer Creme von grünen Erbsen und Minze, geschmortem Fenchel und gelber Tomaten-Krustentier-Velouté. Es werden keine Einzelgerichte serviert, der Gast muss sich für ein Drei- oder Vier-Gänge-Menü entscheiden.

Urgestein

Bewertung ausgesetzt

Rathausstraße 6a,
67433 Neustadt an der Weinstraße
T +49 (0) 6321 4890 60
www.restaurant-urgestein.de

🍽 Tanel Idil
🍷 Hedi Rink
✎ Tanel Idil
🔒 mittags, Mo, So, Feiertag ganztags
Menü 120 / 190 €

Nach zahlreichen erfolglosen Anläufen in diesem schwierigen Jahr hatten wir kurz vor Redaktionsschluss doch noch einen Tisch unter dem schönen Kreuzgewölbe im Fachwerkensemble des Steinhäuser Hofs ergattert – und dann sorgte eine Corona-Erkrankung in der Küche für einen erneuten Lockdown … Wir freuen uns auf einen baldigen Besuch und setzen die Bewertung einstweilen aus.

NEUSTRELITZ

Forsthaus Strelitz

Berliner Chaussee 1,
17235 Neustrelitz
T +49 (0) 3981 4471 35
www.forsthaus-strelitz.de

 mittags, Mo, Di ganztags

Ein Besuch im Forsthaus ist ein Ausflug – und ein kleines Abenteuer. Denn es gibt nur ein Menü, und das steht definitiv nicht vorher auf der Website. Wer das hundert Kilometer nördlich von Berlin gelegene Fachwerkhaus ansteuert, begibt sich ganz in die Hände von Wenzel Pankratz. Der hat im Berliner „Facil" gelernt, schlachtet selbst, backt, wurstet, kocht ein, bedient sich aus dem eigenen Garten, hält Schafe, Hühner – und kocht an einem holzbefeuerten Herd. Das Abendessen kostet 79 Euro. Wer das Gesamterlebnis will, bucht nicht nur einen Tisch, sondern auch ein Zimmer.

NEUZELLE

Wilde Klosterküche

Bahnhofstraße 18, 15898 Neuzelle
T +49 (0) 33652 8239 90
www.wildeklosterkueche.de

 Do, Fr mittags,
  Mo, Di, Mi ganztags
Menü 75 / 95 €
Vorspeise 15 / 20 €
Hauptgang 20 / 45 €

Neuzelle am östlichsten Rand Brandenburgs ist tiefe Provinz, aber der Ort hat ein Restaurant, das vom Ambiente und der Küche her auch in Berlin-Neukölln beheimatet sein könnte. Dort hat der junge Küchenchef Manuel Bunke gearbeitet, aber auch aus Australien und von den Fidschi-Inseln bringt er Erfahrungen mit. In der „Wilden Klosterküche" lässt er beispielsweise Forelle mit Blumenkohl, Lardo und Senfsaat auftischen. Die stammt von „Olaf, der Fischer", auch bei Zander, Schwein oder Kalb wird auf einen Bandenburger Erzeuger verwiesen. Man wählt vier oder sechs Gänge, fester Menübeginn ist 19 Uhr.

NIDEGGEN

Brockel Schlimbach

Kirchgasse 10a, 52385 Nideggen
T +49 (0) 2427 9091 066
www.burgrestaurant-nideggen.de

- Jutta Brockel & Daniela Schlimbach
- Herbert Brockel & Tobias Schlimbach
- Fr, Sa, Feiertag mittags, So abends, Mo, Di, Mi, Do ganztags

Menü 125 / 140 €

Beeindruckend große das Burg Nideggen-Areal, intim, fast putzig und definitiv gemütlich ist der Fine-Dining-Teil des multigastronomischen Angebots aus Casual-Restaurant, Biergarten und Veranstaltungsräumen. Fell liegt über Designstühlen an hellen Tischen im nordischen Design, Geweihe und bunte Bilder hängen an dunkler Holzvertäfelung, in der Burgzimmer-Ecke ein Kachelofen. Überhaupt nicht dem kulinarischen Mittelalter entstammen die Gerichte von Herbert Brockel und Tobias Schlimbach, einer fruchtbaren Kombination aus Erfahrenheit und Progressivität. Spielerisch unterhaltsam prägte Gemüsefrische bereits den Auftakt: Knusper-Kohlblatt mit Kapern-Mayo, Brioche-Beef-Tatar, Sommertrüffel-Quiche. Daran schloss Garnelentatar mit sehr viel Gurke – Espuma, gepickelten Scheiben – und Senfsaat beim Menüauftakt an. Ähnlich ging es weiter, wobei sich nur roh marinierte Staudensellerieelemente als zu widerspenstig für Kauvergnügen erwiesen und unter Apfeltatar-Nocken, geeisten Sauerrahmperlen, Kresse und moderat süßem Curryeis Matjes nahezu unterging. Loben möchten wir ausdrücklich texturell fein abgestufte Schlotzigkeit und Foodpairing-Gelingen des gegrillten Romanasalatherzen, wobei ein sinnvolles N25-Kaviar-Supplement (20 Euro) als Missing Link zu Pfifferlingen, Nussbutter-Hollandaise mit fantastischer Säure und Estragon fungiert. Danach ging es in eine gute Eifel-Produktpräsentation über: Erst lag sehr natürlich abgeflämmte Forelle mit Erbsen- und Hüttenkäse-Topping auf Tomaten in feinkräuterigem Tomatensud. Dann servierte die Küche Eifel-Black-Angus, erst als kräftiges Ragout mit Parmesan, dann als tadellos gegartes Flanksteak mit etwas zu fester, geschmorter Aubergine, die rauchige Paprikatupfen und Weizengras würzten, und wunderbar klassischer, dichter Jus. Dieser unverkrampften Stilistik mit zuverlässigem Handwerk blieben Ganache aus 70-prozentiger Guanaja-Schokolade, Erdbeereis, dezent salziger Fenchel treu. Kompakte, rein deutsche Weinkarte mit fairen Preisen.

NIEDERKASSEL

Clostermanns Le Gourmet

Heerstraße 2a, 53859 Niederkassel
T +49 (0) 2208 94800
www.clostermannshof.de

 Dennis Blanke
 Thomas Gilles
 Dennis Blanke
🔒 mittags,
 Mo, Di, So, Feiertag ganztags
Menü 89 / 134 €

Der Besuch des Le Gourmet im Clostermann Hof zwischen Köln und Bonn lohnt insbesondere im Sommer. Denn der großzügig dimensionierte Innenhof der alten Hofanlage bietet neben dem Biergarten doch auch dem nach feineren Küchenfreuden strebenden Gast ausreichend Platz zum Genuss unter freiem Himmel. Unter Federführung von Küchenchef Thomas Gilles findet sich hier eine Küche, die zum einen mit beiden Füßen fest auf dem Fundament französisch geprägter Küchenklassik ruht, von dort aus aber regelmäßig kleine kreative Vorstöße in modernere Gefilde wagt. Kimchi, Blumenkohl und Mayonnaise grüßen durchaus gelungen zu Beginn – der erste Gang überzeugt uns dann ebenfalls durch feine Frische und wohldosierte Aromatik. Kohlrabi, Ziegenquark, Trauben, Staudensellerie, Mandel und Verbene sind seine Elemente. Insbesondere der dezent dosierte Einsatz der oft zu unschöner Penetranz neigenden Verbene gefällt uns außerordentlich. Es folgen drei dünne Tranchen eines 24 Stunden Sous-vide gegarten Bürgermeisterstücks mit schöner Gewürzgurkencreme und einer Nocke Tatar von der Jahrgangssardine, dessen weitere Elemente auf dem Teller (unter anderem Radieschen, Leindotteröl und Leinsaat) eher vom gelungenen aromatischen Dreiklang ablenken, denn weitere Tiefe beizutragen. Der folgende gebeizte Polarsaibling mit Mimolette-Mayonnaise, Wassermelone und feinen Focacciawürfeln als Knusprigkeitsspender gefällt dann wieder vorbehaltlos. Nicht zuletzt auch wegen der feinen Balance zwischen Frucht und Schärfe des begleitenden Chili-Wassermelonensuds. Wie ein Paukenschlag in seiner umami-kräftigen Intensität dann die folgenden Pilztortelli in klassischer Sherryjus mit Selleriepüree, Morcheln, Kräuterseitlingen, Pfifferlingen und Champignons. Der geschmackliche Höhepunkt unseres Abends kam dann in Form einer Jakobsmuschel mit kräftigen Grillaromen, hochfeiner Olivenöl-„Beurre blanc", Blutwurst-Crumble und Linsen mit perfekt dosiertem Restbiss. Ein Teller, dessen volle Aromen souverän zwischen eleganten und rustikalen Noten changieren. Das folgende Schwarzfederhuhn mit grünem Spargel, Bohnenpüree, Kaiserschoten, Erbsen, Aprikosen, Pancetta und Estragonjus war zwar ohne Fehl und Tadel, konnte aber mit der klaren aromatischen Fokussierung der Saint-Jacques zuvor nicht ganz mithalten. Die beiden abschließenden Dessertgänge gefielen uns insbesondere mit gelungener Frucht-Süße-Balance und schöner Tellersprache – auf die geschmacklich nichts beitragenden Blattgoldfetzen hätten dennoch gut verzichten können.

NIEDERWEIS

Schloss Niederweis

Hauptstraße 9, 54668 Niederweis
T +49 (0) 6568 9696 450
www.schloss-niederweis.de

- Sandra Poss
- Sebastian Poss
- Sandra Poss
- Mo, Di ganztags

Menü 44 / 64 €
Vorspeise 8 / 24 €
Hauptgang 18 / 35 €

Auch wenn dies kein Wanderführer ist – den durchaus kniffligen Spaziergang durch die Ehrfurcht einflößenden Felsformationen der nahen Teufelsschlucht empfehlen wir, um das Staunen zu üben. Jenes Staunen, das uns auch erfasst, wenn wir durch die Weinkarte des Restaurants im Schloss Niederweis blättern, die allein den Besuch wert ist. Und das Allerbeste – dazu können wir unkompliziert und entspannt à la carte essen für den kleinen Hunger oder quer durchs Angebot mit verschieden großen Menüs, die wir uns selbst zusammenstellen können. Das gefällt uns, egal ob auf der Terrasse oder in dem mit historischer Holzdecke beeindruckenden Restaurant, das dank der Bemühungen des Eigentümers, dem Trierer Unternehmerehepaar Matthias und Petra Schneider, sich zum gastronomischen Anziehungspunkt kurz vor der Luxemburger Grenze entwickelt hat. Die Betreiber Sandra und Sebastian Poss, sie im Service, er in der Küche, schaffen den Spagat von gehobener Landhausküche bis zur ambitionierten Gourmetküche. Das gut abgeschmeckte Rindertatar wird mit einem mit Soja verfeinerten und cremig gegarten Eigelb zu einer zeitgemäßen Version des Klassikers. Dem lassen wir eine leichte und dennoch cremige Kokos-Curry-Suppe folgen. Gekonnte Gartechnik trifft bei der Entenbrust auf aktuelle Zubereitungsmethoden bei den geflämmten Salatherzen, die knackig blieben und Röstaromen ins Spiel bringen. Für die so gelungene Verarbeitung der Süßkartoffel, die als sehr feines Püree mit Orangensaft abgeschmeckt hier kulinarisch sinnvoll eingesetzt wurde, gebührt Sebastian Poss alleine schon Dank. Die Patisserie folgt zu guter Letzt mit einem soliden, wenngleich sehr süßen Kirschtörtchen und Sorbet. Der volle Speisesaal am Wochenende zu Mittag zeigt, dass die Gäste das Restaurant in dieser Form rasch ins Herz geschlossen haben. Und ganz sicher nicht allein wegen der Weinkarte.

Ferschweiler Plateau nahe Niederweis

NIEDERWINKLING

Buchner Welchenberg 1658

Freymannstraße 15,
94559 Niederwinkling
T +49 (0) 9962 730
www.buchner-welchenberg.de

 Familie Achatz
Mathias Achatz
Mi, Do, Fr mittags,
Mo, Di ganztags
Menü 69 / 148 €
Vorspeise 18 / 29 €
Hauptgang 27 / 41 €

Die gelungene Ambiguität des seit 1882 familiengeführten Landgasthofs von 1658 beginnt bereits beim Interieur. In der holzig-gemütlichen, bestens gepflegten Stube deckt Familie Achatz mit hochwertigem Besteck auf gestärktem Leinen stilvoll ein. Die Speisekarte listet neben regionalen und bekannten Klassikern gleichberechtigt ein kreativeres Menü, das – entsprechend den Stationen von Küchenchef Mathias Achatz bei Winkler, Knogl, Troisgros und Amador – bei französisch orientierter Basis auf aromatisch schlagkräftige asiatische und bayerische Einflüsse setzt. Der 35-jährige Küchenmeister überzeugt mit tadelloser Handwerkskunst und intelligenten, eben nicht pseudo-kreativen Gerichten, selbst wenn er Kalbstatar und Pulpo mit Vichyssoise auf Wasabi und Soja oder handgetauchte Jakobsmuscheln und Wildgarnele auf Petersilie, süßliche Eigelbcreme Kimizu und pikante Bisque treffen lässt. Uns erfreute wunderbare Reh-Consommé waldig-aromatischen Tiefengeschmacks mit akkurater Möhren- und Selleriebrunoise, kleinen Pilzen und Pilz-Pfannküchle. Dann kam perfekt gebratene, butterzarte Entenstopfleber mit gehaltvoller Trüffeljus, aufgelockert von Brombeeren und Wildkräutersalat. Wie sich kräftige Aromen bei exakter Balance harmonisch austarieren lassen, bewies Achatz beim Gröstl vom Donauwaller, zum Süßwasser-Raubfisch mit bissfestem Gemüse und Kartoffeln gab es süffige Beurre blanc. Dazu passen einer der zahlreichen Grüner Veltliner Smaragde aus der Wachau oder ideal gereifter, gehaltvoller Chardonnay „Darscho" vom burgenländischen Weingut Velich von der fair kalkulierten deutsch-österreichisch-französischen Weinkarte, aber auch frischgezapftes Helles. Nachdem das sommerliche, aufwendig gestaltete Dessert „Exotic" aus Kokosnuss, Litschi und Ananas einen würdigen Abschluss bot, haben wir bereits kurz nach dem Besuch den Hit eines anderen Familienmitglieds im Ohr. Hans-Jürgen Buchner, besser bekannt als Haindling, singt: „I hob di lang scho nimma g'seng." Wir kommen gerne wieder!

NONNENHORN

Haus am See

Uferstraße 23, 88149 Nonnenhorn
T +49 (0) 8382 9885 10
www.hausamsee-nonnenhorn.de

🔒 mittags, Di, Mi ganztags
Menü 40 / 50 €
Vorspeise 14 / 20 €
Hauptgang 18 / 34 €

Näher kann man dem Bodensee kaum sein als in diesem Hotel mit Spa und hauseigenem Badestrand im Luftkurort Nonnenhorn. In solch herrlicher Lage hat man die Wahl zwischen zwei Drei-Gänge-Menüs. Auf den Tisch kommen beispielsweise Hirschcarpaccio mit Traube, Walnuss und Majo, anschließend Allgäuer Saiblingsfilet mit Spinatgemüse, Kartoffel-Dill-Püree und Senfschaum und schließlich zweierlei Topfen mit gratinierten Feigen und Sorbet. Ob bei Fisch, Fleisch oder Gemüse – Küchenchef Valentin Knörle und sein Vater Hans-Peter pflegen lange gewachsene Beziehungen zu den Lieferanten ihrer Zutaten.

NORDERNEY

Oktopussy

Luisenstraße 13–15,
26548 Norderney
T +49 (0) 4932 9342 00
www.new-wave.de

 mittags

Modernes Design, stilvolles Licht und viel maritimes Blau prägen die Atmosphäre in Norderneys lässigem Boutique-Hotel New Wave. In der offenen Küche entsteht unter der Verantwortung von Sascha Lissowsky (ehemals Koch im Osnabrücker La Vie) und Klaus Zehbe eine moderne weltoffene Vielfalt: Thunfisch-Bowl, Schulter, Karree und Bratwurst vom Deichlamm oder geschmorte Ochsenbacke in orientalischem Sud. Oktopus darf natürlich auch nicht fehlen, er wird hier zum Beispiel mit Taggiasca-Oliven, Meersalz und Aioli zubereitet.

Seesteg

Damenpfad 36a, 26548 Norderney
T +49 (0) 4932 8936 00
www.seesteg-norderney.de

👨‍🍳 Markus Schubert
🍷 Markus Kebschull
Menü 60 / 110 €

Der Traum aller Immobilienmakler, die Freude von Urlaubern ist eine Alliteration: Lage, Lage, Lage. Besser als das Luxus-Refugium Seesteg direkt am Meer auf der herb-schönen Nordseeinsel kann ein Hotel-Restaurant nicht liegen. Der überstrapazierte nordische Begriff Hygge darf für das Ambiente, das mit hochwertigen Materialien, harmonischem Farbkonzept und Kaminatmosphäre wohltuende Wärme, Stil und Behaglichkeit ausstrahlt, ruhig ausgepackt werden. Die täglichen Öffnungszeiten mit kleinem Mittagsangebot und zwei Abendmenüs, darunter ein vegetarisches, können in Zeiten wie diesen ein Küchen- und Serviceteam strapazieren. Das mag dazu geführt haben, dass Fines-de-claire-Austern mit Imperial-Kaviar, die aus der auf Restaurantlänge verglasten Küche kamen, unter zu viel süßlicher Rote Bete litten. Das kann teil rechtfertigen,

NORDHAUSEN

dass Rindertatar auf Möhrenpesto und Frühlingslauch mit marinierten Jakobsmuscheln trotz Yuzu und Mandelmilch-Dashi aromatisch hinter den geweckten Erwartungen zurückblieben. Vielleicht hätte zusätzliches Kaviar-Supplement (10 g für 30 Euro) – bei insgesamt fairen Preisen – dem texturell weichem Gericht auf die Sprünge geholfen. Wenn ein Gericht wie Essenz vom Norderneyer Dammwild in einer Suppenschüssel unter Blätterteigkuppel serviert wird, weckt das, erst recht bei Ankündigung von Schwarzer Trüffel, automatisch ferne Reminiszenzen an die „Soupe aux truffes V.G.E" von Paul Bocuse. Den Edelpilz fanden wir allerdings lediglich auf der Haube, dafür in der milden Suppe Wurzelgemüse, gar gezogene Foie gras und Fleischwürfel. Ebenfalls in die klassische Kerbe schlug offener Raviolo mit wunderbarem, fein paniertem und gebratenem Kalbsbriesschnitzel, dezentem Spinat, Herbsttrompeten und Velouté. Zuverlässig brav blieb es auch bei bayerischem Reh mit Parmesan-Gnocchi, Steinpilzen, Sellerie, Kürbis und Haselnuss und dem Pfirsich-Himbeer-Dessert mit Champagner-Sabayon. Ambiente und Zutaten sind da – wir wünschen uns zusätzlich wieder ein wenig mehr Genuss-Wellengang!

NORDHAUSEN

Feine Speiseschenke

Winkelberg 13–15,
99734 Nordhausen
T +49 (0) 3631 4736 490
www.speiseschenke.de

Mi, Do, Fr, Sa mittags, So abends,
Mo, Di ganztags
Menü 54 / 96 €
Vorspeise 9 / 15 €
Hauptgang 18 / 42 €

Feine Streifen vom Hochlandrind in Trüffelrahm, Rumpsteak mit hausgemachter Kräuterbutter, Thüringer Rostbrätl mit geschmorten Zwiebeln – langjährige Klassiker des Hauses bestimmen die À-la-carte-Auswahl. Das Rindfleisch stammt von Highland Cattles, die auf umliegenden Wiesen der Rüdigsdorfer Schweiz grasen. Jenseits dessen verwöhnt Andreas Oberbüchler die Gäste mit zwei Menüs, bei denen beispielsweise Meerbarbe und Pulpo oder Südharzer Reh mit Spitzkohl zur Auswahl stehen. Patricia Oberbüchler sorgt für sehr freundlichen Service und empfiehlt versiert aus der wohlsortierten Weinkarte.

NÖRDLINGEN

Meyers Keller

Marienhöhe 8, 86720 Nördlingen
T +49 (0) 9081 4493
www.jockl-kaiser.de

- Evelin Kaiser
- Joachim Kaiser
- Johannes Weber
- Mi mittags, Mo, Di ganztags

Menü 75 / 168 €
Vorspeise 18 / 30 €
Hauptgang 22 / 45 €

Jockl Kaiser könnte es sich leicht machen, mit diesem grandiosen Biergarten am Hang über der Stadt und dem malerischen einstmaligen Brauereigebäude – das Lokal wäre wohl auch als einfaches Wirtshaus eine Attraktion. Kaiser verwöhnt seine Gäste aber lieber mit einer außergewöhnlichen, die Jahreszeiten feiernden Regionalküche, die so fröhlich-lässig daher kommt, aber doch so aufwendig, präzise und klug gearbeitet ist. Zum Beispiel das Lamm, das sein Leben auf den Magerrasenwiesen des Nördlinger Ries verbracht hat: Den rosa gebratenen Rückenstücken gibt Kaiser unter anderem einige prächtige, mit Chiligel gefüllte Himbeeren sowie in Holundersaft gegarte Cherrytomaten bei, die dem Gang sommerliche Leichtigkeit verleihen. Auf gleicher Welle schwimmt die Huchentranche, der Orange als Leitprodukt unter den Begleitern Fruchtsäure und -süße zufügt. Großartig auch das Spargeleis zum Abschluss, bei dem der Chef mit Erdbeersauce, Himbeergel und Zitrone-Thymian-Schaum das fruchtige Süße-Säure-Spiel aus vorangegangenen Gängen wieder aufnimmt. Doch Kaiser kann auch Umami: Miso spendet den als vegetarische Vorspeisen-Variante servierten geschmorten Kohlrabischeiben Würze. Gepickelte Radieschen und Eiszapfen ergänzen sanfte Schärfe, Gierschblätter und Gierschcreme grüne Noten. Neben dem Menü steht eine Handvoll Wirtshausklassiker auf der Karte, darunter hausgemachte Maultaschen, Blutwurst-Gröstl und Krautwickel. Dazu kommen einige À-la-carte-Gerichte, etwa ein Dashi vom Rieser Rehbock, Atlantik-Steinbutt oder Wasserbüffel-Rib-Eye – und ein Culatello-Schinken, den Kaiser monatelang im alten Bierkeller unter dem Wirtshaus reifen lässt.

NÖRTEN-HARDENBERG

Novalis

Hinterhaus 11A,
37176 Nörten-Hardenberg
T +49 (0) 5503 9810
**www.hardenberg-burghotel.de/de/
geniessen/restaurant_novalis**

Menü 54 / 89 €

Die Grafen Hardenberg führen das feudale Anwesen im Schatten der imposanten Burgruine in neunter Generation – heute als Relais & Chateaux-Hotel. Das Ambiente ist elegant-gemütlich, die Küche setzt auf Bodenständigkeit und bewährte Klassiker wie Wiener Schnitzel, geschmorte Rinderschulter oder Barbarie-Entenbrust mit Rotkohl und Kartoffelklößen. Aber ein Hauch Exotik hält hier auch schon mal Einzug, etwa beim Kabeljaufilet mit Safranschaum, Blumenkohl, wildem Brokkoli und Quinoa. Umfangreiche Weinkarte mit vielen gereiften Spitzengewächsen aus dem Bordelais und Rheingau.

NÜRNBERG

Einzimmer Küche Bar

Schustergasse 10, 90403 Nürnberg
T +49 (0) 911 6646 3875
www.einzimmerkuechebar.de

 mittags,
Mo, Di, Mi, So, Feiertag ganztags
Menü 110 / 110 €

In dem kleinen Restaurant im Herzen der Altstadt ist dem jungen Patron Tim Kohler eine Sache ganz wichtig: weniger Fleisch, dafür hochwertiges, das von umliegenden Höfen kommt. Der Schwerpunkt liegt auf vegetarischen Gerichten, das Gemüse ist selbstverständlich saisonal, frisch und unbelastet. Auf der Fläche einer Kombüse bereitet Kohler animierende Gerichte zu – durch eine Scheibe kann man ihm dabei zusehen. Es gibt einen täglich wechselnden Mittagstisch, abends Menüs mit bis zu fünf Gängen.

Entenstuben

Schranke 9, 90489 Nürnberg
T +49 (0) 911 5209 128
www.entenstuben.de

 Fabian Denninger
Fabian Denninger
Christoph Schweickert
Di, Mi, Do, Fr, Sa mittags,
Mo, So ganztags
Menü 89 / 145 €
Vorspeise 19 / 25 €
Hauptgang 29 / 36 €

Zu den schon länger über der Frankenmetropole leuchtenden kulinarischen Fixsternen haben sich in den letzten Jahren einige hochinteressante Satelliten gesellt. Ein Beispiel dafür sind die Entenstuben von Fabian Deininger, deren elegante Modernität ausstrahlendes Interieur höchst stimmig auf die ebenso elegante Küche einstimmt, die den Gast hier erwartet. Wir wählen bei unserem Besuch das insgesamt sieben Positionen annoncierende vegetarische Menü, das sich im direkten Vergleich zum Standard-Menü, das auf Klassiker wie Heilbutt, Kalbsbries und Reh setzt, deutlich spannender liest. Der fermentierte Spitzkohl mit schwarzem Olivencrunch und der – angesichts der aromatischen Kraft von Kohl und Olive vielleicht eine Spur zu elegant geratenem – Kartoffelschaum gefällt vor allem durch die zitrische Frische des Ferments. Es folgt ein kleiner Ausflug nach Indonesien: Tempeh – also fermentiertes Soja – bildet das Zentrum des von Süßkartoffel (als Püree und in ganzen Stücken), sautierten Kräuterseitlingen und Feige begleiteten Tellers. In sich eine feine und stimmige Komposition, einzig den Süßkartoffelstücken hätten wir ein paar Minuten mehr an Garzeit gegönnt. Das folgende Risotto mit Erbse und zweierlei Zwiebel (confiert und frittiert) gerät dagegen so schlotzig kräftig, dass sich unser innerer Gourmand statt des Tellers spontan eine ganze Schüssel davon ersehnt. Zurück zur eleganten Seite von Fabian Deiningers Küche wechselt dann das gebratene Topfenbrot mit Kohlrabi, Brombeere und Avocado. Ein in sich stimmiger, zurückhaltend fein komponierter Teller, der beim Kohlrabi allerdings erneut bemerkenswerten Mut zum Restbiss beweist. Der handgeschöpfte Ziegenkäse als Hauptgang überzeugt – insbesondere durch seine komplexe, wohlbalancierte Aromatik – dagegen wieder voll und ganz. Feine, säuerliche Frische des Ziegenkäses verbinden sich mit herber Sanddornfrucht und Pfifferling-Umami zu einem rund-cremigen Gesamtkunstwerk mit einer perfekt gewählten Dosis Schärfe. Nach dem überraschend schokoladen-intensiven Pré-Dessert folgt dann die eingelegte Aprikose, deren feine florale Noten eine höchst aromatische Symbiose mit dem dazu kombinierten Veilchen eingehen und mit der kühlen Frische eines Buttermilchschaums fein austariert werden. Wir verlassen den Schauplatz satt, zufrieden und mit allenfalls marginalen Anlässen zur Kritik.

Essigbrätlein

Weinmarkt 3, 90403 Nürnberg
T +49 (0) 911 2251 31
www.essigbraetlein.de

- Ivan Jakir
- Yves Ollech & Andree Köthe
- Ivan Jakir
- Feiertag mittags, Mo, So ganztags

Menü 100 / 180 €

Das schmale Sandsteinhaus zur Rückseite begrenzt durch einen Parkplatz und engem Korridor zum kleinen Gastraum und der Treppe ins Obergeschoss bietet offensichtlich kaum Platz für mehr als das Nötigste für ein Restaurant. Doch man könnte versteckt ein Labor vermuten. Es besäße ein Regal mit botanischen Enzyklopädien und wäre ausgestattet mit Mikroskop, Bunsenbrennern, Skalpellen, Erlenmeyerkolben und Verdampfern, in denen Andree Köthe und Yves Ollech seit Jahren sämtlichen essbaren Bestandteilen von Flora und Fauna zu Leibe rücken auf der nicht enden wollenden Suche nach dem Geschmack der Natur. Wurzeln, Gräser, Triebe, Blüten, Stängel, Früchte, Pollen werden fermentiert, gedämpft, getrocknet, gegrillt, gedörrt, geklopft, vereist, zerstoßen, zermahlen, bis sie ihre Aromen offenbaren und ihren kulinarischen Wert preisgeben. Die Erkenntnisse, die das Duo in seiner Küche nun seit mehr als zwei Jahrzehnten über die Ingredienzien gewinnt, die Köthe bei seinen morgendlichen Spaziergängen sammelt und bei regionalen Partnern beschafft, nutzen sie, um sie zu Gerichten zu formen, die vermeintlich Bekanntes in eine unbekannte Zutat verwandeln und Kombinationen hervorzaubern, die Virtuosität mit größtmöglicher Souveränität belegen. Köthe und Ollech setzen all ihr Können für Evolution statt Revolution ein, für stetige Reduktion auf das Essenzielle eines Gangs, der in einer Variation beim Gast auch ein Jahr später erneut Begeisterung auslöst. Spektakel und Effekte sind unnötig, wenn als Auftakt auf einem Miniaturdreizack die weiße Rinde der Melone kandiert mit nur ein paar Schnittlauchblüten gereicht oder ein Esslöffel voll Sud von Spitzpaprika mit ein wenig Holunderblütenöl vermählt wird. Der erste Gang hat einer kleinen Bauerngurke die Säfte entzogen und ihr so in Textur und Aroma neues Leben eingehaucht. Zusammen mit Schmand, Wacholder, Kerbelsaft und einer Waldmeisterblüte entsteht ein behutsames Aromenspiel. Einer anderen und etwas kräftigeren Palette bedient sich der Saibling, mariniert und kurz auf der Haut erhitzt. Gebettet auf Chilireiscreme, belegt mit hauchdünnen Scheiben Kartoffeln und Karotten und etwas Ingwer, entwickelt sich im Mund mit der saftigen Zartheit und den aufblitzenden Geschmäckern ein Kabinettstück auf der Gabel, das mit seiner spät einsetzenden Chilischärfe sein Finale findet. Die Meisterschaft spiegelt sich im Ablauf und der Stimmigkeit der Komponenten. Allein die Begeisterung, mit der Köthe vom „geschossenen Lauch" berichtet, lässt seine nicht enden wollende Verneigung vorm Produkt ahnen. Zubereitet wird er mit einer Majoranmolke und hat seine Struktur so verändert, dass sie kurz gegartem Spargel ähnelt, der wiederum gehobelt in einer Creme sein Scherflein zum Schauspiel beiträgt.

Keiner der Gänge versucht, dem Gast zu schmeicheln. Sei es die ungesalzene geröstete Stück Haut zur bissig gegarten Schnitte Entenbrust oder die fast sperrig zu kauenden getrockneten Kräuter von Köthes Morgenspaziergang auf dem Eis aus schwarzem Rettich – es gilt, Horizonte als Genießer zu erweitern, Perspektiven zu entdecken und zu staunen über so viel Substanz, die keinerlei laute Töne benötigt, um nachhaltig in Erinnerung zu bleiben.

Jeden Akteur zu Geltung kommen zu lassen, das ist im Essigbrätlein nicht auf die Gerichte beschränkt, sondern schlägt sich auch auf der an der Fassade ausgehängten Karte nieder, in der alle Mitglieder des Teams namentlich vorgestellt werden. Für diese Aufmerksamkeit ist Platz im Essigbrätlein – wenn schon nicht für ein Labor. Auch wenn die Weinkarte vieles bereithält, das glücklich macht. Aber es ist kein Fehler, sich den Empfehlungen von Ivan Jakir anzuvertrauen, die er glasweise zu jedem Gang anbietet, allein die exklusiven Magnumabfüllungen sind das wert.

etz Restaurant NEU

Wiesentalstraße 40,
90419 Nürnberg
T +49 (0) 911 4771 2809
www.etzrestaurant.de

Felix Schneider
 mittags,
Mo, Di, Mi, So, Feiertag ganztags

Felix Schneider gehört ohne Zweifel zu den wichtigsten Impulsgebern der gastronomischen Entwicklung hierzulande. Mit seinem „Sosein" in Heroldsberg begann er schon 2015 (wenige Monate nach der Eröffnung von Billy Wagners Nobelhart & Schmutzig) in der stillen fränkischen Provinz seine Vision einer konsequenten, nachhaltigen Regionalküche zu verwirklichen, weniger demonstrativ und plakativ-politisch als die Berliner Brüder im Geiste, aber keinesfalls weniger substanziell und kreativ. 2021 endete das Projekt, in diesem Jahr hat sich Schneider auf dem Gelände der ehemaligen Bayerischen Metallwarenfabrik an den Pegnitzauen selbstständig gemacht. Das Kernteam blieb gleich, die Linie ebenfalls: Geboten wird eine süffige, komplexe, anspruchsvolle Produktküche aus der Region ohne größere Kompromisse – wobei, was uns besonders gut gefällt, fundamentalistischen Reinheitsdogmen mit großer Skepsis begegnet wird. Exemplarisch schön bei unserem jüngsten Besuch ein filigranes, nussig-würziges Spinatblatt mit seinem gehackten Stiel, milden roten Zwiebeln in winzigen Partikeln, Cassisholz-Öl und Cassisbeeren zum Einstieg; von großer Umami-Kraft, Würze und aromatischen Tiefe anschließend ein Stück vom geflämmten Aal, in (selbstverständlich hausgemachtem) Miso und Rübenzuckermelasse mariniert, abgeflämmt, mit einem „Tabasco" von milchsauer fermentierter Rocoto-Chili und geriebenen Radieschen; süffig und frisch sodann die Verbindung von rohem, gepickeltem und langsam in Butter geschmortem Schwarzen Rettich mit aufgeschlagenem Waller-Schmalz und Buttermilch. Advocatus Diaboli, der wir gelegentlich sind, stellten wir uns an dieser Stelle die Frage: Liegt darin die Zukunft – in der Fortführung des Bekannten? Die Antwort gaben zwei weitere Gänge des Menüs: „Schlachtschüssel" (aromatische Speckkartoffel, milchsauer vergorener und mit Butter montierter Rotkohlsaft mit langwierig gesalzener, getrockneter und geräucherter Schweineleber in feinen Flocken) sowie eine „Brotzeit" vom Mangalitza-Wollschwein (Schinken, Lardo, doppelt fermentierte Butter, eingelegtes Gemüse, Sauerteigbrot aus langer Teigführung).

Beides Schneider-Klassiker der ersten Stunde, inzwischen aber in einer ausgereiften Perfektion, die sich nur durch die tausendfache Wiederholung einstellt: sanfte Tiefe, animalische Kraft, gezügelt durch feine Säure und elegante Samtigkeit bei der Schlachtschüssel, herausragendes Handwerk bei der Brotzeit – blütenweißer, schmelzender Speck, die feine Würzigkeit und mürbe Zartheit des Kochschinkens, die nussige Kraft des breit durchwachsenen Koji-Nackens. Großartig! In der Vertiefung liegt die Weiterentwicklung – und natürlich in der Erweiterung des gedanklichen Horizonts durch kräftige Impulse von außen (die wir Felix Schneider wünschen). Wir werden von diesem Ausnahmekoch noch einiges hören!

globo Restaurant

Theresienplatz 1, 90403 Nürnberg
T +49 (0) 911 2535 5515
www.globorestaurant.de

🔒 So, Feiertag ganztags
Vorspeise 7 / 15 €
Hauptgang 17 / 30 €

Das Bistro am Theresienplatz bietet eine Küche, die sich modern-großstädtisch gibt, gleichzeitig ihre Liebe zu guten fränkischen Heimatprodukten herausstellt. Bestellen kann man auf zweierlei Art: Beim „Teilmahl" für mehrere Gäste (pro Person 39 Euro) gibt es ein Überraschungsmenü, à la carte dagegen kann man sich etwa für Geschmortes vom fränkischen Weiderind mit Rosinenjus, Filet vom Erlanger Zander mit Rauchmandel-Kartoffelpüree oder hausgemachte Riccioli entscheiden. Günstiger Zwei-Gänge-Mittagstisch in den Varianten Fisch/Fleisch und vegetarisch/vegan.

Imperial by Alexander Herrmann

Königstraße 70, 90402 Nürnberg
T +49 (0) 911 2402 9955
www.ah-imperial.de

🔒 mittags, Mo, So, Feiertag ganztags
Menü 115 / 167 €
Vorspeise 25 / 35 €
Hauptgang 33 / 80 €

„Minimalistische Opulenz" möchte Alexander Herrmanns laut Selbstbeschreibung in seiner stylish-modernen Gourmet-Welt in einem prächtigen Gründerzeithaus bieten. Als Repräsentant dafür findet sich im Menü „Lifestyle" eine Ikejime-Lachsforelle, auf der Haut kross gebraten und rare gegart, mit rosa Ingwer und gebundenem Kaviar-Dashi. Das Menü „Steak de Luxe" wird eingeleitet mit geflämmtem Hamachifilet und Tatar mit Salz-Mandel, Kirschvinaigrette und eingelegter Sellerie, bevor es zur Steak- und Hummer-Platte für zwei geht.

Kakehashi NEU

Johanisstraße 108, 90419 Nürnberg
T +49 (0) 911 3775 7050
www.kakehashi.fish

🔒 Di, Mi, Do, Fr mittags,
Mo, So, Feiertag ganztags

Nach zwanzig Jahren hatte Koichiro Yoshida genug von den Kompromissen, von „Ebi-Mayo" und California-Maki und frittierten Rollen mit Avocado. Er kündigte seinen Job in einem Fusion-Restaurant und eröffnete – mitten in der Corona-Krise – mutig sein eigenes Restaurant als Botschaft der authentischen japanischen Küche in Nürnberg. Seither versorgt er als Einzelkämpfer in seiner kleinen offenen Küche kulturell interessierte Gäste mit dem klassischsten und gepflegtesten japanischen Speisenangebot weit und breit: mit raschelndem Tempura und hauchzarter, gerillter Auster, mit butterzarter Holzmakrele („Shime Saba") und ehrenwertem Sushi in begrenzter, aber tadelloser Auswahl. In kurzen Worten: Alternativlos!

Koch und Kellner

Obere Seitenstraße 4,
90429 Nürnberg
T +49 (0) 911 266 166
www.kochundkellner.de

🍽 Frank Mackert
👨‍🍳 Gerald Hoffmann
✏ Frank Mackert
🔒 So ganztags

Menü 80 / 160 €
Vorspeise 24 / 36 €
Hauptgang 30 / 40 €

Dass das im bunten Nürnberger Szeneviertel Gostenhof gelegene Koch und Kellner in früheren Zeiten einmal ein Bistro gewesen ist, zeigt sich in vielen kleinen Details. Dazu gehört die betont herzliche und ungezwungene Art, die Gastgeber Frank Mackert gegenüber seinen Gästen an den Tag legt ebenso wie die mit der Hand beschriebene Kreidetafel an der Wand, die das aktuelle Menü annonciert. Wie sehr sich andererseits die Küche von Küchenchef Gerald Hofmann über die eines schlichten Bistros erhoben hat, deutet andererseits ein kleines, feines Detail an: Und zwar in Form des Gourmetlöffels, der – von uns in vielen anderen, sich formal deutlich elaborierter wähnenden Etablissements allzu oft vermisst – wie selbstverständlich zu jeden Gang eingedeckt wird. Der konnte bei den feinen Amuses – besonders gelungen der Shot mit Jus vom Brathuhn und ein knusprig feiner Arancinotto – noch liegenbleiben. Aber schon beim ersten Gang fand er bei der kaffeegewürzten Jus zum von feinen Röstnoten begleiteten Aal begeisterten Einsatz. Dem und der zweiten Aalvariation – eine Nocke Rillettes – stand Mais in drei Variationen zur Seite: als kleine Maiskopfspitze, als Mousse und als kleines frittiertes Maisbällchen. Das alles fein und in sich stimmig komponiert, selbst die dekorativen Frisée-Blättchen fügten mit ihrer frischen Bitternis einen feinen Aspekt hinzu. Auch die folgende Felsenrotbarbe mit Rouille, einem Ragout von getrockneten Tomaten und Bouillabaisse-Fond bot einen in sich stimmigen und harmonisch-mediterranen Eindruck. Die Gruyère-Ravioli mit Lauch und Haselnuss wurden dann von einem Zwiebelfond begleitet, der uns wieder glücklich zum anfangs erwähnten Werkzeug für solche Momente greifen ließ. Ebenso wie bei der pfeffrigen Jus zum perfekt gegarten Stückchen Wachtelbrust, das mit seinen Begleitkomponenten schön zwischen Frucht und Säure (Kirsche!) und Nussigem (Sonnenblumenkerne) mäanderte. Nuss und Leber vom Pöltinger Lamm mit zweierlei Variationen von Bohnen bildeten die Basis des zwar recht klassischen, dafür aber handwerklich um so perfekter umgesetzten Hauptgangs.

Vanille und Zitrone als sich nicht in den Vordergrund drängende Elemente gaben ihm aromatische Spannung. Das abschließende Sorbet von der Johannisbeere mit Mascarpone und Süßholz war ohne Fehl und Tadel, aber vielleicht nicht ganz auf dem Niveau der Teller zuvor. Die Weinauswahl des Koch und Kellner verdient ebenfalls lobende Erwähnung. Weniger, weil sie Blue Chips und Ikon-Wines in fast unendlicher Auswahl in sich versammelte, als vielmehr, weil man beim Stöbern deutlich die Leidenschaft und die Liebe zum Thema – und angesichts der Jahrgangstiefe auch die Ausdauer – bemerkt, mit der sie zusammengetragen wurde.

Restaurant Tisane NEU

Augustinerhof 1, 90403 Nürnberg
T +49 (0) 911 3767 66276
www.restaurant-tisane.de

 René Stein
 Sonja Mohr
 mittags,
Mo, Di, So, Feiertag ganztags

Nach prägenden Jahren im Tigerpalast und an der Seite von Amador und Antoniewicz, einer Periode in New York und Wyoming sowie einem Zwischenspiel im Schwarzen Adler in Nürnberg Kraftshof ist – so scheint es – René Stein angekommen. Im neugeschaffenen Augustinerhof schuf er sich in Zusammenarbeit mit Jens Brockerhof (u. a. Patisserie Tafelzier, El Paradiso, Sosein, Brasserie Nitz) eine elegante Bühne, die mancher Metropole zur Ehre gereichen würde: eine offene Küche, im Hufeisen darum ein steinerner Tresen, filigrane Barstühle, hauchzarte Gläser und hochindividuelles Geschirr – und im Hintergrund trocknet über blitzendem Edelstahl ein riesiges Beifuß-Bouquet aus Steins Garten. Dass hier nicht nur den Moden gefrönt, sondern auch kulinarische substanziell gearbeitet wird, entnahmen wir bei unserem Premierenbesuch weniger der ebenso hippen wie begrenzt informativen „Speisekarte" in Form eines kleinen Polaroids, sondern schon zum Auftakt einem ausgezeichneten, hausgebackenen Steinofenbrot mit Bordier-Butter. Los ging's nach einem kleinen, nordisch-inspirierten Präludium (confierte Kartoffel, knusprige Schweinehaut, kleiner Wintersalat mit Quark und Bärlauchöl) sowie einem fabelhaft dichten, zugleich prononciert gewürzten Schweinsfond mit fermentiertem Spitzkohl und Koriandersaat. Sehr gut! Wunderschön angerichtet die folgende Rote-Bete-Variation, die, im Salzteig gebacken, gepickelt und als Püree, von einer Eigelbcreme sowie einem Taubnesselsud mit Vogelmiere und Dillöl elegant begleitet, angesichts ihrer deutlichen Süße und leichten Eigelb-Fettigkeit allerdings einen Tick Schärfe oder Säure hätte vertragen können. Ebenfalls ein Bild von einem Gericht sodann Blumenkohl in Texturen (Sorbet, Püree, Couscous) mit Saiblingskaviar, umweht von intensivem Zitronenduft, großartig! So ging es weiter: Ausgezeichnete Jakobsmuscheln von perfektem Garpunkt und bemerkenswertem Aroma umschmeichelten ein tiefes, feinsäuerliches Artischockenpüree und eine (dezente) Holunder-Beurre-monté; geschmortes Schweinebäckchen verbanden sich süffigst mit Kartoffel-Espuma, Endiviensalat und einer Anchovisemulsion; Seeteufel und Miesmuscheln aalten sich in einer samtigen Austernbutter; eine in Wermut pochierte und anschließend punktgenau an der Karkasse gebratene Taubenbrust bedurfte nur einer zarten Geflügelglace und eines hellen Keulenragouts zur Vollendung. Zum Abschluss ein Dessert, das Kindheitserinnerungen weckte – luftige Buchteln, zum Eintauchen in

NÜRNBERG

Kokos-Vanille-Creme und Ahornsirup mit einem Quittensorbet und allerlei sonstigen Kleinigkeiten –, sowie das freudige Fazit: vom stimmigen Rahmen über das kulinarische Konzept bis zum sympathischen kleinen Team (Sonja Mohr, Cemile Yilmaz, Evangelos Kostopoulos) ein echtes Lieblingslokal!

Veles NEU

Kernstraße 29, 90429 Nürnberg
T +49 (0) 911 5985 385
www.veles-restaurant.de

- Alexander Sohns
- Vadim Karasev & Samira Röhl
- Alexander Sohns
- mittags, Mo, So, Feiertag ganztags

Menü 89 / 115 €

Gentrifizierung ist nicht nur in Kreuzberg ein Thema, Vandalismus gegen Restaurants nicht nur auf der Hamburger Schanze, wo es das fabelhafte „Jellyfish" traf, zu beklagen. Auch das „Veles" im Stadtteil Gostenhof wurde kurz nach der Eröffnung Opfer einer Farbattacke, seine Macher – ein junges Team, wie man schon an den Vornamen erkennt: Vadim, Samira, Vittorio und Alexander – konterten gelassen: „Kellner im Frack passen nicht nach GoHo, da sind wir uns einig. Aber gutes Essen zu fairen Preisen schon." Und genau das wird hier geboten, voller Ambition und Anspruch. Hier wurden keine Innenausstatter aus London eingeflogen (wie schon der Weg zu den Waschräumen eindrucksvoll zeigt ...), hier wurde keine hippe PR-Agentur in Berlin beauftragt – hier verwirklichen sich motivierte junge Leute, dass es eine wahre Freude ist. Selbstverständlich wird geduzt, selbstverständlich wird fermentiert und dehydriert, selbstverständlich ist manches nordisch inspiriert. Ausgezeichnet das hausgemachte Sauerteigbrot mit Koji-Butter zum Einstieg, etwas fest anschließend die naturbelassene Burrata mit Olivenöl und Zucchini in Form eines kleinen Salats und einer Creme sowie Pfifferlingen und geröstetem Buchweizen. Schlichtweg großartig sodann ein Ikejime-Saibling in einer zarten Gurken-Dashi mit leicht fermentierter Gurke sowie einigen Tropfen Dill-Öl und einem Gurken-Meerrettich-Sorbet. Wo in ähnlichen Fällen nicht selten Süße und Kälte den feinen Fisch an die Wand drücken, gelang hier eine hochsensible Einfassung des edlen Tieres von geradezu idealer Schlichtheit und Eleganz. Top! Nicht weniger gelungen: anderthalb Tage Sous-vide gegarter Ibérico-Nacken, perfekt aromatisiert durch einen Lack von Sojasauce, fermentiertem Kirschsaft und Ponzu und begleitet von Fenchel, Ingwergelee und einem transparenten Sud von Apfelsaft und Sternanis. Da auch die Desserts (ganz besonders ein herausragendes Schokoladencis mit einem Hauch gefrorenem, geraspeltem Blauschimmelkäse) überzeugten, bleibt uns nichts anderes übrig, als gleich zwei rote Hauben zu zücken und voller Vorfreude gespannt dem nächsten Besuch entgegenzusehen – bei dem wir dann die kleine Weinkarte mit ihrem Schwerpunkt auf Unfiltriertem und Biodynamischem vielleicht noch ein bisschen breiter aufgestellt vorfinden (und nach Möglichkeit eine stärke Abluthaube über dem Herd ...).

Waidwerk

Winterstraße 15–17, 90431 Nürnberg
T +49 (0) 911 6120 32
www.rottner-hotel.de

- Valentin Rottner
- Valentin Rottner
- Claudia Rottner & Thomas Wachter
- mittags,
  Mo, Di, So, Feiertag ganztags

Menü 130 / 180 €

Auch wenn die Stadt Nürnberg inzwischen in Form eines Eigenheim-Neubaugebietes inzwischen bis auf Tuchfüllung an das Gasthaus Rottner herangewachsen ist, dem klassisch feinen Landgasthof merkt man die ehemals ländliche Lage immer noch an. Seit 1812 ist er in Familienbesitz und ihn ziert eine „Guten Stube" der ganz besonderen Art: in Form des Gourmetrestaurants „Waidwerk", das seine Gäste in einen besonders hergerichteten Raum innerhalb des historischen Gemäuers empfängt. Hier löst Valentin Rottner, Koch in achter Generation am Herd, das Versprechen ein, das dem Besucher schon mit dem Passieren des Ortseingangsschildes gemacht wird: „Trüffelöl-freies Gebiet." Denn vordergründig billige aromatische Effekte sind Rottners Sache, der Stationen bei Johannes King und Nils Henkel in der Vita vorzuweisen hat, nicht. Im Gegenteil: Den Gast erwartet eine fein balancierte und elaborierte Küche, die auf Eleganz und Finesse setzt. Dem Restaurantnamen zollen bei unserem Besuch immerhin drei der vier in schneller Folge servierten Grüße aus der Küche Tribut: ein Rehtatar, eine Wildschwein- und eine Lamm-praline, sowie ein feines Ragout von Wildschwein auf einem klitze-kleinen Hefebun. Kurze Unterbrechung der waidmännischen Küchen-grüße: die Jakobsmuschel mit fein gehobeltem Fenchel auf Position drei. All das ist feinst ausgearbeitet, aromenstark und dabei doch stets elegant bleibend. Unser erster Gang vollzieht dann gelungen den Wechsel hin zu einem Produkt klassisch französischer Hoch-küche: Das Kalbries kommt in Form eines feinen Raviolos, der von einer recht eleganten Kartoffel-Espuma und knusprigen Kartoffel und Grünkohlbröseln bedeckt ist. Loup de mer mit Rote-Bete-Varia-tionen sind das Thema des Fischgangs, bei dem uns der Fisch allerdings an der oberen Grenze des idealen Garpunkts angesiedelt schien, die fein und elegant fernab jeglicher Erdigkeit ausgearbei-tete Bete dafür um so mehr beeindruckte. Perfekt in der Ausführung dann die Ente – mit einem sehr schönen, mit einer Frischkäse-Creme gefüllten Rosenkohl-Röschen und dreierlei Kürbisvariationen und einer sehr intensiv-würzigen Jus. Einzig die kulinarische Not-wendigkeit der Mode-Komponente Malto auf dem Teller wollte sich uns nicht völlig erschließen. Makellos dann schließlich das hoch-feine, von einem Lack mit winterlicher Aromatik bedeckte Short Rib, das, auf den Punkt gegart, perfekten Restbiss bewahrte. Beglei-tet wurde es von feinen Variationen von Mais und Sellerie und einem herb-frischen Sanddorngelee als der Gesamtkomposition über-raschende Spannung verleihendes Element. Die von Sommelier Thomas Wachter gereichte Käse-Auswahl erwies sich dann als der perfekte Abschluss eines felsenfest auf dem Fundament klas-sisch französisch geprägter Hochküche fernab von Modernismen ruhenden Abends.

Wonka

Johannisstraße 38, 90419 Nürnberg
T +49 (0) 911 3962 15
www.restaurant-wonka.de

- Christian Wonka
- Christian Wonka
- Patrice Blanchard
- Sa, Feiertag mittags, Mo, So ganztags

Menü 78 / 108 €
Vorspeise 20 / 24 €
Hauptgang 34 / 36 €

Zutatenorientiert, puristisch, geschmacksintensiv – so ließe sich einfach zusammengefasst der Kochstil in der einladenden, intimen Mischung aus Altbau mit Kronleuchter, Designelementen und mediterraner Farbgebung und Materialauswahl oberhalb der imposanten, wachsam über der Innenstadt thronenden Kaiserburg skizzieren. In diesem Sinne überzeugte als erstes halbe, saftig und sehr aromatisch gegarte Wachtel. Anstelle schaumschlägerischen Drumherums reichten geschmorter Lauch, Buchenpilze und eingelegte, lauwarme Pflaume für ein sehr klares, und trotz minimal winterlich weihnachtlicher Würzanklänge, leichtes und frisches Gericht. Weiterer Pluspunkt ist ein Blick in die Weinkarte oder aufs raumgreifende Rotweinregal des langjährigen Sommeliers Patrice Blanchard, deren große Deckungsgleichheit mit dem Portfolio des ortsansässigen Händler K & U Weinhalle definitiv nicht das Schlechteste ist. So ist bereits der Offenausschank respektabel; nach knapp gegartem, saftigem Saibling mit Rote-Bete-Tupfern, Roter Bete, voluminösem, kräftigem Kartoffelschaum, etwas frittiertem Grünkohl und Spinatblättern passte 2019er Zinfandel „Old Wine" von Bedrock mit würziger Frischebrise zum kurz angegrillten Rehrücken. Den aromatisierten zwar recht offensiv Gewürze und Salz, doch erfreute er sich stimmiger Begleiter aus Püree, Salat und Schmorstück von Topinambur sowie sehr guter, beinahe klebrig reduzierter Sauce. Sowie als Erfrischung: eingelegte Mandarine und ihr Gel. Es kann so ungekünstelt einfach sein! Auch beim Dessert setzte sich das Ungespreizte fort, ein kreisrundes Dattelküchlein krönte prägnanter Rotweinschaum, dazu gesellten sich eingelegte Cranberrys und – das bleibt einziger Kritikpunkt – zu mächtiges Kürbiseis, mehr Creme oder Mousse als Eis. Und – das ist heutzutage erwähnenswert – es gibt werktags ein attraktives Lunchprogramm. Dann sitzt man wie abends im Wintergarten oder sommertags im Innenhof.

Würzhaus

Kirchenweg 3a, 90419 Nürnberg
T +49 (0) 911 9373 455
www.wuerzhaus.info

- Josef Penzenleitner
- Diana Burkel
- Daniel Winter
- Sa, Feiertag mittags, Mo, So ganztags

Menü 69 / 97 €

Der Name Würzhaus ist – trotz des leichten Kalauers – eine hoch gelungene Wahl. Und das in gleich zweifacher Hinsicht. Denn zum einen gibt er einen programmatischen Ausblick auf aromenfreudige, kräftig gewürzte Küche von Diana Burkel. Zum anderen aber auch auf die Location des Restaurants, dem man sein erstes Leben als klassisch städtisches Viertels-Wirtshaus auch heute noch deutlich anmerkt. Was wir, um nicht falsch verstanden zu werden, außerordentlich begrüßen. Entsteht doch so eine Atmosphäre geprägt von behaglich-herzlicher Gastlichkeit, die kulinarisch trotzdem nichts zu wünschen übrig lässt. Die Küche grüßt bei unserem Besuch mit einem Stückchen in Walnussöl confiertem Topinambur, begleitet von Ingwer, Birne und Walnuss. Das Amuse spielt virtuos zwischen den Polen Verfeinerung und Rustikalität und setzt so gleich zu Beginn die Programmatik des Abends. Es folgt Schwarzwurzel – einmal confiert, einmal als eine Art Ragout –, begleitet von in Sojasauce gebeiztem Eigelb und Pumpernickel als Creme und crunchige Brösel. Ein schlotzig feiner Teller mit höchst lobenswertem Mut zu herzhafter Intensität. Geröstete Erdnuss und Erdnussbutter geben dann der auf der Haut gebratenen Forelle einen leicht exotischen Touch. Dazu passt die feine Ingwerschärfe des begleitenden Tonkaschaums hervorragend. Geradezu sensationell gerät der begleitende Grünkohl, der einmal knusprig frittiert auf dem Teller liegt und einmal durch Einlegen in Apfelessig und Öl in aromatisch völlig neue Sphären gehoben wurde. Das zur Erfrischung vor dem Hauptgang servierte Sorbet von der Staudensellerie mit Limette, Apfel und Tonic erfüllt seine Funktion vorbildlich. Der Skrei zum Hauptgang gewinnt dann vor allem durch den fein gearbeiteten Rotkohl-Butter-Fond mit seiner winterlichen Grundaromatik und den Steckrüben-Varitationen, von denen uns insbesondere die scharf eingelegte Variante gefällt. Das abschließende Dessert winkt von Franken aus kurz gen Sizilien. Auf dem Teller vor uns: ein Milchreis-Arrancino (also ein frittiertes süßes Reisbällchen), eine nussige Pistaziencreme und Clementine in den Aggregatzuständen Eis und als Curd. Wir lehnen uns satt und zufrieden zurück und notieren ein zudem verblüffend erfreuliches Preis-Leistungs-Verhältnis. Man würde jeder deutschen Großstadt zwei bis drei solcher Wirts-/Würzhäuser wünschen.

NÜRNBERG

Zirbelstube

Friedrich-Overbeck-Straße 1,
90455 Nürnberg
T +49 (0) 911 9988 20
www.zirbelstube.com

mittags, Mo, So, Feiertag ganztags
Menü 55 / 130 €
Vorspeise 10 / 14 €
Hauptgang 20 / 32 €

Gemütlich ist die kleine Gaststube am alten Ludwigskanal, holzverkleidet von den Wänden bis zur Decke. Küchenchef Sebastian Kunkel betrachtet die regionale fränkische Küche als Sprungbrett, um bei Zutaten und Zubereitung in die Welt aufzubrechen: Vorspeisen wie die Sülze vom Duroc-Schwein mit Kräuter-Vinaigrette dokumentieren diese Reise, ebenso Hauptgerichte wie das Duo aus Ragout und Zunge vom Franken-Wagyu oder Steinbeißer-Filet mit weißem Tomatenrisotto. Die Weinkarte konzentriert sich weitgehend auf Franken, im Sommer lockt der kleine Garten mit Blick auf die historische Schleuse.

ZweiSinn Meiers Fine Dining

Äußere Sulzbacher Straße 118,
90491 Nürnberg
T +49 (0) 911 9230 0823
www.meierszweisinn.de

Carina Burkhardt
Stefan Meier
Difan Xu
mittags, Mo, So, Feiertag ganztags
Menü 120 / 150 €

Wie der Name es schon andeutet – das ZweiSinn sind gleich zwei Restaurants in einem. Während im vorderen, zur leicht trist wirkenden Ausfallstraße hin gelegenen Teil ein legeres Bistro untergebracht ist, bleibt der hintere Teil dem Fine Dining vorbehalten. Dort grüßt uns die Küche zunächst mit einem Dreiklang von Amuses, von denen uns insbesondere der Linsentaco mit dezent zitrisch aromatisiertem Forellentatar und der – trotz aller Rustikalität in der Aromatik – elegante Blutwurstkrapfen gefallen. Es folgt ein weiterer hochgelungener Gruß, in seiner Art exemplarisch für die Variationsfreude gepaart mit Elementen zeitgemäßer Küchentechniken, die Stefan Meiers Küche auszeichnet. Vor uns steht ein dekonstruierter Borschtsch mit dreierlei Roter Bete, von denen uns besonders die Variante mit hinreißendem Räucheraroma begeistert – ebenso wie die feinen eisigen Schaumperlen von Dill. Der erste Gang unseres Menüs – Toro vom Thun aus nachhaltiger Züchtung – glänzt dann gleichermaßen mit Produktqualität wie mit komplexer Aromatik. Das fette Bauchfleisch ist schmelzig-zart, Shitake, Dashi und Kombualge liefern jede Menge Umami, das von süßlicher Frucht ausbalanciert wird. Aromatische Balance zeigt auch die folgende portugiesische Rotbarbe mit Fenchel und Herzmuschel. Die Paprikajus liefert schöne Säure und merkliche Schärfe, das Räucherpaprikaöl steuert Tiefe bei. Weniger begeisternd allerdings der eigentliche Hauptdarsteller – die Rotbarbe ist zwar perfekt gegart, spielte aber ob der gräulichen Fettschicht unter ihrer Haut doch dezent ins Tranige. Vorbehaltlos fein dann aber wieder das buttrige Eigelb mit Blumenkohl, Osietra-Kaviar und Nussbutterschaum. In sich hochstimmig und mit – im Gegensatz zu vielerorts oft an der Grenze zur Rohkost verbleibenden – perfekt gegartem Gemüse mit schmelzigem Biss. Gleiche Perfektion bei Garung und Restbiss dann auch beim US Prime Beef im Hauptgang. Ob man den begleitenden Topinambur unbedingt modisch als „Erdartischocke" überhöhen muss, lassen wir einmal dahingestellt. Am gelungenen Mix der Satelliten zum Fleisch ändert es ohnehin nichts. Vor allem die aromatisch hochkonzentrierte Spinatcreme mit Périgord-Trüffel begeistert. Ein Ananassorbet mit Minzpulver als Pré-Dessert wird dann von einem nicht nur optisch hochgelungenen Dessert gefolgt. Es bietet mit einer Schoko-Salzkaramel-Ganache und Bananeneis im Zentrum noch einmal eine üppige, fast barock anmutende geschmacklich Opulenz. Lob verdienen auch Weinkarte und Weinservice von Sommelière Difan Xu, die neben einer zufriedenstellenden Auswahl an klassischen Fine Wines auch einige schöne Positionen aus dem Natural-Wine-Spektrum zusammengestellt hat.

OBERHAUSEN

Hackbarth's Restaurant

Im Lipperfeld 44, 46047 Oberhausen
T +49 (0) 208 22188
www.hackbarths.de

 Sa mittags,
   Mo, So, Feiertag ganztags
Menü 30 / 65 €
Vorspeise 9 / 21 €
Hauptgang 12 / 42 €

Gehoben, weltoffen und jenseits jedes Konzept-Korsetts ist Jörg Hackbarths Küche. Den Gästen gefällt's, sie kehren gern ein in das Restaurant, obwohl es an einer unwirtlichen Ausfallstraße liegt. Auf der Karte finden sich zum Beispiel Thunfisch-Tatar mit Pumpernickel, Guacamole, Birnenconfit, frittiertem Rucola und gebeiztem Bio-Eigelb, Perlhuhn-Brust Piemonteser Art mit Pfifferlingen, Haselnüssen und Erbsen oder irische Lamm-Koteletts mit sizilianischer Caponata, Kräuter-Kartoffeln und Rosmarinjus. Dienstags gibt es auf Vorbestellung ein Tapas-Menü.

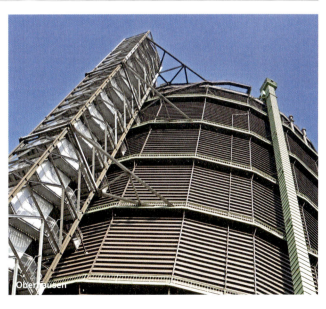
Oberhausen

OBEROTTERBACH

Gourmetrestaurant Schlössl

Weinstraße 6,
76889 Oberotterbach
T +49 (0) 6342 9232 30
www.schloessl-suedpfalz.de/
gourmet-restaurant-schloessl

- Margit Düppre
- Christian Oberhofer
- Jörg Lehmann
- mittags, Mo, Di, Mi, So ganztags

Menü 65 / 135 €
Vorspeise 16 / 24 €
Hauptgang 39 / 42 €

Es ist in der Tat ein Kleinod, dieses Schlössl in Oberotterbach, im Laufe der Jahre sukzessive renoviert und weiter ausgebaut, eine Traumlocation für Hochzeiten und Veranstaltungen! Neben dem Bistro „Gudd Gess" offeriert das Gourmetrestaurant derzeit nur freitags und samstags auf Vorbestellung einen Tag vorher ein 4-Gang-Menü, letztlich ist das etwas der Pandemie geschuldet, findet aber insgesamt guten Zuspruch und lässt sich betriebswirtschaftlich gut darstellen. Küchenchef Christian Oberhofer kocht weiterhin ambitioniert, jedoch vermissten wir dieses Jahr zum Teil die zuvor immer vorhandene Raffinesse in den einzelnen Gängen, einen kleinen Überraschungsmoment oder ein aromatisches Ausrufungszeichen. Wobei das Amuse noch hervorragend war: Das Tatar von der Eismeerforelle mit Apfel, Rotkohlsud, Senf und Spitzkohl war bestens austariert und zeigte in dieser Balance aus Schärfe, Süße, Jodigkeit und Frische zu welch ambitionierter Küche Oberhofer fähig ist. Fast noch ein Quäntchen besser fanden wir sodann die Jakobsmuschel (gebraten und roh mariniert) mit marinierter Steckrübe (sehr fein und doch leicht herzhaft in bester Harmonie zur leichten Nussigkeit der Jakobsmuschel), Pomelo und Pancetta – eine fein ausgearbeitet Aromenbombe! Leider gab es dann einen leichten (stilistischen und geschmacklichen) Bruch: Die Quenelles aus Ricotta mit Topinamburpüree und -chips, Wintertrüffel und einem recht dickflüssigen Grünkohlsaft zeigten sich kompositorisch als zu dicht und texturell etwas zu eindimensional, als dass sich Begeisterung enthalten hätte können – im Endeffekt ein recht klassisches Wintergeschmacksbild, gut, aber eben nicht mehr und eben die letze Raffinesse vermissend. Auch der Hauptgang mit Miéral-Ente (gebratene Brust und das Keulenragout verpackt in einer Gyoza), Eberesche, Weihnachtsbeere, Marone, gefülltem Wirsing und Schwarzwurzel war insgesamt tadellos, aber irgendwie erlebten wir keinen Spannungsbogen, wie so oft in den Jahren zuvor. Nach einer kurzen Erfrischung folgte sodann der Ausklang aus Riesling-Pannacotta, Quitte und Hagebutte, der trotz guter Einzelelemente kein kohärentes Gesamtbild ergab. Trotzdem ein toller Abend im Schlössl, nicht zuletzt auch einer Weinkarte geschuldet, die mit einigen vornehmlich Pfälzer Preziosen aufwarten, die mehr als fair bepreist sind und zum Teil ein gutes Reifepotenzial aufweisen – das macht richtig Spaß! Wir sind uns sicher, dass das Team wieder zu alter Stärke finden wird!

OBERRIED

Gasthaus Sternen Post

Hauptstraße 30, 79254 Oberried
T +49 (0) 766 1989 849
www.gasthaus-sternen-post.de

Rosemarie Triebswetter–Lutz
Bernd Lutz
Rosemarie Triebswetter–Lutz
Mo abends, Di, Mi ganztags
Menü 45 / 78 €
Vorspeise 10 / 25 €
Hauptgang 25 / 39 €

Wer der Bächle der mittelalterlichen Freiburger Altstadt überdrüssig ist und das Münster lange genug bewundert hat, freut sich auf eine Landpartie mit Schwarzwald-Luftveränderung ins per ÖPNV nur 45 Minuten entfernte südliche Dreisamtal. Natürlich lohnt sich die Anreise ebenfalls aus dem umliegenden Hochschwarzwald. Sportlichen Aktivitäten und gemächlichem Wandern ziehen wir zumeist die Einkehr in einen schönen Landgasthof mit hübschen Zimmern und gepflegter Gaststube nebst Sonnenterrasse vor. Das Gasthaus Sternen Post wäre in diesem Sinne ein Musterbeispiel, hier schauen wir seit Jahren immer wieder voller Vorfreude vorbei. Wir wissen schließlich, dass uns bei Bernd Lutz eine kulinarische Fortschreibung seiner Stationen (darunter zehn Jahre im Freiburger Colombi an Seite von Altmeister Alfred Klink) erwartet. Klassische Küche, „besserbürgerlich" würden wir sie nennen, aus erstklassigen regionalen Zutaten, wobei für Pulpo und anderem Meeresgetier gerne schon mal eine Ausnahme gemacht wird, bereitet Lutz gekonnt gekocht und ohne Sperenzien zu saisonalen Gerichten von großem Geschmacksreichtum zu. Hier freut man sich über lauwarme Nieren und Herz vom Reh auf Salat, Kalbstafelspitz in Rosmarinsauce mit handgeschabten Spätzle oder Süßwasserfische aus Zucht im nahen Münstertal. Nicht nur wenn lokales Bio-Geflügel mit Kürbisgnocchi, Spinat und zitroniger Sauce auf der Karte steht, passen dazu weiße Burgunderweine aus Kaiserstuhl, Markgräflerland oder der etwas weiter entfernten Ortenau. Im Zusammenspiel mit dem angenehmen Service um Rosemarie Triebswetter-Lutz eine absolute sichere Bank!

OBERSTAUFEN

„Esslust" im Hotel Alpenkönig

Kalzhofer Straße 25,
87534 Oberstaufen
T +49 (0) 8386 93450
www.hotel-alpenkoenig.de

mittags,
Mo, Di, So, Feiertag ganztags
Menü 45 / 120 €
Vorspeise 6 / 16 €
Hauptgang 17 / 43 €

Mit seinem hellen Holz, der violetten Deckenleuchte und den bequemen Drehsesseln strahlt das Restaurant im Hotel Alpenkönig stilvolle Behaglichkeit aus. Küchenchef Manuel Gorbach setzt auf gehobene Bodenständigkeit, das Eigenaroma saisonaler und hochwertiger Zutaten soll im Vordergrund stehen. Das Vorspeisenangebot reicht von Kürbisschaum-Suppe bis Prunier-Kaviar, bei den Hauptgerichten dominieren Klassiker wie Chateaubriand mit Sauce béarnaise, Filet vom Allgäuer Weiderind mit Portweinjus oder Saiblingsfilet mit Wermutschaum.

die.speisekammer

Rothenfelsstraße 6+8,
87534 Oberstaufen
T +49 (0) 8386 9914 620
www.die-speisekammer.de

- Thomas Klopfer
- Friedrich (Fritz) Braumüller
- Thomas Klopfer
- Mo, Do, Fr, Sa, Feiertag mittags, Di, Mi ganztags

Menü 85 / 105 €
Vorspeise 16 / 24 €
Hauptgang 24 / 54 €

Herzlich geht es zu im Hotel Hochgrat – in einem Ambiente, das alpinen Charme mit viel Holz und Glas so modern wie gemütlich in Szene setzt. Eine Kombination, die nachhaltig Freude macht – und dass das Team um Fritz Braumüller in der Küche und Thomas Klopfer im Service mit ebendieser ihrer Arbeit nachgeht, spürt und schmeckt man. Die Küche mäandert zwischen Allgäu und Extremadura – die sensorische Qualität einer Mulard-Ente aus der Slowmeat-Produktion oder eines Rindes, das zehn Jahre auf der Weide grasen durfte, ist in der Tat beeindruckend und wird von Braumüller mit einer aromenreichen, ehrlichen Küche verbunden, die auch aus der Heimatregion vieles zu bieten hat. Zu wünschen wäre es, dass das Duo noch mehr Bauern aus dem Allgäu zu einem solchen Qualitätsverständnis motivieren, wie es ihre spanischen Kollegen haben – dann wäre das Küchenkonzept gänzlich rund. Nach einem Macaron aus Obatztem und Rettich und einer würzigen Ratatouille mit geräucherter Entenbrust bietet die Karte 18 Gänge an, die frei zu einem Menü kombinierbar sind. Sehr gut gefallen hat uns die dünn geschnittene Zunge vom Allgäuer Kalb mit sauer eingelegten Buchenpilze und einer würzigen Schnittlauch-Mayonnaise wie auch das Thunfischtatar mit Avocadocreme, Senfbrotcrunch und Senfeis. Die krossen Garnelen und zarte Bäckchen vom Wildfang-Zander machten die tiefdunkle Bouillabaisse zum Hochgenuss und die Maultasche vom Wangener Reh harmonierte mit Schwarzwurzelpüree und istrischem Wintertrüffel. Highlight unter den Hauptgängen war ein Langustenschwanz mit Mandarinenvariationen und wildem Brokkoli, der so knackig-frisch und aromatisch auf den Tisch kam, wie wir es bislang nur von karibischen Tafeln kannten. Brust und Leber von der Mulard-Ente korrespondierten gekonnt mit Maistexturen, bevor das Buttermilch-Brombeer-Dessert mit einem kleinen Ausflug in die Molekularküche einen gelungenen Schlussakkord unter eine so anspruchsvolle wie zugängliche Küchenleistung setzte.

Hochgrat nahe Oberstaufen

OBERSTDORF

Alpe Dornach

Sesselweg 16, 87561 Oberstdorf
T +49 (0) 8322 6630
www.alpe-dornach.de/restaurant

Heribert Dornach
Christine Dornach
Menü 35 / 70 €
Vorspeise 6 / 15 €
Hauptgang 14 / 33 €

Wir geben es zu: Eine 2-Hauben-Bewertung für ein Lokal, das an sieben Tagen in der Woche von 7:30 bis 23 Uhr ohne Ruhetag geöffnet hat und zu fast jeder Tages- und Nachtzeit auf seinen 200 Innen- und Außenplätzen mit spektakulärer Aussicht komplett belegt ist, ist ein Risiko – aber eines, das wir aus gutem Grund abermals eingehen. Es gibt viele Lokale, in denen ein dezidiertes Team für wenige Tische ein Gourmetmenü zaubert und zu ähnlicher Bewertung kommt. Auch viele, in denen eine Brigade unter Volllast den Massenauflauf wie hier Richtung Breitachklamm, der schnell mal Kässpätzle, ein Schweineschnitzel Wiener Art, Kaiserschmarrn oder Pommes Rot-Weiß verdrücken möchte, solide bewältigt (all das gibt es auch hier, und nein, wir würden dafür keine zwei Hauben verleihen). Aber es gibt nur ganz wenige Adressen, an denen die gleiche Brigade zeitgleich auch Rücken und Roulade vom Hirschkalb aus örtlicher Jagd mit Portweinjus und Schalottenconfit auf den Punkt gegart, würzig und zart an die rustikalen Tische bringt. An denen sie eine Bachforelle Sous-vide gart und im Dickmilchsud mit Bergschnittlauchöl sowohl von der Produktqualität wie auch von der Zubereitungsart auf Spitzenniveau serviert, ein Wildcarpaccio mit frisch gezupftem Tannenwipfelpesto anrichtet und die Bio-Ochsen aus eigener Aufzucht rund um die Alpe Nose-to-Tail nicht nur als Steak und Burger, sondern auch – in Schlachtwochen – als Innereienvariation (Leber, Zunge und Ragout) anbietet. Dass auf der umfangreichen Karte nur auf allerbeste Lieferanten aus nächster Umgebung verwiesen wird, versteht sich für den Familienbetrieb von selbst, ebenso wie die Begrüßung auf 1000 Meter Höhe mit Älpler Freundlichkeit. Kein Gourmet-Restaurant, aber eine Alpe auf Gourmet-Niveau: Das macht den Besuch bei Familie Dornach so besonders – und ihr Restaurant zu einem Role-Model für manch andere Tourismus-Destinationen, an denen ohne Not einfach lieblos gekocht wird – hier dagegen einfach gut.

Das Fetzwerk

Freibergstraße 21, 87561 Oberstdorf
T +49 (0) 8322 96780
www.das-fetzwerk.de

Vorspeise 7 / 16 €
Hauptgang 11 / 18 €

Nach einem Konzept wie diesem kann man in der kulinarisch reichlich behäbigen Umgebung lange suchen: „Aktuelle Food Trends" und Tapas zum „Sharen" stehen hier auf dem Programm, konkret Poke Bowl mit Lachs und Mango, Linsen-Dal mit Naan, Green-Curry-Pasta und eine breite Craftbeer-Auswahl. Klingt schräg, sollte man aber nicht unterschätzen! Hier herrscht ein ausgeprägtes Qualitätsbewusstsein, das merkt man schon am Allgäuer Wurzelbrot zum hervorragend affinierten Bergkäse von „Jamei Laibspeis". Täglich durchgehend ab 13 Uhr geöffnet, schöne Sonnenterrasse.

Das Maximilians

Freibergstraße 21, 87561 Oberstdorf
T +49 (0) 8322 96780
www.das-maximilians.de

- Margret Bolkart–Fetz
- Henrik Weiser
- Yannick Stecker
- mittags,
  Mo, Di, So, Feiertag ganztags

Menü 79 / 139 €
Vorspeise 20 / 30 €
Hauptgang 35 / 45 €

Seit Ende 2020 kocht Henrik Weiser im wintergartenartigen Restaurant mit einem Stilmix aus Fliesenboden, bunten Tapeten und elegant eingedeckten Tischen. Er kommt vom L'Étable in Bad Hersfeld, klassisch geschult bei Josef Viehhauser und Lothar Eiermann. Bis auf eine Bergkäse-Rundreise in fünf fabelhaften Exzerpten von Jamei Laibspeis aus dem nahen Kempen spielten beim Menü Regionales und Saisonales nahezu keine Rolle. Vielmehr erfreuten wir uns klassischer Küche auf Basis guter Zutaten von erfreulich ungekünstelter Klarheit. Das verdeutlichten bereits kräftig gebeizter Lachs im Rettich, vollmundiges Alp-Rindertatar zwischen hauchdünnem Brotchips und sanft gegarter, leicht rauchiger Wandersaibling auf Blumenkohlstampf mit Kaviar, Sauerrahmcreme und brauner Butter-Schaum, der das Potenzial zum vollwertigen Gang gehabt hätte. Puristisch kam bretonischer Hummer, den Weiser knackig gegart und in dünnen Scheiben geschichtet hatte und dessen süßlich, nussige Aromen Bagna-cauda-Tupfen, eine würzige, ursprünglich italienische Creme, annonciert als „aus Tomate und Knoblauch", sowie Gartenkräuterspitzen (Dill, Kerbel, Kresse) herauskitzelten. Anstelle brauner Butter hätte eine kleine Säurespitze optimierende Wunder wirken können. Eine kleine Tranche gut gebratener Wolfsbarsch steckte die kräftige Einfassung von Auberginenpüree, Poweraden und samtigem Chorizo-Sud locker weg, vorsichtig mussten wir nur vorlaute Creme aus schwarzem Knoblauch dosieren. Danach folgte der abendliche Höhepunkt: Naturgemäß aromatisch schwachem Kalbsfilet standen geschmorte Brust mit Barolo-Essig-Jus und gebratenes Bries mit Kalbskopfscheibe zur Seite. Dass es dazu gegrillte Lauchstange, Schalotten-Knusperpraline, Schmorzwiebel mit ihrem Püree und à part einen Kalbskopfsalat gab, sorgte für abwechslungsreiches Schwelgen. Auch bei den Desserts setzte die Patisserie nicht auf Sperenzien, sondern klare naturbelassene Aromen, erst bei einem durch kreolische Sauce (Passionsfrucht, Banane) ausdrucksstarken Milchreis mit exotischem Fruchtsorbet, dann bei fluffig-saftigem Baba au rhum mit Ananas, Tahiti-Vanille geschwängerter Crème Chantilly und Kokosnusseis. Die kleine Europaweinkarte erfüllt vinophile Grundbedürfnisse und punktet mit genussfreundlicher Kalkulation.

Ess Atelier Strauss

Kirchstraße 1, 87561 Oberstdorf
T +49 (0) 8322 8000 80
www.loewen-strauss.de

- Peter A. Strauss & Sieglinde Strauss
- Peter A. Strauss
- Doris Aldinger & Sieglinde Strauss
- mittags, Mo, Di, Mi, Feiertag ganztags

Menü 99 / 180 €
Vorspeise 22 / 35 €
Hauptgang 44 / 55 €

So international wie bei Peter A. Strauss, seinen Zutaten und Aromen, heuer als fünfgängiges Überraschungsmenü in modern-hellem, minimal alpinem Ambiente, wird es im Allgäu sonst nur beim Skispringen. Nach dem Satz auf die dritte Haube zuletzt Ausgabe wählte Strauss dieses Mal die sicherere kleine Schanze und visierte beim kürzeren Sprung kulinarisch wenig kühne Gefilde an. Die Landung gelang, doch ein Telemark blieb aus. Die Leistungsbreite ging dabei auseinander wie die markante V-Stellung der Skier. Dafür war die Flugphase bis 22.50 Uhr sehr lang. Dem um 19 Uhr aufgetischten recht trockenen Windbeutel mit Adlerfisch-Tatar folgte schottischer Räucherlachs mit Imperial-Kaviar, Sauerrahm, Schnittlauch und lauwarmen Blini und um 20.15 Uhr die erste Vorspeise. 14 Tage gebeizte, abgeflämmte acht Jahre alter Kuh mit Frisée, aromatischem Trüffel, getrüffeltem Joghurt-Dressing, Rote-Bete-Paste und -Scheiben, Blutampfer, und Erdnüssen zwar nicht nervenzerfetzend aufregend, doch – wie die ersten Kleinigkeiten – solide. Der ähnlich langatmige Weiterverlauf mag daraus resultieren, dass Strauss im Teamsport Kochen eher als Einzelkämpfer mit kleiner Trainingsgruppe agiert, die zusätzlich die vorgelagerte Löwenwirtschaft mit gekonnter Folklore versorgen muss. Es folgte ein typischer Strauss, wie wir ihn fast identisch vom letzten Besuch in Erinnerung hatten. Erfreulich dicke, zarte Kingfish-Scheiben trafen auf ein Vielerlei aus Apfel-Petersilie-Staudensellerie-Sud, süßes kräutergrünes Yuzu-Eis, Umami-Mayo, Gurkenröllchen, Papadam, Yuzu-Perlen, Joghurt, gepickelte Zwiebeln – eine Versammlung nahezu alle Geschmäcker, Konsistenzen, Aggregatzustände und Temperaturen. Süße-Schärfe-Spiel bestimmte auch aromatisch dichtes Thai-Curry (geschmacklich an die bekannte rote Paste in Kombination mit Sweet-Chili-Sauce erinnernd) mit Hokkaido- und Möhren-Brunoise sowie Melonenkugeln, worin blauer Atlantik-Hummer guten Bisses zumeist unterging. Das Siegerpodest erklomm schlussendlich ein einheimischer Rehrücken, trotz möglicher Sous-vide-Garung und einem Tick zu viel Süße in kraftvoller Sauce mit erneut mehr als genügend Begleitern. Nach Alpenrahm-Joghurt-Eis mit dunkler und weißer Schokolade in leicht generischer Sahne-Pudding-Konsistenz und -Geschmack, mit nussiger Creme, Piemonteser Haselnüssen, Traubenhälften auf Shisogel folgte mit Schwedenfrüchten, Gletscher-Bonbon-Eis und Oxalis ein schräges Auslaufen. Die Punktrichter bleiben trotz Abzügen noch gnädig – Streichergebnis sind die schwächsten Gänge; Zeitfaktor, jovialer Service, mitunter schwierig alternde Weinkarte sind ohnehin von der Wertung ausgenommen.

OBERURSEL

Die Greisslerei NEU

Rathausplatz 9, 61440 Oberursel
T +49 (0) 6171 9796 836
www.diegreisslerei.de

Mo, So, Feiertag ganztags

Der Österreicher Fabian Fuiko, der seit 2018 Die Greisslerei in Oberursel betreibt, hat sich in diesem Jahr mit Chefkoch Stefan Nickolai (vorher Souschef bei Emma Metzler in Frankfurt) Unterstützung an seine Seite geholt – und schon der Einstieg in das aktuelle Testmenü konnte sich sehen lassen: Tiroler Speck, Wildschweinsalami, saftig-krosses Backhendl. Es folgte zur Demonstration des eigenen Anspruchs ein knusprig-cremig ausgebackenes Kalbsbries mit süßsaurer Tomatenconcassée und Petersilienöl. Rund, süffig, sehr gut! Gleiches galt für eine elegante Vorspeise von eingelegtem Kohlrabi, Ziegenfrischkäse und Pistaziencreme, die eine frische Säure, Nussigkeit und herbe Noten eines Petersilienöls zu einem stimmigen Ganzen verband. Etwas weniger ausgereift der folgende Heilbutt in einer leider zu großzügig eingesetzten Chorizo-Sauce, die dem tapferen Fisch in Kampfgemeinschaft mit Mais in Texturen und Popcorn keine Chance ließ. Ebenfalls keine ideale Begleitung boten Grapefruitchutney und Grapefruitmayonnaise zu einem rosigen „Teres Major"-Stück (vom Rinderbug) von festem Biss und intensivem Fleischgeschmack im Hauptgang. Frische Freude verbreitete zum Abschluss dagegen wieder das zeitgemäß-frische Dessert mit Sauerampfer-Espuma, Holundersorbet und gepopptem Dinkel sowie die erfreulich kalkulierte Weinkarte mit ihrem österreichisch-deutschen Fokus.

Kraftwerk

Zimmermühlenweg 2,
61440 Oberursel
T +49 (0) 6171 9299 82
www.kraftwerkrestaurant.de

Daniela Finkes
Adalbert Seebacher
Daniela Finkes
mittags, Mo, Feiertag ganztags
Menü 59 / 119 €
Vorspeise 15 / 26 €
Hauptgang 21 / 49 €

Wie ansprechend schick und gemütlich Industrie-Design sein kann, beweist das denkmalgeschützte ehemalige Kraftwerk, in dessen hohen Hallen Adalbert Seebacher sein Restaurant betreibt. Casual Fine Dining hat sich der gebürtige Österreicher auf die Fahne geschrieben und notiert auf seiner Menü-Karte, dass er ein freier und kreativer Koch sei. Das erste können wir bestätigen, bei der zweiten Tugend sind wir nach unserem Besuch nicht ganz überzeugt. Denn wenn uns nach einem Jahr das mehr oder weniger gleiche Menü angeboten wird, führen wir zwar den Corona-Bonus ins Feld, müssen aber bei der Kreativität Abstriche machen, was nichts mit der tadellosen gebotenen Qualität zu tun hat. Wie bereits im Vorjahr, gab es auch diesmal an dem Lachs-Ceviche nichts auszusetzen. Mit der Würzsauce von Blutorangen, dazu Tomate, Frühlingszwiebel, Chili und Koriander war die Vorspeise aromatisch gekonnt ausbalanciert. Erstaunt waren wir allerdings, als zur Foiegras-Terrine, letztes Jahr als Délice der Gruß aus der Küche, statt des angekündigten Nanterre-Brioche profanes Toastbrot serviert wurde. Dagegen hat Seebachers steirischer Wels in einem Jahr nichts an kulinarischer Attraktivität verloren und wurde nach wie vor mit Kartoffelpüree, Wurzelgemüse, frischem Meerrettich in der Sauce, die uns eher an Senf erinnerte, und etwas steirischem Kürbisöl angerichtet. Die gleiche Kontinuität können wir dem Hauptgang Surf 'n' Turf bestätigen: ein gelungenes Arrangement aus saftig zartem Rinderfilet und ausreichend bissfesten Hummer, drapiert auf einer schlotzigen Süßkartoffelcreme und Spinat. Ein bisschen Kreativität ließ die Patisserie aufblitzen, die den warmen Schokokuchen, ohnehin ein Uraltklassiker, in diesem Jahr statt mit Himbeeren mit einer Bananenfüllung und Piña-Colada-Sorbet aufpeppte. Die Weinkarte ist gut sortiert, der Service aufmerksam und charmant.

ODENTHAL

Zur Post

Altenberger-Dom-Straße 23,
51519 Odenthal
T +49 (0) 2202 9777 80
www.zurpost.eu

Alejandro, Christopher & Sonja Wilbrand
Alejandro & Christopher Wilbrand
Mi, Do, Fr, Sa mittags,
So abends, Mo, Di ganztags
Menü 69 / 165 €
Vorspeise 23 / 38 €
Hauptgang 29 / 45 €

Sagen wir's vorweg: Kulinarische Innovation oder gar Avantgarde sind in der Post ungefähr so weitverbreitet wie der Polarbär in den umliegenden bergischen Wäldern. Stattdessen serviert man in Odenthal traditionelle, auf französischem Fundament aufsetzende Hochküche auf hohem handwerklichen Niveau. Einsprengsel zeitgenössischer Produktwahl – wie Yuzu, Galgant oder Miso – finden sich in einzelnen Gängen, aber schon bei der „Asiaessenz" im zweiten Amuse-Bouche offenbart sich in der diffus bleibenden Bezeichnung die Rolle, die solche Elemente in der Küche von Christopher und Alejandro Wilbrand spielen: allenfalls Akzente setzendes Beiwerk. Dabei gerät die samtige Jus zur feinen Gelbschwanzmakrele, Gurke und Avocado mit schönem Sesam-Soja-Aromenspiel durchaus fein. Saucen und Jus sind in Odenthal ohnehin eine große Stärke. So auch beim hinreißenden Krustentiersud zum Kaisergranat, der Dichte und Intensität bietet – dabei aber jede Form von Schwere vermeidet. Federleichter Yuzu-Schaum, süße Karotte und Tiefe gebender Blumenkohl ergänzen die Hauptkomponente, ein dünner Streifen aufgepuffter Reis liefert Knusprigkeit. Das folgende kleine Gläschen Kalbsragout mit Kartoffelschaum als dritter Küchengruß ist dann noch einmal stolze Demonstration des handwerklichen Hochplateaus, auf dem in der Post gekocht wird. Die Komponenten des zweiten Gangs könnten dann klassischer nicht sein: Heilbutt, Nussbutter, Steinpilz, Champagneraufguss. Wobei wir beim Filet vom in Nussbutter gebratenen weißen Steinbutt Mut zur bemerkenswert kräftigen Garung attestieren (was aber immerhin in einer schönen Kruste resultiert) und die Hülle des Steinpilz-Cannellone als vielleicht eine Spur zu teigig empfanden. Absolut tadellos und überzeugend in Produktqualität und Ausführung dann aber der Polarsaibling mit Buttermilch (feine Räucheraromatik), Kräuteröl und Petersiliensand. Vor dem Hauptgang dann – wie sollte es bei einer so klassisch orientierten Küche auch anders sein – ein Sorbet, dem Hagebutte, Joghurt und Himbeermalto frische Säure, fruchtige Süße und knusprigen Biss verleihen. Hirschrücken, Walnuss, ein „friaulischer" Raviolo (in dessen Füllung sich Feige und Haselnuss verbergen) und eine Birnen-Wirsing-Lasagne sind dann die Elemente auf dem Teller des Hauptgangs. Begleiten werden sie von einer hochkonzentrierten Holunderjus und einer feinen Mandelcreme. Noch einmal zeigen die Wilbrands ihre Kernkompetenz: klassische Hochküche fern von modernistischen Experimenten. Das Gleiche gilt auch für das abschließende Kokosnussparfait zum Dessert, das mit allerlei Beiwerk und separat gereichten Komponenten zur kleinen Patisserie-Leistungsschau gerät, aber nicht wirklich noch einmal einen Akzent setzt. Lobend erwähnen müssen wir die fein und kundig zusammengestellte Weinkarte, deren Mix eine von der Leidenschaft insbesondere zu den heimatlichen Weinen geprägte persönliche Handschrift zeigt.

OESTRICH-WINKEL

graues haus trüffel im rheingau NEU

Graugasse 10, 65375 Oestrich-Winkel
T +49 (0) 6723 8853 911
www.graueshaus.com

Mo, So, Feiertag ganztags

Mit dem Grauen Haus findet ein Rheingauer Baudenkmal zurück zur Gastronomie, in dem aus dem 12. Jahrhundert stammende Gemäuer wurde neben einem Feinkostladen und einem Bistro als Herzstück ein Fine-Dining-Restaurant eröffnet. Aufgetischt werden im puristisch elegant ausstaffierten Ambiente solide zubereitete Gerichte wie Thunfisch-Tataki, gebratene Jakobsmuscheln mit zweierlei Paprikamousse, gegrillter Kalbsrücken und Loup de mer in Krustentiersauce zu stolzen Preisen, die Weinkarte ist überschaubar.

Oestrich-Winkel

OFFENBACH AM MAIN

Schaumahl

Bismarckstraße 177,
63067 Offenbach am Main
T +49 (0) 69 8299 3400
www.schaumahl.de

Esra Egner & Raffaele Fazio
Sascha Frestl
Raffaele Fazio
mittags,
Mo, So, Feiertag ganztags
Menü 59 / 114 €
Vorspeise 25 / 28 €
Hauptgang 30 / 44 €

Auf der kulinarischen Landkarte ist Offenbach ein weißer Fleck, doch wie immer gibt es Ausnahmen. Besser gesagt, eine. Das Schaumahl, gelegen an einer tristen Durchgangsstraße, ist mit seinem mit Jugendstil-Elementen verzierten Gasthaus-Interieur, der herzlichen Atmosphäre, die Restaurantleiterin Esra Egner versprüht, und natürlich dank der Arrangements des neuen Küchenchefs Sascha Frestl die „gute Stube" der Stadt. Der gebürtige Bremer startete das Menü, das ab drei bis acht Gänge angeboten wird, mit einem saftigem Ceviche von der Jakobsmuschel, klassisch begleitet von der peruanischen Sauce „Leche de tigre", deren Chili- und Ingwer-Noten einen herrlich feinscharfen Spannungsbogen um das gehackte Fleisch legten. Danach wurde Frestl „très français" und servierte uns eine gebratene Entenleber, die man besser nicht machen kann: außen minimal kross, innen wunderbar cremig und zart, dabei vollmundig und nachhaltig im Geschmack. Châpeau! Ein vegetarisches Gericht im Menü muss wohl sein, wir bekamen Kräuterseitlinge im Müsli-Riegel, dazu eine intensiv schmeckende Gemüse-Jus aus entsaftetem und eingekochtem Rotkohl. Auch der kleine Ausflug in die asiatische Küche gelang Frestl mit Bravour. Die glasige gebratene Tranche vom Welsfilet hatte er mit einem Lack aus Miso und grünem Tee überzogen, der den dezenten Fischgeschmack keineswegs übertünchte. Die Rolle des aromatischen Kontrahenten übernahm die tiefgründige Massaman-Curry-Sauce mit einer gekonnt austarierten Schärfe. Ein spannendes Gericht mit aromatischem Duell-Charakter. Dass die Sauce der Triumph des Geschmacks ist, wie Balzac einst konstatierte, bewies auch die tiefe und dicht aromatische Jus zu den geschmorten Ochsenbacken, die von Karotten und mit Pancetta gefüllten Kroketten begleitet wurden. Finale Grande? Oui! Zur Schokoladentarte im Graham Cracker gab es ein erstklassiges Tonkabohneneis. Die Weinkarte hält einige Trouvaillen bereit, auf der sicheren Seite ist man mit den Empfehlungen der Restaurantleiterin.

Offenbach am Main

OFTERSCHWANG

Silberdistel

Sonnenalp 1, 87527 Ofterschwang
T +49 (0) 8321 2729 00
**www.sonnenalp.de/
gourmetrestaurant-silberdistel**

- Brian McLaren
- Kai Schneller & Carsten Müller
- mittags,
  Mo, Di, So, Feiertag ganztags

Menü 110 / 158 €
Vorspeise 14 / 34 €
Hauptgang 59 / 75 €

In der vierten Etage des imposant verzweigten Sport-Wellness-Resorts Sonnenalp gibt es die Wahl zwischen dem Menü mit Allgäuer und alpenländischen Zutaten und Gerichten, für die der langjährige Maître Brian McLaren im Akkord wie in einem Paralleluniversum Hummer knackte und Seezungen filetierte. Zum übergreifend konservativen Küchenstil passt der leicht patinierte alpenländisch-opulente Landhausstil nebst loderndem Feuer, das die Parfümschwaden mancher Dame überräucherte. Nach heimatlichem Vorspiel, Alpkäse-Quiche und Kaspressknödel, ertönte ein schräger Akkord aus Metal, Klassik und Volksmusik. Metallisch wirkte der unausgewogene Geschmack aus roh mariniertem Hirschrücken, Berberitze, und Crème aus dem lokalen, säuerlich-buttrigem Blauschimmelkäse Chiriboga, klassisch die Topinamburmousse-Berberitzegel-Schnitte, bis auf Trüffel alles aus heimatlichen Gefilden. Besser – solide, nicht final expressiv – wurde es bei aufgrund von Frische (!) zu bissfestem Stör mit den schlüssigen Begleitern Zirbenessig-Gelee, hauchfeiner Lardoscheibe, von Saiblings- und Forellenkaviar angereichertem Nussbutterfond und Rauchforellen-Brandade. Anstelle von Innereien auf recht weiche Wurzelgemüse-Julienne zu setzten, war hinsichtlich Wareneinsatz ein Freudenfest für bleistiftspitzende Controller, zumal sich der angekündigte pannonische Safran nur homöopathisch dosiert ins insgesamt gut schmeckende, mittelsämige, säuerliche Löffelgericht verirrt zu haben schien. Dass die Anlagen für sehr klassisch orientierte „Alpine Cuisine" – Döllerer grüßt begrifflich – gelegt sind, deuten hauchdünne Kartoffelscheiben, strudelartig gelegt und abgeflämmt, mit einem geselchten Lammbäckchen, aufschnittdünner Zungenscheibe und guter, kräftiger Sauce an. Danach wurde Klassik mit Regionalität durch Pfiff und Präzision erfolgreich vermählte. Erst beim gut gegarten Rehrücken mit ausgewogener (Kraft, Säure, Samtigkeit) Sauce, marzipaniger Kerbelwurzel, schwarzer Walnuss und Zirbenschaum, der waldige Aromen ins Gericht brachte. Anstelle von Geschmortem gab es augenzwinkernd ein Butterschnitzel, eine Frikadelle, auf Kohl – gut! Der Spitzen-Alpkäse von Jamei Laibspeis aus Kempten erhielt durch süßsaure Begleiter und karamellisierte Kruste dezenten Raclette-Charakter. Nach Roter-Apfel-Sorbet, Champagnersabayon und distelförmigem Gebäck – in Summe eine Reminszenz an Sven Elverfelds Runiart-Sorbet – folgte, leicht und erfrischend fruchtig, süße Heumilch mit Miniatur-Panna-cotta und Blutorangensorbet.

ÖHNINGEN

Falconera

Zum Mühlental 1, 78337 Öhningen
T +49 (0) 7735 2340
www.falconera.de

- Anne Tautz-Wuhrer
- Johannes Wuhrer
- Mi mittags, Feiertag abends, Mo, Di, So ganztags

Menü 59 / 125 €
Vorspeise 20 / 38 €
Hauptgang 45 / 55 €

Wer sich bei Familie Wuhrer nicht gut aufgehoben fühlt, dem wird kaum anderswo zu helfen sein: Der herzliche und sehr aufmerksame Service serviert – ob sommers im lauschigen Garten oder – wie bei unserem diesjährigen Besuch – in der gemütlichen Jagdstube mit dicken Holzbalken, knisterndem Kaminfeuer und leise rieselndem Schnee vor dem Fenster herzhafte, aromenreiche Gerichte, die schlicht Freude bereiten – solange man sich beim Leeren der Teller etwas zurücknimmt, denn die Menüportionen sind wohlwollend für den ganz, ganz großen Hunger gedacht, fernab des spürbaren Optimierungsdrangs oder -zwangs anderer gastlicher Häuser. Ohne an der Qualität der Zutaten zu sparen, wird auf schmalen ovalen Platten jeder Gang als wahrer Augenschmaus arrangiert. Die Küche von Johannes Wuhrer überzeugt aber nicht nur durch Ästhetik, sondern vor allem durch ihre Komposition stets kräftiger Geschmacksträger, die sich harmonisch zu einem Ganzen fügen und vom Service wie auch auf der Karte in allen Details erläutert werden. Ein schöner Zug nebenbei: Wird eine individuelle Zusammenstellung aus der klassischen und vegetarischen Menüoption sowie einigen separat gelisteten Klassikern gewählt, kommt postwendend eine eigens ausgedruckte Menükarte an den Tisch – und die zahlreichen Weine aus dem Badischen werden sämtlich auch glasweise ausgeschenkt. Ein herrlich krosser Blutwurstchip krönt die als Amuse gereichte Mini-Schlachtplatte auf Sauerkraut, gefolgt von drei Saiblingsvariationen – intensiv im Buchenholz geräuchert, als Tatar und hausgebeizt harmonieren sie mit der süßen Frische von Gurken-Apfel-Couscous, Sultaninen, Minze und Wachtelei. Ebenso duftend kommt das sautierte Kalbsbries in einer Riesenportion auf Ragout von Kalbskopf und -zunge mit knackigem Gemüse und feinem Sud an den Tisch. Die krachend-knackig karamellisierte Entenleber wird mit Orange aromatisiert und auf Linsen in altem Balsamico serviert. Aus der vegetarischen Auswahl überzeugt das cremige Eigelb auf geräuchertem Kartoffelpüree mit gerösteten Rosenkohlblättern und Rote-Bete-Nocken sowie Staudensellerie und Blumenkohl. Keine Frage, dass auch Wild, Fisch, Käsegänge (Brillat-Savarin mit Kardamom auf Kürbischutney und Pecannüssen) und Desserts mit fulminanten Kontrasten in Aromatik und Textur aufwarten – eine heimatbetonte, mediterran beeinflusste, hochveredelte Wohlfühlküche im allerbesten Sinne.

OPPENWEILER

Restaurant-Hotel Einhorn

Hauptstraße 55, 71570 Oppenweiler
T +49 (0) 7191 340 280
www.restaurant-einhorn.de

🔒 Sa, So mittags, Mi ganztags
Menü 37 / 64 €
Vorspeise 12 / 16 €
Hauptgang 21 / 32 €

Die Bauernstube in dem gepflegten Landgasthof strahlt gediegene Gemütlichkeit aus. Regionale Klassiker wie der schwäbische Zwiebelrostbraten an Trollingersauce oder die Maultaschen mit Röstzwiebeln und Kartoffelsalat passen da bestens zum Ambiente. Aber Küchenchef Alexander Munz bietet auch manches Feinere und Modernere an: sautierte Jakobsmuschel und Garnele auf Tagliatelle mit Ratatouille und Krustentierschaum etwa oder Lammrücken mit Pak-Choi, Trüffel-Gnocchi und Brombeeren. Auf der schönen Terrasse kann man auf mehreren Ebenen Platz nehmen.

OSNABRÜCK

Fine Dining Restaurant Friedrich NEU

Lotterstraße 99, 49078 Osnabrück
T +49 (0) 541 9638 0899
www.friedrich-osnabrueck.de

 Gina Duesmann
 Lars Keiling
 Gina Duesmann
 mittags,
Mo, Di, So, Feiertag ganztags
Menü 129 / 169 €

Gina Duesmann und Lars Keiling sind uns noch bestens bekannt aus ihren gemeinsamen Jahren im Keilings in Bad Bentheim. Nach Schließen ihres Restaurants Ende 2019 zogen sie ein Stück östlich nach Osnabrück. Seit Oktober reüssiert das Paar im wiedereröffneten Friedrich im hübschen Westerberg-Viertel. Unter der Dachmarke „Friedrich Genusswelt" stießen sie als Geschäftsführer, Küchenchef und Serviceleiterin zum aus dem Vendôme und La Vie bekannten Sommelier Sven Oetzel. Vorgelagert dem Gourmetrestaurant ist ein Bistro, in der Nachbarschaft liegen der Japaner Furittsu, das Daily Fritz und die Kochschule, in Düsseldorf ein Weinbar-Ableger. Im edel-modern eingerichteten Restaurant, das aufgrund seiner Verschachtelung intim wirkt, erfreuten bequeme Stoffsessel sowie dünne Premium-Weingläser und irritierten hochwertige Einmalservietten. Die Stärken der Weinkarte, die auch Bekanntes aus Rest-Europa listet, liegen in Deutschland. Nach gekonntem Küchengruß, Gänselebermousse mit Erdnuss, Schmorsellerie-Quader und Purple-Curry-Heidelbeere, startete das Menü – vier bis sieben Gänge – leicht und frisch. Auf Thunfisch-Carpaccio von ausgezeichneter Qualität fand sich mit weißem Mohn aromatisiertes Tatar, dazu knackige Spargelstücke und nicht zu süßes Spargeleis – mit erfrischender Limone wunderbar! Danach hatte Keiling Fjordforelle sanft gedämpft, mit Röst-Blumenkohl und in Soja kurz mariniertem Saiblingskaviar belegt. Darum ergoss sich feinsäuerliche, kraftziselierte Sake-Beurre-blanc, die das klassisch angelegte Gericht neben zuvor genannten kleinen Kniffen endgültig zum Gang großer aromatischer Wucht und Wonne machte. Kraft mit latentem Präzisionsverlust gab es trotz ausgleichendem Rhabarber-Kompott bei saftig aufblätterndem Kabeljau durch intensiven Rauchfischsud, knusprige Pancetta und gebratenen Lauch. Danach noch deutlicher wegen ungenauer Proportionen zwischen (zu wenig) Kalbskopf in Dim-Sum-artigem Teig und von Bohnenkraut und Salz heftig gewürztem Bohnenragout, was schwarze Bohnen und Schwarzer Knoblauch auf karamellisiertem Chicorée verstärkten. Viel stimmiger gelangen rosa gegarter Lammrücken mit säuerlichem Salzpflaume-Topping und in intensiver Sauce geschmorter Lammnacken, weil von Kreuzkümmel aromatisierte feinflüssige Möhrencreme vermittelte. Säuerliche Frische und angenehme Cremigkeit bestimmten ebenfalls das Dessert aus Yuzumousse und Ingwereis mit Schoko-Knusper. Ein vielversprechender Neuanfang!

Iko

Stadtweg 38a, 49086 Osnabrück
T +49 (0) 541 4401 8030
www.iko-restaurant.de

- Tom Elstermeyer
- Ole Bramlage
- Laura Fechner
- mittags, Mo, Di, Mi, So ganztags

Menü 115 / 145 €

Blumen kaufen, Töpfern mit Tom, fünf oder sieben Gänge essen? Wenngleich das Konzept alle drei Optionen im innenstadtfernen Wohngebiet bietet, interessieren uns beim lässigen Hinterhof-Restaurant vorrangig die Gerichte aus der offenen Küche, in der Green Egg und Holzbackofen stehen, und bei denen es heißt: Niedersachsen triff neue nordische Küche trifft Japan. Die sind nicht immer hundertprozentig punktgenau zubereitet und haben gelegentlich, passend zum Atelier-Ambiente, Entwurfscharakter, machen aber, serviert auf Selbstgetöpferten, Essspaß. Sanft in Olivenöl confierter Färöer Lachs kam mit abgeflämmtem Lauch, Wakame, Kartoffelstroh und süffiger Beurre blanc. Butterzartes Shawarma, eigentlich ein Döner-artiges Drehspießgericht aus der arabischen Küche, stammte vom Reh und versteckte sich unter kurkumafarbener Gewürz-Yuba; aus gezupftem Schmorfleisch, Milchhaut und Sellerie-Hummus entstand ein wunderbares Geschmacksbild. Einen Veggie-Gang, der hier „Gang durch den Garten" heißt, interpretierte und servierte das junge Team wie gewohnt mit abwechslungsreichen Texturen diverser Gemüse als Erbsenflan mit schwarzem Knoblauch, geröstetem Brokkoli, Zuckerschoten, Kürbiskernpesto und darüber gekrümelten Feta. Einen Umami-Kracher bot „nachgebaute" Ramen aus Sud auf Basis gerösteter Kartoffeln und Pilze als Dashi-Ersatz mit Einlage aus wachsweichen, in Sake und Mirin gegartem Ei und Nudeln aus Kohlrabi. Überzeugend gelangen auch Gegrilltes und Geschmortes vom trockengereiften, aromatischen, da fettreichen Bentheimer Schwein, das weiße Bohnencreme begleite und dem markant rote Paste vom Lippenstiftbaum, auch bekannt als Annatto, dezent scharfe Akzente verlieh. Dass man sich auch traut anzuecken, zeigte Blaubeereis mit salziger, getrockneter Olive, flambierter Meringue, Feta und Ziegenmilchgranité. Beim Wein präferieren Neugierige den Freakstoff aus Naturweinen, maischevergorenen Weinen und Sake vor der klassischen Begleitung.

Kesselhaus

Neulandstraße 12, 49084 Osnabrück
T +49 (0) 541 9700 0072
www.kesselhaus-os.de

- Thayarni Garthoff
- Randy De Jong
- Di, Mi, Do, Fr mittags,
  Mo, So, Feiertag ganztags

Menü 78 / 115 €

Wer nochmal online nach Thomas Bühners 2018 geschlossenem La Vie sucht, stößt besserenfalls direkt auf das Kesselhaus von Thayarni Garthoff. Seit 2019 belebt die Ex-Patronin der Krahnstraße ihr eigenes Restaurant im einstigen Kraftraum der Hagedornschen Möbelfabrik in Fledder. Um zu ihr zu finden, bedarf es je nach Ortskenntnis und Navi scharfe Augen: Das Restaurant liegt im Innenhof, die Beschilderung ist ausbaufähig. Endlich am Ziel empfängt luftiges Industrieambiente, von der Holzdecke seilen sich Licht und Ton ab, auf den Ziegelwänden posieren selbstbewusst-laszive „Playducks" als Post-Pop Art eines Leerer Künstlers. Mit Randy de Jong steht zudem ein weiterer La-Vie-Veteran am Herd. Das merkt man vor allem beim Abschluss, wenn eine von Räucherduft und Knoblauch umspielte Araguani-Schokoladencreme mit Brombeeren eines der Dessert-Highlights des La Vie zitiert oder Buddhakopfpralinen den Kaffee versüßen. Davor zeigt die Kesselhaus-Küche ein durchaus eigenes Profil: Gelbschwanzmakrele serviert sie bildschön mit Mini-Zucchini und Buttermilcheis auf Belugalinsen, drumherum ein in Schärfe und Intensität elegant ausbalancierter Anguss aus Wasabi und Kombucha. Weniger spektakulär als klassisch gekonnt wirkt die am Tisch finalisierte Bouillabaisse, bei deren Einlage (Garnele, Dorade, Wolfs- und Rotbarsch) sich das Karten-Schlagwort „Edelfische" mal wieder dehnbar erweist. Als Hinführung zum Lamm ein Hotdog-Bun mit Bries, Römersalat und Kirschgel zu servieren, ist grundsätzlich eine pfiffige Idee – wenn nur der Brotanteil nicht gar so dominant wäre. Rundum gelungen und auf Nummer sicher folgen im Anschluss Rücken und Filet des Tiers, serviert unter einer zarten Kruste aus Minze und Toastbrotflocken, der Salat dazu diesmal am Strunk gebraten, obenauf Radieschen und Kirsche. Dass das Küchenteam all dies durchgängig mitserviert und erklärt, finden wir ebenso effizient wie sympathisch.

OSTRACH

Landhotel Gasthof zum Hirsch

Hauptstraße 27, 88356 Ostrach
T +49 (0) 7585 92490
www.landhotel-hirsch.de

Sa mittags, So abends
Menü 27 / 43 €
Vorspeise 10 / 15 €
Hauptgang 16 / 34 €

Rehpastete, Linseneintopf, lauwarme Zwetschgenknödel mit Zimtparfait – in dem Traditionsgasthof mit jahrhundertelanger Geschichte sind Josef und Johannes Ermler ein verlässlicher Garant für eine wohlschmeckende schwäbische Küche, die sich nach den Jahreszeiten richtet und mit vielen heimischen Produkten arbeitet. Zu den Klassikern des Hauses zählen die geschnetzelte Leber an feiner Schalotten-Rotwein-Soße mit Bratkartoffeln oder der Zwiebelrostbraten von der württembergischen Angus-Färse an kräftiger Rotweinsoße, mit buntem Gemüse und Spätzle. Im Sommer lockt die idyllische Gartenterrasse.

PADERBORN

Balthasar

Warburger Straße 28,
33098 Paderborn
T +49 (0) 5251 24448
www.restaurant-balthasar.de

 Laura Simon
 Elmar Simon
Laura Simon
mittags, Mo, So ganztags
Menü 99 / 155 €
Vorspeise 29 / 34 €
Hauptgang 36 / 48 €

Dass Patron Elmar Simon das Motto „schlotzig" ausgerufen hat, zeigen die Gerichte seines Menüs, die alle einzeln bestellt werden können, doch übertreiben sie diese im Kern ja nicht falsche Zielrichtung manchmal. Trotz anderer Saison als beim vorangegangenen Besuch trafen wir auf zwar variierte, doch ähnlich aufgebaute Gänge. Schon damals bemängelten wir einen fehlenden Frischefaktor, den es bei aller Süffigkeit gelegentlich bräuchte. Bereits nach den Küchengrüßen, Kürbisvariation mit sämig-süßlicher Suppe und luftiger Mousse sowie „Kaviar-Dosenfisch" aus Matjes auf Kartoffelsauerrahm und Tomatenspiegel, stellte sich erste Sättigung durch Menge und Konsistenz ein. War es beim letzten Mal gezupfter Angel-Schellfisch starteten wir nun ins Menü mit gezupftem Kabeljau – lauwarm, saftig, zart – auf Rote-Bete-Tatar, umrundet von brauner Butter. Dazu gruppierten sich am Tellerrand krosse Mini-Kalbsbriesstücke, die am meisten begeisterten, und ein nicht wirklich konkludentes Vielerlei aus Wakame-Algen, Edamame, Quittensorbet, Kakao-Buchweizen-Staub. Es folgte herrliche, heiße Topinamburcremesuppe mit Wildgarnele- und Steinbuttstückchen und leichter Aromatisierung von frischem Périgord-Trüffel – nicht spektakulär, dafür gekonnt lecker. Worin sich Simon auch treu bleibt, ist die Verknüpfung aus klassisch Französischem und Regionalem nach ganz eigener Façon. Aus dem vegetarischen Menü stammte pochiertes Paderborner Landei mit Rahmspinat, Kartoffel-Sauerrahm-Püree und Herbsttrüffel, ein üppiger, stimmiger Wohlfühl-Dauerbrenner. Am puristischen gelangen Fleischgerichte. Regionaler Eggehof-Schweinebauch schmeckte süffig in bewährter Garung für 48 Stunden bei 64 °C mit knuspriger

Schwarte, Schwarzwurzel, zusätzlichen Flower Sprouts und subtil immer stärker auftrumpfender Sternanis-Sauce. Bei Delbrücker Wildentenbrust fiel säuerliches, knackiges Stielmus positiv als lokal-rustikaler Kontrast auf; schade nur, dass keine Sauce am Tisch verblieb. Angenehm zielgerichtet, nicht allzu mächtig überzeugten die Desserts. Erst lieferte Zitronensorbet mit saftigem Zitronen-küchlein und Lemon Curd ein zärtlich leichtes Vorspiel, dann brachte eine Millefeuille aus hauchdünnem Backwerk, Spekulatiuscreme, Birnenkompott und säuerlichen Moosbeeren weihnachtliche Aromen ins Spiel. Während die Weinauswahl weiterhin ihre Stärken bei deutschen Weinen zu fairen Preisen hat, agierte der freundliche junge Service im adretten Restaurant etwas fahriger als gewohnt.

PANKER

1797

Panker 4, 24321 Panker
T +49 (0) 4381 90690
www.ole-liese.de

Yasmin Fuhrwerk
Volker M. Fuhrwerk
mittags,
Mo, Di, So, Feiertag ganztags
Menü 119 / 119 €

Vorbei an Feldern, Kuhweiden, Pferdekoppeln wirkt die Anreise ins wie für eine Vorabendserie aufgebaute Vorzeigedorf am sonnigen Spätsommerabend beinahe kitschig. Im kleinen Gourmetableger des Hotel-Restaurants Ole Liese stehen die Anthurien gerader, doch verdienten mundgeblasene Riedel-Gläser mehr Auswahl, als die kleine Weinkarte bietet. Noch schmaler fällt das Menü aus, lediglich fünf Gänge plus Vor- und Nachspiel hatten es allerdings in sich. Wenn Volker Fuhrwerk nach unterhaltsamem, regional-authentischem Knusperblatt mit Kieler-Sprotten-Creme, wildem Meerrettich oder Tartelette mit Sauerfleisch als Vorspeise leicht gebeizte Nordsee-Meeräsche als Sashimi schickt, vermissen wir keine Gelbschwanzmakrele ferner Gefilde. Zum natürlichen, leichten, frischen Geschmack sorgten ein Sud fermentierter Tomaten mit Ananaskamille, Chilihauch und Ananaskamille-Eis für ungewöhnliche, jederzeit stimmige Noten, wozu in Soja und Reisessig gepickelte Gurke und Fischtatar beitrugen. Ständig passierte rund um regionale Zutaten mit einem Tick mehr Kräutermut und Säurebeherzung viel am Gaumen und blieb jederzeit harmonisch bis süffig. Zum kräftig gebratenen Ostsee-Steinbutt – fest, saftig, jodig-nussig – mit Haferwurzeln und Portulak gefiel Kohlrabi-Beurre-blanc mit herrlichem Fett-Säure-Spiel und laktischen Noten und würzte Kaviar aus Schleswig-Holstein. Perlhuhn-Fett verlieh tomatisiertem Kaninchensud zur handwerklich feinen Rolle aus geschmorter Kaninchenschulter in rosa gegarter Keule im mediterranen Kontext durch Kräuter, Tomate und Bohnen Substanz. Mutig rosa gegarter Rehrücken schmeckte mit malziger Sauce, Gartenmangoldblatt, Champagnerkorken-Steinpilzen, süßlich-nussigem Kürbis und waldiger Aromatik von Spinatcreme und Brombeeren ungemein natürlich und gut. Erfolgreich lockerten den gefällig-gehaltvollen Obstkuchencharakter eines Sablé mit Reineclauden, Crème pâtissière und weißem Schokolade-Deckel Mädesüß-Eis mit speziellem Bittermandel-Heftpflaster-Aroma und erfrischender Verbene-Sud auf.

PERASDORF

Gasthaus Jakob

Haigrub 19, 94366 Perasdorf
T +49 (0) 9965 80014
www.genuss-jakob.de

- Mona Haka
- Michael Ammon
- Andreas Ammon
- Mi, Do, Fr, Sa mittags,
  So abends, Mo, Di ganztags

Menü 69 / 99 €
Vorspeise 16 / 26 €
Hauptgang 36 / 39 €

Spoiler Alert für Erstbesuchende! Wer sich, falls das heute trotz Websites, Instagram und Facebook möglich ist, nichtsahnend dem idyllisch am Fuße des Bayerischen Walds gelegenen urigen Häuschen nähert, dann Gasthaus liest und die holzige Rustikalität des insgesamt schick-gemütliche Interieurs sieht, könnte falsche Erwartungen haben. Hier kocht seit 2016 Patron Michael Ammon, während sich Lebensgefährtin Mona Haka um den Service und Bruder Andreas um die nach Geschmacksprofilen sortierte, profunde Europa-Weinkarte kümmert, zwar (weiterhin) gastfreundlich kalkuliert und genussverständlich, doch keine rustikale Regionalküche. Seine Menüs, deren Unterscheidung in „Klassiker" und „Innovation" uns mangels Abgrenzung nicht vollends erschließt, basieren auf guten Zutaten, zubereitet in handwerklich solidem, modern-klassischem Stil, dabei geschmacksstark, unverkrampft kreativ und gelegentlich weltoffen bis aromatisch bunt. Hatten beim letzten Mal Kalbshaxe und confierter Hummer bayerisch-bretonisches „Surf 'n' Turf" ergeben, traf zartaromatisches bretonisches Krustentier heuer auf dünne, aufgerollte Schweinebauchscheiben und erhielt mit Buchenpilzen, Avocadocremetupfen, Kräutern und Sprossen sowie Kartoffelstroh-Topping durch die Yuzu-Soja-Würzusauce Ponzu lässigen Salat-Charakter. Richtig schlotzig folgten zarte „TascherIn" mit asiatisch angehauchter Füllung aus aromatischem Schwarzfederhuhn, Shiitake und der japanischen Salzpflaume Umeboshi, die Jus und intensive Sommertrüffel europäisch erdeten. Als Nächstes ging es in klassischere Wohlgeschmacks-Gefilde, bei denen Ammon die Aromenschraube zum bestens rosa gebratenen Kalbsfilet mit Steinpilzen, gebratenen Tramezzini und ausgebackenen Kartoffelbällchen, aus denen sich zur Jus Sauce béarnaise ergoss, ein wenig überdrehte. Dass sein Faible die Dekonstruktion bekannter Gerichte ist, zeigte der viel zu üppige, dennoch originelle Käsegang, der mit krossem Parmaschinken, Ananas und Zwiebelconfit zum Toast Hawaii „Jakob Style" wurde.

PERL

Victor's FINE DINING by christian bau

Schlossstraße 27–29, 66706 Perl
T +49 (0) 6866 79118
www.victors-fine-dining.de

- Felix Kress
- Christian Bau
- Nina Mann
- Do, Fr mittags,
  Mo, Di, Mi, Feiertag ganztags

Menü 205 / 300 €

Christian Bau polarisiert. Seine Social-Media-Aktivitäten, seine Kolumne in der „Welt am Sonntag", seine entschiedenen Standpunkte zu vielen Aspekten der Spitzengastronomie. Auch gibt es sicher Küchenchefs, unter den es sich gemütlicher arbeiten lässt, die als weniger fordernd, weniger „schwierig" gelten. Schaut man sich seinen Lebensweg an, braucht man kein Psychologiestudium, um zu erkennen, dass hier ein Getriebener wirkt. Was Christian Bau erreicht hat, hat er sich hart erarbeitet, zugefallen ist ihm wenig. Dem Gast, der sein vergleichsweise kleines Kulinarium auf Schloss Berg im äußersten Westen der Republik besucht, kann das egal sein. Beziehungsweise: Es soll egal sein. Wie den Zuschauern des Eiskunstlaufs, des Salto Mortale auf dem Hochseil wird ihm eine minutiös durchchoreografierte, scheinbar mühelose, in Wirklichkeit aber hochanspruchsvolle Inszenierung geliefert, wie man sie hierzulande sonst nirgendwo in vergleichbarer Intensität erleben kann. Angestrebt wird die Perfektion in allen Details, die zwar auf Erden nicht erreichbar ist, der nahezukommen aber das erklärte Ziel ist. Produktqualitäten, technische Präzision, geschmackliche Komplexität, Spannung und Harmonie, hochästhetische Präsentation … Allein die Ouvertüre vor Beginn des eigentlichen Menüs lohnt die Anreise, sie zeigt die ganze handwerkliche Kunst dieser Küche – vom altmeisterlichen Ölgemälde bis zur ätherischen japanischen Kalligrafie: gepickelte Rotgarnelen aus San Remo, Austern, Seeigel, Stab- und Entenmuscheln mit Algen und Seeigeleis unter Shishitopepper-Schaum; Tatar vom Wagyu-Beef im knusprigen Nori-Tartelette mit Unagi, Ingwergel, Kimizu und Wasabi; Macaron vom geräucherten Ikejime-Saibling mit geeister Beurre blanc; Sashimi und Tatar von der gepickelten japanischen Makrele mit Myoga; Gänseleber mit Piemont-Haselnuss und Sauerkirsch und Kaffee; marinierter Taschenkrebsfleisch mit XO-Mayonnaise, Dashigelee, Wassermelonensorbet; japanische Waffel mit gesalzener Sardine, Kimizu, Ponzugel, Kaviar … Ein Rausch! Geschmacklich voll auf die Zwölf oder zart schwebend, das ganze Spektrum von mineralischer Finesse und Klarheit bis hin zu samtiger Opulenz – auf wenigen Quadratzentimetern. Dies ist keine intellektuelle Küche, sondern eine, die den reinen Wohlgeschmack sucht. Hier geht es nicht um wilde, freie Jazz-Improvisationen, sondern um die surrende Kraft eines Zwölfzylinders, das glänzende Blech der Berliner Philharmoniker. In der ersten Vorspeise auch jüngst wieder die „Japanese Raw Bar" in drei Akten: knapp pochierte Austern, Avocadocreme, Meereskräuter, Ponzuschaum, Shoyuvinaigrette, Daikonöl und Shiso-Yuzusorbet; anschließend Sashimi vom Hamachi mit Süßkartoffeln, Chili, Erdnuss, Avocado, Kokos-Tigermilk, Koriander; schließlich marinierter, getrüffelter Balfego-Tuna (blutrotes Sashimi vom Rücken und schmelziges Toro-Tatar), à part ein unglaublich tiefer, dichter Tee von geräucherten Tuna-Bäckchen. Große, ausgereifte Kochkunst. Und die schönsten Produktqualitäten, die man finden kann! Christian Bau tüftelt unablässig an seinen Gerichten, entwickelt sie weiter, verändert sie. Er erfindet sich nicht neu, er feilt an seiner Küche. Dürften wir einen Wunsch äußern, wir würden darum bitten, sich den Fleischgängen zuzuwenden. So sehr uns der gegrillte Rücken vom Miyazaki-Beef mit „schwarzem Miso" (Miso, Sake, Mirin, Sojasauce, Schwarzer Knoblauch) und den verschiedenen Auberginen-Zubereitungen gefällt, so sehr wir die Taubenbrust von Theo Kieffer – selbstverständlich an der Karkasse gebraten – mit Blutwurst und Spitzkohl lieben (vor allem natürlich die hinreißend dichte Sauce zum Rotwein): Hier wäre Raum für Variation, für Abwechslung. Ein Gedanke, den zu äußern uns angesichts der folgenden „Mojito"-Interpretation, sodann des berühmten „bau.steins" (Pan-Dan-Creme auf Knusperboden, Früchtesorbet und -gel, Kokos-Yuzu-Eis, Piña-Colada-Sphären, neun verschiedene exotische Früchte) sowie der abschließenden Petit-Fours-Armada aus Pralinen, Madeleines, Macarons, Schokladen und Tartelettes fast ein wenig kühn anmutet.

PFINZTAL

Villa Hammerschmiede

Bewertung ausgesetzt

Hauptstraße 162,
76327 Pfinztal
T +49 (0) 7240 6010
www.villa-hammerschmiede.de

- Fabio Vullo
- Michael Grünbacher
- Sa mittags, Mo abends

Menü 73 / 110 €
Vorspeise 15 / 27 €
Hauptgang 27 / 43 €

Das Ambiente, auch im lichten Pavillon, wo sich gemeinhin erfreulicherweise mittags speisen lässt, könnte ein Facelift vertragen und die opulent gebundene Weinkarte war im letzten Drittel leer – Schwamm drüber. Nach soliden bis lieblosen Vorspeisen – Albtäler-Rindertatar mit Wachtel-Spiegelei, Entenleberterrine und Rinder-Consommé – ließen Zutatenqualität und Küchenleistung (Kombination, Aromatisierung) bei Steinbutt und Kalbsnieren derart rapide nach, dass wir die Bewertung gnadenhalber aussetzen. Noch hoffen wir auf Besserung beim nächsten Besuch.

PFRONTEN

PAVO

Auf dem Falkenstein 1, 87459 Pfronten
T +49 (0) 8363 9145 40
www.burghotel-falkenstein.de

- Anton & Herta Schlachter
- Simon Schlachter
- Sabrina Haas
- mittags,
  Mo, Di, Mi, Feiertag ganztags

Was König Ludwig am Falkenstein plante, ist aus Geldmangel Fantasie geblieben – dafür kann man von der spektakulären Terrasse des heutigen, deutlich rustikaleren Burghotels bis nach Neuschwanstein hinüberschauen. Fantasievoll und im Vergleich mit Ludwigs Träumereien durchaus preiswert ist das Menü, das Simon Schlachter auftragen lässt – zum fünfgängigen Apéro mit Berg- und Talsicht, für die restlichen 13 Gänge dann in einer Art blau gestrichenem, begehbarem Kleiderschrank mit drei kleinen Tischchen – das PAVO dürfte nicht nur um den Titel als eines der höchstgelegenen Gourmetrestaurants, sondern auch um den des kleinsten wetteifern. Ein Hochgenuss ist es in jedem Fall – insbesondere die fünf Preziosen zum Start zeigen das Potenzial der Küche. Großartig die Muschel mit Karotten und Croûtons in Nussbutter, serviert im goldenen Ei, wie auch die Tom-Ka-Gai-Praline in geeister weißer Schokolade oder die Churros mit Korianderdip, die uns allesamt gerne auch eine dritte Haube wert gewesen wären, wenn wir beim nachfolgenden Reigen kleiner blauen Schälchen nicht hin und wieder den letzten Schliff an Präzision in der Zubereitung und kreativer Inspiration in der Komposition vermisst hätten. So bei der Burrata, die recht gewöhnlich mit Tomate, Wassermelone und Yuzu kombiniert wurde oder den vier Variationen vom Kalb im Hauptgangs-Flight (Filet, Maultasche, Bäckchen und Krokette). Sehr feinfühlig abgestimmt dagegen wieder die Rindertatar-Mimolette oder der Saibling mit Blumenkohltexturen im Beurre-blanc-Schaum. Ein Pluspunkt am Rande: Das hervorragende Brot wird nicht nebenbei serviert, sondern als eigenständiger Gang geadelt und tritt so mit Buttervariationen und Allgäuer Salzen aus dem üblichen Schatten als Sättigungsbeilage verdient heraus. Greifen Sie dennoch nicht zu beherzt zu, denn das sympathische Sharing-Konzept des PAVO geht von kräftigen Essern aus – die kreativen Desserts sind sonst kaum noch zu schaffen.

Pfronten

Schlossanger Alp

Am Schlossanger 1, 87459 Pfronten
T +49 (0) 8363 9145 50
www.schlossanger.de

Familie Schlachter–Ebert
Barbara Schlachter-Ebert & Georg Gelfert
Bernhard Ebert
Menü 39 / 78 €
Vorspeise 10 / 23 €
Hauptgang 24 / 38 €

Auf 1130 Metern bietet die Schlossanger Alp alles, was die Gäste von einem Berg-Retreat erwarten können – und noch einiges mehr. Familie Ebert sorgt in jeglicher Hinsicht für entspannte Gastlichkeit – Vater und Tochter als Herz und Seele des Service, Mutter und Sohn als ebensolche der Küche. Das schmeckt und spürt man im Großen und Ganzen wie auch in den kleinen Details. Wenn Bernd Ebert aus den Tiefen des Alpkellers eine gereifte Flasche jenseits der bereits hervorragend sortierten Weinkarte hervorzaubert, kann man sich kaum einen Ort vorstellen, um einen entspannten Tag besser zu verbringen als hier bei Kuhgeläut und fantastischer Bergkulisse. Einziger ernst zu nehmender Konkurrent wäre noch das PAVO gleich oberhalb und ebenfalls im Besitz der Familie, weshalb sich der Aufenthalt hüben wie drüben bestens mit einem Abstecher kombinieren lässt, Fahrdienst inklusive. Aber bleiben wir im Hochtal: Deftig-aromatisch kommt die gekochte Zunge vom Almochsen mit Berglinsen aus der Küche, die Bandnudeln werden rahmig mit Sommertrüffeln zu einem ehrlichen Geschmacks-Statement gegen billiges Trüffelöl – genau wie die klassische Allgäuer Handbrotzeit mit hauchdünn aufgeschnittenem Schinken vom Schwein und Hirsch bester Qualität ein Gegengewicht zu üblicher Massenware setzt, ergänzt um Liebstöckelpesto und Käsestangen aus der legendären Jamei-Leibspeis-Affinage. Tadellos auch die Kalbsleber mit Apfelmousseline, Pinienkernen und amtlich krossen Röstzwiebeln oder der Wildschweinrücken mit Waldpilzen, Spätzle und Wacholderrahm: einfach gut. So darf bodenständige Küche schmecken, wenn sie aus überzeugenden Produkten mit Leidenschaft und Können zubereitet wird.

PIDING

Lohmayr Stub'n

Salzburger Straße 13, 83451 Piding
T +49 (0) 8651 7144 78
www.lohmayr.com

Mo, Do, Fr, Sa mittags,
Di, Mi, Feiertag ganztags
Menü 38 / 55 €
Vorspeise 10 / 15 €
Hauptgang 18 / 29 €

Stammgäste und Reisende, die dafür die A 8 kurz vor der österreichischen Grenze verlassen, wissen: Dieses Gasthaus ist etwas ganz Besonderes. Wer sich in den holzgetäfelten Stuben niederlässt, darf sich auf feine alpenländische Küche und ein außergewöhnlich gutes Preis-Leistungs-Verhältnis freuen: Beim viergängigen Schmankerl-Menü (39,50 Euro) gibt es zum Beispiel geschmorte Kalbsbackerl in Cabernet-Reduktion mit Trüffelpüree, das Feinschmeckermenü (49,50) lockt mit Taglierini mit Ragout von Jakobsmuschel und Riesengarnele.

PIESPORT

schanz. restaurant.

Bahnhofstraße 8a, 54498 Piesport
T +49 (0) 6507 92520
www.schanz-restaurant.de

- Soumiya Khattabi
- Thomas Schanz
- Aleksandar Petrovic
- Mi, Do, Sa mittags,
  Mo, Di ganztags

Menü 138 / 229 €
Vorspeise 58 / 75 €
Hauptgang 65 / 77 €

Wie schön, wenn Auszeichnungen Ehre und Ansporn zugleich sind. Unser letztjähriger Koch des Jahres Thomas Schanz hat den zu Recht erhaltenen ‚Rummel' um seine Person mit stoischer Ruhe hingenommen. Sein bislang bestens gebuchtes Restaurant erfreut sich noch größerer Nachfrage, sodass es äußerst schwer war, zumindest einen der begehrten Plätze zu ergattern. Währenddessen ist Schanz abermals gereift und zeigt im 10. Jubiläumsjahr in Piesport, zu welchen Höhenflügen eine moderne Klassik fähig ist, wenn man handwerklich und aromatisch auf allerhöchstem Niveau arbeitet. Nach einem erfrischend kleinen Reigen aus drei Apéros (unsagbar gut das Tartelette mit Aal, Birnenespuma und Kaviar) und dem mittlerweile berühmten Trüffelei, könnten wir allein über das Amuse Seiten füllen. Ein formidables Forellentatar begibt sich in einen spannenden Tanz mit Radieschen – einerseits als Espuma wunderbar leicht, als kongenialer Säure- und andererseits hauchdünn als Texturgeber, insgesamt als Dôme angerichtet und von einem wunderbar aromatischen, aber eben nicht dominanten Algensud in Szene gesetzt – ein Meisterwerk der aromatischen und haptischen Dimensionierung mit genau der richtigen Justierung. Besser geht es nicht! Es folgt ein „Tapis", also ein Teppich von Gänseleber, der sich als weiterer Geniestreich entpuppte: Schanz hat einen hauchdünnen Blätterteig mit Gänselebercreme „belegt" und mit Tomaten-Kirsch-Relish verfeinert, in Verbindung mit einem Gänseleberei und einer handwerklich herausragender Terrine – allein das texturell-aromatische Zusammenspiel des Teppichs erzeugt Gänsehautgefühl pur, welches sich sodann im Zusammenspiel mit Terrine und Eis nochmals durch die durchaus unterschiedliche Schraffierung der Foie verstärkt – grandios! Bei der bretonischen Felsenrotbarbe bester Qualität zeigt Schanz dann eindrucksvoll, wie akribisch-perfekt er Fisch garen kann, diesen aber dann durch Tomate, Orangenschalen, dünn gehobelten grünen Spargel akzentuiert und mit einer scheinbar unendlich-süffigen Anis-Nage einfasst. Gerade durch den unterschiedlichen Säureakzent von Orange und Anis wirkte das Gericht aber nie schwer, sondern spielerisch erhaben. Kohlefisch, oft als Black Cod bezeichnet, findet aus der asiatischen Küche hierzulande immer mehr Anhänger – aber statt ihn mit irgendeiner nichtssagenden (Miso)Paste quasi zu übertünchen, flammt Schanz den sanften Star nur leicht ab, legt damit die Aromatik frei, und serviert ihn mit hauchdünnen Kohlrabi gefüllt mit Kokoscreme und einem Thymianaufguss genau in der richtigen Intensität. Vor dem Hauptgang schaltet Schanz mit dem Frikassee von Hummer und Kalbskopf mit dünnen Kartoffeln, Minze und einer fantastischen Mirabelle-Hummer-Bouillon noch einen Gang höher. Auch hier wieder sind es die kleinen Elemente wie die Interaktion von Minze und Mirabelle (wieder eine Säurenote), die dieses Gericht wirklich außergewöhnlich machen. Volldampf im Hauptgang im wahrsten Sinne: einen gedämpfte Label-Rouge-Taubenbrust in einem Hoja-Santa-Pfefferblatt, Wirsingpraline, knusprigen Scholes und Pfifferlingen zeigt allerbestes Handwerk, Aromendichte, Akzentuierung durch Würzpfeffer und einfach ein perfektes Produktverständnis – es wirkt, als müsste dieser Akkord einfach immer schon so existiert haben. Auch die Patisserie knüpft zum Abschluss mit der Boule von kreolischer Ananas, Basilikum und Ziegenmilch an das zuvor gezeigte allerhöchste Niveau an. Was für ein Abend, der perfekt durch Gastgeberin Gaby Schanz eingeleitet wird, von Sommelier Aleksandar Petrovic vinophil bestens begleitet und vom nonchalant-perfekten Serviceteam unter Restaurantleiterin Soumi Khattabi in Szene gesetzt wird.

PINNEBERG

Rolin

Fahltskamp 48, 25421 Pinneberg
T +49 (0) 4101 5330
www.cap-polonio.de

  Maresa Ostermann
Marc Ostermann
Michael Ostermann
Mi, Do, Fr, Sa, So mittags,
Mo, Di ganztags
Menü 39 / 75 €
Vorspeise 9 / 19 €
Hauptgang 22 / 54 €

Die dunkle Wandtäfelung, bequemes Gestühl mit dunkelgrüner Lederpolsterung und Tischlämpchen mit gestreiftem Bezug bewahren etwas vom maritimem Flair der 1920er Jahre im Erste-Klasse-Salon des Luxusdampfers Cap Polonio, nachdem auch das angeschlossene Familienhotel in Pinneberg benannt ist. Das Rolin trägt den Namen eines seiner Kapitäne. Küchenchef Marc Ostermann kocht vorzugsweise saisonal und mit regionalen Produkten. Spargelgerichte im Frühjahr gehören dazu und herzhafter Grünkohl in den kalten Wintermonaten. Ausflüge in entfernte Küchentraditionen, wie beim wunderbaren geflämmten und einseitig mit Teriyaki bestrichenen Lachs, den einige weiße und grüne Spargelstangen begleiteten, bilden keinen Widerspruch, sondern sind gewollte Ergänzung. Dabei blieb der lauwarme Gartenkräutersalat von Wildgarnelen und Jakobsmuscheln mit Avocado, Mango und leicht süßlichem Dressing geschmacklich etwas blass. Als gelungene norddeutsch italienische Kombination kommt das dekorativ arrangierte Carpaccio vom Rinderfilet mit 13 Jahre altem Balsamico und ligurischem Olivenöl daher. Den dazu gereichten Rucolasalat bedeckte eine reichliche Portion von gehobeltem Parmesan. Gefallen konnte das Dessert mit luftigem Schokomousse auf dunkler Schokoschicht und Knusperkeks, getoppt von kräftig-frischem Ruby-Port-Sorbet. Umfangreiche Weinkarte mit guter Auswahl vor allem deutscher Weißweine. Solider, freundlicher und gut geschulter Service im Restaurant, 48 Zimmer und Studios im angeschlossenen Hotel.

PIRK

Die Genussschmiede

Rathausplatz 6, 92712 Pirk
T +49 (0) 961 4802 6600
www.genussschmiede-pirk.de

Mi, Do mittags,
Mo, Di, Feiertag ganztags
Menü 52 / 82 €
Vorspeise 7 / 15 €
Hauptgang 17 / 38 €

Die 1682 erbaute Schmiede war bis in die Neunzigerjahre in Betrieb, heute beherbergt das geschichtsträchtige Gebäude mitten auf dem Dorfplatz ein stilvoll-behagliches Restaurant. Aus der Küche kommen Vorspeisen wie marinierte Bauerngurke mit Couscous und Joghurteis, unter den Hauptgerichten finden sich rosa Gebratenes vom Oberpfälzer Rind mit Süßkartoffel, Mangold und eingelegten Zwiebeln oder gebratener marinierter Senfkohol mit süßsauren Graupen und Curryschaum. Beim Menü kann man zwischen drei, vier oder fünf Gängen wählen.

PIRMASENS

Die Brasserie

Landauer Straße 103–105,
66953 Pirmasens
T +49 (0) 6331 7255 544
www.diebrasserie-ps.de

Lena Pavic
Vjekoslav Pavic
Zsolt Pall
Mo, Di, Mi, So, Feiertag ganztags
Menü 98 / 118 €
Vorspeise 24 / 79 €
Hauptgang 48 / 55 €

Das kennen wir eigentlich eher nicht aus der gehobenen Gastronomie, dass ein Schild an der Straße mit dem Tagesangebot lockt … Im Falle von Vjekoslav Pavics eher unscheinbarer Brasserie handelt es sich um ein „Tiramisu von der Gänseleber". Wer dem Lockruf folgt, wird nach dem Eintreten zunächst mit einer wohlschmeckenden, kalten Karotten-Apfel Suppe als Gruß aus der Küche beglückt. Etwas weniger überzeugend der erste Gang unseres jüngsten Testbesuchs: eine Büffelmilch-Burrata mit Fenchel, Passionsfrucht und Kokos klang interessant und sah gut aus, litt aber darunter, dass die diversen Aromen nicht zueinanderfanden. Die Dekoration – Basilikumblätter und Rosa Pfeffer – verstärkte den Eindruck einer Vielfalt ohne Einheit zusätzlich. Ganz anders das kalte Tomatensüppchen mit Gurken-Granité und Frühlingslauch, auch wenn es sich dabei um die zweite kalte Suppe des Tages handelte … Samtig, säuerlich und frisch verband sich die weiße Suppe mit dem kalten Crunch des Granités, grobem Pfeffer und aromatischem Lauchöl. Sehr schön! Das anschließende Entrecôte vom Kalb mit Pfifferlingen, zweierlei Petersilie und Trüffelsauce offenbarte akkurat gearbeitet ebenfalls solides Handwerk: mild und saftig das Kalb, kräftig und von aromatischer Tiefe die Sauce, süßlich-cremig das Petersilienwurzelpüree, etwas defensiv die Pfifferlinge. Leider aber: Trüffelöl, indiskutabel! Zum Abschluss ein stimmig-unprätentiöses Dessert, in dem sich die fruchtige Süße von Himbeeren mit säuerlich eingelegter Roter Bete und einem Eis von reduzierter Milch elegant verband, knusprig-karamellig ergänzt durch eine Krokanthippe. Lob auch für das Serviceteam, das für eine freundlich-entspannte Atmosphäre sorgte.

Kunz

Bottenbacher Straße 74,
66954 Pirmasens
T +49 (0) 6331 8750
www.hotel-kunz.de

Fr, Sa mittags
Menü 36 / 70 €
Vorspeise 8 / 23 €
Hauptgang 20 / 38 €

Im Restaurant des Viersterne-Hotels erwarten den Gast gestärkte Tischdecken, festliches Gedeck, wuchtige Holzdecken und -wände. Küchenchef Moritz Sommer lässt hier klassische Wohlfühlgerichte servieren: beim Fleisch etwa Cordon bleu vom Kalb oder Wildsahneragout mit gebratenen Pfifferlingen, Preiselbeeren, Spätzle; beim Fisch zum Beispiel Gambas auf Hummersauce mit Tagliatelle oder gebratenen Kabeljau mit Kräuterschaum und Pfifferlingen. Großartig: der Weinkeller mit 5500 Flaschen von 480 Weinen.

PIRNA

Felsenbirne

Lange Straße 34, 01796 Pirna
T +49 (0) 3501 7599 791
www.felsenbirne-restaurant.de

Mi mittags, Di, So ganztags
Menü 49 / 65 €
Vorspeise 8 / 15 €
Hauptgang 17 / 31 €

Gastgeber und Chefkoch Felix Mikulla bietet in seinem Restaurant am Rand der Sächsischen Schweiz eine Küche, die sich saisonaler Frische und der ganzheitlichen Verarbeitung der Produkte verschrieben hat. Gerichte mit Hauptzutaten aus der Region werden als solche gekennzeichnet, etwa die Roastbeef-Scheiben mit pochiertem Struppener Landei, Trüffel-Mayonnaise und Zupfsalat oder das Bielataler Saiblingsfilet mit Roter Bete und Kartoffel-Sesam-Püree. Vegan und orientalisch dagegen wird es bei gebackenem Falafel mit Hummus, Kürbis Süß-Sauer und Tahini-Creme.

PLEISKIRCHEN

Lazy Laurich

Hauptplatz 4, 01796 Pirna
T +49 (0) 3501 7709 088
www.lazylaurich.de

Mo, Di, Mi, Do, Fr mittags
Menü 35 / 79 €
Vorspeise 8 / 14 €
Hauptgang 18 / 30 €

PLEISKIRCHEN

Huberwirt

Hofmark 3, 84568 Pleiskirchen
T +49 (0) 8635 201
www.huber-wirt.de

Sandra Huber
Alexander Huber
Lorenz Bohn
Mi, Do mittags,
   Mo, Di, Feiertag ganztags
Menü 69 / 125 €

Die Küche des durchgestylten Designhotels Laurichhof pflegt einen bodenständigen Ansatz mit regionalen Produkten, durchaus raffiniert zubereitet und zum Teil international inspiriert. Das Spektrum reicht von veganen Gerichten wie gebackenen Linsenbällchen mit Ragout von bunten Tomaten, Limetten-Kräuter-Dip und Papadam bis zum Rinderfilet unter der Kräuterkruste mit Jus, gebratenen Drillingskartoffeln und getrüffeltem Rahmwirsing. Renommierte Winzer, vornehmlich aus Sachsen, führen die Weinkarte an. Sehr schöne Gartenterrasse, freundlicher Service.

Während die Diskussionskultur immer weiter abzunehmen scheint und so manch Unkender zudem den Exitus der basisdemokratischsten Horte, des Gasthauses, befürchtet, stellen wir erfreut fest, dass sich seit einiger Zeit ein ganz neuer Typus dieser kaum wegzudenkenden Institution entwickelt. Einer, der Regionales und Gutbürgerliches über die gemeinsamen Qualitätsfaktoren Zutaten und Handwerk mit Zeitgemäßem und Weltoffenem vereint, so zumindest hier konträre Ess-Fraktionen an einen Tisch bringt. Zu den vorbildlichen Inkubatoren, und das überraschenderweise in ländlicher Abgeschiedenheit Oberbayerns, zählt der Huberwirt, Gasthaus seit 1612. Hier stellt der Senior, gelernter Metzger, noch die Weißwürste her, hat der kochende Junior freilich köstliche, sämigsäuerliche Kalbslüngerl mit Topfen-Serviettenknöderl und hausgemachte, kräftige, dabei ungemein feine, gebackene Kalbsbries-Milz-wurst eigener Herstellung mit Erdäpfel-Gurkensalat auf der Karte. Wo sonst findet man famose Innereiengerichte in solch wunderbarer Ausführung? Darüber freuen sich kulinarisch liberale Feinschmeckende jeglicher Couleur! Wie umtriebig bei aller Verwurzelung und Bodenständigkeit Alexander Huber mit Frau Sandra dem top gepflegten Laden voll holziger Ur-Gemütlichkeit und angenehmer Klarheit Leben einhaucht, zeigen die jüngst auf neuesten Stand gebrachte Kochschule, renovierte Räumlichkeiten und nicht zuletzt seine Rolle als Präsident der deutschen Jeunes Restaurateurs. Daneben fand er noch Zeit, diese „Bayerische Avantgarde" in adretter Kochbuch-Form – unlängst als „Bayerische Küche vom Feinsten" erschienen – zu subsumieren. Hier lässt sich bereits mittags schwelgen – egal, ob zum Perlhuhn mit Gamba, Soja, Ingwer und Blaukraut –, wenn frisch gezapfte Halbe oder Chardonnay aus dem Burgund oder deutscher Spätburgunder aus der umfangreichen Europa-Weinauswahl auf dem Tisch stehen.

PLIEZHAUSEN

Landgasthaus zur Linde

Schönbuchstraße 8,
72124 Pliezhausen
T +49 (0) 7127 8900 66
www.linde-doernach.de

 Irene Goldbach & Monika Bauz
Andreas Goldbach
Irene Goldbach
Sa mittags, Di, Mi ganztags
Menü 68 / 82 €
Vorspeise 17 / 20 €
Hauptgang 29 / 33 €

Bereits bei der Anfahrt nach Pliezhausen setzt Entschleunigung ein, ein Ausflug aufs Land geht gastronomisch traditionell mit Träumen von Einfachheit und hoher Produktqualität einher – romantische kulinarische Sehnsüchte eben. Die Linde will erkennbar mehr. Erfrischend ging unser jüngster Testbesuch mit einem Gurkensüppchen-Shot im Reagenzglas los, begleitet von rohem Schinken. Eine nachfolgende Zanderfarce auf Glasnudelsalat brachte Internationalität, blieb geschmacklich aber leider etwas provinziell. Zwei Grüße aus der Küche sind ein schönes Willkommenszeichen, hier hätte der erste gereicht. Perfekt gegart kam dann der Saibling mit Rauchspeckgelee in der Vorspeise – aber leider sehr salzig und begleitet von Linsen, die eine etwas spitze Säure abbekommen hatten. Insgesamt entstand so kein abgerundetes Geschmacksbild. Da half auch eine Walnuss-Whiskey-Creme nicht, die zwar interessante erdige Noten beisteuert, allerdings eher in den Herbst passte als zum lauen Sommerabend unseres Besuchs. Der nachfolgende Steinpilzraviolo sah sehr gut aus, leider war sein Nudelteig zäh und die Füllung trocken. Saftig dagegen die große Tranche vom Steinbutt auf Barigoulegemüse im Hauptgang, wenn auch insgesamt wiederum zu kräftig gesalzen. „Kirsche 3.0" bildete den Abschluss und brachte handwerklich aufwendig eine Schwarzwälder Kirschtorte dekonstruiert auf den Teller – leider standen auch hier Aufwand und geschmacklicher Ertrag in keinem günstigen Verhältnis. Bleibt uns als Fazit: Kreativität und handwerkliches Können sind vorhanden, es fehlt allerdings deutlich an Präzision. Und wir Romantiker lassen uns zukünftig gerne wieder von etwas mehr Mut zur Einfachheit begeistern.

PLÖN

Robert Stolz

Markt 24, 24306 Plön
T +49 (0) 4522 7895 295
www.robertstolz.de

 Robert Stolz
 Robert Stolz
Robert Stolz
mittags,
Mo, Di, Mi, So, Feiertag ganztags

Robert Stolz ist ein Geschmackstüftler. Und er hat in den wenigen Jahren nach Wiedereröffnung seines Restaurants am Plöner Markt einen ganz eigenen Stil gefunden. Nur 12 Gäste finden drei Mal in der Woche an den beiden großen Eichentischen Platz, die einen freien Blick in die offene Küche bieten. Dort arrangiert der kommunikative Patron, nur von einer Mitarbeiterin unterstützt, und serviert auch selbst. Die Gäste kommen schnell mit anderen und dem Gastgeber ins Gespräch, über das Essen, die ungewöhnlichen Kräuter, die besonderen Getränke, über aktuelle Themen. Und sie kommen in den Genuss eines ungewöhnlichen 6-Gang Menüs mit vier „Snacks" vorweg. Schon die Auswahl an Aperitifs hat es in sich. Neben verschiedenen Weinen und einem vorzüglichen Sekt aus Deidesheim („Krack") stehen selbst kreierte Getränke zur Auswahl, z. B. ein Apfel-Sauerampfer-Saft, ein Birnen-Cider mit Ingwer oder ein Coldbrew Coffee mit Tonic und Zitronenschale. Die Grüße aus der Küche punkten allesamt mit Zutaten aus der Saison und der Region, vor allem aber mit überraschenden Geschmackserlebnissen. Da harmoniert eine Creme vom geräucherten Hering mit zart-knackigen rohen weißen Spargel oder ein Hafer-Kohlrabi-Risotto mit angegossenem Tannenöl. Cremiger Ziegenkäse mit roten und weißen Radieschen, ein Klecks Mandarinenkompott, gerösteter Buchweizen, dazu Spargel und Wildkräuter verbinden beim ersten Gang Schärfe und Milde, Süße und Bitternoten. Brot ist bei Robert Stolz keine Sättigungsbeilage, sondern einen eigenen Gang wert. Zum selbst gebackenen Sauerteig Dinkelbrot mit knuspriger Kruste und einem Fladenbrot mit Buchenasche passt eine würzige Petersiliencreme und etwas luftgetrockneter Schinken aus Schleswig-Holstein. Die Bitterstoffe im Brot finden im Craft-Bier einer Regionalbrauerei, das zu diesem Gang das Getränkeangebot ergänzt, ihr Pendant. Beim Hühnerfrikassee korrespondiert die leichte Süße der dazu gereichten Karottencreme mit den karamellisierten Streifen vom rohen Giersch. Zum Dessert wieder ein Geschmackspotpourri mit festem nussig-schokoladigem Haselnuss-Nougat-Mousse aus dem Backofen zu frisch-cremigem Joghurteis und leicht säuerlichem Rhabarber-Aprikosen-Apfel Kompott, darüber geröstete Sonnenblumenkerne. Bei entsprechendem Wetter im Sommer lädt Robert Stolz zusätzlich zu einigen Terminen am Feuerring im Garten ein, zum Grillerlebnis mit dem Plöner See als Panoramahintergrund.

POTSDAM

Juliette

Jägerstraße 39, 14467 Potsdam
T +49 (0) 331 2701 791
www.restaurant-juliette.de

🔒 Mi, Do, Fr mittags,
   Mo, Di ganztags
Menü 39 / 85 €
Vorspeise 12 / 20 €
Hauptgang 22 / 29 €

Res. Ⓟ

Begrüßt vom Timbre Edith Piafs, wallt uns bereits mit dem Öffnen der Tür die Grande Nation entgegen, der sich dieses denkmalgeschützte Potsdamer Fachwerkhaus mit jeder Faser verschrieben hat. Genauer: Dem Frankreich der 80er Jahre. Foie gras, dargeboten in Form einer Dessertvariation von herrlich kompaktem Eis, fluffiger Pralinenschnitte und aufgrund des Mengenverhältnisses von Kruste zu Masse deutlich übersüßter Crème brûlée zeigt die Richtung an. Selbstverständlich darf auch das Sorbet vor dem Hauptgang nicht fehlen: herb ist es und von der Birne, mit Joghurt-Baiser, Blaubeeren und Champagner. Saftiges Paderborner Huhn mit verführerisch knuspriger Haut trifft anschließend auf stark gesalzenes Urkarotten-Püree, fluffigen Petersilienflan und dünn gehobelten Wintertrüffel, dessen Geschmack sich hinter der dichten Geflügeljus nicht so recht hervortraut. Als Assemblage auf der Gabel fügen sich alle Komponenten in ein elegantes Mosaik und kreieren einen aromatisch wie texturell wohligen Geschmacksmoment. Warum die Weinbegleitung dazu ausgerechnet den wohl schwersten Roten von der mit einem breiten Panorama deutscher und französischer Flaschen bestückten Weinkarte vorsieht, bleibt ein Rätsel. Angenehme Zurückhaltung bietet im Anschluss der mittelalte Chaource in Paarung mit Portweinbirne, karamellisiertem Kohl und Crumble, bevor ein Délice von Mango, Passionsfrucht und Nougat das Menü zu Ende bringt. Säurebetonte Frucht und cremiger Nougat stehen sich in Form von Eis, Chip, Konfekt und Ganache spannungsvoll gegenüber. Die geschichtete Schnitte von Mango- und Nougatmousse, die optisch an die Foie-gras-Praline aus der Vorspeise erinnert, schließt den dramaturgischen Rahmen.

kochZIMMER

Am Neuen Markt 10,
14467 Potsdam
T +49 (0) 331 2009 0666
www.restaurant-kochzimmer.de

Familie Frankenhäuser
David Schubert
Michael Fischer
mittags, Mo, Di, So ganztags
Menü 115 / 175 €

Mit seinen smarten grauen Wänden, den leuchtend orangen Stühlen und den raumgreifenden Leuchtern könnte das Kochzimmer vom Look auch im stilehrgeizigen Berlin-Mitte sein. Ist es aber nicht. Aus dem Fenster blickt man auf den Neuen Markt in Potsdam, ein herrlicher rechteckiger Barockplatz mit schnieke herausgeputzen Bürgerhäusern. Auch was David Schubert auf den Teller bringt, braucht keinen Vergleich mit der Metropole zu scheuen. Schon der zweite Gruß aus der Küche hätte ein eigenständiger Gang sein können: Geräucherte Kartoffel mit einer herzhaften, mit Gemüsefond angerührten Sabayon und Lauchöl und Chips aus den Kartoffelschalen getoppt. Raffiniert wie bodenständig auch der Zander, eigentlich ein Thema der bürgerlichen Küche und Stammgast unzähliger Speisekarten Brandenburger Ausflugsrestaurants. Er kam als Tatar mit gepoppter Haut, Dillöl, Gurkeneis, Kalamansigel, Baiser, kandiertem Staudensellerie und – entscheidendes Detail – einem lauwarmen, am Tisch angegossenen Rauchfond, in dem der Zander sanft nachgarte. Ein Teller, den wir auch letztes Jahr schon sehr gemocht hatten. Gemüse ist ein Herzensthema bei Schubert, der einst beim Wiener Experten Paul Ivic gelernt hat. Neben dem klassischen Menü gibt es ein vegetarisches. Der junge, ofengegarte Kohlrabi begleitete sich quasi selbst mit Kohlrabimilch, -schnee und knusprigen Blättern plus Estragon-Nussbutter, kandierter Kirsche und Kirschgel – Root to Leaf mit Blick für die Mikrosaison. Feist und fein der knusprige Schweinebauch mit einer Scheibe eingelegtem Mairübchen, Kopfsalat, getrockneten Kapern, gehobelten Radieschen, Minze und einer wunderbaren tiefen Sauce. Quasi das optimale Wirtshausessen. Beim Hauptgang war die Brust vom Kikok Huhn ein wenig trocken, dazu gab's ein Frikassee aus dem Flügel in einer Blase und als Highlight zur dekonstruierten Suprême eine sonnensatte Creme aus frischem Mais mit Pfifferlingen. Fünf Gänge kosten 115 Euro, was bei dem Materialeinsatz üppig kalkuliert ist. Die Weinkarte von Jörg Frankenhäuser konzentriert sich auf Deutschland und Frankreich, wobei bei Burgund und Mosel im Fokus stehen und mit interessanter Jahrgangstiefe vertreten sind. Die kann man auch bei der Weinbegleitung genießen, wo sich etwa ein 2008er Riesling GG von Leitz ganz wunderbar mit dem Zander verstand.

Villa Kellermann – Tim Raue

Mangerstraße 34, 14467 Potsdam
T +49 (0) 331 2004 6540
www.villakellermann.de

 Patricia Liebscher
 Christopher Wecker
 Mi, Do, Fr mittags,
Mo, Di, Feiertag ganztags

Menü 66 / 78 €
Vorspeise 15 / 24 €
Hauptgang 23 / 34 €

Opulenter kann man in Brandenburg kaum essen. Mindestens räumlich. Die Villa Kellermann befindet sich in der mit alten Bäumen und schmuck renovierten Gründerzeitanwesen gesäumten Mangerstraße. Aus der Beletage der 1914 erbauten Villa blickt man über den Heiligen See aufs UNESCO-Weltkulturerbe, den Neuen Garten. Sofern die Augen nicht drinnen kleben bleiben an Warhol vom Alten Fritz hängt an der Wand, den weiße Elefanten auf der preußisch-blau leuchtenden Tapete und supermoderne Lampen an den Wänden und hohen Decken. Opulent inszeniert sind auch die modern interpretierten berlin-brandenburgischen Klassiker, die Tim Raue kreiert und Küchenchef Christopher Wecker umsetzt. Das Menü heißt hier „Der gedeckte Tisch" und soll eine Kindheitserinnerung an die sonntäglichen Mittagessen bei Oma Raue sein. Konkret heißt das: Nach Sauerteigbrot, Leberwurst mit Senf, Paprikacreme, Perlwiebeln und Essiggurken kommen gleichzeitig fünf Vorspeisen, dann eine Empfehlung des Tages und hinterher ein Dessert (62 Euro). Los geht's mit Kartoffelstampf mit Leinöl und Saiblingskaviar, einer Komposition aus Gelbe Bete mit Aprikosensauce und Staudenselleriegel, die die charakteristische Süß-sauer-scharf-Matrix von Raue gut abbildet, ebenso wie die Büsümer Krabben mit geeistem, in Limette mariniertem Fenchel, Tomaten, einer mit Tabasco angeschärften Avocadocreme und wieder ein bisschen Saiblingskaviar als Salzkick. Bestes Tellerchen war die Rinderzunge, gefüllt mit einem Ragout aus Rinderschulter und zweierlei roten Zwiebeln: einmal süßsauer eingelegt, einmal knusprig kandiert, dazu eine feine Kapernmayo. Beim Aal nahm der eingelegte Kohlrabi die Rauchnoten des Fischs deutlich an. Der Teller wartete wohl schon eine Weile auf die Gäste, und er ist auch schon länger auf der Karte. Letztes Jahr hatten wir ihn schon mal probiert. Und ja, er hat immer noch einen Hang ins Süßliche. Aber zwei straff getakteten Seatings pro Abend und vielen servierten Gerichten muss das wohl so geplant sein. Eine uneingeschränkte Freude war der Spanferkelbauch im Hauptgang: mit wunderbarerer knuspriger Kruste, einer tiefaromatischen Dunkelbiersauce, einer Petersilienwurzelcreme und Tupfern vom Dashigel auf Krautröllchen. Desserts sind nicht Raues Herzensthema. Auch hier nicht. Die Buttermilchmousse mit Erdbeeren, Rhabarbersorbet und -sud war ein optisch ein Augenstern, geschmacklich etwas kontrastarm. Oma Raue hätte da wohl anders aufgetischt. Bei den Weinen ist natürlich Günther Jauchs Saar-Weingut von Othegraven mit großer Jahrgangstiefe vertreten, der prominente Besitzer ist schließlich auch der Patron der Villa Kellermann. Es gibt aber auch ein paar Überraschungen aus der Umgebung (Wolkenberg der Lausitz) und dem europäischen Ausland (ein Riesling aus der Langhe im Piemont).

PRESSECK

Restaurant Ursprung

Wartenfels 85, 95355 Presseck
T +49 (0) 9223 229
www.berghof-wartenfels.de

 Mo, Di ganztags
Menü 39 / 77 €
Vorspeise 7 / 19 €
Hauptgang 14 / 45 €

Claudia und Alexander Schütz führen den im Frankenwald gelegenen Berghof in vierter Generation, stehen dabei gleichermaßen für fränkische Lebensart und Weltoffenheit. Das spiegelt sich im Küchenkonzept, das einiges abdeckt – von nah bis fern, von einfach bis raffiniert. So kann der Gast in stylischem Ambiente mit gegrillten Garnelen auf lauwarmem, asiatisch mariniertem Glasnudelsalat beginnen und sich dann auf oberfränkischem Karpfen freuen, als Filet in der Wiener Panierung gebacken, mit Endivien-Kartoffeln und Sauce Tartare.

PRIEN AM CHIEMSEE

Restaurant Reinhart NEU

Erlenweg 16,
83209 Prien am Chiemsee
T +49 (0) 8051 6940
www.restaurant-reinhart.de

 mittags
Menü 34 / 48 €
Vorspeise 8 / 18 €
Hauptgang 18 / 34 €

Im Restaurant des Garden Hotel bietet Küchenchef Christian Amtmann den Gästen vornehmlich Klassiker und bayerische Schmankerl wie Wiener Schnitzel, Zwiebelrostbraten oder saftig geschmortes Ochsenbackerl mit gebratenem Serviettenknödel, buntem Marktgemüse und Portweinjus. Beim Fisch reicht das Spektrum vom Tataki vom rosa gebratenen Thunfisch über Bouillabaisse von der Seeforelle bis zum fangfrischen Chiemsee-Saibling. Überdies gibt es ein günstiges dreigängiges Wochenmenü und stets eine Tagesempfehlung.

PULHEIM

Gut Lärchenhof

Hahnenstraße/Am Steinwerk,
50259 Pulheim
T +49 (0) 2238 9231 016
www.restaurant-gutlaerchenhof.de

 Peter Hesseler
Torben Schuster
Nicolas Buchberger
Do, Fr mittags,
Mo, Di, Mi ganztags
Menü 149 / 199 €
Vorspeise 36 / 36 €
Hauptgang 55 / 55 €

Es gibt in der Republik sicher schicker ausstaffierte Clubhäuser als das im Pulheimer Golf-Ressort mit seinem bieder wirkenden, in die Jahre gekommenen Interieur. Aber es gibt wohl keine Küche, die mit Blick auf die Grüns einer Anlage kulinarisch so ins Schwarze trifft, wie die im Gut Lärchenhof. Dafür sorgt Torben Schuster, ein Koch, dem mit fast jedem Gericht ein „hole-in-one" gelingt. Dass dazu auch ein bisschen Show gehört, wer möchte es ihm verdenken. So wurde ein rauchender Binchotan-Kohlegrill wie in einer Prozession an den Tisch getragen, um vor den Augen des Gastes den Kaisergranat mit sakraler Hingabe auf der „weißen" Kohle der japanischen Steineiche zu grillen. Serviert wurde das Krustentier anschließend mit Rettich, einer mit Meeresfrüchten gefüllten Teigtasche, Beurre blanc und Roter Bete. Nicht nur wunderschön arrangiert, sondern in seiner aromatisch zueinander findenden Harmonie ein erstes geschmackliches Highlight. Das zweite war Sashimi vom Wolfsbarsch, drapiert auf Wolfsbarschtatar, begleitet von eingelegtem Ingwer, frischem Wasabi und umspült von einem fruchtigen Japanischen Mandarinensud. Ein Gericht mit optischem und geschmacklichem Wow-Effekt, das man in Erinnerung behält. Dagegen wirkte das Arrangement vom Skrei, pochierter Gillardeau-Auster, feinsalzigen Passe Pierre und leicht aufgeschäumter Nussbutter, deutlich puristischer. Kein auffälliger aromatischer Richtungswechsel, dagegen feinster Geschmack ohne Umwege auf den Punkt gebracht. Das galt auch für den perfekt gegarten Rehrücken von der Ahr, für das Schuster ein molliges Aromen-Bild wählte und zum zarten Fleisch abgeflämmten und geschälten Spitzkohl, Haselnüsse aus dem Piemont, einen Spitzkohl-Sud und eine aromatisch starke Jus servierte. Allerdings vermissten wir die auf der Speisekarte dazu annoncierten Périgord-Trüffel, über deren Nichtvorhandensein der ansonsten korrekte Service kein Wort verlor. Mit zwei Desserts kann man nichts falsch machen, mag sich die Patisserie gedacht haben und begann ihren Auftritt mit der süßen Variante. Topinambursud, Süßholz und Passionsfruchteis bildeten dabei das aromatische Gerüst, einen zusätzlichen Kick bekam das Dessert aus dem Öl der Tahiti-Vanille. Für die herbe Dessert-Variante wurde Birne in Sanddornsaft und Frankfurter Kräuteröl eingelegt und mit einem Eis von Frankfurter Grüne Soße serviert. Die umfangreiche Weinkarte setzt auf Klassiker und lässt aktuelle Jahrgänge missen, etwas mehr alkoholfreie Alternativen wäre wünschenswert.

RADEBEUL

Atelier Sanssouci

Augustusweg 48, 01445 Radebeul
T +49 (0) 351 7956 660
www.atelier-sanssouci.de

- John Piotrowsky
- Marcus Langer
- John Piotrowsky
- mittags, Di, Mi ganztags

Menü 99 / 179 €
Vorspeise 24 / 29 €
Hauptgang 42 / 49 €

Gäbe es Hauben für das Ambiente, wäre das Atelier Sanssouci in der Villa Sorgenfrei nahe bei fünf. Vor allem im Sommer ist es so schön, dass es fast schon kitschig wird. Stühle und Tische stehen dann auf dem Platz zwischen Park und einstigem Fest- respektive Gartensaal der Villa Sorgenfrei, in dem sich das Restaurant an kühleren Tagen befindet. Für die Küche gibt es natürlich keine Höchstbewertung, aber das erwartet wohl auch niemand. Küchenchef Marcus Langer erreicht die zwei Hauben allerdings locker – und überschreitet sie manchmal sogar. Die Kleinigkeiten vorweg (darunter ein Rote-Bete-Süppchen im Reagenzglas und die Komposition aus Burrata, Melone und Fenchel) deuten sein Können erst an. Auch der erste Gang, der Tomate, Aubergine und Estragon verbindet, ist fein, beinhaltet aber Walnüsse, die sich ein bisschen in den Vordergrund drängen. Richtig gut sind Kartoffelbrot und Kürbiskernbutter, und richtig gut ist auch das Filet vom Waller mit Pfifferlingen, bei dem das Produkt im Mittelpunkt steht. John Piotrowsky, Sommelier und Gastgeber, ist pünktlich zur Stelle, wenn dazu der passende Wein ausgeschenkt werden soll: Sächsisches hat er auch in petto, aber die Auswahl ist bemerkenswert international. Die beiden Weinkarten, eine für die weißen Sorten, eine für die roten, sind schnell studiert, aber klug aufgebaut. Jetzt aber zu den zwei besten Gängen des Abends. Secreto vom Ibérico-Schwein passt mit Kohlrabi, schwarzem Knoblauch und Sauerkrautsauce perfekt zusammen, und die Entenbrust, die aus Pirna stammt, wird von einem grandiosen Bohnen-Pilz-Gemüse flankiert, welches dem Fleisch fast die Schau stiehlt. Jetzt geht es wieder auf Normalmaß zurück. Brillat-Savarin mit Johannisbeeren und vielen Pinienkernen ist fein und klar, während das Dessert, das auf Limette, Gin, Joghurt und (zu viel) Quinoa aufgebaut wurde, die erhoffte Frische vermittelt.

Radebeul

RADEBURG

Gasthof Bärwalde

Kalkreuther Straße 10a,
01471 Radeburg
T +49 (0) 35208 3429 01
www.olav-seidel.de

- Manuela Seidel
- Olav Seidel
- Mo, Do, Fr, Sa mittags,
  So, Feiertag abends,
  Di, Mi ganztags

Menü 35 / 65 €

Das kleine, verschlafen wirkende Dorf Bärwalde hinter den Moritzburger Wäldern bei Dresden hat dank der französisch inspirierten Küche im Gasthof von Manuela und Olav Seidel so einige Berühmtheit erlangt. Trotz ihrer frankophilen Ambitionen legt der begnadete Koch Wert auf saisonale Zutaten aus der Region und heizt unbeachtet aller Erfindungen der Küchentechnik seinen Herd mit Holz für ein klassisches Menü. Komplett mit fünf Gängen wird es nur tischweise serviert. Bis auf das Beste vom bretonischen Stallkaninchen lassen sich Fromage blanc, Filet von der Schönfelder Lachsforelle sowie Champagnersorbet und Lavendelaprikosen mit geeistem Sauerrahm aber auch einzeln ordern oder mit den Tagesempfehlungen individuell kombinieren. Als großartiger Einstieg erweist sich der Frischkäse von der Ziege: eine appetitanregende Komposition mit duftenden Kräutern und Blüten aus dem eigenen Garten. Das knusprig auf der hautgebratene Filet von der Schönfelder Lachsforelle, serviert mit feiner Gemüsejulienne und würzigen Kapern, toppt eine exzellent zubereitete Beurre blanc. Absolut gelungen mundet auch das Schmorstück vom Bärwalder Galloway nach Burgunder Art, begleitet von einer klassischen Rotweinsauce, kräftigen Waldpilzen und buttrigem Kartoffelpüree. Zum Nachtisch begeistern marinierte Lavendelaprikosen mit geeistem Sauerrahm, dekoriert mit einzelnen Blüten. Manuela Seidel agiert im wohnlichen, hellen Gastraum, als säßen die Gäste bei ihr im Wohnzimmer. Alles wirkt wie aus einem Guss: Pastellfarbene Wände und ebensolche Vorhänge mit kleinem Muster passen zu den Holzstühlen und -bänken mit weichen Kissen, die ebenso Seidels Signatur tragen wie das Geschirr. Französische und deutsche Winzer dominieren die Weinkarte.

RADOLFZELL AM BODENSEE

La Oliva

Höristraße 2,
78315 Radolfzell am Bodensee
T +49 (0) 7732 8233 646
www.la-oliva-radolfzell.de

- Sa mittags, Feiertag ganztags

Nein, auf den Bodensee blickt man nicht in diesem Restaurant, dafür fühlt man sich hier am Ortsrand von Radolfzell wie in Spanien. Und das liegt noch am wenigsten an den vielen Stierkampf-Motiven an den Wänden, schon eher an der unverstellt südländischen Herzlichkeit des Gastgeberpaars Manuela Ende und Eladio Rodriguez. Vor allem aber ist es ihre ausgezeichnete Küche, die begeistert: Tapas (von pikanten Miesmuscheln bis Paprikawurst), Paella, mediterrane Meeresfreuden, Steaks von argentinischen Black-Angus-Rindern. Die Weinkarte bietet Bestes aus Italien und Spanien.

RAMMINGEN

Landgasthof Adler

Riegestraße 15, 89192 Rammingen
T +49 (0) 7345 96410
www.adlerlandgasthof.de

- Jan Bimboes
- Jan Bimboes
- Jan Bimboes
- Mi, Do mittags,
  Mo, Di, Feiertag ganztags

Menü 39 / 128 €
Vorspeise 9 / 25 €
Hauptgang 18 / 38 €

Im Gasthaus mitten auf der Schwäbischen Alb lud die verheißungsvolle Papierform zum Schwärmen an: Tafelspitzsülze, Gänseleber-Terrine, klare Rinder-Consommé mit Maultäschle, Grießklößchen und Flädle, Wallerfilet nach Omas Rezept im Kräutersud auf Wurzelgemüse, gebratenes Kalbsbries mit Pfifferlingen, Wiener Schnitzel mit Kartoffel-Gurken-Salat, Preiselbeeren und Kürbiskernöl sowie für Zwei, geschmorte Milch-Lammkeule oder „Öllinger Junghahn" im Römertopf. Die Realität allerdings offenbarte bereits beim Amuse-Gueule, recht schlichtes Blumenkohlmousse auf Pumpernickel mit Tomatengelee, weniger Aromenfeuerwerk. Im Verlauf irritierten uns – für die Küche gewiss effiziente – Zutatenwiederholungen. Das gleiche Gemüse (Möhrenwürfel, Sellerie, Lauch) tauchte bei sehr milder Mais-Cremesuppe mit gut gebratener Garnele auf, dann bei knusprig gebratenem, saftigem Wolfsbarschfilet auf angenehm bissfesten Sepianudeln und erneut bei der Wachtel. Dabei hatten wir das Geflügel extra anstelle braven Rinderfilets geordert, um der offensichtlichen Wiederholung von Grillgemüse und Mais (als Püree) zu umgehen. Bei diesem besten Gang des Besuchs überwog jedenfalls die Freud an exakt rosa-saftig gebratener, von feiner Farce gefüllter Wachtel mit leichter Jus und schlotzigzarten Graupen. Daher widmen wir uns den Aspekten, die uns vollständig überzeugten und für knappes Behaupten der weiterhin zwei Hauben sorgen – versehen mit dem Hinweis, wieder verstärkt auf die Details zu achten! So wie eingangs bei gebratener Felsenkrake – zart, aber nicht zu weich – mit expressiverer Würze, wofür Paprika und Staudensellerie im Zusammenspiel mit feiner Chorizo-Schärfe, die Petersilienwurzelcreme abmilderte, und Kräutersalat gesorgt hatten. Am Ende war die Top-Auswahl französischer Rohmilchkäse lobenswert und perfekt gelang Topfensoufflé mit eingelegtem Pfirsich und hausgemachtem Buttermilcheis. Die schöne Weinkarte von Patron-Sommelier Jan Bimboes ist ein weiteres Pfund.

RAUHENEBRACH

Gasthaus Hofmann

Schindelsee 1, 96181 Rauhenebrach
T +49 (0) 9549 98760
www.schindelsee.de

Mi, Fr, Sa mittags,
Mo, Di, Do ganztags
Menü 50 / 70 €
Vorspeise 10 / 24 €
Hauptgang 14 / 42 €

Einen feierlichen Charme strahlen die zwei holzvertäfelten Gaststuben aus. Für ihre feine Landküche (Wildentenbrust mit Hokkaidorisotto, Duroc-Schweinekotelett mit Weißbierschaum), bedient sich Bettina Hofmann aus dem, was der eigene Garten, Wiesen und Wald hinterm Haus sowie Bauern, Züchter und Jäger aus der Nachbarschaft zu bieten haben. Trotzdem darf auch Faröer Lachstatar und Riesengarnele auf der Karte stehen, begleitet von Salzzitronen-Schaum, Saiblingskaviar und mariniertem Fenchel. Dazu gibt es eine Auswahl an – vor allem deutschen – Weinen, die im Umkreis ihresgleichen sucht.

RAVENSBURG

Atelier Tian NEU

Veitsburg 2, 88212 Ravensburg
T +49 (0) 751 9512 5949
www.atelier-tian.de

Do, Fr, Sa mittags, So abends,
Mo, Di, Mi, Feiertag ganztags

Nein, das Atelier Tian in der Veitsburg hat nichts mit Tian in München oder Wien zu tun. Tian bedeutet auf Mandarin „hoch". Zudem heißt der Küchenchef und Inhaber mit Vornamen ChrisTIAN. Der betreibt seit 2019 das schicke, urban eingerichtete Restaurant mit Panoramablick über die Spielestadt und erfreut sich zunehmender Beliebtheit. Sein Motto: weltoffen, regional, saisonal. Wir dürfen uns das Menü selbst zusammenstellen, was uns der angenehm freundliche Service angenehm unaufgeregt erklärt. Nach zwei durchaus kreativen Grüßen aus der Küche gefällt die herzhafte Pilz-Tarte mit knackigem Filoteig, Kresse und Äpfeln. Alles sehr aufwendig und fein angerichtet. Der Kaisergranat schwimmt in einer intensiven Bisque mit Melone und Serrano-Chip. Neugierig macht die vegane und sogar leckere Mayonnaise (auf Hafersahne-Basis) zur panierten Schwarzwurzel; intensiv die in Lemberger geschmorte Rinderschulter mit Spätzle, Wurzelgemüse und Schmelzzwiebeln. Der Spagat aus ehrlicher Wirtshausküche und Feinem à la Kaisergranat-Bisque gelingt hier unangestrengt gut. Die Note „sehr gut" bekommt Souschefin und Patissière Steffi Fischer: Ihre über mehrere Gläser reichende und verspielte Kreation „Der verpasste Rummel" mit Eis von der gebrannten Mandel, Waffel, „Liebesapfel", Zuckerwatte und Glühwein ist ein Fest der Sinne!

Brasserie Cocotte NEU

Grüner-Turm-Straße 16,
88212 Ravensburg
T +49 (0) 751 8887 9001
www.brasserie-cocotte.de

🔒 mittags,
Mo, So, Feiertag ganztags
Menü 54 / 54 €
Vorspeise 16 / 22 €
Hauptgang 20 / 34 €

Inhaber und Küchenchef Stefan Schulze, der viel Erfahrung in der Schweizerischen und deutschen Spitzengastronomie gesammelt hat (unter anderem im Wolfsburger „Aqua"), steht seit 2019 in seiner Heimatstadt am eigenen Herd. Und zelebriert dort französische Bistroküche mit modernen Akzenten: Moules Marinières, handgeschnittenes Rehrückentatar, Entenleber-Terrine, Bœuf bourguignon vom Bioland-Rind. Erstklassiges Handwerk ist ihm dabei genauso wichtig wie die nachhaltige Erzeugung der Zutaten. Restaurantleiter Marcel Juric, ebenfalls gebürtiger Ravensburger, kümmert sich um den Wein.

Lumperhof

Lumper 1, 88212 Ravensburg
T +49 (0) 751 3525 001
www.lumperhof.de

🔒 Mi, Do, Fr, Feiertag mittags,
Mo, Di ganztags
Menü 42 / 68 €
Vorspeise 6 / 17 €
Hauptgang 25 / 36 €

In dem idyllisch gelegenen Gartenlokal mit altem Lindenbestand wird in gemütlich-rustikaler Atmosphäre aufgetischt. Jochen Fischer versteht es, in seiner regional und saisonal geprägten Küche auch mediterrane, orientalische oder asiatische Einflüsse geschickt umzusetzen. Das Geflügel stammt aus eigener Haltung, das Wild aus heimischer Jagd, im eigenen Garten wachsen Obst, Gemüse und Kräuter. Der von Sabine Decker-Fischer geleitet Service agiert mit ungekünstelter Gastfreundlichkeit, die Weinkarte bietet genügend Vielfalt, um das Küchenangebot passend zu begleiten.

REGENSBURG

Aska

Watmarkt 5, 93047 Regensburg
T +49 (0) 941 5999 3000
www.aska.restaurant

- Atsushi Sugimoto
- Anna Rupprecht
- Di, Mi, Do, Fr mittags,
  Mo, So, Feiertag ganztags

Menü 105 / 130 €

Neben seinem Hauptrestaurant Storstad in der fünften Etage im historischen Goliathhaus betreibt Anton Schmaus seit 2019 die intime Sushi-Bar mit 10 Plätzen und (passend zum Namen – Aska heißt aus dem Schwedischen übersetzt Asche) coolem, schwarzem Interieur. Zum Menü in acht oder zehn Gängen können weitere hinzugeordnet werden, es gibt eine Grüntee-Wasser-Pauschale und Sake-Begleitungen. Wie bei unserem letzten Besuch möchten wir die hervorragenden Fischqualität, wobei Kama-Toro, ein stark marmorierter Cut aus dem Bereich zwischen Kiemen und Bauch, herausragte, loben. Wir sehen das grundsätzliche Bemühen, traditionelles Sushi, also keine bunten und überfrachteten California Rolls, die durchaus Reiz und Berechtigung haben können, zu servieren, positiv. So ließ sich auch der Start mit einem kleinen Teller an, zarten Oktopus toppten süßliche Miso-Zubereitung und feine Lauchzwiebelstreifen, zwei gepresste Makrelen-Nigiri (Oshi Sushi) krönten Beluga- und Lachskaviar. Sashimi stammte von Steinbutt, Lachs und Hamachi und wurde ausgewogen stimmig von der Zitrus-Soja-Würzsauce Ponzu und Rettich-Chili-Paste begleitet. Danach irritierte uns bei Doraden-Nigiri die Auflage einer geschmacksneutralen Trüffelscheibe und – völlig konträr zur versprochenen authentischen japanischen Sushi-Zeremonie – Trüffelsalz-Flakes. Diese Kombination des Grauens tauchte später erneut bei zwei Nigiri mit abgeflämmten Wagyu (25 Euro) auf. Noch weiter entfernte sich Osaka von der Oberpfalz durch – trotz von der Rockband Foreigner dominierter Playlist und Küchengeräuschen aus dem Storstad – unüberhörbare Dissonanzen beim kleinen Team um den erfahrenen Sushi-Meister Atsushi Sugimoto. Hoffentlich ein Ausrutscher wie zu kühl servierten Thunfisch-Nigiri als Fettdeklination aus magerem Rücken Akami, mittelfettem (Chūtoro) und fettem Bauch (Otoro), denn der auf der Restaurant-Website versprochene „stille Dialog mit dem Gast" litt darunter merklich wie topfrischer Fisch und schmelzend zartes Fleisch unter Trüffelsalz.

Regensburg

REGENSBURG

Roter Hahn NEU

Rote-Hahnen-Gasse 10,
93047 Regensburg
T +49 (0) 941 5950 90
www.roter-hahn.com

🗨 Laura Maria Schmidt
👨‍🍳 Maximilian Schmidt
🍷 Danny Fliri
🔒 Di, Mi, Do mittags,
   Mo, So, Feiertag ganztags
Menü 110 / 170 €
Vorspeise 16 / 35 €
Hauptgang 42 / 52 €

Das traditionsreiche Hotel und Restaurant Roter Hahn ist aufgrund seines markant roten Anstrichs in der mittelalterlichen Regensburger Altstadt kaum zu verfehlen. Bevor der junge Maximilian Schmidt im Jahr 2020 den elterlichen Familienbetrieb übernahm, hatte er nach seiner Kochausbildung bei Lokalmatador Anton Schmaus in weltberühmten Restaurants Station gemacht: Ikarus in Salzburg, Frantzén in Stockholm und Odette in Singapur. Der Endzwanziger begeht nun aber nicht den Fehler, an den Gästen vorbeizukochen, und setzt seine globalen und kreativen Erfahrungen lieber wohldosiert ein. Beispielsweise, wenn er zur Einstimmung Rosmarin-Panna-cotta mit Rote-Bete-Gel, Räucherforelle und fermentiertem Staudensellerie serviert oder danach Lasagne-artig geschichtetes Weißkraut mit zart schmelzendem Lardo di Colonnata umhüllt und mit Sherry-Vinaigrette und Bärlauchblüten aromatisiert. Wer sich anstelle von Tandoori-Aromen zur Jakobsmuschel, Short Rib mit Baba Ghanoush oder pikant säuerlicher Gewürzpaste Yuzukoshō zum Hummer lieber klassischer orientiert, wird eher bei der À-la-carte-Auswahl fündig. Der entstammte wenig sahnige Hummer-Bisque von überzeugender geschmacklicher Klarheit, bei der sich neben Fencheleinlage als kleines Gimmick Sauce rouille in confierter Tomate versteckte. Wiener Schnitzel kam mit wunderbar soufflierter Panierung wie man es auch Donau abwärts kaum besser hinbekommt. Uns erfreute auch präzise gebratene Maispoularde mit Kichererbsen-Humus und durchaus aromatischem Sommer-Trüffel. Lediglich beim Beef-Tataki mit Veggie-Dashi, Pfifferlingen und Edamame hatten wir uns über fehlende Röstaromen und latente Süße gewundert. Spätestens, als leichter, lockerer Kaiserschmarrn mit Apfelmus vor uns stand, war diese Petitesse vergessen. Klein ist auch die Weinkarte, die auf deutsche und Übersee-Weine setzt.

Storstad

Watmarkt 5, 93047 Regensburg
T +49 (0) 941 5999 3000
www.storstad.de

🗨 Scott Brown
👨‍🍳 Josef Weig
🍷 Anna Rupprecht
🔒 Di, Mi mittags,
   Mo, So, Feiertag ganztags
Menü 110 / 160 €

Anton Schmaus sorgt mit seinen Läden (Storstad, Aska, Sticky Fingers) für kulinarisches Metropolenfeeling in Regensburg. Großstadt heißt der Restaurantname aus dem Schwedischen übersetzt. Passenderweise, denn Ehefrau-Gastgeberin Anna ist Schwedin, skandinavisch hellholzig, japanisch minimalistisch das Ambiente, worüber man nach Öffnen der Aufzugtür in der fünften Etage des Goliathhaus, einer mächtigen Patrizierburg in der Altstadt, staunt. Gleiche Verblüffung beim Aufschlagen der Speisekarte vor lauter Weltoffenheit bei Zutaten und Zubereitungen: Hamachi-Ceviche mit Mole-Würzmischung, Elch-Filet, Poké Bowl, schottische Jakobsmuschel, Wagyu. So kunterbunt die Mannschaftsaufstellung klingt, so wenig aromatisch gegeizt wird – eine harmonische Teamleistung führt zu überzeugenden Endergebnissen. Erst bissen wir in süße, reife Cantaloupe-Melone mit Dashi-Essig und Sancho-Pfeffer, dann gefiel Eiskrabbe mit Wasabischaum, Sesam, Noristaub, Kräuteröl, bevor sich Erbsen-Panna-cotta mit würzigem Sherry-Morchel Fond, süffigem Wachtelei und scharf angebratenem Wallerbauch an den Gaumen dribbelte. Wir bejubelten die originelle und selbstbewusste Spielfreude aus Intensität und Leichtigkeit, Kraft und Finesse eines mit Sake und Dashi angereicherten Meeresfrüchte-Risottos mit fruchtig-scharfer Beurre blanc und Kaviar-Topping. Auch Steinbutt-Schnitte hatte die Küche perfekt auf den Punkt gebraten und mit Crumble von Panko und geröstetem Brokkoli, Mangowürfeln und Black Bean-XO-Öl traumwandlerisch zum wunderbar aromatischen, gleichsam harmonischen Gericht verwandelt. Abschließend überzeugte die Patisserie mit Sesam-Biskuit, zu dem es Tahini-Eis sowie Himbeer- und Salbeisud gab. Dazu punkteten die charmante Sommelière Anna Rupprecht und ihre Weinkarte mit deutschen Spitzenrieslingen und Naturweinen junger Winzer. Vielleicht ist Anton Schmaus, seit 2017 Koch der deutschen Fußballnationalmannschaft, gar zu verdanken, dass wieder mit mehr Esprit gekickt wird – zuzutrauen wäre es ihm.

REICHENOW-MÖGLIN

Kleinod

Neue Dorfstraße 1,
15345 Reichenow-Möglin
T +49 (0) 33437 2766 28
www.schlossreichenow.com

 Mi, Do, Fr mittags,
Mo, Di ganztags
Menü 32 / 45 €
Vorspeise 10 / 15 €
Hauptgang 15 / 29 €

Das stattliche Herrenhaus von 1900 beherbergt inzwischen ein Romantik-Hotel – passend zur abgeschiedenen Lage und dem stilvoll-behaglichen Ambiente. Jan Henrik Eilers, Schlossherr und selbst gelernter Koch, hat hier eine ehrgeizige Küche etabliert, die manchen Berliner oder brandenburgischen Klassiker neu interpretiert – mit Vorspeisen wie mariniertem Flusskrebs mit gebratenem Apfel, Essig und Wildkräutern oder Hauptgerichten wie sanft gegarte Saibling mit bunter Bete und Kartoffel oder geschmorte Kalbsbacke mit Pastinake in verschiedenen Texturen und Kartoffelbaumkuchen.

REICHERTSHAUSEN

Gasthof zum Maurerwirt

Scheyerer Straße 3,
85293 Reichertshausen
T +49 (0) 8137 8090 66
www.maurerwirt.de

Mi, Do, Fr, Sa mittags,
Mo, Di ganztags
Menü 44 / 77 €
Vorspeise 9 / 18 €
Hauptgang 18 / 28 €

Georg Grimm kann nicht nur kochen, sondern ist auch Metzgermeister, der selbst züchtet und schlachtet. Seine Poularden kommen aus dem eigenen Stall, Forellen und Saiblinge aus eigenem Fischwasser. Geradlinige Gerichte werden hier serviert, etwa hausgeräucherte Wildgansbratwurst mit Bayerisch Kraut oder gesottener Tafelspitz mit Bouillonkartoffeln und Meerrettichcreme. An den liebevoll gedeckten Tischen werden die Gäste von Dagmar Lausmann umsorgt. Sie berät auch beim Wein kompetent und hat stets Interessantes zu bieten.

REICHSHOF

Ballebäuschen

Hasseler Straße 10,
51580 Reichshof
T +49 (0) 2265 9394
www.ballebaeuschen.de

 Marlies Allmann
Günter Allmann
Fr mittags,
Mo, Di, Mi, Do ganztags
Menü 45 / 79 €
Vorspeise 8 / 16 €
Hauptgang 26 / 42 €

Das hügelige Umland von Gummersbach lädt zu langen Spaziergängen ein. Panoramawege erlauben weite Aussicht. Und der Tag könnte in Reichshof im Ballebäuschen (Name für ein Oberbergisches Schmalzgebäck) einen angenehmen Abschluss finden in dem Gasthaus mit bürgerlichem Gastraum und schönem Garten. Überraschungen und Herausforderungen sind nicht das Ziel von Küchenchef Günter Allmann – auch wenn die Gerichte im Menü moderner und wagemutiger klingen, als sie sich auf dem Teller entpuppen. Vorweg grüßt die Küche mit einer halben Frischkäsetorte mit lockerer Brioche. Die „Falsche Gänseleber" aus der Menükarte sind zwei vegetarische Cremestücke, die die Konsistenz ihres fleischlichen Vorbilds verblüffend gut nachahmen, aber für die typische Süße die großzügig dazu gereichten Chutneys aus Apfel und Preiselbeeren und Rhabarberstücke benötigen. Die Brioche ist nun in reichlich Butter geröstet – man muss es lieben! Es folgt ein Carpaccio von Jakobsmuscheln, deren Scheiben auf dem Teller nicht zu identifizieren sind, weil eine gleichfarbige Sauce alles optisch verschwimmen lässt. Die Komponenten aus unterschiedlich dicken Scheiben Salatgurke und karamellisierten Erdnüssen, die an süße Tüten vom Jahrmarkt erinnern, stehen seltsam für sich und auch die Wasabicreme, die verdächtig weiß ist und nach Meerrettich schmeckt, trägt nichts zum harmonischen Miteinander bei. Dass hier grundsätzlich gut gekocht wird (mit einem Hang, alles etwas zu süß abzuschmecken), zeigt das Kalbsrückensteak mit sorgsam gegartem Spargel an zwei Saucen. Auch der vegetarische Hauptgang mit

Ofengemüsen an Parmesanravioli und die abschließende gekochte Vanillecreme sind von jener kulinarischen Qualität, die die Gäste seit Jahren zufrieden wiederkommen lässt und dem Durchreisenden ein gutes Angebot in einer kulinarisch dünn besiedelten Gegend macht.

REIL

Heim's Restaurant

Moselstraße 27, 56861 Reil
T +49 (0) 6542 2629
www.reiler-hof.de

Menü 39 / 105 €
Vorspeise 10 / 38 €
Hauptgang 14 / 72 €

In diesem weitläufigen Restaurant direkt an der Mosel empfängt Christoph Heim auch viele Touristen. Er bietet eine entsprechend große Auswahl an, kocht dabei aber immer marktfrisch und mit Anspruch. Das Spektrum reicht von Austern (Fine de Claire) und Gänseleberterrine über Maispoularde mit Bärlauchrisotto oder Kabeljau an Muschel-Safransud mit Sauce rouille bis zu Kalbsbries mit gebackenen Pfifferlingen, jungem Spinat, Kalbskopfjus und Kartoffelmousseline. Herausragende Moselweinkarte, freundlicher Service.

REMAGEN

Alte Rebe

Kirchstraße 4, 53424 Remagen
T +49 (0) 2642 9029 269
www.alte-rebe-remagen.de

🔒 Mo, Di ganztags
Vorspeise 9 / 16 €
Hauptgang 15 / 34 €

Beschaulich geht es zu am historischen Marktplatz: Ältere Einheimische sitzen unter Linden, Touristen flanieren. In dieser Umgebung pflegt Michael Kröner seine regional basierte, aber von der Welt inspirierte Kochkunst. Und auf die ist Verlass, bei Vorspeisen wie den Pfälzer Leberknödelchen mit Weinsauerkraut und Zwiebeljus genauso wie bei den Hauptgerichten. Dort reicht das Spektrum von geschmorten Ochsenbäckchen in Thymianjus mit glasierten Möhren und Kartoffelstampf bis zu rotem Thai-Curry mit Lachs und Wildgarnele, Gemüse und Basmatireis.

Restaurant Bellevuechen NEU

Bonner Straße 68,
53424 Remagen
T +49 (0) 2228 7909
www.bellevuechen.de

Mo, Feiertag ganztags
Menü 38 / 79 €
Vorspeise 13 / 16 €
Hauptgang 21 / 36 €

Es gibt Orte, an denen sich möglichst wenig ändern sollte – und das Bellevuechen, direkt neben der Fähranlegestelle nach Bad Honnef unterhalb des Arp-Museums gelegen, ist so ein Ort. Seit 1981 führt Uschi Zozin dieses hochgemütliche Kleinod mit seinen getünchten Wänden, dunklen Balken, bunten Kissen und vielen Kerzen. Nach wie vor stehen die knackigen Garnelen in Knoblauch-Petersilien-Butter mit buntem Salatbouquet, das Lammkarree mit Rosmarin, Peperonata und Kartoffelgratin und das Mohneis mit Pflaumen in Armagnac auf der Karte; nach wie vor gibt es kaum einen schöneren Ort für einen lauen Sommerabend am Rhein als die gekieste Terrasse unter der alten Kastanie. Ein Gunstort! Bemerkenswert: Während andernorts die Segel gestrichen werden, ist hier an sechs Tagen in der Woche geöffnet – und zwar mittags und abends.

Sinnfony

Hauptstraße 90, 53424 Remagen
T +49 (0) 2228 309
www.sinnfony.de

mittags, Mo, Di, Mi, Do, So, Feiertag ganztags
Menü 59 / 99 €

Im Stadtteil Oberwinter liegt das Restaurant von Jens Böhlitz, beschaulich geht es hier zu zwischen alte Fachwerkhäusern. Drinnen ist das Ambiente stylish-modern, draußen sitzt man unter der Markise vor Butzenglasscheiben. Aus der Küche kommen Lammkoteletts mit grünen Bohnen und Tomaten, Thunfisch-Sashimi oder geräucherte Ente mit Petersilienwurzel-Püree. Solide Weinkarte, großzügig schenkt der Patron manche Flasche auch glasweise aus. Und als ehemaliger Berufsmusiker sorgt er regelmäßig für musikalische Showeinlagen mit dem Saxofon.

REMCHINGEN

Zum Hirsch

Hauptstraße 23, 75196 Remchingen
T +49 (0) 7232 79636
www.hirsch-remchingen.de

- Angelika Ullrich & Britta Nagy
- Markus Nagy
- Britta Nagy
- Mo, So, Feiertag ganztags

Menü 62 / 75 €

Direkt an der Hauptstraße gelegen, macht ein ausladendes schmiedeeisernes Wirtshausschild mit goldenem Hirsch auf den Landgasthof von Markus Nagy aufmerksam, den er vor gut vier Jahren übernommen hat. Je nach Tageszeit, Witterung und Buchungslage und wird man von den zuvorkommenden Gastgeberinnen Angelika Ullrich und Britta Nagy entweder in der Ofenstube, dem Wintergarten, im urigen Gewölbekeller, im Bauerngarten oder auf der Terrasse platziert. Das Angebot der Küche ist an allen Tischen gleich und schwankt zwischen herzhaft gutbürgerlich und kulinarischen Akzenten aus der französischen Gourmetküche. Doch die Tendenz, die ideal zum Interieur und Ambiente des Landgasthofes passt, geht eindeutig in Richtung feingemachter Hausmannskost. Und das in handfesten Portionen, wie beim geschmorten Kaninchengericht, das mit Innereien gespickt war und mit solidem Lauchgemüse und einem schlotzigen Kartoffelschaum à part serviert wurde. Landhausküche wie man sie sich wünscht, ohne Hexenwerk und Spielereien schnörkellos zubereitet, einfach und gut! Das galt auch für das gebratene Zanderfilet. Zur leicht salzigen Tranche des Atlantik-Fisches, serviert mit Gartengemüse und hausgemachten Linguine, setzte die Küche eine feinsäuerliche, mit Zitrone abgeschmeckte Beurre blanc, die alle Komponenten aromatisch kitzelte, statt sie cremig zu streicheln. Deutlich tiefgründiger und dichter in der Aromatik schmeckte die Fleischsauce zum Ragout vom Wagyu-Rind, gewürzt mit Ras el-Hanout und angerichtet mit einem Kartoffelpüree, das angeblich mit Oliven verfeinert wurde, aber kaum danach schmeckte. Pas mal, aber keineswegs extraordinaire, präsentierte sich die scheinbar unsterbliche Crème brûlée im kleinen Weckgläschen. An der Stelle hätte eine Bayerische Creme wahrscheinlich besser gepasst.

REMSCHEID

Heldmann & Herzhaft

Brüderstraße 56, 42853 Remscheid
T +49 (0) 2191 2919 41
www.heldmann-herzhaft.de

🔒 mittags,
Mo, Di, So, Feiertag ganztags
Menü 45 / 65 €
Vorspeise 10 / 24 €
Hauptgang 20 / 44 €

Wenn es Winter wird, dann schwenkt Ulrich Heldmann in der unverändert einladenden ehemaligen Fabrikantenvilla mit ihren Salons auch mal auf deftige Speisen im Menü, nennt es Hüttenzauber und offeriert Frittatensuppe und Backhendl. Seine Menüs sind stets thematisch und Monate im Voraus geplant. À la carte serviert beschwingt und fröhlich Gattin Petra mit ihrer jungen Mannschaft Gerichte, wie einen panierten Kalbskopf, dessen weiche Konsistenz herrliches Aroma freigibt. Auch Hirsch kann Heldmann zielsicher als Steak kurzbraten und mit Taglierini und zwei Saucen zu einem satt- und glücklichmachenden Teller zusammenstellen. Lediglich mit dem als Backcamembert, den er schlicht in einer kleinen Auflaufform schmelzen lässt, stiehlt er sich ein wenig leicht aus der Affäre. Wer in Remscheid gut gekochte Gerichte schätzt, ist bei den Heldmanns an der richtigen Adresse.

RHEDA-WIEDENBRÜCK

Reuter

Bleichstraße 3,
33378 Rheda-Wiedenbrück
T +49 (0) 5242 94520
www.hotelreuter.de

📧 Marco Rückl &
  Armin Weisenberger
🍷 Iris Bettinger
✏ Armin Weisenberger
🔒 mittags,
Mo, Di, Mi, So, Feiertag ganztags
Menü 125 / 201 €

Ein Besuch bei Iris Bettinger, Ehemann Marco Rückl, der sich als Gastgeber ums Business-Hotel mit durchaus spannender weiblicher Küchenhistorie und die lockere Gastwirtschaft Ferdinand Reuter kümmert, und dem rührigen Sommelier Achim Weisenberger macht Spaß. Weil hier in mehrfacher Hinsicht für Überraschung gesorgt ist und stets gilt: Die inneren Werte zählen! So wartet hinter trister Fassade der mehrfachen aus- und umgebauten Immobilie ein klassisch-elegantes Restaurant mit Innenhof-Blick auf eine der ältesten Kirchen Westfalens. Dann hat Bettinger, die sich gar nicht auf ihre Rolle als eine der wenigen Spitzenköchinnen berufen mag, stets neue Ideen für ihre muntere Crossover-Küche – wie gewohnt als „interregiomediterraneurasisch" überschrieben. Dabei baut sie gerne gelungen Lokalkolorit ein. Knusprig ausgebackene Töttchen-Praline mit Füllung aus Kalbskopf, -leber und bries begleiteten Brennnesselsud, marinierter Rettich, Senfsaat und knackig-grüne Apfelstifte – eine Spitzenküche-Version des einstigen mehlschwitzigen Innereien-Arme-Leute-Essens, vergleichbar mit Beuscherl oder Münchener Voressen. Zuvor hatte bereits rustikale, großzügig angerichtete Surf-'n'-Turf-Platte mit dünnen Scheiben gebeizter, geräucherter Rinderhüfte, confierter bayerischer Garnele, knackigen Reis-Crisps, in Soja gegartem Eigelb, Gurke, Ingwer, Eigelbmayonnaise und Vinaigrette von Holunderblütenfond gezeigt, wohin auch immer die wilde Reise führt, stets ist harmonisches Miteinander möglich. Zudem beherrscht Bettinger das klassische Metier aus dem Effeff, schließlich hatte sie einst bei Alfred Klink im Freiburger Colombi Hotel gelernt. Den Beweis lieferte perfekt zubereitete, gefüllte Wachtel, die von Ost-Westfalen (Karottenpickert) in den Orient (Datteln und tiefgründige Kaffee-Curry-Jus) reisen ließ. Abschließend erfrischten beim Erdbeer-Dessert Sorbet, Kokos, Andalimanpfeffer und deutliche Zitrusaromen. Da will auch Weisenberger nicht nachstehen und reicht eine freundlich kalkulierte Weinkarte, gut bestückt mit deutschen Weißweinen und französischen Rotweinen. Wer übernachtet, kann sich über selbst gemachte Wurstwaren und Marmeladen zum Frühstück freuen.

RIEDENBURG

Forst's Landhaus

Mühlstraße 37b, 93339 Riedenburg
T +49 (0) 9442 9919 399
www.forsts-landhaus.de

Mi, Do, Fr mittags,
Mo, Di ganztags
Menü 32 / 89 €
Vorspeise 6 / 25 €
Hauptgang 17 / 38 €

Unterhalb von Schloss Rosenburg empfangen Küchenchef Rüdiger Forst und seine Frau Gabriele die Gäste in ruhiger und gepflegter Atmosphäre. Hier wird mit saisonalen und regionalen Produkten frisch, niemals langweilig und handwerklich stets perfekt gekocht – von der marinierten Kalbszunge mit Orangen-Couscous über Saibling mit Kalamansi-Butter und Artischocken bis zum Jura-Lammrücken mit gebackenen Zucchini und Pilzen. Sehr einladend: der unmittelbar am Flüsschen Schambach gelegene Biergarten.

Riedenburg

ROSTOCK

Der Butt

Am Yachthafen 1, 18119 Rostock
T +49 (0) 38150 400
www.hohe-duene.de/hotel-ostsee/restaurant.html

 Thomas Heimann
 André Münch
 Thomas Heimann
 mittags, Mo, So ganztags
Menü 169 / 209 €

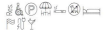

Die Hohe Düne ist Marinestützpunkt, Yachthafen und beige getünchter Hotelstandort mit leicht überfordertem Personal. Auf weitläufigem, unwirtlichem Areal befindet sich Der Butt im separaten Pavillon. Den Duftweg vorbei an Fischrestaurant und Steakhouse erspart der Aufzug in die oberste Etage mit herrlichem Marina- und Ostseeblick und dem Yacht- und britischem Club-Charakter durch Karoteppich, Holz, Leder und Bar. Die kulinarische Verortung begann stante pede mit Wildlachs und Kaviar auf Kartoffelknusper, Hering mit Pflaume und Birne, asiatisch angemachtem Tuna-Tatar in Kaviar-Dose sowie Hummerschaumsuppe. Letzte Verständnisprobleme des Stils aus globalen Luxuszutaten, minimalem Lokalkolorit, viel geschmacklichem Wumms und souveränem Handwerk mit Detailliebe nahm grandios saftiger Wolfsbarsch mit krosser Haut und großer Schrenckii-Kaviar-Nocke in Schnittlauch-Beurre-blanc voll wunderbarem Säurezug. Danach folgte zum Menüstart eine Art Törtchen aus Foie gras und rohem Kaisergranat, dessen kompakt-weiche Konsistenz Zitrone und Salzpflaumen-Sphäre erfreulich fröhlich belüfteten. Dass André Münch nicht zu Defensiv-Würzern gehört, verdeutlichte bretonischer Hummer mit reichlich N25-Kaluga-Kaviar, La-Ratte-Mousseline und erfrischendem grün-herben Gurkengel – bei großzügigem Wareneinsatz ein schwelgerischer Kaviar-Gang! Allein durch den Restaurantnamen ist Atlantik-Steinbutt obligat. Dessen dicke Tranche spielte Sous-vide-gegart glasig-fest ihre Stärke zu säuerlich-intensivem, leicht geliertem gelbem Cherrytomatensud mit gemahlenen Korianderkörnern und Holunderblüte, gedeckelt von einer Hippe mit Blattsilber und Korianderkresse, aus. Kurzzeitig irritierend die Ähnlichkeit zu Jan Hartwig'scher Anrichte aus Sauce in kreisrunder Püree-Umrandung. Frappierend danach optische Parallelen zu Sven Elverfelds Gewürz-Taubenbrust von 2017. Sei's drum, aromatisch war es jedenfalls Münch, der Japan-Wagyu mit dem Schimmelpilz Koji intensiviert hatte und das Umami auf dem Teller mit fermentiertem Knoblauch und Miso-Schalotten beinahe schmerzhaft würzig fortsetzte. Traumschön – vielleicht gar originär – hatte Münch Rehrückenstücke „aus eigener Jagd" umsichtig angebraten, einzeln mit Speck ummantelt und als ultramoderner „Baden-Baden" zum kreisrunden Mosaik in ein Yin Yang aus Jus und fruchtiger Banyuls-Reduktion gelegt. Schlussendlich kulminierte das Spektakel beim Süßen. Nach leichtem, moderat süßem Auftakt – Himbeeren, Ziegenfrischkäse, Thai-Basilikum – und rauchig-knuspriger Fortsetzung – Tanne, geräucherte Schokolade, Whisky – saß ein Fruchtzwerg auf Ananasgelee neben Piña-Colada-Sorbet, dazu Pralinen, Gebäck und kleine Eiswaffeln. Bestens betreute und versorgte der Maître-Sommelier mit Wein.

ROT AM SEE

Landhaus Hohenlohe

Erlenweg 24, 74585 Rot am See
T +49 (0) 7955 93100
www.landhaus-hohenlohe.de

Di, Mi, Do, Fr, Sa mittags,
So abends, Mo, Feiertag ganztags
Menü 60 / 90 €
Vorspeise 9 / 20 €
Hauptgang 18 / 42 €

Dem Einfachen, Guten und Nachhaltigen verschrieben hat man sich in dem idyllisch gelegenen Wirtshaus. Küchenchef Matthias Mack ist Slow-Food-Mitglied und baut viele Kräuter und Gemüse selbst an. Beste Grundprodukte werden hier tadellos verarbeitet – egal, ob es sich um Traditionell-Rustikales handelt wie den Zwiebelrostbraten in Lembergersauce mit Maultasche und Rahmlauch, Leichtes wie das in Olivenöl gebratene Filet vom Seesaibling mit Mangold und Rosmarin-Drillingen oder Mediterranes wie den marinierten Pulpo mit Jakobsmuschel und Granatapfel. Innen sitzt man gemütlich am Kamin, im Sommer auf der Gartenterrasse.

ROTHENBURG OB DER TAUBER

Villa Mittermeier

Vorm Würzburger Tor 7,
91541 Rothenburg ob der Tauber
T +49 (0) 9861 94540
www.villamittermeier.de

mittags, Mo, So ganztags
Menü 69 / 129 €

Am Rande des Touristenorkans direkt am historischen Würzburger Tor bemüht sich Küchenchef und Gastgeber Thorsten Hauk hier ehrenvoll um Qualitätsgastronomie – und verzichtet darauf, sich wie viele andere an den durchziehenden Horden aus aller Welt mittels kulinarischer Pseudofolklore zu bereichern. Motto: „Wir machen nur, was uns selbst gefällt, und verstellen uns nicht." Sehr gut! Die Produkte von ausgesuchten regionalen Erzeugern und den Partnern des Netzwerks der „Jeunes Restaurateurs d'Europe" sind über alle Zweifel erhaben, an der Präzision ihrer Zubereitung kann durchaus noch geschraubt werden. So kam jüngst eine klassisch marinierte Gänsestopfleber nebst Birnenauflage, krossen Hühnerhautchips und schöner Brioche zwar gut gedacht, in der Ausführung aber deutlich zu rustikal auf den Tisch. Schön knapp gegart und aromatisch bestens eingefasst dagegen der folgende Ora-King-Lachs mit Saiblingskaviar und jungen Erbsen in Ingo Hollands ausgezeichnetem Anapurna-Curry. Ebenfalls potenziell ein Vergnügen eine Petersilien-Mousseline mit warmer Kalbskopfvinaigrette, einem Carpaccio von der bayerischen Garnele und einem Petersilien-Apfel-Wasabi-Eis, das die süffige Verbindung durch Kälte und Würze leider völlig aus der Bahn schoss. Ausgezeichnet gearbeitet folgten sodann drei schulbuchmäßige Ravioli von zartem Teig und feinem Biss, ein würziges Ragout von Kalbsschwanz und Kalbsbacke ummantelnd, dazu etwas Jus, ein würziger Käseschaum, gehobelter Spitzkohl – klar, aromatisch, sehr gut. Ähnliches galt für eine geschmorte Lammschulter im Hauptgang sowie ein gut gedachtes, aber etwas massiges Dessert von Milchcreme und Milcheis mit Honig und Meerrettich, sodass uns als Fazit nur der dringende Wunsch bleibt: Linie beibehalten, an den Details arbeiten, Verfeinerung ist das Ziel.

ROTTACH-EGERN

Egerner Bucht

Überfahrtstraße 10,
83700 Rottach-Egern
T +49 (0) 8022 6690
www.seehotel-ueberfahrt.com

 mittags

Das Gesamtpaket könnte nicht stimmiger sein: ein herrlicher Blick auf See und Berge – und dazu alpine, von erstklassigen Produkten getragene Spitzenküche. Für das zum Seehotel Überfahrt gehörende Restaurant bezieht Küchendirektor Walter Leufen vieles aus der Gegend: Forellen und Renken von der Herzoglichen Fischerei Tegernsee oder Biofleisch aus der Aubrac-Rinderzucht vom Hofgut Reiter. Der Gast darf sich dann über Carpaccio von der bayerischen Garnele mit geräucherter Paprikacreme freuen, über Filet vom Almochsen in Bergkräuter-Käse-Glasur oder am Knochen gebratenen Oberländer Kalbsrücken mit Heumilch-Rahmpfifferlingen.

Fährhütte14

Weißachdamm 50,
83700 Rottach-Egern
T +49 (0) 8022 1882 20
www.faehrhuette14.de

 Mo, Di, Mi, Feiertag ganztags

Die idyllisch am Rande eines Naturschutzgebiet gelegene Fährhütte mit angeschlossenem Beachclub ist einer der schönsten Plätze am See – nicht nur im Sommer, wenn man auf der stimmungsvollen Terrasse den Blick über das Wasser schweifen lässt, sondern auch im Winter bei Kachelofengemütlichkeit in der Stube. Dazu die mediterran orientierte Wohlfühlküche von Magdalena Klein und ihrem Team – von Saiblingscarpaccio über gebratene Dorade mit Falafel und gegrillter Wassermelone bis zum Secreto vom Ibérico-Schwein mit gefüllter Paprika.

ROTTACH-EGERN

Gourmetrestaurant Dichter

Aribostraße 19–26,
83700 Rottach-Egern
T +49 (0) 8022 666 566
www.gourmetrestaurant-dichter.de

 Marianne Wiedemann
Thomas Kellermann
Tobias Blaha
mittags, Mo, Di, So ganztags
Menü 148 / 218 €

Thomas Kellermann ist ein stiller Star in der Gourmandise unseres Landes – mit dem neuen Restaurant in den komplett umgebauten Egener Höfen hat er nunmehr endlich wieder eine passende Bühne gefunden, um alle Register seines Könnens auszuspielen! Gemüse ist seine Leidenschaft, ungewöhnliche Akzente sein Markenzeichen und tadelloses Handwerk seine Visitenkarte ...Bereits bei den Grüßen setzt es Paukenschläge: die Variation vom Kürbis (als Tatar, Kerne, Espuma und Sugo) mit einem genialen Kaperneis schmeckt einfach umwerfend – fantastisch, was Kellermann hier an Nuancen freischneidet. Die Variation von Artischocke mit Bergkäse und Kaffeeöl ist nicht minder spannend und hat echtes Avantgardepotenzial, weil Kellermann hier einen wirklich neuen kongenialen Aromenakkord schafft, der Herzhaftigkeit und Erdigkeit sensibel mit Raucharomen verbindet, die aber nie überborden oder gar ausufern wirken. Sensationell! Im eigentlichen Menü setzt er diese Glanzleistung nahezu nahtlos fort, indem er ein Tatar von der Tegernseer Renke mit einem Hopf-Weißbier-Sud und Holunder paart – wir spenden gerne minutenlangen Szenenapplaus ob der schieren Neuartigkeit in Verbindung mit sensibel-herzhaften Wohlgenuss in perfekter Balance! Einen kleinen Gang zurück schalt die Küche sodann mit einem ebenso lokalen Saibling mit eingelegten Radieschen und wilder Brunnenkresse. Und wahrhaftig haben wir aufgrund des fulminanten Auftakts eine kleines Decrescendo notwendig, bevor mit einem formidablen Kaisergranat mit Ananassauerkraut (!) und Koriander in Verbindung mit einem herrlich süffigen, aber nicht überdimensionierten Kaisergranatsugo wieder Fahrt aufgenommen wird. Wenn wir überhaupt eine Kritik üben können, dann passte der Topinambur mit Traube, Estragon und Rauchaal nicht unbedingt in der Dramaturgie vor den sensiblen, herrlich puren Stör, der in Verbindung mit Gurke, Verjus und Gerste wieder deutlich frischer erschien als das doch sehr dichte und „herbe" Topinamburgericht. Dennoch beides auf sehr hohem Niveau! Kein Besuch bei Thomas Kellermann ohne seinen Klassiker, den Phönix aus der Asche, einem im Salzteig mit Lardo gebratenem Fenchel, der wieder in Benchmarkmanier zeigte, was man dieser unscheinbaren Knolle geschmacklich so entlocken kann. Grandios! In gewohnter Manier dann der Rehrücken, sorgsam im Ketjab-Manis-Fond gar gezogen mit Roter Bete, Brombeere und Erdnuss – wieder ein Referenzgericht! Als „süßes" Finale dann wilde Waldbeeren mit Sellerierahmeis und Mandel – ein wahrlich krönender Abschluss eines denkwürdigen Abends!

ROTTACH-EGERN

Il Barcaiolo

Überfahrtstraße 10,
83700 Rottach-Egern
T +49 (0) 8022 6690
www.seehotel-ueberfahrt.com

Niko Zigrahn
Stefano Romano
Menü 23 / 74 €

Italien könnte kaum ferner sein hier am Tegernsee, im Bilderbuchbayern mit den geraniengeschmückten Bauernhöfen, mit Barockkloster und Biergärten. Doch die Bayern tragen Italien im Herzen und da ist es durchaus schlüssig, im Althoff-Hotel Überfahrt am südlichen Seeufer mit dem Il Barcaiolo auch eine Cucina casalinga anzubieten – die wiewohl, wir sind hier schließlich in einem Luxushotel, auch Produkte wie Hummer und Trüffel in ihre Arme nimmt. Die Küchencrew beherrscht ihr Handwerk: Die gegrillten Calamaretti auf einem Püree aus Cannellini-Bohnen zum Beispiel sind herrlich zart, die gebratene Salsiccia dazu setzt einen rustikalen Akzent. Vom Grill kommt auch das Stubenküken auf Parmesan-Tomaten-Polenta, das mit seinen Röstaromen der aromatischen Rosmarinjus an der Seite durchaus standhält. Der ganzen Seezunge, als Filet aufgetragen und am Tisch von Gräten befreit, schmeckt man an, dass sie eine weite Reise hinter sich hat, fehlt es ihr doch ein wenig an Meeresfrische – der See ist eben nicht die See. Serviert wird sie mit knackigem, angedünstetem Gemüse sowie einer feinen Zitronensauce. Bei der schön rau über die Fettuccine gehobelten Sommertrüffel zeigt sich die Küche großzügig, der Trüffelsud verstärkt das Aroma. Ein aufgeschlagenes Amalfi-Zitronen-Eis mit Prosecco setzt einen leichten, belebenden Schlusspunkt, während der Sogno di lampone mit Mascarpone, den löffelbiskuitartigen Pavesini und frischen Himbeeren etwas plumper daherkommt. Bei all dem genießen die Gäste durch bodentiefe Fenster den Blick auf den See, Segelboote auf dem Wasser, dahinter die grünen Hänge der Voralpen – und mit einem Mal ist Italien gar nicht mehr fern: Sitzen wir nicht vielmehr gerade am Lago Maggiore?

MIZU Sushi Bar NEU

Wiesseer Straße 1,
83700 Rottach-Egern
T +49 (0) 8022 2785 23
www.bachmair-weissach.com/
kulinarik/mizu-sushi-bar/
restaurant

Tom-Dixon-Lampen, Tapeten von Cole & Son aus London, dazu die ursprüngliche, aber nun weiß getünchte bayerische Holztäfelung – das einzige japanische Restaurant am Tegernsee ist auch vom Ambiente her ein Unikat. In diesem Rahmen lässt der gebürtige Japaner Kudo Chiori seinen Gästen klassische japanische Gerichte, aber auch Kreationen im trendigen Nikkei-Style servieren: Sashimi, Sushi Rolls (etwa mit gebackenem Hummer, gegrilltem Aal, Feige, Shisho-Blatt und süßer Sojasauce) oder pochierten Seeteufel mit Risotto von braunem Reis und Dashicreme.

ROTTACH-EGERN

Restaurant Haubentaucher

Seestraße 30,
83700 Rottach-Egern
T +49 (0) 8022 6615 704
www.haubentaucher-tegernsee.de

Alois Neuschmid
Alois Neuschmid
Mo, So, Feiertag ganztags
Menü 50 / 80 €
Vorspeise 8 / 18 €
Hauptgang 15 / 35 €

Wann fährt man am besten an den Tegernsee? Im Winter ist er ein Wunderland, im Herbst golden, im Sommer sowieso ein Traum. Zudem unterstützt den landschaftlichen Reiz eine ganzjährig perfekt geölte und stets frisch frisierte Urlaubsmaschine, die sich ähnlich Sylt und Norderney generationsübergreifend zu vermarkten versteht. Während auf den Inseln die einschlägigen Dünen-Buden kulinarisch gepflegte Lockerungsübungen versprechen, übernimmt dies in Rottach das Bootshaus-Lokal von Alois Neuschmid: Je nach Wetter und Reservierungsglück sitzt man unter der blau-gelben Markise oder halt drinnen, umplätschert vom See und fröhlichem Indie-Geblubber. Und fühlt sich zugegeben ganz ungeniert 10–25 Jahre jünger, wenn man mit dem Service programmatisch beim Du ist. All das wäre wohl einen Kurztipp wert, wenn nicht am Abend der Chef tief in die Kochkiste griffe und ein vorgebliches Vier-Gang-Menü herauszöge, das sich gewaschen hat. „Vorgeblich", weil immer wieder Gänge über mehrere Teller und Zubereitungen verteilt werden. So etwa beim schlicht „Kalb" genannten Hauptgang: Eine kleine Scheibe Bürgermeisterstück mit Kohlrabi-Cannellone und Gremolata bekommt eine geschmorte Kalbsbacke mit Pako-Gekrustel als dramaturgisch geschickt verzögerten, zweiten Aufzug beigestellt. Ebenso verhält sich der Saibling, zugeliefert vom seeprominenten Partyfischer Christoph von Preysing: In geräucherten Fetzen zum süffigst marinierten Spargel mit Sommerportulak ist der Salmonide eher Begleiter, als Tatar in und auf einem Knuspertäschchen ein Clou. Dass es auch ganz ohne Tier geht, beweist Neuschmid mit Erbstortelli, an die der Chef am Tisch noch eine leicht scharfe Mispelsauce angießt – der optisch schönste und geschmacklich spannendste Gang eines durchwegs hochklassigen Menüs. Wein gibt es glasweise auf der Tafel, nicht ganz auf Sansibar-, doch auch fern von Sonderbar-Niveau. Flaschenweise wird vom restsüßen Mosel-Kabi bis zur fetten Wachauer Smaragdschnecke der See-Geschmack bestens bedient.

Rottach-Egern

Restaurant Überfahrt – Christian Jürgens

Überfahrtstraße 10,
83700 Rottach-Egern
T +49 (0) 8022 6690
www.seehotel-ueberfahrt.com

 Peter Nasser
Christian Jürgens
Marie-Christin Baunach
Mi, Do, Fr, Sa mittags, So abends,
Mo, Di, Feiertag ganztags
Menü 274 / 324 €

Sehen wir es doch mal positiv. Schließlich bieten seit Eröffnung vor über dreizehn Jahren Überfahrt und Christian Jürgens für Gourmets und Foodies steten Anlass für Diskussionen. Mal war es das beige-graue Edelinterieur, mal die blanken Holztische. Darauf kamen gelegentlich Vakuum-Kaffeemaschine oder Mini-Grill, es gab Fake-Schneebälle oder Reh aus der Feuerglut. Kritik keimte auf an nicht originären Gerichten, gar adaptiert ohne Kennzeichnung als Interpretation oder Hommage. Und die Preise – hier wahrlich Avantgarde – preschten immer ein Stück weiter vor als die der Vergleichsgruppe. In unserer letzten Ausgabe analysierten und begründeten wir ausführlich die Anpassung von fünf auf vier Hauben. Sprung ins Jetzt: Die Preisschraube hat sich weitergedreht, das Menü im betuchten Rottach-Egern gehört zu den teuersten der Republik. Hoch dieses Niveau auch beim wunderschön gebundenen Weinbuch von Sommelière Marie-Christin Baunach, einer nach Rebsorten sortierten Referenzweinauswahl relevanter Anbaugebiete. Lob, dass sie engagiert Winzerchampagner von Larmandier-Bernier und nicht die große Marke verkaufte, ein Glas von Deutschlands rarstem Pinot-Noir-Erzeuger HE Dausch herbeizauberte und zusätzlich zur Karte mit einem gereiferten Jahrgang des Velich-Chardonnays „Tiglat" aus dem Keller erfreute. Bei der Preisdiskussion müssen als kostenintensive Wahrheit zudem die vielköpfige Man-Woman-Power um Maître Peter Nasser, dünnste Gläser und schönstes weißes Porzellan von Hering und J.L Coquet erwähnt werden. Das zeitlose Interieur mit seinen stimmungsvollen See-Fotografien ist übrigens gut gealtert, was auch – Verzeihung für dieses Bonmot – für Christian Jürgens, den 53-Jährigen aus Unna, gilt. Nicht altersmilde, doch ruhender kam uns seine diesmalige klassischere, produktfokussierte Darbietung mit deutlichen Säureakzenten vor – ohne Showeffekte und Ideenrecycling, trotz leichter Selbstzitate. Zum Aperitif grüßten als alte Bekannte gefüllte Nussschalenhälften und opulente Pizza, mit Kürbis, eingelegter schwarzer Trüffel, Rucola, Feta und rosa Sushi-Ingwer belegt. Beim Amuse galt es, bayerische Zuchtgarnelenspieße aus dem mit parfümiertem Sud aus Vanille, Orangenschale und Zitronengras gefülltem Einmachglas in Kräutervinaigrette oder Wasabi-Majo zu dippen. Danach wurde zart schmelzender Aal, geräuchert vom Züchter Birnbaum, in leichtgängiger Intensität interpretiert, einzig fand sich unter luftigem Meerrettichschaum neben gegarten Birnenwürfeln, Erdnuss und Räucherfischcreme mit überreichlich krosser Topinamburschale ein klitzekleiner Störenfried. Darauffolgende Jakobs-

muschel hatte Referenzqualität, die minimal unter dominanter (Süße, Säure, Salz), in Summe wohlschmeckender Einfassung durch Limonen- und Kumquatgel, leicht karamellisierte Pekannuss, Selleriepüree und Kapern-Rosinen-Sauce litt. Das Übergießen mit heißem Öl hatte Zanderschuppen kross und scharfkantig aufgestellt und im Kern hellrosa schimmernden Fisch brillant glasig gegart. Aromatischer Schmelz (Ochsenmark), säuerliche Fruchtfrische (Pomelo) und von Schnittlauchöl-aufgelockerte Umami-Jus sorgten für unverkrampfte Essfreude. Wie sinnbildlich kam ein Trüffelgang als schlotziges „Golden Eye" aus goldbestäubtem Bio-Eigelb und knackig vegetabilem Spinat und krossen Croûtons unter reichlich aromatischer Périgord-Trüffel-Umrundung – Kartoffelkiste, sind deine Tage gezählt? Der „Flattermann", hervorragend zubereitete Challans-Entenbrusttranche mit Kruste aus Gewürzen und schwarzer Quinoa, säuerlich geschmorter Endivie und feingetuner BBQ-Aromatik der Gewürzjus erinnerte olfaktorisch im positivsten Sinne an einen McRib – und warf die Frage auf: Was war mit Keulen und Flügeln passiert? Die Beobachtung neuer Natürlichkeit und Bekömmlichkeit bei gut proportioniertem Umfang setzte sich über einen äußerst gelungenen Käsegang, der, in optischer Mischung aus Spaghetti carbonara und Spaghettieis, warmen Käse und Kartoffel (cremig und soufliert) urdeutsch mit Kümmel und Schnittlauch-Schalotten-Vinaigrette federleicht kombinierte, über das Dessert bis zum Patisserie-Outro fort. Erst kam ein Edel-Eisbecher, ein Spaßbringer, in dem sich voller Frische und Klarheit mit eingelegten Pflaumen, italienischem Eis, Zabaglione-Schaum und Baiser das Thema Säure und Frucht final durchzog.

STAY & DINE

Althoff Seehotel Überfahrt
★★★★★ s

Überfahrtstraße 10,
83700 Rottach-Egern
T +49 (0) 8022 6690
www.seehotel-ueberfahrt.com

Direkt am Ufer des Tegernsees liegt das mehrfach ausgezeichnete Elegant Nature Resort Seehotel Überfahrt der Althoff Collection. Hier erwarten Sie kulinarische Höchstleistungen im 3-Sterne-Restaurant Überfahrt von Christian Jürgens, wahre Kochkunst in vier ausgezeichneten Themenrestaurants, sowie eine stilvolle Bar. Darüber hinaus können Sie zu jeder Jahreszeit wertvolle Momente der Entspannung im exklusiven Spa erleben.

RÖTZ

Gregor's Fine Dining

Hillstett 40, 92444 Rötz
T +49 (0) 9976 180
www.wutzschleife.de/essen-und-trinken/gregor-s-fine-dining

🔒 mittags,
   Mo, Di, So, Feiertag ganztags
Menü 119 / 145 €

Eigentlich könnte hier leicht abgewandelt unser Text von 2021 stehen. Darin ließen wir uns über den Nostalgietrip aus, der einem beim Betreten des stattlichen, familiengeführten Hotel im beliebten Wandergebiet Naturpark Oberer Bayerischer Wald widerfährt. Daher nur der kurze Hinweis, dass vieles zwar altbacken wirkt, dafür aber ordentlich gepflegt ist, und die gute Auslastung des Hauses mag ohnehin für sich sprechen. Im latent stiefmütterlich behandelten Fine-Dining-Séparée offeriert Patron Gregor Hauer ein drei- bis fünfgängiges Menü. Auch bei seiner Obstaffinität zu herzhaften Gerichten könnten wir uns erneut selbst zitieren. Denn bereits der Auftakt mit sehr reifer Wassermelone zu auf den Punkt gegartem Hummer litt unter überbordender Süße. Die Produktqualität überzeugte allerdings wie auch beim Saibling, der – Sie ahnen es, werte Leser – wie beim letzten Besuch im Wolfsbarschmantel, erst gedämpft, anschließend kurz angebraten, handwerklich recht hübsch mit Avocado, Mango und Gurkenstreifen kam. Dass dazu Kaviar-Beurre-blanc homöopathisch dosiert war, ließ sich aufgrund ihrer Säurearmut und ihres Süffigkeitsmangels verschmerzen. Da hatte Beef Tea mit rosa gebratenen Rinderfiletwürfeln (mit Granatapfelkern-Topping!), gebratenen Kräuterseitlingen, Fagottini und Zuckerschoten expressive Umami-Power ganz anderen Kalibers. Kaisergranat (gebraten und als Croustillant) begleiteten Himbeeren, Selleriepüree und leicht überwürztes Tatar des Krustentiers. Beim solide schmackhaften Hauptgang gefiel uns insbesondere das ideal rosa gebratene heimische Rehs, inklusive einer Tranche im Brioche-Mantel, wozu es Senfnektarine, Pfifferlinge und angerösteten Blumenkohl gab. Luft nach oben bestand ebenfalls beim Dessert, unspektakulär bis banal Rosmarin-Cheesecake mit Orange. Zumindest lag dieses Mal eine Weinkarte vor, die mit europäischen Erzeugern zu gutem Preis-Leistungs-Verhältnis über die trotz Aufwands wegen teils schräger Kombinationen durchwachsene Leistung partiell hinwegtrösten konnte.

RÜSSELSHEIM AM MAIN

F40 Las Brisas

Elisabethenstraße 20,
65428 Rüsselsheim am Main
T +49 (0) 6142 9428 554
www.las-brisas.de

mittags, Feiertag ganztags
Vorspeise 4 / 25 €
Hauptgang 6 / 28 €

Ein kleines Tapas-Paradies ist das Brisas im Backsteingebäude des Rüsselsheimer Opel-Stammwerks. Umgeben von Schwarz-Weiß-Fotos aus einstigen Werkshallen, Büros und Kantinen genießt man die typischen spanischen Appetithäppchen: Kaltes wie Serrano-schinken, Manchego-Käse, Chorizo, Oliven oder Thunfischcreme – und eine große Auswahl warmer Snacks wie Pimientos de Padrón, Tortilla, gegrillten Tintenfisch, Hühnchenspieße mit Joghurt-Minz-Dip, Rindersteakstreifen in Knoblauchöl. Ergänzt wird das Angebot durch Salate, Rib-Eye-Steaks und Burger.

RUST

Ammolite – The Lighthouse Restaurant

Peter–Thumb–Straße 6, 77977 Rust
T +49 (0) 7822 7766 99
www.ammolite-restaurant.de

Marco Gerlach
Peter Hagen-Wiest
Marco Gerlach
Mi, Do, Fr, Sa mittags,
Mo, Di, Feiertag ganztags
Menü 129 / 189 €

Sinnbildlicher als in einen nachgebauten Leuchtturm hätte Familie Mack das Gourmetgestaurant kaum unterbringen können, denn innerhalb ihres Vergnügungsparks vermuten nur wenige einen Tempel kulinarischer Höhenflüge. So symbolisiert das rot-weiß gestreifte Bauwerk in seiner Leuchtturmfunktion weithin sichtbar das Vergnügen geschmacklicher Erlebnisse der Extraklasse. Dafür zuständig ist Küchenchef Peter Hagen-Wiest. Hinter seinen Menüs „Around the world" und „Green Forst", die problemlos miteinander kombiniert werden können, verbergen sich packende, komplex aufgebaute Geschmacksbilder, die ineinandergreifen oder mit erträglichen Kontrasten spielen. Die Arrangements scheinen der Küche mit spielerischer Leichtigkeit von der Hand zu geben, kein Teller wirkt überzogen oder angestrengt. Da könnte sich der Service eine Scheibe von abschneiden und in Gestik und Sprache etwas lockerer und entspannter agieren. Peter Hagen-Wiest eröffnete sein Menü „Around the world" mit getrüffelter Gänseleber und hausgemachter Brioche, eine intensive Kombination, klassisch und verlässlich beeindruckend. Wie man die Jakobsmuschel, die mittlerweile auf den Speisenkarten der Wirtshäuser angekommen ist, aus der kulinarischen Banalität befreit, zeigte die Küche mit der Scheibe Schwarzwurst, die zwischen dem aufgeschnittenen Muschelfleisch lag. Sanfter Fischgeschmack und würzige Blutwurst duellierten sich, die geräucherte Schnittlauch-Nage und die fermentierten Steckrüben legten einen versöhnlichen aromatischen Mantel um das außergewöhnliche Duo. Der auf der Haut gebratene Zander zeigte eindrucksvoll, welche erstklassige Produktqualität hier auf die Teller kommt. Angerichtet war die Tranche auf Hokkaido-Kürbis, den dazu gereichten Currychaum würden wir auch als herrlich aromatische Suppe akzeptieren. Als nächsten Klassiker hatte die Küche

Kalbsbries im Programm, glasiert mit Bergamotte und serviert mit geröstetem und gebratenem Spitzkohl. Der sehr feinziselierte Zitronenschaum sorgte diskret für eine säuerliche Spannung. Wer immer dieses Meisterwerk zubereitet hat, ist alles andere als ein Schaumschläger. Vom Können der Köche rund um Peter Hagen-Wiest profitierte auch die Challans-Entenbrust, deren zartes Fleisch perfekt rosa gegart und deren Haut ideal knusprig und kross waren. Angerichtet mit Rotkohl, Haferwurzel und einer mit Tasmanischem Pfeffer abgeschmeckten Jus machte der Klassiker den genussvollen Abend rund. Nicht ganz, denn die talentierte Patisserie präsentierte eine mit Mandarinenkompott gefüllte Mandarine, dazu Shisosorbet und Yuzugel. So beeindruckend gut kann das süße Leben schmecken. Die bestens sortierte Weinkarte lässt kaum Wünsche offen.

SAARBRÜCKEN

Esplanade

Nauwieserstraße 5, 66111 Saarbrücken
T +49 (0) 681 8449 9125
www.esplanade-sb.de

 Jérôme Pourchère
 Silio Del Fabro
 Jérôme Pourchère
 So abends, Mo, Di ganztags
Menü 85 / 155 €
Vorspeise 40 / 49 €
Hauptgang 45 / 60 €

Das Erste, was einem auffällt, wenn man das denkmalgeschützte Gründerzeithaus am Max-Ophüls-Platz betritt, ist das schon im Eingangsbereich präsente Flair eines geschmackvoll gestalteten Interieurs, unaufgeregt eindrucksvoll, kühle Eleganz zum Wohlfühlen. Besser könnte die Bühne für Gastgeber Jérôme Pourchère nicht sein, der Restaurantchef ist ein Meister des leisen und eleganten Service. Ein Maître, der das Spiel zwischen Nähe und Distanz perfekt beherrscht, mit seinen Weinempfehlungen immer ins Schwarze trifft und allen Gästen das sichere Gefühl gibt, dass sie nicht in guten, sondern in besten Händen sind. Das kann Pourchère auch leicht vermitteln, denn er weiß Silio Del Fabro in der Küche, einen jungen Koch mit erstklassigen Expertisen, der sich in der von ihm favorisierten französischen Klassik so sicher und elegant bewegt wie Jérôme Pourchère im Restaurant. So ist denn auch das Entrée in die „Haute Cuisine" eine handwerklich vorbildliche Millefeuille von der Gänseleber, begleitet von Apfel-Cidre-Gelee, Apfelgel, Apfelsorbet und schwarzen winterlichen Trüffeln, die allerdings aus Australien kommen. Das gebeizte Eigelb im offenen Raviolo mit Kerbelschaum gefiel nicht nur optisch mit seinen ineinander verlaufenden Gelbtönen, die an Impressionismus erinnerten. Der typische Ei-Geschmack bekam durch etwas jungen Lauch und salzig würzige Speckstreusel deutlich an aromatischer Substanz und Schwung. Die Idee, eine außergewöhnlich gute Beurre blanc mit einer noch besseren Nussbutter zu vereinen, ja ineinander laufen zu lassen, fanden wir anfangs etwas gewagt, nach dem ersten Bissen aber genial. Vive le beurre! Da war das zarte Forellenfilet, das darin badete und das eigentlich die Hauptrolle spielen sollte, pardon, nur Beiwerk! Auch bei der Suprême von der Maispoularde hielt Silio Del Fabro eine, nein mehrere Überraschungen bereit. Die zart gegarte Brust war von einer Farce aus Gänsestopfleber und Trüffel überzogen, dazu wurden ringsherum klassische Pommes dauphine und eine Petersilienwurzelcreme drapiert. Und dann kam Monsieur Pourchère mit dem kleinen Kännchen und goss mit Grandezza statt einer Jus eine Sauce Albufera an, eine mit Gänseleber verfeinerte Geflügelrahmsauce, die der französischen Kochlegende Auguste Escoffier zugeschrieben wird. Mon Dieu, war die gut! Geschmacklich erfrischend präsentierte das erstklassige Finale aus der Patisserie: Délice von der Johannisbeere, Gâteau von der Valrhona-Schokolade, Holunderweineis und ein Sud aus Cassisholz.

Gästehaus Klaus Erfort

Mainzer Straße 95, 66121 Saarbrücken
T +49 (0) 681 9582 682
www.gaestehaus-erfort.de

- Josianne Lerner
- Klaus Erfort
- Kim Ristl
- Sa, So, Feiertag ganztags

Menü 147 / 225 €
Vorspeise 48 / 75 €
Hauptgang 70 / 70 €

Der Umgebung sieht man nicht an, dass sich hier eines der besten Restaurants der Bundesrepublik befindet, aber mit dieser Tatsache haben sich die aus Saarbrücken stammenden, gern aber auch von weither anreisenden Gäste längst abgefunden. Drinnen, in der Villa, geht es elegant und international zu, luxuriös sowieso. Auf klassische Edelprodukte wie Kaviar und Trüffel haben sich die Stammkunden längst eingestellt und Erfort enttäuscht sie nicht. Apropos Enttäuschung: Die Kritik, mit der Erfort sich in letzter Zeit auseinandersetzen musste, hat den Chef nicht kaltgelassen. In einem Interview erklärte er sie auch damit, dass er viel unterwegs gewesen sei. Ob er bei unserem Besuch da ist, bleibt ungewiss, aber die Küche ist in Form. Der Klassiker namens Goldenes Ei (pochiertes Wachtelei mit Kartoffel-Espuma, Geflügelhautchip und schwarzen Trüffeln) ist perfekt abgestimmt, der Macaron mit Gänseleber, Portweinbaiser und Mirabelle dürfte kaum zu verbessern sein, die Auster wird klug mit Dill und Grapefruit aufgepeppt. Besser denn je scheint das Brot (Oliven-Ciabatta und Champagner-Roggenbrot, dazu Steinpilzbutter mit frischem Schnittlauch sowie Fassbutter). Den Anfang mit Champagner zu flankieren, bietet sich an, aber das Angebot an Getränken (Riesling! Burgunder!) geht weit darüber hinaus: Im Vergleich mit anderen Spitzenrestaurants ist es sogar günstig. Eine Aussage, die auch fürs Essen gilt, zumal Rindfleischtatar mit Gurkensud und Imperial-Kaviar toller Qualität die Reise wert ist und die dazu servierte Brioche als beste durchgeht, die wir seit

Langem gegessen haben. Beim bretonischen Hummer mit Bete-Variation und Schnittlauchemulsion begeistert die Krustentierqualität, die auch die Schere umfasst. Risotto mit niedriggegartem Hühnerei und Périgord-Trüffeln (welche Klasse!) kommt da fast heran. Auch der Zander mit Rote-Bete-Sauce, Schnittlauchöl und Lardo-Schaum ist großartig in Qualität, Zubereitung und Umrahmung. Süffige Zufriedenheit macht sich breit, die allerdings vom Kalbsbries torpediert wird. Wer jemals selbst Bries zubereitet hat, weiß, dass es auf den Gargrad ankommt. Rohes Bries mag keiner essen, trockenes auch niemand. Ein Balanceakt, der hier misslingt. Das Stück ist leider untergart, da nützt auch die Geleeschicht aus Rinderfond nichts. Schwamm drüber, denn der Hauptgang à la carte – Ramen vom Wagyu – begeistert. Fleisch vom Holzkohlegrill und als Carpaccio, grandioser Sud, Kartoffelmousseline, Selleriepüree, Schwarzer Knoblauch: Da addieren sich die Aromen auf geniale Weise. Höchste Intensität und dennoch federleichte Eleganz. Die Tatsache, dass der langjährige Patissier das Haus verlassen hat, bedeutet nicht, dass die Desserts nun langweilig wären. Baba au rhum im Streuobst-Gewürzsud mit kontrastierendem Shisosorbet bietet reichlich Kontraste und auch die Variation von Zitrone und Joghurt gelingt herrlich erfrischend. Das Fazit fällt positiv aus. Das Bries mal ausgeklammert, ist die Erfort-Küche fast durchweg so präzise wie zu besten Zeiten. Und was den Service angeht: Der agiert schnell und kompetent, auch wenn er einen Hauch mehr Wärme ausstrahlen dürfte.

Jouliard NEU

Scheidter Straße 66,
66123 Saarbrücken
T +49 (0) 681 6861 5322
www.jouliard.de

mittags, So, Feiertag ganztags
Menü 35 / 56 €
Vorspeise 9 / 17 €
Hauptgang 17 / 28 €

Passend zum lockeren, kulinarisch seriösen Bistronomie-Konzept von Karl Fluhr – gelernter Metzger, als Koch bei Kolja Kleeberg und Cliff Hämmerle geschult – umfasst die Weinkarte eine DIN-A4-Seite, ebenso die Speisekarte mit vielen regionalen Zutaten, wo neben dem Klassiker Rindertatar mit gebeiztem Eigelb auch Schweinebauch, Kimchi und Mango stehen. Frankophile Ente à l'orange oder Stör mit Bohnen-Cassoulet, Sauce hollandaise und, viel schöner als Bratkartoffel tönend, Pommes rissolées.

SAARBRÜCKEN

Le Comptoir

Försterstraße 15, 66111 Saarbrücken
T +49 (0) 681 9472 7799
www.lecomptoir-restaurant.de

🔒 Mo, So, Feiertag ganztags
Menü 69 / 79 €

Offene Kalk-Sandstein- und Klinkerwände sowie ein alter Backofen bestimmen das Ambiente in Jens Jakobs Restaurant. Die Gäste nehmen an der ums Eck gebauten Theke Platz, außerdem gibt es noch ein paar Tische. Auf der kleinen Mittagskarte finden sich etwa Pasta mit Sommertrüffel oder gegrillte Dorade, abends kann man beim monatlich wechselnden Menü zwischen vier oder fünf Gängen wählen, zum Beispiel Färöer Lachs mit bretonischem Keks und Oliven oder Hirschkalbsrücken mit Pfifferlingen und Aprikose. Übrigens: Max Ophüls wurde in diesem Haus geboren.

Schlachthof Brasserie

Straße des 13. Januar 35,
66121 Saarbrücken
T +49 (0) 681 6853 332
www.schlachthof-brasserie.de

🔒 Sa, So, Feiertag ganztags

Den Saarländern war Paris schon immer näher als Berlin – und das beschreibt beileibe nicht nur eine geografische Tatsache. In dieser klassischen Brasserie findet sich alles, womit sich der verständliche Phantomschmerz lindern lässt, auch im äußersten Westen dem preußischen Moloch im märkischen Sand untergeordnet zu sein und nicht der ewigen Schönen an der Seine: Crevettes roses mayonnaises, Austern von Gillardeau, Zwiebelsuppe mit Comté, Steak Tatar und ein dickes Côte de Bœuf Béarnaise am Knochen. Und zwar wochentäglich mittags und abends, der Saarländer weiß schließlich, was der Preuße nie versteht: Ein saftiges Entrecôte mit Fritten und einer ordentlichen Flasche Bordeaux schmeckt Mittwochmittags noch viel besser als Samstagabends. Darauf eine Portion Œuf à la neige à la crème anglaise und einen doppelten Calva. Herrlich!

Saarbrücken

SAARLOUIS

LOUIS restaurant

Prälat–Subtil–Ring 22,
66740 Saarlouis
T +49 (0) 6831 8944 0440
www.lamaison-hotel.de

- Robert Jankowski
- Martin Stopp
- Robert Jankowski
- Do, Fr, Sa mittags, So abends,
  Mo, Di, Mi, Feiertag ganztags

Menü 124 / 198 €

Wenn ein Restaurant genauso geschmackvoll eingerichtet, wie die Küche ausgerichtet ist, dann spürt der Gast diesen harmonischen Einklang und kann sich entspannt zurücklehnen. Im sehr stilvoll gestalteten Interieur des Louis kann er das in bequemen Sesseln und Sofas. Eine elegante Kulisse mit Flair und die ideale Bühne für Martin Stopps bemerkenswerte Gaumenfreuden – verwurzelt in der französischen Küche, ergänzt durch den weiten Blick über den Tellerrand, mit einem bisschen Freestyle und viel Talent. Serviert werden Stopps Kreationen von einem erfrischend freundlichen Team rund um Robert Jankowski. Als ersten Gruß bekommen wir ein mit Rindertatar und Buchweizen gefülltes Maki Sushi, dazu eine Nocke Wasabi-Créme-fraîche, großzügig garniert mit Imperial-Kaviar. „Louis' Ceviche" nennt Stopp sein peruanisch angehauchtes Amuse-Bouche, das aus einem im Yuzu-Saft marinierten Meeresfrüchte-Tatar besteht, umgeben mit geschäumter Leche de tigre, die einen herrlich frischen Charakter in das kleine Gericht zaubert. Danach geht es kulinarisch in die Stadt, die Küche lässt „Die Wiener Art" auftragen. Zum Kalbstatar, das mit Gurkenöl und Preiselbeer-Zitronen-Bouillon sachte umspült ist, gesellen sich geeiste Créme fraîche, wienerischer Kartoffel-Gurken-Salat und Imperial-Kaviar, mit dem die Küche zu unserer Freude nicht geizt. Dessen feine Salzigkeit vertreibt ausgesprochen angenehm die feinscharfe thailändische Currysuppe „Tom Kha" mit Aromen von Limetten, Galgant, Koriander und Kokosnuss. Perfekt dazu passt die leicht temperierte Garnele, die ihre Garstufe durch einen sehr heiß angegossenen Fumet bekommt. Das ist großes Gourmet-Kino, aber noch längst

nicht alles! Die Fortsetzung folgt in der gebratenen Rotbarbe à la provençale, serviert im mit Safran und Garum abgeschmeckten Ratatouille-Sud und begleitet von Röstauberginen, geräucherten Jakobsmuschelrogen und einem süß-sauren Gemüseragout. Brust oder Keule? Martin Stopp zeigt beides in zwei Gängen. Einmal die Entenbrust mit BBQ-Glace von Whiskey und Gewürzen, klassisch gegart und arrangiert mit gegrilltem Paprika und Röstlauch. Im zweiten Gang das Ragout von der geschmorten Keule, serviert auf Röstzwiebelcreme, Kartoffelschaum und sautierten Pfifferlingen. Zum grandiosen Abschluss entführt die Patisserie zu einer „One night in Panama" und überzeugt mit einem Kokosnuss-Passionsfrucht-Törtchen, exotischem Fruchtsalat, Rum-Kokos-Eiscreme und Mangoeistee. Ebenso überzeugend ist die Weinauswahl, sicher nicht abschließend, aber durchdacht und mit Jahrgangstiefe.

STAY & DINE

LA MAISON hotel
★★★★ s

Prälat-Subtil-Ring 22,
66740 Saarlouis
T +49 (0) 6831 8944 0440
www.lamaison-hotel.de

Mit einem wundervollen Bonjour begrüßt dieses schöne Boutiquehotel seine Gäste! Entdecken Sie eine eigene kleine Welt, die Tradition mit Moderne verbindet! Das Hotel ist chic und stilvoll, aber immer entspannt. Regional verbunden, aber weltoffen. Verwurzelt im Dreiländereck Saarland, Luxemburg, Frankreich. Eine historische Villa mit modernem Anbau und neuem Gästehaus. Eine ausgezeichnete Adresse für Genussmenschen. 50 Zimmer und Suiten, gemacht für Menschen, die besonderes Design und Qualität schätzen.

SALACH

Gourmetrestaurant „fine dining RS"

Burg Staufeneck 1, 73084 Salach
T +49 (0) 7162 9334 40
www.burg-staufeneck.de

- Jacqueline Salzmann
- Rolf Straubinger & Markus Waibel
- Markus Canestrini
- Mi, Do, Fr, Sa mittags, Mo, Di ganztags

Menü 108 / 172 €

Erfahrene Gastronomen antizipieren die Wünsche der Kunden. Und um erfahrene Gastronomen handelt es sich ohne Frage bei Rolf und Heike Straubinger, Klaus und Karin Schurr, also dem eingespielten Team hoch oben auf der Burg. Wo man herrlich sitzen und in den Sonnenuntergang schauen kann. Dass gleich jemand kommt und den Aperitif anbietet, ist klar. Dass im bereitliegenden Heftchen schon die ersten Häppchen und das WLAN-Passwort aufgelistet werden, ist klug. So haben die Gäste was zu lesen, so läuft ihnen schon das Wasser im Munde zusammen. Und die Kritiker müssen sich nicht alles notieren, was der Service annonciert. Was am Anfang kommt, ist übrigens großartig, fast eine halbe Haube mehr wert. Luxus-Rösti mit Lachs und Lachskaviar, Blauschimmelkäse-Tortellino, eine Entenlebermousse mit Heidelbeeren oder die Variation von der Karotte in der Austernschale. Wer nun die Liste der Weinbegleitung studiert oder das dicke, enorm auswahlreiche Flaschenweinbuch in Augenschein nimmt, fühlt sich im Paradies, ohne dass er das Menü überhaupt gesehen hätte. Letzteres besteht aus zwei Varianten (fleischig-fischig respektive vegetarisch) und ist – Stichwort Antizipation – knapp, aber sehr übersichtlich gehalten. Will ja doch keiner Romane lesen! Der Tofu mit Stachelbeere, Pumpernickel, Dashi ist erfrischend und abwechslungsreich umrahmt, wirkt aber dennoch ein bisschen trocken. Sehr viel besser: der bretonische Hummer (eine Tranche vom Schwanz) mit Tomate, Mango und Buchweizen. Tolles Produkt, wunderbare Konsistenz, aber das Mangosorbet ist dann eine Spur zu viel des Guten für das zarte Krustentier. Bei den nächsten beiden Gängen ist dann nicht nur alles hervorragend, die Küche antizipiert auch, dass Gäste oft Saucen lieben, und der Service lässt selbige in den Saucieren da: erstklassige Beurre blanc und eine nicht minder gute Kaninchenbratjus. Erstere gibt es zu perfektem Heilbutt (beinah Weltklasse) mit Blumenkohl und Schalotten, letztere zu saftigem Kaninchenfilet, Kaninchentortellini und Saubohnen. Danach naht die gewünschte Frische in Form eines grandios balancierten Sorbets von Kirsche und Eisweinessig (dazu Ziegenkäse, Thymian und Pfeffer). Kaum schlechter gelingt das Weinbergpfirsichsorbet mit Buttermilch und Piemonteser Haselnuss. Tolle süße Happen danach, ein Gläschen Jus zum Mitnehmen, aufmerksamer, höflicher Service: Wer hier nicht begeistert rausgeht, hat vermutlich ein grundsätzliches Problem. Und das lässt sich kaum antizipieren.

SANKT PETER-ORDING
=================

Strandhütte

Zum Südstrand,
25826 Sankt Peter-Ording
T +49 (0) 4863 4747 011
www.die-strandhuette.de

Mo, Di, Feiertag ganztags
Menü 51 / 71 €

Diese Strandhütte auf Pfählen ist ein echter Blickfang, eine lange Treppe führt hinauf ins lässige Restaurant mit Wattblick. Leider findet hier bis auf Weiteres kein Abendangebot statt. Geöffnet ist von mittags bis 19.30 Uhr, warme Gerichte können bis 18 Uhr bestellt werden – von Snacks wie Fisch & Chips mit Thai-Curry-Mayonnaise oder einem Hotdog mit Salsiccia, Tomatensalsa, Parmesan und Pommes Chips bis zu Anspruchsvollerem wie Gelbflossen-Thun mit Kartoffelgnocchi, grünem Spargel und Thai-Curry.

SANKT WENDEL
============

Restaurant Kunz Gourmet

Kirchstraße 22, 66606 Sankt Wendel
T +49 (0) 6854 8145
www.restaurant-kunz.de

 Anke Kunz
Alexander Kunz & Patrick Jenal
Anke Kunz
mittags, Mo, Di, Mi, Do, So, Feiertag ganztags
Menü 79 / 109 €

Alexander Kunz tanzt auf mehreren Hochzeiten, neben zwei Restaurants und einer Manufaktur bespielt er auch eine Dinnershow in Saarbrücken. Vielleicht ein bisschen viel für einen Betrieb, bei dem man ein wenig das Gefühl hat, das Gourmetprogramm läuft nebenher. Regelmäßig ist der eigentlich dafür vorgesehene Wintergarten zum größten Teil mit Gästen besetzt, die munter von der Speisekarte des Kaminzimmer bestellen, der kulinarisch schlichteren Variante der Kunz'schen Gastronomie. Da geht es akustisch hoch her, vor allem aber verschwimmen die Grenzen zwischen guter Hausmannskost und feiner Gourmetküche. Ein einfaches Selleriesüppchen, eine Auster und ein Klecks Tatar, ein simpel angerichteter Gruß aus der Küche, zeigen den kulinarischen Spagat. Dass für die alkoholfreie Speisenbegleitung handelsübliche Getränke am Tisch von ihrem Kronkorken befreit werden, ist für ein Gourmetrestaurant eher unüblich. Doch Alexander Kunz kann auch anders, sein hauchdünn geschnittenes Carpaccio von der Jakobsmuschel ist mit erfrischendem Limonensaft beträufelt und mit Crème fraîche und Kaviar auf die geschmeidig-salzige Geschmacksseite dirigiert. Unser Lieblingsgericht sind aber die Froschschenkel, teils knusprig frittiert, teils in Knoblauchfumet gedünstet und auf Petersilienpüree angerichtet. Ein großartiger Klassiker! Nicht ganz dieses Level erreicht die Crépinette von der Wachtel auf Keniabohnen, mit Gänsestopfleber verfeinert, jedoch von der intensiven Trüffelsauce dominiert. Dem saftig zarten Kalbsfilet passiert das nicht, hier setzt Kunz eine leicht süßliche, etwas zurückgenommene Portweinjus ein, samt Pommes Anna, Steinpilzen und einer kleinen Portion Kalbsbries. Neues hätten wir uns von der Patisserie gewünscht, es sei denn, das bereits letztes Jahr servierte Törtchen von Bühler Pflaumen mit Krokanteis und Vanilleschaum hat Kultstatus erreicht. Wir würden dem aber nicht zustimmen.

SASBACHWALDEN

Engel-Wirts-Stube

Talstraße 14,
77887 Sasbachwalden
T +49 (0) 7841 3000
www.engel-sasbachwalden.de

 Feiertag ganztags

Res.

Familiäre Gastlichkeit hat in diesem stattlichen Fachwerkidyll Tradition seit 1764. So ein Haus pflegt seine Klassiker, deshalb bleibt der in Spätburgunder geschmorte Sauerbraten vom Ochsenschaufelstück genauso auf der Karte wie das Rumpsteak vom Elztäler Weiderind. Doch zu bieten hat die Küche weit mehr: von der warm geräucherten Baden-Badener Lachsforelle über hausgemachte Spinat-Käse-Ravioli bis zur in Waldhonig glasierten Barbarie-Entenbrust. Im Sommer sitzt man auf der von Weinreben umrankten Südterrasse.

SAULHEIM

mundart Restaurant

Weedengasse 8, 55291 Saulheim
T +49 (0) 6732 9322 966
www.mundart-restaurant.de

 Mo, Di, Fr, Sa mittags,
Mi, Do, Feiertag ganztags
Menü 44 / 66 €
Vorspeise 6 / 22 €
Hauptgang 19 / 49 €

Ob mediterran, französisch, bodenständig deutsch oder asiatisch inspiriert: Das gemütliche Gasthaus mit lauschigem Innenhof bietet verlässlich gute Küche: gegrillte Jakobsmuscheln auf Aprikose und Tonkabohne, geschmorte Ochsenbacken mit Kartoffelstampf und Sommergemüse oder Steak vom Gelbflossen-Thun mit schwarzem Sesam, Duftreis und Curry. Vegetarier freuen sich über Kräuterrisotto mit grünem Spargel, Pfifferlingen und Belper Knolle. Die Weine kommen vorwiegend aus dem nahen rheinhessischen Anbaugebiet.

SCHARBEUTZ

DiVa

Strandallee 146, 23683 Scharbeutz
T +49 (0) 4503 3526 707
www.hotel-belveder.de

- Martin Hummel
- Gunter Ehinger
- Martin Hummel
- mittags,
  Mo, Di, So, Feiertag ganztags

Menü 89 / 139 €
Vorspeise 35 / 49 €
Hauptgang 52 / 65 €

Der gediegene kleine Gourmetbereich wirkt, halbherzig abgetrennt, wie ein Renommee-Appendix des Hotel-Restaurants im BelVeder, einem gelben Klotz an der Strandpromenade mit angeschlossener Ostsee-Therme unter hoher Glaskuppel und gelb-rotem Rutschenturm. Optisch ähnlich markant fielen Snacks auf einem Ast aus, die verdeutlichten, beim erfahrenen Gunter Ehinger gerät nichts ins Rutschen: Felchen-Cornetto, Hühnerhaut mit Feige und Trüffel, Krabben-Burger. Beim asiatischen Bun aus Hefeteig, Katenschinken und Krebsfleisch wegen des ideal passenden J. J. Prüm Riesling Kabinett Bernkasteler Badstube 2008 aus mundgeblasenen Gläsern ein Gedanke zur Weinkarte: Für derart Gereiftes bitte weiterpflegen! Nach fulminantem Auftakt wurde klar, hier wird anstelle gespreizter Pinzetten-Küche bedacht konserviert, gemächlich modernisiert. Regionale, saisonal vollreife Tomaten und ihr dezent rauchiges Confit waren mit Tomaten-Zimt-Schaum, herb-scharfer Kapuzinerkresse, angedeuteter Gazpacho-Ebene durch ausgestochene Gurkenscheiben und Avocado-bedingtem Guacamole-Charakter sehr natürlich, texturell abwechslungsreich auf weißem Porzellan gleichberechtigt zu gebratenem Kaisergranat. Bei zart in Nussbutter confiertem Saibling, obenauf Apfelgel und Meerrettich, in mildem klaren Erbsensud mit Pfifferlingen hatte die Küche – beste alte Schule – frische Erbsen gar geschält. Gartechnische, aromatische Sensibilität zeichnete auch das Duo von fest gebratenem Steinbutt und à la minute geräuchertem, saftigen Lachs auf Avocadosalsa aus, wozu es sämige Muschelsauce mit reichlich Schnittlauch gab. Breiteren Pinselstrich zeigten üppige (das Bindegewebe) langzeitgeschmorte Wagyu-Backe mit Herbsttrompeten-Topping und kräftig gepfeffertes Rinderfilet, scharf medium-rare gegrillt, sowie Sauce, der wir reichlichen Knocheneinsatz anmerkten, und Kartoffel-Zwiebel-Schaum im Buschbohnen-Rondell. Da war das gelungene Dessert aus Schokoeis- und -mousse mit fermentierter Himbeerlimonade beinahe ein zeitgeistiges Zugeständnis.

SCHERMBECK

Landhotel Voshövel

Am Voshövel 1, 46514 Schermbeck
T +49 (0) 2856 91400
www.landhotel.de

🔒 Feiertag ganztags
Menü 39 / 49 €

Aus einem Wirtshaus, in dem die Bauern der Umgebung einst Pils und Korn tranken, hat die Schermbecker Hoteliersfamilie Klump ein Refugium für Wellnessgäste, Tagungsgruppen und Hochzeitsgesellschaften gemacht. Aber auch Gourmets kommen hier auf ihre Kosten, dank Christian Penzhorns bodenständig-kreativer Küche. Konsequent setzt er auf Regionalität, bezieht Burrata von einem Büffelbauern aus Bocholt, Lachsforellen aus dem bergischen Land, Fleisch vom Sußländerschwein aus dem Sauerland. Und bei einem Kresse- und Kräutergärtner lässt er gezielt nach seinen Küchenbedürfnissen anbauen.

SCHIRGISWALDE-KIRSCHAU

Juwel

Bautzener Straße 74,
02681 Schirgiswalde-Kirschau
T +49 (0) 3592 5200
www.bei-schumann.de

 Patrick Grunewald
 Robert Hauptvogel
✎ Patrick Grunewald
🔒 mittags,
   Mo, Di, Mi, So, Feiertag ganztags
Menü 140 / 167 €

Das Fazit des Abends gleich vorweg: Küchenchef Robert Hauptvogel kann in dieser Saison nahtlos an seine Errungenschaft vom letzten Jahr anknüpfen. Ihn zeichnen sowohl seine achtsame Produktwahl und seine Freude an harmonischen Kombinationen aus. Hauptvogels Arbeitsplatz, der kulinarische Edelstein in der Oberlausitz, ist auf jeden Fall auch dank schönem Hotel ein Ort zum Bleiben. Zum Diner sitzt man dann im edlen Ambiente zwischen schwarz-lilafarbenem Interieur und kann elaborierte Küche der Extragüte genießen. Als hübsche Willkommensgeste überrascht uns ein Gärkörbchen mit ungebackenem Sauerteig, das mit der Begrüßung unseren Tisch verlässt und als kleines warmes Brot mit frischer Butter, Kresse und Salz serviert wird. Jetzt sind wir angekommen. Einen wesentlichen Beitrag dazu leistet auch der Sommelier des Hauses. Patrick Grunewald geleitet treffsicher zum 5- bis 9-Gang-Menü, mit Weinen aus der Region und ganz Europa, aber auch selten getrunkenen Tropfen, wie dem Tokaji von Demeter Zoltán oder einem Roten aus Tschechien. Das großzügige Sortiment an Champagnern und Schaumweinen ist übrigens der Liebe zu Prickelndem den Gastgebern Familie Schumann zuzuschreiben. Aber zurück zu den Speisen … Neben der ausgewogenen Aromen-Balance, die wir durchweg in allen Gängen loben dürfen, zaubert Hauptvogel bildschöne Präsentationen auf die Teller. Wie den Vorspeisen-Traum in Grün-Weiß-Rosé: Die feine Jakobsmuschel mariniert der Chefkoch nur sparsam mit Olivenöl, vordergründig agieren Erbse, Pfirsich und Buttermilcheis miteinander. Die Entenstopfleber gelingt als Kuchen, abwechselnd geschichtet mit Biskuit, Creme von Pfifferlingen und Petersilie. Unser Lieblingsgericht jedoch wird das noble Surf 'n' Turf in herrlich spanischer Manier: Seezunge Sous-vide und wunderbar buttrig gegart mit Chorizo, unglaublich vielschichtig durch Tomate und Bohne. Das zarte Perlhuhn vom „Geflügel-Papst" Jean-Claude Miéral schmeckt herrlich nach Röstaromen, Kräutern und fermentiertem Knoblauch. Dazu gibt's die Haut als crunchiges Element, die Leber geschmort im Bällchen und eine schmelzige, tiefe Jus, bei der wir geneigt waren, diese nachzubestellen. Obwohl der Käsewagen mit 50 Sorten von Maître-Affineur Volker Waltmann eine kulinarische Offenbarung ist, müssen wir unbedingt noch dem Patissier an dieser Stelle huldigen, denn das Dessert krönte den Abschluss und kam als sinnliches Arrangement von Valrhona Ivoire mit Variationen von Kirsche mit leichtem Schärfe-Säure-Spiel von Ingwer und Limette.

SCHKEUDITZ

Schillerstuben

Herderstraße 26, 04435 Schkeuditz
T +49 (0) 34204 14716
www.schillerstuben.de

🔒 mittags, So ganztags
Menü 65 / 95 €

In der restaurierten Villa von 1929 sitzt man in heimeliger Stubenatmosphäre oder im grünen Innenhof, genießt dabei die Kreationen des gebürtigen Prager Miroslav Drahokoupil. Seine Küche ist eine Mischung aus böhmischer Deftigkeit und französischer Klassik, die er in einem einzigen Menü präsentiert, aus dem man drei bis sechs Gänge wählt: etwa Tatar vom Rinderfilet, Curryschaumsüppchen mit Pulpoggeröstel und Lachscrostini oder Filet vom Kabeljau auf Selleriemousseline und Tomaten-Kardamom-Nage. Wohlsortierter Weinkeller.

SCHLECHING

Rait'ner Wirt

Achentalstraße 8, 83259 Schleching
T +49 (0) 8641 5911 170
www.raitnerwirt.de

🔒 Mi, Do, Fr, Sa mittags,
  Mo, Di ganztags
Menü 28 / 59 €
Vorspeise 5 / 17 €
Hauptgang 12 / 30 €

An einem der schönsten Flecken des Chiemgaus, im 240-Seelen-Dorf Raiten, liegt dieses Bilderbuch-Gasthaus. Hier kommt authentisch-bayerische Kost auf den Tisch, die aus vielen regionalen Zutaten zubereitet wird: Kasspatzn und Zwiebelrostbraten, Schwammerlrisotto und gebratene Kalbsleber. Während der Steinpilzsaison bringen Sammler die duftenden Schätze aus den umliegenden Wäldern täglich ins Haus. Wer sich den Bieren des Hofbräuhauses Traunstein oder der kleinen, stimmigen Weinauswahl ausgiebiger widmen möchte, sollte eines der schönen Gästezimmer im zeitgemäß alpinen Look buchen.

SCHLUCHSEE

Mühle

Unterer Mühlenweg 13,
79859 Schluchsee
T +49 (0) 7656 209
www.muehle-schluchsee.de

Marius Tröndle
Niclas Nussbaumer
mittags, Di, Mi, Feiertag ganztags
Menü 79 / 99 €

Nach der Trennung von Max Goldberg – am Herd verantwortlich für die Promotion der Mühle zur „Entdeckung des Jahres" im letzten Guide – können wir beruhigt vermelden: Eine Reise in den Hochschwarzwald lohnt weiterhin! Mit Niclas Nussbaumer (u. a. Erbprinz, Friedrichsruhe, Emma Wolf, Überfahrt) hat Patron Marius Tröndle schnell einen ebenso ambitionierten wie handwerklich extrem fundierten Küchenchef gefunden, der aus dem Stand heraus, so unser solider Eindruck aus der aktuellen Testsaison, beanspruchen kann, alles andere als ein Ersatzspieler zu sein! Unverändert gut gefielen uns wieder die schön aufgefrischten alten Stuben, gelassen ertrugen wir die generationenübergreifende Duzerei, mit Freude nahmen wir zur Kenntnis, dass die Nussbaumer-Küche sich durch große geschmackliche Klarheit und Ruhe auszeichnet – freilich ohne auch nur einen Anflug von Langeweile aufkommen zu lassen: klassisch-französisch grundiert, japanisch inspiriert. Einen ersten Eindruck vermittelten in der aktuellen Testsaison zum Einstieg ins Menü zwei Röllchen von der mild gebeizten Forelle in einer feinwürzigen Dashi-Vinaigrette, getoppt von gehobelten Radieschen und Zuckerschoten sowie einer gerösteten Reismayonnaise für Schmelz und Verbindung. Sehr schön! Klar, frisch, produktfokussiert, federleicht. Nicht auf puristische Transparenz, sondern auf einen harmonischen Mischgeschmack angelegt sodann eine Hühnerlebercreme mit Erbsen, Buchenpilzen, Chicorée sowie krosser Hühnerhaut in einer feinrauchigen Emulsion. Dazu eine Scheibe Nori-Brioche und die Freude über den zweiten bemerkenswert elegant angerichteten Teller! Hinreißend in seiner schlichten Optik und seinem perfekt balancierten geschmacklichen Ausdruck sodann ebenfalls ein abgeflämmter Selleriering von feiner Säure, gefüllt mit einem sahnigen Selleriepüree sowie einem kleinen Petersilien-Schalotten-Salat, getoppt von flüssigem Eigelb, knapp in Nussbutter confiert. Dazu eine leuchtend grüne Pilz-Dashi mit Petersilienöl und etwas knuspriges Selleriestroh. Großartig! So oder ähnlich ging es weiter im Menü, wir beschränken uns auf Stichworte: Imperial-Wachtelbrust, auf den Punkt kross-rosig gegart mit federleichter Teriyaki-Sauce und gezupftem Keulenragout mit Lauch-Hollandaise; glasiger Kaisergranat in intensivem, klaren Karkassenfond mit milder Mandellauchcreme, Artischocken und Wildkräutern; schließlich ein punktgenau gebratener Rehrücken aus eigener Jagd, dezent klassisch gewürzt, dazu eine schokoladendicke, fabelhaft tiefgründige, samtig-animalische Sauce mit Rehleber, ein Tupfen Blutwurstcreme. Zum Abschluss dann wieder ein Abstecher nach Fernost mittels einer frischen, leichten Verbindung von Duftreis-Eis, Bergamotte-Ganache und Physalis in einem Reisessigsüppchen – und der große Respekt vor einem Team unter dreißig, das hier oben im Hochschwarzwald so manchen gehypten Altmeister lässig in den Schatten stellt!

SCHMALLENBERG

Restaurant Hofstube Deimann

Alte Handelsstraße 5,
57392 Schmallenberg
T +49 (0) 2975 810
www.deimann.de/hofstube

- Jochen Deimann
- Felix Weber
- Jochen Deimann
- mittags, Mo, Di, So ganztags

Menü 119 / 149 €

Das Hotel Deimann gehört zu jenen Familienbetrieben, deren historische Fotos in den Gängen vom Wachstum erzählen. Wie in vergleichbaren Betrieben zeitigt die Architektur mit verwinkelten Wegen und Höhenunterschieden, dass für das immer wachsende Angebot verwirrende Wege in Kauf genommen werden. Neben Restaurant, Pensionsrestaurant, Bar, Bier- und Weinstube ist dann die Hofstube dazugekommen. Dass aus der einst als Lehrküche geplanten Räumlichkeit das Spielfeld für Koch Felix Weber wurde, ist ein Glücksfall. Gemeinsamer Start aller maximal fünf Tische und nur ein Menü. Dessen Anzahl an Gängen wird schon bei der Reservierung erfragt. Weber zahlt die zarte Gängelung mit Präzision zurück. Was knusprig ist, kracht im Mund wie Äste unter den Füßen bei einem Waldspaziergang. Was Tiefe benötigt, wie die Saucen, zieht einen hinab wie ein Korallenriff einen Taucher. Was Dramaturgie erfordert wie der Fischgang, liefert er nachvollziehbarer als die Handlung jedes Stücks Boulevardtheater. Nach Sauerkrautbrot, Espuma von Jalapeño mit Würfelchen Gurke und frittierten Reiskörnern und einem Tatar von Taschenkrebs ist es vor allem der zerrupfte (effiloché) Hummer, der Webers Fähigkeiten zum Glänzen bringt. Hummer als Basis, Sorbet von Apfel und Auster, Hummerstückchen und gegarte Auster als Kreis angerichtet, umgeben von einer Vinaigrette auf Dashi-Basis und Yuzu-Note. Wie auf einer kulinarischen U-Boot-Fahrt streift die Zunge die Vielfalt der Meeresgeschmäcker. Breitwandkino für die Zunge. Die Haut vom Zander verwandelt Weber in knusprige Flakes, die er über das satte Stück streut. Dank der Kapern-Rosinen-Jus auf Basis von Kalbsfond bekommt das sanfte Stück Fisch eine treffliche Erdung. Das Reh im Hauptgang bewahrt sich neben aller Zartheit seinen intensiven Wildgeschmack. Den Mut zu Akzenten verliert Weber ein wenig im Dessert „Karibischer Traum", der dennoch tadellos ist. Dass es im tiefsten Sauerland einen Service gibt, der Weltläufigkeit ausstrahlt, rundet das Vergnügen ab. Die Weinkarte versammelt vieles an Granden deutscher Rieslinge. Dass die Weine wie selbstverständlich aus hochwertigen Gläsern serviert werden – erfreulich!

SCHORNDORF

Gourmetrestaurant Nico Burkhardt

Höllgasse 9, 73614 Schorndorf
T +49 (0) 7181 6699 010
www.pfauen-schorndorf.de

- Bianca Burkhardt
- Nico Burkhardt
- mittags, Mo, Di, So ganztags

Menü 122 / 165 €

Von außen betrachtet reiht sich das Hotel Pfauen unauffällig in die Reihe herausgeputzter historischer Fachwerkhäuser ein, die das Bild in der Höllgasse prägen. Doch hinter der Fassade der Hausnummer 9 ist die Welt eine andere. Im modern schicken Interieur mit goldenen Farbtönen lässt Nico Burkhardt seiner Vorliebe für Inszenierungen freien Lauf und tischt in dem nur acht Plätze großen Gourmetrestaurant originelle Kreationen auf, die manchmal dekorativ etwas übertrieben wirken, aber immer mit besten Produkten und einem gekonnten Händchen für ideenvolle Zubereitungen unterfüttert sind. Burkhardt eröffnet sein Menü mit einer ganzen Batterie an Küchengrüßen. Das Goldene Ei ist mit französischen Berglinsen und Nussbutterschaum gefüllt, der Crab Cake vereint Büsumer Krabbe und Charantaiser Melone, das mit Trüffelcreme und Kapern verfeinerte Rindertatar steckt in einer Waffel, die kleine gedämpfte Teigtasche Bao Bun ist mit Poularde, Dijon Senf und Kopfsalat gefüllt und auf einer Blechdose ist ein Klecks Thunfischtatar mit Chili-Mayonnaise, Radieschen und Sesam drapiert. Doch das ist Burghardt noch nicht genug. Sein nächster Reigen ist eine Hommage an seine Frau Bianca, die griechische Wurzeln hat. Auf einer Minisäule liegt Pitabrot mit Tsatsiki, dazu gibt es Souflaki-Spießchen, griechischen Bauernsalat zerlegt in seine Komponenten und eine flüssige Olive, ein letzter Gruß aus der Molekularküche. Danach beginnen wir mit dem Essen. Und zwar mit einer wunderbar cremigen, mit Gin Tonic marinierten Gänseleber, begleitet von klassischer Brioche. Auf die Idee, Weinbergschnecken in einer halb aufgeschnittenen Flasche zu servieren, kommt auch nicht jeder. Nico Burghardt arrangiert sie mit Gerstenrisotto und Frankfurter Grüne Soße, ein paar Brombeeren sorgen für den erfrischenden säuerlichen Kick. Beim bissfesten Atlantik Steinbutt übernimmt diesen Part die mit Lauch und Eigelb verfeinerte Buttermilch, in der der Fisch badet. À part kommen im kleinen Schälchen Kalbskopf-Ragout mit Kaviar auf Blumenkohlpüree. Die zarte Taubenbrust, begleitet von Maiskölbchen, geschmortem und geräuchertem Paprika, Schwarzem Knoblauch und Kartoffelkrapfen, wird leider von einer profanen BBQ-Sauce entzaubert und auf einen rustikalen Western-Style degradiert. Dagegen setzt das Dessert „Biene Maja", ein Arrangement aus Waldhonig, Mohn, Manjari-Schokolade, Lavendel und Hafercrunch, zum geschmacklichen Höhenflug an. Apropos: bei der Weinauswahl bleibt man eher bescheiden auf dem Boden, hier könnte man mit mehr Vielfalt durchstarten.

SCHRAMBERG

Gasthof Hirsch

Hauptstraße 11, 78713 Schramberg
T +49 (0) 7422 2801 20
www.hotel-gasthof-hirsch.com

- Margarete Weber
- Thomas Zimmermann
- Do mittags, Di, Mi ganztags

Menü 40 / 80 €
Vorspeise 10 / 20 €
Hauptgang 20 / 40 €

Wenn der Adler kreist, das Lamm blökt, der Ochse mampft, der Hirsch röhrt – kann man als Gast Glück oder Pech haben. Im Süden nimmt die Anzahl der Tiernamen-Verköstigungsstätten rapide zu, die kulinarische Bandbreite ist qualitativ volatil. Aber dieser Hirsch ist ein Prachtexemplar! Das erfährt man Schritt für Schritt, wenn es hinter Fachwerk, vorbei am Weinkeller, die steile Treppe hoch ins Beletage-Restaurant geht. Ganz schön gediegen, ein wenig streng, der erste Eindruck. Doch wie wunderbar tönt die Speisekarte mit grundfranzösischer Ausrichtung, voller badischer und saisonaler Einsprengsel, zwischen provenzalischer Fischsuppe und Kraftbrühe vom Ochsenschwanz. Mal wieder Gänseleberterrine, glasierte Apfelspalten und Safranbrioche? Doch es gab Kalbsbries, und das kam perfekt präpariert und glasiert. Da brauchte es nicht als das kleine Salatbukett mit feiner Vinaigrette, dessen Simplizität eingangs gelesen noch verwunderte wie stilvoll alte Möbel, knarzender Holzboden und antike Tischlampen. Wunderbar unverfälschter Geschmack ist stets der Moment, Patron und Küchenmeister Thomas Zimmermann, geschult bei Harald Wohlfahrt und Franz Keller, jegliches Vertrauen zu schenken. Es folgten zarte Kalbsleberscheiben mit himmlischem Kartoffelpüree, geschmorten Zwiebeln mit Schwarzwälder Schinken und kräftig-dichter Jus. Herrlich die Steinbutt-Tranche beachtlicher Qualität mit traumwandlerisch präzis abgeschmeckter Rieslingsauce, wozu selbst Salzkartoffeln sich als Delikatesse gerierten. Gäbe es nicht Kapazitätsgrenzen, wäre es auch noch „Rindsroulade an Rotweinsauce mit jungem Gemüse & handgemachten Spätzle" geworden. Aber Platz musste bleiben für die klassischen Desserts, wie die „Mousse au chocolat", für die wollüstige Cremigkeit sehr schlicht betitelt, und die spektakuläre Gebäckauswahl. Die Stimmung schwang nun lebhaft wie der Boden – ein Mitverdienst der gut sortierten badisch-französische Weinkarte mit charmant trinkfreudiger Kalkulation.

Schramberg

SCHWÄBISCH GMÜND

Restaurant Krietsch (ehem. Fuggerei)

Münstergasse 2,
73525 Schwäbisch Gmünd
T +49 (0) 7171 30003
www.restaurant-krietsch.de

🔒 Mo, So ganztags
Menü 39 / 125 €
Vorspeise 8 / 19 €
Hauptgang 18 / 42 €

Die ehemalige Fuggerei befindet sich im ältesten Steinhaus der Stadt. Am Münsterplatz im Windschatten des Doms werden unter imposanten Kreuzgewölben oder auf der Terrasse beliebte Klassiker wie Wiener Schnitzel oder Cordon bleu serviert. Dem kulinari-schen Lokalpatriotismus huldigen der schwäbische Rostbraten mit Schmorzwiebeln und handgeschabten Spätzle oder die geschmälzten Maultaschen mit Kartoffel-Gurken-Salat. Auch ein veganes Menü wird angeboten, muss aber zwei Tage im Voraus bestellt werden. Bei den Weinen dominiert im Offenausschank die Region.

SCHWÄBISCH HALL

Eisenbahn

Karl-Kurz-Straße 2,
74523 Schwäbisch Hall
T +49 (0) 791 9306 60
www.landhauswolf.eu

🎀 Christa Wolf
👨‍🍳 Josef & Thomas Wolf
🖌 Christian Richter
🔒 mittags,
    Mo, Di, So, Feiertag ganztags
Menü 85 / 170 €
Vorspeise 35 / 35 €
Hauptgang 50 / 50 €

Hatten wir in der Vergangenheit hier immer wieder erstklassiges Handwerk und schnörkellose französische Klassik attestiert, so erlebten wir zuletzt einige konzeptionelle und handwerkliche Wackler, die uns (zumindest übergangsweise) zu einer Abwertung veranlassen. Schon bei den Grüßen wirkte die Kreationen unrund und zeigten wenig Feinabstimmung: Die falsche Tomate wartete mit einer Unwucht an Ziegenkäse auf, das Vitello tonnato war sehr trocken, die in Valrhona getauchte Entenleber wurde von der Schokolade geschmacklich erschlagen, während Räucheraal-Espuma im Cornetto gut ausbalanciert waren. Das eigentliche Amuse mit Kartoffelschaum mit Wachtelei mit einem Cracker mit sehr gutem Rindertatar obenauf verband sich ob der Zweiteiligkeit zu wenig und das Espuma war zu dicht und mächtig geraten. Nun gut, darüber könnte man noch hinwegsehen, hätte die Küche sich nicht an einem der genialsten Gerichte der neueren kulinarischen Zeit versucht, Martín Berasateguis Kombination aus Entenleber, Apfel, Aal und Pfefferkaramell von 1993. Leider, leider fand sich neben einem unglücklicherweise sehr fad schmeckenden Stück gebratener Leber die Terrine mit einem deutlich zu dicken Stück Räucheraal belegt, der haptisch wie geschmacklich die Leber ins Abseits stellte. Hier ist einfach hohe Exaktheit in der Dimensionierung notwendig, sonst resultiert nicht die geniale Harmonie mit Paukenschlag wie beim spanischen Meister. Schade. Aber dann kehrte die Küche zu ihrem wahren Können zurück: hervorragend herzhaft-mediterran zeigte sich die Rotbarbe guter Provenienz mit Sauce bourride und Kaperngremolata, leicht und beschwingt und in bester Harmonie. Der gebratene Rehrücken herausragender Qualität mit Rotweinquitte, Spitzkohl mit Waldpilzfüllung, Maronen und dreierlei Püree (Sellerie, Marone, Kürbis) stellte einen veritablen Hauptgang dar, den man sicher anders aber nicht besser kredenzen kann. Ausgezeichnetes Handwerk auch beim Grand-Manier-Soufflé mit hausgemachtem Vanilleeis, Chapeau in Bezug auf Konsistenz und Geschmack. Fazit: Wenn der Schuster bei seinem Leisten bleibt, stimmt's!

STAY & DINE

Landhaus Wolf
★★★ s

Karl-Kurz-Straße 2,
74523 Schwäbisch Hall
T +49 (0) 791 9306 60
www.landhauswolf.eu

Mitten im wunderschönen Baden-Württemberg, wo der Genuss zu Hause ist, liegt unser Landhaus. Wir sind ein familiengeführtes Hotel in der dritten Generation, voller Herzlichkeit, Moderne und Entspannung. Unsere Angebote sorgen dafür, dass alle Gäste Ihren Aufenthalt in vollen Zügen genießen können. Egal, ob Businessgast oder Familienurlauber – wir machen Ihren Aufenthalt zu etwas Besonderem. Haben Sie Lust auf einen Ausflug? Die historische Kulisse Schwäbisch Halls, reichhaltige kulturelle Angebote sowie abwechslungsreiche Ausflugsziele warten bereits.

Rebers Pflug

Weckriedener Straße 2,
74523 Schwäbisch Hall
T +49 (0) 791 9312 30
www.rebers-pflug.de

Anette Reber
Hans–Harald Reber
David Stubenvoll
Di, Mi, Do, Fr, Sa mittags,
Mo, So ganztags
Menü 70 / 120 €
Vorspeise 11 / 32 €
Hauptgang 28 / 47 €

Wir hatten Glück: In dieser Testsaison saßen wir an einem lauschigen Sommerabend im Garten, es brummten die Hummeln, dann und wann senkte sich ein Motorsegler zum Landeanflug auf den „Adolf Würth Airport Schwäbisch Hall". Die Gegend prosperiert. Das spürt man auch bei Anette und Hans-Harald Reber, die für Urlaubs- wie Geschäftsreisende gleichermaßen etwas auf ihrer Karte haben – von der Essenz vom heimischen Tafelspitz bis zum „Vital"-Salat, vom Krustentierschaumsüppchen bis zum trockengereiften Steak, nicht zu vergessen das Sechs-Gänge-Genießer-Menü. Das nennt man Kundenorientierung! Und die ist keineswegs beliebig. Noch immer gibt es zwar kein Amuse-Bouche, aber dann bestellt man es halt selbst: Wir wählten des Carpaccio vom Alb-Rind mit schwäbischem Parmesan „Via Aurelia". Sehr schön die frisch-würzige Salsa verde, der gehobelte Käse und das feine Fleisch, doch vollkommen Überflüssiges drückte letzteres aromatisch an die Wand: Zitrustupfen, eine Kräuter-Aioli und – am schlimmsten – eine „Trüffel"-Creme … Auch der Start ins Menü gelang nicht zu 100 Prozent: Stopfleber, im heißen Juni! Auch war sie ein bisschen salzig und eher schwer der dazugehörige karamellisierte Arme Ritter. Danach aber folgte durchgängig helle Freude, die die Bewertung haarscharf rettete. Hervorzuheben: das Tataki vom Färöer-Lachs auf Koriander-Couscous mit Dashi-Ingwer-Vinaigrette – ein klarer Teller mit einem glasig-zarten Top-Produkt. Dann die süffige-schönen Papardelle „Mare" mit auf den Punkt gegarten Wildfang-Garnelen, wachsig-festen Jakobsmuscheln und einem zart-aromatischen Pulpo an Safran-Fenchel, mit Tomaten-Allerlei und Parmesanschaum. Auch das Beste vom Duroc-Schwein an Senfsaatjus mit zweierlei Kichererbsen hielt sein Versprechen: rosiger Rücken, mürbe geschmorte Schulter, die Kirchererbsenbällchen mit Currynote, fermentierter Knoblauch zart dosiert. Und das abschließende Mascarpone-Limonen-Parfait mit Gartenbeeren, Cassissorbet, Verveine und karamellisierten Mandeln kam ebenfalls ohne Fehl und Tadel: frisch und nicht zu süß. Zu guter Letzt immer ein Lob wert ist die Weinkarte – mit Top-Weinen zu sehr angenehmen Preisen.

SCHWANGAU

Gams & Gloria

Am Ehberg 31, 87645 Schwangau
T +49 (0) 8362 8888
www.hotelruebezahl.de

🔒 mittags,
   Mo, Di, Mi, Do, Feiertag ganztags
Menü 109 / 146 €
Vorspeise 28 / 30 €
Hauptgang 28 / 39 €

Eine durch ihre Kreativität überraschende Fusion-Alpenküche wird in dieser traumhaft schönen Zirbelstube mit Herrgottswinkel und Hirschgeweih geboten – von der à la minute geräucherten Bachforelle mit Alpenkräutern über Involtini vom Kaninchen mit Kräuter-Gnocchi bis zum Ziegenkäse-Cheesecake mit Brombeere, Ahornsirup und Eierlikör. Wer sich auf ein ausgiebiges Menü freut, sollte wissen: Je größer es ausfallen soll, desto früher liegt die späteste Bestellzeit. Bei gewünschten sieben Gängen endet sie bereits um 18 Uhr.

SCHWARZENFELD

esskunst

Hauptstraße 24, 92521 Schwarzenfeld
T +49 (0) 9435 6999 610
www.restaurant-esskunst.de

🔒 Mi, Do, Fr, Sa mittags,
   Mo, Di, Feiertag ganztags
Menü 50 / 52 €
Vorspeise 8 / 14 €
Hauptgang 18 / 23 €

Das Motto des Gastgeberpaars Tamara Fäller und Christian Bernholz: Alles ist erlaubt, solange es schmeckt. Auf Basis hochwertiger Zutaten vereinen sie in ihrem Restaurant verschiedene Landesküchen und Stile. Die Karte ist nach drei Themen geordnet: Das „Land" etwa wird durch Maishähnchenbrust und Geflügelleber mit jungem Gemüse repräsentiert, bei „Wasser" findet man Saiblingsfilet mit Staudensellerie und Petersilienwurzelcreme. Schließlich werden noch „Alternativen" angeboten, dazu gehören hausgemachte Parmesan-Ricotta-Ravioli.

SCHWEINFURT

Kings & Queens

Bauerngasse 101, 97421 Schweinfurt
T +49 (0) 9721 5332 42
www.kingsqueens.eu

Sabine Wiederer & Edgar Bartl
Marc Wiederer
mittags, Mo, So, Feiertag ganztags
Menü 36 / 87 €
Vorspeise 10 / 16 €
Hauptgang 19 / 35 €

Res.

Wohlfühlen am Rande der Schweinfurter Innenstadt: Im gediegenen Wohnzimmer-Restaurant herrscht mit lediglich acht Tischen intime Atmosphäre. Aus dem vegetarischen, kleinen und großen Menü, zu wahrlich fairem Preis-Genuss-Verhältnis, können alle Gerichte separat geordert werden. Dazu setzt die ordentliche Weinkarte bei Weißen auf Franken und erkundet beim Roten Europa. Dass grundlegend mit geschmackssicherem Handwerk gekocht wird, zeigte bereits eine Kleinigkeit, saftig-säuerlicher Linsensalat mit Aalschaum, Aalstücken und Meerrettich. Danach erfreuten gebratenes Kalbsbries und gebackener Kalbskopf, neben Salat mit fruchtig-säuerlicher Vinaigrette angemessen und unkompliziert begleitet von Trüffeljus, Kräuteröl sowie Petersilienwurzelpüree und -knusper. Bei als „Unsere Kings & Queens Tapas" angekündigter Dreifaltigkeit wurde es latent einfältiger. Solide Jakobsmuschel auf Bulgur und eine Art Sauce Choron mit gebratener Chorizo und Mandeln gingen in Ordnung, doch kühle Parmesan-Panna-cotta mit angetrockneten Oliven vergnügte aufgrund von Fadheit und Kompaktheit weniger. Anschließend hatte rustikales Braten auf der Haut der Saftigkeit Atlantik-Saiblings leider vollends den Garaus gemacht; das rissen Erbsenpüree, Ofentomaten und Tomatenschaum in hemdsärmeliger Manier nicht heraus. Bei den Hauptgängen, behutsam medium rare gebratenen US-Roastbeef-Tranchen und rosa gegarten Lammrücken verließ sich die Küche zurecht auf gute Fleischqualität; allenfalls solide gesellten sich zum Roastbeef, neben von Teriyaki aromatisierter Jus, Lauch, Stangenbohne, wilder Brokkoli und Camargue-Reis sowie zum Lamm knackiges Ratatouille mit rauchiger Aromenwucht, gebratene Polentawürfel und kräftige Jus. Ein in Summe zuverlässiger Gesamteindruck, der im Detail beizeiten ein wenig mehr Pfiff vertrüge. Das bedeutet allerdings nicht, wie beim Dessert, weiße Schokomousse mit Yuzusorbet in weihnachtliche Keks-Erde den Knallbrause-Texturgeber Peta Zeta als kreativen Paukenschlag zu integrieren.

SCHWENDI

Restaurant Kugelmühle

Georg-Schäfer-Straße 30,
97421 Schweinfurt
T +49 (0) 9721 9147 02
www.restaurant-kugelmuehle.de

 Sa, So, Feiertag ganztags
Menü 37 / 85 €

Glas, Chrom und dunkles Holz bestimmen das Ambiente dieses Restaurant, das auf dem Gelände einer Wälzlagerfabrik liegt. Inhaber und Küchenchef ist Max Matreux, ein gebürtiger Franke, der nicht ausschließlich, aber gern und oft klassisch französisch kocht, etwa Kalbsbries in Madeirajus mit Gemüse unter der Blätterteighaube oder eine ganze gefüllte Wachtel in Portweinsauce mit glacierten Trauben und Karotten. Die Weinkarte versammelt mit viele Flaschen aus Franken und ist fair kalkuliert, der Service agiert sehr freundlich.

SCHWENDI

Restaurant Esszimmer

Hauptstraße 9–15, 88477 Schwendi
T +49 (0) 7353 98490
www.oberschwaebischer-hof.de

 Anna-Maria Reisch
Julius Reisch
Anna-Maria Reisch
Mi, Do, Fr mittags,
So, Feiertag abends,
Mo, Di ganztags
Menü 69 / 139 €
Vorspeise 24 / 39 €
Hauptgang 34 / 59 €

Der junge Julius Reisch ist nach Stationen von Sylt bis Baiersbronn ins Elternhaus zurückgekehrt. Hier mischt er im Esszimmer die kulinarische Landschaft Oberschwabens gehörig auf. Sein Menü zeigt bereits große Stilsicherheit und unerbittliche Genauigkeit. Schon bei der Brotauswahl (Kartoffelbrötchen, Sauerteigbrot, Haferknäckebrot, Frischkäse mit Yuzu und Chili) möchte man länger verweilen. Die Butter stammt sogar von Maître Anthony, entsprechend hoch ist ihre Qualität. Voraus gibt es Flusskrebse aus der nahen Rot, Beluga-Linsen, Beurre blanc, Kapuzinerkapern, Croûtons und Meerrettich, ein äußerst einladendes Arrangement. Beim ersten Gang vereint Reisch Süßkartoffel, Sanddorn-Miso und vietnamesischen Koriander. Dieser makellos gelayoutete Teller erschließt den Gaumen mit einem aromatischen Paukenschlag; eine gute Portion exotischer Kräuterwürze gibt im Akkord den Ton an. Ein herausragendes Produkt ist der Kaisergranat aus Dänemark. Ihm sind verschiedene Segmente vom Kürbis beigesellt, die Krustentieressenz ist mit Yuzu aromatisiert. Der Kabeljau wird in brauner Butter geröstet, unten liegt Brunnenkresse-Brandade, obenauf Osietra-Kaviar und zuoberst Seeigel-Schaum – hier zeigt sich ein fein austariertes, im Grundsatz traditionelles Aromenbild. Die Taube wird erst als Keule, dann als Brust serviert, erstere mit Spitzkohl, Sellerie und Haselnuss. Der zweite Teller gibt sich dann klassisch, doch verbirgt sich dahinter eine Spur Saisonalität und Lokalität. Wir finden hier nämlich nicht die bekannten Edelpilze, sondern in der Spitzenküche kaum verwendete Sorten wie Semmelstoppler und Krause Glucke. Das Sorbet zwischendurch, anderswo kaum der Erwähnung wert, überzeugt hier: Es besteht aus gelber Paprika samt Sesam, Holunderblüte und einer Spur weißer Schokolade. Dazu kommt ein spürbares Maß Schärfe, die den Gaumen wohl noch mehr frei macht als die Süße. Ausbalanciert und moderat portioniert ist schließlich das Dessert, eine Variation von der Zwetschge mit Champagnergranité. All dies wird eingerahmt von Häppchen, die auf einer Etagere serviert werden. Zum Champagner voraus sind dies Pommes soufflées mit Paprika und Mango, Rote-Bete-Macaron mit Meerrettichmousse und Cranberry, Buttermilchschnitte mit Stangensellerie, als Friandises dann Apfelkuchen, Canellono mit Orangenblütenaroma und hausgemachte Pralinen. Ein eminent abwechslungsreicher kulinarischer Reigen.

SCHWERIN

Weinhaus Uhle

Schusterstraße 13–15,
19055 Schwerin
T +49 (0) 385 4893 9430
www.weinhaus-uhle.de

Annika & Dirk Frymark
Ronny Bell & Holger Mootz
mittags, Mo, So ganztags
Menü 60 / 140 €

Stilvoll-elegant sitzt man in der schmucken Landeshauptstadt unter beeindruckend hoher Decke des historischen Tonnengewölbes der Traditionsadresse. Die vornehmlich deutsch-französische Weinkarte, erfreulich viele Ost-Weine (Hey, Schwarz, Gussek), rechtfertigt den Restaurantnamen, wenngleich die Weinbegleitung Progressiveres aus Jura und Beaujolais bot. Das passte zum von Ehrgeiz und Kreativität des Küchenduos geprägten, bis zu elfgängigen Menü. Nach wunderbar einstimmendem Lokalkolorit, Sanddorncreme-Windbeutel, Ostseefisch-Sülze im hauchdünnen Knusperteig oder Kümmelquark mit Rapsöl zum Trester-Brot, hätten ein Riegel Brunnenkresse-Mousse, Spargel-Tatar, Hanfsaat, fermentierter Rettich und gepickelte Radieschen pointierteres Würzen vertragen. Andere Gerichte litten unter Amuse-Gueule-Portionsgröße, wobei es uns explizit nicht ums Sättigungsgefühl, sondern ums Schwelgen, die Chance, mehr als drei Gäbelchen essen und ein Teelöffelchen Sauce goutieren zu können, geht. Denn die Produkte (viel Regionales) sind gut, originelle Ideen (weltläufig) existieren und individueller Geschmack, der noch mehr Fokussierung vertrüge, ist erahnbar. All das zeigte exemplarisch topfrischer Müritz-Zander mit Petersilien-Beurre-blanc und aromatisch speziellem, süßsäuerlichem Sanddorn-Risotto. Zu gerne hätten wir uns hineingelegt in die wohldosiert würzig-rauchige, leicht japanisch abgeschmeckte Schmor-Portion Short Rib mit Rauchaal-Ragout, deftigem Blutwurst-Raviolo und Zwiebelcreme in Perlzwiebelelementen. Während Gehlsbach-Saibling, Lauch-Eis, platzende Rote Bete und Kardamom-Vanille-Sud animierend kreativ-stimmig gelangen, ging auf den letzten Hauptgericht-Metern die Luft aus. Zum souverän dargebotenen Schweriner Rehrücken langweilten trotz guter Süßholzreduktion Erbsenpüree mit Gemüsebrunoise und Erdnuss sowie wohlbekannte, cremig gefüllte Kartoffelkiste mediokrer Ausführung. Da gelangen Buchweizen-Eis und Kerbel-Kaltschale als mittelsüßes, getreidig-nussiges Dessert besser.

SCHWETZINGEN

möbius lebensmittel.punkt

Kurfürstenstraße 22,
68723 Schwetzingen
T +49 (0) 6202 6085 020
www.dermoebius.com

abends, So, Feiertag ganztags
Menü 19 / 48 €

Das einstige Bistro mit angeschlossenem Feinkostgeschäft ist nun ein Feinkostladen mit Mittagstisch. Denn Tommy R. Möbius hat das klassische Abendgeschäft aufgegeben, schließt meist bereits um 18 Uhr. Allerdings lassen sich die täglich wechselnden Mittagsgerichte wie Bœuf Stroganoff mit Rösti, ein Hühnerfrikassee „Deluxe" oder das Gemüsecurry mit Thai Basilikum und Kokos nach Vorbestellung fürs heimische Dinner abholen. Gelegentlich werden hier allerdings auch noch abends Gäste empfangen: bei Kochevents und Küchenpartys.

SELZEN

Kaupers im Kapellenhof

Anfahrt über Kirschgartenstraße 13,
55278 Selzen
T +49 (0) 6737 8325
www.kaupers-kapellenhof.de

 Nora Breyer
Sebastian Kauper
Nora Breyer
Fr, Sa mittags,
Mo, Di, Mi, Do ganztags
Menü 110 / 125 €

Nachdem wir letztes Jahr keinen Tisch ergattern konnten, war die Vorfreude auf dieses inmitten des rheinhessischen Winzerlandes gelegene Kleinod umso größer. Die Öffnungszeiten werden beschränkt auf Freitag, Samstag und einen „Late Lunch" am Sonntag bleiben, wie wir von der leidenschaftlichen Gastgeberin Nora Breyer vernommen haben. In der Tat scheinen sie und ihr allein am Herd wirkender Lebensgefährten Sebastian Kauper angekommen zu sein, das Gesamterlebnis wirkt authentisch und überaus eigenständig-stringent – man kann es sicher anders, aber nicht besser machen! Regional ist Motto aber kein Dogma für Sebastian Kauper – was er hier serviert, kehrt erfreulich ab von den üblichen Verdächtigen der Spitzengastronomie, zeigt aber dennoch allerbestes Handwerk und Aromen-Abstimmung. Nach einem ofenfrischen „Corona Croissant" aus Sauerteig mit etwas Meersalz, markiert die „Buddderstulle" mit zweierlei Butter den Einstieg in das Menü. Die Lacher See Renke bereitet Kauper mit leichten Räuchernoten zu und lässt sie auf der Hautseite kurz anziehen – die Dualität von kalt und warm gefiel uns ausgesprochen gut, herrlich leicht gebettet in einen Sud von Gurke und Dill, mit etwas Dill-Heublumen-Püree für zusätzliche Herbalität und Würze perfekt akzentuiert. Ein wirklicher Paukenschlag schloss sich an: die „rheinhessische Friese", bestehend aus einem im Ganzen gegrillten Minimaiskolben („mit Haut und Haaren"), Maiscreme, Eigelbbutter und einer Leindotteremulsion. Allein die gesamthafte Degustation des Maiskolbens fächerte ein nicht bekanntes texturelles wie aromatisches Spektrum auf, das mit Eigelb und Leindotter süß-säuerlich bestens in Szene gesetzt wurde. Auch beim nachfolgenden Tramezzini gefüllt mit Lamm präsentierte Kauper eine Selzer Feldzwiebel samt leicht karamellisierter Schale, ein Hochgenuss. Dass so ganz nebenbei die Dimensionierung und Garung der Tramezzini hohes Fingerspitzengefühl verlangt, muss erwähnt werden, da das Lamm wunderbar saftig und die Weißbrothülle eben nicht zu dominant wirkte. Nach einem sehr guten Blutorangensorbet folgte dann ein wahrhafter Hauptgang: Ein saftiges und herzhaft aromatisches Stück Ochsenfilet tanzte mit einer wiederum im Ganzen gegarten Knollensellerie, etwas Petersilienpüree und einer formidablen Kalbsjus. Nach einer hervorragenden Auswahl selbst affinierter Käse vollendete ein Liebesgras Savarin mit etwas Nougat, Waldheidelbeeren (Sorbet und kaltgerührt) mit einer Liebesgrassoße ein bemerkenswertes Mahl, das man so in der Gesamtschau landauf landab nicht ein zweites Mal finden wird. Chapeau!

SIMMERSHOFEN

Winzerhof & Weinrestaurant Stahl

Lange Dorfstraße 21,
97215 Simmershofen
T +49 (0) 9848 96896
www.winzerhof-stahl.de

- Simone Stahl
- Christian Stahl & Mirko Schweiger
- Constantin Müller

Menü 195 / 195 €

Weingut mit angeschlossener gehobener Küche? Fine-Dining-Restaurant mit Weingutsbackground? Stimmungsvoll-romantische Eventlocation mit eigenem Wein und Pop-up-Küche auf Haubenniveau? Den Winzerhof Stahl angemessen zu beschreiben, ist nicht einfach. Denn alle drei Beschreibungen treffen zu – und werden ihm doch nicht völlig gerecht. Wirklich klar scheint eines: Niemand verkörpert die Binse, dass guter Wein zu gutem Essen gehört, so perfekt in einer Person wie Christian Stahl. Denn der ist höchst erfolgreicher Produzent feiner und feinster fränkischer Weine ebenso wie gleichzeitig verantwortlicher Küchenchef für das in Auernhofen servierte Menü. Das bietet – nach Eigeneinschätzung – fränkische Haute Cuisine und erhebt sich weit über die auf Weingütern mit eigener Küche sonst meist vorherrschenden Straußenwirtschafts-Tristesse. Dem eigenen Fine-Dining-Anspruch wird der studierte Weinbauingenieur und Küchenautodidakt Christian Stahl – wenn

auch nicht in durchgehender Perfektion – so doch mit beeindruckender Konstanz gerecht. Das gebotene siebengängige Überraschungsmemü zeigt Willen und Fähigkeit zur Verfeinerung ohne seine ruralen Herkunft völlig zu verleugnen. Die marinierte fränkische Forelle von hervorragender Qualität wird von Yuzu begleitet, die Pasta ist mit feinem Perlhuhn gefüllt und ziert zudem nicht als ordinärer Raviolo, sondern als deutlich elaboriertere Fagottini die Teller. Und das sie begleitende Eigelb darf eine perfekte Garung ebenso für sich in Anspruch nehmen, wie der Hof-Klassiker, das Flanksteak (je nach Saison mal vom Grill oder im Salzteig gegart). Begleitet werden die Teller – wie sollte es anders sein – von zu den einzelnen Gängen handverlesenen Weinen des Hauses. Es gibt in Deutschland ganz ohne Zweifel viele Orte, an denen der Sommelier zu den Küchenkreationen aus einer Vielzahl an Positionen den perfekt passenden Wein heraussucht. Aber ein Restaurant, in dem der Macher der Weine höchstpersönlich nicht nur die Pairings empfiehlt, sondern seinen Fine Wines die passenden Teller gleichsam auf den Leib kocht, dürfte hierzulande – wenigstens auf diesem Niveau – einmalig sein.

SIMONSWALD

Hugenhof

Am Neuenberg 14, 79263 Simonswald
T +49 (0) 7683 9300 66
www.hugenhof.de

Petra Ringwald
Klaus Ditz
Petra Ringwald
mittags, Mo, Di, Feiertag ganztags
Menü 62 / 62 €

Corona-Blues in der Freiburger Innenstadt, gähnende Leere, große Gastronomen-Klage. Hier oben hoch im Schwarzwaldtal, so weit vom Schuss, wie man sich das nur vorstellen kann, ist davon keine Rede. Bei Petra Ringwald und Klaus Ditz brummt's wie eh und je, Reservierungen sind nach wie vor eine Herausforderung, Tickets für Bayreuth bekommt man inzwischen leichter. Was auch daran liegt, dass der Hugenhof auf seinem Zauberhügel so weit entfernt ist von Walhall wie die Küche von Klaus Ditz (geprägt von Hans Stucki und von Michael Baader im Basler Teufelhof) von großer Oper. Aufgeführt wird hier ein Kammerspiel, seit Jahren auf konstant hohem Niveau. Sorgfalt, Konsequenz und Gastlichkeit sind die Stichworte, ihre Umsetzung erkennt man in der Weinkarte wie der Tischkultur (hauchzarte, perfekt polierte Gläser von Gabriel bis Riedl), im persönlichen, stets freundlichen, aber nie anbiedernden Service, sowie – natürlich vor allem: an der Küche. Abend für Abend wird hier ein kleines Menü in vier Gängen zu sagenhaft gastfreundlichen 62 Euro angeboten, filigran ohne Versponnenheit, von souveränem Handwerk, ohne eitle Experimente oder Moden. Jüngst begann es mit einem Duett vom feinen, festen, mild aromatisierten Gewürzlachs – als Tranche auf Roter Bete sowie als Tatar –, begleitet von einem bilderbuchschönen Feldsalat, einigen knusprigen Schwarzwurzelchips sowie einer knackigen Garnele als kleine Zugabe. Außerhalb des regulären Menüs sodann eine goldene, intensive, getrüffelte Entenessenz mit kleinen, hauchzarten Gänseleber-Ravioli: meisterlich! Gefolgt von einem saftig-blättrigen Skrei-Medaillon auf Fenchel-Rucola-Ravioli in einer aromatischen, samtigen Hummersauce. Gelegenheit für Petra Ringwald (nach feinfruchtigem Moselriesling und einer Flasche Umathum „Königlicher Wein MMXVI")

einen eleganten Bordeaux aus ihren wohlbestückten Weinkühlschränken zu ziehen, bot im Hauptgang die köstliche Allianz von rosigem Rinderrücken und geschmortem Ochsenschwanz auf Speckschaum und Kartoffel-Topinambur-Püree. Köstlich! Abschließend noch ein aufwendig geschichtetes Passionsfrucht-Baumkuchen-Moussetörtchen mit Ananas, Papaya und Kokos-Eis und die schöne Erkenntnis: Qualität, Substanz und eine klare Linie ermöglichen Zufriedenheit bei Gästen wie bei Gastgebern auch noch im hintersten Winkel. Beruhigend!

SOMMERHAUSEN

Philipp

Hauptstraße 12,
97286 Sommerhausen
T +49 (0) 9333 1406
www.restaurant-philipp.de

- Heike Philipp
- Michael Philipp
- Heike Philipp
- Fr mittags, Mo, Di, Mi, Do ganztags

Menü 74 / 159 €
Vorspeise 29 / 45 €
Hauptgang 39 / 69 €

Res.

Im Wikipedia-Eintrag der kleinen Marktgemeinde Sommerhausen am Main steht Michael Philipp unter „Persönlichkeiten, die vor Ort wirkten". Wir sind froh, dass er gemeinsam mit Ehefrau Heike – charmante Gastgeberin und versierte Sommelière – weiterhin im wunderschönen, Renaissance-Fachwerk-Palais mit Zimmern und Sommerterrasse tätig ist. Als „klassisch-französisch mit lokalem Einschlag" beschreit Philipp – seit über 20 Jahren selbstständig, zuvor in den legendären Schweizer Stuben bei Fritz Schilling geschliffen – seine Küche beinahe bescheiden. Denn schließlich modernisiert er traditionelle Geschmacksbilder subtil. So tischte er uns im intimen hellfreundlichen Gastraum mit Holzbalken als erst Wan Tan-Hörnchen, eins mit Forellenmousse und -kaviar, eins mit Paprikacreme, auf. Das Amuse-Gueule verdeutlichte mit Hamachi, welch gute Zutatenqualitäten zum Einsatz kommen. Bergamottesorbet, Yuzucreme, Mango und pikanter Togarashi-Sud inszenierten als teil-globale Aromen hervorragenden Fisch bestens. Ähnlich erfrischenden, handwerklich exakten Eindruck hinterließ Gin gebeizter Lachs mit Gurkenwürfeln und -sud, Avocadocreme und üppiger Kaviarnocke. Dazu erfreute Sauvignon Blanc „Rödelseer Küchenmeister" aus 2020 von Paul Weltner – schließlich sind wir inmitten des fränkischen Weinanbaugebiets. Mit Frucht, Struktur und Muschelkalk-Mineralität war anschließend 2020er Silvaner „Freiraum" vom Weingut Rainer Sauer idealer breitschultriger Sparringspartner für den nach Zehenspitzen-Gängen deutlich wuchtigeren aromatischen Fußabdruck wunderbarer Agnolotti mit Perlhuhn-Füllung, gebratenen Pfifferlingen und kräftig-salzigem Parmesan, ungewöhnliche 40 Monate gereift, in samtiger Buttersauce. Diese Richtung schlugen Husumer Lammkoteletts, gerade noch rosa gegart, ebenfalls ein. Hier griff am stärksten ein klassisches Wohlgeschmacksbild, das dichte, mit Thymian aromatisierte Sauce und Artischocken unterstrichen und seidig cremiger Hummus minimal ins Zeitgeistige verschob. Zum gelungenen Dessert, geschmorte Aprikosen mit Dulcey-Schokoladencreme, Crumble und Joghurteis, schaute Sommelière Philipp mit dem Süßwein „Wiquem" vorbei. Das Weingut Wirsching huldigt mit seiner Auslese (Riesling, Weißburgunder, Rieslaner) im Sauternes-Stil mit Namen und Design dem legendären Château d'Yquem.

SONNENBÜHL

Dorfstube im Romantik Hotel

Im Dorf 12, 72820 Sonnenbühl
T +49 (0) 7128 92910
www.romantikhotel-hirsch.de/de/
dorfstube.html

Vorspeise 8 / 15 €
Hauptgang 16 / 32 €

Ein holzvertäfeltes Wirtshausidyll, ebenso hübsch wie gemütlich, ist das Zweitrestaurant des auf der schwäbischen Alb gelegenen Hotels „Hirsch". Die Gerichte der „Dorfstube" werden verfeinert-rustikal und meist aus regionalen Zutaten zubereitet. Neben den Klassikern Maultaschen und Zwiebelrostbraten stehen Innereien wie süßsaure Suppe mit Alblamm-Nieren oder Rinderkutteln im Rotweinsud auf der Karte. Dazu passt ein Württemberger Viertele oder eine der fair kalkulierten Flaschen.

Hirsch

Im Dorf 12, 72820 Sonnenbühl
T +49 (0) 7128 92910
www.romantikhotel-hirsch.de

 Silke Windhösel
 Gerd Windhösel
 Ulrich Pfleiderer
Do mittags, Mo, Di, Mi ganztags
Menü 56 / 120 €
Vorspeise 18 / 26 €
Hauptgang 40 / 50 €

Die Lage im Biosphärengebiet Schwäbische Alb ist prädestiniert für eine Küche, die auf regionalen Zutaten basiert – und konsequenterweise verlässt Gerd Windhösel sich in seinem Restaurant im hellen Landhausstil denn auch weitgehend auf lokale Viktualien. Unser Regionalmenü in der aktuellen Testsaison begann puristisch-klar und produktorientiert mit einer erfrischenden Tomatensalsa und einer Tomatenmousse als Gruß aus der Küche. Die folgende Seckach-Forelle aus dem heißen Gewürzrauch mit Mangold, Buchweizen und Basilikumsauce kam perfekt saftig gegart auf den Teller, umschmeichelt von einer sahnig-süffigen Sauce, die jedoch aromatisch nicht ganz mit der kräftigen Rauchnote der Forelle mithalten konnte. Dennoch ein Gang, der deutlich zeigte, wie erfreulich sich hier das handwerkliche Können der Küche mit besten Grundprodukten vereint. Das im Hauptgang präsentierte, vierundzwanzig Stunden niedertemperaturgegarte Flankenstück vom „Alb-Wagyu" schloss sich nahtlos an: zart-mürbe das Fleisch, das begleitende Wurzelgemüse von leichtem Biss, nur die Kartoffeln fielen leider etwas fade aus. Ganz anders freilich die glänzende Holunderjus, die das Gericht optisch und geschmacklich grundierte und zugleich die hauchdünnen Scheiben der sparsam applizierten Sommertrüffel geschmacklich erdrückte – hier hätte wahlweise Verzicht oder etwas mehr Großzügigkeit Sinn ergeben. Ein wenig mehr Balance hätten wir uns auch beim handwerklich tadellosen Dessert gewünscht, hier wurden schöne Herzkirschen, eingelegt und als Sülze, von Minzeis und -schaum dominiert. Unter dem Strich bleibt uns nur zu betonen, dass sich jeder Landstrich glücklich schätzen könnte, ein solches Gasthaus zu haben! Was wir kritisch anzumerken haben, soll dabei helfen, das Potenzial, das wir sowohl auf der Produktseite wie in den handwerklichen Grundlagen klar erkennen, weiter auszubauen.

SPALT

Gasthof Hoffmanns-Keller

Windsbacher Straße 21, 91174 Spalt
T +49 (0) 9175 857
www.hoffmanns-keller.de

🔒 Mo, Do, Fr mittags,
   Di, Mi ganztags
Menü 28 / 45 €
Vorspeise 7 / 12 €
Hauptgang 10 / 24 €

Andrea Reisinger-Hoffmann, Tochter des Hauses in vierter Generation, lernte während ihrer Wanderjahre in Wien ihren Mann Wolfgang kennen – und brachte den Österreicher mit nach Hause. Deshalb werden im historischen Fachwerk des Hoffmannskellers in der Hopfenstadt Spalt heute nicht nur regionale Wirtshausklassiker wie Fränkischer Sauerbraten oder Ofenfrisches Schäuferle (nur mittags an Sonn- und Feiertagen) serviert, sondern auch Mühlviertler Kaspressknödelsuppe und Eierschwammerl-Gulasch (Pfifferling-Gulasch). Die bayerisch-österreichische Melange gelingt hervorragend – und das bei erstaunlich niedrigen Preisen.

STARNBERG

Gourmetrestaurant Aubergine

Münchner Straße 17, 82319 Starnberg
T +49 (0) 8151 4470 290
www.aubergine-starnberg.de

🎀 Claudia Mikschowsky
👨‍🍳 Maximilian Moser
✍ Claudia Mikschowsky
🔒 mittags,
   Mo, Di, So, Feiertag ganztags
Menü 104 / 124 €

Am Ufer des Starnberger Sees, im Hotel Vier Jahreszeiten, kocht sich Maximilian Moser durch die Welt: ein bisschen Japan, etwas Mittelmeer, mal ein wenig Peru, gerne auch französische Klassik und natürlich Regionales. Dabei schickt er seine Gäste aber nicht als Backpacker auf die Reise, die gefordert werden wollen – sondern als Kreuzfahrttouristen, denen er mit der Beschränkung auf vertraute Geschmacksbilder einen sicheren Hafen bietet. Seine Teller sind handwerklich sauber, hübsch gestaltet ohnehin, aber eben mitunter auch etwas brav. Den derzeit unvermeidlichen Hamachi zum Beispiel serviert er mit Ponzu, eine so nahe liegende wie sinnvolle Ergänzung. Da sich aber Nashi-Birne und Daikon-Rettich an der Seite kaum gegen die Zitrussäure behaupten können, fehlt es dem Gericht an Spannung. Der Lammrücken auf Bulgur im Hauptgang trägt eine biedere Haube aus Dörrpflaume und Cashew, die gezupfte Lammschulter in Joghurthülle dazu gibt eine schöne Variation. Überaus stimmig sind die Jakobsmuscheln auf Erbsen-Perlgraupen-Risotto, die ein Schaum aus fermentiertem Pfeffer aus der Süßreserve lockt. Ohne Raffinesse kommen dagegen die beiden vegetarischen Gänge daher, die Moser als Alternative anbietet: ein mächtiger Arancino mit mediterranem Gemüse und Parmesanspänen sowie ziegenkäsegefüllte Gnocchi mit Tomatenmarmelade und -schaum und wildem Brokkoli. Die gut bestückte Weinkarte bietet außergewöhnlich viele Positionen im unteren Preissegment. Fazit: Noch sitzt die zweite Haube – aber sie wackelt bedenklich ...

STAUFEN IM BREISGAU

Ambiente

Ballrechterstraße 8,
79219 Staufen im Breisgau
T +49 (0) 7633 8024 42
www.restaurant-ambiente.com

- Melanie Luiz
- Mathias Luiz
- Fr, Sa mittags,
  Mi, Do, Feiertag ganztags

Menü 57 / 77 €
Vorspeise 17 / 24 €
Hauptgang 32 / 42 €

Die gastronomische Entwicklung der Republik hat sich seit den Urgründen der 70er-Jahre fabelhaft entwickelt, das musste an seinem seligen Ende selbst Wolfram Siebeck einräumen. Was er allerdings stets und völlig zu Recht bemängelte, war die weitgehende Abwesenheit jener unkompliziert-sorgfältigen, bürgerlichen Kleinrestaurants, die in Frankreich eine so wunderbare Tradition besitzen: Monsieur in der Küche, Madame im (Allein-)Service, im Angebot eine gepflegte, unaufgeregte Frischeküche ohne jede rustikale Folklore oder hyperkreative Ambition. Das kleine Ambiente von Melanie und Mathias Luiz ist eine solche rare Adresse – und zwar seit inzwischen schon mehr als 20 Jahren! Seither hat sich an den Pfeilern der Gastlichkeit dieses sympathischen Kammerspiels nichts geändert, Sorgfalt steht im Zentrum allen Handelns, die Zufriedenheit der zahlreichen Stammgäste Kernanliegen. Auf der kleinen, handgeschriebenen Speisekarte wird folglich keinen Trends und Moden hinterhergehetzt, stattdessen wird frisch und leicht aufgekocht und stets so elegant wie klar angerichtet: mal eine festfleischige, sensibel gebeizte Lachsforelle um einen kleinen Linsensalat mit ein paar Tupfern Limonen-Schmand; mal punktgenau gegarte Fettuccine mit schwarzen Trüffeln (und selbstverständlich ohne „Trüffelöl"!); mal saftig-blättrig-krosser Zander mit wildem Brokkoli und einer kleinen Beurre blanc; mal rosiger Kalbsrücken mit exakt dosierter Senfkruste auf einem leuchtendgrünen Wirsingbett von feinem Biss in einer Burgunderjus. Die Weinkarte führt kundig sortiert durch Baden, die deutschen Riesling-Bastionen und das ein oder andere ausgewählte europäische Anbaugebiet, die hauchzarten Gläser kommen makellos poliert auf den Tisch und die Messer für den Hauptgang aus Laguiole. Hierher müssten Berufsschul-Exkursionen führen!

Die Krone

Hauptstraße 30,
79219 Staufen im Breisgau
T +49 (0) 7633 5840
www.die-krone.de

- Mo, Di, Mi, Do, Fr mittags,
  Sa ganztags

Menü 34 / 47 €
Vorspeise 11 / 20 €
Hauptgang 18 / 35 €

Die alteingesessene, familiär-persönlich geführte Krone liegt in der malerischen Staufener Altstadt und wurde als Gasthaus bereits im Jahr 1520 erstmals erwähnt. Feine badische Regionalküche wird hier serviert – angefangen bei Gänseleberterrine über Filet vom weißen Heilbutt in Zitronen-Kapern-Butter auf Blattspinat bis zum in Ahr-Spätburgunder geschmorten Rinderbäckle auf Karotten-Kartoffelstampf mit glasiertem Spitzkohl. Die Zutaten: nach Möglichkeit regional, nicht selten aus ökologischem Anbau oder biologischer Zucht.

STOLPE AN DER PEENE

Gutshaus Stolpe

Peenstraße 33,
17391 Stolpe an der Peene
T +49 (0) 39721 5500
www.gutshaus-stolpe.de

- Jan Vollmar-Lederer
- Stephan Krogmann
- Jan Vollmar-Lederer
- mittags, Mo, Di, So ganztags

Menü 120 / 150 €
Vorspeise 28 / 35 €
Hauptgang 42 / 55 €

Kai Weigand ist, man wird ihm mit dieser Zuordnung nicht zu nahe treten, ein Tim-Raue-Gewächs – vom Flagship-Restaurant an der Rudi-Dutschke-Straße über die Brasserie Colette bis zum Sra Bua im Adlon (als Küchenchef) hat er das Universum des Berliner Tausendsassas umfassend durchmessen. Seit 2021 ist er nun Küchenchef im schönen Gutshaus an der Peene – und hier ticken die Uhren anders als in der Hauptstadt: Stille über Kopfsteinpflaster, Störche ziehen, Alleen rauschen. Weigand hat sich darauf eingestellt, seine Karte liest sich so, wie es dem Rahmen entspricht: Hummer, Steinbutt, Ibérico. Zur Begrüßung servierte er in der aktuellen Testsaison ein „Œuf Surprise", das eine Blumenkohlcreme, Räucheraal, Imperial-Kaviar und Granité vom Blumenkohl vereinigte – worunter leider der Kaviar ein wenig litt, der der Eiseskälte nichts entgegenzusetzen hatte. Ein Schicksal, das er mit dem folgenden Amuse-Bouche-Mosaik vom zarten (salzarmen) Saibling teilte, dem ein Blutorangen-Vanille-Tee den Eigengeschmack nahm. Ganz anders dagegen der erste reguläre Gang: eine handwerklich hochpräzise gearbeitete Verbindung von Ziegenkäse (Valençay von Maître Anthony) als Eis und Creme, mit einem Rucola-Chiboust, Feige und Haselnuss – leicht, elegant, eine ausgezeichnete Einfassung des wunderbar komplexen Käsearomas. Ebenfalls große Freude beim anschließenden bretonischen Steinbutt mit intensiver San-Marzano-Tomaten-Marmelade und einer leichten Sauce Choron – saftig-aromatisch der delikate Fisch, gehoben durch feine Schärfe, zartfruchtige Säure und cremigen Schmelz. Großartig! Eine Vorzugsbehandlung, die wir auch dem folgenden Blauen Hummer gegönnt hätten, dem aber (leider ziemlich zäh und wenig aromatisch) von heftigem Kımchi, knallsüßer Nashi-Birne und einem Karottensud endgültig der Garaus gemacht wurde. Hier blitzte dann doch die bekannte Raue-Handschrift durch, die allerdings beim folgenden gegrillten Papada vom Ibérico-Schwein mit Sobrassada-Creme, Shishito-Pepper und einer Jus von geräucherter Paprika – scharf, röstig, süß, fett – deutlich besser zur Geltung kam. Insgesamt würden wir uns von Kai Weigand also an der ein oder anderen Stelle noch ein bisschen Finetuning wünschen und als mustergültiges Beispiel in diesem Sinne das Dessert anführen: Mascarpone-Creme mit Kakao-Kaffee-Crunch, Amaretto-Baiser, Mascarpone-Mandeleis und Espressotini – ein großartiger Abschluss von feiner Herbheit, leicht und substanziell zugleich, ohne jede liebliche oder plakative Banalität.

STRALSUND

Restaurant Lara

Am Fischmarkt 4, 18439 Stralsund
T +49 (0) 3831 6663 39
www.das-restaurant-lara.de

🔒 Mo, Di, Mi, Do, Fr mittags,
So, Feiertag ganztags
Menü 28 / 64 €
Vorspeise 7 / 16 €
Hauptgang 17 / 31 €

Hier empfiehlt sich eine Reservierung, denn das Restaurant von Lars Janke und Ramona Grahl ist stets gut besucht, die Leute mögen das moderne Ambiente in altem Gemäuer und die Lage direkt gegenüber Ozeaneum und dem Fährkanal am Hafen. An schlichten Holztischen genießt man hier sanft gegartes Kabeljaufilet auf Süßkartoffelstampf mit Sesam-Pak-Choi und Curry-Kokosnuss-Sauce oder rosa gebratenes Färsen-Entrecôte mit Thymiansauce, Rahmkohlrabi und gefüllten Kartoffeln. Alles sehr hübsch angerichtet und lecker.

STÜHLINGEN

Gasthaus Schwanen

Talstraße 9, 79780 Stühlingen
T +49 (0) 7744 5177
www.gasthaus-schwanen.de

🔒 Mo, Di, Fr, Sa mittags,
Mi, Do ganztags
Menü 28 / 79 €
Vorspeise 12 / 22 €
Hauptgang 14 / 35 €

In dritter Generation führen Alexandra und Markus Wekerle diesen Landgasthof, der sich durch eine freundlich-heimelige Atmosphäre auszeichnet. Und natürlich durch seine badische Küche, die von der Jahreszeit bestimmt und an blumengeschmückten Tischen serviert wird: etwa das Zweierlei vom Wildschwein, das von Gewürzrotkraut und Dinkel-Spätzle begleitet wird – oder ein Rückensteak vom Weiderind unter Pommery-Senfkruste mit Kartoffelgratin. Da Küchenchef Markus Wekerle unter anderem in Ecuador und Sri Lanka weilte, verleiht er seiner Heimatküche nicht selten einen Hauch Internationalität. Besonders schön, dass hier viel Wert auf Hausgemachtes gelegt wird: Das Brot wird selbst gebacken, die Eier stammen von den eigenen Hühnern, der Apfelwein von den eigenen Streuobstwiesen!

Stefan Gschwendtner

Seit fast 15 Jahren steht der Heilbronner mit schwäbischen Wurzeln schon am Herd der **Stuttgarter Speisemeisterei.** 2008 als Souschef eingestiegen, übernahm er 2016 das Amt des Küchenchefs und steuerte sein persönliches Flaggschiff durch einige Untiefen in immer anspruchsvollere und spannendere Gewässer. Regional und saisonal produzierte Lebensmittel bilden dabei – bar jeglicher Militanz – die Basis für Gschwendtners **aromatisch weltläufige Küche, die französischen und deutschen Klassikern fernöstliche Geschmackswelten zur Seite stellt.**

STEFAN GSCHWENDTNERS EMPFEHLUNGEN

Jigger & Spoon
Gymnasiumstraße 33,
70174 Stuttgart
T +49 (0) 711 2195 2260
www.jiggerandspoon.de
Ein alter Banktresor umgebaut zu einer modernen Speakeasy-Bar. Etwas versteckt, wie es das Format ja auch verlangt, aber die Suche ist es wert und belohnt mit hochklassigsten Drinks. Gut gelaunte Meister ihres Fachs mixen hier Stuttgarts beste Cocktails. Dabei sind alle Essenzen, Öle, Aufgüsse etc. selbst gemacht, die Auswahl an hochwertigen Spirituosen ist vielseitig und spannend. Auch die tolle Champagnerkollektion hat Beachtung verdient!

Königsbäck
Gablenberger Hauptstraße 77,
70186 Stuttgart
T +49 (0) 711 9011 4075
www.koenigsbaeck.de
Die moderne und urban-stylische Bio-Bäckerei mit offener Backstube arbeitet ganz nach dem selbst gewählten Motto „bäck to the roots". In diesem Sinne werden hier die definitiv besten Brezeln mindestens ganz Stuttgarts gebacken. Abseits davon ist die Auswahl zwar klein, aber was angeboten wird, zeugt neben der hohen qualitativen und ethisch-nachhaltigen Standards von außerordentlichem handwerklichem Können, das schmeckt man!

Meister Lampe Konditorei
Bebelstraße 67, 70193 Stuttgart
T +49 (0) 711 6332 6922
www.konditorei-meister-lampe.de
Kleine Meisterwerke – optisch wie geschmacklich, gebacken und verkauft von der Konditormeisterin Tomomi Sugimoto. Der Stil des hochklassigen Backwerks ist stark an der klassisch französischen Patisserie und Boulangerie orientiert. Mit ihrer Kreativität und hohem handwerklichen Geschick ist sie fraglos eine der besten ihres Faches, hat aber nur an vier Tagen in der Woche geöffnet, schnell sein lohnt sich also! Hier steht man immer in der Schlange und alles ist im Nu ausverkauft.

Thios Inn
Josef-Hiern-Platz 6, 70173 Stuttgart
T +49 (0) 711 9689 4802
www.thiosinn.de
Ins Thios Inn geht mein griechischer Souschef Rafael Rogokenis, wenn ihn das Heimweh packt. Hier kann er seine Seele am besten Gyros der Stadt laben, wenn er keine Lust hat, zu Hause selbst die Pfanne zu schwenken. Wer die „typisch griechischen" Leckereien wie Souvlaki, Bifteki und eben das frisch geschnittene Gyros nicht vor Ort im gemütlichen-modernen Imbiss oder auf dem Trottoir genießen möchte, bekommt alle Gerichte auf Wunsch auch direkt nach Hause geliefert.

Manufactum Brot & Butter
Lautenschlagerstraße 16,
70173 Stuttgart
T +49 (0) 711 9331 3460
www.manufactum.de/
manufactum-stuttgart-c199362
Für Spätaufsteher das beste Frühstück der Stadt. Der helle Raum mit seinen schönen Vintage-Fliesen und der das Wasser im Mund zusammenlaufen lassenden Auslage lädt zum Verweilen bei Kaffeespezialitäten, Brotzeiten und kleinen Süßigkeiten ein. Die tolle Brotauswahl direkt aus der offenen Backstube erschwert die Entscheidung und lädt zum Durchprobieren ein. Dazu gibt's fantastischen Käse aus der reichlich bestückten Käsetheke und einen perfekten Cappuccino. So kann der Tag beginnen. Reservieren!

Ritzi
Friedrichstraße 6, 70174 Stuttgart
T +49 (0) 711 2184 3822
www.ritzi-stuttgart.de
Eine wirklich coole Location im Herzen Stuttgarts. Ben Benasr kocht in der gemütlichen Brasserie Ritzi groß auf und ermöglicht seinen Gästen, mithilfe großartiger Produkte und einwandfreiem Handwerk eine kulinarische Weltreise zu erleben. Es ist immer eine Freude! Auch die Bar mit ihrer klassisch-exotischen Cocktailkarte lässt keine Wünsche offen. Selbiges gilt für die Weinkarte, die neben spannenden Flaschen aus Stuttgart und dem Remstal einen Überblick der Weinbaugebiete dieser Welt liefert. Die ideale Reisebegleitung für den von Benasrs Tellern geführten Flug um den Globus!

STUTTGART KARTE

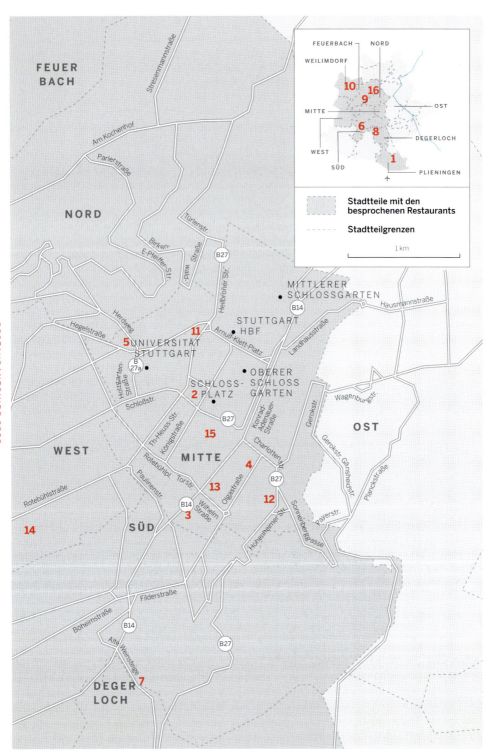

Restaurants

1 SPEISEMEISTEREI
Schloss Hohenheim 1b,
70599 Stuttgart

2 5
Bolzstraße 8, 70173 Stuttgart

3 DÉLICE
Hauptstätter Straße 61,
70178 Stuttgart

4 DER ZAUBERLEHRLING
Rosenstraße 38, 70182 Stuttgart

5 HEGEL EINS
Hegelplatz 1, 70174 Stuttgart

6 HUPPERTS
Gebelsbergstraße 97,
70199 Stuttgart

7 WIELANDSHÖHE
Alte Weinsteige 71, 70597 Stuttgart

8 FÄSSLE – LE RESTAURANT
Löwenstraße 51, 70597 Stuttgart

9 NAGARE
Feuerbacher-Tal-Straße 34,
70469 Stuttgart

10 RESTAURANT MEISTER LAMPE
Solitudestraße 261,
70499 Stuttgart

11 RITZI
Friedrichstraße 6, 70174 Stuttgart

12 ZUR WEINSTEIGE
Hohenheimer Straße 30,
70184 Stuttgart

13 WEINSTUBE FRÖHLICH
Leonhardstraße 5, 70182 Stuttgart

14 AUGUSTENSTÜBLE
Augustenstraße 104,
70197 Stuttgart

**15 AUSTERN- &
CHAMPAGNERBAR**
Dorotheenstraße 4, 70173 Stuttgart

16 LAMM FEUERBACH
Mühlstraße 24, 70469 Stuttgart

STUTTGART

5

Bolzstraße 8, 70173 Stuttgart
T +49 (0) 711 6555 7011
www.5.fo

- Dirk Romann
- Alexander Dinter
- Dirk Romann
- mittags, Mo, Di, Feiertag ganztags
- **Menü** 84 / 184 €

Res.

Kaum zu glauben, dass das Gebäude einmal als Bahnhof diente, von dem allerdings nur noch die mächtigen Strahlträger mit dicken Nieten im Restaurant in der ersten Etage zu sehen sind. Quirliges Bahnhofsflair kommt hier nicht auf, gediegene dunkle Farben und gedämpftes Licht lassen eher ein intimes Ambiente entstehen. Doch bevor Alexander Dinter seine Gäste zu Tisch bittet, versammelt sich die Gemeinde in der stylischen Bar im Erdgeschoss zum Aperitif, deren Interieur an die Filme von Jacques Tati aus den frühen 1970ern erinnert. Das Getränke-Angebot ist gut sortiert, der junge Service kennt sich bestens aus und empfiehlt schwungvoll die richtige flüssige Einstimmung auf das, was aus der Küche kommen wird. Passion heißt das Menü, sicher nicht der innovativste Name. Dafür bietet das Entree eine exotisch anmutende Kombination aus Reis-Flammeri, Kokosnuss und Avocado in einer Mango-Erdnuss-Sauce, druckvoll abgeschmeckt mit grünem Pfeffer. Was dann folgte, war eines der stärksten Gerichte, die Dinter und seine Crew aktuell auf der Pfanne haben. Gekonnt spielt die Küche mit fernöstlichen Geschmacksbildern, garniert Dim Sum mit salzig-saurem Umeboshi-Gel, Kimizu-Sauce, Rauchmandeln, fermentierten Radieschen, Rettich und Rotweinzwiebeln und lässt dann auf der asiatischen Geschmacksbühne ein wunderbar mürbes Bauchfleisch vom französischen Klosterschwein als Helden erscheinen. Großartig! Beim glasig gebratenen Zander aus Wildfang fehlte dieser Spannungsbogen, dennoch war das Gericht mit einer Melange aus Bohnen, süß-säuerlichem Yuzu und einem würzig dichten Chorizo-Sud in sich stimmig. Der Blick in die Provinz gelang mit einem Schwarzwälder Rehrücken, begleitet von Kräuterseitlingen und einer genialen Brioche-Foie-gras-Creme, die auch als Solitär Karriere machen könnte. Das ist großes, aber vor allem einfallsreiches Geschmackskino. Dass sich Avocado und Kirsche aromatisch durchaus verstehen, zeigte die Patisserie in ihrem sehenswerten Arrangement, das zusätzlich mit Popcorneis aufgepeppt war. Ein würdiges Finale für einen spannenden Abend im ehemaligen Bahnhof mit einer abgefahrenen Küche.

Augustenstüble

Augustenstraße 104, 70197 Stuttgart
T +49 (0) 711 6212 48
www.augustenstüble.de

mittags, Mo, So, Feiertag ganztags
Menü 58 / 75 €
Vorspeise 15 / 19 €
Hauptgang 26 / 39 €

Beste französische Bistroküche, exzellente Weine und eine heimelige Atmosphäre bieten die Gastgeber Sabine und Günther Oberkamm im Stuttgarter Westen. Küchenchef Tobias Traub hat seine Menüs nach den Themen „Fisch", „Weide, Feld & Garten" sowie „Klassiker" geordnet. Zu Letzteren gehört ein wunderbares Bœuf bourguignon genauso wie die Terrine de foie de canard oder die Rillettes vom Landschwein. Beim Fisch stehen gebratener Kabeljau mit Schwarzwurzel und Beurre blanc oder Steinbutt und Wildfang-Garnele mit Grünkohl und Gnocchi zur Wahl.

Austern- & Champagnerbar

Dorotheenstraße 4, 70173 Stuttgart
T +49 (0) 711 4704 400
**www.fischhalle-stuttgart.de/
#austernundchampagnerbar**

Mo, So, Feiertag ganztags

Wer einen Marktbesuch gern mit vor Ort genossenen Austern oder Jakobsmuscheln krönt, könnte dafür kaum einen besseren Platz finden als in der liebevoll renovierten Fischhalle in Stuttgarts historischer Markthalle. Looß, eines der Top-Fischgeschäfte Deutschlands, bietet zur Verkostung an, was morgens vom Pariser Großmarkt oder regionalen Züchtern geliefert wird. Bei der Zubereitung geht es international zu – von der bretonischen Fischsuppe über Tintenfisch-Tataki auf japanischem Algensalat bis zum Ceviche des Tages. Fair bepreiste Weine, sehr freundlicher Service.

Stuttgart

STUTTGART

Délice

Hauptstätter Straße 61,
70178 Stuttgart
T +49 (0) 711 6403 222
www.restaurant-delice.de

 Evangelos Pattas
Andreas Hettinger
Evangelos Pattas
mittags,
Mo, Sa, So, Feiertag ganztags
Menü 138 / 138 €

Res.

Evangelos Pattas und Andreas Hettinger bezaubern in ihrem intimen Gewölbekeller mit nur fünf Tischen seit Jahren mit professioneller Präzision und gelebter Empathie: ein echtes Lieblingslokal für viele Stuttgarter Gourmets. Nach der langen Zwangspause kam auch noch das Hochwasser, aber der Herzlichkeit des Gastgeber-Duos hat beides keinen Abbruch getan und der Qualität der Speisen ebenso wenig. Pattas als Sommelier und Ein-Mann-Service und Hettinger als Einzelkoch servieren ein marktfrisches und regional interpretiertes, französisch-klassisches Fünf-Gänge-Menü aus der winzigen, offenen Küche, das gerne en détail am Tisch erläutert wird – eine gedruckte Karte gibt es nicht. Wir starteten mit einem bissfesten, säuerlich aromatisierten Ikarimi-Lachs sowie Kalbstatar mit würziger Kapernsauce als Amuse vom Löffel, gefolgt von einem ausbalancierten Pfifferlings-Schaumsüppchen. Die gebratene Jakobsmuschel auf passierten Algen im Lauch- und Kräuterbeet mit Curry-Quinoa überzeugte durch dezente Kontrapunkte in Textur, Farbe und Temperatur. Der in Lorbeermilch gegarte Seeteufel mit Kimchicreme und Croûtons wie auch das Niedrigtemperatur-Short-Rib vom Wagyu mit Kartoffelpopcorn führten das Spiel mit feinen Differenzierungen bei bester Produktqualität harmonisch fort. Leider war die Pappardelle-Schnecke zum perfekt gebratenen Kalbsfilet mit grünem Spargel und Trüffelsauce dann doch etwas zu sehr abgekühlt, was das als Pré-Dessert folgende Tonkabohnen-Espuma aber wieder wettmachte. Hervorragend wie generell die Patisserie im Délice der abschließende Baumkuchen im Holundersud mit Sauerrahmeiscreme, Klee, Kerbel und Basilikum – eine cremig-säuerliche Sinfonie, ergänzt durch die schwelgerische Süße der Beerenauslese von Lenz Moser aus dem Burgenland, wie überhaupt die Weinbegleitung stets die Frage aufkommen lässt, ob man im Délice Wein zum Essen oder eher Essen zum Wein serviert. Ein Luxusproblem, dessen Lösung wir uns immer wieder gerne nähern.

Der Zauberlehrling

Rosenstraße 38, 70182 Stuttgart
T +49 (0) 711 2377 770
www.zauberlehrling.de

Axel Heldmann
Fabian Heldmann
Daniel Masurczak
mittags, So, Feiertag ganztags
Menü 119 / 170 €

Res.

Seit 1993 zaubert die Familie Heldmann im Stuttgarter Bohnenviertel, seit 2016 steht Sohn Fabian hinter dem Herd und vermittelt zusammen mit Patissier Philipp Kortyka gleich zehn Lehrlingen die Geheimnisse seiner Kunst, die sie „mit Leidenschaft und Engagement" erlernen, wie die Website zehnfach vermeldet. Zehn Gänge bietet auch das Zaubermenü, die im in Aubergine-, Gold- und Eierschalentönen mit barocken Anklängen gestalteten Restaurant dann hin und wieder doch recht profan an die Tische kommen. Dies aber im besten Sinne, denn handwerklich und vor allem optisch ist das Menü durchgängig auf hohem Niveau. Jeder Teller kommt mit fein pinzettierter Dekoration aufs Schönste angerichtet: Die Lachsrose wird mit gewickeltem, schwarzgerändertem Rettich und feinsten Blüten im Kiwisud zum Augenschmaus, auf dem Tatar vom Thunfisch sprießt ein aromatischer Garten aus knackiger Gurke, Thunfisch-Teriyaki, abermals Rettich, Shisoblättern und -Sorbet, der mit Passionsfruchtsauce und gut eingebundenen Zitrusnoten ein feines Spiel zwischen Säure und Süße, eiskalt und lauwarm, bissfest und schmelzend zelebriert und gleich zu Beginn den Höhepunkt im Menü setzt. Auch die nachfolgende milde Taube wird von einem Gärtchen aus Brokkoli, gehobelten Mandeln, Liebstöckel und Quinoa eingerahmt, das aber mit zähen, getrockneten Pilzen und heftigem Salzeinsatz eher der Optik als der geschmacklichen Aufwertung dient. Sehr gut abgestimmt war dagegen der gebrannte Lauch mit Estragonsponge, La-Ratte-Chip und Beurre blanc zum Kabeljau wie auch das Wagyu-Rind mit Sellerie, Feigenmus und schwarzem Knoblauch. Des Guten zu viel der mächtige Saint-Nectaire mit Speck, Brezelknödeln und Spitzkohl, zauberhaft dagegen der massive Stickstoffeinsatz beim Sorbet zwischendurch wie auch die von Engelshaar gekrönte Dessertkreation aus Zwetschge, Kaffee-Spekulatius-Eis und karamellisierten Pecannüssen. Geschmacklich überraschend zum Schluss die würzig-süßen Petits Fours auf Blutorange-, Basilikum- und Olivenölbasis.

Fässle – Le Restaurant

Löwenstraße 51, 70597 Stuttgart
T +49 (0) 711 7601 00
www.restaurant-faessle.de

Pascal Foechterlé
Patrick Giboin
Mo, So, Feiertag ganztags
Menü 30 / 80 €
Vorspeise 12 / 21 €
Hauptgang 17 / 38 €

Schon der Name „Fässle – Le Restaurant" lässt ahnen, dass die Traditionswirtschaft eine Mischung aus Schwäbischem und Französischem bietet. Am Interieur mit mausgrauen Sitzmöbeln und Wänden zwischen der alten Holzvertäfelung kann es der Gast noch nicht erkennen. Erst der freundliche Empfang von Restaurantchef Pascal Foechterlé mit leichtem französischem Akzent, spätestens aber die Empfehlungen des Küchenchefs Patrick Giboin zeigen unmissverständlich, dass das mittags und abends gut frequentierte Traditionshaus in französischer Hand ist. Zwar ist der Gruß aus der Küche ein simples Wan Tan vom Hokkaido-Kürbis und das Baguette hat nichts mit der Backkunst einer Boulangerie gemein, doch danach legt Monsieur Giboin mit seinen Brasserie-Klassikern los und zeigt, was die französische Küche abseits der Haute Cuisine auf der Pfanne hat. Zum Beispiel ein Ensemble von Moules, Riesengarnele, einer wunderbar zart gebratenen Jakobsmuschel und Tatar vom Pulpo, hübsch angerichtet auf einem perfekten Anissablé. Pas mal. Mit der saftigen und gut portionierten Tranche vom Adlerfisch, Passe Pierre und einer fabelhaften knusprigen Anchovis-Krokette, die trotz dem Tauchbad in der Fritteuse einen feinen Geschmack behielt, geht es weiter im französisch inspirierten Menü. Im Hauptgang bringt die Küche Bavette de bœuf vom Angus-Rind auf den Teller, kurz angebraten, saftig mit vollem Fleischgeschmack serviert und aromatisch perfektioniert von einer kraftstrotzenden Schmorsauce. Die dazu drapierten Cocobohnen waren leider etwas zu harte Kost. Den kulinarischen Schlenker in die deutsche Bodenständigkeit gelingt Patrick Giboin mit einem wunderbar mürben Tafelspitz, stimmig begleitet von Röstkartoffel, Rote-Bete-Salat und einer klassischen Meerrettichsauce. Très français das ofenfrische Mandelfinancier mit Karamelleis, beste französische Patisserie in der schwäbischen Provinz. Übrigens: Unter der Verheißung „Menu du jardin" kommen Vegetarier in den Genuss von Giboins Kochkunst. Passende deutsche und internationale Weine gibt es zu allen Gerichten.

STUTTGART

Hegel Eins NEU

Hegelplatz 1, 70174 Stuttgart
T +49 (0) 711 6744 360
www.hegeleins.de

  Jan Tomasic
Daniel Mästling
mittags, Mo, So, Feiertag ganztags
Menü 132 / 178 €

Ein Museumsrestaurant, aber nicht museal. Eine Jägerstube, aber nicht rustikal. Hochküche, aber nicht hochnäsig: Gastgeber Jan Tomasic und Koch Daniel Mästling laden im Hegel Eins im Stuttgarter Lindenmuseum dazu ein, sich einfach wohl zu fühlen. Und das gelingt schnell im kleinen, hohen Restaurantsaal mit Schindeln, Kronleuchtern und schweren Brokatvorhängen an blanken Holztischen. Ein Geweih hängt auch an der Wand, aber alles in höchst zeitgemäßer Proportionierung. So präsentiert sich auch die Küche: nicht ohne Showeffekte (Stickstoff! Zuckerwatte! Sponges! Pulver!) und nordischem Chic (Moosbeete! Algenbutter!), aber mit tadellosen Zutaten und einem feinen Gespür für den Eigengeschmack der Produkte, ergänzt um milde, manchmal fast zu milde Würzakzente. Eine Speisekarte gibt es nicht, dafür erläutern Service und Brigade gerne, was sie in fünf oder sieben Gängen an den Tisch bringen. So zum Beispiel eine moderne Caprese-Interpretation mit mozarellagefüllter Fake-Tomate auf gelierter, weißer Tomatenessenz und Tomaten-Crumble oder geflämmte Jakobsmuschelscheiben auf Dashi-Butter-Sud und Mango-Avocado-Tataki mit Eisperlen, die nicht nur optisch ein echter Genuss sind. Zum Hauptgang gefiel uns eine Tranche vom Rehrücken mit sämiger Jus und einem Gärtchen aus Schnittlauchsponge, Wirsingroulade und (leider nahezu kalter) Süßkartoffel in diversen Texturen. Höhepunkt und Abschluss zugleich das salzig-süße Dessert mit Watte und Espuma vom Ziegenkäse auf karamellisiertem Guavenmus. Wenn die Küche noch ein klein wenig präziser arbeitet und die Weinkarte ein paar Seiten mehr spendiert bekommt, hat das Hegel Eins das Zeug, zu dem lässig-souveränen Gourmet-Hotspot zu werden, der in Stuttgart im Vergleich zur Gastroszene anderer Großstädte noch echte Mangelware ist.

Hupperts

Gebelsbergstraße 97, 70199 Stuttgart
T +49 (0) 711 6406 467
www.hupperts-restaurant.de

Marianne Huppert
Michael Huppert
mittags, Mo, So, Feiertag ganztags
Menü 124 / 134 €

Längst ist Michael Huppert mit seinem kleinen, angenehm schlicht gehaltenen Restaurant über Stuttgart hinaus wohlbekannt. Aufgrund seiner gradlinigen Küche, auf die uns Sellerieschaumsuppe, mariniertes Rinderfilet mit Avocado, Zitronenöl, Brotchip und gebeizter Weißer Heilbutt mit Kürbisragout, Balsamico-Linsen erfolgreich einstimmten. Wie auch das seit Eröffnung 2014 nicht mehr wegzudenkende hausgemachte Kartoffelbrot. Beim Menüstart brachte Passionsfruchtvinaigrette mit frühlingshafter, säuerliche Frische Leben ins Wohlgeschmackspiel von Blumenkohl-Pannacotta und raffiniert gehacktem, in Sesam angeröstetem Blumenkohl zu roh marinierter Gelbschwanzmakrele. Es folgte in 56 °C warmem Limettenöl confierter Zander. Dessen erdige Anklänge unterstrichen Rote Bete und Couscous, während Limettenjoghurt frische und Meerrettich feinscharfe Kontrapunkte setzten. Krosser ofengerösteter Grünkohl und zart in Piemonteser Haselnussöl marinierter Babyspinat sorgten für texturelle Verspieltheit. Danach punkteten saftig gegarte Maispoulardenbrust mit knuspriger Hut und ihre geschmorte Keule als gezupftes und zur Krokette ausgebackenes Fleisch. Da neben Schwarzwurzeln expressive Kräuterseitlinge vom Anbraten mit Thymian und Ablöschen mit Cognac profitierten, sollte man letzteres, wie zuvor Confieren anstelle allgegenwärtiger Sous-vide-Garung, wegen formidabler Geschmackseffekte keinesfalls als Old-School-Technik abtun. Vor dem Hauptgang erwies sich kräftige Consommé als weitaus geeigneter zum Neutralisieren als Kälteschocks banaler, süß-saurer Sorbets! Derart präpariert überzeugten uns 48 Stunden bei 64 °C Sous-vide zu aromatischer Zartheit gegarte Rinder-Short-Ribs im harmonischen Zusammenspiel mit Topinamburvariation, Rosenkohl und roten Zwiebeln mit Himbeeressig. Weil es dazu traditionell handwerkliche Intensivjus gab, steht endgültig fest: Huppert setzt sein Ziel „moderne Klassik" vortrefflich um. Mit großem Respekt vor erstklassigen Grundprodukten, die er mit Komponentenbegrenzung und Aromenfokussierung herausstellt, steter Prise Raffinesse und viel Substanz – Altmeister Hans Haas hätte seine Freude an Michael Huppert! Als Dessert beeindruckte final in Vanille-Espuma getränkter Savarin mit Muscovado und Süßwein-Schuss; dazu Orangensorbet mit grünem Tee und eingelegten Vanille-Orangen – Germany, twelve points! Zufrieden möchten wir noch darauf hinweisen, dass die Weinkarte gerne den Mainstream verlässt und sich auch dem württembergischen Anbaugebiet Remstal, Hupperts Heimatregion, widmet. Ein abschließender Wunsch: Wir hoffen, dass der begeisternde junge Servicemitarbeiter aus der Schweiz – ein vorbildliches Naturtalent, das noch die eidgenössische Hotelfachschule besucht – nach seiner Ausbildung weiterhin die hiesige Gastronomie bereichert.

Lamm Feuerbach

Mühlstraße 24, 70469 Stuttgart
T +49 (0) 711 8822 622
www.lamm-feuerbach.de

🔒 mittags, Mo, So, Feiertag ganztags
Menü 35 / 100 €
Vorspeise 10 / 20 €
Hauptgang 15 / 45 €

Stammgäste wissen, dass es hier keine Speisekarte gibt – und vermissen sie auch nicht. Brigitte Idler kocht tagesfrisch, was sie morgens auf dem Markt eingekauft hat. Nicht nur Stuttgarts Slow-Food-Gemeinde, die sich hier trifft, erfreut sich an Kalbsschnitzel mit Spargel-Kartoffel-Ragout, Klößchen von Hecht und Lachs mit Blattspinat oder Filetgulasch Stroganoff mit Spätzle. Immer donnerstags gibt es Maultaschen. Und die haben zu Recht ihre Fans.

STUTTGART

Nagare NEU

Feuerbacher-Tal-Straße 34,
70469 Stuttgart
T +49 (0) 711 9354 1290
www.restaurant-nagare.de

- Shinichi Nakagawa
- Shinichi Nakagawa
- mittags,
  Mo, Di, Mi, Feiertag ganztags

Menü 56 / 130 €
Vorspeise 12 / 23 €
Hauptgang 24 / 70 €

Res.

Hinter dem Mosaikglas der ehemaligen Gaststätte hat sich Koch Shinichi Nakagawa getraut, mitten in der Pandemie seinen Betrieb zu eröffnen. Zunächst mit einem reinen Abholservice für Sushi, seit Mai 2021 werden auch Menüs serviert. Dass das Angebot gut angenommen wird, erschließt sich dem Gast schnell, wenn nach und nach Menschen im Raum stehen, um ihr Sushi abzuholen. Wer nur mitnimmt, versäumt jedoch das Vergnügen, die sorgsam auf schönem Geschirr arrangierten Speisen zu erleben. Das Nagare-Menü wird eingeläutet mit Heilbutt und frittiertem – dennoch weichem – Rettich in einem Sud aus Cordyceps-Pilzen, die den Gruß aus der Küche zieren. Im ersten Gang vollzieht Nakagawa den Spagat zwischen japanischer und europäischer Küche mit einer milden Misosuppe und zwei Tortellini, deren Füllung aus Nordseekrabben das Aroma trefflich hervorbringen. Nicht fehlen dürfen selbstverständlich Sushi mit Thunfisch, fettem Thunfisch, Garnele und Wolfsbarsch von jeweils sehr guter Qualität. Im Hauptgang überzeugt die Sauce, wie auch die Beilagen zur Ente, deren Fleisch leider in Teilen arg zäh bleibt. Feinheit und Subtilität der japanischen Küche rettet Nakagawa, der in Japan in Restaurants gearbeitet hat und anschließend in der Wielandshöhe und dem Top Air tätig war, auch in einem klassischen Dessert mit einer Basis aus Maronenpüree, auf dem ein dezentes Vanilleeis liegt, begleitet von Himbeeren. Der Service entzieht sich mit seiner erfrischenden und vollständig ungekünstelten Art den gängigen Mustern – hier ist das stimmig, der Enthusiasmus ist spürbar. Das kleine von der Weinhandlung Kreis bestückte Weinangebot deckt die wichtigsten Wünsche ab.

Restaurant Meister Lampe

Solitudestraße 261, 70499 Stuttgart
T +49 (0) 711 9898 980
www.restaurant-meisterlampe.com

- Daniel Stübler
- Daniel Stübler
- Sa mittags, So abends,
  Mo ganztags

Menü 52 / 80 €
Vorspeise 8 / 18 €
Hauptgang 24 / 30 €

Sanftes Modernisieren ist das Prinzip von Daniel Stübler, der sich 2012 nach Stationen in der regionalen Spitzengastronomie selbstständig machte, in Weilimdorf das Gasthaus Hasen übernahm, in Meister Lampe umbenannte, ein modernes Logo wie ein Tangram an die Fassade hing, den Innenraum in seinen Grundfesten behielt und zum Beispiel mit Leuchten modernisierte. Reduziert und simpel beginnt der Abend mit einem hohen Glas, in dem eine ordentliche, wenn auch wenig überraschende Maisgrieß-Suppe ohne jede Deko auf den Tisch kommt. Zeitgemäß geht Stübler, der den ganzen Abend über sowohl an Herd als auch im Gastraum zu finden ist, auch bei der regionalen Spezialität Luggesleskäs vor. Den Quark garniert und frischt er mit Sprossen und Radieschenschnitzen zu einer Schale Leichtigkeit auf, die knusprige Roggenbrotstücke für den Biss dabei haben. Die Wachtelbrust, kross angebraten mit Meerettich-Spänen und Roter Bete scheint optisch auf Anhieb das Geschwister des Käses zu sein, bringt aber natürlich seine eigene aromatische Kombination mit sich. Regionale Spezialitäten entschlackt Stübler, sodass ein glänzend geschmorter Rinderbug mit Kürbispüree auf die wesentlichen Dinge reduziert ist. Und auch Desserts wie Schokokuchen mit vortrefflichem Sauerrahmeis gelingen Stüble und seinem Team tadellos. Nicht umsonst ist Meister Lampe oft voll besetzt und eine Reservierung sinnvoll.

696 GAULT&MILLAU

Ritzi

Friedrichstraße 6, 70174 Stuttgart
T +49 (0) 711 5050 050
www.ritzi-stuttgart.de

- Julia Heubach
- Ben Benasr
- Marina Hentsch
- mittags, Mo, So, Feiertag ganztags

Menü 73 / 119 €
Vorspeise 19 / 25 €
Hauptgang 22 / 48 €

Das Ritzi unweit des Stuttgarter Hauptbahnhofs erreicht man über einen roten Teppich (Valet-Parking!), im Wartebereich strahlt das gläserne Weindepot (Champagner!) und der Gastraum mit separatem, leicht erhöhten Gourmetbereich präsentiert sich stylish Silber-Schwarz mit offenen Lüftungskanälen (urbaner Chic!). Keine Frage: Hier soll die Stuttgarter Szene ihr Zuhause finden, das Gourmetrestaurant scheint eher eine Dreingabe zu sein. Zumindest dem Servicekonzept merkt man das auch an: Das für den Materialeinsatz stolz bepreiste Gourmet-Menü mit fünf Gängen kommt ohne Amuses oder Friandises aus, das Brotgedeck („Möchten Sie Brot und Butter zum Essen?") kostet extra. Der erste Gang wurde zeitgleich zum Aperitif gereicht („Da starten wir schon mal gleich durch"), was der gewünschten Weinbegleitung (die Gläser kommen bereits eingeschenkt an den Tisch) nicht eben förderlich ist. Und die Standard-Antwort zu Details auf den Tellern lautet, man denkt es sich: „Da muss ich nachfragen." Was dann serviert wird, ist ordentlicher, sauber zubereiteter, aber durchgängig aromatisch sehr zurückhaltender Standard: ein Tatar vom Gelbflossen-Thun mit einer Kaffeegeleescheibe und einer Tomatenvinaigrette, die nach Whiskey schmecken sollte, es aber nicht tat. Sehr harmonisch dagegen die Jakobsmuscheln mit confierten Navetten, Lardo und Morchelsud („Ist der Lardo-Sud von der Karte vielleicht eher ein Pilzsud?" – „Oh, das haben Sie aber prima rausgeschmeckt!" ...). Der gebratene, milde Steinbutt geht in einem Mix aus Artischocken und glasierten Erbsen mit Chorizo-Fumé geschmacklich leider unter, auch wenn die Kombination an sich gut gedacht ist. Tadellos das Black-Angus-Filet mit grünem und weißem Spargel auf Périgord-Trüffel-Jus und viel Räucheraromen und nicht nur versöhnlich, sondern sogar spannend der Nachtisch aus Melone, Mandarinen und Oliven (kross und als Sorbet) mit Cheesecake. Ben Benasr kann deutlich mehr – hoffen wir, dass er es zukünftig zeigt.

STUTTGART

Speisemeisterei

Schloss Hohenheim 1b,
70599 Stuttgart
T +49 (0) 711 3421 7979
www.speisemeisterei.de

- Benedikt Doll
- Stefan Gschwendtner
- Johanna Renz
- Mo, Do, Fr, Sa mittags,
  Di, Mi ganztags

Menü 159 / 189 €

Manchmal muss der Mensch zu seinem Glück gezwungen werden. Küchenchef Stefan Gschwendtner lässt den Service mitteilen, dass das hauseigene Brot erst NACH dem Hauptgang (!) serviert werden soll, damit die Aufmerksamkeit auf den dann schon mindestens vier Gängen plus zwei Grüßen aus der Küche liegt. Wer mag, kann sich die knusprige Sauerteig-Focaccia natürlich auch früher bringen lassen. Wer seinen Hunger zähmen kann und die vorgesehene Reihenfolge einhält, muss einsehen – ja, man ist noch aufnahmefähiger für Eindrücke als man es sonst vermutlich wäre, wenn man beherzt zum Brot und Butter oder Öl greift (im Falle der Speisemeisterei asiatisch scharf gewürzte Butter und Speck). Gschwendtner will mit der Rückendeckung des neuen Betreibers seine Version umsetzen. Gangwechsel – so liest sich der Hinweis auf die 10 Euro Zusatzkosten – sind unerwünscht und das ganze Restaurant isst mehr oder minder das gleiche, denn es gibt nur ein – selbstbewusst kalkuliertes – Menü. Aber – Gschwendtner, seit 2008 in der Speisemeisterei, redet in der lokalen Presse nicht nur über große Pläne, er liefert auch. Präzise Miniaturen als Amuse-Bouche vom noch eher klassischen mit Crème fraîche gefüllten Champignon und Rindertatar bis zu dem schon aufmerksamkeitsfordernden Avocadoschaum mit Paprikasalat, berieselt mit der Würzung Futaba auf Fischbasis und das alles auf in Ingwer- und Sojasauce getränktem Sushireis. Gschwendtner bedient sich überall – regionale und internationale Produkte in Kombination mit klassischen wie asiatischen Aromenspender. Beim Toro von Balfego – also dem fetten Bauch des Blauflossenthuns des spanischen Produzenten Balfegò funkelt der Teller schon angesichts der vielen Komponenten. Die Aufzählung der Bestandteile lässt einen bald schwindlig werden, merken lässt es sich kaum – aber es passt. Die Forelle aus Calmbach begibt sich leicht geräuchert in mehrere spannende Duette mit Spitzkraut, von dem wir uns nur fragen, warum es nicht das berühmt-berüchtigte Filderkraut aus dem Nachbarort ist. Gschwendtner kombiniert souverän. Die Presa Tataki – also der Nacken – vom spanischen Eichelschwein mit leider etwas harmlosem Fenchel, ein Onsen-Ei mit Krauser Glucke und geräucherter Sojasauce. Trotz der hervorragenden Qualität fragen wir uns beim Hauptgang, was noch Wagyu ist am Fleisch, wenn es Tiere mit Genetik aus der USA sind, die in Vogelsberg groß wurden und dort auch noch so viel Auslauf auf der Weide hatten, dass das typische marmorierte Fett, für das japanisches Wagyu bekannt ist, abtrainiert wurde? Egal – ein gelungener Gang, zu diesem Zeitpunkt sind wir aber eh schon überzeugt und wären auch mit weniger Wortgeklingel sehr zufriedene Gäste. Und DANN kommt das Brot. Und es schmeckt hervorragend. Als Vordessert und in seiner modernen Interpretation eines der Highlights des Abends begeistert griechischer Joghurt mit Trauben und Honig. Die weitaus komplexere nachfolgende Kombi mit Mango-Buttermilch und Rote Bete in Variationen vermag trotz des größeren Hinguck-Effekts nicht mehr zu begeistern. Der seit Ende 2021 verantwortliche Benedikt Noll organisiert gelungen den Service, Johanna Renz empfiehlt so trefflich mit Auswahl glasweise, dass wir ihr gerne folgen, statt die gute, aber auch ambitioniert bepreiste Flaschenauswahl zu nutzen.

Weinstube Fröhlich

Leonhardstraße 5, 70182 Stuttgart
T +49 (0) 711 2424 71
www.weinstube-froehlich.de

Pastinaken-Rote-Bete-Panna-cotta auf Babyspinat und Granatapfel-mousse auf Kiwicarpaccio könnte man hier auch bekommen – wir halten uns viel lieber an Rinderkraftbrühe, Zwiebelrostbraten mit Spätzle oder geschmälzte Maultaschen mit Kartoffelsalat. Die Fundamente der schwäbischen Küchenklassik sind in den schönen Stuben dieser „anständigen" Weinstube mitten im Rotlichtviertel immer eine Bank. Überhaupt gefällt uns besonders gut, wie sorgfältig hier mit der Tradition umgegangen wird: wertschätzend und pfleglich – das zeigen nicht allein die wunderbar patinierten alten Holztische.

Wielandshöhe

Alte Weinsteige 71, 70597 Stuttgart
T +49 (0) 711 6408 848
www.wielandshoehe.de

- Eva Klink & Andreas Lutz
- Vincent Klink & Jörg Neth
- Andreas Lutz
- Mo, So ganztags

Menü 105 / 140 €
Vorspeise 24 / 36 €
Hauptgang 50 / 68 €

Man kann und möchte es fast nicht anders formulieren: Die Wielandshöhe am Hang über Stuttgart ist ein gastronomisches Gesamtkunstwerk! Für die Bekanntheit über die Stadtgrenzen hinaus ist natürlich Patron Vincent Klink, TV-bekannter Tausendsassa, verantwortlich. Doch beim Sorgen fürs Wohlbefinden vor Ort im hellen Speisesaal stehen Ehefrau Elisabeth im Hinter- und Tochter Eva im Vordergrund in nichts nach. Anstelle kulinarischer Experimente und Überraschungen erwarten die stete muntere Gästeschar klassisches Küchenhandwerk, ohne in kulinarischer Gestrigkeit zu verharren, und eine schwäbisch-mediterrane Aromenwelt, deren Basis saisonale und regionale Viktualien sind. Menüs – inklusive vegetarischer Variante des glaubwürdigen Gemüseliebhabers Klink – oder umfangreiche À-la-carte-Auswahl, mittags oder abends – hier herrscht Wahlfreiheit, auch wenn Wirt Klink stets klare Vorstellungen und Ansichten hat: Die Wielandshöhe bleibt im Grundsatz ein Gasthaus. Die Klink'sche Essenz, operativ von Küchenchef Jörg Neth umgesetzt, manifestierten ein schlichtes Stück Käsequiche und, später folgend, die dampfende Suppentasse schnörkelloser Consommé mit Markklößchen. Da locken glasiertes Bries, Felsenpulpo-Salat, Forellenfilet mit Linsen oder Lemberger-Pfefferkutteln, die Kurzbeschreibungen stehen programmatisch für die puristische Tellerumsetzung. Uns faszinierte beim Rhein-Hecht-Tatar die fast cremige Zartheit im Zusammenspiel mit bitterem Chicorée, in Richtung Wohlgefallen transportiert durch Zitronen-Vinaigrette. Und wenn Lièvre à la royale, geschmorter Hase in tiefenaromatischer Sauce, vor uns steht, dann braucht nur Rosenkohl als knackige Hälften und gebratene Blätter sowie Pfifferlinge und Kartoffelpüree. Als Dessert Apfelstrudel mit Vanillesauce und, à part, formidablem Vanilleeis zu servieren, damit kommt der Hüter des unverfälschten Geschmacks nicht nur durch, sondern macht mit nicht allzu süßem Abschluss glücklich. Ähnliches gelingt auch Sommelier Andreas Lutz mit seiner wunderbaren Weinkarte und zielgenauen Empfehlungen.

Zur Weinsteige

Hohenheimer Straße 30,
70184 Stuttgart
T +49 (0) 711 2367 000
www.zur-weinsteige.de

- Andreas & Jörg Scherle
- Jörg Scherle
- Andreas Scherle
- mittags, Mo, So, Feiertag ganztags

Menü 55 / 135 €
Vorspeise 16 / 29 €
Hauptgang 25 / 45 €

Auch wenn die Zeit hier stehen geblieben zu sein scheint, und das Interieur untrüglich an die 1980er- und 1990er-Jahre erinnert, ist der Familienbetrieb der Brüder Scherle ein sympathischer Ort, der für alle Sinne eine Zeitreise bietet. Allein die gigantisch umfangreiche Weinkarte lässt in beeindruckender Jahrgangstiefe weit zurückblicken. Dass Andreas Scherle zu jedem Wein etwas erzählen kann, macht ihn zu einer ausgewiesenen Koryphäe, die selbst gestandene Sommeliers blass aussehen lässt. Die Küche seines Bruders Jörg ist fest in der französischen und schwäbischen Klassik verwurzelt, dabei immer schnörkellos und moderat kalkuliert. Da stört es auch nicht, dass die Gerichte im Stil vergangener Dekaden angerichtet sind, alles andere wäre unpassend. Nach wie vor steht der Schwäbische Rostbraten mit handgeschabten Spätzle ganz oben auf der Karte, eine unverzichtbare Reminiszenz der Scherles an die Heimat. Auch mit den Variationen von der Gänseleber, als Terrine mit Pistazien, als Cappuccino, gebraten und mit hausgemachter Brioche serviert, ist man auf der bewährten sicheren Seite. Zu dieser Stilistik passt hervorragend die heiße würzige Consommé von Thymian-Pfifferlingen, angerichtet mit einem zarten Kalbsbäckle, einer leicht säuerlichen Pommery-Senf-Sülze und süßsaurem Wurzelgemüse. Ein Sehnsuchtsgericht, das Feiertagsgefühl aufkommen lässt. Angetan waren wir auch vom lauwarmen Islandsaibling, eigentlich unspektakulär mit Jakobsmuscheltatar und Brunnenkresseschaum serviert, aber in diesem kulinarischen Dreiklang doch geschmackssicher abgestimmt. Rinderfilet geht eigentlich immer, in der Klasse von Scherles Küche ist es saftig und zart comme il faut. Dass er die dazu gereichten Rotkraut-Cannelloni mit Hummer füllt, ehrt zwar das Handwerk, ist aber am Gaumen leider keine aromatische Offenbarung. Die bleibt zu guter Letzt der Patisserie vorbehalten, die mit Weinbergpfirsich und seinem Sorbet, hausgemachten Nougat-Riegel und einem Vanille-Holunderblüteneis glänzt.

SULZBURG

3Lis

Weinstraße 38, 79295 Sulzburg
T +49 (0) 7634 6954 242
www.troislis.de

 Familie Türker
Sükrü Türker
Günther Erhart
Di mittags,
   Mo, So, Feiertag ganztags
Menü 78 / 120 €
Vorspeise 14 / 28 €
Hauptgang 26 / 42 €

Sorgfalt, das ist das erste Attribut, das uns in den Sinn kommt, wenn wir an das kleine gastronomische Kammerspiel der Familie Türker im kleinen Markgräfler Winzerort Laufen denken. Vom hausgebackenen Laugenbrötchen mit schwarzem Sesam bis zu den Mignardises zum Kaffee (karamellisierter Apfel und Schoko-Brownie mit Crème pâtissière) zieht sich küchentechnische Qualität und eine reduziert-elegante Präsentation durchs Menü. Wir kamen jüngst an einem Samstagmittag in den freundlich-hellen Landgasthof mit seinen zwei dezent modernisierten Stuben und den schönen historischen Wandmalereien und wunderten uns über die vergleichsweise schwache Belegung – das 3Lis scheint immer noch eine Art Geheimtipp zu sein. An der Küche von Sükrü Türker kann es nicht liegen, die zeigte sich in der aktuellen Testsaison stärker denn je: fabelhaft ein akkurat gegartes Filet vom Rouget Barbet mit einem orientalischen Linsenragout „Muhamara" und feiner Süße geschmorter und abgeflämmter Lauchherzen, handwerklich akkurat die folgenden „Manti" – kleine türkische Teigtaschen mit würziger Lammfüllung –, begleitet von Hummus, Joghurt, geräucherter Paprika, knusprigem Grünkohl und Granatapfelkernen. Klassisch dann der Hauptgang: Butterzart geschmorte Rinderbacke unter einer schokoladendick-reduzierten Schmorsauce, dazu knusprige Oliven-Brioche, Pastinakenpüree und Kartoffel-Espuma (hier hätten wir uns durchaus ein wenig mehr Frische durch eine kräutrige oder gemüsige, in jedem Fall ein wenig säuerliche Beilage vorstellen können). Ohne Fehl und Tadel schließlich auch die Desserts – Salep-Mousse mit geschmorter Ananas und Sesameis sowie Quitte auf Sauerrahm mit Rotwein-Eis und Rosmarin-Öl –, sodass uns eine Aufwertung dieser ausgezeichneten Empfehlung zwingend erscheint. Und mit Blick auf die Weinkultur im Haus den Wunsch an die verpachtende Winzergenossenschaft, den eigenen Gewächsen zumindest soweit zu trauen, dass sie einem deutlich breiteren Angebot anderer Erzeuger in der Weinkarte standhalten können …

SULZBURG

Hirschen

Hauptstraße 69, 79295 Sulzburg
T +49 (0) 7634 8208
www.douce-steiner.de

- Douce Steiner
- Douce Steiner
- Micha Kiefer
- mittags, Mo, Di, So ganztags

Menü 200 / 295 €

Fragt man Küchenchefs nach ihren Lieblingsadressen, kann man sein blaues Wunder erleben. Manche reisen gar nicht, andere lieben Grillrestaurants, wieder andere marschieren stramm Instagram hinterher. Douce Steiner und Udo Weiler sind anders. Sie stehen mit beiden Beinen im badisch-französischen Genusskulturerbe und fragt man sie nach einem kulinarischen Sehnsuchtsziel, nennen sie das L'Ambroisie, jene Pilgerstätte von Bernard Pacaud an der Place des Vosges, diesen Schrein der vollendeten gastronomischen Hochkultur Frankreichs. Mehr als die Küche hat sich das Duo Steiner/Weiler die Haltung zu eigen gemacht, die Pacaud seit Jahrzehnten pflegt: klare Linie, klare Handschrift, „konzentrierte Einfachheit". Im Falle des Sulzburger Hirschen: eine klassische Basis verbunden mit zeitgemäßer Leichtigkeit und Frische. Wir kennen nur wenige Restaurants, in denen so durchgängig animierend gekocht wird, in denen die Vorfreude auf den nächsten Teller auch bei großen Menüs bis zum Dessert so ununterbrochen anhält. Das hat viel mit einer klugen Dramaturgie zu tun. Und mit Abwechslung. Die wurde jüngst schon bei den kleinen Grüßen vor dem „Menu Surprise" deutlich: ein zarter, halbflüssiger Kürbisflan mit einer intensiven Trüffeljus; marinierte Tranchen von der Gelbschwanzmakrele mit einer knackigen Garnele, Wildkräutern und einer zitrusfrischen Vinaigrette; schließlich eine Hommage an Frankreich – buttersattes Kartoffelpüree mit einer knusprig-souffierten Kartoffel und einem ordentlichen Tupfen Kaviar. Ein wunderbares Spektrum, voller Geschmack ohne Schwere, dicht ohne plump zu sein. Wäre es nicht so klischeehaft, wir würden sagen: feminin. Genau so geht es weiter, es folgt ein lukullischer Reigen hinreißender Miniaturen, eingeleitet von einer getrüffelten Scheibe Gänseleberterrine in Ausnahmequalität auf einem Gelee von Sauternes und (dezenter!) Holunderblüte. Sodann lauwarme Scheiben von fest-aromatischer Jakobsmuschel mit Kaviar auf einer Blumenkohlcreme, deren samtig-mineralischen Schmelz Zitrone und gerösteter Buchweizen punktgenau kontrastieren. Fabelhaft anschließend die Verbindung einer aromatischen Langoustine royale mit cremigem Kalbsbries auf mariniertem Spitzkraut mit einer Verveine-duftigen Krustentierjus; ein Gedicht die folgende, luftig-zarte „Île flottante" – im Inneren ein flüssiges Eigelb – auf einer Essenz von Waldpilzen mit Weißen Alba-Trüffeln und Piemonteser Haselnüssen; himmlisch die Bouillabaisse „Fasson Douce", die mit ihrer südlich-aromatischen Intensität und feinen Schärfe ein punktgenau gegartes Mosaik feinster Mittelmeerbewohner umschmeichelte … Den einzigen kleinen Dämpfer unseres jüngsten Besuchs verzeichneten wir im Fleischgang, der ein schön rosiges Reh auf engstem Raum einer aromatischen Übermacht von Fichtensprossen, Orange und eingelegter Kumquat sowie einem Püree-Dreierlei von Roter Bete, Rauke und Meerrettich ausgesetzt sah. Eine Kleinigkeit in der Gesamtschau, die längst vergessen war angesichts einer herbstlichen, frischen Interpretation von Apfel, Birne, Quitte und Zimtblüte, gefolgt von einer wahren Armada herausragender Friandises. Das Ganze in der Atmosphäre eines der schönsten klassisch-modernen Landgasthöfe der Republik, hell, warm, herzlich.

La maison Eric NEU

Im Brühl 7, 79195 Sulzburg
T +49 (0) 7634 6110
www.la-maison-eric.de

 Mo, Di, Feiertag ganztags
Menü 54 / 74 €

Ein Kammerspiel auf dem Lande! In Sulzburg, nur einen Steinwurf entfernt vom berühmten Hirschen, führen Dagmar Hauck und Eric Grandgirard – sie am Herd, er im Saal – ihr kleines Genießer-Refugium zur Freude ihrer vielen Stammgäste so individuell wie liebevoll. Drei Jahrzehnte bilden die beiden nun schon ein kongeniales Gespann, seit einiger Zeit als Anlaufstelle für ein kleines, animierendes Mittagsmenü. Da dies auch im Markgräflerland zunehmend zur Rarität wird, lohnt ein Besuch im hübschen Fachwerkhaus mit der gemütlichen Stube gleich doppelt. Gekocht wird so klassisch wie sorgfältig: lauwarmer Kartoffel-Linsen-Salat mit Kabeljau und einer Senfsauce, kleine Erbsensuppe mit Jakobsmuscheln, Entenbrust auf einer dichten Rotweinjus … Im Sommer lockt der hübsche Garten, nachmittags auch auf ein Eis oder eine Tasse Kaffee.

SYLT

Bistro Stadt Hamburg

Strandstraße 2, 25980 Sylt
T +49 (0) 4651 8520
www.hotelstadthamburg.com

Menü 35 / 35 €
Vorspeise 11 / 43 €
Hauptgang 11 / 43 €

Eine Institution, die von Urlaubern wie Insulanern gleichermaßen geschätzt wird. Im Westerländer Hotel-Bistro sitzt man auf bequemen Stühlen in farbenfrohem Ambiente und kann sich darauf verlassen, dass alles, was aus Ulrich Persons Küche kommt, für Wohlgefallen sorgt. Zur Wahl steht Bodenständig-Regionales wie Holsteiner Kartoffelsuppe mit Schinkenwurst, Nordseekrabben mit Friesenbrot und Spiegelei oder Reibekuchen mit angebratenem Lachstatar. Aromatisch weltoffen wird es bei Chili-Zitronengras-Suppe mit Seeteufelspieß oder einer Poulardenbrust mit Kichererbsen-Kokos-Kürbis-Salsa. Täglich wechselndes Drei-Gänge-Menü.

SYLT

Bodendorf's

Bewertung ausgesetzt

Boy-Nielsen-Straße 10, 25980 Sylt
T +49 (0) 4651 88990
www.landhaus-stricker.de

- Thomas Schreiber
- Holger Bodendorf & Denis Brühl
- Thomas Schreiber
- mittags, Mo, So, Feiertag ganztags

Menü 178 / 218 €

Seit Ende Oktober 2021 bis Ostern 2022 sei das Bodendorf's in „Winterpause", so die telefonische Auskunft, die wir bei unseren wiederholten Reservierungsversuchen erhielten. Gerne hätten wir das Gourmetrestaurant im Landhaus Stricker, das Holger Bodendorf seit 20 Jahren führt, besucht, da nach dem Wechsel des bisherigen Co-Küchenchefs Philip Rümmele nach Krefeld (verve5) mit Nachfolger Denis Brühl ein neuer Koch mit am Herd steht. Wir setzen die Bewertung einstweilen aus.

Brot & Bier

Gurtstig 1, 25980 Sylt
T +49 (0) 4651 9363 743
www.brot-und-bier.de

- Mo, So ganztags

Vorspeise 12 / 18 €
Hauptgang 15 / 26 €

Ciabatta mit Rindertatar, Senfcreme, Belper Knolle, Linsencrunch und Feldsalat; Malzbrot mit geräuchertem Heilbutt, Wakame-Algensalat, Brombeerchutney und Wasabi: Das Lokal am Keitumer Kreisel ist eine Tuning-Werkstatt für die die gute alte Stulle, die es hier in fünf Varianten gibt. Daneben lockt ambitioniertes Soulfoud, vom Burger mit US-Beef von der Morgan Ranch über Currywurst, Hotdogs und Kalbsfrikadellen. Dazu passen die in List gebrauten Inselbiere Watt Blondes, Watt Dunkles oder das obergärige Watt 'n Pale Ale.

Goldgelb

Wilhelmstraße 5, 25980 Sylt
T +49 (0) 4651 8069 900
www.goldgelb-sylt.de

- So, Feiertag ganztags

Eine Adresse für viele Gelegenheiten, täglich außer Mittwoch durchgehend von halb zehn bis halb acht. Was man als Warnhinweis lesen könnte, ist im Falle Bastian Falkenroths (ehemals Nenio" in Düsseldorf) eher ein Versprechen: Von „Breakfast-Burgern" mit Bacon und Spiegelei über japanische Okonomiyaki (eine Art dicker Weißkohl-Pfannekuchen), Steak Tatar vom Husumer Rind und Enten-Tacos bis zu belgischen Waffeln wird hier frisch und fröhlich aufgekocht und eine gastronomische Lücke geschlossen. Dazu eine beachtliche Weinkarte und die zeitlose Erkenntnis: Wenn man den gastronomischen Fokus nicht auf Selbstverwirklichung, sondern auf die Kundenwünsche ausrichtet, läufts!

Hardy's Restaurant

Strandstraße 2, 25980 Sylt
T +49 (0) 4651 8580
www.hotelstadthamburg.com

Ulrich Person
mittags, Mo, So, Feiertag ganztags
Menü 87 / 122 €

Entspannte Atmosphäre statt steifer Etikette lautet das Motto in Hardy's Restaurant, das in den gediegen elegant mit hellgrünen und roten Farbakzenten eingerichteten Räumen des Traditionshotels Stadt Hamburg residiert. Casual Fine Dining schließt bei Hardy gestärkte weiße Tischdecken nicht aus und meint eher den Verzicht auf feste Menüs und komplette À-la-carte-Gerichte. Stattdessen können die Gäste, wie in einem Baukastensystem Vorspeisen, Fleisch, Fisch, Beilagen, Saucen und Desserts frei kombinieren. Chef de Cuisine Ulrich Person gibt dennoch doppelte Hilfestellung. Als „Hardy's Menü" schlägt er eine mehrgängige Speisefolge etwa mit Hummer, Tomatenessenz, Lamm oder Heilbutt sowie einer Himbeertarte vor und „Uli Person's Signature Dish" listet einige besondere mediterrane und norddeutsche Gerichte mit der Handschrift des Küchenchefs auf. Die delikaten Hummerscheren sind beträufelt mit Ayo blanco, einer Art heller Gazpacho, umrandet von gerösteten Mandeln, hauchdünnen Scheiben von Weintrauben, Pfirsichkompott und garniert mit Zucchiniblüten. Zu den Empfehlungen gehört auch das würzigzarte Lamm Allerlei mit geschmorter Schulter, Lammkarree, Lammwürstchen und Lammfrikandelle. Es wird begleitet von Polentaecken, Artischockenböden und einem kräftigen Kapern-Oliven-Salsa. Herb-süß-säuerliches Geschmackspotpourri dann bei der Himbeertarte mit Wachholderaprikosen und Mohn-Sauerrahm-Eis. Gute Weinberatung mit einem knappen Dutzend offenen Weinen sowie 400 Positionen im Weinkeller, den Gäste mit einem Pad am Tisch durchstöbern können. Versiertes, eingespieltes Serviceteam.

JM

Süderstraße 8, 25980 Sylt
T +49 (0) 4651 27788
www.jmsylt.de

Familie Müller
Jörg Müller & Andre Kuhlmeyer
Benjamin Müller-Birkholz
mittags, Di ganztags
Menü 89 / 98 €
Vorspeise 16 / 39 €
Hauptgang 32 / 68 €

Er stammt aus Baden und ist dennoch ein Sylter Urgestein. Schließlich hat der Vollblutgastronom Jörg Müller schon vor bald 40 Jahren sein erstes Restaurant in Morsum auf Sylt eröffnet. Das „Jörg Müller" in Westerland, kurz JM, bewirtet seine Gäste schon seit 1988. Sie können sich nach wie vor auf hohe Qualität und die kreative Zubereitung traditioneller Gerichte meist aus dem Norden, aus Baden oder dem Mittelmeerraum verlassen. Im gemütlichen Pesel mit blauweißen Friesenkacheln an den Wänden reicht der aufmerksame Service einen Gruß aus der Küche. Ganz im Stil der „feinen Rustikalität" mit Gemüsesticks und Frischkäse-Basilikum-Kräuter- sowie einem Tomatendip. Dazu kommt ein Körbchen mit hausgemachtem Brot und noch warmen, fluffigen Focaccia Kugeln. Mutig auf Sylt werden wunderbar frische und würzige Donegal-Austern von der kühlen irische Atlantikküste empfohlen, jedoch ganz inseltypisch mit Pumpernickel-Chester Brot. Exquisit auch das Rote Bete Carpaccio mit einem kleinen Gartenkräuter-Salat sowie zwei milden Kugeln vom Braderuper Ziegenkäse in Nuss-Pistazien-Kruste auf Kürbischutney. Beim herrlich zarten und doch geschmackvollen Lammrücken und -nacken ist Jörg Müller in seinem Element. Die geradezu üppige Portion kommt auf mediterranem Gemüse mit gelben und roten Paprika, grünen Bohnen und Auberginen daher, begleitet von kräftigen Olivengnocchi. Der fleischlose Gang, Tagliatelle mit Pfifferlingen, blieb dagegen erstaunlich blass. Uneingeschränkt köstlich die Desserts mit einer großen Portion von klassischem, nicht zu süßen weißem und dunklem Schokomousse sowie die in einem Krapfenteig eingebackenen Kirschen auf Portweinschaum zum Macadamia-Krokant-Eis. Vorzügliche Weinberatung, riesiges Weinangebot auf dem Tablet, im Keller lagern rund 40.000 Flaschen fast 2000 unterschiedlicher Etiketten.

Marinara Beachclub NEU

Norderstraße 6, 25980 Sylt
T +49 (0) 4651 8366 764
www.marinara-sylt.de

Dass der aus Düsseldorf zugezogene Bastian Falkenroth ein Weinfreak ist und auf tolle Produkte steht, wissen Insulaner und Urlauber, seit er das Restaurant Goldgelb in der Westerländer Fußgängerzone betreibt. Eine Bereicherung für die Insel ist auch sein Strand-Standort (nahe Übergang Nordseeklinik), an dem er zusammen mit seiner Frau Lena von März bis Oktober neapolitanische Pizza und ausgewählte Weine anbietet. Der Teig darf 48 Stunden im Kühlschrank gehen, bevor zwei Ooni-Öfen ihn in 90 Sekunden backen. Die Varianten: von der (zusammengeklappten) „quick & easy" mit Tomaten und Olivenöl bis zur „green & glamour" mit Spinat, Trüffel, Mozzarella und Tomate. Selbstbedienung, Terrassenplätze unterm Sonnensegel.

Sansibar

Hörnumer Straße 80, 25980 Sylt
T +49 (0) 4651 9646 46
www.sansibar.de

Mit mehr als vier Jahrzehnten Tradition auf dem Buckel, ist Herbert Secklers Edel-Bretterbude die Pilgerstätte der Insel schlechthin. In einzigartig schöner Dünenlage wird abends in zwei Schichten gegessen, um den Ansturm zu bewältigen. Die Küche: universell und aromenstark, von Trüffelpizza mit Ibérico-Schinken über Sushi und Sashimi bis zum Loup de mer mit Ofenkartoffel und Senfsauce. Auf der Steak- und Schnitzelkarte reicht das Spektrum vom Kotelett vom Limburger Klosterschwein bis zum 800 Gramm schweren Tomahawk-Steak vom Black-Angus-Rind. Und dann ist da noch die phänomenale Weinauswahl – und der stets äußerst engagierte Service.

SIEBZEHN84 NEU

Boy-Nielsen-Straße 10, 25980 Sylt
T +49 (0) 4651 88990
www.landhaus-stricker.com/
genuss.html

🔒 mittags
Menü 79 / 94 €
Vorspeise 12 / 23 €
Hauptgang 26 / 42 €

Im historischen Friesenhaus von 1784 sitzt man in modernem Ambiente mit zeitgenössischer Kunst, dabei bequem gepolstert. Die Küche in Holger Bodendorfs Zweitrestaurant ist frisch und kreativ, international und gleichzeitig im Norden verankert. Als Vorspeise könnte es geflämmter Gelbflossen-Thun sein, mit kandierten Oliven und Petersilienmayonnaise. Bei den Hauptgerichten hat man zum Beispiel die Wahl zwischen Nordsee-Steinbutt mit Haselnusskruste und Krustentierschaum oder gebratener Kalbsleber mit glaciertem Pfirsich und Schalotten-Essig-Jus. Die Käseauswahl stammt von Affineur Waltmann.

Söl'ring Hof

Am Sandwall 1, 25980 Sylt
T +49 (0) 4651 8362 00
www.soelring-hof.de

🍴 Jan-Philipp Berner
👨‍🍳 Jan-Philipp Berner
✒ Bärbel Ring
🔒 mittags, So, Feiertag ganztags
Menü 234 / 294 €

Man wird Jan-Philipp Berner, seit Jahresbeginn Herr des Söl'ring Hof, mangelnde Gewinnerzielungsabsicht nicht vorwerfen können. Kaum haben wir in seinen gemütlichen Stuben mit Blick in die Dünen Platz genommen, rollt auch schon verführerisch den Aperitifwagen vor, wird Jahrgangschampagner und Kaviar angepriesen – und zack, schon ist der erste Hunderter auf der Rechnung, noch bevor das erste Amuse serviert wurde. Ist das unangemessen? Keinesfalls! Man kehrt hier schließlich im ersten Haus der exklusivsten Urlaubsdestination der Republik ein, wer anderes als große Oper erwartet, der wundert sich als Ferrari-Käufer auch über die erste Tankrechnung. Im Söl'ring Hof wird geklotzt, nicht gekleckert, das gilt auch für den Wareneinsatz, wie in der aktuellen Testsaison gleich fünf aufwendige Miniaturen zur Einstimmung und dann der 2012er Grassnitzberg Sauvignon Blanc von Tement aus der Doppelmagnum zum raren Helgoländer Hummer bereits unmissverständlich klarmachten. Lauwarm, knackig und aromatisch glänzten die Segmente des edlen Krustentiers samt eines großartigen Tatars seiner Scheren und Gelenken zwischen bunten Beten und Eiskraut in einer zarten Holunder-Rapsöl-Vinaigrette, wurden jedoch leider durch die Kälte und Süße eines Kopfsalat-Holunder-Aorbets ein wenig überlagert. Spürbare Süße prägte im Folgenden auch die Begleitung einer schön festen, gebeizten und mild geräucherten Fjordforelle im Algenmantel mit Forellenrogen und Meerrettich, die jedoch von einer punktgenau balancierten Säure eines Apfel-Sellerie-Suds wieder eingefangen wurde. Herausragend anschließend ein optimal in Nussbutter confiertes, blättriges Rückenstück vom Kabeljau samt seiner kross ausgebackenen Haut, hochelegant und super sensibel eingefasst von einem Relish aus Kohlrabi, gerösteter Mandel und Minze, einer feinsäuerlichen Kohlrabi-Velouté sowie einer à part gereichten Mandelsabayon. Zart, süffig, spannungsgeladen und harmonisch zugleich: großartig! Nach zwei kleinen Intermezzi – intensiv getrüffelter Wachteleiraviolo mit Topinambur in diversen Texturen in einer Malzessigvinaigrette sowie zarte Kalbszunge im Wechselspiel mit einer hinreißend dichten Kalbsjus und einem intensiven Bohnensud sowie allerlei Bohnenzubereitungen – erfreute uns im Hauptgang eine vergleichsweise schlichte Präsentation der kernigen Brust eines aromatischen Weidehuhns in dichter, nicht zu röstiger Zitronenthymianjus mit Karotte, Pfifferlingen und einem kleinen Ragout von der Keule unter einem Geflügelleberschaum. Den Abschluss gleich zwei Desserts (besonders schön: eingelegte Zwetschge, Rahmeis, Nougat-Haselnussmousse, Friesenteeaufguss, Kekscrumble und karamellisierte Haselnüsse), eine fabelhafte Käseauswahl von Antony und Backensholz samt spektakulärer Port-Auswahl, ein halbes Dutzend Petits Fours – und die beruhigende Gewissheit, dass bei allem modischen Purismus auch die gastronomische Opulenz in zeitgemäßer Ausprägung eine glänzende Zukunft haben kann.

TANGERMÜNDE

1699

Amt 1, 39590 Tangermünde
T +49 (0) 39322 7373
www.schloss-tangermuende.de

🔒 Mo, Di, Mi, Do mittags
Menü 30 / 50 €

Gutbürgerlich auf feine Art isst man in diesem imposanten Schlosshotel an der Stadtmauer. Von der Terrasse aus oder an einem Fenstertisch ist der Blick frei auf jene Stelle, wo die Tanger in die Elbe mündet und der Stadt ihren Namen gibt. Dauerbrenner wie die Altmärkische Hochzeitssuppe kennzeichnen die Karte neben anderem Bewährten wie der knusprigen Gänsebrust an Orangensauce mit Apfelrotkraut oder dem gepökelten Rindstafelspitz an feiner Rotweinsauce. Leicht mediterran wird es beim gebratenen Saiblingsfilet an fruchtigem Tomatensugo, das von Sellerie-Kartoffel-Püree und Pinien-Romanesco begleitet wird.

Tangermünde

TANGSTEDT

Die Gutsküche

Wulksfelder Damm 15–17,
22889 Tangstedt
T +49 (0) 40 6441 9441
www.gutskueche.de

🔒 Mo, Feiertag ganztags
Menü 45 / 75 €
Vorspeise 9 / 17 €
Hauptgang 22 / 58 €

Am Stadtrand von Hamburg im schönen Alstertal liegt diese Pilgerstätte für alle, die gern gut und dabei mit bestem Gewissen essen. Seit drei Jahrzehnten wird hier ökologische Landwirtschaft betrieben, und die Produkte landen in der Küche von Matthias Gfrörer, der das Restaurant mit seiner Frau Rebecca betreibt. Man sitzt an Holztischen und lässt sich gebrannte Wulksfelder-Drillinge mit Périgord-Trüffel und violettem Blumenkohl schmecken, und dazu vielleicht – auf der Karte als Beilage angeboten – ein Stück Bio-Fleisch oder Bio-Geflügel aus der hauseigenen Zucht.

TANN

Landhaus Kehl

Eisenacher Straße 15, 36142 Tann
T +49 (0) 6682 387
www.landhaus-kehl.de

🔒 Mo mittags, Di ganztags
Menü 20 / 49 €
Vorspeise 6 / 12 €
Hauptgang 11 / 29 €

Das Landhaus der Familie Kehl, Hotel und Gasthof, liegt in den Tiefen der Rhön, unweit des bekannten Roten Moors. Vater und Sohn stehen hier gemeinsam am Herd, verarbeiten Hochwertiges von Bauern und Produzenten aus der Region zu Herzhaft-Deftigem wie dem Rhönlammpfännchen mit Lammbratwurst, gebratenem Lammfilet, Bohnenragout und Speckplätzchen oder Feinem und Leichterem wie gebratenem Zanderfilet mit Limonenpolenta, Mangold und Curry-Zitrongras-Schaum. Als Begleitung gibt es Passables aus der kleinen Weinkarte oder frisch gezapftes Bier.

TEISNACH

Oswald's Gourmetstube

Bewertung ausgesetzt

Am Platzl 2, 94244 Teisnach
T +49 (0) 9923 84100
www.hotel-oswald.de/de/gourmet/oswalds-gourmetstube.html

Thomas Gerber
Tobias Blaha
mittags,
Mo, Di, So, Feiertag ganztags
Menü 69 / 135 €

„Vorübergehend geschlossen", hieß es noch kurz vor Redaktionsschluss. Wir setzen die Bewertung aus.

TIEFENBRONN

Ochsen Post Bauernstuben

Franz-Josef-Gall-Straße 13,
75233 Tiefenbronn
T +49 (0) 7234 95450
www.ochsen-post.de

 Mo mittags, So, Feiertag ganztags

Tiefdunkle Holzvertäfelung, gemütliche Rundbänke, gestärkte weiße Tischdecken – behaglicher und gleichzeitig festlicher könnte eine Bauernstube nicht sein. Und was für ein Angebot an deftigen badisch-schwäbischen Schlemmereien: Schneckenrahmsuppe; Schweinelendchen, Fleischküchle und Maultasche mit Käsespätzle; Backe und Schwanz vom Ochsen, lange in kräftiger Rotweinsoße geschmort. Jenseits der Fleischeslust wird man hier mit leicht tomatisierter Fischsuppe, Spinat-Ricotta-Maultaschen oder hausgebeizter Lachsforelle auf Glasnudelsalat glücklich.

TIMMENDORFER STRAND

Horizont

Strandallee 47,
23669 Timmendorfer Strand
T +49 (0) 450 8704 14
www.restaurant-horizont.de

Mo ganztags
Menü 75 / 150 €
Vorspeise 10 / 15 €
Hauptgang 15 / 40 €

Die Ostsee direkt vor der Tür, lässt Sebastian Hamester im familieneigenen „Strandhotel Fontana" seine weltoffene Küche servieren – ob im hellen, stilvoll-modernen Inneren oder auf der Terrasse mit Meerblick. Schon auf der Hauptkarte findet sich gleichberechtigt Mediterranes wie Asiatisches: Jakobsmuscheln und Trüffelpasta auf der einen, verschiedene Currys und Tom Kha Gai auf der anderen Seite. Eine Extra-Karte ist ausschließlich Sushi in einem Dutzend Varianten und Sashimi vorbehalten, serviert auf schicken Keramikplatten.

Orangerie

Strandallee 73,
23669 Timmendorfer Strand
T +49 (0) 4503 605 2424
www.orangerie-timmendorfer-strand.de/de

Ralf Brönner
Lutz Niemann
Ralf Brönner
mittags, Mo, Di, Mi, Do ganztags
Menü 89 / 139 €
Vorspeise 29 / 39 €
Hauptgang 49 / 54 €

Während die Hotelgesellschaft Maritim in Timmendorfer Strand ihr Clubhotel Mitte 2021 der Plaza-Hotelgruppe veräußerte, blieb im Seehotel in bester Promenadenlage alles gleich. Außen Brutalismus-Architektur, innen formvollendetes Grandhotel-Interieur mit Kristalllüster und „Für Elise" im Hintergrund. Grundfeste der Kulinarik bedient Lutz Niemann – verankert, nicht festgefahren in französischer Klassik – bei Menü und kleiner À-la-carte-Auswahl. Als Beweis folgte Vegetarischem – Gemüse-Papayasalat, Avocadocreme, Koriandermayo – nordafrikanisch angehaucht Lamm mit Tabouleh. Dabei hatte sich bereits ein auseinandergezogenes Ikebana-Anrichten angedeutet, das sich beim Menüauftakt mit wie vom Kamm dünnaufgestrichenem Topinamburpüree fortsetzte. Rechts unten lag puristisch-verloren weichkonfierter Saibling mit stattlicher Imperial-Kaviar-Nocke, darüber auf besagtem Streichmuster drei gegarte Topinambur-Halbmonde mit Creme und Knusperspiralen. Links oben füllte säuerliches Apfel-Limetten-Gel zwei Gurkenröllchen, unten links eine Kapuzinerblüte. Das wohlschmeckende Arrangement diente insbesondere dem Kaviar, auch weil dumpf-nussigen Topinamburgeschmack säuerliche Frische und umspielendes (sic!) Kräuteröl fein austarierten. Kompakter, aromatisch plakativer gerieten auf den sardischen gerösteten Hartweizengrießkügelchen Fregola im tiefen weißen Teller – mit Zucchiniumrandung in Dachziegelanordnung – arrangierte Auberginenröllchen mit Tomate-Aubergine-Füllung allein schon durch ein Tomatenkompott von Miraculix-artiger Intensität. Muntere weiße Tomatenbutter und kräftige Kräuter-Salat-Sprossen-Mischung sorgten erfolgreich für Gegenwucht. Vollends bei sich – mit Feinheit, Harmonie, Purismus – beglückte die Küche mit exzellent gebratenem Steinbutt auf Kaiserschoten, darauf stapelten sich schmackhaftes Hummermedaillon idealer Konsistenz und Agrumen-Segmente, während unten feinöliger, geschmeidiger Zitronenkartoffelschaum angenehm feinherb verführte und unerfüllte Lust auf mehr machte. Auf dem Tisch verblieb erfreulicherweise die geniale Sauce, intensiv und nicht überextrahiert, zu tadelloser Étouffée-Taubenbrust. Sehr stimmig dazu kunstvoll arrangierter Spitzkohl, süßlich getreidige Kerbelwurzel in Kräutern sowie schaumige Gänselebermousse auf knusprigem Briochescheibchen und frischsäuerliche Hagebutte. Offen blieb die Frage, wohin der Taubenrest gewandert war – in die Sauce? Gekonnt variierte das Dessert vor guten Petits Fours rote Beeren auf malzig-salzigem Pumpernickel-Sand zu betörendem Vanilleeis.

Restaurant Balthazar

Strandstraße 94,
23669 Timmendorfer Strand
T +49 (0) 4503 3560 081
www.restaurantbalthazar.de

- Christian von Oven
- Oliver Pfahler
- Christin Nowakowski
- mittags, Mo, So ganztags

Menü 109 / 159 €

Welch Parforceritt im wahrscheinlich modernsten Fine-Dining-Restaurant der deutschen Ostseeküste! Dass trotz schmaler Weinkarte die erste Flasche nicht da war, der Fokus gilt scheinbar der Weinbegleitung, kann passieren. Nicht sein muss, dass sich der freundliche Service im schick-legeren Rahmen mit wenigen Tischen im Séparée des Hotels Yachthafen fast parodistisch gestelzt mit „Madame", „Monsieur" und den Formulierungen „… im Séparée haben wir …" abmühte. Die sprachlich schräge Variante bezog sich auf die überbordende Kreativität von Küchenchef Oliver Pfahler. Der stellte, nach einem wie Meereswellen schwankendem Küchengruß-Feuerwerk, bei jedem der bis zu neun Gänge erst das Hauptelement in Amuse-Größe, wiederholend ermüdend als Macaron-Hälfte oder gefüllte Eierschale, vor. Der eigentliche Gang basierte dann auf zumeist guter Produktqualität und tobte sich kontinuierlich mit Espuma, Gel oder Gelee-Mantel aus. Dieses Vorgehen gelang bei Gelbschwanzmakrele: erst als frischer, knuspriger Makrelen-Burger mit Yuzu und Gurke, dann mit neuen Aspekten durch Kiwisorbet, Senfsaat und Estragonöl. Eine ähnliche Aufmachung überraschte bei unterwürztem Thunfisch, als Baiser-Burger, dann als Tatar mit Mangogelee, Dashi und Korianderöl längst nicht mehr. Nach einem Zwischenhoch mit scharf angebratenem, glasigem Kaisergranat, Papaya-Salat, Krustentier-Curry-Sud, gepufftem Schweinebauch und Dillöl scheiterte matschige Gänseleberterrine bereits an schlechtem Entnerven. Beide Fleischgerichte, Étouffée-Taube und prätentiös am Tisch pseudo-gegrilltes US-Beef, kamen mit solider Sauce und Sphären-Allerlei, das schon nach irgendwas schmeckte, aber mit dreifacher Kondom-artiger Hülle kein Essvergnügen bereitete. So bleibt bis nach dem Dessert, einem Passionsfrucht-Törtchen mit Maracujaeis und Kokos-Espuma, die Frage: Warum wird durchgehend moussig, cremig, geliert verfremdet und sich nicht häufiger pointiert natürlich auf erlesene Viktualien und vorhandenes Können ohne Texturgeber-Zauberkasten verlassen?

TODTNAU

derWaldfrieden

Dorfstraße 8, 79674 Todtnau
T +49 (0) 7674 9209 30
www.derwaldfrieden.de

 Mo, Di ganztags
Menü 37 / 59 €
Vorspeise 6 / 16 €
Hauptgang 20 / 36 €

Hoch oben auf dem schwarzen Wald, wo es wieder licht und weit wird, steht dieser echte Vorzeigebetrieb: regional und nachhaltig ohne Frömmelei, Gründungsmitglied der Naturparkwirte im Südschwarzwald, von Slow Food geadelt. Produkte und kulinarische Traditionen des Südschwarzwaldes bilden die solide Basis einer zeitgemäßen Regionalküche vom Wurstsalat bis zur geschmorten Kalbshaxe. Ab und zu gibt's auch mal Ausflüge ins Exotische, jederzeit die weithin gerühmte Schwarzwälder Kirschtorte – und für die volle Erholung ein preisgekröntes Spa-Haus vis-à-vis!

TRABEN-TRARBACH

Belle Epoque

An der Mosel 11,
56841 Traben-Trarbach
T +49 (0) 6541 7030
www.bellevue-hotel.de

Menü 39 / 100 €
Vorspeise 12 / 20 €
Hauptgang 17 / 39 €

Der komplett erhaltene Jugendstil im großen Speisesaal allein ist schon beeindruckend, und dann geben große Fenster auch noch den Blick frei auf die Mosel – falls man nicht eh schon auf der Terrasse sitzt, an der der Fluss direkt vorbeifließt. Küchenchef Matthias Meurer kocht mit marktfrischen Zutaten auf moderne Art klassisch-französisch. Passend dazu bietet die Weinkarte, verantwortet von Restaurantleiterin und Sommelière Kassandra Kuntzsch, neben Moselschätzen sehr viel Frankreich.

TRIER

Becker's

Olewiger Straße 206, 54295 Trier
T +49 (0) 651 9380 80
www.beckers-trier.de

- Christine Becker
- Wolfgang Becker
- Christine Becker
- mittags, Mo, Di, Mi, So ganztags

Menü 105 / 150 €

Wie ein Monolith wirkt der graue Kubus von Beckers Designhotel, das Wolfgang Becker direkt an das elterliche Gasthaus errichten ließ – Tradition und Moderne auf einem Grundstück im verkehrsberuhigten Winzerdorf Olewig. Beide Standbeine lassen sich kulinarisch nacherleben mit der anspruchsvollen Landhausküche der Weinstube und dem Gourmetrestaurant, das wir aufsuchen. Ein paar Nüsse im Glas, hauchdünne gewürzte Grissini stehen schon dem Tisch parat, bevor ein erstes Hörnchen mit eher unspannendem Lachstatar zum Aperitif gereicht wird. Es geht weiter mit drei Häppchen, davon ist eines eine gut gewürzte Quiche. Sie ist wohl der Tribut an die regionale Küche. Als fast schon vollwertiger Gang überbrückt ein Teller mit Thunfischwürfeln, Koriander und Limonenschaum fein die Zeit, bis 80 Minuten nach Eintreffen der erste von sechs möglichen Gängen im gut gefüllten Restaurant serviert wird. Der Kaisergranat als Tatar unter Avocadoscheiben mit Ingwer illustrieren Beckers Fähigkeit, Kombinationen zu knüpfen. Die breitflächig auf dem Teller verteilte Mandelcreme fungiert und funktioniert sowohl zum Tatar, zum Avocadoeis und der knusprigen Praline. Setzt Becker hier auf Anregung, ist es Bestätigung, die die gratinierte Seezunge auf köstlicher Krustentier-Béarnaise und Erbsenvariationen auslöst. Das Gericht bedient unseren Wunsch nach Wohlgeschmack und Schlemmen. Wunderbar! Geradezu wie ein mit Absicht herbeigeführter Kurswechsel wirkt da das glasierte und geradezu schüchtern gewürzte Kalbsbries. Es ist so subtil, dass es fast wie der freundliche Begleiter zur Hauptattraktion, der gut abgestimmten Sauce mit Tomaten, Sellerie und Schnittlauch, wirkt. Im Hauptgang kommt eine einwandfreie Statistenrolle den zwar großzügig verteilten, aber quasi geschmacksneutralen australischen Trüffeln zu. Becker drapiert sie optisch ansprechend auf einem Raviolo mit Ochsenschwanzfüllung. Und wir fragen uns, warum bei aller Freude an Eigengeschmack der mit verbleibendem Biss gegarte Streifen Entrecôte vom Irish-Hereford-Rind nicht ein wenig mehr Salz als wirksamsten aller Geschmacksverstärker gegönnt wurde. Dass Becker gekonnt würzen kann, das zeigt der Seebarsch. Er bekommt als Begleiter Blutwurst und ein Tatar aus Moschuskraken mit auf den Teller. Auf leisen, aber geschmackvollen Sohlen kommt abschließend der geeiste Pfirsich in einem Sud aus Verbene und Kokosaroma zu uns. Der souverän organisierte Service, der im ausgebuchten Restaurant den Überblick behält, offeriert noch feine Pralinés, die uns vergessen lassen, dass wir zwischen den Gängen mitunter bis zu 40 Minuten gewartet haben.

Schloss Monaise

Schloss Monaise 7, 54294 Trier
T +49 (0) 651 8286 70
www.schloss-monaise.de

- Birgit Scheid
- Hubert Scheid
- Mi, Do, Fr, Sa, So, Feiertag ganztags

Menü 58 / 98 €

Hubi, wie ihn alle nennen, ist überall. Sein Esprit als Koch schlägt sich auf der Karte nieder, im Gastraum setzt sich bei bekannten Gästen mit an den Tisch, diskutiert deren Weinwahl („Entweder er schmeckt oder er schmeckt nicht!"), hat einen Blick für die Weinwünsche der anderen Tische und wetzt auf seinen Sneakern mit strengem Zopf der silberweißen Haare durch das Gemäuer von Schloss Monaise. Hubi – der Schlossgeist, Gastgeber und Zentrum der gehobenen Gastlichkeit. Hubi heißt Hubert Scheid und seine gute Laune ist so ansteckend wie die Gerichte französisch und die Weinkarte beeindruckend. Der Patron lässt das Menü, das es hier in vier Gängen gibt, mit einer klassischen und gekonnten Tranche Gänseleberterrine beginnen. Das recht viele Salz und den gemahlenen weißen Pfeffer am Tellerrand hätte es nicht gebraucht, aber man beides ja sprichwörtlich liegenlassen. Kabeljau, Zander und Rotbarbe – drei perfekt gegarte Stücke jedes Fischs, der Zander herzhaft knusprig auf der Haut gebraten, schwimmen in einer herrlich klassischen Bouillabaisse, einzig, dass die Rouille in ihrem Schälchen schon leicht angetrocknet war, störte die Freude. Und die Küche könnte es gewiss besser. Die Perfektion der Details im Hauptgang, von den köstlichen Pfifferlingen, über den großartig bitteren angebratenen Chicorée, über die tiefe der Jus bis zu den allerzartest gegarten Stücken Rehfilet sind Zeugnis des tadellosen und Freude spendenden gepflegten Handwerks der Schlossküche. Und als ob im Keller ein Geist der Süßspeise walten würde, schafft es das Tortenstück Vacherin glacé mit Himbeersorbet, den Wunsch zu wecken, jeden Tag bis ans Ende des Lebens ein Stück davon serviert zu bekommen. Dafür würden wir auch unsere Seele hier lassen bei Hubi. Gut zu essen hätte sie jedenfalls immer.

TRITTENHEIM

Wein- und Tafelhaus

Moselpromenade 4,
54349 Trittenheim
T +49 (0) 6507 7028 03
www.wein-tafelhaus.de

- Daniela Oos
- Alexander Oos
- Daniela Oos
- Di, Mi, Do, Fr, Sa mittags, Mo, So ganztags

Menü 140 / 190 €

Wenn die Abendsonne im Spätsommer auf die Trittenheimer Apotheke scheint, dann wirkt das flächige Grün des steilen Hangs wie ein Naturkino im Breitwandformat. Der Gast im hinteren Gastraum schaut mit Glück durch die bodentiefen Fenster auf diese Bühne der Natur. Alexander Oos wirkt seinerseits im verwinkelten Wein- und Tafelhaus wie ein Regisseur der Produkte, denen er die jeweils passende Rolle zuweist und ihren Charakter pflegt und fördert. Von den drei Amuse-Gueules lässt sich das am besten an der Praline mit Wildmousse illustrieren. Die Hülle aus Gelee schmeckt intensiv nach Beeren samt Süße und Säure, die Füllung spiegelt das bodenständige Aroma von Wild. Dicke der Hülle und Zartheit der Füllung lassen beides zur Geltung kommen. Produkteigenschaften sind der Ausgangspunkt für Oos trittsicheren Ausflüge in verschiedene Aromawelten. Zum Auftakt: Chili, Koriander und Mango aromatisieren den Kaisergranat, ein Garnelencarpaccio daneben wird mit kräftigem Krustentiergelee bedeckt und von intensiven Yuzu-Klecksen umrahmt. Ein vielschichtiges Gericht, ergänzt um Kaiserschotensalat, und was auf dem Teller sauber drapiert ist, sollte der Gast munter auf der Gabel mischen. Auch die anschließende Brühe versetzt einen deutlich nach Asien, der Geflügelgeschmack kommt im Dim Sum klar zur Geltung. Ein – leider eher mäßig aufregender – Blick nach Italien mit einem anständigen Risotto mit Pfifferlingen soll der einzige Wermutstropfen im abwechslungsreichen Menü bleiben. Beim Zander als Zwischengericht scheint Oos fast hinter die Zutaten zurücktreten zu wollen. Er verlässt sich neben dem saftigen Fleisch des Fisches auf zusammengefallenen Blattspinat und eine sehr sanfte Sauce mit Piment d'Espelette – alles so behutsam, dass die Artischocken schon fast muskulär wirken. Hut ab, dass das Ensemble seine Kraft ohne jeden lauten Ton entfaltet. Beim rosa gegarten Rehrücken mit Brombeerjus, einem klassischen Selleriepüree und Kohlrabi wird es wieder vehementer dank der Säure und des Aromas des Beerenobstes. Das Dessert rund um die Aprikose beschließt die kleine kulinarische Reise in verschiedene Regionen mit Mousse in weißer Schokolade und einer konzentrierten Fruchtsauce. Gäste, die gerne Weinkarten lesen, werden lange lesen, aber es ist definitiv ratsam, sich der gebürtigen Österreicherin Daniela Oos anzuvertrauen, die ihre Vorschläge freudvoll und fundiert vorträgt und mit ihrer charmanten Art wesentlich zu einem gelungenen Abend beiträgt.

TÜBINGEN

Schranners Waldhorn

Schönbuchstraße 49,
72074 Tübingen
T +49 (0) 7071 61270
www.schranners-waldhorn.de

Marie-Luise Schranner
Maximilian Schranner
Mo, Di ganztags
Menü 79 / 99 €
Vorspeise 10 / 26 €
Hauptgang 28 / 38 €

Mit einem Ausflug nach Bebenhausen kann man nichts falsch machen. Denn der verträumte kleine Ort unweit von Tübingen ist mit seinen historischen Bauten rund um die ehemalige Zisterzienserabtei absolut sehenswert und versprüht den Charme eines bestens gepflegten Freilichtmuseums. Und um den Spaziergang durch Bebenhausens Historie rund zu machen, empfiehlt sich die Einkehr in das Wirtshaus von Marie-Luise und Maximilian Schranner. Mittags und abends wird hier in unprätentiös eingerichteten Gaststuben ein ausgewogener Mix von schwäbischer Küche und der Cuisine der Gourmets aufgetragen, der auch Einheimische in die etwas abgelegene Location lockt. Ein gutes Zeichen für die Qualität der Küche, mit der der freundliche Service leider nicht immer mithalten kann und dem Gast nur wenig proaktiv zur Seite steht. Wie groß die Auswahl an Aperitif tatsächlich ist, erfährt man erst aus der Weinkarte, die allerdings nur auf Nachfrage gereicht wird und durchaus ein bisschen deutlicher über den Tellerrand blicken dürfte. Dagegen ist die Küche in der Provinzialität in ihrem Element und trumpft mit würzig angemachtem Tatar, Schwäbischer Festtagssuppe und natürlich mit klassischem Zwiebelrostbraten, standesgemäß begleitet von richtig guten, hausgemachten Spätzle auf. Beim Ausflug in die Haute Cuisine gefiel uns die aromatisch differenzierte Hokkaido-Vanille-Creme als schmelziger Kontrast zu den feinen Röstaromen der gebratenen Jakobsmuschel. Spannend fanden wir die Idee, die Tranche vom Seeteufel von gesmokter Rote Bete begleiten, und das Ganze vom einem Vadouvan-Schaum umspülen zu lassen, der eine exotisch indische Geschmacksnote einbrachte. Kleiner Wermutstropfen war das dazu gereichte bissharte und trockene Speck-Mandel-Clafoutis, schade. Doch der war schnell vergessen, als zu rosa gebratenem Kalbsfilet, zarten Kalbsbäckle mit Kartoffelmousseline, Kohlröschen und Schwarzwurzeln ein Trüffelschaum serviert wurde, der in seiner feingewobenen aromatischen Intensität das Zeug zum strahlenden Helden des Gerichtes hatte. Ein besonders Lob gilt auch der Patisserie für ihr Kaffee-Kardamom-Parfait, das uns im Quartett mit Cappuccinomousse, Pistazie und Zwetschge als Dessert überzeugte.

TUTTLINGEN

Anima

In Wöhrden 5, 78532 Tuttlingen
T +49 (0) 7461 7803 020
www.restaurant-anima.de

  Janice Lacher
   Heiko Lacher
   mittags, Mo, So, Feiertag ganztags
Menü 118 / 148 €

Ein geordneter Raum in Brauntönen. Drei Personen, die in geradezu mönchisch-meditativer Ruhe ihrer Arbeit nachgehen. Keine Frage: „Hat es geschmeckt?" Janice Lacher serviert nahezu wortlos, was Heiko Lacher und Johannes Schühle in der offenen Küche bestens vorbereitet und in aller Stille finalisieren. Fliegende Teller oder laute Befehle in der Küche, wie es uns Netflix aus den Spitzenküchen gerne vermittelt: Komplette Fehlanzeige. Fast erschrickt man, wenn eine Pfanne zischt oder ein gluckerndes Nachschenken die sanfte Lounge-Musik kurzzeitig übertönt. Das Anima ist kein Raum für das erste Date oder den Betriebsausflug – es ist ein Tempel der minimalistischen Kulinarik. Ein Bollwerk gegen Firlefanz und Laissez-faire. Hier wird so gearbeitet, wie es zur Stadt Tuttlingen passt, dem Weltzentrum der Medizintechnik: Präzise. Puristisch. Perfekt. Die Speisekarte spricht davon, aus einem ausgeklügelten Minimum ein Maximum an Geschmack und Erlebnis auf den Teller zu bringen. Das gelingt bei unserem Besuch ohne Abstriche, begonnen bei bissfest-aromatischen Tsarskaya-Austern mit einem Hauch Gurkenwasser und Pumpernickel mit Fichtennadeln zum Auftakt. Mit dem Laser scheint die Blüte aus Apfelschnitzen gestanzt, die ein Jakobsmuschel-Limetten-Tataki in einem Ring aus marinierter Entenleber bedeckt, darauf Apfeleis und -Kompott, begleitet von frischer Brioche mit einem Hauch Tonkabohne. Frische und Leichtigkeit werden dabei optisch wie geschmacklich hochklassig inszeniert. Nichts könnte weiter von der klassischen Zubereitung und Schwere einer Foie gras entfernt sein und dennoch gleichzeitig neu und vertraut mit eben diesem Geschmacksbild spielen. Der rohe Königsfisch wird als Rosenblüte in Picadillo-Sud serviert und geht ein feines Aromenspiel mit Quinoa und geräucherter Eigelbcreme ein. Auch das Lamm im Hauptgang, mit Cremolatajus und eingekochter Trockenfeigenmarmelade kombiniert, kommt wie viele Gerichte Lachers mit einer feinen Zitrusnote an den Tisch. Selbst Zwischengänge wie Rotgarnenraviolis im hauchzarten Teig oder Desserts wie winzige Scheiben vom Ziegenfrischkäse mit Holunderknospen, -Blüten und -Beeren stehen geradezu emblematisch für die Feinheit und Ästhetik einer höchst sensiblen Küche, die auf bestem Weg zu einer ganz eigenständigen Stilistik ist, der höchstens noch eine radikalere Fokussierung auf das zu wünschen wäre, was sie am besten kann: aus ganz einfachen Zutaten allerfeinste Nuancen herauszuarbeiten. Chapeau!

ÜBERLINGEN

Johanniter-Kreuz

Johanniterweg 11, 88662 Überlingen
T +49 (0) 7551 9370 60
www.johanniter-kreuz.de

🔒 Di mittags, Mo ganztags
Menü 38 / 85 €
Vorspeise 7 / 19 €
Hauptgang 27 / 35 €

Das Restaurant gehört zum gleichnamigen Romantik-Hotel im Dorfkern des beschaulichen Andelshofen. In gemütlichem Fachwerk mit offenem Kamin lässt Andreas Liebich seine selbsternannten „Traditionsgerichte" servieren: Filet von der Eismeerforelle an eigener Kaviarsauce mit Blattspinat, Lorbeerkartoffeln und Basilikum oder geschmorte Bauernente in Orangen-Pfeffersauce mit grünem Spargel und Kartoffelkrapfen. Neben einem „Gourmet-Menü" (etwa mit Steinbutt oder Carpaccio von Kalb und Thunfisch) steht auch ein vegetarisches Menü zur Wahl.

Landgasthof Zum Adler

Hauptstraße 44, 88662 Überlingen
T +49 (0) 7553 82550
www.adler-lippertsreute.de

🔒 Mi, Do ganztags
Menü 35 / 50 €
Vorspeise 14 / 17 €
Hauptgang 15 / 33 €

Zwiebelrostbraten mit hausgemachten Spätzle; Felchen-Filet mit Rieslingschaum, Gemüse-Julienne und Reis; Ragout vom heimischen Reh mit Haselnussspätzle: Wirt Peter Vögele, in diesem mehr als 300 Jahre alten Riegelbau in elfter (!) Generation am Werk, kocht badisch-traditionell ohne Schnörkel, aber grundsolide und mit hochwertigen Zutaten. Uns das in authentisch-historischem Ambiente, man beachte nur die durchhängende Kassettendecke. Gute Auswahl an Weinen, die in dem aus der Molasse geschlagenen Felsenkeller optimal lagern.

UHINGEN

Gourmet-Restaurant auf Schloss Filseck

Filseck 1, 73066 Uhingen
T +49 (0) 7161 28380
www.restaurant-auf-schloss-filseck.de

- Nicole Auwärter
- Daniele Corona
- Sa mittags,
  Mo, So, Feiertag ganztags

Menü 85 / 175 €
Vorspeise 21 / 28 €
Hauptgang 48 / 68 €

Schlossherr im historischen Gemäuer ist die Stiftung der Kreissparkasse Göppingen, zum burgherrlichen Sparkassen-Imperium gehört auch das Restaurant, in dem Daniele Corona seit fast zehn Jahren das Zepter schwingt. Dass der gebürtige Esslinger italienische Wurzeln hat, kann man zumindest an den italienischen Namen der Gerichte ablesen. Und ein bisschen Italianità gehörte auch zur Inszenierung, wo ansonsten der junge Service mit schwäbischer Mundart keinen Zweifel daran lässt, in welcher Region man sich gerade befindet. Zum Einstieg in Coronas Menü darf sich der Gast aus einer Vielzahl an italienischen Olivenölen einen Favoriten aussuchen, der dann sparsam in ein handtellergroßes Schälchen gegossen wird. Anschließend wurde zu Focaccia-Varianten eine mit Trüffel und Honig verfeinerte Butter als brennende Kerze serviert. Etwas zu dickteigig erschien uns die mit Oliven, Tomaten, Kapern und Zwiebeln gefüllte Nudelrolle, die auch als Maultasche durchgehen könnte. Im Sud von Ingwer und Koriander schwammen kleinste Stückchen von der Sardelle, gekrönt wurde das Arrangement von einem asiatischen Thai-Curry-Schaum, der in seiner Konsistenz eher einer Curry-Mayonnaise gleichkam. Der lauwarmen Bernsteinmakrele mit Meeresfrüchten tat der heiße Krustentier- und Fischsud gut, à part gab es ein gedämpftes japanisches Brötchen gefüllt mit Oktopus-Bolognese. Zwei Tage lang wurde das Südtiroler Wagyu-Short-Rib bei 58 Grad Celsius gegart, vielleicht schrumpfte es deswegen auf eine sehr überschaubare Portion ein. Tadellos zart, saftig und fleischaromatisch, übernahm auch hier die heiße Jus den wärmenden Part. Welche Rolle die zähcremige Haselnusscreme, Chioggia-Bete und Kaktusfeige in dem Gericht spielten sollten, erschloss sich uns leider nicht. Ohne Zweifel feine Zugaben, aber als Begleitung für Fleisch und intensive Sauce aromatisch überfordert. Einfach aber gut das im Cup geschichtete Dessert aus Schokoladen-Crumble, Kokoseis, Kompott von Mango und Passionsfrucht und Kokosschaum.

UHLDINGEN-MÜHLHOFEN

Seehalde

Maurach 1,
88690 Uhldingen-Mühlhofen
T +49 (0) 7556 92210
www.seehalde.de

 Markus & Thomas Gruler
Markus Gruler
Thomas Gruler &
    Alexander Steimer
Di, Mi ganztags
Menü 45 / 85 €
Vorspeise 10 / 23 €
Hauptgang 29 / 43 €

Dass sie hier nicht gilt, die alte Regel „Schöne Aussicht = schlechte Küche bei strammer Kalkulation", es grenzt fast an ein kleines Wunder! Schöner als an diesem absoluten Gunstplatz in der Bucht von Maurach sitzt man – Blick zur Mainau, unter schattigen Platanen – vermutlich am gesamten Bodensee nirgendwo. Ein frischer Schluck Weißwein aus der animierenden Karte schwappt im hauchdünnen Gabriel-Glas, dazu ein bisschen hausgebackenes Brot, sizilianisches Olivenöl. Wächter des Wunders sind Markus und Thomas Gruler, Gastgeber in vierter Generation, Markus in der Küche, Thomas im Saal. Und um es gleich zu sagen: Was beide hier auf den Tisch bringen, es hat uns noch nie enttäuscht! Leicht und aromatisch jüngst die kleine Hechtkopfsülze mit Labskaus und Gürkchen im Amuse, süffig und zart der samtige Kartoffelschaum mit Felchenkaviar und knusprigem Roggenbrotchip. Immer wieder köstlich die verschiedenen Häppchen von Bodensee-Fischen: Aal mit Rührei und Kürbiskernöl, zarte Rotaugen nach Matjes-Art mit Apfel- und Gurken-Schmand, Felchen in skandinavischer Tradition mit Senfsauce ... Fein austariert eine Bouillabaisse von heimischen Fischen (fabelhaft: ein luftiges Hechtklößle!), die den edlen Süßwasserbewohnern eine ideale Bühne bereitete; sodann kraftvoll-würzige, geschmorte Kalbskutteln von feiner Schärfe nach portugiesischer Art mit Tomaten, Chorizo und weißen Bohnen. Dass Markus Gruler auch mit ortsfremden Fischen umzugehen versteht, zeigte er in der aktuellen Testsaison überzeugend mittels eines schönen Steinbutts: punktgenau gegart, zart gebräunt, saftig-blättrig, mit einem Hauch Hühnerfond und super aromatischer Rengoldshauser Karotte, geschmort und als Püree. Danach ein bisschen Rohmilchbergkäse von der hervorragenden Käserei Jamei aus Kempten, anschließend Mirabellenragout mit Zimtblüteneis und karamellisiertem böhmischen Knödel. Was kann der Mensch mehr wünschen? Eine ausgezeichnete Weinkarte! Die gibt's hier – samt schönen offenen, halben Flaschen und gereiften Tropfen. Wie alles: gastfreundlich kalkuliert.

ULM

Seestern

Friedrichsau 50, 89073 Ulm
T +49 (0) 731 2064 000
www.lago-ulm.de

- Philipp Bieringer
- Klaus Buderath
- mittags, Mo, So ganztags

Menü 85 / 165 €
Vorspeise 20 / 32 €
Hauptgang 30 / 48 €

Durchaus erfreulich ist, an häufig selbstbeweihräuchernde Website-Texte Häkchen machen zu können. „In unserem Seestern bieten wir Ihnen eine nordisch schlichte, aber gemütliche Bootshaus-Atmosphäre direkt am Wasser" – check. „Wir bieten Ihnen eine leichte, kreative Küche (...) direkt am See. Genießen Sie während Ihrem einzigartigen Menü (...)" – kurz vorm letzten Federstrich ein Zögern. Klar ist, der erfahrene Klaus Buderath kocht ambitioniert, richtet detailverliebt an und legt bereits durch Top-Zutaten das Fundament für eine potenzielle dritte Haube. Doch noch mangelte es geschmacklich und gartechnisch gelegentlich an Präzision. So fiel zu Beginn durch Purismus und zurückhaltendes Aromatisieren Saibling vom bayerischen Premium-Züchter Birnbaum zwar elegant aus, allerdings war die stattliche Tranche, die Kaviar in der Sauce würzte, minimal zu weit gegart und à part ging eine hauchdünne, rohe Saiblingsscheibe zwischen würzigem Couscous-Sockel und Apfel-Estragon-Eis unter. Danach gefiel uns sehr gut, wie das Zwei-Mann-Küchenteam bei Wiesenkräutersalat mit Johannisbeertomate und Basilikum das in der Spitzenküche eher stiefmütterlich behandelte Thema Salat individuell interpretierte. Süßlich-cremige Tomatenmousse, die getrocknete schwarze Oliven würzten, kontrastierten auf separatem Geschirr mit bitterem Biss Wildkräuter und gepuffter Buchweizen, während nebenan schmelzend-knusprig Tartelette mit Avocadocreme und Tomatengelee geschmacksvertiefte. Danach litt die Salzwassergarnele erneut unter einem Tick Übergarung, zudem dezentem Salzmangel und latenter Süße einer Melonen-Sphäre. Mit nussigem Sesam, japanischem Lauchöl und, erneut à part, knuspriger Garnelen-Samosa tat das dem Gesamtgelingen der schönen Kombination keinen Abbruch. Erst recht, weil ein Kefirdrink

© Bildwerk89

mit Ingwer und Yuzu aus der alkoholfreien Getränkebegleitung, die ebenfalls mit Sorgfalt Verfeinertes und Selbstgemachtes bot, geschmacklich exakt andockte. Keinerlei Anlass zur Kritik hatten wir bei perfekt auf der Haut gebratenem Loup de mer mit provenzalischem Gemüse und hervorragendem Safransud und beim Rib-Eye von alter Kuh, zubereitet in süffiger Barbecue-Manier mit Aschezwiebel und Mini-Mais, und süchtig machender Jus, deren reichliches Vorhandensein wir bis auf den letzten Tropfen auskosteten. Bereits beim Dessert aus Weinbergpfirsich mit Honig und Lavendel, das im Detail aus Mandelmilchmousse, Honigpollen und knuspriger Honigwabe, klassischem Nougat sowie Pfirsichsud, -schleifen und -gel bestand, freuten wir uns auf den nächsten Besuch.

Siedepunkt

Eberhard-Finckh-Straße 17,
89075 Ulm
T +49 (0) 7319 2710
www.siedepunkt-restaurant.de

Christoph Hormel
Benedikt Wittek
Maren Stegmaier
mittags,
Mo, Di, So, Feiertag ganztags
Menü 79 / 125 €

Überraschung! Die Reservierung wurde Wochen vor Eintreffen übers Onlinesystem getätigt, und statt ein Candlelight-Dinner für zwei zu wählen, klickten wir auf die normale Buchung ohne Sonderaktionen. Zwei Tage vor der Anreise dann eine Mail des Hotels. Es gebe an diesem Tag nur das Candlelight-Dinner und ob wir an einem anderen Tag kommen wollten? Nein. Warum auch? Es waren dann tatsächlich viele Pärchen da, Kerzen brannten, aber vielleicht tun sie das auch sonst. Die Terrasse ist charmant, auch drinnen sitzt man angenehm. Der ausschließlich weibliche Service brachte spannenden Muskattrollinger-Sekt, drei Sorten Brot (plus Butter und Frischkäse samt Kresse), Amuse-Bouches in zwei Folgen. Erst Fischpraline auf Mango, Wan Tan mit Röstzwiebelfüllung und Rindertatar auf einem Papadam-Stück. Dann eine Interpretation von Egg Benedikt mit Brioche und Wachtelei: sehr gelungen. Nun das Überraschungsmenü: Die Scheibe der Enten-Foie-gras-Zubereitung war sehr fest und einen Hauch zu salzig, was wiederum nicht recht zu Birnensorbet, Birnenchutney und Yuzuperlen passen wollte. Blumenkohl in Varianten wurde mit Rotwein-Beurre-blanc angereichert und machte Spaß. Ebenso wie die gebeizten Scheiben von der Rehkeule mit Tapenade, getrockneten Oliven und Olivenmalto. Beim Hauptgang, der Tranche vom schottischen Lachs, wurde es dann klar: Offenbar werden an diesem Tag der Woche zumindest teilweise andere Produkte verwendet als sonst. Der Fisch war langweilig und teilweise trocken, die Beilagen (Spinat, Passionsfruchtsud und eine Art Kaffeeschaum) dagegen toll. Schokomousse mit Erdbeersorbet und Himbeerschaum ging als tadellos exekutiertes Dessert durch, auch die süßen Kleinigkeiten zum Kaffee gefielen. Bei Lichte betrachtet geht hier mehr. Auch bei Kerzenlicht.

Treibgut

Friedrichsau 50, 89073 Ulm
T +49 (0) 731 2064 000
hotel.lago-ulm.de/
treibgut-restaurant-bar/

🔒 mittags
Vorspeise 9 / 16 €
Hauptgang 13 / 30 €

Im Treibgut, dem Hotel Lago angeschlossenen, kommen Wohlfühl-Klassiker auf den Tisch: Maultaschen, Wiener Schnitzel, Penne all'arrabbiata, Zwiebelrostbraten – oder, einen Hauch feiner, Filet vom Adlerfisch auf Tomatenragout mit hausgemachten Salbeinudeln in leichter Weißweinbuttersauce. Hier geht es nicht vornehmlich um Kreativität, sondern darum, dass alles selbst gemacht ist oder aus anständiger Erzeugung stammt. Ab zwei Personen gibt es üppige 500-Gramm-Cuts vom bayerischen Weidelandrind, etwa Flanksteak oder Rib-Eye.

UMKIRCH

Villa Thai

Hugstetter Straße 2, 79224 Umkirch
T +49 (0) 7665 93760
www.villa-thai.de

🍽 Pranee Mac
👤 Nhu-Hoa Mac
✏ Patrick Mac
🔒 Mo, Mi mittags, Di ganztags
Menü 50 / 85 €
Vorspeise 8 / 29 €
Hauptgang 18 / 49 €

Seien wir ehrlich, die Lage, jenseits der Autobahn und weit weg von der Innenstadt, ist eher mittelmäßig. Man käme also nicht ohne Weiteres auf die Idee, sich auf der Suche nach gastronomischer Qualität hierher zu verirren – und doch sprechen schon auf den ersten Blick ein paar wesentliche Indizien dafür: Da hätten wir die gestärkten, weißen Servietten, die elegante, knapp gehaltene Karte, die Tatsache, dass viele Gastronomen aus der Gegend hier Stammgäste sind und auch die Weinkarte, auf der sich Meursault, Gantenbein und Château Margaux finden. Tatsächlich kann man sich auf die Villa Thai verlassen, und das schon seit 1996. In diesem sorgfältig geführten thailändischen Restaurant hängt keinerlei Frittierfett-Dunst über den Tellern. Die Frühlingsrollen sind raschelnd kross, das Garnelenfleisch mit knusprigen Reisflocken und Gurken-Chili-Sauce ist knackig-saftig-zart, ebenso die gegrillten marinierten Hühnerspieße „Saté Gai". Überhaupt sind die Saucen zu den Gerichten – darunter die angenehm unpenetrante Erdnusssauce zu den Hühnerspießen – top-balanciert und nicht überwürzt. Auch die Hühnerbrust mit Bambussprossen, Thai-Auberginen und Thai-Basilikum ist stets von hoher Qualität und kommt in leichter, duftig-eleganter, zartscharfer grüner Kokos-Curry-Creme daher. Die Rinderfiletstreifen mit breiten Bohnen, Thai-Basilikum, Knoblauch und Chilis waren auch in der aktuellen Testsaison von kräftiger, dunkler Würzigkeit, ohne dabei ihren schönen Fleischgeschmack zu verlieren, hinzukam – als perfektes Match – ein Saar-Riesling, namentlich: 2019 Rausch Kabinett, Weingut Forstmeister Geltz-Zilliken. Das Dessertangebot ist eher spärlich, aber gut. Besonders gefiel uns ein cremiges, selbstverständlich hausgemachtes Kokoseis zu weichem Palmengelee und salzigen Erdnüssen, aber auch die Papaya mit Zitrussorbet. Zudem lohnt sich die Villa Thai, die in Wahrheit zwei Restaurants in einem ist, für einen weiteren Besuch: Denn auch nach der Rückkehr des Altmeisters Kusakabe nach Japan präsentiert sein Nachfolger Toshio Kumakara hier Sushi in ganz außergewöhnlicher Qualität!

UNTERAMMERGAU

Dorfwirt & friends

Pürschlingstraße 2,
82497 Unterammergau
T +49 (0) 8822 9496 949
www.dorfwirt.bayern

- Brigitte Zwink
- Thomas Zwink
- Do, Fr, Sa mittags,
  Mo, Di, Mi ganztags

Menü 79 / 149 €

Bei Anfahrt über die Ammerbrücke wirkt alles noch ganz zivil: ein altbayerisches Wirtshaus wie aus den Wimmelbüchern von Ali Mitgutsch, mit grünen Fensterläden und goldgelben Fensterkartuschen. Aber dann! Direkt hinterm Zaun empfangen Gastgarten und Laube mit bohemienhaftem Urwuchs, die Liebe zu Großflaschen und Nippes setzt sich drinnen in zwei Wirtsstübchen fort – ein eigenständiger und bisweilen schräger, sehr persönlicher Stil. Er passt zum Wirtspaar des Hauses, das seine Lust am Genuss ebenso unverstellt vermittelt. Zügig sorgt die herzlich-direkte Brigitte Zwink für Wein und einen schmelzigen Wollschweinspeck auf dem Tisch, während Gatte Thomas als Einzelkämpfer ein Carte-blanche-Menü namens „Dorfwirt-Rally" bestreitet. Manches entlang der Rennstrecke erinnert uns an die Pioniere mediterran verfeinernder Wirtshausküche wie Karl Ederer oder Wolfgang Raub. Mit ihnen teilt der Chef definitiv das Bedauern, dass etwa Hirn und Aufbruch kaum mehr Platz mehr auf deutschen Speisezetteln finden. Wurde gerade eins der eigenen Tiere geschlachtet und lässt man Zwink völlig freie Hand, macht er die Innereienschau zum Höhepunkt der Dorfwirt-Küche: Ein Schälchen Kalbskutteln im fruchtigen Senfsaat-Sugo und sauer eingelegten Perlzwiebelchen oder butterweich

gegarte Rinderzunge stechen den danach servierten Krakensalat mit Fenchel und Garnele auch produktseitig aus. Mag sein, dass mancher Gast Reh-Köfte mit Gurkenjoghurt und Grillgemüse oder ein Rahmgulasch mit knackigen Spargelspitzen für unsere Punktzahl nicht ausreichend artistisch findet: Kulinarisches Bauchgefühl über dekorative Schikanen zu stellen und die süße Abteilung nicht als größte Leidenschaft zu pflegen, auch darin gleicht Zwink den oben genannten Kollegen durchaus.

VAIHINGEN AN DER ENZ

Lamm Rosswag

Rathausstraße 4,
71665 Vaihingen an der Enz
T +49 (0) 7042 21413
www.lamm-rosswag.de

- Sonja Ruggaber
- Steffen Ruggaber
- Mi, Do mittags,
  Mo, Di, So, Feiertag ganztags

Menü 85 / 150 €

Wenn Landgasthöfe so aussehen und so geführt werden, dürften sie Zukunft haben. Sonja und Steffen Ruggaber, sie aus dem Bergischen Land, er von hier, haben das Lamm zu einer Institution gemacht. Von außen traditionell, zum urigen Ortskern samt Enz-Ufer und steiler Lemberger-Weinberge passend, von innen moderne Gastronomie. Eine, in der man sich als Gast Zeit lassen muss. Die Küche hat nämlich Ehrgeiz bis über beide Ohren. All die Bestandteile, die in den vielen Gängen des Menüs untergebracht sind, müssen ja erst mal angerichtet, dann am Tisch annonciert werden. Bevor die erste offizielle Vorspeise da ist, kommen schon diverse Küchengrüße. Erfrischender Estragon-Eislolly, ein Cracker mit Fenchelmousse, Roggenbrot-Espuma mit Bärlauchmousse, das Hamachi-Filet mit Gurken-Wasabi-Eis. Die Zeit zwischen den Gängen lässt sich nutzen, um die Weinkarte zu studieren. Als eine der wenigen in Deutschland setzt sie komplett auf das Inland – es gibt weder Bordeaux noch Champagner, dafür viele erstklassige deutsche Schaumweine und neben Weinen der Umgebung auch reife, fair kalkulierte Produkte anderer Anbaugebiete. Die alkoholfreie Menübegleitung setzt auf die Vielfalt der Produkte von Jörg Geiger. Das gebeizte Stück Fjordforelle ist dann der erste offizielle Gang, wird mit Rauchaalmousse, Himbeere und Oxalis auf würzig-fruchtige Weise umrahmt – da passt alles zusammen. Ebenso wichtig ist aber die Produktqualität, und die stimmt. Eine dicke, saftige geangelte Jakobsmuschel ist optimal gegart, wird von Tomaten, Pinienkernen und Verbene angereichert. Spätestens bei der Obsiblue-Garnele kann man sich fragen, ob weniger Zutaten nicht mehr Fokussierung erlaubten. Das Sous-vide gegarte und geflämmte Krustentier ist tadellos zubereitet, die Untermalung durch Cashew und Pfirsich passt, es gibt aber auch noch Apfel-Staudensellerie-Sud. Ein wenig beziehungslos liegt später das Stück Sot-l'y-laisse neben der Steinbutttranche, allerdings ist die intensive Sauce Poulet zu loben. Ein Geniestreich ist auch die pfeffrig-fruchtige Sauce zum Rehrücken (dazu Pfefferkirschen, Milchkaffeegel, Rauchmandel-Malto und Brokkoli). Danach wird es in mehreren Durchgängen süß, bleibt aber kreativ. Dill passt gut zu Ananas, stellen wir fest, Aprikose perfekt zu Mohn und Rosmarin. Zum Schluss Mojito zum Löffeln und Heidelbeereis am Stiel. Danach ist man vielleicht ein bisschen erschöpft, aber sehr glücklich.

VALLENDAR

Die Traube

Rathausplatz 12, 56179 Vallendar
T +49 (0) 261 61162
www.stefan-schleier.de

🔒 Mo, Di, So ganztags
Menü 45 / 100 €
Vorspeise 10 / 29 €
Hauptgang 20 / 45 €

Seit vielen Jahren wirten Stefan und Anita Schleier nun schon im schönen Fachwerkhäuschen von 1647 am Rathausplatz – und halten damit die kulinarische Fahne in einem Umfeld hoch, das gastronomisch ausbaufähig zu nennen eine starke Untertreibung wäre. In den gemütlichen Stuben wird handwerklich hochsolide und mit Sorgfalt gekocht, mit klarem Fokus auf die Gästezufriedenheit: vom Schwertfisch-Carpaccio bis zur Wildconsommé, vom Steinbutt auf Blattspinat mit Beurre rouge bis zum klassischen Grünkohl mit Kasseler, Mettwurst und Kartoffeln. Ein Restaurant wie die Traube leistet mehr für den sozialen Zusammenhalt einer Gemeinde als so manches hochsubventionierte kommunale Förderprogramm!

VEITSHÖCHHEIM

Wiener Dog

Herrnstraße 19, 97209 Veitshöchheim
T +49 175 3369471

🔒 Mi, Do, Fr, Sa mittags, So abends,
   Mo, Di, Feiertag ganztags
Menü 49 / 79 €

Die Gasthaus-Tradition des Gebäudes reicht bis ins Jahr 1773 zurück, heute beherbergt es das Hotel Wiener Botschaft. In dessen rustikalen Stuben mit Deckenbalken und Dielenboden lässt Küchenchef Stephan Jamm international angehauchte Gerichte mit regionalen Wurzeln an die blank gescheuerten Tische bringen, gekennzeichnet durch knappe Garzeiten und gut ausbalancierte Saucen. Die kleine Weinkarte bietet eine nach Rebsorten sortierte nationale Auswahl mit fränkischem Schwerpunkt. Sehr netter und lockerer Service.

VELBERT

Haus Stemberg
Anno 1864

Kuhlendahler Straße 295,
42553 Velbert
T +49 (0) 2053 5649
www.haus-stemberg.de

- Familie Stemberg
- Sascha Stemberg
- Walter Stemberg & Olivier Fischer
- Mo, Di, Mi mittags,
  Do, Fr, Feiertag ganztags

Menü 85 / 109 €
Vorspeise 18 / 25 €
Hauptgang 24 / 49 €

Wenn sich die Gemeinde Velbert einst dazu entschließen sollte, die Kuhlendahler Straße in Stemberger Allee oder gleich „Am Stemmi" umzubenennen, dann wäre dies angesichts der Errungenschaften der an dieser Stelle seit 1864 tätigen Familie Stemberg angemessen. Zum einen, weil Vater Walters und Sohn Saschas TV-Präsenz Gäste aus Thüringen oder Baden-Württemberg anlockt. Zum anderen, weil alle Gäste ein Unikum der deutschen Gastronomie bewundern können. Behutsam modernisiert, wo es muss, gepflegt intakt gehalten, was historisch ist, sitzen wir in einem Gasthaus, das zünftig bis gediegen kann. Das Nebeneinander auf der Speisekarte von Wirtshausküche wie Perlgraupensuppe oder Feldsalat mit Krabben und den aufwendigen Menüs wirkt hier weder aufgesetzt noch unangenehm. Kurz – einen Betrieb wie das Haus Stemberg samt Familie als Gastgeber kann man nicht planen oder erfinden. Die Herzlichkeit ist ein weiterer Grund, hier einzukehren, die von Sascha Stemberg gepflegte Suche nach guten Produkten derjenige, der uns gerne zurückkehren lässt. Kein Fetischismus der Herkunft, sondern Freude an Qualität, die in der Region möglich ist, garniert mit Fischen der Weltmeere, zieht sich durch das Menü. Die gemeine Gartenerbse soll an dieser Stelle hervorgehoben werden. Nicht glänzend, glatt und fein bis zur Unkenntlichkeit, sondern voluminös, saftig, kräftig im Biss und satt voll mit Geschmack serviert Stemberg sie zum Kabeljau im Format Pfundsschnitte. Beides kann sich entfalten auf dem präzise abgeschmeckten Parmesan-Schinken-Sud. Stemberg kann kombinieren – die sehr kräftige Sauce auf exzellenten Scheiben vom Kingfish besänftigt ihre Aggression, sobald sie sich gemeinsam mit einem Hauch der Ponzu-Kleckse am Tellerrand im Mund vereint. Garpunkte trifft Stemberg wie Lewandowski Tore – die zunächst sanft gegarte Short Rib einer Kreuzung von Angus und japanischen Tieren aus Neukirchen-Vluyn bewahrt Stemberg mit entschlossen angebratenen Röstnoten vor allzu sachter Weichheit: Finesse und Dramatik sind gelungen in einem schmalen Streifen Fleisch vereint. Allein das Dessert aus weißer Schokolade wirkt da schon ein wenig brav, egal, wie gut beleumundet die Provenienz der Kakaobohnen ist. Zum Glück gibt es auf der Karte auch Omas Schokopudding. Da entscheiden wir uns gerne am Schluss für die rustikale der beiden wunderbaren Welten der Stembergs.

VELDENZ

Restaurant Rittersturz

Veldenzer Hammer 1a, 54472 Veldenz
T +49 (0) 6534 18292
www.rendezvousmitgenuss.de

🔒 Mi, Do, Fr, Sa, Feiertag mittags,
Mo, Di ganztags
Menü 47 / 60 €
Vorspeise 11 / 19 €
Hauptgang 26 / 36 €

So versteckt wie idyllisch liegt zu Füßen der Burgruine von Schloss Veldenz an einem plätschernden Bach dieses kulinarisches Kleinod. Im stilvollen Gastraum mit dunklen Holztischen und weißen Vorhängen lässt Patron Volker Kruft Flusskrebssüppchen mit Cognac und Chilipopcorn auftischen, gebratenen Kabeljau mit Safransauce oder Lammkarree in der Kräuterkruste mit Rosmarinsauce, Ratatouille und gebratenen Kartöffelchen – wunderbare Wohlfühlküche. Der herzliche Service unter Leitung von Doreen Sömisch macht den Aufenthalt perfekt.

VERDEN

Pades

Grüne Straße 15, 27283 Verden
T +49 (0) 4231 3060
www.pades.de

🔒 Mo, Di, Mi, Do, Fr, Sa,
Feiertag mittags
Menü 36 / 66 €
Vorspeise 8 / 11 €
Hauptgang 10 / 38 €

In Wolfgang Pades Bistro geht es unkonventionell zu: Paella lässt sich hier beispielsweise als kleine Einzelportion bestellen. Es gibt Unkompliziert-Bekanntes wie Färsen-Entrecôte mit Rosmarin-Würfel-Kartoffeln und Aufwendig-Originelles wie rosa gebratenen Deichlammrücken auf Kartoffel-Linsen-Stampf mit Mimolette-Käse, gerösteten Auberginen, Zucchini mit Minze, Paprikasaft und einer orientalisch gewürzten Lammjus. Drinnen herrscht modernisiertes Jahrhundertwendeflair, draußen gibt es schöne schattige Gartenplätze. Sehr ordentliche Auswahl an deutschen und europäischen Weinen.

VILLINGEN-SCHWENNINGEN

Romantik Hotel Rindenmühle

Am Kneippbad 9,
78052 Villingen-Schwenningen
T +49 (0) 7721 88680
www.rindenmuehle.de

Mo, So ganztags
Menü 48 / 84 €
Vorspeise 10 / 21 €
Hauptgang 25 / 44 €

Das neben dem Kurpark gelegene Hotelrestaurant bietet eine kreativ-feine Regionalküche – mit Gerichten wie einer Schwarzfederhuhn-Consommé mit getrüffelten Grießklöschen, wildem Zander mit Nussbutterschaum und Süßkartoffelpüree oder Filet vom Charolais-Rind mit Burgunderjus und frischen Pfifferlingen. Zusätzlich wird eine „Next Generation Selection" des Junior-Chefs Dominik Weißer angeboten, bei dem es etwa moderner und experimenteller zugeht, beispielsweise in Form von gebeizter Forelle im Buttermilchsud mit Wasabi-Mayonnaise und Cashewkernen.

VOGTSBURG IM KAISERSTUHL

Köpfers Steinbuck

Steinbuckstraße 20,
79235 Vogtsburg im Kaiserstuhl
T +49 (0) 7662 9494 650
www.koepfers-steinbuck.de

Mo, Do, Fr, Sa mittags,
Di, Mi, Feiertag ganztags
Menü 38 / 76 €

Ein Landgasthaus in Akropolislage! Unten liegt die Rheinebene, dahinter das Elsass und die Vogesen – und ringsum Reben, soweit das Auge reicht. Wer hier beim Sonnenuntergang auf der großen Terrasse den Teller vor sich vergisst, dem kann man das nicht verdenken. Ein Fehler wäre es trotzdem! Küchenchef Stephan Köpfer versteht sein Handwerk, die bürgerliche badisch-elsässische Küche wird unter seinen Händen ihrem Ruf endlich einmal gerecht. Übrigens auch im Winter! Eine Flasche Grauburgunder aus der gut sortierte Karte, zum Start ein Kaiserstühler Feldsalat mit Speck und Kracherle oder eine Wildterrine mit kaltgerührten Preiselbeeren, dann ein Schluck klassische Oxtail und im Hauptgang Wildfang-Zander auf Sauerkraut und Kartoffelpüree. Hinterher ein Kirschwasser-Bömble und das gute Gefühl, hier auch übernachten zu können.

VOGTSBURG IM KAISERSTUHL

Schwarzer Adler

Badbergstraße 23,
79235 Vogtsburg im Kaiserstuhl
T +49 (0) 7662 9330 10
www.franz-keller.de

Hubert Pfingstag
Christian Baur
Melanie Wagner
Mo, Di, Fr, Feiertag mittags,
Mi, Do ganztags

Menü 125 / 125 €
Vorspeise 28 / 36 €
Hauptgang 45 / 70 €

Es gibt sie immer noch, die getrüffelte Poularde in der Blase, gefüllt mit Gänseleber, Reis und Gemüse, und die Froschschenkel in Knoblauch-Petersilien-Butter, die gibt es auch noch. Allerdings hat sich in ihr verführerisches Odeur seit einiger Zeit ein Hauch Ingwer eingeschlichen – und auch die klassische Gänseleberterrine, wunderbar fest und elegant aromatisiert wie eh und je, hat mittels geliertem Rotkohlsaft und Kaiserstühler Hagebutte ein ziemliches Makeover erfahren. Kaisergranat wird mit Baby-Chicorée und gerösteten Cashew-Kernen serviert und selbst Pasta, man glaubt es kaum, gibt es im Adler inzwischen: glacierte Pecorino-Ravioli mit Périgord-Trüffeln, Roter Bete und gerösteter Kerbelwurzel – wenn das Siebeck wüsste! Christian Baur, seit 2016 im Haus, hält an seiner Linie einer Modernisierung des Traditionshauses fest, argwöhnisch beobachtet von der Stammkundschaft wie von uns. Wir gestehen: Eine traditionellere Linie, die Pflege und behutsame Weiterentwicklung der großen Klassiker sähen wir hier (wo sonst?) weitaus lieber als kreative Impulse, da wir jedoch keine Unternehmensberater sind, sondern Chronisten, wünschen wir nicht – sondern beschreiben, was ist. Zumal wir bei unseren jüngsten Besuchen erfreut feststellen konnten, dass die zwischenzeitlich ein wenig unbalanciert wirkende Küche zunehmend ruhiger und souveräner daherkommt. Exemplarisch ein dickes, blütenweißes Stück vom Waller – auf der Hautseite kross angeröstet, blättrig-saftig das Fleisch – in einer zarten Beurre rouge, deren feine Säure durch karamellisierte Perlzwiebeln elegant abgepuffert wurde und dem eine samtige Blumenkohl-Mousse mit Ochsenmark-Espuma und Meerrettich à part Schmelz und Substanz verlieh. Sehr gut! Herausragend auch eine Neuinterpretation eines badischen Traditionsgerichts: Chorizo-Paprika-Kutteln mit Räucheraal, fermentierten Schalotten und knusprig-goldenen Pommes Anna. Gelungen die Neuinterpretation des Adler-Klassikers „In Nussbutter confierter Wilder Steinbutt mit Beurre blanc", dem eine Steinbuttkopfjus Kraft, Kapernstaub feine Würze und Cavatelli-Nudeln Substanz verliehen. Weniger glücklich waren wir mit einer Vorspeise vom Elsässer Saibling mit Périgord-Trüffeln und Medaillon vom kanadischen Hummer, die den Fisch arg weich und ausdruckslos in einem Mantel von Schwarzem Rettich mit einem leider zähen Stückchen vom Hummer verband und die sparsam dosierten Trüffelscheibchen der dominanten Säure einer Vinaigrette aussetzten. Eine Nebensächlichkeit angesichts des Gesamteindrucks: Solide und hochverlässlich fanden wir auch jüngst wieder die weiteren Säulen dieses traditionsreichen Hauses, den ausgezeichneten Service in klassischer Eleganz, die behaglich-gepflegten Stuben, den exzellent gepflegten Käsewagen von Maître Antony – vor allem aber natürlich die Weinkultur, die europaweit keinen Vergleich zu scheuen braucht.

Winzerhaus Rebstock

Badbergstraße 22,
79235 Vogtsburg im Kaiserstuhl
T +49 (0) 7662 9330 11
www.franz-keller.de

Mo, Di ganztags
Menü 36 / 39 €
Vorspeise 8 / 14 €
Hauptgang 17 / 26 €

„Vom Einfachen das Beste" hieß mal ein Bestseller von Franz Keller junior – im 200 Jahre alten Rebstock seiner Familie wird das Motto täglich badisch-elsässisch gelebt. Da gibt es Flammkuchen und Feldsalat mit Speck und Kracherle, feine Kalbskopfscheiben mit „Vinaigrette" und Berglinsen, Weinbergschnecken oder auch ein ganzes zartes Mistkratzerle aus dem Rohr – durch die Bank blitzsauber gekocht und zu sehr bürgerlichen Preisen in den schönen alten Stuben freundlichst serviert. Was will man mehr? Eine gereifte Flasche von der außergewöhnlichen Weinkarte. Und öfter herkommen!

VÖHRINGEN

Speisemeisterei Burgthalschenke

Untere Hauptstraße 4,
89269 Vöhringen
T +49 (0) 7306 5265
www.speisemeisterei-burgthalschenke.de

Mo ganztags
Menü 17 / 61 €
Vorspeise 8 / 15 €
Hauptgang 16 / 36 €

Züricher Sahnegeschnetzeltes vom Kalb, Rostbraten vom Allgäuer Rind oder Perlhuhn-Brust mit Backpflaumen und gebratene Schmorzwiebeln – in der Speisemeisterei Burgthalschenke kommen auf drei Etagen mit offenem Kamin und Sonnenterrasse sorgfältig zubereitete Klassiker und regionale Spezialitäten auf den Tisch. Die Nudeln sind hausgemacht, die Spätzle vom Brett. Gelegentlich werden dem Gast auch Aromenwelten jenseits des Bayerisch-Schwäbischen geboten.

VOLKACH

Weinstock

Hauptstraße 12, 97332 Volkach
T +49 (0) 9381 80660
www.schwane.de

- Jan Pislcajt
- Cornelia Fischer
- Jan Pislcajt
- mittags, Mi, Do ganztags

Menü 99 / 160 €
Vorspeise 19 / 25 €
Hauptgang 32 / 49 €

Cornelia Fischer kehrte im vergangenen Jahr nach Stationen bei Christian Jürgens und Andreas Caminada in ihre alte Heimat zurück, wo sie die Küchenleitung im Hotel Zur Schwane übernahm. Ihre Küche beschreibt sie selbst als modern und regional mit klassischen Wurzeln, wobei wir hier noch im besten Sinne die Attribute „mutig" und „puristisch" hinzufügen würden. Zum Start unseres Premierenbesuchs gefielen uns fränkische Köstlichkeiten im Miniaturformat: Rindstafelspitz mit Meerrettich in einem hauchdünnen Knusperröllchen, ein fein abgeschmecktes Kalbstatar im Krautwickel, bayerische Garnele auf einem Sandteigplätzchen sowie in Panko ausgebackene Main-„Fischli". Sehr schön! Einzig der zarten Garnele hätten wir einen weniger robusten Partner gewünscht. Ebenfalls eine gelungene Idee: die Einführung des jeweiligen Hauptprotagonisten vor dem eigentlichen Teller mittels kleiner Miniaturen. Zum Auftakt des Menüs beispielsweise eine kräftige Karottenmousse mit Petersiliencremetupfen, die zu einer in Soja gegarten Karotte hinleitete, die geschmacklich gegenüber einem intensiven Petersilienparfait mit Meerrettich allerdings etwas blass blieb, begleitet von einer Kakaobutterpraline gefüllt mit Karottenmousse und Karottengrüncreme. Die einzelnen Komponenten gefielen uns (auch optisch!) sehr gut, wirkten im Zusammenspiel allerdings nicht rund. Ganz anders der zweite Gang, eingeleitet von gegrillter Artischocke und unter einem sehr intensiven Kalbsherzschaum: Gebratene Scheiben und ein hervorragendes Schmorstück von der edlen, viel zu selten verarbeiteten Innerei mit Artischocken in unterschiedlichen Texturen wurden von einer wunderbaren Beurre rouge eingefasst, die die Fähigkeiten von Cornelia Fischer eindrucksvoll demonstrierte. Samtig und von feiner Aromatik ging die klassische Sauce mit dem geschmorten Kalbsherz eine fantastische Verbindung ein, großartig! Als Präludium zum Hauptgang gefiel anschließend ein exzellent gearbeiteter Leberknödel von der Taube auf Topinambur. Die sodann servierte, perfekt gegarte Taubenbrust mit Topinambur-Stampf und gegrilltem Rosenkohl setzte inmitten ihrer dichten, intensiven Jus ein erneutes Ausrufezeichen. Schwächer das Dessert, in dem ein feines Birneneis von einem wuchtigen Schokoladenkuchen aus Kayambe Noir samt Ganache und Chip regelrecht erschlagen wurde. Moderne Desserts, leicht und erfrischend, sehen anders aus. Nicht zu meckern dagegen haben wir am fachkundigen Service von Gastgeberin Franziska Weickert und Sommelier Jan Pislcajt, der aus der rein fränkischen Weinkarte stets die passenden Begleiter wählt.

WACHENHEIM AN DER WEINSTRASSE

The Izakaya

Weinstraße 36,
67157 Wachenheim an der Weinstraße
T +49 (0) 6322 9593 729
www.the-izakaya.com

Benjamin Peifer
Yannick Schilli
Yannick Öffler
mittags, Di, Mi, Feiertag ganztags
Menü 75 / 110 €

Benjamin Pfeifer und Yannick Schilli verbinden in ihrer Izakaya („Kneipe") Pfälzer Lebensart und lokale Produkte mit japanischen Techniken und Gerichten – mal im entspannt-rustikalen Innenraum, mal draußen auf der Gass'. Serviert werden hier wie dort statt schlichter Pfälzer Schoppen ausgesuchte Weine aus der Region, Europa und der weiten Welt. Und selbstverständlich auch Sake. Vor allem aber ein spannendes „Omakase"-Menü, nach dem inzwischen wohlbekannten Pfeifer-Motto: „S'werd gesse, was uff de Tisch kummt." Zur Begrüßung beispielsweise eine Misosuppe. Die besteht aus einem hausgemachten Dashi und Resten der selbst angesetzten Sojasaucen, ergänzt um gestocktes Eiweiß, das die klassische Seidentofu-Einlage ersetzt und küchenpraktisch verwertet – süffig, vollmundig und elegant. Hier wird viel Arbeit in handwerkliche Grundlagen gesteckt und konsequent verwertet, was abfällt: Essen ganzheitlich zu denken gilt für das Gesamtkonzept und zeigt sich bereits in dieser kleinen Brühe zum Start des Menüs. Nach einem bemerkenswerten Sashimi vom Hamachi aus regionaler Zucht in Völklingen beweist „Tamagotofu und geeiste Hollandaise", wie faszinierend komplex hier Aromen, Temperaturen und Texturen in einer kleinen Schale zusammenkommen: Mild-cremiger Tamagotofu (eine Art Eierstich) verbindet sich mit der geschmacklichen Tiefe des confierten Hamachi-Bauchs. Gegrillter grüner Bohnensalat verleiht dem Ganzen frische und Intensität. Die geeiste Hollandaise setzt einen Kontrast durch Kälte und eine angenehme, aber deutliche Säure, die durch schmelzende Buttrigkeit aufgefangen wird. In Sake gewaschener, praller Saiblingskaviar setzt weitere texturelle und aromatische Spitzen. Tosazu-Gelee unterstreicht durch Säure und Umami die übrigen Elemente und komplettiert das süffige Mundgefühl dieses Ganges. Das macht große Freude, ist vielschichtig und intensiv und entspricht wohl eher den Ambitionen des aktuell geschlossenen Schwesterrestaurants Intense. Der Hauptgang lässt dann doch noch Kneipengefühle aufkommen: üppig rustikale Spareribs vom Schwäbisch-Hällischen Landschwein bilden einen nicht unangenehmen Kontrast zur bisher gebotenen Finesse. Die zeigt sich wieder im Nachtisch aus Pandanblättern mit geräuchertem Karamell, Yuzuricotta, aromatischen Kräutern und Beeren, der die Balance aus kräutrig, herzhaft und süßlich-erfrischend perfekt hält. Eine Küche, die mit Begeisterung eigene Wege sucht. Und findet!

WAGING AM SEE

Landhaus Tanner

Aglassing 1, 83329 Waging am See
T +49 (0) 8681 69750
www.landhaus-tanner.de

Mo, Di, Mi mittags, So ganztags
Menü 49 / 68 €
Vorspeise 9 / 20 €
Hauptgang 14 / 35 €

Stefanie und Franz Tanner zeigen, wie das geht: lebendige Gastronomie auf dem Land für alle Altersklassen und Stände, klar verortet und ohne Scheuklappen. Statt muffiger Folklore prägt ihr mit Gefühl aufgefrischtes Gasthaus Genussfreude und Leichtigkeit – im Saal und auf dem Teller. Der Bogen reicht von irischen Austern mit Chesterbrot und klassischem Carpaccio „Cipriani" über Surschwein-Sülzerl mit Kren-Vinaigrette bis zu gegrilltem Wolfsbarsch mit Chorizo und „Oma Lonis Kalbfleischpflanzerl" mit Kartoffel-Gurkensalat. Besonders schön ist die Sorgfalt, die hier auf die Produkte gelegt wird: Am liebsten Bio, hauptsächlich aus der Region – und gibt's mal ein Perlhuhn, stammt's von Miéral!

WAIBLINGEN

Bachofer

Marktplatz 6, 71332 Waiblingen
T +49 (0) 7151 9764 30
www.bachofer.info

Gabriela Predatsch
Bernd Bachofer
Gabriela Predatsch
Di, Mi, Fr, Sa mittags,
Mo, So, Feiertag ganztags
Menü 82 / 182 €
Vorspeise 22 / 32 €
Hauptgang 29 / 59 €

Den sprichwörtlichen Unterschied von Tag und Nacht sollte es im mittäglichen und abendlichen Angebot der Gastronomie eigentlich nicht geben. Doch scheint es, dass in dem schicken, durchgestylten Restaurant von Bernd Bachofer mittags andere Maßstäbe für Küche und Service gelten und die Sporen, die man sich zu Recht mit dem Abendservice verdient hat, tagsüber abgelegt werden. Dass ein Teil der Gerichte, die auf der Mittagskarte stehen, letztendlich doch nicht zu haben waren, wirkt sich nicht nur bei hungrigen Mimosen auf die Stimmung aus. Vegetarisches Menü und Sushi Fehlanzeige. Nun gut, wir drücken in diesen Zeiten auch mal zwei Augen zu und bestellten das, was der sichtlich bemühte Service in der Küche genehmigt bekam. Bis zur frohen oder weniger frohen Botschaft wurde die Zeit mit schlichtem Baguette einfachster Aufbackqualität, Olivenöl und einer lauwarmen Paprika-Chorizo-Schaumsuppe überbrückt. Besser, weil geschmackvoller, grüßte die Küche danach mit einem saftigen Thunfisch-Tatar mit Gurke, Wachtelei und Miso-Eis. Noch besser kam das thailändische grüne Currysüppchen daher, in seiner Schärfe ideal dem europäischen Gaumen angepasst, aromatisch gut austariert und verfeinert mit asiatisch mariniertem Salm. Sehr gut! Der kleine Ausflug in die asiatische Küche, die Bernd Bachofer wie kaum ein zweiter deutscher Koch beherrscht, ging im Mittagsmenü mit einem bunten Sommersalat weiter. Optisch nicht sonderlich attraktiv angerichtet, stimmte aber die aromatische Balance zwischen Salat, den Scheiben von saftigem Thunfisch mit Sesam, erfrischender Yuzu-Melone, Shiitake, Tomaten und der Schärfe des Ingwers. Auch die Tranche Eismeer-Saibling, die einen Tick zu lange auf der Haut gebraten wurde, bekam einen Asia-Touch und wurde mit Teriyaki und grünem

Massamam-Curry angerichtet. Dazu gab es Safran-Kartoffeln und jede Menge gerösteter Erdnüsse. Gut gefiel uns das geschmorte, herrlich zarte Ibérico-Schweinekinn mit Pfifferling-Quinotto und Lauch-Espuma, auch wenn es sich etwas zu flüssig auf dem Teller verteilte. Über das lieblos arrangierte einfallslose Dessert hüllen wir den Mantel des Schweigens.

WALDBRONN

Cédric Schwitzer's

Etzenroter Straße 4,
76337 Waldbronn
T +49 (0) 7243 3548 50
www.schwitzers.com

Stephanie Schwitzer
Cédric Schwitzer
Felix Daferner
mittags, Mo, So, Feiertag ganztags
Menü 99 / 189 €
Vorspeise 38 / 42 €
Hauptgang 42 / 43 €

Der Blick aus dem modernen Halbrund geht beruhigend ins Grüne, der Blick in die ausgereifte Weinkarte macht Freude – der Abend darf beginnen. Als Prélude ein paar Worte zu Cédric Schwitzer: Ausgebildet im heimischen Elsass kochte er später in der Villa Hammerschmiede an der Seite von Markus Nagy und blieb anschließend zehn Jahre im Bareiss bei Claus-Peter Lumpp – der zweifellos wichtigsten Station seines Weges. Ebenfalls Bareiss-geprägt seine Frau Stephanie, die heute als kongeniale Gastgeberin den Service elegant choreografiert. Die Ambition des gemeinsamen Restaurants – aber auch seine Höhen und Tiefen – zeigte sich in der aktuellen Testsaison bereits bei den beiden Amuse-Bouches: hervorragend ein geräucherter Aal in Verbindung mit Joghurt und einem Pimientos-de-Padrón-Sud – fest, feinaromatisch, ein Traum! Nicht ganz so überzeugend hingegen ein gebeizter Ora-King-Lachs an Kaviar-Nage und Austerncreme. Hier war der Lachs ein wenig zu weich geraten, außerdem sowohl geräuchert als auch gebeizt – nicht ideal. Und schlagartig wieder vergessen, als anschließend eine wahrhaft großartige, aromatische, saftig-krosse bretonische Rotbarbe mit gepoppten Schuppen, begleitet von gegrilltem, wildem Blumenkohl serviert wurde: Perfekt dosierte Yuzu-Säure kontrastierte die maritime Kraft, ein federleichter Brunnenkresseschaum steuerte eine feinkräutrige Note bei. Problematischer dagegen ein gegrillter „Green-Egg"-Sellerie zu Short Ribs an Hollandaise und eingekochtem Wintertrüffel: der Sellerieblock ziemlich farblos und einen Tick zu sauer, während das Fleisch als dünne Scheibe obenauf nicht mit genug Power hatte und eine verbindende Buttersauce leider geronnen war. Von großer Natürlichkeit und dichtem Geschmack allerdings war der Trüffelschaum, den wir gerne als Suppe gelöffelt hätten! Wunderbar auch die nächste Arie: eine perfekt gebratene, aromatische Miéral-Wachtel an schön intensiver Morchel-Velouté. Ausgezeichnet auch das Dessert! Es spielten auf: ein Ring aus Valrhona-Schokolade und Olivenöl, dazu Schokoladenluft und -krokant, Zitrus-Minz-Sud, eingelegte Cedri-Zitronenröllchen, Limettengel und vieles mehr. Applaus! Auch für die klassischen Petits Fours. Kurzum: Wir raten zu mehr Fokussierung und Schlichtheit im Sinne einer größeren technischen Präzision, wünschen uns etwas weniger Komplexität und etwas mehr Detailschärfe.

WALDENBUCH

Gasthof Krone

Nürtinger Straße 14,
71111 Waldenbuch
T +49 (0) 7157 4088 49
www.krone-waldenbuch.de

- Matthias Gugeler
- Erik Metzger
- Matthias Gugeler
- Mi, Do, Sa mittags, Mo, Di ganztags

Menü 67 / 110 €
Vorspeise 20 / 30 €
Hauptgang 35 / 45 €

Die Krone ist zurück auf dem Pfad alter Tugenden. Nachdem wir – und manch weiterer Gast – im vergangenen Jahr die mangelhafte Servicequalität gerügt hatten, hat Gastgeber Mathias Gugeler reagiert und die Öffnungszeiten reduziert. Während dieser waltet jetzt wieder das seit 15 Jahren eingespielte, professionelle und freundliche Serviceteam – und Erik Metzgers Kreationen kommen wieder im richtigen Wärmegrad und Rhythmus auf den Tisch. Anders als viele rationalisierungsgetrimmte Gourmetrestaurants bietet die Krone neben dem großen Menü und einer vegetarischen Alternative auch eine umfassende À-la-carte-Auswahl. Erwarten Sie keine Experimente, sondern moderne französische Küche ohne Schnickschnack und mit bester Produktqualität, die sich beispielhaft am gebratenen Entenleberschnitzel zeigt, das mit karamellisierten Haselnüssen, Petersilienwurzelpüree und sämiger Jus ganz und gar klassisch überzeugt, mit der dazu gereichten Kalbszunge aber eigene, feine Akzente bietet. Die Jakobsmuschel korrespondierte bestens mit Schweinebauch und Miesmuscheln im Misosud, Sojasprossen und Spitzkohl ergänzten mit süßlichen Noten zu einem kontrastreichen und dennoch harmonischen Umami-Erlebnis. Der zarte Eigengeschmack des pochierten Saiblings auf Berglinsenbeet mit Rosenkohlblättern wurde gekonnt mit einer Mandel-Espuma verstärkt, im Hauptgang gefielen uns die saftig auf krosser Haut gebratenen Schnitten von der Schwarzfederhuhn-Brust in Burgunderjus, die mit Begleitern wie Rahmwirsing, Zwiebelpüree und getrüffelten Nudeln souverän abgerundet wurden. Im Dessert überraschten lockere Haferflockencrumbles im Texturenspiel mit Karamelleis, Fleur de Sel, Mangopüree und Brombeeren. Die gemütliche historische Gaststube rund um den Kachelofen tut ein Übriges für ein harmonisches kulinarisches Erlebnis.

Nationalpark Bayerischer Wald nahe Waldkirchen

WALDKIRCHEN

Johanns

Marktplatz 24, 94065 Waldkirchen
T +49 (0) 8581 2082 000
www.restaurant-johanns.de

- Denise Ebertshäuser
- Michael Simon Reis
- Denise Ebertshäuser
- So, Feiertag ganztags

Menü 29 / 82 €
Vorspeise 12 / 16 €
Hauptgang 14 / 45 €

Das Modehaus Garhammer in Waldkichen ist ein moderner Gebäudekomplex, dessen Kundschaft das friedliche Örtchen belebt. Die Beletage wird belegt vom Gourmetrestaurant Johanns. Wer die Treppen hinaufsteigt, statt den Fahrstuhl zu nehmen, macht sich mit den großformatigen Fotos der Speisen von Michael Simon Reis Appetit. Der offene, weitläufige Raum öffnet die Perspektive auf die hügelige Landschaft des Bayerischen Walds (versäumen Sie nicht den Spaziergang zur Saußbachklamm!). Die Speisenauswahl richtet sich an Gourmets wie einheimische Gäste, die einfach gut gemachte Gerichte genießen wollen. Sie reicht vom Menü mit bis zu sechs Gängen bis zu Rindsuppe, paniertem Schweinekotelett oder sorgfältig zubereiteten Salaten, sodass sich hier jeder Gast kulinarisch wiederfindet. Hier keinen schönen Abend zu verbringen, setzt schon einen missmutigen Charakter des Gastes voraus. Ein schwungvoller, herzlicher Service und mehr als freundliche Preise sind weitere Gründe, hier gerne einzukehren. Die Gourmetküche ist auf Augenhöhe mit dem Ambiente. Bereits die spielerisch bis circensisch angerichteten Amuse-Bouches auf Holzleitern und Drahtgestellen mit einem Cracker mit Obazda oder gedörrter Melone auf Schinken zeigen den gelungen gelebten Brückenschlag zwischen regionaler Tradition und zeitgemäßer Kochkunst. Sein sicheres Händchen für kräftige Aromen lässt Reis vor allem bei den bayerischen Garnelen mit intensivem Krustentierfond und Ananastomaten aufblitzen, ebenso wie beim herrlich saftig-zarten Stück Hühnchen, das hier Gockel heißen darf und mit einer rechtschaffenen Dosis Grillhendlsauce angegossen wird. Reis setzt in seinem von Glaswänden umrahmten Reich auf Harmonie. Jeder Gang vom Flussbarsch in Gurkenrolle bis zum Reh als Hauptgericht ist sorgsam abgestimmt. Dass alles etwas braver daherkommt, als neugierige Gäste goutieren würden, vergessen wir dank unserer guten Stimmung angesichts des unkomplizierten Genusses für alle Sinne rasch. Beim Dessert ausgerechnet ist das Amarettoeis im Zusammenspiel mit Herzkirschen zu vorlaut süß. Zu diesem Zeitpunkt nehmen wir das zufrieden ohne Murren hin. Und wir, die wir unser Budget eher für den Gaumen als die Bekleidung allokieren, halten fest, dass die Schnäppchen nicht an der Kleiderstange in den Stockwerken unterhalb des Johanns hängen, sondern auf der Weinkarte zu finden sind.

WALLERFANGEN

LandWerk

Estherstraße 1,
66798 Wallerfangen
T +49 (0) 6831 62622
www.land-werk.de

- Ingo Stotzem
- Marc Pink
- Judith Weller
- Mi mittags, Mo, Di ganztags

Menü 90 / 165 €

Eine Speisekarte voller klassischer Produkte der Hochküche: Kaisergranat, Hummer, Ente, Taube – Frankreich ist nah! Ein vegetarisches Angebot gibt es freilich auch, auch hier, im tiefsten Westen der Republik, bleiben die Uhren nicht stehen. In der jüngsten Testsaison wollten wir wissen: Wie gut kann – oder besser: muss – hier auf Gemüsebasis gekocht werden, damit die Grundpfeiler der französischen Küche nicht vermisst werden? Los ging es mit einer flotten Verbindung von gehobeltem Rettich, Gurke, Buttermilch und einem Sud von rosa Ingwer – cremig, frisch, leicht scharf, mit Biss und Säure kam Geschmack auf den Teller. Das war abwechslungsreich und machte Lust auf mehr! Beim folgende Champignon-Dim-Sum schien die Küche freilich von der Sorge mangelnder geschmacklicher Intensität getrieben, die intensive Brühe, die die beiden handwerklich tadellosen Teigtaschen umfloss, war deutlich zu stark gesalzen. Kräftig ging auch es im Hauptgang weiter, in dem einer geschmorten, glasierten (und erneut prononciert gesalzenen) Karotte mit Pflaume, Curry, Couscous und Kefir allerlei kleinteilige, modern angerichtete Zubereitungen an die Seite gestellt wurden. Ein bisschen viel Gepunkte und Gebrösel für unseren Geschmack, sodass wir mit einem gewissen Neid auf die Miéral-Taube mit Chicorée und Orange am Nebentisch schielten. Der süße Abschluss schließlich fiel lieblich aus – und sehr süß: Ein „Mille Feu" (sic!) von der Himbeere hatte kein Feuer, sondern bestand aus drei knusprigen Blättern Filoteig und ziemlich süßem Himbeereis – kurioserweise wie fast alle Gänge zuvor dekoriert von einem kleinen

Blättchen Blutampfer. Das scheint uns sinnbildlich zu sein: Gerade ein vegetarisches Menü lädt dazu ein, die pflanzliche Vielfalt zu nutzen! Ob durch Gemüse oder Kräuter – Himbeere ließe sich interessant kombinieren. Noch kann uns das vegetarische Menü folglich nicht ganz überzeugen. Da wir aber wissen, was Marc Pink am Herd kann, hoffen wir, dass er dem Potenzial der Gemüseküche weiter konsequent nachgeht. Wir sind sicher: Menüs, die klassische Luxusprodukte erst gar nicht vermissen lassen, haben eine große Zukunft!

WALLUF

Zur Schlupp

Hauptstraße 25, 65396 Walluf
T +49 (0) 6123 72638
www.gasthauszurschlupp.de

Mo, Fr, Sa mittags,
Di, Mi, Do, Feiertag ganztags
Menü 49 / 69 €
Vorspeise 9 / 16 €
Hauptgang 23 / 32 €

Die Teigwaren sind hier genauso selbstverständlich hausgemacht wie das Eis und die Sorbets. Und Küchenchef Michael Ehrhardt bietet nicht allzu viele Gerichte an, aber was er kocht, ist stimmig und schmeckt – vom Zander im Zucchinimantel mit frischen Bandnudeln über Rinderfilet vom Black Angus mit Morchelrahm bis zum gefüllten Kalbsrücken mit Erbsenrisotto. Das fünfgängige Degustationsmenü gibt es auch in vegetarischer Variante. Ehrhardts Frau Isabelle umsorgt im gemütlichen Gastraum oder im lauschigen Innenhof die Gäste und berät bei der Weinauswahl.

WALTROP

Gasthaus Stromberg

Dortmunder Straße 5, 45731 Waltrop
T +49 (0) 2309 4228
www.gasthaus-stromberg.de

Di, Mi, Do, Fr mittags,
Mo, So, Feiertag ganztags
Vorspeise 9 / 30 €
Hauptgang 18 / 38 €

Im Traditionsgasthaus der Familie Stromberg in der Fußgängerzone herrscht frischer Wind statt kargem Purismus, in zeitgemäß-entschlacktem Setting hinter historischem Fachwerk sollen laut Selbstwahrnehmung neben traditionellen Gerichten auch „verwegene Neukompositionen, abgerundet mit einer Prise Abenteuer" auf den Tisch kommen. Ob mit letzteren die Fjordforelle mit Roter Bete und Frischkäse oder ein Grünkernrisotto mit karamellisierten Schwarzwurzeln gemeint ist, wissen wir nicht. Sicher ist: Die Qualität stimmt. Auch beim Wiener Schnitzel mit Preiselbeeren und einem saftigen Kabeljau auf Kartoffelstampf. Eine verlässliche Adresse! Demnächst mit „Chef's Table" und Gästezimmern.

WANGELS

Courtier

Bewertung ausgesetzt

Parkallee 1, 23758 Wangels
T +49 (0) 4382 92620
www.weissenhaus.de

Nathalie Scharrer
Christian Scharrer
Anne Tenschert

Ein wunderbares Restaurant! Leider nur für Hotelgäste geöffnet: „Bitte beachten Sie, dass bis auf Weiteres aufgrund der aktuellen Gegebenheiten das Restaurant nur unseren Ressortgästen zur Verfügung steht", so hieß es noch Ende März auf der Homepage. Ein Restaurant, das wir nicht besuchen können, können wir nicht testen. Wir setzen die Bewertung mit Bedauern aus.

Bootshaus

Bewertung ausgesetzt

Parkallee 1, 23758 Wangels
T +49 (0) 4382 92620
www.weissenhaus.de

Stephan Deckert
Matthias Becher &
Christopher Schlang

Was für das Restaurant Courtier am gleichen Ort gilt, gilt auch hier: Wir setzen die Bewertung aus.

WARTMANNSROTH

Scheune

Neumühle 54, 97797 Wartmannsroth
T +49 (0) 9732 8030
www.neumuehle-resort.de

Menü 51 / 75 €

Die zu einem wunderschönen Fachwerk-Ensemble erweiterte ehemalige Mühle an der fränkischen Saale ist eine Augenweide. Das Restaurant residiert im verglasten Giebel des Haupthauses und bietet neben rustikal-eleganter Atmosphäre den Blick auf die Flusslandschaft. So überzeugend wie das Ambiente präsentiert sich Dirk Abels Küche, mit Repräsentanten wie dem Sauté vom Seeteufel mit Lardo-Speck oder Rinderfilet mit Kartoffel-Nussbutter-Püree und Morcheln in Sherryrahm. Sorgfältig zusammengestellte Weinauswahl mit Schwerpunkt Franken.

WASSERBURG AM INN

Restaurant Herrenhaus

Herrengasse 17,
83512 Wasserburg am Inn
T +49 (0) 8071 5971 170
www.restaurant-herrenhaus.de

🔒 mittags, Mo, So, Feiertag ganztags
Menü 46 / 62 €
Vorspeise 6 / 17 €
Hauptgang 16 / 39 €

Bereits im 13. Jahr empfangen Mike Oehlke und seine Frau Maria als leidenschaftliche Gastronomen die Gäste in stilvoll-gemütlichem Ambiente innerhalb historischer Mauern. Die Küche arbeitet mit vorwiegend regionalen Produkten, möglichst aus ökologischer Erzeugung. Auf der Abendkarte stehen dann Gerichte wie Bioforellen-Filet mit Roter Bete, Fenchel und Weißweinschaum oder bei Niedrigtemperatur gegarter Nacken von der Lockinger Sau mit Spitzkraut und Kartoffelstampf. Beim mediterranen Tapas-Menü stehen lauter Vorspeisen wie Entenstopfleber oder marinierter Pulpo zur Wahl.

WEIKERSHEIM

Laurentius

Marktplatz 5, 97990 Weikersheim
T +49 (0) 7934 91080
www.hotel-laurentius.de

Sabine Koch
Jürgen Koch
Sebastian Koch
🔒 Mi, Do, Fr, Sa mittags, So abends, Mo, Di ganztags
Menü 75 / 126 €
Vorspeise 22 / 29 €
Hauptgang 29 / 42 €

In Weikersheim zeigt sich das Taubertal von seiner schönsten Seite: Neben dem sehenswerten Renaissance-Schloss, dem ehemaligen Stammsitz der Herren von Hohenlohe, und der Tauberphilharmonie gibt es mitten auf dem Marktplatz auch kulinarisch ein Kleinod: das Hotel Laurentius, in dem die Familie Koch seit Jahrzehnten ihren Gästen auf sympathisch unprätentiöse Art sehr gute Küche näherbringt. Bewusst wird nicht von „Gourmetrestaurant" gesprochen, Senior Jürgen und Junior Sebastian verwenden die Produkte der Region, ohne nicht auch weltoffen zu sein. Im Ergebnis erlebt man hier eine rustikale Küche, im besten Sinne aromenkraftvoll, ohne Gourmet-Chichi und langen Verzehranleitungen. Stimmig und sehr authentisch von Mutter Sabine im Gastraum präsentiert. Jüngst erlebten wir einen Ochsenmaulsalat als Amuse, der leider etwas zu sauer geraten war und in Kombination mit Gurke und Friséesalat seine Herzhaftigkeit nicht richtig ausspielen konnte. Die Vorspeise aus Mönchsbart, der wunderbar eine kleine Dünen-/Seeanmutung auf den Teller zaubert, Bohnenpüree, Hällischer Landschweineschulter „Version Tuna" und abermals Friséesalat sowie knusprigen Kapern schmeckten zwar in sich stimmig, die Andeutung auf den thunfischartigen Charakter der ausgelösten sanft gegarten Schweineschulter erschloss sich aber nicht wirklich. Der folgende Skrei aus Island war leider sehr wenig gewürzt, lediglich etwas überglänzt von einer Jus aus Verjus und Salzzitrone, und verband sich mit Ringelbete, wildem Brokkoli und Bulgur nicht wirklich zu einem stimmigen Gesamtbild. Irgendwie hatten wir das Gefühl, man hätte den hervorragenden Bulgur lieber separat serviert, um keinen allzu großen Wettstreit mit dem Kabeljau zu initiieren. Im Hauptgang ein ähnliches Bild: Der Challans-Maispoularde, glasiert mit schwäbischer Cumberlandsauce und Sesam, fanden sich Puntarelle, Perlzwiebel und Baumpilzen gegenüber, zu denen dann noch Bamberger Hörnchen in Vadouvansud aufgelegt wurden. Herrje, manchmal wäre weniger mehr, aber Jürgen Koch will eben zeigen, welch Akribie und Raffinesse in den einzelnen Elementen steckt. Zweifelsohne hätte man hieraus und aus dem Fischgang 3–4 Gänge machen können und dabei noch mehr auf die guten Grundprodukte abstellen können. Unsere Hoffnung ist, dass man sich mehr auf Kernbotschaften konzentriert und das durchaus schwere „Weglassen" im Sinne eine Hans Haas beginnt. Wir leisten uns diesen kleinen Appell und hoffen auf Stabilisierung und Fokussierung der Küche!

WEIL AM RHEIN

Krone

Hauptstraße 58, 79576 Weil am Rhein
T +49 (0) 7621 78963
www.kroneweil.de

 Di, Mi, Do, Fr mittags,
Mo, So, Feiertag ganztags
Menü 80 / 125 €
Vorspeise 15 / 35 €
Hauptgang 31 / 59 €

Ein perfekter Platz für ein genussvoll-kulturelles Wochenende bietet dieses charmante kleine Landhotel unter Leitung von Sonja Hechler: traditionsreich und elegant modernisiert, in Rufweite von Fondation Beyeler und Vitra Campus, die Markgräfler Weinberge im Rücken und die passende Küche von Peter Prüfer auf dem Tisch. Gekocht wird natürlich und produktorientiert, ein bisschen zeitgeistig sicher auch, vor allem aber handwerklich substanziell: Kabeljau im Safransud mit Kürbis-Crunch, Challans-Entenbrust mit Pfefferjus oder auch mal eine klassische Oxtail mit Ochsenschwanz-Raviolo. Sehr schön: der klare Fokus auf Gemüsegerichte, mal regional („Wintergemüse ‚Südbaden' – Frisée, Traubenkernöl, Meerrettich"), mal weltläufig (Linse, Petersilienwurzel, Wirsing mit Curry).

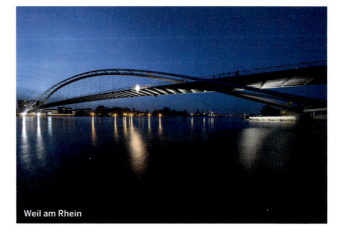

Weil am Rhein

STAY & DINE

Hotel Krone ‚Boutique & Design'
★★★ s

Hauptstraße 58, 79576 Weil am Rhein

Wir haben die „alten Zimmer" im Stil eines jahrhundertalten Hauses belassen und um eine edle und individuelle Inneneinrichtung ergänzt. Hier verbinden sich Einfachheit mit wohnlicher Eleganz. Bei den „neuen Zimmern" haben wir nur die besten Baumaterialien verwendet, um ein gesundes Raumklima zu gewährleisten und Ihren Aufenthalt so angenehm wie möglich zu gestalten. Beste Betten, gesunde Materialien wie Lehmwände und puristisch, zeitloses Design.

WEIMAR

36 Phô Cô

Marktstraße 1, 99423 Weimar
T +49 (0) 3643 4684 899
www.pho-co-weimar.de

Mehr als ein Hauch von Hanoi durchweht dieses vietnamesische Restaurant. Wie in Fernost duften die Reisnudelsuppen, zum Beispiel die Variante mit magerem Rindfleisch, Lauchzwiebeln, Koriander, Ingwer, Thai-Basilikum, Limette und Sojasprossen. Es gibt saisonale Specials mit Udon- oder Ramennudeln und acht verschiedene Bao-Burger mit blumigen Bezeichnungen wie „Der Liebhaber" – in dem stecken Honig-Hähnchen, Sesam-Karamell, Ingwer, Minze und gerösteter grüner Reis. Dazu trinkt man hausgemachte Limonaden, deutsche oder asiatische Biere.

WEIMAR

Anna

Markt 19, 99423 Weimar
T +49 (0) 3643 8020
hotelelephantweimar.de

Menü 49 / 59 €

Im elegant-schlichten Restaurant Anna, das zum Hotel Elephant gehört, kocht Küchenchef Johannes Wallner mit Anspruch – und vielen Thüringer Produkten aus dem direkten Umfeld. Typische Vorspeisen sind Rindertatar oder Pilzsuppe mit Sauerrahm und Thymian; bei den Hauptgerichten stehen beispielsweise Havelzander mit Senfsauce oder Wagyu-Rind und Garnele mit Sellerie zur Wahl. Die Weinkarte ist ein Bekenntnis zur Region – mit einer großen Auswahl aus Sachsen und Saale-Unstrut.

Restaurant Andreas Scholz

Prellerstraße 2, 99423 Weimar
T +49 (0) 3643 8619 22
www.restaurant-andreas-scholz.de

mittags, Mo, Di ganztags
Menü 50 / 110 €
Vorspeise 15 / 22 €
Hauptgang 26 / 34 €

Das Ambiente ist beeindruckend: Glanzvoller Jugendstil mit bleiverglasten Motivfenstern, Stuckdecken und originaler Holzvertäfelung aus dem Jahre 1909 erwartet den Gast im Restaurant von Andreas und Stefanie Scholz im Hotel Alt Weimar. Kulinarisch überzeugt hier feine Bodenständigkeit, vom Auszug vom Ochsenschwanz mit Maultäschle über Duroc-Schweinebäckchen und Kalbsfilet bis zum Bodden-Zander mit Kürbis und Brunnenkresse. Im Sommer kann man das alles auch draußen auf der Terrasse genießen.

Weinbar Weimar

Humboldtstraße 2, 99423 Weimar
T +49 (0) 3643 4699 233
www.weinbar-weimar.de

Philipp Heine & Marcello Fabbri & Anna Koller
Marcello Fabbri
Philipp Heine
mittags, Mo, So, Feiertag ganztags
Menü 89 / 99 €

Bereits seit 150 Jahren wird hier in exponierter Lage Wein getrunken. Doch mit Philipp Heine und Anna Koller avancierte die Weimarer Kneipe zu einem stilvoll-gemütlichen Treffpunkt für vinophile Feinschmecker. Eine hübsche Weinbar, auf der beeindruckenden Wandtafel über 100 offene, facettenreiche Tropfen aus aller Welt. Und nicht nur das! Denn dank Küchenchef Marcello Fabbri wird neben elegantem Barfood am Tresen ein fulminantes 5-Gang-Menü offeriert. Bei diesem schafft es Fabbri, den kulinarischen Spannungsbogen vom ersten Teller bis zum Dessert aufrechtzuerhalten. Aus der kleinen Küche reicht der italienische Spitzenkoch mediterrane, oft unkonventionelle Kreationen in höchster Produktqualität. Grazil angerichtet eröffnet ein Saibling den Reigen, dazu gesellen sich Petersilienmayonnaise, Pfifferlinge und herzhafte Maritozzi, gefüllt mit Sardellenbutter und Salzzitronenmarmelade. Marcello Fabbri kann laut und leise. Das Zweierlei von der Wildfang-Garnele kommt sowohl würzig in Aubergine gebacken als auch beinahe naturbelassen, confiert gegart, verfeinert mit kühlem Rucolasorbet und

Krustentiermayonnaise. Zurückhaltender agiert er bei den hausgemachten Frischkäse-Tortelloni auf Schnittlauch-Gurkenragout, umrahmt von einer schaumigen Kartoffel-Sauercreme-Sauce. Wer den Gang etwas aufpeppen möchte, bestellt Kaviar vom sibirischen Stör aus Sachsen-Anhalt dazu, dessen Salzigkeit tatsächlich hervorragend passt. Fruchtig-opulent kombiniert die Küche die butterzarte Erfurter Goldforelle mit einem Vanille-Datteltomaten-Fondue, Karottenpüree und Polenta-Chip. Und einen Tafelspitz probiert man von Fabbri statt klassisch unter Meerrettich mit einer Marsalajus, gebratenen Kräuterseitlingen und Balsamico-Zwiebeln. Die begleitenden Weine sind von Philipp Heine unglaublich spannend gewählt. Mit seinen Degustationen reist man geschmacklich durch Portugal, Italien, Frankreich und die schönsten Anbaugebiete Deutschlands.

WEINGARTEN

zeit | geist

Marktplatz 7, 76356 Weingarten
T +49 (0) 7244 70370
www.walksches-haus.de

Peter Kranz
Sebastian Syrbe
Jens Hüsing
Di, Mi, Do, Fr, Sa mittags,
Mo, So ganztags
Menü 69 / 119 €
Vorspeise 12 / 21 €
Hauptgang 24 / 39 €

Das beeindruckende Fachwerkhaus, erbaut 1701 auf noch älterem Fundament und später nach einem Besitzer benannt, ist wunderschön anzuschauen. Seit Anfang der 1980er-Jahre beherbergt das am Walzbach am Marktplatz Weingartens, einer Stadt zwischen Bruchsal und Karlsruhe, gelegene Haus Hotel und Restaurant. Der gastronomischen Abteilung wurden vor einiger Zeit Neuerungen mit Designstilmix, Namen und legerer Ausrichtung verpasst. Das Bistro wurde zum Stil-Mix, das Gourmetrestaurant zum zeit | geist. So gar nicht zeitgemäß existiert neben einem Überraschungsmenü in vier bis acht Gängen erfreulicherweise noch ein herkömmliches Speisenangebot. Als ersten Gang servierte der freundliche Service sanft rosa gegarten Kalbstafelspitz auf Kürbiscreme mit Kürbisstreifen, Kürbiskernöl und nur minimal wahrnehmbaren Ingwernoten. Gefällig und wenig überraschend ein Crowdpleaser aus wachsweichem Eigelb mit Sojanoten, das Blattspinat, Nussbutter und Trüffel zum bekannten Wohlgeschmack-Akkord vervollständigen. Als Fleischgang war mit Sansho – japanischer Bergpfeffer, nahverwandt mit chinesischem Szechuanpfeffer – glasierte Entenbrust einen Tick zäh geraten. Mit buntem, etwas lieblosem, teils weichem Gemüsemix (Möhre, Mini-Mais, Zuckerschoten) stellte sich trotz Speckschaum mit knusprigem Panko-Bröseln und leichter Bratensauce keine Begeisterung ein. Dazu unterstrichen halbierte Ofenkartoffeln die rustikale Gesamtausrichtung. Insgesamt fehlten uns ein wenig aromatischer Verve und finale Finesse. So auch beim durchaus gelungenen Cheesecake, bei dem sich geschmacklich nur Yuzu und Salzkaramell bemerkbar machten, während Ananas und Five-spice zwar durchaus lebhaft klangen, aber untergingen.

WEINHEIM

bistronauten

Kopernikusstraße 43,
69469 Weinheim
T +49 (0) 6201 8461 856
www.bistronauten.de

🔒 mittags, Mo, So, Feiertag ganztags
Menü 44 / 47 €

Dieses sympathische Bistro würde auch in Berlin reüssieren. In der offenen Küche von Kilian Hepp wird handwerklich sauber und schnörkellos geradeaus gekocht – und zwar mit Haltung: „Was es bei uns gibt, wächst jetzt und kommt von kleinen Betrieben aus der Region", lautet das Motto. Auf den Tisch kommt nach Tagesangebot eines von drei Hauptgerichten (Fisch, Fleisch, vegetarisch), dazu Suppe, Salat, Käse, Dessert. Ob Odenwälder Lachsforelle oder eine klassische Roulade, ein Frikassee vom Landgockel oder ein Risotto mit Meerrettich und Beeten – echtes Essen ohne Albernheiten bei einem ausgezeichneten Preis-Genuss-Verhältnis!

esszimmer by philipp weigold in der alten post

Alte Postgasse 53, 69469 Weinheim
T +49 (0) 6201 8776 787
www.esszimmer-weinheim.de

 Renate & Philipp Weigold
Philipp Weigold
Philipp Weigold
🔒 mittags,
   Mo, Di, So, Feiertag ganztags
Menü 89 / 119 €

Philipp Weigolds Restaurant liegt zwar nicht auf dem Präsentierteller der Innenstadt, dafür ist die Parkplatzsituation rund um das etwas versteckte Fachwerkhaus entspannt. Früher war in dem historischen Gebäude die Alte Post untergebracht, heute geht in der Gaststube und im lauschigen Innenhof kulinarisch die Post ab. Denn was Philipp Weigold auf die Teller bringt, steckt voller aromatischer Dynamik, ist attraktiv angerichtet und animiert mit dem ersten Bissen die sprichwörtliche „Lust auf mehr". Dazu greift Weigold beherzt in die Klassiker-Kiste, nicht ohne seine Gerichte aromatisch mutig aufzupeppen. So arrangiert er zum in Gewürzbutter confierten Hummer marinierte Tomaten und Zucchini für den Frischekick und gießt das Ganze mit japanischer Vinaigrette und Koriander-Shisokresse-Öl auf. On Top gibt es Burrata-Eiscreme, die sich mit schmelziger Kälte um das Arrangement legt. Fast würde man darüber die Hummer-Bisque der Extraklasse vergessen, aber nur fast! Wie geschickt Philipp Weigold eine Pfälzer Artischocke aus ihrer geschmacklichen Provinzialität befreit, zeigt er im Zwischengang seines sehr moderat kalkulierten Menüs, das in drei bis sechs Gängen angeboten wird. In Nussbutter gedämpft und anschließend über Holzkohle gegrillt, vereint das Gemüse eine dezente Aromatik zwischen Rauch und Nussigkeit, wird akkurat auf cremigem Ziegenkäse und Leinsaat drapiert und darf dann in einer Beurre blanc baden, die mit fermentiertem Knoblauch und Holunderkapern verfeinert ist. Nicht weniger spannend ist das Duo vom sanft gegarten schottischen Lachs und der knackig gebratenen Jakobsmuschel, serviert mit Karotten-Miso-Püree und gegrillten Erbsen, aufgegossen mit Beurre blanc auf Basis von geräuchertem Fischfond, Karottensaft und Dashi. Beim Fleisch lässt Weigold wieder den Holzkohlegrill sprechen, die saftig zubereitete Tranche vom Werdenfelser Rind, serviert mit Bohnen-Cassoulet, marinierten Wildkräutern, kräftigem Kalbsjus und einigen Schaumbällchen aus Chablis, ist nahezu perfekt mit feinen Röstnoten überzogen. Mit einer Schokoladen-Tartelette, Ragout von Beeren, Nussbutter-Crumble und dem herrlichen Sauerkleeeis zeigt die Patisserie ihr Können. Die Weinkarte ist gut bestückt, der herzliche Service um Renate Weigold verdient eine besondere Erwähnung.

WEISENHEIM AM BERG

Restaurant Admiral

Leistadter Straße 6,
67273 Weisenheim am Berg
T +49 (0) 6353 4175
www.admiral-weisenheim.de

 Martina Kraemer-Stehr
Holger Stehr
Martina Kraemer-Stehr
Mi, Do, Fr, Sa mittags,
Mo, Di, Feiertag ganztags
Menü 99 / 147 €

Holger Stehr in der Küche und Martina Kraemer-Stehr als Gastgeberin starten richtig durch: Seit 2014 betreibt das Paar das helle, freundlich-mediterrane Fachwerk-Restaurant – aber das, was sie jüngst kreieren und servieren, ist gleichzeitig so erfrischend wie bei einer spannenden Neueröffnung und so subtil kombiniert wie in einem seit Jahrzehnten eingespielten Spitzenteam. Am liebsten würden wir hier gar nicht weiter schreiben, denn das Restaurant hat nur fünf Tische und die würden wir gerne jede Woche mit unseren Freunden selbst buchen. Die journalistische Fairness gebietet dennoch, dieses Kleinod wärmstens weiterzuempfehlen – für alle, die perfekte klassische Küche mit deutlichen asiatischen Einflüssen zu schätzen wissen und sich daran erfreuen können, dass Stehr zunächst als Patissier reüssierte und deshalb mit jedem Teller kleine Kunstwerke an den Tisch bringt – zu Beginn und am Ende des Menüs übrigens selbst. So serviert er zum Start unter vielen anderen Kleinigkeiten eine geeiste Melonenpraline mit Gazpacho gefüllt sowie Serrano auf Knusperkeks – eine Geschmacks- und Frische-Explosion, begleitet von frisch-knusprigem Sauerteigbrot und Tapenade noire. Alle Gerichte der Karte betonen die Eigenaromatik ihrer Hauptzutaten und variieren sie gekonnt mit kontrastierenden Noten, ohne je das Basisprodukt aus Nase und Augen zu verlieren. Nach einem Färöer Lachs-Sashimi mit mariniertem Fenchel begeistert die roh marinierte Jakobsmuschel mit Limone und Wakame-Algenchips auf Erbsentableau mit schwarzem Knoblauch – ebenso wie die Vielfalt der Texturen von pastos bis kross. Süße und Agrumen spiegeln sich auch in der Weinbegleitung mit einem Königsbacher Riesling von Christmann wider. Die Entenstopfleber korrespondiert mit Tannenwipfelgelee, karamellisierter Macadamia und Schwarzkirschentexturen und den nachfolgenden hocharomatischen Kaisergranat nebst Schweinebauch-Dim-Sum, fermentiertem Kohlrabi und Reisknusper haben wir in dieser Perfektion selten gegessen. Der Textur-, Aromen-, Farb- und Temperaturkontrast, den Holger Stehr auf seinen Tellern zelebriert, macht auch beim schmelzigen Eigelb mit Topinambur-Variationen, Pfifferlingen und Bohnensud Freude. Lediglich das Salzwiesenlamm mit Jaipur-Curry und gepopptem Reis hätte etwas kürzer in der Pfanne liegen dürfen. Dass die Desserts und Friandises den anderen Gängen mindestens ebenbürtig sind, versteht sich in diesem Hause von selbst. Was für ein Genuss!

WEISSENBRUNN

Gasthof Alex NEU

Gössersdorf 25, 96369 Weißenbrunn
T +49 (0) 9223 1234
www.gasthofalex.de

Mi, Do, Fr, Sa mittags, So abends,
Mo, Di, Feiertag ganztags

In idyllischer Umgebung am Fuße des Frankenwaldes hat Domenik Alex, der zuletzt bei Christian Bau im „Victor's Fine Dining" gearbeitet hatte, das elterliche Gasthaus modernisiert und führt es nun in fünfter Generation. Das Ambiente besticht durch viel Massivholz und klare Linien, die Atmosphäre ist herzlich-familiär. Und die Küche kombiniert fränkische Bodenständigkeit und Internationalität – vom Acquerello-Risotto mit Safran und Austernpilzen über Tortellini mit Pecorino und Schinkenschaum bis zur geschmorten Kalbshaxe mit Fregola sarda und Karotte.

WEISSENSTADT

Gasthaus Egertal

Wunsiedler Straße 49,
95163 Weißenstadt
T +49 (0) 9253 237
www.gasthausegertal.de

Mo, Do, Fr, Sa mittags,
Di, Mi ganztags
Menü 35 / 69 €
Vorspeise 9 / 26 €
Hauptgang 15 / 40 €

Seit mehr als drei Jahrzehnten stehen die Rupprechts im oberfränkischen Fichtelgebirgsort Weißenstadt für eine leidenschaftliche und dem Gast besonders zugewandte Gastronomie. Küchenchef Theodor Rupprecht kocht auf Basis bester Zutaten ambitioniert klassisch und mit mediterranem Einschlag – von der Blaukrautsuppe mit Bio-Hühnerbruststreifen über auf der Haut gebratenes Zanderfilet mit Silvaner-Sauce, Selleriecreme, Belugalinsen bis zur in Burgunder geschmorten Lammhaxe. Zum Abschluss gibt es Klassiker wie Mousse au chocolat oder Käse von Top-Affineur Waltmann aus Erlangen.

WERDER

Alte Überfahrt

Fischerstraße 48b, 14542 Werder
T +49 (0) 3327 7313 336
www.alte-ueberfahrt.de

- Patrick Schwatke
- Thomas Hübner
- Patrick Schwatke
- Di, Mi, Do, Fr mittags, Mo, Feiertag ganztags

Menü 75 / 105 €

Ihren Namen hat die Alte Überfahrt vom Steg vor dem Restaurant. Hier legte früher die Fähre von Wildpark West in der mit schmalen Kopfsteingassen gesäumten Inselstadt Werder an. Ansonsten ist die Alte Überfahrt überraschend modern. Angefangen vom smarten, grün in grün gehaltenen Gastraum über das zeitgeistige kulinarische Konzept, das Gastgeber Patrick Schwatke, der ehedem selbst sehr erfolgreich am Herd stand, und sein Küchenchef Thomas Hübner auf die Teller bringen. Seine italophile, produktnahe Regionalküche folgt dem Rhythmus der Natur und stellt Gemüse ins Zentrum. Die gekochten Borlotti-Bohnen zu Beginn baumelten noch am Vormittag am Strauch im Schlossgarten Petzow, wo das Team Obst und Gemüse zieht. Mit einem Schuss sehr gutem Olivenöl ein einfacher wie vollmundiger Start. Dazu eine kleine Brioche, die nicht mit Butter, sondern mit Olivenöl gebacken wurde, mit Schwarzkohl und leicht hefig schmeckendem Stracchino-Frischkäse.

Das Menü – man kann zwischen klassisch und vegetarisch wählen, die Zutaten wechseln fast täglich – startet mit Tomaten mit einem fruchtig-feinsäuerlichen Püree aus wilder Pflaume auf Amaranth mit knusprig geröstetem Pumpernickel und einer Burrata, die das gelungene Ensemble mit einem frischen Schmelz verfugt. Ein Klassiker in der Alten Überfahrt sind die Ravioli. Bei unserem Besuch waren sie gefüllt einmal mit Salsiccia und einmal mit Stracciatella (bisschen blass), begleitet von püriertem Schwarzkohl, Zucchini und Fenchelblütenstaub, der einen Hauch Frische auf das Pastagericht zauberte. Das anschließende verlorene Ei unter gegrilltem Blumenkohl, eingelegtem Spitzkohl und einer Nussbutter-Sabayon hätte durchaus verlorener sein können, der Dotter war fast hart. Die Ike-Jime-Forelle war ein sehr leichter, aber prägnanter Hauptgang. Die Kartoffel in Bronzefenchel-Essig gegart, ein Sud aus den Karkassen mit Schnittlauchöl aromatisiert und getoppt von Saiblingskaviar für die Salzigkeit. Das Dessert zitiert einen Ausflugslokalklassiker: Die Berliner Weiße kommt als Schaum, dazu Waldmeistereis, Himbeeren und ein buttriger Hafer-Crumble als keksiges Fundament. Einfach, aber stimmig. Wer diese neobarocke Perle an der Uferpromenade gar nicht mehr verlassen will, im Obergeschoss residiert das Hotel Prinz Heinrich mit schönen Gästezimmern.

Filterhaus

Adolf-Damaschke-Straße 56,
14542 Werder
T +49 (0) 3327 5724 457
www.restaurant-filterhaus.de

Do, Fr mittags,
Mo, Di, Mi ganztags
Menü 49 / 69 €
Vorspeise 9 / 17 €
Hauptgang 19 / 32 €

Das am Hafen gelegene Filterhaus ist trotz seiner 300 Quadratmeter gemütlich, besticht durch eine Mischung aus historischer Industriearchitektur, moderner Einrichtung und einer großzügigen Fensterfront. Küchenchef Maximilian Schocke legt Wert auf hochwertige Grundprodukte, das Fleisch stammt stets aus artgerechter Haltung. Das Spektrum der kleinen Karte reicht von Prignitzer Maispoulardenbrust mit Ofengemüse über Entrecôte vom Wołowina-Rind mit Kartoffelgratin bis zum Wolfsbarsch mit Krustentierschaum. Im Sommer genießt man auf der Terrasse den weiten Blick über die Havel.

WERNIGERODE

Pietsch

Breite Straße 53a,
38855 Wernigerode
T +49 (0) 3943 5536 053
www.restaurantpietsch.de

Ulrike Weisel
Robin Pietsch
Max Milttag
mittags, Mo, Di, So ganztags
Menü 120 / 140 €

Tresenrestaurant nennt der Patron Robin Pietsch sein Lokal, in dem in guten Zeiten bis zu 20 Gäste auf eine anspruchsvolle kulinarische Entdeckungsreise über 17 Gänge mitgenommen werden. Ein eingespieltes Team von engagierten Servicemitarbeitern und Köchen agiert am offenen Anrichtebereich. Wände, Boden und Decke zeigen sich minimalistisch, in glattgestrichenem Sichtbeton. Wer will, kann die angebotene Begleitung von sechs Weinen oder selbst komponierten Kräuter-Fruchtsäften dazu buchen. Ein Tässchen Suppe auf Basis gerösteter Entenknochen, mit destilliertem Essig, Ingwer und Chawanmushi, japanischem Eierstich, eröffnet die Speisenfolge, angelehnt an die japanische Kaiseki-Tradition eines leichten, mit frischen und geschmacksbetonen Zutaten zubereiteten Mahls. Es sind mehr Appetithappen, kleine Kunstwerke, die vom agilen Service ohne große Pausen aufgetragen werden. Ein Tatar vom norwegischen Wildlachs mit Ikura-Lachskaviar auf Wasabicreme, getoppt von getrocknetem Sellerie ist dabei. Ihm kann ein Baiser aus Tomaten mit Chips von gerösteter Hühnerhaut und Gänseleber als Mousse folgen. Ein winziges, im Bambusdämpfer zubereitetes weiches Hefebrötchen ist belegt mit Sauerklee, japanischem Senf und einer dünnen Rinderzungenscheibe. Die Mayonnaise aus Krustentieröl sowie ein Kranz von frittierten Hefekrümeln mildern den intensiven säuerlich-salzigen Geschmack des über eine Woche marinierten Kimchi aus Chinakohl. Eine große Scheibe Ochsenherztomate wird im Anrichtebereich abgeflämmt und karamellisiert. Mit etwas Jalapeño-Öl und einem Granité aus abgehangener Molke und Grapefruit gerät es zu einer erfrischenden Vorbereitung auf das nur fünf Minuten Sous-vide gegarte Kabeljau-Filetstückchen, dem Tomaten, Pilze, Weintrauben, Birnen, Ingwer, Zitrone, Birnen-Ale und Beure blanc ein rundes, leicht süßlich-scharfes Aroma verleihen. Zum Dessert wieder eine süß-herzhafte Überraschung mit einem Rote-Bete-Brombeer-Sorbet, gefrorener Mohnmilch, heller Misopaste, Nussbutter und Karamell.

WIESBADEN

DAS GOLDSTEIN
by Gollner's

Goldsteintal 50, 65207 Wiesbaden
T +49 (0) 611 5411 87
www.gollners.de

🔒 Mo, Di ganztags
Menü 65 / 120 €
Vorspeise 12 / 29 €
Hauptgang 22 / 48 €

Mitten im Wald liegt dieses wohl schönste Restaurant Wiesbadens. Patron Günter Gollner und sein Küchenchef Michael Hofmann bieten einen zeitgemäßen Mix aus international Beliebtem, asiatischen Gerichten und Klassikern aus der österreichischen Heimat des Hausherrn – von Kaviar und Currywurst über Sashimi vom Wildlachs bis zu Tafelspitz und Backhendl. Und das in sehr gelungenem Landhausstil-Ambiente: bequeme Sessel, hochgepolsterte Bänke, schwere blanke Holztische. Die Weinkarte lässt kaum Wünsche offen.

Di Gregorio

Frankfurter Straße 36,
65189 Wiesbaden
T +49 (0) 611 3757 177
www.di-gregorio.de

🔒 So, Feiertag ganztags

Rinderfilet in Barolo-Sauce, Dialog von gegrillten Scampi und Wolfsbarsch mit frischen Kräutern, Tiramisu und Panna cotta – seit mehr als dreieinhalb Jahrzehnten ist das Ristorante von Ciccio Di Gregorio und seinem Sohn Daniel ein klassisch-italienischer Fels in der Brandung der Gastronomie Wiesbadens: familiäre Atmosphäre, hübsch eingedeckte Tische, zugewandter Service. Gut beraten ist man immer mit der Tagesempfehlung des Padrone und den Gerichten rund um Fisch und Meerestiere. Auch die hausgemachte Pasta ist exzellent.

ENTE

Kaiser-Friedrich-Platz 3–4,
65183 Wiesbaden
T +49 (0) 611 1336 66
www.hommage-hotels.com/
nassauer-hof-wiesbaden/
kulinarik/restaurant-ente

- Anton Steiner
- Michael Kammermeier
- Elena Hart
- Mo, So, Feiertag ganztags
- **Menü** 115 / 175 €

Selbst wer die namensgebende Ente nicht explizit ordert, kommt im Hotel „Nassauer Hof" beim aufwendigen Prolog des vier- bis siebengängigen Menüs mit globalen Zutaten und Aromen nicht um possierliche Nachbildungen herum. Ein Quietscheentchen war aus Leberparfait unter Kaffee-bestäubter Passionsfruchthülle entstanden. Mit einem ähnlichen Förmchen hatte die Küche bei aufgeschlagener Salzbutter, die in Schnittlauchöl zum Brot schwamm, gespielt. Dass das Feuer nach hauchfeiner Tartelette mit Ricotta, Speckzwiebeln, Schnittlauch oder Wasabi-Macaron mit Räucherforelle, Blumenkohlcreme, Haselnüssen nicht erloschen war, zeigte der erste Gang. In Nussbutter confierte Tristan-Languste fühlte sich butterzart wohl in bekannter Kombination mit Kürbissud, Kürbiskernöl-Mayonnaise, Orange und Curry-Gewürzwelt. Den Alfonsino, gefangen vor galicischer Küste, sollte man nicht mit seinem Alias ansprechen. Denn Nördlicher Schleimkopf ist wahrlich kein schöner Name für diesen raren Fisch mit weißem, festem, leicht süßlichem Fleisch. Das stellte Kammermeier durch subtile Mandelsauce Ajo blanco, zarte Verjus-Säureakzente, Staudensellerie-Frische und Weintrauben-Süße gelungen heraus. Während Pastrami klassischerweise – wir alle kennen aus „Harry und Sally" die Szene, ja die in Katz's Delicatessen in New York – dünn aufgeschnitten auf Roggenbrot als Sandwich mit Salz-Gurken serviert wird, verzichtete Kammermeier bis auf hauchfeinen Schwarzbrot-Chip auf Kohlenhydrate und konzentrierte sich auf das Wesentliche, aufs Fleisch. Zu Sous-vide gegarter, nachgebratener Nebraska-Rinderschulter mit Beinahe-Original-Condimenten (Meerrettich, schwarzer Senf, Gurke und Radieschen) addierte er luststeigernd Selleriecreme und leichte Jus – diesmal hätte Meg Ryan nicht schauspielern müssen! Danach hatte es zarter, glasiger Winterkabeljau mit friedlichen russischen Anklängen von Räucheraal, Schmand und Kaviar schwer. Vor allem, weil er deutlich untertemperiert war. Weder das Appeasement mit heißem Teller noch Borschtsch-Sud konnten ihn vom Gegenteil überzeugen. Da freuten wir uns lieber über die abschließende Ode an die Quitte mit frischem, säuerlichem Eis und fast weihnachtlich gewürztem Chutney, wozu Haselnusscreme, gepuffter Amarant und Sauerklee passten. Sommelière Elena Hart punktet mit einer rund 600 Positionen umfassenden Weinkarte von teils beeindruckender Jahrgangstiefe.

WIETZE

WildLand

Am Moorberg 6, 29323 Wietze
T +49 (0) 5146 98930
www.wildland.de

🔒 mittags,
   Mo, Di, So, Feiertag ganztags
Menü 32 / 90 €

Herzstück des 25.000 Quadratmeter großen Anwesens in der Südheide, auf dem Tagungen und Workshops stattfinden, ist das in einem niederdeutschen Hallenhaus aus dem Jahr 1735 untergebrachte Restaurant nebst schöner Sommerterrasse. Ob beim Carpaccio vom Weiderind mit Selleriesalat à la crème oder gebratenem Kalbsfilet mit Hagebuttenrahmsauce und Kartoffelplätzchen – die Küche setzt weitestgehend auf Produkte aus der Region, sämtliche Zutaten wurden ökologisch erzeugt. Der freundlich-zugewandte Service stellt fachkundig die Auswahl an guten Bio-Weinen vor.

WILTHEN

Erbgericht Tautewalde

Hauptstraße 25, 02681 Wilthen
T +49 (0) 3592 38300
www.tautewalde.de

🔒 Mo, Di, Mi, Do mittags,
   So, Feiertag ganztags
Menü 33 / 45 €
Vorspeise 9 / 19 €
Hauptgang 18 / 35 €

Bis ins Jahr 1842 reicht die Geschichte dieser einstigen Schlichtungsstelle an Rande der Oberlausitz zurück. Heute können die Gäste hier in idyllischer Lage Gerichte genießen, die mit vielen Produkten aus der Umgebung oder dem eigenen Garten zubereitet werden. Zu den Hausklassikern zählen die Pellkartoffeln mit Kräuterquark und Leinöl oder eine in Rotwein geschmorte Ochsenbacke. Alternativ sind hier aber auch ein Rumpsteak vom Angus Beef mit Zwiebelmarmelade oder gebratenes isländisches Rotbarschfilet mit Orangenchicorée und Spinatrisotto zu haben.

WIRSBERG

„Restaurant Alexander Herrmann" by Tobias Bätz

Marktplatz 11, 95339 Wirsberg
T +49 (0) 9227 2080
www.herrmanns-posthotel.de

- Anja Kirchpfening
- Alexander Herrmann & Tobias Bätz
- Hauke Hellbach
- mittags,
  Mo, Di, So, Feiertag ganztags
- Menü 215 / 245 €

Wie schon andere Frankenwalder vor ihm scheint uns Alexander Herrmann mit einem Entertainer-Gen zur Welt gekommen: Auf seiner frühabendlichen Lokalrunde pflegt der Chef die offensive Launigkeit des Kulmbachers Thomas Gottschalk, Hotel und Storytelling erinnern an das untergegangene Design- und Gastro-Theater der Brüder Pflaum im nahen Pegnitz. Hier wie dort scheint eine klare Aufgabenteilung Teil des Erfolgs zu sein: Tobias Bätz kreiert, Alexander Herrmann repräsentiert – eine Verbindung, die TV-Fans des omniaktiven Franken ebenso bedenkt wie jene, die vorrangig für die Küche kommen. Letzteres lohnt sich stets, selbst wenn wir dieses Jahr einige Wiederholungen aus der letzten Spielzeit erlebten. Wieder gab es Salzmandarine (diesmal zu Huchen statt Zander), ein mit Johannisbeerholzöl aromatisiertes Spargel-Schachbrett und im Hauptgang Lammkeule, 2021 großartig begleitet von gebratenem Permakultur-Salat mit knackig schärfendem Rettich und Aioli sowie Sebastian Fürsts Frühburgunder vom Bürgstädter Berg. Die Repertoirestücke ändern freilich nichts daran, dass hier oft herausragende, stets zeitgemäße Küche geboten wird: Gemüse steht tendenziell im Vordergrund, eingekauft wird fast ausschließlich in Franken und wer Sammelkärtchen mit teils atomistischen Erläuterungen zu Gang und Produkt wenig abgewinnen kann, taucht einfach direkt mit Gabel und Löffel ein. Und genießt etwa Bätz' „Carbonara", dünne Streifen eines milchsauer fermentierten Superschmelz-Kohlrabis, wie Tagliatelle aufgerollt und à la crème mit Osietra und gedörrten Eigelbspänen serviert – ein federleichter Gang, der Biss und Aroma des Gemüses eine große Bühne baute. Als überraschende Fehlinszenierung empfanden wir dagegen die „Kalte Ente", ein knüppelhart gefrorenes Erdbeersorbet in Badetierform, serviert mit Waldmeistergranité und Winzersekt. Apropos Sekt: Abgesehen vom scheinbar alternativlosen Aperitifchampagner gibt sich auch die Weinkarte mit fast ausschließlich fränkischen Gewächsen erfreulich heimatverbunden. Wer dennoch meint, die ganz große Showtreppe ausfahren zu müssen, kann sich auf ihren letzten Seiten mit Masseto & Co. noch finanziell vierstellig verändern.

WOLFSBURG

Aqua

Parkstraße 1, 38440 Wolfsburg
T +49 (0) 5361 6060 56
www.restaurant-aqua.de

- Marcel Runge
- Sven Elverfeld
- Marcel Runge
- mittags,
  Mo, Di, So, Feiertag ganztags

Menü 195 / 255 €

Auf den trügerischen ersten Blick mag man fast nostalgisch werden: Die Arrangements erinnern an die gute alte Nouvelle Cuisine. Keine Schieferplatten, Blumentöpfe oder Konservendosen – die meisten Gänge kommen schlicht auf großen weißen Tellern. Vielleicht mal mit ein paar Tupfern am Rand, aber das Fleisch liegt brav auf der Sauce. Wer so anrichtet, ist schon lange im Geschäft oder hat die Ruhe weg. Für Sven Elverfeld gilt beides. Mit ihm als Küchenchef begann das Luxushotel-Restaurant am Rande der Autostadt; mit ihm wurde es weltbekannt. Und seit zwei Jahrzehnten setzt es einen Maßstab an leisem Perfektionismus. Auf den zweiten Blick entdeckt man manche Finesse. Da ist zum Beispiel das Püree neben der erstklassigen glasierten Taubenbrust. Es changiert fließend vom Grünen ins Gelbe, weil es nämlich zwei Pürees sind, Erbse und Kichererbse, kunstvoll miteinander vermischt. Man kann das auch schmecken, wenn man will, oder unbekümmert mit der Gabel durchwischen. Noch ein paar der gehäuteten, blanchierten Erbsen auflesen, einige Macadamianuss-Späne mit ihrer Speckigkeit, einen Streifen vom blutroten Fleisch. Das alles verdichtet sich am Gaumen zu größter Harmonie. Fragt man nach, ob die Taube Sous-vide verarbeitet wurde, betont der Service gleich, dass das hier die Ausnahme sei. An sich gare der Chef lieber klassisch. Man muss nicht lang darüber nachsinnen, warum das klassischere der beiden Menüs „Meine Verbundenheit" heißt. Verbunden fühlt sich Sven Elverfeld der französischen Küche, einer Tradition, die sich beständig weiterentwickelt. Gänseleber also im ersten Gang, sie heißt auch noch „Baklava", was Üppigkeit verheißt. Was dann kommt, ist aber ein höchst filigranes Gebilde. Die Pistazienaromen sind genau dosiert; und ein herbes Vielerlei vom Radicchio treibt dem Gericht alles Desserthafte aus. Elverfeld zitiert gerne. Es passiert einem immer wieder, dass man an unverhoffter Stelle eine Erinnerung an Reisen oder Kindertage schmeckt. Grüner Salat mit saurer Sahne, früher die leidigen „Vitamine" vor dem Braten – hier begegnen sie einem als Dessert, freilich aufgewertet durch eine Variation vom grünen Apfel (auch vitaminreich), Quarkchips und Vanilleessig. Wer so lange an der Spitze steht, darf sich auch mal selbst zitieren, ohne dass es eitel wirkt. Doch selbst die Klassiker von der karamellisierten Kalamata-Olive als Amuse-Bouche, diesmal gefüllt mit Ziegenkäse und Anchovis, bis zum legendären Champagnersorbet vor dem Hauptgang bleiben nie ganz dieselben. Dass diese Küche auch kraftvoll auftreten kann, bewiesen der Carabinero und die Kalbszunge „à la Zingara" (auch bei Sprachusancen ist das Haus nicht ganz vorne dabei). Die unwahrscheinliche Verbindung von Paprika und Schwarzer Trüffel in der Jus blieb uns lang im Gedächtnis. Die beschwingte junge Servicemannschaft ist stets zur Stelle – was man indes nicht immer merkt; der Teppich dämpft ihre Schritte. Wer im Aqua beim Wasser bleibt, versäumt übrigens eine Menge. Die Weinauswahl würdigt neben dem Kanon nicht nur Regionen wie Graubünden oder das Elsass, sie beeindruckt auch mit einer immensen Jahrgangstiefe zu vernünftigen Preisen.

WOLFSBURG

La Fontaine

Bewertung ausgesetzt

Gifhorner Straße 25,
38442 Wolfsburg
T +49 (0) 5362 9400
www.ludwigimpark.de

- Jason Lüben
- Hartmut Leimeister
- Nils Pagel
- mittags,
  Mo, Di, So, Feiertag ganztags

Menü 72 / 120 €

In der Fallersleber Traditionsadresse war im Frühjahr 2021 Hartmut Leimeister in den wohlverdienten Ruhestand gegangen und hatte an seinen langjährigen Souschef Stephan Schünemann übergeben. Der Restaurantbetrieb startete allerdings erst im Oktober wieder. Unsere Tischreservierung wurde kurzfristig wegen eines Unfalls des Restaurantleiters storniert, ein erneuter Neustart innerhalb unserer Testphase war nur grob absehbar. Wir hoffen auf vollständige Rekonvaleszenz und setzen die Bewertung aus.

Saphir

Bewertung ausgesetzt

An der Wasserburg 2,
38446 Wolfsburg
T +49 (0) 5363 9400
www.restaurantsaphir.de

- mittags, Mo, Fr, Feiertag ganztags

Wir rufen – wie immer anonym – in Wolfsburg an, um herauszufinden, wann das Gourmetrestaurant im Hotel An der Wasserburg wieder öffnet. „Wenn wir einen Küchenchef haben!", so die entwaffnend ehrliche Antwort der freundlichen Dame am Telefon. Wir drücken die Daumen – und setzen die Bewertung weiterhin aus.

Wolfsburg

WUPPERTAL

Shiraz NEU

Wittener Straße 288,
42279 Wuppertal
T +49 (0) 202 2653 3779
www.restaurant-shiraz.com

- Serkan Akgün
- Alexander Hoppe
- Serkan Akgün
- mittags,
  Mo, Di, So, Feiertag ganztags

Menü 118 / 160 €
Vorspeise 24 / 29 €
Hauptgang 44 / 72 €

Um einzuordnen, was Alexander Hoppe im Shiraz seit seinem Start im Shiraz Ende 2020 erreicht hat, lohnt ein Blick auf seine Laufbahn, die nicht wie bei so vielen talentierten jungen Köchen über zig Stationen bei den Meistern ihres Fachs führte. Sie begann mit einer Ausbildung im Hammer Restaurant Denkma(h)l, in dem der Malteser-Orden jungen Menschen die Chance zu einer Berufsorientierung gibt. Der 30-jährige Hoppe arbeitete zuletzt dort als Küchenchef, bevor ihn Serkan Akgün als Geschäftsführer des Shiraz in die kleine Küche des schiefergedeckten Hauses in Nachbarschaft eines Ikea, Porschezentrums und Asphaltmischwerks lockte. Das alles wäre für Freunde guten Essens nicht so wichtig, schließlich lesen die lieber Speisekarten als Lebensläufe, wenn Hoppes Gerichte nicht so souverän am Puls der Zeit wären. Die Menge Yuzu auf dem Tatar der Gelbschwanzmakrele auf extrem knusprigem Tapiokachip dosiert Hoppe glänzend, den Gurkensud, den Akgün zum Rindertatar angießt, ist die erfrischende Komponente, die ihren Kontrast durch gefriergetrocknete und frittierte Kartoffelwürfel erfährt. Hoppe vereint stets mit Bedacht Konsistenzen von weich, fest oder knusprig auf den Tellern. Cremig das Eis von Foie gras, al dente die Birnenstücke und fluffig die Trüffelspäne. Beim Kabeljaufilet sind es die Chips, das zarte Fleisch des Fischs und der nicht zu lange gegarte Kohlrabi, die sich ergänzen – und das unter Betonung des Eigengeschmacks der Zutaten. Da überrascht es nicht, dass die Stücke Artischocke im Hauptgang in Zartheit und Aromatik bald allen anderen Komponenten im Hauptgang mit Lammrücken die Schau stehlen. Hoppes Leidenschaft gehört der Patisserie und das belegt die einmal mehr punktgenaue Abstimmung Mandarine, Kaffee und Karamell. Akgün selbst als Gastgeber ist so herzlich wie professionell. Es lohnt sich, seinen Weinempfehlungen in der elegant eingerichteten Gaststube zu folgen, seinem Faible für Wein verdankt das Restaurant wohl auch seinen Namen.

WÜRSELEN

Alte Feuerwache

Oppener Straße 115, 52146 Würselen
T +49 (0) 2405 4290 112
www.alte-feuerwache-wuerselen.de

Monika Podobnik
Kurt Podobnik
Sa mittags,
Mo, So, Feiertag ganztags
Menü 58 / 62 €

Die stellenweise bis auf den nackten Backstein freigelegten Wände der Alten Feuerwache in Würselen deuten eine gewisse urbane Modernität an – doch die Küche, die dem Gast in den großzügigen Räumlichkeiten geboten wird, ist ein Hort bewährter und felsenfest auf französischen Traditionen ruhender Klassik. Gebackene Garnelenmedaillons, Pot au feu, bretonischer Steinbutt mit geschmolzenem Kalbskopf, feinstes Rind unter Parmesan-Bärlauch-Kruste – die Protagonisten unseres Degustationsmenüs lesen sich wie eine Zeitreise in eine fast verloren geglaubte Zeit. Portweinessenz, Wachtelei und Krustentierschaum sind weitere Darsteller einer kulinarischen Inszenierung, die in ihrer Konsequenz und handwerklichen Perfektion wie ein Lehrstück in Sachen gehobener Kochtechnik wirkt. Schon der erste Teller demonstriert diesen Wesenskern der Küche Kurt Podobniks. Gebackene Garnele auf einem Chutney von Ananas und Mango, gebeizter Lachs mit Gurke und Honig-Senfsauce, Krabbentatar. All das ist von kulinarischer Innovation denkbar weit entfernt, in seiner Kombination aus hervorragender Produktqualität und handwerklicher Perfektion aber um so begeisternder. Ebenso der folgende bretonische Steinbutt mit geschmolzenem Kalbskopf, Erbsenpüree und Krustentierschaum. Ein in sich hochstimmiger, vielleicht etwas musealer Teller von nahezu perfekter kulinarischer Harmonie. Das folgende Sorbet von Kokos auf Physalisjus demonstriert die bemerkenswerte Fähigkeit Podobniks zu Balance und Proportion. Für ein klassisches Zwischensorbet scheint es uns fast ein wenig zu üppig, im Kontext des Menüs hat es aber genau die Fülle, die es braucht, um den Gast mit fünf Tellern zufriedenzustellen. Auch der Hauptgang, ein perfekt gegartes Tournedos vom Black Angus mit fein abgeschmeckter Portweinessenz fügt sich in den Gesamteindruck ein, ebenso wie der gratinierte Orangensalat zum Dessert. Unser Fazit: Wer nach Modernität und Innovation strebt, wird in der Alten Feuerwache vermutlich enttäuscht werden. Wer dagegen exzellente Küchenklassik frei von Modernismen und Schnickschnack jedweder Art sucht, kann hier einen hochfeinen Abend verbringen.

WÜRZBURG

Bürgerspital Weinstuben

Theaterstraße 19, 97070 Würzburg
T +49 (0) 931 3528 80
www.buergerspital-weinstuben.de

Menü 30 / 46 €
Vorspeise 5 / 15 €
Hauptgang 10 / 30 €

Sämtliche Weine des Bürgerspitals kann man unter mächtigen Gewölben oder zur warmen Jahreszeit im lauschigen Innenhof verkosten. Für die nötige, fast immer deftige Grundlage sorgt Alexander Wiesenegg, der bei Heinz Winkler und Alfons Schuhbeck am Herd stand. Dafür, dass hier – von der Kräuterbutter bis zum Knödel – alles hausgemacht ist, gibt es eine gewaltige Auswahl an Speisen: typisch Fränkisches wie die blauen Zipfel im Sud, Schmankerl wie Ragout fin, außerdem Burger, Steaks sowie ein perfektes Wiener Schnitzel. Immer freundlicher Service.

Kuno 1408

Neubaustraße 7, 97070 Würzburg
T +49 (0) 931 3093 1408
www.restaurant-kuno.de

Tanja Mieskes
Daniel Schröder
mittags,
Mo, Di, So, Feiertag ganztags
Menü 112 / 168 €

Trotz Gasthaushistorie seit 1408 tauchte lokaler Bezug erst beim Dessert auf. Mithilfe einer Form entstand aus pastöser Lebkuchencreme ein stilisierter Frankoniabrunnen. Textur und überwürztes Mandarinensorbet wirkten genussmindernd. Bei unserem Besuch konfrontierten uns Kontraste, ein Konglomerat aus modern-schickem Restaurant im Best Western Premier Hotel Rebstock hinter denkmalgeschützter Fassade und forciert moderner Küche unterm Deckmantel deutscher Kreativküche. Deren gute Ansätze – stringente Ideen, solide Aromenpaarungen, guter Gesamtgeschmack – konterkarierten, dokumentiert durch Bestandteil-Kärtchen, Gels, Pürees, Mousses, Schäume und Knusperelemente. Zum Tellerkratzen nötigte das Nebeneinander aus drei gebeizten Saiblingsstreifen mit Saiblingskaviar, eingelegter Bete, Rote-Bete-Gel, getrüffeltem Crème-fraîche-Dip artifiziellen Aromas, Rettich-Dashi-Schaum und reichlich Buchweizenknusper. Zwei schmackhafte Hummerstücke drohten danach unterzugehen zwischen Karotte, Fenchel und Blutorange in ähnlich überkompliziertem Aufbau. Es folgte Heilbutt, der mit neun kleinen, zitrusmarinierten Nordseegarnelen, delikaten Zwiebelzubereitungen, Speck und Nussbutterschaum als unterfränkische Finkenwerder-Art-Interpretation gut gefiel. Wie an anderen Stellen ebenfalls hätte eine kompaktere Präsentation folgendem, insgesamt gutem Gang, erneut nordisch by nature, aus zartem Schweinebauch mit krosser Schwarte, weißen Cannellini-Bohnen, frischen grünen Bohnen, superber Kartoffel-Petersilie-Krokette und Birne noch besser getan. Auch bei klassischen Wohlgeschmack verheißender Ente mit Rotkohl, Zwetschge, und Marone gilt: Nach über zwei Jahren im Amt darf der 31-jährige Küchenchef Daniel Schröder stärker auf in sich ruhende Stilistik, wie er sie bei seinen Karrierestationen kennenlernte, darunter zwei Jahre als Harald Rüssels Souschef, setzen. Der Mann kann mehr!

Restaurant Reisers am Stein

Mittlerer Steinbergweg 5,
97080 Würzburg
T +49 (0) 931 2869 01
www.der-reiser.de

- Sebastian Gotther
- Bernhard Reiser & Domenico Allegretta
- Sebastian Gotther & Silia Rüttiger
- mittags, So ganztags

Menü 120 / 135 €

Ein Restaurant auf einem Weingut? Wunderbar! Noch besser, wenn wie beim Weingut am Stein von Ludwig Knoll, der seine Vinz-Weine in Betoneiern ausbaut, biodynamisch gearbeitet wird und die Location im Weinberg Ausblick über die Residenzstadt bietet. Dazu eine prächtige Weinauswahl mit Jahrgangstiefe, die über Franken europäisch hinauslugt. Donnerstags bis samstags werden die Menüs, „Klassik" und „Freistil", das nur einen Warenkorb nennt, angeboten, ansonsten kochen die Azubis im vorbildlichen Ausbildungsbetrieb oder werden die Gäste überrascht. Die ersten Menü-Gänge spielten locker eine Haube höher. Handwerklich, geschmacklich grandios gelang ausgelöste, zur Rolle gearbeitete und mit Périgord-Trüffel gespickte Wachtel, finessenreich begleitet von jeglicher Dumpfheit befreitem Sellerie, fermentiertem Granatapfel und Ziegenfrischkäse. Moderner, von ebenso zeitlosem Produktverständnis erfreute stattlicher, knackiger Carabinero mit Chorizo-Aromen und zur Krustentiersüße passender fruchtig-herb mit Papaya, Chicorée und Zitronenmelisse belegter Briochescheibe. Ebenso gut folgten kross-saftiger Kabeljau mit Graupen im Feldsalat-Sud und Jakobsmuschel-Corail-Schaum sowie fett schmelzender Ora-King-Lachs mit Bergamotte-Beurre-blanc auf originellem, kompaktem Kartoffel-Ingwer-Donut. Die nachfolgenden Gänge verloren im Vergleich zum fulminanten Auftakt an Verve und Präzision. Petersilienwurzel-Tagliatelle füllten eine Mohnhippe, dazu allerlei Gemüsetupfer und – ein schönes Pairing – auf Mohnöl angegossene Pilzbrühe; eine Blumenkohl-Variation mit recht bitteren Falafel-Bällchen fiel arg brav aus. Danach traf Zander solide auf Ragout aus Kalbsbäckchen und Rote Bete sowie – tolles Fleisch, bitte häufiger! – rosa gegarter Hasenrücken auf recht trockenen Baumkuchen und spröden Grünkohl; wäre die gute Sauce doch am Tisch verblieben ... Dessert-Liebhaber werden sich über die Dimension des süßen Abschlusses freuen, zu mächtigem geflämmtem Topfenkuchen gab es hervorragendes herbes Kaffeeeis.

WUSTROW

Schimmel's

Parkstraße 1, 18347 Wustrow
T +49 (0) 38220 66500
www.schimmels.de

- Mo, Di, Mi, Fr, Sa mittags, Do ganztags

Menü 37 / 60 €

Im Restaurant, das zur gleichnamigen Pension mit Gästehäusern gehört, sitzt man wie in der guten Stube der Familie. Maren Schimmelpfennig betreut die Gäste, ihr Mann Ralph Schulze-Schimmelpfennig bekocht sie klassisch-traditionell. Zur Wahl stehen zwei Menüs mit jeweils bis zu fünf Gängen, darunter beispielsweise sautiertes Schollenfilet mit Krabben, Cremespinat und Pannfischsauce oder Zweierlei vom Beelitzer Maishuhn mit Spitzkohl. Im Weinkeller liegt eine mehr als 130 Positionen umfassende europäische Auswahl mit einem guten Angebot offener sowie halber Flaschen.

WYK AUF FÖHR

Alt Wyk

Große Straße 4, 25938 Wyk auf Föhr
T +49 (0) 4681 3212
www.alt-wyk.de

Daniela Dittrich & Jan Durant
René Dittrich
mittags, Mo, So, Feiertag ganztags
Menü 82 / 125 €
Vorspeise 16 / 22 €
Hauptgang 28 / 39 €

Schon der Gruß aus der Küche, ein mildes Spargelsüppchen im Glas, dazu ein kross auf der Haut gebratenes Stückchen Zander auf einem Tupfer fein püriertem Erbsenpüree, bringt Gemüse der Saison und Fisch – auch wenn dieser als Süßwasserfisch natürlich nicht in der Nordsee gefangen wurde – auf den Tisch. Die Gänseleber präsentiert sich in drei ideenreichen, vor allem aber schmackhaften Variationen, als Mousse, wieder im Glas, getoppt von einem Häubchen hintergründig süßem Holunderblüten-Espuma, als Crème brûlée von der Gans mit einem gebratenen Gänseleberwürfel auf einem Hügel von fein geraspeltem säuerlichen Apfel und Sellerie sowie als Gänseleberpastete mit einem erdig-fruchtigen Relish von Herbsttrompeten und Aprikosen zu einer getoasteten Mini-Brioche. Ein ungemein zartes Vitello tonnato bildet bei der „Variation von Thunfisch und Kalb" die Brücke zwischen Fisch und Fleisch. Zu den Variationen gehören noch kurz angebratener, in Sesam und Koriander gehüllter Thunfisch mit einem gedünsteten Stück Lauch, ein frittiertes Keulchen von gezupftem Kalbfleisch sowie eine Miniroulade von rohem Thunfisch mit einer Avocadocremefüllung. Da kommt der auf den Punkt gebratene Steinbutt auf einem Zitronen-Estragon-Risotto mit Peperonata eher gradlinig daher, auch wenn sich die beiden Filetstückchen als von unterschiedlicher Qualität erwiesen. Das Dessert, mit einem Arrangement von Chiboust-Schokocreme, Luftschokolade, einer cremigen Mousse, einem Schoko-Macaron und dazu einem eisigen Kegel mit Orange und Vollmilch geriet wieder zum uneingeschränkten und nicht zu süßen Genuss, vor allem für Schokoladenfreunde. Hurtiger Service, Weinkarte mit ca.100 Weinen, gute Auswahl vor allem aus den traditionellen deutschen Anbaugebieten.

Wyk auf Föhr

XANTEN

Landhaus Köpp

Bewertung ausgesetzt

Husenweg 147, 46509 Xanten
T +49 (0) 2804 1626
www.landhauskoepp.de

- Jürgen Köpp
- Jürgen Köpp
- Sa mittags, So abends, Mo ganztags

Menü 65 / 97 €
Vorspeise 24 / 29 €
Hauptgang 34 / 39 €

Im Landhaus Köpp übt sich Jürgen Köpp seit 1991 darin, das in der Résidence in Essen bei Berthold Bühler oder in der Zur Traube in Grevenbroich bei Dieter Kaufmann Gelernte über die französische Küche fortzutragen. Aus heutiger Sicht produziert Köpps gastronomischer Kurs in dem Klinkerbau hinter Rheindeich und neben Campingplatz einige kuriose Blüten. Ein abschließender Espresso in doppelwandigem Glas, der auf nicht weniger als drei Untertellern gereicht wird, ein gut gemeinter, aber verkrampfter Service zweier junger Damen, der eine mitunter beklemmende Atmosphäre schafft, wenn die Weinbegleitung angeboten werden soll, aber wie angeordnet wirkt. Darüber lässt sich ebenso hinwegsehen wie über die Inneneinrichtung, die tadellos poliert in die Jahre gekommen ist. Und vielleicht war es die lange Phase des Lockdowns, dann die Überflutung des Umlands, die das Räderwerk in Köpps Küche ins Haken brachten. Der Gast rätselt, was genau in der Küche getan werden muss, um eine Nocke Rote-Bete-Püree nicht nur angetrocknet, sondern schwarz angekohlt auf den Teller zu bringen. Ein Schicksal, das auch der Rotkohl-Rolle widerfährt. Was, bei all der Erfahrung Köpps, ist mit dem Besinnen auf klassische Küchentechnik passiert, wenn Kaninchenfilets, Seeteufel und Kalbsfilet jenseits jeder Toleranz für entschlossene Garpunkte zu fest geraten? Dass die Teller mit einer begrenzten Zahl an Komponenten variiert werden, sodass die zwei gleichen Saucen als Basis für Fisch wie Fleisch gereicht werden. Dass zu einer nach Wein und Schnittlauch aber kaum nach Steinpilz schmeckenden „Steinpilzemulsion" in drei Minicocktailgläsern drei identische Stücke Fisch auf Köpps Orangen-Kartoffelpüree gereicht werden. Dass einem bei Wartezeiten von mehr als 45 Minuten zwischen den Gängen der Gedanke kommt, man hätte ein Pausenbrot einstecken sollen ... Wir wünschen uns, dass Köpp sich dessen besinnt, was seit nunmehr drei Dekaden seinen Ruf ausmacht und nach wie vor Gäste in diese schöne Region führt, um das zu zelebrieren, was Tradition so verführerisch machen kann. Und setzen die Bewertung aus.

ZERBST/ANHALT

Park-Restaurant Vogelherd

Lindauer Straße 78,
39261 Zerbst/Anhalt
T +49 (0) 3923 7804 44

Mi, Do, Fr mittags, Sa, So abends,
Mo, Di ganztags
Menü 30 / 70 €

Der traditionsreiche und dennoch manchmal als Geheimtipp gehandelte Vogelherd liegt etwas außerhalb von Zerbst, idyllisch an einem Teich. Vom Parkplatz aus geht man durch einen kleinen Park zum Restaurant, das seit 1987 von den Erdmanns betrieben wird. Dort erwartet den Gast eine feine Landhausküche, die sich vornehmlich aus der Region speist, ob bei Fleisch, Gemüse oder Milchprodukten. Die Weinkarte hat manches Überraschende zu bieten und beachtlich ist die Auswahl bei Bränden und Trestern.

ZWEIFLINGEN

Le Cerf

Kärcherstraße 11, 74639 Zweiflingen
T +49 (0) 7941 60870
www.schlosshotel-friedrichsruhe.de

 Dominique Metzger
 Boris Rommel
 Oliver Adler
mittags,
Mo, Di, Sa, So, Feiertag ganztags
Menü 148 / 186 €
Vorspeise 36 / 42 €
Hauptgang 44 / 62 €

Gastronomie wie diese ist heutzutage nur noch selten zu finden. Gediegen, elegant, großzügig. Speiseräume, die fast schon als Speisesäle zu bezeichnen sind. Vielköpfiger, geschulter Service. Dazu das Flair eines traditionsreichen Hotels auf dem Lande. Küchenchef Boris Rommel bricht die feierliche Atmosphäre auf, indem er ein ums andere Mal hinaustritt, Speisen einsetzt, erklärt. Mit seiner Kappe fällt er auf, die Gäste freuen sich. Hauptperson Nummer zwei ist Dominique Metzger, einer der erfahrensten Restaurantleiter, die in Deutschland zu finden sind. Wie er seine Mitarbeiter dirigiert, unmerklich für den Gast, ist große Klasse. So wie die ersten Kleinigkeiten, die Pilz-Macaron mit Brillat-Savarin, Hummertatar mit Orangencreme, Gelbschwanzmakrele mit Verjus-Vinaigrette oder gegrillte Focaccia beinhalten. Sommelier Oliver Adler empfiehlt die passenden Weine von einer Karte, die nicht nur Klassik zu bieten hat. Man studiere nur mal die Erzeuger der glasweise ausgeschenkten Weine! Niepoort, Drautz-Able, Selbach-Oster oder die Domaine du Pélican im Jura zeigen von hoher Kompetenz. Spätestens jetzt neigt man dazu, sich zufrieden zurückzulehnen. Was soll noch schiefgehen? Doch dann kommt der erste Gang, Carpaccio vom Kaisergranat mit Limonenvinaigrette, grünem Spargel und Rhabarber, und Ratlosigkeit macht sich breit. Der kalte Teigmantel, in dem der Spargel steckt, ist fast schon unangenehm, das Gemüse harmoniert nicht mit dem Kaisergranat und die süßsaure Würze dieses Ganges lässt dem Eigengeschmack des Krustentiers keine Chance. Was soll das? Zum Glück ist es ein Ausreißer. Das Ragout von Kalbsbries, Sot-l'y-laisse und Gänseleber ist wunderbar balanciert, alle Ingredienzien sind auf den Punkt gegart und gewürzt, die Pommes soufflées ergeben Sinn und wirken herrlich nostalgisch. Mehr davon.

Auch der bretonische Steinbutt hat Klasse. Der Fischsaum wird in Teig gehüllt, ausgebacken und dem Filet beigefügt, ein Shiitake-Sud untermalt den Eigengeschmack des Fisches. Ravioli, aus dem vegetarischen Menü, werden mit Knollensellerie respektive Birne gefüllt, mit Birnenschaum, Pekannusscreme und schwarzem Knoblauch verfeinert. Wunderbar abgestimmt, bestes Handwerk. Wie der Dessert-Savarin auf einer weißen Ganache, verfeinert um Erdbeeren und Waldmeistersud sowie ein Eis von weißer Schokolade. Durchdachte Süßigkeiten folgen: an der Spitze Capri-Eis und hausgemachter Schaumkuss. Von solchen verführerischen Abschiedskleinigkeiten können wir gar nicht genug bekommen.

ZWINGENBERG

Kaltwassers Wohnzimmer

Obergasse 15, 64673 Zwingenberg
T +49 (0) 6251 1058 640
www.kaltwasserswohnzimmer.de

 Mi, Do, Fr, Sa, Feiertag mittags,
Mo, Di ganztags
Menü 45 / 65 €
Vorspeise 8 / 19 €
Hauptgang 20 / 39 €

Zwingenberg ist der älteste Ort an der Hessischen Bergstraße, hier zeigt Marc-André Kaltwasser, dass Bodenständigkeit und Fine Dining zusammengehen. Beim Gemüse setzt er auf vergessene Sorten, beim Fleisch gern auf außergewöhnliche Cuts. Vorspeisen wie Tatar vom Odenwälder Saibling mit Gartengurke und Rettich stehen für seine Küche oder Hauptgerichte wie Striploin von der Färse mit fermentiertem Sellerie, Gelber Bete und Pommes dauphine. Amüsant liest sich die Speisekarte: Als „Mit ohne Fleisch" wird da die Nudelteigtasche mit gereiftem Käse, Kräutern und gelber Ananastomate angekündigt.

ÜBERSICHT DEUTSCHLAND NORD

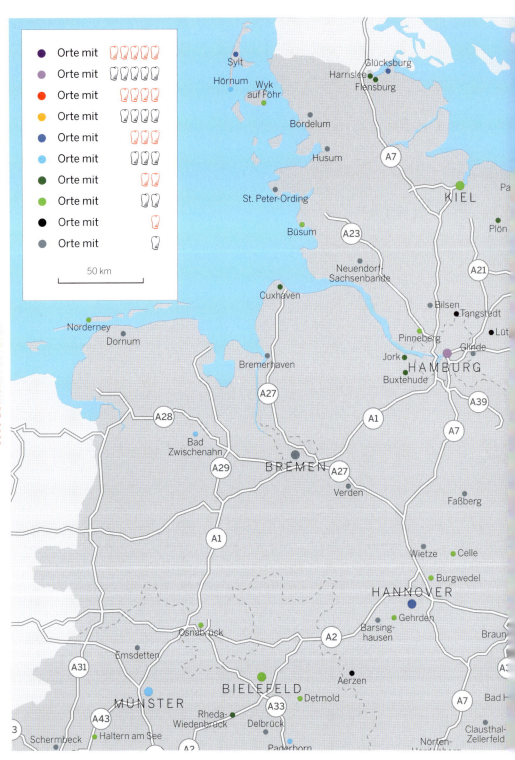

DEUTSCHLAND NORD ÜBERSICHT

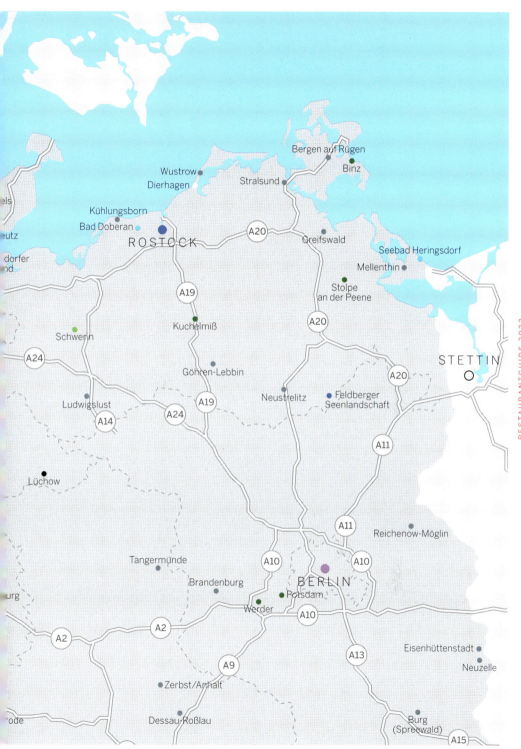

ÜBERSICHT DEUTSCHLAND OST

Legende:
- Orte mit 4 Hauben (dunkellila)
- Orte mit 4 Hauben (hellviolett)
- Orte mit 4 Hauben (rot)
- Orte mit 3 Hauben (orange)
- Orte mit 3 Hauben (dunkelblau)
- Orte mit 2 Hauben (hellblau)
- Orte mit 2 Hauben (dunkelgrün)
- Orte mit 2 Hauben (hellgrün)
- Orte mit 1 Haube (schwarz)
- Orte mit 1 Haube (grau)

50 km

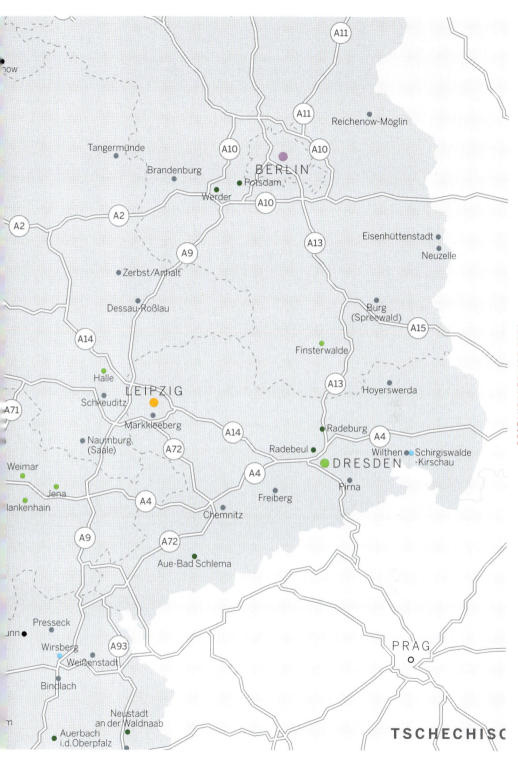

ÜBERSICHT DEUTSCHLAND SÜD

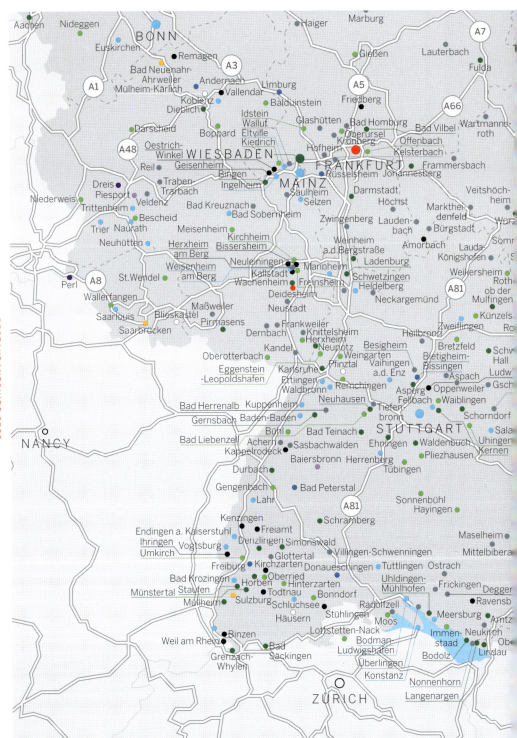

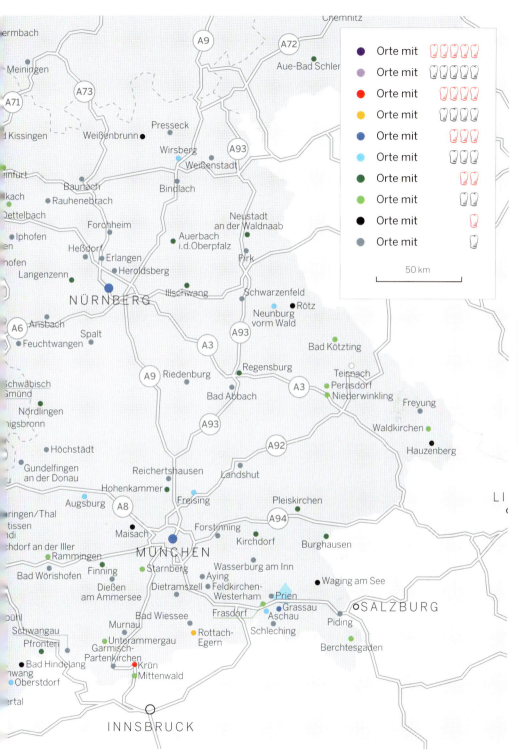

ÜBERSICHT DEUTSCHLAND WEST

- Orte mit 🎩🎩🎩🎩🎩
- Orte mit 🎩🎩🎩🎩
- Orte mit 🎩🎩🎩🎩
- Orte mit 🎩🎩🎩
- Orte mit 🎩🎩🎩
- Orte mit 🎩🎩
- Orte mit 🎩🎩
- Orte mit 🎩🎩
- Orte mit 🎩
- Orte mit 🎩

50 km

RESTAURANTGUIDE 2022

772 GAULT&MILLAU

DEUTSCHLAND WEST ÜBERSICHT

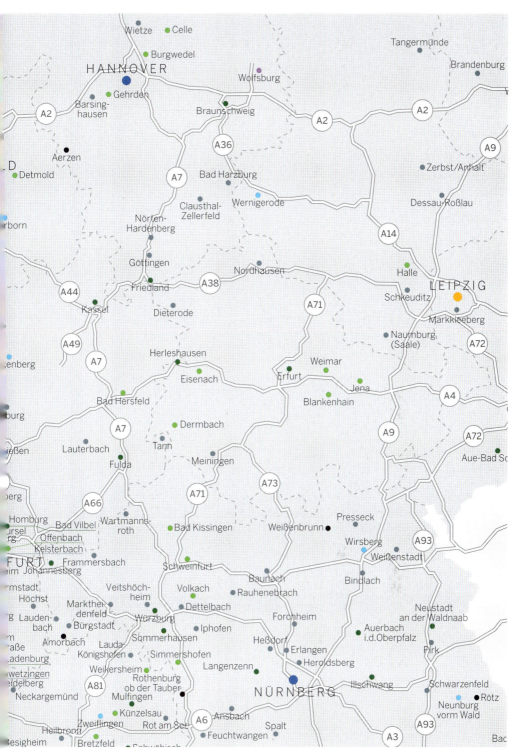

INDEX

Restaurants

351	100/200	507	Anthony's Kitchen®	353	bianc
708	1699	78	Apicius	286	bidlabu
192	1718	443	Appare	106	Bieberbau
82	1789 (ehem. Köhlerstube)	755	Aqua	385	Bio-Fine-Dining-Restaurant 1950
610	1797	482	Aries Restaurant		
228	1876 Daniel Dal-Ben	271	Aschbacher Hof	482	Biorestaurant Macis
701	3Lis	632	Aska	231	Bistro Fatal
743	36 Phô Cô	444	Astrein	107	Bistro Grundschlag
489	360°	318	Atable	354	Bistro Hummer Pedersen
690	5	526	Atelier	746	bistronauten
104	893 Ryotei	627	Atelier Sanssouci	377	Bistro Schweizerhof
386	959	630	Atelier Tian	703	Bistro Stadt Hamburg
		691	Augustenstüble	196	BjoernsOx
	A	58	August und Maria	528	Blauer Bock
46	Abt- und Schäferstube	285	AUREUS Restaurant	107	Bob & Thoms
525	Acetaia	691	Austern- & Champagnerbar	704	Bodendorf's
526	Acquarello			557	BOK Brust oder Keule
384	Adler, Häusern	352	AuthenTikka	248	Bollwerk 4 im Deutschen Haus
476	Adler, Lahr/Schwarzwald	104	AV Restaurant		
248	Adlerwirtschaft Franz Keller		**B**	164	Bommels
				354	Bootshaus, Hamburg
229	Agata's	734	Bachofer	740	Bootshaus, Wangels
425	Ahlmanns	253	Bachstelze	162	Bootshaus Papa Rhein Hotel
399	Alex Weinlounge	475	Backmulde		
443	Alfredo	444	BAI LU Noodles	507	Borst
180	Almer Schlossmühle	635	Ballebäuschen	631	Brasserie Cocotte
597	Alpe Dornach	609	Balthasar	108	Brasserie Colette Tim Raue, Berlin
564	Alte Baiz	105	Bandol sur Mer		
328	Alte Bürgermeisterei	83	Bareiss	466	Brasserie Colette Tim Raue, Konstanz
758	Alte Feuerwache	425	Bärenkrug		
56	Alte Liebe	527	Bar Mural	529	Brasserie Colette Tim Raue, München
566	Alte Pfarrey	230	Bar Olio		
515	Alte Post Hebelstube	106	Barra	231	Brasserie Hülsmann
636	Alte Rebe	166	Barrique	445	Brauhaus Johann Schäfer
197	Alte Schäferei – „Pächterhaus"	310	Basho-An	355	Brechtmanns Bistro
		257	Basilikum	109	Bricole
749	Alte Überfahrt	321	Bastian's Restaurant	110	BRIKZ
761	Alt Wyk	528	Bavarie	110	BRLO BRWHOUSE
680	Ambiente	714	Becker's	575	Brockel Schlimbach
421	Ambiente Italiano	61	Behnecke	529	Broeding
90	Am Kachelofen	713	Belle Epoque	704	Brot & Bier
514	Am Kamin	392	Belvedere	578	Buchner Welchenberg 1658
650	Ammolite – The Lighthouse Restaurant	269	Bembergs Häuschen		
		91	Berchtesgadener Esszimmer	44	BuonGiorno Trattoria
384	Anetseder			759	Bürgerspital Weinstuben
465	Anglerstuben	230	Berens am Kai		
717	Anima	327	Berggasthaus Niedersachsen		
744	Anna				
352	Anna Sgroi	393	Bernstein		

C

445	Cafe 1980
77	CALLA
403	Camers Schlossrestaurant
483	Campana
483	Campus
445	Capricorn [i] Aries
287	Carmelo Greco
213	Caroussel Nouvelle
288	Carte blanche
446	Caruso Pastabar
508	Casala
735	Cédric Schwitzer's
482	C'est la vie
288	Chairs
387	Chambao
483	Chateau9
409	Cheval Blanc
44	Chez Georges
111	Chicha
111	CHOI
325	ChopsticK
324	Christian & Friends Tastekitchen
427	Christians
563	Christians Restaurant
112	Christopher's
446	Christoph Paul's
112	ChungKing Noodles
254	Clara Restaurant im Kaisersaal
112	Clärchens Ballhaus
426	Claudio's Ristorante Alla Scala
576	Clostermanns Le Gourmet
113	CODA Dessert Dining
114	Cookies Cream
114	Cordo
355	Cornelia Poletto
740	Courtier
115	Crackers
115	Cumberland

D

495	DANZA Restaurant & Weinbar
470	Das Alpenglühn
175	Das Alte Haus
254	Das Ballenberger
51	Das Ellgass
195	Das Essperiment
573	Das Esszimmer
597	Das Fetzwerk
751	DAS GOLDSTEIN by Gollner's
275	Das Grace
177	Das Kleine Lokal
511	Das Marktrestaurant
598	Das Maximilians
116	Data Kitchen
431	Da Vinci
692	Délice
530	Délice la Brasserie
641	Der Butt
530	Der Dantler
207	Der Schneider
382	Der Steinort
446	Der vierte König
713	derWaldfrieden
116	der Weinlobbyist – Bistro & Weinbar
692	Der Zauberlehrling
618	Die Brasserie
202	die.burg
618	Die Genussschmiede
600	Die Greisslerei
709	Die Gutsküche
680	Die Krone
414	Die Mühle Jork
340	Die Mühlenhelle
329	Die Reichsstadt
383	Diergardts „Kühler Grund"
403	Die Scheuer
596	die.speisekammer
726	Die Traube
751	Di Gregorio
117	District Mot
660	DiVa
501	Dobler's
678	Dorfstube im Romantik Hotel
85	Dorfstuben
724	Dorfwirt & friends
311	Drexlers
231	Dr. Kosch
178	Due Fratelli

E

338	Eckert
643	Egerner Bucht
219	Einfach Brendel
117	Eins44
118	einsunternull
582	Einzimmer Küche Bar
667	Eisenbahn
214	Elements
232	Em Brass
289	Emma Metzler
659	Engel-Wirts-Stube
311	Enoteca
752	ENTE
582	Entenstuben
416	Erasmus bio fine dining
753	Erbgericht Tautewalde
268	Erbprinz
289	Erno's Bistro
118	ernst
651	Esplanade
336	es:senz
599	Ess Atelier Strauss
531	Essence Restaurant
447	Essers Gasthaus
583	Essigbrätlein
670	esskunst
595	„Esslust" im Hotel Alpenkönig
185	Esszimmer
530	Ess.Zimmer
746	esszimmer by philipp weigold in der alten post
255	ESTIMA by Catalana
584	etz Restaurant
406	Eucken
213	e-Vitrum by Mario Pattis

F

650	F40 Las Brisas
120	Facil
121	Faelt
205	Fährhaus
643	Fährhütte14

INDEX RESTAURANTS

484	Falco	
605	Falconera	
693	Fässle – Le Restaurant	
497	Favorite Restaurant	
580	Feine Speiseschenke	
333	Felix	
619	Felsenbirne	
750	Filterhaus	
606	Fine Dining Restaurant Friedrich	
356	Fischereihafen	
121	Fish Klub Berlin	
164	FIVE	
426	Flygge	
86	Forellenhof Buhlbach	
574	Forsthaus Strelitz	
640	Forst's Landhaus	
290	Frankfurter Botschaft	
397	freihardt	
77	Freihaus Brenner	
122	Freundschaft	
163	Freustil	
485	FRIEDA	
59	Friedrich Franz	
79	Fritz & Felix	
233	Fritz's Frau Franzi	
122	Frühsammers Restaurant	
291	Fujiwara	
192	fumi Deidesheim	
123	Funky Fisch	

G

532	Gabelspiel
670	Gams & Gloria
245	garbo zum Löwen
532	Garden
124	Gärtnerei
652	Gästehaus Klaus Erfort
510	Gasthaus Bauernstube
748	Gasthaus Egertal
321	Gasthaus Goldener Stern
312	Gasthaus Hirschen
630	Gasthaus Hofmann
611	Gasthaus Jakob
53	Gasthaus Lamm
183	Gasthaus Lege
90	Gasthaus Müller
62	Gasthaus Obere Mühle
492	Gasthaus Scheiderhöhe

429	Gasthaus Schlegelhof
682	Gasthaus Schwanen
595	Gasthaus Sternen Post
739	Gasthaus Stromberg
464	Gasthaus Widmann's Löwen
560	Gasthaus Zähringer Hof
313	Gasthaus zum Löwen
309	Gasthaus zur Krone
313	Gasthaus Zur Linde
156	Gasthaus zur Malerklause
748	Gasthof Alex
628	Gasthof Bärwalde
500	Gasthof Heinzinger
666	Gasthof Hirsch
679	Gasthof Hoffmanns-Keller
736	Gasthof Krone
562	Gasthof Zufriedenheit
478	Gasthof zum Bad
566	Gasthof zum Hirsch
492	Gasthof zum Kranz
569	Gasthof zum Lamm
635	Gasthof zum Maurerwirt
322	Genießer Stube
72	Genuss-Apotheke
214	Genuss-Atelier
310	Genussbar
485	genussreich
499	GenussWerkstatt
163	Genusswerkstatt by Robert Schindler
585	globo Restaurant
205	Goldener Anker
274	Goldener Hahn
325	Goldener Karpfen
124	Golden Phoenix
704	Goldgelb
499	GOLDISCH
291	Goldman
480	Goldner Engel
125	Golvet
431	Gotthardt's
719	Gourmet-Restaurant auf Schloss Filseck
45	Gourmet-Restaurant
679	Gourmetrestaurant Aubergine
74	Gourmetrestaurant Berlins Krone

644	Gourmetrestaurant Dichter
411	Gourmetrestaurant Dirk Maus
657	Gourmetrestaurant „fine dining RS"
665	Gourmetrestaurant Nico Burkhardt
594	Gourmetrestaurant Schlössl
56	Gourmet Restaurant Sartory
208	Grammons Restaurant
533	Grapes
602	graues haus trüffel im rheingau
649	Gregor's Fine Dining
273	Greifen-Post
126	Grill Royal
558	Großer Kiepenkerl
447	Gruber's
181	Gude Stub Casa Antica
157	GUI
292	Gustav
626	Gut Lärchenhof
249	Gutsausschank im Baiken
93	Gutshaus Kubbelkow
681	Gutshaus Stolpe

H

593	Hackbarth's Restaurant
356	HACO
357	hæbel
169	Halbedels Gasthaus
377	Handwerk
264	Hannappel
705	Hardy's Restaurant
233	Hashi… Mahlzeit
579	Haus am See
447	Haus Scholzen
727	Haus Stemberg Anno 1864
448	Haus Töller
694	Hegel Eins
293	Heimat
358	Heimatjuwel
636	Heim's Restaurant
393	Heinrich's
413	Helbigs Gasthaus
358	Heldenplatz

639	Heldmann & Herzhaft	336	Intuu	586	Koch und Kellner
448	HENNE. Weinbar. Restaurant.	130	Irma la Douce	623	kochZIMMER
		449	ITO – Japanese Cuisine	186	Köllners Landhaus
407	Henrich HÖER's Speisezimmer	294	Izakaya Mangetsu	512	Kook 36
				729	Köpfers Steinbuck
206	Henschel		**J**	600	Kraftwerk
339	Herrengass	360	Jacobs	469	KRasserie
388	Herrenmühle	60	Jagdhaus Heiligendamm	402	Krone, Höchst im Odenwald
359	Herr He	161	Jagdhaus Waldfrieden	742	Krone, Weil am Rhein
571	Herzog von Burgund	198	Jan Diekjobst Restaurant	250	Kronenschlösschen
199	Himmelstoss	378	Jante	191	Kucher's Gourmet Restaurant
127	Hinterland Wine Bistro	534	Japanisches Restaurant Kaito		
533	Hippocampus			393	Kulmeck Restaurant
678	Hirsch	249	Jean	133	KUMAMI
702	Hirschen	361	Jellyfish	134	Kumpel & Keule Speisewirtschaft
516	Hirschen Britzingen	534	Jin		
67	Hirsch Genusshandwerk	705	JM	759	Kuno 1408
158	Historisches Gasthaus Buschkamp	718	Johanniter-Kreuz	619	Kunz
		737	Johanns	325	Kupferpfanne
68	Historisches Gasthaus Sanct Peter	653	Jouliard	219	Küppersmühle
		622	Juliette	388	Kurfürstenstube
233	Hitchcoq	130	Julius	512	Kurlbaum
567	H'manns	73	Jungborn	314	Kuro Mori
359	Hobenköök	661	Juwel	134	Kurpfalz-Weinstuben
158	Höptners Abendmahl				
711	Horizont		**K**		**L**
127	Horváth	534	Käfer-Schänke	42	La Becasse
172	Hotel Gasthof Sommerau	405	KAI3	51	La Corona Restaurant & Vinothek
52	Hotel & Restaurant Menge	586	Kakehashi		
61	Hotel Restaurant Vinothek LAMM	764	Kaltwassers Wohnzimmer	450	La Cuisine Rademacher
		70	Kaminstube, Bad Peterstal-Griesbach	294	Lafleur
128	Hot Spot			450	La Fonda
620	Huberwirt	86	Kaminstube, Baiersbronn	756	La Fontaine
676	Hugenhof	273	Kaminzimmer	265	La Grappa
129	Hugos	536	Kansha	193	L. A. Jordan
694	Hupperts	449	Karl Hermann's	362	Lakeside
		490	Karrisma	703	La maison Eric
	I	674	Kaupers im Kapellenhof	135	Lamazère
472	Ich weiß ein Haus am See	479	Keidenzeller Hof	695	Lamm Feuerbach
293	IIMORI Kaiseki	608	Kesselhaus	725	Lamm Rosswag
607	Iko	429	Kilian Stuba	536	Landersdorfer & Innerhofer
645	Il Barcaiolo	131	Kin Dee	320	Landgasthaus Schuster
255	Il Cortile	671	Kings & Queens	621	Landgasthaus zur Linde
66	Im Gütchen	132	KINK Bar & Restaurant	629	Landgasthof Adler
585	Imperial by Alexander Herrmann	132	Kitchen Library	173	Landgasthof Eiserner Ritter
		270	Klassenzimmer	513	Landgasthof Jagstmühle
234	Im Schiffchen	634	Kleinod	428	Landgasthof Löwen
175	Inspektorenhaus	164	Knipsers Halbstück	68	Landgasthof Poststuben
400	intensiü	133	Kochu Karu	718	Landgasthof zum Adler

INDEX RESTAURANTS

246	Landgasthof Zum Goldenen Anker
246	Landhaus Feckl
161	Landhaus Gräfenthal
199	Landhaus Halferschenke
642	Landhaus Hohenlohe
709	Landhaus Kehl
762	Landhaus Köpp
180	Landhaus Rössle
734	Landhaus Tanner
609	Landhotel Gasthof zum Hirsch
661	Landhotel Voshövel
496	Landküche
738	LandWerk
628	La Oliva
451	La Société
63	Laudensacks Gourmet-Restaurant
741	Laurentius
395	La Vallée Verte
620	Lazy Laurich
763	Le Cerf
173	Le Chopin
654	Le Comptoir
501	Le Corange
135	Le Faubourg
234	Le Flair
388	Le Gourmet
79	Le Jardin de France
452	Le Moissonnier
65	Leos by Stephan Brandl
71	Le Pavillon
537	Les Deux Restaurant & Brasserie by Kieffer
543	Restaurant Le Stollberg
62	L'Étable
565	Le Temple
296	Leuchtendroter
362	L'Europeo
235	Lido Hafen
379	Lindenblatt 800 Grad
538	Little Wolf
136	Lode & Stijn
615	Lohmayr Stub'n
296	Lohninger
136	LOKAL Berlin
655	LOUIS restaurant
320	Löwen Altheim
314	Löwengrube by Amadeus Kura
471	Luce d'Oro
538	Ludwig 8
631	Lumperhof

M

160	Maerz
453	maiBeck
297	Main Tower Restaurant & Lounge
453	Maître
221	[maki:'dan] im Ritter
422	Malathounis
80	Maltes Hidden Kitchen
505	Marburger Esszimmer
706	Marinara Beachclub
178	Markthalle Acht
157	Marktwirtschaft Besigheim
502	Marly
297	Masa Japanese Cuisine
165	Masters
539	Matsuhisa
363	Matsumi
486	Max Enk
298	Maxie Eisen
187	max louis
60	Medinis
334	Meierei Dirk Luther
509	Meisenheimer Hof
364	Memory
539	Menage Bar
252	Merkles
581	Meyers Keller
309	Michael's Leitenberg
220	Mimi e Rosa Vino e Cucina
645	MIZU Sushi Bar
202	Moarwirt
674	möbius lebensmittel.punkt
218	[mod] by Sven Nöthel
191	Mohren
515	Mölleckens Altes Zollhaus
540	MONA Restaurant
176	Monkey Rosé
177	MONO
137	MontRaw
319	Mountain Hub
137	Mrs Robinson's
663	Mühle
299	MUKU
540	MUN
659	mundart Restaurant
486	Münsters
541	Mural
561	Murnauer Reiter

N

696	Nagare
236	Nagaya
237	Nagomi
337	Natürlich Büttners
179	Natusch
454	NeoBiota
341	Neuhof am See
364	Nikkei Nine
237	nineOfive
138	Nobelhart & Schmutzig
174	Norditeran
57	Nose & Belly
397	noVa
581	Novalis

O

389	Oben
568	Obendorfers Restaurant Eisvogel
417	Oberländer Weinstube
710	Ochsen Post Bauernstuben
272	Oettinger's
579	Oktopussy
466	Ophelia
503	OPUS V
139	ORA
711	Orangerie
139	Orania
203	ÖSCH NOIR
140	Osteria Centrale
365	Osteria da Francesco
200	Ostseelounge
710	Oswald's Gourmetstube
140	Otto Berlin
141	Oukan
190	OX
455	Ox & Klee
76	Oyster Lodge

RESTAURANTS INDEX

P

728	Pades
763	Park-Restaurant Vogelherd
265	Paul's Brasserie
614	PAVO
365	Petit Amour
399	Pfälzer Stube
253	Pfarrwirtschaft
677	Philipp
277	Philipp Soldan
238	PHOENIX Restaurant & Weinbar
179	PIER 6
750	Pietsch
366	Piment
239	Pink Pepper
486	Planerts
456	Platz 4
456	Poisson
457	Poke Makai
330	Ponyhof Stammhaus
509	Posthalterei
142	POTS – Dieter Müller
457	Pottkind
142	Prism
69	Prümer Gang
458	Prunier
92	PUR
469	PUR Essen&Trinken
458	Pure White
48	PURS

R

404	Raben Horben – Steffen Disch
662	Rait'ner Wirt
215	Raskolnikoff
474	Raubs Landgasthof
459	rays.
669	Rebers Pflug
391	Rebstock La Petite Provence
195	Rebstock-Stube
416	Rebstock Waldulm
170	Redüttchen Weinbar & Restaurant Bonn
327	Reindls Partenkirchner Hof
52	Residenz Heinz Winkler
182	Restaurant 271
487	Restaurant 7010
747	Restaurant Admiral
754	„Restaurant Alexander Herrmann" by Tobias Bätz
143	Restaurant am Steinplatz
744	Restaurant Andreas Scholz
542	Restaurant Atlantik
57	Restaurant August by Christian Grünwald
391	Restaurant Bachmaier
712	Restaurant Balthazar
637	Restaurant Bellevuechen
335	Restaurant Blüchers
558	Restaurant Cœur D'Artichaut
542	Restaurant Ederer
315	Restaurant Eichhalde
510	Restaurant Esszimmer, Mittelbiberach
672	Restaurant Esszimmer, Schwendi
495	Restaurant Field
216	Restaurant finesse
299	Restaurant Français
477	Restaurant Fürstenhof
385	Restaurant Gidibauer Hof
367	Restaurant Haerlin
473	Restaurant handicap
646	Restaurant Haubentaucher
741	Restaurant Herrenhaus
331	Restaurant heyligenstaedt
664	Restaurant Hofstube Deimann
408	Restaurant Holzöfele
606	Restaurant-Hotel Einhorn
543	Restaurant Huber
417	Restaurant Kesselhaus
667	Restaurant Krietsch (ehem. Fuggerei)
570	Restaurant Krone
672	Restaurant Kugelmühle
572	Restaurant Kuhlemann
658	Restaurant Kunz Gourmet
506	Restaurant Lamm
368	Restaurant Landhaus Scherrer
682	Restaurant Lara
252	Restaurant Lindenhof
460	restaurant maximilian lorenz
696	Restaurant Meister Lampe
216	Restaurant Moritz
369	Restaurant Nil
544	Restaurant Pageou
265	Restaurant Pierburg
300	Restaurant Ponte
188	Restaurant Ratsstube
343	Restaurant Ratsstuben
625	Restaurant Reinhart
760	Restaurant Reisers am Stein
144	Restaurant Remi
728	Restaurant Rittersturz
423	Restaurant Schloss Loersfeld
184	Restaurant Schnüsch
544	Restaurant Sparkling Bistro
559	Restaurant Spitzner
183	Restaurant Stern
516	Restaurant Tempel
587	Restaurant Tisane
647	Restaurant Überfahrt – Christian Jürgens
625	Restaurant Ursprung
493	Restaurant VAI
93	Restaurant Vendôme
432	Restaurant Verbene
300	Restaurant Villa Merton
639	Reuter
144	Richard
49	Ristorante Ai Pero
301	Ristorante Villa Lauda
185	Rittmeyers Restaurant No4
697	Ritzi
369	Rive
621	Robert Stolz
239	Rob's Kitchen
240	Rocaille
91	Rocus
240	Roku Japanese Dining & Wine
617	Rolin
729	Romantik Hotel Rindenmühle
386	Rose

INDEX RESTAURANTS

206	Rosin	65	Schuberts Wein & Wirtschaft	487	Stadtpfeiffer
633	Roter Hahn			150	Standard Serious Pizza
266	Rotisserie du Sommelier	546	Schumann's Bar am Hofgarten	54	St. Andreas
241	Rubens			304	Stanley
545	Rüen Thai	332	Schützenhof	43	St. Benedikt
562	Rüssel's Landhaus	53	Schwabenstube	65	Steinheuers Restaurant Zur Alten Post
146	RUTZ Restaurant	730	Schwarzer Adler		
145	Rutz – Zollhaus	194	Schwarzer Hahn	499	Steins Traube
		428	Schwarz Gourmetrestaurant	189	Sterneck
	S			430	Steverding's Isenhof
147	Sagrantino Weinbar	276	Schwarzkopf	201	St. Georges
461	Sahila	546	Schwarzreiter	66	Storchen Restaurant
369	Salt & Silver Lateinamerika	88	Schwarzwaldstube	633	Storstad
63	Sängers Restaurant	75	Schwingshackl Esskultur	171	Strandhaus
332	San Lorenzo	59	Schwögler	658	Strandhütte
468	San Martino Gourmet	370	Se7en Oceans	370	Stüffel
706	Sansibar	148	Seaside – Fish & Seafood Bar	194	Sushi B.
167	s'Äpfle				
756	Saphir	720	Seehalde		**T**
413	Scala	201	Seehaus	517	Taberna
494	Schabbelhaus zu Lübeck	410	Seehof	267	Tablo
490	Schachener Hof	579	Seesteg	462	taku
270	Schäferstuben	721	Seestern	332	Tandreas
616	schanz. restaurant.	418	Sein	150	Tante Fichte
390	Scharffs Schlossweinstube	477	SEO Küchenhandwerk	548	Tantris
47	Schattbuch	241	Setzkasten	550	Tantris DNA
603	Schaumahl	302	Seven Swans	186	Taverna & Trattoria Palio
421	Scheidels Restaurant zum Kranz	380	Shin • Ramen	419	Tawa Yama
		148	Shiori	251	Than & Luc
462	Scherz	757	Shiraz	733	The Izakaya
740	Scheune	547	Showroom	151	The Michelberger Restaurant
433	Schiller's Manufaktur	707	SIEBZEHN84		
662	Schillerstuben	722	Siedepunkt	151	theNOname
323	Schillingshof	604	Silberdistel	304	The Noodlemaker
760	Schimmel's	637	Sinnfony	394	The O'Room
654	Schlachthof Brasserie	149	Skykitchen	209	The Stage
434	Schlicht. Esslokal	242	Soba-An	371	The Table Kevin Fehling
615	Schlossanger Alp	707	Söl'ring Hof	242	Three Kingdoms
87	Schlossberg	303	sonamu – casual korean dining	551	TIAN
715	Schloss Monaise			305	Tiger-Gourmetrestaurant
577	Schloss Niederweis	547	Sophia's Restaurant & Bar	463	Tigermilch
470	Schlossrestaurant	55	SoulFood	372	Tigre
197	Schneider	504	Speicher7 Bar	473	Tillmann Hahn's Gasthaus
545	Schneider Bräuhaus	342	Speiseberg	152	Tim Raue
302	Schönemann	698	Speisemeisterei	326	Tim's Kitchen
266	Schote	731	Speisemeisterei Burgthalschenke	338	Tischlerei
716	Schranners Waldhorn			153	TISK Speisekneipe
481	Schuberts	182	Speisenkammer	380	Titus im Röhrbein
379	Schuberts Brasserie	560	Spielweg	552	TiVu

553	Tohru in der Schreiberei	**W**		**Y**	
159	Tomatissimo	589	Waidwerk	243	Yabase
554	TOSHI	211	Waldhotel Sonnora	243	Yoshi by Nagaya
305	Trares	383	Wegermann's	50	Yoso – Aromenküche Sarah Henke
50	Trattoria Ai Pero	744	Weinbar Weimar		
95	Trattoria Enoteca	505	Weinbeißerei	171	Yunico
244	Traube Blansingen	506	Weinhaus Anker		
723	Treibgut	415	Weinhaus Henninger	**Z**	
381	Tropeano Di Vino	555	Weinhaus Neuner	412	Zehntkeller
316	Trotte Weinbar	242	Weinhaus Tante Anna	376	Zeik
256	TROYKA	673	Weinhaus Uhle	745	zeit	geist
372	Trüffelschwein	217	Weinkulturbar	488	Zest
373	Tschebull	318	Weinreich	316	Zirbelstube, Freiburg i. B.
154	Tulus Lotrek	247	Weinrestaurant Turmschänke	592	Zirbelstube, Nürnberg
569	Restaurant Turmstube			275	Zöllner's Weinstube
		424	Weinschänke Schloss Groenesteyn	178	Zucker
U				564	Zum Dückerstieg
155	Udagawa	306	Weinsinn	333	Zum goldenen Engel
573	Urgestein	732	Weinstock	167	Zum Grünen Gaul
464	Ursprung – das Restaurant	308	Weinstube Brand	638	Zum Hirsch
554	Usagi	699	Weinstube Fröhlich	251	Zum Krug
		715	Wein- und Tafelhaus	415	Zum Riesen
V		217	Weinzentrale	274	Zum Staudenwirt
491	Valentin fine dining	556	Werneckhof Sigi Schelling	276	Zum Vaas
554	Vecchia Lanterna	330	Werners Restaurant	497	Zur Fischerklause
588	Veles	406	Westphalenhof	402	Zur Glocke
612	Victor's FINE DINING by christian bau	699	Wielandshöhe	401	Zur Goldenen Esche
		726	Wiener Dog	307	Zur Golden Kron
210	Vida	574	Wilde Klosterküche	412	Zur Iphöfer Kammer
408	Vier Jahreszeiten Restaurant Imhof	753	WildLand	601	Zur Post
		81	Wintergarten	739	Zur Schlupp
306	Viet Pho	731	Winzerhaus Rebstock	463	Zur Tant
341	Villa Busch	675	Winzerhof & Weinrestaurant Stahl	700	Zur Weinsteige
188	Villa Esche			317	Zur Wolfshöhle
613	Villa Hammerschmiede	307	Wir Komplizen	592	ZweiSinn Meiers Fine Dining
624	Villa Kellermann – Tim Raue	400	Wirtschaft von Johann Gerner		
				504	Zweiteliebe
559	Villa Medici	375	Wolfs Junge	328	Zwei und Zwanzig
642	Villa Mittermeier	590	Wonka		
220	Villa Patrizia	494	Wullenwever		
723	Villa Thai	591	Würzhaus		
168	VILLINO				
555	Vinothek by Geisel	**X**			
374	VLET in der Speicherstadt	557	Xaver's		
402	Voit	375	XO Seafoodbar		
155	VOLT				
381	Votum				

INDEX PERSONEN

Personen

A

81	Max Gabriel Abolnik	384	Matthias Baumann	214	Nicole Blonkowski
578	Familie Achatz	454	Sonja Baumann	704	Holger Bodendorf
578	Mathias Achatz	312	Elias Baumgartner	620	Lorenz Bohn
117	Daniel Achilles	312	Werner Baumgartner	598	Margret Bolkart–Fetz
763	Oliver Adler	647	Marie-Christin Baunach	155	Sophie Bollmann
322	Mathis Ahlers	730	Christian Baur	535	Alessandro Borioni
757	Serkan Akgün	621	Monika Bauz	458	Sabah von Borries
599	Doris Aldinger	740	Matthias Becher	556	Paula Bosch
181	Andrea Alesi	306	Florian Bechtel	211	Sebastian Boucher
760	Domenico Allegretta	714	Christine Becker	370	Guillaume Boullay
508	Andreas Allinger	191	Stefanie Becker	234	Jean-Claude Bourgueil
635	Günter Allmann	453	Tobias Becker	607	Ole Bramlage
635	Marlies Allmann	714	Wolfgang Becker	501	Johanna Brandl
451	Maximilian Altermann	230	Barbara Beerweiler	65	Stephan Brandl
285	Andreas Althaus	424	Amila Begic-Schröer	211	Magdalena Brandstätter
611	Andreas Ammon	200	André Beiersdorff	389	Natascha Brandt
611	Michael Ammon	370	Stefan Beiter	83	Thomas Brandt
293	Björn Andreas	673	Ronny Bell	386	Tristan Brandt
444	Stefano Angeloni	423	Thomas Bellefontaine	142	Mathias Brandweiner
485	Lisa Angermann	697	Ben Benasr	400	Kristjan Bratec
110	Arne Anker	152	Phillip Bendel	530	Bobby Bräuer
426	Mathias Apelt	418	Thorsten Bender	596	Friedrich (Fritz) Braumüller
62	Enrique Armijo	478	Brigitte Benz	304	Beate Braun
454	Volker Arndt	114	Max Benzig	196	Michelle Bremer
277	Erik Arnecke	230	Holger Berens	88	David Breuer
533	Sergio Artiaco	338	Andreas Berger	674	Nora Breyer
531	Christiane Asadur	532	Florian Berger	238	Katharina Brisach
499	Alicia Aslan	532	Sabrina Berger	575	Herbert Brockel
121	Florian Aster	392	Steffen Berger	575	Jutta Brockel
158	Salvatore Attimonelli	265	Erika Bergheim	711	Ralf Brönner
288	Dennis Aukili	74	Franz Berlin	633	Scott Brown
288	Dennis Aukili	707	Jan-Philipp Berner	704	Denis Brühl
719	Nicole Auwärter	79	Sophie Bernhard	275	Quirin Brundobler
		79	Stéphan Bernhard	289	Anton de Bruyn
		639	Iris Bettinger	626	Nicolas Buchberger
	B	570	Faycal Bettioui	151	Sarah Buchbinder
218	Timo Baaske	570	Kerstin Bettioui	362	Michel Buder
547	Tobias Bacher	85, 86	Nicolai Biedermann	721	Klaus Buderath
734	Bernd Bachofer	721	Philipp Bieringer	90	Corina Buggle
117	Katharina Bambach	629	Jan Bimboes	90	Joachim Buggle
234	Nicole Bänder	68, 69	Christian Binder	531	Sascha Bulander
319	Stefan Barnhusen	517	Catinka Birks	318	Swen Bultmann
515	Pierre-Marie Barrel	517	Tom Birks	318	Sybille Bultmann
671	Edgar Bartl	299	Patrick Bittner	591	Diana Burkel
754	Tobias Bätz	644, 710	Tobias Blaha	665	Bianca Burkhardt
612	Christian Bau	590	Patrice Blanchard	592	Carina Burkhardt
206	Jochen Bauer	576	Dennis Blanke	665	Nico Burkhardt
453	Sascha Bauer	405	Tim Blaszyk	357	Kevin Bürmann
79, 81	Konstantin Baum	214	Marcus Blonkowski	159	Christopher Busch

PERSONEN INDEX

292, 306	Jochim Busch	676	Klaus Ditz	468	Jochen Fecht
93	Jochen Büscher	135	Ernest Dizdarevic	246	Franz Feckl
395	Kai Busse	501	Gabriele Dobler	246	Manuela Feckl
		501	Norbert Dobler	221	Marco Feger
	C	356	Jakub Doktorik	371	Kevin Fehling
315	Federico Campolattano	698	Benedikt Doll	401	Josef Fehrenbach
657	Markus Canestrini	475	Rainer Döringer	476	Daniel Fehrenbacher
145	Hendrik Canis	597	Christine Dornach	476	Kerstin Fehrenbacher
443	Roberto Carturan	597	Heribert Dornach	305	Thierry Felden
443	Susanne Carturan	173	Dana Doru	255	Jan-Hendrik Feldner
535	Roberto Casadei	173	Mihai Doru	353	Christina Ferrantino
228	Enzo Caso	231	Volker Drkosch	353	Matteo Ferrantino
434	Marc Caspari	606	Gina Duesmann	307	Vincenzo Ferro
234	Dany Cerf	175	Enrico Dunkel	368	Florian Fiermann
548	Benjamin Chmura	594	Margit Düppre	600	Daniela Finkes
249	Anne Christ	761	Jan Durant	120	Manuel E. Finster
118	Spencer Christenson	530	Domenico Durante	168	Alisa Fischer
181	Vincenza Ciaccio-Alesi	209	Michael Dyllong	732	Cornelia Fischer
47	Sebastian Cihlars			109	Fabian Fischer
194	Pia Anna Claßen		**E**	484	Hannes Fischer
82	Fabian Clement	615	Bernhard Ebert	623	Michael Fischer
719	Daniele Corona	374	Denis Ebert	727	Olivier Fischer
269	Filip Czmok	737	Denise Ebertshäuser	434	Rebecca Fischer
		570	Stefan Echle	168	Sonja Fischer
	D	48	Christian Eckhardt	463	Mario Fitz
735	Felix Daferner	542	Karl Ederer	409	Christian Fleischmann
417	Max Dahlinger	603	Esra Egner	409	Katharina Fleischmann
228	Daniel Dal-Ben	660	Gunter Ehinger	633	Danny Fliri
399	Fabio Daneluzzi	218	Amelie Ehle	532	Anna Flohr
503	Adrian Dastig	371	David Eitel	693	Pascal Foechterlé
740	Stephan Deckert	607	Tom Elstermeyer	364	Matthias Förster
287	Antonio Deiana	459	Michael Elter	47	Marcel Frank
664	Jochen Deimann	755	Sven Elverfeld	113	René Frank
582	Fabian Denninger	535	Michael Emmerz	127	Sebastian Frank
316	Harald Derfuß	206	Oliver Engelke	249	Johannes Frankenbach
63	Frederik Desch	252	Thomas Engler	249	Patricia Frankenbach
565	Christiane Detemple-Schäfer	652	Klaus Erfort	623	Familie Frankenhäuser
118	Matthias Deutsch	701	Günther Erhart	304	Eileen Franz
147	Matias Diaz	255	Sebastian Ernst	205	Björn Freitag
324	Jens Diegelmann	131	Moritz Estermann	603	Sascha Frestl
198	Jan Diekjobst	78	Tim Extra	195	Adolf Frey
383	Philipp Diergardt			195	Axel Frey
453	Ivan Dilber		**F**	419	Peter Fridén
690	Alexander Dinter	744	Marcello Fabbri	307	Alfred Friedrich
404	Kirsten Disch	651	Silio Del Fabro	193	Maria Friedrich
404	Steffen Disch	361	Stefan Fäth	327	Kirsten Friehe
761	Daniela Dittrich	317	Martin Fauster	286	Dietmar Fritz
761	René Dittrich	603	Raffaele Fazio	122	Peter Frühsammer
		607	Laura Fechner	122	Sonja Frühsammer

INDEX PERSONEN

673	Annika Frymark	621	Andreas Goldbach	611	Mona Haka
673	Dirk Frymark	621	Irene Goldbach	169	Irmgard Halbedel
154	Felix Fuchs	386	Roman Goldshteyn	169	Rainer-Maria Halbedel
560	Kristin Fuchs	140	Fabio De Santis Gomez	78	Taeke Halbersma
560	Sabine Fuchs	140	Mila Gomez	544	Ilir Halilaj
560	Viktoria Fuchs	537	Gregor Goncharov	410	Frank Hallerbach
610	Volker M. Fuhrwerk	462	Christoph Gonzalez	410	Jürgen Hallerbach
610	Yasmin Fuhrwerk	250	Roland Gorgosilich	130	Sascha Hammer
229	Emiko Fukuzawa	358	Marcel Görke	166	Cliff Hämmerle
		760	Sebastian Gotther	166	Emely Hämmerle
	G	455	Daniel Gottschlich	166	Stéphanie Hämmerle
405	Felix Gabel	427	Christian F. Grainer	358	Julia Hampp
319	Johannes Gahberger	427	Christiane Grainer	203	Michael Häni
381	Benjamin Gallein	208	Dirk Grammon	264	Knut Hannappel
416	Andrea Gallotti	287	Carmelo Greco	374	Torben Häpe
416	Marcello Gallotti	376	Tobias Greve	752	Elena Hart
526	Mario Gamba	479	Martin Grimmer	244	Daniela Hasse
526	Massimiliano Gamba	479	Vera Grimmer	163	Ralf Haug
417	Christophe Gamblin	202	Jason Grom	661	Robert Hauptvogel
106	Anne Garkisch	202	Niklas Grom	172	Karen Hegar
106	Familie Garkisch	248	Thorsten Größchen	172	Wolfram Hegar
106	Stephan Garkisch	528	Stefan Grosse	362	Stefanie Hehn
608	Thayarni Garthoff	139	Ronny Grosser	641	Thomas Heimann
88	Stéphane Gass	300	André Großfeld	92	Ulrich Heimann
462	Mirko Gaul	146	Nancy Großmann	744	Philipp Heine
358	Jesco Gebert	499	Philipp Gruber	526	Daniela Heizmann
475	Daniel Geib	380	Dieter Grubert	413	Ludger Helbig
615	Georg Gelfert	159	Bernhard Grubmüller	413	Nicole Helbig
221	Steffen Genzel	720	Markus Gruler	509	Andreas Held
343	Daniel Georgiev	720	Thomas Gruler	692	Axel Heldmann
327	Oliver Gerasch	613	Michael Grünbacher	692	Fabian Heldmann
285	Esther Marie Gerber	498	Carl Grünewald	66	Annemarie Helfesrieder
710	Thomas Gerber	661	Patrick Grunewald	66	Fritz Helfesrieder
551	Viktor Gerhardinger	57	Christian Grünwald	66	Jochen Helfesrieder
650	Marco Gerlach	526	Anton Gschwendtner	66	Liza Helfesrieder
120	Joachim Gerner	698	Stefan Gschwendtner	451	Stefan Helfrich
80	Judith Gertz	57	Elias Gugel	754	Hauke Hellbach
546	Nina Geschka	736	Matthias Gugeler	53	Christian Heller
118	Christoph Geyler	544	Ali Güngörmüş	73	Petra Helzle
132	Arash Ghassemi	429	Roland Gunst	73	Philipp Helzle
300	Philippe Giar			417	Chris Hemmann
693	Patrick Giboin		**H**	417	Sven Hemmann
540	Cary Gilbert	614	Sabrina Haas	413	Christian Hempfe
576	Thomas Gilles	294	Boris Häbel	50	Sarah Henke
139	Kai Gilly	498	Oliver Habig	162	Nils Henkel
142	Pierre Girard	478	Hans Häge	48, 49, 50	Marian Henß
234	Tobias Gläser	478	Heidi Häge	697	Marina Hentsch
155	Matthias Gleiß	650	Peter Hagen-Wiest	57	Bettina Hentschel
555	Frank Glüer	49	Nicholas Patrick Hahn	114	Stephan Hentschel

411	Steve Hermann			579	Markus Kebschull
754	Alexander Herrmann	573	Tanel Idil	606	Lars Keiling
71	Martin Herrmann	293	Azko Iimori	248	Franz Keller jr.
444	Tanja Herzig	351	Thomas Imbusch	644	Thomas Kellermann
55	Christine Heß	419	Adrian Imm	429	Sascha Kemmerer
626	Peter Hesseler	536	Robert Innerhofer	120	Michael Kempf
692	Andreas Hettinger	507	Sven Ischia	132	Edric Kent
171	Melanie Hetzel			535	Torsten Kessler
697	Julia Heubach	**J**		57	Hendrik Ketter
69	Anja Heuser	155	Christopher Jäger	366	Hicham Khabbaz
316	Günter Hilbert	145	Alexander Jahl	616	Soumiya Khattabi
572	Frank Hildebrand	395	Denis Jahn	702	Micha Kiefer
511	Andreas Hillejan	583	Ivan Jakir	537	Fabrice Kieffer
511	Nancy Hillejan	208	Peter Jakob	528	Daniel Kill
294	Alexandra Himmel	400	Lukas Jakobi	540	Mun Kim
388	Erik Himpel	655	Robert Jankowski	139	Sam Kindillon
541	Wolfgang Hingerl	194	Felix Jarzina	372	Jana Kinfelt
515	Marco Hinzmann	450	Julia Jäschke	372	Kirill Kinfelt
466	Dirk Hoberg	85	Ingrid Jedlitschka	754	Anja Kirchpfening
586	Gerald Hoffmann	658	Patrick Jenal	553	Markus Klaas
451	Leon Hofmockel	534	Hao Jin	553	Tobias Klaas
231	Lisa Hohlbein	275	Morlin Jochimsen	468	Lena Celine Kleemann
378	Tony Hohlfeld	87	Uwe Joel	512	Daniel Klein
489	Alexander Hohlwein	608	Randy De Jong	254	Eric Klinge
397	David Höller	356	Björn Juhnke	699	Eva Klink
135	Nicolas Hopchet	459	Robby Jung	699	Vincent Klink
299	Sebastian Höpfner	375	Sebastian Junge	596	Thomas Klopfer
757	Alexander Hoppe	68	Klaus Jungmann	74	Holger Klotz
158	Sebastian Höptner	647	Christian Jürgens	300	Markus Klug
168	Rainer Hörmann	367	Marius Jürke	268	Ralph Knebel
722	Christoph Hormel			564	Eduard Knecht
173	Sarah Hortian	**K**		544	Johannes Maria Kneip
620	Alexander Huber	394	André Kähler	741	Jürgen Koch
289	Eric Huber	62	Constantin Kaiser	741	Sabine Koch
543	Michael Huber	581	Evelin Kaiser	741	Sebastian Koch
620	Sandra Huber	581	Joachim Kaiser	407	Sabine Kogge
749	Thomas Hübner	131	Dalad Kambhu	256	Ronja Kohnen
329	Gerhard Hummel	334	Martin Kammann	266	Christofer Kokoszka
660	Martin Hummel	752	Michael Kammermeier	256	Marcel Kokot
476	Jochen Hünd	272	Matthias Kapp	744	Anna Koller
42	Daniel Hündgen	547	Dominik Käppeler	461	Julia Komp
694	Marianne Huppert	588	Vadim Karasev	472	Adi König
694	Michael Huppert	56	Peter Karl	472	Petra König
498	Kathrin Hurstjes	105	Lisa Karsten	195	Fabian Kopf
745	Jens Hüsing	365	Boris Kasprik	762	Jürgen Köpp
63	Thomas Hüttl	126	Andrea Kauk	149	Alexander Koppe
		457	Anna Kauker	107	Oliver Körber
		674	Sebastian Kauper	236	Stephan Körner
		245	Marcel Kazda	149	Jakub Koscielniak

INDEX PERSONEN

210	Sascha Kosslers	338	Atlanta Lehmann	160	Benjamin Maerz
268	Mathias Kostelnik	594	Jörg Lehmann	160	Christian Maerz
583	Andree Köthe	351	Sophie Lehmann	525	Giorgio Maetzke
747	Martina Kraemer-Stehr	331	Bettina Leidner	453	Jan Maier
745	Peter Kranz	331	Markus Leidner	422	Anna Malathounis
471	Marie-Helen Krebs	756	Hartmut Leimeister	422	Joannis Malathounis
612	Felix Kress	551	Christina Leippi	110	Francesca Manfron
43	Maximilian Kreus	541	Joshua Leise	612	Nina Mann
239	Benjamin Kriegel	196	Bjoern Leist	314	Felix Manz
239	Ramona Kriegel	167	Kevin Leitner	492	Marius Manz
681	Stephan Krogmann	652	Josianne Lerner	413	Matthias Mänz
294	Andreas Krolik	425	Familie Lessau	144	Diego Marchi
46	Achim Krutsch	198	Stefano Lidonnici	373	Angelo de Marco
191	Familie Kucher	624	Patricia Liebscher	360	Thomas Martin
191	Florian Kucher	395	Vanessa Liesser	47	Christian Marz
191	Martin Kucher	425	Arne Linke	694	Daniel Mästling
572	Adrian Kuhlemann	126	Roel Lintermans	692	Daniel Masurczak
705	Andre Kuhlmeyer	497	Sebastian Lisges	289	Valéry Mathis
80	Malte Kuhn	233	Holger Beleza Lobo	79	Sebastian Mattis
142	Christopher Kujanski	360	Riccardo Löffler	316	Gerhard Mauerhan
112	Christopher Kümper	296	Erika Lohninger	411	Dirk Maus
113	Pascal Kunert	296	Mario Lohninger	411	Tina Maus
399	Erika Kuntz	357	Lutz Lonchant	81	Alexander Mayer
342	Konstantin Kuntzsch	142	Jacqueline Lorenz	604	Brian McLaren
658	Alexander Kunz	460	Maximilian Lorenz	592	Stefan Meier
658	Anke Kunz	156	Beate Lorscheider	452	Eric Menchon
555	Benjamin Kunz	156	Hans Georg Lorscheider	145	Florian Mennicken
425	Britta Künzl	156	Mario Lorscheider	353, 365	Mathias Mercier
314	Amadeus Kura	463	Thomas Lösche	80	Andrés Marti Merinas
459	Maksim Kusnezow	756	Jason Lüben	252	Thomas Merkle
		209, 210	Ciro De Luca	252	Simone Merkle-Dinger
	L	48	Ana Luhnau	149	Barbara Merll
717	Heiko Lacher	184	Fynn Ole Lühr	173	Sebastian Messinger
717	Janice Lacher	680	Mathias Luiz	763	Dominique Metzger
536	Johann Landersdorfer	680	Melanie Luiz	736	Erik Metzger
42	Christof Lang	83	Claus-Peter Lumpp	71	Christophe Meyer
508	Manfred Lang	334	Dirk Luther	83	Teoman Mezda
129	Eberhard Lange	336	Iiro Lutter	513	Nadine Mezger
229	Philipp Lange	699	Andreas Lutz	513	Steffen Mezger
627	Marcus Langer	595	Bernd Lutz	88	Torsten Michel
55	Michael Laus	186	Holger Lutz	82	Maya Michels
330	Andreas Laux			759	Tanja Mieskes
312	Louis Lay		**M**	214	Stephan Mießner
139	Amyna Le	723	Nhu-Hoa Mac	88	Nina Mihilli
537	Nathalie Leblond	723	Patrick Mac	750	Max Milttag
537	Vincent Leblond	723	Pranee Mac	679	Claudia Mikschowsky
133	Bini Lee	413	Andreas von Mach	45	Britta Minder
76	Jay Lee	485	Marcel Mach	56	Benjamin Mitschele
364	Song R. Lee	586	Frank Mackert	317	Christian Mittermair

587	Sonja Mohr	366	Wahabi Nouri	730	Hubert Pfingstag
452	Liliane Moissonnier	712	Christin Nowakowski	678	Ulrich Pfleiderer
452	Vincent Moissonnier	189	Anika Nührenberg	79	Matthias Pfundstein
112	David Monnie	663	Niclas Nussbaumer	677	Heike Philipp
673	Holger Mootz			677	Michael Philipp
558	Elisabeth Morel		**O**	508	Markus Philippi
558	Fréderic Morel	297	Masaru Oae	477	Roland Pieber
305	Christian Moret	594	Christian Oberhofer	380	Pascale Pietruschka
133	José Miranda Morillo	568	Hubert Obendorfer	170	Matthias Pietsch
431	Martin Moser	272	Familie Oettinger	750	Robin Pietsch
679	Maximilian Moser	272	Michael Oettinger	180	Bernd Pils
142	Gal Ben Moshe	526	Florian Oettl	72	Raimar Pilz
560	Sebastian Muckenhirn	733	Yannick Öffler	738	Marc Pink
471	Dietmar Mueller-Elmau	448	Hendrik Olfen	627	John Piotrowsky
146	Falco Mühlichen	583	Yves Ollech	132	Ivano Pirolo
705	Benjamin Müller-Birkholz	715	Alexander Oos	139	Giorgio Pirrone
604	Carsten Müller	715	Daniela Oos	732	Jan Pislcajt
675	Constantin Müller	136	Ole Ortmann	306	Daniel Pletsch
705	Familie Müller	376	Maurizio Oster	234	Raquel Plum
705	Jörg Müller	617	Marc Ostermann	758	Kurt Podobnik
146	Marco Müller	617	Maresa Ostermann	758	Monika Podobnik
288	Milan Müller	617	Michael Ostermann	453	Jürgen Pohl
69	Roger Müller	373	Christoph Otten	50	Barbara Pöhlmann
641	André Münch	712	Christian von Oven	355	Cornelia Poletto
162	Tanja Mutschler			357	Jule-Fee Poll
			P	121	Sharin Polte
	N	756	Nils Pagel	577	Sandra Poss
236, 243	Yoshizumi Nagaya	241	Anton Pahl	577	Sebastian Poss
205	Marion Nagel	618	Zsolt Pall	305	René Postel
638	Britta Nagy	110	Sabine Panzer	651	Jérôme Pourchère
638	Markus Nagy	509	Clarissa Pape	167	Christopher Wolfram von Prack
696	Shinichi Nakagawa	431	Daniel Pape		
553	Tohru Nakamura	509	Markus Pape	734	Gabriela Predatsch
647	Peter Nasser	692	Evangelos Pattas	184	Florian Prelog
699	Jörg Neth	503	Dominik Paul	208	Christian Pufahl
194	Stefan Neugebauer	618	Lena Pavic		
342	Tobias Neumann	618	Vjekoslav Pavic		**Q**
168	Toni Neumann	733	Benjamin Peifer	340	Birgitta Quendler
646	Alois Neuschmid	591	Josef Penzenleitner	340	Michael Quendler
552	Thi Nguyen	525	Michele Perego	146	Dennis Quetsch
552	Vu Nguyen	705	Ulrich Person		
466	Jerome Nicke	494	Manuela Petermann		**R**
711	Lutz Niemann	494	Roy Petermann	389	Robert Rädel
395	Peter Niemann	616	Aleksandar Petrovic	450	Marlon Rademacher
358	André Jean-Marie Nini	167	Marc Peyer	471	Christoph Rainer
449	Kengo Nishimi	712	Oliver Pfahler	397	Paulo Ramalhosa
512	Josefine Noke	309	Jonny Pfeiffer	211	Clemens Rambichler
218	Sven Nöthel	473	Tobias Pfeiffer	247	Martina Rasch
514	Heike Nöthel-Stöckmann	118	Silvio Pfeufer	322	Anne Raub

INDEX PERSONEN

322	Daniel Raub	548	Mona Röthig	114	Nina Scheinhart
474	Katharina Raub	589	Claudia Rottner	159	Daniela Schellenbach
474	Wolfgang Raub	589	Valentin Rottner	213	Jana Schellenberg
151	Mathias Raue	562	Thomas Rücker	556	Sigi Schelling
152	Tim Raue	639	Marco Rückl	700	Andreas Scherle
137	Samina Raza	254	Barbara Rudloff	700	Jörg Scherle
669	Anette Reber	367	Christoph Rüffer	568	Christian Schider
669	Hans–Harald Reber	725	Sonja Ruggaber	433	Mike Schiller
546	Hannes Reckziegel	725	Steffen Ruggaber	733	Yannick Schilli
152	Raphael Reichardt	533	Cosimo Ruggiero	118	Anna Schilling
485	Andreas Reinke	755	Marcel Runge	323	Felix Schilling
737	Michael Simon Reis	502	Gregor Ruppenthal	323	Petra Schilling
672	Anna-Maria Reisch	632, 633	Anna Rupprecht	323	Stephan Schilling
672	Julius Reisch	562	Harald Rüssel	193	Daniel Schimkowitsch
760	Bernhard Reiser	562	Ruth Rüssel	165	Marco Schirwinski
189	Marc Rennhack	360	Sebastian Russold	614	Anton Schlachter
698	Johanna Renz	760	Silia Rüttiger	614	Herta Schlachter
287	Enrico Resta			614	Simon Schlachter
114	Gerhard Retter		**S**	615	Barbara Schlachter-Ebert
229	Agata Reul	457	Enrico Sablotny	615	Familie Schlachter–Ebert
59	Norman Rex	87	Jörg Sackmann	309	Michael Schlaipfer
144	Hans Richard	87	Nico Sackmann	740	Christopher Schlang
667	Christian Richter	137	Ottavio Saglam	487	Detlef Schlegel
250	Florian Richter	455	Rosario Salvatori	487	Petra Schlegel
286	André Rickert	657	Jacqueline Salzmann	575	Daniela Schlimbach
200	Vanessa Riedemann	562	Sebastian Sandor	575	Tobias Schlimbach
458	Cristiano Rienzner	434	Richard Sänger	199	Carina Schmah
414	Danny Riewoldt	140	Roberto De Santis	199	Christoph Schmah
414	Kerstin Riewoldt	492	Gerd Saremba	273	Dominik Schmid
707	Bärbel Ring	507	Anthony Sarpong	448	Bettina Schmidt
676	Petra Ringwald	266	Mirko Sasker	46	Dominik Schmidt
190	David Rink	170	Klaus W. Sasse	633	Laura Maria Schmidt
573	Hedi Rink	388	Mario Sauer	633	Maximilian Schmidt
190	Norman Rink	105	Andreas Saul	270	Daniel Schmidthaler
652	Kim Ristl	302	Ricky Saward	270	Nicole Schmidthaler
531	Daniela Roch	453	Erhard Schäfer	71	Meinrad Schmiederer
233	Tobias Rocholl	138	Micha Schäfer	497	Tobias Schmitt
269	Katharina Röder	42	Andreas Schaffrath	459	Erik Schmitz
269	Oliver Röder	616	Thomas Schanz	311	Manfred Schmitz
514	Hans Robert Lange Rodriguez	390	Martin Scharff	175	Bastian Schneegans
		740	Christian Scharrer	584	Felix Schneider
588	Samira Röhl	740	Nathalie Scharrer	207	Phillip Schneider
543	Christine Röller	547	David Schaubruch	604	Kai Schneller
690	Dirk Romann	311	Thomas Scheer	484	Peter Maria Schnurr
645	Stefano Romano	454	Erik Scheffler	154	Ilona Scholl
763	Boris Rommel	306	Matthias Scheiber	367	Christian Scholz
72	Annett Ronneberger	292	Milica Trajkovska Scheiber	423	Benjamin Schöneich
247	Ulrich Rösch	715	Birgit Scheid	378	Mona Schrader
206	Frank Rosin	715	Hubert Scheid	716	Marie-Luise Schranner

716	Maximilian Schranner	392	Christian Somann	362	Julian Stowasser
274	Frank Schreiber	67	Andreas Sondej	305	Nadine Strache
274	Iris Schreiber	175	Nico Spalding	93	Christoph Strahl
454	Jasmin Schreiber	548	Nicolas Spanier	289	Patrick Strähle
256	Ronny Schreiber	68	Ina Spatz	407	Sebastian Straub
704	Thomas Schreiber	53	Max Speyer	599	Peter A. Strauss
759	Daniel Schröder	92	Sven Spiegel	599	Sieglinde Strauss
424	Dirk Schröer	245	Philipp Spielmann	154	Max Strohe
623	David Schubert	206	Susanne Spies	669	David Stubenvoll
579	Markus Schubert	675	Christian Stahl	696	Daniel Stübler
460	Philipp Schüll	675	Simone Stahl	171	Christian Sturm-Willms
130	Michael Schulz	214	Martina Starovicová-Mießner	632	Atsushi Sugimoto
183	Claudia Schulze			252	Maria Sühlfleisch
183	Hinrich Schulze	657	Rolf Straubinger	121	Björn Swanson
403	Andrea Schum	355	Robert Stechmann	745	Sebastian Syrbe
427	Dominik Schürz	598	Yannick Stecker		
626	Torben Schuster	92	Nico Steffen		**T**
165	Danny Schwabe	722	Maren Stegmaier	526	Shahzad Talukder
428	Angelika Schwarz	747	Holger Stehr	151	Tim Tanneberger
428	Manfred Schwarz	720	Alexander Steimer	310	Eisuke Tatsuoka
749	Patrick Schwatke	499	Alina Stein	605	Anne Tautz-Wuhrer
582	Christoph Schweickert	207	Oliver Stein	544	Michael Techt
675	Mirko Schweiger	499	Philipp Stein	740	Anne Tenschert
45	Achim Schwekendiek	587	René Stein	423	Ulrich Ternierßen
75	Erich Schwingshackl	433	Melanie Stein-Schiller	107	Felix Thoms
75	Katharina Schwingshackl	752	Anton Steiner	180	Inka Thomßen-Pils
735	Cédric Schwitzer	702	Douce Steiner	448	Fabrice Thumm
735	Stephanie Schwitzer	68, 69	Désirée Steinheuer	78	Marcel Thurm
600	Adalbert Seebacher	68, 69	Gabriele Steinheuer	330	Annina Thyzak
368	Annegret Seeger	68, 69	Hans Stefan Steinheuer	571	Erich Tiefenbacher
628	Manuela Seidel	382	Eicke Steinort	221	André Tienelt
628	Olav Seidel	193	Jan Steltner	315	Valentina Tito
138	Alexander Seiser	727	Familie Stemberg	694	Jan Tomasic
497	Julian Seitz	727	Sascha Stemberg	129	Laura Torrico
285	Christian Senff	727	Walter Stemberg	385	Simon Tress
431	Frank Seyfried	501, 503	Felicitas Stengel	385	Stefanie Tress
352	Anna Sgroi	324	Christian Steska	595	Rosemarie Triebswetter–Lutz
491	Claudia Siebert	386	Timo Steubing		
491	Daniel Siebert	546	Marco Stevanato	663	Marius Tröndle
491	Valentin Siebert	564	Marcus Stich	117	Anna Truong
68	Jochen-Peter Siering	165	Thomas Stobbe	373	Alexander Tschebull
59	Ronny Siewert	114	Yannic Stockhausen	373	Yvonne Tschebull
336	Edip Sigl	514	Hermann Stöckmann	701	Familie Türker
609	Elmar Simon	551	Robert Stohs	701	Sükrü Türker
609	Laura Simon	82	Florian Stolte		
135	Andrea Sinner	621	Robert Stolz		**U**
186	Kilian Skalet	200	Matthias Stolze	361	Patrick Ufer
230	Michal Slawik	655	Martin Stopp	638	Angelika Ullrich
588	Alexander Sohns	738	Ingo Stotzem	203	Manuel Ulrich

INDEX PERSONEN

172	Michael Umbenhauer	499	Ben Weitz	**X**	
54	Benjamin Unger	738	Judith Weller	592	Difan Xu
54	Claudius Unger	129	Manfred Welter		
358	Sandra Ureidat	455	Lucas Wenzl	**Y**	
375	Sascha Ureidat	330	Bernd Werner	501	Igor Yakushchenko
564	Claudio Urru	330	Roswitha Werner	305	Coskun Yurdakul
		444	Eric Werner		
	V	264	Tobias Weyers	**Z**	
502	Maia Valente	393	Tom Wickboldt	109	Steven Zeidler
125	José Martin Muñoz Vinagre	464	Andreas Widmann	472	Raik Zeigner
499	Maria Vizsnayi	464	Anna Maria Widmann	645	Niko Zigrahn
403	Florian Vogel	644	Marianne Wiedemann	666	Thomas Zimmermann
87	Manuel Vogel	671	Marc Wiederer	125	Jonas Zörner
139	Philipp Vogel	671	Sabine Wiederer	384	Florian Zumkeller
213	Sven Vogel	338	Nicolai P. Wiedmer	53	Martin Zürn
120	Felix Voges	507	David Wieler	136	Lode van Zuylen
312	Benedikt Voglstätter	114	Jan Wienecke	137	Ben Zviel
266	Alfred Voigt	473	Sebastian Wiese	724	Brigitte Zwink
352	Mirko Volkstädt	601	Alejandro Wilbrand	724	Thomas Zwink
681	Jan Vollmar-Lederer	601	Christopher Wilbrand		
613	Fabio Vullo	601	Sonja Wilbrand		
		152	Marie-Anne Wild		
	W	384	Manuela Wilde		
338	René Wachsmuth	484	Christian Wilhelm		
589	Thomas Wachter	678	Gerd Windhösel		
730	Melanie Wagner	678	Silke Windhösel		
65	Paul Wagner	457	Lukas Winkelmann		
657	Markus Waibel	52	Alexander Winkler		
118	Dylan Watson-Brawn	52	Heinz Winkler		
244	Brian Wawryk	138	Juliane Winkler		
194	Andreas Weber	591	Daniel Winter		
664	Felix Weber	93	Joachim Wissler		
581	Johannes Weber	722	Benedikt Wittek		
666	Margarete Weber	377	Ann-Kristin Wohlfeld		
163	Jule Weckbrodt	377	Thomas Wohlfeld		
624	Christopher Wecker	535	André Wöhner		
297	Martin Weghofer	667	Christa Wolf		
368	Heinz Otto Wehmann	667	Josef Wolf		
489	Rebekka Weickert	125	Martin Wolf		
633	Josef Weig	420	Sven Wolf		
254	Christopher Weigel	667	Thomas Wolf		
746	Philipp Weigold	544	Jürgen Wolfsgruber		
746	Renate Weigold	127	Janine Woltaire		
750	Ulrike Weisel	238	Philipp Wolter		
639	Armin Weisenberger	238	Tanja Wolter		
598	Henrik Weiser	590	Christian Wonka		
317	Christian Weiß	605	Johannes Wuhrer		
243	Hendrik Weiß	256	Alexander Wulf		
43	Karin Weißer	393	Manja Wulf		

NOTIZEN

NOTIZEN

NOTIZEN

NOTIZEN

NOTIZEN

NOTIZEN

NOTIZEN

NOTIZEN

NOTIZEN

NOTIZEN

NOTIZEN

NOTIZEN

NOTIZEN

NOTIZEN

NOTIZEN

NOTIZEN

NOTIZEN

NOTIZEN

NOTIZEN

NOTIZEN

NOTIZEN

BILDNACHWEIS

Soweit nicht anders angegeben, wurden uns alle Fotos zu den abgebildeten Personen und Restaurants sowie ihren Fotografen mit freundlicher Genehmigung zur Verfügung gestellt.

©**Hoang Dang** 520; **Düsseldorf Tourismus GmbH** 222/223, 235, 237, 238; **Carina Feneis** 14; **Udo Haake/KölnTourismus GmbH** 436/437; **Hof** © **Hannah Gatzweiler** 43; **Hotel Bareiss** 12; **iStock** 6, 9, 45, 46, 81, 92, 159, 174, 179, 189, 190, 198, 215, 217, 219, 245, 251, 257, 258/259, 271, 278/279, 301, 308, 321, 329, 343, 390, 410, 412, 422, 424, 427, 434, 468, 475, 500, 505, 508, 511, 518/519, 549, 561, 569, 571, 577, 593, 596, 602, 603, 608, 614, 627, 632, 637, 640, 646, 654, 666, 684/685, 689, 691, 708, 736, 742, 756, 761; **Jo Kirchherr** 438; **Roman Knie** 13; **Tobias Kruse** 442; **Maresa Mader** 686; **Sascha Perrone** 224, 260; **privat** 18; **Robert Schlesinger** 98; **Matthias Schreiber MFM Gastronomie** 280; **The Fontenay-Lakeside** 346; © **TIAN** 15; **visitBerlin/Wolfgang Scholvien** 103; **visitBerlin/Artfully Media, Sven Christian Schramm** 96/97; ©**#visitfrankfurt/ David Vasicek** 284, 291; **www.mediaserver.hamburg.de** 350, 354, 360, 370; **www.mediaserver.hamburg.de /Julia Schwendner** 344/345, 373;

IMPRESSUM

Chefredaktion Dr. Christoph Wirtz
Leitung des Expertenrats Otto Geisel
Executive Publisher Hans Fink
Geschäftsführung Dr. Hannah Fink-Eder
Chefin vom Dienst Rebecca Wiederstein, Rakete Content GmbH

Anzeigenvermarktung BuzzON GmbH

Vertrieb Edition Michael Fischer GmbH,
Donnersbergstr. 7, 86859 Igling, www.emf-verlag.de

Autoren Carlo Petrini, Nick Pulina
Fotoredaktion Nicola Powell

Layout und Satz brand unit GmbH, Lehargasse 7, A-1060 Wien
Kartografie brand unit GmbH, Lehargasse 7, A-1060 Wien
Lithografie Mario Rott, brand unit GmbH, Lehargasse 7, A-1060 Wien
Lektorat Print Company Verlagsgesellschaft m.b.H.,
Gumpendorfer Str. 41/6, A-1060 Wien

Datenmanagement Sebastian Schäfer, Sandra Mair

Printed in Germany by Parzeller print & media GmbH
Verlagsanschrift HENRIS Edition,
Elsenheimerstr. 18, 80687 München,
www.henris-edition.com

Copyright by
HENRIS Edition GmbH,
Gault&Millau Deutschland /
1. Auflage 2022

Eine Verwertung des urheberrechtlich geschützten Gault&Millau Deutschland und aller in ihm enthaltenen Beiträgen und Abbildungen, insbesondere durch Vervielfältigung oder Verbreitung, ist ohne vorherige schriftliche Zustimmung des Verlages unzulässig und strafbar, soweit sich aus dem Urheberrechtsgesetz nichts anderes ergibt. Insbesondere ist eine Einspeicherung oder Verarbeitung des auch in elektronischer Form vertriebenen Werkes in Datensystemen ohne Zustimmung des Verlages unzulässig. Für die Zusammenstellung dieses Führers ließen wir größtmögliche Sorgfalt walten, trotzdem können Daten falsch oder überholt sein. Eine Haftung können wir in keinem Fall übernehmen. Druck- und Satzfehler vorbehalten.
Hinweise und Anregungen gerne an:
office.de@gaultmillau-media.com

© HENRIS Edition GmbH, 82166 Gräfelfing

29. Jahrgang

ISBN 978-3-7459-1078-0
ISBN Ebook 978-3-7459-1097-1

Die Genusswelt der Restaurants und Weine finden Sie auch auf Facebook
www.facebook.com/gaultmillaudeutschland
und Instagram
www.instagram.com/gaultmillau_deutschland

Jetzt zu unserem Newsletter anmelden und immer auf dem Laufenden bleiben
www.gaultmillau.de